에듀윌과 함께 시작하면,
당신도 합격할 수 있습니다!

비전공자여서 망설였지만
한 달 만에 합격해 자신감을 얻은 20대

새로운 도전으로 ERP MASTER 자격증을 취득해
취업에 성공한 30대

아이들에게 당당한 모습을 보여주고 싶어
ERP, 전산세무회계 자격증 9개를 취득한 40대 주부

누구나 합격할 수 있습니다.
시작하겠다는 '다짐' 하나면 충분합니다.

마지막 페이지를 덮으면,

에듀윌과 함께
ERP 정보관리사 합격이 시작됩니다.

ERP 정보관리사 인사 1급 합격 플래너

차례			페이지	공부한 날
이론	PART 01	CHAPTER 01 ERP 시스템의 이해	p.14	___월 ___일
	PART 02	CHAPTER 01 인적자원관리	p.38	___월 ___일
		CHAPTER 02 인적자원계획	p.46	___월 ___일
		CHAPTER 03 직무관리	p.51	___월 ___일
		CHAPTER 04 인적자원확보	p.62	___월 ___일
	PART 03	CHAPTER 01 교육훈련	p.72	___월 ___일
		CHAPTER 02 이동/승진/이직	p.79	___월 ___일
		CHAPTER 03 경력개발관리	p.85	___월 ___일
		CHAPTER 04 인사고과	p.90	___월 ___일
		CHAPTER 05 조직개발	p.97	___월 ___일
	PART 04	CHAPTER 01 임금	p.112	___월 ___일
		CHAPTER 02 복리후생	p.127	___월 ___일
		CHAPTER 03 소득세와 연말정산	p.137	___월 ___일
	PART 05	CHAPTER 01 노사관계	p.158	___월 ___일
실무	PART 06	CHAPTER 01 iCUBE 핵심ERP 프로그램 설치 방법	p.178	___월 ___일
		CHAPTER 02 시스템관리	p.183	___월 ___일
		CHAPTER 03 인사기초정보관리	p.198	___월 ___일
		CHAPTER 04 급여관리	p.253	___월 ___일
		CHAPTER 05 사회보험관리	p.268	___월 ___일
		CHAPTER 06 연말정산관리	p.274	___월 ___일
		CHAPTER 07 퇴직정산관리	p.305	___월 ___일
		CHAPTER 08 세무관리	p.315	___월 ___일
		CHAPTER 09 전표관리	p.320	___월 ___일
		CHAPTER 10 일용직관리	p.326	___월 ___일
		CHAPTER 11 사업/기타/이자배당소득관리	p.334	___월 ___일
기출	PART 07	2025년 1회	p.348	___월 ___일
		2024년 6회	p.358	___월 ___일
		2024년 5회	p.367	___월 ___일
		2024년 4회	p.378	___월 ___일
		2024년 3회	p.389	___월 ___일

수험생 빈출 질문 모음!
실무 프로그램 FAQ

Q 이런 메시지가 뜨는데 어떻게 해야 되나요?

A 당황하지 말고, 이렇게 해결해요!

▶ DB TOOL 화면 하단의 '연결설정' 버튼을 클릭하여 'Windows 인증'으로 연결 설정을 변경한 후 DB 복원을 해야 합니다.

▶ 핵심ERP 프로그램 설치 파일 중 'CoreCheck.exe'를 클릭한 후 '더존 핵심ERP 도우미' 창에서 'X'로 되어 있는 항목을 더블클릭하여 'O'로 변경해야 합니다.

더 많은
FAQ
바로 보기
(에듀윌 제공)

프로그램
설치 매뉴얼
바로 보기
(더존 제공)

*PC 다운로드 경로: 에듀윌 도서몰(book.eduwill.net) - 도서자료실 - 부가학습자료

Q 이런 메시지가 뜨는데 어떻게 해야 되나요?

A 당황하지 말고, 이렇게 해결해요!

▶ 최신 버전의 프로그램에서 이전 연도의 DB를 복원했기 때문입니다. 교재 내 실무 시뮬레이션 DB는 2025 버전, 기출문제 DB는 2024 버전 프로그램을 사용해야 합니다.

▶ 다운로드한 프로그램 설치 파일은 반드시 압축을 해제한 다음에 'CoreCubeSetup.exe'를 실행해야 합니다.

▶ ERP 프로그램 설치 파일 SQLEXPRESS 폴더에서 PC 운영체제에 맞는 SQL 파일을 확인하고 더블클릭하여 직접 설치해야 합니다.
- Win7, 8, 10 32비트: SQLEXPR_x86
- Win7, 8, 10 64비트: SQLEXPR_x64

에듀윌
ERP 정보관리사

인사 1급 한권끝장 + 무료특강

PREFACE
머리말

"ERP 정보관리사를 통해 사회진출을 준비하는 수험생들을 응원합니다."

본서를 통해 수험생은 ERP 정보관리사 인사에서 요하는 인적자원관리의 전반적인 주요 내용과 그에 따른 실무절차를 함께 학습하여 실무자에게 요구되는 직무능력을 향상시킬 수 있을 것입니다. 더불어 소득세의 내용을 알차게 수록하여 수험생들이 연말정산의 심화 내용을 익히고, 다양한 사례를 통한 해결 능력을 향상시킬 수 있도록 하였습니다.

이 책의 특징은 다음과 같습니다.

첫째, 2025년 출제기준과 프로그램을 반영하였습니다. 방대한 양을 공부하는 수험생들의 부담을 줄여주고자 밑줄, 중요 표시, 용어 설명 등을 구성하여 수험생들이 중요한 내용을 한눈에 확인할 수 있습니다.

둘째, 본서는 오랜 강의 경험을 바탕으로 현장에서 들었던 학생들의 요구 조건을 최대한 반영하려 노력하였습니다. 그러나 이것에 만족하지 않고 앞으로도 계속 노력하여 보다 충실한 교재로 거듭날 것을 약속드립니다.

셋째, 수험생들이 프로그램을 쉽게 익힐 수 있도록 다양한 실무 연습문제를 수록하여 낯선 실무 시험에 완벽하게 대비할 수 있도록 하였습니다.

본서가 ERP 정보관리사 자격시험을 준비하는 여러분들에게 도움이 되길 희망하며, 또 본서가 직무의 기초적 학습에 도움이 되길 바랍니다. 항상 여러분들의 성공적인 사회 진출을 응원하겠습니다.

배문주

| 약력 |

홍익대학교 대학원 세무학 석사
(現) 백석예술대학교 경영행정학부 초빙 교수
(現) 삼육대학교 ERP 컨설턴트 육성과정 강사
(現) 더존비즈온 직무연수교육 교수
(現) 학국직업방송 라이선스마스터 교수
(現) 한국생산성본부 PTE 전문 강사
(前) 재경관리사 출제위원
(前) 더존 에듀캠 재경실무 교수
(前) 특성화고등학교 전산회계운용사 교수
(前) 한성대학교 전산세무회계/ERP 정보관리사 강사
(前) 에듀윌 재경관리사/회계관리 1급 교수
(前) 성신여자대학교 전산세무회계/ERP 정보관리사 강사
(前) 더존비즈온 ERP 컨설턴트 교육 강사
(前) 삼육대학교 ERP 컨설턴트 육성과정 강사

GUIDE
시험안내

1. 시험 방법

시험 과목	응시교시	응시교시	비고
회계 1·2급	1교시	• 입실: 08:50 • 이론: 09:00~09:40(40분) • 실무: 09:45~10:25(40분)	※ 시험시간은 정기시험기준으로 시험일정에 따라 변경될 수 있습니다. ※ 같은 교시의 과목은 동시 응시 불가(예: 회계, 생산모듈은 동시 응시 불가) ※ 시험 준비물: 수험표, 신분증, 필기구, 계산기(공학용, 윈도우 계산기 사용 불가)
생산 1·2급			
인사 1·2급	2교시	• 입실: 10:50 • 이론: 11:00~11:40(40분) • 실무: 11:45~12:25(40분)	
물류 1·2급			

2. 합격기준

구분	합격점수	문항 수
1급	70점 이상(이론, 실무형 각 60점 이상)	이론 32문항(인사 33문항), 실무 25문항(이론문제는 해당 과목의 심화 내용 수준 출제)
2급	60점 이상(이론, 실무형 각 40점 이상)	이론 20문항, 실무 20문항(이론문제는 해당 과목의 기본 내용 수준 출제)

3. 응시료

구분	1과목	2과목	납부방법	비고
1급	40,000원	70,000원	전자결제	※ 동일 등급 2과목 응시 시 응시료 할인 (단, 등급이 다를 경우 할인 불가) ※ 최대 2과목 접수 가능 (단, 같은 교시의 과목은 1과목만 접수 가능)
2급	28,000원	50,000원		

4. 2025 시험일정

회차	원서접수 온라인	원서접수 방문	수험표 공고	시험일	성적 공고
제1회	24.12.26.~25.01.02.	25.01.02.	01.16.~01.25.	01.25.	02.11.~02.18.
제2회	02.19.~02.26.	02.26.	03.13.~03.22.	03.22.	04.08.~04.15.
제3회	04.23.~04.30.	04.30.	05.15.~05.24.	05.24.	06.10.~06.17.
제4회	06.25.~07.02.	07.02.	07.17.~07.26.	07.26.	08.12.~08.19.
제5회	08.27.~09.03.	09.03.	09.18.~09.27.	09.27.	10.14.~10.21.
제6회	10.22.~10.29.	10.29.	11.13.~11.22.	11.22.	12.09.~12.16.

※ ERP 영림원은 5월, 11월 정기 시험 시 시행
※ 시험주관처에 따라 시험일정이 변동될 수 있습니다.

5. 이론 세부 출제범위

구분	내용	
인적자원관리의 확보	1. 인적자원관리의 정의와 내용	
	2. 인력계획	
	3. 직무관리	
	4. 채용계획	
인적자원의 보상 (임금 및 복리후생관리)	1. 임금관리의 의의	
	2. 임금체계 및 형태	임금의 체계
		임금형태
	3. 복리후생과 4대 사회보험	복리후생
		4대 사회보험
	4. 소득세와 연말정산	소득세의 개념
		원천징수
		연말정산
인적자원의 개발	1. 인적자원의 개발	인사고과
		교육훈련
		이동과 승진
		경력관리
	2. 조직개발	
인적자원의 유지 (노사관계)	1. 근로시간의 관리	근로시간 설계의 의의
		근로시간제의 유형
		근로유형의 최근 동향
	2. 노사관계론	노사관계와 경영조직
		단체교섭제도
		부당한 노동행위와 그 구제
		경영참여와 노사관계
관련법규의 이해	1. 근로기준법	
	2. 노동조합 및 노동관계 조정법	
	3. 산업안전법	

6. 실제 시험 프로그램 화면

ERP 정보관리사는 이론, 실무 모두 시험이 CBT(Computer Based Testing) 방식으로 진행되며, 컴퓨터상에서 문제를 읽고 풀며 답안을 작성한다. 단, 계산문제가 있으므로 기본형 계산기와 간단한 필기구를 준비하는 게 좋다.

- ERP 정보관리사 시험 로그인 화면

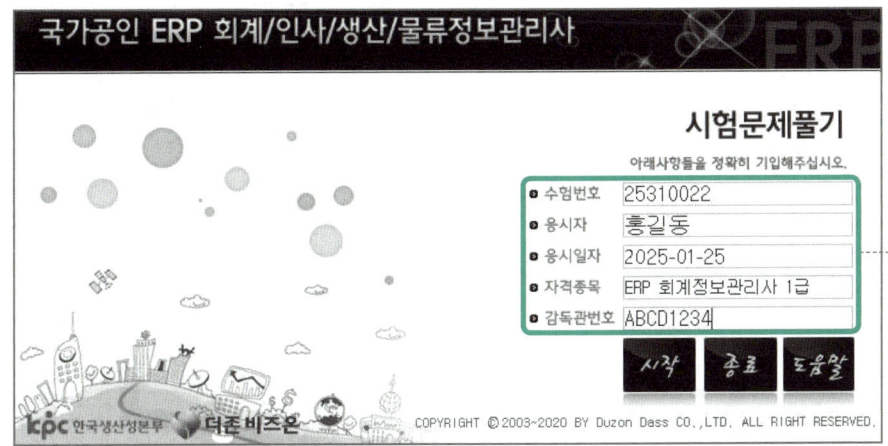

수험표에 기재된 내용을 참고하여 수험번호, 응시자, 응시일자, 자격종목, 감독관번호를 순서대로 입력한다.

- ERP 정보관리사 로그인 후 화면

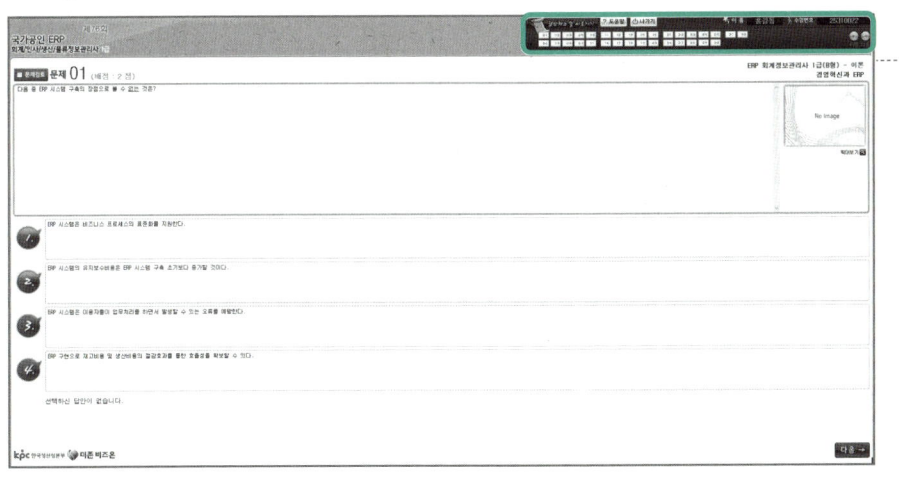

로그인 후 시험이 시작되면 문제를 읽고 답안을 체크한 후, '다음' 버튼을 누른다. 우측 상단의 '답안체크 및 바로가기'에서 원하는 문항을 선택하면 해당 문항으로 바로 이동할 수 있다.

STRUCTURE
구성과 특징

시험에 출제된 내용만 담은 이론!

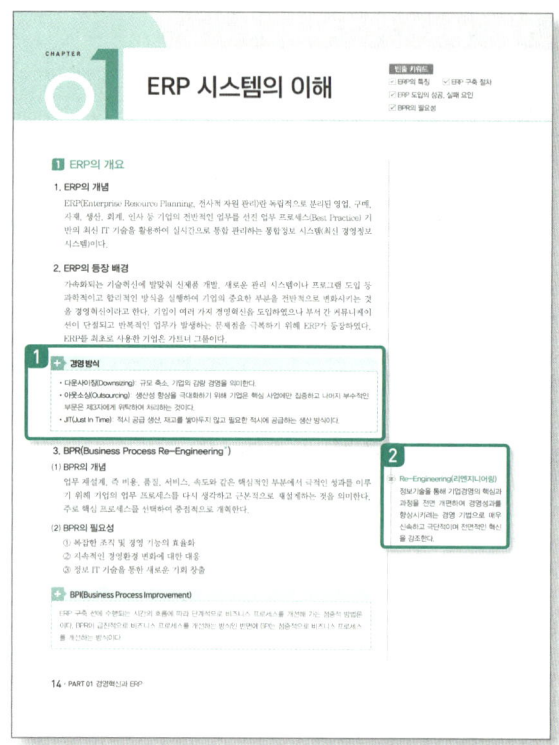
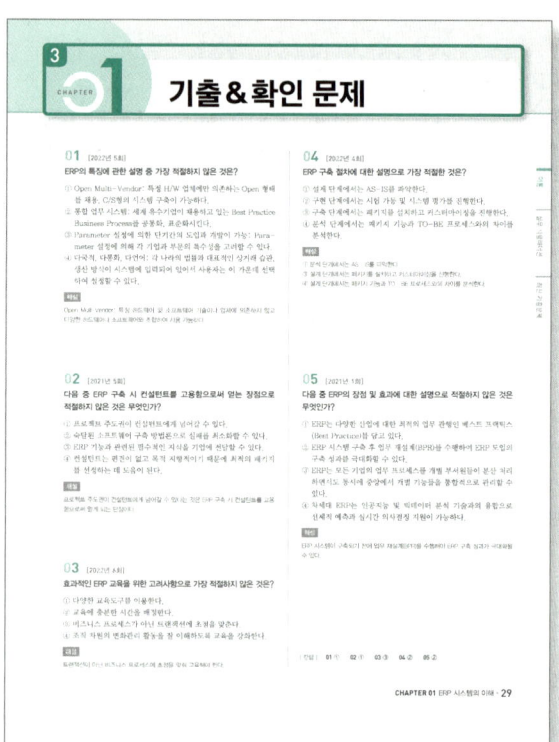

1 부가 이론 설명

기본 이론과 더불어 학습자의 이해를 돕는 부가적인 내용을 수록하였다.

2 용어 및 개념 설명

어려운 용어 및 개념은 바로 설명하여 해당 내용을 이해하는 데 어려움이 없도록 하였다.

3 기출&확인 문제

각 CHAPTER별로 기출&확인 문제를 수록하여 기출 유형을 파악하고 학습 내용을 점검할 수 있다.

실전 감각을 키울 수 있는 실무 시뮬레이션!

최신 기출문제 5회분으로 확실한 마무리!

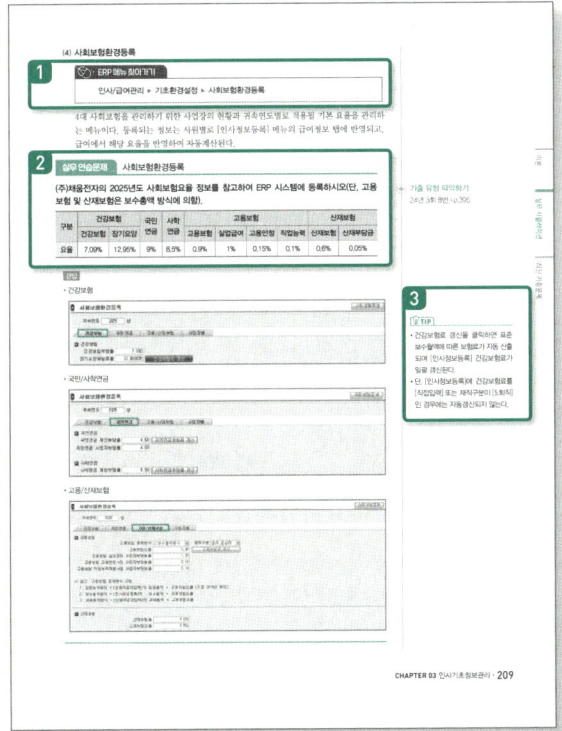

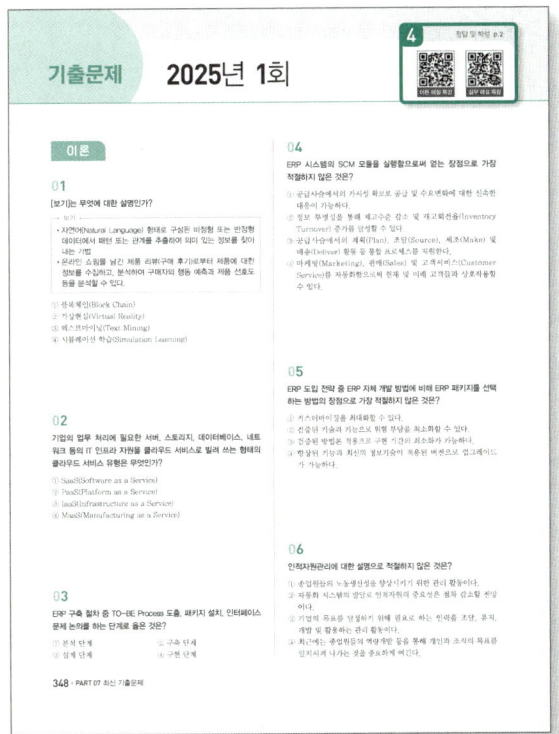

1 ERP 메뉴 찾아가기
생소한 프로그램을 보다 빠르게 익힐 수 있도록 해당 메뉴의 경로를 제시하였다.

2 실무 연습문제
실무 연습문제를 통해 ERP 프로그램에 익숙해질 수 있도록 하여 실전에 대비할 수 있다.

3 저자 TIP
저자가 직접 제시하는 TIP을 수록하여 효율적인 학습을 할 수 있다.

4 기출문제 해설 특강
2024년 3회부터 2025년 1회까지 최신 기출문제 5회분의 해설 특강을 수록하였다.

➕ 시험 직전, 최종 점검할 수 있는 FINAL핵심 노트(PDF 제공)
다운로드 경로: 에듀윌 도서몰(book.eduwill.net) 로그인 > 도서자료실 > 부가학습자료 > '인사 1급' 검색

CONTENTS 차 례

이론

PART 01 | 경영혁신과 ERP

| CHAPTER 01 | ERP 시스템의 이해 | 14 |

PART 02 | 인사관리 – 인적자원관리 및 확보

CHAPTER 01	인적자원관리	38
CHAPTER 02	인적자원계획	46
CHAPTER 03	직무관리	51
CHAPTER 04	인적자원확보	62

PART 03 | 인사관리 – 인적자원개발

CHAPTER 01	교육훈련	72
CHAPTER 02	이동/승진/이직	79
CHAPTER 03	경력개발관리	85
CHAPTER 04	인사고과	90
CHAPTER 05	조직개발	97

PART 04 | 임금 및 복리후생관리

CHAPTER 01	임금	112
CHAPTER 02	복리후생	127
CHAPTER 03	소득세와 연말정산	137

PART 05 | 노사관계

| CHAPTER 01 | 노사관계 | 158 |

실무 시뮬레이션

PART 06 | 실무 시뮬레이션

CHAPTER 01	iCUBE 핵심ERP 프로그램 설치 방법	178
CHAPTER 02	시스템관리	183
CHAPTER 03	인사기초정보관리	198
CHAPTER 04	급여관리	253
CHAPTER 05	사회보험관리	268
CHAPTER 06	연말정산관리	274
CHAPTER 07	퇴직정산관리	305
CHAPTER 08	세무관리	315
CHAPTER 09	전표관리	320
CHAPTER 10	일용직관리	326
CHAPTER 11	사업/기타/이자배당소득관리	334

최신 기출문제

PART 07 | 최신 기출문제

	문제	정답
2025년 1회	348	2
2024년 6회	358	44
2024년 5회	367	86
2024년 4회	378	132
2024년 3회	389	172

PART 01

경영혁신과 ERP

CHAPTER 01 ERP 시스템의 이해

Enterprise
Resource
Planning

CHAPTER 01 ERP 시스템의 이해

빈출 키워드
☑ ERP의 특징   ☑ ERP 구축 절차
☑ ERP 도입의 성공, 실패 요인
☑ BPR의 필요성

1 ERP의 개요

1. ERP의 개념

ERP(Enterprise Resource Planning, 전사적 자원 관리)란 독립적으로 분리된 영업, 구매, 자재, 생산, 회계, 인사 등 기업의 전반적인 업무를 선진 업무 프로세스(Best Practice) 기반의 최신 IT 기술을 활용하여 실시간으로 통합 관리하는 통합정보 시스템(최신 경영정보 시스템)이다.

2. ERP의 등장 배경

가속화되는 기술혁신에 발맞춰 신제품 개발, 새로운 관리 시스템이나 프로그램 도입 등 과학적이고 합리적인 방식을 실행하여 기업의 중요한 부분을 전반적으로 변화시키는 것을 경영혁신이라고 한다. 기업이 여러 가지 경영혁신을 도입하였으나 부서 간 커뮤니케이션이 단절되고 반복적인 업무가 발생하는 문제점을 극복하기 위해 ERP가 등장하였다. ERP를 최초로 사용한 기업은 가트너 그룹이다.

➕ 경영 방식

- 다운사이징(Downsizing): 규모 축소, 기업의 감량 경영을 의미한다.
- 아웃소싱(Outsourcing): 생산성 향상을 극대화하기 위해 기업은 핵심 사업에만 집중하고 나머지 부수적인 부문은 제3자에게 위탁하여 처리하는 것이다.
- JIT(Just In Time): 적시 공급 생산, 재고를 쌓아두지 않고 필요한 적시에 공급하는 생산 방식이다.

3. BPR(Business Process Re-Engineering*)

(1) BPR의 개념

업무 재설계, 즉 비용, 품질, 서비스, 속도와 같은 핵심적인 부분에서 극적인 성과를 이루기 위해 기업의 업무 프로세스를 다시 생각하고 근본적으로 재설계하는 것을 의미한다. 주로 핵심 프로세스를 선택하여 중점적으로 개혁한다.

(2) BPR의 필요성

① 복잡한 조직 및 경영 기능의 효율화
② 지속적인 경영환경 변화에 대한 대응
③ 정보 IT 기술을 통한 새로운 기회 창출

> *Re-Engineering(리엔지니어링)
> 정보기술을 통해 기업경영의 핵심과 과정을 전면 개편하여 경영성과를 향상시키려는 경영 기법으로 매우 신속하고 극단적이며 전면적인 혁신을 강조한다.

➕ BPI(Business Process Improvement)

ERP 구축 전에 수행되는 시간의 흐름에 따라 단계적으로 비즈니스 프로세스를 개선해 가는 점증적 방법론이다. BPR이 급진적으로 비즈니스 프로세스를 개선하는 방식인 반면에 BPI는 점증적으로 비즈니스 프로세스를 개선하는 방식이다.

4. ERP의 발달 과정

구분	MIS	MRP I	MRP II	ERP	확장형 ERP
의미	경영정보 관리 시스템	자재 수급 관리	제조 자원 관리	전사적 자원 관리	기업 간 최적화
특징	다량의 정보처리	재고 최소화	원가 절감	경영혁신	Win - Win

➕ MIS와 ERP의 비교

구분	MIS(경영정보 시스템)	ERP(통합정보 시스템)
설계 기술	프로그램 코딩에 의존	4GL(4세대 언어), 객체지향기술
시스템 구조	폐쇄적	개방적
업무 처리	수직적	수평적
조직 구성	계층적 조직 구조	팀제를 통한 수평적 조직 구조
소비자 의식	획일화	다양화, 개성화, 인간화
생산 형태	소품종 대량 생산	다품종 소량 생산
의사결정	Bottom-Up, 상사	Top-Down, 담당자
급여 체계	연공서열	성과급 체계
시장 조건	제한된 시장, 독과점 시장	무한 경쟁 시장
저장 구조	파일 시스템	관계형 데이터베이스, 원장형 통합 데이터베이스*

5. ERP의 특징 중요

(1) 기능적 특징
① 다국적, 다통화, 다언어 지원으로 글로벌 대응 가능
② 업무 중복 및 대기시간 배제, 실시간 정보처리 체계 구축
③ 표준을 지향하는 선진화된 최고의 실용성 수용
④ 선진 비즈니스 프로세스 모델에 의한 BPR 지원
⑤ 파라미터(Parameter)* 설정에 의한 개발 효과
⑥ 경영정보 제공 및 경영조기경보 체계 구축 가능
⑦ 투명경영의 수단으로 활용
⑧ 오픈 멀티-벤더(Open Multi-Vendor)* 시스템

(2) 기술적 특징
① 4세대 언어로 개발
② 관계형 데이터베이스 관리 시스템(RDBMS) 채택
③ 객체지향기술 사용
④ e-비즈니스 수용이 가능한 Multi-Tier 환경 구성

✻ **원장형 통합 데이터베이스**
중앙에서 기업의 인사, 회계, 생산, 물류 등의 데이터베이스를 통합하여 보관하는 것으로, 어느 업무에서나 활용할 수 있으나 자동적으로 가공된 데이터가 저장되는 것은 아니다.

✻ **파라미터(Parameter)**
프로그램상의 특정 기능을 사용하여 조직의 변경이나 프로그램 변경에 유연하게 대응하기 위한 것이다.

✻ **오픈 멀티-벤더(Open Multi-Vendor)**
ERP는 어떠한 운영체제나 데이터베이스에서도 운영 가능하도록 설계되어 있어 타 시스템과 연계가 가능하다. 특정 하드웨어 및 소프트웨어 기술이나 업체에 의존하지 않고 다양한 하드웨어나 소프트웨어와 조합하여 사용 가능하다.

6. ERP 시스템의 구축 절차(분석 → 설계 → 구축 → 구현)

단계	내용	과정
분석 (Analysis)	현재 업무 상태 분석 및 대응 방안 수립	AS-IS 파악, TFT* 구성, 현재 시스템의 문제 파악, 주요 성공 요인 도출, 목표와 범위 설정, 현업 요구사항 분석, 경영 전략 및 비전 도출, 세부 추진 일정 및 계획 수립, 시스템 설치
설계 (Design)	문제점에 대한 해결 방안 및 개선 방안 도출, 차이 분석	TO-BE 프로세스 도출 및 패키지 기능과 차이 분석(GAP 차이 분석), 패키지 설치 및 파라미터 설정, 인터페이스 문제 논의, 사용자 요구대상 선정, 추가 개발 및 수정·보완 문제 논의, 커스터마이징* 선정
구축 (Construction)	이전 단계에서 도출된 결과를 시스템으로 구축 및 검증	모듈의 조합화, 테스트 후 추가 개발 또는 수정 기능 확정, 인터페이스 프로그램 연계 테스트, 출력물 제시
구현 (Implementation)	실제 시스템의 시험적 운영 및 유지 보수 계획 수립	실제 데이터 입력 후 시험 가동, 데이터 전환, 시스템 평가 및 유지 보수, 추후 일정 수립

※ **TFT(Task Force Team)**: 프로젝트 추진 시 각 부서에서 선발된 구성원으로 임시 팀을 만들어 활동하는 것을 말한다.

※ **커스터마이징(Customizing)**: '주문, 제작하다'라는 뜻의 단어인 'Customize'에서 유래된 것으로, 맞춤제작 서비스를 의미한다.

2 ERP 시스템의 도입

1. ERP 패키지 선정 기준
① ERP 시스템 보안성
② 기업 요구사항의 부합 정도
③ 커스터마이징(Customizing)의 가능 여부
④ 자사에 맞는 패키지 선정
⑤ 현업 중심의 프로젝트 진행

> **＋ ERP 자체 개발보다 ERP 패키지를 선택하는 이유**
> - 검증된 방법론 적용으로 구현 기간을 최소화할 수 있다.
> - 검증된 기술과 기능으로 위험 부담을 최소화할 수 있다.
> - 향상된 기능과 최신 정보기술이 적용된 버전으로 업그레이드할 수 있다.

2. ERP 시스템의 장점 및 효과
① ERP는 다양한 산업에 대한 최적의 업무 관행인 베스트 프랙틱스(Best Practice)를 담고 있다.
② ERP 시스템이 구축되기 전에 업무 재설계(BPR)를 수행해야 ERP 구축 성과가 극대화될 수 있다.
③ ERP 시스템은 비즈니스 프로세스의 표준화를 지원한다.
④ ERP 시스템은 이용자들이 업무를 처리하면서 발생할 수 있는 오류를 예방할 수 있다.
⑤ ERP 구현으로 재고 비용 및 생산 비용 절감 등의 효율성을 확보할 수 있다(결산작업 및 공급사슬의 단축, 리드 타임* 감소, 사이클 타임* 감소).
⑥ ERP는 모든 기업의 업무 프로세스를 개별 부서원들이 분산 처리하면서도 동시에 중앙에서 개별 기능들을 통합적으로 관리할 수 있다.
⑦ ERP는 경영학적인 업무 지식에 입각하여 각 기업들이 고유한 프로세스를 구현할 수 있도록 파라미터(Parameter)를 변경하여 고객화(Customization)*시킬 수 있게 구성되어 있다.
⑧ 차세대 ERP는 인공지능 및 빅데이터 분석 기술과의 융합으로 분석 도구가 추가되어 선제적 예측과 실시간 의사결정 지원이 가능하다.

※ **리드 타임(Lead Time)**: 시작부터 완성까지 소요되는 시간을 의미한다. 구매할 품목을 발주한 시점부터 실제로 입고 완료되는 시점까지 소요되는 시간을 '구매 리드 타임', 제품 생산 시점부터 완성 시점까지 소요되는 시간을 '생산 리드 타임'이라고 한다.

※ **사이클 타임(Cycle Time)**: 어떤 상황이 발생한 후 동일한 상황이 다음에 다시 발생할 때까지의 시간적 간격을 의미한다.

※ **고객화(Customization)**: ERP 시스템의 프로세스, 화면, 필드, 보고서 등 거의 모든 부분을 기업의 요구사항에 맞춰 구현하는 방법이다.

3. ERP 시스템 도입의 4단계

ERP 도입 단계는 기존 시스템 개발 프로젝트와 달리 일종의 패키지 도입이 주를 이루고 있으므로 아래와 같은 4단계의 프로세스를 거친다.

(1) 투자 단계
① 시스템에 대한 필요성 인지와 투자 의사결정이 이루어지는 단계이다.
② 총소유비용은 ERP 시스템의 투자비용에 대한 개념으로, 시스템의 전체 라이프 사이클(Life-Cycle)에서 발생하는 전체 비용을 계량화하는 것을 의미한다.

(2) 구축 단계
① 투자 의사결정이 이루어진 시스템을 구축하는 단계이다.
② 기업에 적합한 ERP가 어떤 것인지 비교하여 결정한다.
③ 전사적 시스템에 대한 변화관리와 전문가 확보가 필요하다.

ERP 구축 시 전문가를 고용함으로써 얻게 되는 장단점

장점	단점
• 숙달된 소프트웨어 구축 방법론으로 실패 최소화 • ERP 기능과 관련된 필수적 지식 전달 가능 • 컨설턴트에 대한 편견 없이 목적 지향적으로 최적의 패키지 선정 가능	프로젝트 주도권이 컨설턴트에게 넘어갈 수 있음

(3) 실행 단계
① 시스템을 사용하는 단계이다.
② 도입한 ERP는 통합이 잘 되어 기업에 맞춤화되어야 하고, 성과를 최대화하기 위해 사용자 교육이 필요하다.

효과적인 ERP 교육을 위한 고려사항

- 트랜잭션(Transaction)*이 아닌 비즈니스 프로세스에 초점을 맞추어 교육한다.
- 사용자에게 시스템 사용법과 새로운 업무 처리 방식을 모두 교육한다.
- 교육에 충분한 시간을 배정해야 한다.
- 다양한 교육 도구를 이용해야 한다.
- 조직 차원의 변화관리 활동을 잘 이해하도록 교육을 강화해야 한다.

(4) 확산 단계
① ERP를 활용할 수 있는 모든 영역에 확산이 이루어져야 하는 단계이다.
② ERP는 하나의 시스템 아래에 기능별 모듈이 존재하기 때문에 도입 후 전사적으로 고도화, 보편화될 수 있도록 확산되어야 한다.

컨피규레이션(Configuration)

사용자가 원하는 작업 방식으로 소프트웨어를 구성하는 것으로, 파라미터(Parameter)를 선택하는 과정이다.

---

*★ **트랜잭션(Transaction)**
하나의 작업을 수행하기 위해 필요한 데이터베이스의 연산들을 모아놓은 것으로 데이터베이스에서의 작업 단위가 된다. 시스템에서 관리의 대상이 되는 기본적인 정보를 기록한 기본 파일(Master File)의 내용에 추가, 삭제 및 갱신을 하는 행위(거래)이다.

4. ERP 시스템 도입의 성공 요인과 실패 요인 중요

(1) 성공 요인
① 경영진의 확고한 의지와 기업 전원의 참여 분위기
② 경험과 지식을 겸비한 인력으로 구성
③ 우수하며 자사에 맞는 패키지 선정
④ 지속적인 교육과 훈련 실시
⑤ 커스터마이징의 최소화
⑥ 철저한 사전 준비
⑦ BPR을 통한 완전한 기업 업무 프로세스 표준화의 선행 또는 동시 진행
⑧ TFT는 최고의 엘리트 사원으로 구성
⑨ 현업 중심의 프로젝트 진행

(2) 실패 요인
① 기능 및 자질 부족
② 사용자의 능력 및 기업의 관심 부족
③ IT 부서 중심의 프로젝트 진행
④ 업무 단위별로 추진
⑤ 현재 업무 방식 고수
⑥ 단기간의 효과 위주로 구현
⑦ 프로젝트에서 최고 경영진 배제

5. ERP 도입의 최종 목표
① 잘못된 관행 제거, 비부가가치 업무 제거 및 단순화, 표준화
② 통합정보 시스템 구축, 선진 비즈니스 프로세스 도입
③ 정보 공유를 통한 납기 단축, 재고 비용 절감, 매출 증대
④ 경쟁력 강화, 투명경영 가능
⑤ 글로벌 경쟁체제 대응
⑥ 고객만족과 이윤 극대화

6. ERP 시스템 획득과 IT 아웃소싱

(1) ERP 시스템 획득의 정의
ERP 시스템을 직접 만들거나 구매하여 확보하는 행위를 말한다.

(2) IT 아웃소싱(IT Outsourcing)의 정의
① 기술력 부족, 비용 절감 등의 이유로 다른 전문 회사로부터 IT 관련 운영, 유지 보수, 통신, 소프트웨어 개발, 데이터베이스 지원 등 일부 또는 모든 서비스를 제공받는 것이다.
② 최근에는 ERP 개발과 구축, 운영, 유지 보수 등을 전문 회사로부터 외주(아웃소싱)를 주는 형태가 많이 나타나고 있다.

+ ERP 아웃소싱(Outsourcing)의 장단점

장점	단점
• 새로운 지식 습득 • ERP 자체 개발에서 발생할 수 있는 기술력 부족의 위험 요소 배제 • ERP 개발, 구축, 운영, 유지 보수에 필요한 인적자원 절약	IT 아웃소싱 업체에 대한 의존성(종속성)이 생길 수 있음

3 확장형 ERP

1. 확장형 ERP의 개요

기존의 ERP 시스템에서 발전된 개념으로 기존 ERP 시스템이 기업 내부 프로세스의 최적화가 목표라면, 확장형 ERP는 운영 범위를 기업 외부의 프로세스까지 확대하여 다양한 애플리케이션과의 인터페이스, e-비즈니스 등이 가능하다.

(1) 확장형 ERP의 등장 배경
① 기업 비즈니스 환경의 변화
② 기업 외부 프로세스와의 유연한 통합의 필요성
③ 상거래의 협업 필요성
④ 기존 ERP와 타 솔루션과의 연계 필요성

(2) 확장형 ERP의 특징
① 웹(Web) 환경을 이용한 기업 외부 프로세스까지 지원
② 상거래 지향적인 프로세스로 통합
③ 더욱 향상된 의사결정 지원
④ e-비즈니스에 대비할 수 있는 기능 보장

(3) 확장형 ERP에 포함되어야 할 내용
① 고유 기능의 추가 보완
② 전략적 의사결정을 위한 경영혁신 지원
③ 정보화 지원 기술 추가
④ 사무자동화, 그룹웨어 등의 전문 기술 확대 적용
⑤ 산업 유형 지원 확대

2. 확장형 ERP의 구성 요소

(1) 기본 ERP 시스템
회계관리, 인사관리, 구매관리, 자재관리, 물류관리, 생산관리, 영업관리 등으로 구성된다.

(2) e-비즈니스 지원 시스템
① 지식경영 시스템(KMS): 조직 내 인적자원들이 축적하고 있는 개별적인 지식을 체계화하고 공유하기 위한 정보 시스템이다. 지식경영 시스템의 목적은 직원들이 가지고 있는 각종 지식 자원을 문서로 작성·보유하게 하고, 입력된 다양한 정보를 체계적으로 정리·공유함으로써 업무에 활용하며 나아가 첨단 기술과 조합함으로써 조직 내에 축적되는 각종 지식과 노하우를 효율적으로 관리·활용하도록 하는 데에 있다.
② 경영자정보 시스템(EIS)
③ 공급망관리(SCM): 공급자부터 소비자까지 이어지는 물류, 자재, 제품, 서비스, 정보의 흐름을 전반적으로 계획하고 관리함으로써 수요와 공급의 일치를 최적으로 운영 및 관리하는 활동이다. 공급사슬에서의 계획(Plan), 조달(Source), 제조(Make) 및 배송(Deliver) 활동 등 통합 프로세스를 지원한다. 이를 통해 공급사슬에서 가시성을 확보하여 공급 및 수요 변화에 신속하게 대응할 수 있다. 정보 투명성으로 재고 수준을 감소시키고 재고회전율(Inventory Turnover)을 증가시킬 수 있다.
④ 의사결정 지원 시스템(DSS)

⑤ 고객관계관리(CRM): ERP 시스템이 비즈니스 프로세스를 지원하는 백오피스 시스템(Back-Office System)이라면, CRM 시스템은 기업의 고객 대응 활동을 지원하는 프런트오피스 시스템(Front-Office System)이다. 확장된 ERP 환경에서 CRM 시스템은 마케팅(Marketing), 판매(Sales) 및 고객 서비스(Customer Service)를 자동화함으로써 현재 및 미래 고객들과 상호작용할 수 있으며, CRM과 ERP 간의 통합으로 비즈니스 프로세스의 투명성과 효율성을 확보할 수 있다.

⑥ 전자상거래(EC)

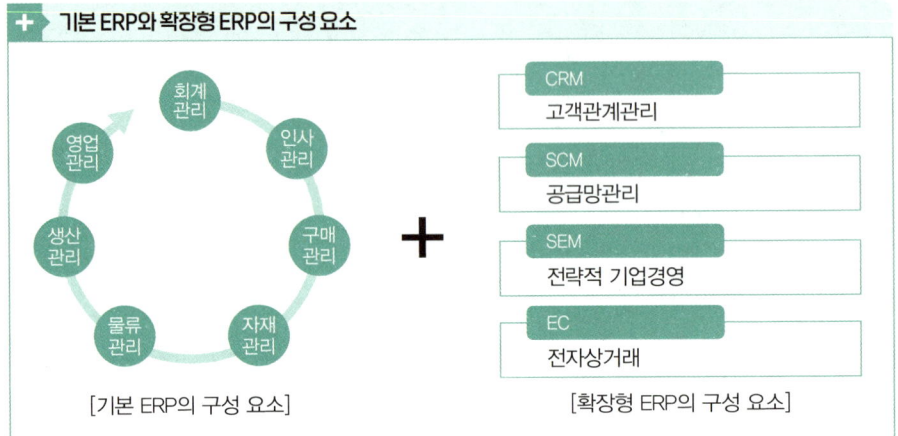

기본 ERP와 확장형 ERP의 구성 요소

[기본 ERP의 구성 요소] [확장형 ERP의 구성 요소]

(3) 전략적 기업경영(SEM) 시스템
① 성과측정관리(BSC) 시스템
② 부가가치경영(VBM) 시스템
③ 전략계획 및 시뮬레이션(SFS)
④ 활동기준경영(ABM) 시스템

3. ERP와 확장형 ERP의 비교

구분	ERP	확장형 ERP
목표	기업 내부 최적화	기업 내·외부 최적화
기능	기본 ERP 시스템	기본 ERP 시스템+e-비즈니스 지원 시스템+전략적 기업경영(SEM) 시스템
프로세스	기업 내부 통합 프로세스	기업 내·외부 통합 프로세스
시스템 구조	웹 지향 폐쇄성	웹 기반 개방성

4 4차 산업혁명과 차세대 ERP

4차 산업혁명(The Fourth Industrial Revolution)이란 인공지능(AI; Artificial Intelligence), 사물인터넷(IoT; Internet of Things), 빅데이터(Big Data), 클라우드 컴퓨팅(Cloud Computing) 등 첨단 정보통신기술이 경제·사회 전반에 융합되어 혁신적인 변화가 나타나는 차세대 산업혁명을 말한다.

차세대 ERP는 웹(Web) 기반 ERP에서 클라우드 기반의 ERP로 진화하고 있다. 클라우드 ERP는 디지털 지원, 인공지능(AI) 및 기계 학습(Machine Learning), 예측 분석 등과 같은 지능형 기술을 이용하여 미래에 대비한 즉각적인 가치를 제공하고 있다.

1. 클라우드 컴퓨팅의 정의
① 인터넷 기술을 활용하여 가상화된 IT 자원을 서비스로 제공하는 컴퓨팅 기술을 의미한다.
② 사용자가 클라우드 컴퓨팅 네트워크에 접속하여 응용프로그램, 운영체제, 저장장치, 유틸리티 등 필요한 IT 자원을 원하는 시점에 필요한 만큼 골라서 사용하고 사용량만큼 대가를 지불해야 한다.

2. 클라우드 컴퓨팅의 장단점
(1) 장점
① 사용자가 하드웨어(HW)나 소프트웨어(SW)를 직접 디바이스에 설치할 필요 없이 자신의 필요에 따라 언제든지 컴퓨팅 자원을 사용할 수 있다.
② 모든 데이터와 소프트웨어가 클라우드 컴퓨팅 내부에 집중되고 이기종 장비 간의 상호연동이 유연하기 때문에 손쉽게 다른 장비로 데이터와 소프트웨어를 이동할 수 있어 장비관리 업무와 PC 및 서버 자원 등을 줄일 수 있다.
③ 사용자는 서버 및 소프트웨어를 클라우드 컴퓨팅 네트워크에 접속하여 제공받을 수 있으며 서버 및 소프트웨어를 구입해서 설치할 필요가 없으므로 사용자의 IT 투자비용이 줄어든다.

(2) 단점
① 서버 공격 및 손상으로 인해 개인 정보가 유출되거나 유실될 수 있다.
② 모든 애플리케이션을 보관할 수 없으므로 사용자가 필요로 하는 애플리케이션을 지원받지 못하거나 애플리케이션을 설치하는 데 제약이 있을 수 있다.

3. 클라우드 컴퓨팅에서 제공하는 서비스
(1) 클라우드 서비스 모델 비교
클라우드 서비스는 IaaS 방식에서 PaaS와 SaaS 방식까지 영역을 넓혀가고 있다.

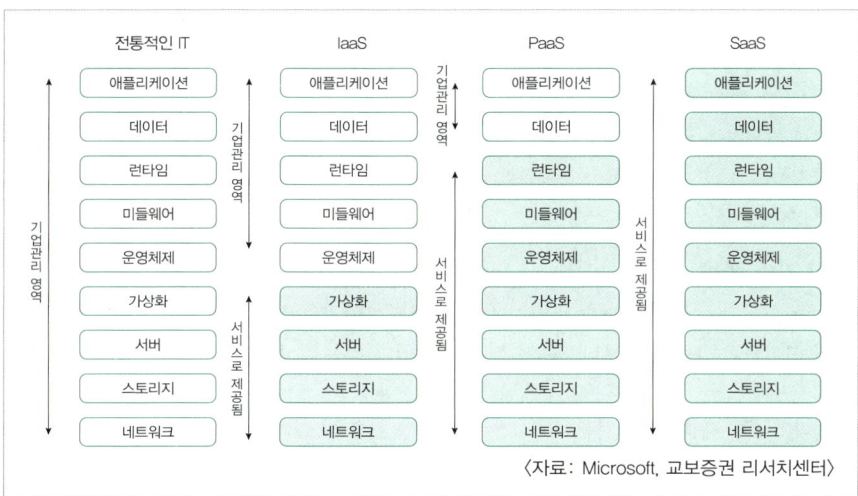

〈자료: Microsoft, 교보증권 리서치센터〉

IaaS (Infrastructure as a Service)	• 서버 인프라를 서비스로 제공하는 것으로, 클라우드를 통하여 저장장치 또는 컴퓨팅 능력을 인터넷 형태로 제공하는 서비스 모델 • 데이터베이스 클라우드 서비스, 스토리지 클라우드 서비스가 있음 • 이용자가 직접 데이터 센터를 구축할 필요 없이 클라우드 환경에서 필요한 인프라를 빌려 쓰는 방식 • 예 넷플릭스가 아마존 웹 서비스(AWS)에서 IaaS 서비스를 이용하는 방식 선택
PaaS (Platform as a Service)	• 사용자가 소프트웨어를 개발할 수 있도록 토대를 제공해 주는 서비스 모델 • PaaS에서 필요한 서비스를 선택해 애플리케이션을 개발 • 예 웹 프로그램, 제작 툴, 개발 도구 지원, 과금 모듈, 사용자 관리 모듈 등
SaaS (Software as a Service)	• 클라우드 컴퓨팅 서비스 사업자가 클라우드 컴퓨팅 서버에 소프트웨어를 제공하고, 사용자가 원격으로 접속해 해당 소프트웨어를 활용하는 모델 • 별도로 프로그램을 설치할 필요 없이 인터넷에 접속하면 주요 기능을 바로 사용 가능 • 웹사이트에 들어가서 주소를 입력하고 로그인 • 예 유클라우드, 네이버 클라우드, 드롭박스와 같은 클라우드 서비스 등

(2) 클라우드 서비스의 비즈니스 모델

퍼블릭(Public, 공개형) 클라우드	• 전 세계의 소비자, 기업 고객, 공공기관 및 정부 등 모든 주체가 클라우드 컴퓨팅을 사용하며, 사용량에 따라 사용료를 지불함 • 규모의 경제를 통해 경쟁력 있는 서비스 단가를 제공함
사설(Private, 폐쇄형) 클라우드	• 특정한 기업의 구성원만 접근할 수 있는 전용 클라우드(Internal Cloud) 서비스 • 초기 투자비용이 높으며, 주로 데이터의 보안 확보와 프라이버시 보장이 필요한 경우에 사용함
하이브리드(Hybrid, 혼합형) 클라우드	특정 업무 또는 데이터 저장은 폐쇄형 클라우드 방식을 이용하고 기타 덜 중요한 업무는 공개형 클라우드 방식을 이용함

4. 클라우드 ERP의 특징

① 클라우드의 가장 기본 서비스인 IaaS, PaaS, SaaS를 통해 ERP 서비스를 제공받는다.
② 4차 산업혁명 시대에 경쟁력을 갖추기 위해서는 기업들이 지능형 기업으로 전환해야 하며, 클라우드 ERP로 지능형 기업을 운영할 수 있다.
③ 클라우드 도입을 통해 ERP의 진입장벽을 획기적으로 낮출 수 있다.
④ 클라우드를 통해 제공되는 ERP는 전문 컨설턴트의 도움 없이도 설치 및 운영이 가능하다.
⑤ 클라우드 ERP는 디지털 지원, 인공지능(AI) 및 기계 학습, 예측 분석 등과 같은 지능형 기술을 사용하여 미래에 대비한 즉각적인 가치를 제공할 수 있다.

5. 차세대 ERP의 4차 산업혁명의 핵심 기술 적용

① 향후 ERP는 4차 산업혁명의 핵심 기술인 인공지능(AI), 빅데이터(Big Data), 사물인터넷(IoT), 블록체인(Blockchain)* 등의 신기술과 융합하여 보다 지능화된 기업경영이 가능한 통합 시스템으로 발전될 것이다.
② 생산관리 시스템(MES), 전사자원관리(ERP), 제품수명주기관리(PLM) 시스템 등을 통해 각 생산 과정을 체계화하고 관련 데이터를 모아 빅데이터 분석이 가능해지며 이를 통한 최적화와 예측 분석으로 과학적이고 합리적인 의사결정 지원이 가능하다.
③ 제조업에서는 빅데이터 처리 및 분석 기술을 기반으로 생산 자동화를 구현하고, ERP와 연계하여 생산 계획의 선제적 예측과 실시간 의사결정이 가능해진다.
④ ERP에서 생성되고 축적된 빅데이터를 활용하여 기업의 새로운 업무 개척이 가능해지고, 비즈니스 간 융합을 지원하는 시스템으로 확대가 가능하다.
⑤ 차세대 ERP는 인공지능 및 빅데이터 분석 기술과의 융합으로 전략경영 등의 분석도구를 추가하게 되어 상위계층의 의사결정을 지원할 수 있는 스마트 시스템으로 발전하고 있다.

※ 블록체인
분산형 데이터베이스의 형태로 데이터를 저장하는 연결구조체로, 모든 구성원이 네트워크를 통해 검증 및 저장하여 임의적인 조작이 어렵도록 설계된 저장플랫폼

사이버 물리시스템(CPS: Cyber Physical System)

- 제품, 공정, 생산설비, 공장 등에 대한 실제 환경과 가상 환경을 연결하여 상호작용하는 통합 시스템
- 실시간으로 수집 및 모니터링한 제조 빅데이터를 분석하여 설비와 공정을 제어함으로써 공장운영 최적화
- CPS의 데이터를 ERP 시스템으로 통합하여 주문처리, 생산계획, 구매관리, 재고관리 등의 업무 프로세스를 지원함

제품수명주기관리(PLM: Product Lifecycle Management)

- 제품 기획, 설계, 생산, 출시, 유통, 유지 보수, 폐기까지의 제품수명주기의 모든 단계에 관련된 프로세스와 관련 정보를 통합 관리하는 응용 시스템
- 제품의 기술적인 정보는 설계, 조달, 제조, 생산 프로세스의 효율화 및 원가절감에 활용이 가능함
- 제품 중심의 생명주기관리에 초점을 두는 PLM과 기업 전반의 자원 및 프로세스를 통합적으로 관리하는 데 중점을 두고 있는 ERP는 제품의 생산, 유통, 재무 프로세스를 효율화하는데 PLM과 ERP가 상호작용이 가능함

사물인터넷(IOT: Internet of Things)

- 인터넷을 통해서 모든 사물을 서로 연결하여 정보를 상호 소통하는 지능형 정보기술 및 서비스
- 해당 기기들이 내장 센서를 통해 데이터를 수집하고 인터넷을 통해 서로 연결·통신하며, 수집된 정보를 기반으로 자동화된 프로세스나 제어기능을 수행함
- 스마트 가전, 스마트 홈, 의료, 원격검침, 교통 등 다양한 산업 분야에 적용됨

비즈니스 애널리틱스(Business Analytics)

정의	- 의사결정을 위한 데이터 및 정량 분석과 광범위한 데이터 이용을 의미함 - ERP 시스템 내의 빅데이터 분석을 위한 비즈니스 애널리틱스가 차세대 ERP 시스템의 핵심 요소가 됨
특징	- 조직에서 기존의 데이터를 기초로 최적 또는 현실적 의사결정을 위한 모델링을 이용하도록 지원해 줌 - 질의 및 보고와 같은 기본적인 분석 기술과 예측 모델링과 같이 수학적으로 정교한 수준의 분석을 지원함 - 과거 데이터 분석뿐만 아니라 이를 통한 새로운 통찰력 제안과 미래 사업을 위한 시나리오를 제공함 - 구조화된 데이터(Structured Data)와 비구조화된 데이터(Unstructured Data)를 동시에 이용함 구조화된 데이터는 파일이나 레코드 내에 저장된 데이터로 스프레드시트와 관계형 데이터베이스(RDBMS)를 포함하며 비구조화된 데이터는 전자메일, 문서, 소셜미디어 포스트, 오디오 파일, 비디오 영상, 센서 데이터 등을 말함 - 미래 예측을 지원해 주는 데이터 패턴 분석과 예측 모델을 위한 데이터마이닝(Data Mining)을 통해 고차원 분석 기능을 포함함 - 리포트, 쿼리, 알림, 대시보드, 스코어카드뿐만 아니라 데이터마이닝 등의 예측 모델링과 같은 진보된 형태의 분석 기능을 제공함

5 4차 산업혁명의 핵심기술(빅데이터, 인공지능)

1. 빅데이터(Big Data)

(1) 정의

규모가 방대한 디지털 데이터로 수치, 문자, 이미지, 영상 데이터를 포함한 다양하고 많은 양의 데이터 집합을 의미한다.

(2) 빅데이터의 주요 특성 5V

빅데이터의 주요 특성(5V)에는 규모(Volume), 다양성(Variety), 정확성(Veracity), 속도(Velocity), 가치(Value)가 있다.

① 규모(Volume): 방대한 데이터양을 처리하는 능력(대용량화)을 말한다.
② 다양성(Variety): 정형, 반정형, 비정형데이터를 포함하는 다양한 데이터 유형을 갖는다.
③ 정확성(Veracity): 데이터의 정확성과 신뢰성이 높아야 유의미한 분석 결과를 도출할 수 있다.
④ 속도(Velocity): 데이터 생성 및 처리 속도가 빠르며 대용량 데이터를 신속하고 즉각적으로 분석할 수 있다.
⑤ 가치(Value): 빅데이터 분석을 통해 도출된 최종 결과물을 통해 기업이 당면하고 있는 문제를 해결하는데 유용한 통찰과 가치를 창출할 수 있다.

(3) 처리 절차(데이터 수집 → 저장(공유) → 처리 → 분석 → 시각화)

절차	내용
데이터 수집	의사결정에 필요한 정보를 추출하기 위하여 많은 양의 데이터 원천으로부터 다양한 유형의 데이터를 수집함
저장(공유)	저렴한 비용으로 다양한 유형의 데이터를 쉽고 빠르게 많이 저장하기 위하여 대용량의 저장 시스템을 이용
처리	빅데이터를 효과적으로 분석하기 위하여 사전에 빅데이터 분산 처리 기술이 필요함
분석	머신러닝, 딥러닝, 통계분석 기법 등의 기술을 이용하여 처리된 빅데이터에서 가치 있는 정보를 추출함
시각화	분석 결과를 표, 그래프 등을 이용해 시각적으로 표현하고 해석이나 의사결정에 활용함

2. 인공지능(AI; Artificial Intelligence)

인간의 학습능력, 추론능력, 지각능력, 자연어 이해능력 등을 컴퓨터 프로그램으로 실현한 기술을 의미한다. 인공지능기술은 대량의 정보를 빠르게 분석하여 실시간으로 최적의 의사결정을 내릴 수 있으므로 기존의 사회구조, 운영 방법 등의 측면에서 사회와 산업 전반에 많은 영향을 미친다.

6 4차 산업혁명 시대의 스마트 ERP

1. 스마트 팩토리의 정의

스마트 팩토리는 사물인터넷(IoT)을 결합하여 공장의 설비(장비) 및 공정에서 발생하는 모든 데이터 및 정보가 센서(Sensor)를 통해 네트워크로 서로 공유되고 실시간으로 데이터를 분석하여 필요한 의사결정을 내릴 수 있도록 지원하여 생산 및 운영이 최적화된 공장을 의미한다.

2. 스마트 팩토리의 구축목적

생산성 및 유연성 향상을 위하여 생산 시스템의 지능화, 유연화, 최적화, 효율화 구현에 그 목적이 있다. 즉, 고객서비스 향상, 비용 절감, 납기 향상, 품질 향상, 인력 효율화, 맞춤형 제품 생산, 통합된 협업 생산 시스템, 최적화된 동적 생산 시스템, 새로운 비즈니스 창출, 제품 및 서비스의 생산 통합, 제조의 신뢰성 확보 등을 목적으로 한다.

3. 스마트 팩토리의 구성 영역과 기술 요소

구성 영역	기술 요소
제품개발	제품생명주기관리(PLM) 시스템을 이용하여 제품의 개발, 생산, 유지 보수, 폐기까지의 전 과정을 체계적으로 관리함
현장 자동화	인간과 협업하거나 독자적으로 제조 작업을 수행하는 시스템으로 공정자동화, IOT, 설비 제어장치(PLC), 산업로봇, 머신비전 등의 기술이 이용됨
공장운영관리	자동화된 생산설비로부터 실시간으로 가동 정보를 수집하여 효율적으로 공장 운영에 필요한 생산계획 수립, 재고관리, 제조자원관리, 품질관리, 공정관리, 설비제어 등을 담당하며, 제조실행 시스템(MES), 창고관리 시스템(WMS), 품질관리 시스템(QMS) 등의 기술이 이용됨
기업자원관리	고객주문, 생산실적 정보 등을 실시간으로 수집하여 효율적인 기업 운영에 필요한 원가, 재무, 영업, 생산, 구매, 물류관리 등을 담당하며, ERP 등의 기술이 이용됨
공급사슬관리	제품 생산에 필요한 원자재 조달에서부터 고객에게 제품을 전달하는 전체 과정의 정보를 실시간으로 수집하여 효율적인 물류 시스템 운영, 고객만족을 목적으로 하며, 공급사슬관리(SCM) 등의 기술이 이용됨

7 인공지능과 비즈니스 혁신

1. 인공지능의 기술 발전 단계

(1) 계산주의 시대

① 정의: 인간이 보유한 지식을 컴퓨터로 표현하고 이를 활용해 현상을 분석하거나 문제를 해결하는 지식기반 시스템(Knowledge Based System)을 의미한다.

② 한계: 컴퓨팅 성능 제약으로 인한 계산 기능(연산기능)과 논리체계의 한계, 데이터 부족 등의 문제가 발생할 수 있다.

(2) 연결주의 시대

① 정의: 지식을 직접 제공하기보다 지식과 정보가 포함된 데이터를 제공하고 컴퓨터가 스스로 필요한 정보를 학습한다.

② 한계: 막대한 컴퓨팅 성능과 방대한 학습 데이터 부족(데이터와 컴퓨팅 파워의 부족) 등의 문제가 발생할 수 있다.

(3) 딥러닝(Deep Learning)의 시대

기계학습 방법 중 하나로 컴퓨터가 방대한 데이터를 이용해 사람처럼 스스로 학습할 수 있도록 심층신경망(Deep Neural Networks)* 기술을 이용한 기법이다. 현재 딥러닝은 음성 인식, 이미지 인식, 자동번역, 무인주행(자동차, 드론) 등에 큰 성과를 나타내고 있으며 의료, 법률, 세무, 교육, 예술 등 다양한 범위에서 활용되고 있다.

> ※ **심층신경망**
> 입력층(Input Layer)과 출력층(Output Layer) 사이에 다수의 숨겨진 은닉층(Hidden Layer)으로 구성된 신경망을 활용한다.

2. 인공지능과 빅데이터 분석 기법

(1) 기계 학습(Machine Learning, 머신러닝)

① 정의: 방대한 데이터를 분석해 미래를 예측하는 기술로 일반적으로 생성(발생)된 데이터를 정보와 지식(규칙)으로 변환하는 컴퓨터 알고리즘을 의미한다.

② 유형

구분	내용
지도 학습 (Supervised Learning)	• 학습 데이터로부터 하나의 함수를 유추해 내기 위한 방법 • 학습 데이터로부터 주어진 데이터의 예측값을 올바르게 추측해 내는 것 • 분류 모형과 회귀 모형이 있음
비지도 학습 (Unsupervised Learning)	• 데이터가 어떻게 구성되었는지를 알아내는 문제의 범주에 속함 • 지도 학습 및 강화 학습과 달리 입력값에 대한 목표치가 주어지지 않음 • 군집분석, 오토인코더, 생성적 적대신경망(GAN) 등이 있음
강화 학습 (Reinforcement Learning)	• 선택 가능한 행동들 중 보상을 최대화하는 행동 혹은 순서를 선택하는 방법 • 게임 플레이어 생성, 로봇 학습 알고리즘, 공급망 최적화 등의 응용 영역이 있음

③ 워크플로우 프로세스(데이터 수집 → 점검 및 탐색 → 전처리 및 정제 → 모델링 및 훈련 → 평가 → 배포)

데이터 수집	머신러닝 모델 학습을 위한 텍스트, 이미지, 음성 등 분석 목적에 맞는 방대한 양의 데이터를 수집함
점검 및 탐색	• 데이터를 점검하고 탐색하는 탐색적 데이터 분석(Exploratory Data Analysis, EDA)을 수행함 • EDA는 독립변수, 종속변수, 변수 유형, 변수의 데이터 유형 등 데이터 특징을 파악함 • 데이터를 탐색하며 구조를 이해하고 노이즈나 이상치를 파악함
전처리 및 정제	획득한 데이터 중 분석하기에 부적합하거나 수정이 필요한 경우 불필요한 정보를 제거하고, 비정형데이터를 정형데이터로 구조화하는 등 데이터를 전처리하거나 정제함
모델링 및 훈련	적절한 머신러닝 알고리즘을 선택하여 모델링을 수행하고, 해당 머신러닝 알고리즘에 전처리가 완료된 데이터를 학습시킴
평가	• 머신러닝 기법을 이용한 분석모델(연구모형)을 실행하고 성능(예측정확도)을 평가함 • 연구모형의 신뢰성, 타당성, 이해가능성 등을 평가하고 만족하지 못한 결과가 나온다면 모델링 및 훈련 단계를 반복 수행함
배포	평가 단계에서 머신러닝 기법을 이용한 연구모형이 성공적으로 학습된 것으로 판단되면 완성된 모델을 배포함

(2) **데이터마이닝(Data Mining)**

① 정의: 축적된 대용량 데이터를 통계 기법 및 인공지능 기법을 이용하여 분석하고 이에 대한 평가를 거쳐 일반화시킴으로써 새로운 자료에 대한 예측 및 추측을 할 수 있는 의사결정을 지원한다. 대규모로 저장된 데이터 안에서 다양한 분석 기법을 활용하여 전통적인 통계학 이론으로는 설명이 힘든 패턴과 규칙을 발견할 수 있다.

② 단계(분류 → 추정 → 예측 → 유사집단화 → 군집화)

단계	내용
분류 (Classification)	어떤 새로운 사물이나 대상의 특징을 파악하여 미리 정의된 분류코드에 따라 어느 한 범주에 할당하거나 나눔
추정 (Estimation)	결과가 연속형 값을 갖는 연속형 변수를 주로 다루며 주어진 입력변수로부터 미지의 연속형 변수에 대한 값을 추정(산출)함
예측 (Prediction)	과거와 현재의 자료를 이용하여 미래를 예측하는 모형을 만듦
유사집단화 (Affinity Grouping)	유사한 성격을 갖는 사물이나 물건들을 함께 묶어주는 작업
군집화 (Clustering)	이질적인 사람들의 모집단으로부터 다수의 동질적인 하위 집단 혹은 군집들로 세분화하는 작업

(3) **텍스트마이닝(Text Mining)**

자연어(Natural Language) 형태로 구성된 비정형 또는 반정형 텍스트 데이터에서 패턴 또는 관계를 추출하여 의미 있는 정보를 찾아내는 기법이다. 예를 들어 온라인 쇼핑몰 이용자는 구매자가 남긴 제품 후기로부터 제품에 대한 정보를 수집하고 이러한 텍스트 데이터를 분석하여 구매자의 행동 예측과 제품 선호도를 분석한다.

3. 인공지능과 비즈니스 혁신(RPA; Robotic Process Automation, 로봇 프로세스 자동화)

(1) 정의
소프트웨어 프로그램이 사람을 대신해 반복적인 업무를 자동 처리하는 기술을 말한다. 인공지능과 머신러닝을 사용하여 가능한 많은 양의 반복적 업무를 자동화할 수 있는 소프트웨어 로봇 기술이다.

(2) 특징
반복적인 규칙을 기반으로 한 작업에 특화되어 있으며, RPA와 AI를 통합하는 경우에 RPA로 구현된 로봇은 AI 알고리즘을 사용하여 의사결정을 내릴 수 있고, 기계 학습을 통해 작업을 최적화하는 등의 지능적인 자동화가 가능하다.

(3) 적용단계

단계	내용
기초프로세스 자동화 (1단계)	정형화된 데이터 기반의 자료 작성, 단순 반복 업무 처리, 고정된 프로세스 단위의 업무를 수행하는 단계
데이터 기반의 머신러닝 활용 (2단계)	이미지에서 텍스트 데이터 추출, 자연어 처리로 정확도와 기능성을 향상시키는 단계
인지 자동화 (3단계)	RPA가 업무 프로세스를 스스로 학습하면서 자동화하는 단계로 빅데이터 분석을 통해 사람이 수행하는 복잡한 작업과 의사결정을 내리는 단계

4. 인공지능 비즈니스 적용 프로세스 5단계

단계	내용
비즈니스 영역 탐색 (1단계)	기업이 인공지능 비즈니스를 적용하기 위해 업무 개선 및 이윤 창출이 가능한 영역이 있는지 탐색함
비즈니스 목표 수립 (2단계)	인공지능을 적용할 수 있는 비즈니스 영역을 발견한다면, 비즈니스 목표와 기술 목표를 수립함
데이터 수집 및 적재 (3단계)	인공지능 기술은 특정 문제를 해결하기 위한 알고리즘으로 적용 대상 비즈니스가 보유한 데이터와 상황에 맞는 알고리즘을 사용한 모델링이 필요함
인공지능 모델 개발 (4단계)	인공지능 모델 구축 관련 인프라를 준비하고, 모델 평가 지표 수립 후 알고리즘 선택, 모델링, 평가, 보완 작업을 반복적으로 수행함
인공지능 배포 및 프로세스 정비 (5단계)	인공지능 적용 프로젝트의 성과를 최대화하기 위하여 불필요한 업무 정비, 업무 흐름 재수립, 업무 목표 변경 등의 프로세스 개선을 통해 인공지능 도입에 따른 변화를 시도함

5. 인공지능 규범(AI code)의 5개 원칙

Code 1	인공지능은 인류의 공동 이익과 이익을 위해 개발되어야 함
Code 2	인공지능은 투명성과 공정성의 원칙에 따라 작동해야 함
Code 3	인공지능이 개인, 가족, 지역사회의 데이터 권리 또는 개인정보를 감소시켜서는 안 됨
Code 4	모든 시민은 인공지능을 통해서 정신적, 정서적, 경제적 번영을 누리도록 교육받을 권리를 가져야 함
Code 5	인간을 해치거나 파괴하거나 속이는 자율적 힘을 인공지능에 절대로 부여하지 않음

CHAPTER 01 기출&확인 문제

01 [2022년 5회]

ERP의 특징에 관한 설명 중 가장 적절하지 않은 것은?

① Open Multi-Vendor: 특정 H/W 업체에만 의존하는 Open 형태를 채용, C/S형의 시스템 구축이 가능하다.
② 통합 업무 시스템: 세계 유수기업이 채용하고 있는 Best Practice Business Process를 공통화, 표준화시킨다.
③ Parameter 설정에 의한 단기간의 도입과 개발이 가능: Parameter 설정에 의해 각 기업과 부문의 특수성을 고려할 수 있다.
④ 다국적, 다통화, 다언어: 각 나라의 법률과 대표적인 상거래 습관, 생산 방식이 시스템에 입력되어 있어서 사용자는 이 가운데 선택하여 설정할 수 있다.

해설
Open Multi-Vendor: 특정 하드웨어 및 소프트웨어 기술이나 업체에 의존하지 않고 다양한 하드웨어나 소프트웨어와 조합하여 사용 가능하다.

02 [2021년 5회]

다음 중 ERP 구축 시 컨설턴트를 고용함으로써 얻는 장점으로 적절하지 않은 것은 무엇인가?

① 프로젝트 주도권이 컨설턴트에게 넘어갈 수 있다.
② 숙달된 소프트웨어 구축 방법론으로 실패를 최소화할 수 있다.
③ ERP 기능과 관련된 필수적인 지식을 기업에 전달할 수 있다.
④ 컨설턴트는 편견이 없고 목적 지향적이기 때문에 최적의 패키지를 선정하는 데 도움이 된다.

해설
프로젝트 주도권이 컨설턴트에게 넘어갈 수 있다는 것은 ERP 구축 시 컨설턴트를 고용함으로써 얻게 되는 단점이다.

03 [2022년 6회]

효과적인 ERP 교육을 위한 고려사항으로 가장 적절하지 않은 것은?

① 다양한 교육도구를 이용한다.
② 교육에 충분한 시간을 배정한다.
③ 비즈니스 프로세스가 아닌 트랜잭션에 초점을 맞춘다.
④ 조직 차원의 변화관리 활동을 잘 이해하도록 교육을 강화한다.

해설
트랜잭션이 아닌 비즈니스 프로세스에 초점을 맞춰 교육해야 한다.

04 [2022년 4회]

ERP 구축 절차에 대한 설명으로 가장 적절한 것은?

① 설계 단계에서는 AS-IS를 파악한다.
② 구현 단계에서는 시험 가동 및 시스템 평가를 진행한다.
③ 구축 단계에서는 패키지를 설치하고 커스터마이징을 진행한다.
④ 분석 단계에서는 패키지 기능과 TO-BE 프로세스와의 차이를 분석한다.

해설
① 분석 단계에서는 AS-IS를 파악한다.
③ 설계 단계에서는 패키지를 설치하고 커스터마이징을 진행한다.
④ 설계 단계에서는 패키지 기능과 TO-BE 프로세스와의 차이를 분석한다.

05 [2021년 1회]

다음 중 ERP의 장점 및 효과에 대한 설명으로 적절하지 않은 것은 무엇인가?

① ERP는 다양한 산업에 대한 최적의 업무 관행인 베스트 프랙틱스(Best Practice)를 담고 있다.
② ERP 시스템 구축 후 업무 재설계(BPR)를 수행하여 ERP 도입의 구축 성과를 극대화할 수 있다.
③ ERP는 모든 기업의 업무 프로세스를 개별 부서원들이 분산 처리하면서도 동시에 중앙에서 개별 기능들을 통합적으로 관리할 수 있다.
④ 차세대 ERP는 인공지능 및 빅데이터 분석 기술과의 융합으로 선제적 예측과 실시간 의사결정 지원이 가능하다.

해설
ERP 시스템이 구축되기 전에 업무 재설계(BPR)를 수행해야 ERP 구축 성과가 극대화될 수 있다.

| 정답 | 01 ① | 02 ① | 03 ③ | 04 ② | 05 ② |

06 [2021년 6회]

다음은 조직의 효율성을 제고하기 위해 업무 흐름뿐만 아니라 전체 조직을 재구축하려는 혁신 전략 기법들이다. 이 중 주로 정보기술을 통해 기업경영의 핵심과 과정을 전면 개편함으로써 경영성과를 향상시키려는 경영 기법으로, 매우 신속하고 극단적이며 전면적인 혁신을 강조하는 기법은 무엇인가?

① 지식경영
② 벤치마킹
③ HRM
④ 리엔지니어링

해설

① 지식경영: 조직 내 인적자원들이 축적하고 있는 개별 지식을 체계화하고 공유하기 위한 정보 시스템
② 벤치마킹: 경쟁 기업, 특정 프로세스에 강점을 지닌 조직을 분석하여 적극적으로 학습하는 구조조정 시대 전략
③ HRM: 인적자원관리로, 장래 기업의 인적자원 수요를 예측하여 기업 전략 실현에 필요한 인적자원을 확보하기 위해 실시하는 활동

07 [2022년 4회]

[보기]에 대한 내용으로 가장 적절한 것은?

― 보기 ―
원가, 품질, 서비스, 속도와 같은 주요 성과측정치의 극적인 개선을 위해 업무 프로세스를 급진적으로 재설계하는 것

① BSC(Balanced Scorecard)
② EIS(Executive Information System)
③ CALS(Commerce At Light Speed)
④ BPR(Business Process Re-Engineering)

해설

BPR(Business Process Re-Engineering)에 대한 설명으로 핵심 프로세스를 선택하여 중점적으로 개혁한다.

08 [2024년 4회]

클라우드 ERP의 특징 혹은 효과에 대한 설명 중 가장 옳지 않은 것은?

① 안정적이고 효율적인 데이터 관리
② IT 자원관리의 효율화와 관리비용의 절감
③ 필요한 어플리케이션을 자유롭게 설치 가능
④ 원격근무 환경 구현을 통한 스마트워크 환경 정착

해설

클라우드 ERP는 사용자가 필요로 하는 애플리케이션을 지원받지 못하거나 애플리케이션을 설치하는 데 제약이 있다는 단점이 있다.

09 [2024년 3회]

ERP 패키지의 효과적인 도입을 위한 고려사항으로 가장 적절하지 않은 것은?

① 경영진의 확고한 의지가 있어야 한다.
② 경험 있는 유능한 컨설턴트를 활용해야 한다.
③ 전사적으로 전 임직원의 참여를 유도해야 한다.
④ 현업을 반영하도록 최대한의 커스터마이징을 실행한다.

해설

ERP 패키지의 효과적인 도입을 위해서 최소한의 커스터마이징을 실행해야 한다.

10 [2024년 4회]

e-Business 지원 시스템을 구성하는 단위 시스템에 해당하지 않는 것은?

① 성과측정관리(BSC)
② EC(전자상거래) 시스템
③ 의사결정 지원 시스템(DSS)
④ 고객관계관리(CRM) 시스템

해설

성과측정관리(BSC)는 전략적 기업경영(SEM) 시스템에 해당한다.

11 [2022년 3회]

ERP 도입 전략으로 ERP 자체 개발 방법에 비해 ERP 패키지를 선택하는 방법의 장점으로 옳지 않은 것은?

① 검증된 기술과 기능으로 위험 부담을 최소화할 수 있다.
② 검증된 방법론 적용으로 구현 기간의 최소화가 가능하다.
③ 시스템의 수정과 유지 보수가 지속적으로 이루어질 수 있다.
④ 향상된 기능과 최신의 정보기술이 적용된 버전(Version)으로 업그레이드(Upgrade)가 가능하다.

해설

시스템의 수정과 유지 보수가 지속적으로 가능한 것은 ERP 자체 개발 방법의 장점이다.

| 정답 | 06 ④ | 07 ④ | 08 ③ | 09 ④ | 10 ① | 11 ③ |

12

클라우드 서비스 사업자가 클라우드 컴퓨팅 서버에 ERP 소프트웨어를 제공하고, 사용자가 원격으로 접속해 ERP 소프트웨어를 활용하는 서비스를 무엇이라 하는가?

① IaaS(Infrastructure as a Service)
② PaaS(Platform as a Service)
③ SaaS(Software as a Service)
④ DaaS(Desktop as a Service)

해설

① IaaS(Infrastructure as a Service): 서버 인프라를 서비스로 제공하는 것으로, 클라우드를 통하여 저장장치 또는 컴퓨팅 능력을 인터넷 형태로 제공하는 서비스 모델
② PaaS(Platform as a Service): 사용자가 소프트웨어를 개발할 수 있도록 토대를 제공해주는 서비스 모델
④ DaaS(Desktop as a Service): 클라우드 서비스 제공자가 가상의 데스크톱 환경을 아웃소싱 형태로 사용자에게 제공하는 서비스 모델로 인터넷이 연결되면 시간과 장소에 상관없이 기업 내부망에 접속할 수 있는 클라우드 서비스의 일종

13 [2019년 5회]

다음 중 ERP와 인공지능(AI), 빅데이터(Big Data), 사물인터넷(IoT) 등 혁신 기술과의 관계에 대한 설명으로 적절하지 않은 것은 무엇인가?

① 현재 ERP는 기업 내 각 영역의 업무 프로세스를 지원하고 단위별 업무 처리의 강화를 추구하는 시스템으로 발전하고 있다.
② 제조업에서는 빅데이터 분석 기술을 기반으로 생산 자동화를 구현하고 ERP와 연계하여 생산계획의 선제적 예측과 실시간 의사결정이 가능하다.
③ 현재 ERP는 인공지능 및 빅데이터 분석 기술과의 융합으로 전략경영 등의 분석도구를 추가하여 상위계층의 의사결정을 지원할 수 있는 지능형 시스템으로 발전하고 있다.
④ ERP에서 생성되고 축적된 빅데이터를 활용하여 기업의 새로운 업무 개척이 가능해지고, 비즈니스 간 융합을 지원하는 시스템으로 확대가 가능하다.

해설

현재 ERP는 단위별 업무 처리의 강화를 추구하는 시스템이 아닌, 통합적이고 전사적으로 업무를 처리할 수 있는 시스템으로 발전하고 있다.

14 [2024년 3회]

ERP 시스템의 SCM 모듈을 실행함으로써 얻는 장점으로 가장 적절하지 않은 것은?

① 공급사슬에서의 가시성 확보로 공급 및 수요변화에 대한 신속한 대응이 가능하다.
② 정보 투명성을 통해 재고수준 감소 및 재고회전율(Inventory Turnover) 증가를 달성할 수 있다.
③ 공급사슬에서의 계획(Plan), 조달(Source), 제조(Make) 및 배송(Deliver) 활동 등 통합 프로세스를 지원한다.
④ 마케팅(Marketing), 판매(Sales) 및 고객서비스(Customer Service)를 자동화함으로써 현재 및 미래 고객들과 상호작용할 수 있다.

해설

마케팅(Marketing), 판매(Sales) 및 고객서비스(Customer Service)를 자동화함으로써 현재 및 미래 고객들과 상호작용할 수 있다는 설명은 고객 관계관리(CRM)에 대한 설명이다.

15 [2021년 4회]

다음 중 ERP 시스템에 대한 투자비용에 관한 개념으로 시스템의 전체 라이프 사이클(Life-Cycle)을 통해 발생하는 전체 비용을 계량화하는 것을 무엇이라 하는가?

① 유지 보수비용(Maintenance Cost)
② 시스템 구축비용(Construction Cost)
③ 소프트웨어 라이선스비용(Software License Cost)
④ 총소유비용(Total Cost of Ownership)

해설

총소유비용은 ERP 시스템의 투자비용에 관한 개념으로 시스템의 전체 라이프 사이클에서 발생하는 전체 비용을 계량화하는 것을 의미한다.

| 정답 | 12 ③ | 13 ① | 14 ④ | 15 ④ |

16 [2021년 6회]

다음 중 ERP와 CRM의 관계에 대한 설명으로 적절하지 않은 것은 무엇인가?

① ERP와 CRM 간의 통합으로 비즈니스 프로세스의 투명성과 효율성을 확보할 수 있다.
② ERP 시스템은 비즈니스 프로세스를 지원하는 백오피스 시스템(Back-Office System)이다.
③ CRM 시스템은 기업의 고객 대응 활동을 지원하는 프런트오피스 시스템(Front-Office System)이다.
④ CRM 시스템은 조직 내의 인적자원들이 축적하고 있는 개별적인 지식을 체계화하고 공유하기 위한 정보 시스템으로 ERP 시스템의 비즈니스 프로세스를 지원한다.

해설
조직 내의 인적자원들이 축적하고 있는 개별적인 지식을 체계화하고 공유하기 위한 정보 시스템은 지식경영 시스템(KMS)이다.

17

제품생명주기관리(PLM) 시스템을 이용하여 제품의 개발, 생산, 유지 보수, 폐기까지의 전 과정을 체계적으로 관리하는 것은?

① 제품개발
② 현장 자동화
③ 공장운영관리
④ 공급사슬관리

해설
② 현장 자동화: 인간과 협업하거나 독자적으로 제조 작업을 수행하는 시스템
③ 공장운영관리: 스마트공장의 구성 영역 중에서 생산계획 수립, 재고관리, 제조자원관리, 품질관리, 공정관리, 설비제어 등을 담당함
④ 공급사슬관리: 제품 생산에 필요한 원자재 조달에서부터 고객에게 제품을 전달하는 전체 과정의 정보를 실시간으로 수집하여 효율적인 물류 시스템 운영, 고객만족을 목적으로 하며, SCM 등의 기술이 이용됨

18

기계학습에 대한 설명으로 옳지 않은 것은?

① 지도 학습은 학습 데이터로부터 하나의 함수를 유추해 내기 위한 방법이다.
② 지도 학습 방법에는 분류 모형과 회귀 모형이 있다.
③ 비지도 학습은 입력값에 대한 목표치가 주어진다.
④ 강화 학습은 선택 가능한 행동들 중 보상을 최대화하는 행동 혹은 순서를 선택하는 방법이다.

해설
비지도 학습은 입력값에 대한 목표치가 주어지지 않는다.

19

다음 중 인공지능 비즈니스 적용 프로세스의 순서로 올바른 것은?

① 비즈니스 영역 탐색 → 비즈니스 목표 수립 → 데이터 수집 및 적재 → 인공지능 모델 개발 → 인공지능 배포 및 프로세스 정비
② 비즈니스 목표 수립 → 비즈니스 영역 탐색 → 데이터 수집 및 적재 → 인공지능 모델 개발 → 인공지능 배포 및 프로세스 정비
③ 비즈니스 목표 수립 → 데이터 수집 및 적재 → 인공지능 모델 개발 → 인공지능 배포 및 프로세스 정비 → 비즈니스 영역 탐색
④ 비즈니스 영역 탐색 → 비즈니스 목표 수립 → 데이터 수집 및 적재 → 인공지능 배포 및 프로세스 정비 → 인공지능 모델 개발

해설
인공지능 비즈니스 적용 프로세스는 '비즈니스 영역 탐색 → 비즈니스 목표 수립 → 데이터 수집 및 적재 → 인공지능 모델 개발 → 인공지능 배포 및 프로세스 정비' 순이다.

20

클라우드 서비스의 비즈니스 모델에 관한 설명으로 옳지 않은 것은?

① 공개형 클라우드는 사용량에 따라 사용료를 지불하지 않으며, 규모의 경제를 통해 경쟁력 있는 서비스 단가를 제공한다는 장점이 있다.
② 폐쇄형 클라우드는 주로 대기업에서 데이터의 소유권 확보와 프라이버시 보장이 필요한 경우 사용된다.
③ 폐쇄형 클라우드는 특정한 기업 내부 구성원에게만 제공되는 서비스(Internal Cloud)를 말한다.
④ 혼합형 클라우드는 특정 업무는 폐쇄형 클라우드 방식을 이용하고 기타 업무는 공개형 클라우드 방식을 이용하는 것을 말한다.

해설
공개형 클라우드는 사용량에 따라 사용료를 지불하며 규모의 경제를 통해 경쟁력 있는 서비스 단가를 제공한다는 장점이 있다.

| 정답 | 16 ④ | 17 ① | 18 ③ | 19 ① | 20 ① |

21

세계경제포럼(World Economic Forum)에서 발표한 인공지능 규범(AI code)의 5개 원칙에 해당하지 않는 것은?

① 인공지능은 투명성 등 원칙에 따라 작동해야 한다.
② 인공지능은 인류의 공동 이익을 위해 개발되어야 한다.
③ 인공지능이 개인, 가족, 지역 사회의 데이터 권리를 감소시켜야 한다.
④ 인간을 해치거나 파괴하거나 속이는 자율적 힘을 인공지능에 절대로 부여하지 않는다.

해설
인공지능이 개인, 가족, 지역 사회의 데이터 권리를 감소시켜서는 안된다.

22 [2024년 3회]

차세대 ERP의 비즈니스 애널리틱스(Business Analytics)에 관한 설명으로 가장 적절하지 않은 것은?

① 비즈니스 애널리틱스는 구조화된 데이터(Structured Data)만 분석대상으로 한다.
② ERP 시스템의 방대한 데이터 분석을 위해 비즈니스 애널리틱스가 차세대 ERP의 핵심요소가 되고 있다.
③ 비즈니스 애널리틱스는 리포트, 쿼리, 대시보드, 스코어카드뿐만 아니라 예측 모델링과 같은 진보된 형태의 분석기능도 제공한다.
④ 비즈니스 애널리틱스는 질의 및 보고와 같은 기본적 분석기술과 예측 모델링과 같은 수학적으로 정교한 수준의 분석을 지원한다.

해설
비즈니스 애널리틱스는 구조화된 데이터(Structured Data)와 비구조화된 데이터(Unstructured Data)를 동시에 이용한다.

23 [2024년 3회]

기업에서 ERP 시스템을 도입하기 위해 분석, 설계, 구축, 구현 등의 단계를 거친다. 이 과정에서 필수적으로 거쳐야하는 'GAP 분석' 활동의 의미를 적절하게 설명한 것은?

① TO-BE 프로세스 분석
② TO-BE 프로세스에 맞게 모듈을 조합
③ 현재 업무(AS-IS) 및 시스템 문제 분석
④ 패키지 기능과 TO-BE 프로세스와의 차이 분석

해설
'GAP 분석' 활동의 의미는 패키지 기능과 TO-BE 프로세스와의 차이를 분석하는 것이다.

24 [2024년 4회]

ERP 아웃소싱(Outsourcing)에 대한 설명으로 적절하지 않은 것은?

① ERP 자체개발에서 발생할 수 있는 기술력 부족을 해결할 수 있다.
② ERP 아웃소싱을 통해 기업이 가지고 있지 못한 지식을 획득할 수 있다.
③ ERP 개발과 구축, 운영, 유지 보수에 필요한 인적 자원을 절약할 수 있다.
④ ERP 시스템 구축 후에는 IT 아웃소싱 업체로부터 독립적으로 운영할 수 있다.

해설
ERP 시스템 구축 후에는 IT 아웃소싱 업체에 대한 의존성(종속성)이 생길 수 있다.

25 [2025년 1회]

[보기]는 무엇에 대한 설명인가?

> **보기**
> - 자연어(Natural Language) 형태로 구성된 비정형 또는 반정형 데이터에서 패턴 또는 관계를 추출하여 의미 있는 정보를 찾아내는 기법
> - 온라인 쇼핑몰 남긴 제품리뷰(구매후기)로부터 제품에 대한 정보를 수집하고, 분석하여 구매자의 행동예측과 제품선호도 등을 분석할 수 있다.

① 블록체인(Blockchain)
② 가상현실(Virtual Reality)
③ 텍스트마이닝(Text Mining)
④ 시뮬레이션 학습(Simulation Learning)

해설
텍스트마이닝(Text Mining)이란 자연어(Natural Language) 형태로 구성된 비정형 또는 반정형 텍스트 데이터에서 패턴 또는 관계를 추출하여 의미 있는 정보를 찾아내는 기법이다. 예를 들어 온라인 쇼핑몰 이용자는 구매자가 남긴 제품 후기로부터 제품에 대한 정보를 수집하고 이러한 텍스트 데이터를 분석하여 구매자의 행동 예측과 제품 선호도를 분석한다.

| 정답 | 21 ③ | 22 ① | 23 ④ | 24 ④ | 25 ③ |

26 [2024년 6회]
기계학습의 종류에 해당하지 않는 것은?

① 지도 학습(Supervised Learning)
② 강화 학습(Reinforcement Learning)
③ 비지도 학습(Unsupervised Learning)
④ 시뮬레이션 학습(Simulation Learning)

해설
기계학습(머신러닝)의 종류에는 지도 학습, 비지도 학습, 강화 학습이 있다.

27 [2024년 6회]
[보기]에서 설명하는 RPA 적용단계는 무엇인가?

― 보기 ―
빅데이터 분석을 통해 사람이 수행한 복잡한 의사결정을 내리는 수준이다. 이것은 RPA가 업무 프로세스를 스스로 학습하면서 자동화하는 단계이다.

① 인지 자동화
② 데이터 전처리
③ 기초프로세스 자동화
④ 데이터 기반의 머신러닝(기계학습) 활용

해설
- 기초프로세스 자동화(1단계): 정형화된 데이터 기반의 자료 작성, 단순 반복 업무 처리, 고정된 프로세스 단위의 업무를 수행하는 단계
- 데이터 기반의 머신러닝 활용(2단계): 이미지에서 텍스트 데이터 추출, 자연어 처리로 정확도와 기능성을 향상시키는 단계
- 인지 자동화(3단계): RPA가 업무 프로세스를 스스로 학습하면서 자동화하는 단계로 빅데이터 분석을 통해 사람이 수행하는 복잡한 작업과 의사결정을 내리는 단계

28
머신러닝 워크플로우 프로세스의 순서를 고르시오.

① 데이터 수집 → 점검 및 탐색 → 전처리 및 정제 → 모델링 및 훈련 → 평가 → 배포
② 점검 및 탐색 → 데이터 수집 → 전처리 및 정제 → 모델링 및 훈련 → 평가 → 배포
③ 데이터 수집 → 전처리 및 정제 → 모델링 및 훈련 → 평가 → 배포 → 점검 및 탐색
④ 데이터 수집 → 전처리 및 정제 → 점검 및 탐색 → 모델링 및 훈련 → 평가 → 배포

해설
기계학습(머신러닝) 워크플로우 6단계는 '데이터 수집 → 점검 및 탐색 → 전처리 및 정제 → 모델링 및 훈련 → 평가 → 배포' 순이다.

29
빅데이터의 주요 특성(5V)으로 옳지 않은 것은?

① 속도
② 다양성
③ 정확성
④ 일관성

해설
빅데이터의 주요 특성(5V)에는 규모(Volume), 다양성(Variety), 정확성(Veracity), 속도(Velocity), 가치(Value)가 있다.

30
[보기]는 무엇에 대한 설명인가?

― 보기 ―
- 제품, 공정, 생산설비, 공장 등에 대한 실제 환경과 가상 환경을 연결하여 상호작용하는 통합 시스템
- 실시간으로 수집되는 빅데이터를 가상 모델에서 시뮬레이션하여 실제 시스템의 성능을 최적으로 유지

① 비즈니스 애널리틱스(Business Analytics)
② 사이버 물리시스템(Cyber Physical System, CPS)
③ 공급사슬관리(Supply Chain Management, SCM)
④ 전사적 자원관리(Enterprise Resource Planning, ERP)

해설
사이버 물리시스템(Cyber Physical System, CPS)은 실제의 물리적인 제품, 생산설비, 공정, 공장을 사이버 공간에 그대로 구현하고 서로 긴밀하게 통합되어 동작하는 통합 시스템이다.

| 정답 | 26 ④ | 27 ① | 28 ① | 29 ④ | 30 ② |

31

인공지능 기반의 빅데이터 분석기법에 대한 설명으로 적절하지 않은 것은?

① 텍스트마이닝 분석을 실시하기 위해서는 불필요한 정보를 제거하는 데이터 전처리(Data Preprocessing) 과정이 필수적이다.
② 텍스트마이닝은 자연어(Natural Language) 형태로 구성된 정형 데이터에서 패턴 또는 관계를 추출하여 의미 있는 정보를 찾아내는 기법이다.
③ 데이터마이닝은 대규모로 저장된 데이터 안에서 다양한 분석 기법을 활용하여 전통적인 통계학 이론으로는 설명이 힘든 패턴과 규칙을 발견한다.
④ 데이터마이닝은 분류(Classification), 추정(Estimation), 예측(Prediction), 유사집단화(Affinity Grouping), 군집화(Clustering)의 5가지 업무영역으로 구분할 수 있다.

해설

텍스트마이닝은 자연어(Natural Language) 형태로 구성된 비정형 또는 반정형 텍스트 데이터에서 패턴 또는 관계를 추출하여 의미 있는 정보를 찾아내는 기법이다.

32

스마트 팩토리의 주요 구축 목적이 아닌 것은?

① 생산성 향상
② 유연성 향상
③ 고객서비스 향상
④ 제품 및 서비스의 이원화

해설

스마트 팩토리의 주요 구축 목적은 생산성·유연성·고객서비스 향상, 제품 및 서비스의 통합 등이 있다.

| 정답 | 31 ② | 32 ④ |

이론

PART 02

인사관리 – 인적자원관리 및 확보

Enterprise Resource Planning

I NCS 능력단위 요소

- ☑ 인사기획 0202020101_23v3
- ☑ 직무관리 0202020102_23v3
- ☑ 인력채용 0202020103_23v4

인적자원관리

> **빈출 키워드**
> ☑ 과업 지향적 인사관리
> ☑ 인간 지향적 인사관리
> ☑ 인사관리의 체계

1 인사관리

1. 정의

인사관리란 기업(조직)의 능동적 구성 요소인 인적자원으로서 근로자의 잠재 능력을 발휘하게 하여 그들 스스로가 최대한의 성과를 달성하고, 인간으로서의 만족을 얻게 하려는 일련의 체계적인 인적자원관리 활동을 의미한다. 즉, 기업의 목적 달성 및 유지·발전을 위해 요구되는 인적자원의 확보, 개발, 보상, 유지 활동을 여러 환경적 조건과 관련하여 계획, 조직, 지휘, 조정, 통제하는 관리 체계이다.

2. 목표

기업의 성과를 창출하는 과정에서 필연적으로 발생하는 갈등을 조정, 통합하여 조직의 목표에 기여하게 하는 것이 인사관리의 궁극적인 목적이다.

① **조직 목표(생산성 목표와 유지 목표)의 조화**: 인사관리를 잘하면 기업의 수익을 극대화시킬 수 있으며, 그 결과 생산성, 비용, 품질, 결근율, 이직률 등에 영향을 준다.
② **근로생활의 질적인 충족 추구**: 근로생활의 질이란 산업화에 따른 작업의 단순화, 전문화에서 파생되는 소외감, 단조로움, 인간성 상실에 대한 반응 또는 새로운 기술의 등장으로 인한 작업환경의 불건전성에 대한 반응으로 나타난다. 이는 근로자와 작업환경과의 관계를 포함하기도 한다. 근로생활의 질을 충족시킴으로써 노동 능력 및 노동 의욕의 향상, 노동력 유지 등의 목표를 달성할 수 있다.
③ **기업의 발전**: 근로자의 생활안정 및 노사관계의 유지·안정과 기업 조직 구성원의 생산성 향상을 통해 기업의 목표 달성에 기여한다.
④ **노동력의 효율적인 이용**: 노동의 능력이나 능력 개발에 대한 동기부여를 향상시키거나 유지하여 근로자의 생활의 질을 높인다.
⑤ **인적자원의 유지**: 기업에 필요한 인적자원을 유지 또는 확보하고 근로자에게 직무에 대한 만족감을 느끼게 하여 능동적인 참여를 유도할 수 있다.

3. 영역

구분	내용
인적자원관리 (HRM)	인적자원의 확보, 활용, 개발에 관한 활동으로 장래 기업의 인적자원 수요를 예측하여 기업 전략 실현에 필요한 인적자원을 확보하기 위해 실시하는 것
인적자원개발 (HRD)	개인과 조직의 개선을 목적으로 하여 조직 내 개인의 학습 활동을 통해 개인적 향상뿐만 아니라 현재 수행하는 직무와 미래의 직무에 대한 능력을 개발하는 것
인적자원계획 (HRP)	미래에 필요한 인적자원을 예측하고 이에 대한 적절한 채용, 충원, 선발, 훈련, 경력개발, 직무설계 등을 계획하는 것
인적자원활용 (HRU)	조직 내에 인적자원을 배치하고 활용하는 것으로 평가, 이동, 승진, 보상, 업적 관리, 배치와 순환, 인사고과 등 인사제도와 운영에 관한 것
노무관리(LM)	근로자의 종합적인 능력을 장기간에 걸쳐 유지하고 상승시키는 일련의 정책으로 노동 조건을 포함한 것

2 인사관리의 이론적 발전 과정

1. 과업 지향적 인사관리

(1) 테일러의 과학적 관리법
① 표준 작업량 연구를 한다.
② 동작 연구와 시간 연구를 한다.
③ 차별적 성과급: 표준 작업량 이상-고임금, 표준 작업량 미만-저임금
④ 직장(Boss) 중시: 조직 이론의 기초가 된다.

(2) 포드의 관리법
① 3S 원칙*을 채택한 대량 생산 방식이다.
② 합리성과 능률을 추구한다.
③ 기계적 작업으로 대량 생산(컨베이어 설치)을 한다.
④ 작업 원칙: 작업자는 작업 도중에 허리를 굽혀서는 안 된다.

> ✽ 3S 원칙
> - 표준화(Standardization)
> - 전문화(Specialization)
> - 단순화(Simplification)

2. 메이요의 인간 지향적 인사관리
① 인간 존중과 인간관계적 관리를 추구한다.
② 호손 실험: 4차 실험을 통해 비공식 조직의 중요성을 인식하고 종업원의 사회심리적 만족에 중점을 두는 인간관계적 인사관리 방법이다.

3. 행동과학적 인사관리
① 과업 중시와 인간 존중을 동시에 추구한다.

동기부여 이론	리더십 이론
• 매슬로우: 욕구의 5단계 이론 • 맥그리거: XY 이론 • 허즈버그: 2요인 이론	• 브레이크와 무튼: 관리격자모형 • 허시와 블랜차드: 3차원 모델

② 근로자에게 자발적 노력을 유도하기 위한 동기부여 기법이다.
③ 민주적 리더십, 참여적 리더십, 지원적 리더십이 필요하다.
④ 경영참가제도: 자본참가(종업원지주제도), 이익참가(스캔론 플랜), 결정참가(단체교섭)
⑤ 근로생활의 질(QWL; Quality of Working Life)이 향상된다.

4. 환경 적응과 혁신 시대
조직을 시스템으로 인식하는 시스템 이론이 등장하였다.

피들러(Fiedler)의 리더십 유효성 이론	상황을 중시하며 긴밀하게 상호작용하는 개방 조직 또는 동태 조직을 추구함
호웰과 하긴스	혁신은 기업가에게 변화의 촉매제이며 기회의 전환 과정이라고 주장함
드러커	혁신은 경영자의 중요한 기능이라고 주장하며, 기업의 유일한 목표로 '고객창조' 가치를 제시함

5. 리엔지니어링과 구조조정 시대

리엔지니어링 시대	• 해머(Hammer)에 의해 발표 • 기존의 업무 처리 방식을 근본적으로 다시 수정하여 프로세스를 개선하고 업무, 조직, 기업문화까지 전체 시스템을 재편성하여 생산성과 경영성과를 높여야 한다고 주장함
구조조정 시대	• 조직의 체질 개선으로 경쟁력을 강화하는 방법 • 구조조정 시대 전략 　– 디베스티처 전략(Divestiture Strategy): 거대한 기업군을 감량하기 위하여 부실한 부분을 잘라서 매각 처분 　– 다운사이징 전략(Downsizing Strategy): 필요 없는 인원과 경비를 줄여 낭비 조직을 제거 　– 리스트럭처링(Restructuring): 기업 환경의 변화에 대응하기 위하여 조직의 구조를 보다 경쟁력 있게 재편 　– 전사적 품질관리(TQM): 상품과 작업의 질을 총체적으로 개선 　– 벤치마킹(Benchmarking): 경쟁 기업뿐만 아니라 특정한 프로세스에 강점을 지니고 있는 조직을 대상으로 적극적으로 학습

3 인사관리의 기본 체계

인사관리의 기본 체계는 과정적 인사관리와 기능적 인사관리로 나눌 수 있다.

1. 과정적 인사관리

인사계획	• 인사관리의 기본 정책과 방침의 결정 • 인사계획의 수립 및 인력수급 계획의 입안
인사조직	• 인사관리 기능의 분담화·조직화 • 경영자, 라인 관리자, 인사스텝 기능의 조직화
인사평가	• 인사관리의 실지 결과에 대한 비교 평가 • 인사감사(주체별, 시기별, 내용별 감사)

2. 기능적 인사관리

노동력관리	• 고용관리: 채용, 배치, 이동, 승진, 퇴직관리 • 개발관리: 교육훈련, 능력 개발관리
근로조건관리	• 임금관리: 임금수준, 임금체계, 임금형태관리 • 복리후생관리: 복리후생제도와 시설관리 • 근로시간관리: 근로시간의 단축화 및 적정화 • 산업안전관리: 산업재해의 미연 방지 및 대책 마련 • 보건위생관리: 건전한 노동력의 확보·유지
인간관계관리	• 인간관계 개선 및 인간성의 실현 • 동기부여, 근로생활의 질(QWL) 향상 • 제안제도, 고충처리제도 등의 도입 및 활성화
노사관계관리	• 올바른 노사관계의 확립과 협력관계의 유지·발전 • 노동조합의 자주적 결성 및 민주적 관리 운영 • 단체교섭의 실시 등 노사관계관리제도의 활성화 • 경영참가제도의 도입 및 참가적 노사관계 확립 • 건전한 노사문화의 확립과 산업평화의 유지·발전

4 인적자원관리

1. 정의

사회, 조직 및 개인의 목표 달성을 위하여 인적자원의 확보, 개발, 보상, 유지, 이직 및 통합에 관한 운영적 기능과 계획, 조직, 지휘를 통제하는 관리적 기능에 대한 활동이다.

즉, 인적자원관리란 인사관리의 개념보다 더 나아가 조직 구성원을 조직 경쟁력의 원천으로 인식하고 근로자의 능력 개발이나 육성을 통해 개인과 조직의 목표를 일치시켜 나가는 개발 지향적인 성격의 활동을 의미한다.

2. 인적자원관리의 진행과정

조직의 목표달성과 경쟁력강화를 도모하기 위해 인적관리의 '계획 → 실행 → 통제' 단계는 유기적으로 이루어져야 한다.

① 계획(Planning): 조직의 목표와 환경을 분석하여 조직이 필요로 하는 인력을 예측하고 전략을 수립하는 단계

목표 및 정책 수립	조직의 비전 및 전략 목표에 맞춰 인적자원관리 목표, 인재상, 인사정책(채용, 교육, 승진, 보상 등)을 수립
인력수요 및 공급 예측	조직의 미래 경영환경과 전략에 따른 인력 필요성을 분석하고 예측
인력배치계획	조직 내 각 부서와 직무에 적합한 인력을 배치하기 위한 계획을 수립
예산편성	인사 관련 활동(채용, 교육훈련, 복리후생 등)에 필요한 자원과 예산산정

> **계획 단계의 활동 예시**
> - 모집 홍보
> - 인력공급 추이 파악
> - 임금기준 파악
> - 투입비용 예산편성

② 실행(Execution): 계획단계에서 수립한 전략을 실행하는 과정으로, 인재를 모집 선발하고, 교육훈련 및 성과관리 등 각종 인사제도를 실제로 운영하며, 구성원들이 조직 목표에 기여하도록 지원하는 단계

모집 및 선발 (채용 및 선발)	계획에 따라 인재를 모집하고 적합한 인재를 선발하여 조직에 배치함
온보딩 및 교육훈련	신입사원 온보딩, 직무관련교육 및 역량강화프로그램을 실시하여 직원들의 능력개발을 지원함
성과관리 및 평가	정기적인 성과평가를 통해 개인의 업무 성과 및 역량을 측정하고 피드백을 제공함
보상 및 승진	평가 결과에 기반하여 적절한 보상체계(급여, 상여, 복리후생 등)와 승진제도를 운영함
배치 및 조직개발	인력 배치 및 조직 내 역할 조정, 팀구성 등 조직 구조 개선활동을 진행함
지휘 및 동기부여	리더십과 동기부여를 통해 근로자들이 조직목표를 달성할 수 있도록 지원하고 협력적인 분위기를 조성함

> **실행 단계의 활동 예시**
> - 선발면접·배치
> - 사기유발
> - 경력개발

③ 통제(Controlling): 실행된 결과를 평가하고 필요한 수정과 적절한 개선을 이루는 단계

성과 모니터링 및 평가	정기적으로 성과지표를 분석하여 계획 대비 성과를 평가
피드백 및 개선	구성원과 관리자 간의 피드백을 통해 문제점을 파악하고 향후 인사정책이나 프로세스의 개선방안을 마련함
조정 및 환류	계획과 실행간의 불일치를 수정하여 향후 활동에 반영 지속적인 모니터링과 평가를 진행함

> **통제 단계의 활동 예시**
> - 사기향상 정도 평가
> - 모집효과 분석 평가
> - 인사평가
> - 노사분규 해결
> - 투입비용 평가(재계산)

3. 인적자원의 특성

인적자원은 자금(재무적 자원) 및 물질적 자원과 더불어 조직의 성과에 큰 영향을 미치는 요소이다.

① 존엄성: 조직 구성원을 단순한 기계나 대가를 치르고 구입할 수 있는 상품으로 생각하지 않고 하나의 인격체라는 인식을 바탕으로 조직의 목표에 부합할 수 있도록 설정한다.

② 능동성: 물질적 자원이 수동적인 반면에 인적자원은 능동적, 자율적이므로 인적자원의 성과는 구성원의 욕구, 동기, 태도, 행동 만족감 등에 따라 달라진다. 경영자가 인적자원의 능동적, 자율적 특성을 효율적으로 관리함에 따라 경영성과를 얻을 수 있다.

③ **개발성**: 자금이나 물질적 자원은 주어진 양과 질의 한계가 존재하여 자원의 확장과 개발이 고정적이나, 인적자원은 장기간에 걸쳐 개발할 수 있는 잠재 능력과 자질을 보유하고 있어 개발 가능성이 매우 크다.
④ **전략성**: 인적자원은 조직의 성과에 더 큰 관련성이 있는 자원이므로 전략적 자원으로 분류하여 관리해야 한다.
⑤ **소진성**: 인적자원은 재고처럼 비축해 둘 수 없는 자원이므로 적절한 관리와 배려가 요구된다.

4. 인적자원관리의 변화

① 연공주의에서 성과주의로의 변화
② 획일적인 보상에서 능력과 성과주의 보상으로의 변화
③ 수직적 상하관계에서 수평적 상호관계로의 변화
④ 일방적인 통보에서 양방향 의사소통으로의 변화
⑤ 사람 중심에서 역할 중심으로의 변화

5. 인적자원관리에 영향을 미치는 환경요인

외부적 환경요인	• 기업 조직의 외부에서 기업의 인적자원관리에 영향을 미치는 각종 요소 • 일반적 환경요인: 경제적 환경, 사회 문화적 환경, 법률적 환경, 기술적 환경, 노동시장 등 • 특수 환경요인: 정부, 주주, 고객, 경쟁업체, 노동조합, 지역사회 등
내부적 환경요인	최고 경영자의 경영 철학, 기업의 목표, 기업의 정책, 기업 전략 및 기업의 분위기 등

6. 주요 기능

인적자원관리는 조직에서 필요로 하는 인력의 확보와 개발, 보상 및 유지라는 큰 흐름 안에서 이루어진다.

구분	내용
기본 기능	직무관리와 인적자원계획
확보 기능	채용관리(모집, 선발, 배치관리)와 인사행정(인사이동)
개발 기능	인사평가(인사고과)와 교육훈련 및 개발·경력관리
보상 기능	임금관리와 복리후생관리
유지 기능	안전보건관리, 이직관리, 노사관계관리

7. 실시 원칙

구분	내용
직무주의 원칙	직무에 관한 분석 실시로 관리의 기반이 됨
전인주의 원칙	근로자의 욕구, 기대, 목표를 달성할 수 있게 하여 인간성을 실현함
성과주의 원칙	업적 및 성과 평가에 비례함
능력주의 원칙	연공주의보다 능력을 중시함
공정성의 원칙	평가 시 최대한 공정하게 반영함
정보 공개주의 원칙	실시하고자 하는 주요 정보를 공유함
참가주의 원칙	의사결정 과정에 조직 구성원의 참여가 필요함

기출&확인 문제

01 [2025년 1회]
인적자원관리에 대한 설명으로 적절하지 않은 것은?

① 종업원들의 노동생산성을 향상시키기 위한 관리 활동이다.
② 자동화 시스템의 발달로 인적 자원의 중요성은 점차 감소할 전망이다.
③ 기업의 목표를 달성하기 위해 필요로 하는 인력을 조달, 유지, 개발 및 활용하는 관리 활동이다.
④ 최근에는 종업원들의 역량개발 등을 통해 개인과 조직의 목표를 일치시켜 나가는 것을 중요하게 여긴다.

해설
자동화 시스템의 발달로 인적 자원의 중요성은 점차 증가할 전망이다.

02 [2021년 3회]
기능적 인적관리 중 근로조건관리에 해당하지 않는 것은?

① 고용관리
② 임금관리
③ 복리후생관리
④ 산업안전관리

해설
- 노동력관리: 고용관리, 개발관리
- 근로조건관리: 임금관리, 복리후생관리, 근로시간관리, 산업안전관리, 보건위생관리

03 [2023년 4회]
인적자원관리의 변화 과정에 대한 설명으로 가장 적절하지 않은 것은?

① 연공주의에서 성과주의로의 변화
② 일방적인 통보에서 양방향 의사소통으로의 변화
③ 수평적 상호관계에서 수직적 상하관계로의 변화
④ 획일적인 보상에서 능력과 성과주의 보상으로의 변화

해설
수직적 상하관계에서 수평적 상호관계로 변화하였다.

04 [2023년 1회]
인적자원관리의 내부 환경요인으로 가장 적절한 것은?

① 정부의 역할
② 경제 환경의 변화
③ 사회가치관의 변화
④ 최고 경영자의 경영 철학

해설
- 내부적 환경요인: 최고 경영자의 경영 철학, 기업의 목표, 기업의 정책, 기업 전략 및 기업의 분위기 등
- 외부적 환경요인: 일반적 환경요인(경제적 환경, 사회 문화적 환경, 법률적 환경, 기술적 환경, 노동시장 등), 특수 환경요인(정부, 주주, 고객, 경쟁업체, 노동조합, 지역사회 등)

05 [2024년 6회]
인적자원관리는 조직의 유효성을 높이기 위해 실천되는 하나의 과정이다. 인적자원관리 기본 기능 외에 실무 운영 기능에 대한 설명으로 적합하지 않은 것은?

① 확보 기능 - 직무관리, 인적자원계획
② 개발 기능 - 교육훈련, 경력개발, 경력관리
③ 보상 기능 - 임금관리, 복리후생관리
④ 유지 기능 - 안전보건관리, 이직관리, 노사관계관리

해설
- 기본 기능: 직무관리, 인적자원계획
- 확보 기능: 채용관리(모집, 선발, 배치관리), 인사행정(인사이동)

| 정답 | 01 ② | 02 ① | 03 ③ | 04 ④ | 05 ① |

06 [2021년 4회]
인사관리의 주요 기능 중 인사평가와 교육훈련 등의 활동이 이루어지는 것은?

① 확보 기능 ② 개발 기능
③ 평가 기능 ④ 보상 기능

해설
- 확보 기능: 채용관리(모집, 선발, 배치관리), 인사행정(인사이동)
- 보상 기능: 임금관리, 복리후생관리

07
인사관리의 이론적 발전과 관련된 주요 이론과 연구자의 연결이 옳지 않은 것은?

① 메이요 – XY 이론
② 피들러 – 리더십 유효성
③ 허즈버그 – 2요인 이론
④ 드러커 – 고객창조

해설
XY 이론은 맥그리거의 인간관을 동기부여의 관점에서 분류한 이론으로 전통적 인간관을 X, 새로운 인간관을 Y로 지칭하였다. 메이요는 호손 실험을 통해 인간의 근본적인 욕구와 가치의 문제, 인간관계의 중요성을 인식하였다.

08 [2022년 3회]
[보기]의 설명에 해당하는 인적자원관리의 영역은 무엇인가?

> **보기**
> 조직 내에 인적자원을 배치하고 활용하는 것으로 평가, 이동, 승진, 보상, 업적 관리, 배치와 순환, 인사고과 등이 해당됨

① 인적자원관리(HRM) ② 인적자원개발(HRD)
③ 인적자원계획(HRP) ④ 인적자원활용(HRU)

해설
① 인적자원관리(HRM): 인적자원의 확보, 활용, 개발에 관한 활동으로 장래 기업의 인적자원 수요를 예측하여 기업 전략 실현에 필요한 인적자원을 확보하기 위해 실시하는 것
② 인적자원개발(HRD): 개인과 조직의 개선을 목적으로 하여 조직 내에서 개인의 학습 활동을 통해 개인적 향상뿐만 아니라 현재 수행하는 직무와 미래의 직무에 대한 능력을 개발하는 것
③ 인적자원계획(HRP): 미래에 필요한 인적자원을 예측하고 이에 대한 적절한 채용, 충원, 선발, 훈련, 경력개발, 직무설계 등을 계획하는 것

09 [2020년 5회]
다음 중 인적자원의 특성으로 적합하지 않은 것은?

① 소진성 ② 존엄성
③ 수동성 ④ 개발성

해설
① 소진성: 인적자원은 재고처럼 비축할 수 없으므로 배려와 관리가 필요함
② 존엄성: 조직 구성원을 단순한 기계나 대가를 치르고 구입할 수 있는 상품으로 생각하지 않고 하나의 인격체라는 인식을 바탕으로 조직의 목표에 부합하도록 설정함
④ 개발성: 주어진 양과 질에 따라 자원의 확장과 개발이 고정적인 물질적 자원과 다르게 인적자원은 잠재적 능력과 자질을 보유하고 있어 개발 가능성이 매우 큼

10 [2023년 1회]
포드가 채택한 3S 전략으로 옳지 않은 것은?

① 단순화(Simplification)
② 구조화(Structuration)
③ 전문화(Specialization)
④ 표준화(Standardization)

해설
포드가 채택한 3S의 원칙에는 표준화, 전문화, 단순화가 있으며 이를 통해 합리성과 능률을 추구한다.

| 정답 | 06 ② | 07 ① | 08 ④ | 09 ③ | 10 ② |

11 [2022년 1회]

다음 중 테일러(F.W. Taylor)의 과학적 관리법의 주요 내용으로 적절하지 않은 것은?

① 동작 연구와 시간 연구
② 차별적 성과급제
③ 직능별 직장제도
④ 3S 원칙

해설

- 테일러의 과학적 관리법: 동작 연구와 시간 연구, 차별적 성과급제, 직장 중시 등
- 포드의 관리법: 3S 원칙, 기계적 작업으로 대량 생산, 합리성과 능률 추구 등

12 [2024년 3회]

기능적 인사관리의 노동력관리에 해당하는 것으로 옳은 것은?

① 임금관리
② 개발관리
③ 복리후생관리
④ 산업안전관리

해설

- 노동력관리: 고용관리, 개발관리
- 근로조건관리: 임금관리, 복리후생관리, 근로시간관리, 산업안전관리, 보건위생관리

13 [2020년 1회]

다음 중 기업 환경의 변화에 대응하기 위하여 조직의 구조를 보다 경쟁력 있게 재편하는 혁신 기법은?

① 벤치마킹 전략
② 다운사이징 전략
③ 디베스티처 전략
④ 리스트럭처링 전략

해설

① 벤치마킹 전략: 경쟁 기업뿐만 아니라 특정한 프로세스에 대한 강점을 지닌 조직을 대상으로 학습
② 다운사이징 전략: 필요 없는 인원과 경비를 줄여 낭비 조직을 제거
③ 디베스티처 전략: 거대한 기업군을 감량하기 위하여 부실한 부분을 잘라서 매각 처분

14 [2022년 1회]

다음 중 인적자원관리 방침으로 적절하지 않은 것은?

① 조직의 비전과 미션이 일치해야 한다.
② 특정 집단에 좌우되지 않고 공정한 기준으로 운영되어야 한다.
③ 종업원의 능력을 최대치로 활용할 수 있도록 종업원의 능력 개발 관리, 배치, 이동, 승진 관리 등을 관리해야 한다.
④ 인적자원관리의 목적과 실행 방안에 대해서 보안이 중요하므로 관리자 그룹 내부에서만 공유될 수 있도록 하여야 한다.

해설

인적자원관리의 목적과 실행 방안에 대해서 정보 공개주의 원칙에 따라 실시하고자 하는 주요 정보를 공유해야 한다.

15 [2023년 6회]

인적자원의 특성에 대한 설명으로 적절하지 않은 것은?

① 존엄성: 잉여 기계는 팔 수 있으며, 인적자원도 다양한 인사제도를 활용하여 쉽게 교체할 수 있다.
② 능동성: 인적자원의 경우 그 양과 질이 부족해도 다양한 관리 기법을 통해 생산성을 충분히 올릴 수 있다.
③ 개발성: 인적자원을 일정 연봉액에 맞추어 채용했지만 지속적인 교육과 훈련을 통해 훌륭한 인재로 양성할 수 있다.
④ 소진성: 자본과 원료는 특정 시기에 필요 없으면 비축해 두었다가 다음 달에 써도 그 가치가 보존되지만, 일반 노동력은 일단 채용하면 그날부터 소비된다.

해설

잉여 기계는 남을 경우에 판매할 수 있으나, 인적자원은 쉽게 이동 또는 교체할 수 없다.

| 정답 | 11 ④ | 12 ② | 13 ④ | 14 ④ | 15 ① |

인적자원계획

빈출 키워드
- ☑ 수요·공급예측 방법
- ☑ 인력 부족의 경우
- ☑ 인력 과잉의 경우

1 인적자원계획

기업의 인력계획에는 인력의 수요예측 및 공급 계획, 인력 과부족 현상 발생 시의 대체 계획 등이 포함되어 있다. 즉, 인적자원계획이란 인력의 수요를 예측하여 사내와 사외의 인력 공급을 계획하고 인력의 수요와 공급을 조정하는 계획 활동을 의미한다.

2 수요·공급예측 방법

1. 수요예측 방법

(1) 수리적(정량적) 기법

수리와 통계학적 기법을 이용하여 인적자원의 수요를 예측한다.

생산성 비율	일정 기간 동안 직접적인 노동 인력이 생산한 제품의 평균 수량을 측정함
추세분석	• 인적자원의 수요와 밀접한 관계를 가진 변수 하나를 선정하여 그 변수와 인적자원 수요 간의 관계가 과거에 어떠한 추세로 전개되었는지를 살펴봄으로써 미래의 인적자원 수요를 예측하는 기법 • 단기적인 인적자원 수요예측에 적합함
회귀분석	• 조직의 인적자원 수요 결정에 영향을 미치는 다양한 요인들의 영향력을 계산하여 조직의 미래 인적자원 수요를 예측하는 기법 • 시계열 자료를 기반으로 변수 간 상관관계를 도출하여 예측하는 방법으로, 과거 자료가 충분해야 하고 변수와 수요 사이의 유의미한 상관관계가 있을 때 적용할 수 있음 • 현재의 자료를 통해 미래를 과학적으로 예측할 수 있음
작업연구기법	과학적 관리법에서 비롯된 방법으로 작업방법의 표준화 작업시간과 작업량, 동작분석 등을 측정하여 인력 수요를 예측하는 방법

(2) 판단적(정성적) 기법

전문가가 자신의 경험과 직관, 판단에 의존하여 조직이 필요로 하는 인적자원의 수요를 예측하는 방법으로, 주관적이고 비공식적으로 이루어진다. 조직의 규모가 작고 변수를 비교적 간단하게 파악할 수 있는 경우에 활용한다.

전문가 예측법	전문적인 식견을 가진 전문가가 자신의 경험이나 직관, 판단 등에 의존하여 조직이 필요로 하는 인적자원의 수요를 예측하는 방법으로 일반적으로 조직의 규모가 작고 조직의 전략적 목표 달성에 관련된 변수들을 파악할 수 있는 경우에 활용함
델파이기법 중요	• 특정 문제에 있어서 다수의 전문가들의 의견을 종합하여 미래 상황을 예측하는 방법 • 전문가들을 모이게 할 필요 없이 그들의 평가를 이끌어낼 수 있고, 타인의 영향을 받지 않지만 시간이 많이 소요되며 응답자에 대한 통제력이 결여됨
명목집단기법	• 전문가들이 회의 테이블에 둘러앉아 제시된 문제에 대한 독자적인 의견을 한 장의 종이에 기록하는 방법 • 제시된 아이디어를 큰 종이에 표시함으로써 전원이 모든 아이디어를 볼 수 있고, 몇 번의 토의 후 투표로 의사결정을 함
자격요건 분석기법	직무분석을 통한 미래기술변화에 따른 직무 자격요건 변화를 전문가 의견이나 시나리오 분석을 통해 필수역량을 질적으로 평가하는 방법

> **산업공학적 접근법, 수학적 기법**
> - 산업공학적 접근법: 작업표본기법, 작업량 분석, 시간 및 동작 연구
> - 수학적 기법: 선형계획법, 시뮬레이션

2. 공급예측 방법

인적자원 수요예측 후 필요한 인적자원 조달 방법을 결정한다. 인적자원 공급의 원천은 조직 내부와 조직 외부로 나눌 수 있다.

(1) 내부적 공급예측

기능목록	• 개인의 직무적합성에 대한 정보를 정확하게 찾아내기 위한 도구로 조직 내 현 인력들로부터 확보할 수 있는 기능 및 능력과 그 양을 파악할 수 있음 • 종업원의 핵심 직무, 경력, 학력, 자격, 교육 등 기능과 능력을 조사하여 직무적합성을 쉽게 파악할 수 있도록 요약한 표
마코브분석 (마코프분석) 중요	• 시간의 흐름에 따라 개별 근로자들의 담당 직무에서 다른 직무로 또는 한 직급에서 다른 직급으로 이동해 나가는 확률을 기술하는 방법으로 개인의 직무적합성에 대한 정보를 정확하게 찾아내기 위한 방법 • 내부 노동시장의 안정적 조건하에 근로자들의 승진, 이동, 이직 등의 일정 비율을 적용하여 미래 각 기간에 걸쳐 현재 인원의 변동을 예측하는 방법 • 특정 상황에서 종업원이 미래의 어떤 시점에 대한 현 직위에서 이직, 이동할 확률을 추정한 전이행렬을 통해 인력니즈를 파악하는 예측 기법
대체도	• 조직 내 특정 직무가 공석이 된다고 가정할 경우 누가 그 자리에 투입될 수 있는지를 일목요연하게 파악할 수 있도록 나타낸 표 • 조직 내에 존재하는 다양한 직무를 나타냄과 동시에 각각의 직무로 승진할 수 있는 사람들을 나타냄 • 일반적으로 실무 부서 단위의 인력 공급예측에 가장 많이 사용하는 방법

> **관리자목록**
> 관리직 구성원들의 관리 능력을 포함하여 그들의 기능과 능력을 요약해 놓은 목록

(2) 외부적 공급예측

① 내부 인력 추정 후 조직 외부로부터 공급받을 수 있는 인력의 규모를 예측한다.
② 외부 인력은 외부 노동시장의 영향을 크게 받기 때문에 외부 인력수급 상황을 고려하여 공급량을 예측한다.
③ 인구 구조, 경제 활동 인구, 실업률, 산업별·직종별 고용 동향 등에 대한 정보 활용이 가능하다.

3 인적자원의 수요와 공급 중요

1. 인력 부족의 경우(수요>공급)

초과근로 활용	• 신규 인력을 채용하기 곤란한 경우 기존 인력의 근로시간을 연장하는 방법 • 단기적 방안이며, 장기간 실시되면 과로와 스트레스에 노출됨
임시직 고용	고용의 유연성을 높여 주면서 계약직 사원에게 동기부여를 하여 생산성을 높일 수 있음
파견근로 활용	• 다른 기업에서 고용하고 있는 근로자를 자기 기업에 파견하여 그 지휘·명령을 받아 근로하게 하는 방법 • 계절에 따른 고용 변화에 대한 완충작용, 일시적인 인력 부족 시 충족 가능함 • 인건비 절감, 사업 전망이 불투명할 때 해고 비용이 많이 드는 상용근로자를 대신해 파견근로자를 이용하면 장래의 불확실성에 대비할 수 있음
아웃소싱	• 시장 변화와 치열한 경쟁에서 살아남기 위해 기업에서 부가가치가 높은 핵심 사업만 남겨두고 부수적인 업무는 외주에 의존하는 방법 • 인원 절감 및 생산성 향상이 가능함

2. 인력 과잉의 경우(수요<공급)

직무분할제 (직무공유제)	• 하나의 풀타임 업무를 둘 이상의 파트타임 업무로 전환시키는 방법 • 근로자가 직무에 대해 동등한 책임을 지는 수평적 분할을 의미하는 것으로 둘 이상의 근로자가 하나의 직무를 공유함 • 기업은 인건비를 절감할 수 있고 근로자는 개인 시간을 활용할 수 있음
조기퇴직제도	• 일정 연령에 도달한 구성원이 조기에 퇴직하여 제2의 인생을 시작할 수 있도록 기회를 제공함 • 조직 내 인력 과잉과 이에 따른 경력정체 현상을 인원 감소를 통해 완화하려는 방법
다운사이징	• 조직의 경쟁력 제고를 위하여 다수의 인력을 계획적으로 감축하는 방법(소형화, 감량화) • 현재의 손실을 줄이기보다는 미래의 경쟁력을 높이기 위해서 실시함
정리해고	경제적·산업 구조적 또는 기술적 성격에 기인한 기업 합리화 계획에 따라 남는 근로자를 감축하거나 그 인원 구성을 바꾸기 위해 시행함
사내벤처	특정 목적을 가지고 기업 내부에 독립적인 사업체를 설치하는 것

기출 & 확인 문제

01 [2024년 4회]
인적자원의 수요예측 방법 중 계량적 방법으로 옳은 것은?

① 델파이법　　　② 명목집단법
③ 작업연구기법　④ 자격요건분석기법

해설
- 정량적 기법(계량적 방법): 생산성 비율, 추세분석, 회귀분석, 작업연구기법
- 정성적 기법: 델파이법, 명목집단법, 자격요건분석기법

02 [2025년 1회]
인력계획의 수요예측 방법 중 산업공학적 접근법에 대한 내용으로 가장 적절한 것은?

① 시뮬레이션　　② 시계열 분석
③ 경영자 판단　　④ 작업표본기법

해설
- 산업공학적 접근법: 작업표본기법, 작업량 분석, 시간 및 동작 연구
- 수학적 기법: 선형계획법, 시뮬레이션

03
[보기]에서 설명하는 인력예측 기법은 무엇인가?

> **보기**
> 개별 직무에서의 인력 수요를 산출하고, 이를 합산해 전체 조직의 인력 수요를 예측하는 기법이다. 상향적 접근을 사용하지 않고 하향적 접근에 해당하는 기법으로, 경험이 풍부한 기업의 경험이나 기업환경에 남다른 식견을 갖고 있는 전문가를 통해 예측을 하는 기법이다.

① 선형계획법　　　② 델파이기법
③ 작업표본기법　　④ 시간 및 동작 연구

해설
① 선형계획법: 제한된 자원을 어떻게 하면 생산적 용도에 효율적으로 배분할 것인지를 결정하는 문제를 해결하기 위한 방법
③ 작업표본기법: 실제 직업이나 직업군에서 사용되는 것과 거의 유사한 작업표본(Work Sample) 도구를 통해 평가하는 방법
④ 시간 및 동작 연구: 테일러의 과학적 인사관리법

04
다음은 인적자원의 수요와 공급의 균형을 맞추기 위한 방안에 대한 설명이다. [보기]에서 설명하는 용어는? (정답은 영어로 작성하시오)

> **보기**
> 인력 과잉에 대한 대응 방안의 하나로 기업이 환경 변화에 능동적으로 대처하기 위해 비대해진 조직을 감축하는 것을 의미하며, 소형화, 감량화라고도 부른다.

(답: 　　　　　　　　)

05
인력이 과잉일 경우의 대응 방안으로 가장 적절하지 않은 것은?

① 일시해고　　② 파견근로
③ 사내벤처　　④ 소사장제

해설
- 인력 부족 시 대응 방안: 초과근로 활용, 임시직 고용, 파견근로 활용, 아웃소싱
- 인력 과잉 시 대응 방안: 직무분할제, 조기퇴직제도, 다운사이징, 정리해고, 사내벤처

| 정답 | 01 ③　02 ④　03 ②　04 Downsizing　05 ②

06 [2022년 3회]

인력 부족의 대처 방안 중 단기적 방안으로 장기간 실시되면 과로와 스트레스에 노출되는 방안은?

① 아웃소싱 ② 임시직 고용
③ 파견근로 활용 ④ 초과근로 활용

해설
① 아웃소싱: 기업에서 부가가치가 높은 핵심 사업만 남겨두고 부수적인 업무는 외주에 의존하는 방법
② 임시직 고용: 고용의 유연성을 높여 주면서 계약직 사원에게 동기부여를 하여 생산성을 높일 수 있음
③ 파견근로 활용: 다른 기업에서 고용하고 있는 근로자를 자기 기업에 파견하여 그 지휘·명령을 받아 근로하게 하는 방법

07 [2023년 5회]

[보기]는 무엇에 대한 설명인가?

> **보기**
> • 인력 과잉의 대응 방안 중 하나이다.
> • 기업은 인건비 절감 효과를 달성할 수 있다.
> • 하나의 풀타임 업무를 둘 이상의 파트타임 업무로 전환시킨 것이다.

① 정리해고 ② 다운사이징
③ 직무분할제 ④ 조기퇴직제도

해설
① 정리해고: 경제적·산업 구조적 또는 기술적 성격에 기인한 기업 합리화 계획에 따라 남는 근로자를 감축하거나 그 인원 구성을 바꾸기 위해 시행함
② 다운사이징: 조직의 경쟁력 제고를 위하여 다수의 인력을 계획적으로 감축하는 방법
④ 조기퇴직제도: 일정 연령에 도달한 구성원이 조기에 퇴직하여 제2의 인생을 시작할 수 있도록 기회를 제공함

08 [2019년 3회]

다음 인력자원계획의 내부 공급예측 중 인적자원의 현황을 시각적으로 표현한 것으로, 조직 내 특정 직무가 공석이 될 경우 누가 여기에 투입될 것인가를 일목요연하게 파악할 수 있어 일반적으로 실무 부서 단위의 인력 공급예측에 가장 잘 활용되는 예측 방법은?

① 기능목록법 ② 마코브분석법
③ 대체도법 ④ 승진목록법

해설
• 기능목록법: 종업원의 핵심 직무, 경력, 학력, 자격, 교육 등 기능과 능력을 조사하여 직무적합성을 쉽게 파악할 수 있도록 요약한 표
• 마코브분석법: 시간의 흐름에 따라 개별 근로자들의 담당 직무에서 다른 직무로의 이동 확률을 파악하기 위한 방법

09 [2023년 6회]

[보기]에서 설명하고 있는 인력계획의 미래예측 기법은 무엇인가?

> **보기**
> 인적자원의 수요와 밀접한 관계를 가진 변수 하나를 선정하여 그 변수와 인적자원 수요 간의 관계가 어떠한 추세인지를 분석하여 미래 수요를 예측한다.

① 회귀분석법 ② 추세분석법
③ 델파이기법 ④ 브레인스토밍

해설
① 회귀분석법: 조직의 인적자원 수요 결정에 영향을 미치는 다양한 요인들의 영향력을 계산하여 조직의 미래 인적자원 수요를 예측하는 기법
③ 델파이기법: 특정 문제에 있어서 다수의 전문가들의 의견을 종합하여 미래 상황을 예측하는 방법
④ 브레인스토밍: 기업의 문제 해결을 위한 회의식 방법으로 적절한 소수의 인원이 모여서 자유롭게 아이디어를 창출하는 방법

10 [2024년 6회]

[보기]에서 설명하고 있는 인력계획의 미래예측 기법은?

> **보기**
> 독립변수들의 선형관계를 기초로 종속변수를 예측하는 방법으로 인적자원에 대한 미래 수요를 예측하는 경우에도 효과적으로 활용되는 분석 방법이다.

① 회귀분석법 ② 추세분석법
③ 델파이기법 ④ 브레인스토밍

해설
② 추세분석법: 인적자원의 수요와 밀접한 관계를 가진 변수 하나를 선정하여 그 변수와 인적자원 수요 간의 관계가 어떠한 추세인지를 분석하여 미래의 인적자원 수요를 예측하는 방법
③ 델파이기법: 특정 문제에 있어서 다수의 전문가들의 의견을 종합하여 미래 상황을 예측하는 방법
④ 브레인스토밍: 기업의 문제 해결을 위한 회의식 방법으로 적절한 소수의 인원이 모여서 자유롭게 아이디어를 창출하는 방법

| 정답 | 06 ④ | 07 ③ | 08 ③ | 09 ② | 10 ① |

CHAPTER 03 직무관리

빈출 키워드
- ☑ 직무 관련 용어 ☑ 직무분석
- ☑ 직무기술서와 직무명세서
- ☑ 직무평가 방법

1 직무관리

1. 의의
① 조직 구성원의 직무를 분석하여 직무내용을 파악하고, 이를 기초로 직무를 수행하기 위해 필요한 인력의 요건을 확정하여 직무 간 관계구조를 설정하는 활동을 말한다.
② 구성원들의 직무수행이 조직 목표 달성에 효과적으로 기여하도록 한다.

2. 절차

> 직무분석 → 직무기술서 작성 → 직무명세서 작성 → 직무평가

3. 직무 관련 용어 〈중요〉

구분	내용
요소	작업이 나누어질 수 있는 최소 단위
과업	목표를 위하여 수행되는 하나의 명확한 작업 활동
직위	근로자 개인에게 부여된 하나 또는 그 이상의 과업들의 집단
직무	• 작업의 종류와 수준이 동일하거나 유사한 직위들의 집단 • 직책이나 직업상 맡은 임무
직군	동일하거나 유사한 직무들의 집단
직종	직업이라고도 하며, 동일하거나 유사한 직군들의 집단
직종군	업무를 수행하는 데 필요한 노동력의 내용에 따라 크게 분류하는 기준

2 직무분석

1. 의의
① 특정 직무의 내용과 성질을 구체화하고, 그 직무를 수행함에 있어 공식적인 개요를 작성하는데 필요한 모든 정보(숙련도, 지식, 능력, 책임, 직무환경, 조직관계 등)를 수집하고 관리목적에 적합하게 정리하는 체계적인 과정을 말한다.
② 인사관리의 기초정보를 제공하고, 직무기술서와 직무명세서 작성 시 사용된다.

2. 효과

① 근로자의 채용, 배치, 이동, 승진 등 고용관리의 합리화
② 근로자의 교육훈련 및 능력 개발의 증진
③ 직무평가의 기초자료 제공 및 임금관리의 합리화
④ 업무 분담의 적정화
⑤ 직무 중심의 조직 설계 및 업무 개선
⑥ 산업안전관리의 기초

3. 단계

구분	내용
준비 단계	예비조사, 직무단위 결정, 분석자 선임 및 훈련, 분석 방법 결정
실시 단계	직무내용, 직무요건을 분석(인적요건, 정신적·육체적 조건, 작업환경 등)하여 직무 정보의 수집 및 직무분석표 작성
정리 단계	직무기술서(직무내용), 직무명세서(직무요건) 작성

4. 직무정보 수집 방법 〔중요〕

구분	내용
관찰법	• 직무분석자가 직무수행자를 직접 관찰하고 결과를 기록하는 방법 • 장점: 정확한 직무를 파악할 수 있음 • 단점: 직무분석자의 주관이 개입됨, 오랜 시간이 소요되는 직무는 적용 불가함
면접법	• 직무분석자가 근로자나 감독자와 면접을 통하여 직무를 파악하는 방법 • 장점: 직무에 대한 정확한 정보를 획득할 수 있음 • 단점: 광범위한 직무분석에 따라 시간과 비용이 증가함
질문지법	• 표준화된 질문지를 작성한 후 근로자에게 배부하여 스스로 기입하게 하는 방법 • 장점: 광범위한 정보를 신속하게 수집할 수 있음 • 단점: 질문지를 해석하는 과정에서 오해가 발생할 수 있음
워크 샘플링법	• 전체 작업 과정 동안 무작위로 많은 관찰을 하여 직무행동에 대한 정보를 얻는 방법 • 장점: 여러 직무활동을 동시에 기록함으로써 전체 직무 모습을 파악할 수 있음 • 단점: 직무 성과가 외형적일 때에만 적용할 수 있음
종합분석법	위에 열거된 방법들을 종합하여 장점은 살리고 단점을 제거하는 방법
경험법	직무분석자 자신이 직무활동을 수행하고, 그 경험에 의해 직무지식을 파악함
작업기록법	직무담당자가 매일 자신의 직무에 대한 작업일지와 메모사항 등을 기록하여 직무정보를 얻는 방법
중요사건기록법 (중요사건법, 중요사실기록법)	• 직무 성과에 능률적인 행동과 비능률적인 행동을 구분하고, 그 사례를 수집하여 직무 성과에 효과적인 행동 패턴을 분석하여 업무 능력을 개선해 가는 방법 • 장점: 직무 성과와 행동의 관계 파악이 용이함 • 단점: 시간이 많이 소요됨

5. 직무분석 기법

기능적 직무분석	• 직무정보를 직무에 존재하는 자료, 사람, 사물과 관련된 기능의 정보로 분석하는 기법 • 행동의 종류와 복잡성의 정도, 이에 따른 자격요건 수준을 체계적으로 파악할 수 있지만 직무를 간략하게 분류하여 직무평가에 적용하기 어려움
직위분석 질문지법	• 총 194개 항목 질문지로 작업에 대한 표준화된 정보를 수집하는 기법 • 선발과 직무 분류에 적합하나, 구체적인 직무정보 파악이 어려워 인사평가와 훈련에 부적합함
관리직위 기술 질문지법	• 관리자의 직무분석을 위해 사용되는 기법으로 197개의 설문 항목으로 관리자들의 해당 직위 내용을 분석하는 기법 • 신규 직무를 분류, 평가하는 데 유용하나 직무의 행동적 요건 및 근무성과의 측정에 한계가 존재함
과업목록법	• 설문지를 이용하여 분석하고자 하는 특정 직무의 모든 과업을 열거하고, 이를 상대적 소요시간 및 빈도, 중요성, 난이도, 학습 속도 등의 차원에서 분석하는 기법 • 구체적인 직무내용 파악이 가능하여 교육 용도로 효과적이나, 개발비용이 많이 들며 직무 간 비교가 어려워 직무평가에 부적절함

> **➕ 직무분석의 오류**
>
> • **부적절한 표본추출로 인한 오류**: 관련되는 과업영역 전체를 조사하지 않거나, 직위분석질문지와 같은 포괄적인 방법에서 관련 과업영역 모두를 명확히 하지 않으면 직무의 중요한 부분이 직무분석에서 제외될 수 있음
> • **반응세트**: 사람들이 예상된 혹은 왜곡된 방법으로 질문에 대해 일관적으로 답변할 때 발생하며 질적 척도에 대한 사람들의 해석이나 그 정보를 처리하려고 하는 의도에 대한 잘못된 믿음 때문에 발생함
> • **직무환경의 변경에 의한 오류**: 새로운 공정의 도입과 같은 직무환경의 변화는 직무수행자의 역할을 변화시키기 때문에 과거의 직무분석에 의해 개발된 직무기술서와 직무명세서는 현재 직무에 다시 활용할 수 없게 됨
> • **종업원의 행동변화에 의한 오류**: 대부분의 종업원 행동에 대한 정보는 일정 시점에 이루어지므로 종업원의 행동은 계속 변화하기 때문에 관찰자는 이러한 부분을 분석에 반영할 수 있어야 함

6. 직무기술서 중요

① 직무분석을 통해 직무수행과 관련된 과업 및 직무행동을 일정한 양식에 기술한 보고서이다.
② 직무확인, 직무개요, 직무내용, 직무요건 등의 내용이 포함되어 있다.

〈양식〉 직무기술서

직무기술서 양식 사례

작성자: (서명)   작성일: 년 월 일   승인자: (서명)

1. **직무확인**: 직무에 대한 기본사항을 확인하고 관련 정보를 기술할 것

직무코드	직무명	직무평가점수	임금 범위(만원)	소속본부	팀명
H00001	인사관리		0,000~0,000	경영지원본부	인사팀

2. **직무개요**: 직무의 주요 기능과 활동 등 직무의 일반적 성격에 대해 묘사할 것

> 급여 및 노사관계 업무를 제외한 전 직원의 인사업무를 경영상의 필요와 규정에 따라 공정하고 효율적으로 수행하여 경영목표 달성에 기여한다.

3. 권한관계: 직무에 부여된 권한관계를 기술할 것

의사결정 권한	인사제도 개선안 발의
	채용, 이동, 승진, 승격 등의 운영 시행안 발의
	적정 인력 규모의 결정권
예산 관련 권한	인사업무 관련 예산의 기안 및 시행

4. 직무내용: 직무를 구성 요소인 과업들로 나누고 상세한 묘사와 부연설명을 할 것

구분	과업명	과업내용	핵심 성공 요인
1	인사기획	인사제도 문제점 파악, 자료분석, 개선방안수립	제도의 공정성, 타당성
2	인사제도 개선업무	선진인사제도에 대한 연구 및 당사에의 적용 가능성 검토	제도의 공정성, 타당성
3	책임자급 인사관리	이동, 승격, 병가, 휴직자 관리, 인사 관련 상담	적정 승격률 유지
4	종합근무 평정	연간 2회 근무 평정 및 승격명부 작성	평정의 타당성, 신뢰성
5	자기신고서 관리	자기신고서 작성 및 입력, 책임자 및 사원 명부에 동내용 반영, 정기이동 시 참고자료 작성	활용도 향상
6	업무 지원	본부 직원의 영업점 지원	적시성
7	인력동원	대외기관 관련 인력 지원(자연재해 복구 등)	적시성, 무사고
8	인사 MIS	제 발령 및 근태 관련 전산입력 및 확인	정확성
9	제증명 및 보고서 관리	재직증명서·경력증명서 발급, 조직기능도표 관리, 2년 이상 동일 업무담당자 보고	적시성, 정확성
10	책임자 명부관리	0급 이상 책임자의 개인신상 관련 및 DB화가 불가능한 부문관리	정보의 망라성
11	휴가	부점장 휴가관리, 병가관리, 연월차관리	규정 준수
12	출장	부점장의 시내출장 및 직원의 해외출장	규정 준수
13	복무에 관한 사항	입지 외 거주신청, 휘장관리, 명찰관리, 신분증명서 발급, 직장 내 성희롱 예방교육 상담	절차의 공정성
14	상벌인사위원회	직원에 관한 상벌 결정	규정 준수
15	채용		
16	사원급 인사관리		
17	인원관리		
⋮			
22	행사주관		

5. 보고 및 감독관계: 직무 담당자와 관계있는 사내외 관계자의 직무를 기입할 것

보고자	경영지원본부장
피감독자	인사팀장 및 팀원
사내 협력자	경영기획팀, 연수원, 총무팀, 노동조합
사외 관계자	금융감독원, 금융산업노동조합

6. 직무요건: 해당 직무의 숙련자로서 필요한 기초적인 직무요건을 명시할 것

학력	인문계열 대졸 및 동등 이상 학력
경력	특이사항 없음
필요 훈련/자격	조사 및 통계분석
	노무사/법무사 자격증 보유자 우대

7. **핵심역량**: 해당 직무를 수행하기 위해 필요한 핵심역량을 구체적으로 기술할 것
   ① 조직 목표 달성을 위해 구성원들에게 동기를 부여하여 조직 역량을 극대화시킬 수 있는 리더십
   ② 옳고 그름에 대한 의사 표현 능력
   ③ 종합적인 분석력과 판단력을 갖춰 상사의 의사결정을 효과적으로 보좌할 수 있는 능력
   ④ 전산기기 사용 능력
   ⑤ 계획적이고 조직적으로 업무를 수행하는 능력
   ⑥ 상사의 지시사항을 명확하게 이해하는 능력
   ⑦ 풍부한 업무지식 및 실무 경험
   ⑧ 업무추진 과정에서 시행착오나 일정 차질을 예방하는 능력
   ⑨ 부하직원의 의견을 충분히 듣고 본인의 판단력을 추가한 뒤 상사에게 보고하여 업무추진에 도움을 주는 능력
   ⑩ 변화를 예측하여 한발 앞서 창의적으로 기획하고 조정하는 능력

7. 직무명세서 <중요>

직무분석의 결과를 중심으로 직무요건만 분리하여 직무수행에 필요한 인적 특성을 중점으로 다루어 기술한 서식이다.

(1) 내용
① 직무 명칭: 해당 직무의 명칭
② 교육: 최소 교육연수, 교육 형태, 직무와 관련된 특정 분야의 교육내용
③ 육체적 특성과 건강: 일반적인 신체적 특성, 정서적 안정성 등
④ 지적 능력: 지수화
⑤ 특수한 능력: 타인과의 협동 작업
⑥ 과거 직업 경험: 최소 1년 이상 다른 분야에 종사한 경험
⑦ 특수한 지식 혹은 기능: 서류, 기록, 자료 정리, 보고서 작성 등에 관한 지식 및 기능
⑧ 성숙 가능성: 2년 이내 증가되는 책임을 담당할 수 있는 가능성
⑨ 기타: 2년 이내 직무 담당자가 승진할 준비가 되어 있는지의 여부

➕ 인사과장의 자격 요건
- **성별**: 남녀 무관
- **교육**: 인사관리, 생산관리 교육 이수
- **경험**: 인사관리 및 관련 분야에 근무한 경험
- **성격**: 기업 내 조화를 이룰 수 있는 성격
- **지식**: 인사관리에 대한 이해, 능력, 적성, 흥미, 성격 등의 개인차에 대한 지식

(2) 직무기술서와 직무명세서의 비교 <중요>

직무기술서	직무명세서
직무분석을 통해 나타난 결과를 관계자 모두가 이해할 수 있도록 간략하게 자료로 제공함	• 직무내용보다는 인적요건에 비중을 두어 작성함 • 고용, 훈련, 승진 등의 기초자료로 쓰임

3 직무평가

1. 의의
① 직무평가는 직무를 분석하여 작성된 직무기술서, 직무명세서를 기초로 하며, 각 직무의 중요성, 곤란도, 위험도 등을 평가하고 타 직무와 비교하여 직무의 상대적 가치를 정하는 방법이다.
② 직무평가는 직무를 수행하는 사람을 평가하는 것이 아니라 직무 그 자체를 판단한다.

2. 목적
직무평가의 일차적인 목적은 직무의 상대적 가치에 따라 기업 내부의 임금격차를 결정하는 데 있으며, 넓은 의미에서의 목적은 기업 내의 임금체계나 구조를 확립하고 인사관리 전반의 합리화를 기하는 데 있다.
① 질적인 측면에서 직무의 상대적 가치와 그 유용성을 결정하는 자료를 제공한다.
② 노사 간에 타당성을 인정할 수 있는 임금격차를 줄여 근로자의 근로의욕을 증진시키고, 노사협력체계를 확립한다.
③ 조직의 직계제도 확립, 직무급 및 직무제도를 확립하는 자료를 제공한다.
④ 노동시장에서 노동자를 유인할 수 있는 우월한 임금체계를 수립하는 자료를 제공한다.
⑤ 단체교섭에 유용한 자료를 제공한다.

3. 요소

작업요소	위험도, 작업시간, 작업환경, 작업위험 등
노력요소	육체적, 정신적 노력 등
책임요소	관리감독, 기계설비, 직무개선 책임, 원재료 등
숙련요소	도전성, 교육, 경험, 몰입, 창의성, 지식, 기술 등

4. 방법 중요

(1) 종합적 평가(비계량적 평가 방법)
① **서열법**: 기업 내 각 직무를 상대적인 숙련, 노력, 책임, 작업 조건 등의 요소를 기준으로 종합적으로 판단하여 전체적으로 순위를 정하는 방법이다.

교대서열법	가장 우수하거나 가장 열등한 사람을 뽑고 나머지 사람들 중에서 또 우열한 사람을 뽑아 나가는 방법
쌍대비교법	두 사람씩 쌍을 지어 비교하면서 서열을 정하는 방법

장점	단점
• 간단하고 빠르게 적용 가능함 • 소규모 조직이나 단순한 직무 구조에 적합함	• 세부적인 분석 없이 전체적인 비교에 의존하며 평가자의 주관이 크게 개입될 가능성이 있음 • 유사한 직무가 많은 경우 서열화가 어려움

② **분류법**: 분류할 직무의 등급을 사전에 결정하고 각 직무를 판단하여 해당 등급에 분류하는 평가 방법으로, 이미 직무의 세부적 서열이 정해져 있지만, 보다 크게 구분하고자 할 때 활용한다.

장점	단점
• 서열법보다 체계적이며 객관적임 • 대규모 조직에서 활용이 용이함	• 직무의 수가 많은 경우 정확한 분류가 어려움 • 평가자의 주관이 개입될 가능성이 있음

(2) 분석적 평가(계량적 평가 방법)
① 점수법: 직무평가에 적합한 평가요소를 선정하여 각 평가요소에 대한 일정한 가중치를 설정한 후 평가요소별로 점수를 부여하여 직무의 가치를 종합적으로 평가하는 방법이다.

장점	단점
• 직무 간 가치 비교가 구체적이고 명확함 • 평가자의 주관개입을 최소화할 수 있음	• 평가요소와 가중치 설정이 복잡하고 전문성이 필요함 • 시간과 비용이 많이 소요됨

② 요소비교법: 가장 기본이 되는 몇 개의 기준 직무를 선정하고 기준 직무의 평가요소별 가치를 임금액으로 환산하여 직무의 상대적 가치를 평가요소별로 비교하여 평가하는 방법이다.

장점	단점
• 임금 공정성 확보에 기여할 수 있으며, 평가 결과의 타당성과 신뢰도가 높음 • 기준직무를 통해 평가하므로 유사한 직무 및 기업 내 전체 직무평가에 용이함	• 평가요소에 대한 주관이 개입될 가능성이 있음 • 평가 과정이 복잡하고 시간과 비용이 많이 소요됨

5. 유의점
① 직무평가의 목적을 분명하게 해야 한다.
② 직무평가의 기술적인 한계점을 인식하고 그에 대한 충분한 사전 검토를 해야 한다.
③ 직무평가에 대한 최고 경영층의 지원 및 조직 구성원들의 협조를 이끌어낼 수 있어야 한다.
④ 직무평가 시 평가자의 주관을 배제하기 위한 교육·훈련이 실시되어야 한다.

4 직무설계

1. 정의
조직의 목표를 달성하는 동시에 직무를 수행하는 개인의 욕구가 만족되도록 직무의 내용, 기능, 관계, 작업 방법을 합리적이고 체계적으로 설계하는 과정이다.

2. 목적
① 작업의 생산성 향상: 자원을 효율적으로 이용함으로써 생산성이 증대된다.
② 이직과 훈련비용의 감소: 직무만족과 직무의욕을 높임으로써 이직률을 감소시키고, 이직률이 감소함에 따라 고용 및 훈련비용이 감소한다.
③ 재화와 용역의 질과 양적 개선: 작업기술을 개선하고 불필요한 시설과 공정 및 작업 등을 제거하여 직무를 효율적으로 수행함으로써 품질을 향상시키고 불필요한 시간과 노력, 비용 등을 절감할 수 있다.
④ 종업원의 동기부여(모티베이션) 향상: 직무설계는 직무를 개선함으로써 종업원의 직무 불만족을 감소시키고, 근로의욕 및 근로생활의 질을 향상시킬 수 있다.
⑤ 원가 절감 및 신기술에 대한 신속한 적응

3. 직무설계의 접근 방법(개인 수준의 접근 방법)

(1) 전통적 접근 방법

애덤스미스의 국부론	분업에 의한 전문화 강조
테일러의 과학적 관리법	과업을 최대한 가능한 요소로 세분화
포드의 관리법	단순화, 표준화, 전문화에 초점
인간관계론	근로자의 개인적·사회적 욕구 충족에 초점

(2) 현대적 접근 방법 중요

직무순환	서로 직무를 바꾸게 하여 다양한 직무를 수행하도록 하는 직무 교대 방식으로, 단조로움 및 권태감을 없애고 결원 보충의 융통성, 능력과 자질을 높임
직무확대	과업의 다양성을 늘리기 위해 단순한 작업요소 한 가지만 작업하던 것을 관련 있는 몇 개의 작업요소로 묶어 동시에 작업할 수 있도록 하여 단조로움을 제거하는 방식(단순한 수평적 확대)
직무충실화	• 단순히 직무를 구조적으로 크게 하는 것이 아니라 직무의 내용을 고도화하여 작업상의 책임과 권한을 늘리며, 능력을 발휘할 수 있게 하고 보람과 도전성이 있는 직무를 만드는 방식(수직적 확대)으로, 종업원의 심적 부담감은 증가하지만 품질을 개선할 수 있음 • 허즈버그의 2요인(Two-factor) 이론에 기초하여 종업원이 자신의 직무를 스스로 계획하고 실천하며 평가할 수 있도록 자율과 책임을 증대시키고 자신의 성과를 평가하고 수정할 수 있도록 피드백을 제공하며, 도전적이고 보람된 일이 되도록 하는 직무설계 방법
직무특성이론	핵심직무특성*이 중요 심리 상태를 유발해 개인 및 작업 성과에 변화를 가져오게 되며, 이는 종업원의 성장 욕구의 강도에 따라 달라질 수 있음을 보여주는 방식
직무전문화	전체적인 과업을 보다 작은 요소로 분할하여 담당함으로써 종업원의 숙련도를 증대시키고 조직 능률의 상승을 목표로 하는 방식으로, 생산성이 향상되고 능률이 극대화되나 종업원의 권태와 불만 증가, 이직률 증가, 직무의 비인간화 등의 문제점이 발생할 수 있음
직무교차	수평적 직무확대의 형태로 반드시 직무의 일부분을 다른 작업자와 공동으로 수행해야 하는 방식
압축근무시간제	1주일의 근무시간을 5일 40시간(1일 8시간)에서 4일 40시간(1일 10시간)으로 압축하여 근무제를 실시하는 방식
변형근무시간제	하루에 근무시간 8시간을 지키면서 출·퇴근시간을 자유롭게 하는 방식
근무시간 자유선택제	정해진 근무시간을 종업원들이 원하는 대로 선택하게 하는 방식

> ✱ **핵심직무특성**
> 기술적 다양성, 직무 정체성, 직무 중요성, 자율성, 피드백이 있다.

4. 집단 수준의 접근 방법

구분	내용
작업팀과 자율적 작업 집단	• 직무의 수평적 측면과 수직적 측면을 각각 집단 수준에 적용한 방법 • 상호보완적인 기능을 가진 소수의 사람들이 공동의 목표 달성을 위해 상호 책임을 공유하고 문제 해결을 위해 공동의 접근 방법을 사용하는 조직 단위
팀 접근법	• 직무 담당자의 직무설계와 달리 직무 책임을 팀 전체 집단에 두는 접근 방법 • 집단 구성원의 직무수행이 집단 전체에 영향을 미치게 되므로 작업 집단의 성과 및 유효성과 연결되는 직무설계 기법
분임조	직무의 수직적 측면을 강화하여 구성원의 직무 만족과 집단 성과를 향상시키는 방법

기출&확인 문제

01 [2023년 3회]

근로자 개인에게 부여된 하나 또는 그 이상의 과업들의 집단을 의미하는 용어로 가장 적절한 것은?

① 직위
② 직무
③ 직군
④ 직종

해설
② 직무: 직책이나 직업상 맡은 임무
③ 직군: 동일하거나 유사한 직무들의 집단
④ 직종: 동일하거나 유사한 직군들의 집단

02 [2023년 1회]

직무평가의 유의점에 대한 설명으로 가장 적절하지 않은 것은?

① 평가를 할 때에는 평가자의 주관을 배제하기 위한 교육·훈련이 실시되어야 한다.
② 평가의 태만함을 경계하기 위해 직무평가의 목적을 뚜렷하게 설정해야 한다.
③ 공정하고 효율적인 직무평가를 위해서 종업원의 반발과 노동조합의 영향을 고려해서는 안 된다.
④ 평가자를 구성할 때에는 종업원들을 함께 참가시켜 직무평가에 대한 불만을 해소시켜 주는 방안도 고려할 수 있다.

해설
직무평가를 공정하고 효율적으로 운영하기 위해서 노동조합의 이해와 협력을 얻을 수 있도록 노력해야 한다.

03 [2023년 1회]

직무설계 방법에 대한 설명으로 가장 적절하지 않은 것은?

① 직무순환은 서로 다른 직무를 담당하도록 담당 직무를 바꾸어 주는 방식의 직무교대 방법이다.
② 직무공유제는 두 명 이상의 직원에게 주당 정해진 시간의 직무를 분배할 수 있는 조정 방법이다.
③ 직무전문화는 과업을 작은 요소로 분할하고 나누어 담당하도록 하여 종업원의 숙련도를 증대시키는 방법이다.
④ 직무충실화는 직무의 범위를 축소시켜 작업자의 업무로드를 감소시켜주면서, 해당 직무에 충실히 임할 수 있도록 하는 수평적·확대적 직무설계 방법이다.

해설
직무충실화는 단순히 직무를 구조적으로 크게 하는 것이 아니라 직무의 내용을 고도화하여 작업상의 책임과 권한을 늘리며 능력을 발휘할 수 있게 하고 보람과 도전성이 있는 직무를 만드는 방법이다.

04 [2024년 5회]

관리감독, 기계설비, 직무개선, 원재료 책임 등은 직무평가의 요소 중 무엇에 해당하는가?

① 작업요건
② 노력요소
③ 책임요소
④ 숙련요소

해설
• 작업요건: 위험도, 작업시간, 작업환경, 작업위험 등
• 노력요소: 육체적, 정신적 노력 등
• 숙련요소: 도전성, 교육, 경험, 몰입, 창의성, 지식, 기술 등

05 [2024년 3회]

직무분석 효과에 대한 설명으로 가장 적절하지 않은 것은?

① 업무 분담의 최소화
② 직무 중심의 조직 설계
③ 채용 및 승진 등 고용관리의 합리화
④ 근로자의 교육훈련 및 능력 개발의 증진

해설
직무분석을 통해 모든 정보를 수집하고 관리 목적에 적합하게 정리함으로써 업무분담이 적정화·합리화된다.

06 [2023년 4회]

직무설계의 목적에 대한 설명으로 가장 적절하지 않은 것은?

① 인간관계의 개선
② 작업의 생산성 향상
③ 커리어 개발을 통한 이직 증가
④ 재화와 용역의 질과 양적 개선

해설
직무설계의 목적에는 작업의 생산성 향상, 이직과 훈련비용의 감소, 재화와 용역의 질과 양적 개선, 종업원의 동기부여 향상, 원가 절감 및 신기술에 대한 신속한 적응 등이 있다.

| 정답 | 01 ① | 02 ③ | 03 ④ | 04 ③ | 05 ① | 06 ③ |

07 [2025년 1회]

직무기술서 양식과 내용에 관한 설명으로 옳지 않은 것은?

① 직무확인은 직무에 대한 기본사항을 확인하고 관련 정보를 기술한다.
② 직무개요는 직무의 주요 기능과 활동 등 직무의 일반적 성격에 대해 묘사한다.
③ 직무요건은 직무를 구성요소인 과업들로 나누고 상세한 묘사와 부연설명을 한다.
④ 보고 및 감독관계는 직무담당자와 관계있는 사내외 관계자의 직무를 기입한다.

[해설]
직무내용은 직무를 구성요소인 과업들로 나누어 상세한 묘사와 부연설명을 하고 직무요건은 해당 직무의 숙련자로서 필요한 기초적인 직무요건을 명시한다.

08 [2022년 1회]

다음 중 워크 샘플링법에 대한 설명으로 적절하지 않은 것은?

① 전체 작업 과정 동안 무작위로 많은 관찰을 하여 직무행동에 대한 정보를 얻는 방법이다.
② 여러 직무활동을 동시에 기록함으로써 전체 직무 모습의 파악이 가능하다.
③ 직무 성과가 외형적일 때만 적용이 가능하다.
④ 직무분석자 자신이 직무활동을 수행하고 그 경험에 의해 직무지식을 파악한다.

[해설]
직무분석자 자신이 직무활동을 수행하고 그 경험에 의해 직무지식을 파악하는 방법은 경험법에 대한 설명이다.

09 [2020년 5회]

다음 중 직무를 평가요소별로 분류하고 점수화하여 직무의 상대적 가치를 종합적으로 평가하는 방법은?

① 서열법
② 분류법
③ 점수법
④ 요소비교법

[해설]
직무를 평가요소별로 분류하고 각 평가요소에 점수를 매겨 직무의 상대적 가치를 종합적으로 평가하는 방법은 점수법이다.

10 [2021년 5회]

다음 중 직무명세서에서 가장 중요하게 나타내고자 하는 것은?

① 직무표지(직명, 소속, 코드번호 등)
② 직무개요(직무수행의 목적이나 내용을 기술)
③ 직무요건(직무수행에 필요한 제 요건)
④ 인적 특성(교육 정도, 지적 능력, 신체조건, 개인 특성 등)

[해설]
직무명세서는 인적요건에 비중을 두어 작성한다. ①, ②, ③은 직무기술서에 해당한다.

11 [2019년 1회]

다음의 직무설계 방법 중 직무충실화에 대한 설명으로 적합한 것은?

① 권태감이나 작업의 단조로움을 제거하기 위해 서로 다른 직무를 담당하도록 담당 직무를 바꾸어 주는 방식의 직무교대 방법이다.
② 인간성 회복 또는 노동의 인간화라는 의미에서 작업자들에게 책임과 권한을 주어 노동의 의미 부여, 근로생활의 질을 높이기 위한 현대적 직무설계에 해당하는 방법이다.
③ 단순한 작업요소 한 가지만 작업하던 것을 몇 개의 작업요소 또는 수 개의 작업요소를 동시에 작업할 수 있도록 하여 단조로움을 제거하려는 목적으로 설계된 방법이다.
④ 집단 전체에 집단 구성원의 직무수행이 영향을 미치게 되므로 작업 집단의 성과 및 유효성에 영향을 미치게 되는 직무설계 방법이다.

[해설]
①은 직무순환, ③은 직무확대, ④는 팀 접근법에 대한 설명이다.

| 정답 | 07 ③ | 08 ④ | 09 ③ | 10 ④ | 11 ② |

12 [2021년 5회]
다음 중 [보기]에서 설명하는 것은?

> **보기**
> 상호보완적인 기능을 가진 소수의 사람들이 공동의 목표 달성을 위해 상호 책임을 공유하고 문제 해결을 위해 공동의 접근 방법을 사용하는 조직 단위

① 직무충실화
② 직무공유제
③ 직무확대
④ 자율적 작업팀

해설
① 직무충실화: 단순히 직무를 구조적으로 크게 하는 것이 아니라 직무의 내용을 고도화하여 작업상의 책임과 권한을 늘리며, 능력을 발휘할 수 있게 하고 보람과 도전성이 있는 직무를 만드는 방식
② 직무공유제: 근로자가 직무에 대해 동등한 책임을 지는 수평적 분할을 의미하는 것으로 둘 이상의 근로자가 하나의 직무를 공유함
③ 직무확대: 과업의 다양성을 늘리기 위해 단순한 작업요소 한 가지만 작업하던 것을 관련 있는 몇 개의 작업요소로 묶어 동시에 작업할 수 있도록 하여 단조로움을 제거하는 방식

13 [2024년 3회]
직무분석의 단계를 준비 단계, 실시 단계, 정리 단계로 구분할 경우 준비단계의 내용으로 옳지 않은 것은?

① 직무단위 결정
② 분석 방법 결정
③ 직무요건 분석
④ 분석자 선임 및 훈련

해설
직무요건 분석은 직무분석 단계 중 실시 단계의 내용에 해당한다.

14 [2023년 3회]
[보기]에서 설명하는 직무분석 방법은? (정답은 한글로 작성하시오)

> **보기**
> 직무수행자의 직무행동 가운데 성과와 관련하여 효과적인 행동과 비효과적인 행동을 구분하여 사례를 수집하고 사례들로부터 효과적인 행동 패턴을 추출하는 직무분석 방법

(답:)

15 [2019년 6회]
직무평가 방법 중 평가 대상의 각 직무가치를 평가요소별로 점수화하여 종합적으로 평가하는 방법으로, 우선 각 직무평가에 적합한 평가요소를 선정한 후, 각 평가요소에 대한 일정한 가중치를 설정하고, 이를 바탕으로 평가요소별 점수를 부여하여 직무의 가치를 종합 평가하는 방법은?

(답:)

16 [2023년 6회]
직무설계의 현대적 접근 방법 중 '전체적인 과업을 보다 작은 요소로 분할하고 나누어 담당하도록 하는 방식'은 무엇인가?

① 직무교차
② 직무확대
③ 직무전문화
④ 직무충실화

해설
① 직무교차: 수평적 직무확대의 형태로 반드시 직무의 일부분을 다른 작업자와 공동으로 수행해야 하는 방식
② 직무확대: 과업의 다양성을 늘리기 위해 단순한 작업요소 한 가지만 작업하던 것을 관련있는 몇 개의 작업요소로 묶어 동시에 작업할 수 있도록 하여 단조로움을 제거하는 방식
④ 직무충실화: 단순히 직무를 구조적으로 크게 하는 것이 아니라 직무의 내용을 고도화하여 작업상의 책임과 권한을 늘리며, 능력을 발휘할 수 있게 하고 보람과 도전성이 있는 직무를 만드는 방식

17 [2020년 3회]
다음 [보기]에서 설명하는 것은? (정답은 한글로 작성하시오)

> **보기**
> 조직 내부에서 직무의 상대적 가치를 결정하기 위한 체계적·합리적 평가 방법으로, 직무수행에 요구되는 숙련도, 난이도, 위험도, 복잡성, 노력, 책임 등을 평가하는 것이다.

(답:)

| 정답 | 12 ④ | 13 ③ | 14 중요사건법 | 15 점수법 | 16 ③ |
| 17 직무평가 |

CHAPTER 04 인적자원확보

빈출 키워드
- ☑ 면접의 형태
- ☑ 스트레스 면접
- ☑ 선발의 오류
- ☑ 배치관리

1 채용관리

1. 의의
기업이 필요로 하는 양질의 인적자원을 적정 인원만큼 산정하고, 노동력을 발휘할 수 있도록 필요한 시기에 모집 및 선발하여 기업 내부로 배치하는 체계적인 관리 활동이다.

2. 중요성

근로자 측면	• 합리적인 채용관리는 근로자 개인에게 능력 발휘의 기회가 됨 • 직장 생활에 만족함으로써 삶의 질 향상에 기여함
기업적 측면	• 생산적인 근로자의 채용과 보유로 인건비 지출이 감소함 • 채용을 통해 조직의 새로운 문화 형성 및 변화에 기여함 • 공정하고 투명한 채용으로 기업의 이미지를 향상시킴 • 인적자원의 역량을 축적하여 지속적으로 경쟁력을 향상시킴
사회적 측면	일자리 창출과 사회정의 실현에 기여함

3. 고려사항
신규채용으로 인해 인건비 부담 등의 문제가 발생할 수 있으므로 초과근무, 임시직 활용 등의 대안을 먼저 고려하는 것이 좋다.
① 근로자 구성
② 사회적 환경과 노동시장 여건
③ 조직의 구조

➕ 인성검사, 실무능력검사, 성취도검사, 적성검사, 지능검사, 흥미검사

인성검사	기업에서 심리검사 측정 방법을 이용하여 사원을 채용할 때 직무의 성공적 수행에 영향을 미치는 개인의 동기, 욕망, 자신감 등의 성격을 측정하기 위한 검사 방법
실무능력검사 (직무능력검사)	직업인으로서 기본적으로 갖추어야 하는 공통 능력과 직무수행에 필요한 역량을 측정하기 위한 검사 방법
성취도검사	• 훈련이나 학습을 받은 후에 개인이 지니고 있는 지식이나 수행 능력의 정도를 측정하기 위한 검사 방법 • 현재의 직무에 직접적으로 관련된 전문 지식이나 기술을 측정하는데 활용할 수 있는 검사 방법
적성검사	특정 분야의 교육이나 직업과 관련되는 활동을 성공적으로 수행할 수 있는 성공도를 예측하기 위한 검사 방법
지능검사	개인의 여러 가지 지적 능력과 잠재력을 살펴보는 검사 방법
흥미검사	과학적인 측정을 통하여 자신의 직업적 흥미를 발견하여 효율적인 진로설계를 할 수 있도록 도와주는 검사 방법

2 모집관리

1. 의의
모집은 조직 외부로부터 기업의 직무수행에 필요한 능력을 갖춘 인재들을 조달하여 기업 내의 직무에 지원하도록 하는 구인 활동이다.

2. 방법
모집 방법에는 조직 내의 현직 근로자를 대상으로 모집 활동을 하는 내부모집과 조직 밖에 있는 사람을 대상으로 모집 활동을 하는 외부모집이 있다. 모집 방법은 근로자의 종별에 따라 분류하여 실시하는 것이 가장 적절하다.

구분	내부모집	외부모집
방법	• 관리자 및 기능목록 작성 • 사내 공개모집 제도(사내 게시판, 사보)	• 광고 • 인터넷 모집(취업포털, 홈페이지) • 인턴십제도 • 근로자 추천 • 채용박람회 • 헤드헌터 • 교육기관의 추천
장점	• 종업원의 성과 자료로 사용할 수 있음 • 내부 근로자의 승진 시 동기부여가 됨 • 훈련의 필요성을 강조함(능력 개발 촉진) • 시간 단축, 비용 절감	• 새로운 아이디어와 관점의 도입 • 외부 인력 유입에 따른 조직 분위기 쇄신 • 유능한 인재 확보 • 인력개발 비용을 축소할 수 있음
단점	• 종업원들이 동일한 지위에 지원하여 경쟁이 치열해지고, 이로 인한 갈등을 초래함 • 탈락자의 사기 및 성과가 저하될 수 있음 • 조직이 침체됨	• 부적격자의 채용 가능성이 있음 • 내부 지원자의 사기를 저하시킴 • 업무 적응 시간이 증가함 • 모집 비용 및 시간이 증가함

➕ 인턴십제도와 사내 공모제

인턴십제도	방학 또는 일정 기간 동안 시간 근로 형태로 졸업 직전의 특성화고등학교 학생이나 대학생들을 현장에서 근무시키고 졸업 후에 정규사원으로 채용하는 제도이다. 학생은 이론과 실무를 함께 배울 수 있고, 기업은 잠재 고용자를 밀접하게 알아볼 수 있으며, 이들이 고용 대상이 될 수 있다는 장점이 있다.
사내 공모제	기업에서 특정 프로젝트나 신규 사업에 필요한 인재를 모으기 위해 사내에 있는 인재를 널리 활용하는 제도이다. 구성원들에게 새로운 직무수행에 대한 동기부여를 할 수 있다는 장점이 있다.

➕ 모집평가의 주요 지표

- **산출률**: 모집 단계를 통과하는 인원을 지원자 총수로 나누어 측정하며, 각 선발 단계별로 적정 산출률을 파악하여 산출률이 과도하게 높거나 낮지 않도록 하는 지표
- **선발률**: 지원자 가운데 최종 선발된 인원의 비율을 의미하는 지표
- **수용률**: 최종 합격자 중 기업의 입사 제의를 수용하여 최종 입사한 사람의 비율을 나타내는 지표
- **기초율**: 지원자 가운데 선발과정을 거치지 않고 무작위로 선택하여 채용했을 때 채용될 경우 성공적으로 회사 직무를 수행할 수 있는 비율을 나타내는 지표이며, 기초율이 높을수록 모집된 지원자 중 자격을 갖춘 적합한 인재가 많음을 의미함

3 선발관리

모집에 응모한 지원자 중에서 채용기준과 직무요건에 적합한 사람을 선택하고 부적합한 사람은 배제하는 과정을 의미한다.

1. 선발 절차

예비면접 → 지원서 검토 → 선발시험 → 선발면접 → 신원조회 → 신체검사 → 채용

2. 면접의 형태

구분	내용
구조화 면접 (중요)	• 면접자가 기본적으로 세분화되고 상세한 내용의 표준화된 질문을 준비하여 질문하는 형태 • 모든 지원자들에게 동일한 순서로 동일한 질문을 하는 방식 • 질문이 매우 조직적으로 작성되며, 지원자의 배경, 지식, 태도, 동기 등에 대해 자세한 질문을 함 • 훈련을 받지 않았거나 경험이 없는 면접자도 어려움 없이 면접을 수행할 수 있음
비구조화 면접	• 면접자가 특정한 질문 목록 없이 중요하다고 생각하는 내용이나 지원자의 특성 등에 대해 자유롭게 질문하는 방식 • 일반적으로 노련한 면접자에 의해 실시되며, 보통 면접자는 지원자들에게 동일한 질문을 하지 않음
준구조화 면접	중요한 질문은 사전에 설정되지만 면접자가 더 얻고자 하는 정보에 대해서는 자유롭게 추가적으로 질문을 할 수 있는 방식

3. 선발면접

구분	내용
스트레스 면접 (중요)	피면접자의 스트레스 상태에서 나타나는 감정 조절 및 인내도를 관찰하기 위해 공격적으로 지원자를 압박하는 등의 면접 방법으로, 직무와 관련된 스트레스 관리 능력과 감정 조절 능력을 파악하는 데 목적이 있음
패널 면접	다수의 면접자가 한 명의 지원자를 평가하는 방법으로, 피면접자의 면접 결과에 대해 면접자의 의견 교환 절차를 거쳐 광범위한 정보 수집 및 정확한 평가를 할 수 있으며, 관리직이나 전문직 선발 시 활용하는 방법
집단 면접	각 집단별로 특정 주제에 대한 자유 토론을 할 수 있는 기회를 부여하고, 토론 과정에서 개인적, 사회적 특성을 평가하는 방법
정형적 면접	직무명세서를 기초로 하여 준비해둔 질문에 따라 면접자가 질문하는 방법
비지시적 면접	면접자가 획일적인 질문이 아닌, 피면접자에 따라 자유롭게 질문을 하면 이에 대해 피면접자가 생각나는 대로 거리낌 없이 자기를 표현하는 것으로, 듣는 태도와 고도의 질문 기술 및 훈련이 필요한 방법
블라인드 면접	피면접자에 대한 정보가 전혀 없는 상태에서 하는 면접 방법으로 출신지, 학력, 성별 등 차별을 야기할 수 있는 항목을 배제하고 직무 능력이 좋은 인재를 채용하는 방법
압박 면접	피면접자의 문제 해결 능력, 논리적 사고, 긴장된 상황에서의 논리적인 대처 능력을 평가하기 위한 방법으로, 예상치 못한 상황에서의 대처 능력을 확인하는 데 목적이 있음

4. 선발의 오류

(1) 제1종 오류
채용이 되었을 경우에는 만족할 만한 성과를 낼 수 있는 지원자가 시험이나 면접에서 불합격되는 일이 발생하는 오류이다.

(2) 제2종 오류
채용이 되었을 경우에는 만족할 만한 성과를 낼 수 없는 지원자가 시험과 면접에서 합격되는 일이 발생하는 오류이다.

➕ 타당도와 선발오류

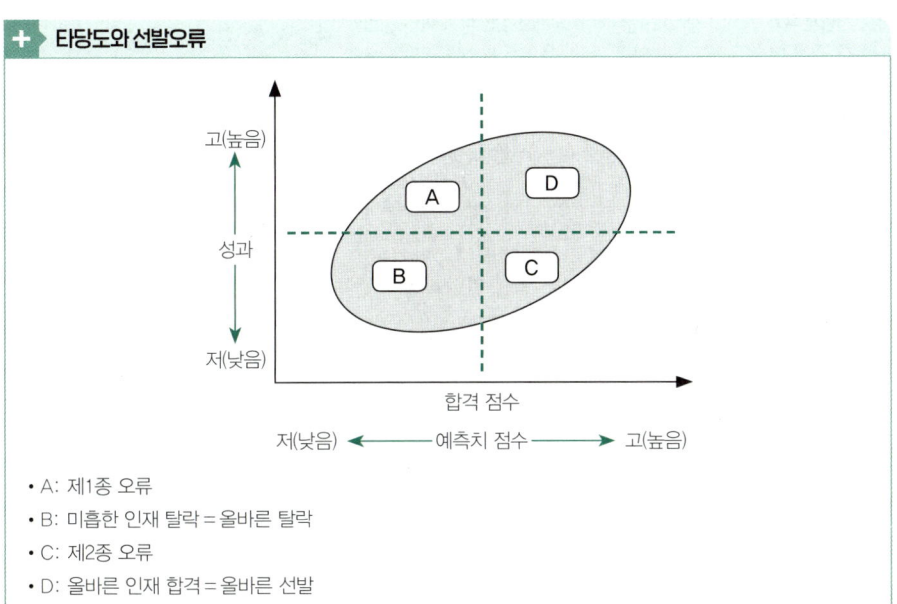

- A: 제1종 오류
- B: 미흡한 인재 탈락 = 올바른 탈락
- C: 제2종 오류
- D: 올바른 인재 합격 = 올바른 선발

5. 선발도구의 조건

(1) 신뢰성
도구를 선발 대상자들에게 적용했을 때 안정적이고 일관성 있는 결과를 얻어낼 수 있는지를 판단하는 기준이다.

구분	내용
시험-재시험법 (검사-재검사법)	서로 다른 시기에 동일한 내용의 시험을 실시하여 결과를 측정하는 방법
대체형식 방법 (복수양식법)	유사한 형태의 시험을 실시하여 두 시험 간의 상관관계를 살펴보는 방법
양분법 (반분법)	시험 내용이나 문제를 반으로 나누어 각각 검사한 후 두 결과를 비교하는 방법

(2) 타당성

시험이 당초에 측정하려고 의도하였던 것을 얼마나 정확하게 측정하고 있는지를 밝히는 정도이다.

구분	내용
기준 관련 타당성	• 동시 타당성(현재 타당성): 현직 근로자의 시험 성적과 직무 성과를 비교하여 선발도구의 타당성을 검사하는 방법 • 예측 타당성: 선발시험을 실시하여 합격한 지원자의 시험 성적(예측치)과 입사 후의 직무 성과(표준치)를 비교하여 선발시험의 타당성을 측정하는 방법
내용 타당성	요구하는 내용을 선발도구가 얼마나 잘 나타내는지를 논리적으로 판단하며, 선발시험의 문항 내용이 측정 대상인 직무 성과와의 관련성을 잘 나타내고 있는지를 측정하는 방법
구성 타당성	• 시험의 이론적 구성과 가정을 측정 • 선발시험의 이론적 구성과 직무수행에 요구되는 어떠한 속성이나 행동적 특성과의 관련성을 측정하는 방법

(3) 효용성

선발에서 평가도구의 성적이 미래의 직무 성과를 얼마나 예측할 수 있는지를 판단하는 기준이다. 선발도구의 효용성이 높으면 선발 비용이 절감되고 우수 인재가 선발될 가능성이 높아진다.

4 배치관리

1. 배치관리의 정의

선발된 근로자의 인적 자격과 직무요건을 대응 및 접합시켜 주는 것을 의미한다.

2. 배치관리의 원칙

구분	내용
적재적소주의	근로자가 소유하고 있는 능력과 성격 등의 면에서 최적의 지위에 배치되어 최고의 능력을 발휘하게 하는 원칙
실력(능력)주의	근로자가 능력을 발휘할 수 있는 영역을 제공하여 그 일에 대해 올바르게 평가하고 평가된 능력과 업적에 만족할 수 있는 대우를 하는 원칙
인재육성주의	• 사람을 소모시키면서 사용하지 않고 성장시키면서 사용해야 한다는 원칙 • 배치관리로 기업의 다양한 직무 경험을 통해 장기적(미래적)인 근로자의 능력을 향상시키는 원칙
균형주의	특정인만 고려하는 것이 아니라 모든 사람을 평등하게 고려하여 특정 부분에 인재가 편중되지 않도록 직장 전체의 적재적소에 배치하는 원칙

3. 적정배치의 정의

① 직무를 수행할 사람과 수행할 직무를 일치시키는 것을 의미한다.
② 적정 배치를 위해서는 직무와 사람이 지니는 요건이 설정되어야 하며 요건을 모두 충족시킬 수 있어야 한다.

> **+ 조직사회화**
>
> • 개인(신입사원)의 조직 규범, 가치, 가치관 등을 조직의 문화와 일치화하는 과정으로 조직의 업무수행 방식 등을 습득하고 조직의 기대에 맞추어 융화하는 과정을 의미함
> • 조직사회화는 선행 사회화(Prearrival), 진입(Encounter), 동화(Metamorphosis)라는 세 단계의 과정을 거침

기출 & 확인 문제

01 [2020년 4회]
다음 중 [보기]의 (ㄱ), (ㄴ), (ㄷ)에 들어갈 수 없는 용어는?

> 보기
> 선발을 할 때 여러 가지 방법으로 인력을 선발하지만 제1종 오류와 제2종 오류를 가져올 수 있다. 이러한 오류 없이 올바른 결정을 하기 위해 선발도구의 (ㄱ), (ㄴ), (ㄷ)을(를) 높여야 한다.

① 신뢰성
② 타당성
③ 적정배치
④ 효용성

해설
오류 없이 사원을 선발하기 위해서는 선발도구의 신뢰성, 타당성, 효용성을 높여야 한다.

02 [2024년 6회]
선발시험을 실시하여 합격한 지원자의 시험 성적(예측치)과 입사 후의 직무 성과(표준치)를 비교하여 선발시험의 타당성을 측정하는 방법은 무엇인가?

① 동시 타당성
② 예측 타당성
③ 내용 타당성
④ 구성 타당성

해설
① 동시 타당성: 현직 근로자의 시험 성적과 직무 성과를 비교하여 선발도구의 타당성을 검사하는 방법
③ 내용 타당성: 요구하는 내용을 선발도구가 얼마나 잘 나타내는지를 논리적으로 판단하며, 선발시험의 문항 내용이 측정 대상인 직무 성과와의 관련성을 잘 나타내고 있는지를 측정
④ 구성 타당성: 이론적 구성과 직무수행에 요구되는 어떠한 속성이나 행동적 특성과의 관련성을 측정하는 방법

03 [2024년 1회]
모집평가 관련 주요 지표 중 지원자들 가운데서 선발과정을 거치지 않고 무작위로 선택하여 채용했을 때 일정 기간이 경과한 후 업무 수행에 성공적인 사람이 얼마나 있는지를 보여주는 비율은 무엇인가?

① 산출률
② 선발률
③ 수용률
④ 기초율

해설
① 산출률: 모집 단계를 통과하는 인원을 지원자 총수로 나누어 측정하며, 각 선발 단계별로 적정 산출률을 파악하여 산출률이 과도하게 높거나 낮지 않도록 하는 지표
② 선발률: 지원자 가운데 최종 선발된 인원의 비율을 의미하는 지표
③ 수용률: 최종 합격자 중 기업의 입사 제의를 수용하여 최종 입사한 사람의 비율을 나타내는 지표

04 [2020년 5회]
다음 [보기]에서 설명하는 것은? (정답은 한글로 작성하시오)

> 보기
> 복수의 피면접자를 대상으로 집단별로 특정 문제에 대해 자유 토론을 할 수 있는 기회를 부여하고, 토론 과정에서 개별적으로 적격 여부를 심사·평가하는 것이다.

(답:)

05 [2024년 4회]
직업인으로서 기본적으로 갖추어야 하는 공통 능력과 직무수행에 필요한 역량을 측정하기 위한 검사 방법은?

① 인성검사
② 적성검사
③ 성취도검사
④ 직무능력검사

해설
① 인성검사: 기업에서 심리검사 측정 방법을 이용하여 사원을 채용할 때 직무의 성공적 수행에 영향을 미치는 개인의 동기, 욕망, 자신감 등의 성격을 측정하기 위한 검사 방법
② 적성검사: 특정 분야의 교육이나 직업과 관련되는 활동을 성공적으로 수행할 수 있는 성공도를 예측하기 위한 검사 방법
③ 성취도검사: 훈련이나 학습을 받은 후에 개인이 지니고 있는 지식이나 수행 능력의 정도를 측정하기 위한 검사 방법

| 정답 | 01 ③ | 02 ② | 03 ④ | 04 집단 면접 | 05 ④ |

06 [2023년 3회]

[보기]는 타당도와 선발오류에 대한 그림이다. B 영역에 대한 설명으로 가장 적절한 것은?

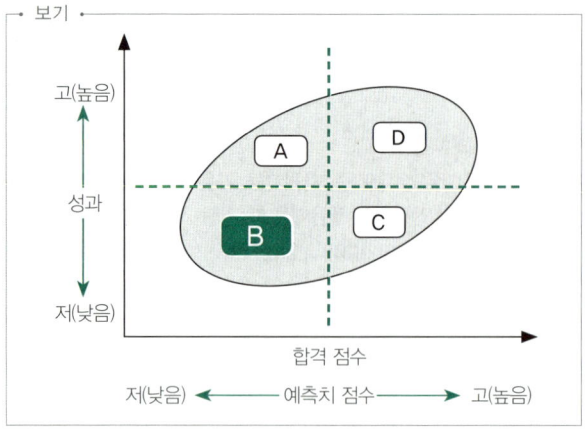

① 적합한 인재 선발
② 적합한 인재 탈락
③ 미흡한 인재 선발
④ 미흡한 인재 탈락

해설
- A: 제1종 오류
- B: 미흡한 인재 탈락 = 올바른 탈락
- C: 제2종 오류
- D: 올바른 인재 합격 = 올바른 선발

07 [2021년 3회]

다음 중 채용관리의 사회적 차원에서의 중요성으로 적절한 것은?

① 종업원의 삶의 질을 향상한다.
② 기업의 인력 채용은 고용의 창출이다.
③ 종업원에게 능력 발휘의 기회를 제공한다.
④ 능력 있는 종업원의 채용으로 조직의 성과를 높일 수 있다.

해설
①, ③은 근로자 측면, ④는 기업적 측면에 대한 설명이다.

08 [2023년 1회]

기업의 인재 모집 방법에는 외부(사외)모집과 내부(사내)모집이 있다. 외부모집의 장점으로 가장 적절하지 않은 것은?

① 서류 심사를 통해 부적격자의 모집을 사전에 방지할 수 있다.
② 유능한 인재 확보를 통해 기업의 인력개발 비용을 절감할 수 있다.
③ 새로운 인재 모집을 통해 조직 분위기를 긍정적으로 전환할 수 있다.
④ 인터넷 취업포털, 교육기관 추천, 인턴제도 등 인재 확보의 채널을 다양하게 활용할 수 있다.

해설
외부모집의 경우 부적격자의 채용 가능성이 있다는 단점이 있다.

09 [2024년 4회]

[보기]의 (ⓐ), (ⓑ) 안에 들어갈 적절한 용어를 순서대로 작성하시오.

> **보기**
> 선발오류란 직무요건의 적임자를 선발하지 못하는 현상을 말한다. 이 중 (ⓐ) 오류란, 채용이 되었을 경우에는 만족할 만한 성과를 낼 수 있는 지원자가 시험이나 면접에서 불합격되는 일이 발생하는 오류를 말하며, (ⓑ) 오류란 선발하지 말았어야 하는 인원을 뽑은 오류를 말한다.

(답: ,   )

10 [2024년 3회]

피면접자에 대한 정보가 없는 상태에서 면접을 하는 방법으로, 출신지, 학력, 성별 등 차별을 야기할 수 있는 항목을 배제하고 직무 능력이 좋은 인재를 채용하고자 채택하는 선발면접의 방법은?

① 패널 면접
② 블라인드 면접
③ 스트레스 면접
④ 비지시적 면접

해설
① 패널 면접: 다수의 면접자가 한 명의 지원자를 평가하는 방법으로, 피면접자의 면접 결과에 대해 면접자의 의견 교환 절차를 거쳐 광범위한 정보 수집 및 정확한 평가를 할 수 있으며, 관리직이나 전문직 선발 시 활용하는 방법
③ 스트레스 면접: 피면접자의 스트레스 상태에서 나타나는 감정 조절 및 인내도를 관찰하기 위해 공격적으로 지원자를 압박하는 등의 면접 방법
④ 비지시적 면접: 면접자가 획일적인 질문이 아닌, 피면접자에 따라 자유롭게 질문을 하면 이에 대해 피면접자가 생각나는 대로 거리낌 없이 자기를 표현하는 것으로, 듣는 태도와 고도의 질문 기술 및 훈련이 필요한 방법

11 [2020년 5회]

다음 중 선발도구가 선발 대상자들에게 적용되었을 때 신뢰성을 얻기 위한 방법이 아닌 것은?

① 양분법
② 재시험법
③ 대체형식 방법
④ 구성 개념 타당성 측정법

해설
- 신뢰성: 시험 – 재시험법, 대체형식 방법, 양분법
- 타당성: 내용 타당성, 기준 관련 타당성, 구성 타당성

| 정답 | 06 ④ 07 ② 08 ① 09 1종, 2종 10 ② 11 ④

12 [2024년 3회]

[보기]의 모집관리 및 충원과 관련된 용어를 한글로 작성하시오.

> 보기
> (   ) 제도란 기업에서 특정 프로젝트나 신규 사업에 필요한 인재를 모으기 위해 기업(관) 내에 있는 인재를 널리 활용하는 제도이다. 구성원들에게 새로운 직무수행에 대한 동기부여를 할 수 있으며, 구성원들은 이직을 하지 않고도 원하는 직무로 기회를 제공 받을 수 있는 기회가 있다는 장점이 있다. 반면, 구성원들이 선호하는 일부 포지션, 업무 등에 지원이 몰리는 현상이 발생할 수 있으며, 구성원들의 이동으로 특정 직무의 연쇄적인 인력 이탈이 발생할 수 있다.

(답:)

13 [2018년 6회]

다음 중 구조화 면접의 형태에 대한 설명으로 적합하지 않은 것은?

① 모든 지원자들에게 동일한 순서로 동일한 질문을 하는 방식이다.
② 훈련을 받지 않았거나 경험이 없는 면접자도 어려움 없이 면접 수행이 가능하다.
③ 일반적으로 노련한 면접자에 의해 실시한다.
④ 질문을 매우 조직적으로 작성한다.

해설
일반적으로 노련한 면접자에 의해 실시되는 면접의 형태는 비구조화 면접이다. 비구조화 면접은 면접자가 특정한 질문을 준비하지 않고 중요하다고 생각하는 내용에 대해 자유롭게 질문하는 방식이다.

14 [2020년 6회]

다음 [보기]에서 설명하는 면접의 종류는? (정답은 한글로 작성하시오)

> 보기
> 면접의 유형 중에서 관리직이나 전문직 선발 시 많이 활용되고 있으며, 다수의 면접자가 한 사람의 피면접자를 상대로 하는 면접 방식으로, 피면접자에 대한 면접자의 면접 결과에 대해 의견 교환의 절차를 거쳐 광범위한 정보 수집 및 정확한 평가를 할 수 있는 면접이다.

(답:)

15 [2022년 3회]

[보기]는 배치관리의 원칙에 대한 설명이다. 올바르게 나열한 것은?

> 보기
> • ㄱ: 유능한 인재가 한 부서에 집중되지 않도록 근로자를 배치
> • ㄴ: 근로자의 현재 능력 및 잠재적인 능력까지 고려하여 능력을 발휘할 수 있는 영역으로 배치
> • ㄷ: 근로자를 소모시키지 않는 전제하에서, 근로자에게 새로운 직무를 맡김으로써 장기적인 관점에서 근로자의 능력을 향상시킬 수 있도록 배치

	ㄱ	ㄴ	ㄷ
①	균형주의	실력주의	능력주의
②	균형주의	능력주의	인재육성주의
③	실력주의	능력주의	인재육성주의
④	균형주의	실력주의	적재적소주의

해설
배치관리의 원칙 중 ㄱ: 균형주의, ㄴ: 능력(실력)주의, ㄷ: 인재육성주의에 대한 설명이다.

16 [2019년 4회]

선발도구의 신뢰성 확보를 위한 방법 중 유사한 형태의 시험을 실시하여 두 형태 간의 상관관계를 살펴보는 방법은?

① 시험-재시험법
② 검사-재검사법
③ 대체형식 방법
④ 양분법

해설
• 시험-재시험법(검사-재검사법): 서로 다른 시기에 동일한 내용의 시험을 실시하여 결과를 측정하는 방법
• 양분법: 시험 내용이나 문제를 반으로 나누어 각각 검사한 후 두 결과를 비교하는 방법

17 [2024년 3회]

적정배치의 요건에 대한 설명으로 적절하지 않은 것은?

① 직무를 수행할 사람과 수행할 직위를 일치시키는 것을 의미한다.
② 적정배치를 위해서는 직무와 사람이 지니는 요건이 설정되어야 한다.
③ 사람의 요건도 종업원이 맡은 바 직무를 충분히 수행할 수 있는 능력 등을 파악하는 일이다.
④ 직무의 요건은 직무가 요구하는 능력 수준, 직무가 요구하는 인격특성, 직무수행이 구체화된 작업환경 등이 파악되어야 한다.

해설
적정배치는 직무를 수행할 사람과 수행할 직무를 일치시키는 것을 의미한다.

| 정답 | 12 사내모집 13 ③ 14 패널 면접 15 ② 16 ③ 17 ① |

PART 03
인사관리 – 인적자원개발

CHAPTER 01 교육훈련
CHAPTER 02 이동/승진/이직
CHAPTER 03 경력개발관리
CHAPTER 04 인사고과
CHAPTER 05 조직개발

Enterprise
Resource
Planning

l NCS 능력단위 요소

- ☑ 인력이동관리 0202020104_23v4
- ☑ 인사평가 0202020105_23v3
- ☑ 교육훈련운영 0202020107_23v4
- ☑ 조직문화관리 0202020111_23v3

CHAPTER 01 교육훈련

> **빈출 키워드**
> ☑ 교육훈련의 목표 설정
> ☑ 직장 내 훈련
> ☑ 교육훈련 방법

1 인적자원개발

현재 및 미래의 직무 수요에 부응하기 위해 확보된 인적자원의 지식, 기술, 능력 등의 수준을 지속적으로 향상시키는 것을 의미한다.

2 교육훈련

조직의 목적을 달성하는 데 필요한 근로자의 지식, 기술, 능력 등의 역량을 학습시키는 체계적인 관리 활동이다.

1. 목적

구성원의 장·단기적 성과에 필요한 자질과 능력을 향상시키는 것을 목적으로 한다.

(1) 학자별 목적

플리포(Edwin B. Flippo)에 의한 교육훈련의 목적	미이(F. Mee) 교수에 의한 교육훈련의 목적
• 생산성 증가 • 사고율 감소 • 사기 향상 • 감독자의 부담 감소 • 조직의 안정성과 탄력성의 증가	• 사고율 감소 • 커뮤니케이션의 개선 • 사기 제고 • 품질의 개선 • 근로자의 불평 해소 • 감독자의 부담 경감 • 작업 방법의 개선 • 낭비와 소모의 절감 • 결근과 인사이동의 감소 • 습득 시간 단축

(2) 기업, 근로자 측면의 목적

기업의 경제적 효율성 측면	근로자의 사회적 측면
• 필요한 인력의 사내 확보 가능 • 외부 노동시장 의존도 감소 • 인력 배치 유연성 제고 • 후계자 양성 증진 • 경영 문제에 대한 통찰력 향상	• 근로자 승진 기회 확대 • 동기부여 증대 • 근로자의 성장 욕구 충족 • 직무 만족도 증가(직무 소외 감소) • 기술 변화에 따른 적응력 향상

2. 실시 체계

(1) 실시 순서

> 교육훈련의 필요성 인식 → **교육훈련의 목표 설정** → 교육훈련의 실시(대상자 선정 → 훈련 내용 및 훈련 담당자 선정 → 교육훈련 방법의 결정 → 훈련 시기·기간 및 장소 결정) → 교육훈련 평가 활용

(2) 목표 설정 시 유의사항 〈중요〉

① 실현 가능해야 한다.
② 최대한 측정 가능해야 한다.
③ 교육 수단과 교육 목표와의 관련성이 명확해야 한다.
④ 최종 목표에 도달하기 위한 하위 목표가 명시되어야 한다.
⑤ 피교육자의 의욕을 향상시킬 수 있어야 한다.
⑥ 실무에서 효과가 나타나야 한다.

3. 평가 방법 4단계

우리나라 인사관리는 1997년을 기점으로 혁명적으로 변화하였으며, 성과주의 인사관리가 정착하면서 교육훈련에서도 성과의 측정과 평가가 중요해졌다.

커크패트릭의 4단계 평가 기준	
반응 평가	• 프로그램의 전반적인 느낌과 만족도에 대한 평가를 의미함 • 교육내용 및 강사에 대한 평가를 인터뷰나 설문지를 통해 실시함
학습 평가	• 교육훈련 참여자의 지식기술능력(KSA) 수준의 향상도를 평가하는 방법 • 교육 목표 달성 여부 측정을 통해 사전/사후 비교검사를 함
행동 평가	• 훈련이 종료된 후에 교육훈련 참여자들이 현장에 복귀하여 성과 행동에 일어난 변화를 평가하는 방법 • 교육훈련의 '전이'라고도 함
결과 평가	• 주로 비용과 편익 분석을 실시하여 구체적 수치를 활용하며 교육훈련을 통해 조직의 효과성 증감 정도를 파악하는 방법 • 교육훈련을 통해 기업이 얻는 이익을 파악함

➕ 학습의 전이, 잠재학습, 피드백

학습의 전이	• 활동이나 학습과제 간에 유사성이 있으면 전이가 이루어지는 것을 의미함 • 훈련 및 개발 프로그램의 유용성을 평가할 때 우선적으로 고려하는 것은 훈련에서 학습된 행위가 실제 직무에 적용되는지 여부임
잠재학습	• 보상이나 반응이 없음에도 불구하고 잠재적으로 학습이 이루어지는 것을 의미함 • 보상이나 반응은 학습한 내용을 행동으로 드러낼 것인지의 여부만 결정하는 요소인 것으로 봄 (미로실험)
피드백	조정, 교정의 의미로, 과거의 의사결정을 수정하게 함으로써 미래의 의사결정을 보다 합리적으로 도출할 수 있게 함

4. 교육훈련 방법의 종류

(1) 장소별 훈련 방법 분류 중요

① 직장 내 훈련(OJT): 작업을 하는 과정에서 직무에 관한 지식과 기술을 습득하게 하는 훈련 방법

장점	• 교육생의 수준에 맞게 실무와 밀착된 교육훈련을 할 수 있음 • 훈련으로 학습 및 기술을 향상할 수 있으므로 구성원의 동기유발이 가능함 • 상사와 동료 간의 이해와 협동정신이 강화됨 • 낮은 비용으로 시행이 용이함 • 훈련과 직무가 직결되므로 경제적임
단점	• 우수한 상사가 반드시 우수한 교사는 아님 • 작업과 훈련 모두 소홀해질 수 있고 계획에 따른 교육이 어려움 • 많은 구성원을 동시에 훈련시킴으로써 교육훈련의 내용과 수준의 통일성을 갖추기 힘듦 • 전문적인 지식과 기능을 전달하기 어려움
예	• 도제훈련: 수공업·상업·예술·예능 활동 분야의 작업 현장에서 감독자의 지도를 받거나 숙련공의 작업을 직접 보조하면서 지식과 기능을 습득하는 훈련 방법 • 직무교육훈련: 직무수행의 효율성과 능률을 증대시켜 생산적 효과를 높이기 위해 직장 내에서 단계적으로 실시하는 훈련 방법

② 직장 외 훈련(Off-JT): 근로자를 직무로부터 분리시켜 일정 기간 동안 교육에만 전념하게 하는 훈련 방법

장점	• 작업과 관계없이 많은 교육생에게 계획적인 훈련을 할 수 있음 • 교육 전문가에 의한 것으로, 연수원이나 훈련원을 이용함 • 업무 부담에서 벗어나 훈련에 전념할 수 있으므로 훈련 효과가 증대됨
단점	• 시간과 비용 소모가 크고, 교육훈련의 결과를 현장에 바로 활용하기 어려움 • 직무수행에 필요한 인력 감소로 남아 있는 구성원의 업무 부담이 증가됨
예	강의식 훈련, 사례연구, 비즈니스 게임 등

(2) 훈련 대상자별 교육훈련 방법

① 신입자

신입사원 교육훈련 (입직훈련)	• 신입사원을 대상으로 조직의 방침, 제반사항, 직무요건 등을 훈련시키는 것 • 조직생활에 필요한 자세와 태도를 갖추게 하는 것이 목적임
멘토링 (멘토 시스템)	신입 근로자가 조직에 조기 적응할 수 있도록 후견인을 두어 행동의 준거기준을 제시하고 진로와 대인관계 개발에 대한 지도훈련을 하여 조직 내 의사결정자에게 이들의 존재를 알려주는 역할을 하도록 하는 교육훈련

② 재직자

일반 근로자훈련	• 기업 내의 각 계층에 종사하고 있는 일반사원 및 중견사원에 대한 교육훈련 • 각 계층별 실무 능력의 향상 및 문제 해결 과정의 습득, 문제 해결 능력의 향상, 근로자 상호 간의 협동심이나 책임감 함양, 팀워크 향상 등에 중점을 두는 훈련
감독자 교육훈련	• 기업 내의 현장 직접 근로자를 지휘·감독하는 일선의 감독자에 대한 교육훈련 • 작업현장의 업무 감독·개선 능력과 근로자의 지도 능력 향상이 주요 목적임
관리자 교육훈련	• 기업 내의 관리 활동을 담당하는 중간관리자에 대한 교육훈련 • 관리 지식의 습득 및 관리 능력의 개발, 종합적 사고력과 문제 해결 능력의 향상 등 관리자로서 필요한 관리 기술의 지도가 주요 목적임
경영자 훈련	• 기업의 최고 경영자에 대한 교육훈련 • 기업의 환경 변화에 대응하는 전략적 사고 능력의 증대, 기업가 정신의 개발과 경영 리더십의 발휘 등 경영활동 전반에 관한 경영 능력의 향상이 주요 목적임 • 기업 전반의 관점에서 전문적 지식, 계획 능력, 종합적 판단력 등을 개발하고 기업의 사회적 책임을 인식하도록 하는 교육훈련

(3) 교육훈련 방법 분류 〈중요〉

구분	내용
역할연기법 (롤모델법)	• 특정한 상황을 설정하여 피훈련자에게 그 상황 속의 특정 역할을 맡기고 그 역할에 관한 행동을 실행하도록 하는 방법 • 관리자가 부하 또는 사장의 역할을 해봄으로써 상대방의 입장을 이해하고 모범적인 행동을 미리 배움 • 실제 상황처럼 화를 내는 일을 만든다거나 스트레스를 해소하면서 서로의 인간관계를 개선할 수 있는 방법
직무순환법	• 순차적으로 직무를 교대시킴으로써 다양한 직무에 대한 지식과 경험을 습득하게 하는 방법 • 근로자로 하여금 기업 전체의 직무를 이해시켜 폭넓은 능력을 가진 인간으로 만들고, 직무에 대한 새로운 자극을 유발할 수 있음
브레인스토밍	• 기업의 문제 해결을 위한 회의식 방법 • 적절한 소수의 인원이 모여서 자유롭게 아이디어를 창출하는 방법
심포지엄	한 문제에 대하여 두 사람 이상의 전문가가 서로 다른 각도에서 의견을 발표하고 참석자의 질문에 답하는 형식의 토론 방법
액션러닝	• 소수의 인원으로 구성된 학습자 집단이 경영 현장에서 성과와 직결되는 이슈 혹은 과제를 정해진 시점까지 해결하도록 하여 개인과 조직의 역량을 동시에 향상시키는 행동 지향적 교육 방식 • 교육훈련의 제3의 물결이라고 할 수 있는 혁신 기법 • 행동(Doing)을 통해 '배운다(Learning)'는 원리에 기초를 두는 학습 기법
감수성 훈련	• 경영자의 능력 개발을 위해 많이 활용되는 방법 • 다른 사람이 생각하고 느끼는 것을 정확하게 감지하고 이에 대응하여 유연한 태도와 행동을 취할 수 있는 능력을 개발하기 위한 훈련 방법 • 집단생활을 경험하면서 자기가 타인으로부터 어떻게 인지되고 있는지, 타인이 자기를 보는 것처럼 자기 자신을 봄으로써 자기 자신을 이해하고 행동하게 하는 능력을 개발하는 데 중점을 둔 교육훈련으로서 성장 욕구, 자아실현 욕구가 충족될 수 있도록 하는 훈련 방법
상호작용 분석	• 감수성 훈련과 같이 피교육자로 하여금 자신의 행동에 대한 인식을 높이고, 동시에 행동 개선을 유도하는 행동 개발 방법 • 피교육자의 행동이 부모, 성인, 유아 등 세 가지의 자아 상태에서 형성된다는 가정하에 성인으로서의 성숙한 행동을 유도해 나가는 훈련 방법
인바스켓법	• 실제 상황과 비슷한 상황을 부여하는 방법 • 주로 문제 해결 능력이나 기획 능력을 향상시킬 때 이용함 • 피훈련자 스스로 문제 해결에 필요한 자료에서 의사결정이나 해답을 구하게 하여 기획 능력이나 문제 해결 능력을 향상시키는 일종의 비즈니스 시뮬레이션 기법 • 피훈련자들에게 사전에 주어진 정보에 대한 문제를 종이쪽지에 적어 바구니 속에 넣고 흔들어 섞은 후 하나씩 꺼내어 펴보며 즉각 문제를 해결하도록 하는 기법
코칭	• 상급자와 하급자의 일상적인 관계를 인적자원개발로 유도하기 위한 과정 • 기본적으로 상급자는 강의실의 강사 역할을 수행하며, 역할 모형으로서 기능하여 안내, 조직, 피드백 강화를 제공하는 방법
비즈니스 게임	• 경영 실태를 간략히 재현한 모의 회사 몇 개를 만들어 훈련자가 그 회사의 간부로서 직접 모의 경영을 하여 의사결정 능력을 향상시키는 경영 훈련 방법 • 동종의 경쟁업체 관리자들이라고 가정하고 각자가 예산, 생산량, 시장점유율, 매출액, 인력 구조 등에 대해 실제 상황처럼 수치를 정한 후 직접 흥정과 거래, 투자를 하는 과정에서 일어난 일들을 토의·방청하면서 배우는 방법
대역법	• 관리자층이 직무지식을 습득하는 데 사용하는 교육 기법 • 상사로부터 업무에 관한 자세한 사항을 교육받아 관리자의 공석을 대비하는 방법
강의식 방법	• 정해진 강사와 교재를 중심으로 훈련 내용을 전달하는 훈련 방법 • 교육자가 일방적으로 강의하는 방법

> **내용에 따른 교육훈련의 분류**
> • 의사결정 능력 향상: 인바스켓 훈련, 비즈니스 게임, 사례연구 등
> • 인간관계 능력 향상: 역할연기법, 행동모델링법, 교류분석법 등
> • 직무지식 능력 향상: 대역법, 코칭, 청년중역회의법 등

회의식 방법	일정한 장소에 모여 주제에 대한 지식과 경험 등을 발표하고 교환하여 문제점 등에 대해 토의하는 방법
사례 연구	• 특정 주제에 관한 실제 사례를 작성하여 배부하고 토론하는 방법 • 피교육자의 판단력, 지식, 태도, 분석 능력을 발전시켜 근로자의 문제 해결 과정에서의 판단력을 개발시키는 방법
시청각 훈련	강의식 교육에 비디오, 사진, 도표 등의 시청각 자료를 이용하여 흥미를 유발하는 방법
청년중역 회의법	• 관리자 또는 관리자로 예정된 근로자를 대상으로 하며, 모의 이사회에 참여함으로써 전체 기업경영에 대한 이해와 통찰력을 향상시키는 방법 • 아직 중역이 되지 않는 실무자들이나 중간 간부들이 일정 기간 중역의 역할을 맡아서 실천해 보고 주기적으로 모여 상호토의함으로써 안목을 넓히고 중역의 자질을 쌓아 부하 직원의 의견을 실제 회의에 전달하는 방법
행동모델링법	관리자 및 종업원에게 어떤 상황에 대한 가장 이상적인 행동을 제시하고, 교육 참가자가 이 행동을 이해하고 그대로 반복하게 하여 행동 변화를 유도하는 방법
그리드 훈련	• 브레이크(Blake,R.)와 무톤(Mouton,J.)에 의해서 개발된 훈련 프로그램 • 건전한 인간관계, 관리 능력의 육성과 업적 달성을 목적으로 함 • 업무와 인간에 대한 관심을 각각 9단계로 구분한 뒤 도표에 인간에 대한 관심과 업무에 대한 관심이 아주 낮은 1.1형, 인간에 대한 관심은 높으나 업무에 대한 관심이 낮은 1.9형, 업무에 대한 관심은 높으나 인간에 대한 관심이 낮은 9.1형, 인간에 대한 관심이 아주 높고 조직력도 잘 발휘되는 9.9형으로 나타내고, 이 도표에 따라 관리 행동이나 조직 행동을 분석하고 9.9형이 되도록 훈련해 나가는 기법

➕ 자기계발

개인의 평생교육 차원에서 중요성이 부각되고 있는 교육훈련 방법으로, 개인 스스로 경력관리를 위해 노력하여 경력정체를 방지하는 역할을 한다.

➕ NCS(국가직무능력표준)

고용노동부와 한국산업인력공단이 산업 현장의 변화와 요구에 부응할 수 있는 인력을 체계적으로 양성하기 위하여 개발하였다. 산업 현장에서 직무를 수행하기 위해 요구되는 직무 능력(지식, 기술, 태도)을 과학적·체계적으로 도출하여 표준화한 것이며, 직무 능력은 직무수행 능력과 직업기초 능력으로 구분하고 있다.

기출&확인 문제

01 [2020년 3회]
다음 중 집중적인 집단 토론과 상호작용을 통해 자신과 다른 사람에 대한 개인의 의식을 높이는 심리학 기법은?

① 시청자 교육법 ② 강의법
③ 사례법 ④ 감수성 훈련

해설
① 시청자 교육법(시청각 훈련): 강의식 교육에 비디오, 사진 등의 시청각 자료를 이용하여 흥미를 유발하는 방법
② 강의법(강의식 방법): 정해진 강사, 교재를 중심으로 훈련 내용을 전달하는 것으로, 교육자가 일방적으로 강의하는 방법
③ 사례법(사례연구): 특정 주제에 관한 실제 사례를 작성하여 배부하고 토론하는 방법

02 [2021년 5회]
다음 중 [보기]에서 설명하는 학습원리의 용어는?

> 보기
> 훈련 및 개발 프로그램의 유용성을 평가할 때 우선적으로 고려되는 사항은 '훈련에서 학습된 행위가 실제 직무에 적용될 수 있는가'라는 점이다.

① 잠재학습 ② 학습패턴
③ 학습의 전이 ④ 피드백(Feedback)

해설
- 잠재학습: 보상이나 반응이 없음에도 불구하고 잠재적으로 학습이 이루어지는 것
- 피드백: 조정, 교정의 의미로, 과거의 의사결정을 수정하게 함으로써 미래의 의사결정을 보다 합리적으로 도출할 수 있게 함

03 [2023년 1회]
[보기]에서 설명하는 교육훈련 방법은 무엇인가?

> 보기
> 참석자들이 모두 제한 없이 자신의 아이디어를 제출하고, 자유로운 분위기에서 토의가 진행되는 회의식 방법

① 코칭 ② 체크리스트법
③ 브레인스토밍법 ④ 창조적 문제해결법

해설
- 코칭: 기본적으로 상급자는 강의실의 강사 역할을 수행하며, 역할 모형으로서 기능하여 안내, 조직, 피드백 강화를 제공하는 방법
- 체크리스트법: 평가에 적합한 표준행동을 설정하고, 평가 대상자의 능력이나 근무 상태가 항목에 해당되는지의 여부를 체크하여 평가하는 방법

04 [2025년 1회]
[보기]에 해당하는 교육훈련 방법으로 가장 적절한 것은?

> 보기
> - 조속한 시일 내에 은퇴나 승진, 전보 등을 앞둔 사람의 직무를 승계할 계획으로, 주로 관리자의 직무지식을 습득하는데 사용되는 교육기법
> - 상사로부터 업무에 관한 자세한 사항을 교육받아 관리자의 공석을 대비하는 방법

① 대역법 ② 사례연구
③ 감수성 훈련 ④ 상호작용 분석

해설
② 사례연구: 특정 주제에 관한 실제 사례를 작성하여 배부하고 토론하는 방법
③ 감수성 훈련: 다른 사람이 생각하고 느끼는 것을 정확하게 감지하고 이에 대응하여 유연한 태도와 행동을 취할 수 있는 능력을 개발하기 위한 훈련 방법
④ 상호작용 분석: 피훈련자의 행동이 부모, 성인, 유아 등 세 가지의 자아 상태에서 형성된다는 가정 하에 성인으로서의 성숙한 행동을 유도해 나가는 훈련 방법

05 [2024년 5회]
다음 중 참가자들이 소규모 집단을 구성하여 개인과 집단이 팀워크를 바탕으로 경영상의 실제 문제를 정해진 시점까지 해결하도록 하여 문제 해결 과정에 대한 성찰을 통해 학습하도록 지원하는 교육훈련 실기기법은?

① 액션러닝 ② 감수성 훈련
③ 그리드 훈련 ④ 역할연기법

해설
② 감수성 훈련: 다른 사람이 생각하고 느끼는 것을 정확하게 감지하고 이에 대응하여 유연한 태도와 행동을 취할 수 있는 능력을 개발하기 위한 훈련 방법
③ 그리드 훈련: 리더의 행동을 생산중심(업무)과 인간중심의 행동유형으로 정립하고, 생산(업무)과 인간의 관점 모두를 극대화 할 수 있는 9.9형이 되도록 훈련하는 방법
④ 역할연기법: 특정한 상황을 설정하여 피훈련자에게 그 상황 속의 특정 역할을 맡기고 그 역할에 관한 행동을 실행하도록 하는 방법

| 정답 | 01 ④ | 02 ③ | 03 ③ | 04 ① | 05 ① |

06 [2024년 3회]
직장 내 훈련(OJT)의 장점으로 옳은 것은?

① 훈련과 직무가 직결되므로 경제적이다.
② 작업과 관계없이 많은 교육생에게 계획적인 훈련이 가능하다.
③ 교육전문가에 의한 것으로 연수원이나 훈련원의 이용이 가능하다.
④ 업무부담에서 벗어나 훈련에 전념할 수 있으므로 훈련 효과가 증대된다.

해설
②, ③, ④은 직장 외 훈련(OFF-JT)의 장점에 대한 설명이다.

07 [2022년 3회]
일정한 장소에 모여 주제에 대한 지식과 경험 등을 발표하고 교환하여 문제점 등에 대하여 토의하는 교육훈련 방법은?

① 액션러닝　　② 감수성 훈련
③ 회의식 방법　④ 비즈니스 게임

해설
① 액션러닝: 경영 현장에서 성과와 직결되는 이슈 혹은 과제를 정해진 시점까지 해결하도록 하여 개인과 조직의 역량을 동시에 향상시키는 행동 지향적 교육 방식
② 감수성 훈련: 다른 사람이 생각하고 느끼는 것을 정확하게 감지하고 이에 대응하여 유연한 태도와 행동을 취할 수 있는 능력을 개발하기 위한 훈련 방법
④ 비즈니스 게임: 경영 실태를 간략히 재현한 모의 회사 몇 개를 만들어 훈련자가 그 회사의 간부로서 직접 모의 경영을 하여 의사결정 능력을 향상시키는 경영 훈련 방법

08 [2022년 4회]
[보기]의 (A)에 들어갈 적절한 용어를 한글로 작성하시오.

> **보기**
> NCS(국가직무능력표준)는 산업 현장에서 직무를 수행하는 데 필요한 능력, 지식/기술/(A)을(를) 표준화한 것으로, 교육훈련·자격에 NCS를 활용하여 현장 중심의 인재를 양성할 수 있도록 지원한다.

(답: 　　　　　)

09 [2018년 4회]
NCS(국가직무능력표준)를 기준으로 한 채용 과정에 대한 특징으로 적절하지 않은 것은?

① 개인 신상 중심으로 다양한 경력이나 경험이 중요하다.
② 해당 직무수행 시 필요한 역량을 갖추는 것이 중요하다.
③ 해당 직무를 설명하는 직무기술서의 중요성이 높아지고 있다.
④ 직업기초 능력 및 직무수행 능력 등을 평가하는 필기시험을 치르기도 한다.

해설
개인 신상이 아닌, 직무 능력을 중심으로 다양한 경력이나 경험이 중요하다.

10 [2024년 3회]
[보기]에서 설명하는 교육훈련 방법을 한글로 작성하시오.

> **보기**
> 회사의 정보가 주어진 상태에서 발생될 수 있는 여러 문제들을 종이에 적어 상자 속에 넣고, 피훈련자가 그 중 하나를 꺼내면 사전에 받은 회사의 기존 자원을 활용하여 즉각 이 문제를 해결하는 교육훈련 방법이다.

(답: 　　　　　훈련)

11 [2021년 5회]
교육훈련 방법의 하나로 신입교육 대상자들과 고참 사원들 간의 개별적인 관계를 맺어 주고, 그들이 서로 개인적 교류를 가지면서 교육, 훈련뿐만 아니라 회사 내 모든 사안에 대해 현명하게 대처하도록 훈련시키는 교육 방법은? (정답은 한글로 작성하시오)

(답: 　　　　　)

12 [2023년 4회]
커크패트릭(D. L. Kirkpatrick)의 교육훈련 평가 4단계에서 '실제 직무에 적용되고 있는가'를 반영하는 기준으로 가장 적절한 것은?

① 반응 기준　　② 학습 기준
③ 행동 기준　　④ 결과 기준

해설
① 반응 기준(평가): 프로그램의 전반적인 느낌과 만족도에 대한 평가를 의미하며 교육 내용 및 강사에 대한 평가를 인터뷰나 설문지를 통해 실시함
② 학습 기준(평가): 교육훈련 참여자의 지식기술능력(KSA) 수준의 향상도를 평가하는 방법으로 교육 목표 달성 여부 측정을 통해 사전/사후 비교검사를 함
④ 결과 기준(평가): 주로 비용과 편익 분석을 실시하여 구체적 수치를 활용하며 교육 훈련을 통해 조직의 효과성 증감 정도를 파악하는 방법

| 정답 | 06 ① | 07 ③ | 08 태도 | 09 ① | 10 인바스켓 |
| 11 멘토링(또는 멘토 시스템) | 12 ③ |

CHAPTER 02 이동/승진/이직

빈출 키워드
- ☑ 배치전환
- ☑ 연공주의와 능력주의
- ☑ 승진의 유형
- ☑ 자발적·비자발적 이직

1 이동

1. 인사이동의 정의
기업에 채용된 근로자를 특정 직무에 배치한 후 근로자의 능력이나 조직 변화에 의해 배치상 수직적·수평적 변화를 가져오는 인사관리상의 절차를 의미한다.

수직적 인사이동	승진, 승격 등 직원의 종적인 인사이동
수평적 인사이동	기존의 직무에서 새로운 직무로 급여, 지위, 책임 등의 차원에서 별다른 변동 없이 이동하는 수평적 인사이동(배치전환=전환배치)

2. 효과적 인사이동의 원칙

(1) 적재적소주의 원칙
한정된 인적자원을 최대한 활용하고 해당 근로자의 능력과 직무를 모두 고려하여 최상의 성과와 목표를 달성할 수 있도록 해야 한다(사내 공모제).

(2) 적정 인력주의 원칙
업무량의 예측에 기초를 두어 적정한 수의 인원 배치를 목적으로 한다.

(3) 능력주의 원칙
특정 직무를 수행할 능력을 보유한 직원 중에서 최고의 능력을 보유한 직원에게 직무를 할당하고 능력과 성과에 따라 합리적인 평가와 보상이 이루어질 수 있어야 한다.

(4) 인재육성주의 원칙
① 직원의 능력을 활용함과 동시에 직원이 학습하고 성장할 수 있도록 해야 하며, 정기적인 배치전환 및 인사이동을 통하여 풍부한 경험을 축적시키고 능력을 개발시켜야 한다.
② 인재를 사용만 하는 것이 아니라 육성도 해야 한다.

(5) 균형주의 원칙
특정 개인의 적재적소만 고려하는 것이 아니라 모두에게 공평한 인사이동의 기회가 주어지도록 조직 전체의 적재적소를 고려해야 한다.

3. 인사이동의 목적 중요
① 생산성 향상
② 모티베이션 향상
③ 매너리즘 타파
④ 직무 만족도 증가
⑤ 능력 개발 및 인재 양성
⑥ 조직의 유연성 제고

> **＋ 배치전환 = 전환배치(Transfer)의 유형**
> - **생산 및 판매 변화에 의한 전환배치**: 제품 시장의 환경 변화로 생산 및 판매 상황의 변동에 따른 전환배치
> - **순환근무**: 장기간 특정 근무를 할 경우 매너리즘에 빠지는 것을 막기 위한 전환배치
> - **교대근무**: 근로자의 근무시간을 다른 시간대로 이동하는 전환배치
> - **교정적 전환배치**: 작업 집단 내 인간관계 문제로 상사와 부하 간의 갈등이 심화될 때 하는 전환배치

2 승진

1. 정의
① 기업 내에서 개인이 현재 수행하는 직무보다 더 높은 직무로 이동하는 것을 의미하며, 현재 수행하고 있는 직무보다 높은 책임과 권한을 가진 상위 자격에 해당하는 직책을 부여하는 제도이다.
② 종전의 직무에 비해 더 많은 능력을 필요로 하는 높은 수준의 직무로 수직적, 상향적으로 이동하는 것이 근로자에게 능력 향상 및 자아실현의 욕구를 충족시키는 주요한 동기부여가 된다.

2. 승진관리의 원칙

(1) 적정성의 원칙(승진보상의 크기)
① 조직 구성원의 공헌에 따라 어느 정도의 승진과 보상을 해야 하는지의 적정성과 크기를 파악해야 한다.
② 승진할 능력과 시기가 되었을 때 승진이 가능해야 한다는 원칙으로, 시간적·공간적 차원에서 접근할 수 있다.

(2) 공정성의 원칙(승진보상의 배분)
조직이 조직 구성원에게 나누어 줄 수 있는 승진의 기회를 공정한 규칙을 적용하여 실질적으로 동등하게 부여했는지의 여부이다. 즉, 올바른 사람에게 배분했는가에 대한 원칙이다.

(3) 합리성의 원칙(공헌의 측정 기준)
① 조직 구성원이 조직의 목표 달성을 위해 공헌한 내용을 정확히 파악하기 위해 공헌도와 능력 수준을 무엇으로 간주할 것인가에 대한 원칙이다.
② 승진판단의 기준이 되는 측정기준, 측정내용이 합리적인지의 여부와 관련된 원칙이다.

3. 승진관리의 방침(수행 기준)

(1) 연공주의
① 조직 구성원 간 근속 기간의 차이에 따라 승진에 우선권을 주는 제도이다.
② 근속연수에 비례하여 개개인의 업무 능력과 숙련도가 신장된다는 사고에 근거한다.
③ 주로 안정성을 중요시하는 구성원이 선호한다.

(2) 능력주의
① 조직 구성원이 조직의 목표 달성에 기여한 업무수행 성과에 따라 승진에 우선권을 주는 제도이다.
② 구성원에게 동기부여가 된다는 장점이 있으나, 지나친 경쟁심으로 인해 협동심을 저해한다는 단점이 있다.
③ 주로 조직의 성과를 우선시하는 경영자들이 지지한다.

> **▶ 연공주의와 능력주의의 조화**
> 연공주의와 능력주의의 절충안으로, 기업 환경의 변화에 부합되도록 연공주의와 능력주의를 적절히 조화시켜 승진관리에 적용해야 한다.

(3) 연공주의와 능력주의의 비교 중요

구분	연공주의	능력주의
승진 기준	사람 중심, 신분 중심	직무 중심, 직무 능력 중심
합리성 여부	비합리적 기준	합리적 기준
승진 요소	근속연수, 연령, 학력, 경력	직무수행 능력, 업적, 성과
직종	일반직종	전문직종
계층	하위계층	상위계층
사회행동의 가치 기준	전통적, 정의적 기준	가치적, 목적적 기준
사회 문화적 전통	• 가족주의 • 종신고용제 • 장유서열관 • 동양사회 • 운명 공동체적 풍토 • 집단주의	• 개인주의 • 단기고용제 • 능력서열관 • 서양사회 • 이익 공동체적 풍토
특성	• 집단 중심의 연고 질서 형성 • 적용이 용이함 • 승진관리의 안정성 • 객관적 기준	• 개인 중심의 경쟁 질서 형성 • 적용이 어려움 • 승진관리의 불안정 • 능력 평가에 대한 객관성 확보의 어려움

4. 승진의 유형 중요

구분	내용
직급승진	상위 직급으로 승진시키거나 공석이 발생할 경우(이직 또는 퇴직) 해당 직급에 적합한 자를 선발해 승진시키는 제도
직능자격승진	종업원이 보유한 직무수행 능력을 기준으로 승진시키는 제도
신분자격승진	직무의 내용과는 관계없이 구성원 개인의 근무연수, 학력, 연령 등의 인적 자격 요건에 따라 승진시키는 제도
역직*승진	• 조직 구조의 관리 체계를 위해 라인상의 직위를 상승시키는 제도(예 사원 → 대리 → 계장 → 과장 → 차장 → 부장) • 직무에 따른 승진이기보다는 조직운영의 원리에 의한 승진방식
대용승진	직무 중심이 아닌 융통성 있는 인사관리를 위해 직책과 권한 등 직무내용상의 실질적인 변화나 보상 없이 직위, 명칭 등을 변경하는 형식적인 형태의 제도로, 인사 체증과 사기 저하를 방지함
조직변화승진	승진 대상에 비해 직위가 부족한 경우 조직 변화를 통해 조직의 직위 계층을 늘려 근로자에게 승진의 기회를 확대시키는 제도
발탁승진	일정 기간의 직무수행 능력 및 업적만을 평가하여 특별히 유능한 사람에게 승진의 기회를 제공하는 제도

(*) **역직**
조직을 운영하는 데 필요한 직위를 의미한다.

> **+ 승진 vs 승급**
>
> • 승진(Promotion): 기업 내에서 개인이 현재 수행하는 직무보다 상위의 직무로 이동하는 것으로, 직위 격상을 의미한다.
> • 승급(Upgrading): 능력, 근무 성적 등이 일정 수준에 달한 경우에 미리 정해진 급여테이블에 의거하여 일정한 시기에 급여를 증액시키는 것을 말한다. 내용에 따라 정기승급, 특별승급, 임시승급으로 구분하기도 한다.

3 이직

1. 이직관리의 정의
근로자가 소속되어 있던 기업으로부터 이탈하는 것을 의미하며, 자발적 이직과 비자발적 이직으로 나눌 수 있다.

2. 자발적 이직과 비자발적 이직 중요

(1) 자발적 이직

전직	근로자가 스스로 보다 더 나은 기회를 찾기 위해 새로운 직장으로 옮기는 것
사직	결혼, 이주, 질병 등의 개인적인 사유로 근로자가 스스로 회사를 그만두는 것
휴직	일정 기간 동안 해외 유학, 치료 등의 특정 목적으로 근로계약은 유지하면서 근무하지 못하게 되는 것

(2) 비자발적 이직

파면 · 해고	근로자의 불성실한 업무 태도나 매우 낮은 업무 성과로 인하여 조직이 근로자에게 고용관계의 종결을 알리는 것
일시해고	인력이 불필요하게 많아 일시적으로 근로자를 해고하는 것
정년퇴직	근로자의 근로기간 만료와 건강을 고려하여 조직에서 근로자를 퇴임시키는 것
명예퇴직	법정 퇴직연령이나 고용계약상의 정년 전에 종업원들이 근속연수나 연령 등 일정한 기준을 충족하면 자발적인 의사에 따라 규정상의 퇴직금 이외의 금전적 보상 등을 지원하여 정년 전에 근로계약관계를 종료시키는 것으로, 조기퇴직 우대제, 희망퇴직제, 선택정년제 등으로도 불림

기출 & 확인 문제

01 [2020년 5회]

현재 담당하고 있는 직무보다 책임과 권한이 한층 무거운 상위의 직위로 이동하는 일로, 이는 상위의 직위로 이동한다는 점에서 동일한 책임과 권한의 직위로 수평 이동하는 배치전환과는 구별되는 것은?

① 퇴직　　　　　② 이직
③ 해고　　　　　④ 승진

해설
① 퇴직: 근로기간 만료, 건강 등의 이유로 근로자를 조직에서 퇴임시키는 것
② 이직: 근로자가 소속되어 있던 기업으로부터 이탈하는 것
③ 해고: 근로자의 불성실한 업무 태도, 낮은 업무 성과 등을 이유로 근로자에게 고용관계의 종결을 알리는 것

02 [2024년 5회]

직무에 따른 승진이기보다는 조직운영의 원리에 의한 승진 방식에 가장 가까운 것은?

① 직급승진　　　② 자격승진
③ 대용승진　　　④ 역직승진

해설
① 직급승진: 상위 직급으로 승진시키거나 공석이 발생 할 경우 해당 직급에 적합한 자를 선발해 승진시키는 제도
② 자격승진: 종업원이 보유한 직무수행 능력을 기준으로 승진시키는 제도
③ 대용승진: 직책과 권한 등 직무내용상의 실질적인 변화나 보상없이 직위, 명칭 등을 변경하는 형식적인 형태의 승진제도

03 [2025년 1회]

인사이동관리에서 능력주의 사회 문화적 전통으로 가장 적절하지 않은 것은?

① 개인주의　　　② 단기고용제
③ 능력서열관　　④ 운명 공동체적 풍토

해설
운명 공동체적 풍토는 연공주의 사회 문화적 전통에 해당하며 이익 공동체적 풍토가 능력주의 사회 문화적 전통에 해당한다.

04 [2021년 3회]

다음 중 비자발적 이직에 해당되지 않는 것은?

① 휴직　　　　　② 일시해고
③ 정년퇴직　　　④ 명예퇴직

해설
• 자발적 이직: 전직, 사직, 휴직
• 비자발적 이직: 파면·해고, 일시해고, 정년퇴직, 명예퇴직

05 [2025년 1회]

[보기]에서 설명하는 승진방법을 한글로 작성하시오.

> 보기
> (주)생산성은 대외업무를 담당하는 홍길동 대리의 승진을 진행하였다. 대외업무 수행 시 고객에게 신뢰감을 높이기 위해 더 높은 직급을 부여하였고, 오랫동안 승진을 못한 사원에게 승진을 시켜줌으로써 정체된 조직분위기를 개선시키고자 한다. 다만, 승진으로 인한 보상(임금)에는 변화가 없다.

　　　　　　　　　　　　　　　　　(답:　　　　　승진)

06 [2023년 5회]

직능자격승진 기준에 대한 설명으로 가장 적절한 것은?

① 기준 직무의 조직상의 위치 기준
② 종업원이 보유한 직무수행 능력 기준
③ 종업원에게 주어진 신분계층, 근속연수 기준
④ 직위의 실질, 즉 직무내용, 난이도, 책임 정도 기준

해설
직능자격승진은 종업원이 보유한 직무수행 능력을 기준으로 승진시키는 제도이다.

| 정답 | 01 ④ | 02 ④ | 03 ④ | 04 ① | 05 대용 | 06 ② |

07 [2021년 1회]
다음 중 승진은 했지만 직무내용이나 임금이 변동되지 않는 경우로 승진 적체 현상이나 인사 체증에 따른 사기 저하를 방지하기 위한 승진제도는?

① 직급승진
② 자격승진
③ 대용승진
④ 역직승진

해설
대용승진은 융통성 있는 인사관리를 위해 직책, 권한 등 직무내용상의 실질적인 변화나 보상 없이 직위, 명칭 등을 변경하는 승진제도이다.

08 [2020년 5회]
종업원의 학력, 근속연수, 연령 등의 연공요소를 거의 고려하지 않고 일정 기간의 직무수행 능력 및 업적만을 평가하여 특별히 유능한 사람에게 승진의 기회를 제공하는 승진제도는?

(답:)

09
근로자가 새롭게 담당할 직무가 임금수준, 지위, 책임에 있어서 종전의 직무와 별다른 차이가 없는 수준에서 수평적으로 이동하는 것을 무엇이라고 하는가? (정답은 한글로 작성하시오)

(답:)

10 [2018년 3회]
다음 [보기]에서 설명하는 이직관리의 유형은?

> **보기**
> ㉠ 경제적 불황이나 인력 과잉, 인력 감축의 일환으로 인한 해고
> ㉡ 회사에 불만이 있거나 보다 나은 기회를 찾기 위하여 다른 조직으로 옮기는 것

	㉠	㉡
①	전직	영구해고(징계해고, 정리해고)
②	일시해고	전직
③	전직	협의의 이직
④	협의의 이직	영구해고(징계해고, 정리해고)

해설
㉠은 일시해고, ㉡은 전직에 해당한다.

11
[보기]에서 설명하는 것은?

> **보기**
> 승진 유형 중 하나로 조직을 운영하는 데 필요한 직위계열상의 승진을 말한다. 조직 구조의 편성 및 운영을 효율적으로 지휘, 통제하기 위하여 서열 계층으로 승진시키는 것을 말한다.

(답:)

12 [2020년 3회]
다음 중 조직이 조직 구성원에게 나누어 줄 수 있는 승진의 기회를 올바른 사람에게 배분했느냐와 관련된 원칙은?

① 적정성의 원칙
② 공정성의 원칙
③ 합리성의 원칙
④ 적법성의 원칙

해설
- 적정성의 원칙: 승진할 능력과 시기가 되었을 때 승진이 가능해야 하며 시간적·공간적 차원에서 접근할 수 있는 원칙
- 합리성의 원칙: 조직 구성원이 조직의 목표 달성을 위해 공헌한 내용을 정확히 파악하기 위해 공헌도와 능력 수준을 무엇으로 간주할 것인가에 대한 원칙

13 [2022년 1회]
다음 중 작업 집단 내 인간관계에 문제가 생겨 상사와 부하의 갈등 심화 시에 하는 전환배치는?

① 직무 분위기 쇄신 및 조직 활성화를 위한 전환배치
② 교정적 전환배치
③ 고용안정을 위한 전환배치
④ 종업원 능력 개발 및 인재육성을 위한 전환배치

해설
작업 집단 내 인간관계 문제로 상사와 부하 간의 갈등이 심화될 때 하는 전환배치를 교정적 전환배치라 한다.

| 정답 | 07 ③ | 08 발탁승진 | 09 전환배치(또는 배치전환) | 10 ② |
| | 11 역직승진 | 12 ② | 13 ② | |

CHAPTER 03 경력개발관리

빈출 키워드
- ☑ 경력개발의 원칙
- ☑ 경력개발제도
- ☑ 경력정체
- ☑ 멘토링

1 경력개발

1. 경력의 정의
한 개인생활에 관련성이 있는 일련의 업무활동으로 현재까지 직업상 어떤 일을 해오거나 직위, 직책을 맡아온 경험 또는 그 내용을 의미한다. 사람들은 특별한 경험을 하거나 사회적으로 경력을 쌓을 수 있는 기회가 주어졌을 때 그에 맞는 사람으로 성장한다. 이처럼 경력이란 개인이 평생 동안 겪게 될 다양한 경험의 과정을 뜻하며, 한 개인이 일과 관련하여 얻게 되는 경험 및 활동에서 지각된 일련의 태도와 행위를 의미한다.

2. 경력개발의 정의
한 개인이 설정한 경력목표를 달성하기 위해 경력계획을 수립하고 조직의 요구와 개인의 욕구가 일치될 수 있도록 각 개인의 경력을 개발하는 활동을 의미한다.

3. 경력개발의 3요소
① 경력목표: 개인이 경력개발을 통하여 도달하고 싶은 미래의 지위
② 경력계획: 경력목표를 설정하고 이를 달성하기 위한 경력경로를 구체적으로 선택하는 과정
③ 경력개발: 개인적인 경력계획 달성을 위하여 개인 또는 조직이 실질적으로 참여하는 활동

> **➕ 경력경로**
> 개인이 경력을 쌓아가면서 수행하게 되는 여러 직무들의 배열을 의미한다. 즉, 경력과 관련된 직위 역할 등의 모든 경로이다.

4. 경력개발의 목적

기업의 경제적 측면	사회적 효율성 측면
• 능력 있는 인적자원의 효율적 확보 • 조직의 체계적인 노하우 축적으로 경쟁력 제고 • 근로자의 기업 조직에 대한 일체감 제고로 기업 내 협동 시스템 구축	• 근로자의 성장 욕구 충족 • 근로자에게 안정감을 주고 미래 설계를 가능하게 함 • 근로자 자신의 경쟁력 향상

5. 경력개발의 원칙 〈중요〉

구분	내용
적재적소배치의 원칙	근로자의 적성, 지식, 경험, 기타 능력과 조직의 목표 달성에 필요한 직무가 잘 조화되도록 자격 요건과 적성, 선호 구조에 대한 정보를 충분히 파악하여야 함
승진경로의 원칙	기업의 모든 직위는 계층적인 승진경로로 형성되고 정의되며 기술로 평가되어야 하므로 명확한 승진경로를 확립하고 이에 따른 승진관리가 이루어져야 함
후진양성과 인재육성의 원칙	인재를 기업 외부에서 확보하는 방법보다 기업 내부에서 자체적으로 양성하는 것을 원칙으로 하여 근로자에게 성장에 대한 동기를 부여하도록 함
경력기회개발의 원칙	기업은 근로자의 경력상 필요한 부분을 알게 되면 그들을 위한 경력경로를 설계하고, 근로자의 경력기회를 제한할 수 있는 직무는 별도로 명시하며, 이를 관계자에게 통보하여 승진경로가 특정 부서에 치우치지 않도록 해야 함

6. 경력개발제도 〈중요〉

구분	내용
자기신고제도	근로자의 직무내용, 담당 직무에 있어서의 능력 활용 정도, 경력개발의 희망, 적성 여부, 전직 여부, 취득자격 등을 일정한 양식의 자기신고서에 작성하게 하여 인사부서에 신고하는 제도
직능자격제도	직무를 수행할 수 있는 능력의 발휘도와 신장도를 공정한 조사와 평가를 거쳐 자격에 따라 직능 등급으로 분류하고, 그 자격을 취득한 사람에게 적합한 지위를 부여하는 제도
직무순환제도	• 담당 직무를 순차적으로 교체하여 기업의 직무 전반을 이해하고 지식, 기능, 경험을 풍부하게 하는 제도 • 개인을 조직의 여러 분야에 노출시켜 개인에게 폭넓은 경험을 제공하는 제도
종합평가센터제도	근로자의 장래성을 체계적으로 예측하여 경력개발을 추진하는 방법
기능목록제도 (인재목록제도)	• 근로자의 직무수행 능력 평가에 있어서 필요한 정보를 파악하기 위해 개인별 능력평가표를 활용하는 방법 • 근로자별로 기능 보유 색인을 작성하여 데이터베이스에 저장하고 인적자원관리와 경력개발에 활용하는 방법

> **경력경로화**
> 개인들이 미래에 보다 높은 수준의 직무를 수행할 수 있도록 비공식적 또는 공식적 교육훈련이나 직무경험을 제공하는 개별 활동의 연속으로, 조직에서 종업원들을 한 직무에서 다른 직무로 연속적으로 진전시키면서 훈련하는 개발 기법이다.

➕ 능력 개발 시스템제도

종업원 개개인의 적성에 맞는 진로를 선택하여 자신의 능력을 개발시켜 가는 과정에서 나타나는 직무순환과 연수참가나 자기계발을 위한 지식이나 기술을 습득하도록 하는 방법이다.

➕ 홀(D. T. Hall)의 경력단계모형

홀은 '탐색(1단계) → 확립(2단계) → 유지(3단계) → 쇠퇴(4단계)'의 경로를 겪게 되는 것이 전반적인 과정이라 하였고, 각각의 단계별 경력 욕구를 탐색 단계의 정체성 욕구, 확립 단계의 친교성 욕구, 유지 단계의 생산성 욕구, 쇠퇴 단계의 통합성 욕구로 정의하였다.

- 1단계(탐색 단계 – 주체 형성, Identity): 25세까지의 탐색 단계로, 조직 구성원은 자기 자신을 인식하고 학교 교육과 직장 경험을 통하여 여러 가지를 실험해 보면서 자기에게 적합한 직업을 선택하게 된다.
- 2단계(확립 단계 – 친교, Intimacy): 25세부터 45세까지의 확립 단계로, 선택한 직업 분야에 정착하기 위해 노력하고 결국에는 한 직업에 정착하는 단계이다. 개인은 자신의 적성과 가능성을 평가하고 자신의 성장 정도를 설정하여 노력하게 되며, 직무 성과의 발전과 조직에 대한 귀속감을 갖게 된다. 그러나 이 시기는 경쟁자들과 경쟁심이 작용하게 되므로, 경쟁 과정에서 나타나는 갈등 및 실패에 대한 감정적 처리가 중요하다.

- 3단계(유지 단계 – 생산, Generativity): 45세부터 65세까지의 유지 단계로, 조직은 개인에게 지식과 경험을 효과적으로 활용하여 중요한 업무를 수행하도록 하고, 개인은 경력개발을 통해 생산적·역동적으로 활동하며 부하들을 지도·개발한다. 조직 내에서 개인의 위치와 책임이 중요한 단계이다. 이 시기에 중년의 위기가 나타나며 개인이 이를 얼마나 잘 극복하느냐에 따라 다시 성장할 수도, 또는 쇠퇴해 버릴 수도 있다.
- 4단계(쇠퇴 단계 – 통합, Integrity): 보통 65세 이상의 시기로, 육체적·정신적 능력이 매우 약화되어 동기부여가 감퇴하며, 자신의 경력 등을 평가하고 직장 생활을 통합해 보면서 서서히 은퇴를 준비하는 단계이다.

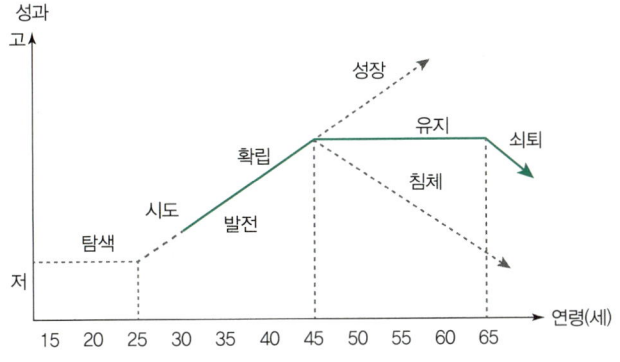

2 경력정체 중요

1. 의의
자신의 능력 혹은 기업의 구조적 한계로 더 올라갈 수도, 내려갈 수도 없는 상태를 말한다.

2. 문제점
① 조직에 대한 불만족으로 헌신도를 하락시킨다.
② 승진의 한계에 대한 문제뿐만 아니라 개인이 스스로 직무에 만족하지 못하여 문제가 발생하기도 한다.

3. 해결방안
① 조직에서 경력정체 인력에 대해 경력을 개발할 수 있도록 교육을 실시하여 경력정체 상황을 극복할 수 있는 기회를 제공한다.
② 경력정체 인력을 위한 새로운 직무를 개발한다.
③ 경력정체 인력의 유형을 분석하여 대책을 마련한다.

> **멘토링(Mentoring)** 중요
>
> 신입교육 대상자들과 고참 사원들 간의 개별적인 관계를 맺어주고, 그들이 서로 개인적인 교류를 가지면서 교육, 훈련뿐만 아니라 회사 내 모든 사안에 대해 현명하게 대처하도록 훈련시키는 교육 방법이다.

> **유리천장(Glass Ceiling)**
>
> - 눈에 보이지는 않지만 결코 깰 수 없는 장벽으로 인해 고위직 진출에 방해가 되는 것을 말한다.
> - 여성들이 충분한 능력과 자질을 갖췄음에도 최고 직위에 이를 수 있는 기회가 적어 승진에 필요한 광범위한 경영 스킬을 습득할 기회가 적다는 것을 의미한다.

기출&확인 문제

01 [2022년 1회]
다음 중 경력개발관리의 원칙으로 적절하지 않은 것은?

① 후계자 배려의 원칙
② 승진경로의 원칙
③ 인재육성의 원칙
④ 경력기회개발의 원칙

해설
② 승진경로의 원칙: 기업의 모든 직위는 계층적으로 형성되고 기술로 평가되어야 하므로 명확한 승진경로를 확립하고 이에 따른 승진관리가 이루어져야 함
③ 인재육성의 원칙: 인재를 기업 외부에서 확보하는 방법보다 기업 내부에서 자체적으로 양성하는 것을 원칙으로 하여 근로자에게 성장에 대한 동기를 부여하도록 함
④ 경력기회개발의 원칙: 근로자의 경력상 필요한 부분을 알게 된 기업이 근로자의 경력경로를 설계하며, 이를 관계자에게 통보하여 승진경로가 특정 부서에 치우지지 않도록 함

02 [2021년 1회]
다음 중 경력목표를 설정하고 설정된 경력목표를 달성하기 위해 경력경로를 구체적으로 선택하는 과정은?

① 경력목표   ② 경력개발
③ 경력계획   ④ 경력관리

해설
• 경력목표: 개인이 경력개발을 통하여 도달하고 싶은 미래의 지위
• 경력개발: 개인적인 경력계획 달성을 위하여 개인 또는 조직이 실질적으로 참여하는 활동

03 [2023년 1회]
[보기]의 (   )에 공통으로 들어갈 용어를 한글로 작성하시오.

보기
(   )은(는) 개인이 조직에서 직무를 수행함으로써 경력을 쌓게 될 때, 그 개인이 수행할 직무의 배열 순서를 의미한다. 전통적으로 (   )은(는) 주로 상위직급으로 가기 위한 수직선 모양으로 형성되었다. 오늘날에는 부서 간의 경계도 무너지고 개인의 직무도 경계 없이 다양한 경력을 쌓는 것이 중요하기 때문에 수평선 혹은 곡선이 많으며 수직사다리가 아닌 수평사다리 모양으로 변하고 있다. 예를 들어 하나의 직급에서 여러 직무 분야를 거친 다음에 위로 승진하는 경우를 생각할 수 있다. 이에, 개인과 기업 입장에서는 인력배치가 유연해지고 경험도 다양해진다는 장점이 존재하는 한편, 한 분야에서의 체류기간이 너무 짧을 수 있다는 단점도 존재한다.

(답:)

04 [2023년 5회]
[보기]는 홀(Hall)의 경력개발 단계에 대한 설명이다. 이 단계에서 경력 욕구의 대표 특징을 간단하게 제시하면 무엇이라고 할 수 있는가?

보기
• 경력개발관리의 경력 단계 중 제3단계는 유지 단계이다.
• 이 단계에서 개인의 관심은 오로지 일에 매달리는 것이다.
• 새로운 일을 접하는 기회가 적지만, 하는 일에 일관성이 존재한다.
• 이 시기는 무엇인가 의미 있는 것을 만들어 내려고 노력하는 시기라고 볼 수 있다.
• 또한 이 시기에 중년의 위기가 나타나며 개인이 이를 얼마나 잘 극복하느냐에 따라 다시 성장할 수도, 또는 쇠퇴해 버릴 수도 있다.
• 이 시기에 나타나는 또 하나의 특징은 개인이 자신을 조직과 동일시 하게 되는 경향이 강해진다는 것이다.
• 자신의 직무를 조직목표와 관련시켜 바라보게 된다.

(답:)

05 [2024년 4회]
홀(D. T. Hall)의 경력단계모형 중 네 번째 단계는 쇠퇴 단계로 자신의 경력을 평가하고 직장 생활을 통합해 보면서 은퇴를 준비하는 단계이다. 쇠퇴 단계의 경력 욕구는 무엇인가?

① 친교(Intimacy)   ② 통합(Integrity)
③ 생산(Generativity)   ④ 주체형성(Identity)

해설
• 1단계 탐색 단계: 정체성 욕구(Identity)
• 2단계 확립 단계: 친교성 욕구(Intimacy)
• 3단계 유지 단계: 생산성 욕구(Generativity)
• 4단계 쇠퇴 단계: 통합성 욕구(Integrity)

06 [2022년 5회]
[보기]에서 설명하는 것을 한글로 작성하시오.

보기
경력개발제도 중 근로자의 장래성을 체계적으로 예측하여 경력개발을 추진하는 방법이다.

(답:)

| 정답 | 01 ① | 02 ③ | 03 경력경로 | 04 생산(성) | 05 ② |
06 종합평가센터제도

07

다음 경력개발제도 중에서 기업에서 경험 있는 관리자가 하급자에게 지도, 상담, 충고를 통하여 공통된 가치관리와 조직에 보편화된 지식을 제공함으로써 그들의 대인관계를 개발하고 경력관리에 도움을 주는 훈련 방법은?

① 멘토링
② 직능자격제도
③ 경력지향적 평가제도
④ 능력 개발 시스템제도

해설
멘토링은 신입교육 대상자와 고참 사원 간의 관계를 맺어주고 서로 교류하면서 교육, 훈련뿐만 아니라 회사 내 모든 사안에 대처하도록 훈련시키는 교육 방법이다.

08 [2020년 4회]

다음 중 경력개발의 원칙으로 적절하지 않은 것은?

① 종업원 필요에 맞는 경력경로의 설계
② 필요한 능력에 대해서 외부 스카웃을 이용함
③ 종업원의 적성 등을 고려하여 적합한 직무를 부여함
④ 계층적 승진경로를 형성하여 효율적인 승진관리가 이뤄져야 함

해설
인재를 기업 외부에서 확보하는 방법보다 기업 내부에서 자체적으로 양성하는 것을 원칙으로 한다.

09 [2023년 5회]

경력개발관리의 경제적 측면으로 가장 적절하지 않은 것은?

① 근로자의 성장 욕구 충족
② 근로자의 인적자원을 효율적으로 확보
③ 조직의 노하우를 체계적으로 축적하여 경쟁력 제고
④ 근로자의 기업 조직에 대한 일체감을 제고시켜 기업 내 협동시스템 원활히 구축

해설
경력개발관리의 사회적 효율성 측면으로는 근로자의 성장 욕구 충족, 안정감 형성, 미래 설계 가능, 스스로의 경쟁력 향상 등이 있다.

10 [2024년 5회]

종업원의 적성, 지식, 경험, 기타 능력과 조직의 목표 달성에 필요한 직무가 잘 조화되도록 자격 요건과 적성 및 선호 구조에 대한 정보를 충분히 파악하여야 하는 원칙과 관련된 경력개발 관리의 기본 개념은?

① 후진양성의 원칙
② 승진경로의 원칙
③ 경력기회개발의 원칙
④ 적재적소배치의 원칙

해설
경력개발의 원칙 중 적재적소배치의 원칙에 대한 설명이다.

11 [2019년 1회]

다음 [보기]의 설명에 적합한 용어는? (정답은 한글로 작성하시오)

> **보기**
> - 현재까지 직업상의 어떤 일을 해오거나 어떤 직위, 직책을 맡아 온 경험 또는 그 내용을 말한다.
> - 개인(종업원)이 평생 동안 가지게 되는 경험의 과정을 뜻하는 것으로, 한 개인(종업원)이 일생을 두고 일과 관련하여 얻게 되는 경험 및 활동에서 지각된 일련의 태도와 행위라고 정의할 수 있다.

답: (   )

12 [2019년 4회]

경력개발제도(CDP) 중 개인별 능력평가표를 통해 종업원의 직무 수행 능력 현황을 관리함으로써 인적자원관리 및 경력개발에 활용하는 것은?

① 능력 개발 시스템제도
② 자기신고제도
③ 기능목록제도
④ 경력경로화

해설
① 능력 개발 시스템제도: 종업원 개개인의 적성에 맞는 진로를 선택하여 자신의 능력을 개발시켜 가는 과정에서 나타나는 직무순환과 연수참가나 자기계발을 위한 지식이나 기술을 습득하도록 하는 방법
② 자기신고제도: 근로자의 직무내용, 담당 직무에 있어서의 능력 활용 정도, 적성 여부 등을 자기신고서에 작성하게 하여 인사부서에 신고하는 제도
④ 경력경로화: 개인들이 미래에 보다 높은 수준의 직무를 수행할 수 있도록 조직에서 종업원들을 한 직무에서 다른 직무로 연속적으로 진전시키면서 훈련하는 개발 기법

13 [2019년 6회]

다음 중 인력정체 시 인력에 대한 조직의 해결방안으로 적절하지 않은 것은?

① 조직은 경력정체 인력을 위한 새로운 직무를 개발한다.
② 경력정체 인력에 대해 개인적으로 멘토를 찾도록 권유한다.
③ 경력정체 인력에 대한 유형을 분석하여 적절한 대책을 강구한다.
④ 경력정체에 대하여 조직에 책임을 전가하는 인력에게는 경력정체 현상에 대한 의식전환교육을 지원한다.

해설
개인적으로 멘토를 찾는 것이 아닌, 기업의 멘토링제도를 활용하여 교육훈련한다.

| 정답 | 07 ① | 08 ② | 09 ① | 10 ④ | 11 경력 | 12 ③ | 13 ② |

CHAPTER 04 인사고과

빈출 키워드
- ☑ 인사고과의 원칙 및 구성 요건
- ☑ 인사고과의 평가 방법
- ☑ 인사고과 평가 오류

1 인사고과의 정의 및 목적

1. 정의
인사고과는 조직 구성원들의 행위를 조직의 목적에 더욱 적합하도록 유도하기 위하여 적용하는 인사평가제도로, 조직 구성원의 능력과 업적을 평가하여 조직에 대한 조직 구성원의 유용성을 파악하는 것을 의미한다.
① 인력개발을 위한 계획 활동으로서의 중요한 역할
② 인력 확보 활동에 중요한 정보 제공
③ 임금 결정의 중요한 기준

2. 목적
① 동기부여의 향상
② 임금관리의 합리화
③ 고용관리의 합리화
④ 교육훈련 및 능력 개발의 촉진
⑤ 경영자의 관리 능력 향상

> **＋ 인사고과의 절차**
>
> 인사고과의 목적 결정 → 고과 대상자 선정 → 고과 방식 및 고과요소 선정 → 고과 실시 → 고과 자료 수집 및 정리 → 고과 자료 활용 및 보관

2 인사고과의 원칙 및 구성 요건

1. 원칙
① 직무기준의 원칙
② 공정성의 원칙
③ 독립성의 원칙
④ 납득성의 원칙
⑤ 추측 배제 및 고과 불소급의 원칙
⑥ 고과 오차, 오류 배제의 원칙

2. 구성 요건 〔중요〕

인사고과는 그 목적을 달성하기 위해 신뢰성, 타당성, 수용성, 실용성의 4가지 요건을 갖추어야 한다.

신뢰성	• 고과 내용이 얼마나 정확하게 측정되었는가에 관한 성질 • 평가도구나 방법이 동일한 조건에서 반복적용될 때 일관된 결과를 산출하는 정도를 의미함 • 평가결과의 일관성, 편차 없이 나타내는 정도의 안정성을 말함
타당성	• 고과 내용이 고과 목적을 얼마나 잘 반영하고 있는가에 관한 성질 • 평가도구나 방법이 측정하려는 대상을 제대로 측정하고 있는지를 의미함 • 평가항목이 해당 직무의 핵심 역량과 성과에 밀접하게 연관되어 있는지 검증하여 평가항목이 실제 직무수행 능력이나 성과 등 평가 목적에 부합하는지 나타내는 정도를 말함
수용성	• 인사고과제도가 적합하고 공정하게 운영되어 조직 구성원들이 그 결과를 받아들이는 성질 • 피평가자와 조직 구성원들이 평가제도 및 그 결과를 얼마나 긍정적으로 받아들이는지를 의미함 • 제도에 대한 저항없이 수용될 때 수용성이 높다고 할 수 있음
실용성	• 기업이 어떤 고과제도를 도입하는 것인지가 중요하며, 실질적으로 비용보다 편익이 더 큰지를 살펴보는 성질 • 평가제도가 실제 조직 현장에서 적용하고 운영하는 데 있어 비용, 시간, 노력 등 자원 대비 효과가 충분한지를 나타냄 • 평가도구와 시스템이 운영비용이나 복잡성 측면에서 과도한 부담을 주지 않으면서도 조직의 유용한 정보를 제공할 수 있어야 하는 실행가능성과 경제성을 평가함

3 인사고과의 평가 방법

1. 상대평가 방법

서열법	• 근무 성적이나 근무 능력을 평가하여 서열을 정하는 방법 • 쉽게 활용할 수 있음 • 근로자의 수가 너무 많거나 적으면 순위의 의미가 없으며, 동일 직무에만 적용될 수 있고 이종 직무나 부서 간의 비교에는 부적합함
쌍대비교법	• 구성원들 중에서 2명씩 골라 계속 비교하는 방법 • 비교의 빈도가 매우 높으나 서열 정리가 편리함
강제할당법	• 고과자의 관대화 정도를 방지하기 위하여 사전에 일정한 평가의 범위와 수를 결정해 놓고, 일정한 비율에 맞추어 강제로 할당하는 방법 • 결과가 정규분포에 가까울수록 타당성이 있다는 전제하에 전체를 몇 가지 등급으로 나누고 대상자를 할당하는 방법

2. 절대평가 방법

평정척도고과법	• 숙련, 노력, 근무 성적 등 평가에 필요한 분석적 평가요소를 선정하고 점수로 수량화한 각 평가요소의 척도에 해당 근로자가 어느 정도 발휘하는지를 판단하여 그 정도를 표시하는 방법 • 가중치를 두거나 계량화가 가능하지만, 평가요소 선정 및 고과 오류 방지가 어려움
체크리스트법 (대조리스트법, 대조표고과법)	• 평가에 적합한 몇 가지의 표준행동을 소정의 리스트에 구체적으로 작성하고 근로자의 능력, 근무 상태를 리스트와 비교하여 해당 사항에 체크한 후 채점기준표를 통해 등급을 정하는 방법 • 현혹효과가 적고 타 부서와의 비교 및 계량화가 가능하며 계량화된 결과를 바탕으로 서열화할 수 있음 • 행동 기준의 선택이 어렵고, 점수화 절차가 복잡함
강제선택법	• 근로자의 행동이나 능력을 가장 적합하게 기술한 서술문 2개와 적합하지 않은 서술문 2개로 구성하는 방법 • 주관적인 평가를 최소화하여 관대화 경향을 방지할 수 있으나, 항목 설정 과정이 복잡하고 고과자의 심리적 압박감이 큼
자유기술법	• 가장 단순한 방법으로 근로자의 장단점과 성과 및 잠재적인 요인의 향상을 위한 의견을 사실적으로 서술하는 방법 • 간편하지만 비교가 어렵고 평가 결과가 상이할 수 있음 • 일종의 자기고과 방법으로 자기평가는 자유롭게 기술함
중요사건평가법 (중요사건기술법)	• 평가자가 일을 효과적 또는 비효과적으로 수행하는 요인에 대해 핵심적이고 중요한 행동에 초점을 맞추어 평가하는 방법 • 종업원의 성공적인 업적은 물론 실패한 업적까지 기록하였다가 그 기록을 토대로 근로자의 직무태도와 업무수행 능력을 평가하는 방법 • 정기적으로 중요 사건을 기술하므로 시간의 소요량이 많으며 계량적 자료를 얻을 수 없어 비교 및 서열화가 어려움
행위기준고과법 (행위기준 평정척도법)	• 인성적 특징을 중시하는 전통적인 평가 방법에 대한 비판에 기초하여 피평가자의 실제 행동을 관찰하여 평가하는 방법 • 중요사건평가법을 기초로 하여 더 정교하게 계량적으로 발전시킨 방법으로, 관리자가 실제로 효과적이거나 비효과적인 사건들을 기술하고, 이를 5~10점 범위로 나눈 척도에 따라 고과자가 평가하는 방법 • 이해가 쉽고 인사고과에 적극적인 관심과 참여를 유도할 수 있으나, 시간과 비용 소모가 큼

> **서술식고과법**
> 자유기술법, 중요사건기술법과 같은 방법으로 고과하는 방법이다.

> **＋ 토의식고과법**
> 현장토의법, 면접법과 같은 토의를 통해 얻은 정보를 이용하여 고과하는 방법

3. 목표에 따른 평가 방법 – 목표관리(MBO)

① 상사와 부하가 공동으로 목표를 설정하고 달성된 성과를 토의함으로써 개인과 조직의 목표를 통합하고 개인의 동기부여와 능력 개발을 증진시키려는 방법이다.
② 직원은 의사결정에 참여할 기회를, 상사는 직원을 지원할 기회를 갖는다.
③ 근로자는 동기부여와 자기계발의 기회를 얻을 수 있다는 장점이 있으나, 근로자의 신뢰가 없는 경영환경에서는 효과적인 평가 방법이 아니므로 목표 유지와 실행에 많은 시간이 필요하다.

4. 평가센터 평가 방법
① 비슷한 조직에 있는 근로자를 평가센터에 합숙시키면서 개별 면접, 심리검사, 사례연구 등을 실행하여 참가자들을 관찰하고 평가한다.
② 관리자로서의 리더십에 대한 잠재 능력을 파악할 수 있고 리더십과 그 능력의 장단점에 대해 충분한 정보를 제공해 준다는 점에서 관리자 및 신입직원 선발에도 활용되고 있다.

5. 평가 정보의 출처에 따른 평가 방법

관리자	• 일반적으로 평가 정보를 가지고 있는 사람 • 책임을 위한 기본적인 자격 요건을 가지고 있다고 전제함
동료	관리자가 관찰하지 못하는 측면을 관찰한다는 점에서 성과 정보의 탁월한 출처가 됨
부하	관리자들의 성과를 평가하는 데 가치 있는 정보를 제공함
본인 (자기평가)	근로자의 과업 수행 행태를 가장 잘 아는 사람은 자신이므로 자기평가는 귀중한 정보를 제공함
고객 (조직 밖의 평가자)	직접적으로 서비스 성과를 관찰하는 사람으로 가장 좋은 성과 정보의 출처임
360도 다면평가	• 본인, 상사, 팀 구성원, 고객 등과 같은 복수인으로부터 성과에 대한 피드백을 얻기 위해 평가하는 방법 • 관리자는 성과에 대한 다양한 관점을 종합할 수 있으며, 근로자는 자신의 평가와 다른 사람들의 관점을 비교할 수 있음 • 다양한 집단들의 평가로 공정성과 신뢰성을 높일 수 있음 • 다면평가를 실시하는 규모에 따라 평가가 왜곡될 수 있음

4 인사고과 평가에 대한 오류 중요

상동적 태도 (상동적 오류)	타인에 대한 평가가 그가 속한 특정 집단에 대한 지각을 기초로 이루어지는 것
현혹효과 (후광효과)	• 하나의 평가요소에 대해 호의적이거나 비호의적인 인상이 다른 평가요소에 영향을 미쳐 모든 요소를 동일하게 평가하는 경향 • 이를 방지하기 위해서는 여러 평가자들이 같은 사람을 독립적으로 평가해야 함
대비오류 (대비효과)	• 고과자가 자신의 특성과 비교하여 피고과자를 평가하려는 경향 • 특정의 피고과자가 다음에 평가될 피고과자의 평가에 미치는 오류로 객관적인 기준 없이 개개인을 서로 비교할 때 나타나는 오류
관대화 경향	• 고과자가 피고과자를 가능하면 후하게 평가하려는 경향 • 이를 방지하기 위해서 강제할당법이 사용되며, 평가요소를 명확하게 하고 주의 깊게 평가해야 함
가혹화 경향 (엄격화 경향)	고과자가 전반적으로 피고과자를 가혹하게 평가하여 평가 결과의 분포가 평균 이하로 편중되는 경향
중심화 경향	• 인사고과자가 피고과자와의 인간관계를 고려하여 피고과자의 대다수를 중간 정도로 판단하는 경향 • 피고과자의 특성 및 직무수행 상태를 실제보다 좋게 평가하거나 나쁘게 평가하는 것을 피하여 판단하는 것으로, 이러한 평가 결과로 평가자들의 성과를 변별할 수 없는 현상이 발생함
시간적 오류 (최근화 경향)	• 과거 행위보다 최근 행위에 더 큰 영향을 받아 판단하려는 경향 • 최근 실적이나 능력 중심으로 평가할 경우에 생기는 오류
논리적 오류	서로 상관관계가 높은 평가요소 간에 어느 한 쪽이 우수하면 다른 요소도 그럴 것이라고 판단하는 경향
연공 오류	피고과자의 연령, 학력 등이 평가에 영향을 미침

> **TIP**
> 관대화, 가혹화, 중심화 경향의 오류를 방지하는 방법으로 강제할당법을 사용한다.

기출 & 확인 문제

01 [2023년 3회]
인사고과의 원칙 및 구성 요건에 대한 설명으로 가장 적절하지 않은 것은?

① 신뢰성: 고과 내용이 얼마나 정확하게 측정되었는가에 관한 성질
② 타당성: 고과 내용이 고과 목적을 얼마나 잘 반영하고 있는가에 관한 성질
③ 수용성: 인사고과제도가 적합하고 공정하게 운영되어 조직 구성원들이 그 결과를 받아들이는 성질
④ 독립성: 기업이 어떤 고과제도를 도입하는 것인지가 중요하며, 실질적으로 비용보다 편익이 더 큰지를 살펴보는 성질

해설
④는 독립성이 아닌 실용성에 대한 설명이다.

02 [2020년 5회]
다음 중 강제할당법을 사용하여 줄일 수 있는 오류로 거리가 먼 것은?

① 현혹효과　　　② 가혹화 경향
③ 중심화 경향　　④ 관대화 경향

해설
관대화, 가혹화, 중심화 경향의 오류를 방지하는 방법으로 강제할당법을 사용한다.

03 [2023년 1회]
인사평가 오류 중 평가자가 피평가자의 성과를 평가하는 시점에서 가까운 시간 내에 발생한 사건들에 대해 높은 가중치를 주어 평가할 경우에 생기는 오류는 무엇인가?

① 현혹효과　　　② 관대화 경향
③ 논리적 오류　　④ 최근화 경향

해설
① 현혹효과: 하나의 평가요소에 대해 호의적이거나 비호의적인 인상이 다른 평가요소에 영향을 미쳐 모든 요소를 동일하게 평가하는 경향
② 관대화 경향: 고과자가 피고과자를 가능하면 후하게 평가하려는 경향
③ 논리적 오류: 서로 상관관계가 높은 평가요소 간에 어느 한 쪽이 우수하면 다른 요소도 그럴 것이라고 판단하는 경향

04 [2020년 4회]
다음 중 [보기]에서 설명하는 것은?

보기
인사고과자가 피고과자와의 인간관계를 고려하여 피고과자의 특성 및 직무수행 상태를 실제보다 좋게 평가하거나 나쁘게 평가하는 것을 피하여 판단하는 것으로, 이로 인하여 평가 결과로 평가자들의 성과를 변별할 수 없는 현상이 생긴다.

① 관대화 경향　　② 중심화 경향
③ 엄격화 경향　　④ 최근화 경향

해설
① 관대화 경향: 고과자가 피고과자를 가능하면 후하게 평가하려는 경향
③ 엄격화 경향(가혹화 경향): 고과자가 전반적으로 피고과자를 가혹하게 평가하여 평가 결과의 분포가 평균 이하로 편중되는 경향
④ 최근화 경향(시간적 오류): 과거 행위보다 최근 행위에 더 큰 영향을 받아 판단하려는 경향

05 [2024년 3회]
[보기]의 ( ) 안에 들어갈 용어로 적절한 것은?

보기
( )은(는) 인사평가의 타당성, 신뢰성, 객관성을 높이고자 개발된 평가방법으로 근무평가를 위해 자신, 직속상사, 부하직원, 동료, 고객 등 외부인까지 평가자에 참여시킨다.

① 면접법　　　② 다면평가
③ 목표관리법　　④ 균형성과표

해설
① 면접법: 직무분석자가 근로자나 감독자와 면접을 통하여 직무를 파악하는 방법
③ 목표관리법: 종업원이 상사와 협의하여 작업 목표량을 결정하고 그 성과를 부하와 상사가 같이 측정하여 인사고과의 자료로 활용하는 방법
④ 균형성과표(BSC): 과거의 성과에 대한 재무적인 측정지표에 미래성과를 창출하는 동인 측정지표인 고객, 공급자, 종업원, 프로세스 및 혁신에 대한 지표를 통해 미래가치를 창출하도록 관리하는 시스템

| 정답 | 01 ④　02 ①　03 ④　04 ②　05 ②

06 [2024년 6회]
인사고과의 오류 중 중심화 경향을 줄이기 위한 개선 방향으로 가장 효과적인 것은?

① 평가 시기에 즈음하여 평가 자료를 확보한다.
② 평가자의 가치관 등을 평가 내용에 반영한다.
③ 피평가자의 특징적인 전반적 인상을 강조한다.
④ 평가 기간을 늘리고, 다양한 평가 자료를 확보한다.

해설
평가 기간을 늘리고, 다양한 평가 자료를 확보하는 것이 중심화 경향을 줄이기 위한 개선 방향에 가장 효과적이다.

07
인사고과의 방법 중에서 근로자 스스로 자신의 기술이나 지식 등의 자기 능력과 원하는 직무, 직무환경, 교육훈련 등을 기술하여 정기적으로 보고하고 그것을 인력자원 조사의 자료로 활용하는 방법은?

① 면접법
② 목표관리법
③ 자기신고법
④ 중요사실기록법

해설
인사고과의 방법 중 자기신고법에 대한 설명이다.

08 [2023년 6회]
[보기]는 무엇에 대한 설명인가?

┌─ 보기 ─
• 숙련, 노력, 근무 성적 등 필요한 분석적 평가요소를 선정함
• 선정한 평가요소를 A·B·C·D·E 등과 같이 척도로 계량화함
• 근로자의 능력과 업적에 따라 계량화한 점수를 부여함
└─

① 서술식고과법
② 대조표고과법
③ 토의식고과법
④ 평정척도고과법

해설
① 서술식고과법: 자유기술법, 중요사건기술법과 같은 방법으로 고과하는 방법
② 대조표고과법: 평가에 적합한 몇 가지의 표준행동을 소정의 리스트에 구체적으로 작성하고 근로자의 능력, 근무 상태를 리스트와 비교하여 해당 사항에 체크한 후 채점기준표를 통해 등급을 정하는 방법
③ 토의식고과법: 현장토의법, 면접법과 같은 토의를 통해 얻은 정보를 이용하여 고과하는 방법

09
[보기]에서 설명하는 인사고과의 요건을 예와 같이 한글로 작성하시오. (예 주관성)

┌─ 보기 ─
기업이 어떤 고과제도를 도입하는 것인지가 중요하며, 실질적으로 비용 대비 효과 측면에서 얼마만큼 가치가 있는가의 정도를 말하는 인사고과의 구성 요건이다.
└─

(답:)

10 [2018년 5회]
다음 중 인사고과의 실시 원칙으로 적합하지 않은 것은?

① 납득성의 원칙
② 공정성의 원칙
③ 직무기준의 원칙
④ 고과 소급의 원칙

해설
인사고과의 실시 원칙으로 적합한 것은 고과 소급의 원칙이 아닌, 추측 배제 및 고과 불소급의 원칙이다.

11 [2019년 3회]
다음 인사고과 중 기업 목표 달성에 크게 영향을 미치는 중요한 사실을 중점적으로 기록하고 검토하여 종업원의 직무태도와 업무 수행 능력을 관찰하여 기록하였다가 평가하는 방법은?

① 목표관리법
② 평가센터법
③ 대조표고과법
④ 중요사건법

해설
① 목표관리법: 종업원이 상사와 협의하여 작업 목표량을 결정하고 그 성과를 부하와 상사가 같이 측정하여 인사고과의 자료로 활용하는 방법
② 평가센터법: 비슷한 조직에 있는 근로자를 평가센터에 합숙시키면서 개별 면접, 심리검사, 사례연구 등을 실행하여 참가자들을 관찰하고 평가하는 방법
③ 대조표고과법(대조리스트법): 평가에 적합한 몇 가지의 표준행동을 소정의 리스트에 작성하고 근로자의 능력, 근무 상태를 리스트와 비교하여 해당 사항에 체크한 후 채점기준표를 통해 등급을 정하는 방법

| 정답 | 06 ④ | 07 ③ | 08 ④ | 09 실용성 | 10 ④ | 11 ④ |

12 [2024년 1회]

효과적인 인사고과가 갖추어야 할 요건으로 가장 적절하지 않은 것은?

① 합리적인 평가기준을 선정해야 한다.
② 피평가자별로 세분화된 객관적이고 공정한 평가요소를 마련해야 한다.
③ 피평가자의 활동을 균형 있게 파악할 수 있는 주기적 평가가 필요하다.
④ 평가 오류를 최소화하기 위해 채점기준을 구체적이고 체계적으로 산정해야 한다.

> 해설
> 효과적인 인사고과는 직무기준으로 세분화된 객관적이고 공정한 평가요소를 마련해야 한다.

13

다음 [보기]의 (　) 안에 들어갈 적합한 용어를 예와 같이 영어 이니셜 대문자로 작성하시오. (예 HRD)

> 보기
> 인사고과 방법 중 (　　　)은(는) 종업원이 상사와 협의하여 작업 목표량을 결정하고 그 성과를 부하와 상사가 같이 측정하여 인사 고과의 자료로 활용하는 방법이다.

(답:　　　　　　　　)

14

인사고과의 평가 방법 중 상대평가 방법이 아닌 것은?

① 서열법　　　② 쌍대비교법
③ 강제할당법　④ 강제선택법

> 해설
> 강제선택법은 절대평가 방법에 해당한다.

15 [2022년 5회]

피평가자의 직무 성과에 초점을 맞추어 행동수준을 평가척도에 제시하므로 타당성과 신뢰성이 높은 반면에 행동수준을 개발하는 데 많은 시간과 비용이 소용되어 실용성이 낮다는 단점이 있는 인사고과 방법은 무엇인가?

① 토의식고과법　　② 대조표고과법
③ 서술식고과법　　④ 행위기준평가법

> 해설
> ① 토의식고과법: 현장토의법, 면접법과 같은 토의를 통해 얻은 정보를 이용하여 고과하는 방법
> ② 대조표고과법: 평가에 적합한 표준행동을 설정하고, 평가 대상자의 능력이나 근무 상태가 이 항목에 해당되는지의 여부를 체크하여 평가하는 방법
> ③ 서술식고과법: 자유기술법, 중요사건기술법과 같은 방법으로 고과하는 방법

16 [2024년 1회]

인사고과의 문제점을 개선하기 위한 개선방안으로 가장 적절하지 않은 것은?

① 추상적 → 구체적·요소별
② 인물 중시 → 업무능력·업적 중시
③ 상사 중심 → 본인 참여의 자주적 고과
④ 종업원 통제형 → 대인관계 및 과거 성과지향형

> 해설
> 종업원 통제형은 능력 개발 촉진 및 성장 지향형으로개선해야 한다.

17 [2024년 4회]

인사고과를 실시할 때의 유의점에 대한 설명이다. [보기]의 (　) 안에 들어갈 가장 적절한 용어는 무엇인가?

> 보기
> (　　　)(은)는 고과대상자의 특정한 고과요소로부터 받은 호의적 또는 비호의적 인상이 다른 고과요소에까지 영향을 미쳐 동일하게 평가하는 경향상을 의미한다. 이를 피하기 위해서는 여러 평가자들이 같은 사람을 독립적으로 평가하게 하는 것이 필요하다.

① 현혹효과　　② 대비오류
③ 논리적 오류　④ 시간적 오류

> 해설
> ② 대비오류(대비효과): 고과자가 자신의 특성과 비교하여 피고과자를 평가하려는 경향
> ③ 논리적 오류: 서로 상관관계가 높은 평가요소 간에 어느 한쪽이 우수하면 다른 요소도 그럴 것이라고 판단하는 경향
> ④ 시간적 오류(최근화 경향): 과거 행위보다 최근 행위에 더 큰 영향을 받아 판단하려는 경향

| 정답 | 12 ② | 13 MBO | 14 ④ | 15 ④ | 16 ④ | 17 ① |

CHAPTER 05 조직개발

빈출 키워드
- ☑ 변화담당자의 기능
- ☑ 인사담당자의 역할
- ☑ 리더십 이론

1 조직개발

1. 정의 〈중요〉

① 변화를 체계적으로 도모함으로써 조직의 유효성과 조직 구성원의 태도 및 가치관을 개선하는 것을 의미한다.
② 좁은 의미로는 조직 구성원의 행동 변화를 위한 감수성 훈련과 동일시하며, 학자들은 조직개발을 새로운 기술과 시장 변화에 따른 조직 구성원들의 태도와 가치관 개발을 위한 교육훈련 전략으로 본다. 또는 조직 구성원들의 팀워크, 조직문화 개선을 통한 조직 문제 해결 능력을 향상시킬 수 있는 장기적인 노력으로 정의하기도 한다.
③ 조직의 유효성을 제고시키기 위한 행동과학기법을 근거로 다양한 요인을 포괄하여 조직적 변화에 효과적으로 대응할 수 있도록 계획적이며 총괄적인 구성원의 능력과 조직의 전략을 유도하는 장기적인 노력을 말한다.

+ 조직개발에 대한 학자들의 정의

버크(Burke)	행동과학기법, 연구, 이론을 사용하여 조직문화를 계획적으로 변화시키는 과정임
버나드(Barnard) &아지리스(Agiris)	바람직한 조직이란 개인과 함께 성장하고 발전할 수 있어야 하며, 조직개발은 성장 및 자기개발을 원하는 개인의 욕망과 조직의 목표를 통합함으로써 조직의 유효성을 증대시키기 위해 마련된 과정임
벡커드 (R. Beckhard)	행동과학을 사용하여 조직의 유효성과 건전성을 증진시키기 위한 최고 경영자부터 조직의 전체 구성원의 계획적인 노력임
프렌치 (French)	조직의 문제 해결 능력과 외부환경의 변화에 대한 대응 능력을 행동과학 컨설턴트나 변화 담당자의 도움을 통해 향상시키는 장기적인 노력임
베니스 (Bennis)	• 계획된 조직변화를 일으키기 위한 교육전략으로 조직개발의 노력은 직접적인 경험을 강조하는 전략에 의존하며, 자료의 피드백, 감수성 훈련, 대면회합의 형태를 취할 수 있음 • 맥그리거의 Y이론에 해당하는 가치관과 사회철학을 가지고 있는 변화담당자의 필요성을 강조함 • 조직 구성원들과 협력적인 관계에서 활동적으로 작업하며, 근거와 기준이 되는 목표가 있고 기계적인 체계보다 유기적인 체계를 발전시키는 데 목표를 둠

2. 생성 배경

(1) 조직환경의 변화
① 급격한 환경 변화로 적응력을 갖춘 조직의 필요성이 증가하였다.
② 내외적인 환경 변화는 조직의 변화를 야기했다.
③ 조직 구성원의 가치관, 태도 등의 요인에 관한 변화를 중시하게 되었다.

(2) 행동과학이론의 발전
조직의 변화에 따라 인간 행위를 연구하는 행동과학자들의 연구와 성과가 조직개발의 이론적 발전에 기여하게 되었다.

3. 특성
① 계획적, 포괄적, 장기적인 변화
② 작업집단 및 행동연구와 개입에 대한 강조
③ 변화담당자의 역할 강조

4. 목표
① 조직 구성원 간의 신뢰와 협동심 향상
② 조직 구성원의 능력 개발 향상
③ 조직의 문제 규명과 해결방안 제안
④ 조직의 커뮤니케이션과 신뢰성 향상 및 개방적인 커뮤니케이션 발전

5. 기본 구성 요소 중요

모든 조직들은 변화를 추구할 때 변화주도자, 변화대상자, 개입 등의 기본 구성 요소가 필요하다.

변화주도자	• 조직 내 변화를 이끌어가는 사람이며 변화중개인이라고도 함 • 대부분 조직 밖의 전문가를 활용하며, 변화주도자는 변화 대상 및 주제에 대한 이론적 지식과 문제의 진단 및 분석, 행동과학에 대한 기본 지식과 문제 해결 및 대안을 제시할 수 있는 능력을 갖춰야 함
변화대상자	개인, 집단, 조직 전체로 나누어지고 변화 대상이 명확하지 않은 경우도 존재하기 때문에 조직개발 담당자는 개인, 집단 및 조직 전체의 영향 관계를 종합적으로 판단하여 대상자를 선정해야 함
개입 (Intervention)	• 변화주도자가 대상을 변화시키기 위해서 실행하는 다양한 활동을 말함 • 조직의 성과와 효과성의 개선을 위해 계획된 일련의 활동을 말하며, 조직의 필요에 적합하도록 설계되고 의도한 결과물에 대한 인과적인 지식에 근거하여 조직 구성원들이 변화관리에 필요한 역량을 가질 수 있도록 도와주는 것을 의미함 • 변화주도자는 문제 진단, 변화대상자 선정, 변화를 위한 교육과 훈련, 지도와 카운슬링 등을 통해 대상자를 변화시키는 활동을 하고, 조직변화를 위한 새로운 해결방안이 제시되었다면 해결방안을 실행함에 있어 개인, 집단 및 조직 전체의 역할을 규명하고, 새로운 변화에 적응하고 문제를 해결할 수 있도록 적절한 개입을 해야 함

2 조직개발 기법

1. 의의
조직개발이 내포하고 있는 가치관 및 목표 등을 달성하기 위한 수단으로 구조화된 행동이다.

2. 발전 과정
조직개발 기법은 행동과학의 이론적 지식과 연구 방법들이 기업의 문제 해결을 위해 발전하기 시작하였다. 제2차 세계대전 이후에는 실험실 훈련, 설문조사 피드백과 같은 행동 개발 기법을 중심으로 발전하였고, 규범적 접근, 생산성 및 근로생활의 질, 전략적 변화 및 조직혁신 등으로 발전해 왔다.

실험실 훈련	• 피교육자들의 개방적이고 자유로운 상호작용을 통해 행동 개선을 유도하는 기법 • 레윈(Lewin)을 중심으로 자유 토의 방법을 사용하여 여러 번의 실험을 거친 행동 개선 방법으로 개발되었으며, 감수성 훈련, 소집단 훈련으로 부르기도 함
설문조사 피드백	설문지를 사용하여 조직 구성원들의 태도를 조사하고, 그 결과를 피드백하고 토의하여 진단평가를 함

규범적 접근	• 실험실 훈련과 설문조사 피드백 이후 인간관계적 접근이 지적으로나 현실적인 측면에서 조직을 관리하는 데 유일한 방식이라는 개념이 생김 • 조직개발의 새로운 접근 방법론에는 리커트의 참여 경영과 브레이크(Blake,R.)와 무톤(Mouton,J.)의 그리드 이론이 있음
생산성과 근로생활의 질	조직개발은 생산성과 근로생활의 질이 동시에 강조되어야 함
전략적 변화 개입	• 경영환경이 급변함에 따라 환경 변화에 적응하기 위한 조직개발 기법 • 조직과 환경과의 관계 증진, 조직 내의 적합성 향상이라는 두 가지 목적이 있음

3. 기법의 유형

감수성 훈련 (T그룹 훈련)	• 모든 관계 집단에서 수십 명의 참가자를 차단시켜 몇 주 동안 집단생활을 경험하면서 자기가 타인으로부터 어떻게 인지되고 있는지 등을 감지하는 능력을 개발하는 데 중점을 둔 교육훈련 • 자신과 타인에 대한 이해 능력을 증진시켜 집단화 과정에 대한 통찰력 향상, 개인의 특수한 행동기술 개발, 의사소통 능력 개발, 효과적인 역할 수행 방법을 익힘
팀 구축법	• 작업집단 구성원들이 특별 훈련에 참가하여 성과에 대한 관심 및 생산성에 미치는 여러 요인들을 토론하는 교육훈련 • 다양한 작업집단의 구성원들이 협조관계를 형성하여 임무수행의 효율성을 증대시켜 조직의 유효성을 향상시키는 방법
조사연구 피드백	• 조직 구성원들의 태도를 측정하고 상호 불일치점을 확인하여 그 차이를 해결하기 위한 방법 • 대량의 정보를 신속하고 효율적으로 획득 가능하며, 다른 조직의 문제점에도 활용 가능함
과정 자문법	• 외부의 경영상담 전문가(외부 컨설턴트)가 관리자를 도와 작업 흐름, 비공식적 관계, 의사소통 등 과정상의 사건들을 지각하고 이해하여 영향을 미칠 수 있도록 관리자를 조력하는 기법 • 외부 전문가의 도움을 받아 조직이 스스로 문제 해결방안을 모색한다는 장점이 있으나 비용과 노력이 많이 든다는 단점이 있음
매니지얼 그리드 훈련	• 감수성 훈련을 확대·발전시킨 종합적인 조직개발 기법 • 브레이크와 무톤에 의해서 개발된 훈련 프로그램으로, 과업과 인간관계에 관심을 가지도록 관리자를 격려하며, 관리 및 팀의 유효성을 제고시킴 • 그리드 개발 기법은 조직 유효성의 증대에 공헌함
대면회합 (집단대면)	• 조직문제를 진단하고 조직 구성원의 행동에 개입과 관여를 증대시키기 위한 수단 • 조직의 문제점에 관한 자료를 수집하고 문제 해결을 위한 협조적인 관계를 형성하여 효과적이고 신속하게 직무를 수행하는 것을 목표로 함

3 조직개발 과정

1. 착수

조직개발의 필요성을 파악하고 본격적인 조직진단을 하기 위한 준비와 계획을 수립하는 단계이다.

2. 조직진단

① 조직개발 대상이 확정되고 진단계획이 진행되면 조직진단에 착수하게 되며, 문제 해결에 대한 조직진단이 이루어진다.
② 조직 단계에서 분석한 문제를 해결하고 목적 달성을 위한 활동계획 수립의 방향을 어떻게 설정할 것인지에 대한 결론을 제시하며, 고객조직에 피드백을 하여 적정성 여부를 평가하고 판단한다.

3. 개입설계

① 변화와 그에 대한 저항을 해결할 수 있는 전략과 전술을 개발하는 중요한 단계로, 활동계획수립이라고도 한다.
② 하나 또는 그 이상의 해결방안을 만들고 이에 대한 평가를 하며, 변화를 실행하기 위한 계획을 정교화하고 고객의 의사결정을 위한 제안서를 작성한다.
③ 컨설턴트가 실현 가능한 대안들을 탐색하고 발전시키며 불필요한 변화를 제거한다.

4. 실행

조직과의 협력을 통해 컨설턴트가 개발한 개입설계안을 실현할 수 있는 이행계획이 수립되며, 실행 과정에서 나타나는 구성원의 저항을 극복하고 성공적으로 정착시킬 수 있는 변화관리계획을 작성한다.

4 조직변화

1. 조직변화의 배경

조직 내적으로는 조직 구성원의 불만족과 무기력 등을 극복하고, 조직 외적으로는 장기적 생존을 위해 환경 변화에 대응한다는 측면에서 조직변화의 필요성이 대두되었다.

(1) 외부환경 변화에 따른 핵심 성공 요인과 요구되는 조직 특성

외부환경	• 정보기술의 발달에 따른 고객 욕구의 다양화 • 과열된 경쟁시장 • 경쟁우위 요소의 변화(원가·품질 → 서비스·시간)
핵심 성공 요인	• 문제 해결 능력 및 신속한 대응 능력 • 풍부한 지식 및 정보처리 능력 • 위기 대처 능력
요구되는 조직 특성	• 자율적이며 유연한 조직 • 정보의 공유 및 조직 간 네트워크 관리 • 지속적인 학습 능력 개발 • 도전정신과 동기부여

(2) 내부환경 변화에 따른 핵심 성공 요인과 요구되는 조직 특성

내부환경	• 전통적 유교 가치관의 붕괴로 인한 고용불안의 가속화 • 개성화 시대 • 조직병리 현상 심화 • 노동의 질 추구 • 조직 팽창에 따른 관리비용의 증대
핵심 성공 요인	• 민주적인 조직관리 • 변화관리 능력 • 개인 참여율 증가 • 개인의 창의성
요구되는 조직 특성	• 분권화와 임파워먼트 향상 • 유연한 조직 • 자기관리조직 형성 • 계층의 축소

2. 조직변화의 방향

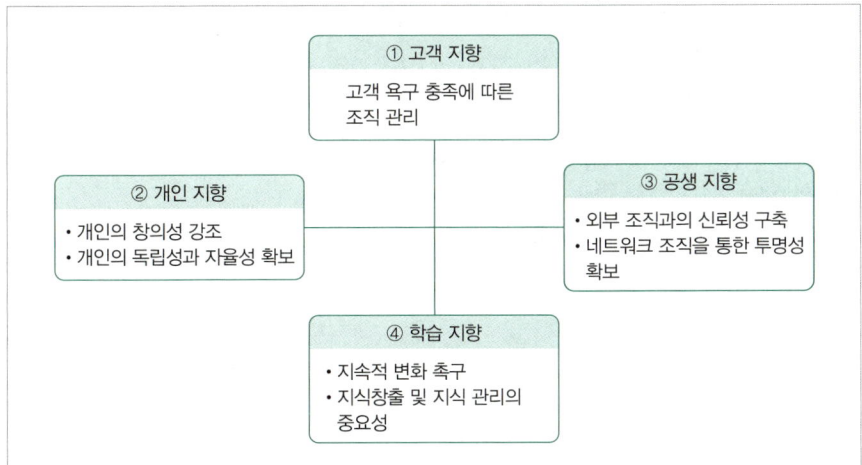

① 고객 지향: 고객의 입장에서 생각하여 고객의 욕구나 가치를 효과적으로 충족시킬 수 있도록 조직을 설계하고 관리하는 것(리엔지니어링, 프로세스 조직의 고객 지향성을 근거로 함)이다.
② 개인 지향: 개인 혹은 소집단의 자율성과 창의성을 극대화시킬 수 있도록 조직을 설계하고 관리하는 것이다.
③ 공생 지향: 기업 활동을 내부화하거나 지나치게 경쟁함으로써 발생하는 비용의 최소화, 기업 간 상호협력과 신뢰를 통해 공생적 이익을 극대화할 수 있도록 설계하고 관리하는 것이다.
④ 학습 지향: 지식의 중요성을 인식하여 지식을 창출하고, 체계적인 지식관리를 실시하여 교육조직을 설계하고 운영하는 것이다.

3. 조직변화의 단계

① 조직변화는 많은 학자들에 의해 연구되어 학자의 관점마다 다르게 해석되지만 모두 레윈(Lewin)의 연구에 기초하고 있다.
② 레윈의 변화관리에 의하면 조직에는 항상 변화를 강요하는 요소들과 변화에 저항하는 요소들이 존재한다. 이 두 가지 요소가 균형을 이룰 때 조직은 관성의 상태를 유지하면서 변화가 일어나지 않는다. 따라서 변화세력과 저항세력의 증가와 감소가 필요하다.
③ 레윈의 3단계 변화

해빙 단계	기존의 시스템에 대한 모순을 이해하고 새로운 변화의 필요성을 인식시켜 변화에 대한 새로운 관점과 가치관을 수용할 수 있게 하는 단계
변화 단계	• 새로운 상태로 바뀌는 단계, 즉 새로운 업무 방식이나 제도를 도입하는 단계 • 현재의 상태보다 바람직한 방향으로 변화시키기 위한 개입 전략과 활동을 실행하는 단계
재동결 단계	• 조직을 새로운 제도에서 안정시키는 단계 • 다시 예전의 모습으로 돌아가지 않도록 계속적인 지원과 강화 활동이 필요한 단계

4. 성공적인 변화관리를 위한 기본 요소

경영자의 리더십	조직 구성원의 변화목표를 달성할 수 있도록 용기를 주며, 구성원의 역량을 개발하고 발휘할 수 있는 기회를 지원함
조직 구성원의 참여	조직의 성공적인 변화는 조직 구성원들의 협조와 참여 없이는 불가능하므로 워크숍이나 교육을 통해 참여를 유도함
변화에 대한 의사소통	조직 구성원의 잠재적 저항에 대비하기 위해 커뮤니케이션으로 문제점과 변화의 필요성을 느끼게 하여 변화에 긍정적인 태도를 가질 수 있도록 유도함
교육 및 훈련	조직 구성원들의 변화를 촉진시키기 위해서 교육 및 훈련 등의 인력개발이 병행되어야 함

5 변화담당자 중요

1. 정의
변화담당자는 개입활동을 수행하는 변화전문가이며, 조직에서는 변화에 대한 지식과 기법 그리고 실제 경험을 가진 전문가를 의미한다.

2. 역할
조직개발을 주관하는 역할을 하며, 상위계층의 경영자나 이와 대등한 외부 컨설턴트가 변화담당자의 역할을 수행하게 된다.
① 조직개발의 목적 및 목표를 파악하고 문제점을 진단한다.
② 조직의 변화에 계획적으로 개입하여 전략적, 체계적으로 변화를 관리한다.
③ 구성원들에게 변화의 필요성을 인식시키고 변화를 위한 전략을 수립한다.
④ 다양한 형태의 권력과 리더십을 사용하여 변화를 유도한다.
⑤ 변화를 실질적으로 집행하는 과정에 있어서 피드백, 수정, 강화의 역할을 담당한다.
⑥ 집행된 변화의 결과와 효과를 주기적으로 측정 및 평가하여 변화 과정을 조정한다.

3. 변화담당자로서의 기능 중요

변화구상자	변화의 방향과 변화를 위한 전략을 계획하고 수립함
변화유도자	구성원들에게 변화의 필요성을 알려주고 개발에 참여할 수 있도록 유도함
변화지원자	조직 구성원들의 변화에 대한 피드백 제공 등의 구체적인 계획을 수립하고 실무층의 업무를 지원함
변화실천자	실무현장에서 구성원들을 지도 및 관리하고, 개선과 개혁 등 실제 변화를 실천하는 실무관리자를 의미함
교육전문가	조직개발에 필요한 지식, 기술, 조직 행동 변화에 대한 교육훈련 등을 실시함
외부상담자	조직 내외부의 컨설턴트로서의 역할을 수행함

6 인사담당자의 역할 (중요)

울리히(Ulrich)는 인사담당자의 역할을 제도의 운영자로서 전략적 동반자, 관리 전문가, 종업원 조력자, 변화 촉진자로 분류하였다. 인적자원관리의 다역할 모형은 전략적/장기적, 사람/기능, 업무적/단기적, 과정/구조를 축으로 구분하며, 이를 통해 생성된 4분면은 각각 전략적 인적자원 관리, 조직변화 관리, 종업원 동기유발 관리, 인사제도 관리로 구분한다.

(1) 전략적 동반자(전략적 파트너)

기능	전략적 인적자원관리
활동	• 인적자원관리를 기업의 전략으로 동일화 • 사업전략에 따른 인적자원의 확립
결과/성과	전략의 실현

(2) 관리 전문가(행정 전문가)

기능	제도적 관리
활동	• 조직의 프로세스와 제도에 대한 리엔지니어링 • 조직의 재개편
결과/성과	조직 재개편 및 제도적 효율화 극대화

(3) 종업원 조력자(구성원 지지자)

기능	종업원 상호작용 관리
활동	• 종업원과 상호작용 • 종업원의 니즈를 파악하여 지원 대책 마련
결과/성과	종업원 동기부여 및 자질 향상

(4) 변화 촉진자(변화 관리자)

기능	변화 촉진 관리
활동	• 변화에 따른 관리 • 변화에 대한 적응력 향상과 수용 촉진
결과/성과	유효성 향상을 위한 새로운 조직 형성

+ 인적자원관리에 대한 울리히의 다역할(多役割) 모형

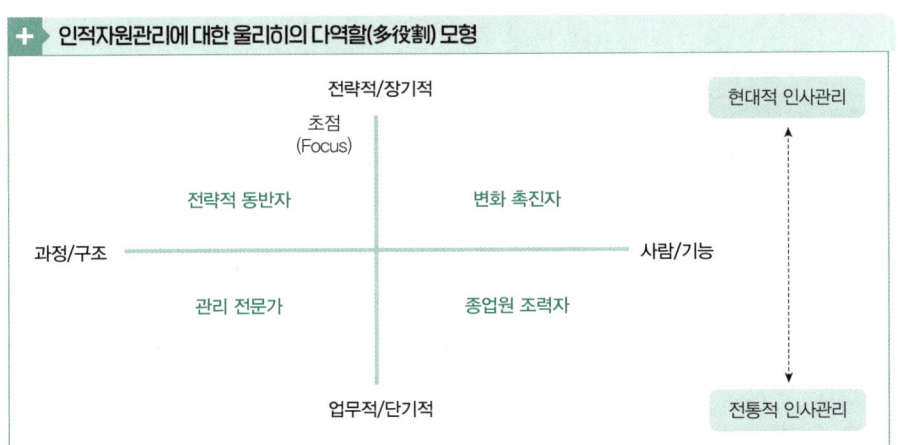

7 조직활성화를 위한 이론

1. 리더십 이론 〈중요〉

변혁적 리더십 (변화적 리더십)	• 조직 구성원들이 리더를 신뢰할 수 있게 하는 카리스마(이상적인 영향)를 지니고 있으며, 조직의 변화를 가져올 수 있는 새로운 목표를 제시하고 성취할 수 있도록 하는 리더십 • 구성원들에게 동기부여 및 스스로 문제를 해결하도록 지적 자극을 통해 잠재 능력을 개발해 주고 의사결정을 하게 함으로써 고차원적인 욕구를 추구하도록 가치체계를 변화시키는 리더십
거래적 리더십	지도자와 부하들 간에 비용과 효과의 거래관계를 통해 변화를 가져오는 리더십
카리스마 리더십	• 모범적·기업가적 행동을 통하여 개인적 권력을 행사하거나 미래의 비전을 알아보고 현재 상태를 변화시키려고 노력할 뿐만 아니라, 조직을 둘러싸고 있는 환경을 정확히 평가하고 비전을 성취하는 리더십 • 리더가 확실한 비전을 제시하면 조직 구성원들이 리더에 대한 강한 신뢰감으로 리더의 주장을 무조건적으로 수용하고 리더의 구체적인 간섭 없이도 자발적으로 조직에 헌신하도록 하는 리더십
코칭 리더십	전문가가 문제 해결방안을 직접 제시하기보다는 해결 당사자가 스스로 발견할 수 있도록 지원하는 리더십
임파워링 리더십	부하에게 명확한 목표, 권한, 책임을 부여함으로써 그들이 각자의 직무에 대해 주인의식과 통제감을 경험하도록 하는 리더십
슈퍼 리더십	• 조직 구성원들이 자신을 스스로 리드할 수 있는 역량과 기술을 갖추도록 여건을 조성하는 리더의 행위를 강조하는 리더십 • 리더가 먼저 리더의 행동을 보임으로써 부하에게 대리학습의 모델이 되고 부하 스스로 리더가 될 수 있도록 목표 설정을 지원하고 코치의 역할을 하며 조직이 스스로 변화할 수 있도록 변화담당자로서의 역할을 하는 리더십
셀프 리더십 (자기 리더십)	조직 내에서 리더만이 조직원을 관리하고 통제하는 것이 아니라 조직원이 자기 스스로를 이끌어 조직 구성원 모두가 자율적으로 관리하고 이끌어나가는 리더십

2. 동기부여 이론

(1) 매슬로우(Maslow)의 욕구 단계 이론

① 인간의 욕구 사이에는 위계가 있고, 한번 충족된 욕구는 동기부여의 원동력으로 더 이상 기능할 수 없으며, 새로운 동기를 유발하기 위해서는 상위의 욕구가 충족되어야 한다.
② 인간의 욕구를 생리적 욕구, 안전 욕구, 사회적 욕구, 존경 욕구, 자아실현 욕구 등 5가지로 분류한다.
③ 매슬로우의 욕구 5단계설

구분	내용	예
5단계 (자아실현 욕구)	• 스스로 발전과 성장을 이루고자 하는 최고 수준의 욕구 • 이미 충족된 욕구는 동기유발에 영향을 주지 않고, 결핍을 해소하고자 할 때 동기가 유발된다는 이론	• 창조적인 업무 • 일에 대한 도전 • 업무에서의 가능성 실현 • 승진의 기회
4단계 (존경 욕구)	• 타인에게 인정, 주목, 존경받고 타인을 지배하고 싶어 하는 욕구 • 스스로에게 인정받는 자기존중과 자율성, 성취감이 상위 욕구에 해당하며, 타인에게 인정받는 명예, 권력은 하위 욕구로 구분	• 높은 직함, 상사로서의 승인 • 업적에 따른 수입 증가 • 책임 있는 중요한 업무

3단계 (사회적 욕구)	사회적 동물인 인간은 사랑, 가족, 모임관계 속에서 의미를 가짐	• 업무에 있어서의 양호한 인간관계 • 개인적인 신뢰를 줄 수 있는 상사
2단계 (안전 욕구)	육체적, 경제적, 심리적으로 상처받지 않고 안전하기를 추구하는 욕구	• 안전한 직장 환경 • 부가급부 • 업무상의 안전
1단계 (생리적 욕구)	생존을 위한 의식주, 육체적 욕구 등의 기본적인 욕구	물, 잠, 공기, 음식 등

(2) 맥그리거의 XY 이론

인간성에 대한 긍정적, 부정적 측면을 토대로 XY 이론을 주장하였다.

X이론	• 인간은 게으르고 타율적이며, 선천적으로 일을 싫어하므로 목표를 달성하려면 통제, 감시, 처벌을 가해야 함 • X이론에 의한 경영은 전통적이고 권위적이며 억압적인 조직문화를 형성해 구성원에 대한 교육의 중요성을 간과함
Y이론	• 인간이 일을 하는 것은 쉼이나 놀이처럼 자연스러운 것으로, 통제, 위협 등이 조직을 위한 유일한 방법은 아님 • 인간은 목표가 공유되면 열심히 일하며 의사결정에 참여하기를 원하는 등의 적극적인 존재로, 조직 구성원은 책임감을 가지고 업무에 임하며 상상력, 창의력 등의 잠재력이 존재한다고 봄 • Y이론에 의한 경영은 개발 지향적이며, 구성원의 잠재력과 가능성을 개발시키기 위한 교육훈련을 함

(3) 허즈버그의 2요인 이론

위생요인 (환경요인)	• 직무에 대해 불만족을 느끼게 하는 요인으로 충족 시에는 불만이 감소하지만 만족감이 생기지는 않음 • 위생요인이 충족되지 않으면 불만이 발생하고, 위생요인이 충족되어도 직무 만족으로 이어지는 것은 아님 • 예 임금, 작업환경, 보상, 지위, 정책 등 환경적인 요소
동기요인 (만족요인)	• 직무에 만족을 느끼게 하는 요인으로 충족 시에 만족하지만, 불충족 시에도 불만이 생기지는 않음 • 위생요인보다 높은 수준의 욕구라고 할 수 있으며, 동기요인이 충족되지 않아도 불만족을 유발하지는 않음 • 동기요인이 충족되면 높은 직무향상을 기대할 수 있음 • 예 존중받음, 성취감, 책임감, 성장, 도전의식, 인정, 칭찬, 자율 등

(4) 앨더퍼(Alderfer)의 ERG 이론

매슬로우의 욕구 단계 이론이 직면한 문제점을 극복하고자 앨더퍼가 주장한 이론이다. 매슬로우의 5단계 욕구를 존재 욕구, 관계 욕구, 성장 욕구의 세 가지로 분류하였으며, 욕구에는 순서가 있는 것이 아니라 양적으로 채워지지 않으면 증대된다고 보았다.

(5) 맥클리랜드(McClelland)의 성취동기 이론

인간이 사회에서 경험하고 살아가는 과정에서 획득하는 특정 욕구가 동기로 작용한다고 보는 이론으로 권력 욕구, 친교 욕구, 성취 욕구로 구성된다.

기출 & 확인 문제

01
다음 중 조직개발에 대한 설명으로 적절한 것은?

① 행동과학적 지식과 기법이 많이 응용된다는 특징이 있다.
② 변화의 대상이 조직의 전체이므로 즉각적인 변화가 필요하다.
③ 개인 능력을 최대한 발휘할 수 있도록 업무의 분화가 강조된다.
④ 문제 해결은 조직 스스로의 해결보다는 외부에 의한 해결이 더 효과적이다.

해설
조직개발은 장기적인 노력이 필요하며 조직 스스로 문제를 해결하는 것이 외부에 의한 해결보다 더 효과적이다.

02 [2020년 4회]
다음 [보기]의 (   ) 안에 들어갈 적합한 용어는? (정답은 한글로 작성하시오)

> **보기**
> (   )(이)란 조직 구성원들이 리더를 신뢰할 수 있게 하는 카리스마를 지니고 있으며, 조직의 변화를 가져올 수 있는 새로운 목표를 제시하고 성취할 수 있도록 하는 리더십이다.

(답:)

03
조직의 목적을 효율적으로 달성하기 위해서는 조직 구성원의 만족, 동기유발 및 성과에 크게 영향을 미치는 리더십에 관한 체계적인 관리가 필요하다. 현대적 리더십 이론에서 문제 해결방안을 전문가가 직접 제시하지 않고 당사자가 해결책을 스스로 발견할 수 있도록 지원하는 형태의 리더십은 무엇인가?

(답:)

04 [2021년 6회]
리더십 유형의 하나로 부하에게 권한을 위임하고 책임을 부여함으로써 그들이 각자의 직무에 대해 주인의식과 통제감을 경험하도록 하는 리더십은? (정답은 한글로 작성하시오)

(답:)

05 [2018년 6회]
다음 설명에 대한 것으로 적합한 것은?

> **보기**
> 조직의 성과와 효과성의 개선을 위해 계획된 일련의 활동을 말하며, 조직의 필요에 따라 적합하도록 설계되고 의도한 결과물에 대한 인과적인 지식에 근거하여, 조직 구성원들이 변화관리에 필요한 역량을 가질 수 있도록 도와주는 것이다.

① 전략   ② 전술
③ 행위   ④ 개입

해설
개입에 대한 설명으로, 개입은 변화주도자가 대상을 변화시키기 위해서 실행하는 다양한 활동을 의미한다.

| 정답 | 01 ①   02 변혁적 리더십(또는 변화적 리더십)   03 코칭 리더십
04 임파워링 리더십   05 ④

06 [2019년 1회]

Lewin의 변화 과정 중 환경의 변화를 인지하여 고정관념을 탈피하고 개방적이고 새로운 관점을 수용하려는 준비 단계는?

① 해빙
② 변화
③ 재결빙
④ 정착화

해설

레윈(Lewin)의 3단계 변화에는 해빙 단계, 변화 단계, 재동결 단계가 있다.
- 해빙 단계: 기존의 시스템에 대한 모순을 이해하고 새로운 변화의 필요성을 인식시켜 변화에 대한 새로운 관점과 가치관을 수용할 수 있게 하는 단계
- 변화 단계: 새로운 상태로 바뀌는 단계, 즉 새로운 업무 방식이나 제도를 도입하는 단계
- 재동결 단계: 조직을 새로운 제도에서 안정시키는 단계

08 [2023년 1회]

[보기]에서 인적자원관리 담당자의 역할을 바르게 제시한 것은?

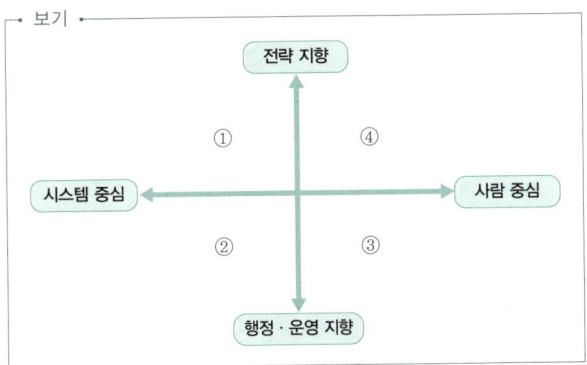

① 행정 전문가
② 구성원 지지자
③ 전략적 파트너
④ 변화 관리자

해설

①은 전략적 파트너(전략적 동반자), ②는 행정 전문가(관리 전문가), ③은 구성원 지지자(종업원 조력자)의 역할이다.

07 [2022년 6회]

리더십 이론에 대한 설명으로 가장 적절하지 않은 것은?

① 거래적 리더십: 리더와 구성원 간에 비용과 효과의 거래적 관계를 통해 변화를 추구하는 리더십
② 임파워링 리더십: 리더가 구성원에게 권한 및 책임을 부여하고, 이를 통해 주어진 직무에 대한 주인의식을 경험시키는 리더십
③ 변화적 리더십: 기존의 조직체계를 혁신적으로 변화시키고, 리더가 주도하여 각 구성원의 일대일 멘토로 하여금 구체적인 행동을 요구하는 리더십
④ 코칭 리더십: 문제 해결방안을 리더 또는 관련 전문가가 직접 제시하는 것이 아니라, 당사자가 해결책을 스스로 발견할 수 있도록 지원하는 리더십

해설

변화적 리더십은 조직의 변화를 가져올 수 있는 목표를 제시하고 성취할 수 있도록 하는 리더십으로 구성원의 동기부여 등을 통해 가치체계의 변화를 추구하는 리더십이다.

09 [2022년 4회]

맥그리거의 XY 이론 중 X이론으로 적절한 것은?

① 경영은 개발 지향적이다.
② 인간은 게으르고 타율적이다.
③ 인간은 목표가 공유되면 스스로 열심히 일한다.
④ 조직 구성원은 상상력, 창의력 등의 잠재력이 존재한다고 본다.

해설

X이론에 의하면 인간은 게으르고 타율적이며, 선천적으로 일을 싫어하므로 목표를 달성하려면 통제, 감시, 처벌을 가해야 한다. ①, ③, ④는 Y이론에 해당한다.

| 정답 | 06 ① 07 ③ 08 ④ 09 ②

10 [2020년 3회]

다음 중 [보기]에서 설명하는 것은?

> **보기**
> 모범적·기업가적 행동을 통하여 개인적 권력을 행사하거나 미래의 비전을 알아보고 현재 상태를 변화시키려고 노력할 뿐만 아니라, 조직을 둘러싸고 있는 환경을 정확히 평가하고 비전을 성취하는 리더십이다.

① 변화적 리더십　　② 거래적 리더십
③ 카리스마 리더십　④ 슈퍼 리더십

해설
카리스마 리더십은 리더가 확실한 비전을 제시하고 구성원들이 리더에 대한 강한 신뢰감으로 리더의 간섭 없이 자발적으로 조직에 헌신하는 리더십이다.

11 [2021년 1회]

다음 [보기]의 (　　)에 들어갈 적합한 용어는?

> **보기**
> 맥클리랜드의 성취동기 이론은 권력 욕구, 친교 욕구, (　　) 욕구로 구성된다.

(답: 　　　　　)

해설
맥클리랜드의 성취동기 이론은 인간이 사회에서 경험하고 살아가는 과정에서 획득하는 특정 욕구가 동기로 작용한다고 보는 이론으로 권력 욕구, 친교 욕구, 성취 욕구로 구성된다.

12 [2022년 1회]

다음 중 형성된 새로운 가치관과 실제 행동은 계속 반복되고 강화됨으로써 영구적인 행동패턴이 정착되는 변화 단계의 과정은?

① 해빙　　　　② 재동결
③ 변화 주입　④ 변화의 필요성 인식

해설
레윈의 3단계 중 조직이 다시 예전의 모습으로 돌아가지 않도록 새로운 제도에서 안정시키는 재동결 단계에 대한 설명이다.

13 [2024년 4회]

[보기]에서 설명하는 조직변화의 방향은 무엇인가?

> **보기**
> 기업 활동을 내부화하거나 지나치게 경쟁함으로써 발생하는 비용의 최소화, 기업 간 상호협력과 신뢰를 통해 상호의 이익을 극대화할 수 있도록 설계하고 관리하는 것을 의미한다.

① 고객 지향　② 개인 지향
③ 공생 지향　④ 학습 지향

해설
① 고객 지향: 고객의 입장에서 생각하여 고객의 욕구나 가치를 효과적으로 충족시킬 수 있도록 조직을 설계하고 관리하는 것
② 개인 지향: 개인 혹은 소집단의 자율성과 창의성을 극대화시킬 수 있도록 조직을 설계하고 관리하는 것
④ 학습 지향: 지식의 중요성을 인식하여 지식을 창출하고, 체계적인 지식관리를 실시하여 교육조직을 설계하고 운영하는 것

| 정답 | 10 ③ | 11 성취 | 12 ② | 13 ③ |

14 [2024년 6회]

[보기]에서 설명하는 조직변화의 방향은 무엇인가?

> **보기**
> 지식의 중요성을 인식하여 지식을 창출하고, 체계적인 지식관리를 실시하여 교육조직을 설계하고 운영하는 것을 의미한다.

① 고객 지향　　② 개인 지향
③ 공생 지향　　④ 학습 지향

해설
① 고객 지향: 고객의 입장에서 생각하여 고객의 욕구나 가치를 효과적으로 충족시킬 수 있도록 조직을 설계하고 관리하는 것
② 개인 지향: 개인 혹은 소집단의 자율성과 창의성을 극대화시킬 수 있도록 조직을 설계하고 관리하는 것
③ 공생 지향: 기업 활동을 내부화하거나 지나치게 경쟁함으로써 발생하는 비용의 최소화, 기업 간 상호협력과 신뢰를 통해 공생적 이익을 극대화할 수 있도록 설계하고 관리하는 것

15 [2025년 1회]

[보기]에서 설명하는 인사담당자의 역할은 무엇인가?

> **보기**
> - 기능: 전략적 인적자원관리
> - 활동: 인적자원관리를 기업의 전략으로 동일화, 사업전략에 따른 인적자원의 확립 등

① 관리 전문가　　② 변화 촉진자
③ 종업원 조력자　　④ 전략적 동반자

해설
① 관리 전문가: 제도적 관리, 조직의 프로세스와 제도에 대한 리엔지니어링
② 변화 촉진자: 변화 촉진 관리, 변화에 따른 관리, 변화에 대한 적응력 향상과 수용 촉진
③ 종업원 조력자: 종업원 상호작용 관리, 종업원의 니즈를 파악하여 지원 대책 마련

| 정답 | 14 ④　15 ④

이론

PART 04

임금 및 복리후생관리

CHAPTER 01 임금

CHAPTER 02 복리후생

CHAPTER 03 소득세와 연말정산

Enterprise
Resource
Planning

❙ NCS 능력단위 요소

- ☑ 임금관리 0202020108_23v4
- ☑ 급여지급 0202020109_23v5
- ☑ 복리후생관리 0202020110_23v4

CHAPTER 01 임금

빈출 키워드
- ☑ 임금수준의 결정 요인
- ☑ 임금수준의 조정
- ☑ 특수임금제
- ☑ 통상임금과 평균임금

1 임금관리

1. 임금의 정의
임금은 사용자가 근로자에게 근로의 대가로 지급하는 금품(현금, 현물 포함)을 말하며 임금, 봉급 등 기타 여러 명칭으로 불린다.

2. 임금관리의 정의
① 기업이 근로자에게 지급해야 할 임금의 금액 및 제도를 합리적으로 계획·조직하고 그 성과를 통제·개선하여 인사관리의 목적 달성에 기여하고자 하는 것을 말한다.
② 임금관리는 조직 구성원 개개인의 임금 지급액 및 지급 방법, 임금의 사회적 수준, 생활급으로서의 적정성, 승진 가능성 등을 고려하여 합리적인 임금이 설정되어야 한다.

3. 임금관리의 3대 영역
① 임금수준의 관리
② 임금체계의 관리
③ 임금형태의 관리

4. 임금관리의 중요성
① 인재의 확보와 유지
② 종업원의 사기 향상
③ 종업원의 능력 개발
④ 기업문화의 변화와 조직의 분위기 개선
⑤ 기업의 비용관리에 따른 재무적 구조 영향

5. 임금관리의 기본 원칙

(1) 적정성의 원칙
① 임금수준은 임금액 또는 임금률의 크기를 나타내는 개념이다.
② 기업 전체의 임금총액 수준이나 각 종업원의 개별임금 수준, 초과근무 임금의 수준을 나타내는 의미로 사용된다.
③ 임금수준이 기업, 종업원, 노동시장의 모든 입장에서 적정한 금액으로 결정되어야 한다.

(2) 합리성의 원칙
① 합리성의 원칙이 적용되는 분야는 임금형태이다.
② 임금 계산 및 지불 방법의 임금형태는 종업원의 능률 향상과 작업 의욕에 영향을 주기 때문에 합리성을 기반으로 해야 한다.

(3) 공정성의 원칙

① 임금수준의 형평성은 경쟁사나 동종업계의 임금수준과 비교했을 때 공정하다고 판단하는 정도, 동일 기업 내에서 직급 간 또는 직종 간 임금 차이를 공정하다고 판단하는 정도, 임금 인상 및 조정 등 임금 결정 시 모든 과정이 정확한 정보에 의해 진행되는 정도를 의미한다.

② 대내적(내부적·개인적 공정성, 조직 내 직무가치, 동일 직무 담당자 간의 연공 및 직능, 동일 직무 담당자 간의 개인성과 등), 대외적(대외비교의 공정성, 조직 외부와의 임금수준 등)인 균형을 유지하여 공정성을 확보하여야 한다.

➕ 임금의 공정성

보상에 대한 거래 차원으로 경제적 거래, 정치적 거래, 심리적 거래, 사회적 거래, 윤리적 거래로 구분한다.

경제적 거래	• 노동을 상품의 가격으로 보는 것으로 이를 사용함에 따라 가격을 지급함 • 노동력의 구매자인 조직은 양질의 노동력 확보를 위해, 노동력의 공급자인 근로자는 제공하려는 노동력에 대한 소득의 증대를 위해 각각 노력함으로써 이루어지는 것
정치적 거래	기업·노동조합·기업 내 집단·근로자 개인들은 모두 임금결정 과정에 영향력을 미친다고 보고, 임금수준의 결정은 권력과 영향력 작용의 결과로 파악함
심리적 거래	• 자신의 노동력을 임금과 기타 직무 만족을 위해 기업과 교환하는 심리적 계약으로 봄 • 임금은 근로자에게 있어서 다양한 욕구를 충족시키는 동기부여 수단으로 인식됨
사회적 거래	• 개인이 받는 임금을 조직과 사회에 있어서 지위의 상징으로 보는 견해 • 사회가 커지고 복잡해짐에 따라 임금이 지위의 상징이 되었으며 기업은 지위 구조를 만들고 지위의 차이를 보상의 차이에 따라 측정함
윤리적 거래	보상의 교환관계는 윤리의식을 토대로 공정하게 이루어져야 하며 임금은 근로자의 인간 존엄성을 훼손하지 않을 정도의 임금수준이 되어야 함

2 임금관리의 구성

1. 임금수준관리

(1) 임금수준의 정의

① 기업이 일정 기간 근로자에게 지급하는 1인당 평균임금을 의미한다.
② 사회 수준(근로자의 생계비, 기업의 지급 능력, 노동시장 요인)을 고려하여 결정된다.

(2) 임금수준의 결정 요인 중요

근로자의 생계비 (임금수준 결정의 하한선)	• 임금은 근로자 소득의 원천이기 때문에 자신의 삶과 가족의 생계문제를 해결할 뿐만 아니라 다음의 노동력을 재생산할 수 있는 기반을 형성함 • 임금 산정의 최저 기준이자 근로자의 인간적인 삶을 보장해 주는 기초가 됨 • 생계비 보장을 기준으로 한 생계비 측정 방법과 근로자의 라이프 사이클에 의한 두 가지 방법으로 임금수준을 파악함 • 정부는 최저임금제도를 활용하여 근로자들의 최소 생계를 보장함
기업의 지급 능력 (임금수준 결정의 상한선)	• 기업의 지급 능력을 벗어난 임금은 결과적으로 기업경영을 어렵게 하기 때문에 임금수준은 기업의 지급 능력 범위 내에서 결정됨 • 지급 능력은 업종, 규모, 설비 능력 등에 따라 다양하기 때문에 생산성 분석과 수익성 분석을 통해 종합적으로 산정함
노동시장 요인	• 상한선(기업의 지급 능력)과 하한선(근로자의 생계비) 사이에서 노동시장 요인에 따라 결정됨 • 같은 업종의 타사 임금수준, 노동력의 수요와 공급 상황, 정부 규제, 노사 간의 임금교섭 등이 있음

(3) 임금수준의 조정 〔중요〕

승급	임금 곡선상에서의 상향 이동으로, 일정 수준에 도달한 경우 미리 정해진 임금 곡선을 따라 근속연수, 연령, 직무수행 능력에 의한 기본급의 증가를 의미함
승격	직원의 일정 자격요건에 의해 상급의 처우로 상승하는 제도로, 자격 등 신분의 향상(또는 직능자격제도에서는 업무수행 능력 단계의 향상), 하위 자격에서 상위 자격으로 자격이 변동되는 것을 의미하는 직급 격상을 의미함
베이스 업 (Base-up)	• 임금 곡선 자체의 상향 이동으로 근속연수, 연령, 직무수행 능력 등이 변하지 않는 근로자에 대한 임금 증가를 말함 • 임금기준은 하나의 기업 또는 산업, 지역 등에서 직원의 평균임금액으로, 임금수준을 나타내는 지표로 사용됨
최저임금제도	국가가 노사 간의 임금 결정 과정에 개입하여 최저임금 수준을 정하고, 근로자가 일정한 수준 이상의 임금을 사용자로부터 지급받도록 법으로 강제함으로써 저임금 근로자의 생계를 보호하는 제도

> **TIP**
> 2025년 최저임금은 10,030원으로 2024년의 9,860원보다 1.72%인상 되었다.

2. 임금체계관리

(1) 임금체계의 정의

임금지급 항목의 구성 내용 또는 종업원의 임금액을 결정하는 기준으로, 근로자의 개별 임금수준의 격차를 형성하는 주요한 기준이 된다. 임금체계는 기준 내 임금과 기준 외 임금으로 구성된다. 기준 내 임금은 정상적인 작업조건하에서 근로자의 정상적 노동에 대해 지급되는 것이고, 기준 외 임금은 정상적 노동 이외의 노동, 즉 표준적인 작업이 아닌 상황에서 지급되는 것이다.

(2) 기준 내 임금 〔중요〕

노동협약에서 정한 소정 근로시간 내의 근로에 대하여 지급되는 임금을 의미한다.

① **연공급**(필요가치 기준 → 연공 요소): 개개인의 학력, 자격, 연령 등을 감안하여 근속 연수에 따라 임금수준을 결정한다.

장점	단점
• 생활 보장으로 기업에 대한 귀속의식 확대 및 애사심 함양이 가능함 • 평가가 어려운 직무에서 적용이 용이함 • 연공주의의 풍토로 질서 확립 및 사기 유지가 가능함	• 동일 노동, 동일 임금 실시가 불가능함 • 성과와 능력을 제대로 반영하지 못해 고급 인력의 확보와 유지가 곤란함 • 인건비 부담의 가중과 임금관리의 경직성을 야기함

② **직무급**(직무가치 기준 → 직무의 상대적 가치): 직무를 기준으로 임금을 결정하는 방식으로, 직무의 중요성과 곤란도 등에 따라 직무의 양과 질에 대한 상대적 가치를 평가하고, 그 결과에 따라 임금을 결정한다(직무분석과 직무평가가 선행되어야 함).

장점	단점
• 동일 노동, 동일 임금 지급이므로 공평함 • 효율적인 노동력 활용이 가능함 • 경영 조직 및 적정 조직 개선, 업무 방식의 합리화 • 각 직무 간 등급에 따라 공정한 임금격차 유지	• 주관적인 직무평가 • 적정 배치의 어려움 • 절차가 복잡하고 직무수행의 유연성이 떨어짐 • 학력, 연공주의 풍토로 저항 가능성이 높음 • 노동의 자유이동이 어려운 사회에 적용하기 곤란함

③ 직능급(직무수행 능력 기준 → 직능의 등급화): 근로자의 직무 능력 또는 숙련 정도에 따라 임금을 결정하는 방식으로, 직무급과 연공급이 절충된 형태로 완전한 직무급의 도입이 어려운 경우 사용한다. 직무내용과 직무수행 능력에 따라 임금을 결정하며, 직능에 따라 계급(사원, 대리, 과장 등)을 정하고 여기에 연공적 요소를 더해 호봉의 등급을 결정한다.

장점	단점
• 능력에 따라 임금이 결정되므로 근로자의 불만 해소가 가능함 • 인재 확보와 근로자의 능력 개발에 유리함 • 종업원의 자기개발 의욕을 자극하여 생산성 향상에 기여함 • 직무의 다양성 실현으로 이직률 감소 및 동기부여 강화	• 직능에 대한 파악, 평가 및 기준, 직능 등급 분류 결정의 어려움 • 인건비 부담의 증가 • 경영질서 유지의 어려움 • 단순 노무직의 경우 도입이 어려움

④ 자격급(자격가치 기준): 근로자의 자격 취득에 따라 임금에 차이를 두는 제도로, 직무급과 연공급을 결합한 직능급을 좀 더 발전시킨 형태이다.

장점	단점
• 근로자의 자기발전 욕구를 함양시킴 • 임금액을 예상할 수 있어 근로의욕이 향상됨 • 적재적소에 인력 배치가 가능함 • 직무급의 경직성에 의한 인재 확보가 가능함	• 조직 분위기가 저해될 수 있음 • 지나치게 형식적인 자기 기준을 강조함 • 실제 업무에 소홀해질 우려가 있음

(3) 기준 외 임금
기준 외 임금은 표준적인 작업조건이 아닌 상황에서 지급되는 수당이다.

직책수당	직무수행상의 책임도, 난이도가 타 직원보다 큰 직책을 맡고 있는 경우 지급
특수작업수당	표준 작업과는 다른 특수한 작업환경에서 근무하는 경우 지급
특수근무수당	수위, 경비원 등에게 지급
기능수당	특별한 자격, 면허, 기능 보유자에게 지급
초과근무수당	시간 외 근무, 휴일근무, 철야근무 등 정규 시간을 넘어서 근무한 자에게 지급

(4) 부가적 임금
① 상여금
② 퇴직금
③ 복리후생 및 기타수당

3. 임금형태관리
(1) 고정급제

시간급제	근로시간을 기준으로 임금을 산정
일급제	1일을 단위로 임금 비율을 정하고 근로일수를 곱하여 결정
주급제	1주를 단위로 임금 비율을 정하고 1주마다 결정
월급제	월간 근무일수와 관계없이 한 달 단위로 결정

> 임금형태
> 임금의 산정 방법, 임금의 지급 방법을 의미한다.

(2) 개인성과급제

개인별로 성과급을 적용하는 것으로 개개인의 임금이 각자의 노동 성과나 작업능률에 따라 지급되는 제도를 말한다.

구분	생산량	단위당 표준시간
생산수준에 관계없이 일정 (고정임금률)	단순성과급제도	표준시간급제도
생산수준에 따라 변경 (변동임금률)	복률성과급제도	할증성과급제도

① 생산량 기준

단순성과급제도 (Single Piece – Rate Plan)	단위당 고정임금률에 생산량을 곱하여 지급하는 방식이며, 계산이 간단하고, 생산량이 증가할수록 비례적으로 임금이 증가하여 동기부여효과가 증가하나, 품질보다 양에 집중할 가능성이 있음
복률성과급제도 (Multiple Piece – Rate Plan)	단위당 변동임금률에 생산량을 곱하여 지급하는 방식으로, 일정기준을 초과한 경우 더 높은 임금율을 적용함 • 테일러식(Taylor Differential Piece – Rate Plan): 기준 생산량 이하에는 낮은 임금을, 초과 시에는 높은 임금을 지급 • 메리크식(Merrick Multiple Piece – Rate Plan): 세 가지 이상의 임금률을 적용하여 생산량에 따라 차등 지급

② 단위당 표준시간 기준

표준시간급제도 (Standard Time Rate System)	• 특정 작업에 대한 표준 작업시간을 설정하고, 표준시간에 단위시간당 임금률을 곱하여 지급하는 방식 • 표준시간 내에 작업을 완료할 때 정해진 임금을 지급하고, 초과 작업에 대한 추가 보상은 없음
할증성과급제도 (Premium Bonus Plan)	표준시간 대비 작업시간을 절약한 경우 절약된 시간에 대해 추가 보상을 지급하는 방식으로, 최저임금을 보장하면서 일정 기준 이상의 작업성과를 달성했을 경우 일정 비율의 할증임금을 추가로 지급하는 방법 • 할시식(Halsey Plan): 절약된 시간의 일정 비율을 보너스로 지급 • 로완식(Rowan Plan): 절약된 시간 비율에 따라 보너스를 계산하여 지급 • 간트식(Gantt Plan): 기준 생산량 이하에서는 기본급만 지급하고, 초과 시에는 높은 보너스를 지급

(3) 집단성과급제 중요

스캔론 플랜 (Scanlon Plan)	근로자의 참여의식을 높이기 위하여 고안된 성과배분제도로, 경영자와 근로자의 비용 절감을 제안·평가하는 위원회제도를 활용하여 인건비의 절약분에 대한 배분액을 판매가치의 근거로 하여 배분하는 제도
럭커 플랜 (Rucker Plan)	노동협력체계를 통해 부가가치의 증대를 달성하고 이에 따른 생산성 향상분을 일정 부가가치 분배율에 따라 노사 간에 배분하는 제도로, 조직은 창출된 부가가치 생산액을 종업원 인건비를 기준으로 배분(임금액 = 총부가가치 × 부가가치 분배율)하며 종업원은 부가가치 증대를 위한 의사결정 과정에 참여함으로써 참여의식을 높임
이윤분배제 (Profit Sharing System)	기본적 보상 외에 영업 수익의 일부를 근로자에게 지급하는 임금형태로, 근로자들을 기업의 소유주처럼 생각하게 이끄는 제도
임프로쉐어 플랜 (Improshare Plan)	화폐 단위가 아닌 물량으로 산정하는 방식이며 표준 노동시간 대비 절약된 노동시간분을 성과급으로 배분하는 제도로, 표준 생산시간과 실제 생산시간의 차이에서 발생되는 이익을 노사 간에 50%씩 나누어 갖는 형태
커스터마이즈드 플랜 (Customized Plan)	최근에 성과 측정 기준을 노동비용, 생산비용, 품질 향상, 소비자 만족 등 기업의 중요성을 부여하는 부분에 초점을 두고 있는 지표를 사용하여 각 기업환경에 맞게 수정하여 사용하는 방식

(4) 특수임금제

순응임률제	기업의 임금 산정에 있어서 경제적 조건의 변화(물가 변동)나 기업의 사정에 순응하여 임금률을 자동으로 변동·조정하여 지급하는 제도
집단자극임금제	근로자가 임금을 결정하고 지급하는 개별 임금제도와 달리 일정한 기준에 따라 분류한 집단별로 임금을 산정하여 지급하는 제도
종업원지주제	• 회사 구성원이 자사 주식을 취득·소유하도록 특별한 편의를 제공하는 제도 • 기업에 대한 종업원의 귀속의식을 높여 애사심을 돋우기 위한 노무관리상의 대책으로서, 또는 안정 주주의 확보라는 기업 방위 측면에서 활용되었으나 근래에는 각국에서 주로 근로자의 재산 형성 촉진책의 하나로서 장려하고 있는 제도
연봉제	근로자의 능력 및 실적에 따라 연간 임금수준을 결정한 후 매월 균등 분할하여 지급하는 성과 중심의 임금형태
임금피크제	일정 연령 이후 임금이 줄어드는 대신 고용을 보장하는 제도로, 일정 근속연수 혹은 나이가 되어 임금이 정점에 다다른 후 일정하게 감소하는 임금형태
스톡옵션	• 자금 부족으로 인재 확보가 어려운 벤처기업 등이 인재를 확보하기 위한 수단으로 도입하는 형태 • 직원들에게 자사의 주식을 일정 한도 내에서 시세보다 훨씬 적은 금액에 매입할 수 있도록 권리를 부여한 후 일정 기간이 경과하면 임의대로 처분할 수 있는 권한을 주는 제도로, 직급이나 근속연수와 관계없이 능력을 중심으로 제공되는 일종의 보상제도

연봉제 장단점:

장점	단점
• 능력과 실적이 임금과 직결되어 있으므로 능력주의, 실적주의를 통하여 동기를 부여하고 의욕을 고취시켜 조직의 활성화 및 사기를 증진시킴 • 국제적 감각을 가진 인재 확보가 용이함 • 기업의 복잡한 임금체계와 임금지급 구조를 단순화시켜 임금관리의 효율성이 증대됨	• 평가 결과의 객관성과 공정성에 대한 시비를 제기함 • 연봉액이 삭감될 경우 사기가 저하됨 • 종업원 상호 간의 불필요한 경쟁심과 위화감을 조성하고 불안감이 증대됨

> **＋ 포괄임금제(포괄산정임금제도)**
>
> 보통의 임금산정 방식과 같이 기본 임금을 결정한 후 연장·야간·휴일근로가 발생했을 때 각각의 수당을 산정하여 지급하는 것이 아니라 실제 근로시간을 따지지 않고 기본 임금에 제수당을 포함하거나 일정액을 제수당으로 정하여 매월 지급하는 방식의 임금제도이다.

3 「근로기준법」상 임금

1. 임금의 정의

임금이란 사용자*가 근로의 대가로 근로자*에게 임금, 봉급 등 그 밖에 어떠한 명칭으로든지 일체의 금품을 지급하는 것을 말한다.

2. 임금의 특성

(1) 기업의 특성
생산 원가 요소, 근로자 유치와 유지 요인, 기업 경쟁력 요인 등이 있다.

(2) 근로자의 특성
사회적 신분 상징, 동기부여 효과, 생계비 원천 등이 있다.

❋ **사용자**
사업주 또는 사업 경영 담당자. 그 밖에 근로자에 관한 사항에 대하여 사업주를 위하여 행위하는 자를 말한다.

❋ **근로자**
직업의 종류와 관계없이 임금을 목적으로 사업이나 사업장에 근로를 제공하는 자를 말한다.

3. 임금지급의 기본 원칙

통화 지급의 원칙	임금은 근로자에게 통화로 지급하여야 함
직접 지급의 원칙	임금은 반드시 근로자 본인에게 지급되어야 함
전액 지급의 원칙	임금은 전액을 지급하는 것이 원칙이며, 사용자가 일방적으로 임금에서 공제할 수 없음(단, 세금, 사회보험료 등의 공제는 제외함)
정기 지급의 원칙	임금은 매월 1회 이상 일정한 날짜를 정하여 지급해야 함(다만, 다음 중 어느 하나에 해당하는 임금의 경우에는 제외) • 1개월을 초과하는 기간의 출근 성적에 따라 지급하는 정근수당 • 1개월을 초과하는 일정 기간 동안 계속하여 근무한 경우에 지급되는 근속수당 • 1개월을 초과하는 기간에 걸친 사유에 따라 산정되는 장려금, 능률수당 또는 상여금 • 그 밖에 부정기적으로 지급되는 모든 수당

4. 통상임금과 평균임금 〈중요〉

(1) 통상임금 및 평균임금 산정의 필요성
「근로기준법」은 임금을 통상임금과 평균임금으로 나누고 연장근로, 야간근로, 휴일근로에 대한 가산임금 등 각종 법정수당과 보상금을 산정함에 있어 통상임금과 평균임금 중 한 가지를 적용하도록 하고 있다.

(2) 통상임금
① 정의: 근로자에게 정기적, 일률적, 고정적으로 소정근로 또는 총근로에 대하여 지급하기로 정해진 시간급, 일급, 주급, 월급 또는 도급금액을 말한다.
② 종류: 직무수당, 직책수당, 조정수당, 물가수당, 면허수당 등 고정적으로 지급하는 수당

(3) 평균임금
① 정의: 평균임금이란 이를 산정하여야 할 사유가 발생한 날 이전 3개월 동안에 그 근로자에게 지급된 임금의 총액을 그 기간의 총 일수로 나눈 금액을 말하며, 근로자가 취업한 후 3개월 미만인 경우에도 이에 준한다.
② 종류: 휴일·연장·연차수당, 상여금, 퇴직금 등 변동적으로 지급하는 수당

(4) 통상임금과 평균임금을 기초로 산정하는 각종 수당

해고예고수당	「근로기준법」제26조(해고의 예고) 사용자는 근로자를 해고(경영상 이유에 의한 해고를 포함)하려면 적어도 30일 전에 예고를 하여야 하고, 30일 전에 예고를 하지 아니하였을 때에는 30일분 이상의 통상임금을 지급하여야 함(다만, 다음 중 어느 하나에 해당하는 경우에는 제외) ① 근로자가 계속 근로한 기간이 3개월 미만인 경우 ② 천재·사변, 그 밖의 부득이한 사유로 사업을 계속하는 것이 불가능한 경우 ③ 근로자가 고의로 사업에 막대한 지장을 초래하거나 재산상 손해를 끼친 경우로서 고용노동부령으로 정하는 사유에 해당하는 경우
휴업수당	「근로기준법」제46조(휴업수당) ① 사용자의 귀책사유로 휴업하는 경우에 사용자는 휴업기간 동안 그 근로자에게 평균임금의 100분의 70 이상의 수당을 지급하여야 함(다만, 평균임금의 100분의 70에 해당하는 금액이 통상임금을 초과하는 경우에는 통상임금을 휴업수당으로 지급할 수 있음) ② ①에도 불구하고 부득이한 사유로 사업을 계속하는 것이 불가능하여 노동위원회의 승인을 받은 경우에는 ①의 기준에 못 미치는 휴업수당을 지급할 수 있음

연장·야간 및 휴일근로수당	「근로기준법」 제56조(연장·야간 및 휴일근로) ① 사용자는 연장근로에 대하여는 **통상임금의 100분의 50 이상을 가산하여 근로자에게 지급하여야 함** ② ①에도 불구하고 사용자는 휴일근로에 대하여는 다음의 기준에 따른 금액 이상을 가산하여 근로자에게 지급하여야 함 • 8시간 이내의 휴일근로: 통상임금의 100분의 50 • 8시간을 초과한 휴일근로: 통상임금의 100분의 100 ③ 사용자는 야간근로(오후 10시부터 다음 날 오전 6시 사이의 근로)에 대하여는 통상임금의 100분의 50 이상을 가산하여 근로자에게 지급하여야 함
연차유급휴가수당	「근로기준법」 제60조(연차유급휴가) ① 사용자는 1년간 80퍼센트 이상 출근한 근로자에게 15일의 유급휴가를 주어야 함 ② 사용자는 계속하여 근로한 기간이 1년 미만인 근로자 또는 1년간 80퍼센트 미만 출근한 근로자에게 1개월 개근 시 1일의 유급휴가를 주어야 함 ③ 사용자는 3년 이상 계속하여 근로한 근로자에게는 ①에 따른 휴가에 최초 1년을 초과하는 계속 근로 연수 매 2년에 대하여 1일을 가산한 유급휴가를 주어야 하며, 이 경우 가산휴가를 포함한 총 휴가일수는 25일을 한도로 함 ④ 사용자는 ①~③의 규정에 따른 휴가를 근로자가 청구한 시기에 주어야 하고, 그 기간에 대하여는 취업규칙 등에서 정하는 **통상임금 또는 평균임금을 지급하여야 함** (다만, 근로자가 청구한 시기에 휴가를 주는 것이 사업 운영에 막대한 지장이 있는 경우에는 그 시기를 변경할 수 있음) ⑤ ①, ② 및 ③에 따른 휴가는 1년간(계속하여 근로한 기간이 1년 미만인 근로자의 ②에 따른 유급휴가는 최초 1년의 근로가 끝날 때까지의 기간을 말함) 행사하지 아니하면 소멸됨(다만, 사용자의 귀책사유로 사용하지 못한 경우에는 제외)
출산전후휴가수당	「고용보험법」 제75조(출산전후휴가 급여 등) 고용노동부장관은 **출산전후휴가 또는 유산·사산휴가를 받은 경우와 배우자 출산휴가 또는 난임치료휴가를 받은 경우**로서 요건을 모두 갖춘 경우에 출산전후휴가 급여 등을 지급함 「고용보험법」 제76조(지급 기간 등) ① 출산전후휴가 급여 등은 다음 각 호의 휴가 기간에 대하여 「근로기준법」의 **통상임금**(휴가를 시작한 날을 기준으로 산정한다)에 해당하는 금액을 지급함 ② ①에 따른 출산전후휴가 급여 등의 지급 금액은 대통령령으로 정하는 바에 따라 그 상한액과 하한액을 정할 수 있다. ③ ①과 ②에 따른 출산전후휴가 급여 등의 신청 및 지급에 필요한 사항은 고용노동부령으로 정한다.
육아휴직급여	「남녀고용평등과 일·가정 양립 지원에 관한 법률」 제19조(육아휴직) 육아휴직급여는 만 8세 이하 또는 초등학교 2학년 이하의 자녀를 가진 근로자가 그 자녀를 양육하기 위해 육아휴직을 30일 이상 부여받고 소정의 수급요건을 충족하는 경우 육아휴직 기간에 대하여 **통상임금의 100분의 80**(상한액: 월 150만원, 하한액: 월 70만원)을 육아휴직급여액으로 지급함
퇴직급여	「근로자퇴직급여 보장법」 제8조(퇴직금제도의 설정 등) 퇴직금제도를 설정하려는 사용자는 계속 근로기간 1년에 대하여 30일분 이상의 평균임금을 퇴직금으로 퇴직 근로자에게 지급할 수 있는 제도를 설정하여야 함

재해보상 및 산업 재해보상보험급여	• 「근로기준법」 제79조(휴업보상) 사용자는 업무상 부상 또는 질병에 걸려 요양 중에 있는 근로자에게 그 근로자의 요양 중 평균임금의 100분의 60의 휴업보상을 하여야 함 • 「근로기준법」 제80조(장해보상) 근로자가 업무상 부상 또는 질병에 걸리고, 완치된 후 신체에 장해가 있는 경우 사용자는 그 장해 정도에 따라 평균임금에 「별표」 신체장해등급과 재해보상표에서 정한 일수를 곱한 금액의 장해보상을 하여야 함 • 「근로기준법」 제82조(유족보상) 근로자가 업무상 사망한 경우에 사용자는 근로자가 사망한 후 지체 없이 그 유족에게 평균임금 1,000일분의 유족보상을 하여야 함 • 「근로기준법」 제83조(장례비) 근로자가 업무상 사망한 경우에 사용자는 근로자가 사망한 후 지체 없이 평균임금 90일분의 장례비를 지급하여야 함 • 「근로기준법」 제84조(일시보상) 제78조에 따라 요양보상을 받는 근로자가 요양을 시작한 지 2년이 지나도 부상 또는 질병이 완치되지 아니하는 경우에는 사용자는 그 근로자에게 평균임금 1,340일분의 일시보상을 하여 그 후의 이 법에 따른 모든 보상책임을 면할 수 있음 • 「산업재해보상보험법」 제36조(보험급여의 종류와 산정 기준 등) 대통령령으로 정하는 산정 방법에 따라 산정한 금액을 그 근로자의 평균임금으로 함
감급(減給) 제재의 제한	「근로기준법」 제95조(제재 규정의 제한) 취업규칙에서 근로자에 대하여 감급(減給)의 제재를 정할 경우에 그 감액은 1회의 금액이 평균임금의 1일분의 2분의 1을, 총액이 1임금 지급기의 임금총액의 10분의 1을 초과하지 못함
구직급여	「고용보험법」 제45조(급여의 기초가 되는 임금일액) 구직급여의 산정 기초가 되는 임금일액은 수급자격의 인정과 관련된 마지막 이직 당시 산정된 평균임금으로 함

(5) 통상임금과 평균임금의 적용 대상 비교

통상임금 적용 대상	• 평균임금의 최저한도 • 해고예고수당 • 연장근로수당 • 야간근로수당	• 휴일근로수당 • 연차유급휴가수당 • 출산전후휴가급여 • 그 밖에 유급으로 표시된 보상 또는 수당
평균임금 적용 대상	• 퇴직급여 • 휴업수당 • 연차유급휴가수당	• 재해보상 및 산업재해보상보험급여 • 감급제재의 제한 • 구직급여

➕ 총액임금

근로자가 1년 동안 고정적으로 받는 기본금, 통상적 수당, 정기상여금, 연월차수당 등을 합산해 12로 나눈 액수를 말한다. 이때 연장근로수당, 야간근로수당, 휴일근로수당 등과 경영성과에 따라 지급되는 성과급적 상여금, 식사 등의 현물급여, 일·숙직비 등은 총액임금에서 제외한다.

➕ 법정수당 vs 법정외수당(비법정수당, 약정수당)

• 법정수당: 법적으로 지급이 강제되는 해고예고수당, 휴업수당, 유급휴일수당, 연장·야간 및 휴일근로수당, 연차유급휴가수당, 출산전후휴가수당, 생리수당 등 「근로기준법」 등 법률에서 제시한 수당을 의미한다.
• 법정외수당(비법정수당, 약정수당): 취업규칙이나 단체협약 등 기업 자체 내규에 따른 가족수당, 특근수당, 자격수당, 판매수당 등을 의미한다.

4 퇴직금제도

1. 퇴직금의 의미
근로자가 일정 기간 기업에 종사한 경우에 자발적 또는 비자발적으로 고용관계가 파기되거나 소멸되어 받게 되는 보상이다.
① 사용자는 근로자가 퇴직한 경우에는 그 지급사유가 발생한 날부터 14일 이내에 퇴직금을 지급하여야 한다.
② 사용자는 퇴직하는 근로자에게 계속 근로기간 1년에 대하여 30일분 이상의 평균임금을 퇴직금으로 지급할 수 있는 제도를 설정하여야 한다.
③ 사용자는 근로자가 요구하는 경우에는 근로자가 퇴직하기 전에 해당 근로자의 계속 근로기간에 대한 퇴직금을 미리 정산하여 지급할 수 있다. 이 경우 미리 정산하여 지급한 후의 퇴직금 산정을 위한 계속 근로기간은 정산 시점부터 새로 계산한다.

2. 퇴직연금제도
근로자가 장기간 근속하고 고령으로 퇴직하는 경우 노후생활 안정과 복지증진을 위하여 퇴직금관리기관으로부터 정기적으로 연금을 지급하도록 하는 제도로, 확정급여형(DB), 확정기여형(DC), 개인형 퇴직연금(IRP)의 3가지 종류가 있다.

3. 퇴직연금제도의 종류

확정급여형(DB)	• 근로자가 퇴직 후 지급받을 퇴직금이 사전에 결정되어 있는 제도이다. • 근로자는 퇴직 후 일정하게 정해진 금액을 수령하게 되고, 회사는 퇴직급여와 관련된 적립금의 운용을 책임진다. • 확정급여형 퇴직급여액은 일반적으로 30일분의 평균임금에 근속연수를 곱한 금액이다.
확정기여형(DC)	• 퇴직급여의 지급을 위해 회사가 부담해야 하는 부담금의 수준이 사전에 결정되어 있으며, 근로자의 적립금 운용에 대한 책임이 근로자 본인에게 있다. • 사용자와 독립적이며 근로자 개인의 명의로 적립되므로 기업이 도산해도 퇴직급여를 모두 보장받을 수 있다. 따라서 기업 입장에서 부담할 금액이 정해져 있고, 적립금의 운용 실적에 대해서 책임질 필요가 없다. • 사용자는 매년 근로자별 연간 임금총액의 최소 1/12 이상을 부담금으로 납입해야 한다.
개인형 퇴직연금(IRP)	• 근로자가 퇴직 또는 이직 시 받은 퇴직금, 개인불입금을 본인 명의의 퇴직 계좌에 적립하여 연금 등 노후 자금으로 활용하는 제도이다. • 퇴직급여액은 적립금의 운용 결과에 따라 변동될 수 있다.

4. 퇴직금 중간정산
① 무주택 근로자 본인 명의의 주택 구입, 6개월 이상 요양 등에 해당하는 경우에 신청할 수 있다.
② 근로자가 퇴직금 중간정산을 요구하더라도 사용자가 반드시 이를 따라야 하는 의무가 있는 것은 아니다.
③ 별도의 특약이 없는 한 퇴직금 정산 후 퇴직금 산정을 위한 계속 근로연수는 정산 시점부터 새롭게 기산한다.
④ 퇴직금 중간정산의 사유
  • 주택을 소유하지 않은 무주택 근로자가 본인 명의로 주택을 구입하는 경우
  • 주택을 소유하지 않은 무주택 근로자가 주거의 목적으로 전세금 혹은 보증금을 부담하는 경우

- 근로자 본인 또는 근로자의 배우자, 근로자·배우자의 부양가족이 6개월 이상 요양을 필요로 하는 질병이나 부상에 따르는 비용을 근로자가 부담하는 경우
- 퇴직금 중간정산을 신청하는 날로부터 역산하여 5년 이내 근로자가 법적으로 파산선고를 받은 경우
- 퇴직금 중간정산을 신청하는 날로부터 역산하여 5년 이내 근로자가 법적으로 개인회생절차 개시 결정을 받은 경우
- 사업자가 정년을 연장 혹은 보장하는 조건으로 일정 나이, 근속 시점, 임금액을 기준으로 임금을 줄이려는 제도를 시행하는 경우
- 사업주가 근로자와의 합의에 따라 소정의 근로시간을 1일 1시간 또는 1주 5시간 이상 변경하여 해당 변경된 근로시간에 따라 근로자가 3개월 이상 근로하는 경우
- 천재지변 등으로 물적 피해 또는 인적 피해를 받은 경우

물적 피해	주거 시설 등이 완전 침수, 파손, 유실, 매몰 등으로 50% 이상 피해를 입어 피해 시설의 복구가 거의 불가능하거나 오랜 시간이 필요한 경우
인적 피해	• 가입자의 배우자, 「소득세법」 제50조 제1항 제3호에 따른 가입자(배우자 포함)와 생계를 함께하는 부양가족이 사망하거나 실종된 경우 • 가입자, 가입자의 배우자 또는 「소득세법」 제50조 제1항에 따른 가입자(배우자 포함)와 생계를 함께하는 부양가족이 15일 이상 입원치료가 필요한 경우

➕ 퇴직 사유

- **자발적 퇴직**: 전직, 사직
- **비자발적 퇴직**: 일시해고, 정년퇴직, 징계*해고, 명예퇴직

➕ 당연퇴직

사용자 또는 근로자의 특별한 의사표시 없이 취업규칙 또는 단체협약에서 정한 사유의 발생만으로 근로관계가 종료되는 것을 의미한다. 일반적으로 단체협약 또는 취업규칙에 근로자 사망, 정년, 근로계약 기간의 만료 등을 사유로 규정한다. 이외의 당연퇴직 사유로 규정되어 있다고 하더라도, 그 사유가 해고할 만한 정당한 사유인지의 여부를 검토한 후에 근로자와의 근로계약관계를 종료해야 부당해고의 문제가 발생하지 않는다.

➕ 부당해고

「근로기준법」 제23조에서 사용자는 근로자에게 정당한 이유 없이 해고를 하지 못하도록 규정하고 있으며, 만약 이를 위반한 경우 그 해고는 부당해고에 해당한다. 사용자는 근로자를 해고하는 경우에는 취업규칙이나 단체협약에서 정한 정당한 해고 사유와 해고 절차에 따라 진행하여야 한다.

5. 퇴직소득의 범위

① 사용자 부담금을 기초로 하여 현실적인 퇴직을 원인으로 지급받는 소득(퇴직위로금, 퇴직공로금 모두 포함)
② 「공무원연금법」, 「군인연금법」, 「사립학교교직원연금법」, 「별정우체국법」, 「국민연금법」에 따라 받는 일시금
③ 퇴직소득 지연지급에 따른 이자
④ 「과학기술인공제회법」에 따라 받는 과학기술발전장려금
⑤ 「건설근로자의 고용개선 등에 관한 법률」에 따른 퇴직공제금

※ 징계
조직 구성원들이 지켜야 할 최저 행동 기준을 규칙이나 규정으로 정하고 이를 위반하는 사람에 대하여 적정한 조치를 취하는 인적자원관리 과정이다.

💡 TIP
임원의 퇴직금의 한도 초과액은 근로소득이다(2012.01.01. 이후 근무기간에 대한 퇴직금에 적용함).

기출&확인 문제

01 [2024년 6회]
임금관리의 차원에서 [보기]는 무엇을 실현하기 위한 것인가?

> **보기**
> 임금수준은 임금액 또는 임금률의 크기를 나타내는 개념으로서, 기업 전체의 임금총액 수준이나 각 종업원의 개별임금 수준, 초과 근무 임금의 수준을 나타내는 의미로 쓰이고 있다.

① 임금관리의 체계성
② 임금관리의 적정성
③ 임금관리의 합리성
④ 임금관리의 공정성

해설
- 임금관리의 합리성: 합리성의 원칙이 적용되는 분야는 임금형태이며, 임금 계산 및 지불 방법의 임금형태는 종업원의 능률 향상과 작업 의욕에 영향을 주기 때문에 합리성을 기반으로 해야 한다.
- 임금관리의 공정성: 임금수준의 형평성은 경쟁사나 동종업계의 임금수준과 비교했을 때 공정하다고 판단하는 정도, 동일 기업 내에서 직급 간 또는 직종 간 임금 차이를 공정하다고 판단하는 정도, 임금 인상 및 조정 등 임금 결정 시 모든 과정이 정확한 정보에 의해 진행되는 정도를 의미한다.

02 [2024년 3회]
[보기]는 무엇에 대한 설명인가?

> **보기**
> 임금 수준의 전체적인 상향조정 내지 임금 인상률을 뜻한다. 연령, 근속연수, 직무수행 능력이라는 관점에서 동일 조건에 있는 자에 대한 임금 증액을 의미한다. 즉, 전체적인 임금 곡선의 상향이동에 해당한다.

① 승급
② 승격
③ 표준
④ 베이스 업

해설
- 승급: 능력, 근무 성적 등이 일정 수준에 도달한 경우에 미리 정해진 임금 곡선을 따라, 근속연수, 연령, 직무수행 능력에 의하여 기본급을 증액시키는 것
- 승격: 직원의 일정 자격요건에 의해 상급의 처우로 상승하는 제도

03 [2024년 4회]
특별한 자격, 면허, 기능 보유자에게 지급되는 수당은 무엇인가?

① 기능수당
② 직책수당
③ 특수작업수당
④ 특수근무수당

해설
② 직책수당: 직무수행상의 책임도, 난이도가 타 직원보다 클 경우 지급되는 수당
③ 특수작업수당: 표준작업과는 다른 특수한 작업환경에서 근무하는 경우 지급되는 수당
④ 특수근무수당: 수위, 경비원 등에게 지급되는 수당

04 [2020년 6회]
다음 중 기업이 근로자에게 지불해야 할 임금의 구성 내용이나 임금 총액을 개개인의 근로자에 어떻게 분배하는가 그 지불 방식을 나타내는 임금관리의 영역은?

① 임금수준
② 임금교섭
③ 임금형태
④ 임금체계

해설
임금체계란 임금지급 항목의 구성 내용 또는 종업원의 임금액을 결정하는 기준으로, 근로자의 개별 임금수준의 격차를 형성하는 주요한 기준이 된다.

05 [2022년 5회]
[보기]에서 설명하는 것은?

> **보기**
> 고정임률하에서 생산단위를 기준으로 하는 성과급으로서 생산량 비례급으로 불리며 제품 단위당 임률에 실제 작업량을 곱하여 급여를 산정한다.

① 단순성과급제
② 복률성과급제
③ 차별성과급제
④ 표준시간급제

해설
- 복률성과급제: 작업성과의 높고 낮음에 따라 적용 임률을 다르게 산정하여 임금을 산출하는 방식
- 표준시간급제: 성과와 관계없이 근로시간에 따라 지급하며, 시간당 임금률에 제품 단위당 소요시간을 곱하여 지급하는 방식

| 정답 | 01 ② | 02 ④ | 03 ① | 04 ④ | 05 ① |

06 [2025년 1회]
일정한 기준에 따라 분류한 집단별로 임금을 산정하여 지급하는 특수임금제도는?

① 연봉제
② 순응임률제
③ 종업원지주제
④ 집단자극임금제

해설
① 연봉제: 근로자의 능력 및 실적에 따라 연간 임금수준을 결정한 후 매월 균등 분할하여 지급하는 성과 중심의 임금형태
② 순응임률제: 기업의 임금 산정에 있어서 경제적 조건의 변화(물가 변동)나 기업의 사정에 순응하여 임금률을 자동으로 변동·조정하여 지급하는 제도
③ 종업원지주제: 기업에 대한 종업원의 귀속의식을 높여 애사심을 돋우기 위한 노무관리상의 대책으로서, 또는 안정 주주의 확보라는 기업 방위 측면에서 활용되었으나 근래에는 각국에서 주로 근로자의 재산 형성 촉진책의 하나로서 장려하고 있는 제도

07 [2022년 3회]
[보기]에서 설명하는 제도를 예와 같이 한글로 작성하시오. (예) 인사)

> **보기**
> - 국가가 노사 간의 임금 결정 과정에 개입하여 근로자에게 임금의 최저 수준을 보장하고, 사용자에게는 최저임금 수준 이상의 임금을 지급하도록 강제하는 제도이다.
> - 임금의 최저 수준을 보장하여 근로자의 생활 안정과 노동력의 질적 향상을 꾀함으로써 국민경제의 건전한 발전에 이바지하게 함을 목적으로 한다.

(답:)

08 [2024년 4회]
근로기준법의 법정수당에 해당되지 않은 것은?

① 가족수당
② 야간근로수당
③ 산전산후수당
④ 해고예고수당

해설
- 법정수당: 법적으로 지급이 강제되는 해고예고수당, 휴업수당, 유급휴일수당, 연장·야간 및 휴일근로수당, 연차유급휴가수당, 출산전후휴가수당, 생리수당 등
- 법정외수당(비법정수당, 약정수당): 취업규칙이나 단체협약 등 기업 자체 내규에 따른 가족수당, 특근수당, 자격수당, 판매수당 등

09 [2022년 4회]
[보기]의 설명으로 가장 적절한 것은?

> **보기**
> 노동을 상품의 가격으로 보는 것으로 노동력의 구매자인 조직은 양질의 노동력을 확보하기 위해, 노동력의 공급자인 근로자는 제공하려는 노동력에 대해 얻어지는 소득을 증대시키기 위해 각각 노력하는 가운데서 이루어지는 것을 말한다.

① 심리적 거래
② 경제적 거래
③ 정치적 거래
④ 사회적 거래

해설
① 심리적 거래: 자신의 노동력을 임금과 기타 직무 만족을 위해 기업과 교환하는 심리적 계약으로 봄
③ 정치적 거래: 기업·노동조합·기업 내 집단·근로자 개인들은 모두 임금결정 과정에 영향력을 미친다고 보고, 임금수준의 결정은 권력과 영향력 작용의 결과로 파악함
④ 사회적 거래: 개인이 받는 임금을 조직과 사회에 있어서 지위의 상징으로 보는 견해로 사회가 커지고 복잡해짐에 따라 임금이 지위의 상징이 되었으며 기업은 지위 구조를 만들고 지위의 차이를 보상의 차이에 따라 측정함

10 [2023년 1회]
각 임금체계의 장점에 대한 설명으로 가장 적절한 것은?

① 연공급: 연공 존중을 통해 성과와 능력을 인정받을 수 있다.
② 직무급: 노동의 자유이동이 어려운 상황에서도 적용이 용이하다.
③ 직능급: 직무의 다양성을 존중하며, 종업원의 동기부여를 강화할 수 있다.
④ 자격급: 본인의 임금액을 예상하지 못하기 때문에 구성원이 본인의 성과 달성에 매진하게 되는 효과가 있다.

해설
① 연공급: 연공 존중의 풍토로 인해 공정한 성과 반영이 어렵다는 단점이 있다.
② 직무급: 노동의 자유이동이 어려운 사회에서는 적용이 어렵다.
④ 자격급: 본인의 임금액을 예상할 수 있다.

| 정답 | 06 ④ | 07 최저임금제도 | 08 ① | 09 ② | 10 ③ |

11 [2024년 1회]

[보기]에서 설명하는 근로기준법상 임금의 용어를 한글로 작성하시오.

> 보기
>
> 이를 산정하여야 할 사유가 발생한 날 이전 3개월 동안에 그 근로자에게 지급된 임금의 총액을 그 기간의 총 일수로 나눈 금액을 말한다.

(답:)

12 [2021년 5회]

다음 [보기]에서 설명하고 있는 것은? (정답은 한글로 작성하시오)

> 보기
>
> 퇴직급여의 지급을 위해 회사가 부담해야 하는 부담금의 수준이 사전에 결정되어 있는 퇴직연금으로 근로자의 적립금 운용에 대한 책임을 근로자 본인이 지는 것이다.

(답:)

13 [2021년 3회]

다음 중 [보기]가 설명하는 것은? (정답은 한글로 작성하시오)

> 보기
>
> 근로자가 일정 연령에 도달한 시점부터 임금을 삭감하는 대신 근로자의 고용을 정년보장 또는 정년 후 고용연장을 하는 제도로, 기업은 인건비 부담을 완화하고 근로자는 고용이 연장된다.

(답:)

14 [2024년 6회]

통상임금과 평균임금에 대한 설명으로 옳지 않은 것은?

① 평균임금 – 퇴직금
② 평균임금 – 해고예고수당
③ 통상임금 – 연장근로가산수당
④ 통상임금 – 야간근로가산수당

해설

- 통상임금: 휴일근로수당, 해고예고수당, 연차유급휴가수당, 연장근로수당, 출산전후휴가급여, 야간근로수당 등
- 평균임금: 퇴직급여, 휴업수당, 연차유급휴가수당, 재해보상 및 산업재해보상보험급여, 감급제재의 제한, 구직급여 등

15 [2022년 4회]

연봉제에 대한 설명으로 가장 적절하지 않은 것은?

① 근로자는 평가에 대한 불신을 가질 수 있다.
② 기업은 임금관리의 효율성을 증대시킬 수 있다.
③ 연봉금액이 감소될 경우 근로자의 사기가 저하될 수 있다.
④ 연간 임금수준이 결정되기 때문에 근로자 간 경쟁은 최소화된다.

해설

연봉제는 개인별 차등 보상으로 근로자 간 불필요한 경쟁심을 유발하여 조직문화 등이 악화될 수 있다는 단점이 있다.

16 [2023년 6회]

[보기]는 무엇에 대한 설명인가?

> 보기
>
> 부가가치 증대를 목표로 하여, 이를 노사협력체계에 의해 달성하고, 이에 따라 증가된 생산성 향상분을 그 기업의 안정적인 부가가치 분배율로 노사 간에 배분하는 방식

① 럭커 플랜
② 스캔론 플랜
③ 임프로쉐어 플랜
④ 임금피크제

해설

② 스캔론 플랜: 근로자의 참여의식을 높이기 위하여 고안된 성과배분제도
③ 임프로쉐어 플랜: 표준 생산시간과 실제 생산시간의 차이에서 발생되는 이익을 노사 간에 50%씩 나누어 갖는 형태
④ 임금피크제: 일정 연령 이후 임금이 줄어드는 대신 고용을 보장하는 제도로, 일정 근속연수 혹은 나이가 되어 임금이 정점에 다다른 후 일정하게 감소하는 임금형태

| 정답 | 11 평균임금 12 확정기여형 13 임금피크제 14 ② 15 ④
16 ①

17 [2022년 1회]

집단성과배분제도에서 기본적 보상 외에 영업 수익의 일부를 근로자에게 지급하는 임금형태로, 근로자들을 기업의 소유주처럼 생각하게 이끄는 제도는? (정답은 한글로 작성하시오)

(답:)

18 [2024년 5회]

근로기준법에 대한 설명으로 적절하지 않은 것은?

① 근로기준법상 '근로'란 정신노동과 육체노동을 의미한다.
② 1일의 근로시간은 휴게시간을 제외하고 8시간을 초과할 수 없다.
③ 사용자는 근로자에게 1주에 평균 1회 이상의 유급휴일을 보장하여야 한다.
④ 사용자는 휴일의 야간근로 시 통상임금의 100분의 50 이상을 가산한 임금을 지급하여야 한다.

해설
사용자는 근로자의 연장근로와 야간근로 또는 휴일근로에 대해서 통상임금의 100분의 50 이상을 가산하여 지급하여야 하며, 휴일의 야간근로는 100분의 50을 추가로 가산한다.

19 [2024년 4회]

[보기]에서 설명하고 있는 퇴직급여제도를 한글로 작성하시오.

― 보기 ―
• 퇴직 시 지급할 급여 수준 및 내용을 노사가 사전에 확정한다.
• 근로자 퇴직 시 사용자는 사전에 약정된 퇴직급여를 지급한다.

(답:)

20 [2019년 4회]

퇴직연금제도란 근로자가 장기간 근속하고 고령으로 퇴직하는 경우 노후생활 안정과 복지증진을 위하여 정기적으로 연금을 지급하는 제도로, 확정급여형, 확정기여형, 개인형 퇴직연금의 3가지 종류가 있다. 다음 중 퇴직연금제도에 대한 설명으로 잘못된 것은?

① 확정급여형 퇴직연금제도의 경우 일반적으로 퇴직급여액은 30일분의 평균임금에 근속연수를 곱한 금액이다.
② 확정기여형 퇴직연금제도의 경우 사용자는 매년 근로자별 연간 임금총액의 최소 1/10 이상을 부담금으로 납입해야 한다.
③ 확정기여형 퇴직연금제도의 경우 운용책임은 근로자에게 귀속된다.
④ 개인형 퇴직연금의 경우 퇴직급여액은 적립금의 운용 결과에 따라 변동 가능하다.

해설
확정기여형 퇴직연금제도의 경우 사용자는 매년 근로자별 연간 임금총액의 최소 1/12 이상을 부담금으로 납입해야 한다.

21 [2024년 3회]

[보기]에 해당하는 이익분배형태는 무엇인가?

― 보기 ―
근로자의 참여의식을 높이기 위하여 고안된 성과배분제도로 경영자와 근로자의 비용 절감을 제안·평가하는 위원회제도를 활용하여 인건비의 절약분에 대한 배분액을 판매가치로 하여 배분하는 제도

① 럭커 플랜 ② 스캔론 플랜
③ 이윤배분제도 ④ 임프로쉐어 플랜

해설
① 럭커 플랜: 조직이 창출한 부가가치 생산액을 종업원 인건비를 기준으로 배분하는 제도
③ 이윤배분제도: 기본적 보상 외에 영업 수익의 일부를 근로자에게 지급하는 임금형태로, 근로자들을 기업의 소유주처럼 생각하게 이끄는 제도
④ 임프로쉐어 플랜: 표준 생산시간과 실제 생산시간의 차이에서 발생되는 이익을 노사 간에 50%씩 나누어 갖는 형태

| 정답 | 17 이윤분배제(또는 이익분배제) 18 ④ 19 확정급여형 20 ② 21 ②

복리후생

빈출 키워드
- ☑ 법정 복리후생
- ☑ 임의 복리후생
- ☑ 복리후생제도

1 복리후생

1. 정의
① 근로자와 그 가족의 생활수준을 향상시켜 근무의 효율성을 높이고자 제공하는 임금 이외의 여러 가지 복지 정책을 말한다.
② 임금 이외의 간접적인 보상으로서 근로자의 건전한 노동력 확보 및 생산성 향상, 근로생활의 안정화와 질적 향상 등을 위한 부가급부*를 의미한다.
③ 복리후생의 예로는 특별상여, 주식배당, 유급휴가 등의 재정적인 부분과 보험급여, 휴가시설, 여행 기회, 훈련개발 등의 비재정적인 부분이 있다.

※ **부가급부**
기업이 근로자를 위하여 부담하는 임금 이외의 복리후생 및 시설을 의미한다.

2. 효과

근로자	사용자
• 사기를 높이고 불만이 감소됨 • 경영자와의 관계(노사관계) 개선 • 복지에 대한 인식이 깊어짐 • 고용의 안정화, 생활수준의 향상 • 기업의 경영방침 및 목적에 대한 이해도 향상 • 동기를 부여하고 고충을 덜어 줌 • 경력개발을 통한 자아실현(동기부여)	• 생산성 향상과 원가 절감 가능 • 팀워크 향상 및 인간관계 개선 • 근로자와의 건설적인 대화 가능 • 결근, 지각, 사고, 불만 등의 감소 • 기업의 이미지 개선 • 우수 인력의 확보

3. 구분 〈중요〉

법정 복리후생	• 법규에 의해 일정 규모 이상의 기업들이 의무적으로 실시하여야 하는 복리후생 • 건강보험, 국민연금, 산재보험, 고용보험, 퇴직금제도, 유급휴가제도 등
임의 복리후생	• 법규가 아닌 기업의 의사 및 사정에 따라 실시하는 복리후생 • 교육 및 경력개발, 급식, 의료보건, 생활시설(기숙사) 지원, 문화체육시설 지원, 금융 및 공제제도 등

4. 복리후생의 관리 원칙

적정성의 원칙	• 근로자의 욕구가 충족될 수 있어야 함 • 복리후생 비용이 기업 운영에 부담을 주지 않아야 함 • 경쟁 기업들과 비교하여 큰 차이가 없는 정도가 적정함
합리성의 원칙	근로자의 복리후생은 기업만의 책임이 아니므로 국가나 지역사회에서 추진하는 제도와 중복되지 않게 합리적으로 조정해야 함
협력성의 원칙	노사가 협의하여 기업 내 복리후생제도를 충실하게 설계하고 운영하면 복리후생제도에 대한 만족도와 구성원들의 복지가 향상됨

5. 복리후생의 설계 원칙

근로자의 욕구 충족 원칙	근로자와의 의사소통을 전제로 근로자의 욕구를 파악하고 충족할 수 있도록 설계함
근로자의 참여 원칙	근로자 여론조사를 실시하거나 노사 대표가 공동으로 참여할 것을 유도함
다수혜택의 원칙	전 근로자를 가입하게 하여 다수에게 혜택을 부여함
지불 능력의 원칙	기업의 수익성을 고려하여 현재와 미래의 복리후생비 지급 능력의 범위를 평가함

6. 복리후생제도

(1) 카페테리아식 복리후생(선택적 복리후생) 중요

① 여러 가지 복리후생제도를 마련해 놓고 근로자들이 각자의 필요에 따라 선택적으로 이용하도록 하는 제도이다.
② 일정 한도 내에서 근로자 개인이 기호에 따라 자신이 원하는 제도나 시설을 선택할 수 있는 제도이다.

장점	단점
• 근로자의 욕구를 반영하여 동기부여를 강화함 • 근로자에게 선택권을 부여하여 타율적인 보직 분위기를 축소함 • 복리후생 항목에 대해 합리적인 예산 배분이 가능함 • 복리후생 프로그램의 효과를 평가하기 용이함	• 근로자들이 잘못된 선택을 했을 경우 복리후생의 효과가 감소됨 • 프로그램의 관리가 복잡하고 운용 비용이 증가함 • 근로자들이 특정 복리후생 프로그램에 집중할 경우 기업의 비용 부담이 증가함(프로그램의 혜택 수준이 아주 높은 경우)

(2) 홀리스틱 복리후생

근로자를 전인적 인간으로서 육체적, 정신적, 심리적 측면에서 균형 잡힌 삶을 추구할 수 있도록 지원하는 제도이다.

(3) 라이프 사이클 복리후생

근로자의 연령에 따른 생활 패턴 및 의식 변화를 고려하여 복리후생 프로그램에 차이를 두는 제도이다.

> **＋ 임금채권 보장제도** 중요
>
> 기업이 도산하여 임금, 휴업수당 및 퇴직금을 지급받지 못하고 퇴직한 근로자에게 국가가 사업주를 대신하여 체불금품 중 일정 금액의 체당금(임금, 휴업수당 및 퇴직금)을 지급하고, 국가는 근로자에게 지급된 체당금의 범위 내에서 당해 근로자가 사업주에 대하여 가지고 있던 미지급 임금 등의 청구권을 대신하여 행사하는 법적 복리후생제도이다.

2 4대 사회보험관리

법에 의한 강제성에 따라 국가가 시행하는 보험제도의 총칭이며, 사회보장정책의 주요 수단으로 근로자나 그 가족을 상해, 질병, 노령, 실업, 사망 등의 위협으로부터 보호하기 위해 실시한다. 업무상의 재해에 대해서는 산업재해보상보험, 질병과 부상에 대해서는 건강보험, 사망, 노령 등에 대해서는 국민연금보험, 실업에 대해서는 고용보험제도가 있으며, 이를 4대보험이라 한다.

> **TIP**
> 이 부분은 p.268의 '사회보험 요약 정리'를 활용하여 학습하시기 바랍니다.

1. 건강보험

(1) 정의
① 건강보험은 국민건강을 증진시키기 위한 사회보장제도로 국민의 질병과 부상에 대한 예방, 진단과 치료, 재활, 출산, 사망 및 건강증진에 대해 보험서비스를 제공한다.
② 국민들이 매월 보험료를 내면 그것을 쌓아두었다가 질병 등 치료할 일이 생겼을 때 진료비의 일부분을 납부해 준다.

(2) 대상자

대상자	• 상시 1인 이상의 근로자를 사용하는 사업장에 고용된 근로자(연령 제한 없음) • 사용자, 공무원, 교직원, 시간제 근로자
대상 제외자	• 1개월 미만의 기간 동안 고용되는 일용근로자 • 현역병(임용된 하사 포함) 및 무관후보생 • 선거에 의해 취임하는 공무원으로서 매월 보수 또는 이에 준하는 급료를 받지 않은 자 • 소재지가 일정하지 않은 사업장의 근로자 및 사용자 • 비상근 근로자 또는 1월 간의 소정근로시간*이 60시간 미만인 시간제 근로자(교직원, 공무원 포함) • 「의료급여법」에 의하여 의료급여를 받는 자 • 「독립유공자 예우에 관한 법률」 및 「국가유공자 등 예우 및 지원에 관한 법률」에 의하여 의료보호를 받는 자로 건강보험의 적용 배제 신청을 한 자 • 근로자가 없거나 1개월 동안의 소정근로시간이 60시간 미만인 시간제 근로자만 고용하고 있는 사업장의 사업주

✳ **소정근로시간**
근로시간의 범위에서 근로자와 사용자 사이에 정한 근로시간

(3) 계산
① 건강보험료에서 말하는 보수 총액은 근로소득 원천징수영수증상의 과세 대상 급여와 국외 근로 부분을 합산한 금액이다.

> 건강보험료 = 보수월액* × 건강보험료율*
> (2025년 건강보험료율 7.09%를 근로자, 사용자가 3.545%씩 부담.
> 장기요양보험료율은 근로자, 사용자 각각 12.95%씩 부담)

✳ **보수월액**
직장 가입자가 당해 연도에 받은 보수 총액을 근무 월수로 나눈 금액

✳ **건강보험료율**
직장 가입자의 보험료율은 1천분의 80의 범위에서 심의위원회의 의결을 거쳐 대통령령으로 정한다(국민건강보험법 제73조).

② 월 급여가 2,400,000원이라고 가정하면, 아래와 같이 계산된다.

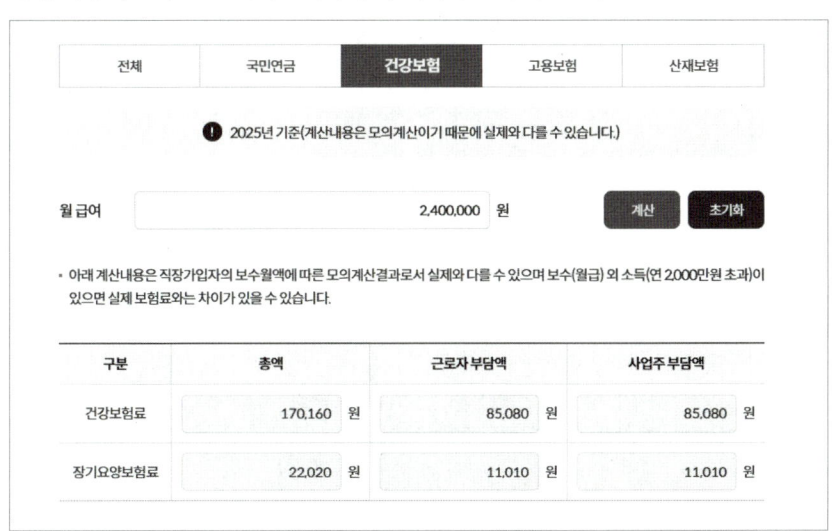

2. 고용보험

(1) 정의
① 고용보험은 근로자가 실업한 경우에 생활에 필요한 급여를 지급함으로써 근로자의 생활 안정과 구직활동을 촉진하려는 사회보장제도이다.
② 사업 외에 산업구조조정의 촉진 및 실업 예방, 고용 촉진 등을 위한 고용안정사업, 직업능력 개발을 위한 직업능력 개발사업을 상호 연계하여 실시하는 사회보장제도인 동시에 적극적인 노동시장 정책이다.

(2) 대상자
① 가입사업장
- 일반사업장: 근로자를 사용하는 모든 사업 또는 사업장은 의무적으로 고용보험에 가입한다(다만, 농업·임업·어업 중 법인이 아닌 경우 5인 이상 가입).
- 건설공사: 주택건설사업자, 건설업자, 전기공사업자, 정보통신공사업자, 소방시설업자, 문화재수리업자가 아닌 자가 시공하는 총공사 금액 2천만원 미만 건설공사 또는 연면적이 100㎡ 이하인 건축물의 건축 또는 연면적이 200㎡ 이하인 건축물의 대수선에 관한 공사를 제외한 모든 공사는 가입한다.

② 적용 대상자: 「근로기준법」상 근로자
③ 적용 제외자
- 65세 이후에 고용되거나 자영업을 개시한 자: 실업급여, 육아휴직급여 등은 적용하지 않는다. 다만, 65세 전부터 피보험 자격을 유지하던 사람이 65세 이후에 계속하여 고용된 경우는 실업급여 등 고용보험 전 사업에 적용한다.
- 1개월간 소정근로시간이 60시간 미만인 자(1주간의 소정근로시간이 15시간 미만인 자는 포함)는 제외한다. 다만, 3개월 이상 계속하여 근로를 제공하는 자와 1개월 미만 동안 고용되는 일용근로자는 적용 대상이다.
- 「국가공무원법」과 「지방공무원법」에 따른 공무원: 다만, 별정직·임기제 공무원은 본인의 의사에 따라 최초 임용된 날부터 3개월 이내 임의 가입 가능(실업급여만 적용)하다.
- 「사립학교교직원 연금법」 적용자
- 외국인 근로자: 고용보험 적용 제외 대상이나, 일부 체류자격의 경우 당연, 임의, 상호주의로 구분 적용한다.
- 「별정우체국법」에 따른 별정우체국 직원

(3) 고용보험료 산정 기간
매년 1월 1일(보험관계 성립일)부터 12월 31일(사업폐지·종료일)까지이다.

(4) 고용보험료율
① 고용보험료는 사업주가 전년도 소득을 기준으로 산정한 보험료를 매월 고지·납부하며, 보험료의 부담은 사업주와 근로자가 각각 하여야 한다.
② 고용안정·직업능력 개발사업 보험료에 대하여는 사업주가 전액 부담하여야 하나, 실업급여 보험료에 대하여는 노사가 각각 절반씩 부담한다.
③ 고용보험료에서 근로자가 부담하는 것은 실업급여 보험료의 절반으로, 실업급여 보험료 중 근로자 부담분에 대하여는 사업주가 매월 임금지급 시 원천징수할 수 있다.

> 고용보험료 = 월평균 보수월액 × 고용보험료율
> (2025년 고용보험료율 근로자 부담 0.9%, 사업자 부담(150인 미만 기업) 1.15%(0.9% + 0.25%))

④ 월 급여가 2,400,000원이라고 가정하면, 아래와 같이 계산된다.

| | 전체 | 국민연금 | 건강보험 | **고용보험** | 산재보험 |

ⓘ 2025년 기준(계산내용은 모의계산이기 때문에 실제와 다를 수 있습니다.)

월급여: 2,400,000 원

근로자수:
○ 150인 미만 기업
○ 150인 이상 (우선지원 대상기업)
○ 150인 이상 1,000인 미만 기업
○ 1,000인 이상 기업, 국가 지방자치단체

총액	근로자 부담액 (실업급여 부담금)	사업주 부담액 (실업급여+고용안정직능개발 부담금)
49,200 원	21,600 원	27,600 원

구분		근로자	사업주
실업급여 (2022.07.01 기준)		0.9%	0.9%
고용안정, 직업능력 개발사업	150인 미만 기업	-	0.25%
	150인 이상 (우선지원 대상기업)	-	0.45%
	150인 이상 1,000인 미만 기업	-	0.65%
	1,000인 이상 기업, 국가 지방자치단체	-	0.85%

(5) 근로자 고용정보관리제도

근로자를 새로 고용하거나 고용관계가 종료된 경우 사유 발생일이 속하는 달의 다음 달 15일까지, 사업장 최초 가입 신고 시 기한은 보험관계가 성립된 날로부터 14일 이내에 신고하여야 한다.

(6) 실업급여

① **의의**: 고용보험 가입 근로자가 실직하여 재취업 활동을 하는 기간에 소정의 급여를 지급함으로써 실업으로 인한 생계 불안을 극복하고 생활의 안정을 도와주며 재취업의 기회를 지원해 준다.

② **종류**: 구직급여, 취업촉진수당 등

③ **대상자**
- 퇴직 전 18개월(1주 소정근로시간이 15시간 미만이고 소정근로일이 2일 이하인 근로자로서 90일 이상을 근로한 경우에는 퇴직 전 24개월)간 180일 이상 피보험자로 근무하다가 비자발적 사유로 이직(실직)하고, 근로의 의사와 능력을 가지고 적극적으로 재취업 활동을 하는 사람
- 일용근로자의 경우에는 수급자격 인정신청일 이전 1개월간 일한 일수가 10일(유급휴가 포함) 미만이거나 수급자격 인정신청일 이전 14일간 연속하여 근로내역이 없는 자
- 지정된 실업인정일에 출석하여 재취업 활동을 적극적으로 사실 신고해야 하며, 본인 스스로 직장을 그만두거나 중대한 귀책사유로 권고사직 또는 해고된 경우는 제외됨

3. 국민연금

(1) 정의
가입자, 사용자 및 국가로부터 일정액의 보험료를 받고 이를 재원으로 노령연금, 유족연금, 장애연금 등을 지급함으로써 국민의 생활 안정과 복지증진을 도모하는 사회보장제도이다. 가입자가 퇴직 등으로 소득을 잃은 경우 일정 소득을 보장한다.

(2) 종류

종류	내용
노령연금	국민연금에 가입하고 가입기간이 10년 이상인 가입자 또는 가입자였던 자에게 60세(특수직종 근로자는 55세)가 된 때부터 지급한다. 조기노령연금제도는 가입기간이 10년 이상인 가입자 또는 가입자였던 자로서 55세 이상자가 소득이 있는 업무에 종사하지 않는 경우 본인 희망에 따라 60세 이전에 청구한 때부터 일정 금액의 연금을 받을 수 있다.
장애연금	국민연금 가입자에게 장애가 생긴 경우 생활비 보전 목적의 연금으로 장애급수에 따라 지급되는 연금이다. 장애를 입게 된 즉시 지급하는 것이 아니라 장애 정도가 어느 정도 고정된 때의 상태에서 결정된 등급에 따라 1~3급은 매월 연금으로, 4급은 일시금으로 지급한다.
유족연금	가입자 또는 연금 수급자가 사망한 경우에 그에 의해 생계를 유지하던 유족이 받을 수 있는 급여이다.
반환일시금	국민연금 가입자 또는 가입자였던 사람이 장애, 노령, 유족연금의 수급 요건을 충족하지 못하는 경우, 가입 중에 납부하였던 연금 보험료에 일정한 이자를 가산하여 본인 또는 그 유족이 지급받을 수 있는 금액이다. 가입한 기간이 10년 미만인 자가 60세에 도달하였을 경우, 가입자 또는 가입자였던 자가 국적을 상실하거나 국외로 이주하는 때 등의 경우에 지급받을 수 있다.
사망일시금	가입자 또는 가입자였던 자가 사망하였으나 「국민연금법」에 따른 유족이 없어 유족연금 또는 반환일시금을 받을 수 없는 경우에 생계유지를 함께하였던 자에게 지급되는 보상적 급여이다.

(3) 가입 대상자
① 가입사업장: 1인 이상의 근로자를 사용하는 모든 사업장과 대사관 등 주한외국기관으로 1인 이상의 대한민국 국민인 근로자를 사용하는 사업장
② 적용 대상자
  - 국민연금 적용 사업장에 종사하는 18세 이상 60세 미만의 근로자와 사용자
  - 국내에 거주하는 18세 이상 60세 미만의 국민으로 사업장 가입자가 아닌 자(지역가입자)
③ 적용 제외자
  - 타 공적연금가입자
  - 노령연금 수급권을 취득한 자 중 60세 미만의 특수직종 근로자
  - 조기노령연금 수급권을 취득하고 그 지급이 정지되지 않은 자
  - 퇴직연금 등 수급권자
  - 「국민기초생활보장법」에 의한 수급자
  - 일용근로자* 또는 1개월 이내의 신고 기한부로 사용되는 근로자
    - 1개월 이상 계속 사용되는 경우는 제외
    - 다만, 건설 일용근로자는 1개월 동안의 월 8일 이상 근로 시, 일반 일용근로자는 1개월 동안의 월 8일 이상 또는 월 60시간 이상 근로 시 가입 대상임
  - 1개월간 소정근로시간이 60시간 미만인 단시간 근로자(다만, 1개월간 근로시간이 60시간 미만이더라도 3개월 이상 계속하여 근로하는 대학 강사이거나 사용자의 동의를 받아 근로자로 적용되기를 희망하는 자, 둘 이상 사업장에서 근로를 제공하면서 1개월 소정근로시간의 합이 60시간 이상인 경우, 60시간 미만 사업장에서 근로자로 적용되기를 희망하는 자는 가입 대상임)
  - 법인의 이사 중 근로소득이 없는 자

※ **일용근로자**
1개월 미만의 기한을 정하여 사용되는 근로자

(4) 사업장 가입자 자격취득신고
① 사업장이 1인 이상의 근로자를 사용하게 된 때
② 적용사업장에 근로자 또는 사용자로 종사하게 된 때
③ 적용사업장에 종사하는 근로자가 18세 이상이 된 때
④ 일용근로자가 1개월 이상 계속 근로하고 1개월 근로일수가 8일 이상 또는 월 60시간 이상인 때
⑤ 단시간 근로자가 당연 적용사업장에 사용된 때 또는 근로자로 된 때
⑥ 적용사업장에 종사하는 근로자 또는 사용자가 기초수급자(의료·생계급여)에서 중지된 날의 다음 날

(5) 국민연금보험료의 계산
① 사업장 가입자는 기준소득월액에 보험료율을 곱하여 해당하는 금액을 본인과 사용자가 각각 반씩 부담하여 매월 사용자가 납부한다.

> 국민연금보험료 = 가입자의 기준소득월액 × 9%(연금보험료율)

② 기준소득월액이란 국민연금의 보험료 및 급여 산정을 위하여 가입자가 신고한 소득월액에서 천원 미만을 절사한 금액을 말하며, 최저 39만원에서 최고 617만원까지의 범위로 결정하게 된다(2024.07.01.~2025.06.30.). 따라서 신고한 소득월액이 39만원보다 적으면 39만원을 기준소득월액으로 하고 617만원보다 많으면 617만원을 기준소득월액으로 한다(2024.07.01.기준).
③ 월 급여가 2,400,000원이라고 가정하면, 아래와 같이 계산된다.

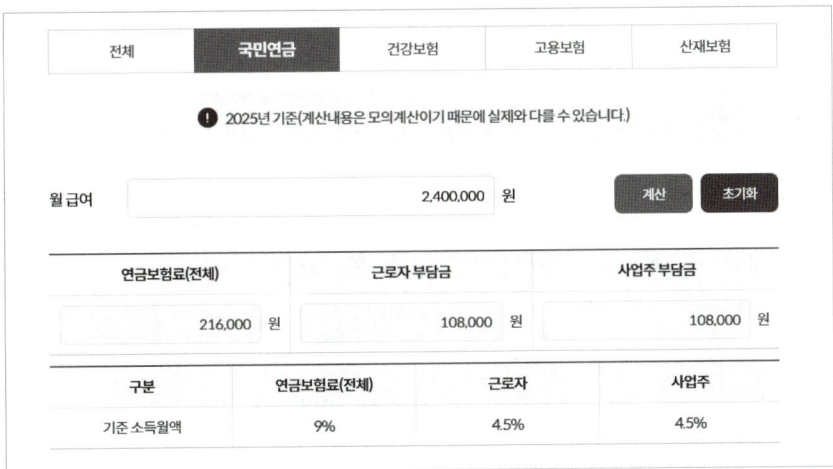

> **국민연금 보험료율**
> 현재 국민연금의 보험료율은 기준소득월의 9%로 유지되고 있으나, 국민연금 개정안이 논의 중이며 향후 변경될 수 있음

(6) 연금보험료의 납부
① 연금보험료는 취득일이 속한 달부터 상실일의 전날이 속한 달까지 납부(같은 달에 취득일과 상실일이 속한 경우는 최초 상실일이 속한 사업장에서 납부)하며, 납부기한은 해당 월의 다음 달 10일이다.
② 매월 연금보험료의 납부고지서에는 그 달 15일까지 신고된 취득·상실자로만 반영하므로 그 달 16일에서 말일 사이의 자격 변동자는 다음 달 고지 시 반영된다.

(7) 국민연금 자격의 취득과 상실
신규입사자나 퇴사자가 있는 경우 해당 사유가 발생한 날이 속하는 달의 다음 달 15일까지 사업장 가입자 자격 취득·상실 신고서를 작성해 신고하고, 입력 마감일까지 신고된 변동자료에 의거하여 그 달의 보험료가 산정된다.

4. 산업재해보상보험(산재보험)

(1) 의의
산업재해근로자를 보호하기 위해 국가가 근로자에게 보험료를 징수한 재원으로 산재근로자에게 보상하는 제도이다. 산업재해보상보험은 근로자가 존재하는 모든 사업 또는 사업장에 적용되며, 근로자가 업무상 재해를 입을 경우 근로복지공단에 산재보상 신청 후 심사를 통해 지급된다.

(2) 특징
① 근로자의 업무상 재해에 대하여 사용자에게는 고의·과실의 유무를 불문하는 무과실 책임주의에 따른다.
② 보험사업에 소요되는 재원인 보험료는 원칙적으로 사업주가 전액 부담한다.
③ 산재보험 급여는 재해 발생에 따른 손해 전체를 보상하는 것이 아니라 평균임금을 기초로 하는 정률보상 방식으로 행한다.
④ 산재근로자와 그 가족의 생활을 보장하기 위해 국가가 책임을 지는 의무보험이다.

(3) 산재보험료의 계산

> 산재보험료 = 사업장 근로자 전체의 개인별 월평균 보수의 전체 합계액 × 보험료율
> (산재보험은 사업주(기업)가 전액 부담하며 업종별 산재보험료율은 상이함)

(4) 가입 대상 사업장
① 일반사업장: 근로자를 사용하는 모든 사업 또는 사업장(다만, 농업·임업(벌목업 제외)·어업·수렵업 중 법인이 아닌 경우 5인 이상)
② 건설공사: 규모 및 금액에 관계없이 모든 공사 현장
③ 가입 대상 제외 사업장
  - 사업의 위험률, 규모 및 장소 등을 고려하여 대통령령으로 정하는 사업
  - 농업·임업(벌목업은 1인 기준)·어업·수렵업 중 법인이 아닌 자의 사업으로서 상시 근로자 수가 5명 미만인 사업
  - 가구 내 고용 활동
  - 다른 법령(공무원재해보상법, 군인연금법, 선원법·어선원 및 어선재해보상보험법 또는 사립학교교직원연금법 등)에 의하여 재해보상이 행하여지는 사업

+ 보험료율 비교 중요

구분	2024년 사업주	2024년 근로자	2025년 사업주	2025년 근로자
국민연금	4.5%		4.5%	
건강보험	3.545%		3.545%	
장기요양보험	건강보험료×12.95%		건강보험료×12.95%	
고용보험	1.15%	0.9%	1.15%	0.9%
산재보험	100% 사업주 부담, 업종별 산재보험료율 상이	–	100% 사업주 부담, 업종별 산재보험료율 상이	–

기출&확인 문제

01 [2024년 5회]
사용자 입장에서의 복리후생의 효과로 가장 적절한 것은?

① 기업의 이미지 개선
② 사기와 동기부여 향상
③ 복지확대에 대한 요구
④ 경력개발을 통한 자아실현

해설
②, ③, ④는 근로자 측의 복리후생의 효과이다.

02 [2020년 5회]
다음 중 법정 복리후생이 아닌 것은?

① 산업재해보상보험
② 국민연금보험
③ 고용보험
④ 퇴직보험

해설
법정 복리후생은 법규에 의해 기업이 의무적으로 실시해야 하는 복리후생으로 건강보험, 국민연금, 산재보험, 고용보험, 퇴직금제도, 유급휴가제도 등이 있다.

03 [2020년 4회]
다음 [보기]에서 설명하는 복리후생은? (정답은 한글로 작성하시오)

보기
기업이 다양한 프로그램이나 시설을 제공하고 종업원이 여러 프로그램 중에서 선택할 수 있도록 하는 복리후생제도이다.

(답:)

04 [2024년 3회]
[보기]의 ( ) 들어갈 용어를 한글로 작성하시오.

보기
( ) 보장제도란 도산 등의 사실이 인정이 된 기업의 퇴직 근로자가 기업으로부터 임금이나 퇴직금을 못 받는 경우 노동 부가기금에서 사업주를 대신하여 지급하는 제도이다. 기업이 경기 변동과 산업구조 변화 등으로 사업을 계속하는 것이 불가능하거나, 기업의 경영이 불안정하여, 임금 등을 지급받지 못하고 퇴직한 근로자 등에게 그 지급을 보장하는 조치를 마련함으로써 근로자의 생활 안정에 이바지하는 것을 목적으로 제정된 법률에 의한 제도이다.

(답:)

05 [2024년 5회]
산업재해보상보험에 대한 설명으로 적절하지 않은 것은?

① 보험사업에 소요되는 재원인 보험료는 원칙적으로 근로자가 전액 부담한다.
② 산재근로자와 그 가족의 생활을 보장하기 위해 국가가 책임을 지는 의무보험이다.
③ 근로자의 업무상 재해에 대하여 사용자에게는 고의·과실의 유무를 불문하는 무과실 책임주의에 따른다.
④ 산재보험 급여는 재해 발생에 따른 손해 전체를 보상하는 것이 아니라 평균임금을 기초로 하는 정률보상 방식으로 행한다.

해설
보험사업에 소요되는 재원인 보험료는 원칙적으로 사업주가 전액 부담한다.

06 [2020년 6회]
다음 [보기]에서 설명하는 것은? (정답은 한글로 작성하시오)

보기
종업원을 전인적 인간으로서 육체적, 심리적, 정신적 측면에서 균형된 삶을 추구할 수 있도록 지원하는 복리후생제도이다.

(답:)

07 [2023년 5회]
[보기]의 ( )에 들어갈 내용을 숫자로 작성하시오.

보기
「국민건강보험법」상 직장 가입자에서 제외되는 자는 다음과 같다.
- 기간이 ( )개월 미만인 일용근로자
- 「병역법」에 따른 현역병(지원에 의하지 아니하고 임용된 하사를 포함한다), 전환복무된 사람 및 군간부후보생
- 선거에 당선되어 취임하는 공무원으로서 매월 보수 또는 보수에 준하는 급료를 받지 아니하는 사람
- 그 밖에 사업장의 특성, 고용 형태 및 사업의 종류 등을 고려하여 대통령령으로 정하는 사업장의 근로자 및 사용자와 공무원 및 교직원

(답:)

| 정답 | 01 ① | 02 ④ | 03 카페테리아식 복리후생(또는 선택적 복리후생) |
| 04 임금채권 | 05 ① | 06 홀리스틱 복리후생 | 07 1 |

08 [2023년 4회]

[보기]의 ( )에 들어갈 용어를 한글로 작성하시오.

> **보기**
> ( )(이)란 국민연금 가입자 또는 가입자였던 사람이 장애, 노령, 유족연금의 수급 요건을 충족하지 못하는 경우, 가입 중에 납부하였던 연금 보험금에 일정한 이자를 가산하여 본인 또는 그 유족이 지급받을 수 있는 금액을 의미한다.

(답:)

09 [2021년 5회]

다음 중 고용보험의 실업급여 수급 대상은?

① 대표이사
② 180일 이상 근속하고 권고사직한 근로자
③ 국내 파견 외국인 근로자
④ 자발적 사직한 근로자

해설
대표이사, 만 65세 이후 새로 고용된 자, 국내 파견 외국인 근로자, 자발적 사직한 근로자는 실업급여 대상에서 제외한다.

10 [2022년 3회]

복리후생의 관리 원칙 중 적정성의 원칙으로 가장 적절하지 않은 것은?

① 동종 산업 기업과 비교하여 큰 차이가 없도록 설계한다.
② 종업원의 욕구가 충족될 수 있도록 프로그램을 설계한다.
③ 기업 측에서 복리후생의 프로그램을 주도적으로 설계·운영한다.
④ 기업의 지불 능력을 벗어난 과도한 복리후생 부담은 피하는 것이 바람직하다.

해설
복리후생 프로그램을 기업 측에서 주도적으로 설계·운영하는 것은 적정성의 원칙과 관련이 없다.

11 [2023년 4회]

홍길동 씨는 종업원 수가 150명 미만인 A회사에 다니고 있다. 홍길동 씨의 월급여가 300만원인 경우 사업주가 부담해야 할 고용보험료는 얼마인가? (정답은 단위를 제외한 숫자로 작성하시오)

(답:)

해설
사업자부담금(0.9%) + 고용안정·직업능력 개발사업 부담금(150인 미만 기업 0.25%)
= 1.15%
∴ 3,000,000원 × 1.15% = 34,500원

12 [2020년 4회]

고용보험은 사회보장제도인 동시에 적극적인 노동시장 정책이다. 고용보험 사업이 아닌 것은?

① 실업급여사업
② 직업병 지원사업
③ 직업능력 개발사업
④ 고용안정사업

해설
고용보험은 사업 외에 산업구조조정의 촉진 및 실업 예방, 고용 촉진 등을 위한 고용안정사업, 직업능력 개발을 위한 직업능력 개발사업을 상호 연계하여 실시하는 사회보장제도인 동시에 적극적인 노동시장 정책이다.

13 [2024년 4회]

많은 사람에게 혜택을 부여할 수 있는 제도를 우선적으로 채택하는 복리후생의 설계 원칙은 무엇인가?

① 지불 능력의 원칙
② 다수혜택의 원칙
③ 근로자의 참여 원칙
④ 근로자의 욕구 충족 원칙

해설
① 지불 능력의 원칙: 기업의 수익성을 고려하여 현재와 미래의 복리후생비 지급 능력의 범위를 평가함
③ 근로자의 참여원칙: 근로자 여론조사를 실시하거나 노사 대표가 공동으로 참여할 것을 유도함
④ 근로자의 욕구충족 원칙: 근로자와의 의사소통을 전제로 근로자의 욕구를 파악하고 충족할 수 있도록 설계함

14 [2024년 5회]

[보기]는 건강보험료의 계산에 관한 내용으로 ( ) 안에 들어갈 보험료율을 단위(%)를 제외한 소수점 둘째 자리까지 작성하시오.

> **보기**
> • 건강보험료에서 말하는 보수 총액은 근로소득 원천징수영수증상의 과세 대상 급여와 국외 근로 부분을 합산한 금액이다.
> • 2025년 건강보험료율은 ( )%이며, 근로자와 사용자가 50%씩 부담한다.

(답:)

15 [2022년 3회]

[보기]의 ( )에 들어갈 용어를 한글로 작성하시오.

> **보기**
> ( )건강보험은 직장 가입자, 피부양자를 제외한 농어민, 도시 자영업자 등 지역주민 등이 대상자가 되어 가입한다.

(답:)

| 정답 | 08 반환일시금 09 ② 10 ③ 11 34,500 12 ② 13 ②
14 7.09 15 지역

CHAPTER 03 소득세와 연말정산

빈출 키워드
☑ 원천징수제도 ☑ 지급명세서
☑ 연말정산 ☑ 세액공제

1 소득세의 기본 개념

1. 소득세의 특징
① 개인 단위 과세제도: 개인별로 과세하며, 원칙적으로 세대별 혹은 부부별로 합산하지 않는다.
② 과세소득의 규정: 유형별 포괄주의와 열거주의, 소득원천설을 근간으로 한 열거주의 과세 방식이나, 금융소득 등의 일부 소득은 유형별 포괄주의를 채택한다.
③ 과세 방법: 종합과세, 분리과세, 분류과세
④ 세율 구조: 누진세율을 적용(8단계 초과 누진세율 적용)하며, 부담 능력에 따른 응능과세 원칙을 적용한다.
⑤ 원천징수제도 운용: 세원의 탈루를 최소화하고 납세의 편의 도모를 위해 시행한다.
⑥ 인적공제제도: 인적사항을 고려하므로 인세에 해당한다.
⑦ 신고납세제도: 직접세(납세자와 담세자*가 동일), 종가세(금액에 따라 과세하는 세금)

> ※ **담세자**
> 조세의 실제 부담자를 의미한다.

2. 소득세 과세 방법의 종류

(1) 종합과세
① 원천이나 유형이 다른 종류의 소득을 모두 하나의 과세표준에 합산하여 과세하는 방법이다.
② 종합과세 대상 소득: 이자, 배당, 사업(부동산임대), 근로, 연금, 기타소득

(2) 분류과세
① 종합과세 대상에 합산하지 않고 원천이나 구분된 일정 소득을 각각 별도의 과세표준으로 하여 과세하는 방법이다.
② 분류과세 대상 소득: 양도소득, 퇴직소득

(3) 분리과세
① 일정한 소득을 지급할 때 당해 소득의 지급자가 원천징수를 통하여 과세당국에 납부함으로써 납세의무를 종결시키는 과세 방법이다.
② 분리과세 대상 소득: 2천만원 이하 금융소득(이자, 배당), 일용직근로, 연금, 기타소득 (복권 당첨 소득) 중 일정한 소득

> 💡 **TIP**
> 사업소득에는 분리과세 소득이 없다.

> 💡 **TIP**
> 상용근로소득은 종합과세 대상이나, 일용근로소득은 분리과세 대상이다. 따라서 근로소득에 대해서는 매년 2월에 연말정산을 통해 종합과세한다.

3. 소득세 과세 대상 소득의 범위

종합소득	이자소득, 배당소득, 사업소득, 근로소득, 연금소득, 기타소득
퇴직소득	근로자가 퇴직 시 사용자로부터 받는 소득
양도소득	부동산 등 자산의 양도로 인하여 발생하는 소득

4. 소득세의 과세기간과 확정신고기한

구분	과세기간	확정신고기한
원칙	1/1~12/31	다음 연도 5월 1일부터 5월 31일까지
사망 시	1/1~사망한 날	상속개시일이 속하는 달의 말일부터 6개월이 되는 날
출국 시	1/1~출국한 날	출국일 전일

2 소득세의 납세

1. 소득세의 납세의무자

소득세의 납세의무자는 원칙적으로 개인(거주자 및 비거주자)이다.

(1) 거주자와 비거주자의 구분

구분	정의	과세소득의 범위
거주자 (무제한 납세의무자)	국내에 주소를 두거나 1과세기간 중 183일 이상 거소를 둔 개인	국내외 원천소득
비거주자 (제한 납세의무자)	거주자가 아닌 자로서 국내 원천소득이 있는 개인	국내 원천소득

(2) 거주자와 비거주자의 의제

다음에 해당하는 자는 비록 국외에 1년 이상 거주하더라도 무조건 거주자로 의제한다.
① 국외에서 근무하는 공무원
② 거주자 또는 내국법인의 국외사업장 등에 파견된 임직원

2. 소득세의 납세지

납세지란 납세자가 신고, 신청, 납부 등의 행위를 하는 관할세무서를 결정하는 기준이다.

거주자	주소지(주소지가 없는 경우에는 거소지)
비거주자	• 국내 사업장(국내 사업장이 두 곳 이상인 경우 주된 국내 사업장)의 소재지 • 국내 사업장이 없는 경우에는 국내 원천소득이 발생하는 장소

3. 소득세의 신고·납부

중간예납	과세기간 중 1월~6월분에 해당되는 소득세의 일부를 미리 납부 가능함
확정신고 납부기한	다음 연도 5월 1일~5월 31일까지 과세표준 확정신고 및 납부해야 함

4. 소득세의 계산구조

(1) 각 소득의 소득금액

① 이자소득, 배당소득, 사업소득, 근로소득, 연금소득, 기타소득의 6가지 소득에 대한 소득금액은 총수입금액에서 각종 필요경비를 차감하여 소득금액을 계산한다.

$$소득금액 = 총수입금액 - 필요경비$$

② 총수입금액이란 벌어들인 소득 총액이고, 필요경비란 총수입금액을 얻기 위해 쓴 비용이다.
- 이자소득과 배당소득은 필요경비를 인정하지 않는다.
- 사업소득은 총수입금액에 실제 발생한 비용을 필요경비로 인정한다. 단, 장부를 기장하지 않는다면 기준경비율 또는 단순경비율을 적용하여 필요경비를 추산한다.
- 근로소득과 연금소득은 실제 발생한 필요경비를 적용하지 않고 근로소득공제와 연금소득공제를 적용하여 계산한다.
- 기타소득은 총수입금액에 실제 발생한 필요경비를 인정하는 것과 총수입금액의 60% 또는 80%를 필요경비로 인정하여 계산한다.

(2) 종합소득금액

근로소득이 있는 근로자의 경우 근로소득금액 자체가 종합소득금액이 되고, 근로소득 외의 다른 소득이 있는 근로자의 경우 근로소득금액에 다른 소득금액을 합한 금액이 종합소득금액이 된다.

> 종합소득금액＝이자소득금액＋배당소득금액＋사업소득금액＋근로소득금액＋연금소득금액＋기타소득금액

(3) 종합소득 과세표준

종합소득공제는 각각의 인적 사정에 대한 배려와 여러 가지 정책적인 목적에서 차감되는 금액이므로 이는 과세표준의 감소 효과가 있다.

> 종합소득 과세표준＝종합소득금액－종합소득공제

(4) 종합소득 산출세액

종합소득 과세표준에 과세표준별 기본 세율을 곱하면 산출세액을 구할 수 있다. 산출세액은 소득에 대해 내야 할 세금 총액을 말한다.

> 종합소득 산출세액＝종합소득 과세표준×기본 세율

➕ 과세표준별 기본 세율

과세표준	기본 세율
1,400만원 이하	6%
1,400만원 초과 5,000만원 이하	15%
5,000만원 초과 8,800만원 이하	24%
8,800만원 초과 1억 5천만원 이하	35%
1억 5천만원 초과 3억원 이하	38%
3억원 초과 5억원 이하	40%
5억원 초과 10억원 이하	42%
10억원 초과	45%

(5) 종합소득 결정세액

산출세액에서 세액공제 및 특별세액공제와 세액감면을 차감하면 최종적으로 납부해야 할 세금이 결정되는데, 이를 결정세액이라고 한다.

(6) 납부할 세액

결정세액에서 이미 납부한 세액을 차감하면 실제 내야 할 세금을 구할 수 있는데, 이를 납부할 세액이라고 한다.

3 원천징수제도 중요

1. 원천징수의 정의

소득 또는 수입금액을 지급하는 자(원천징수 의무자)가 그 금액을 지급할 때, 상대방(원천납세 의무자)이 내야 할 세금을 국가를 대신하여 징수하고 납부하는 조세 징수 방법이다.

2. 원천징수의 종류

(1) 완납적 원천징수
① 원천징수에 의하여 납세의무가 종결되는 원천징수를 말한다.
② 현행 「소득세법」상 완납적 원천징수 대상 소득은 다음과 같다.
- 분리과세 이자소득, 분리과세 배당소득, 분리과세 연금소득, 분리과세 기타소득
- 일용근로자의 근로소득
- 국내 사업장이 없는 비거주자의 소득

(2) 예납적 원천징수
① 당해 원천징수에 의하여 납세의무가 종결되는 것이 아니라 확정신고 시 납부할 세액에 대한 예납적 성격의 원천징수를 말하며, 당해 원천징수세액은 자진 납부세액 계산 시 기납부세액으로 공제한다.
② 완납적 원천징수를 제외한 원천징수는 예납적 원천징수에 속한다.

3. 원천징수세액의 납부 중요

① 원천징수 의무자는 원천징수한 세금을 소득지급일이 속하는 달의 다음 달 10일까지 관할세무서 또는 금융기관에 납부해야 한다.
② 단, 세무서장의 승인을 받은 경우에는 6개월마다 반기별 납부*도 가능하다.

4. 원천징수와 관련된 서류

(1) 원천징수영수증
① 원천징수 의무자가 소득을 받는 사람에게 소득을 지급했다는 것을 증명하기 위해 소득자에게 주는 서류를 원천징수영수증이라고 한다.
② 원천징수영수증은 소득의 지급 사실뿐만 아니라 소득자로부터 세금을 원천징수했다는 것을 증명하는 서류이기도 하다.

(2) 지급명세서 중요
① 원천징수 의무자와 소득자의 인적사항과 소득금액의 지급 시기, 소득금액 등을 기재한 과세 자료를 말한다.
② 원천징수 의무자는 소득세를 원천징수했다는 사실과 내용을 지급명세서에 적어 세무서에 제출해야 한다.
③ 지급명세서는 그 지급일이 속하는 연도의 다음 해 2월 말일까지(근로소득, 퇴직소득, 원천징수 대상 사업소득은 다음 해 3월 10일까지) 원천징수 관할세무서장이나 지방국세청장 또는 국세청장에게 제출해야 한다.

※ 반기별 납부

상시고용 인원이 20인 이하인 소규모의 업체로 매년 1월부터 6월까지의 소득지급분에 대해서는 7월 10일까지, 7월부터 12월까지의 소득지급분에 대해서는 다음 해 1월 10일까지 신고·납부하는 제도를 말한다.

5. 원천징수이행상황신고서

① 원천징수이행상황신고서는 한 달 동안 원천징수한 대상 소득과 세금에 관한 내용을 정리한 표를 말한다.
② 회사에 따라서는 근로소득만 지급하는 회사가 있는 반면 근로소득과 기타소득, 사업소득 등 여러 소득을 지급하는 회사도 있다. 따라서 원천징수하는 세금의 종류도 다양하다. 즉, 원천징수 의무자 중 한 달 동안 여러 종류의 소득을 지급하게 되고 이 소득에 대해 원천징수를 하는 경우에는 원천징수이행상황신고서를 작성해야 한다.
③ 원천징수 의무자는 소득지급일의 다음 달 10일까지 원천징수한 세액을 납부함과 동시에 반드시 원천징수이행상황신고서를 세무서에 제출해야 한다.

➕ 원천징수 대상 소득별 원천징수세율

소득의 구분	원천징수세율
이자소득	• 일반적인 경우: 14% • 비영업대금의 이익: 25% • 비실명 이자소득: 45%(금융실명거래 및 비밀보장에 관한 법률 적용분 90%)
배당소득	• 일반적인 경우: 14% • 출자공동사업자의 배당소득: 25% • 비실명 배당소득: 45%(금융실명거래 및 비밀보장에 관한 법률 적용분 90%)
특정사업소득	인적용역과 의료보건용역 수입금액의 3%, 봉사료 수입금액의 5%
근로소득	• 간이세액표*에 의하여 원천징수 • 일용근로자의 근로소득: 6%
연금소득	• 공적연금소득: 간이세액표에 의하여 원천징수 • 사적연금소득: 5%(70세 미만), 4%(70세 이상 80세 미만), 3%(80세 이상)
기타소득	기타소득금액의 20%(복권 당첨 소득 중 3억원 초과분은 30%)
퇴직소득	기본 세율

✱ **간이세액표**
원천징수 의무자가 근로자에게 매월 급여를 지급하는 때에 원천징수해야 하는 세액을 급여수준 및 기본공제 대상 가족수별로 정한 표이다.

4 사업소득에 대한 과세 방법

1. 사업소득의 범위

「소득세법」상 열거주의에 따라 아래의 소득과 유사한 소득으로서 영리를 목적으로 자기의 계산과 책임하에 계속적·반복적으로 행하는 활동을 통하여 얻는 소득을 의미한다.

구분	비고
농업 및 임업	작물재배업 중 곡물 및 기타 식량 작물재배업 제외(단, 10억원 이하의 작물재배)
어업, 광업, 제조업	-
전기, 가스 및 수도사업	-
건설업	주택신축판매업 포함
도매업 및 소매업	-
숙박 및 음식점업	-
운수업 및 통신업	-
금융, 보험업	-
부동산매매업	-

구분		내용
부동산업, 임대업 및 사업서비스업	소득의 범위	• 부동산 또는 부동산상 권리의 대여로 인한 소득[지상권, 지역권의 대여소득: 사업소득]. 다만 공익사업과 관련된 지상권 등의 설정·대여소득은 기타소득으로 과세 • 공장재단 또는 광업재단의 대여로 인하여 발생하는 소득 = 공장재단 또는 광업재단과 분리하여 기계 등을 임대하는 경우는 사업소득 • 광업권자, 조광권자 또는 덕대가 채권에 관한 권리를 대여하고 얻은 소득(자본적 지출이나 수익적 지출의 일부 또는 전부를 제공하는 것을 조건으로 광업권 등으로 대여하고 덕대 또는 분덕대로부터 받는 분철료는 사업소득)
	과세 방법	항상 종합과세(원천징수 없음)
교육서비스업		다음의 경우는 과세되는 교육서비스업에서 제외함 • 「초·중등교육법」 및 「고등교육법」에 의한 학교 • 「근로자직업훈련촉진법」에 의하여 사업주가 근로자의 직업능력 개발 및 향상을 위하여 설치, 운영하는 직업능력 개발 훈련시설 • 한국표준산업분류상 달리 분류되지 않은 기타 교육기관 중 노인학교
보건 및 사회복지서비스업		과세되는 보건 및 사회복지서비스업에서 제외되는 것: 「사회복지사업법」에 의한 사회복지사업
오락, 문화 및 운동 관련 서비스업과 기타 공공 수리 및 개인 서비스업		• 연예인 및 직업 운동선수 등이 사업활동과 관련하여 받는 전속 계약금은 사업소득으로 구분 • 과세되는 오락, 문화 및 운동 관련 서비스업과 기타 공공 수리 및 개인 서비스업에서 제외되는 것: 한국표준산업분류상의 회원단체
가사서비스업		–

2. 사업소득의 과세 방법

사업소득에는 분리과세 대상 소득이 없으므로 모두 종합소득에 합산하여 과세한다. 대부분의 사업소득은 원천징수를 하지 않지만, 예외적으로 원천징수되는 사업소득과 납세조합 징수 대상이 되는 사업소득은 다음과 같다.

(1) 원천징수

① 특정 사업소득에 대한 원천징수
  • 특정 사업소득: 「부가가치세법」상 면세 대상인 다음에 해당하는 용역의 공급에서 발생하는 소득
    – 의료보건용역(수의사의 용역 포함)
    – 저술가, 작곡가 등이 제공하는 인적용역(접대부, 댄서와 기타 이와 유사한 인적용역은 제외 → 봉사료 수입금액에 대한 원천징수 규정을 적용)
  • 원천징수세율: 3%
  • 국내에서 거주자나 비거주자에게 특정사업소득을 지급하는 자는 당해 수입금액의 3%를 원천징수하여 그 징수일이 속하는 달의 다음 달 10일까지 납부하여야 한다.

사업소득에 대한 원천징수세액 = 수입금액 × 3%

② 봉사료 수입금액에 대한 원천징수
  • 특정 봉사료 수입금액: 다음 요건을 모두 만족시키는 것

- 사업자가 다음의 용역을 제공하고 당해 공급가액(간이과세자는 공급대가)과 접대부 등의 봉사료를 세금계산서 등에 구분 기재할 것: 음식, 숙박용역, 개별소비세가 과세되는 과세유흥장소에서 제공하는 용역, 안마시술소·이용원·스포츠 마사지 업소 및 기타 이와 유사한 장소에서 제공하는 용역, 기타 기획재정부령으로 정하는 용역
- 구분 기재한 봉사료 금액이 공급가액(간이과세자는 공급대가)의 20%를 초과할 것
- 사업자가 봉사료를 자기의 수입금액으로 계상하지 않을 것
- 원천징수세율: 5%
- 부가가치세가 면제되는 접대부, 댄서와 이와 유사한 용역을 제공하는 자에게 지급하는 특정 봉사료 수입금액에 대해서는 당해 수입금액의 5%를 원천징수하여야 함

> 봉사료에 대한 원천징수세액 = 특정 봉사료 수입금액 × 5%

(2) 보험모집인 등의 사업소득에 대한 연말정산

보험모집인과 방문판매원 및 음료배달원에 해당하는 자로서 당해 사업소득을 지급하는 원천징수 의무자는 당해 사업소득에 대한 소득세의 연말정산을 하여야 한다. 연말정산된 사업소득 외의 다른 소득이 없는 경우에는 따로 종합소득 과세표준 확정신고를 하지 않아도 된다.

3. 사업소득금액의 계산

> 사업소득금액 = 사업소득 총수입금액 − 필요경비

5 근로소득의 과세 방법

1. 근로소득의 구분

구분	내용

근로소득에 해당하는 것	• 근로를 제공함으로써 받는 봉급, 급료, 상여, 수당 등의 급여
	• 법인의 주주총회, 사원총회 등 의결기관의 결의에 따라 상여로 받는 소득
	• 「법인세법」에 따라 상여로 처분된 금액(인정상여)
	• 퇴직함으로써 받는 소득으로 퇴직소득에 속하지 않는 소득
	• 종업원 등 또는 대학의 교직원이 지급받는 직무발명보상금(퇴직 후 지급받으면 기타소득으로 과세)
	• 아래 근로소득에 포함되는 항목
	  - 기밀비(판공비를 포함, 이하 동일)·교제비 기타 이와 유사한 명목으로 받는 것으로서 업무를 위하여 사용된 것이 분명하지 않은 급여
	  - 종업원이 받는 공로금·위로금·개업 축하금·학자금·장학금(종업원의 수학 중인 자녀가 사용자로부터 받는 학자금·장학금을 포함), 기타 이와 유사한 성질의 급여
	  - 근로수당·가족수당·전시수당·물가수당·출납수당·직무수당, 기타 이와 유사한 성질의 급여
	  - 보험회사, 「자본시장과 금융투자업에 관한 법률」에 따른 투자매매업자 또는 투자중개업자 등의 종업원이 받는 집금(集金)수당과 보험가입자의 모집, 증권매매의 권유 또는 저축을 권장하여 받는 대가, 그 밖에 이와 유사한 성질의 급여
	  - 급식수당·주택수당·피복수당, 기타 이와 유사한 성질의 급여
	  - 주택을 제공받음으로써 얻는 이익
	  - 종업원이 주택(주택에 부수된 토지를 포함)의 구입·임차에 소요되는 자금을 저리 또는 무상으로 대여받음으로써 얻는 이익

		– 법인의 임원 또는 종업원이 해당 법인 또는 해당 법인과 특수관계에 있는 법인으로부터 부여받은 주식매수선택권을 해당 법인 등에서 근무하는 기간 중 행사함으로써 얻은 이익(주식매수선택권 행사 당시의 시가와 실제 매수가액과의 차액을 말하며, 주식에는 신주인수권을 포함)
근로소득이 아닌 것		• 사회통념상 타당하다고 인정되는 경조금 • 퇴직급여로 지급하기 위하여 적립되는 급여(퇴직을 원인으로 지급받는 공로금, 위로금은 원칙적으로 퇴직소득으로 봄) • 주식매수선택권을 퇴직 후 행사하여 얻은 이익: 기타소득 • 퇴직 후 지급하는 직무발명보상금: 기타소득
비과세 근로소득	실비변상적 성질의 급여	• 일직료, 숙직료 또는 여비로서 실비변상 정도의 금액 • **자가운전보조금: 월 20만원 한도**(종업원의 소유 차량(종업원이 본인 명의로 임차한 차량 포함)을 종업원이 직접 운전하고, 사용자의 업무에 이용하며, 시내 출장 등에 따른 실제 여비를 지급받지 않고 급여에 포함하여 지급할 것) • 선원이 받는 승선수당 등: 월 20만원 한도 • 「유아교육법」, 「초·중등교육법」, 「고등교육법」 등에 의한 교육기관의 교원 및 연구원 등이 받는 연구보조비: 월 20만원 한도 • 방송, 통신, 신문사 등의 기자가 받는 취재수당: 월 20만원 한도 • 근로자가 천재지변, 기타 재해로 인하여 받는 급여 등 • 벽지수당: 월 20만원 한도 • 제복을 착용하여야 하는 자가 받는 제복·제모·제화 및 특수한 작업이나 역무에 종사하는 사람이 받는 작업복이나 그 직장에서만 착용하는 피복
	복리후생적 성질의 급여	• 비출자임원, 소액주주임원, 임원이 아닌 종업원, 국가 또는 지방자치단체로부터 근로소득을 지급받는 사람이 사택을 제공받음으로써 얻는 이익 • 중소기업 종업원의 주택 구입, 임차자금을 저리 또는 무상으로 대여받음으로써 얻는 이익 • 「영유아보육법」에 따라 직장 내 어린이집을 설치·운영하거나 위탁보육을 하는 사업주가 부담하는 보육 비용 • 종업원이 계약자이거나 종업원 또는 그 배우자 및 기타의 가족을 수익자로 하는 보험 및 신탁 또는 공제와 관련하여 사용자가 부담하는 다음의 보험료 신탁부금 또는 공제부금 – 단체순수보장성 보험 및 단체환급부 보장성 보험 중 연 70만원 이하의 보험료 – 임직원의 고의가 아닌 업무상 행위로 인한 손해 배상청구를 보험금의 지급 사유로 하고 임직원을 피보험자로 하는 보험의 보험료
	연장근로 수당	• 공장 또는 광산에서 근로를 제공하는 생산 및 관련 종사자, 어업을 영위하는 자, 돌봄 서비스 종사자, 운전 및 운송 관련직 종사자, 운송·청소·경비 관련 단순 노무직 종사자 중 기획재정부령으로 정하는 자, 미용 관련 서비스 종사자, 숙박 시설 서비스 종사자, 조리 및 음식 서비스직 종사자, 매장 판매 종사자, 통신 관련 판매직 종사자, 음식·판매·농림·어업·계기·자판기·주차관리 및 기타 서비스 관련 단순 노무직 종사자 중 기획재정부령으로 정하는 자에게 고용되어 근로를 제공하는 자 • 직전 연도 총급여액이 3,000만원 이하로서 월정액 급여가 210만원 이하인 자 월정액 급여=급여총액−상여 등 부정기적 급여−실비변상적 성질의 급여 　　　　　　−복리후생적 성질의 급여−연장·야간·휴일근로수당 등 • 광산근로자, 일용근로자: 전액 비과세 • 위의 근로자 외의 **생산직 근로자**(선원 포함): **연 240만원 비과세**
	식사/ 식사대	• 사내급식 등을 통하여 근로자가 제공받는 식사, 기타 음식물: 전액 • 식사, 음식물을 제공받지 않는 근로자가 받는 식사대: 월 20만원
	기타의 비과세 근로 소득	• 근로자 또는 그 배우자의 6세 이하(해당 과세기간 개시일을 기준으로 판단) 자녀의 보육과 관련하여 사용자로부터 받는 급여로서 월 20만원 이내의 금액 • 근로자 본인 또한 배우자의 출산과 관련하여 출생일 이후 2년 이내에 사용자로부터 지급받는 급여: 전액

		• 「고용보험법」에 따라 받는 실업급여, 육아휴직급여, 육아기 근로시간단축급여, 출산전후휴가급여, 배우자 출산휴가급여 등, 「제대군인 지원에 관한 법률」에 따라 받는 전직지원금, 「국가공무원법」·「지방공무원법」에 따른 공무원 또는 「사립학교교직원 연금법」·「별정우체국법」을 적용받는 사람이 관련 법령에 따라 받는 육아휴직수당
		• 대통령령으로 정하는 복무 중인 병(兵)이 받는 급여
		• 「산업재해보상보험법」에 따라 수급권자가 받는 요양급여, 휴업급여, 장해급여, 간병급여, 유족급여, 유족특별급여, 장해특별급여, 장의비 또는 근로의 제공으로 인한 부상·질병·사망과 관련하여 근로자나 그 유족이 받는 배상·보상 또는 위자(慰藉)의 성질이 있는 급여
		• 「근로기준법」 또는 「선원법」에 따라 근로자·선원 및 그 유족이 받는 요양보상금, 휴업보상금, 상병보상금(傷病補償金), 일시보상금, 장해보상금, 유족보상금, 행방불명보상금, 소지품 유실보상금, 장의비 및 장제비
		• 「국민연금법」에 따라 받는 반환일시금(사망으로 받는 것만 해당) 및 사망일시금
		• 법 소정 요건을 충족시킨 본인 학자금
		• 국외 근로소득
		  - 일반근로자: 100만원(해외건설근로자, 외항, 원양어선원은 500만원)
		  - 공무원 등: 국외 등에서 근무하고 받는 수당 중 당해 근로자가 국내에서 근무할 경우에 지급받을 금액 상당액을 초과하여 받는 금액
		• 「국민건강보험법」, 「고용보험법」 또는 「노인장기요양보험법」에 따라 국가, 지방자치단체 또는 사용자가 부담하는 보험료
		• 「발명진흥법상」 지급받는 직무발명보상금으로서 700만원 이하의 보상금

근로소득 금액	계산구조	근로소득이 있는 거주자에 대해서 해당 과세기간에 받는 총급여액에서 다음의 금액을 공제한다. 단, 공제액이 2천만원을 초과하는 경우에는 2천만원을 공제한다. 근로소득금액 = 근로소득 총수입금액 - 근로소득공제
	근로소득 공제	• 500만원 이하: 총급여액 × 70% • 500만원 초과 1,500만원 이하: 350만원 + (총급여액 - 500만원) × 40% • 1,500만원 초과 4,500만원 이하: 750만원 + (총급여액 - 1,500만원) × 15% • 4,500만원 초과 1억원 이하: 1,200만원 + (총급여액 - 4,500만원) × 5% • 1억원 초과: 1,475만원 + (총급여액 - 1억원) × 2%
	수입시기	• 급여: 근로를 제공한 날 • 잉여금 처분에 의한 상여: 당해 법인의 잉여금 처분결의일 • 인정상여: 당해 사업연도 중 근로를 제공한 날 • 주식매수선택권: 행사한 날
	과세 방법	근로소득만 있는 거주자에 대해서는 연말정산을 통해 납세의무가 종결되나, 근로소득 외의 종합소득 합산과세 대상 소득이 있는 거주자는 반드시 근로소득과 타 소득을 모두 합산하여 종합소득 확정신고를 해야 함

2. 일용근로자의 원천징수세액 중요

일용근로자*의 근로소득은 종합소득 과세표준에 합산하지 않고 다음의 계산식에 의한 세액을 원천징수함으로써 납세의무가 종결된다.

원천징수세액 = (일급여액 - 150,000원) × 6% - 근로소득세액공제(산출세액 × 55%)

6 연말정산 중요

원천징수 의무자가 근로자에게 지급한 총급여액에 대한 근로소득세액을 종합과세의 방법으로 세액을 계산하여 확정한 후, 매월 급여지급 시 간이세액표에 의하여 이미 원천징수하여 납부한 세액과 비교한 후 과부족을 정산하는 절차이다.

* **일용근로자**
일용근로자는 근로를 제공한 날 또는 시간에 따라 급여를 계산하거나 근로 성과에 따라 급여를 지급받는 자를 말한다.

▶ **일용근로자 고용기간 차이**
• 4대보험법: 1개월 미만
• 소득세법: 3개월(건설업은 1년) 미만

1. 연말정산 개요

(1) 연말정산 의무자
일반적으로 근로소득을 지급하는 모든 개인·법인(국가, 지방자치단체 등 포함)은 연말정산의 의무가 있다.

(2) 연말정산 시기 〈중요〉

구분	연말정산 시기	신고·납부기한	지급명세서의 제출기한
월별 납부자	다음 해 2월 말일	다음 해 3/10	다음 해 3/10
반기별 납부자		다음 해 7/10	

> **TIP**
> 상시고용 인원이 20인 이하인 경우 반기별 납부자로 분류되며, 소득의 지급일이 속하는 반기의 다음 달 10일까지 신고·납부한다.

(3) 2개 이상의 근로소득이 있는 경우 연말정산
종된 근무지의 근로소득 원천징수영수증을 발급받아 주된 근무지의 원천징수 의무자에게 제출하여 연말정산한다.

(4) 중도입사자 연말정산
전근무지의 근로소득 원천징수영수증을 발급받아 해당 연도 근로소득에 합산하여 연말정산한다.

(5) 연말정산 시 근로자 제출서류 〈중요〉
근로소득공제신고서, 기부금명세서, 의료비지급명세서, 신용카드소득공제신청서 등의 소득공제 및 세액공제를 적용받기 위한 증명서류를 제출한다.

2. 과세표준 및 세액의 계산구조

(1) 종합소득세액의 계산구조

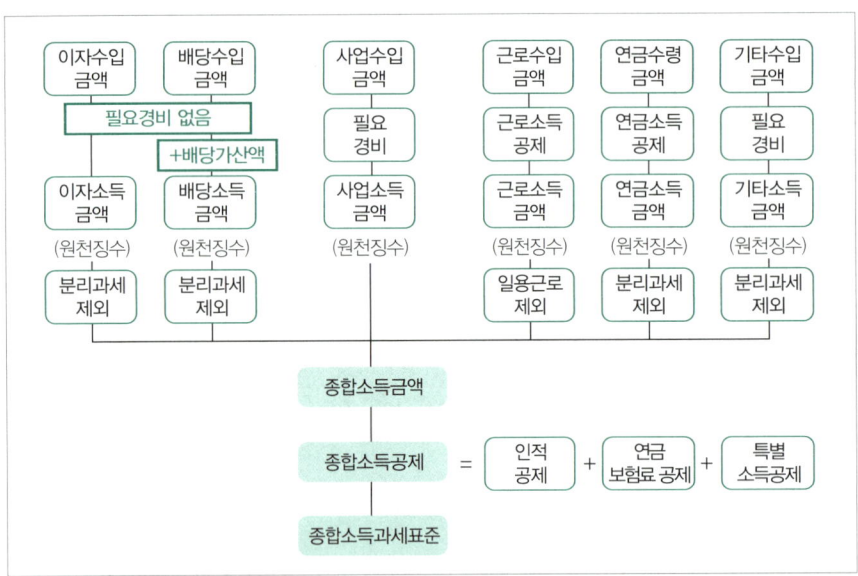

종합소득 과세표준 × 세율

= 종합소득 산출세액 − 세액공제·감면(배당세액공제, 외국납부세액공제, 근로소득세액공제, 특별세액공제 등)

= 종합소득 결정세액 + 가산세 − 기납부세액(중간예납세액, 원천징수세액, 수시부과세액)

= 차감납부세액

(2) 종합소득 기본 세율

과세표준	기본 세율
1,400만원 이하	6%
1,400만원 초과 5,000만원 이하	15%
5,000만원 초과 8,800만원 이하	24%
8,800만원 초과 1억 5천만원 이하	35%
1억 5천만원 초과 3억원 이하	38%
3억원 초과 5억원 이하	40%
5억원 초과 10억원 이하	42%
10억원 초과	45%

3. 종합소득공제

구분		내용

인적 공제	기본 공제	• 기본공제액 = 기본공제 대상자의 수 × 150만원
		• 기본요건
		  – 연령: 20세 이하 또는 60세 이상
		  – 연간 소득금액 합계액: 100만원 이하(총급여 500만원 이하의 근로소득만 있는 부양가족을 포함함)
		• 당해 거주자(본인): 무조건 기본공제 대상임
		• 배우자: 연간 소득금액이 100만원 이하인 자(연령요건은 없음)
		• 부양가족(배우자의 직계존속·형제자매 포함): 연간 소득금액이 100만원 이하인 자로서 당해 거주자와 생계를 같이하는 다음의 자
		  – 직계존속(계부·계모 포함*): 60세 이상인 자
		    *직계존속이 재혼한 배우자를 직계존속 사후에도 부양하는 경우를 포함함
		  – 직계비속*(재혼한 경우 배우자의 비속 포함)과 동거 입양자: 20세 이하인 자
		    *이 경우 해당 직계비속(입양자)과 그 배우자가 모두 장애인인 경우 그 배우자를 포함함
		  – 형제자매: 20세 이하 또는 60세 이상인 자
		  –「국민기초생활보장법」제2조 제2호의 수급자
		  – 6개월 이상 양육한 위탁아동, 보호기간이 연장된 20세 이하인 위탁아동 포함
		
		〈부양가족 요건과 판정 시기〉
		① 부양가족 요건
		  해당 과세기간 종료일 현재 주민등록표상의 생계를 함께하는 가족으로서 당해 거주자의 주소 또는 거소지에서 현실적으로 생계를 같이하는 자를 의미한다. 다만, 아래의 경우에는 동거하지 않아도 생계를 같이하는 자로 본다.
		  • 배우자 및 직계비속, 입양자(항상 생계를 같이하는 자로 봄)
		  • 이외의 부양가족의 경우에는 취학, 질병의 요양, 근무상/사업상 형편 등으로 일시 퇴거 중인 경우
		  • 주거 형편상 별거 중인 직계존속
		② 판정 시기
		  공제 대상자의 판정 시기는 해당 연도의 과세기간 종료일 현재의 상황에 따라 판정한다. 다만, 과세기간 종료일 전에 사망 또는 장애가 치유된 경우 사망일 전일 또는 치유일 전일의 상황에 따라 판정한다. 연령 기준이 정해진 공제의 경우에는 해당 과세기간 중 기준 연령에 해당하는 날이 하루라도 있는 경우에는 공제 대상자에 해당한다.

추가 공제		• 경로우대자 공제: 기본공제 대상자 중 70세 이상인 자가 있는 경우 – 100만원 • 장애인 공제: 기본공제 대상자 중 장애인이 있는 경우 – 200만원 • 부녀자 공제: 해당 과세기간의 종합소득금액이 3천만원 이하인 거주자로서 본인이 배우자가 없는 여성으로 부양가족이 있는 세대주이거나 배우자가 있는 여성인 경우 – 50만원 • 한부모 소득공제: 배우자가 없는 자로서 부양자녀(20세 이하)가 있는 경우(부녀자 공제와 중복 적용 배제) – 100만원
연금보험료 공제		종합소득이 있는 거주자가 다음에 해당하는 보험료 등을 납부한 경우에는 당해 연도의 종합소득금액에서 당해 연도에 납부한 보험료 등을 공제함 • 「국민연금법」에 의하여 부담하는 연금보험료 • 「공무원연금법」, 「군인연금법」 등에 의하여 근로자가 부담하는 기여금 또는 부담금
주택담보 노후연금 이자비용공제		• 공제 대상자: 연금소득이 있는 거주자가 주택담보 노후연금을 받은 경우 • 공제한도: 200만원(연금소득금액을 초과하는 경우 초과 금액은 없는 것으로 함)
특별소득 공제	사회보험료 공제	근로소득이 있는 거주자(일용근로자는 제외)가 해당 과세기간에 「국민건강보험법」, 「고용보험법」 또는 「노인장기요양보험법」에 따라 근로자가 부담하는 보험료를 지급한 경우 그 금액을 해당 과세기간의 근로소득금액에서 전액 공제함
	주택임차자금 차입금원리금 상환액공제	과세기간 종료일 현재 주택을 소유하지 않은 세대의 세대주(세대의 구성원, 법 소정 외국인 포함)로서 근로소득이 있는 거주자가 국민주택 규모의 주택(주거용 오피스텔 포함)을 임차하기 위하여 주택임차자금차입금의 원리금 상환액을 지급하는 경우 – 주택임차자금 원리금 상환액×40%
	장기주택 저당차입금 이자상환액공제	근로소득이 있는 거주자로서 주택을 소유하지 않거나 1주택을 보유한 세대의 세대주(세대의 구성원, 법 소정 외국인 포함)가 취득 당시 기준 시가 6억원 이하인 주택을 취득하기 위하여 그 주택에 저당권을 설정하고 금융회사나 주택도시기금으로부터 차입한 장기주택저당차입금의 이자를 상환하는 경우 – 이자상환액×100%
	주택청약 종합저축 등에 대한 소득공제	총급여액 7,000만원 이하의 근로소득자인 무주택세대주 및 그 배우자가 해당 과세연도법에 따른 청약저축, 주택청약종합저축, 근로자 주택마련저축에 납입한 금액이 있는 경우 – 저축 불입액의 40%

4. 「조세특례제한법」상 소득공제

(1) 신용카드 등 사용금액에 대한 소득공제 중요

구분	내용
신용카드 범위	신용카드·직불카드·제로페이·기명식 선불카드·기명식 선불전자지급수단 또는 전자화폐·현금영수증·학원수강료 등 지로납부액(무기명식 선불카드 및 외국에서 발행한 신용카드 제외)
공제 대상	총급여의 25% 초과 사용금액
공제율	결제수단·대상별 차등 적용 | 구분	공제율
신용카드	15%
현금영수증·직불카드 등	30%
문화체육사용분(도서·신문·공연·박물관·미술관·영화관람료, 수영장·체력단련장 시설이용료)	
전통시장·대중교통	40%	

TIP

수영장 및 체력단련장 시설이용료는 25.07.01 이후 지출하는 분부터 적용한다.

공제한도	총급여 기준별 차등 적용			
	공제한도 \ 총급여		7천만원 이하	7천만원 초과
	기본공제 한도		300만원	250만원
	추가공제 한도	전통시장	300만원	200만원
		대중교통		
		도서·공연 등		–
사용자 범위	• 본인·배우자 또는 생계를 같이하는 직계존·비속(단, 배우자의 직계존속은 포함, 형제자매는 제외) • 본인 이외의 자는 소득요건은 적용되나, 연령요건은 적용하지 않음			

> **신용카드소득공제와 중복공제**
>
> 의료비 특별세액공제는 신용카드소득공제와 중복공제가 가능하지만 교육비 특별세액공제는 신용카드소득공제와 중복공제가 되지 않는다(단, 취학 전 아동의 학원비와 체육시설 수강료, 중·고등학생 교복 구입비, 장애인 특수교육비는 중복공제 가능).

(2) 개인연금저축소득공제

불입액의 40%와 72만원 중 적은 금액

5. 세액공제 중요

구분	공제 요건	세액공제
외국납부 세액공제	외국납부세액이 있는 경우	• 공제액 = 외국납부세액 • 한도액 = 산출세액 × 국외 원천소득 ÷ 종합소득금액
배당세액공제	배당소득에 배당가산액을 합산한 경우	• 공제액 = 배당가산액 • 한도액 = 산출세액 – 종합소득비교과세액
근로소득 세액공제	근로소득이 있는 경우	• 공제액 = 근로소득 산출세액 × 55%(산출세액 130만원 초과분은 30%) • 단, 일용근로자는 한도 없이 산출세액의 55%를 적용
기장세액공제	간편장부 대상자가 기장한 경우	• 기장된 사업소득에 대한 산출세액 × 20% • 한도액 = 100만원
재해손실 세액공제	재해상실 비율이 20% 이상인 경우	• 공제액 = 소득세액 × 재해상실 비율 • 한도액 = 재해상실자산가액
자녀세액공제	종합소득이 있는 거주자의 기본공제 대상자의 자녀(입양자, 위탁아동 포함) 및 손자녀로 8세 이상의 사람에 대해서는 자녀의 수에 따라 금액을 공제함	• 1명: 연 25만원 • 2명: 연 55만원 • 3명 이상인 경우: 연 55만원 + 2명 초과 시 1명당 연 40만원
	해당 과세기간에 출산하거나 입양 신고한 공제 대상 자녀가 있는 경우	• 출산하거나 입양 신고한 공제 대상 자녀가 첫째인 경우: 연 30만원 • 출산하거나 입양 신고한 공제 대상 자녀가 둘째인 경우: 연 50만원 • 출산하거나 입양 신고한 공제 대상 자녀가 셋째 이상인 경우: 연 70만원

연금계좌 납입세액공제	종합소득이 있는 거주자(소득·나이에 따른 차등 없음)	• 연금계좌에 납입한 금액(이연퇴직소득, 다른 계좌에서 이체된 금액은 제외) 중 12%, 15%를 해당 과세기간의 종합소득 산출세액에서 공제 • 연금계좌 중 연금저축계좌에 납입한 금액이 연 600만원을 초과하는 경우에는 그 초과하는 금액은 없는 것으로 하고, 연금저축계좌에 납입한 금액 중 600만원 이내의 금액과 퇴직연금계좌에 납입한 금액을 합한 금액이 연 900만원을 초과하는 경우에는 그 초과하는 금액은 없는 것으로 함 총한도 900만원 = ① 연금저축납부액 (600만원 한도) + ② 퇴직연금

6. 특별세액공제(보험료, 의료비, 교육비, 기부금)

근로소득자만 받을 수 있으며, 해당 거주자가 신청한 경우에 한해서만 적용한다. 단, 성실사업자 또는 성실신고확인서를 제출한 사업자는 교육비 세액공제 및 의료비 세액공제(해당액의 20%, 15%)를 적용받을 수 있다.

(1) 보험료 세액공제

① 근로소득이 있는 거주자(일용직은 제외)가 해당 과세기간에 보장성 보험의 계약에 따라 지급하는 경우 그 금액의 12%(장애인 전용 보장성 보험료 15%)에 해당하는 금액을 종합소득산출세액에서 공제한다. 단, 연 100만원을 초과하는 경우 그 초과 금액은 없는 것으로 한다.
② 신설: 주택임차보증금 반환 보증보험료 추가(다만, 보증 대상 임차보증금이 3억원을 초과하는 경우에는 제외) – 12%

> • 보험료 세액공제액 = 일반 보장성 보험료 납입액의 12%(장애인 전용 보장성 보험료 납입액의 15%)
> • 일반 보장성 보험료 100만원 한도, 장애인 전용 보장성 보험료 100만원 한도

(2) 의료비 세액공제 <중요>

근로소득이 있는 거주자가 기본공제 대상자(나이, 소득 제한 없음)를 위하여 해당 과세기간에 의료비를 지급한 경우 15%(난임시술비 30%, 미숙아·선천성이상아 의료비 20%)에 해당하는 금액을 공제한다.

> • 의료비 세액공제액 = (일반의료비 지출액 + 본인 등 의료비 지출액) × 15% + 난임시술비 × 30%
> • 일반의료비 = Min[총급여의 3% 초과액, 700만원]
> • 전액 의료비 공제 대상자인 본인, 장애인, 65세 이상 노인의료비, 과세기간 개시일 현재 6세 이하, 건강보험 산정특례자* = 15%
> • 일반의료비 대상자는 전액 공제 대상자 이외의 자

※ 건강보험 산정특례자
중증질환, 희귀난치성 질환, 결핵으로 진단받아 본인부담 산정특례 대상자로 등록한 자

＋ 의료비 공제 대상

- 진찰, 치료, 질병 예방을 위한 의료기관 지출액(미용성형 비용 제외)
- 치료·요양을 위한 의약품(건강증진 비용 제외)
- 장애인 보장구 및 의료기기 구입과 임차 비용
- 의사, 한의사 등의 처방에 의한 비용
- 시력보정용 안경, 콘택트렌즈 구입비(1인당 50만원 이내 금액)

- 보청기 구입비
- 보철, 임플란트, 스케일링 등
- 라식, 라섹 비용
- 임신 관련 비용(초음파, 인공수정을 위한 검사 및 시술비)
- 출산 관련 분만 비용(「의료법」상 의료기관만 인정, 조산원은 의료기관임)
- 예방접종, 의료기관에 지출한 식대, 건강검진비
- 산후조리원 비용 의료비 세액공제 적용(소득세법 시행령 제118의 5)
  – 산후조리 비용의 총급여액 조건 없이 적용
  – 산후조리원에 지급하는 비용 한도 200만원, 세액공제율 15%

＋ 의료비 공제 대상 제외 금액

- 해외 의료기관에 지출한 의료비
- 미용성형 의료비
- 건강증진 비용
- 실손 의료비 보험금으로 보전 받은 금액

(3) 교육비 세액공제

근로소득이 있는 거주자가 그 거주자와 기본공제 대상자(나이 제한 없음, 소득 제한 존재)를 위한 교육비 지급액의 15%에 해당하는 금액을 공제한다. 다만, 소득세 또는 증여세가 비과세되는 대통령령으로 정하는 교육비는 공제하지 않는다.

① 교육비 공제 대상인 기본공제 대상자는 배우자, 직계비속, 형제자매, 입양자, 위탁아동을 말한다(직계존속은 제외).
② 장애인 특수교육비는 나이 제한, 소득 제한이 없기 때문에 직계존속도 공제 대상이다. 이때 교육비는 수업료, 입학금, 보육 비용, 수강료, 공교육비를 말하며, 사교육비는 제외한다(대학원 교육비는 본인만 공제).
③ 든든학자금 및 일반 상환학자금 대출의 원리금 상환액(생활비 대출금액은 제외), 초·중·고등학생을 위한 교육비(급식비, 교과서 대금, 교복 구입비(중·고등학생에 한해 1인당 50만원 한도), 방과 후 학교 수강료, 교재 구입비 등 포함), 초·중·고등학생의 수련활동 및 수학여행 현장체험학습비(한도 30만원), 유치원, 어린이집 등에서 실시하는 방과 후 학교 수업료 및 특별활동비와 교재 구입비도 공제 대상에 포함된다.
④ 국외교육기관에 지급한 교육비(유치원, 초·중·고, 대학교)는 공제 대상에 포함된다.
⑤ 대학입학전형료, 수능응시료는 공제 대상에 포함된다.
⑥ 직업능력 개발 훈련시설에서 실시하는 직업능력 개발 훈련을 위하여 지급한 수강료는 공제 대상에 포함된다. 다만, 지원금 등을 받는 경우에는 이를 제외한 금액으로 한다.
⑦ 인가받지 않은 놀이방 등은 공제 대상에 해당하지 않는다.

(4) 기부금 세액공제

① 공제 요건
- 사업소득만 있는 자는 기부금을 필요경비에 산입하여 기부금 공제를 받을 수 없다. 단, 사업소득과 그 외 소득이 함께 있다면 기부금을 필요경비 산입과 기부금 세액공제 중 선택이 가능하다.
- 기부금 세액공제는 특례기부금과 일반기부금을 합한 금액의 15%이며, 그 금액이 1천만원 초과 시 초과분은 30%를 적용하여 세액공제한다.
- 부양가족의 경우 소득 요건을 충족해야 하나, 나이 요건은 충족하지 않아도 된다.

② 기부금의 종류

특례기부금	• 국가 등에 무상으로 기증하는 금품 • 국방헌금과 위문금품 • 이재민 구호금품(천재지변) • 사립학교 등에 지출하는 기부금 • 사회복지공동모금회에 출연하는 금액 • 독립기념관, 대한적십자사 기부금 • 특별재난지역을 복구하기 위하여 자원봉사한 경우 그 용역의 가액 • 정치자금기부금(본인만 공제 대상): 10만원까지는 정치자금세액공제를 적용, 10만원 초과분은 법정기부금으로 구분
우리사주조합에 지출하는 기부금	우리사주조합원이 아닌 거주자에 한함

일반기부금	• 종교단체 기부금
	• 종교단체 외
	  – 노동조합에 납부한 회비, 사내근로복지기금에 지출한 기부금
	  – 사회복지 등 공익 목적의 기부금
	  – 무료·실비 사회복지시설, 불우이웃돕기 결연기관 기부금

> **TIP**
> 종친회 기부금, 동창회비 기부금은 비지정기부금으로 공제 대상이 되지 않는다.

③ 기부금 이월공제: 기부금이 한도액을 초과한 경우와 기부금 세액공제를 받지 못한 경우 법정기부금, 지정기부금은 해당 과세기간의 다음 과세기간의 개시일부터 10년 이내에 끝나는 각 과세기간에 이월하여 기부금 세액공제액을 계산한 후 그 금액을 공제기준 산출세액에서 공제한다. 이월공제 시 필요경비 산입한도의 범위에서 법정기부금과 지정기부금을 구분하여 이전 과세기간에 발생하여 이월된 기부금의 금액부터 필요경비에 산입한 다음 해당 과세기간에 발생한 기부금을 필요경비에 산입한다. 이 경우 먼저 발생하여 이월된 기부금의 금액부터 차례대로 필요경비에 산입한다.

(5) 월세 세액공제

① 대상자: 해당 과세기간 총급여액이 8천만원 이하의 무주택 세대주 근로자(종합소득금액이 7천만원 이하), 성실사업자의 경우 월세의 15%를 세대주 또는 그 구성원(기본공제 대상자)이 공제받을 수 있다(무주택 외국인 근로자도 포함).

② 세액공제

> 월세액(연 1천만원 한도)×15%
> (단, 총급여액 5천 5백만원 이하인 근로자(종합소득금액 4천 5백만원 이하)는 17% 적용)

(6) 혼인세액공제

혼인신고를 한 거주자가 생애 1회에 한하여 혼인신고를 한 연도에 50만원을 공제받을 수 있다.

(7) 전자신고 세액공제

① 납세자가 직접 전자신고 시: 2만원 세액공제
② 세무대리인이 대리 전자신고 시: 신고 건수당 2만원(한도 300만원)

(8) 정치자금의 세액공제 및 소득공제

거주자(개인)가 「정치자금법」에 따라 정당 등에 기부한 정치자금의 경우 10만원 한도 내의 금액은 기부금액의 100/110을 세액공제하고, 10만원을 초과한 금액은 기부금으로 보고 특별세액공제를 한다(본인만 공제 대상).

> **혼인세액공제의 적용기간**
> 2024~2026년에 혼인신고를 한 거주자로서 2025.01.01. 이후 과세표준을 신고하거나 연말정산하는 분부터 적용한다.

➕ 특별세액공제 기준 요약

구분	보험료		의료비	교육비		기부금
	일반	장애인		일반	장애인특수	
나이 요건	○	×	×	×	×	×
소득 요건	○	○	×	○	×	○
세액공제	12%	15%	15%, 20%, 30%	15%		15%, 30%

※ 근로기간에 지출한 비용만 세액공제 대상이 되며, 예외적으로 기부금 세액공제는 1년 동안 지출한 금액 모두 대상이 됨

> 💡 **TIP**
> 보험료, 의료비, 교육비에 대한 특별세액공제 적용 시 과세기간 종료일 이전에 혼인, 이혼 등으로 기본 공제 대상자에 해당하지 않게 된 부양가족에 대해 지급한 보험료, 의료비, 교육비가 있는 경우에는 사유 발생일까지 이미 지출한 금액에 세액공제를 한다.

7. 표준세액공제

근로소득자는 연 13만원, 성실사업자는 연 12만원, 근로소득자가 아닌 자는 연 7만원을 공제하기로 한다.

8. 소득세 신고 및 중간예납

사업소득이 있는 거주자는 중간예납의 의무가 있다. 따라서 사업소득이 있는 거주자는 상반기 1월부터 6월까지의 소득세를 미리 납부한다. 원칙적으로 중간예납은 고지납부해야 하며 납부기한은 11월 30일까지로 한다(단, 소액부징수*가 50만원 미만인 경우에는 징수하지 않음). 예외적으로 사업부진자 중간예납 기준액(직전 연도의 종합소득에 대한 소득세 납부세액)의 30%에 미달하는 경우 중간예납추계액을 신고·납부할 수 있다.

❋ 소액부징수
- 원천징수세액이 1천원 미만인 경우 (이자소득은 제외함)
- 중간예납세액이 50만원 미만인 경우
- 납세조합의 징수세액이 1천원 미만인 경우

(1) 중간예납 대상 제외자
① 신규사업자
② 사업소득 중 수시로 부과하는 소득
③ 보험모집인, 방문판매인, 음료배달원과 같이 연말정산 대상 사업소득으로서 원천징수의무자가 직전 연도 사업소득세의 연말정산을 한 경우
④ 납세조합이 소득세를 매월 원천징수하여 납부하는 경우

(2) 확정신고와 납부
① 확정신고: 당해 연도의 종합소득, 퇴직소득, 양도소득이 있는 거주자는 당해 소득의 과세표준을 당해 다음 연도 5월 1일부터 5월 31일까지 납세지 관할세무서장에게 신고하여야 한다. 확정신고 시 해당 과세기간의 과세표준이 없거나 결손금액만 존재하는 경우에도 확정신고를 하여야 한다.
② 납부: 거주자는 해당 연도의 과세표준에 대한 종합소득, 퇴직소득, 양도소득의 산출세액에서 감면세액, 공제세액, 기납부세액을 공제한 금액을 과세표준 확정신고기한까지 납세지 관할세무서에 납부한다.

(3) 분납
납부할 세액이 1천만원을 초과하는 거주자는 납부기간 경과 후 2개월 이내에 분납할 수 있다.
① 납부할 세액이 2천만원 이하인 경우: 1천만원을 초과하는 금액
② 납부할 세액이 2천만원 초과인 경우: 세액의 50% 이하의 금액

기출&확인 문제

01
2025년도 기준 비과세 소득(소득세를 부과하지 않는 소득)으로 적절하지 않은 것은?

① 현물급식
② 육아휴직수당
③ 월 30만원 식대
④ 월 20만원 이내 자가운전보조금

해설
식사를 제공받지 않은 경우의 식대는 월 20만원 이내 비과세 소득이며, 초과하는 금액은 과세 소득이다.

02 [2024년 4회]
연말정산 시 근로자 제출서류로 적합하지 않은 것은?

① 기부금명세서
② 의료비지급명세서
③ 신용카드소득공제신청서
④ 원천징수이행상황신고서

해설
원천징수이행상황신고서는 소득을 지급하는 자가 세금을 미리 징수하여 납부할 때 작성하는 서류이다.

03 [2022년 3회]
여러 종류의 소득 중에서 개인별로 종합하여 과세하지 않고 별도로 과세하는 소득은?

① 이자소득
② 기타소득
③ 근로소득
④ 퇴직소득

해설
• 종합과세 대상 소득: 이자소득, 배당소득, 사업소득, 근로소득, 연금소득, 기타소득
• 분류과세 대상 소득: 양도소득, 퇴직소득

04 [2017년 1회]
다음의 ( ) 안에 들어갈 적절한 용어는?

보기
(　　　)(이)란 근로소득을 지급하는 자가 다음 해 2월분 급여를 지급하는 때에 1년간 지급한 급여액에서 세법에서 인정하는 비과세 소득을 차감하고 근로자가 제출한 소득공제신고서에 의하여 각종 소득공제액 및 세액공제액을 계산하여 근로자별로 부담하여야 할 연간소득액을 확정하는 것을 말한다.

(답:　　　　　　　)

05 [2023년 3회]
[보기]에서 (A)에 들어갈 용어를 한글로 작성하시오.

보기
• 종합과세: 원천이나 유형이 다른 종류의 소득을 모두 하나의 과세표준에 합산하여 과세하는 방법이다.
• (A): 원천징수를 통하여 과세당국에 납부함으로써 납세의무를 이행하는 과세 방법이다.
• 분류과세: 종합과세 대상에 합산하지 않고 구분된 일정 소득을 각각 별도의 과세표준으로 과세하는 방법이다.

(답:　　　　　　　)

06 [2022년 5회]
[보기]는 무엇에 대한 설명인가?

보기
장기간에 걸쳐 발생하는 퇴직소득 또는 양도소득은 다른 소득과 합산하지 않고 별도로 과세한다.

① 종합과세
② 분리과세
③ 분류과세
④ 병합과세

해설
• 종합과세: 원천이나 유형이 다른 종류의 소득을 모두 하나의 과세표준에 합산하여 과세하는 방법
• 분리과세: 일정한 소득을 지급할 때 당해 소득의 지급자가 원천징수를 통하여 과세당국에 납부함으로써 납세의무를 종결시키는 과세 방법

| 정답 | 01 ③　02 ④　03 ④　04 연말정산　05 분리과세　06 ③

07 [2025년 1회]

[보기]에서 설명하는 용어를 한글로 작성하시오.

> **보기**
> - 원천징수 의무자가 소득을 받는 사람에게 소득을 지급했다는 것을 증명하기 위해 소득자에게 주는 서류를 의미한다.
> - 해당 서류에는 소득의 지급 사실뿐만아니라 소득자로부터 세금을 원천징수했다는 것을 증명하는 서류로도 사용된다.

(답 :   )

08

다음 중 원천징수에 대한 설명으로 적합하지 않은 것은?

① 원천징수란 소득 또는 수입금액을 지급하는 원천징수 의무자가 그 금액을 지급할 때, 상대방인 원천납세 의무자가 내야 할 세금을 국가를 대신하여 징수하고 납부하는 조세 징수 방법이다.
② 완납적 원천징수란 원천징수에 의하여 납세의무가 종결되는 원천징수를 말한다.
③ 예납적 원천징수란 당해 원천징수에 의하여 납세의무가 종결되는 것이 아니라 확정신고 시 납부할 세액에 대한 예납적 성격의 원천징수를 말한다.
④ 원천징수 의무자는 원천징수한 세금을 소득지급일이 속하는 달의 마지막 날까지 관할세무서 또는 금융기관에 납부해야 한다.

해설
원천징수 의무자는 원천징수한 세금을 소득지급일이 속하는 달의 다음 달 10일까지 관할세무서 또는 금융기관에 납부해야 한다.

09 [2025년 1회]

근로소득의 연말정산과 관련하여 인적공제의 추가공제에 해당하지 않는 항목은?

① 부녀자 공제
② 장애인 공제
③ 위탁아동 공제
④ 경로우대자 공제

해설
인적공제의 추가공제 항목에는 경로우대자 공제, 장애인 공제, 부녀자 공제, 한부모 공제가 있다.

10

2025년도 종합소득 기본세율을 적용하였을 때, 종합소득이 10억 원을 초과할 경우 기본세율은 몇 %인지 숫자로 작성하시오.

(답 :   %)

11 [2023년 4회]

[보기]는 연말정산에 대한 내용이다. 일반적인 연말정산의 순서로 가장 적절한 것은?

> **보기**
> - A. 연말정산 정보 확인
> - B. 원천징수영수증 수령 및 결과 확인(회사 → 근로자)
> - C. 소득세액공제 증명서류 수집
> - D. 연말정산 환급금 수령(회사 → 근로자)
> - E. 소득/세액공제신고서 작성 후 회사 제출(근로자 → 회사)

① A-D-C-B-E
② D-A-B-E-C
③ A-C-E-B-D
④ A-E-C-D-B

해설
연말정산 시에는 1월 초에 연말정산 정보를 확인하고 소득/세액공제 증명서류를 수집한다. 2월에는 편리한 연말정산을 이용하여 소득/세액공제신고서를 작성하여 회사에 제출하고 원천징수영수증을 수령한 후 결과를 확인한다. 마지막으로 3월~4월 경에 연말정산 환급금을 수령한다.

12 [2023년 4회]

[보기]는 무엇에 대한 설명인지 한글로 작성하시오.

> **보기**
> 원천징수 의무자가 근로자에게 매월 급여를 지급하는 때에 원천징수해야 하는 세액을 급여수준 및 기본공제 대상 가족수별로 정한 표를 의미한다.

(답 :   )

13 [2024년 3회]

[보기]의 (   ) 안에 들어갈 금액은 얼마인가? (정답은 단위를 제외한 숫자만 작성하시오)

> **보기**
> 신제품 개발을 위한 프로모션 행사진행을 위한 일용직 사원의 일당 200,000원을 현금으로 지급하는 경우 당사가 원천징수하여야 할 소득세는 (   )원이다(단, 지방소득세는 포함하지 않는다).

(답 :   )

해설
원천징수세액 = (일급여액 − 150,000원)×6% − 근로소득세액공제(산출세액×55%)
200,000원 − 150,000원(비과세) = 50,000원(과세표준)
50,000원×6% = 3,000원(산출세액)
3,000원×55% = 1,650원(세액공제)
∴ 원천징수할 소득세: 3,000원 − 1,650원 = 1,350원

| 정답 | 07 원천징수영수증 | 08 ④ | 09 ③ | 10 45 | 11 ③ |
| | 12 간이세액표 | 13 1,350 | | | |

이론

PART 05

노사관계

CHAPTER 01   노사관계

Enterprise Resource Planning

I NCS 능력단위 요소

- ☑ 노사관계 계획 0202020201_19v2
- ☑ 단체교섭 0202020204_19v2
- ☑ 노동쟁의 대응 0202020206_19v2

CHAPTER 01 노사관계

빈출 키워드
- ☑ 근로시간
- ☑ 숍제도
- ☑ 부당노동행위
- ☑ 노동조합의 형태
- ☑ 단체교섭의 유형

1 근로시간관리

1. 근로시간관리의 의의
① 근로자가 사용자(사업주 또는 경영 담당자)와의 근로계약에 따라 실제로 노동하는 시간(휴게시간 제외)을 근로시간이라 한다.
② 근로시간은 중요한 근로조건이며 근로자에게 노동의 재생산성을 유지시키고 근로자의 기본적 생활을 보장하기 위해서 제한이 필요하다.
- 기업 입장에서의 근로시간관리: 노동력을 활용할 수 있는 자원, 비용 발생의 원인
- 근로자 입장에서의 근로시간관리: 육체적·정신적 구속 시간, 근로소득 발생의 원천

2. 근로시간제의 유형

(1) 법정 근로시간제(근로기준법 제50조)
① 휴게시간을 제외하고 1일 8시간, 1주 40시간을 초과할 수 없다.
② 근로시간을 산정함에 있어 작업을 위하여 근로자가 사용자의 지휘·감독 아래에 있는 대기시간 등은 근로시간으로 본다.

(2) 탄력적 근로시간제(근로기준법 제51조)
① 취업규칙(취업규칙에 준하는 것 포함)에서 정하는 바에 따라 일정한 기간 내에서 어느 주 또는 어느 날의 근로시간을 탄력적으로 배치하여 운용하는 근로시간제이다.
② 일정한 기간을 단위로, 총근로시간이 기준 근로시간 이내인 경우 그 기간 내 어느 주 또는 어느 날의 근로시간이 기준 근로시간을 초과하더라도 연장근로가 되지 않는 근로시간제를 말한다.
- 2주 단위 이내 탄력적 근로시간제: 2주 이내의 일정한 단위기간을 평균하여 특정 주에 1주간 40시간을, 특정 일에 1일 8시간을 초과하여 근로하게 할 수 있다(다만, 특정 주의 근로시간은 48시간 초과 불가).
- 3개월 단위 이내 탄력적 근로시간제: 3개월 이내의 단위기간을 평균하여 특정 주에 1주간 40시간을, 특정 일에 1일 8시간을 초과하여 근로하게 할 수 있다(다만, 특정 주의 근로시간은 52시간, 특정 일의 근로시간은 12시간 초과 불가).
- 15세 이상 18세 미만의 근로자와 임신 중인 여성 근로자에 대하여는 적용하지 않는다.
- 사용자는 근로자를 근로시킬 경우 기존의 임금수준이 낮아지지 않도록 임금보전 방안을 강구하여야 한다.

(3) 선택적 근로시간제(근로기준법 제52조)
① 사용자가 취업규칙에 따라 업무의 시작 및 종료 시각을 근로자의 결정에 맡기기로 한 근로시간제이다.
② 근로자 대표와의 서면 합의에 따라 다음의 사항을 정하면 1개월(신상품 또는 신기술의 연구개발 업무의 경우에는 3개월로 함) 이내의 정산기간을 평균하여 1주간의 근로시간이 40시간을 초과하지 않는 범위에서 1주간에 40시간을, 1일에 8시간을 초과하여 근로하게 할 수 있다.

> **미성년자의 근로시간**
> 15세 이상 18세 미만인 자의 근로시간은 1일에 7시간, 1주에 35시간을 초과하지 못한다. 다만, 당사자 사이의 합의에 따라 1일에 1시간, 1주에 5시간을 한도로 연장할 수 있다(근로기준법 제69조).

③ 사용자는 1개월을 초과하는 정산기간을 정하는 경우에는 다음의 조치를 하여야 한다.
- 근로일 종료 후 다음 근로일 시작 전까지 근로자에게 연속하여 11시간 이상의 휴식시간을 줘야 한다. 다만, 천재지변 등 대통령령으로 정하는 불가피한 경우에는 근로자대표와의 서면 합의가 있으면 이에 따른다.
- 매 1개월마다 평균하여 1주간의 근로시간이 40시간을 초과한 시간에 대해서는 통상임금의 100분의 50 이상을 가산하여 근로자에게 지급해야 한다. 이 경우 연장·야간 및 휴일근로는 적용하지 않는다.

[부분 선택적 근로시간제] 의무적 근로시간대와 선택적 근로시간대 중요

의무적 근로시간대(Core Time)는 근로자가 반드시 근로하여야 할 시간대이며, 선택적 근로시간대는 근로자가 스스로 결정하여 근로의 제공 여부를 결정할 수 있는 시간대를 말한다.
※ 예 의무적 근로시간대: 10시~15시, 선택적 근로시간대: 7시~20시

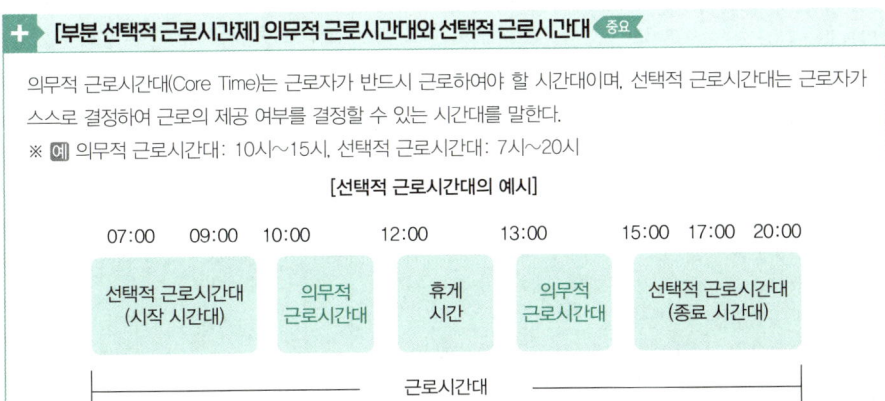

[선택적 근로시간대의 예시]

(4) 간주 근로시간제
근로자가 출장, 기타의 사유로 인하여 근로시간의 전부 또는 일부를 사업장 밖에서 근로하여 근로시간 산정이 어려운 경우 근로시간에 관계없이 일정 합의시간을 근로시간으로 본다.

(5) 재량 근로시간제
취재, 연구, 설계 및 분석, 디자인 업무 등과 같이 업무의 수행 방법이나 수단, 시간 배분 등이 근로자의 재량에 따라 결정되어 근로시간보다 성과에 의해 근무 여부를 판단할 수 있는 경우 노사 간의 합의시간을 근로시간으로 본다.

(6) 교대근무제 중요
근로자들을 2개 이상의 조로 편성하여 각 조가 교대로 일정한 기일마다 근무시간이 바뀌는 근무형태를 말한다.

3. 근로유형의 최근 동향
(1) 집중근무제 중요
① 근무시간 중 일정 시간대를 정하여 해당 시간에는 업무의 흐름이 끊어지는 것을 방지하여 업무에 몰입하게 하는 제도이다.
② 이 시간에는 전화를 받거나 걸지 않고 각종 회의 소집이나 업무 지시도 일체 하지 않으며, 커피, 흡연, 외부 방문객도 철저하게 통제함으로써 업무에만 집중할 수 있게 한다.

(2) 24시간 선택적 근무제
근로자가 하루 24시간 중 어느 때나 근무시간을 선택하여 근무할 수 있도록 하는 근무형태이다.

(3) 원격근무제

정보, 시간 및 공간의 효율성을 높이기 위해 이동사무실, 재택근무제 등을 활용하여 개개인에게 부여되는 업무를 수행하는 근무형태이다.

(4) 파트타임제

정규 근로시간보다 짧은 시간을 정하여 몇 시간 동안만 일하는 방식을 말한다.

(5) 비정규직 중요

① 일반적으로 정규직 근로자와 근로시간, 근로계약시간, 근로계약기간, 고용형태 등에 있어서 차이가 있는 근로자를 말한다.
② 비정규직 근로자의 유형은 다양하지만, 비정규직 근로자보호법의 대상이 되는 근로자는 기간제 근로자, 단시간 근로자, 파견 근로자이다.

> **비정규직 근로자 대상**
> - 기간제 근로자: 기간의 정함이 있는 근로계약을 체결한 근로자
> - 단시간 근로자: 1주 동안의 소정근로시간이 그 사업장에서 같은 종류의 업무에 종사하는 통상 근로자의 1주 동안의 소정근로시간에 비하여 짧은 근로자
> - 파견 근로자: 파견 사업자가 고용한 근로자로서 근로자 파견의 대상이 되는 자

+ 유연근무제

- 근무시간·근무일을 변경하거나 근로자와 사용자가 근로시간이나 근로장소 등을 선택·조정하여 일과 생활을 조화롭게 하고, 인력활용의 효율성을 높일 수 있는 제도
- 근로기준법에 따라 시차출퇴근제, 탄력적 근로시간제, 선택적 근로시간제, 재량 근로시간제, 원격근무제, 재택근무제, 사업장 밖 간주근로시간제 등이 해당 제도의 유형으로 구분됨
- 승진, 금전적 보상과 같은 전통적인 동기부여요소 외에 업무에 대한 자기 주도성, 일과 생활의 균형(Work-Life Balance)을 높게 평가하는 젊은 인재들의 유인요소로 작용하며, 일·가정이 양립할 수 있는 근로환경을 조성할 수 있는 장점을 가지고 있음

4. 근로시간 중요

근거	법정 근로시간		연장근로
	1일	1주	
원칙 (근로기준법 제50조)	8시간	40시간	1주 12시간 미만 (근로기준법 제53조)
산후 1년이 지나지 아니한 여성 (근로기준법 제71조)			1일 2시간, 1주 6시간, 1년 150시간 미만 (근로기준법 제71조)
임신 중인 여성 (근로기준법 제70조)			불가 (근로기준법 제74조 ⑤)
15세 이상 18세 미만의 연소자 (근로기준법 제69조)	7시간	35시간	1일 1시간, 1주 5시간 (근로기준법 제69조)
유해, 위험한 작업으로서 고기압에서 작업을 행하는 근로자 (산업안전보건법 제139조)	6시간	34시간	불가

(1) 법정(기준) 근로시간

근로시간은 1일 8시간, 1주일 40시간이며, 당사자 간의 합의로 그 이상 근로하면 초과된 시간에 대해 연장근로 가산수당을 지급해야 한다.

(2) 연장·야간 및 휴일근로(근로기준법 제56조)

① 연장근로: 「근로기준법」의 법정근로시간을 초과하는 근로를 의미한다. 성인 근로자의 경우에는 1일 8시간, 1주 40시간을 초과하는 시간의 근로, 소년 근로자(15세 이상 18세 미만의 연소자)의 경우에는 1일 7시간, 1주 35시간을 초과하는 시간의 근로를 뜻한다. 연장근로수당은 통상임금의 100분의 50 이상을 가산하여 지급하여야 한다.

② 야간근로: 오후 10시부터 다음 날 오전 6시까지의 근로를 의미한다. 근로시간의 일부만 야간근로시간에 포함되더라도 해당 시간의 근로는 야간근로가 된다. 야간근로에 대해서는 통상임금의 100분의 50 이상을 가산하여 임금을 지급하여야 한다.
③ 휴일근로: 사용자는 휴일근로에 대해서 다음의 기준에 따른 금액 이상을 가산하여 근로자에게 지급하여야 한다.
- 8시간 이내의 휴일근로: 통상임금의 100분의 50
- 8시간을 초과한 휴일근로: 통상임금의 100분의 100
④ 야간근로와 휴일근로의 제한(근로기준법 제70조)
- 사용자는 18세 이상의 여성을 오후 10시부터 오전 6시까지의 시간 및 휴일에 근로시키려면 그 근로자의 동의를 받아야 한다.
- 사용자는 임산부와 18세 미만자를 오후 10시부터 오전 6시까지의 시간 및 휴일에 근로시키지 못한다. 다만, 다음의 어느 하나에 해당하는 경우로서 고용노동부장관의 인가를 받으면 그러하지 아니하다.
  - 18세 미만자의 동의가 있는 경우
  - 산후 1년이 지나지 아니한 여성의 동의가 있는 경우
  - 임신 중인 여성이 명시적으로 청구하는 경우
- 사용자는 고용노동부장관의 인가를 받기 전에 근로자의 건강 및 모성 보호를 위하여 그 시행 여부와 방법 등에 관하여 그 사업 또는 사업장의 근로자 대표와 성실하게 협의하여야 한다.

(3) 휴게시간(근로기준법 제54조)

① 휴게시간에 대해서는 회사가 임금을 지급할 의무가 없으며, 점심시간도 휴게시간에 포함된다.
② 휴게시간은 법정 근로시간에 포함되지 않으며, 사용자는 근로자의 근로시간이 4시간인 경우에는 30분 이상, 8시간인 경우는 1시간 이상의 휴게시간을 주어야 하며, 휴게시간은 근로자가 자유롭게 이용할 수 있다.
③ 근로시간 및 휴게시간의 특례(근로기준법 제59조)
- 다음의 어느 하나에 해당하는 사업에 대하여 사용자가 근로자 대표와 서면으로 합의한 경우에는 주 12시간을 초과하여 연장근로를 하게 하거나 휴게시간을 변경할 수 있다.
  - 육상운송 및 파이프라인운송업(다만, 여객자동차 운수사업법에 따른 노선(路線) 여객자동차운송 사업은 제외)
  - 수상운송업
  - 항공운송업
  - 기타 운송 관련 서비스업
  - 보건업
- 위에 해당하는 사업의 경우 사용자는 근로일 종료 후 다음 근로일 개시 전까지 근로자에게 연속하여 11시간 이상의 휴게시간을 주어야 한다.

(4) 휴일과 휴가

① 법정과 약정휴일·휴가

구분	법정	약정
의의	법에 근거하여 의무적으로 부여함	• 부여 여부 및 조건이 단체협약·취업규칙 등을 통해 결정됨 • 임금지급 여부도 결정하는 바에 따름
휴일	• 주휴일(개근 시 유급) • 근로자의 날(유급)	기타 기업의 휴일(창립기념일 등)
휴가	연차유급휴가, 생리휴가, 출산휴가 등	경조휴가, 포상휴가, 하계휴가 등

② 휴일의 종류

주휴일	• 사용자는 근로자에 대하여 1주일에 평균 1회 이상의 유급휴일을 주어야 함 • 주 1회의 유급휴일을 가질 수 있는 자는 1주간 소정의 근로일수를 개근한 자에 한함 • 주휴일은 반드시 일요일일 필요가 없으며, 특정 일을 정하여 부여하면 됨
근로자의 날	근로자의 날(5월 1일)은 「근로자의 날 제정에 관한 법률」에 의해 유급휴일로 지정
공휴일	• 「관공서의 공휴일에 관한 규정」에 의해 관공서가 쉬는 날 • 공휴일은 「노동법」에 기업의 쉬는 날로 정해져 있지 않으므로 당연히 근로자의 휴일이 되는 것은 아니며, 단체협약·취업규칙 등에 그 기업의 휴일로 명시해야 비로소 휴일이 됨

③ 휴일 관련 임금

유급휴일수당	유급휴일에 근로를 제공하지 않더라도 지급되는 수당
휴일근로임금	휴일로 정해진 날에 근로를 제공하였을 때 지급되는 근로의 대가
휴일근로가산수당	휴일로 정해진 날에 근로를 제공하였을 때 가산하여 지급하는 수당

④ 휴가의 종류

연차유급휴가 (근로기준법 제60조)		• 1년간 80% 이상 출근한 근로자에게 15일의 유급휴가를 주어야 함 • 사용자는 계속하여 근로한 기간이 1년 미만인 근로자 또는 1년간 80% 미만 출근한 근로자에게 1개월 개근 시 1일의 유급휴가를 주어야 함 • 사용자는 3년 이상 계속하여 근로한 근로자에게는 위에 따른 휴가에 최초 1년을 초과하는 계속 근로연수 매 2년에 대하여 1일을 가산한 유급휴가를 주되, 가산휴가를 포함한 총 휴가일수는 25일을 한도로 함 • 사용자는 규정에 따른 휴가를 근로자가 청구한 시기에 주어야 하고, 그 기간에 대하여는 취업규칙 등에서 정하는 통상임금 또는 평균임금을 지급하여야 함. 다만, 근로자가 청구한 시기에 휴가를 주는 것이 사업 운영에 막대한 지장이 있는 경우에는 그 시기를 변경할 수 있음 • 규정에 따른 휴가는 1년간 행사하지 아니하면 소멸됨(다만, 사용자의 귀책사유로 사용하지 못한 경우에는 제외)
모성 및 육아보호휴가	생리휴가 (근로기준법 제73조)	사용자는 여성 근로자가 청구하면 월 1일의 생리휴가를 주어야 함 (격일제 근로, 주5일제 근로, 수습 근로자, 임시적 근로, 단시간 근로자에게도 부여)
	임산부의 보호 (근로기준법 제74조 ①)	임신 중인 여성에 대하여 출산전후를 통하여 90일(한 번에 둘 이상 자녀를 임신한 경우 120일)의 출산전후휴가를 부여하며 이 경우 휴가기간의 배정은 출산 후 45일(한 번에 둘 이상 자녀를 임신한 경우 60일) 이상이 되어야 함
	육아휴직 (남녀고용 평등법 제19조)	근로자가 만 8세 이하 또는 초등학교 2학년 이하의 자녀(입양한 자녀 포함)를 양육하기 위하여 사업주에 신청하는 휴직으로 근로자의 육아부담을 해소하고 계속 근로를 지원함으로써 근로자의 생활 안정 및 고용안정을 도모하기 위해 시행됨

⑤ (선택적) 보상휴가제: 사용자는 근로자 대표와의 서면합의에 의하여 연장·야간 및 휴일 근로에 대하여 지급되는 임금을 대신하여 유급휴가 부여가 가능하다(근로기준법 제57조).

> **직장 내 괴롭힘의 금지(근로기준법 제76조의 2)**
>
> 사용자 또는 근로자는 직장에서의 지위 또는 관계 등의 우위를 이용하여 업무상 적정 범위를 넘어 다른 근로자에게 신체적·정신적 고통을 주거나 근무환경을 악화시키는 행위를 하여서는 안 된다.

TIP
휴가는 근로의무가 있는 근로일에 근로의무의 면제를 법률이나 사용자의 승낙에 의하여 획득한 날을 의미하며, 실제로는 근로일이므로 휴가를 취소하더라도 가산임금 대상은 아니다.

TIP
육아휴직 기간은 1년 이내로 한다. 다만, 요건을 충족하는 근로자의 경우 6개월 이내에서 추가로 육아휴직을 사용할 수 있다.

2 노사관계관리

1. 노사관계의 정의
① 노동자와 사용자 또는 노동자와 경영자와의 관계를 의미한다. 이러한 관계가 확장되어 노동조합과 경영자, 노동조합의 연합체와 경영단체와의 관계로 발전되었다.
② 노사관계는 기업경영과 인적자원관리에 있어 매우 중요한 관리의 대상이 되었고, 본질적으로 임금 등의 노동조건과 관련하여서 대립적인 관계를 갖는다.

2. 노사관계관리의 방향
현대적 노사관계관리는 지금까지의 대립적 노사관계를 안정적이고 협력적으로 발전시키는 관리 활동을 통해 기업의 생산성 향상을 통한 성과 증대와 기업의 유지·발전, 성과의 공정한 분배, 노동의 인간화를 통한 근로자들의 보람 있는 근로생활을 실현해야 한다.

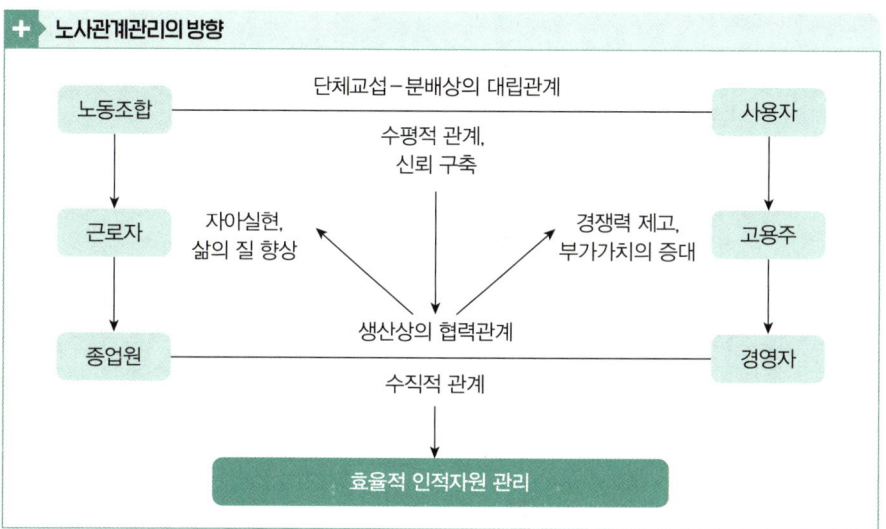

노사관계관리의 방향

3. 노사관계의 발전 과정
① **전제적 노사관계**: 근로조건은 사용자의 일방적 의사로서 결정되고 사용자와 근로자의 관계는 절대명령과 복종의 관계이다.
② **온정적 노사관계**: 자본주의적 생산 양식이 점차 발전되어 정착 근로자가 증가함에 따라 전제적 방식으로는 근로자의 협조를 얻을 수 없게 되며 결과적으로 가족주의적 사회관계가 성립되고 노사관계는 온정주의적, 은혜주의적 관계로 변화한다.
③ **완화적 노사관계**: 자본주의에 의한 전제적 지배에서 완화되고 온정적 가족주의가 남아있으며, 합리주의가 생성되는 시기이다.
④ **민주적 노사관계**: 자본과 경영의 분리가 촉진되어 경영 직능의 분화와 전문화, 경영전문가의 출현, 경영자 집단의 조직화 등이 보편화된 단계이다.

3 노동조합

1. 정의

① 근로자가 자주적으로 단결하여 근로조건의 유지·개선, 기타 근로자의 경제적·사회적 지위 향상 도모를 목적으로 하는 단체 또는 그 연합단체를 의미한다. 즉, 근로자들이 노동조건(임금, 노동시간, 작업조건, 작업환경, 고용보장 등)의 결정 문제와 관련하여 경영자와 대등한 입장에서 교섭하여 근로자들의 지위를 확보하기 위해 조직한 근로자들의 단체를 말한다.

② 노동조합은 헌법에 의거하여 근로자의 자주적 노동 3권을 보장하며, 근로자의 근로조건을 개선함으로써 경제적·사회적 지위 향상과 국민경제에 기여함을 목적으로 한다.

> **노동 3권**
>
> 노동자가 헌법상 기본권으로 가지는 세 가지 권리로 단결권, 단체교섭권, 단체행동권을 말한다.
> - **단결권**: 근로자가 근로조건을 유지·개선하기 위하여 단결할 수 있는 권리. 즉 근로자가 일하는 환경·조건을 개선하고 근로자의 사회·경제적 지위를 향상하기 위해 단결할 수 있는 권리이다.
> - **단체교섭권**: 근로자의 노동조합이 사용자와 근로조건의 유지·개선에 관하여 교섭할 수 있는 권리이다.
> - **단체행동권**: 근로자가 근로조건의 유지·개선을 위하여 사용자에 대항하여 단체적인 행동을 할 수 있는 권리이다.

> **법내조합과 법외조합**
>
> - **법내조합(적격조합)**: 실질적 요건과 형식적 요건을 다 갖춘 노동조합을 의미한다.
> - **법외조합(비적격조합, 무자격조합)**: 노동조합 및 노동관계조정법이 요구하는 요건을 충족시키지 못한 노동조합을 의미한다.

> **노동조합으로 보지 않는 요건(결격요건)**
>
> - 사용자 또는 항상 그의 이익을 대표하여 행동하는 자의 참가를 허용하는 경우
> - 경비의 주된 부분을 사용자로부터 원조 받는 경우
> - 공제·수양·기타 복리사업을 목적으로 하는 경우
> - 근로자가 아닌 자의 가입을 허용하는 경우
> - 주로 정치운동을 목적으로 하는 경우

2. 기능

(1) 경제적 기능

① 노동조합의 가장 기본적인 기능은 근로자들의 근로조건을 유지·개선하는 데 목적을 두고 경제적 이익을 추구하는 것이다. 즉, 임금 인상, 노동시간 단축, 부당한 권리침해 방지, 작업환경 개선, 해고 반대, 퇴직금 또는 보건안전 등에 대한 경제적 문제 해결을 목적으로 한다.

② 노동조합은 단체교섭과 경영참가 및 쟁의행위를 통해 경제적 문제를 해결하려고 한다.

(2) 공제적 기능

조합원의 각종 경조행사 시 부조를 하는 경우를 비롯해서 조합원이 질병, 재해, 노령, 사망, 실업 등으로 노동력을 상실했을 때, 조합원의 생활 안정을 위해 준비된 조합기금을 지급하여 상부상조하는 사회보장제도라고 할 수 있다.

(3) 정치·사회적 기능

노동조합은 임금 및 근로조건의 개선을 위한 노사 간의 교섭과 분쟁을 조정하고 해결하기 위해서 「노동관계법」의 개정, 정부의 세제, 물가정책, 사회보험제도, 기타 경제·사회 정책에 대하여 근로자의 복지증진을 위한 주장을 관철하기 위한 활동을 할 수 있다.

> **노동조합의 현대적 기능**
> - 기본 기능: 노동조합을 조직하고, 조직을 유지·확장하는 기능
> - 집행 기능: 조합이 결성된 후 조합원의 근로조건 유지 및 향상을 위해 활동하는 기능
> - 참모 기능: 조합의 기본 기능과 집행 기능을 보조하는 기능
> - 가장 핵심적인 기본 기능: 집행 기능

3. 형태 중요

직업별 노동조합	동일한 직업이나 직종에 종사하는 숙련 노동자들이 자신들의 경제적 이익을 확보하기 위하여 만든 형태
일반 노동조합	산업, 직업에 관계없이 하나 또는 여러 개의 산업에 흩어져 있는 일반 노동자들이 조직하는 형태
산업별 노동조합	• 직업별 노동조합과는 달리 조합원의 범위를 확장하여 동일 산업 내의 모든 노동자들로 구성되는 형태 • 개인의 직업이나 숙련 정도에 관계없이 기업을 초월한 특정 산업에 종사하는 모든 근로자가 하나의 노동조합을 구성하는 형태
기업별 노동조합	• 동일 기업에 종사하는 노동자들이 조직하는 기업 내 조합 • 근로조건을 통일적으로 결정할 수 있고 사용자와의 관계가 밀접하기 때문에 공동체의식으로 노사협조에 공헌 가능

> **노동조합총회**
> 노동조합을 구성하는 전체조합원이 한 자리에 모여 노동조합의 운영과 방향을 결정하는 노동조합의 최고 의사결정 기관이며, 총회에 대신 할 수 있는 대의원회를 둘 수 있다.

4. 가입 방법

(1) 기본적 숍제도 중요

클로즈드 숍 (Closed Shop)	조합원 자격이 있는 근로자만 채용하고 일단 채용된 근로자도 조합원의 자격을 상실하면 근로자가 될 수 없도록 하며, 노조의 통제력(지배력)이 가장 높은 제도
유니언 숍 (Union Shop)	기업이 근로자를 채용할 때 조합원이 아닌 자를 근로자로 채용할 수는 있지만 일단 채용된 이후에는 일정 기간 내에 자동으로 노조에 가입하게 되는 제도
오픈 숍 (Open Shop)	조합원 신분과 무관하게 근로자가 될 수 있도록 하는 제도

(2) 변형적 숍제도

에이전시 숍 (Agency Shop)	채용된 근로자에게 특정 노동조합의 가입을 강제하지 않는 반면, 비조합원에게도 조합원의 조합비에 상당하는 일정한 금액을 정기적으로 노동조합에 납입하도록 하는 제도
메인터넌스 숍 (Maintenance Shop)	노동조합에 가입한 이후 일정 기간 동안은 노동조합원으로서 자격을 유지해야 하는 제도
프리퍼렌셜 숍 (Preferential Shop)	근로자 채용 시 비조합원보다는 조합원에게 고용상의 혜택을 부여하는 제도

(3) 체크오프제도(Check Off System) 중요

조합비를 징수할 때 사용자가 노동조합의 의뢰를 받아 급여계산 시 조합비를 일괄공제하여 전달해 주는 방법으로, 일괄공제제도라고도 한다.

4 단체교섭

1. 정의
노동조합과 사용자 또는 사용자 단체가 임금, 근로시간, 근로조건 등에 관한 협약을 체결하기 위해 대표자를 통해 집단적으로 타협을 모색하고 관리하는 절차를 의미한다.

2. 유형 중요

기업별 교섭	• 하나의 사업장 또는 기업을 단위로 단일 사용자와 단일 노조가 교섭하는 방식 • 특정의 기업 또는 사업장 단위로 조직된 기업별 노동조합의 대표와 기업의 사용자 대표 사이에 이루어지는 단체교섭 방식
통일 교섭	전국 또는 지역 단위의 산업별·직업별 노동조합 대표와 이에 대응하는 사용자 단체 대표 사이에 이루어지는 단체교섭 방식
대각선 교섭	• 산업별 노동조합이나 지역별 노동조합과 이 노동조합에 소속된 개별 기업의 사용자 간에 교섭이 이루어지는 방식 • 전국적 또는 지역별·산업별 노동조합의 대표와 개별 기업의 사용자 대표 사이에 이루어지는 단체교섭 방식
공동 교섭	• 기업별 노동조합의 단위조합 또는 지부가 산업별의 상부 노동단체와 공동으로 당해 기업의 사용자 대표와 교섭하는 방식 • 상급단체인 산업별 연합단체가 하급단체인 기업별 노조나 기업단위의 노조지부와 공동으로 개별 기업의 사용자와 교섭하는 방식
집단 교섭	• 복수의 기업별 단위노동조합이나 지부가 지역별 또는 업종별로 집단을 구성하여 이에 대응하는 복수기업의 사업자 대표와 집단적으로 단체교섭을 하는 방식 • 여러 개의 노동조합 지부가 여러 기업집단과 집단적으로 교섭하는 방식

3. 절차

교섭 준비 → 예비 교섭 → 본 교섭 → 마무리 교섭 → 교섭의 평가

5 단체협약

1. 정의
노동조합과 단체 사이의 단체교섭으로 결정된 임금, 근로시간 등의 근로조건 및 기타 노사관계에 관한 제반사항을 합의한 문서를 의미한다.

2. 단체협약 기능
① 근로조건 개선 기능: 근로자 개개인이 개별적으로 사용자와 교섭해서는 얻을 수 없는 보다 좋은 근로조건을 단체협약의 유효기간 동안 확보하는 것이다.
② 평화적 기능: 노사쌍방이 단체협약의 내용을 준수하고 이행함으로써 쟁의행위를 방지하고 노사의 안정과 산업평화를 유지하는 것이다.
③ 경영안정 기능: 단체협약을 체결함으로써 그 유효기간 중에는 임금, 기타 근로조건이 일정 수준으로 표준화·고정화되므로 기업의 입장에서 볼 때 비용을 예측할 수 있고 분쟁의 소지가 제거되므로 경영의 안정을 가져올 수 있다.

> **고충처리제도**
>
> 단체협약·취업규칙 등의 해석 및 적용 과정에서 발생한 종업원의 불평·불만 등의 내용을 해결하기 위한 제도로, 기업의 고충처리 기관은 근로조건이나 대우에 대한 근로자의 불평·불만을 단체교섭 등의 대항적인 교섭에 나아가기 전에 분쟁의 원인을 제거하려고 하는 것이다.

3. 효력

규범적 효력	단체협약 체결 당사자 간이 아닌 근로자와 사용자 간의 근로관계를 구속하는 효력으로 근로자의 대우 및 근로조건(임금, 퇴직금, 상여금, 복리후생, 근로시간, 정년, 재해보상 등)에 대한 강제적 효력
채무적 효력	협약 당사자의 권리, 의무에 관한 조항이며, 평화의무, 평화조항, 유일교섭 단체조항, 숍조항, 단체교섭의 절차 및 기타 규칙 등이 있음
지역적 구속력	동일 지역의 동종 근로자에게 단체협약의 효력을 확대·적용하는 효력
일반적 구속력	하나의 공장이나 사업장을 단위로 한 동종의 과반수 이상의 노동조합원에게 적용하는 단체협약의 규범적 효력을 나머지 동종의 비조합 근로자에게도 확대·적용하는 사업장 단위의 일반적 구속력

6 노동쟁의

1. 정의

단체교섭 시 단체협약을 체결하지 못하는 경우로, 노동조합과 사용자 또는 사용자 단체 간의 임금, 근로시간, 복지, 해고, 기타 대우 등 근로조건 결정에 관한 주장의 차이로 발생한 분쟁 상태를 의미한다.

2. 노동쟁의의 행위 유형

(1) 근로자 측 쟁의행위

파업	노동조합의 대표적인 노동쟁의 형태로 노동조합을 사용자의 지배관리에서 분리시키며, 사용자에게 근로자의 노동력 제공을 전면적으로 거부하는 행위
태업	노동조합이 조합원의 노동력을 부분적으로 통제하여 근로자의 작업 수행 과정에서 작업 속도를 떨어뜨리거나 조잡한 작업 수행으로 작업 능률과 품질의 저하를 초래하는 행위
보이콧	제품 구입 거절, 근로계약 거절 등의 형태로 나타나는 집단적 불매운동
피케팅	• 쟁의 중 사업장 또는 공장을 감시하고 근로 희망자들의 출입을 저지하며, 파업 참여에 협력할 것을 호소하는 행위 • 쟁의행위의 효과적 수행을 위한 부수적 행위
생산통제	노동조합이 사업장 및 공장 내 생산시설 및 원자재 일체를 점유하고, 사용자의 지휘명령을 배제한 상태에서 기업을 경영하며 생산활동을 통제하는 행위
준법투쟁	「근로기준법」 등 노동관계법 규정을 엄격히 준수하면서 잔업이나 휴일근무 등을 거부함으로써 사업장 업무를 곤란하게 하는 행위

(2) 사용자 측 쟁의행위

직장폐쇄	쟁의 중에 사업장에 있는 생산시설을 폐쇄하여 근로자의 직장 출입을 차단함으로써 근로자의 노동력 제공을 집단적으로 거부하는 행위
조업계속 (대체고용)	사용자가 노동조합 측의 쟁의행위에 참가하지 않고 있는 근로자 중 근로 희망자와 관리자 등을 동원하여 조업을 계속하는 행위로 대체고용에 의하여 이루어질 수 있음

3. 노동쟁의 조정제도

조정	• 노동자 측과 고용주 측이 중립적이고 전문적인 제3자를 초대하여 계약 협상 과정에서 발생하는 문제에 대해 분쟁 당사자들이 협상으로 스스로 해결방안을 찾을 수 있도록 제3자가 노사분쟁에 따른 합의를 도와주는 노력 • 당사자 일방이 행정관청에 신청하면 노사 및 공익을 대표하는 위원 3인으로 구성되어 관계 당사자 간의 의견을 듣고 공정하고 적절한 판단으로 작성한 의견을 쌍방에 제시하여 그의 수락을 권고하여 쟁의를 해결하려는 방법
중재	노동쟁의 시 노동관계 당사자 중 일방이 신청을 할 때 노동위원회가 이의 중재를 위한 중재위원회를 구성하여 쌍방의 주장 및 의견을 받아 결과를 도출하는 것으로, 이를 확정하면 노사 쌍방은 단체협약과 동일하게 따라야 함
긴급조정	노동쟁의행위에 대한 정부의 긴급조치 조정제도로, 고용노동부장관이 긴급조정을 결정하면 중앙노동위원회가 노사 당사자에게 통보하며, 관계 당사자는 즉시 쟁의행위를 중지해야 함

➕ 권리분쟁과 이익분쟁

- **권리분쟁**: 법령·단체협약·취업규칙·근로계약 등으로 이미 확정된 권리를 두고 일어나는 노사 간 해석·적용·준수 등을 둘러싼 분쟁으로 체불임금 청산, 해고자 복직, 단체협약 이행, 부당노동행위 구제 등이 해당한다.
- **이익분쟁**: 노사합의로 권리화될 것이 기대되는 이익에 관한 분쟁. 즉, 근로조건의 기준에 관한 권리의 형성·유지·변경 등을 둘러싼 분쟁으로, 임금 인상이나 단체협약 갱신·체결 등이 해당한다.
- 현행법상 노동쟁의의 정의를 '노동조합과 사용자 또는 사용자 단체 간에 임금·근로시간·복지·해고 기타 대우 등 근로조건의 결정에 관한 주장의 불일치로 인하여 발생한 분쟁상태'라고 규정하여 근로조건에 관한 이익분쟁만이 단체교섭 또는 쟁의행위의 대상으로 정당하다고 본다. 따라서 노동쟁의는 이익분쟁에 한정되므로, 권리분쟁에 관한 사항을 관철하기 위한 쟁의행위(해고자 복직이나 단체협약 위반에 관한 사항 등의 권리분쟁이나 노조전임자 조합활동 보장에 관한 사항 등의 집단적 노사관계에 관한 사항)는 정당성이 인정되지 않는다.

7 부당노동행위

1. 정의

사용자가 노동조합의 정당한 권리를 침해하는 행위이다. 즉, 불이익 대우, 황견계약 등과 같이 사용자가 근로자의 노동에 대한 정당한 기본권리 행위 또는 노동조합 활동에 대하여 방해하는 행위를 말하는 것으로, 근로자의 노동 3권 행사의 보장을 철저히 하기 위하여 이에 대한 사용자의 침해행위를 신속하게 시정하기 위한 제도이다.

2. 유형 _{중요}

불이익 대우	근로자가 노동조합에 가입 또는 가입 시도를 하였거나 노동조합을 조직하려고 한 경우 노동조합의 업무를 위해 정당한 행위를 한 것을 이유로 근로자를 해고하거나 근로자에게 불이익(전근, 전환배치, 출근정지, 휴직, 복직 거부 등)을 주는 행위
황견계약	고용조건으로 근로자가 노동조합에 가입하지 않을 것 또는 탈퇴할 것, 특정 노동조합의 조합원이 될 것을 정해놓는 행위
단체교섭의 거부	노동조합의 대표자, 노동조합에서 위임을 받은 자와의 단체교섭 체결, 기타의 단체교섭을 정당한 이유 없이 거부하거나 해태하는 행위

지배개입 및 경비원조	사용자가 근로자 노동조합의 조직 또는 운영을 지배하거나 이에 개입하는 행위, 노동조합의 전임자에게 급여를 지급하거나 노동조합 운영비를 원조하는 행위
정당한 단체행동 참가에 대한 해고 및 불이익 대우	근로자가 정당한 단체행위에 참가한 것, 노동위원회에 대하여 사용자가 규정에 위반한 것을 신고하거나 그에 관한 증언을 한 것, 기타 행정관청에 증거를 제출한 것을 이유로 그 근로자를 해고하거나 불이익을 주는 행위

8 경영참가제도와 노사관계

1. 경영참가제도의 정의

경영참가제도란 근로자나 근로자를 대표하는 노동조합이 기업의 경영에 실질적으로 참가하여 경영자와 함께 경영상의 권한과 책임을 분담하는 제도를 말한다.

2. 경영참가제도의 유형

(1) 자본참가

종업원 지주제도	• 회사가 근로자에게 회사 주식을 유상 또는 무상의 방법으로 취득하게 하여 근로자를 주주로서 기업경영에 참가시키는 제도 • 기업에 대한 종업원의 귀속의식을 높여 애사심을 돋우기 위한 노무관리상의 대책 또는 안정 주주의 확보라는 기업 방위 측면에서 활용되었으며 근래에는 주로 각국에서 근로자의 재산 형성 촉진책으로 장려하고 있는 제도
스톡옵션제도	임직원들에게 저렴한 가격으로 일정 수량의 주식을 매입할 수 있는 권리를 부여하고, 일정 기간이 지나면 임의대로 처분할 수 있게 하는 제도

> **직접 참여와 간접 참여**
> • 직접 참여: 스캔론 플랜, 럭커 플랜, 노사협의제도, 노사공동결정제도
> • 간접 참여: 종업원지주제도

(2) 성과 참가(이윤 참가)

스캔론 플랜	• 근로자의 참여의식을 높이기 위하여 위원회제도를 활용한 근로자의 경영참여와 개선된 생산의 판매가치를 기초로 한 성과배분제 • 경영자와 근로자의 비용 절감 제안을 평가하는 위원회제도를 활용하는 제도 • 인건비의 절약분에 대한 배분액을 판매가치를 근거로 하여 배분하는 제도
럭커 플랜	• 부가가치 증대를 목표로 하여 이를 노사협력 체제에 의하여 달성하고 이에 따라 증가된 생산성 향상분을 기업의 부가가치 배분율로 노사 간에 배분하는 성과배분제 • 조직이 창출한 부가가치 생산액을 종업원 인건비를 기준으로 배분하는 제도 • 종업원은 부가가치 증대를 위한 의사결정 과정에 참가함으로써 참여의식을 높임

(3) 의사결정 참가

노사협의제도	• 천재지변의 대응, 생산성 하락, 경영성과 전달 등과 같이 단체교섭에서 결정되지 않는 사항을 사용자 측과 근로자 측이 서로 협력하도록 하기 위한 제도로, 근로조건에 결정권이 있는 전체 근로자가 상시 30인 이상이면 의무적으로 설치해야 함 • 근로자 내지 노동조합의 대표가 경영에 참가하여 정보 제공, 의사교환, 적극적인 문제 제기 등 경영에 영향을 주는 행위를 할 수 있으나, 최종 결정은 경영자가 행함
노사공동결정제도	노동자, 근로자 또는 노동조합의 대표가 기업의 최고 결정기관에 직접 참가하여 기업경영의 여러 문제를 노사공동으로 결정하는 제도

기출&확인 문제

01 [2024년 6회]
교대근무제에 대한 설명으로 적합한 것은?

① 종업원들이 일정한 제약조건 내에서 자유롭게 출퇴근 시간을 정해놓고 근무하는 제도를 말한다.
② 1일 근로시간을 정규직 근로자와 달리 4~7시간 정도 일하며 임금은 직무에 따른 시간급을 지급한다.
③ 두 사람 이상의 시간제 근무자가 직무시간 교대를 통해서 일주일 40시간의 근무를 나누어 수행하도록 하는 제도를 말한다.
④ 회사가 1일 근무시간을 두 개 이상의 시간계열로 구분하고 근로자들을 2개조 이상으로 편성하여 교대로 작업하도록 하는 근로시간제를 말한다.

해설
①은 선택제 근로시간제, ②는 파트타임제, ③은 직무분할제에 대한 설명이다.

02 [2020년 4회]
노동조합에 가입된 이후 일정 기간 동안은 노동조합원으로서 자격을 유지해야 한다는 숍(Shop)은?

(답:)

03 [2021년 1회]
다음 중 사업장 또는 공장에 대한 감시와 근로 희망자들의 출입을 저지하며, 파업 참여에 협력할 것을 호소하는 쟁의행위는?

① 태업 ② 보이콧
③ 피케팅 ④ 생산통제

해설
① 태업: 노동조합이 조합원의 노동력을 부분적으로 통제하여 근로자의 작업 수행 과정에서 작업 속도를 떨어뜨리거나 조잡한 작업 수행으로 작업 능률과 품질의 저하를 초래하는 행위
② 보이콧: 제품 구입 거절, 근로계약 거절 등의 형태로 나타나는 집단적 불매운동
④ 생산통제: 노동조합이 사업장 및 공장 내 생산시설 및 원자재 일체를 점유하고 사용자의 지휘명령을 배제한 상태에서 기업을 경영하며 생산활동을 통제하는 행위

04 [2024년 4회]
근로시간에 대한 설명으로 적절하지 않은 것은?

① 적절한 근로시간은 노동의 재생산성을 유지시킨다.
② 1일의 근로시간은 휴게시간을 제외하고 8시간을 초과할 수 없다.
③ 법정 근로시간 기준 휴게시간을 제외한 1일 8시간, 1주 40시간을 초과할 수 없다.
④ 단, 15세 이상 18세 미만인 자의 근로시간은 1일 6시간, 1주 30시간으로 제한한다.

해설
15세 이상 18세 미만인 자의 근로시간은 1일 7시간, 주 35시간을 초과하지 못한다.

05 [2020년 5회]
다음 [보기]에서 설명하는 것은?

> **보기**
> 사용자는 근로자 대표와의 서면 합의에 의하여 연장, 야간 및 휴일 근로에 대하여 지급되는 임금에 갈음하여 유급휴가를 부여할 수 있다.

① 탄력적 근로제 ② 선택적 근로제
③ 연차유급휴가 ④ 선택적 보상휴가제

해설
① 탄력적 근로제: 일정한 기간을 단위로 총근로시간이 기준 근로시간 이내인 경우 그 기간 내 어느 주 또는 어느 날의 근로시간이 기준 근로시간을 초과하더라도 연장근로가 되지 않는 근로시간제
② 선택적 근로제: 취업규칙에서 정하는 바에 따라 업무의 시작 및 종료 시각을 근로자의 결정에 맡기기로 한 근로시간제
③ 연차유급휴가: 1년간 계속 근로한 근로자에게 주는 휴가로, 일정한 기간 유급으로 근로의무가 면제되는 날을 의미함

| 정답 | 01 ④ 02 메인터넌스 숍(또는 메이터넌스 숍) 03 ③ 04 ④
05 ④

06 [2024년 6회]
[보기]에 해당하는 것을 고르시오.

보기
(주)생산성은 다음과 같이 성과급을 포함하여 임금을 지급하기로 하였다(단위: 천원)
- 지급임금액 70,000
- 표준생산성 2,100
- 표준부가가치 229,600
- 실제부가가치 259,000
- 초과된 부가가치 29,400
- 종업원 측 분배 11,760
- 기업 측 분배 17,640

① 럭커 플랜　　② 스캔론 플랜
③ 이윤분배제　　④ 임프로쉐어 플랜

해설
럭커 플랜은 기업이 달성한 부가가치를 기준으로 임금배분액을 계산하는 제도로, [보기]에서 '초과된 부가가치'가 종업원과 기업 측으로 분배된 것을 통해 알 수 있다.

07 [2021년 3회]
다음 [보기]에서 (　) 안에 들어갈 용어는? (정답은 한글로 작성하시오)

보기
(　　)근무제는 정보기술을 활용하여 정보, 시간 및 공간의 효율성을 높이기 위해 이동사무실, 재택근무제 등 장소에 구애받지 않고 개개인에게 부여되는 업무를 수행하는 근무형태이다.

(답:　　　　　)

08 [2022년 3회]
[보기]에서 설명하는 노동조합의 형태는 무엇인가?

보기
동일 산업에 종사하는 근로자의 지위를 본질적으로 개선할 수 있고, 미숙련 근로자의 권익보호에 적합하다는 장점이 존재한다. 한편 직종별, 기업별 특수성을 반영하기 어렵다는 단점이 존재한다.

① 일반 노동조합　　② 산업별 노동조합
③ 기업별 노동조합　　④ 직업별 노동조합

해설
① 일반 노동조합: 산업, 직업에 관계없이 하나 또는 여러 개의 산업에 걸쳐 흩어져 있는 일반 노동자들에 의해 조직되는 형태
③ 기업별 노동조합: 동일 기업에 종사하는 노동자에 의하여 조직되는 기업 내 조합
④ 직업별 노동조합: 동일한 직업이나 동일한 직종에 종사하는 숙련 노동자들이 자신들의 경제적 이익을 확보하기 위해 조직된 형태

09 [2021년 5회]
다음 [보기]의 (　) 안에 들어갈 용어는? (정답은 한글로 작성하시오)

보기
노동조합은 (　　　), 단체교섭권, 단체행동권의 3가지 기본적인 권리를 가지고 있는데 이를 노동 3권이라고 한다.

(답:　　　　　)

10 [2021년 1회]
다음 [보기]에서 설명하는 것은? (정답은 한글로 작성하시오)

보기
의사결정 참가제도의 하나로 노동자, 근로자 또는 노동조합의 대표가 기업의 최고 결정기관에 직접 참가하여 기업경영의 여러 문제를 노사공동으로 결정하는 제도이다.

(답:　　　　　)

11 [2024년 4회]
[보기]의 연차유급휴가 및 근로기준법 관련하여 (　)에 들어갈 내용을 숫자로 작성하시오.

보기
연차유급휴가는 1년간 계속 근로한 근로자에 대하여 일정한 기간 유급으로 근로의무가 면제되는 날을 말한다. 「근로기준법」 제60조 제1항에서는 '사용자는 1년간 80% 이상 출근한 근로자에게 (　　)일의 유급휴가를 주어야 한다.'라고 정하고 있다.

(답:　　　　　)

| 정답 | 06 ① | 07 원격 | 08 ② | 09 단결권 | 10 노사공동결정제도 |
| 11 15 |

12 [2020년 6회]

다음 중 단체협약의 기능으로 가장 적합하지 않은 것은?

① 평화적 기능
② 경영안정 기능
③ 근로조건 개선 기능
④ 인간관계 개선 기능

해설
① 평화적 기능: 노사쌍방이 단체협약의 내용을 준수하고 이행함으로써 쟁의행위를 방지하고 노사의 안정과 산업평화를 유지하는 것
② 경영안정 기능: 단체협약을 체결함으로써 그 유효기간 중에는 임금, 기타 근로조건이 일정 수준으로 표준화·고정화되므로 기업의 입장에서 볼 때 비용의 예측이 가능하고 분쟁의 소지가 제거되므로 경영의 안정을 가져올 수 있음
③ 근로조건 개선 기능: 근로자 개개인이 개별적으로 사용자와 교섭해서는 얻을 수 없는 보다 좋은 근로조건이 단체협약의 유효기간 동안 확보되는 것

13 [2024년 5회]

[보기]에서 설명하고 있는 노동쟁의 관련 개념은 무엇인가?

— 보기 —
법령·단체협약·취업규칙·근로계약 등으로 이미 확정된 권리를 두고 일어나는 노사 간 해석·적용·준수 등을 둘러싼 분쟁으로, 체불임금 청산, 해고자 복직, 단체협약 이행, 부당노동행위 구제 등이 이에 해당한다.

① 권리분쟁
② 이익분쟁
③ 황견계약
④ 직장폐쇄

해설
② 이익분쟁: 노사합의로 권리화될 것이 기대되는 이익에 관한 분쟁. 즉, 근로조건의 기준에 관한 권리의 형성·유지·변경 등을 둘러싼 분쟁으로, 임금 인상이나 단체협약 갱신·체결 등이 해당
③ 황견계약: 고용조건으로 근로자가 노동조합에 가입하지 않을 것 또는 탈퇴할 것, 특정 노동조합의 조합원이 될 것을 정해놓는 행위
④ 직장폐쇄 : 쟁의 중에 사업장에 있는 생산시설을 폐쇄하여 근로자의 직장 출입을 차단함으로써 근로자의 노동력 제공을 집단적으로 거부하는 행위

14 [2019년 1회]

다음 노동조합의 가입 방법 중 노조의 통제력(지배력)이 가장 높은 형태는?

① 오픈 숍(Open Shop)
② 클로즈드 숍(Closed Shop)
③ 유니언 숍(Union Shop)
④ 에이전시 숍(Agency Shop)

해설
클로즈드 숍(Closed Shop)은 조합원 자격이 있는 자만 채용하며 채용된 근로자가 조합원의 자격을 상실하면 근로자가 될 수 없도록 하는 제도로 노조의 통제력이 가장 높다.

15 [2019년 1회]

다음 [보기]에 대한 설명으로 적합한 용어는? (정답은 한글로 작성하시오)

— 보기 —
노동자가 일터에서 일을 하면서 일부러 작업 능률을 저하시켜 사업자에게 손해를 주는 행위이다.

(답:)

16 [2020년 5회]

하나의 사업장 또는 기업을 단위로 단일 사용자와 단일 노조가 교섭하는 형태는?

① 기업별 교섭
② 통일 교섭
③ 대각선 교섭
④ 집단 교섭

해설
② 통일 교섭: 전국 또는 지역 단위의 산업별·직업별 노동조합 대표와 이에 대응하는 사용자 단체 대표 사이에 이루어지는 단체교섭 방식
③ 대각선 교섭: 전국적 또는 지역별·산업별 노동조합의 대표와 개별 기업의 사용자 대표 사이에 이루어지는 단체교섭 방식
④ 집단 교섭: 여러 개의 노동조합 지부가 여러 기업집단과 집단적으로 교섭하는 방식

17 [2024년 6회]

기업별 노동조합의 단위조합 또는 지부가 산업별의 상부 노동단체와 공동으로 당해 기업의 사용자 대표와 교섭하는 방식은 무엇인가?

① 통일 교섭
② 집단 교섭
③ 공동 교섭
④ 대각선 교섭

해설
① 통일 교섭: 전국 또는 지역 단위의 산업별·직업별 노동조합 대표와 이에 대응하는 사용자 단체대표 사이에 이루어지는 단체교섭 방식
② 집단 교섭: 복수의 기업별 단위노동조합이나 지부가 지역별 또는 업종별로 집단을 구성하여 이에 대응하는 복수기업의 사업자 대표와 집단적으로 단체교섭을 하는 방식
④ 대각선 교섭: 전국적 또는 지역별·산업별 노동조합의 대표와 개별 기업의 사용자 대표 사이에 이루어지는 단체교섭 방식

| 정답 | 12 ④ | 13 ① | 14 ② | 15 태업 | 16 ① | 17 ③ |

18 [2024년 1회]

[보기]의 ( )에 들어갈 용어를 한글로 작성하시오.

> 보기
> ( )(이)란 노동관계 당사자 간에 근로조건의 결정에 관한 주장의 불일치로 노동쟁의가 발생한 경우, 당해 노동쟁의를 신속·공정하게 해결하여 쟁의행위로 인한 노동관계 당사자의 손실을 방지하기 위해 노동조합 및 노동관계조정법과 노동위원회법에 의해 행해지는 일련의 절차를 의미한다.

(답:)

19 [2024년 3회]

[보기]는 근로시간제에 대한 설명이다. ( )에 들어갈 용어를 한글로 작성하시오.

> 보기
> ( ) 근로시간제: 1월 이내의 단위로 정해진 총근로시간 범위 내에서 업무 시작 및 종료시각, 1일의 근로시간을 근로자가 자율적으로 결정하는 제도

(답:)

20 [2020년 5회]

[보기]의 ( )에 들어갈 용어를 한글로 작성하시오.

> 보기
> ( )은(는) 노사 당사자 간의 새로운 권리 관계의 창출을 위한 단체교섭 과정에서 상호 간의 주장 불일치로 나타나는 분쟁 상태를 말하며, 노동쟁의 분쟁 중에서 근로조건의 기준에 관한 권리의 형성·유지·변경 등 노사 간 교섭 결과(합의)에 의하여 결정되는 사항으로 주로 임금 인상이나 단체협약의 갱신·체결 등에 관련된 분쟁이다.

(답:)

21 [2022년 4회]

[보기]에서 설명하는 쟁의행위의 유형을 한글로 작성하시오.

> 보기
> 근로자 측의 쟁의행위 유형 중 「근로기준법」 등 노동관계법 규정을 엄격히 준수하면서 잔업이나 휴일근무 등을 거부함으로써 사업장 업무를 곤란하게 하는 행위이다.

(답:)

22 [2024년 4회]

[보기]의 ( )에 들어갈 용어를 한글로 작성하시오.

> 보기
> 단체협약의 효력 중에서 ( )적 효력은 근로조건 기타 근로자의 대우에 관한 기준을 정한 부분에 대한 강제적 효력이다. 임금, 퇴직금, 상여금, 복리후생, 근로시간, 재해보상, 정년제 등이 해당된다.

(답:)

| 정답 | 18 조정 | 19 선택적 | 20 이익분쟁 | 21 준법투쟁 | 22 규범 |

23 [2023년 6회]

[보기]에서 설명하는 노동조합의 가입 방법은 무엇인가?

> **보기**
> 기업이 근로자를 채용할 때 조합원이 아닌 자를 근로자로 채용할 수는 있지만 일단 채용된 이후에는 일정 기간 내에 자동적으로 노조에 가입하게 되는 제도이다.

① 유니언 숍
② 에이전시 숍
③ 클로즈드 숍
④ 프레퍼렌셜 숍

해설
② 에이전시 숍: 채용된 근로자에게 특정 노동조합의 가입을 강제하지 않는 반면, 비조합원에게도 조합원의 조합비에 상당하는 일정한 금액을 정기적으로 노동조합에 납입하도록 하는 제도
③ 클로즈드 숍: 조합원 자격이 있는 근로자만 채용하고 일단 채용된 근로자도 조합원의 자격을 상실하면 근로자가 될 수 없도록 하며, 노조의 통제력이 가장 높은 제도
④ 프레퍼렌셜 숍: 근로자 채용 시 비조합원보다는 조합원에게 고용상의 혜택을 부여하는 제도

24 [2024년 6회]

부당노동행위로 적절하지 않은 것은?

① 사용자의 조업계속
② 사용자의 단체교섭 거부행위
③ 노동조합에 대한 자금을 원조하는 행위
④ 노동조합의 가입을 이유로 노동자의 해고 등의 불이익 대우

해설
사용자의 조업계속은 부당노동행위가 아닌 사용자 측의 노동쟁의에 해당된다.

25 [2021년 3회]

노동조합의 기능 중 가장 기본적인 기능으로 근로자들의 근로조건을 유지·개선하는 데 목적을 두고 경제적 이익을 추구하는 것은?

① 경제적 기능
② 공제적 기능
③ 정치적 기능
④ 사회적 기능

해설
• 공제적 기능: 조합원이 노동력을 상실했을 때, 조합원의 생활 안정을 위해 준비된 조합기금을 지급하여 상부상조하는 사회보장제도
• 정치·사회적 기능: 노사 간의 교섭과 분쟁을 조정하고 해결하기 위하여 경제·사회 정책에 대하여 근로자의 복지증진을 위한 주장을 관철하기 위한 활동

26 [2023년 5회]

[보기]는 근로자 참여 및 협력 증진에 관한 법률에 대한 내용이다. ( )에 공통으로 들어갈 용어를 한글로 작성하시오.

> **보기**
> • (　　　)(은)는 근로자와 사용자가 참여와 협력을 통하여 근로자의 복지증진과 기업의 건전한 발전을 도모하기 위하여 구성하는 협의기구를 말한다.
> • (　　　)(은)는 근로조건에 대한 결정권이 있는 사업이나 사업장 단위로 설치하여야 한다. 다만, 상시 30명 미만의 근로자를 사용하는 사업이나 사업장은 그러하지 아니한다. 하나의 사업에 지역을 달리하는 사업장이 있을 경우에는 그 사업장에도 설치할 수 있다.

(답:　　　　　　　　　)

27 [2022년 6회]

단체협약의 해석 및 적용 과정에서 발생한 종업원의 불평·불만 등의 내용을 해결하기 위한 제도는?

① 이윤분배제도
② 고충처리제도
③ 경영참가제도
④ 종업원지주제도

해설
① 이윤분배제도: 노사 간에 미리 정해진 일정한 비율에 따라 기업이 임금 외 이윤의 일부를 노동자에게 분배하는 제도
③ 경영참가제도: 노동자 대표나 노동조합이 경영상의 의사결정에 참여하는 제도
④ 종업원지주제도: 회사가 근로자에게 회사 주식을 유상 또는 무상의 방법으로 취득하게 하여 근로자를 주주로서 기업경영에 참가시키는 제도

| 정답 | 23 ① | 24 ① | 25 ① | 26 노사협의제(도) | 27 ② |

28 [2023년 5회]

노사관계의 발전 과정 중 자본과 경영의 분리가 촉진되어 경영직능의 분화와 전문화, 경영전문가의 출현, 경영자 집단의 조직화 등이 보편화된 단계는?

① 전제적 노사관계
② 완화적 노사관계
③ 온정적 노사관계
④ 민주적 노사관계

해설
① 전제적 노사관계: 근로조건은 사용자의 일방적 의사로서 결정되고 사용자와 근로자의 관계는 절대명령과 복종의 관계임
② 완화적 노사관계: 자본주의에 의한 전제적 지배에서 완화되고 온정적 가족주의가 남아 있으며, 합리주의가 생성되는 시기
③ 온정적 노사관계: 자본주의적 생산 양식이 점차 발전되어 정착 근로자가 증가함에 따라 전제적 방식으로는 근로자의 협조를 얻을 수 없게 되며 결과적으로 가족주의적 사회관계가 성립되고 노사관계는 온정주의적, 은혜주의적 관계로 변화함

29 [2024년 6회]

경영참가제도를 직접 참가와 간접 참가로 구분할 때 간접 참가의 유형에 해당하는 것은?

① 노사협의제
② 공동의사결정
③ 이윤분배제도
④ 종업원지주제

해설
- 직접 참여 유형: 스캔론플랜, 락커플랜, 노사협의제도, 노사공동결정제도
- 간접 참여 유형: 종업원지주제도

30 [2024년 6회]

[보기]는 근로기준법에 따른 휴게시간에 대한 설명이다. ( )에 들어갈 내용을 숫자로 기입하시오.

보기
- 근로기준법 제54조에 따르면 사용자는 근로시간이 4시간인 경우 30분 이상 휴게시간을 제공해야 한다.
- 근로시간이 8시간인 경우 ( )시간 이상 휴게시간을 근로시간 도중에 제공해야 한다.

(답:)

31 [2024년 3회]

[보기]가 설명하는 근로시간제는 무엇인가?

보기
취재, 연구, 설계 및 분석, 디자인 업무 등과 같이 업무의 수행 방법이나 수단, 시간 배분 등이 근로자의 재량에 따라 결정되어 근로시간보다 성과에 의해 근무 여부를 판단할 수 있는 경우 노사 간의 합의시간을 근로시간으로 본다.

① 교대 근로시간제
② 재량 근로시간제
③ 탄력적 근로시간제
④ 선택적 근로시간제

해설
① 교대 근로시간제: 근로자들을 2개 이상의 조로 편성하여 각 조가 교대로 일정한 기일마다 근무시간이 바뀌는 근무형태
③ 탄력적 근로시간제: 일정한 기간을 단위로 총근로시간이 기준 근로시간 이내인 경우 그 기간 내 어느 주 또는 어느 날의 근로시간이 기준 근로시간을 초과하더라도 연장근로가 되지 않는 근로시간제
④ 선택적 근로시간제: 취업규칙에서 정하는 바에 따라 업무의 시작 및 종료 시각을 근로자의 결정에 맡기기로 한 근로시간제

| 정답 | 28 ④ | 29 ④ | 30 1 | 31 ② |

PART 06

실무 시뮬레이션

CHAPTER 01	iCUBE 핵심 ERP 프로그램 설치 방법
CHAPTER 02	시스템관리
CHAPTER 03	인사기초정보관리
CHAPTER 04	급여관리
CHAPTER 05	사회보험관리
CHAPTER 06	연말정산관리
CHAPTER 07	퇴직정산관리
CHAPTER 08	세무관리
CHAPTER 09	전표관리
CHAPTER 10	일용직관리
CHAPTER 11	사업/기타/이자배당소득관리

Enterprise
Resource
Planning

| 프로그램 설치 & 백데이터 복원

☑ [에듀윌 도서몰]-[도서자료실]-[부가학습자료]에서 다운로드
☑ PART 06 → 2025 핵심 ERP 프로그램 설치
☑ 백데이터 파일은 반드시 압축 해제 후 복원
☑ 오류 발생 시 플래너 뒷면의 FAQ 참고

CHAPTER 01

iCUBE 핵심 ERP 프로그램 설치 방법

QR코드를 촬영해 프로그램 설치 방법을 확인하세요!
실무 기초 특강

1 iCUBE 핵심 ERP 프로그램 설치 시 유의사항

아래 컴퓨터 사양보다 낮은 환경에서는 2025 핵심 ERP 프로그램을 설치할 수 없다.

설치 가능 OS	Microsoft Windows7 이상(Mac OS X, Linux 등 설치 불가)
CPU	Intel Core2Duo / i3 1.8Ghz 이상
Memory	3GB 이상
DISK	10GB 이상의 C:₩ 여유 공간

2 2025 iCUBE 핵심 ERP 설치 방법

(1) 에듀윌 도서몰(book.eduwill.net) 홈페이지에 접속한다.

(2) 로그인 후, [도서자료실]-[부가학습자료]를 클릭한다.

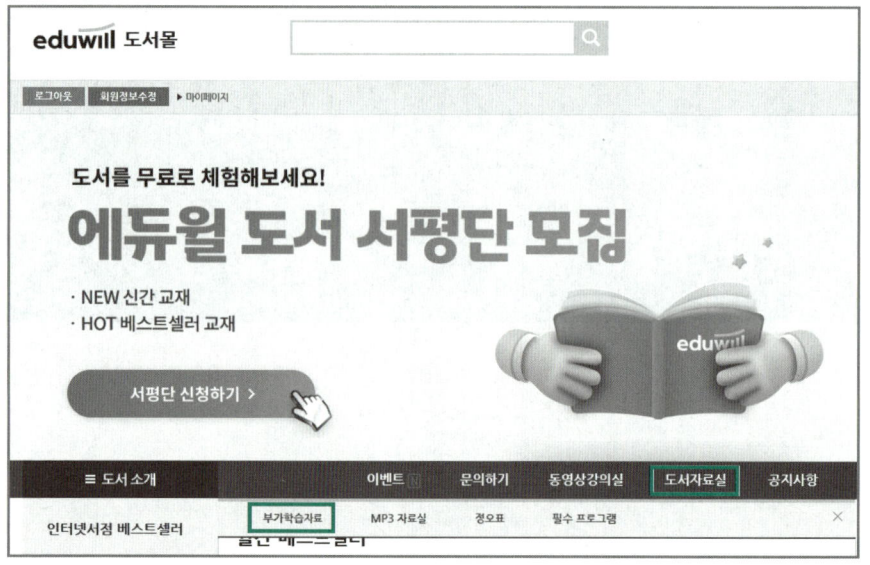

(3) 카테고리를 ERP 정보관리사로 선택한 후 검색한다.

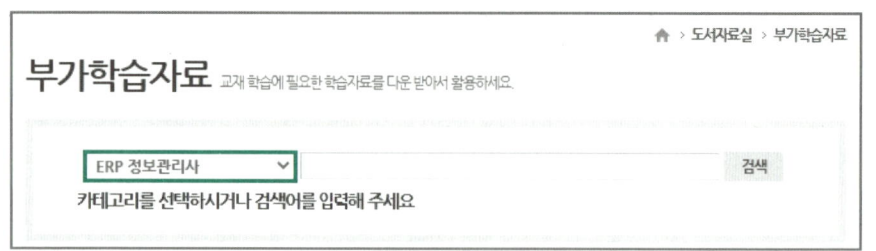

> **TIP**
> 2025 버전에는 2024년 실무 백데이터가 호환되지 않으므로 PART 06 실무 시뮬레이션은 2025 버전, PART 07 최신 기출문제는 2024 버전을 다운로드하여 학습해야 한다.

(4) 2025 에듀윌 ERP 정보관리사 인사 1급 교재의 다운로드 버튼을 클릭한 후 iCUBE 핵심 ERP 프로그램을 다운로드한다.

(5) 압축된 파일을 풀고 'CoreCubeSetup.exe'를 실행한다.

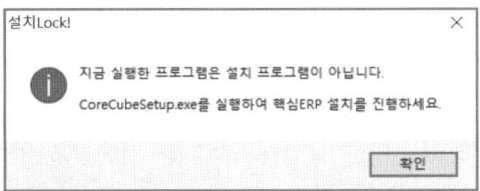

> **TIP**
> 'CoreCube.exe'를 실행한 경우 '지금 실행한 프로그램은 설치 프로그램이 아닙니다'라는 창이 뜨면서 설치를 진행할 수 없다. 반드시 'CoreCubeSetup.exe'를 실행해야 한다.

(6) 설치가 진행되면 '핵심 ERP 설치 전 사양체크'가 실행된다.

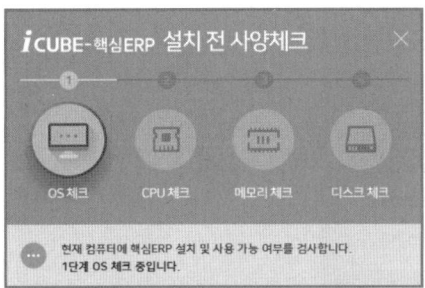 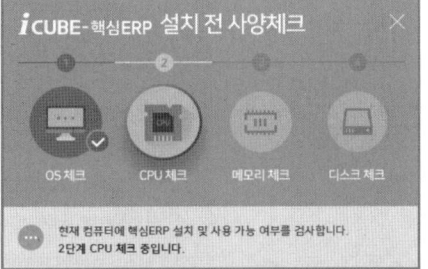

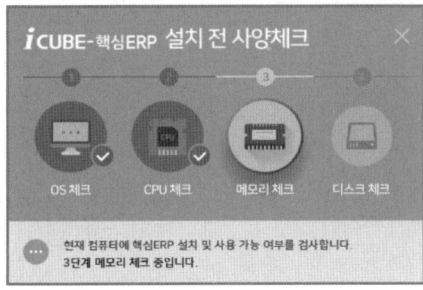 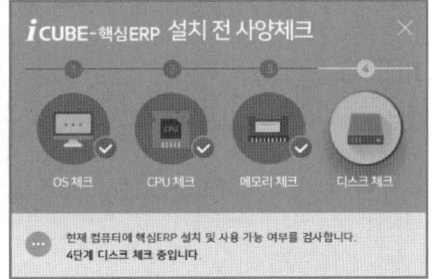

> **TIP**
> 4단계에 걸쳐 현재 컴퓨터의 사양을 체크하여 핵심 ERP 설치 가능 여부를 확인한다. 4단계를 모두 충족해야만 핵심 ERP 프로그램의 설치가 진행된다.

(7) 설치가 완료되면 iCUBE 핵심 ERP를 실행시켜 첫 화면에서 백데이터를 복원하거나 최초 로그인 방법인 시스템관리자로 로그인한다.

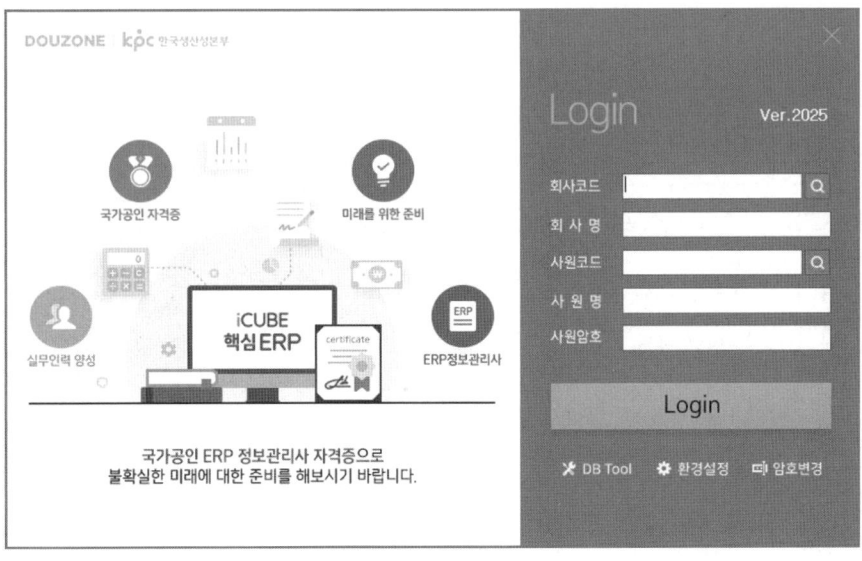

> **TIP**
> 설치 중 오류 발생 시, [에듀윌 도서몰]-[도서자료실]-[부가학습자료]-ERP 정보관리사 검색 후 '핵심 ERP 프로그램 설치 매뉴얼'을 다운로드하여 확인한다.

3 2025 iCUBE 핵심 ERP 백데이터 설치 방법

(1) [에듀윌 도서몰]-[도서자료실]-[부가학습자료]-ERP 정보관리사로 검색한다.

(2) 인사 1급의 다운로드 버튼을 클릭한 후 '백데이터'를 다운로드한다.

(3) **다운로드한 백데이터는 복원 전에 반드시 압축 해제한다.**

4 2025 iCUBE 핵심 ERP 백데이터 사용 방법

(1) 백데이터 복원 방법

① iCUBE 핵심 ERP 첫 화면에서 'DB Tool' 버튼을 클릭한다.

> **TIP**
> 백데이터를 복원한 후에는 p.183의 '최초 로그인 방법'으로 로그인할 수 없다. 이 경우 임의의 회사로 로그인한 후 회사등록을 하면 된다.

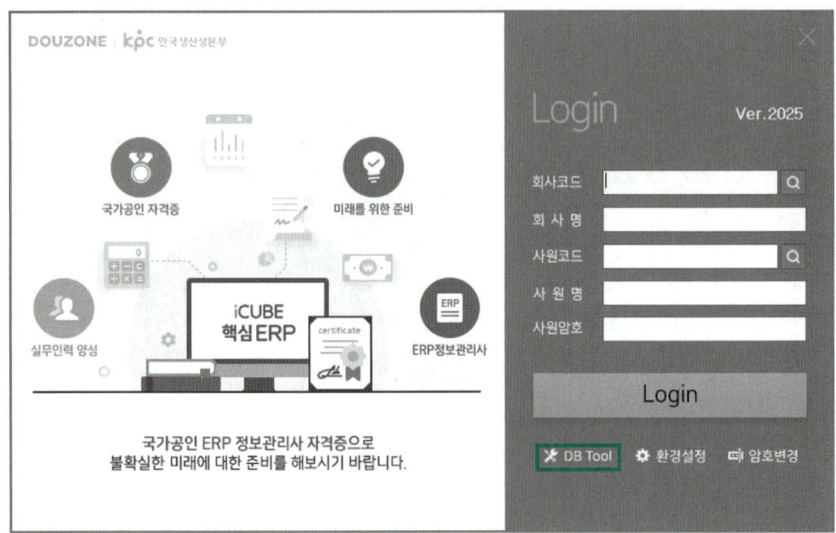

② iCUBE 핵심 ERP DB TOOL 화면에서 'DB복원'을 클릭한다.

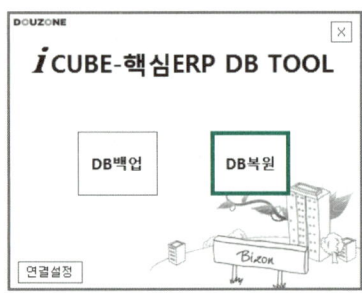

③ '기본백업폴더 복원'을 지정하여 복원하는 경우, [C:₩iCUBECORE₩iCUBECORE_DB₩BAK] 경로에 있는 백데이터가 복원된다.

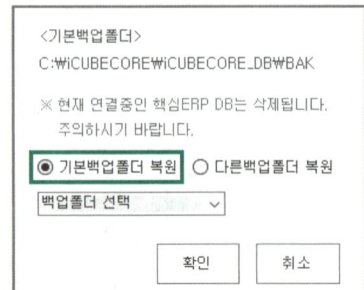

④ '다른백업폴더 복원'을 지정하여 복원하는 경우, '폴더 찾아보기' 창에서 복원할 폴더를 선택하고 확인을 클릭하면 지정한 폴더에 있는 백데이터가 복원된다.

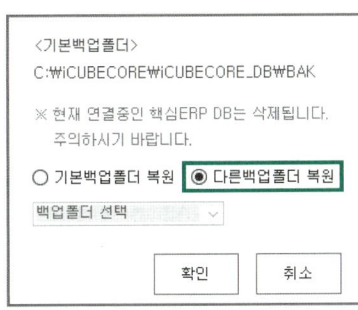

> **TIP**
> - 다운로드한 백데이터 파일을 압축 해제하지 않고 복원하는 경우 폴더 찾아보기 창에서 백데이터가 조회되지 않는다.
> - 복원 시 현재 작업 중인 백데이터는 모두 삭제되므로 중요한 백데이터는 반드시 백업해 놓아야 한다.

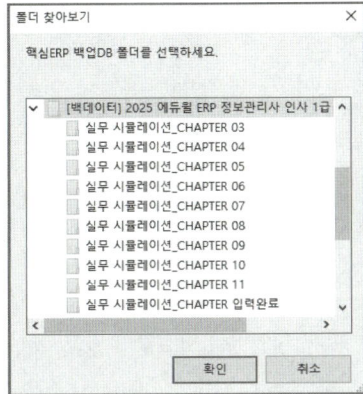

(2) 백데이터 백업 방법

① iCUBE 핵심 ERP 첫 화면에서 'DB Tool' 버튼을 클릭한다.

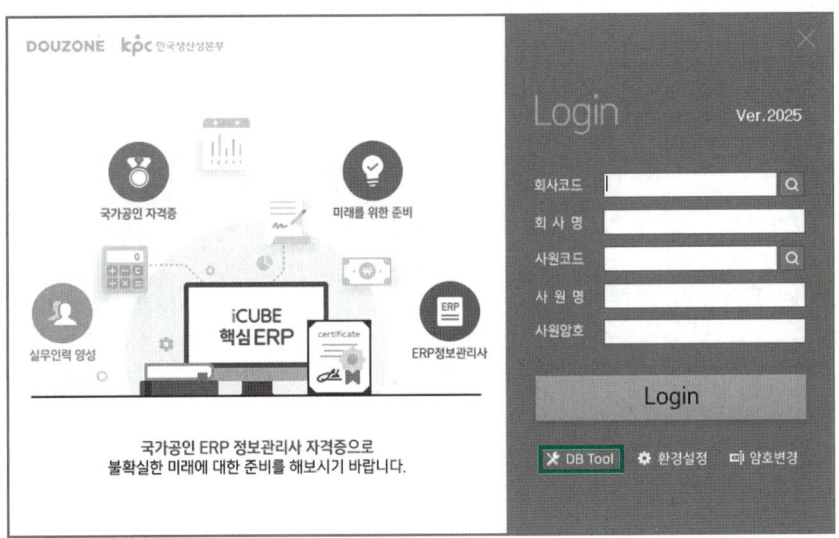

② iCUBE 핵심 ERP DB TOOL 화면에서 'DB백업'을 클릭한다.

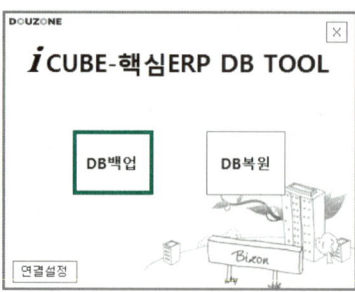

③ '기본폴더 백업'으로 백업하는 경우, [C:₩iCUBECORE₩iCUBECORE_DB₩BAK] 경로에 백업된다.

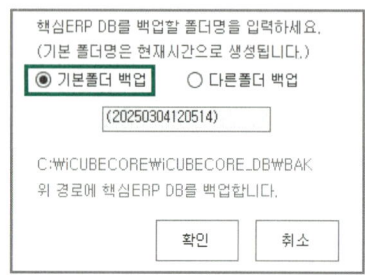

④ '다른폴더 백업'으로 백업하는 경우, '확인' 버튼을 클릭한 후 백데이터를 저장할 폴더를 직접 지정하여 백업할 수 있다.

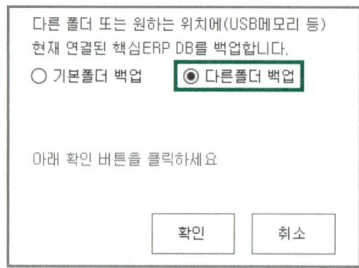

⑤ 폴더 선택 후 아래와 같이 백업 작업이 완료되면 지정한 폴더에 백데이터가 생성된 것을 확인할 수 있다.

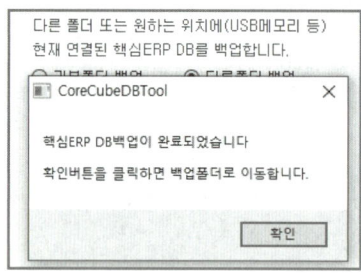

시스템관리

1 최초 로그인 방법

① 로그인 화면에서 회사코드를 '0000'으로 입력한다.
② 사원코드와 암호를 대문자 'SYSTEM'으로 입력하고 'Login' 버튼을 클릭하여 시작한다.

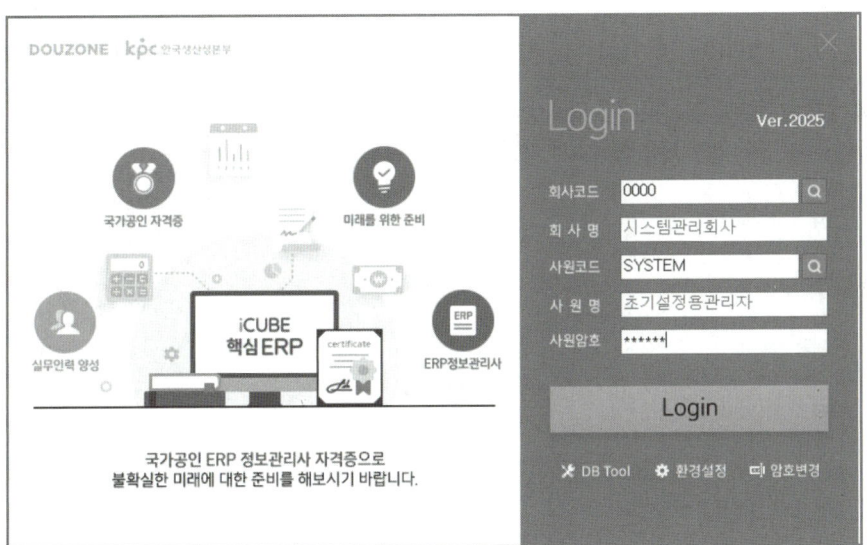

> **TIP**
> PART 06 실무 시뮬레이션은 2025 버전 PART 07 최신 기출문제는 2024 버전의 핵심 ERP 프로그램을 다운로드하여 학습해야 한다.

2 회사등록정보

(1) 회사등록

> **ERP 메뉴 찾아가기**
> 시스템관리 ▶ 회사등록정보 ▶ 회사등록

회사등록은 ERP에서 최초로 수행해야 하는 작업이다. [회사등록] 메뉴에 등록된 내용이 각종 출력물상의 회사 인적사항에 표시되며, 계산에 영향을 주기 때문에 정확하게 입력해야 한다. 회사등록 시 노란색으로 표시되는 부분은 필수 입력사항으로 반드시 입력해야 하며, 사업자등록번호와 주민등록번호가 빨간색으로 표기되는 경우 입력에 오류가 있음을 의미한다.

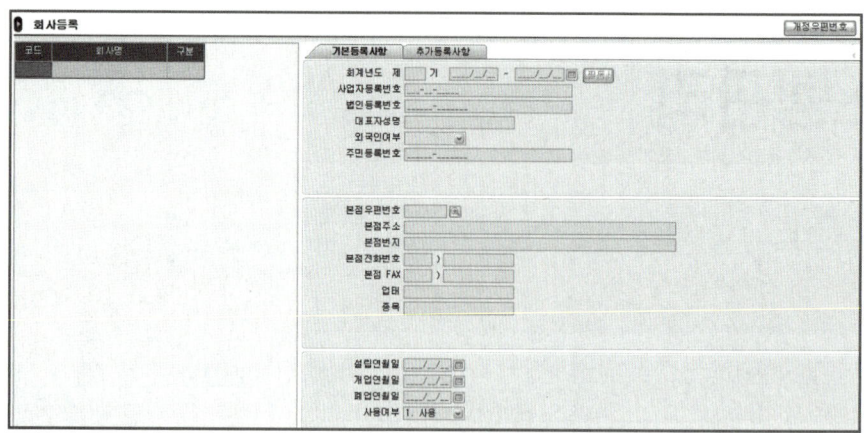

실무 연습문제 회사등록

다음 (주)채움전자의 본사 사업자등록증을 참고하여 회사등록을 하시오(회사코드는 2001번, 회계연도는 18기 2025/01/01~2025/12/31이며, 회사 설립 연월일과 개업 연월일은 동일함).

사업자등록증
(법인사업자)
등록번호: 119-86-55012

법인명(단체명): (주)채움전자
대　　표　　자: 한두희(701010-1245917)
개 업 연 월 일: 2008년 1월 10일
법인등록번호: 110401-0100010
사업장소재지: 서울특별시 영등포구 국회대로 553
본 점 소 재 지: 서울특별시 영등포구 국회대로 553
사업의　종류: [업태] 제조　[종목] 전자제품
교 부 사 유: 신규

2008년 1월 10일
영등포세무서장 (인)

정답

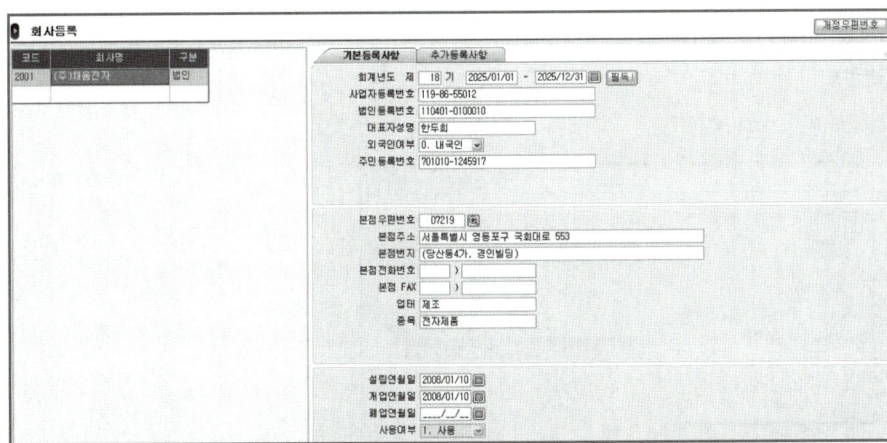

> **TIP**
> - 본점 우편번호는 코드를 입력하지 않은 상태로 돋보기 모양을 클릭하여 '우편번호도움' 창에서 해당 주소를 조회하여 입력한다. 주소가 업데이트되어 조회되지 않을 경우 직접 입력한다.
> - 사업자등록증상의 내용을 모두 입력한 후 맨 아래까지 Enter를 누른다.
> - 회사를 등록한 후에는 최초 로그인했던 0000.시스템관리회사로 로그인할 수 없다.
> - 돋보기 모양이 있는 경우 빈칸에 커서를 두고 F2를 눌러 도움창을 조회할 수 있다.

(2) 사업장등록

> **ERP 메뉴 찾아가기**
> 재로그인 ▶ 시스템관리 ▶ 회사등록정보 ▶ 사업장등록

회사등록 후 등록한 회사로 재로그인하여 사업장을 등록한다(회사코드: 2001, 회사명: (주)채움전자, 사원코드: SYSTEM, 사원암호: SYSTEM).

「부가가치세법」상 사업장은 각각의 독립된 하나의 과세단위가 되며, 이는 재화나 용역을 공급받는 사업장을 중심으로 납세의무를 이행하도록 하여 탈루를 방지하고 납세관리를 용이하게 하기 위함이다. ERP 프로그램에서 사업장등록을 함으로써 각 사업장별로 회계처리와 부가가치세신고를 할 수 있다. 사업자등록증의 개수만큼 사업장등록을 하며, 주사업장과 총괄사업장을 등록할 수 있다.

실무 연습문제 사업장등록 – 관할세무서 등록

앞의 사업자등록증을 참고하여 사업장등록 화면에서 관할세무서를 지정하시오(사업장코드는 1000번이며, 이행상황신고구분은 0.월별임).

기출 유형 파악하기
24년 5회 1번 l p.372

정답

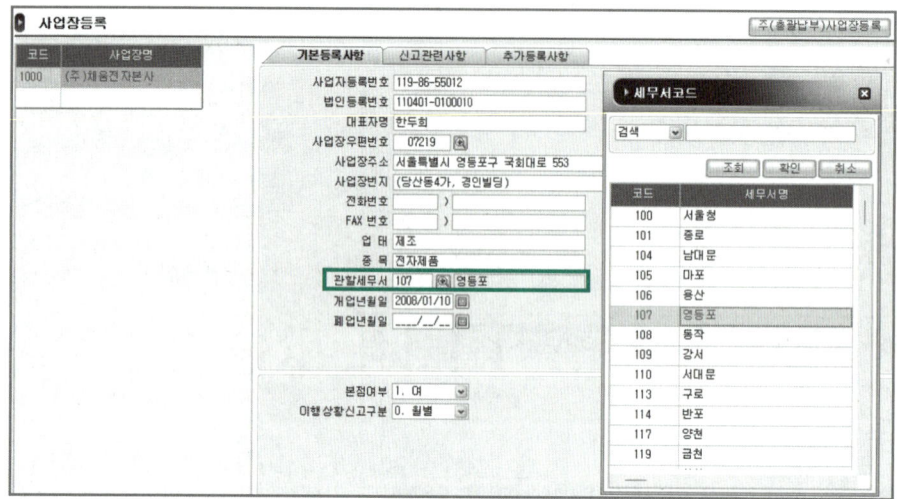

① 주사업장 총괄납부
- 「부가가치세법」상 신고·납부는 각 사업장별 신고·납부가 원칙이나, 사업자가 2개 이상의 사업장을 가지고 있는 경우에는 사업자의 신고에 의해 납부(환급)세액을 합산하고 주된 사업장에서 총괄하여 납부가 가능하다.
- 신고는 각 사업장별로 하며 납부(환급)만 총괄하여 관리할 수 있다.

실무 연습문제 사업장등록 – 지점등록

다음 (주)채움전자 천안지점의 사업자등록증을 참고하여 사업장등록을 하시오(사업장코드는 본사 – 1000번, 천안지점 – 2000번으로 하고, 본사에 부가가치세 총괄납부 신청을 하였다).

기출 유형 파악하기
24년 4회 1번 l p.383

부가가치세 총괄납부승인번호	20201235		
원천징수이행상황신고 구분	0.월별	본·지점의 전자신고 ID	1234567
본사 주업종코드	232201(제조업)	천안지점 주업종코드	322001(제조업)
본사 지방세신고지 (행정동)	영등포구청 (1156053500)	천안지점 지방세신고지 (행정동)	천안시 동남구청 (4413157000)
본사 지방세신고지 (법정동)	서울특별시 영등포구 (1156000000)	천안지점 지방세신고지 (법정동)	충청남도 천안시 동남구 (4413100000)

사업자등록증
(법인사업자)
등록번호: 504-81-23635

법인명(단체명): (주)채움전자 천안지점
대　　표　자: 한두희(701010-1245917)
개 업 연 월 일: 2008년 1월 10일
법인등록번호: 110111-3089112
사업장소재지: 충청남도 천안시 동남구 신방통정로 2
본 점 소 재 지: 충청남도 천안시 동남구 신방통정로 2
사 업 의 종 류: [업태] 제조　[종목] 전자제품
교 부 사 유: 신규

2008년 1월 10일
천안세무서장 (인)

정답

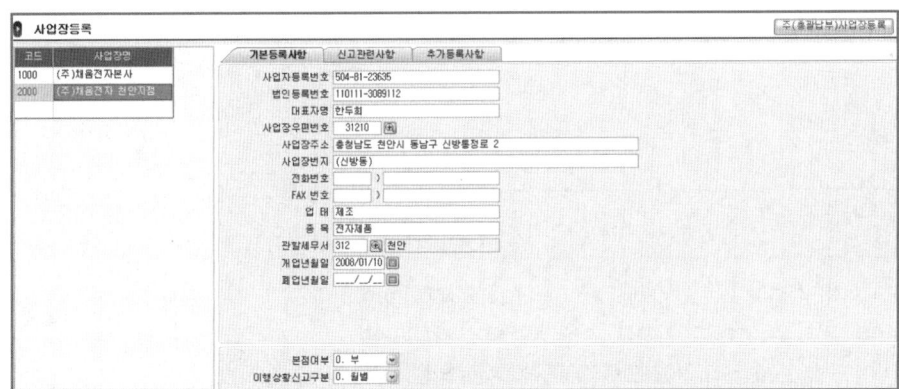

- 우측 상단의 '주(총괄납부)사업장등록' 버튼을 클릭하여 주(총괄납부)사업장등록에 본사 사업장코드, 승인번호를 입력하고 종사업장등록에 본사와 천안지점을 입력한다.

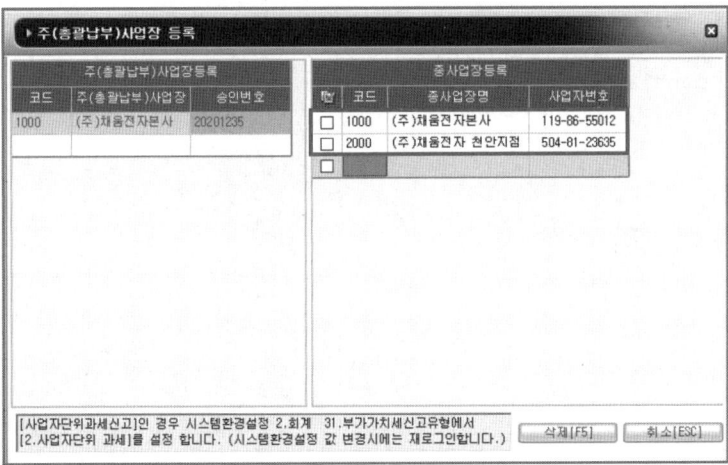

• 본사, 천안지점 각각 신고관련사항 탭에 주어진 전자신고 ID, 주업종코드, 지방세신고지를 입력한다.

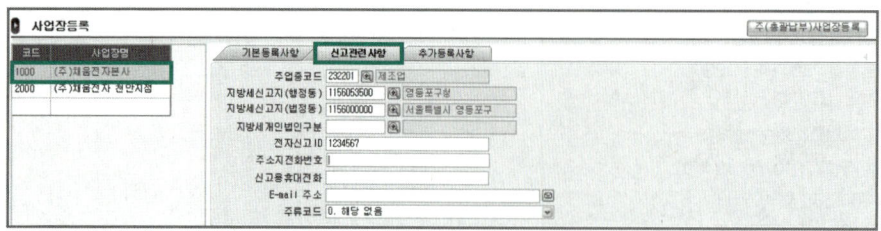

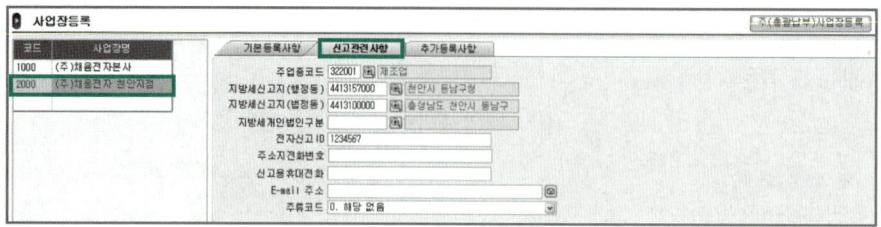

② **사업자단위 과세제도**: 사업자가 2개 이상의 사업장을 가지고 있는 경우 사업자의 신고에 의해 본점 또는 주사무소에서 부가가치를 총괄 신고·납부하여 경정 세금계산서 교부가 가능하다.

(3) 부문과 부서등록

> **ERP 메뉴 찾아가기**
>
> 시스템관리 ▶ 회사등록정보 ▶ 부서등록

부서란 회사의 조직 중 작업을 하는 단위로 구체적이고 상세하게 나눈 조직체계를 의미한다. 회사는 업무 영역에 따라 총무부, 경리부, 관리부, 인사부, 생산부 등의 부서를 구분하여 관리하며, 각 부서 단위의 관리업무가 존재한다. 부문은 부서의 총괄 개념으로 부서등록을 하기 전에 먼저 부문등록을 입력한다.

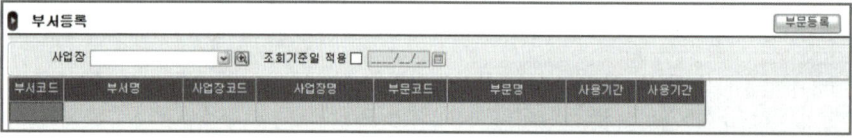

실무 연습문제 부문과 부서등록

+ **기출 유형 파악하기**
24년 6회 3번 | p.362

다음의 내용을 바탕으로 (주)채움전자의 부문과 부서를 등록하시오.

부문코드	부문명	사용기간
1000	관리부문	2025/01/01~
2000	영업부문	2025/01/01~
3000	자재부문	2025/01/01~
4000	생산부문	2025/01/01~

부서코드	부서명	사업장코드	사업장명	부문코드	부문명	사용기간
1100	임원실	1000	(주)채움전자본사	1000	관리부문	2025/01/01
1200	관리부	1000	(주)채움전자본사	1000	관리부문	2025/01/01
2100	영업1부	1000	(주)채움전자본사	2000	영업부문	2025/01/01
2200	영업2부	1000	(주)채움전자본사	2000	영업부문	2025/01/01~2027/12/31
3100	자재부	2000	(주)채움전자 천안지점	3000	자재부문	2025/01/01
4100	생산부	2000	(주)채움전자 천안지점	4000	생산부문	2025/01/01

정답

[부서등록] 메뉴 우측 상단의 '부문등록' 버튼을 클릭하여 (주)채움전자의 부문을 먼저 등록하고 각 부서를 등록한다.

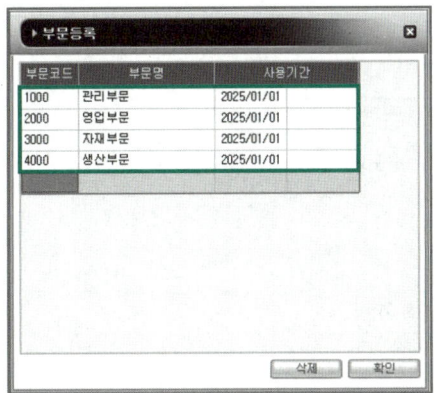

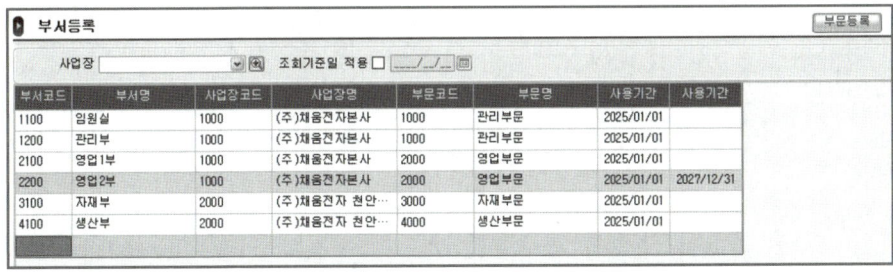

(4) 사원등록

> 시스템관리 ▶ 회사등록정보 ▶ 사원등록

사원이란 회사 업무를 수행하는 가장 기본적인 단위이다. [사원등록] 메뉴는 사원에게 입력방식 등의 권한을 부여하는 메뉴로, 등록한 내용은 [인사정보등록] 메뉴와 연동된다.

회사에 소속된 모든 사원을 등록하고 ERP를 사용하지 않는 사원의 경우에도 사원등록을 하며 '사용자 여부'를 '0.부'로 입력한다. ERP 시스템을 사용하는 사용자라도 자료의 입력 및 조회 범위를 회사 전체로 지정할 것인지, 사업장 단위, 부서 단위, 사원 단위로 지정할 것인지 결정해야 한다. 또한 전표 구분을 미결, 승인, 수정으로 나누어 사용자권한을 설정한다.

① 회계 입력방식

구분	내용
0.미결	• 회계 모듈에서 전표입력 시 자동으로 미결전표 생성 • 승인권자의 승인이 필요하며 장부기록은 되지 않음
1.승인	• 회계 모듈에서 전표입력 시 자동으로 승인전표 생성 • 전표를 수정 및 삭제하려면 승인 해제 후 수정 가능
2.수정	• 회계 모듈에서 전표입력 시 자동으로 승인전표 생성 • 승인 해제를 하지 않아도 전표의 수정 및 삭제 가능

② 조회권한

구분	내용
미사용	ERP 로그인이 불가능하며, 접근이 통제됨
1.회사	회사 모든 데이터의 입력 및 조회 가능
2.사업장	로그인한 사원이 속한 사업장의 데이터만 입력 및 조회 가능
3.부서	로그인한 사원이 속한 부서의 데이터만 입력 및 조회 가능
4.사원	로그인한 사원 자신의 정보만 입력 및 조회 가능

실무 연습문제 — 사원등록

다음 내용을 바탕으로 (주)채움전자의 사원등록 정보를 입력하시오(화면 상단의 부서란은 공란으로 두고 입력할 것).

사원코드	사원명	부서명	입사일	사용자여부	인사입력방식	회계입력방식	조회권한	품의서권한	검수조서권한
2009001	한두희	임원실	2009/01/01	여	승인	승인	회사	미결	미결
2009002	배문주	관리부	2009/01/01	여	승인	수정	회사	미결	미결
2009003	손명희	영업1부	2009/01/01	여	승인	승인	회사	승인	미결
2009004	김소연	영업2부	2009/02/01	여	미결	미결	사업장	승인	미결
2009005	최동인	자재부	2009/03/01	여	미결	미결	사업장	승인	미결
2010001	정진수	생산부	2010/01/01	부	미결	미결	미사용	미결	미결
2010002	김동진	생산부	2010/02/01	여	승인	승인	회사	승인	미결

정답

> **TIP**
> 부서명과 같이 기입력된 자료를 선택할 때 코드란에서 F2를 누른 후 코드도움 창에서 해당 자료를 선택하거나 코드란에 내용을 입력한 후 Enter를 누른다.

> **TIP**
> 사원등록 후에는 사원코드 변경이 불가능하다. 사원등록 후 사원코드를 변경해야 할 경우 상단 [삭제(F5)]를 클릭하여 삭제한 후 재등록 한다.

(5) 시스템환경설정

ERP 메뉴 찾아가기

시스템관리 ▶ 회사등록정보 ▶ 시스템환경설정

시스템환경설정은 ERP 시스템을 사용하기 전에 회사의 상황에 맞도록 각 모듈 및 공통적인 부문의 옵션(파라미터)을 설정하는 메뉴이다. 시스템환경설정은 추후 ERP 운용 프로세스에도 영향을 미치기 때문에 신중하게 선택해야 하며, 시스템환경설정을 변경한 후 이를 적용하기 위해서는 반드시 재로그인을 하여야 한다.

시스템환경설정

구분	코드	환경요소명	유형구분	유형설정	선택범위
공통	01	본지점회계여부	여부	0	0.미사용 1.사용
공통	02	수량소숫점자리수	자리수	2	선택범위:0-6
공통	03	원화단가소숫점자리수	자리수	2	선택범위:0-6
공통	04	외화단가소숫점자리수	자리수	2	선택범위:0-6
공통	05	비율소숫점자리수	자리수	3	선택범위:0-6
공통	06	금액소숫점자리수	자리수	0	선택범위:0-4
공통	07	외화소숫점자리수	자리수	2	선택범위:0-4
공통	08	환율소숫점자리수	자리수	3	선택범위:0-6
공통	10	끝전 단수처리 유형	유형	1	0.반올림, 1.절사, 2.절상
공통	11	비율%표시여부	여부	0	여:1 부:0
공통	14	거래처코드도움창	유형		0. 표준코드도움 1.대용량코드도움
회계	20	예산통제구분	유형	0	0.결의부서 1.사용부서 2.프로젝트
회계	21	예산관리여부	여부	0	여:1 부:0
회계	22	입출금전표사용여부	여부	1	여:1 부:0
회계	23	예산관리개시월	유형	01	예산개시월:01-12
회계	24	거래처등록보조화면사용	여부	1	여:1 부:0
회계	25	거래처코드자동부여	여부	0	0-사용않함, 3-10-자동부여자리수
회계	26	자산코드자동부여	여부	0	여:1 부:0
회계	27	전표출력기본양식	유형	1	전표출력기본양식 1~15
회계	28	다국어재무제표 사용	유형	0	0.사용안함 1.영어 2.일본어 3.중국어
회계	29	등록자산상각방법	유형	2	1.상각안함 2.월할상각 3.반년법상각
회계	30	처분자산상각방법	유형	2	1.상각안함 2.월할상각
회계	31	부가가치세 신고유형	유형	0	0.사업장별 신고 1.사업자단위 신고(폐지) 2.사업자단위 과세
회계	32	전표입력 품의내역검색 조회…	여부	0	0-사용자 조회권한 적용, 1-미적용
회계	34	전표복사사용여부	여부	0	0.미사용 1.사용
회계	35	금융CMS연동	유형	88	00.일반,03.기업,05.KEB하나(구.외환 CMS플러스),06.국민,11.…

① 공통

코드	환경요소명	내용
01	본지점회계여부	본점과 지점 간 재무상태표와 손익계산서, 결산을 따로 관리할 것인지에 대한 여부를 결정한다.
02~08	소숫점자리수	전 모듈에서 공통적으로 사용될 수량, 원화단가, 외화단가, 비율, 금액, 외화, 환율의 소숫점자리수를 설정한다.
10	끝전 단수처리 유형	끝자리 수를 0.반올림, 1.절사, 2.절상의 유형으로 선택한다.
11	비율%표시여부	• 비율 표시에 %를 사용할지의 여부를 선택한다. • 전 모듈에 설정된다.

② 회계

코드	환경요소명	내용
20	예산통제구분	• 예산통제를 사용할 경우에 선택한다. • 0.결의부서: 전표를 입력하는 부서별로 예산을 통제하는 경우에 사용한다. 즉, 전표입력부서와 전표통제부서가 동일하다. • 1.사용부서: 계정과목의 관리항목별 사용부서를 설정한 후 해당 사용부서로 통제할 경우에 사용한다. • 2.프로젝트: 프로젝트를 설정한 후 프로젝트별 통제 시 사용한다.
21	예산관리여부	예산통제를 할 경우에는 [1.여], 통제를 하지 않을 경우에는 [0.부]를 선택한다.
22	입출금전표사용여부	전표입력을 할 때 입금, 출금전표를 사용할 경우에는 [1.여], 대체전표만 사용할 경우에는 [0.부]를 선택한다.
23	예산관리개시월	예산통제를 하려는 시작 월을 입력한다.

> **본지점회계여부**
> 사업장별로 데이터를 저장하고 등록된 사업장의 데이터를 통합하여 조회할 수 있다. 전표입력에서 로그인한 사원이 소속된 사업장에 따라 회계단위가 선택된다. 회계 관련 전 메뉴에서 회계단위를 변경하여 입력, 조회할 수 있으며, 복수사업장의 경우 부가가치세 신고 및 세무신고를 위해 사업장을 복수로 등록하고 부서 및 사원을 해당 사업장 소속으로 등록하게 된다.

번호	항목	설명
24	거래처등록 보조화면사용	• 1.여: 전표입력 시 거래처코드에서 + 또는 00000을 입력하면 거래처등록 화면이 나와서 전표입력에서 신규거래처를 등록할 수 있다. • 0.부: 전표입력에서 거래처등록을 할 수 없다. 즉, 기초정보관리의 거래처등록에서만 가능하다.
25	거래처코드자동부여	• 0.사용안함: 사용자가 코드를 직접 입력한다. • 3~10 자동부여자리수: 거래처 등록 시 자동으로 코드번호가 부여된다.
26	자산코드자동부여	• 1.여: 고정자산 등록 시 자동으로 코드번호가 부여된다. • 0.부: 사용자가 코드를 직접 입력한다.
27	전표출력기본양식	프로그램이 지원하는 전표양식 중 기본으로 사용할 양식을 선택한다.
28	다국어재무제표 사용	재무제표를 0.사용안함, 1.영어, 2.일본어, 3.중국어로 사용 가능하다.
29	등록자산상각방법	보유하고 있는 자산의 상각방법을 선택할 수 있다.
30	처분자산상각방법	처분하는 자산의 상각방법을 선택할 수 있다.
31	부가가치세 신고유형	0.사업장별 신고, 2.사업자단위 과세 중 부가가치세 신고유형을 선택한다.

실무 연습문제 — 시스템환경설정

(주)채움전자의 ERP 시스템에 다음의 조건으로 시스템환경설정을 하시오.

조회구분	코드	환경요소명	선택범위
공통	01	본지점회계여부	미사용
공통	06	금액소숫점자리수	0
회계	25	거래처코드자동부여	사용안함
회계	29	등록자산상각방법	월할상각
인사	02	더존SMART연말정산 사용여부	사용

정답

시스템환경설정

조회구분 1. 공통   환경요소

구분	코드	환경요소명	유형구분	유형설정	선택범위	비고
공통	01	본지점회계여부	여부	0	0.미사용 1.사용	
공통	02	수량소숫점자리수	자리수	2	선택범위:0-6	
공통	03	원화단가소숫점자리수	자리수	2	선택범위:0-6	
공통	04	외화단가소숫점자리수	자리수	2	선택범위:0-6	
공통	05	비율소숫점자리수	자리수	3	선택범위:0-6	
공통	06	금액소숫점자리수	자리수	0	선택범위:0-4	
공통	07	외화소숫점자리수	자리수	2	선택범위:0-4	
공통	08	환율소숫점자리수	자리수	3	선택범위:0-6	
공통	10	끝전 단수처리 유형	유형	1	0.반올림, 1.절사, 2 절상	
공통	11	비율%표시여부	여부	0	여:1 부:0	
공통	14	거래처코드도움창	유형		0. 표준코드도움 1.대용량코드도움	

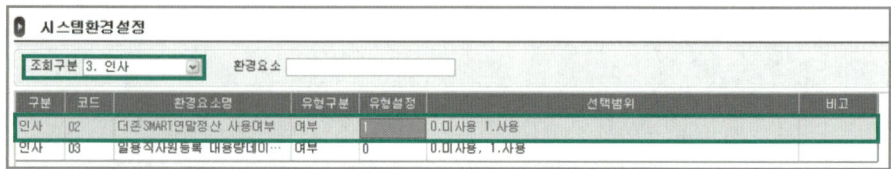

(6) 사용자권한설정

시스템관리 ▶ 회사등록정보 ▶ 사용자권한설정

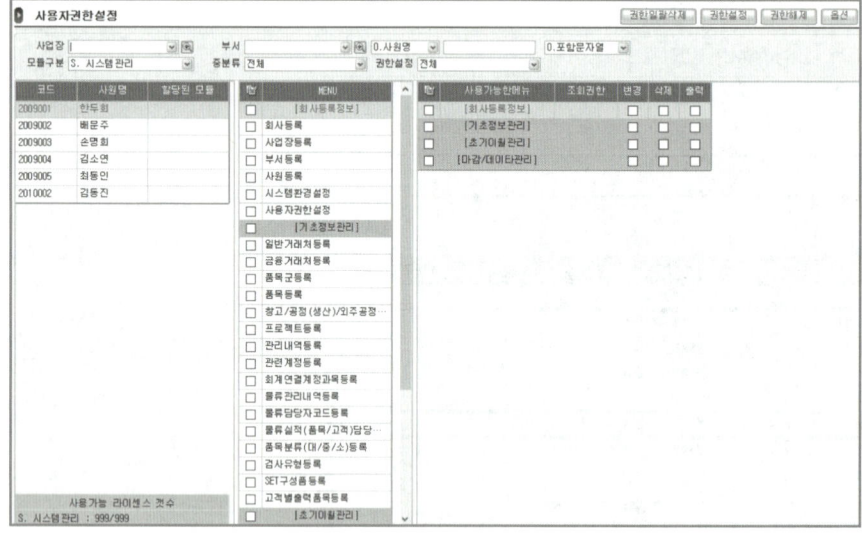

[사용자권한설정] 메뉴는 ERP 사용자들의 권한을 설정하는 메뉴이다. 사원등록에서 등록한 입력방식과 조회권한을 토대로 접근 가능한 메뉴별로 세부권한을 부여하며, 사용자별로 권한설정이 선행되어야 한다.
① 변경: 해당 메뉴에 내용을 입력 및 수정할 수 있다.
② 삭제: 해당 메뉴에 조회된 내용을 삭제할 수 있다.
③ 출력: 해당 메뉴에 조회된 내용을 출력할 수 있다.

실무 연습문제 사용자권한설정

(주)채움전자의 업무영역을 고려하여 사원별로 사용권한을 부여하시오.

사원코드	사원명	시스템	영업	구매/자재	무역	생산	인사/급여	회계	원가
2009001	한두희	전권	전권	전권	전권	전권	전권	전권	전권
2009002	배문주	전권	전권	전권	전권	전권	전권	전권	전권
2009003	손명희	–	–	전권	전권	전권	전권	–	–
2009004	김소연	–	전권	전권	전권	전권	전권	전권	전권
2009005	최동인	–	전권	전권	전권	전권	전권	전권	전권
2010001	정진수	–	–	–	–	–	–	–	–
2010002	김동진	–	–	전권	전권	전권	전권	–	–

정답

- 한두희의 권한설정: '모듈구분: S.시스템관리' 선택 → 사원명 선택 → MENU 선택 → 권한설정 버튼을 클릭하여 조회권한을 회사로 선택한 후 확인 버튼을 누른다. '모듈구분: B.영업관리~C.원가관리'까지 동일한 방법으로 설정한다.

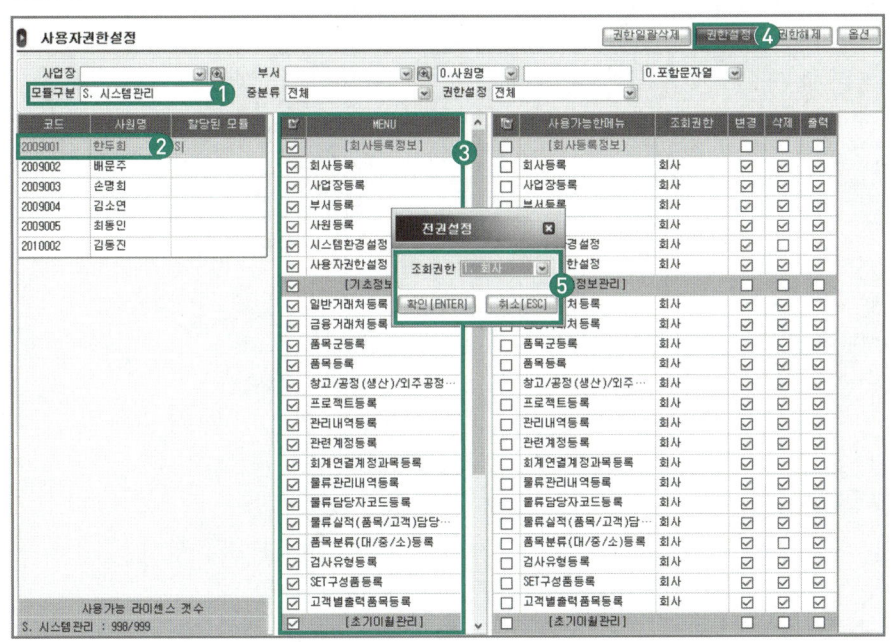

+ 기출 유형 파악하기
24년 6회 2번 | p.362

TIP
MENU 선택 시 표의 왼쪽 상단에 있는 ☑ 표시를 클릭하면 전체 항목이 선택된다.

• 한두희의 권한 복사: 한두희 사원 클릭 → 마우스 오른쪽 버튼 클릭 → 권한 복사를 클릭한다.

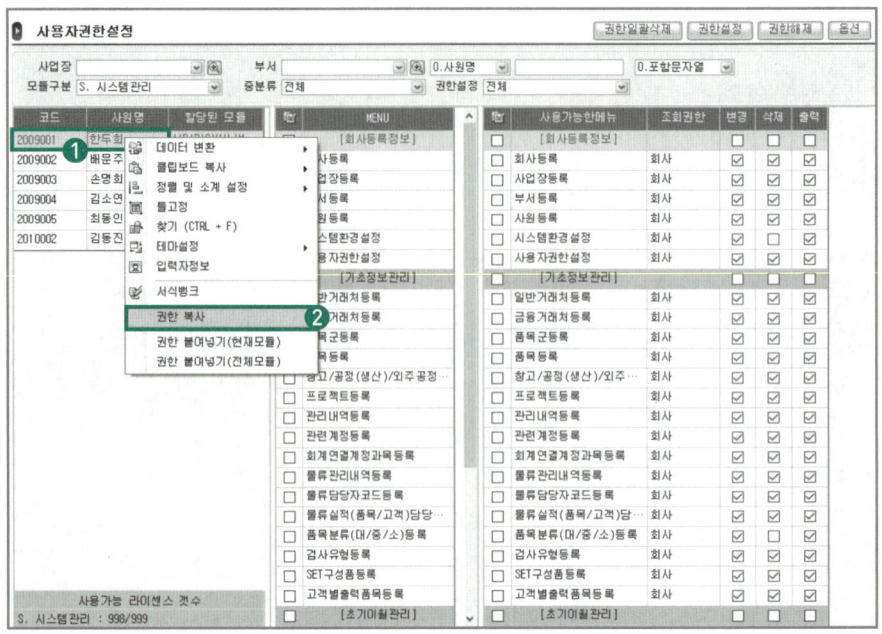

• 배문주에 권한 붙여넣기: 배문주 사원 클릭 → 마우스 오른쪽 버튼 클릭 → 권한 붙여넣기(전체모듈)를 클릭한 후 확인한다.

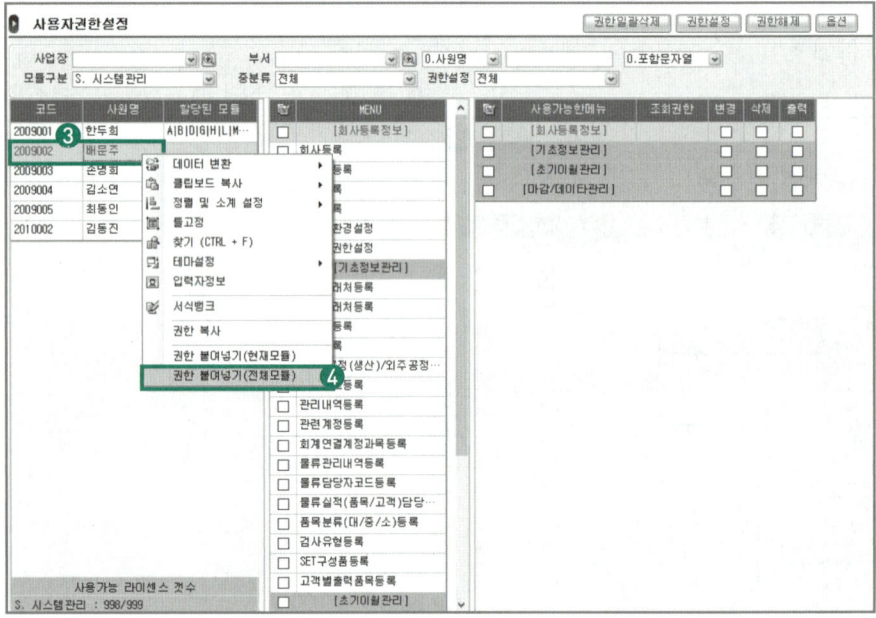

- 손명희 사원의 권한설정 후 권한 복사 → 권한이 동일한 김동진 사원에게 권한 붙여넣기(전체모듈)를 클릭한 후 확인한다.
- 김소연 사원의 권한설정 후 권한 복사 → 권한이 동일한 최동인 사원에게 권한 붙여넣기(전체모듈)를 클릭한 후 확인한다.

> **TIP**
> 시험에서는 이미 권한설정이 되어 있는 부분을 조회하는 형식의 문제가 출제되고 있다.

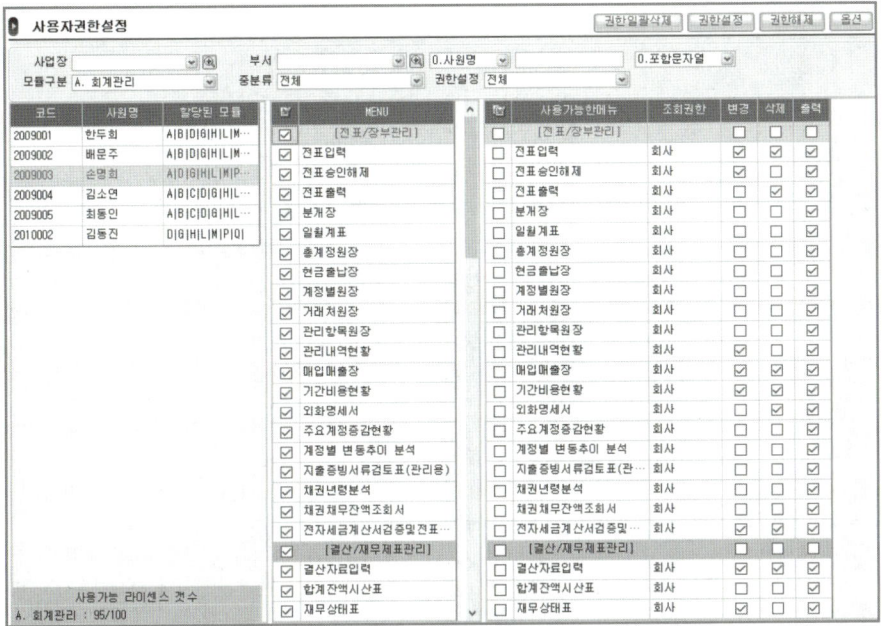

- 권한을 잘못 설정한 경우 '모듈구분 → 사원명 선택 → 사용가능한메뉴 선택 → 권한해제'를 통해 해제할 수 있다.

> **TIP**
> 권한설정 및 권한해제를 수행한 후 반드시 '재로그인'을 해야 한다.

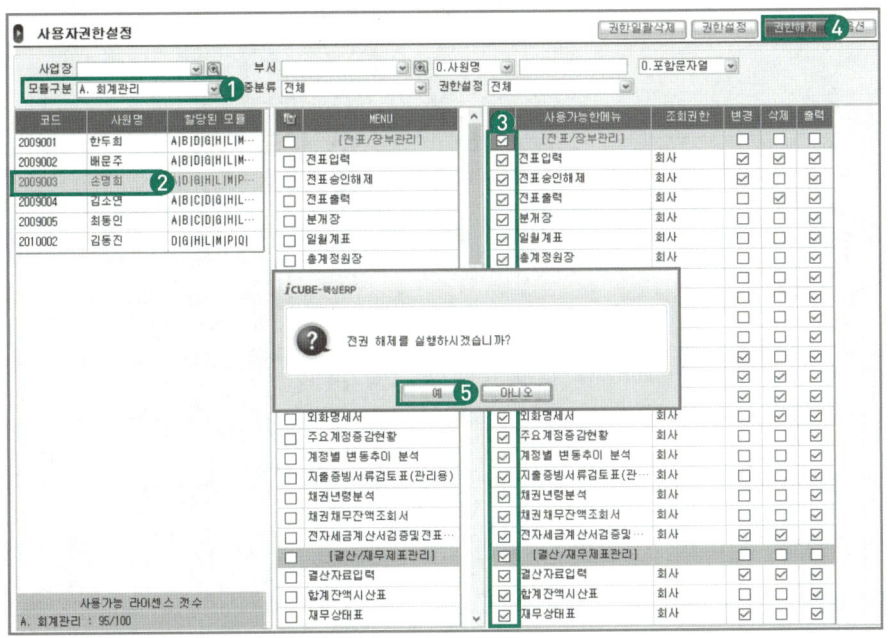

CHAPTER 03 인사기초정보관리

2025 버전의 핵심 ERP 프로그램에서 [백데이터] 파일의 '실무 시뮬레이션_CHAPTER 03' DB를 복원한 후 '회사코드: 2001, 회사명: (주)채움전자, 사원코드: 2009002, 사원명: 배문주'로 로그인한다.

> **TIP**
> 로그인 시 사원암호는 입력하지 않는다.

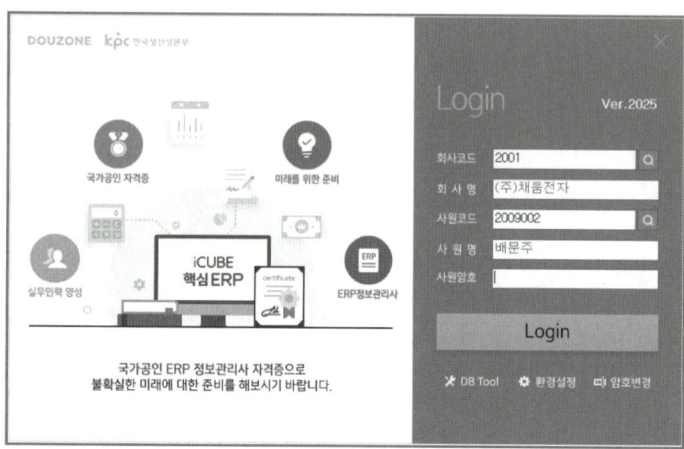

1. 인사관리 프로세스

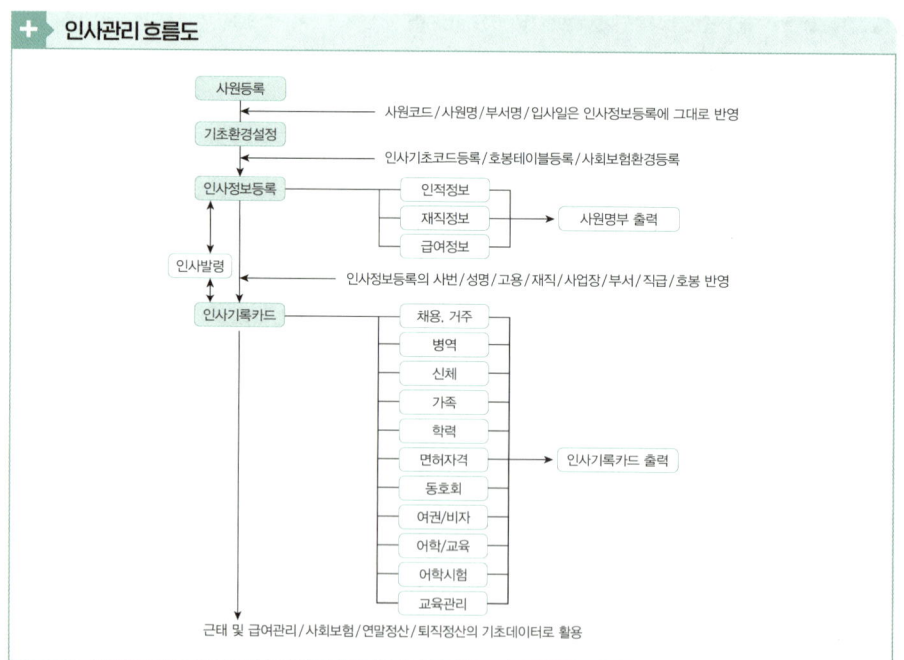

(1) 소득/세액공제환경설정

> **ERP 메뉴 찾아가기**
>
> 인사/급여관리 ▶ 기초환경설정 ▶ 소득/세액공제환경설정

기출 유형 파악하기
24년 3회 2번 I p.394

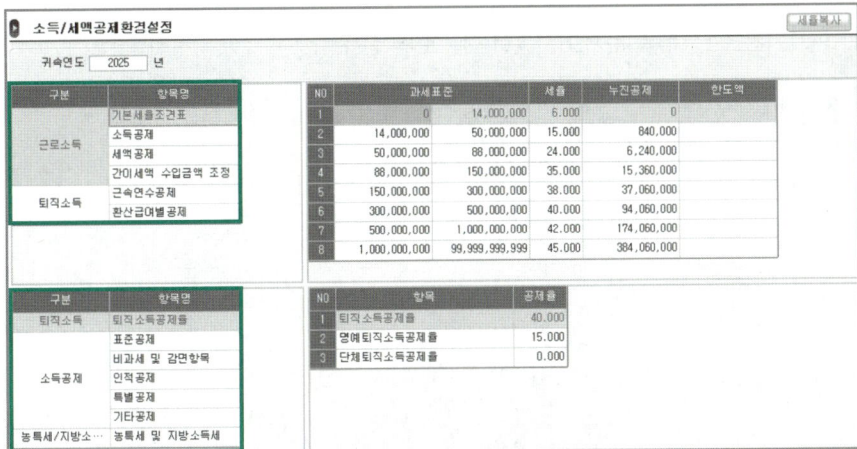

급여관리, 퇴직관리, 연말정산을 자동산출하기 위한 기초 데이터가 설정된 메뉴로, 세율이 저장 및 관리되며 해당 세율을 적용하여 소득세와 지방소득세를 산출한다.
귀속연도를 설정하고, 해당 귀속연도에 소득세액이 없는 경우 '세율복사' 버튼을 이용한다.

(2) 인사기초코드등록

> **ERP 메뉴 찾아가기**
>
> 인사/급여관리 ▶ 기초환경설정 ▶ 인사기초코드등록

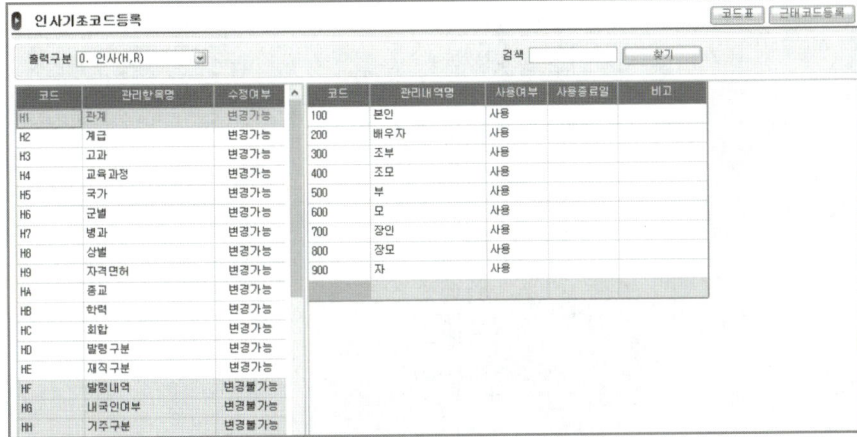

시스템 사용에 필요한 모든 정보는 코드화하여 [인사기초코드등록] 메뉴에 등록한다. 기본 데이터는 프로그램 설치 시 저장되며 사용자의 관리에 맞추어 추가 등록하여 사용한다.
① 관리항목명: 회사등록 시 자동 생성
② 수정여부: 변경가능, 변경불가능 중 선택
　• 변경가능: 관리내역명 추가/삭제/수정 가능
　• 변경불가능: 관리내역명 등록 및 수정 불가능
③ 관리내역명: 수정여부가 변경가능일 경우 추가 입력 가능

④ 사용여부: 사용, 미사용 중 선택
- 0.미사용: 시스템에서 사용 불가능
- 1.사용: 시스템에서 사용 가능

실무 연습문제 — 인사기초코드등록

다음 자료를 참고하여 (주)채움전자의 인사기초코드등록을 하시오(사용여부는 모두 1.사용으로 함).

+ 기출 유형 파악하기
24년 6회 8번 | p.363

출력구분		내용
0.인사(H, R)	H9.자격면허	10.ERP정보관리사 인사1급
		20.ERP정보관리사 회계1급
	HT.근속년수구분	003.3년 이하
		004.4년 이하
		005.5년 이하
		006.6년 이하
		007.7년 이하
		008.8년 이하
		009.9년 이하
		010.10년 이하
2.급여(P)	P2.지급코드	P10.직책수당
		P20.가족수당
		P30.자격수당
		P40.식대
	PA.호봉코드	G02.직급수당(1.계산식에 추가함)
		G03.호봉수당(1.계산식에 추가함)
4.사원그룹(G)	G2.직종	003.기술직(비과세 적용)
		004.현장직
	G3.직책	120.부사장
		150.전무
		650.생산계장
		910.생산사원
	G4.직급	120.부사장
		150.전무
		650.생산계장
		910.생산사원

정답

- 0.인사(H, R)-H9.자격면허 입력화면

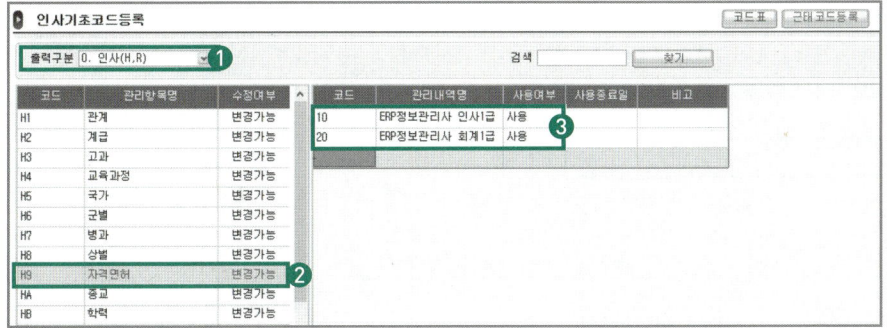

- 0.인사(H, R)-H.T근속년수구분 입력화면

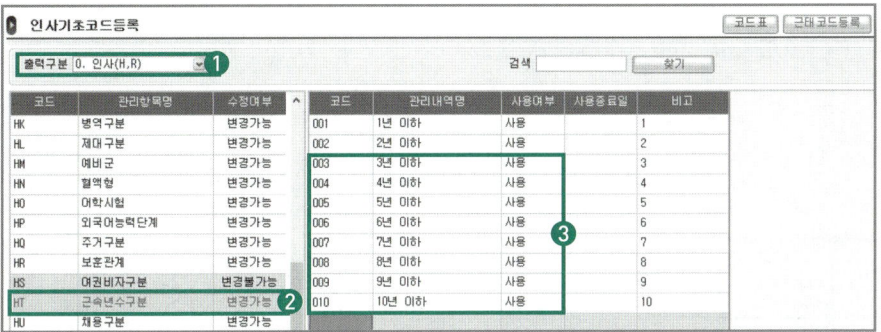

- 2.급여(P)-P2.지급코드 입력화면

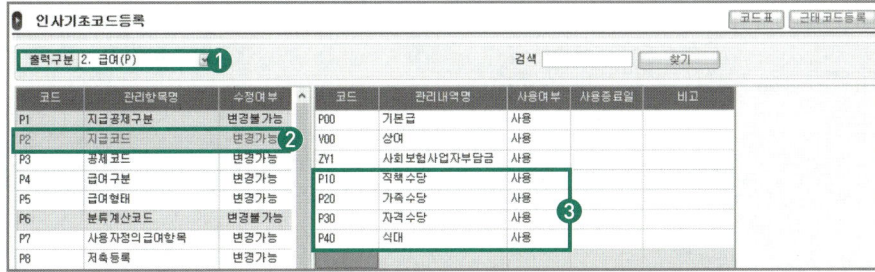

- 2.급여(P)-PA.호봉코드 입력화면

  G02.직급수당, G03.호봉수당 계산식에 추가하므로 비고란에 1을 입력한다.

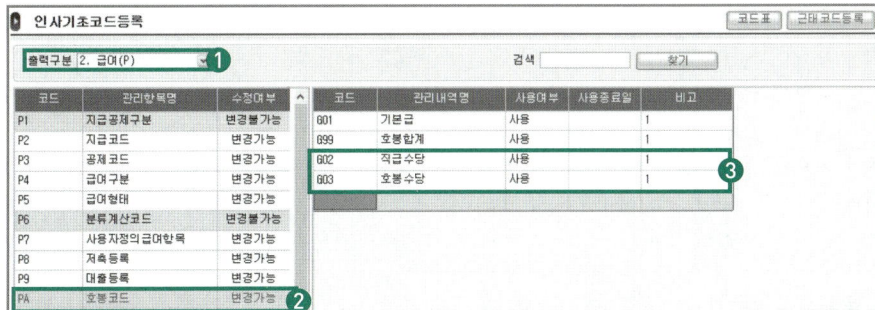

- 4.사원그룹(G)-G2.직종 입력화면
  003.기술직은 생산직 비과세를 적용하므로 비고란에 1을 입력한다.

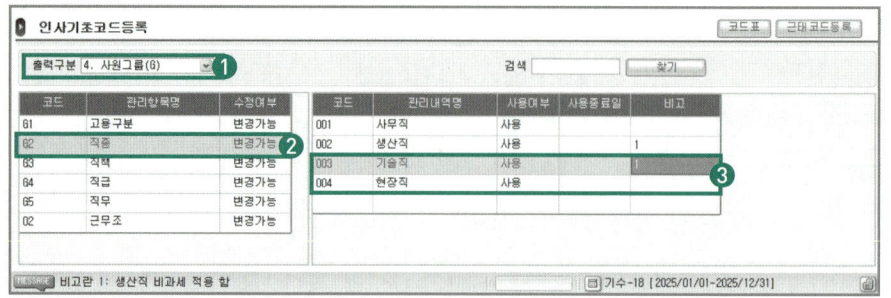

> [!TIP]
> - G1.고용구분
> - – 비고 0: 일용직사원등록에 조회되는 직종
>   – 비고 1: 인사정보등록에 조회되는 직종
> - G2.직종
>   – 비고 1: 생산직 비과세 적용 대상
> - G3.직책/G5.직무
>   – 등록된 관리코드는 [인사정보등록] 및 [일용직사원등록] 메뉴에서 사용
> - G4.직급
>   – [인사정보등록], [호봉테이블] 메뉴에서 사용

- 4.사원그룹(G)-G3.직책 입력화면

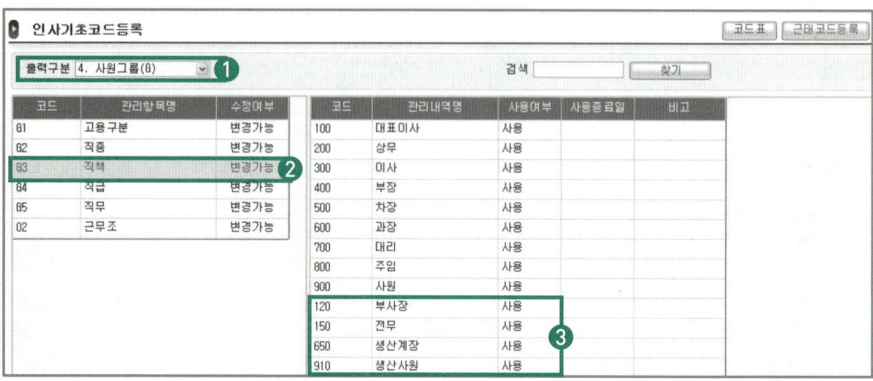

- 4.사원그룹(G)-G4.직급 입력화면

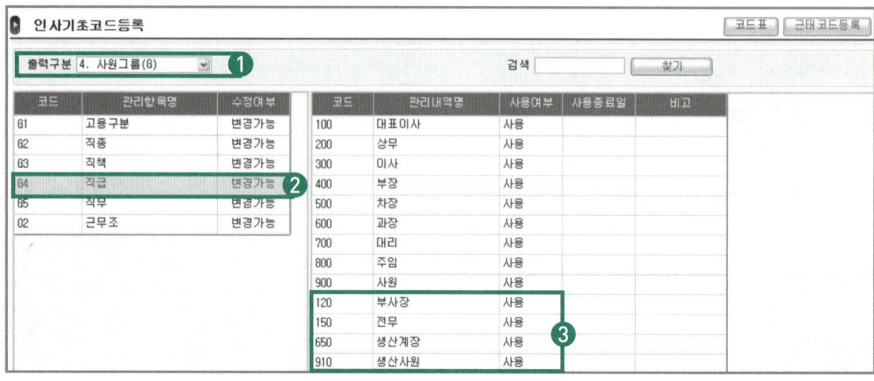

(3) 호봉테이블등록

인사/급여관리 ▶ 기초환경설정 ▶ 호봉테이블등록

+ 호봉테이블등록 프로세스

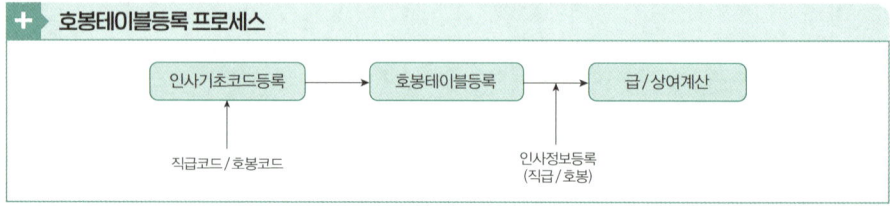

실무 연습문제 호봉등록

다음 자료를 참고하여 (주)채움전자의 호봉을 등록하시오.

코드	관리내역명	코드	관리내역명
C01	1호봉	C06	6호봉
C02	2호봉	C07	7호봉
C03	3호봉	C08	8호봉
C04	4호봉	C09	9호봉
C05	5호봉	C10	10호봉

정답

- 방법 1: [인사/급여관리]-[기초환경설정]-[인사기초코드등록] 메뉴에서 '출력구분: 2.급여(P)', '관리항목명: PE.호봉'에 C01.1호봉~C10.10호봉을 입력하면 [호봉테이블등록] 메뉴에 반영된다.

- 방법 2: [호봉테이블등록] 메뉴에서 우측 상단의 '코드설정' 버튼을 클릭하고 '관리항목명: PE.호봉'에 C01.1호봉~C10.10호봉을 입력하면 [호봉테이블등록] 메뉴에 반영된다.

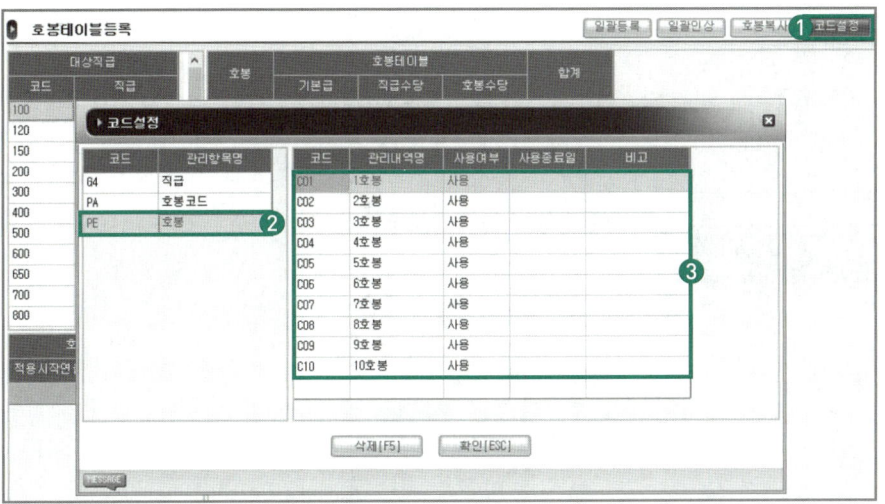

실무 연습문제 호봉테이블등록

2025년 1월부터 적용되는 (주)채움전자의 호봉테이블을 등록하시오.

> 기출 유형 파악하기
> 24년 3회 4번 | p.394

(단위: 원)

구분		초기치	증가액
부장	기본급	6,000,000	100,000
	직급수당	50,000	20,000
	호봉수당	20,000	10,000
차장	기본급	5,000,000	50,000
과장	기본급	3,500,000	50,000
대리	기본급	3,000,000	50,000
주임	기본급	2,800,000	50,000
사원	기본급	2,500,000	50,000
생산계장	기본급	10,300	200
생산사원	기본급	8,000	200

정답

직급 선택 → '적용시작연월: 2025/01' 입력 → '일괄등록' 버튼 클릭 → 초기치와 증가액 입력 → '적용' 버튼을 클릭하여 일괄등록한다.
• 부장

• 차장

• 과장

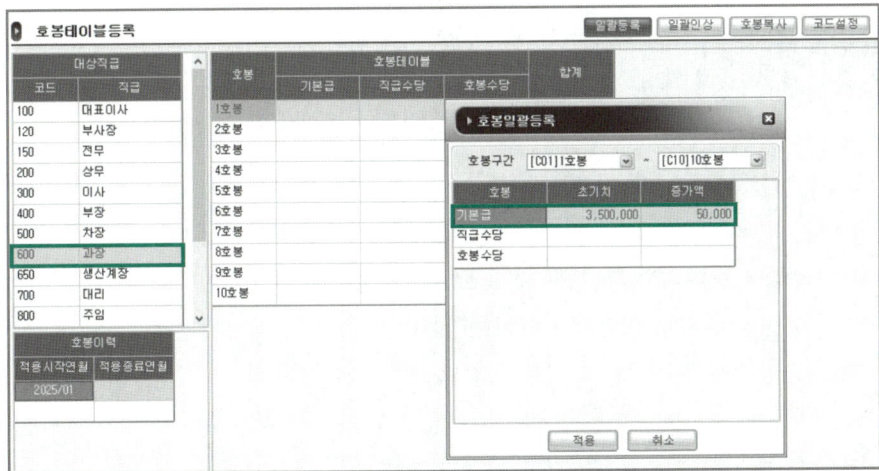

• 대리

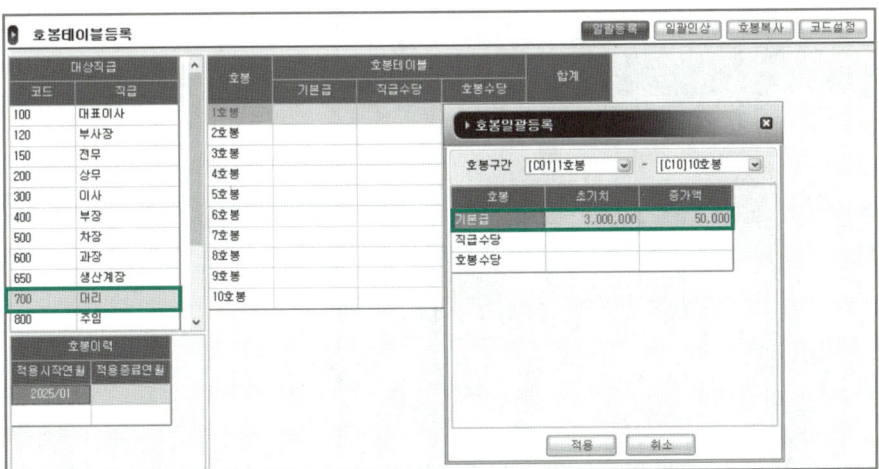

• 주임

• 사원

• 생산계장

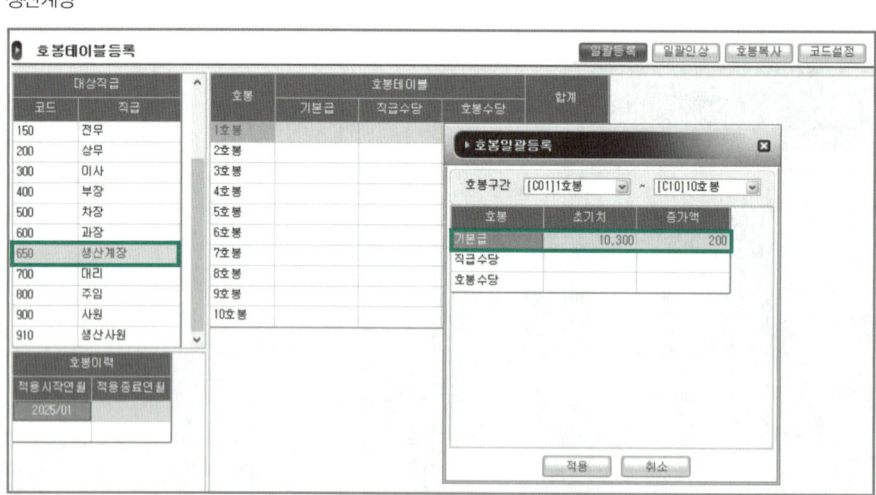

• 생산사원

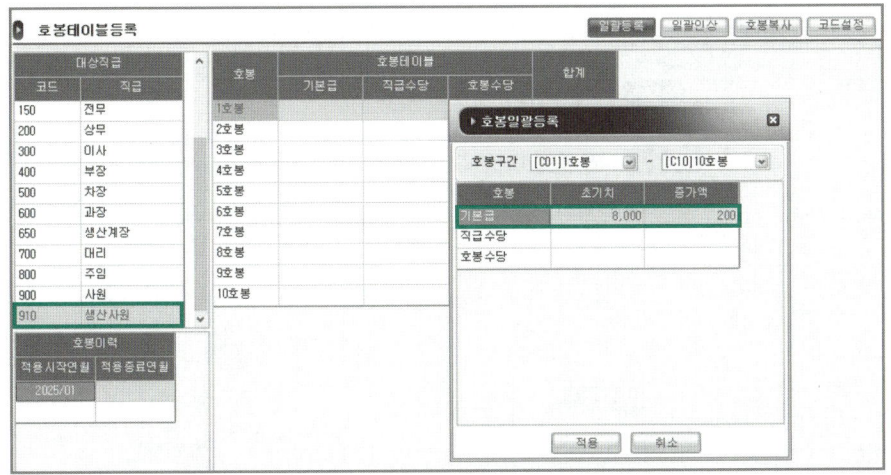

[호봉테이블등록] 메뉴의 기능

+ 기출 유형 파악하기
25년 1회 4번 I p.353

• **호봉복사**: 다른 직급에 동일한 호봉을 복사할 경우 이용한다.

  예 당 회사는 2025년 1월 '300.이사' 직급의 호봉을 '400.부장' 직급의 호봉과 동일하게 등록하고자 한다.

  > 대상직급을 선택하고 하단의 호봉이력에 '적용시작연월: 2025/01'을 입력한 후 우측 상단의 '호봉복사'를 클릭한다. 호봉복사 창 직급란에서 F2를 누르고 '직급: 400.부장'을 적용하여 부장의 2025/01 호봉을 이사의 호봉으로 복사한다.

• **일괄인상**: 호봉 구간별로 데이터를 일괄인상할 경우 사용한다. 호봉에서 정해진 비율(%)만큼 일괄인상하는 경우에는 정률을 이용하며, 호봉에서 정해진 금액만큼 일괄인상하는 경우에는 정액을 이용한다.

  예 당 회사는 2025년 1월 '300.이사' 직급의 호봉을 일괄인상을 통해 '기본급 10%', '직급수당 7.5%' 정률 인상한 후 '호봉수당 20,000원'을 정액인상한다.

  > '대상직급: 300.이사'를 선택한 후 우측 상단의 '일괄인상'을 클릭한다. 호봉일괄인상 창에 '기본급 10%', '직급수당 7.5%'를 입력하고 '정률적용'을 클릭한 후 다시 우측 상단의 '일괄인상'을 클릭하여 '호봉수당 20,000'을 입력하고 '정액적용'을 클릭한다.

CHAPTER 03 인사기초정보관리 • 207

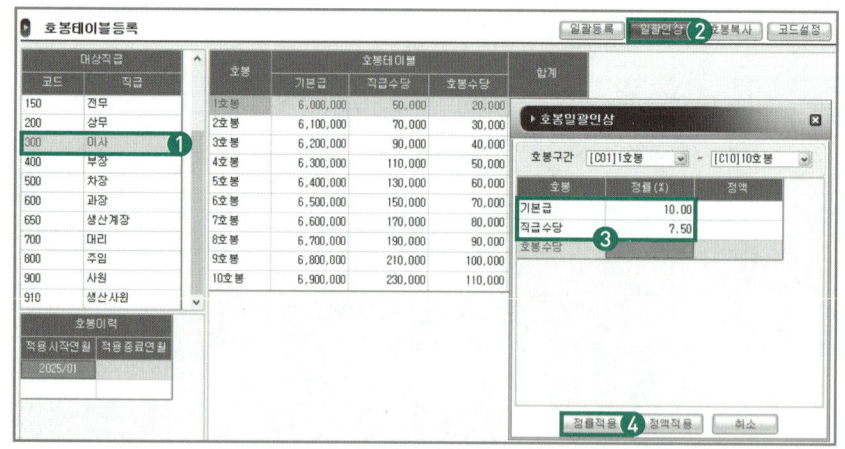

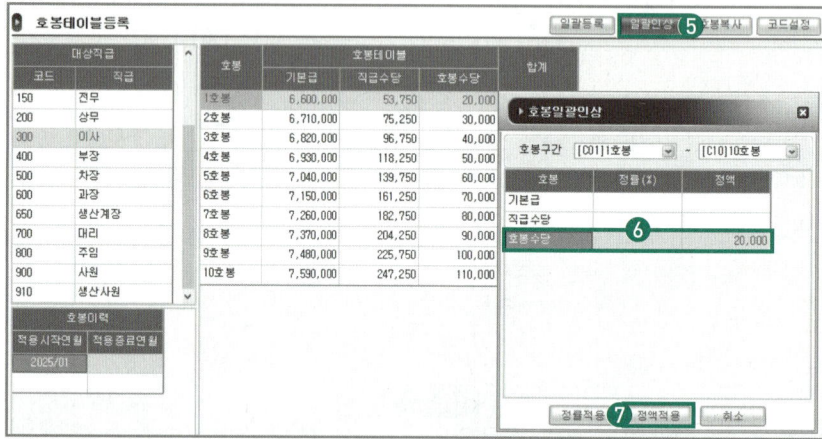

- **코드설정**: [인사/급여관리]-[기초환경설정]-[인사기초코드등록] 메뉴에 직급, 호봉코드, 호봉을 입력하지 않았을 경우 [호봉테이블] 메뉴에서 '코드설정' 버튼을 누른 후 직접 입력하여 사용할 수 있다.
- **호봉테이블등록**: 호봉코드와 호봉은 [인사기초코드등록] 메뉴의 출력구분 2.급여(P)에서 관리항목별로 등록하며, PE.호봉은 호봉급 등록을 의미하고, 'C'로 시작하는 코드를 부여하여 사용한다.

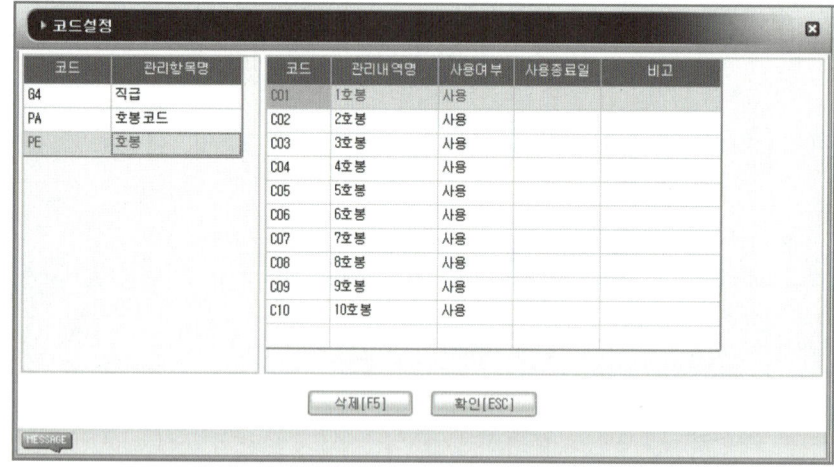

(4) 사회보험환경등록

> **ERP 메뉴 찾아가기**
>
> 인사/급여관리 ▶ 기초환경설정 ▶ 사회보험환경등록

4대 사회보험을 관리하기 위한 사업장의 현황과 귀속연도별로 적용될 기본 요율을 관리하는 메뉴이다. 등록되는 정보는 사원별로 [인사정보등록] 메뉴의 급여정보 탭에 반영되고, 급여에서 해당 요율을 반영하여 자동계산된다.

실무 연습문제 | 사회보험환경등록

(주)채움전자의 2025년도 사회보험요율 정보를 참고하여 ERP 시스템에 등록하시오(단, 고용보험 및 산재보험은 보수총액 방식에 의함).

구분	건강보험		국민연금	사학연금	고용보험				산재보험	
	건강보험	장기요양			고용보험	실업급여	고용안정	직업능력	산재보험	산재부담금
요율	7.09%	12.95%	9%	8.5%	0.9%	1%	0.15%	0.1%	0.6%	0.05%

기출 유형 파악하기
24년 3회 8번 | p.395

정답

- 건강보험

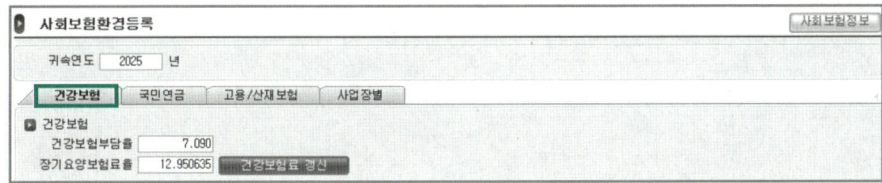

- 국민/사학연금

- 고용/산재보험

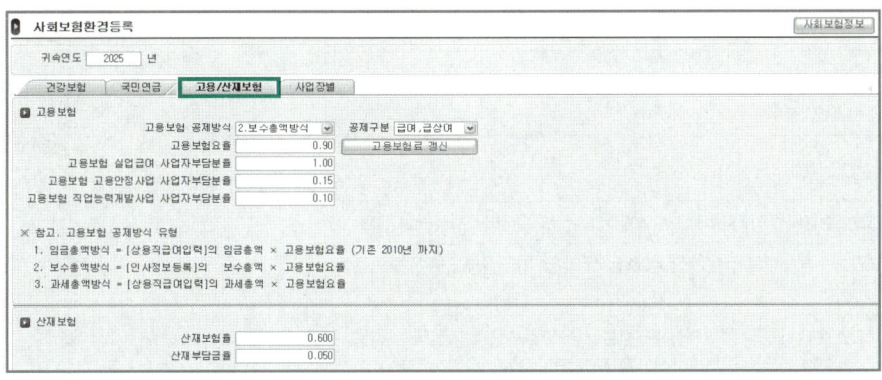

> **TIP**
> - 건강보험료 갱신을 클릭하면 표준보수월액에 따른 보험료가 자동 산출되며 [인사정보등록] 건강보험료가 일괄 갱신된다.
> - 단, [인사정보등록]에 건강보험료를 [직접입력] 또는 재직구분이 [5.퇴직]인 경우에는 자동갱신되지 않는다.

실무 연습문제 | 사회보험환경등록

(주)채움전자본사의 사회보험 정보를 ERP 시스템에 등록하시오.

구분	사업장번호/사업장관리번호	관할지사 명칭	관계성립일
건강보험	01-0369-2-3211	건강보험공단 영등포지사	2009/01/10
국민연금	01-0369-2-3211	국민연금공단 영등포지사	2009/01/10
고용보험	01-0369-2-3211	근로복지공단 영등포지사	2009/01/10
산재보험	01-0369-2-3211	근로복지공단 영등포지사	2009/01/10

정답

사업장별 탭에 제시된 정보를 입력한다.

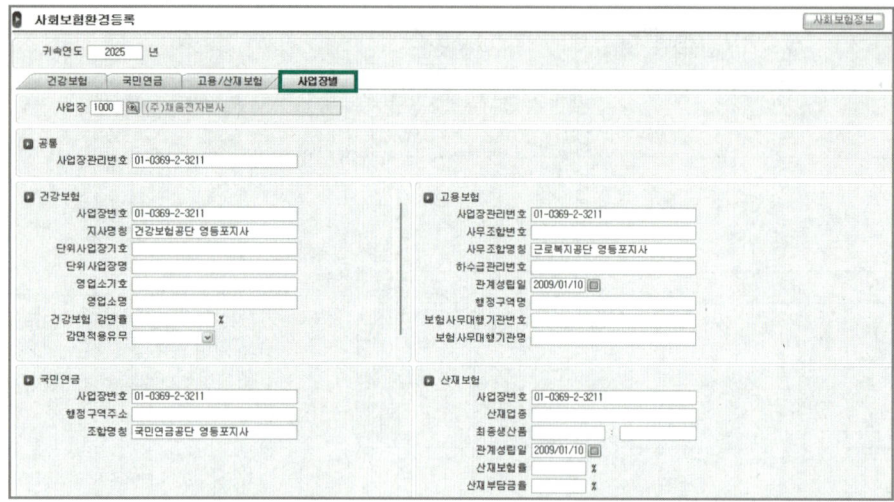

(5) 인사/급여환경설정

ERP 메뉴 찾아가기
인사/급여관리 ▶ 기초환경설정 ▶ 인사/급여환경설정

급여 산정 시 적용될 기본 근로 규정(급여계산 기준, 근태 기준, 신고 기준 등)을 설정하는 메뉴이다.

① 귀속월 구분

001.전월	기준 월이 전월인 경우
002.당월	기준 월이 현재 속한 달인 경우

② 급여계산 기준

001.월	중도 입·퇴사자 또는 수습사원의 급여계산 시 해당 월의 급여를 정상 지급하는 경우
002.일	중도 입·퇴사자 또는 수습사원의 급여계산 시 해당 월의 급여를 실제 근무일수만큼 지급하는 경우
003.월일	중도 입·퇴사자 또는 수습사원의 급여계산 시 지정된 근무일수보다 미달하는 경우는 '일'의 방식으로, 초과한 경우는 '월'의 방식으로 지급하는 경우

③ 근태 기준

한달 정상일	한달 기준 근무일수 입력
한달 정상시간	한달 기준 근무시간 입력
하루시간	하루 기준 근무시간 입력
월일수 산정	한달의 일수를 설정하는 항목 • 000.당월일: 귀속 월의 실제 일수를 적용 • 001.한달 정상일: 한달 정상일에 등록된 일수를 적용

실무 연습문제 인사/급여환경설정

(주)채움전자의 근태 및 급여 지급 규정이다. 아래 내용을 토대로 인사/급여환경설정을 하시오.

- 당 회사 사원의 급여 귀속월은 '당월' 기준이며 시작일은 '1일'이다.
- 중도 입·퇴사자의 급여 지급 시
  - 신규 입사자의 경우 입사일로부터 일할 계산하여 지급한다.
  - 퇴사자의 경우 20일 이상 근무 시 월할 계산하며, 20일 미만 근무한 경우 일할 계산하여 지급한다.
- 수습기간 및 급여 지급 방식
  - 신규 입사자는 3개월간의 수습기간을 두고 급여의 70%를 지급한다.
  - 수습 시작과 종료되는 월의 급여는 일할 계산하여 지급한다.
- 근태 기준 설정 시 실제 당월일수를 기준으로 한달 월일수를 산정한다.
- 이행상황신고서 집계 시 '귀속연월 및 지급연월' 기준을 모두 일치하는 데이터를 집계한다.
- 지방소득세 집계 시 '귀속연월 및 지급연월' 기준을 모두 일치하는 데이터를 집계한다.

⊕ 기출 유형 파악하기
24년 4회 3번 | p.383

정답

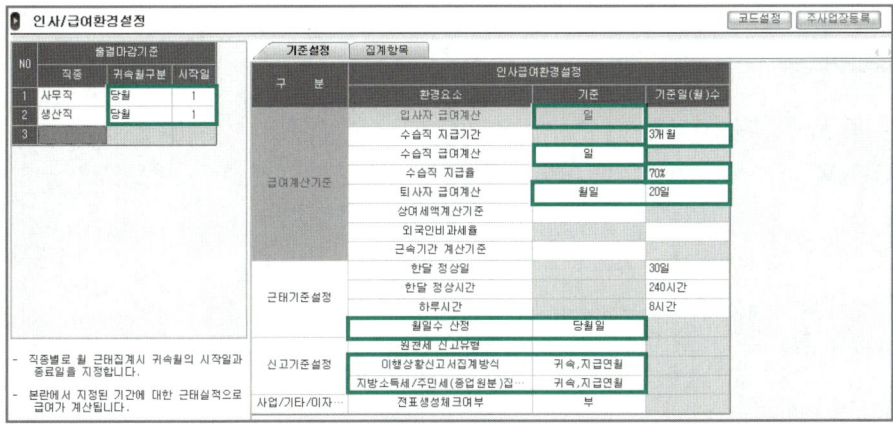

💡 TIP

귀속월 구분이 '전월'이며 시작일이 25일인 경우에는 급여 또는 근태기간은 전월 25일부터 당월 24일까지를 의미한다. 즉, 종료일은 당월 24일이다.

NO	출결 마감기준		
	직종	귀속월구분	시작일
1	사무직	전월	25
2			

💡 TIP

사회보험정산코드 입력 시 집계항목 탭에서 설정한다.

(6) 지급공제항목등록

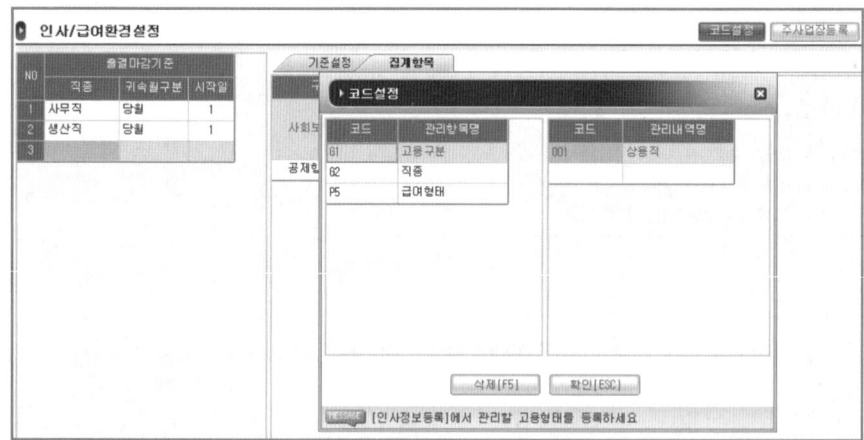

> **TIP**
> - G1.고용구분: [인사정보등록] 메뉴에서 관리할 고용형태를 등록한다.
> - G2.직종: 생산직 비과세를 적용하는 직종을 등록한다.
> - P5.급여형태: 급여계산 시 급여계산 기준을 설정하지 않을 급여형태를 등록한다.

ERP 메뉴 찾아가기

인사/급여관리 ▶ 기초환경설정 ▶ 지급공제항목등록

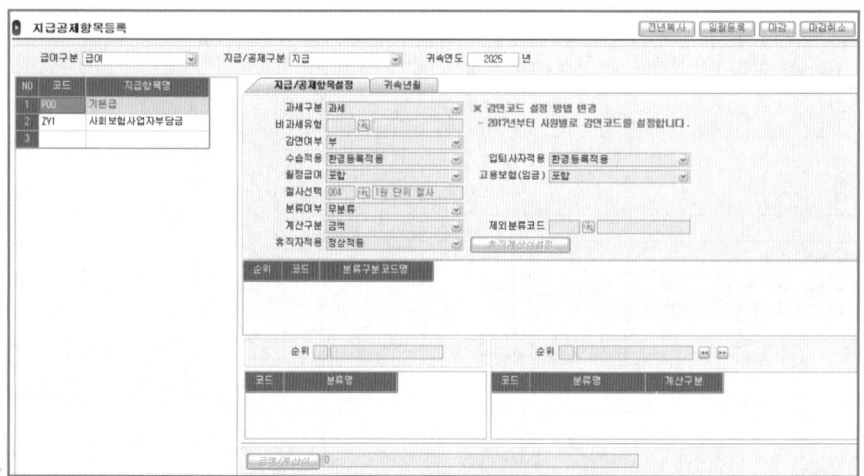

급여 및 상여에 지급/공제항목의 계산식 및 지급/공제 범위를 등록하는 메뉴이다.
① **지급항목명**: [인사기초코드등록] 메뉴 'P2.지급코드'와 'P3.공제코드'의 항목이 반영됨
② **지급/공제항목설정 탭**
 • **과세구분**: 지급항목의 과세, 비과세를 의미함
 • **비과세유형/감면여부**: 과세 구분을 비과세로 선택해야 활성화되며, 「소득세법」상 비과세 수당인 경우 적용

- 수습적용/입퇴사자적용

환경등록적용	[인사/급여환경설정] 메뉴에서 설정한 값으로 급여가 계산됨
정상적용	[인사/급여환경설정] 메뉴에 등록된 계산식에 의해 계산됨(설정한 값은 무시)
일할적용	등록된 계산식에 의해 계산된 금액을 일할로 적용함

- 월정급여: 생산직의 연장근로소득을 비과세 적용할 경우 월정급여 '포함'을 선택한 금액을 기준으로 직전연도 총급여 3,000만원 이하이며, 월정액이 210만원 이하인 사원에게 비과세 처리함
- 고용보험: 고용보험료 산정 시 지급 총액에 제외되는 항목을 설정함
- 분류여부

무분류	모든 사원에게 동일하게 적용하는 경우 선택함
분류	범위를 설정하여 적용할 경우 선택함
제외조건	• 설정된 코드를 제외하고 계산식을 적용하고자 할 때 선택하며, 소수를 제외시키고 다수에게 적용하는 경우 선택함 • 제외조건식 설정 방법: 분류여부에서 제외조건을 선택하고 제외분류코드를 설정한 경우, 설정한 제외분류코드 중에서 제외코드를 선택한 후 설정함

- 계산구분: 분류여부를 '무분류'로 선택한 경우 활성화되며, 금액, 계산 중 선택함

금액	정액을 지급/공제할 경우 선택함
계산	조건에 의하여 지급/공제 금액이 산출되는 경우 선택함

- 휴직자적용

정상적용	상단의 계산구분 설정에 따라 금액이 계산됨
휴직계산식적용	휴직계산식설정 버튼을 클릭하여 계산식을 설정하면 해당 계산식으로 계산됨

- 분류계산식 설정: 분류여부를 '분류'로 선택한 경우 활성화됨

분류구분코드명	지급/공제항목설정 탭에서 설정된 분류계산 코드 중 1순위부터 설정함
계산구분	'금액'을 선택한 경우 해당 금액을 입력하고, '계산'을 선택한 경우 하단의 '금액/계산식'을 클릭하고 계산식코드를 선택하여 계산식을 설정함
전년복사	전년 귀속으로 등록한 '지급/공제항목'의 설정이 복사됨
일괄등록	[인사기초코드등록] 메뉴의 P2.지급코드, P3.공제코드에 등록된 모든 지급/공제항목이 일괄등록됨
마감취소	작업 후 메뉴를 종료하면 자동으로 마감됨

➕ 지급공제항목등록 프로세스

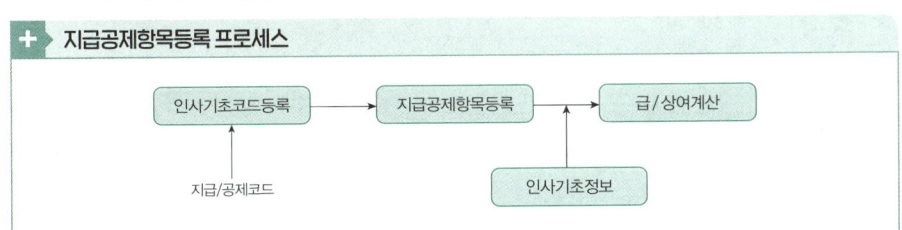

실무 연습문제 — 지급공제항목등록 – 기본급

다음은 (주)채움전자의 급여 중 지급항목에 대한 규정이다. 자동계산될 수 있도록 ERP 시스템에 설정하시오(단, 1순위는 직종별, 2순위는 급여형태로 입력하며 이외의 설정은 프로그램 설정기준을 이용한다).

+ 기출 유형 파악하기
24년 5회 5번 | p.372

[기본급]	
사무직 연봉제	[인사정보등록]의 책정임금 중 '월급'을 적용하여 산정
사무직 월급제	직급과 호봉에 따라 [호봉테이블 – 호봉합계]를 적용하여 산정
생산직 시급제	'총정상근무시간'에 [호봉테이블]의 기본 시급을 곱하여 산정

정답

[사무직 연봉제 작업 순서]
- '급여구분: 급여', '지급/공제구분: 지급', '귀속연도: 2025' 입력
- 우측 상단의 '마감취소' 버튼 클릭(로그인 암호는 입력하지 않음)
- 지급항목명: 기본급 선택
- 과세구분: 과세, '분류여부: 분류' 선택
- 코드란에서 F2를 눌러 관리내역코드도움 창에서 관리내역명 '직종별', '급여형태'를 선택
- 순위(직종별) 코드란에서 F2를 눌러 '분류명: 001.사무직' 선택
- 순위(급여형태) 코드란에서 F2를 눌러 '분류명: 연봉', '계산구분: 계산', 급여계산식 창의 급여관련코드 탭에서 '책정임금: F02.월급' 선택

TIP
'마감취소' 버튼 클릭 시 로그인 암호는 입력하지 않으며, '메뉴를 닫으면 자동 재마감 됩니다' 창이 뜨면 '확인'을 클릭한다.

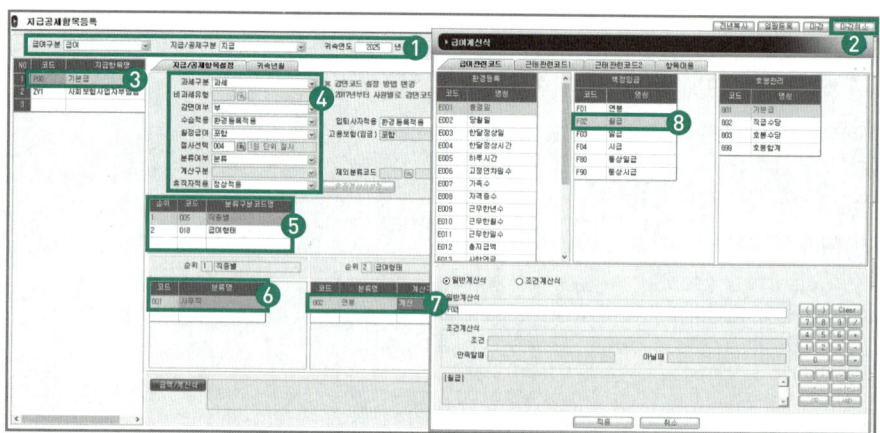

[사무직 월급제 작업 순서]
- ①~⑥까지 위 작업 순서와 동일함
- 순위(급여형태) 코드란에서 F2를 눌러 '분류명: 월급, 계산구분: 계산' 선택
- 급여계산식 창의 급여관련코드 탭에서 '호봉관리: G99.호봉합계' 선택

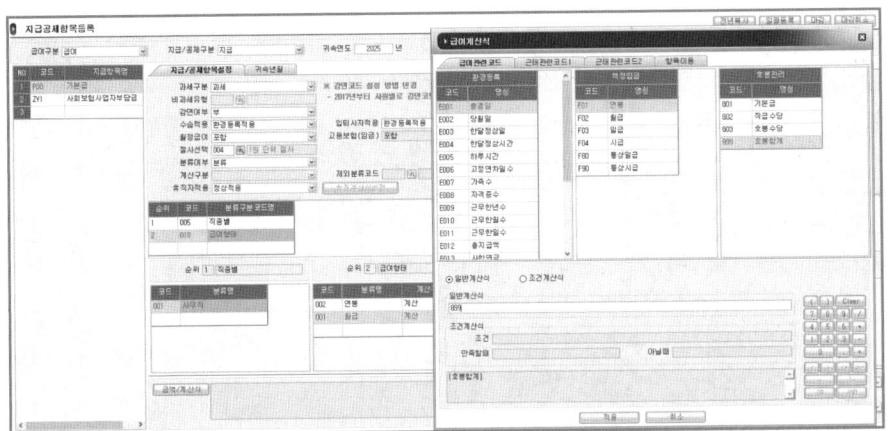

[생산직 시급제 작업 순서]
- ①~⑤까지 위 작업 순서와 동일함
- 순위(직종별) 코드란에서 F2를 눌러 '002.생산직' 선택
- 순위(급여형태) 코드란에서 F2를 눌러 '분류명: 시급', '계산구분: 계산' 선택
- 급여계산식 창의 근태관련코드1 탭에서 '총정상근무시간', 급여관련코드 탭에서 '호봉관리: G01.기본급' 선택 (일반계산식: T01TTT * G01)

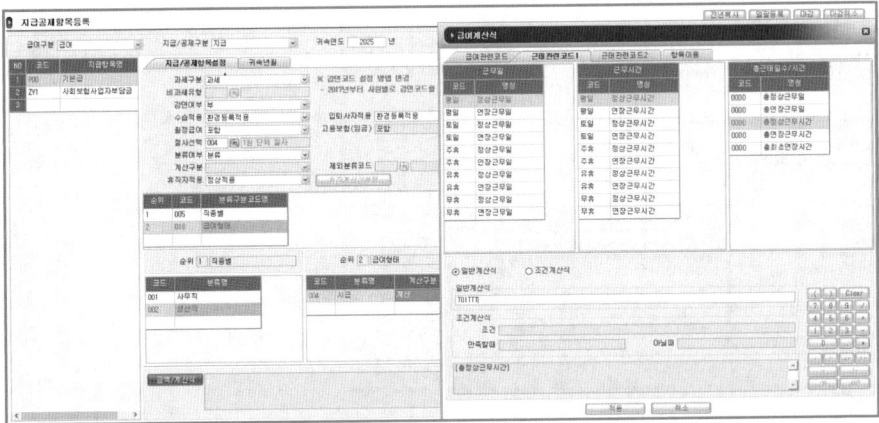

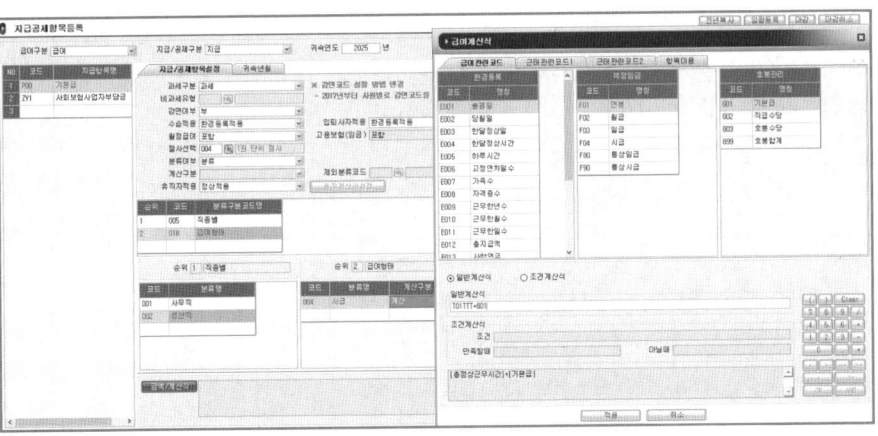

CHAPTER 03 인사기초정보관리 · 215

실무 연습문제 | 지급공제항목등록 - 직책수당

(주)채움전자의 급여 중 지급항목에 대한 규정이다. 자동계산될 수 있도록 ERP 시스템에 설정하시오(단, 이외 필요한 조건은 프로그램 등록기준을 이용한다).

[직책수당]

직책	부장	차장	과장	대리
금액	200,000원	150,000원	100,000원	50,000원

- 과세여부: 과세
- 감면여부: 부
- 월정급여: 포함

정답

- 부장
  - '급여구분: 급여', '지급/공제구분: 지급', '귀속연도: 2025' 입력
  - '지급항목명: 직책수당', '과세구분: 과세', '감면여부: 부', '월정급여: 포함', '분류여부: 분류' 선택
  - 코드란에서 F2를 눌러 '분류구분코드명: 직책별' 선택
  - 순위(직책별) 코드란에서 F2를 눌러 '분류명: 부장', '계산구분: 금액' 선택
  - 하단의 금액/계산식에 '200,000원' 입력
- 차장, 과장, 대리도 동일한 방법으로 입력

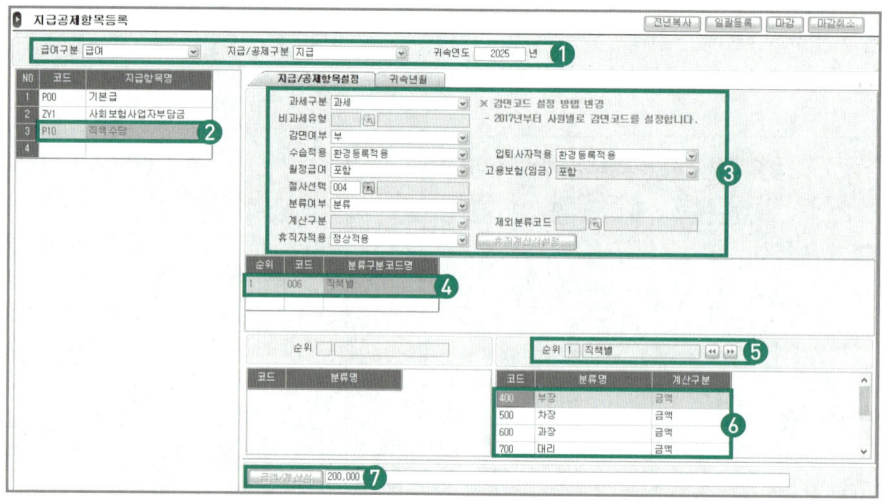

실무 연습문제 | 지급공제항목등록 - 가족수당

(주)채움전자의 급여 중 지급항목에 대한 규정이다. 자동계산될 수 있도록 ERP 시스템에 설정하시오(단, 이외 필요한 조건은 프로그램 등록기준을 이용한다).

- P20.가족수당: 전 직종에 대해 배우자와 자녀 1인당 각 40,000원 지급
- 과세여부: 과세
- 감면여부: 부
- 월정급여: 포함

정답

- 배우자
  - '급여구분: 급여', '지급/공제구분: 지급', '귀속연도: 2025' 입력
  - '지급항목명: 가족수당', '과세구분: 과세', '감면여부: 부', '월정급여: 포함', '분류여부: 분류' 선택
  - 코드란에서 F2를 눌러 '분류구분코드명: 가족별' 선택

- 순위(가족별) 코드란에서 F2를 눌러 '분류명: 배우자', '계산구분: 금액' 선택
- 하단의 금액/계산식에 '40,000원' 입력
• 자녀도 동일한 방법으로 입력

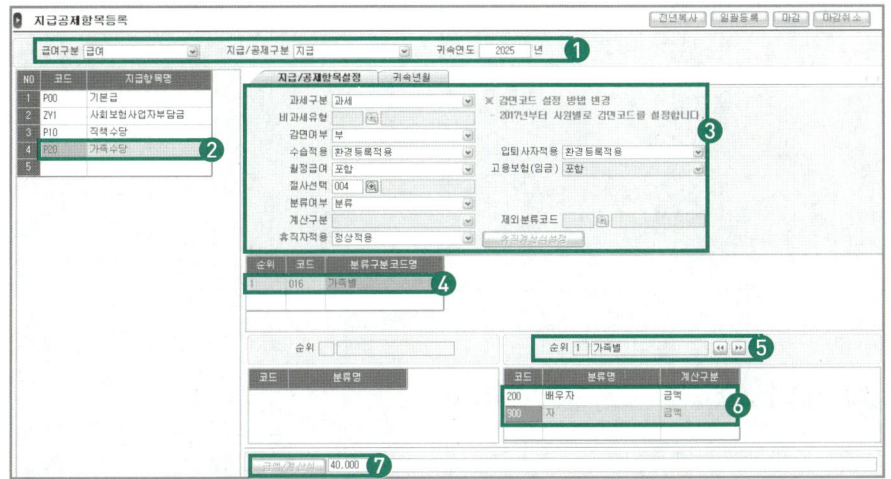

실무 연습문제   지급공제항목등록 – 식대

(주)채움전자의 급여 중 지급항목에 대한 규정이다. 자동계산될 수 있도록 ERP 시스템에 설정하시오(단, 이외 필요한 조건은 프로그램 등록기준을 이용한다).

- P40.식대: 전 직종에 대해 매달 200,000원씩 지급
- 과세여부: 비과세
- 감면여부: 부
- 월정급여: 제외

정답
- '급여구분: 급여', '지급/공제구분: 지급', '귀속연도: 2025' 입력
- '지급항목명: 식대', '과세구분: 비과세', '감면여부: 부', '월정급여: 제외', '분류여부: 무분류', '계산구분: 금액' 선택
- 하단의 금액/계산식에 '200,000원' 입력

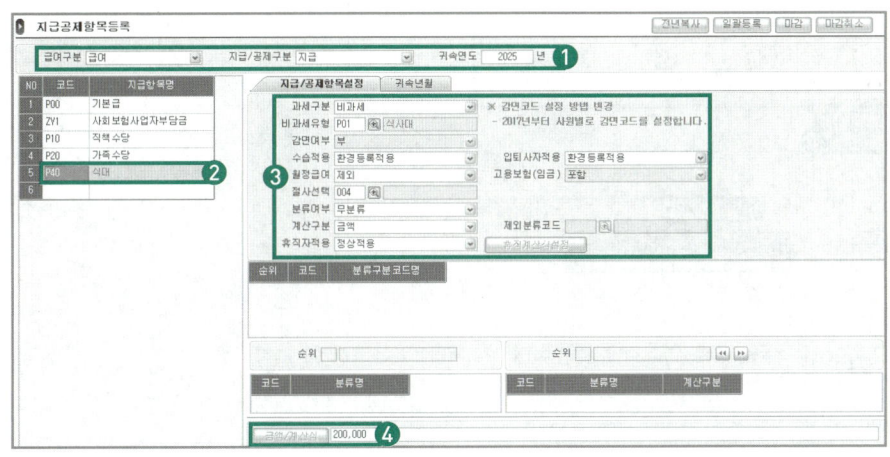

> **TIP**
> '식대: 비과세' 설정 시에는 비과세 유형란에서 F2로 조회하여 '비과세 코드: P01.식대대'를 적용한다.

> **TIP**
> '과세구분: 비과세'로 변경 시 '비과세/감면 설정이 변경된 경우 반드시 [상용직급여입력]의 과세집계 버튼을 통해 비과세/감면 코드를 재반영해주어야 합니다' 창이 뜨면 '확인'을 클릭한다.

실무 연습문제 : 지급공제항목등록 – 연장근로수당

(주)채움전자의 급여 중 지급항목에 대한 규정이다. 연장근로수당을 추가 등록하여 자동계산될 수 있도록 ERP 시스템에 설정하시오(단, 이외 필요한 조건은 프로그램 등록기준을 이용한다).

+ 기출 유형 파악하기
24년 6회 6번 | p.363

- P50.연장근로수당: 생산직 사원에게 매달 100,000원씩 지급
- 분류구분: 직종별
- 과세여부: 비과세
- 감면여부: 부
- 월정급여: 제외

정답

- [인사기초코드등록] 메뉴에서 P2.지급코드의 관리내역에 'P50.연장근로수당' 입력

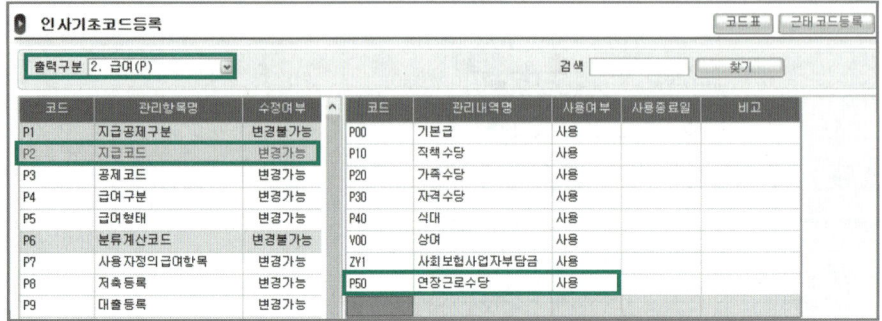

- '급여구분: 급여', '지급/공제구분: 지급', '귀속연도: 2025' 입력
- '지급항목명: 연장근로수당', '과세구분: 비과세', '감면여부: 부', '월정급여: 제외', '분류여부: 분류' 선택
- 코드란에서 F2를 눌러 '분류구분코드명: 직종별' 선택
- 순위(직종별) 코드란에서 F2를 눌러 '분류명: 생산직', '계산구분: 금액' 선택
- 하단의 금액/계산식에 '100,000원' 입력

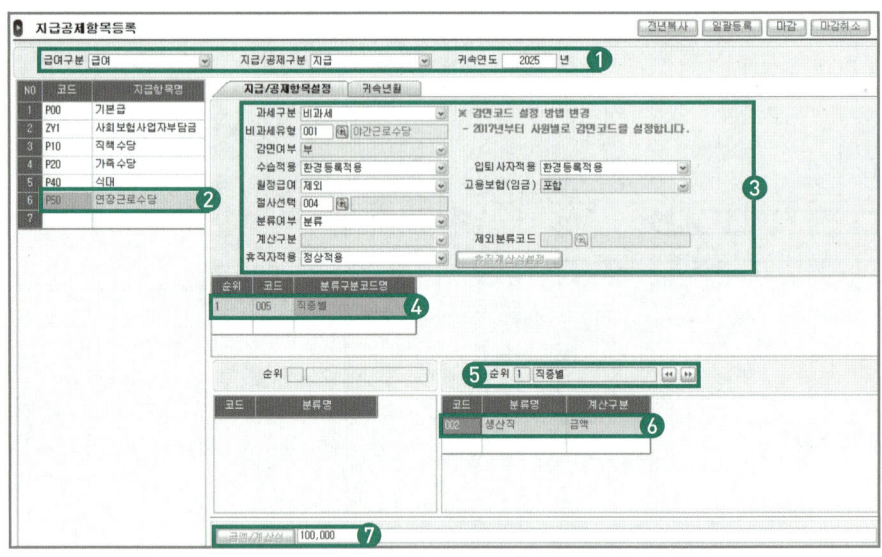

실무 연습문제 — 지급공제항목등록 – 영업촉진비

(주)채움전자의 급여 중 지급항목에 대한 규정이다. 자동계산될 수 있도록 ERP 시스템에 설정하시오(단, 이외 필요한 조건은 프로그램 등록기준을 이용한다).

- P60.영업촉진비 항목을 [지급공제항목등록] 메뉴에 직접 등록한 후 지급 기준을 설정하시오.
- 과세여부: 과세
- 감면여부: 부
- 월정급여: 포함
- P60.영업촉진비: 직책 대표이사와 부장을 제외한 사원에게 100,000원씩 지급한다.

기출 유형 파악하기
24년 4회 6번 | p.384

정답

- [지급공제항목등록] 메뉴에서 '지급항목명: P60.영업촉진비' 입력

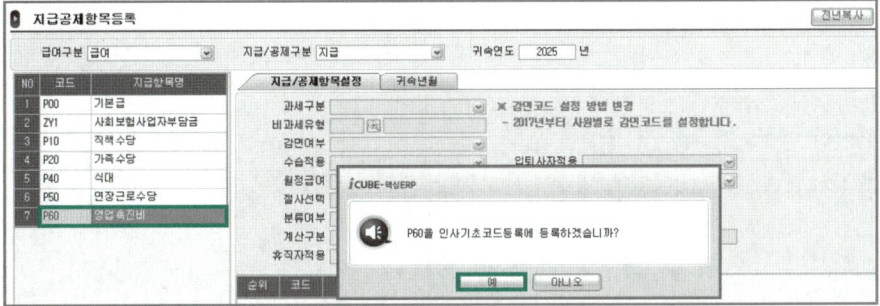

- '급여구분: 급여', '지급/공제구분: 지급', '귀속연도: 2025' 입력
- '지급항목명: 영업촉진비', '과세구분: 과세', '감면여부: 부', '월정급여: 포함', '분류여부: 제외조건' 선택
- 제외분류코드: '006.직책별' 선택
- 금액/계산식을 클릭하여 급여계산식 창의 제외조건코드 탭에서 '제외코드: 100.대표이사, 400.부장'을 선택하고 제외조건식에 '만족할 때: 0원, 아닐 때: 100,000원' 입력 후 적용

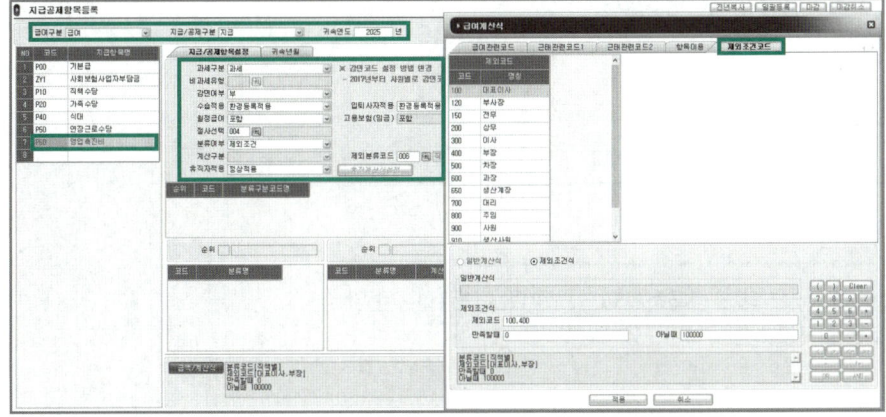

실무 연습문제 지급공제항목등록 - 급여 공제

(주)채움전자의 급여 중 공제항목에 대한 규정이다. 자동계산될 수 있도록 ERP 시스템에 설정하시오(단, 이외 필요한 조건은 프로그램 등록기준을 이용한다).

> S30.종교단체외지정기부금(노동조합비 등), 노동조합원에 한하여 10,000원씩 정액공제

정답

- '급여구분: 급여', '지급/공제구분: 공제', '귀속연도: 2025' 입력
- '지급항목명: 종교단체외지정기부금(노동조합비 등)' 선택
- '분류여부: 분류' 선택
- 코드란에서 F2를 눌러 '분류구분코드명: 노조별' 선택
- 순위(노조별) 코드란에서 F2를 눌러 '분류명: 여', '계산구분: 금액' 선택
- 금액/계산식에 '10,000원' 입력

실무 연습문제 지급공제항목등록 - 상여 지급

(주)채움전자의 상여 지급에 관한 정보를 ERP 시스템에 등록하시오(단, 1순위는 직종별, 2순위는 급여형태로 입력하며 이외 필요한 조건은 프로그램 등록기준을 이용한다).

1. 지급항목(상여)
   - 사무직 월급제(호봉테이블의 호봉합계) 지급
   - 사무직 연봉제(책정임금의 월급) 지급
   - 과세여부: 과세   • 감면여부: 부   • 월정급여: 포함
2. 공제항목
   고용보험, 소득세, 주민세

정답

[사무직 월급제 작업 순서]
- '급여구분: 상여', '지급/공제구분: 지급', '귀속연도: 2025' 입력
- '지급항목명: 상여', '과세구분: 과세', '감면여부: 부', '월정급여: 포함', '분류여부: 분류' 선택

- 코드란에서 F2를 눌러 '분류구분코드명: 직종별, 급여형태' 선택
- 순위(직종별) 코드란에서 F2를 눌러 '분류명: 사무직' 선택
- 순위(급여형태) 코드란에서 '분류명: 월급', '계산구분: 계산' 선택
- 급여계산식 창의 급여관련코드 탭에서 '호봉관리: 호봉합계' 선택

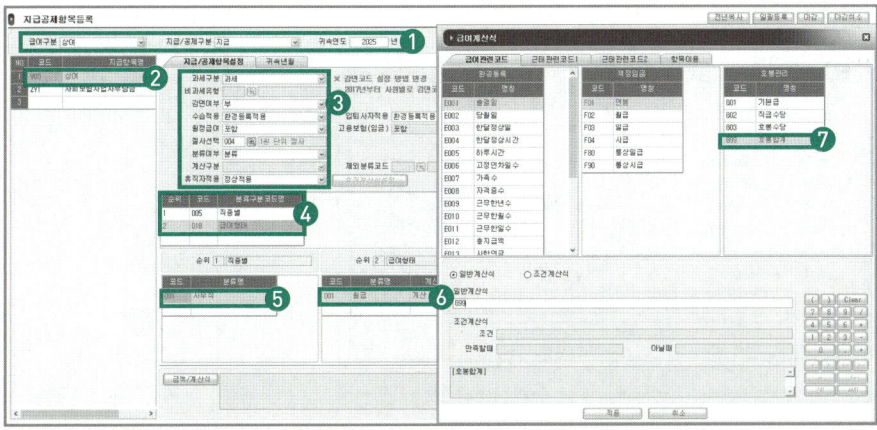

[사무직 연봉제 작업 순서(위 작업 순서와 동일함)]
- 순위(직종별) 코드란에서 F2를 눌러 '분류명: 사무직' 선택
- 순위(급여형태) 코드란에서 '분류명: 연봉', '계산구분: 계산' 선택
- 급여계산식 창의 급여관련코드 탭에서 '책정임금: 월급' 선택

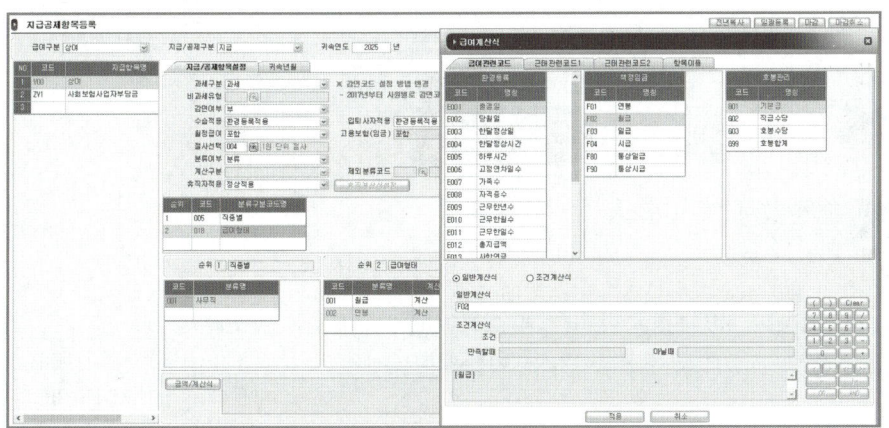

[공제항목 작업 순서]
- '급여구분: 상여', '지급/공제구분: 공제', '귀속연도: 2025' 입력
- 고용보험, 소득세, 주민세를 각각 클릭하여 귀속년월 탭 확인

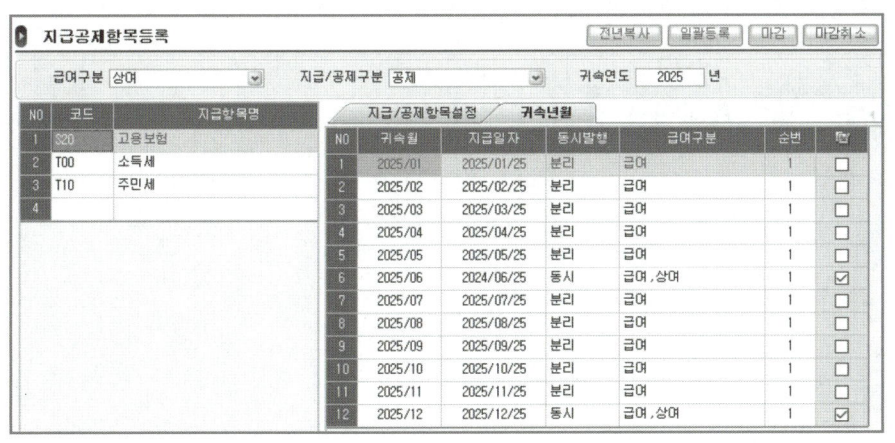

> **TIP**
>
> [지급공제항목등록] 메뉴 작업 후 확인 시 '귀속년월' 탭에서 조회된 내용이 왼쪽 화면과 다를 수 있다. 다음 작업 메뉴인 (7) 급/상여지급일자등록 입력 후 확인하면 자동으로 체크되어 있다.

- '급여구분: 급여', '지급/공제구분: 공제', '귀속연도: 2025' 입력
- 고용보험, 소득세, 주민세를 각각 클릭하여 귀속년월 탭 확인

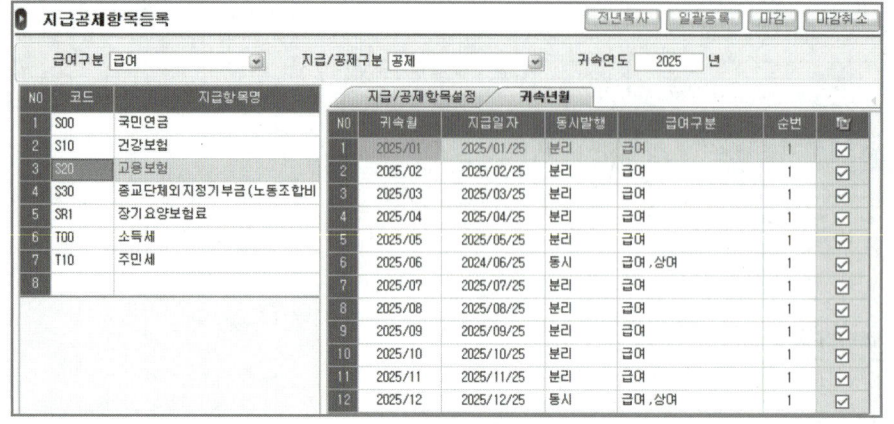

> **TIP**
> 급여나 상여 지급 및 공제 시 귀속연도는 프로그램에 자동 반영되기 때문에 각 탭에서 각각 클릭해 주는 절차를 생략해도 된다. 혹시 반영이 안 된다면 각각 클릭하여 확인하거나 프로그램 오류일 수 있으므로 재로그인하는 방법을 추천한다.

(7) 급/상여지급일자등록

ERP 메뉴 찾아가기

인사/급여관리 ▶ 기초환경설정 ▶ 급/상여지급일자등록

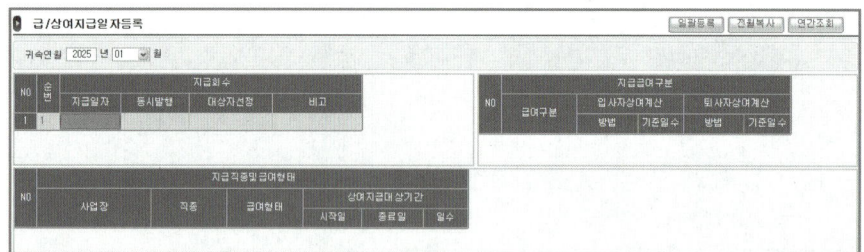

급여와 상여를 지급하는 일자를 등록하는 메뉴이다. 중도 입·퇴사자에 대한 급여 지급 방식은 [인사/급여환경설정] 메뉴에서, 상여 지급 방식은 [급/상여지급일자등록] 메뉴에서 입력한다.

사업장, 직종, 급여형태별로 각각 입력할 수 있으며, 일괄등록 기능을 이용해 해당하는 조건만 선택하여 일괄적으로 등록할 수도 있다.

> **TIP**
> 매월 급/상여지급일자를 등록해도 되지만, 매월 지급일자가 동일한 경우 '전월복사' 기능을 이용한다.

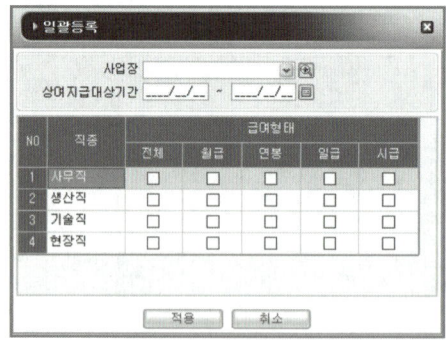

① 동시발행

001.동시	급여와 상여를 동시에 지급하는 경우(급여와 상여를 같은 지급일자에 등록 가능)
002.분리	급여와 상여를 별도로 지급하는 경우

② 대상자 선정

0.직종및급여형태별	• [지급직종 및 급여형태]에 반영된 정보와 일치하는 대상자만 [상용직 급여입력 및 계산] 메뉴에 자동으로 반영됨 • [지급직종 및 급여형태]에 반영되지 않은 대상자는 [상용직 급여입력 및 계산] 메뉴에서 임의로 조회하여 추가할 수 없음
1.사용자직접등록	• [지급직종 및 급여형태]에 반영된 정보와 일치하는 대상자는 [상용직 급여입력 및 계산] 메뉴에서 직접 [대상자선정]을 진행하여 대상자를 반영함 • [지급직종 및 급여형태]에 반영된 정보와 일치하지 않는 대상자는 [상용직 급여입력 및 계산] 메뉴에서 임의로 조회하여 추가할 수 없음

③ 상여지급대상기간: 대상자를 선정하는 기준이며, 산출적용기간을 의미한다. 상여지급 대상 기간 동안의 해당 입/퇴사자 상여계산 설정 시 적용되며 상여세액 계산과는 관계없다.

실무 연습문제 급/상여지급일자등록

(주)채움전자의 급/상여지급일자등록과 관련된 내용이다. 해당 사항을 적절히 입력하시오.

기출 유형 파악하기
25년 1회 5번 | p.353

• 당월 급여는 매월 25일에 지급하고, 6월과 12월에는 상여금을 지급한다. 급여와 상여금은 동시에 지급한다.

[급여 대상자]

본사 사무직(월급, 연봉)	본사 생산직(시급)
지점 사무직(월급)	지점 생산직(시급)

• 신입사원과 퇴사자의 상여금은 일할 계산하여 지급한다.
• 1월부터 12월까지의 1년분에 대한 급/상여지급일을 등록한다.
• 상여금은 사무직(전체)에게 지급한다.
• 입사자와 퇴사자의 상여지급 시 '일할' 지급한다.

정답

[2025년 1월 급/상여지급일자등록]
• '귀속연월: 2025/01' 선택 후 '지급일자: 2025/01/25, 동시발행: 분리, 대상자선정: 직종및급여형태별', '급여구분: 급여' 입력
• 우측 상단의 '일괄등록' 버튼을 클릭하고 '사업장: 본사, 천안지점'의 해당 내용을 선택한 후 적용

〈본사〉

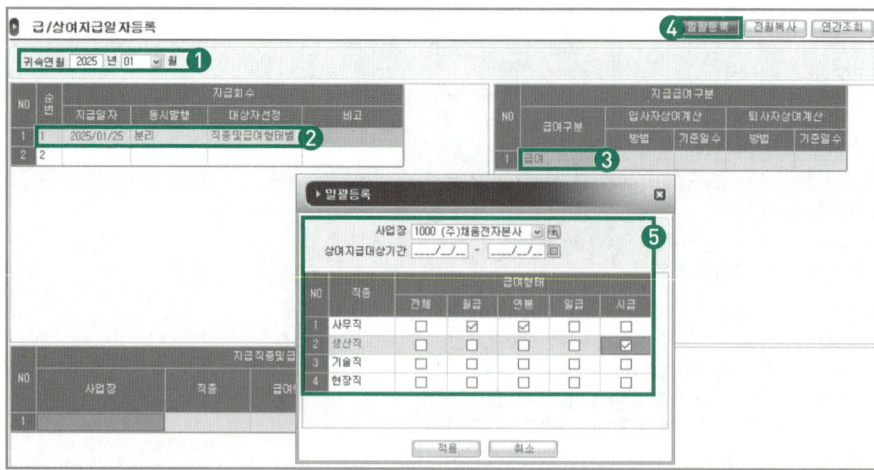

〈지점〉

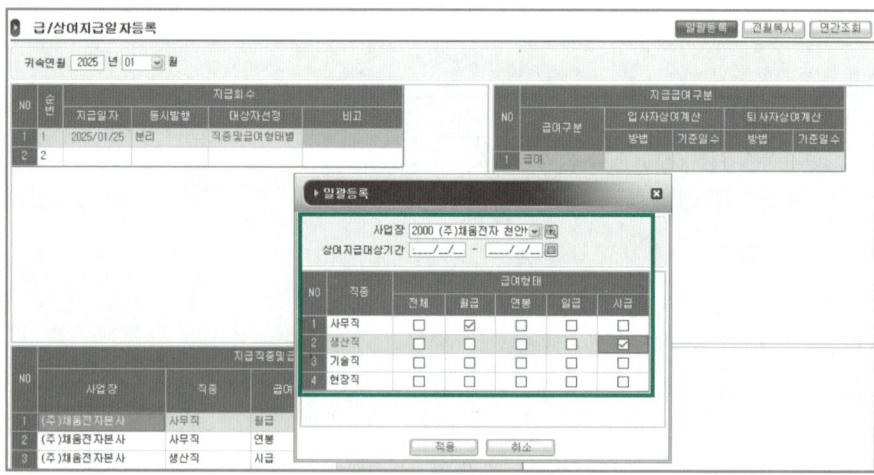

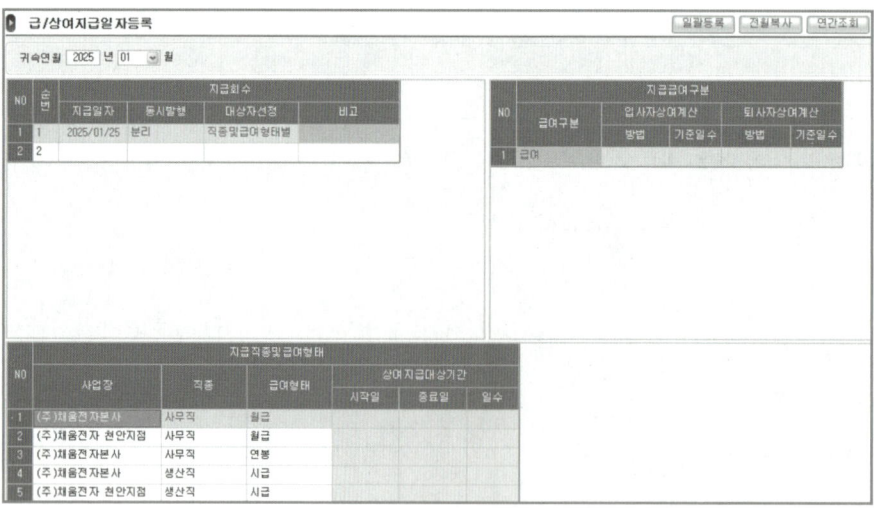

[2025년 2월~5월, 7월~11월 전월복사 입력]
- '귀속연월: 2025/02' 선택
- 우측 상단의 '전월복사' 버튼을 클릭하고 전월 내역 선택
- '지급일자: 2025/02/25'로 수정
- 3월~5월, 7월~11월도 동일한 방법으로 입력

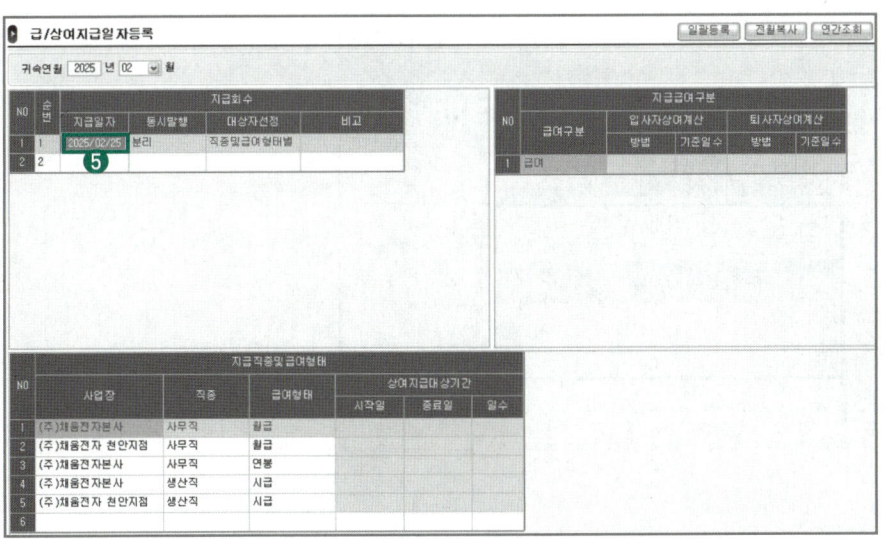

[2025년 6월 급/상여지급일자등록]

- '귀속연월: 2025/06' 선택 후 '지급일자: 2025/06/25, 동시발행: 동시, 대상자선정: 직종및급여형태별', '급여구분: 급여' 입력
- 우측 상단의 '일괄등록' 버튼을 클릭하고 '사업장: 본사, 천안지점'의 해당 내용을 선택한 후 적용

〈본사-6월 급여〉

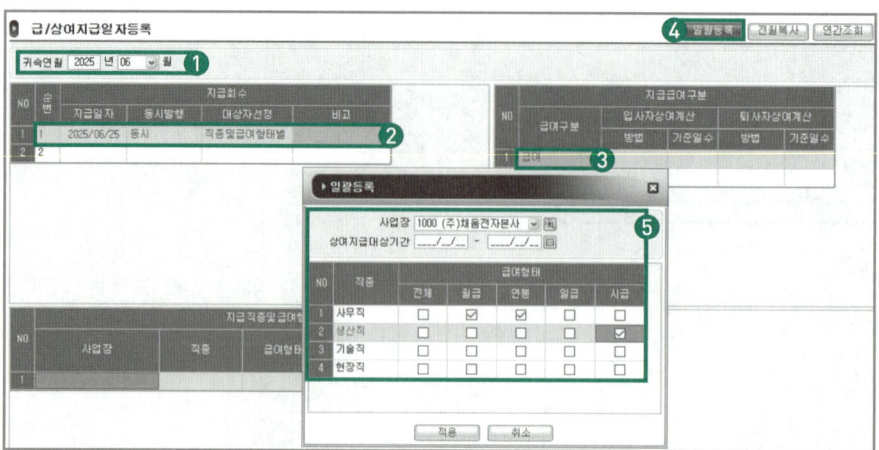

〈지점-6월 급여〉

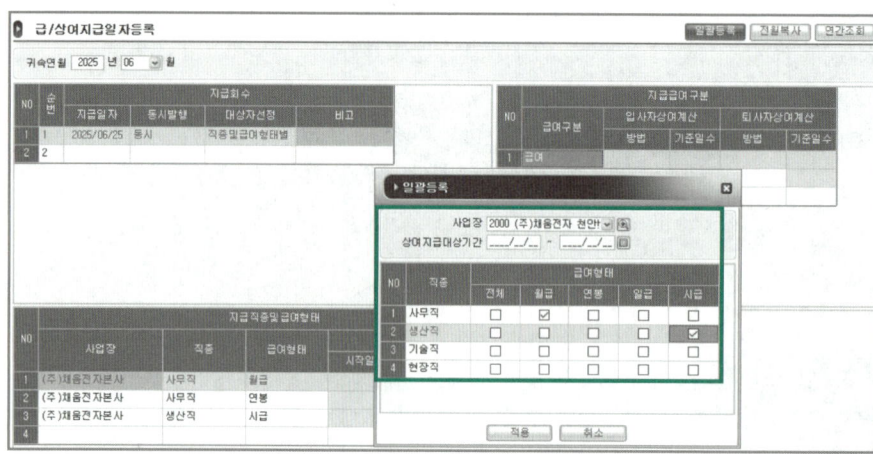

- 귀속연월: 2025/06 선택 후 '지급일자: 2025/06/25, 동시발행: 동시, 대상자선정: 직종및급여형태별' 선택
- '급여구분: 상여, 입·퇴사자상여계산 방법: 일' 선택
- 우측 상단의 '일괄등록' 버튼을 클릭하고 '사업장: 본사/지점', '상여지급대상기간: 2025/01/01~2025/06/30' 입력, 사무직 급여형태 전체 선택 후 적용

〈본사/지점-6월 상여〉

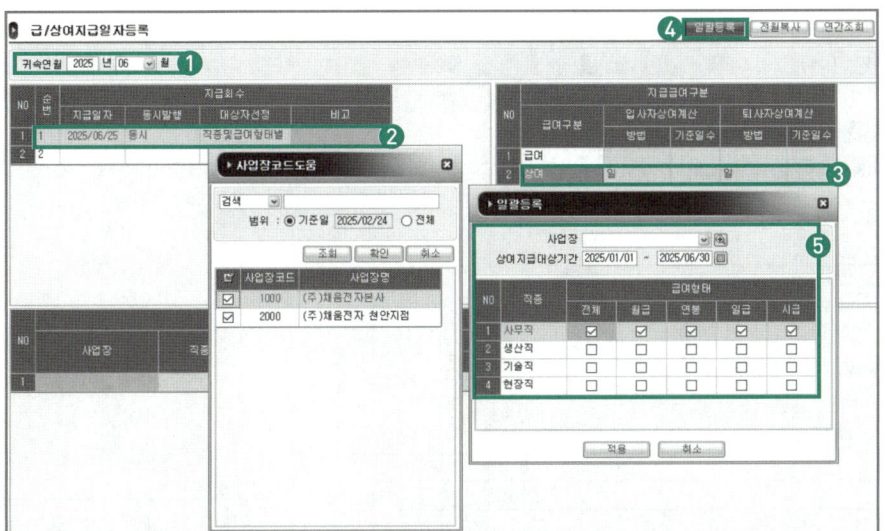

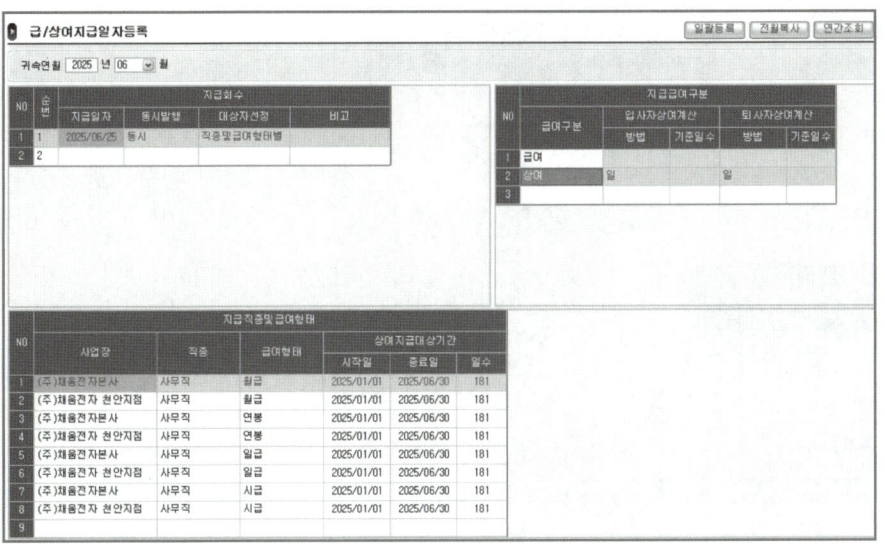

[2025년 12월 전월복사(상여)]
- '귀속연월: 2025/12' 선택
- 우측 상단의 '전월복사' 버튼을 클릭하고 '지급일자: 2025/06/25' 내역을 선택
- '지급일자: 2025/12/25', '상여지급대상기간 시작일: 2025/07/01', '종료일: 2025/12/31'로 수정

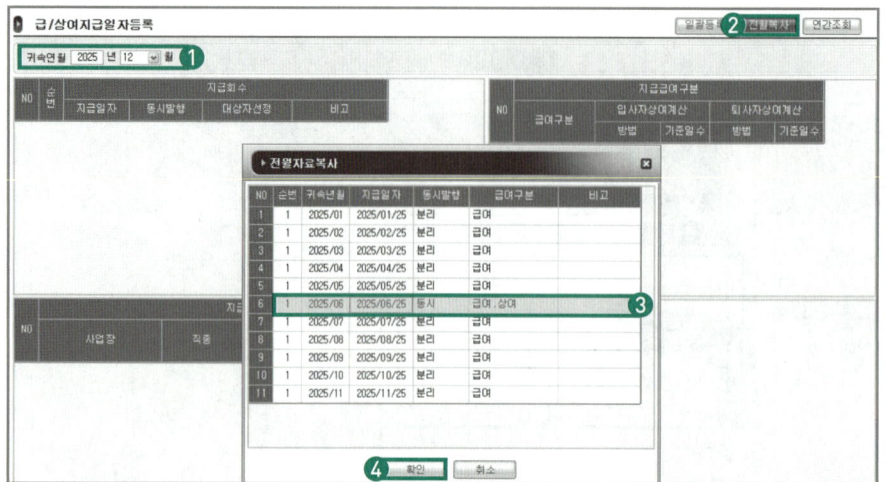

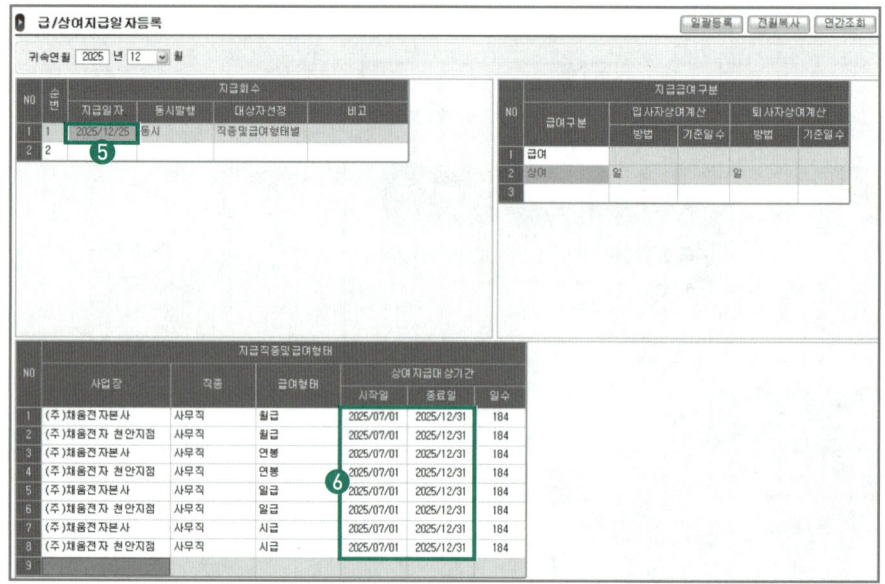

+ 기출 유형 파악하기
24년 6회 12번 | p.364

TIP
상여지급대상기간의 시작일과 종료일은 '종료일 → 시작일' 순으로 수정해야 한다.

(8) 인사정보등록

ERP 메뉴 찾아가기
인사/급여관리 ▶ 인사관리 ▶ 인사정보등록

[인사정보등록] 메뉴는 인사관리 사원의 인적정보, 재직정보, 급여정보를 등록·관리하는 메뉴이다. 사원 목록에서 [시스템관리]-[회사등록정보]-[사원등록] 메뉴에 입력된 사원의 자료를 조회할 수 있으며 [시스템관리]-[회사등록정보]-[사용자권한설정] 메뉴에서 적용한 조회권한의 범위에 해당하는 사원만 조회된다.

실무 연습문제 — 인사정보등록

(주)채움전자의 사원에 대한 인사정보를 ERP 시스템에 등록하시오(표기하지 않은 정보는 입력하지 않아도 되며, 모든 주민등록번호는 정확하다고 가정할 것).

〈한두희〉

인사기초정보

사번	2009001	성명	한두희	영문성명	–
주민등록번호	701010-1245917	생년월일	1970/10/10	E-mail	123@naver.com
주소	서울특별시 강남구 역삼로 109			전화번호	02-2602-4821
비상연락	010-1111-0001	입사일	2009/01/01	계정유형	임원계정
고용형태	상용직	직책	대표이사	직급	대표이사
급여형태	연봉	직종	사무직	호봉	–
세대주여부	여	장애인구분	비해당	거주자구분	거주자
국적(관리용)	대한민국	국적(신고용)	KR.한국		

급여공제정보

국민연금	7,500,000원	건강보험(월평균보수액)	7,500,000원	건강보험증 NO.	5-2222
고용보험	7,500,000원	노조가입	부	급여이체은행	국민은행
계좌번호	123-02-123456				

책정임금

책정임금	2025/01/01	지급코드	연봉 90,000,000원

> **기출 유형 파악하기**
> 24년 3회 9번 | p.396

> **TIP**
> 고용보험 가입대상은 근로자를 사용하지 않거나, 50인 미만 근로자를 사용하는 자영업자(개인사업장은 사업주, 법인은 대표이사)로, 가입대상 자영업자는 법 소정의 요건을 갖춘 자에 한한다.

정답

- 인적정보 탭

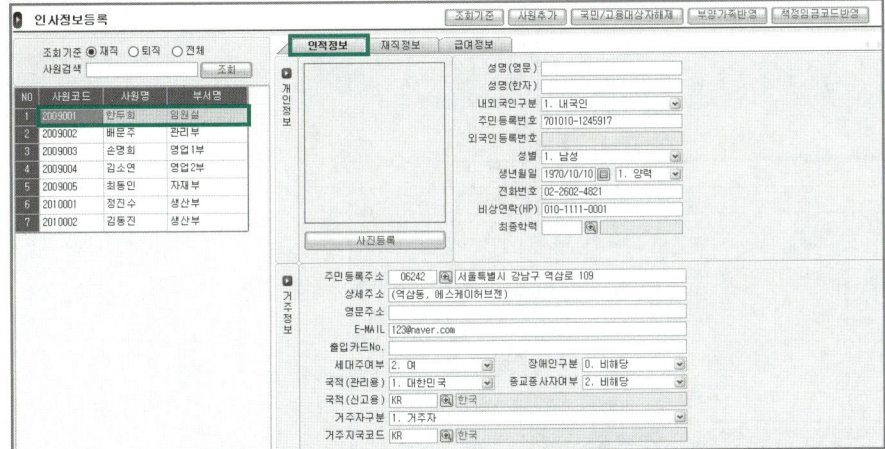

• 재직정보 탭

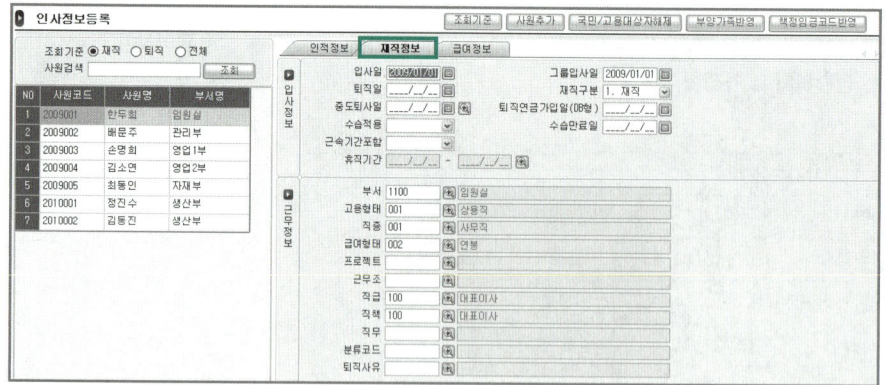

• 급여정보 탭
  - 국민연금: 기준소득 상한선 6,170,000원, 기준소득 하한선 390,000원이다. 한두희 사원의 국민연금은 7,500,000원으로 최고 상한선인 6,170,000원을 입력하여 계산한다. 하한선 미만은 하한선 입력, 상한선 초과는 상한선 입력, 하한선~상한선일 경우 제시된 금액을 입력한다.
  - 건강보험, 고용보험: 급여공제정보에 제시된 금액을 입력하여 계산한다.

> **TIP**
> 상한액은 2025년 기준이므로 2026년에는 입력이 되지 않는다. 이 경우 '직접입력'을 선택하여 금액을 입력하고 CHAPTER 04부터 DB를 복원하여 학습한다.

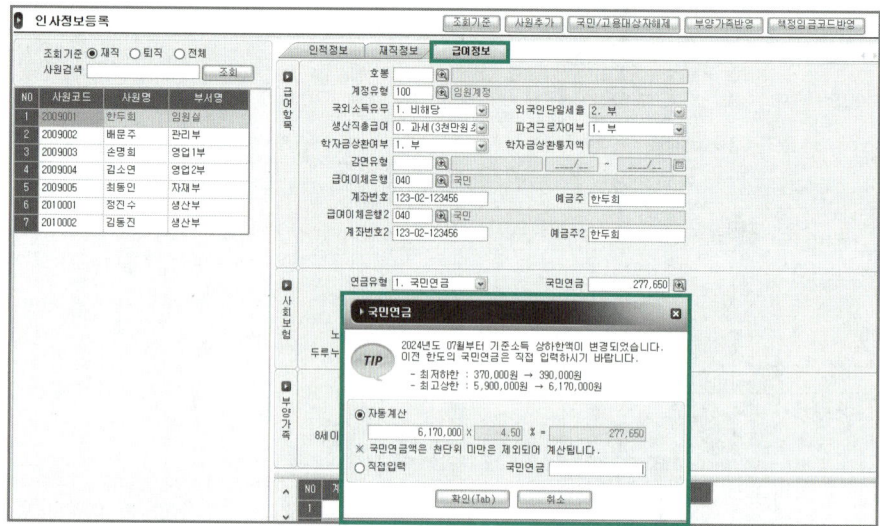

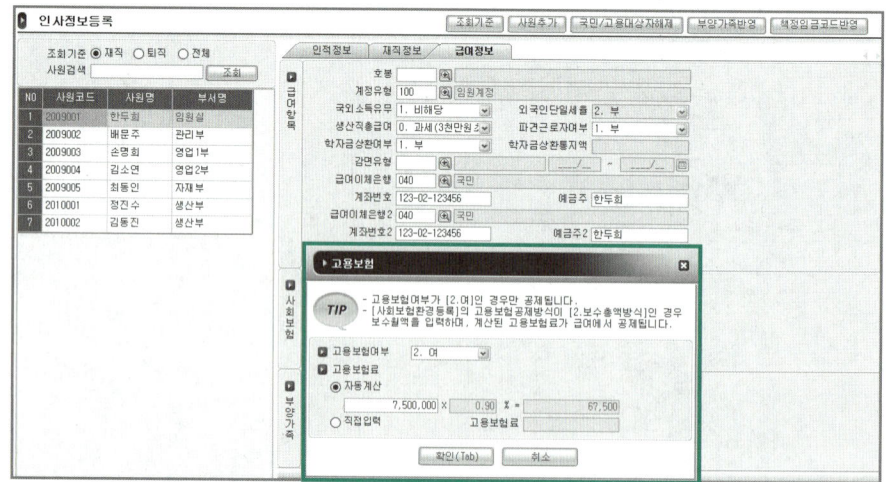

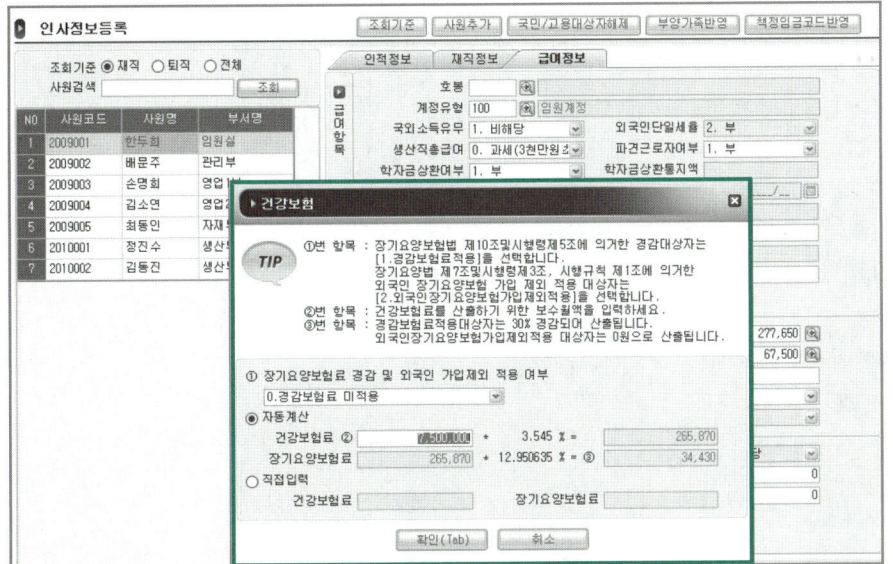

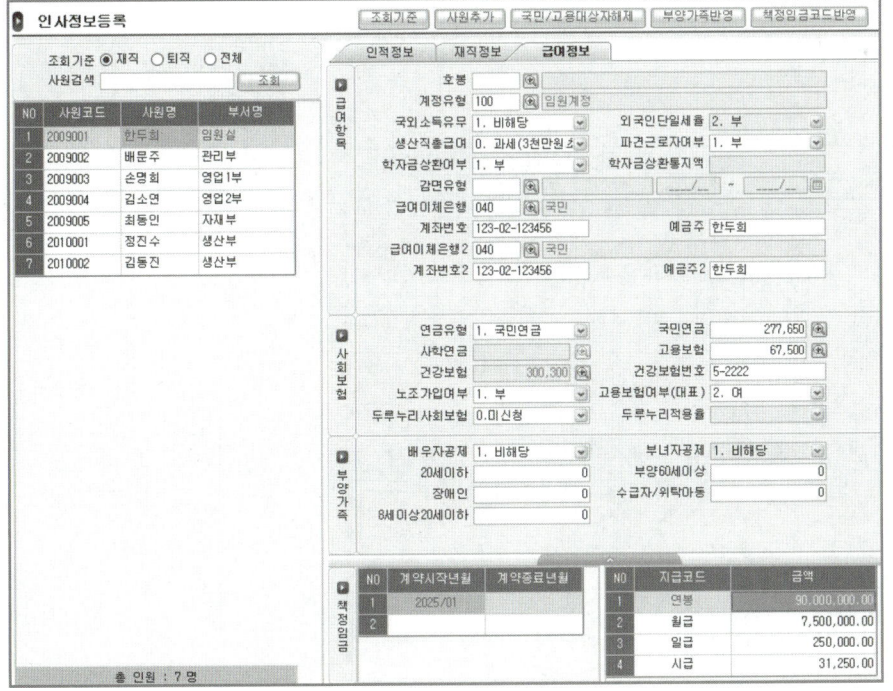

> **TIP**
> - 연봉을 입력하는 경우 책정임금의 계약시작년월을 입력하고 '책정임금 계약을 추가하시겠습니까?' 창이 뜨면 '확인'을 누르고 입력한다.
> - 책정임금 입력 시 금액란에 커서를 두고 Ctrl+F3을 눌러 암호입력 창에서 로그인 암호 입력 없이 확인을 클릭한 후 연봉을 입력한다.

〈배문주〉

인사기초정보					
사번	2009002	성명	배문주	영문성명	-
주민등록번호	810702-2154915	생년월일	1981/07/02	E-mail	456@naver.com
주소	서울특별시 노원구 공릉로27길 100			전화번호	02-3456-5678
비상연락	010-1111-0002	입사일	2009/01/01	계정유형	사원계정
고용형태	상용직	직책	부장	직급	부장
급여형태	월급	직종	사무직	호봉	3호봉
세대주여부	여	장애인구분	비해당	거주자구분	거주자
국적(관리용)	대한민국	국적(신고용)	KR.한국		

급여공제정보					
국민연금	6,330,000원	건강보험 (월평균보수액)	6,330,000원	건강보험증 NO.	8-2222
고용보험	6,330,000원	노조가입	여	급여이체은행	국민은행
계좌번호	123-122-123456				

정답

• 인적정보 탭

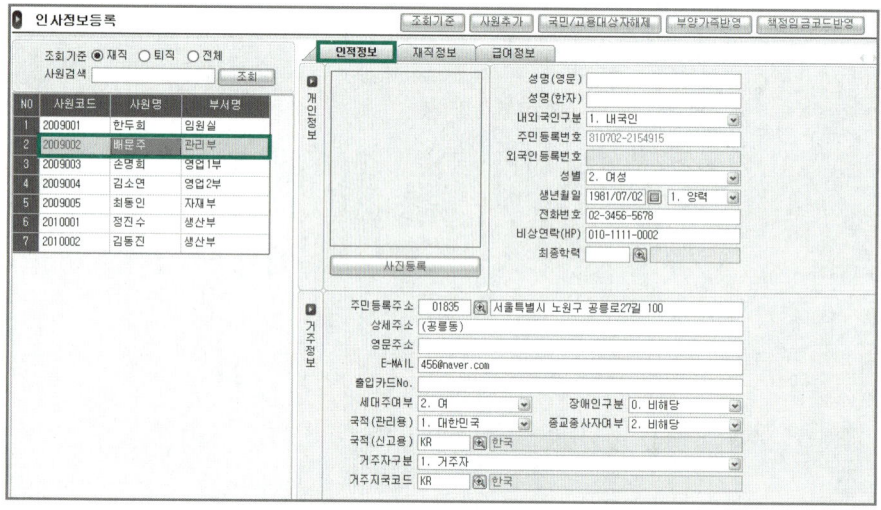

• 재직정보 탭

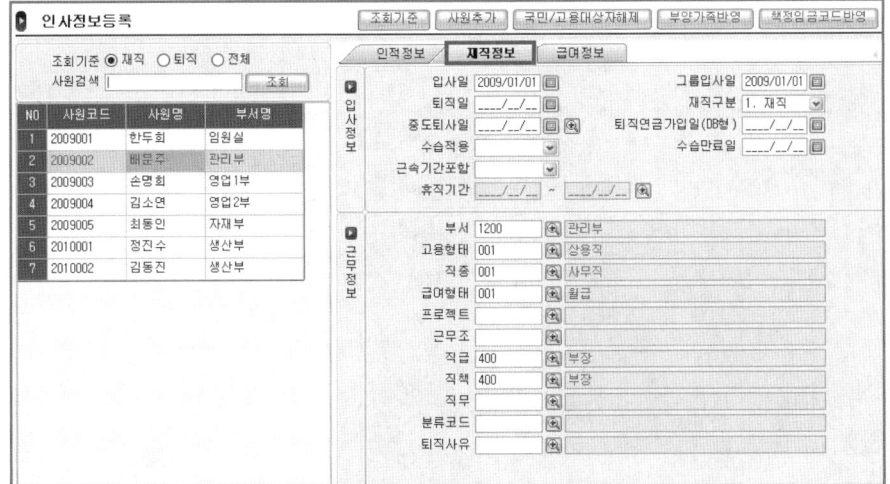

• 급여정보 탭

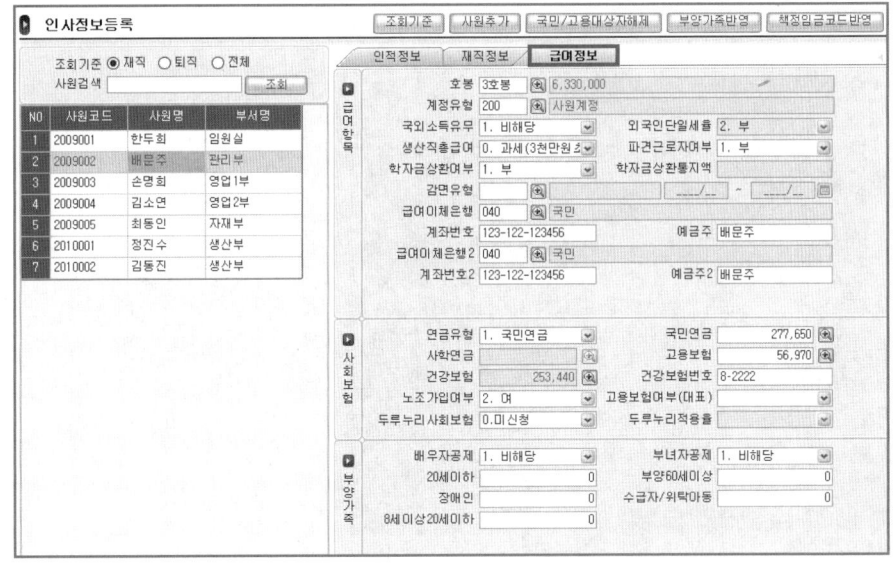

> **TIP**
>
> 사회보험 항목 중 '고용보험여부(대표)' 란에는 값을 입력하지 않는다.

〈손명희〉

인사기초정보						
사번	2009003		성명	손명희	영문성명	–
주민등록번호	811102-2154325		생년월일	1981/11/02	E-mail	–
주소	서울특별시 마포구 월드컵로 31-15				전화번호	02-8811-5678
비상연락	010-1111-0003		입사일	2009/01/01	계정유형	사원계정
고용형태	상용직		직책	과장	직급	과장
급여형태	월급		직종	사무직	호봉	8호봉
세대주여부	여		장애인구분	비해당	거주자구분	거주자
국적(관리용)	대한민국		국적(신고용)	KR.한국		

급여공제정보					
국민연금	3,850,000원	건강보험 (월평균보수액)	3,850,000원	건강보험증 NO.	7-2222
고용보험	3,850,000원	노조가입	여	급여이체은행	카카오뱅크
계좌번호	458-122-123456				

정답

• 인적정보 탭

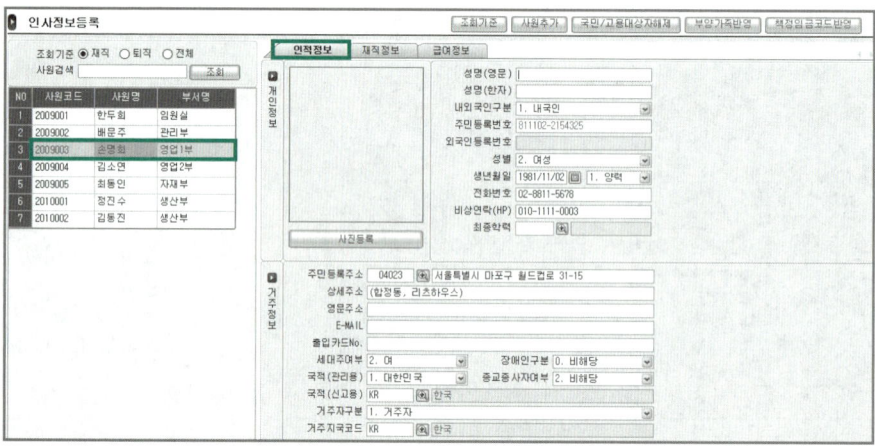

• 재직정보 탭

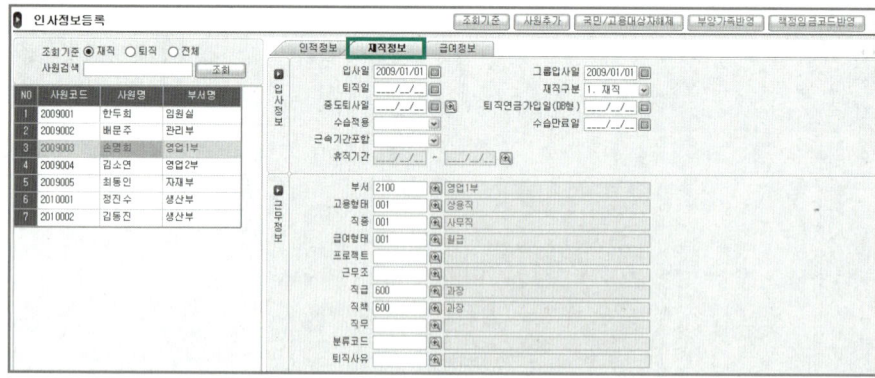

• 급여정보 탭

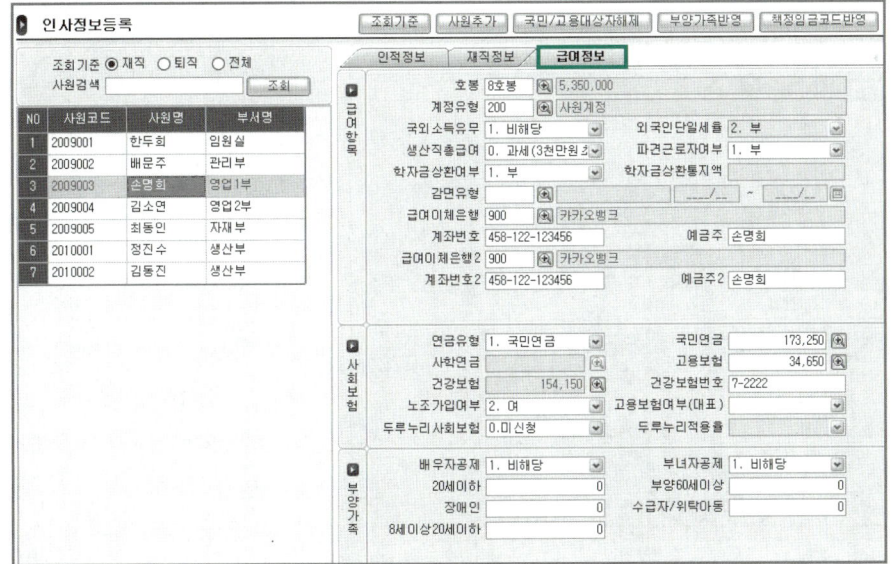

〈김소연〉

인사기초정보					
사번	2009004	성명	김소연	영문성명	-
주민등록번호	800505-2157272	생년월일	1980/05/05	E-mail	-
주소		서울특별시 구로구 신도림로 105		전화번호	02-755-5678
비상연락	010-1111-0005	입사일	2009/02/01	계정유형	사원계정
고용형태	상용직	직책	부장	직급	부장
급여형태	월급	직종	사무직	호봉	9호봉
세대주여부	여	장애인구분	비해당	거주자구분	거주자
국적(관리용)	대한민국	국적(신고용)	KR.한국		
급여공제정보					
국민연금	7,110,000원	건강보험 (월평균보수액)	7,110,000원	건강보험증 NO.	7-2221
고용보험	7,110,000원	노조가입	여	급여이체은행	우리은행
계좌번호	458-225-123456	학자금상환여부	여	학자금상환통지액	500,000

+ 기출 유형 파악하기
25년 1회 10번 | p.354

정답

- 인적정보 탭

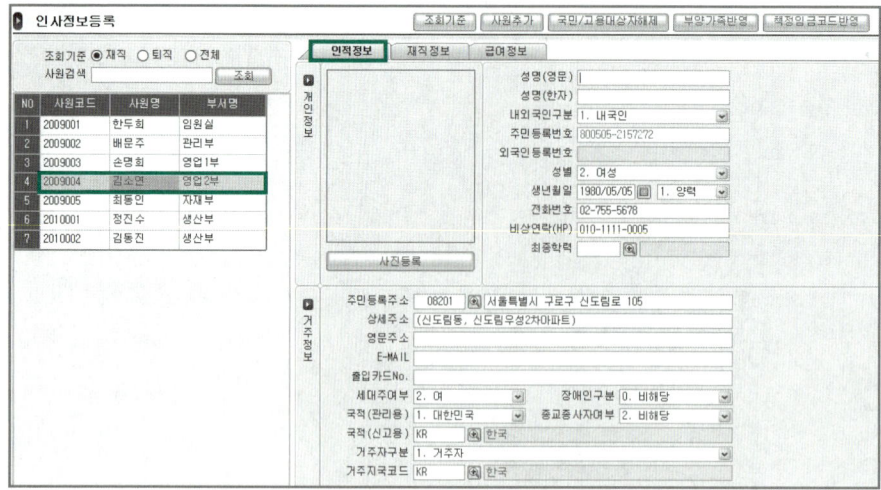

- 재직정보 탭

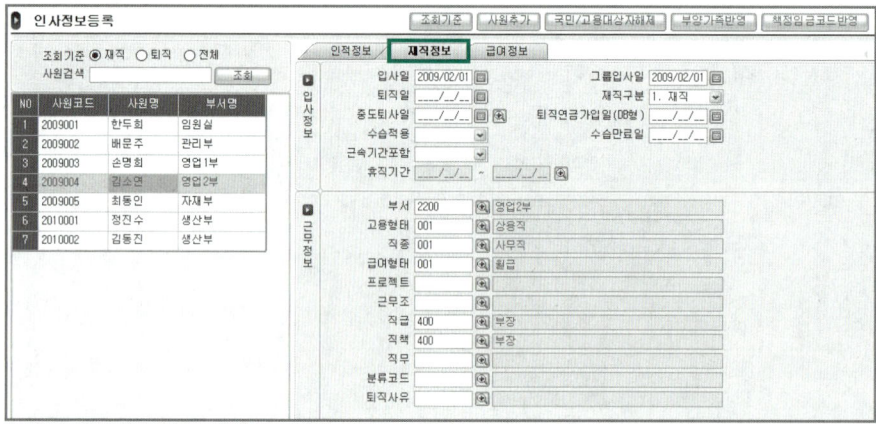

- 급여정보 탭

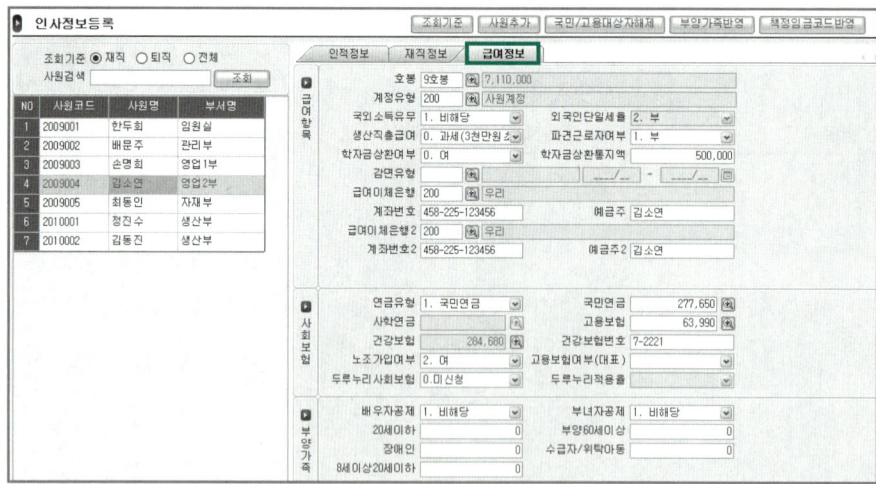

〈최동인〉

인사기초정보					
사번	2009005	성명	최동인	영문성명	-
주민등록번호	820131-1157782	생년월일	1982/01/31	E-mail	-
주소	서울특별시 서대문구 통일로 103			전화번호	02-755-5678
비상연락	010-1111-0005	입사일	2009/03/01	계정유형	사원계정
고용형태	상용직	직책	대리	직급	대리
급여형태	월급	직종	사무직	호봉	9호봉
세대주여부	여	장애인구분	비해당	거주자구분	거주자
국적(관리용)	대한민국	국적(신고용)	KR.한국	수습적용	여
				수습만료일	2009/05/31
급여공제정보					
국민연금	3,400,000원	건강보험 (월평균보수액)	3,400,000원	건강보험증 NO.	8-2222
고용보험	3,400,000원	노조가입	여	급여이체은행	신한은행
계좌번호	235-225-123457				

정답

- 인적정보 탭

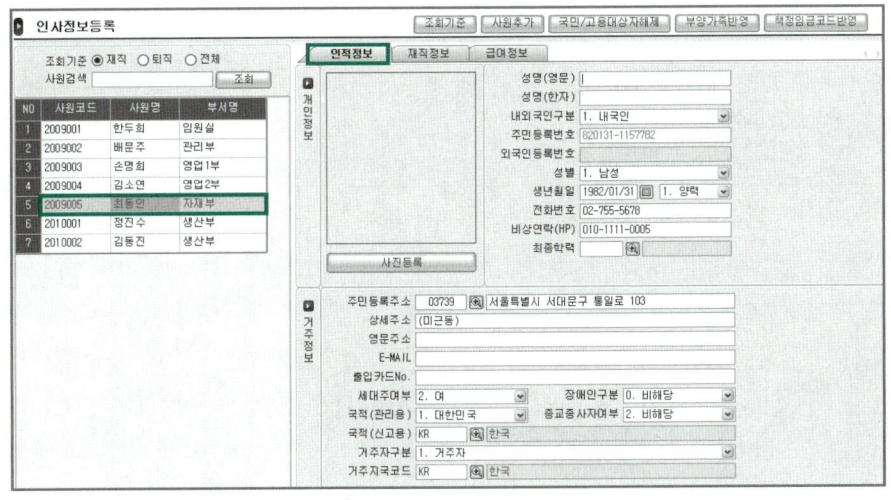

- 재직정보 탭

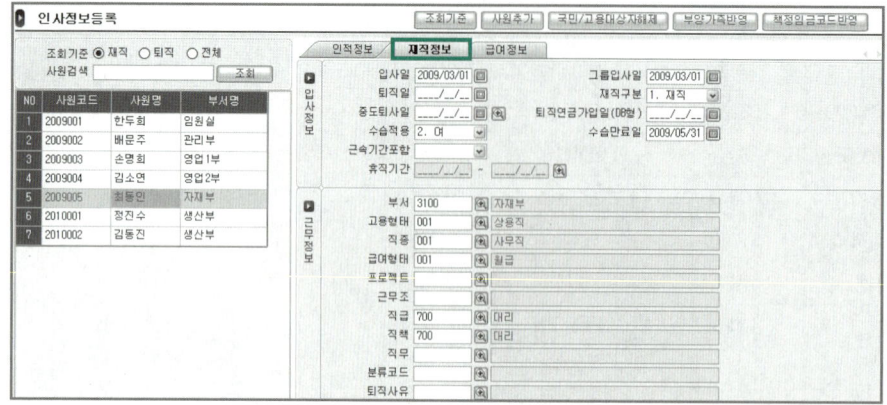

- 급여정보 탭

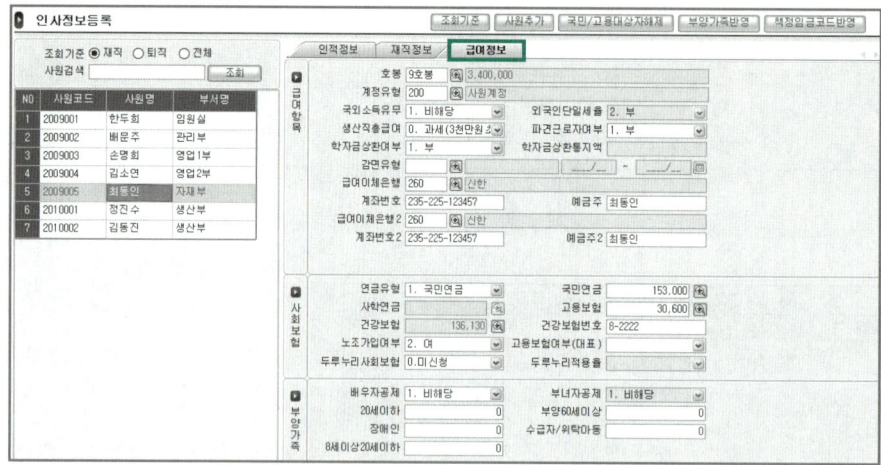

〈정진수〉

인사기초정보					
사번	2010001	성명	정진수	영문성명	-
주민등록번호	870406-1236455	생년월일	1987/04/06	E-mail	-
주소	충청남도 천안시 서북구 오성로 103		전화번호	041-555-5656
비상연락	010-1111-0006	입사일	2010/01/01	계정유형	제조계정
고용형태	상용직	직책	생산계장	직급	생산계장
급여형태	시급	직종	생산직	호봉	8호봉
세대주여부	여	장애인구분	비해당	거주자구분	거주자
국적(관리용)	대한민국	국적(신고용)	KR.한국		
급여공제정보					
국민연금	4,000,000원	건강보험 (월평균보수액)	4,000,000원	건강보험증 NO.	10-2222
고용보험	4,000,000원	노조가입	여	급여이체은행	카카오뱅크
계좌번호	1535-211-17255				
감면유형	중소기업취업감면(70%): 2024/01~2027/12				

> ⊕ 기출 유형 파악하기
> 24년 3회 11번 | p.396

정답

• 인적정보 탭

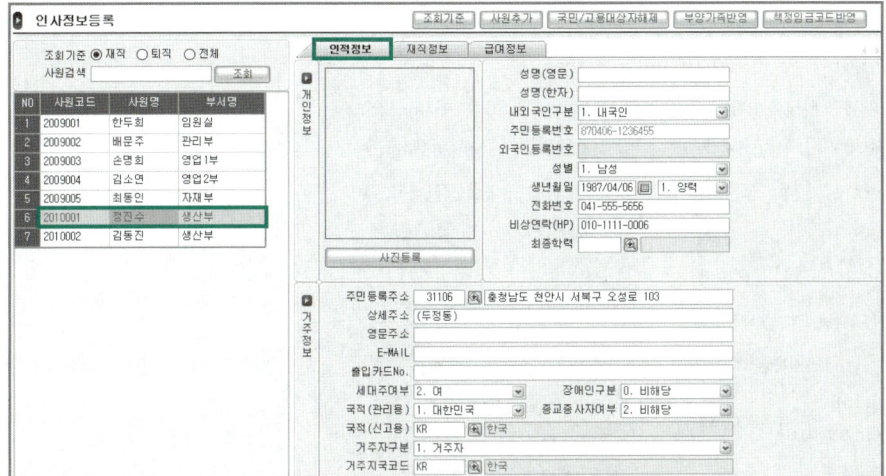

• 재직정보 탭

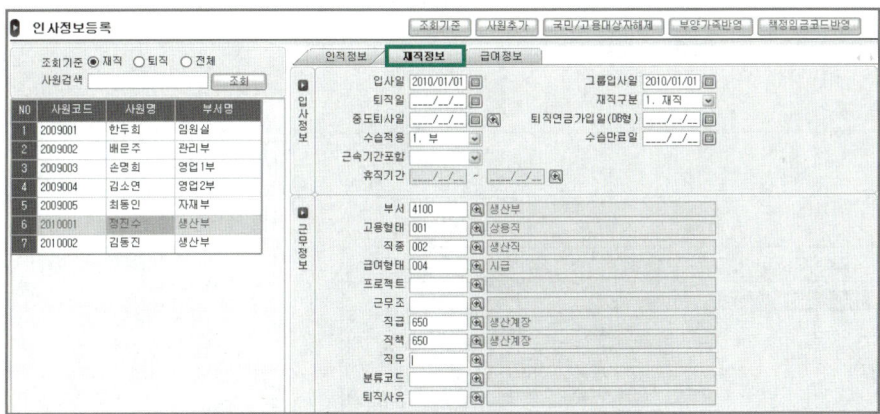

• 급여정보 탭

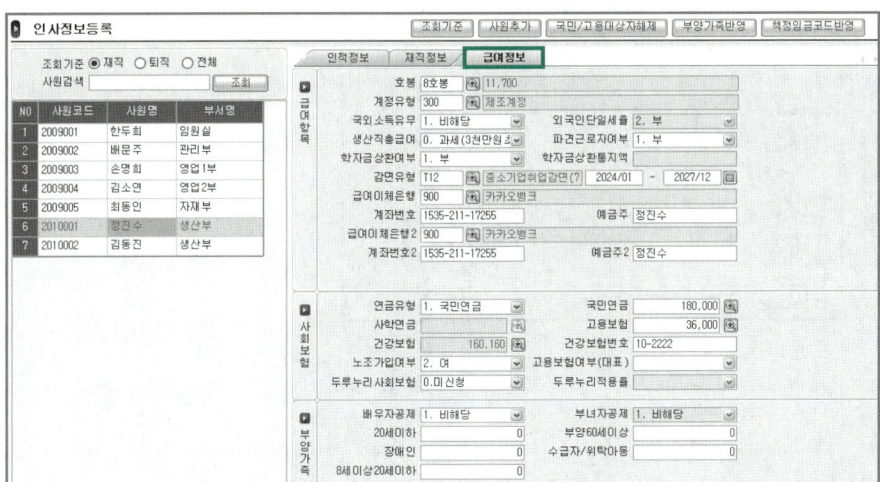

〈김동진〉

인사기초정보

사번	2010002	성명	김동진	영문성명	-
주민등록번호	880710-1237724	생년월일	1988/07/10	E-mail	-
주소		충청남도 천안시 서북구 두정로 108		전화번호	041-544-5657
비상연락	010-1111-0007	입사일	2010/02/01	계정유형	제조계정
고용형태	상용직	직책	생산사원	직급	생산사원
급여형태	시급	직종	생산직	호봉	6호봉
세대주여부	여	장애인구분	비해당	거주자구분	거주자
국적(관리용)	대한민국	국적(신고용)	KR.한국		

급여공제정보

국민연금	2,800,000원	건강보험 (월평균보수액)	2,800,000원	건강보험증 NO.	12-2222
고용보험	2,800,000원	노조가입	여	급여이체은행	신한은행
계좌번호		4235-325-123457			
휴직정보	• 휴직기간: 2025/05/01~2025/05/31(복직일: 2025/06/01) • 휴직코드: 100.휴직([인사기초코드등록] 메뉴에 직접 추가하여 입력) • 휴직지급율: 70% • 퇴직기간 적용: 안함				

정답

- 인적정보 탭

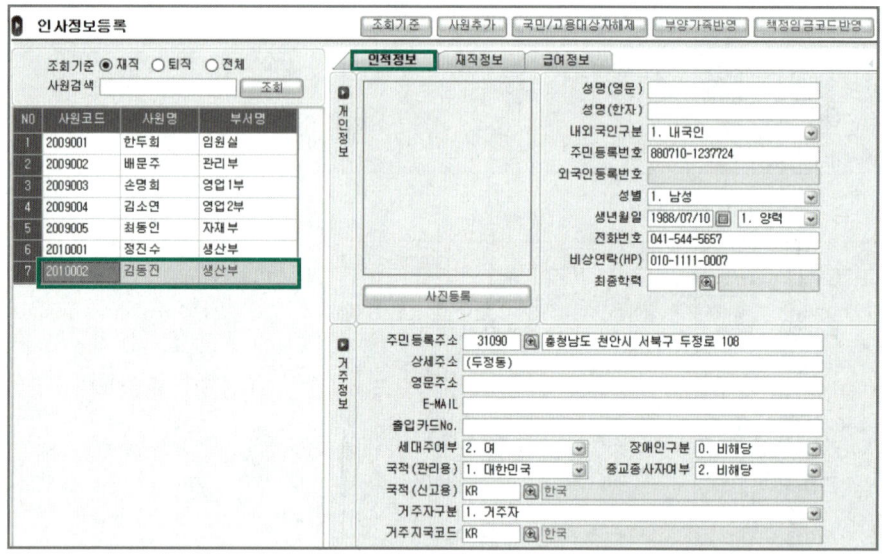

• 재직정보 탭

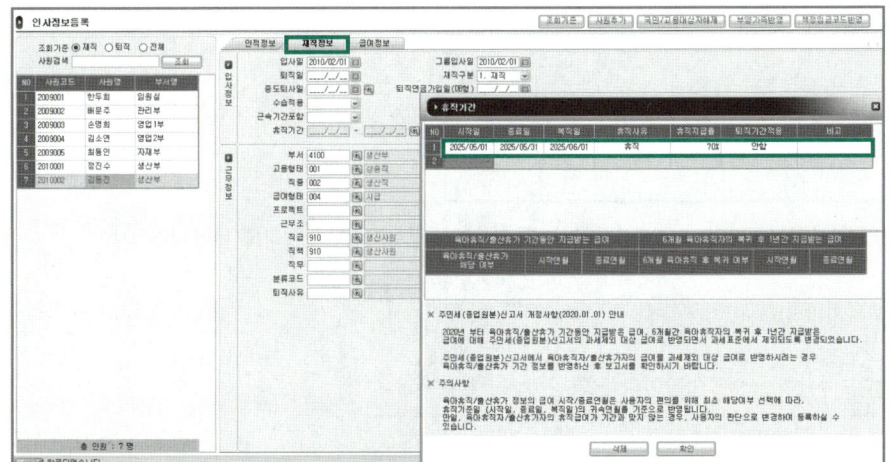

> **TIP**
> 휴직기간을 클릭하여 휴직정보 입력 시 휴직사유란에서 F2를 누르고 [인사기초코드등록] 메뉴에 직접 추가한 휴직코드를 입력한다.

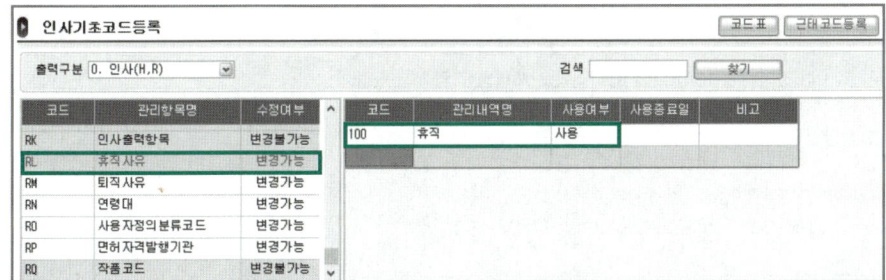

• 급여정보 탭

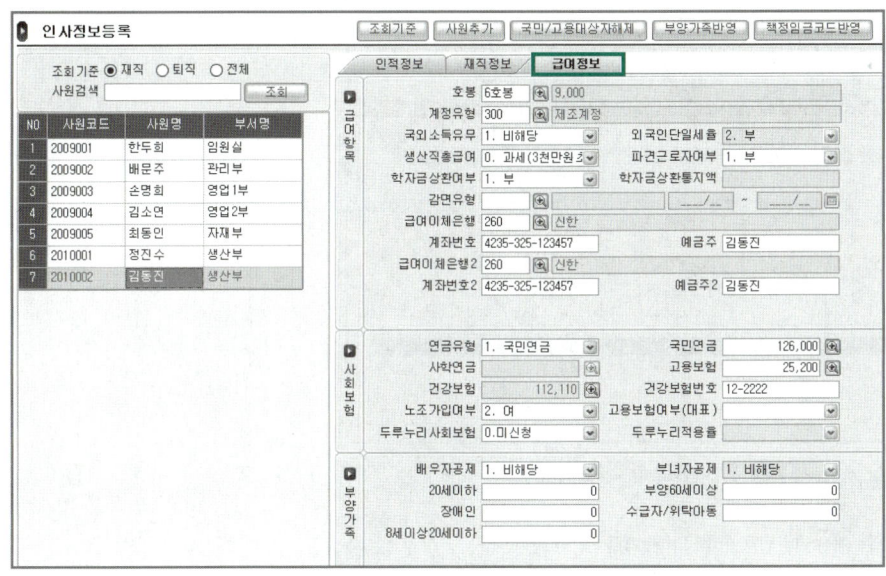

CHAPTER 03 인사기초정보관리 • **241**

(9) 인사기록카드와 인사기록카드2

인사/급여관리 ▶ 인사관리 ▶ 인사기록카드

실무 연습문제 인사기록카드

(주)채움전자의 배문주 사원에 대한 기타 인사정보를 ERP 시스템의 [인사기록카드]와 [인사기록카드2] 메뉴에 등록하시오.

+ 기출 유형 파악하기
24년 6회 9번 I p.363

배문주 사원의 인사기록카드와 인사기록카드2

- 성명: 배문주(사원코드: 2009002)
- 부양가족 현황

사원코드	부양관계	주민등록번호	동거여부	수당	비고
배철재	부	551212-1468175	여	해당	일용직 근로소득 6,000,000원
홍희순	모	580420-2458561	여	해당	근로소득 5,000,000원(타소득 없음)

- 학력 및 학과(150.홍익대학교 대학원 등록): 2014/03/03~2016/02/23, 홍익대학교 대학원 경영학과 졸업 (소재지: 서울)
- 경력: 삼정물류(2003/03/15~2006/07/31), 담당업무: 총무, 직위: 대리, 근속기간: 포함
- 면허자격
  - ERP정보관리사 인사 1급(취득일: 2010/08/31, 발행기관: 한국생산성본부, 수당: 해당)
  - ERP정보관리사 회계 1급(취득일: 2010/08/31, 발행기관: 한국생산성본부, 수당: 해당)
- 동호회: 수영동호회(가입일자: 2003/01/01)

정답

- [인사기록카드] 메뉴의 가족 탭

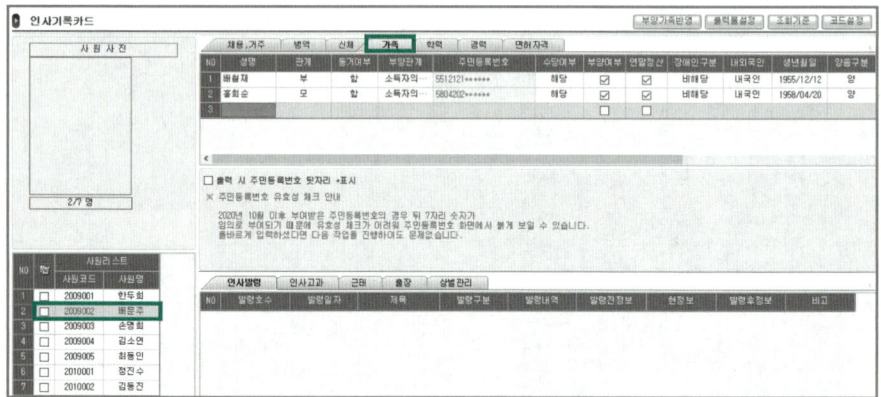

- 프로그램상 동거여부는 동거 중인 경우 '함', 동거 중이지 않은 경우 '안함'으로 표시한다.
- 주민등록번호는 정확한 것으로 가정한다.
- 수당여부 항목을 '해당'으로 등록한 경우에는 계산식에 적용되어 급여에 가족수당이 반영된다.
- '부양여부'에 체크된 가족은 기본공제 대상자에 해당하는 부양가족을 의미한다.
- '연말정산'에 체크된 가족은 [연말정산자료입력] 메뉴의 부양가족명세에 자동 반영된다.

➕ 기본공제 대상자

- **기본요건**
  - **연령**: 20세 이하 또는 60세 이상
  - **연간 소득금액 합계액**: 100만원 이하(총급여 500만원 이하의 근로소득만 있는 부양가족 포함)
- **당해 거주자(본인)**: 무조건 기본공제 대상임
- **배우자**: 연간 소득금액이 100만원 이하인 자(연령 요건은 없음)
- **부양가족(배우자의 직계존속·형제자매 포함)**: 연간 소득금액이 100만원 이하인 자로서 당해 거주와 생계를 같이하는 다음의 자
  - **직계존속(계부·계모 포함)**: 60세 이상인 자
  - **직계비속(재혼한 경우 배우자의 비속 포함)과 동거 입양자**: 20세 이하인 자(이 경우 해당 직계비속(입양자)과 그 배우자가 모두 장애인인 경우 그 배우자 포함)
  - **형제자매**: 20세 이하 또는 60세 이상인 자
  - 「국민기초생활보장법」 제2조 제2호의 수급자
  - 6개월 이상 양육한 위탁아동

- [인사기록카드] 메뉴의 학력 탭

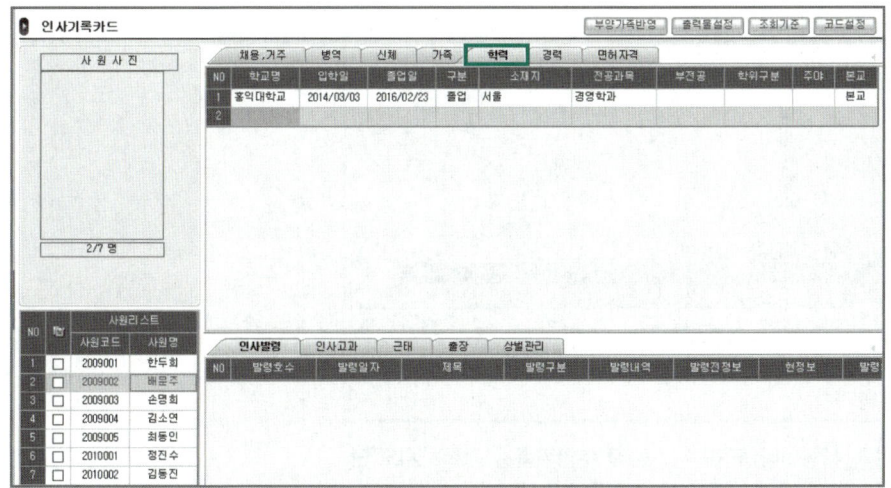

> **TIP**
> 학교명은 F2를 누르고 입력하며, 해당 학교가 등록되어 있지 않다면 [인사/급여관리]-[기초환경설정]-[인사기초코드등록] 메뉴의 '관리항목명: HY.학교'에 등록한 후 [인사기록카드] 메뉴에 반영한다(해당란에 직접 입력도 가능).

- [인사기록카드] 메뉴의 경력 탭

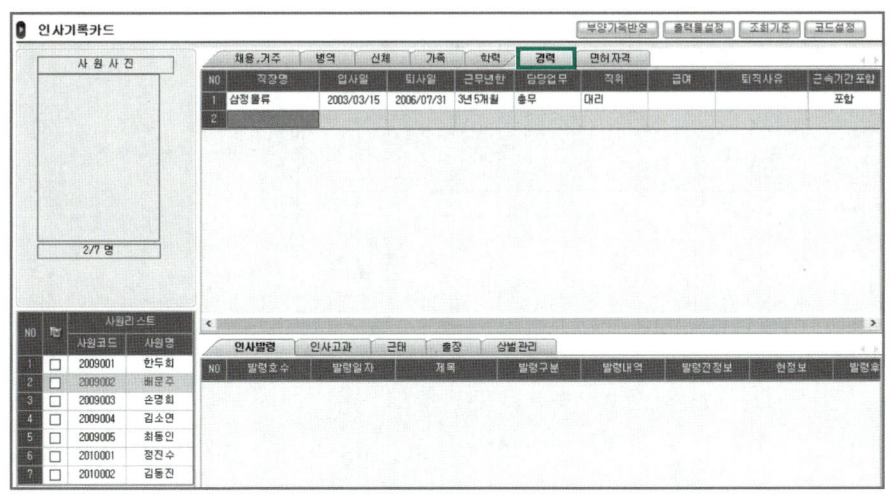

- [인사기록카드] 메뉴의 면허자격 탭

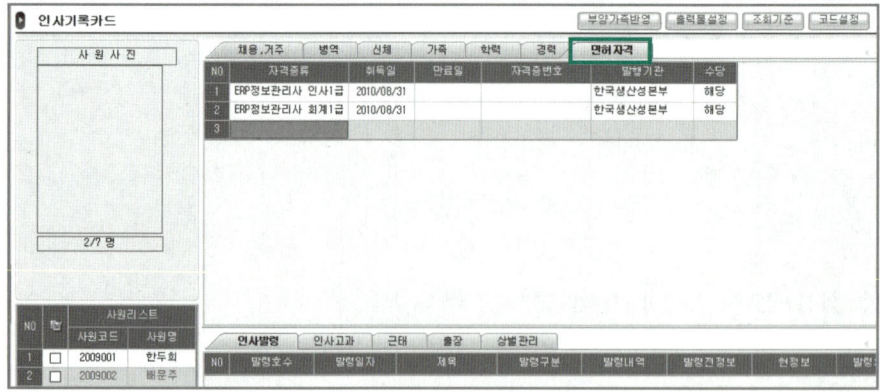

- [인사기록카드2] 메뉴의 동호회 탭

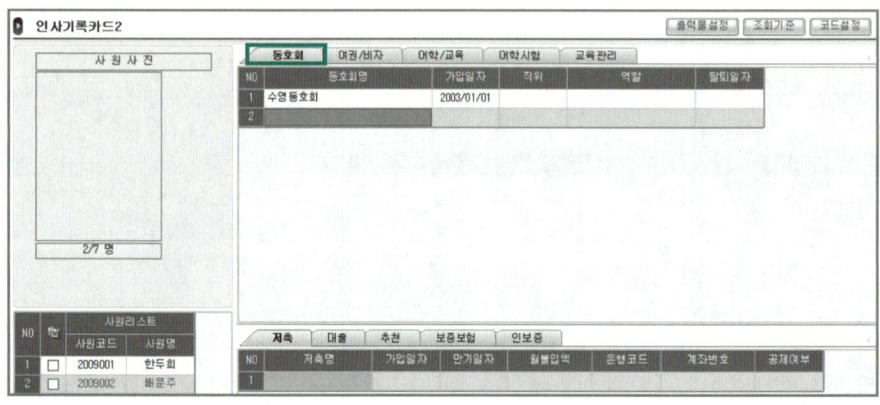

실무 연습문제   인사기록카드 – 부양가족

다음은 (주)채움전자 직원들의 부양가족 사항이다. ERP 시스템에 부양가족을 등록하시오(단, 별도의 조건이 있는 경우를 제외하고 부양가족대상, 연말정산 소득공제 대상이라고 가정할 것).

〈김소연〉

성명	부양관계	주민등록번호	동거여부	수당	비고
손성호	배우자	780912-1873740	여	비해당	총급여액 5,000만원
손영훈	자	080319-3288381	여	해당	–
손상진	자	101102-3192951	여	해당	–

정답

배우자 손성호는 총급여액이 5,000만원으로 기본공제 대상자가 아니므로 부양여부, 연말정산에 체크하지 않는다.

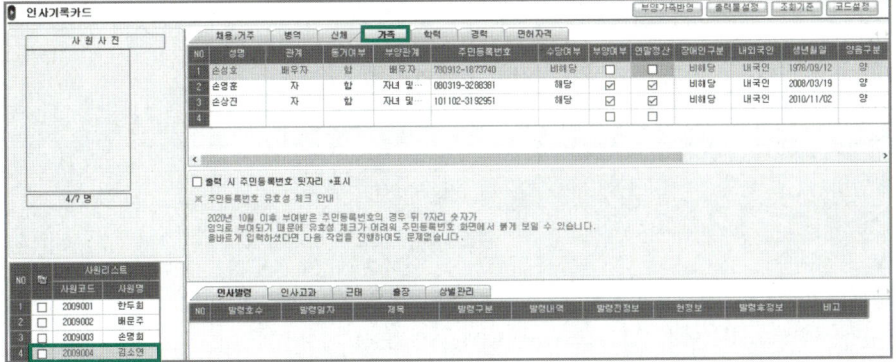

〈최동인〉

성명	부양관계	주민등록번호	동거여부	수당	비고
이수연	배우자	800822-2321245	여	해당	이자소득 연 120만원
최민호	자	090123-4231245	여	해당	-
최성호	부	450712-1837226	부	비해당	타 지역 별도 거주
정순희	모	471122-2574456	부	비해당	

정답

배우자 이수연은 이자소득이 있으나 분리과세되는 금액이기 때문에 소득금액 이하가 되며, 최성호와 정순희는 거주지가 다르나 요건을 충족한다면 기본공제를 받을 수 있기 때문에 부양여부, 연말정산에 체크해야 한다.

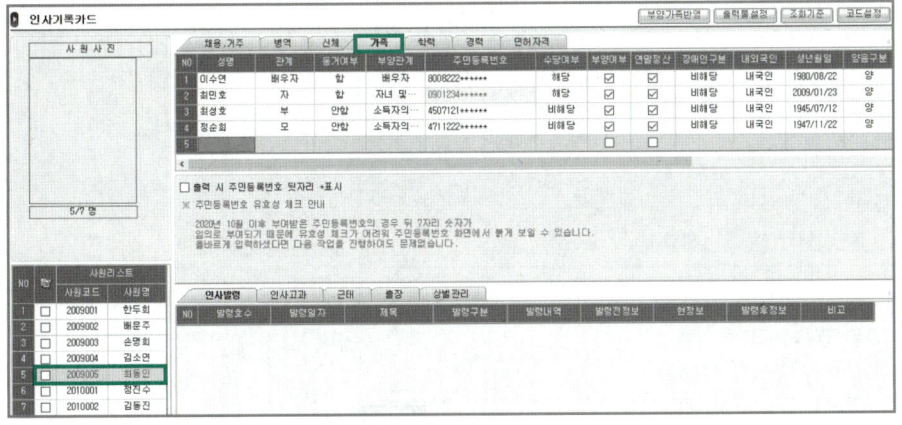

(10) 교육관리

> ERP 메뉴 찾아가기
> 인사/급여관리 ▶ 인사관리 ▶ 교육관리

회사 사내 혹은 사외 교육을 관리하며 교육 대상자를 선정하여 등록하는 메뉴이다.

① 교육등록 탭
- 코드: [인사기초코드등록] 메뉴의 'H4.교육과정'에 등록한 코드를 등록
- 시작일/종료일: 해당 교육코드의 시작일, 종료일 입력(단, 동일한 교육코드에 동일한 시작일, 종료일로는 등록 불가능)
- 교육일수: 시작일~종료일까지의 일수가 자동 산정되며, 사용자가 직접 수정 가능
- 1인당 교육비: 고용안정센터 지원 교육인 경우 해당 교육비 입력
- 고용보험 환급액: 고용안정센터 지원 교육인 경우 환급 교육비 입력
- 비고: 교육 관련 추가 등록사항 입력

② 교육 대상자 설정 탭
- 교육등록 탭에서 등록한 교육코드를 등록
- 교육코드 등록 시 교육등록 탭에서 입력한 교육정보가 표기됨
- 사원추가: 해당 교육의 대상자 추가(사원코드 항목에서 F2 코드도움을 통해 등록 가능)

실무 연습문제 교육관리

다음 자료를 바탕으로 교육등록과 교육 대상자 설정을 하시오.

- 교육명: 100.임직원승진교육
- 교육일수: 20일
- 교육장소: KG 에듀 교육원
- 고용보험환급액: 420,000원
- 교육 대상자: 한두희, 배문주, 김소연
- 시작일~종료일: 2025/08/01~2025/08/20
- 교육시간: 매일 8시간
- 1인당 교육비: 600,000원
- 사내구분: 사외

정답

- 교육등록 탭

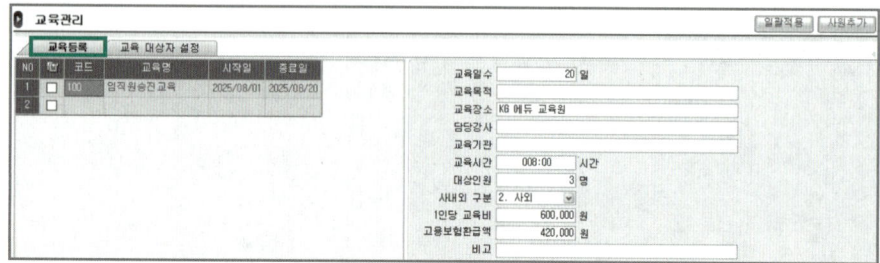

- 교육 대상자 설정 탭
  - 교육코드란에서 F2를 누르고 '교육코드: 100.임직원승진교육'을 입력
  - 우측 상단의 '사원추가' 버튼을 클릭한 후, 해당 교육 대상자 선택

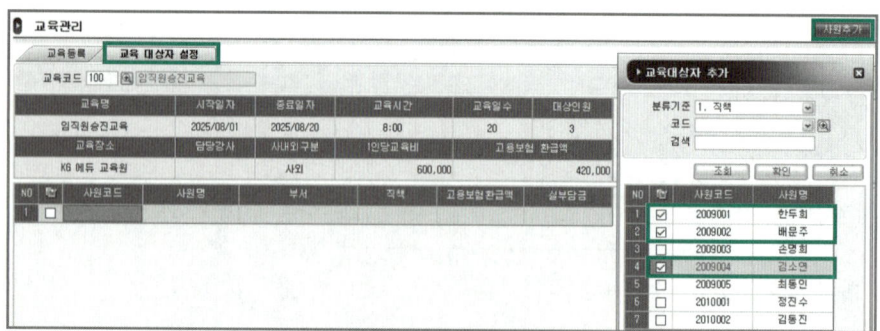

(11) 교육평가

> **ERP 메뉴 찾아가기**
> 인사/급여관리 ▶ 인사관리 ▶ 교육평가

교육 참가자의 교육 이수 여부와 점수를 등록하는 메뉴이다.
① 교육명: [교육관리] 메뉴에 등록한 교육 중 선택
② 교육일수: 교육 참가자의 출석일수 입력([교육관리] 메뉴에 등록한 기본 정보가 자동으로 반영되며, 직접 수정도 가능)
③ 이수시간: 교육 참가자의 교육 참가시간 입력([교육관리] 메뉴에 등록한 기본 정보가 자동으로 반영되며, 직접 수정도 가능)
④ 이수여부: 최종 이수여부 선택
⑤ 출석점수/태도점수/평가점수: 교육평가 지침에 따른 해당 점수 입력
⑥ 합계: 출석점수, 태도점수, 평가점수의 합계
⑦ 교육평가: 교육 참가자의 최종 평가를 텍스트로 입력 가능(교육평가 내역 종료 후 '마감' 버튼을 클릭하여 해당 사원의 데이터 수정 제한 가능)

기출 유형 파악하기
24년 3회 7번 | p.395

실무 연습문제 | 교육평가

다음 자료를 바탕으로 교육평가 내용을 등록하시오.

평가 대상자	이수시간	이수여부	출석점수	태도점수	평가점수	교육평가
한두희	8시간	이수	20점	20점	10점	C
배문주	8시간	이수	20점	30점	20점	B
김소연	8시간	미이수	5점	10점	20점	D

정답
교육평가 내용을 입력하고 전체사원에 체크한 후 우측 상단의 '마감' 버튼을 클릭

(12) 교육현황

> **ERP 메뉴 찾아가기**
> 인사/급여관리 ▶ 인사관리 ▶ 교육현황

[교육관리], [교육평가] 메뉴에 등록한 사원별교육현황 및 교육별사원현황 탭의 조회 및 출력이 가능한 메뉴로 사원별, 교육별 출력할 내역만 선택하여 출력이 가능하다.

① **사원별교육현황 탭**: 왼쪽에는 사원 목록, 오른쪽에는 사원별 교육 내역이 조회됨

② **교육별사원현황 탭**: 왼쪽에는 교육 목록, 오른쪽에는 교육별 사원 목록이 조회됨

+ **기출 유형 파악하기**
24년 6회 10번 I p.363

(13) 인사발령등록

> **ERP 메뉴 찾아가기**
> 인사/급여관리 ▶ 인사관리 ▶ 인사발령등록

[인사발령등록] → [인사정보등록]에서 입력된 자료 불러오기 → [인사발령(사원별)] → [인사발령공고] → [인사기록카드]의 변경된 자료 확인 → [인사발령리포트] → [사원정보현황] 순으로 작업한다.

실무 연습문제 인사발령등록

다음과 같은 (주)채움전자의 정기 인사발령 사항을 인사정보 및 인사기록카드에 반영하고 인사발령관리와 사원이력관리를 하시오.

인사발령					
인사명령: 2025 - 001호					2025/01/01

1. 정기승진

부서	성명	발령전 직책/직급/호봉	현정보 직책/직급/호봉	발령후 직책/직급/호봉	시행일자
영업부	손명희	대리/10호	과장/8호	차장/1호	2025/01/01

상기와 같이 발령되었음을 공고합니다. 끝.

2025년 1월 1일
(주)채움전자
대표이사 한두희

> 정답

- [인사발령등록] 메뉴
  - '발령호수: 2025 – 001', '제목: 정기승진', '발령구분: 승진', '발령일자: 2025/01/01' 입력
  - '발령자: 한두희' 입력
  - 우측 상단의 '사원추가' 버튼을 클릭하여 '조회조건: 사원', '기준일: 2025/01/01'로 조회하여 '성명: 손명희' 선택 후 적용

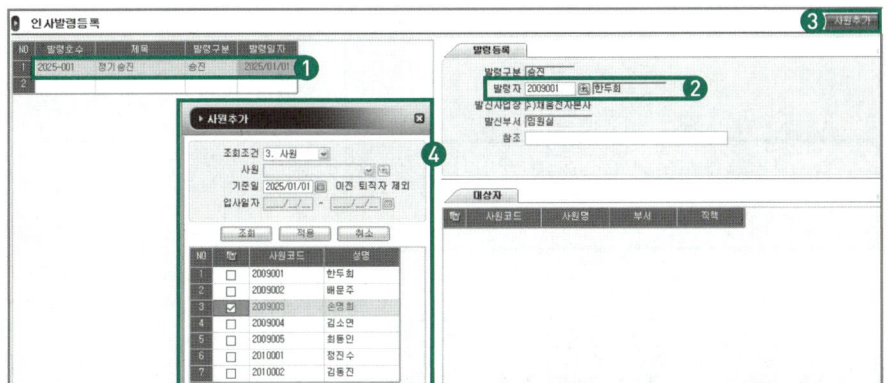

- [인사발령(사원별)] 메뉴
  - '발령호수: 2025 – 001', '발령구분: 승진' 선택
  - 자동 등록된 발령대상자 체크
  - 발령내역에서 F2를 누르고 직책, 직급, 호봉란에 주어진 내용을 입력한 후 우측 상단의 '발령적용' 버튼 클릭

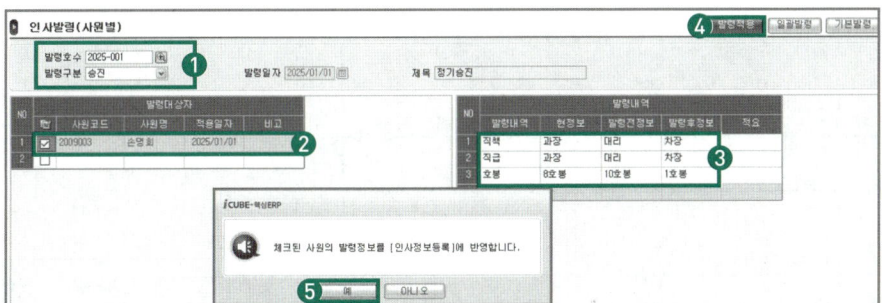

- [인사정보등록] 메뉴
  - 재직정보 탭에서 변경된 직급, 직책을 확인

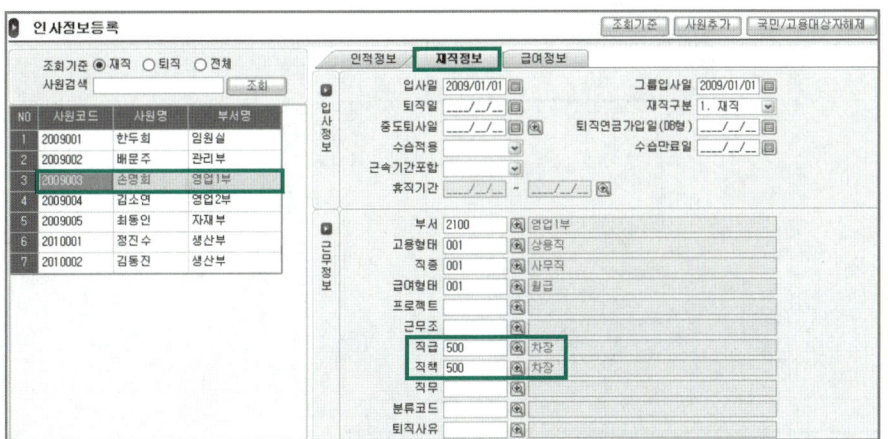

- 급여정보 탭에서 국민연금, 고용보험, 건강보험의 기준 소득금액을 5,000,000원으로 수정한 후 재계산

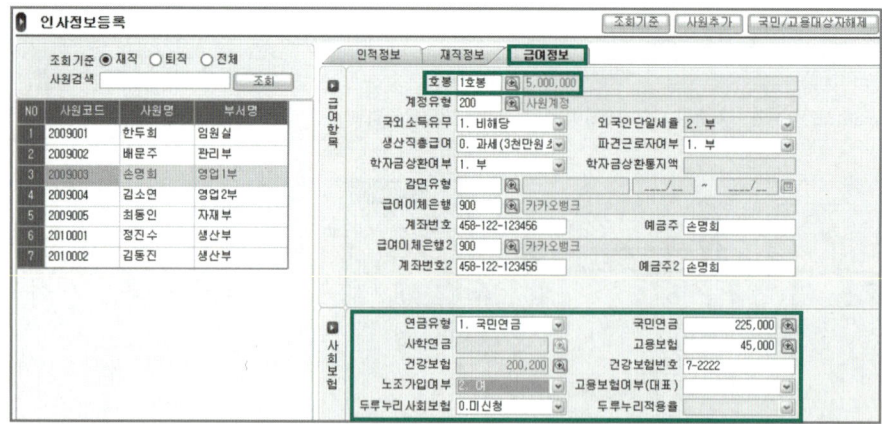

• [인사기록카드] 메뉴의 인사발령 탭에서도 확인 가능

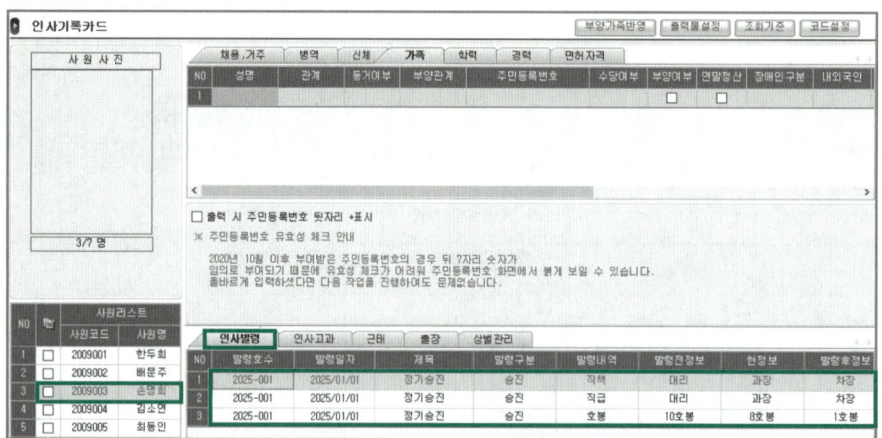

• [인사발령공고] 메뉴

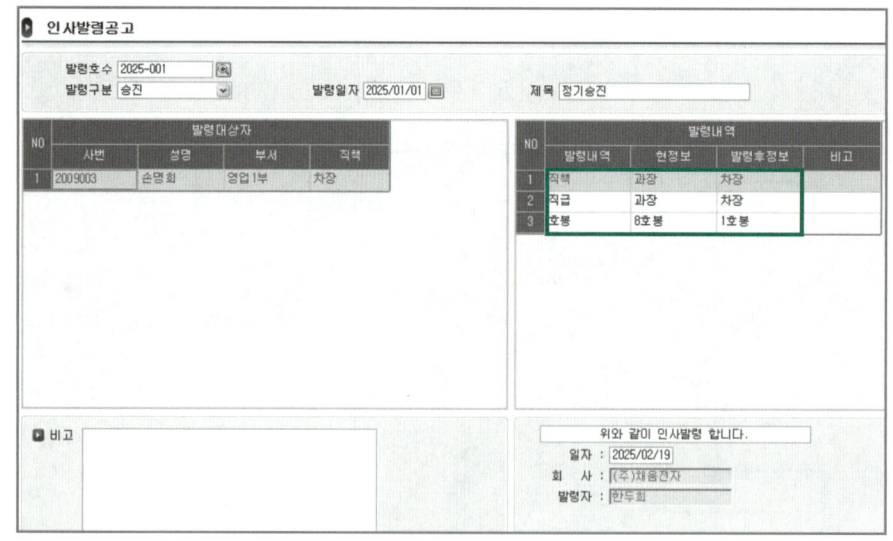

> **TIP**
> 발령내역을 조회하는 메뉴가 무엇인지, 발령내역의 정보에 대해 묻는 문제가 출제된다. [인사발령공고] 메뉴 하단의 일자는 조회 시점의 날짜로 표기되므로 고려하지 않아도 된다.

⑭ 기타 인사관리 메뉴

① [인사발령리포트] 메뉴: 조회 조건에 따라 개인별, 발령구분별, 발령호수별, 발령내역별 탭에서 조회 및 출력

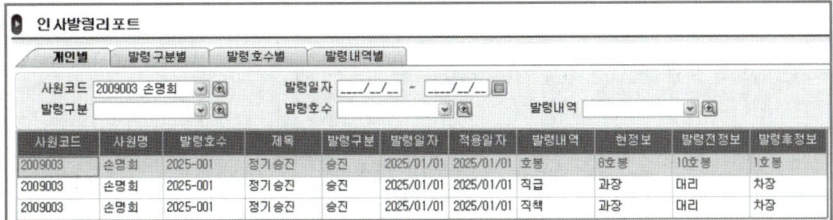

> **TIP**
> 현 정보와 발령 후 정보를 비교하는 문제가 출제된다.

② [사원정보현황] 메뉴: [인사기록카드], [인사기록카드2] 메뉴에서 등록한 사원의 추가 등록 정보를 조회 및 출력

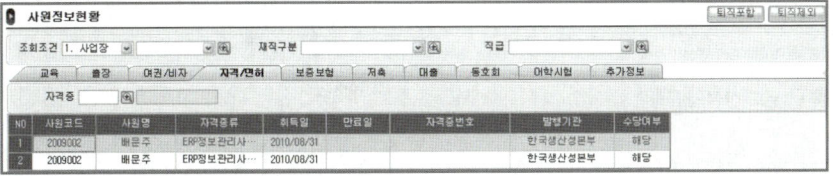

➕ **기출 유형 파악하기**
24년 5회 8번 | p.373

③ [인사고과/상벌현황] 메뉴: [인사기록카드] 메뉴에서 등록한 사원의 고과, 상벌 정보를 조회 및 출력

> **TIP**
> 퇴직 포함, 퇴직 제외를 고려하여 조회하는 문제가 출제될 수 있다.

④ [사원입퇴사현황] 메뉴: [인사정보등록] 메뉴의 입사일, 퇴사일을 기준으로 사원 목록 조회 및 출력

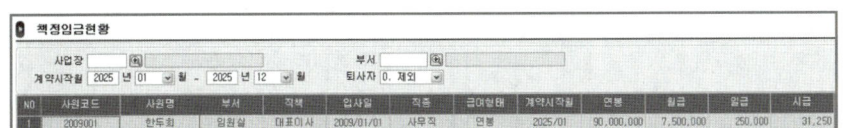

> **TIP**
> 이직현황 탭에서는 이직률을 조회할 수 있다.

⑤ [책정임금현황] 메뉴: [인사정보등록] 메뉴에서 등록한 책정임금 내역을 조회 및 출력

⑥ [근속연수현황] 메뉴: 사원들의 근속연수현황을 연수별로 조회(기준일: 2010/05/10 으로 조회)

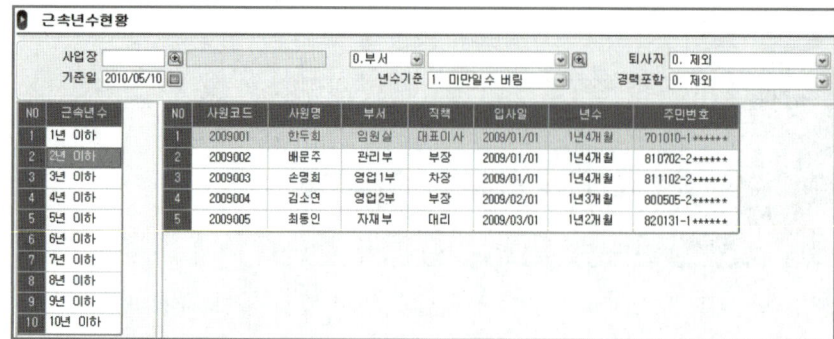

- **년수기준**: 월 미만 일수에 대한 근속연수 산정기준

1.미만일수 버림	해당 일수를 제외한 근속연월
2.미만일수 올림	해당 일수를 한 달로 산정한 근속연월
3.미만일수 표시	해당 일수

- **경력포함**: [인사기록카드] 메뉴의 경력기간을 근속기간으로 계산할 경우에 포함할지의 여부를 선택

> **TIP**
> - 근속연수에 따라 특별수당지급액을 계산하는 문제가 출제된다.
> - 1년 이하, 2년 이하 이외의 근속연수를 입력하려면 [인사기초코드등록] 메뉴에서 'HT.근속년수구분'에 직접 등록해야 한다.

➕ **기출 유형 파악하기**
24년 5회 10번 | p.373

CHAPTER 04 급여관리

2025 버전의 핵심 ERP 프로그램에서 [백데이터] 파일의 '실무 시뮬레이션_CHAPTER 04' DB를 복원한 후 '2001.(주)채움전자, 2009002.배문주'로 로그인한다.

1. 근태결과입력

ERP 메뉴 찾아가기

인사/급여관리 ▶ 급여관리 ▶ 근태결과입력

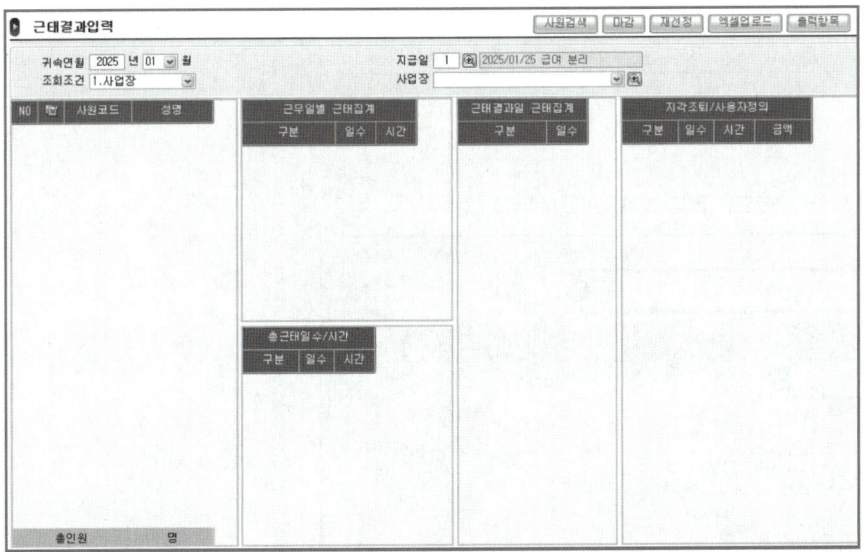

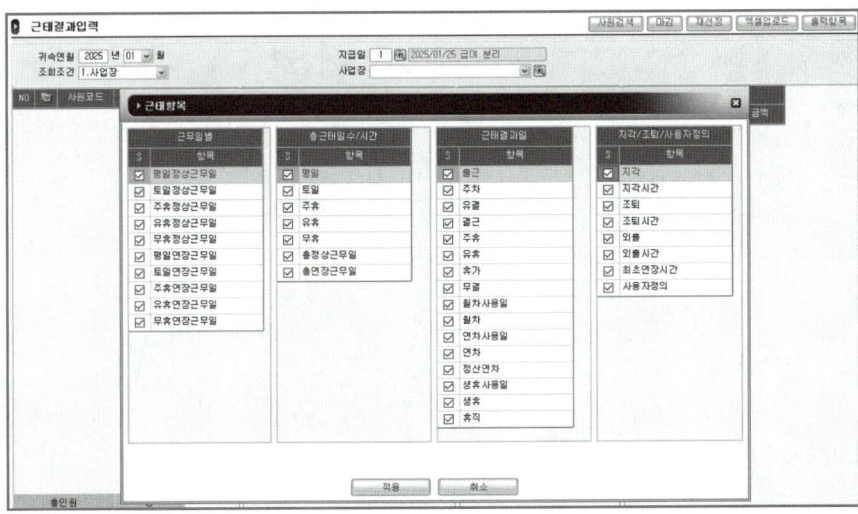

[근태결과입력]은 개인별 연장근로시간, 지각, 휴가 등의 근태 내역을 입력하는 메뉴이다.
① 근무일별 근태집계: 근무일별 일수와 시간 입력
② 총근태일수/시간: 총정상근무일과 시간, 총연장근무일과 시간 등의 총근태일수 및 시간을 입력
③ 근태결과일 근태집계: 출근 등의 근태결과일 입력
④ 지각/조퇴/사용자정의
 • 지각, 조퇴, 외출의 일수와 시간 입력
 • [인사기초코드등록] 메뉴의 T4.근태결과일코드에서 Z코드로 등록한 코드가 조회됨
 • 급여 작업 시 일수나 시간을 직접 입력하여 활용 가능

실무 연습문제　근태결과입력

(주)채움전자의 2025년 1월~12월 근태집계 데이터이다. 각 사원별 매월 근태 데이터를 입력하시오.

성명	평일정상근무일	평일정상근무시간	평일연장근무일	평일연장근무시간
정진수	20	160	10	20
김동진	20	160	12	24

기출 유형 파악하기
24년 4회 15번 | p.385

정답

〈정진수〉
• [근태결과입력] 메뉴에서 '정진수' 사원에 체크한 후 '근무일별 근태집계'에 주어진 데이터를 입력

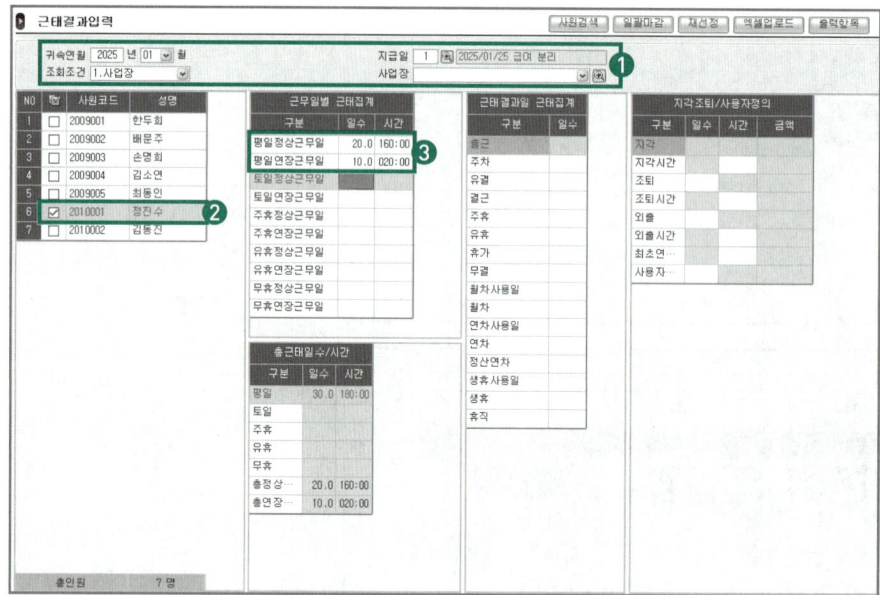

〈김동진〉
• [근태결과입력] 메뉴에서 '김동진' 사원에 체크한 후 '근무일별 근태집계'에 주어진 데이터를 입력

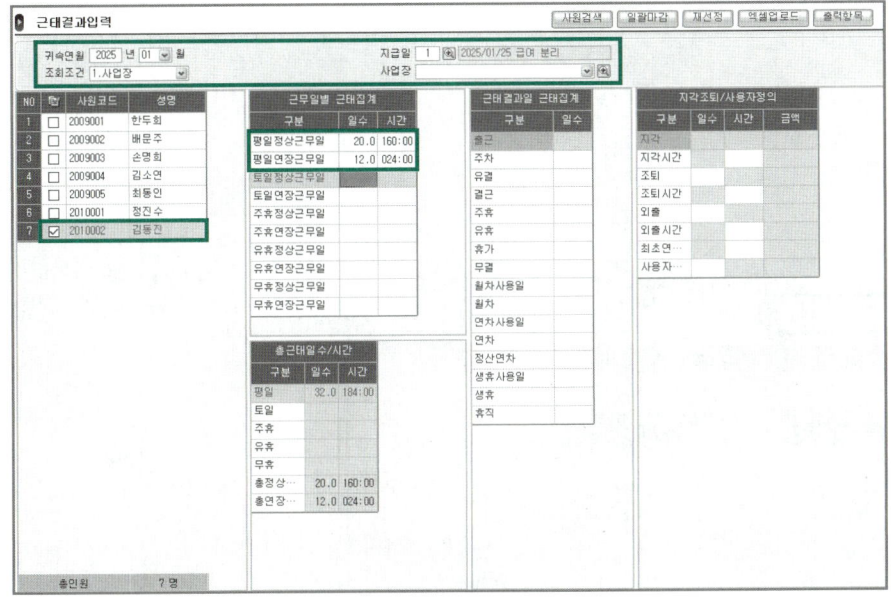

[일괄마감]
• 1월부터 12월까지 동일하게 정진수, 김동진 사원의 근태 내역 입력
• 월마다 정진수, 김동진 사원에 체크한 후 우측 상단의 '일괄마감' 버튼 클릭

> **TIP**
> 각 사원을 체크하여 근태결과를 입력한 후 반드시 매월 마감하여야 한다.

2. 상용직급여입력및계산

> **ERP 메뉴 찾아가기**
> 인사/급여관리 ▶ 급여관리 ▶ 상용직급여입력및계산

상용직 직원에게 지급할 급여를 계산하는 메뉴이다. [근태결과입력] 메뉴에 입력된 근태집계내역을 기초로 [지급공제항목등록] 메뉴에서 등록한 계산식에 의하여 해당 수당이 산정되어 급여내역에 반영된다.
① **급여계산**: [지급공제항목등록] 메뉴에서 등록한 계산식을 근거로 수당 및 공제항목의 급여와 소득세 등을 자동으로 계산
② **재선정**
  • **대상자 선정**: [급/상여지급일자등록] 메뉴의 지급직종, 급여형태, 사업장 및 상여지급 대상기간에 해당하는 지급 대상자를 다시 조회하여 추가 및 삭제
  • **사원정보**: [인사정보등록] 메뉴에 등록된 사원정보로 급여 대상자의 사원정보를 업데이트
③ **마감**: 급여 데이터에 대한 수정을 불가능하게 하는 메뉴
④ **연말정산**: 입력한 귀속연도의 연말정산 차감징수세액을 공제항목에 반영
  • **급여로 저장**: 조회된 공제금액을 해당하는 급여공제항목에 반영
  • **급여에서 삭제**: 급여공제항목에 반영되었던 연말정산 차감징수세액을 삭제

> **TIP**
> 급여 입력 시, 사원이 조회되지 않는 것은 [인사정보등록] 메뉴에서 해당 사원의 필수 입력사항인 고용형태, 직종, 급여형태를 입력하지 않았기 때문이다. 정보가 제대로 입력되어 있는지 확인하고 수정한 후 [상용직급여입력및계산] 메뉴에서 재선정 작업을 한다.

실무 연습문제 상용직급여입력및계산

(주)채움전자의 1월부터 12월까지의 급여를 계산하시오(단, 급여계산에 의해 처리할 것).

정답

- '귀속연월: 2025/01', '지급일: 2025/01/25' 선택
- 급여계산을 하려는 사원 선택
- 우측 상단의 '급여계산' 버튼을 클릭하여 급여를 계산
- 우측 상단의 '마감' 버튼 클릭
- 위와 같은 작업을 1월부터 12월까지 동일하게 반복 입력

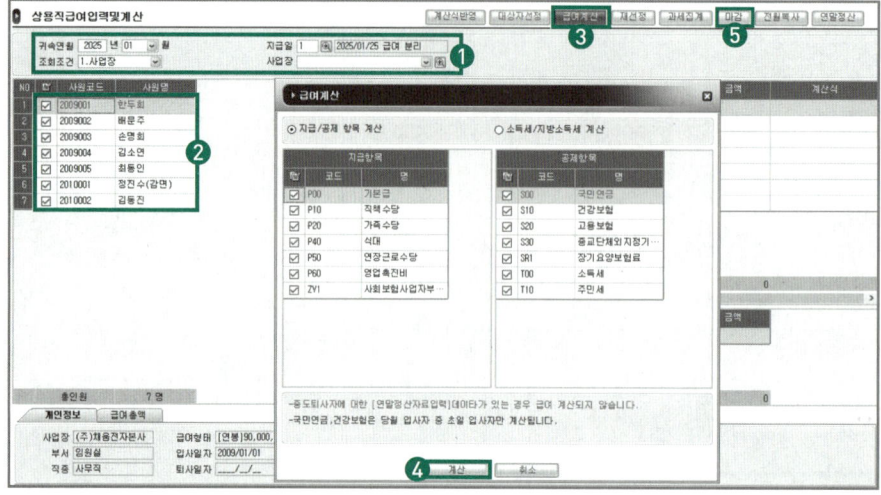

〈한두희〉

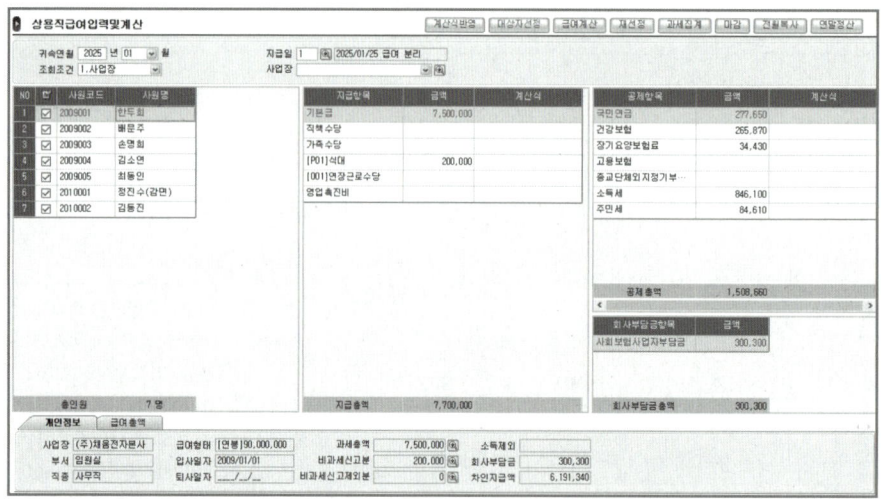

기출 유형 파악하기
24년 5회 12번 Ⅰp.374

TIP

'마감' 버튼 클릭 시 '금액 수정이 불가하도록 급여 데이터를 마감하겠습니까?' 창이 뜨면 '확인'을 클릭하여 마감한다.

〈배문주〉

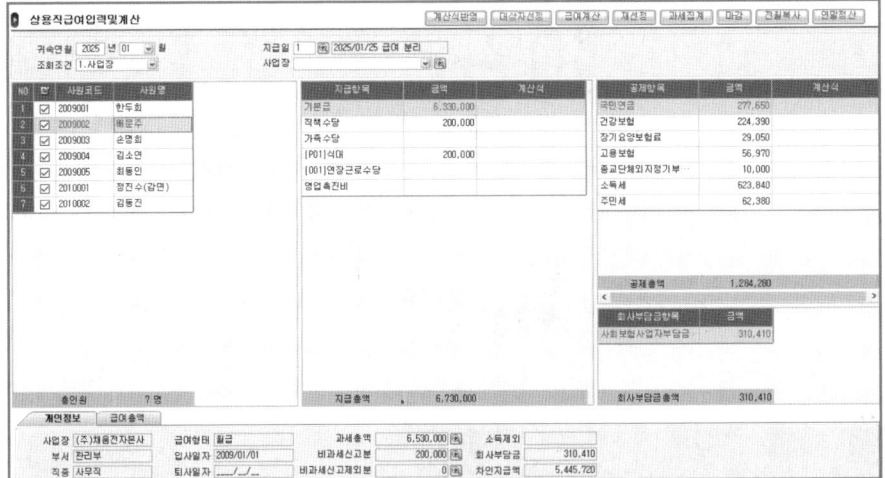

〈손명희〉

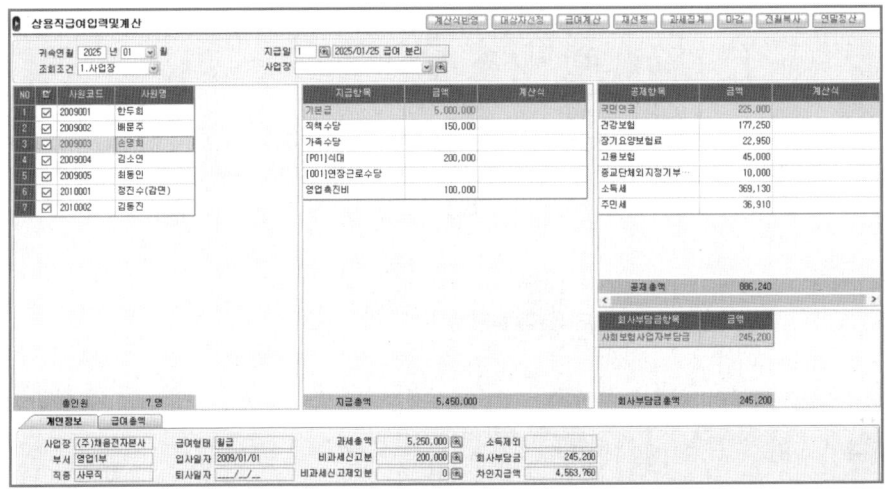

〈김소연〉

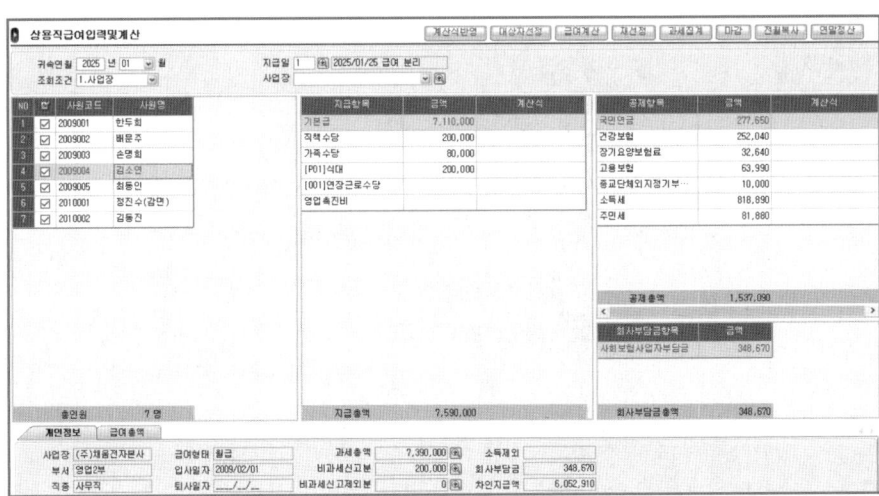

〈최동인〉

〈정진수〉

〈김동진〉

3. 급여대장 및 명세

(1) 급여대장

> 인사/급여관리 ▶ 급여관리 ▶ 급여대장

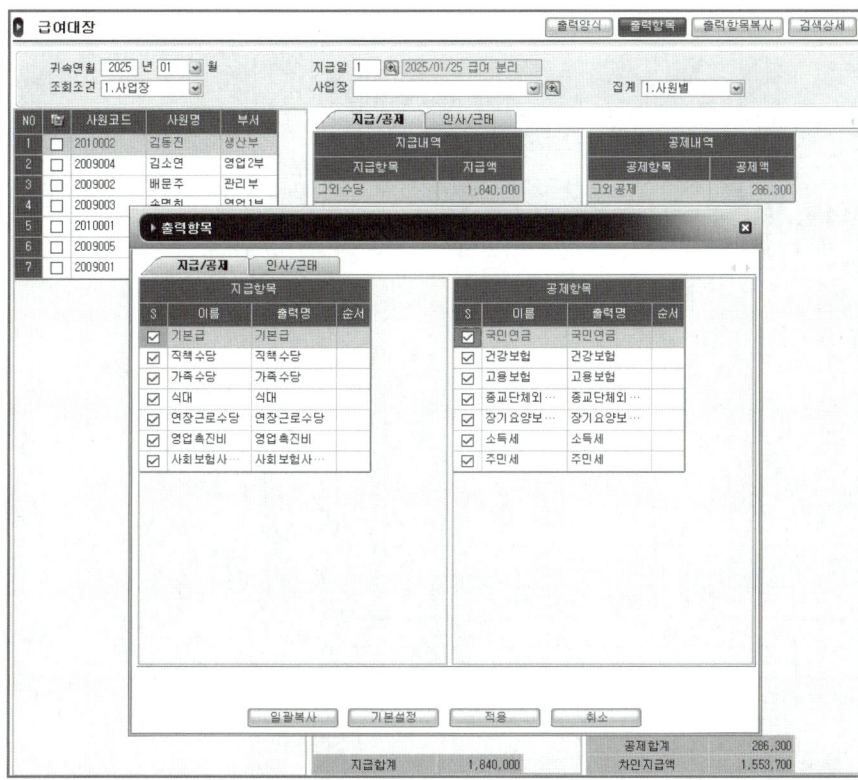

> **기출 유형 파악하기**
> 25년 1회 25번 | p.357

> **TIP**
> 급여대장 우측 상단의 '출력항목' 버튼을 클릭하여 '지급/공제' 탭과 '인사/근태' 탭에 표시할 정보를 선택하여 출력할 수 있다.

[인사/급여관리]-[급여관리]-[상용직급여입력및계산] 메뉴에서 최종 마감한 급/상여 데이터의 대장을 조회 및 출력하는 메뉴이다. [급여대장]은 사원들의 급여와 상여금을 계산한 것을 정보 이용자에게 알려주기 위한 방법으로 반드시 처리해야 할 프로세스이다.

(2) 급여명세

> **ERP 메뉴 찾아가기**
>
> 인사/급여관리 ▶ 급여관리 ▶ 급여명세

> **TIP**
>
> 급여명세 우측 상단의 '출력항목' 버튼을 클릭하여 '지급/공제' 탭과 '사원정보/근태' 탭에 표시할 정보를 선택하여 출력할 수 있다.

[인사/급여관리]-[급여관리]-[상용직급여입력및계산] 메뉴에서 최종 마감한 급/상여 데이터의 명세를 조회 및 출력하는 메뉴이다. [급여명세]는 사원들의 급여와 상여금을 계산한 것을 정보 이용자에게 알려주기 위한 방법으로 반드시 처리해야 할 프로세스이다.

4. 급/상여이체현황

ERP 메뉴 찾아가기

인사/급여관리 ▶ 급여관리 ▶ 급/상여이체현황

은행	사원코드	사원명	계좌번호	예금주명	실지급액	지급일자
국민	2009001	한두희	123-02-123456	한두희	6,191,340	2025/01/25
국민	2009002	배문주	123-122-123456	배문주	5,445,720	2025/01/25
은행 소계					11,637,060	
은행 누계					11,637,060	
신한	2009005	최동인	235-225-123457	최동인	3,344,200	2025/01/25
신한	2010002	김동진	4235-325-123457	김동진	1,553,700	2025/01/25
은행 소계					4,897,900	
은행 누계					16,534,960	
우리	2009004	김소연	458-225-123456	김소연	6,052,910	2025/01/25
은행 소계					6,052,910	
은행 누계					22,587,870	
카카오뱅크	2009003	손명희	458-122-123456	손명희	4,563,760	2025/01/25
카카오뱅크	2010001	정진수	1535-211-17255	정진수	1,861,900	2025/01/25
은행 소계					6,425,660	
은행 누계					29,013,530	
총계	7명				29,013,530	

급여와 상여의 이체 현황을 각 은행별로 조회하거나 출력할 수 있다.

기출 유형 파악하기
24년 5회 13번 | p.374

TIP
은행별로 지급액을 비교하는 문제에서 지급액은 은행별 '누계'가 아닌, '소계' 금액을 확인해야 한다.

5. 월별급/상여지급현황

ERP 메뉴 찾아가기

인사/급여관리 ▶ 급여관리 ▶ 월별급/상여지급현황

월별급/상여지급현황을 조회구분에 따라 조회하는 메뉴이다.
① 조회기간: 조회하고자 하는 급여 지급 귀속연월을 선택
② 조회구분: 1.사업장/2.부서/3.근무조/4.프로젝트 중 선택
③ **사업장/부서/근무조/프로젝트**: 조회하고자 하는 사업장/부서/근무조/프로젝트를 선택 (중복 선택 가능)

6. 사원별급상여변동현황

인사/급여관리 ▶ 급여관리 ▶ 사원별급상여변동현황

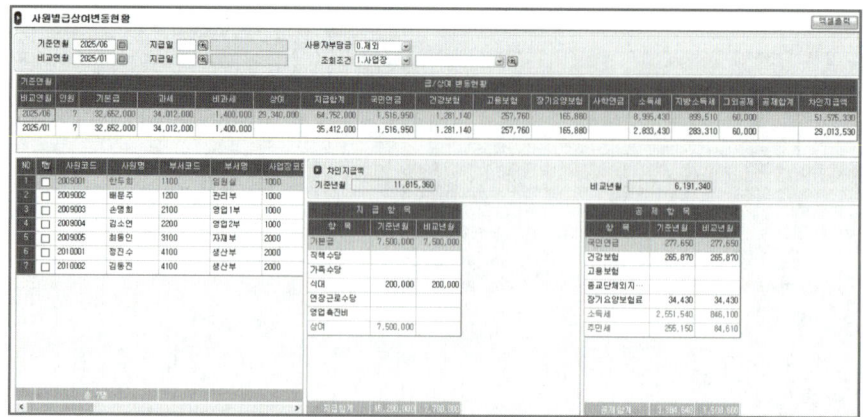

기준연월과 비교연월을 설정하여 '조회조건: 1.사업장, 2.부서, 3.근무조'별로 기본급, 과세 금액, 비과세 금액 등 급여/상여 변동사항을 비교할 수 있다.

> **TIP**
> 2025년도와 2024년도를 사업장, 부서, 근무조별로 비교하는 문제가 출제될 수 있다.

7. 급상여집계현황

인사/급여관리 ▶ 급여관리 ▶ 급상여집계현황

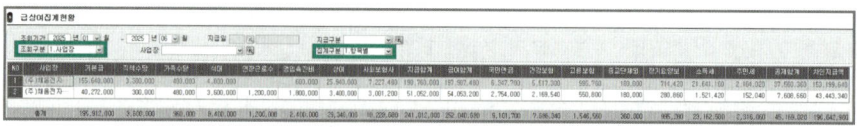

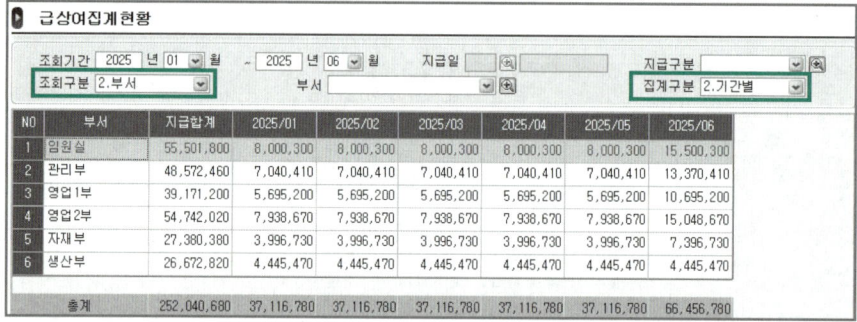

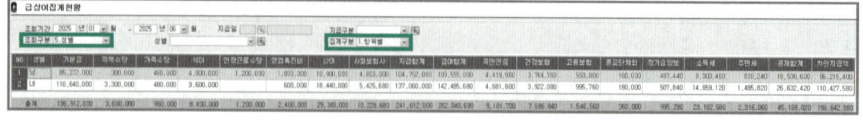

급/상여 지급·공제항목을 항목별, 기간별로 집계하여 조회한다.
① 조회기간: 조회하려는 급여 지급 귀속기간을 선택
② 조회구분: 1.사업장/2.부서/3.근무조/4.프로젝트/5.성별 중 선택
③ 사업장/부서/근무조/프로젝트/성별: 조회하려는 사업장/부서/근무조/프로젝트/성별을 선택(중복 선택 가능)
④ 집계구분: 1.항목별/2.기간별 중 집계할 기준 선택

8. 항목별급상여지급현황

> **기출 유형 파악하기**
> 24년 6회 14번 | p.364

 **ERP 메뉴 찾아가기**

인사/급여관리 ▶ 급여관리 ▶ 항목별급상여지급현황

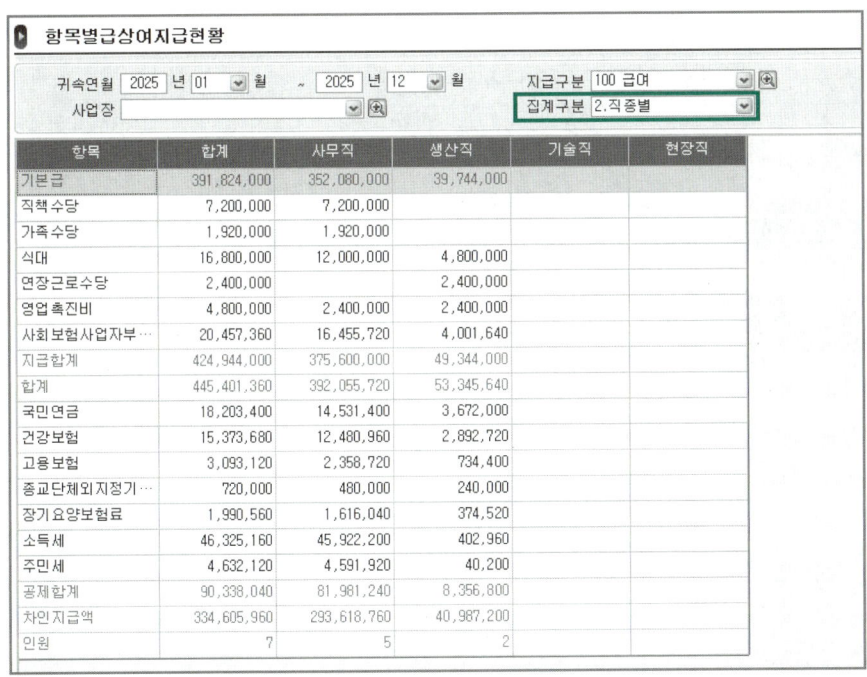

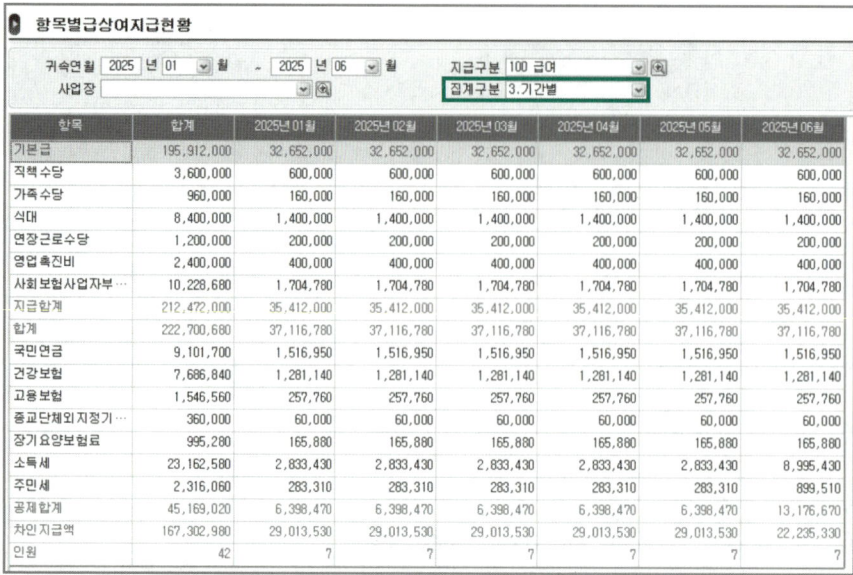

항목별 급여 및 상여 지급 현황을 1.부서별, 2.직종별, 3.기간별, 4.프로젝트별, 5.근무조별로 집계하여 조회하는 메뉴이다.

① **귀속연월**: 조회하려는 급여 지급 귀속연월을 선택
② **지급구분**: 100.급여, 200.상여 등 사용자가 추가한 급여구분(중복 선택 가능)
③ **사업장**: 조회하려는 사업장을 선택(중복 선택 가능)
④ **집계구분**: 급/상여지급 내역을 1.부서별, 2.직종별, 3.기간별, 4.프로젝트별, 5.근무조별로 각 수당의 지급 금액 또는 각 집계별 인원수 확인

9. 급여통계현황

 ERP 메뉴 찾아가기

인사/급여관리 ▶ 급여관리 ▶ 급여통계현황

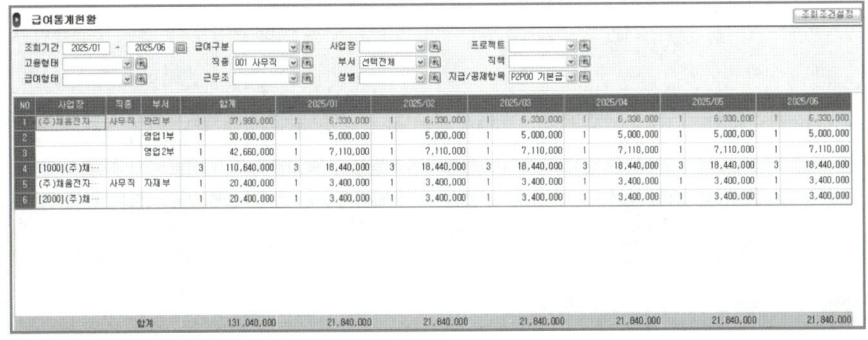

사원의 사업장, 프로젝트, 직종, 부서, 직책, 급여형태 등 [인사정보등록] 메뉴에 설정된 고용형태, 성별 등 다양한 조회조건을 설정하여 조회하는 메뉴이다. 위의 화면은 '조회기간: 2025/01~2025/06', '직종: 사무직', '부서: 관리부, 영업1부, 영업2부, 자재부', '지급/공제항목: 기본급', '조회조건설정: 사업장, 직종, 부서'로 조회한 결과이다.

① 조회기간: 조회할 기간 선택
② 급여구분: 급여, 상여 중 급여구분 선택(중복 선택 가능)
③ 사업장/프로젝트/고용형태/직종/부서/직책/급여형태/근무조: 급여 작업 당시 저장된 사원의 사업장, 프로젝트, 고용형태, 직종, 부서, 직책, 급여형태, 근무조 선택(중복 선택 가능)
④ 고용형태/성별: [인사정보등록] 메뉴에 설정된 고용형태, 성별을 선택(중복 선택 가능)
⑤ 지급/공제항목: [상용직급여입력] 메뉴의 지급/공제항목 선택(중복 선택 가능), 필수 입력항목

> **TIP**
> 지급항목을 범위로 선택하고자 하는 경우 첫 번째 항목에 체크한 후 Shift를 누른 채, 마지막 항목을 체크하면 첫 번째 항목부터 마지막 항목까지 모든 항목이 체크된다.

조회조건설정

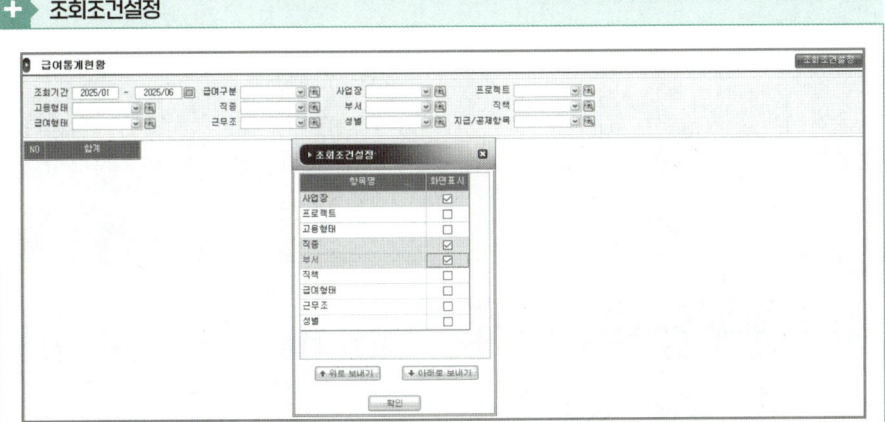

- 조회조건을 설정하지 않은 경우 조회되지 않으므로 조회조건을 먼저 설정해야 한다.
- 항목별로 표시할 순서를 '위로 보내기' 버튼과 '아래로 보내기' 버튼을 사용하여 설정한다.
- 조회조건설정에서 화면표시 항목을 여러 개 지정한 경우 첫 번째 항목부터 순차적으로 데이터가 조회된다.
- 화면표시에 체크한 첫 번째 항목으로 소계가 나온다.

10. 급/상여증감현황

 ERP 메뉴 찾아가기

인사/급여관리 ▶ 급여관리 ▶ 급/상여증감현황

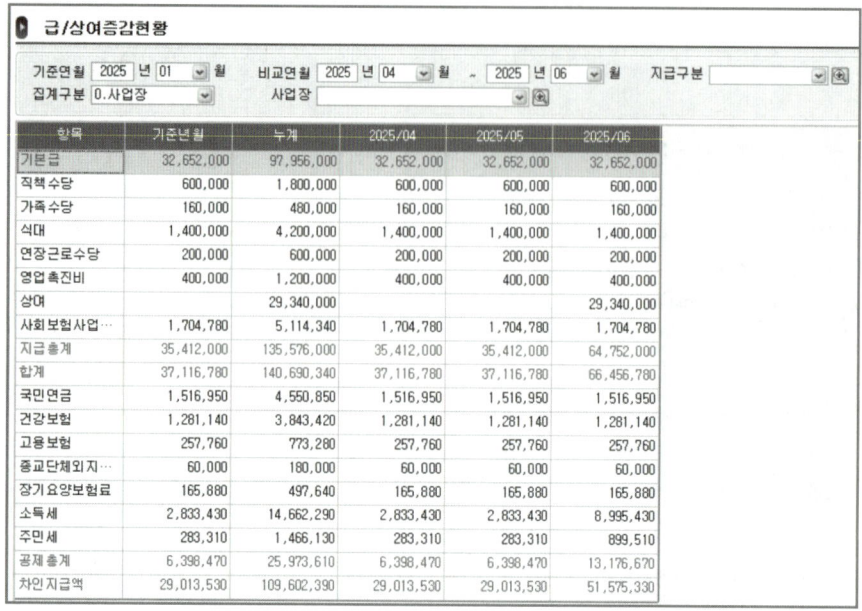

기준연월을 설정하고 비교연월을 선택하여 두 급여 간 증감액을 비교할 수 있는 메뉴이다.

11. 연간급여현황

ERP 메뉴 찾아가기

인사/급여관리 ▶ 급여관리 ▶ 연간급여현황

조회기간 동안의 급여 및 상여의 전체 현황을 지급/공제, 과세/비과세로 구분하여 조회 및 출력할 수 있는 메뉴이다.

> 기출 유형 파악하기
> 24년 6회 16번 | p.364

12. 수당별연간급여현황

> **ERP 메뉴 찾아가기**
>
> 인사/급여관리 ▶ 급여관리 ▶ 수당별연간급여현황

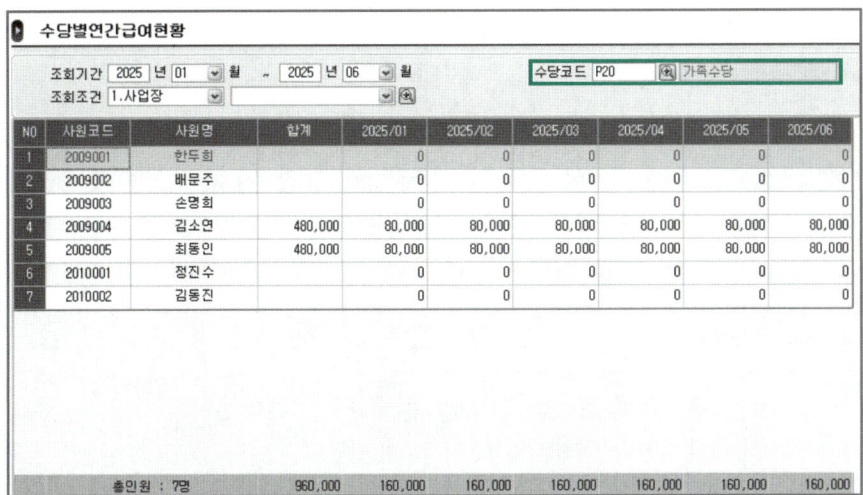

사원별 급여 총액을 사업장/부서/근무조/프로젝트별로 선택하고, 수당코드는 기본급 또는 연장근로수당, 직책수당 등을 조회 및 출력할 수 있는 메뉴이다.
① 조회기간: 사원별 급여 총액을 조회하려는 귀속기간의 범위로 선택
② 수당코드: 조회할 수당코드 선택
③ 조회조건: 1.사업장/2.부서/3.근무조/4.프로젝트 중 선택

+ **기출 유형 파악하기**
25년 1회 18번 | p.356

CHAPTER 05 사회보험관리

2025 버전의 핵심 ERP 프로그램에서 [백데이터] 파일의 '실무 시뮬레이션_CHAPTER 05' DB를 복원한 후 '2001.(주)채움전자, 2009002.배문주'로 로그인한다.

1. 사회보험취득관리

> **ERP 메뉴 찾아가기**
> 인사/급여관리 ▶ 사회보험관리 ▶ 사회보험취득관리

사회보험 신고대상 국민연금, 건강보험, 고용보험, 산재보험의 취득신고를 위한 해당 사원정보를 등록하는 메뉴이다. 신규임직원에 대해 입사 후 일정 기간 내 사회보험 관련 취득신고를 하여야 하며, 부양가족이 있는 사원이라면 건강보험 등과 관련하여 피부양자 신고를 동시에 등록하고 관리하여야 한다. 신고대상 사회보험인 국민연금, 건강보험, 고용보험, 산재보험 취득신고의 통합신고만으로 모든 사회보험취득신고가 가능하다.

➕ 사회보험 요약정리

구분	국민연금	건강보험	고용보험	산재보험
취득/변경/상실신고기한	사유발생일이 속하는 달의 다음 달 15일까지	사유발생일로부터 14일 이내	• 사유발생일이 속하는 달의 다음 달 15일까지 • 피보험자격상실신고 시 자격상실일은 이직(퇴직)에 의해 피보험자격을 상실하는 경우 이직일(퇴직일)의 다음날 예 퇴사일: 2025/05/20 → 상실일: 2025/05/21	사유발생일이 속하는 달의 다음 달 15일까지
신고서류	사업장가입자 자격상실신고서	직장가입자 자격상실신고서	피보험자격상실신고서	근로자고용종료 신고서
보험료산정	기준소득월액* × 보험료율	보수월액* × 보험료율	보수월액 × 보험료율	보수월액 × 보험료율

※ **기준소득월액**
취득신고한 소득월액에서 천원 미만은 절사한 금액

※ **보수월액**
취득신고 시 신고한 보수월액

실무 연습문제 사회보험취득관리

다음은 (주)채움전자 천안지점 최동인 사원의 피부양자 정보이다. 아래의 정보를 건강보험 사회보험 취득관리에 입력하시오.

성명	관계	주민번호	신고 및 취득일자
최성민	부	450712-1837226	2025년 1월 20일

정답
- '신고연도: 2025', '사업장: (주)채움전자 천안지점' 입력 후 조회
- 사원코드란에서 F2를 누르고 '최동인' 사원 선택

- 신고구분 탭에서 '신고일: 2025/01/20' 입력, 신고구분에 '건강보험' 선택
- 건강보험 탭을 클릭하여 '피부양자: 1.있음'으로 수정, 하단의 '피부양자가 있는 경우'에 최성민의 정보 입력

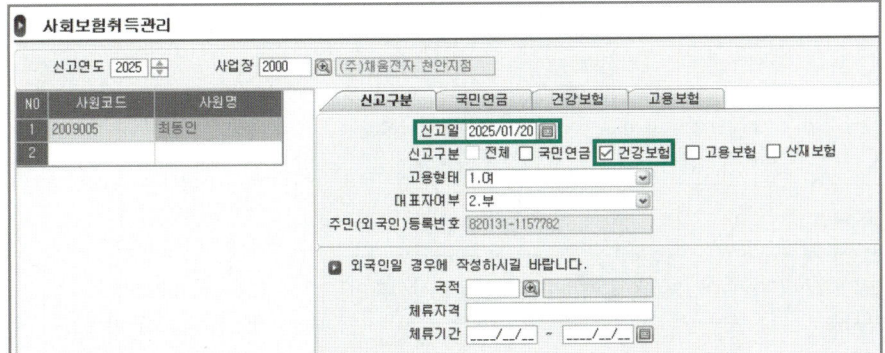

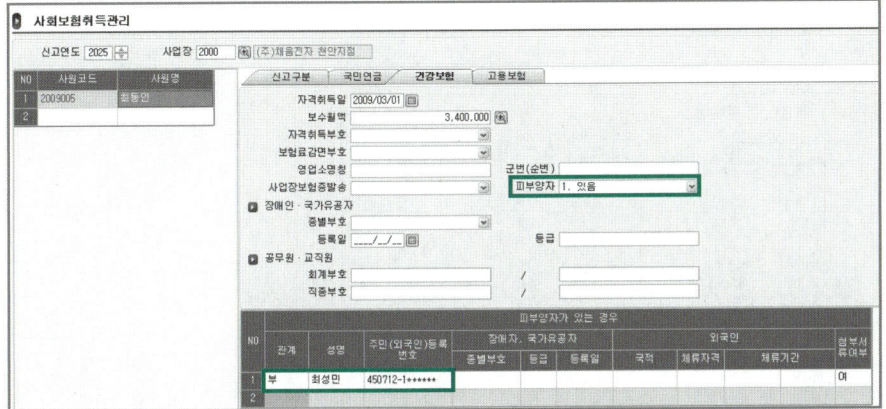

2. 자격취득신고서

> **ERP 메뉴 찾아가기**
>
> 인사/급여관리 ▶ 사회보험관리 ▶ 자격취득신고서

[사회보험취득관리] 메뉴에 입력된 내용은 [자격취득신고서] 메뉴에 자동으로 반영된다.

실무 연습문제 자격취득신고서

(주)채움전자 천안지점 최동인 사원의 피부양자에 대한 취득내역을 조회하시오(신고일자: 2025/01/20).

정답
'사업장: (주)채움전자 천안지점', '신고일자: 2025/01/20~2025/01/20'을 입력한 후 피부양자 탭 조회

3. 사회보험상실관리

ERP 메뉴 찾아가기

인사/급여관리 ▶ 사회보험관리 ▶ 사회보험상실관리

직원이 퇴사한 경우 사용자는 사업장가입자 자격상실신고서를 작성하여 사유일이 발생한 달의 다음 달 15일까지 국민연금공단에 제출하여야 한다.

실무 연습문제 — 사회보험상실관리

[인사정보등록] 메뉴에서 김소연 사원의 퇴직일(2025/06/30)을 입력하고, [사회보험상실관리] 메뉴에서 김소연 사원의 정보를 조회하시오.

기출 유형 파악하기
24년 4회 25번 I p.388

정답

- [인사정보등록] 메뉴의 재직정보 탭에서 '김소연' 사원의 퇴직일 입력

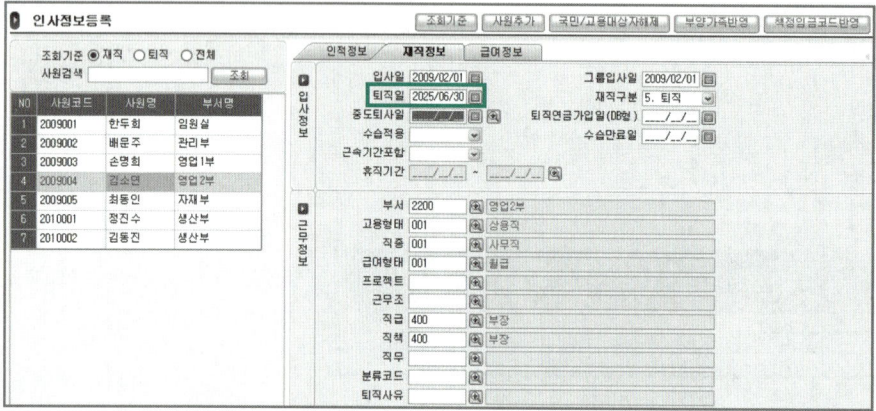

- [사회보험상실관리] 메뉴에서 '김소연' 사원의 정보를 불러온 후 팝업창에서 '예'를 클릭

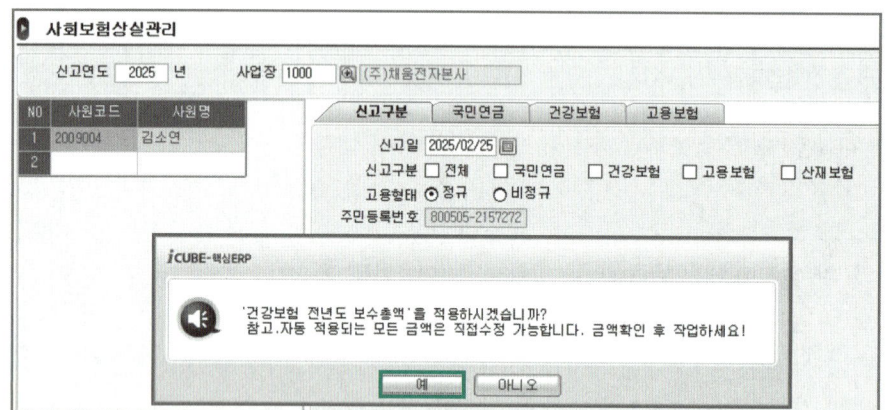

– 신고구분 탭에서 '신고일: 2025/06/30' 입력

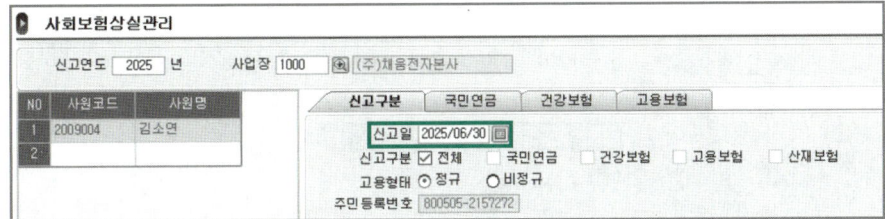

– 국민연금 탭에 '상실일: 2025/07/01'이 자동으로 반영되며, '상실코드: 003.사용관계종료' 입력

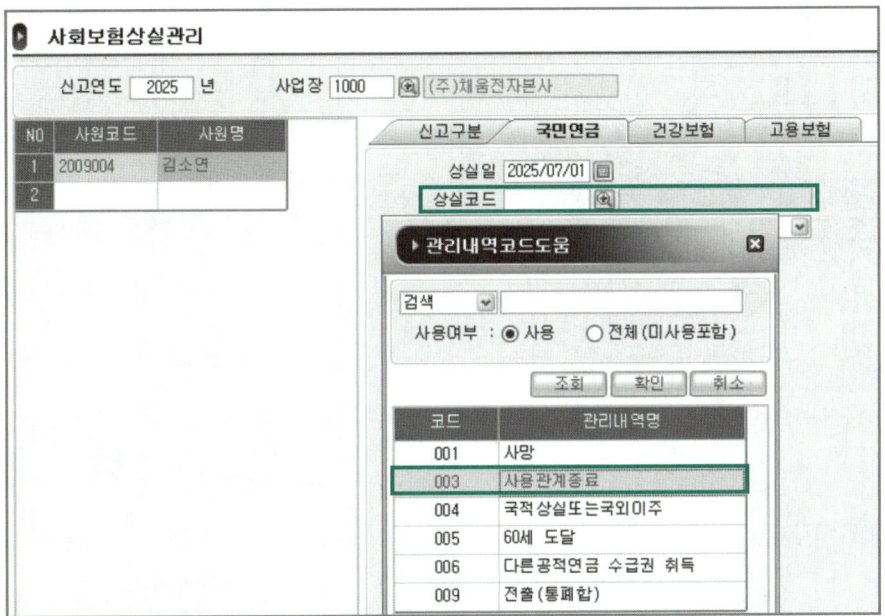

– 건강보험 탭에 '상실일: 2025/07/01'이 자동으로 반영되며, '상실부호: 001.퇴직' 입력

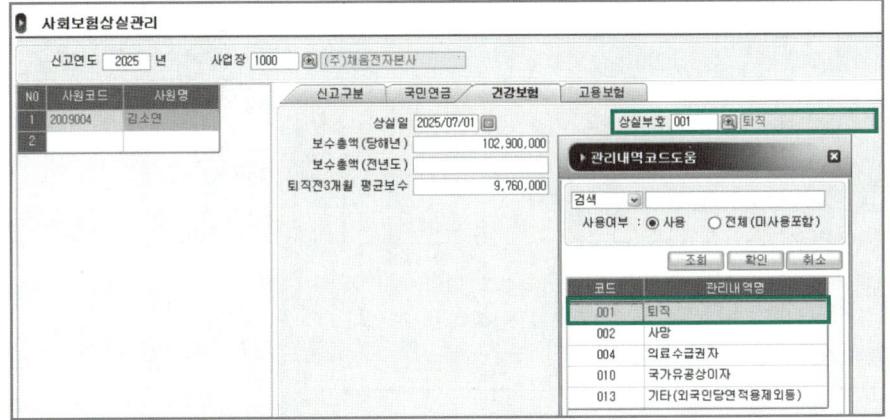

> **TIP**
> 신고구분 탭에서 신고일 입력 시 신고일 다음날로 상실일이 자동 반영된다.

– 고용보험 탭에 '상실일: 2025/07/01'이 자동으로 반영되며, 필요 시 '피보험자 이직 확인서' 작성

> **TIP**
> 피보험 이직 확인서 작성 시 '미작성'을 클릭하면 '작성'으로 변경된다.

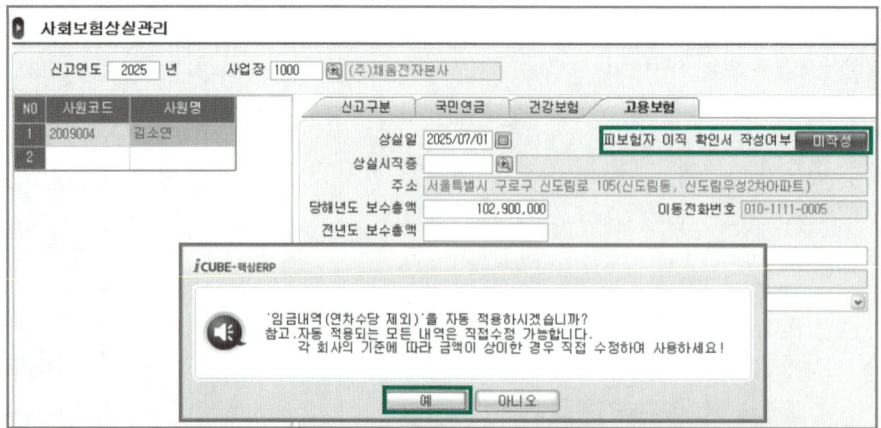

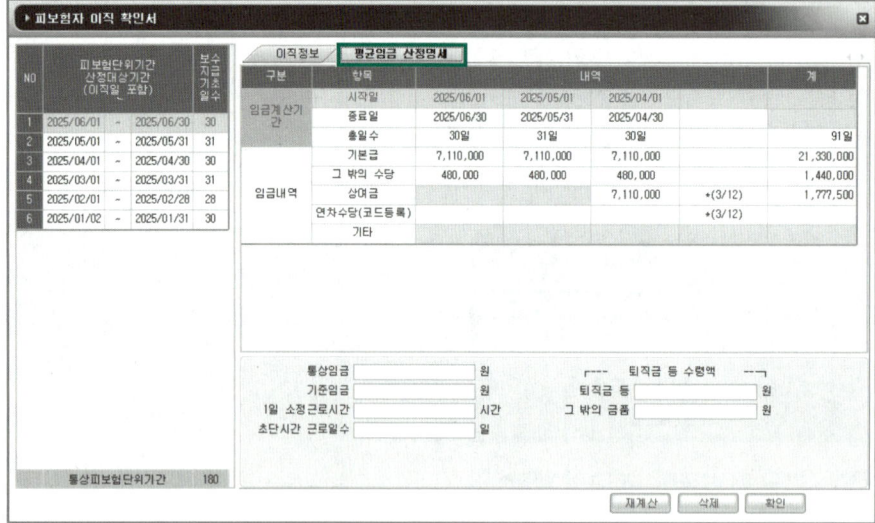

4. 자격상실신고서

ERP 메뉴 찾아가기

인사/급여관리 ▶ 사회보험관리 ▶ 자격상실신고서

[사회보험상실관리] 메뉴에 자료입력 시 [자격상실신고서] 메뉴에 자동으로 반영되며, 사업장과 신고일자만 입력하면 귀책사유, 상실사유, 당해 연도 보수총액 등을 조회할 수 있다 (신고일자: 2025/06/30~2025/06/30으로 조회).

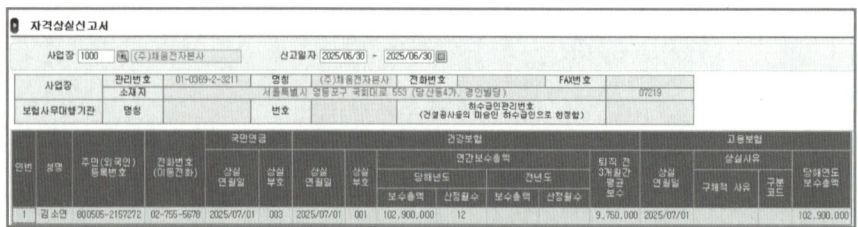

5. 고용보험이직확인서

> **ERP 메뉴 찾아가기**
> 인사/급여관리 ▶ 사회보험관리 ▶ 고용보험이직확인서

고용보험이직확인서는 모든 직원에게 발급하는 서류는 아니다. 이직을 하는 자가 이직확인서 발급을 희망하는 경우에만 발급하여 이직자에게 지급해야 한다. 이직확인서는 실업급여의 수급자격 유무 판단에 필요한 서류이므로 이직사유 및 임금지급 현황 등을 정확히 작성해야 한다.

실무 연습문제   고용보험이직확인서

(주)채움전자본사 영업부 부장 김소연은 개인사정으로 인하여 2025년 6월 30일자로 퇴사하였고 고용보험이직확인서 발급을 신청하였다. 이에 해당하는 확인서를 김소연에게 발급하시오.

정답
- '사업장: (주)채움전자본사'로 조회한 후 '김소연'을 선택하여 발급 가능

6. 사회보험취득신고서(구)

> **ERP 메뉴 찾아가기**
> 인사/급여관리 ▶ 사회보험관리 ▶ 사회보험취득신고서(구)

사회보험취득신고서(구)는 2012년 신고분까지의 사회보험취득신고 내용을 확인하는 경우에 활용한다.

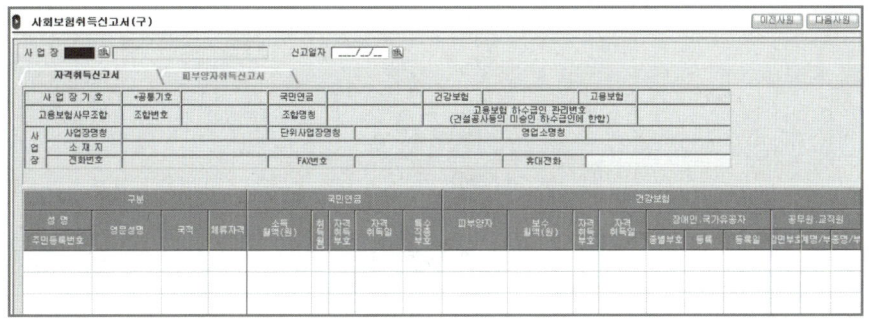

연말정산관리

2025 버전의 핵심 ERP 프로그램에서 [백데이터] 파일의 '실무 시뮬레이션_CHAPTER 06' DB를 복원한 후 '2001.(주)채움전자, 2009002.배문주'로 로그인한다.

1. 소득/세액공제환경설정

> ERP 메뉴 찾아가기
>
> 인사/급여관리 ▶ 기초환경설정 ▶ 소득/세액공제환경설정

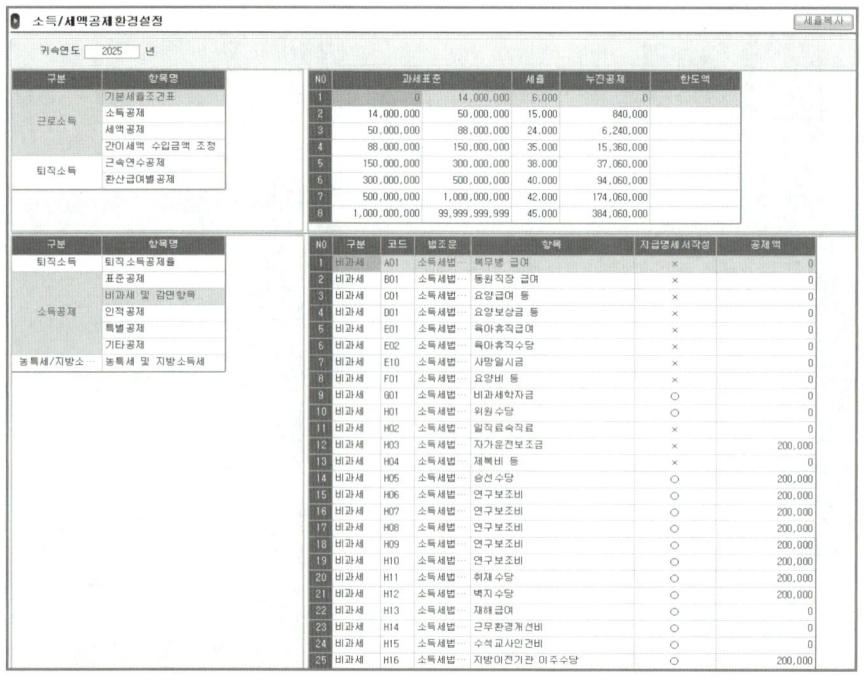

2. 종합소득공제

구분	내용	

기본 공제	• 기본공제액 = 기본공제 대상자의 수 × 150만원
	• 기본 요건
	  - 연령: 20세 이하 또는 60세 이상
	  - 연 소득금액 합계액: 100만원 이하(총급여 500만원 이하의 근로소득만 있는 부양가족을 포함함)
	• 당해 거주자(본인): 무조건 기본공제 대상임
	• 배우자: 연간 소득금액이 100만원 이하인 자(연령 요건은 없음)
	• 부양가족(배우자의 직계존속·형제자매 포함): 연간 소득금액이 100만원 이하인 자로서 당해 거주자와 생계를 같이하는 다음의 자
	  - 직계존속(계부·계모 포함*): 60세 이상인 자
	    *직계존속이 재혼한 배우자를 직계존속 사후에도 부양하는 경우를 포함함
	  - 직계비속(재혼한 경우 배우자의 비속 포함)과 동거 입양자: 20세 이하인 자
	  - 형제자매: 20세 이하 또는 60세 이상인 자
	  - 「국민기초생활보장법」 제2조 제2호의 수급자
	  - 6개월 이상 양육한 위탁아동, 보호기간이 연장된 20세 이하인 위탁아동 포함	

추가 공제	• 경로우대자 공제: 기본공제 대상자 중 70세 이상인 자가 있는 경우 - 100만원 • 장애인 공제: 기본공제 대상자 중 장애인이 있는 경우 - 200만원 • 부녀자 공제: 해당 과세기간의 종합소득금액이 3천만원 이하인 거주자로서 본인이 배우자가 없는 여성으로 부양가족이 있는 세대주이거나 배우자가 있는 여성인 경우 - 50만원 • 한부모 소득공제: 배우자가 없는 자로서 부양자녀(20세 이하)가 있는 경우(부녀자 공제와 중복 적용 배제) - 100만원	
연금보험료 공제	종합소득이 있는 거주자가 다음에 해당하는 보험료 등을 납부한 경우에는 당해 연도의 종합소득금액에서 당해 연도에 납부한 보험료 등을 공제함 • 「국민연금법」에 의하여 부담하는 연금보험료 • 「공무원연금법」, 「군인연금법」 등에 의하여 근로자가 부담하는 기여금 또는 부담금	
주택담보 노후연금 이자비용공제	• 공제 대상자: 연금소득이 있는 거주자가 주택 담보 노후연금을 받은 경우 • 공제한도: 200만원(연금소득금액을 초과하는 경우 초과 금액은 없는 것으로 함)	
특별소득 공제	사회보험료 공제	근로소득이 있는 거주자(일용근로자는 제외)가 해당 과세기간에 「국민건강보험법」, 「고용보험법」 또는 「노인장기요양보험법」에 따라 근로자가 부담하는 보험료를 지급한 경우 그 금액을 해당 과세기간의 근로소득금액에서 전액 공제함
	주택임차자금 차입금원리금 상환액 공제	과세기간 종료일 현재 주택을 소유하지 않은 세대의 세대주(세대의 구성원, 법 소정 외국인 포함)로서 근로소득이 있는 거주자가 국민주택규모의 주택(주거용 오피스텔 포함)을 임차하기 위하여 주택임차자금 차입금의 원리금 상환을 지급하는 경우 - 주택임차자금 원리금상환액 × 40%
	장기주택 저당차입금 이자상환액 공제	근로소득이 있는 거주자로서 주택을 소유하지 않거나 1주택을 보유한 세대의 세대주(세대의 구성원, 법 소정 외국인 포함)가 취득 당시 기준시가 6억원 이하인 주택을 취득하기 위하여 그 주택에 저당권을 설정하고 금융회사나 주택도시기금으로부터 차입한 장기주택저당차입금의 이자를 상환하는 경우 - 이자상환액 × 100%
	주택청약 종합저축 등에 대한 소득공제	총급여액 7,000만원 이하의 근로소득자인 무주택세대주 및 그 배우자가 해당 과세연도법에 따른 청약저축, 주택청약종합저축, 근로자주택마련저축에 납입한 금액이 있는 경우 - 저축 불입액의 40%

> 해당 직계비속(입양자)과 그 배우자가 모두 장애인인 경우 그 배우자를 포함한다.

[인사/급여관리]-[연말정산관리]-[연말정산자료입력] 메뉴의 부양가족명세 탭 하단부 인적공제 탭에서 공제 대상자의 인원수를 확인할 수 있으며, 정산명세 탭을 통해 인적공제(기본공제와 추가공제) 대상자의 공제금액을 확인할 수 있다.

'정산연월: 2024/13'을 입력한 후 우측 상단의 '대상자선정' 버튼을 클릭하여 '영수일자: 2025/02/28, 사원코드: 2009001.한두희'로 조회한 화면은 다음과 같다.

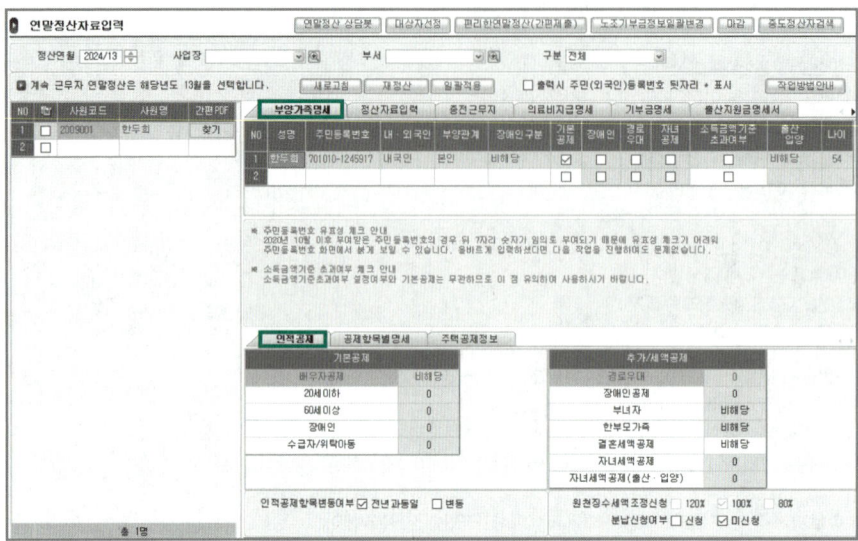

[인사/급여관리]-[연말정산관리]-[연말정산자료입력] 메뉴의 정산자료입력 탭을 클릭하여, 주택임차차입금 원리금상환액을 확인한다.

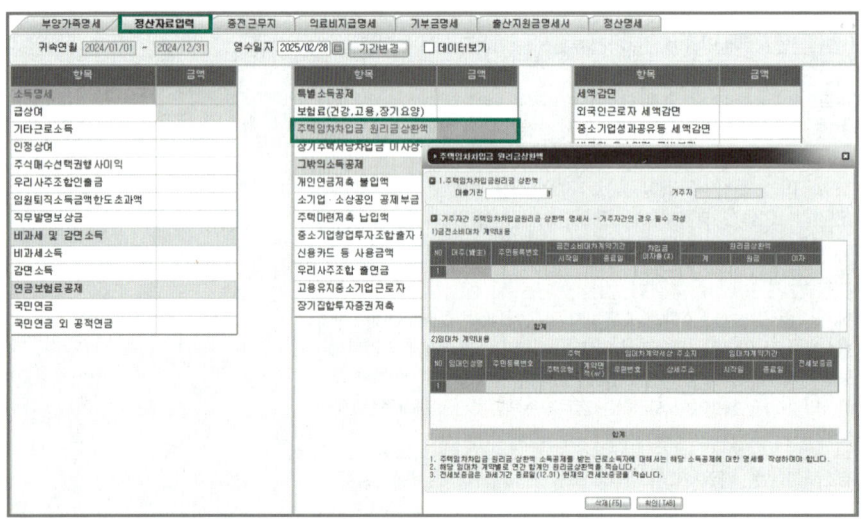

3. 「조세특례제한법」상 소득공제

(1) 신용카드 등 사용금액에 대한 소득공제 〈중요〉

구분	내용
신용카드의 범위	신용카드, 직불카드, 제로페이, 기명식 선불카드, 기명식 선불전자지급수단 또는 전자화폐, 현금영수증, 학원수강료 등 지로납부액(무기명식 선불카드 및 외국에서 발행한 신용카드 제외)
사용자 범위	• 본인, 배우자 또는 생계를 같이하는 직계비속(단, 배우자의 직계존속은 포함, 형제자매는 제외) • 본인 이외의 자는 소득 요건은 적용되나, 연령 요건은 적용하지 않음
공제 대상 제외 금액	해당 과세기간의 신용카드 사용금액에서 다음에 해당하는 금액을 차감한 금액 • 부동산 임대소득·사업소득과 관련된 비용 또는 법인의 비용에 해당하는 경우 • 물품의 판매 또는 용역의 제공을 가장하는 등 세법이 정하는 신용카드 또는 직불카드의 비정상적인 사용 행위에 해당하는 경우 • 보험료(건강보험료, 고용보험료, 국민연금, 각종 보험계약에 의한 보험료 등) • 교육비(유치원, 초·중·고·대학·대학원의 수업료, 등록금) • 제세공과금(국세, 지방세, 전기료, 수도료, 전화료, 아파트 관리비, TV 시청료, 고속도로 통행료 등) • 신규로 출고되는 자동차를 신용카드 또는 직불카드 등으로 구입하는 경우(중고 자동차 구입비는 사용금액의 10% 인정) • 상품권 등 유가증권 구입비, 리스료 • 해외 사용분 • 취득세가 부과되는 재산의 구입 비용 등 • 기부금 및 「소득세법」에 따라 세액공제를 적용받는 월세액 • 국가, 지자체 지방자치단체조합에 지급하는 사용요금, 수수료 등(단, 우체국택배, 부동산 임대, 보건소에 지급하는 비용은 사용금액에 포함) • 「관세법」 제196조에 따른 보세판매장, 법 제121조의13에 따른 지정면세점, 선박 및 항공기에서 판매하는 면세물품의 구입비용
신용카드 소득공제와 중복공제	의료비 특별세액공제는 중복공제가 가능하지만 교육비 특별세액공제는 중복공제가 되지 않음(단, 취학 전 아동의 학원비와 체육시설 수강료, 중·고등학생 교복 구입비, 장애인 특수교육비는 중복공제 가능)

(2) 신용카드 소득공제

[인사/급여관리]-[연말정산관리]-[연말정산자료입력] 메뉴의 부양가족명세 탭에서 하단부 공제항목별명세 탭의 신용카드 등란에 입력하여야 정산자료입력 탭 신용카드란에 자동으로 반영된다.

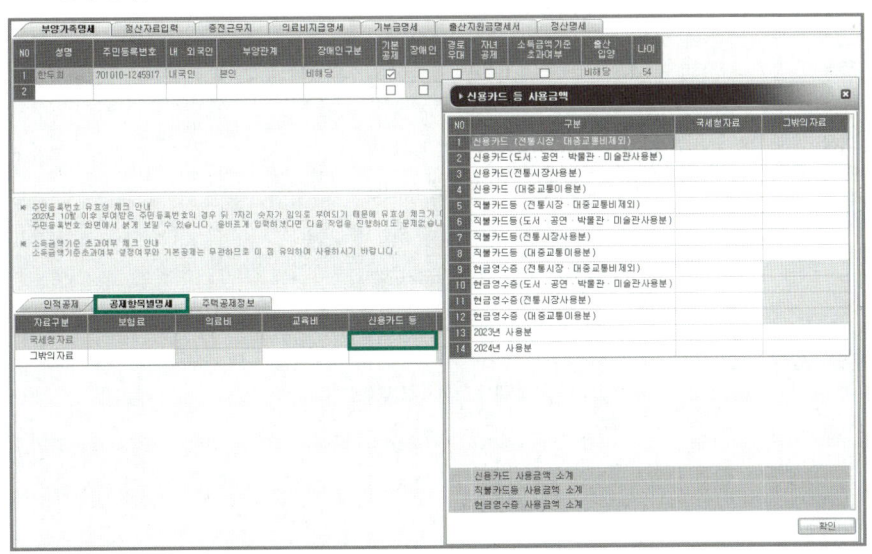

(3) 개인연금저축소득공제

불입액의 40%와 72만원 중 적은 금액을 공제한다. [연말정산관리]-[연말정산자료입력] 메뉴의 **정산자료입력** 탭에서 **개인연금저축 불입액**란을 확인한다.

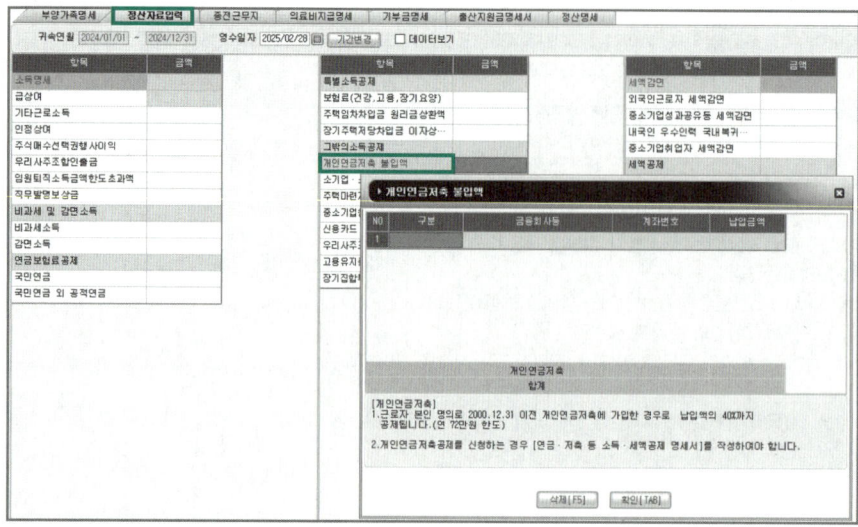

4. 세액공제

구분	공제 요건	세액공제
외국납부 세액공제	외국납부세액이 있는 경우	• 공제액 = 외국납부세액 • 한도액 = 산출세액 × 국외원천소득 ÷ 종합소득금액
배당세액공제	배당소득에 배당가산액을 합산한 경우	• 공제액 = 배당가산액 • 한도액 = 산출세액 - 종합소득비교과세액
근로소득 세액공제	근로소득이 있는 경우	• 공제액 = 근로소득 산출세액 × 55%(산출세액 130만원 초과분은 30%) • 단, 일용근로자는 한도 없이 산출세액의 55% 적용
기장세액공제	간편장부 대상자가 기장한 경우	• 기장된 사업소득에 대한 산출세액 × 20% • 한도액 100만원
재해손실 세액공제	재해상실 비율이 20% 이상인 경우	• 공제액 = 소득세액 × 재해상실 비율 • 한도액 = 재해상실자산가액
자녀세액공제	종합소득이 있는 거주자의 기본 공제 대상자에 해당하는 자녀(입양자, 위탁아동을 포함하며, 이하 '공제 대상 자녀'라고 함) 및 손자녀로서 8세 이상의 사람에 대해서는 자녀의 수에 따라 금액을 공제	• 1명: 연 25만원 • 2명: 연 55만원 • 3명: 연 55만원 + 2명 초과 시 1명당 연 40만원
	해당 과세기간에 출산하거나 입양 신고한 공제 대상 자녀가 있는 경우	• 출산하거나 입양 신고한 공제 대상 자녀가 첫째인 경우: 연 30만원 • 출산하거나 입양 신고한 공제 대상 자녀가 둘째인 경우: 연 50만원 • 출산하거나 입양 신고한 공제 대상 자녀가 셋째 이상인 경우: 연 70만원

연금계좌 납입세액공제	종합소득이 있는 거주자 (소득·나이에 따른 차등 없음)	연금계좌에 납입한 금액(이연퇴직소득, 다른 계좌에서 이체된 금액은 제외) 중 12%, 15%를 해당 과세기간의 종합소득 산출세액에서 공제(연금계좌 중 연금저축계좌에 납입한 금액이 연 600만원을 초과하는 경우에는 그 초과하는 금액은 없는 것으로 하고, 연금저축계좌에 납입한 금액 중 600만원 이내의 금액과 퇴직연금계좌에 납입한 금액을 합한 금액이 연 900만원을 초과하는 경우에는 그 초과하는 금액은 없는 것으로 함) 총한도 900만원 = ① 연금저축납부액(600만원 한도) + ② 퇴직연금

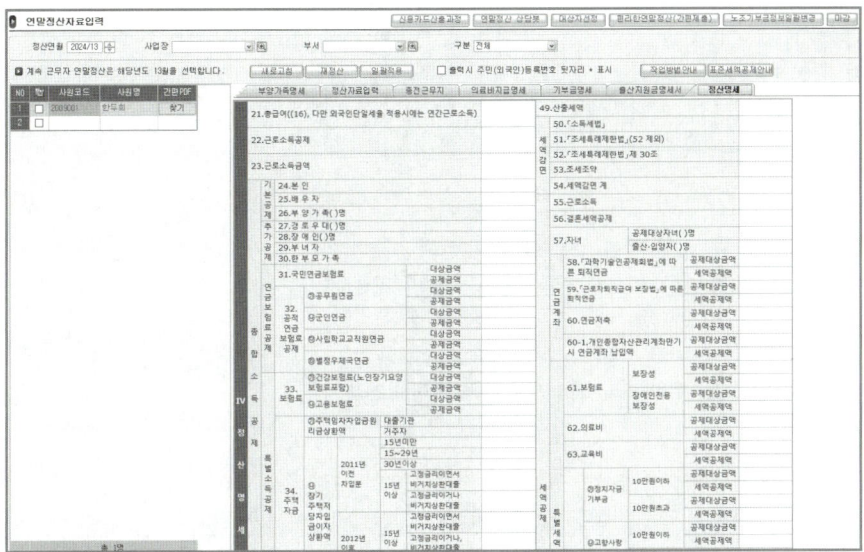

5. 특별세액공제(보험료, 의료비, 교육비, 기부금)

근로소득자만 받을 수 있으며, 해당 거주자가 신청한 경우에 한해서만 적용한다. 단, 성실사업자 또는 성실신고확인서를 제출한 사업자는 교육비 세액공제 및 의료비 세액공제(해당액의 20%, 15%)를 적용받을 수 있다.

(1) 보험료 세액공제

> 보험료 세액공제액 = 일반 보장성 보험료 납입액의 12%(장애인 전용 보장성 보험료 납입액의 15%)

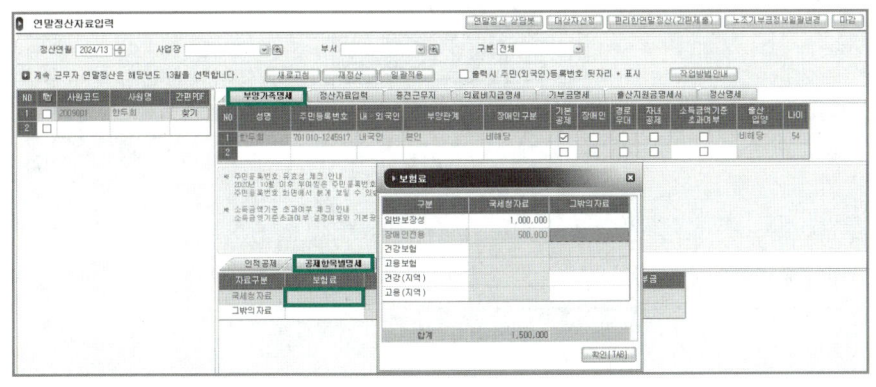

> **TIP**
> 조회된 내용은 이해를 돕기 위해 임의의 금액을 입력하여 반영시킨 화면이다.

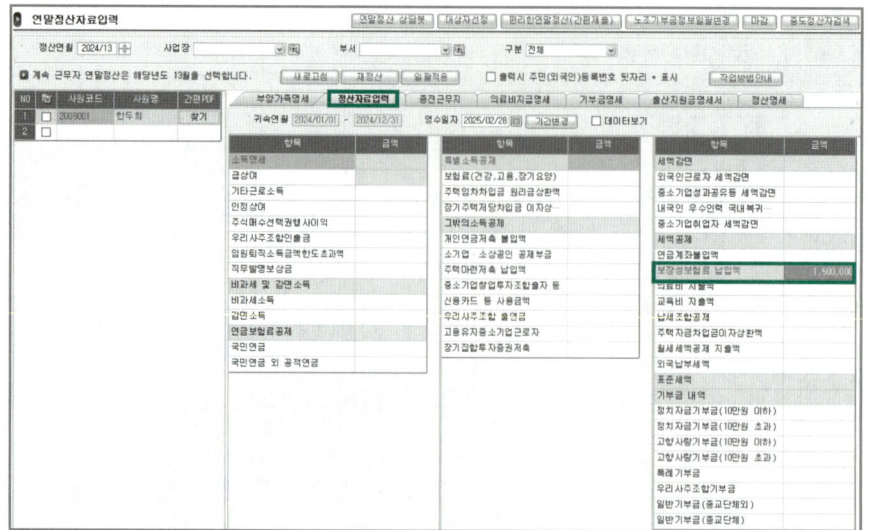

(2) 의료비 세액공제 〈중요〉

근로소득이 있는 거주자가 기본공제 대상자(나이, 소득 제한 없음)를 위하여 해당 과세기간에 의료비를 지급한 경우 15%(난임시술비 30%, 미숙아·선천성이상아 의료비 20%)에 해당하는 금액을 공제한다.

- 전액 의료비 공제 대상자인 본인, 장애인, 65세 이상 노인의료비, 과세기간 개시일 현재 6세 이하, 건강보험 산정특례자 = 15%
- 일반의료비 대상자는 전액 공제 대상자 이외의 자

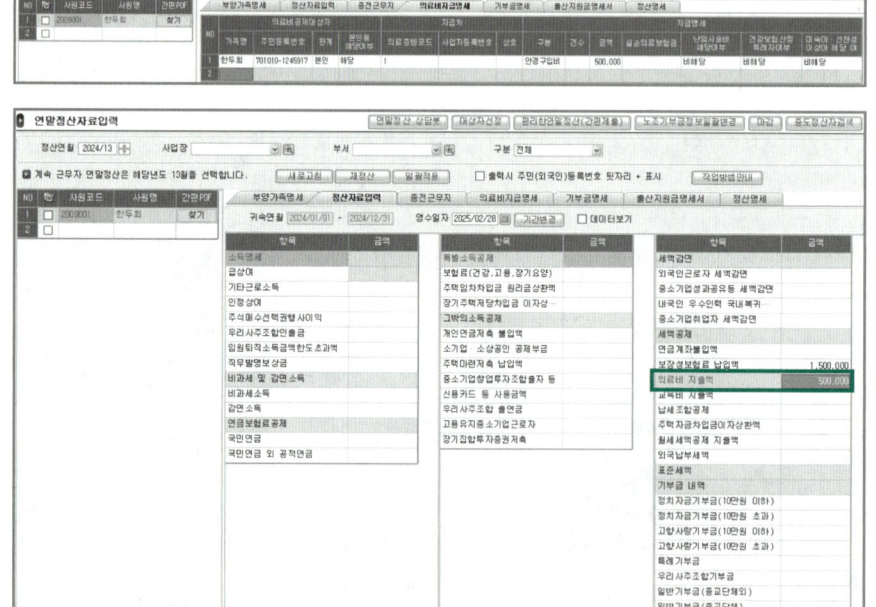

TIP
조회된 내용은 이해를 돕기 위해 임의의 금액을 입력하여 반영시킨 화면이다.

의료비 공제 대상 중요

- 진찰, 치료, 질병 예방을 위한 의료기관 지출액(미용성형 비용 제외)
- 치료·요양을 위한 의약품(건강증진 비용 제외)
- 장애인 보장구 및 의료기기 구입과 임차 비용
- 의사, 한의사 등의 처방에 의한 비용
- 시력보정용 안경, 콘텍트렌즈 구입비(1인당 50만원 한도)
- 보청기 구입비
- 보철, 임플란트, 스케일링 등
- 라식, 라섹 비용
- 임신 관련 비용(초음파, 인공수정을 위한 검사 및 시술비)
- 출산 관련 분만 비용(「의료법」상 의료기관만 인정. 조산원은 의료기관임)
- 예방접종, 의료기관에 지출한 식대, 건강검진비
- 산후조리원 비용 의료비 세액공제 적용(「소득세법」 시행령 제118의5)
  - 산후조리 비용의 총급여액 조건 없이 적용
  - 산후조리원에 지급하는 비용의 한도는 200만원, 세액공제율은 15%

의료비 공제 대상 제외 금액

- 해외 의료기관에 지출한 의료비
- 미용성형 의료비
- 건강증진 비용
- 실손 의료비 보험금으로 보전 받은 금액

(3) 교육비 세액공제

근로소득이 있는 거주자가 그 거주자와 기본공제 대상자(나이 제한 없음, 소득 제한 존재)를 위한 교육비 지급액의 15%에 해당하는 금액을 공제한다. 다만, 소득세 또는 증여세가 비과세되는 대통령령으로 정하는 교육비는 공제하지 않는다.

① 교육비 공제 대상인 기본공제 대상자는 배우자, 직계비속, 형제자매, 입양자, 위탁아동을 말한다(직계존속은 제외).
② 장애인 특수교육비는 나이 제한, 소득 제한이 없기 때문에 직계존속도 공제 가능하다. 이때 교육비는 수업료, 입학금, 보육 비용, 수강료, 공교육비를 말하며, 사교육비는 제외한다(대학원 교육비는 본인만 공제).
③ 든든학자금 및 일반 상환학자금 대출의 원리금 상환액(생활비 대출금액은 제외), 초·중·고등학생을 위한 교육비(급식비, 교과서 대금, 교복 구입비-중·고등학생에 한해 1인당 50만원 한도, 방과 후 학교 수강료, 교재 구입비 등 포함), 초·중·고등학생의 수련활동 및 수학여행 현장체험학습비(한도 30만원), 유치원, 어린이집 등에서 실시하는 방과 후 학교 수업료 및 특별활동비와 교재 구입비도 공제 대상에 포함된다.
④ 국외교육기관에 지급한 교육비(유치원, 초·중·고, 대학교)는 공제 대상에 포함된다.
⑤ 대학입학전형료, 수능응시료는 공제 대상에 포함된다.
⑥ 직업능력 개발 훈련시설에서 실시하는 직업능력 개발 훈련을 위하여 지급한 수강료는 공제 대상에 포함된다. 다만, 지원금 등을 받는 경우에는 이를 제외한 금액으로 한다.
⑦ 인가받지 않은 놀이방 등은 공제 대상에 해당하지 않는다.

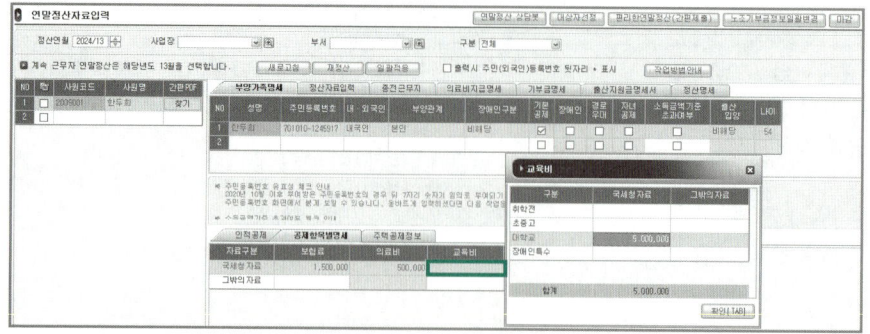

> **TIP**
> 조회된 내용은 이해를 돕기 위해 임의의 금액을 입력하여 반영시킨 화면이다.

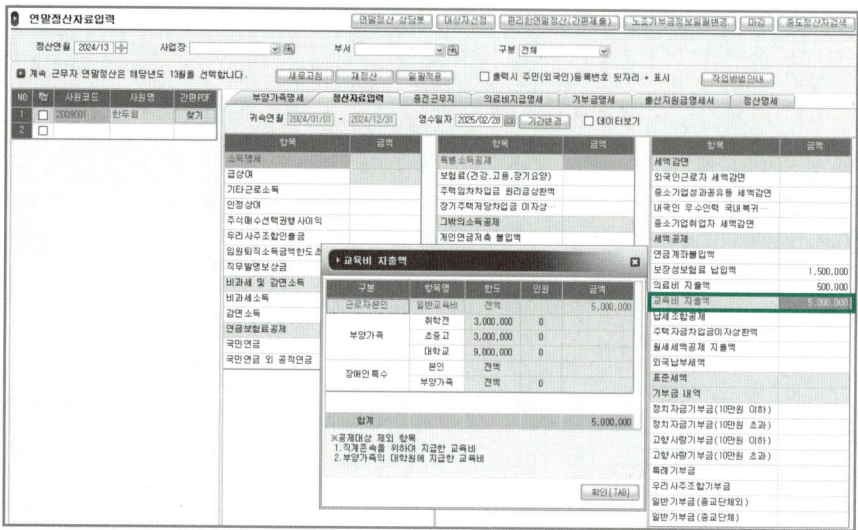

(4) 기부금 세액공제

① 공제 요건
- 사업소득만 있는 자는 기부금을 필요경비에 산입하여 기부금 공제를 받을 수 없다. 단, 사업소득과 그 외 소득이 함께 있다면 기부금을 필요경비 산입과 기부금 세액공제 중 선택이 가능하다.
- 기부금 세액공제는 특례기부금과 일반기부금을 합한 금액의 15%로, 그 금액이 1천만원 초과 시 초과분은 30%를 적용하여 세액공제한다.
- 부양가족의 경우 소득 요건을 충족해야 하나, 나이 요건은 충족하지 않아도 된다.

② 기부금의 종류

구분	종류
특례기부금	• 국가 등에 무상으로 기증하는 금품 • 국방헌금과 위문금품 • 이재민 구호금품(천재지변) • 사립학교 등에 지출하는 기부금 • 사회복지공동모금회에 출연하는 금액 • 독립기념관, 대한적십자사 기부금 • 특별재난지역을 복구하기 위하여 자원봉사한 경우 그 용역의 가액 • 정치자금기부금(본인만 공제 대상): 10만원까지는 정치자금세액공제를 적용, 10만원 초과분은 특례기부금으로 구분
우리사주조합에 지출하는 기부금	우리사주조합원이 아닌 거주자에 한함

> **TIP**
> 종친회 기부금, 동창회비 기부금은 비지정기부금으로 공제 대상이 되지 않는다.

일반기부금	• 종교단체 기부금 • 종교단체 외 – 노동조합에 납부한 회비, 사내근로복지기금에 지출한 기부금 – 사회복지 등 공익 목적의 기부금 – 무료·실비 사회복지시설, 불우이웃돕기 결연기관 기부금

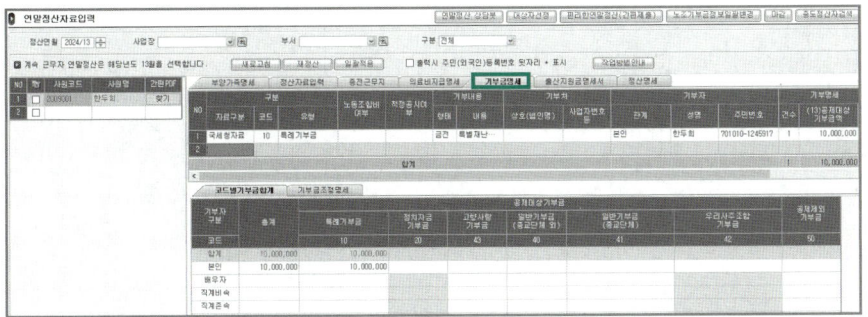

> TIP
> 조회된 내용은 이해를 돕기 위해 임의의 금액을 입력하여 반영시킨 화면이다.

(5) 월세 세액공제

① 대상자: 해당 과세기간 총급여액이 8천만원 이하의 무주택 세대주 근로자(종합소득금액이 7천만원 이하), 성실사업자의 경우 월세의 15%를 세대주 또는 그 구성원(기본공제대상자)이 공제받을 수 있다(무주택 외국인 근로자도 포함).

② 세액공제

> 월세 세액공제액 = 월세액(연 1,000만원 한도)×15%
> (단, 총급여액 5천 5백만원 이하인 근로자(종합소득금액 4천 5백만원 이하)는 17% 적용)

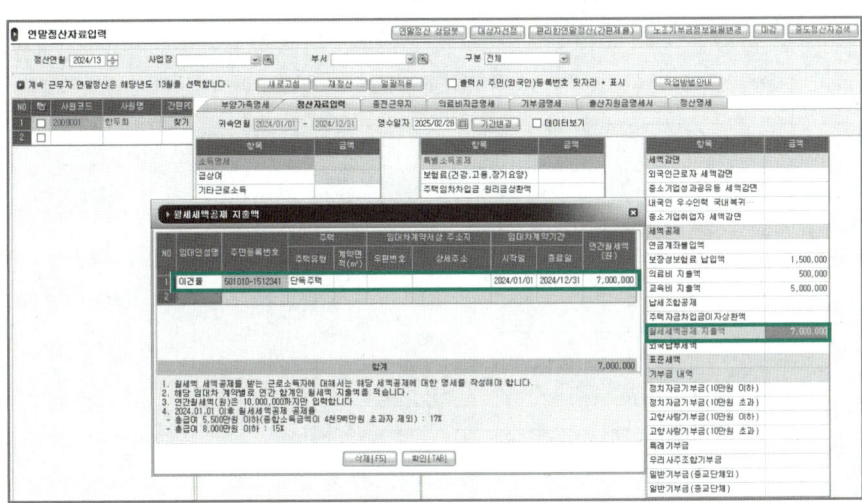

> TIP
> 조회된 내용은 이해를 돕기 위해 임의의 금액을 입력하여 반영시킨 화면으로 한두희 사원의 총급여액과는 상관이 없다.

(6) 출산·입양 세액공제
① 첫째: 연 30만원
② 둘째: 연 50만원
③ 셋째 이상: 연 70만원

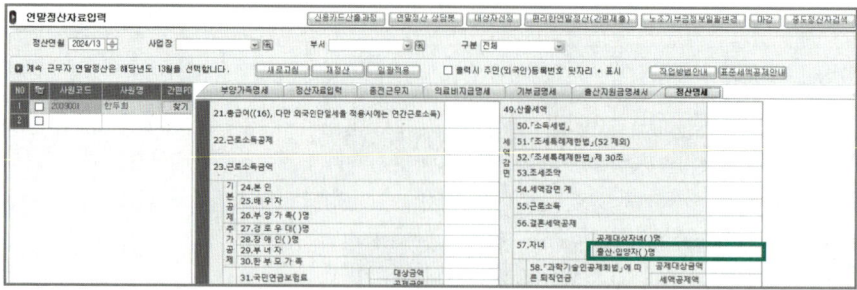

(7) 정치자금의 세액공제 및 소득공제
거주자(개인)가 「정치자금법」에 따라 정당 등에 기부한 정치자금의 경우 10만원 한도 내의 금액은 기부금액의 100/110을 세액공제하고, 10만원을 초과한 금액은 기부금으로 보고 특별세액공제를 한다(본인만 공제 대상).

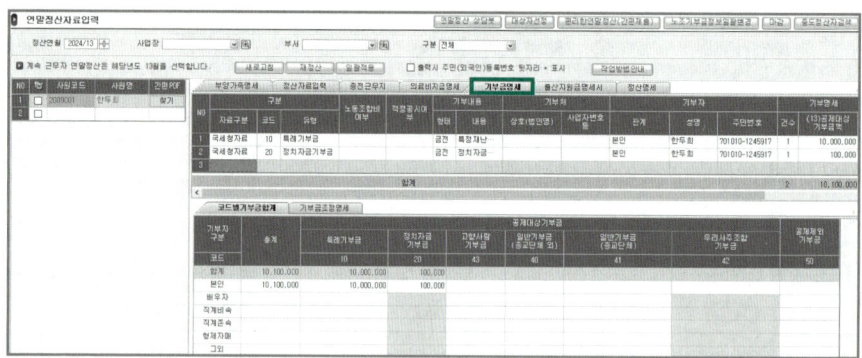

> **TIP**
> 조회된 내용은 이해를 돕기 위해 임의의 금액을 입력하여 반영시킨 화면이다.

➕ 특별세액공제 시 주의사항

보험료, 의료비, 교육비에 대한 특별세액공제 적용 시 과세기간 종료일 이전에 혼인, 이혼 등으로 기본공제 대상자에 해당하지 않게 된 부양가족에 대해 지급한 보험료, 의료비, 교육비가 있는 경우에는 사유 발생일까지 이미 지출한 금액에서 세액공제를 한다.

➕ 특별세액공제 기준 요약

구분	보험료		의료비	교육비		기부금
	일반	장애인		일반	장애인 특수	
나이 요건	○	×	×	×	×	×
소득 요건	○	○	×	○	×	○
세액공제	12%	15%	15%, 20%, 30%	15%	15%	15%, 30%

※ 근로기간에 지출한 비용만 세액공제 대상이 되며, 예외적으로 기부금 세액공제는 1년 동안 지출한 금액 모두 대상이 됨

6. 표준세액공제

근로소득자는 연 13만원, 성실사업자는 연 12만원, 근로소득자가 아닌 자는 연 7만원을 공제한다.

7. 연말정산자료입력 – 계속근로자

[인사기록카드]와 [상용직급여입력및계산] 메뉴에서 입력한 데이터가 자동으로 반영된 인적공제와 추가공제, 특별소득공제, 특별세액공제 등의 자료를 추가로 입력하는 메뉴이다. 중도퇴사자는 해당 월을 기준으로 정산연월을 입력하나, 계속근로자는 정산연월을 '2025/13'으로 입력하여 연말정산을 한다. 본서의 예제는 2025년도 13월이 적용되지 않는 교육용 프로그램으로 제공되므로 2024년도 귀속분을 연말정산 대상 소득으로 가정하였다.

> **TIP**
> 2024년 6월 30일 퇴사자는 연말정산자료입력 시 정산연월을 2024/06으로 입력한다. 계속근로자의 연말정산을 하는 경우에는 정산연월을 2024/13으로 입력한다.

실무 연습문제 연말정산자료입력 – 계속근로자

(주)채움전자의 2024년 귀속분에 대한 연말정산을 실시하려고 한다. 다음 연말정산에 필요한 소득공제 자료를 바탕으로 [연말정산자료입력] 메뉴에 입력하시오(모든 자료는 국세청자료이다).

〈배문주〉

구분	관계	나이	소득
배문주	본인	43	–
배철재	부	69	근로소득 5,000,000원(타소득 없음)
홍희순	모	66	이자소득 15,000,000원

	지출 내역
신용카드	• 본인 전통시장 사용분: 10,000,000원 • 본인 자동차보험료: 1,200,000원 • 본인 현금서비스: 2,000,000원 • 본인 공과금: 300,000원
의료비	• 본인 건강검진비: 700,000원 • 어머니의 안경 구입비: 750,000원 • 아버지의 임플란트비: 2,500,000원
교육비	• 본인 대학원 등록금: 6,000,000원 • 어머니의 노인대학: 2,000,000원
연금계좌불입액 연금저축	본인 연금저축납입액: 5,000,000원(우리은행 계좌번호: 123-456-789)
보험료	• 본인 자동차보험료: 1,200,000원 • 피보험자(모)의 저축성보험료: 500,000원
기부금	• 본인 종친회 기부금: 3,000,000원 • 아버지 명의 국방헌금: 600,000원
종전근무지 원천징수 내역	• 회사명: (주)삼정물산(123-81-25468) • 귀속시작~종료일: 2024/01/01~2024/06/30 • 총급여: 50,000,000원 • 건강보험료: 2,000,000원 • 국민연금: 2,000,000원 • 고용보험료: 450,000원 • 결정소득세: 450,000원(지방소득세 45,000원)

> 정답

- [연말정산자료입력] 메뉴에서 '정산연월: 2024/13'을 입력한 후 우측 상단의 '대상자선정' 버튼을 클릭하여 배문주 사원을 추가하고 부양가족명세 탭 하단의 공제항목별명세 탭을 클릭하여 각 내용을 항목별로 입력

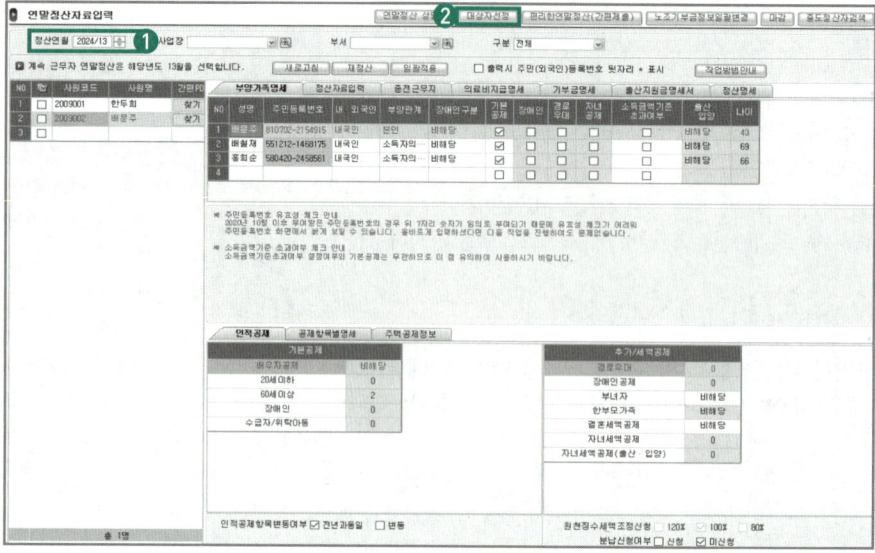

- 신용카드

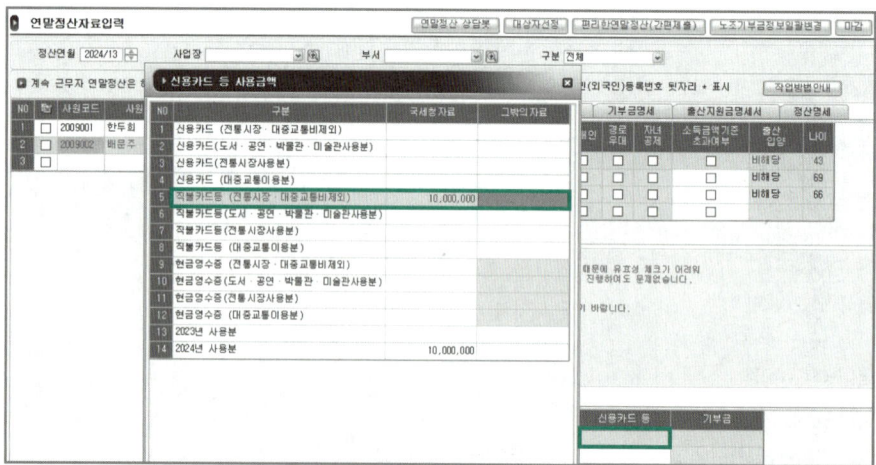

- 의료비

  의료비는 자동으로 의료비지급명세 탭으로 넘어가며, 가족명란에서 F2를 눌러 주어진 자료를 입력

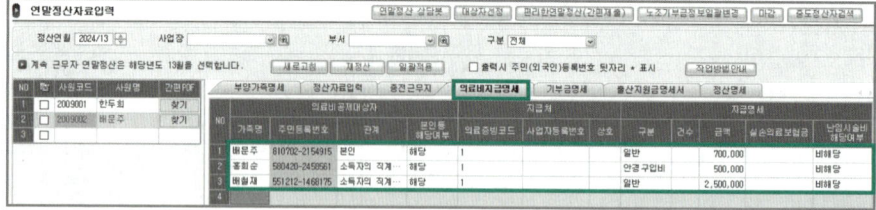

- 교육비

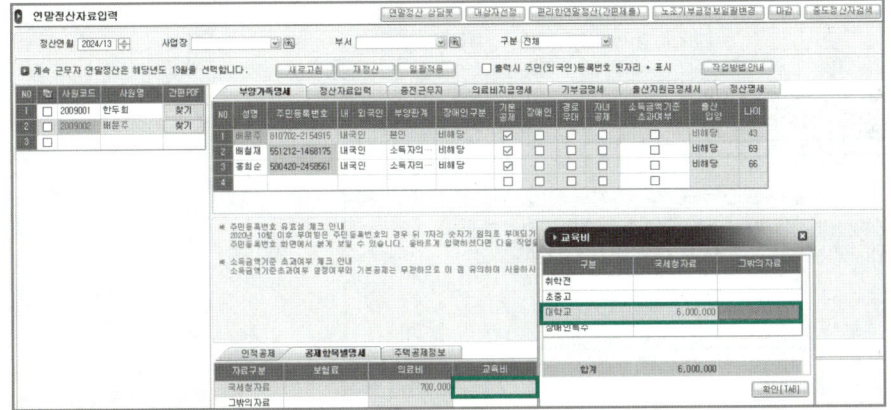

- 연금계좌불입액 연금저축

  정산자료입력 탭의 연금계좌불입액란을 클릭하여 팝업창에 주어진 자료를 입력

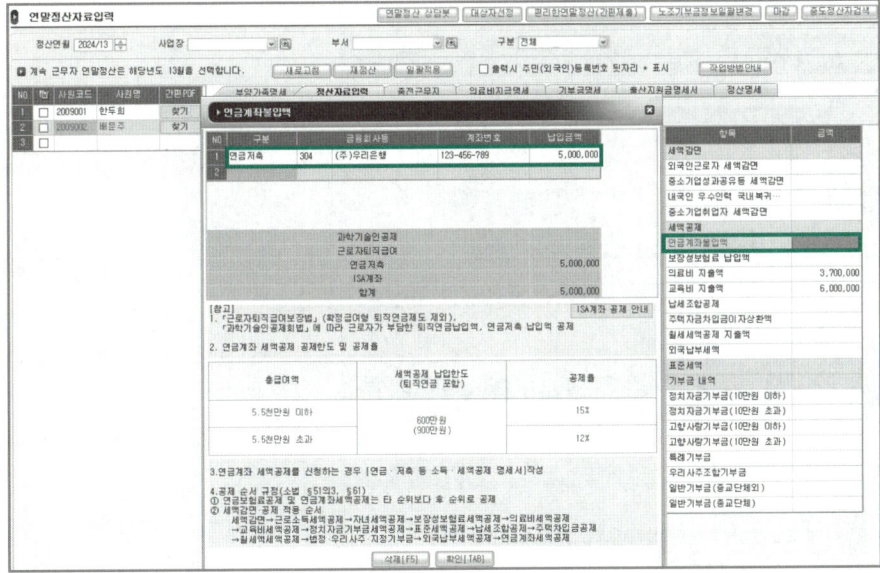

- 보험료

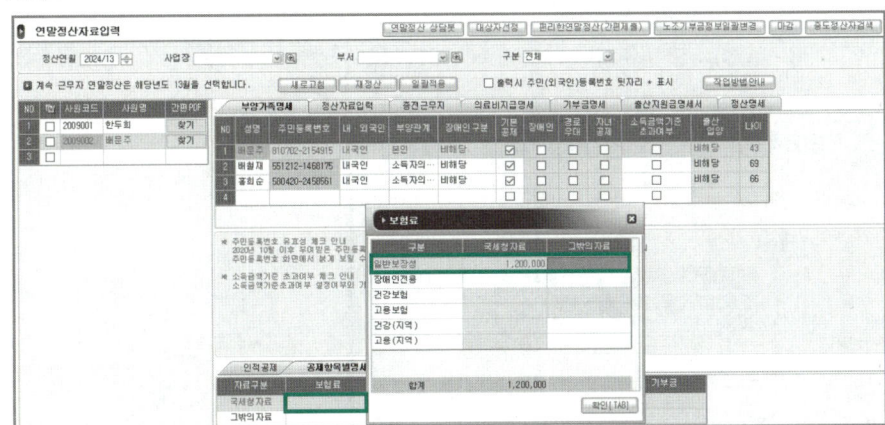

- 기부금

  기부금은 자동으로 기부금명세 탭으로 넘어가며, 주어진 자료를 입력

배문주 사원 체크 후 기부금조정명세 탭에서 '기부금조정명세반영'을 클릭하여 반영한 후 '공제금액계산'을 눌러 공제액을 계산

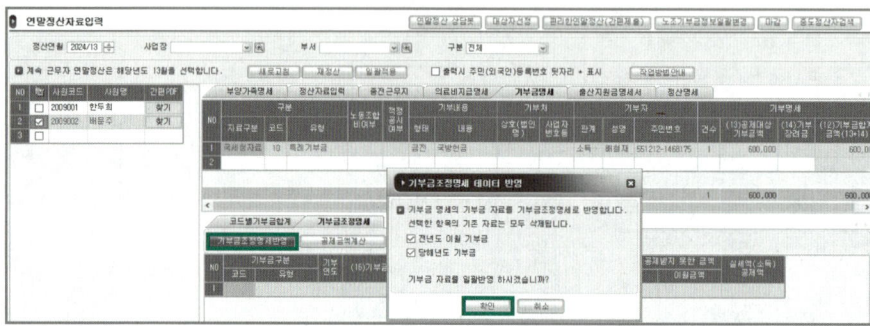

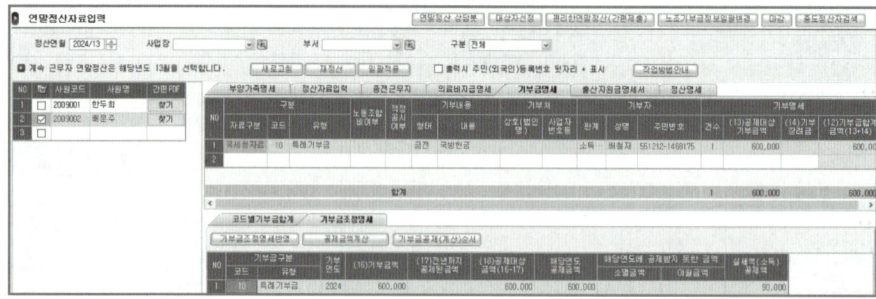

- 종전근무지

  종전근무지 탭에서 종전근무지 원천징수 내역을 입력한 후 우측의 정산항목 지출액란에 주어진 자료를 입력

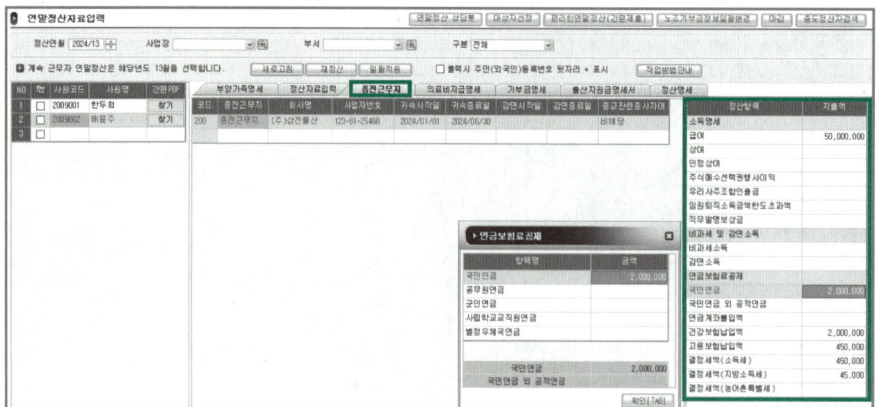

[배문주 사원 기본공제 대상 여부]

구분	관계	나이	소득	기본공제 대상 여부
배문주	본인	43	-	본인은 필수
배철재	부	69	근로소득 5,000,000원(타소득 없음)	타소득 없이 근로소득 5,000,000원만 존재할 경우 기본공제 대상자임
홍희순	모	66	이자소득 15,000,000원	이자소득이 2천만원 이하인 경우는 분리과세 대상 소득임. 즉, 원천징수 한 번으로 과세 종결되기 때문에 종합소득금액이 존재하지 않는 기본공제 대상자임

[배문주 사원 지출 내역별 공제 여부]

	지출 내역	공제 여부
신용카드	본인 전통시장 사용분: 10,000,000원	공제 가능
	본인 자동차보험료: 1,200,000원	보험료에서 공제 가능(신용카드 공제 대상이 아님)
	본인 현금서비스: 2,000,000원	현금서비스는 신용카드 공제 대상이 아님
	본인 공과금: 300,000원	제세공과금은 신용카드 공제 대상이 아님
의료비	본인 건강검진비: 700,000원	공제 가능
	어머니의 안경 구입비: 750,000원	공제 가능(의료비는 나이 요건, 소득금액 요건 없음). 단, 안경 구입비는 한도인 50만원까지만 입력함
	아버지의 임플란트비: 2,500,000원	공제 가능
교육비	본인 대학원 등록금: 6,000,000원	대학원은 본인만 공제 가능
	어머니의 노인대학: 2,000,000원	직계존속 교육비는 공제 대상이 아님(특수장애인의 교육비인 경우 나이 제한, 소득 제한이 없으므로 공제 가능)
연금계좌불입액 연금저축	본인 연금저축납입액: 5,000,000원 (우리은행 계좌번호: 123-456-789)	본인의 연금저축 공제 가능
보험료	본인 자동차보험료: 1,200,000원	공제 가능
	피보험자(모)의 저축성보험료: 500,000원	피보험자(모)의 저축성보험료는 공제 대상이 아님
기부금	본인 종친회 기부금: 3,000,000원	종친회비는 기부금이 아님
	아버지 명의 국방헌금: 600,000원	공제 가능(특례기부금)
종전근무지 원천징수 내역	• 회사명: (주)삼정물산(123-81-25468) • 귀속시작~종료일: 2024/01/01~2024/06/30 • 총급여: 50,000,000원 • 국민연금: 2,000,000원 • 건강보험료: 2,000,000원 • 고용보험료: 450,000원 • 결정소득세: 450,000원(지방소득세 45,000원)	

〈최동인〉

구분	관계	나이	소득
최동인	본인	42	–
최성호	부	79	–
정순희	모	77	일용직소득 30,000,000원
이수연	배우자	44	사업소득 900,000원
최민호	자	15	–

지출 내역	
신용카드	• 모친의 건강증진 보약 구입: 2,000,000원 • 본인의 유럽여행 경비: 5,000,000원 • 모친의 보톡스 비용(미용 목적): 600,000원
의료비	• 모친의 건강증진 보약 구입: 2,000,000원 • 모친의 보톡스 비용(미용 목적): 600,000원 • 자녀의 맹장 수술비: 1,000,000원 중 800,000원은 실손의료보험금으로 수령 • 배우자 난임 시술비: 2,000,000원
교육비	• 자녀의 방과 후 수강료: 500,000원 • 배우자의 대학원 등록금: 6,000,000원
개인연금저축	개인연금저축 불입액: 1,000,000원(국민은행 계좌번호: 1235-456-4526)
보험료	본인의 자동차보험료: 1,500,000원
기부금	• 배우자의 사찰기부금: 2,500,000원 • 부친의 이재민구호기부금: 3,000,000원
기타근로소득	과세급여: 40,000,000원

정답

• [연말정산자료입력] 메뉴에서 '정산연월: 2024/13'을 입력한 후 우측 상단의 '대상자선정' 버튼을 클릭하여 최동인 사원을 추가하고 부양가족명세 탭 하단의 공제항목별명세 탭을 클릭하여 각 내용을 항목별로 입력
• 신용카드

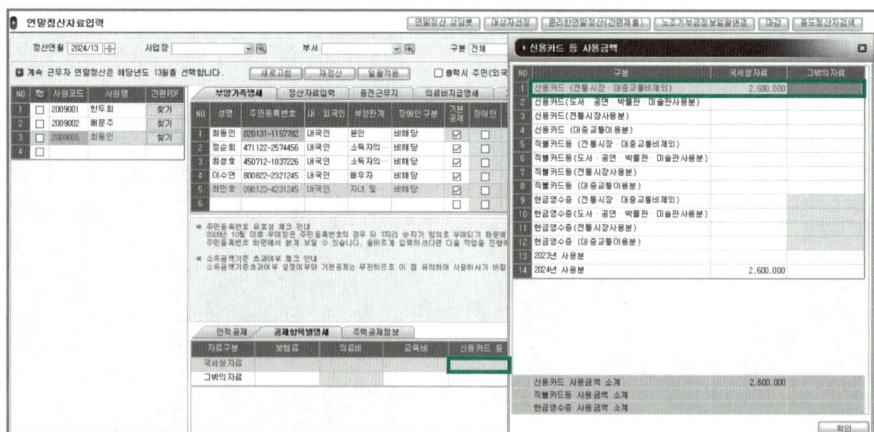

- 의료비
  - 의료비는 자동으로 의료비지급명세 탭으로 넘어가며, 가족명란에서 F2를 눌러 주어진 자료를 입력
  - 건강보험 산정특례자가 아니기 때문에 비해당으로 처리

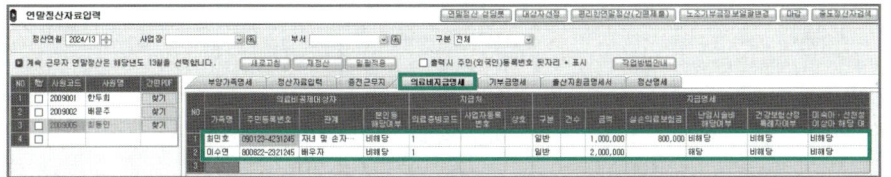

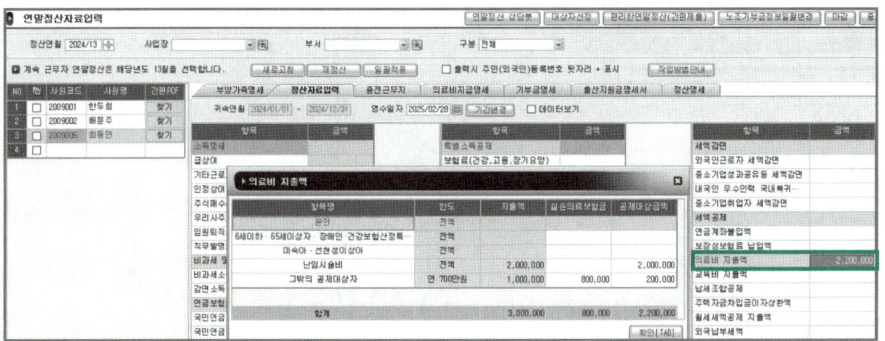

> **TIP**
> 정산자료입력 탭에서 의료비 지출액을 더블클릭하면 공제 대상 금액을 확인할 수 있다.

- 교육비

'최민호'를 선택하고 하단의 교육비란을 클릭한 후 '초중고 국세청자료: 500,000원'을 입력

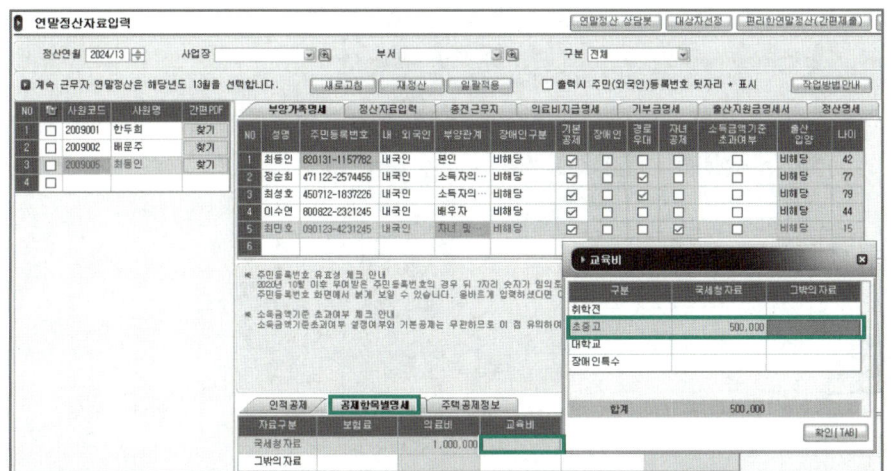

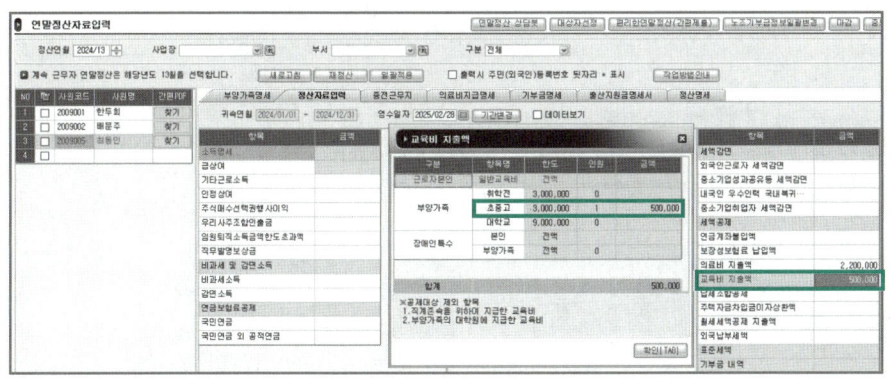

> **TIP**
> 정산자료입력 탭에서 교육비 지출액을 더블클릭하면 공제 대상 금액을 확인할 수 있다.

- 개인연금저축
  정산자료입력 탭의 개인연금저축 불입액란을 클릭하여 팝업창에 주어진 자료를 입력

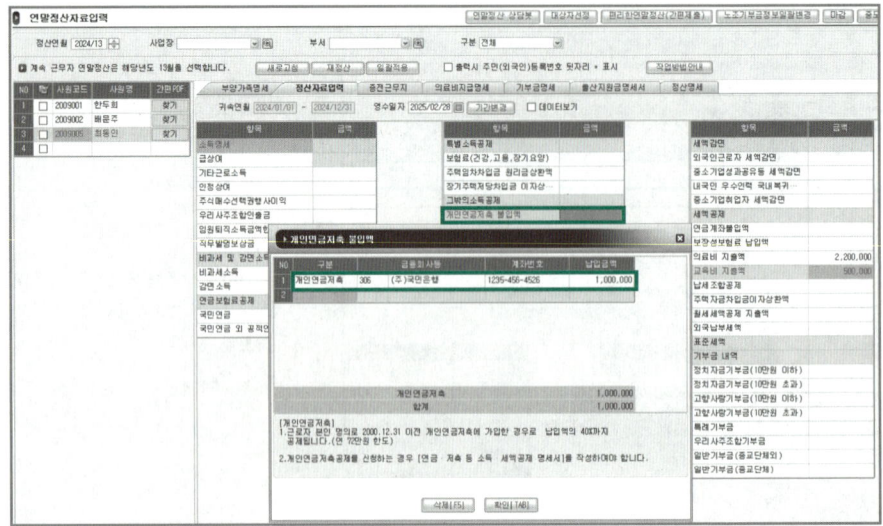

- 보험료

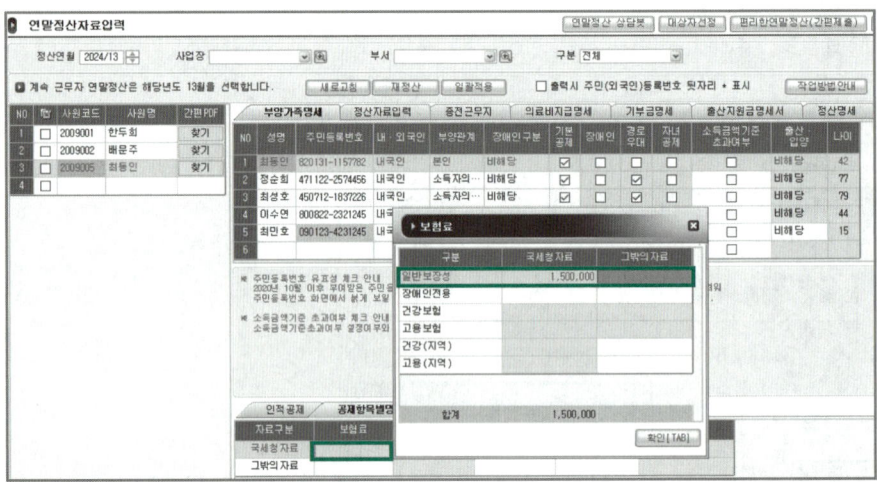

- 기부금
  기부금은 자동으로 기부금명세 탭으로 넘어가며, 주어진 자료를 입력

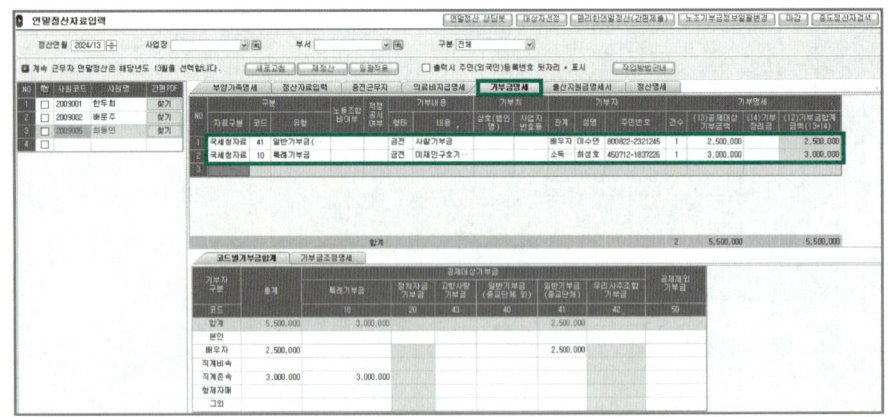

> TIP
> 기부금 입력 시 특례기부금/일반기부금이 구분되어야 한다.

최동인 사원 체크 후 기부금조정명세 탭에서 '기부금조정명세반영'을 클릭하여 반영한 후 '공제금액계산'을 눌러 공제액을 계산

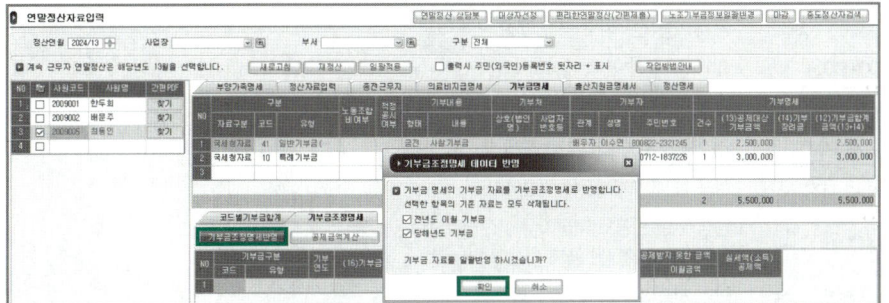

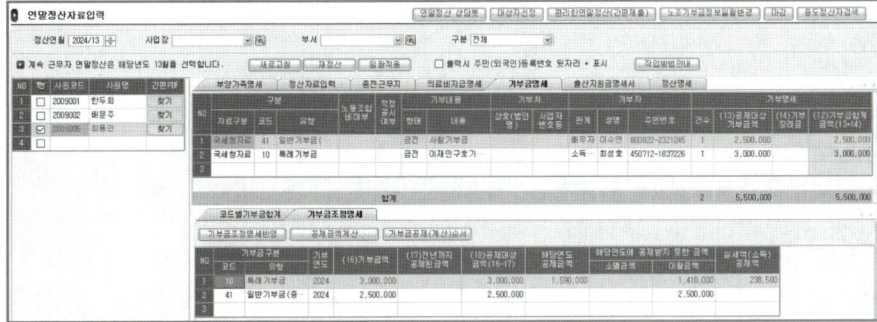

- 기타근로소득

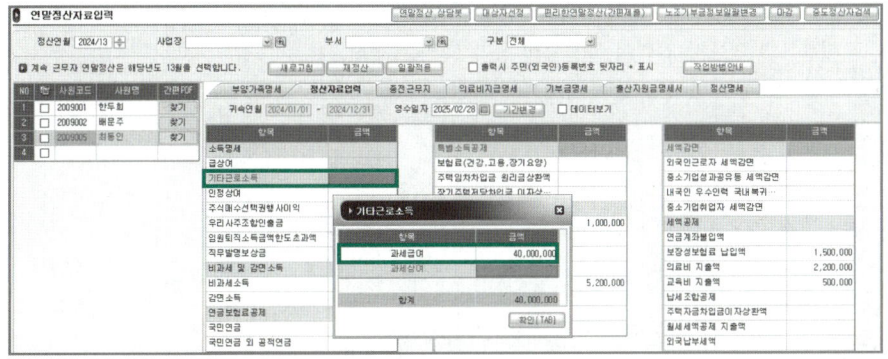

[최동인 사원 기본공제 대상 여부]

구분	관계	나이	소득	기본공제 대상 여부
최동인	본인	42		본인은 필수
최성호	부	79		
정순희	모	77	일용직소득 30,000,000원	일용직소득은 무조건 분리과세소득이므로 기본공제 대상자임
이수연	배우자	43	사업소득 900,000원	종합소득이 1,000,000원 미만이기 때문에 기본공제 대상자임
최민호	자	14		

[최동인 사원 지출 내역별 공제 여부]

지출 내역		공제 여부
신용카드	모친의 건강증진 보약 구입: 2,000,000원	공제 가능(신용카드 공제 대상 금액 ○)
	본인의 유럽여행 경비: 5,000,000원	해외사용분은 공제 대상이 아님
	모친의 보톡스 비용(미용 목적): 600,000원	공제 가능(신용카드 공제 대상 금액 ○)
의료비	모친의 건강증진 보약 구입: 2,000,000원	건강증진 보약은 의료비 공제 대상이 아님
	모친의 보톡스 비용(미용 목적): 600,000원	미용 목적이므로 공제 대상이 아님
	자녀의 맹장 수술비: 1,000,000원	맹장 수술은 공제 대상이나 실손의료보험금 수령 금액 800,000원은 공제 대상이 아님
	배우자 난임 시술비: 2,000,000원	난임 시술비는 공제 가능
교육비	자녀의 방과 후 수강료: 500,000원	공제 가능
	배우자의 대학원 등록금: 6,000,000원	대학원은 본인만 공제 가능
개인연금저축	개인연금저축 불입액: 1,000,000원 (국민은행 계좌번호: 1235-456-4526)	공제 가능
보험료	본인의 자동차보험료: 1,500,000원	공제 가능
기부금	배우자의 사찰기부금: 2,500,000원	공제 가능(종교단체기부금)
	부친의 이재민구호기부금: 3,000,000원	공제 가능(특례기부금)
기타근로소득	과세급여: 40,000,000원	40,000,000원 입력

8. 정산자료입력

공제항목별 입력 내용이 반영되며, 공제항목별 탭에서 입력이 불가능한 공제 내역은 정산자료입력 탭에서 입력할 수 있다. 모든 입력이 끝나면 정산명세 탭에서 정보를 확인할 수 있다.

〈배문주〉

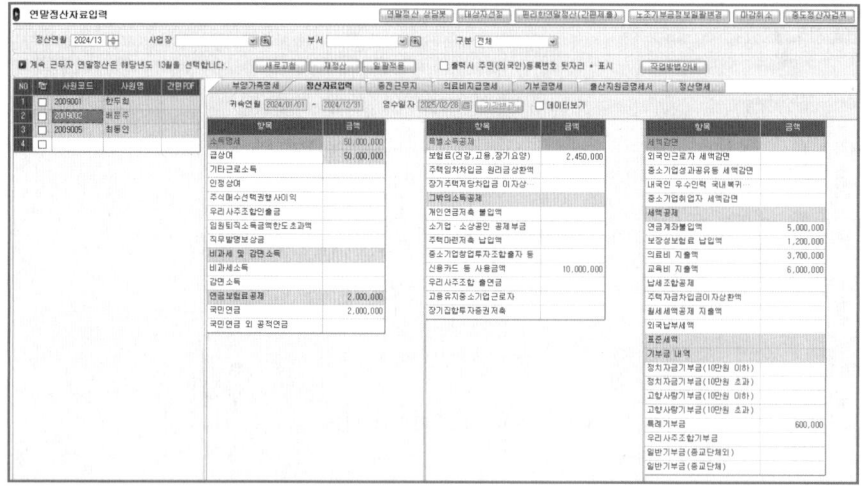

⟨최동인⟩

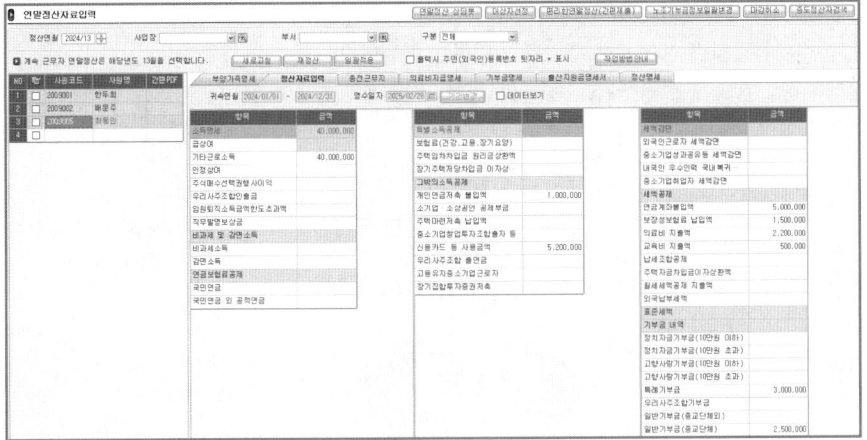

9. 정산명세

공제항목별 입력 내용이 반영되며, 공제항목별 탭에서 입력이 불가능한 공제 내역은 정산자료입력 탭에서 입력할 수 있다. 모든 입력이 끝나면 정산명세 탭에서 상세정보(과세표준, 산출세액, 특별세액공제 등)를 확인할 수 있다.

> **TIP**
> [연말정산자료입력] 메뉴에 모든 자료를 입력한 후 사원을 체크하고 우측 상단의 '마감' 버튼을 클릭한다. 마감을 하지 않으면 [연말정산현황] 메뉴에서 연말정산내역이 조회되지 않지만 실제 시험에서는 마감을 하지 않아도 [연말정산현황] 메뉴에서 조회 가능하다.

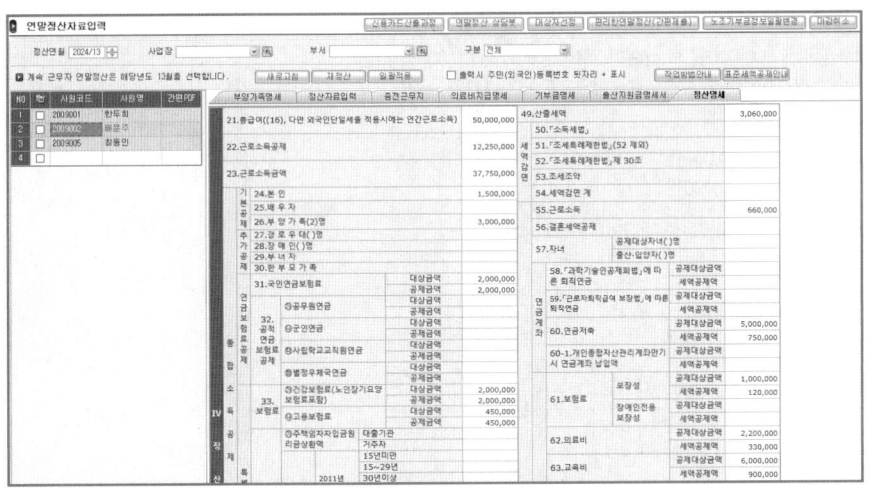

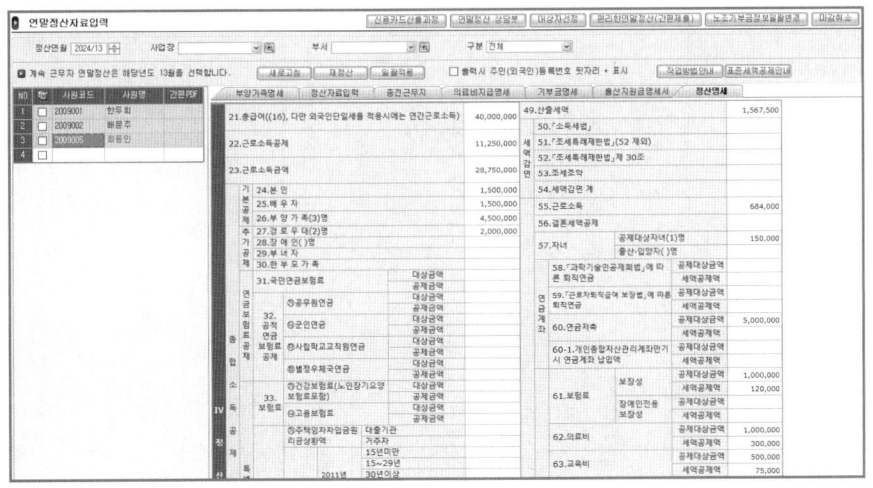

10. 연말정산자료입력 – 중도퇴사자정산

① [인사기록카드]와 [상용직급여입력및계산] 메뉴에서 입력한 데이터가 자동 반영된 인적공제와 추가공제, 특별소득공제, 특별세액공제 등의 자료를 추가로 입력하는 메뉴이다.
② 중도퇴사자는 해당 월을 기준으로 정산연월을 입력하나, 계속근로자는 정산연월을 '2025/13'으로 입력하여 연말정산을 한다.

> **TIP**
> 2025년 6월 30일 퇴사자는 연말정산자료 입력 시 정산연월을 '2025/06'으로 입력하고 계속근로자의 연말정산을 하는 경우에는 정산연월을 '2025/13'으로 입력한다.

실무 연습문제 : 연말정산자료입력 – 중도퇴사자정산

(주)채움전자 김소연 사원이 개인사정으로 퇴사를 하게 되었다. 퇴사연월일은 '2025/06/30'이며 지급일도 동일하다. 아래 자료를 통해 불러온 기본공제 및 추가공제 대상자를 직접 수정하고 중도퇴사자정산을 실행하시오.

구분	관계	나이	소득
김소연	본인	45	24년 2월 10일 이혼
손상진	자	15	CF스타 전속계약금 100,000,000원
손영훈	자	17	–

	지출 내역
신용카드	• 일반생활비: 30,000,000원 • 손영훈의 건강증진 보약: 3,000,000원
의료비	• 손영훈의 다리골절수술비: 5,000,000원 중 실손의료보험금으로 4,000,000원 수령 • 손상진의 비염수술비: 1,000,000원 중 실손의료보험금으로 800,000원 수령 • 손영훈의 건강증진 보약: 3,000,000원
교육비	• 자녀(손상진)의 방과 후 수강료: 500,000원 • 자녀(손영훈)의 방과 후 수강료: 600,000원
개인연금저축	개인연금저축 불입액: 2,000,000원(국민은행 계좌번호: 235-456-426)
보험료	본인의 자동차보험료: 1,500,000원
기부금	• 손상진의 교회헌금: 2,500,000원 • 본인의 이재민구호기부금: 3,000,000원
추가감면소득	T12.중소기업취업감면(70%) 추가 입력: 5,000,000원

> 정답

- [연말정산자료입력] 메뉴에서 '정산연월: 2025/06'을 입력한 후 우측 상단의 '대상자선정' 버튼을 클릭하여 김소연 사원을 추가하고 부양가족명세 탭 하단의 공제항목별명세 탭에서 각 내용을 항목별로 입력
- 자녀 손상진은 소득금액 100,000,000원이 존재하여 기본공제 대상자가 될 수 없으므로 기본공제 체크 해제
- 인적공제 탭에서 추가/세액공제의 '한부모공제: 해당'으로 변경

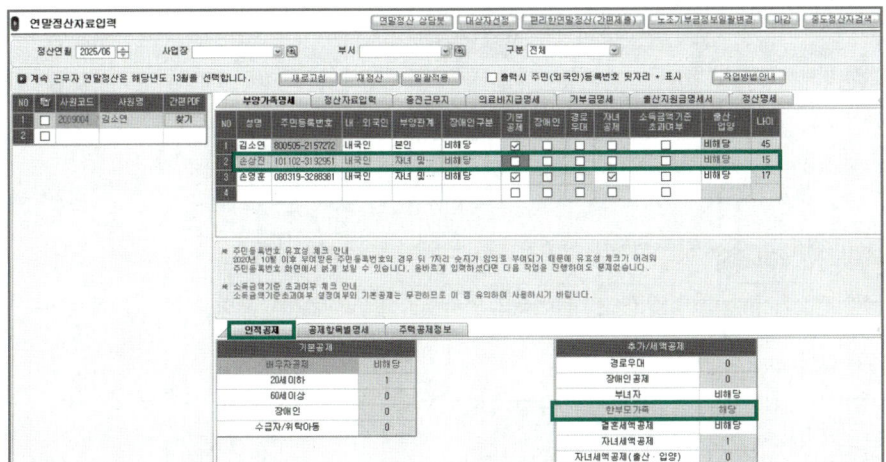

- 신용카드

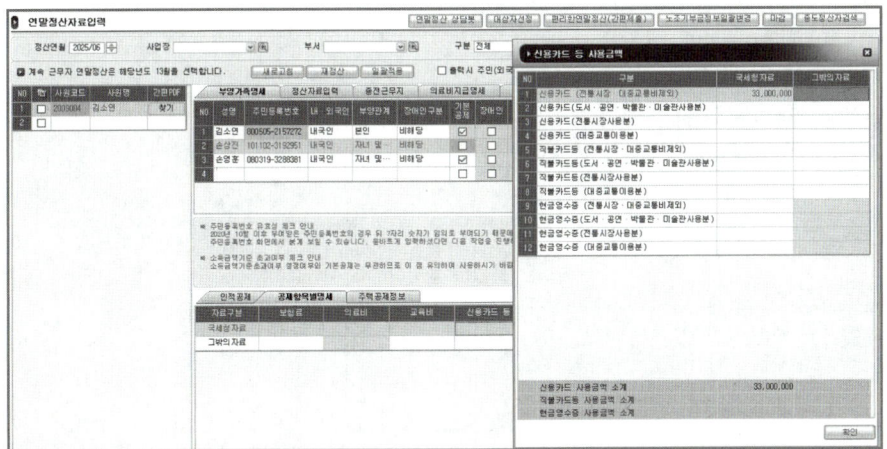

- 의료비
  - 의료비는 자동으로 의료비지급명세 탭으로 넘어가며, 가족명란에서 F2를 눌러 주어진 자료를 입력
  - 건강보험 산정특례자가 아니기 때문에 비해당으로 처리

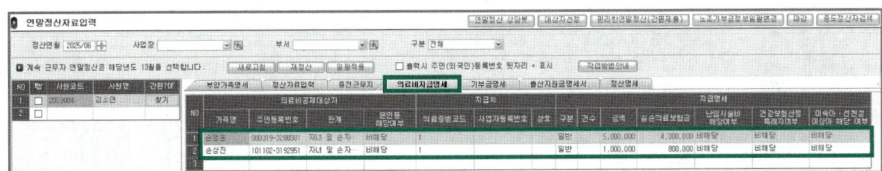

• 교육비
'손영훈'을 선택하고 하단의 공제항목별명세 탭에서 교육비란을 클릭하여 주어진 자료를 입력

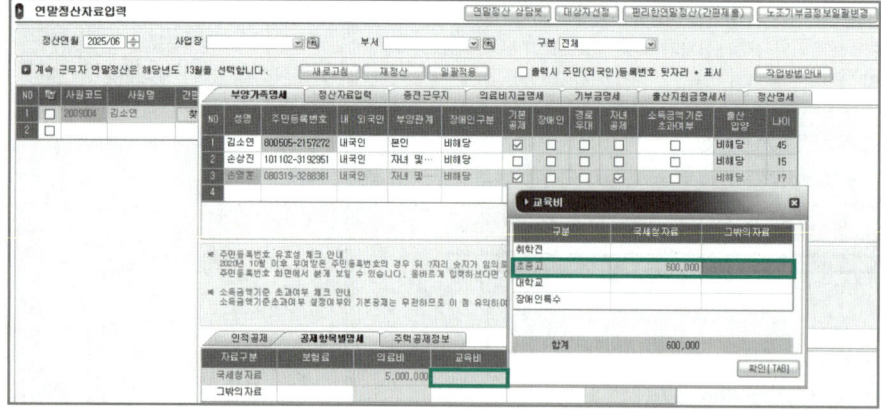

• 개인연금저축
정산자료입력 탭에서 개인연금저축 불입액란을 클릭하여 팝업창에 주어진 자료를 입력

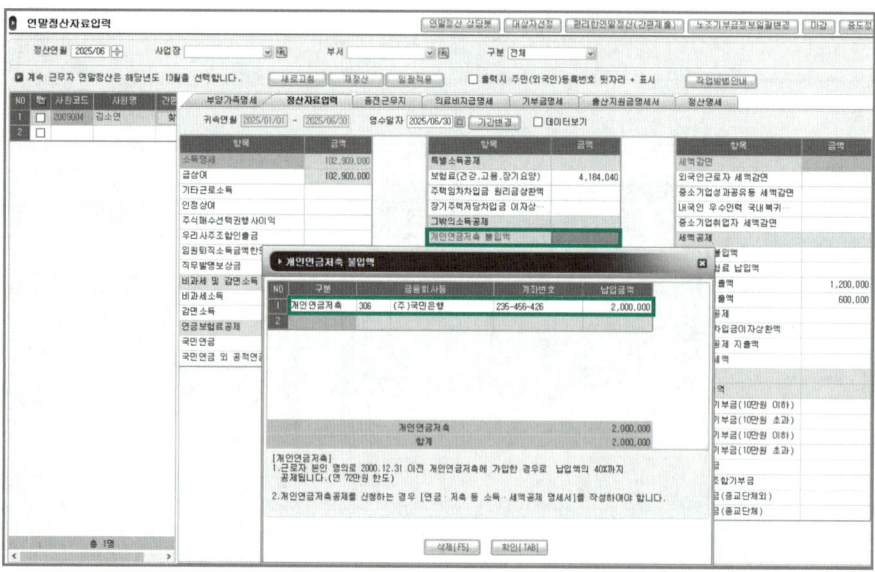

• 보험료

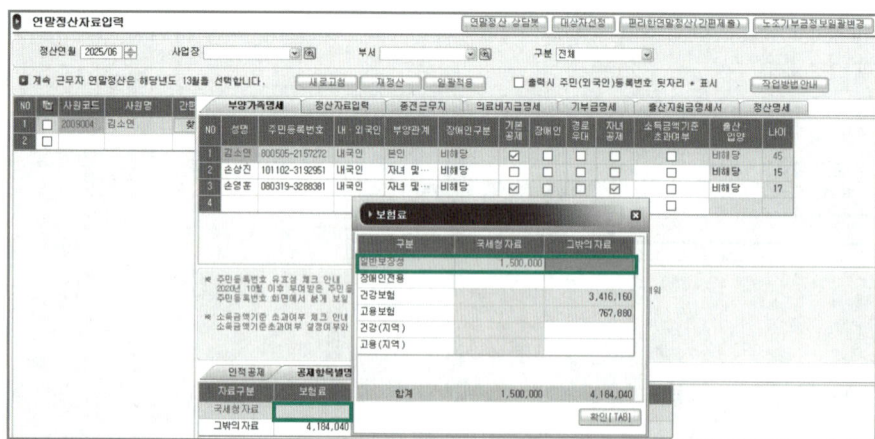

- 기부금
  기부금은 자동으로 기부금명세 탭으로 넘어가며, 주어진 자료를 입력

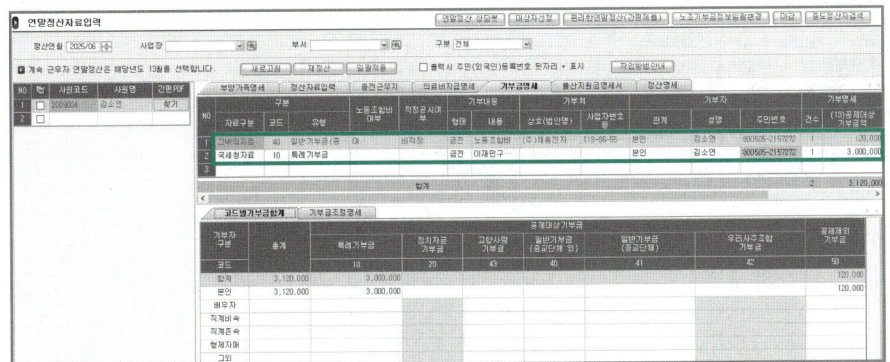

> 💡 TIP
>
> 기부금 입력 시 특례기부금/일반기부금이 구분되어야 한다.

김소연 사원 체크 후 기부금조정명세 탭에서 '기부금조정명세반영'을 클릭하여 반영한 후 '공제금액계산'을 눌러 공제액을 계산

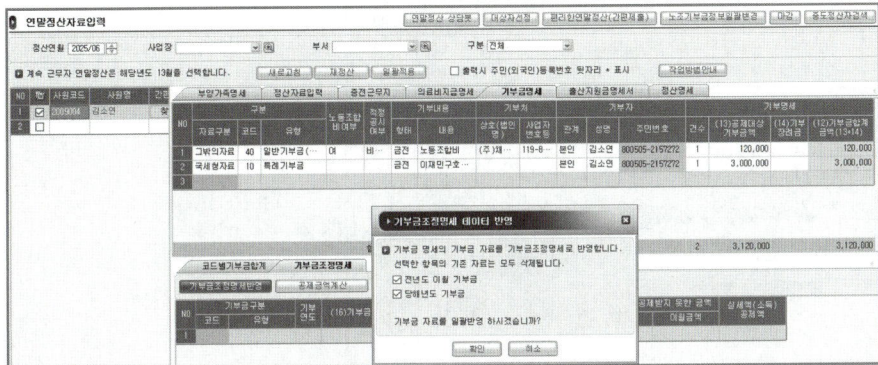

기부금공제금액계산은 다른 소득/세액공제항목의 적용을 완료한 후 마지막으로 계산

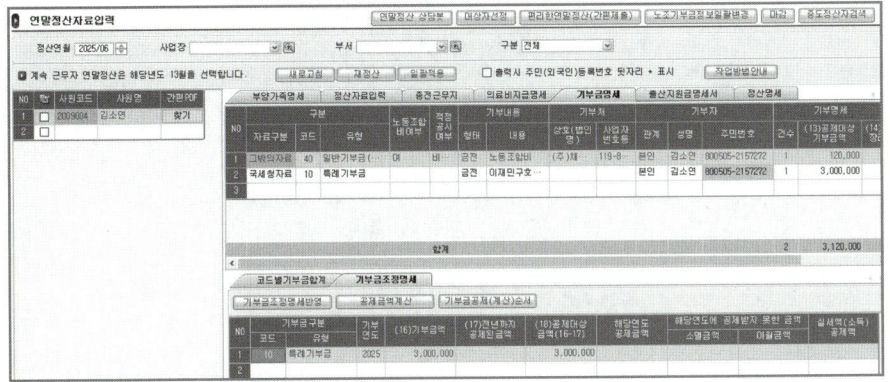

• 감면소득

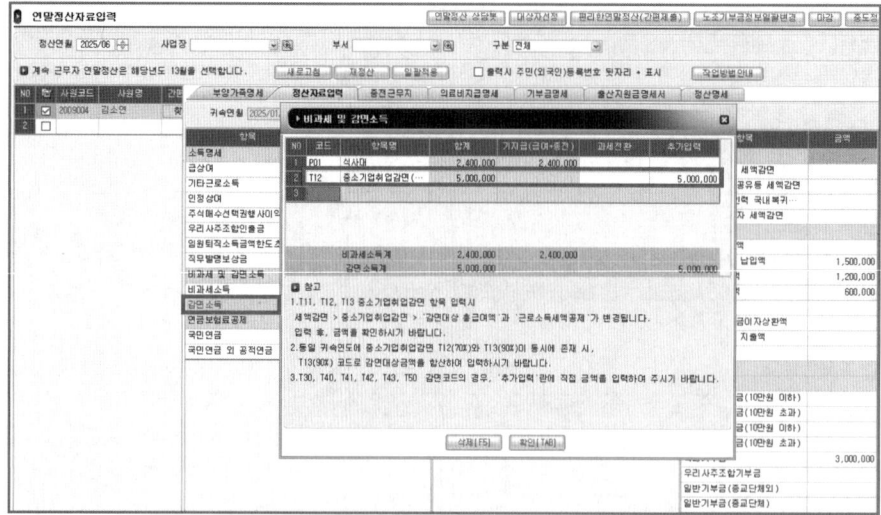

• 중도퇴사자 - 정산자료입력

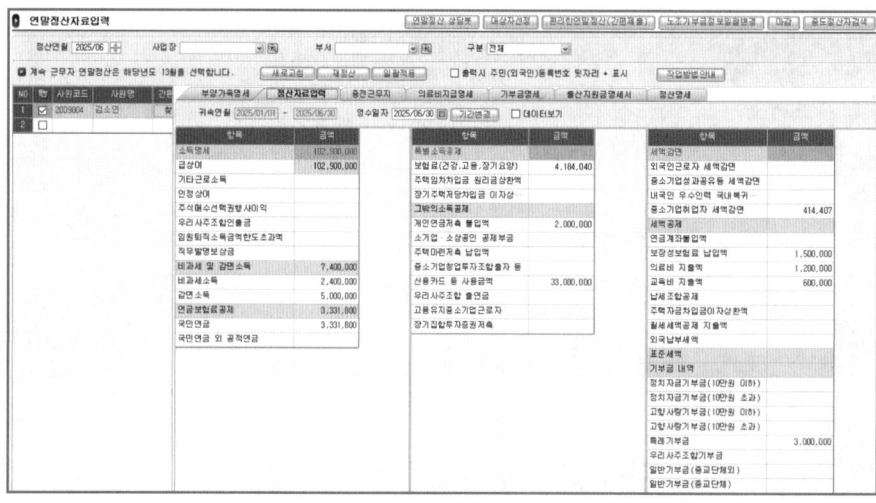

• 중도퇴사자 - 정산명세

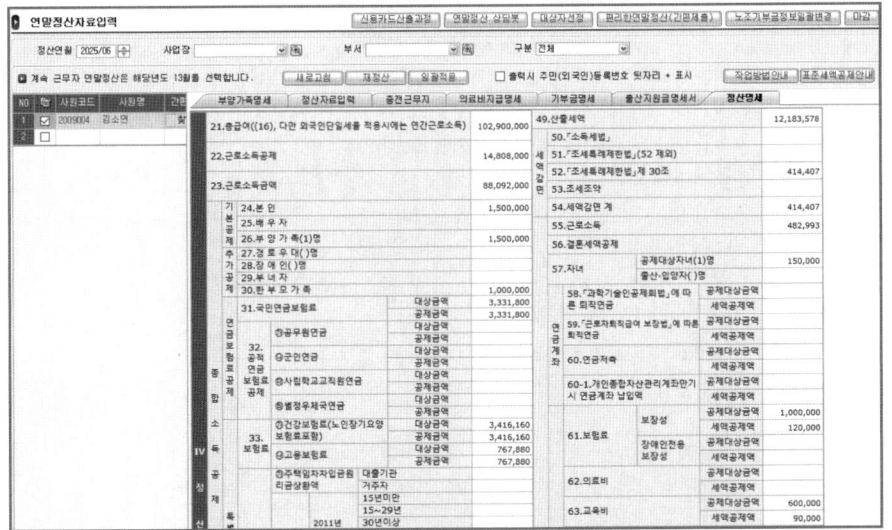

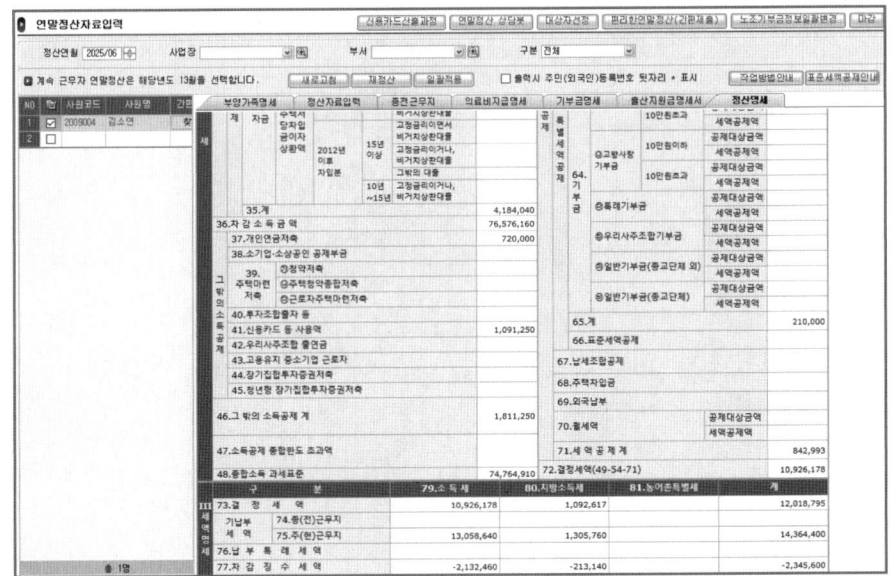

[김소연 사원 기본공제 대상 여부]

구분	관계	나이	소득	기본공제 대상 여부
김소연	본인	45	-	-
손상진	자	15	CF스타 전속계약금 100,000,000원(필요경비 공제 후)	전속계약금은 사업소득이며 사업소득 1억원이 존재하기 때문에 기본공제 대상자가 아님 (기본공제 체크 직접 해제)
손영훈	자	17	-	-

[김소연 사원 지출 내역별 공제 여부]

지출 내역		공제 여부
신용카드	일반생활비: 30,000,000원	공제 가능
	손영훈의 건강증진 보약: 3,000,000원	공제 가능
의료비	손영훈의 다리골절수술비: 5,000,000원	공제 대상이나 실손의료보험금 수령 금액 4,000,000원은 공제 대상이 아님
	손상진의 비염수술비: 1,000,000원	공제 대상(의료비는 나이 요건과 소득 요건이 없음)이나 실손의료보험금 수령 금액 800,000원은 공제 대상이 아님
	손영훈의 건강증진 보약: 3,000,000원	건강증진 보약은 공제 대상이 아님
교육비	자녀(손상진)의 방과 후 수강료: 500,000원	소득금액이 존재하기 때문에 공제 대상이 아님
	자녀(손영훈)의 방과 후 수강료: 600,000원	공제 가능
개인연금저축	개인연금저축 불입액: 2,000,000원 (국민은행 계좌번호: 235-456-426)	공제 가능
보험료	본인의 자동차보험료 1,500,000원	공제 가능
기부금	손상진의 교회헌금: 2,500,000원	공제 불가능(소득 요건 불충족)
	본인의 이재민구호기부금: 3,000,000원	특례기부금 공제 가능
추가감면소득	T12.중소기업취업감면(70%): 5,000,000원 추가 입력	

11. 연말정산현황

> **ERP 메뉴 찾아가기**
>
> 인사/급여관리 ▶ 연말정산관리 ▶ 연말정산현황

[연말정산자료입력] 메뉴에서 입력한 내역을 사업장/부서별로 조회 가능한 메뉴로, 공제현황 및 종전근무지 내역, 각각의 공제별/명세서별(의료비, 기부금, 연금저축, 월세액)로 조회할 수 있는 메뉴이다.

① 중도퇴사자의 연말정산 시 '정산연월: 2025/06~2025/06'을 입력한 후 조회한다.

② 계속근로자의 연말정산 시 '정산연월: 2024/13~2024/13'을 입력한 후 조회한다.

+ 기출 유형 파악하기
24년 3회 24번 | p.399

12. 근로소득원천징수부

> **ERP 메뉴 찾아가기**
>
> 인사/급여관리 ▶ 연말정산관리 ▶ 근로소득원천징수부

[연말정산자료입력] 메뉴에서 입력된 자료가 자동으로 반영되며, 급여, 상여, 각종 과세수당에 따른 근로소득세, 차가감납부세액 등을 조회할 수 있는 메뉴이다.

+ **기출 유형 파악하기**
24년 5회 24번 | p.377

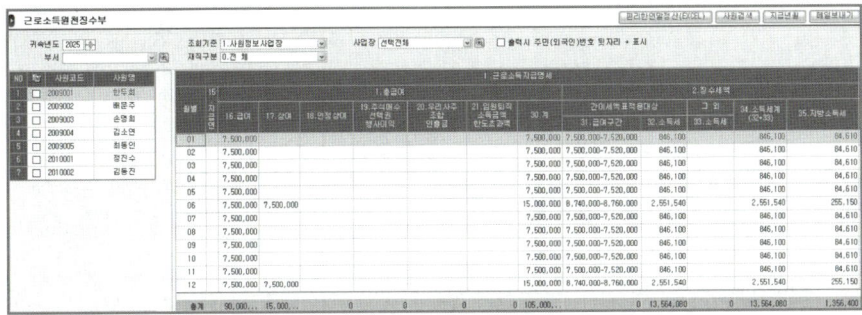

13. 근로소득원천징수영수증

> **ERP 메뉴 찾아가기**
>
> 인사/급여관리 ▶ 연말정산관리 ▶ 근로소득원천징수영수증

[연말정산자료입력] 메뉴에서 입력한 내용이 자동으로 반영되며, 각 사원별로 출력할 수 있다. [연말정산자료입력] 메뉴에서 마감 처리한 후 근로소득원천징수영수증을 작성할 수 있다.

💡 **TIP**

'마감된 사원이 없습니다'라는 팝업 창이 뜰 경우 '강제 마감' 후 확인할 수 있다.

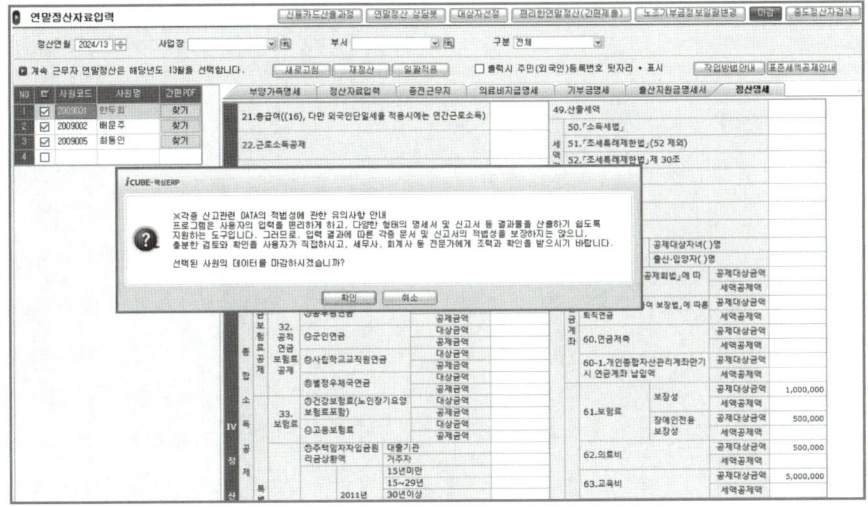

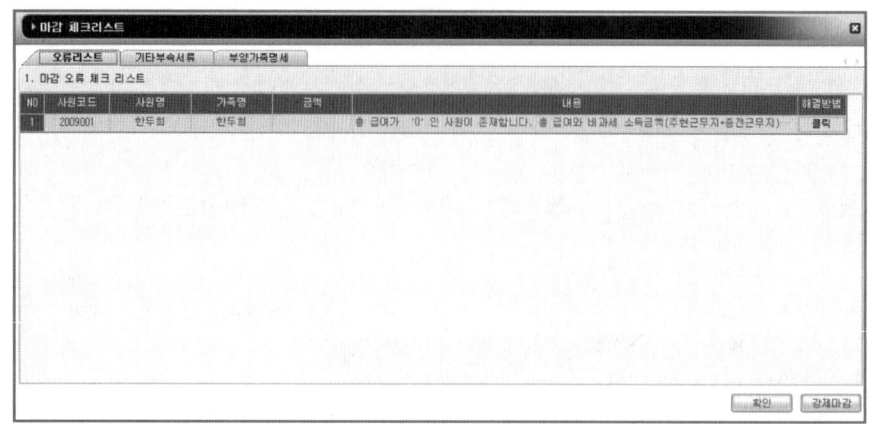

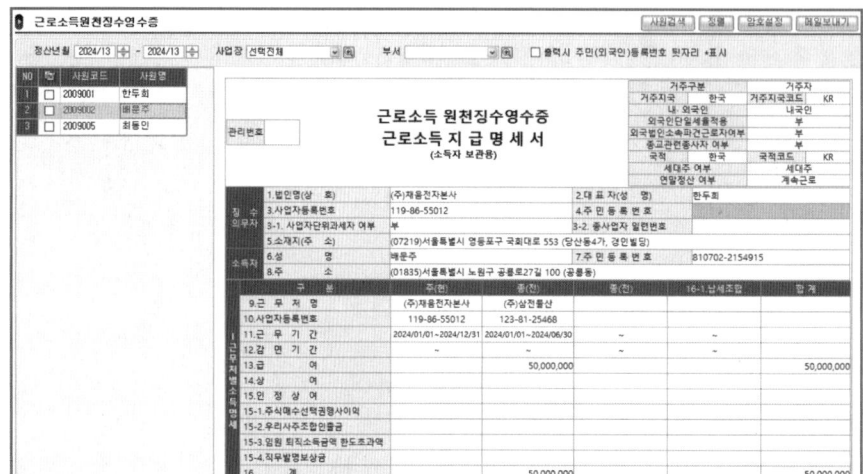

> **TIP**
> 마감 체크리스트 창은 기타부속서류가 미작성되어 공지 내용을 알려주는 것이다. 강제 마감 후 진행한다.

CHAPTER 07 퇴직정산관리

2025 버전의 핵심 ERP 프로그램에서 [백데이터] 파일의 '실무 시뮬레이션_CHAPTER 07' DB를 복원한 후 '2001.(주)채움전자, 2009002.배문주'로 로그인한다.

1. 퇴직기준설정

> **ERP 메뉴 찾아가기**
>
> 인사/급여관리 ▶ 퇴직정산관리 ▶ 퇴직기준설정

+ 퇴직정산관리 프로세스

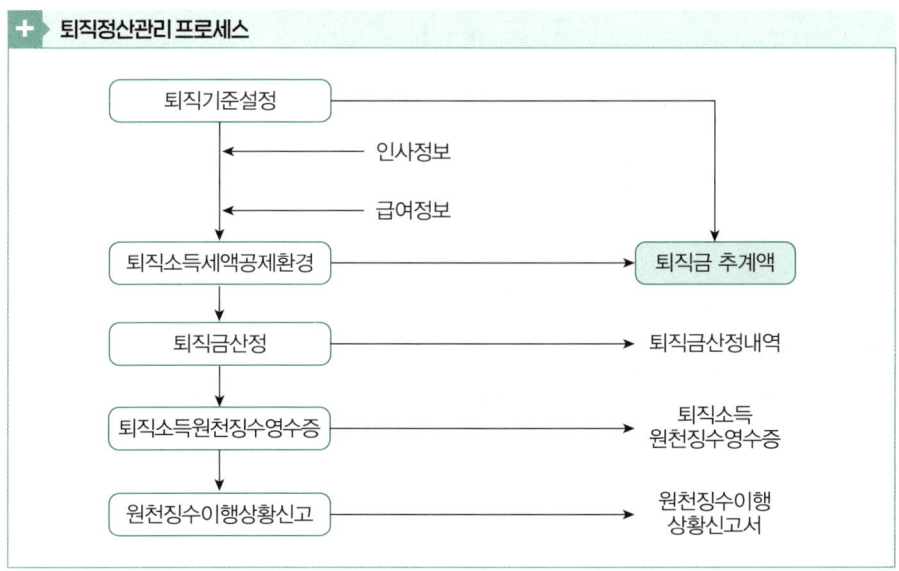

퇴직금을 산출하기 위한 계산기준을 설정하는 메뉴이다. 계산기준을 변경할 경우 우측 상단의 '마감취소' 버튼을 클릭한 후 계산식 및 설정을 변경할 수 있다.

평균임금	퇴직자의 평균임금을 산출하기 위한 기간 선택 • 일할: 퇴사일로부터 3개월을 일수로 계산하여 3개월 산정 • 월할: 일수에 상관없이 퇴사월을 포함하여 3개월 산정 • 전월기준: 전월을 기준으로 전월 3개월 산정 • 연할기준: 1년을 기준으로 산정
급여반영	평균임금에 반영되는 급여의 일할계산/월할계산 여부 선택
누진적용	• 근속누진적용, 임원누진적용: 누진적용 후 누진기준을 설정 • 월 미만 누진적용: 월 미만 일수에 대한 누진적용을 의미하며, 버림/올림 중 선택

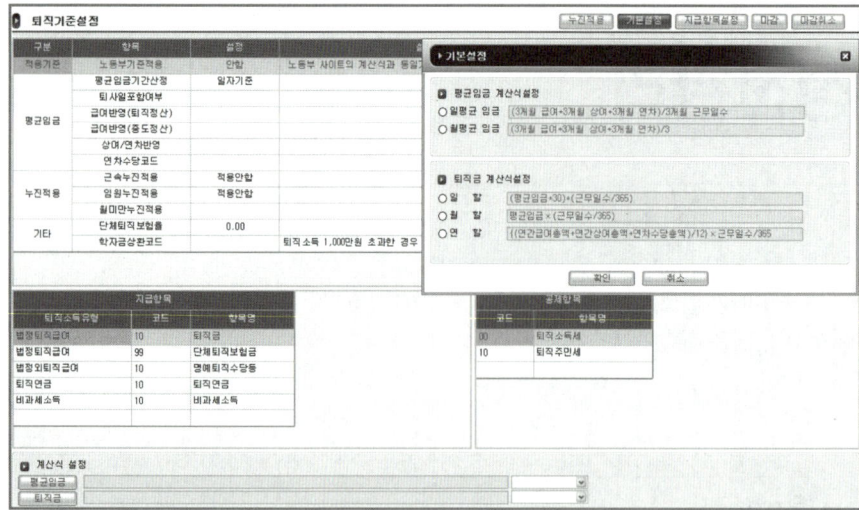

실무 연습문제 퇴직기준설정

다음은 (주)채움전자의 퇴직금 계산 기준이다. 이를 ERP 시스템에 등록하시오.

항목	설정
노동부기준적용	안함
평균임금기간산정	일자기준
퇴사일포함여부	제외
급여반영(퇴직정산/중도정산)	일할계산
상여/연차반영	일할계산
근속누진적용	적용안함
임원누진적용	적용유형: 001.기간, 적용방식: 000.가산율
퇴직금 계산식설정	일할, 1원 단위 절사
평균임금 계산식설정	일평균 임금, 1원 단위 절사
퇴직금지급항목	10.퇴직금
퇴직금공제항목	00.퇴직소득세, 10.퇴직주민세
지급항목설정	기본급/직책수당/가족수당/자격수당/식대/연장근로수당/상여

정답

- 우측 상단의 '마감취소' 버튼 클릭
- '임원누진적용: 적용함'으로 변경한 후 우측 상단의 '누진적용' 버튼을 클릭하여 적용유형, 적용방식 설정
- 우측 상단의 '기본설정' 버튼을 클릭하여 '평균임금 계산식설정/퇴직금 계산식설정'을 선택(또는 하단의 계산식 설정란에 평균임금과 퇴직금의 직접 계산식을 작성)
- 우측 상단의 '지급항목설정' 버튼을 클릭하여 평균임금 및 퇴직금 계산에 포함될 항목을 선택

기출 유형 파악하기
24년 6회 19번 I p.365

TIP
우측 상단의 '누진적용' 버튼은 누진세를 적용했을 때 활성화된다.

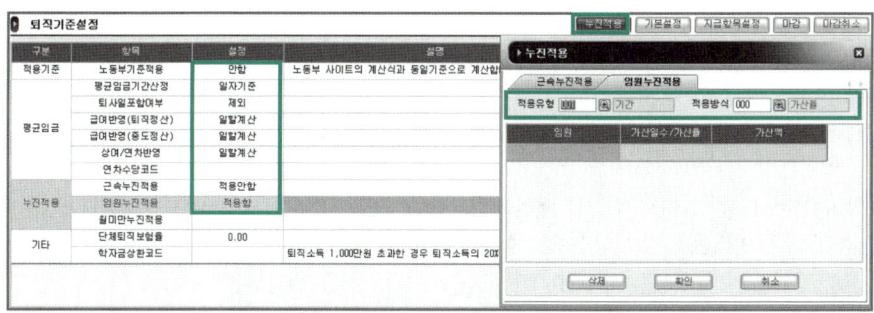
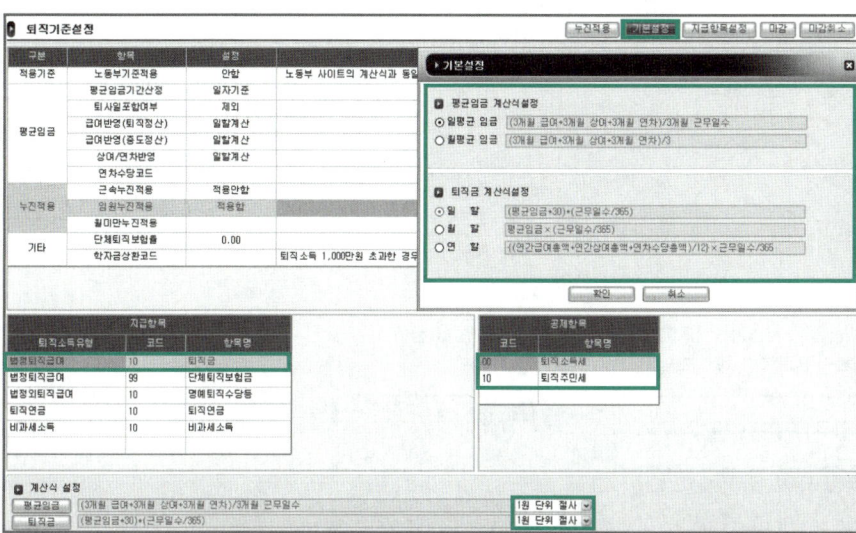
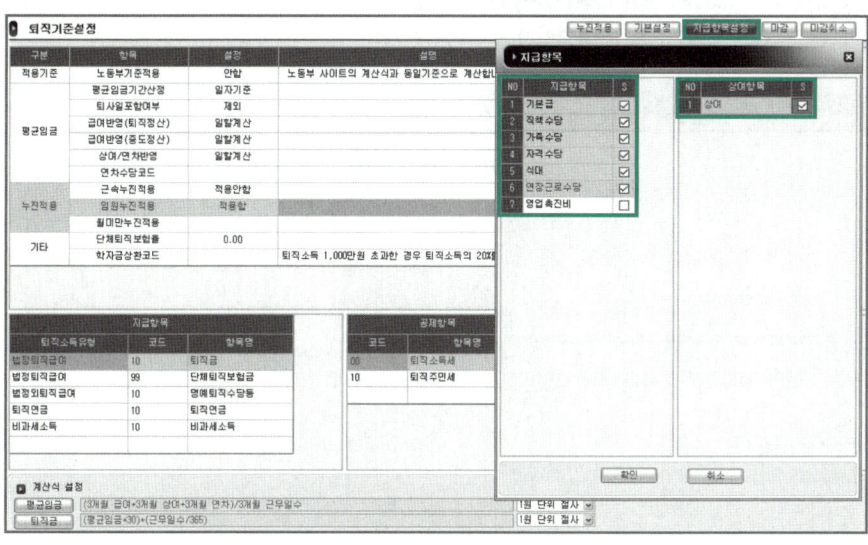

2. 퇴직금산정

> **ERP 메뉴 찾아가기**
>
> 인사/급여관리 ▶ 퇴직정산관리 ▶ 퇴직금산정

[퇴직기준설정] 메뉴에서 설정한 항목과 계산기준에 따라 퇴직금 내역을 조회할 수 있다. 우측 상단의 '마감' 버튼을 클릭하면 퇴직금 데이터는 퇴직소득영수증 및 원천징수이행상황신고서에 자동으로 반영된다.

실무 연습문제 퇴직금산정

(주)채움전자 본사 김소연 사원의 퇴직금을 계산하시오.

- 귀속연월: 2025/06
- 지급일자: 2025/06/30
- 퇴직금 계산: 급여, 상여, 퇴직금 계산
- 퇴직일자: 2025/06/30
- 사원: 김소연

+ **기출 유형 파악하기**
24년 3회 20번 | p.398

정답

- [퇴직금산정] 메뉴에서 신고귀속, 귀속연도, 지급일자, 사업장을 입력한 후 '정산구분: 2.퇴직정산'을 입력
- 우측 상단의 '대상자선정' 버튼을 클릭하고 귀속연월, 퇴직일자, 지급일자, 사원코드를 입력

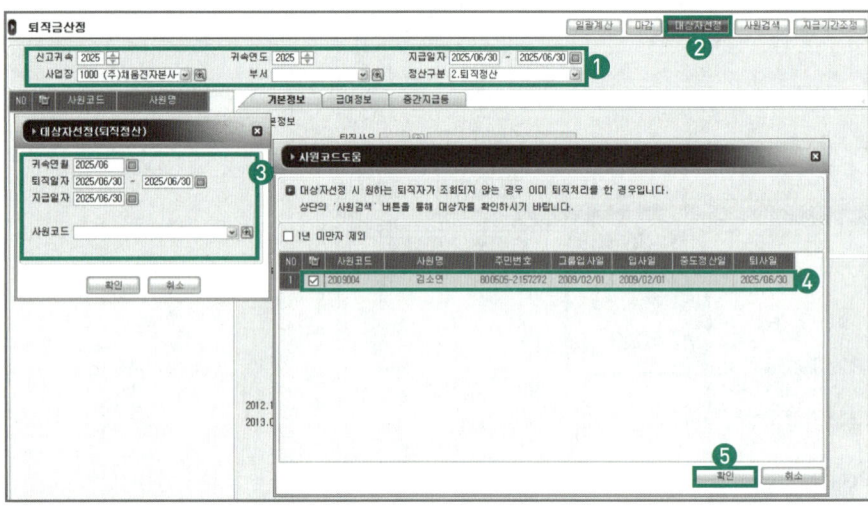

- 김소연 사원에 체크한 후 급여정보 탭에서 우측 상단의 '일괄계산' 버튼을 클릭하고, 퇴직금 계산 창에서 '급여, 상여, 퇴직금 계산'을 선택
- 퇴직금정산내역 탭을 클릭하여 퇴직금 및 퇴직소득세, 퇴직주민세 확인
- 우측 상단의 '마감' 버튼을 클릭하여 마감처리

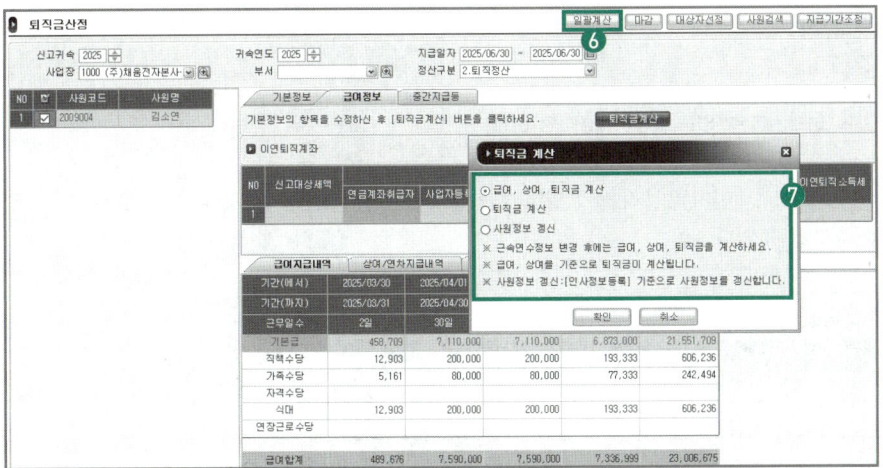

> **TIP**
>
> 우측 상단의 '마감' 버튼을 클릭하면 퇴직금 데이터가 퇴직소득원천징수영수증으로 자동 반영되며, 퇴직소득세의 데이터는 원천징수이행상황신고서(퇴직소득)에도 자동으로 반영된다.

➕ 퇴직금 계산

- **급여, 상여, 퇴직금 계산**: 퇴직기준설정을 기준으로 계산
- **퇴직금 계산**: 퇴직금산정에 등록된 내용을 기준으로 퇴직금만 계산
- **사원정보 갱신**: 인사정보등록 기준으로 사원정보 갱신

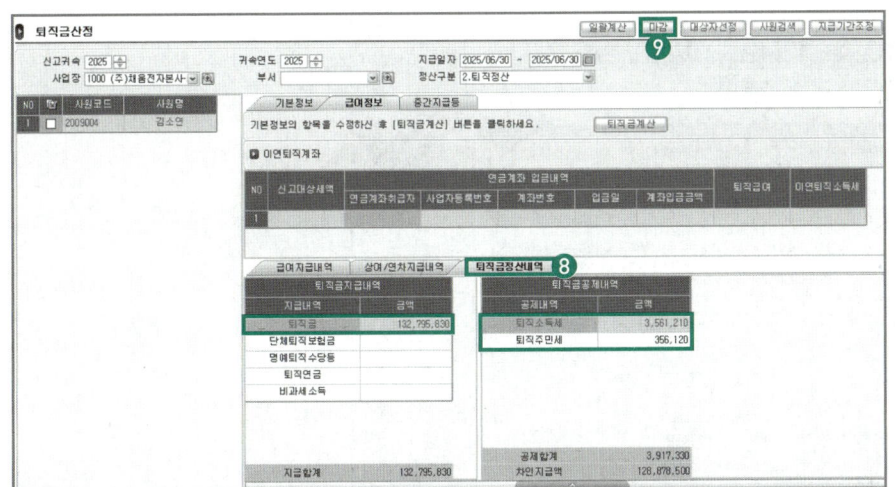

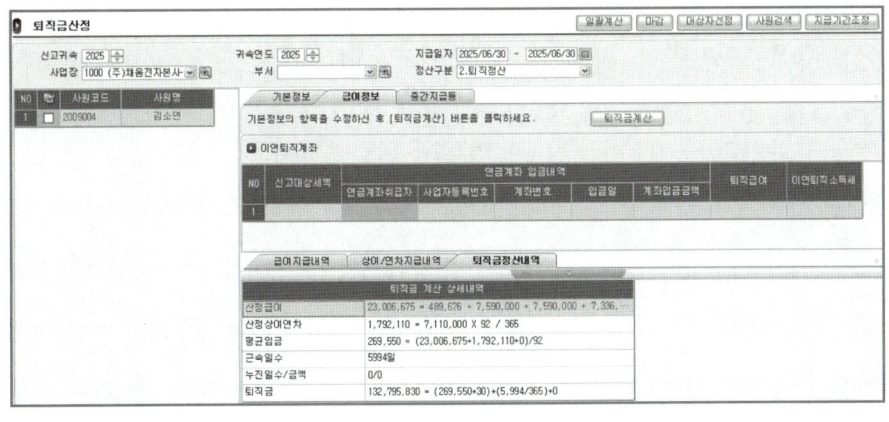

> **TIP**
>
> 퇴직금 계산 상세내역을 확인하는 문제가 출제된다.

3. 퇴직소득원천징수영수증(2014년 이후)

ERP 메뉴 찾아가기

인사/급여관리 ▶ 퇴직정산관리 ▶ 퇴직소득원천징수영수증(2014년 이후)

[퇴직금산정] 메뉴에서 마감을 해야만 자동으로 데이터를 불러올 수 있다. 퇴직소득원천징수영수증과 퇴직소득지급현황 내역을 출력할 수 있다.

> **TIP**
> [퇴직금산정] 메뉴에서 마감처리를 하지 않으면 영수증에서 내용을 불러올 수 없다.

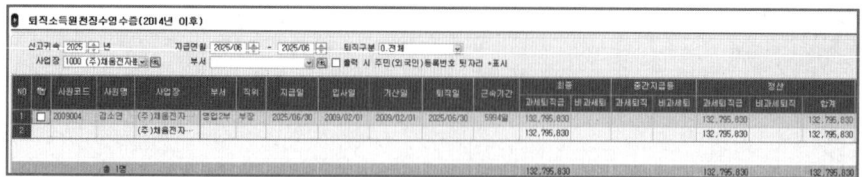

4. 퇴직금추계액

ERP 메뉴 찾아가기

인사/급여관리 ▶ 퇴직정산관리 ▶ 퇴직금추계액

퇴직급여충당금을 설정하기 위한 메뉴로 재직자의 퇴직급여추계액을 계산한다.

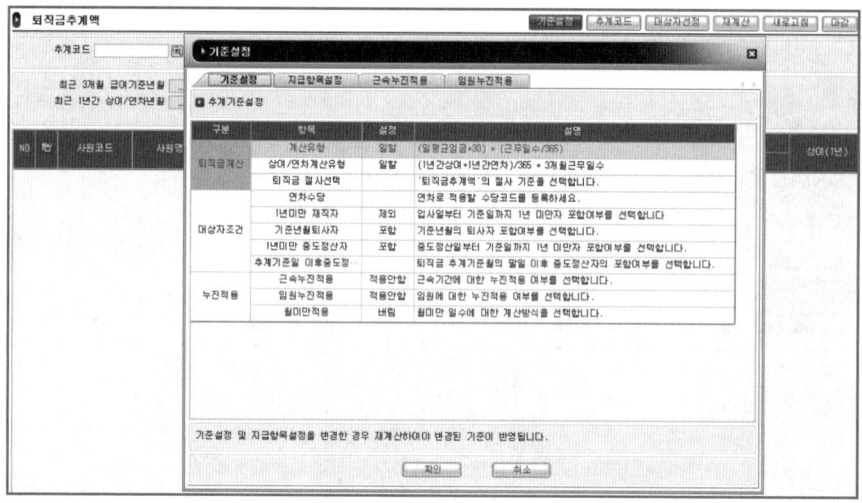

(1) 기준설정 메뉴

① **기준설정 탭**
- **퇴직금 계산**: 계산유형(일할, 월할, 연할)을 선택하여 퇴직금 계산을 적용한다.

일할	(일평균임금×30)×(근무일수/365)
월할	월평균임금×(근무일수/365)
연할	(연간급여총액+연간상여총액+연차수당총액)/12×(근무일수/365)

> **TIP**
> 기준설정 및 지급항목설정을 변경한 경우에는 재계산을 해야만 변경된 기준이 반영된다.

- **대상자조건**

연차수당	연차로 적용할 수당코드를 등록
1년 미만 재직자	1년 미만 재직자의 제외/포함 여부를 선택
기준년월퇴사자	기준년월의 퇴사자 포함 여부를 선택
1년 미만 중도정산자	중도정산일부터 기준일까지 1년 미만인 자 포함 여부를 선택

- **누진적용**

근속누진적용	근속기간에 대한 누진적용 여부를 선택
임원누진적용	임원에 대한 누진적용 여부를 선택
월 미만적용	월 미만 일수에 대한 계산방식을 선택

② **지급항목설정 탭**: 평균임금을 산정하기 위한 급여 및 상여 지급항목을 선택하는 메뉴이다. 지급항목 설정을 변경한 경우에는 반드시 우측 상단의 '재계산' 버튼을 클릭하여 급여내역을 새롭게 반영하여야 한다.

③ **근속누진적용/임원누진적용 탭**: 누진적용 탭에서 적용함을 선택했을 경우에만 등록할 수 있다.

(2) 퇴직 추계코드 설정 메뉴

퇴직금추계 계산유형을 선택한 후 대상자 설정을 위한 포함 여부를 선택한다. 추계설정 및 삭제가 가능하다.

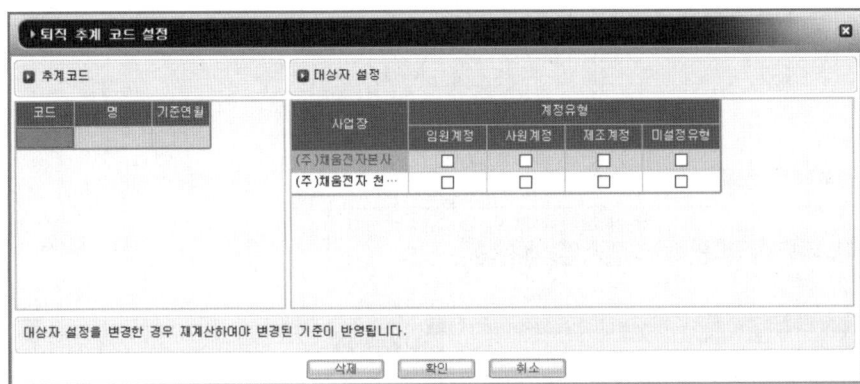

① 추계코드
  - 4자리 숫자 또는 문자로 등록할 수 있다.
  - 추계하려는 기준연월을 등록한다.
② 대상자 설정: 기준설정 시 대상자선정 항목을 변경한 경우 추가되는 사원 목록에서 추가하고자 하는 사원에 체크하여 추가로 적용할 수 있다.
  - 추계코드 설정에서 사업장이나 계정유형을 추가할 경우 해당 대상자를 추가할 수 있다.
  - 만약 추계코드 등록 후 추계 대상자가 존재한다면 대상자선정을 통해 추가사원을 확인한 후 추가할 수 있다. 즉, 기준설정과 추계코드 설정에서는 대상자가 더 추가되지 않는다.
③ 재계산: 데이터를 초기화하여 대상자를 재선정하고 재계산을 활용하며 조회하고 있는 추계코드의 데이터를 모두 삭제한 후 새롭게 불러올 때 사용한다.
④ 새로고침: 추계 데이터를 조회했을 때 사원정보의 사업장, 부서, 계정유형이 변경된 경우, 현재 [인사정보등록] 메뉴의 사원정보로 변경하고자 하는 경우에 새로고침을 통해 데이터를 수정한다. [인사정보등록] 메뉴의 입사일 변경 또는 중도정산일 변경 시에는 새로고침이 아닌, '재계산' 버튼을 클릭해 데이터를 삭제하고 추계를 실행한다.
⑤ 마감: 추계 내역을 최종 확인하고 데이터 수정, 삭제 및 새로고침을 방지하기 위해 사용한다.

실무 연습문제 퇴직금추계액

(주)채움전자의 2025년 6월 말 기준의 퇴직급여추계액을 설정하시오.

기출 유형 파악하기
25년 1회 20번 | p.356

- 1년 미만의 재직자는 추계액 계산에서 제외하고, 기준연월 퇴사자와 1년 미만 중도정산자는 포함한다(10원 단위 절사).
- 지급항목 설정 시 상여를 제외한 나머지 지급항목을 전체 체크한다.

추계코드	추계코드	1000
	추계명	2025 상반기 추계액
대상자 설정	본사	임원, 사원, 제조
	천안지점	임원, 사원, 제조

정답
- 우측 상단의 '기준설정' 버튼을 클릭하고 기준설정 탭의 추계 기준설정을 변경
- 지급항목설정 탭을 클릭한 후 상여 항목을 제외한 나머지 지급항목에 모두 체크

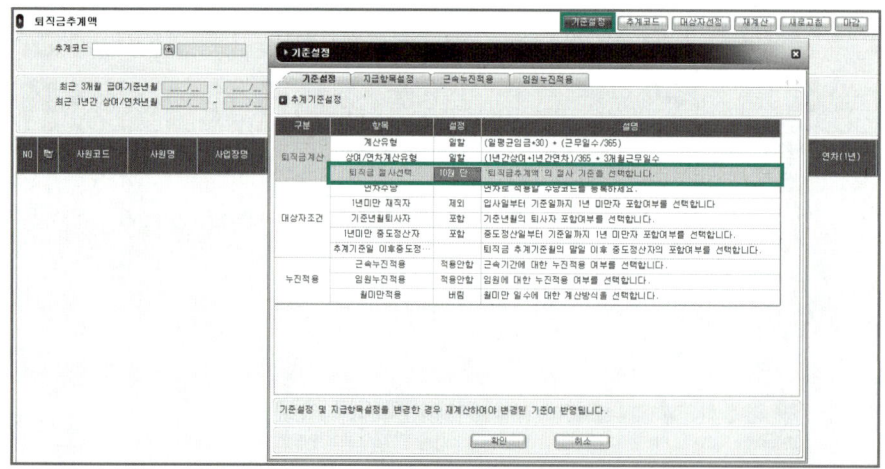

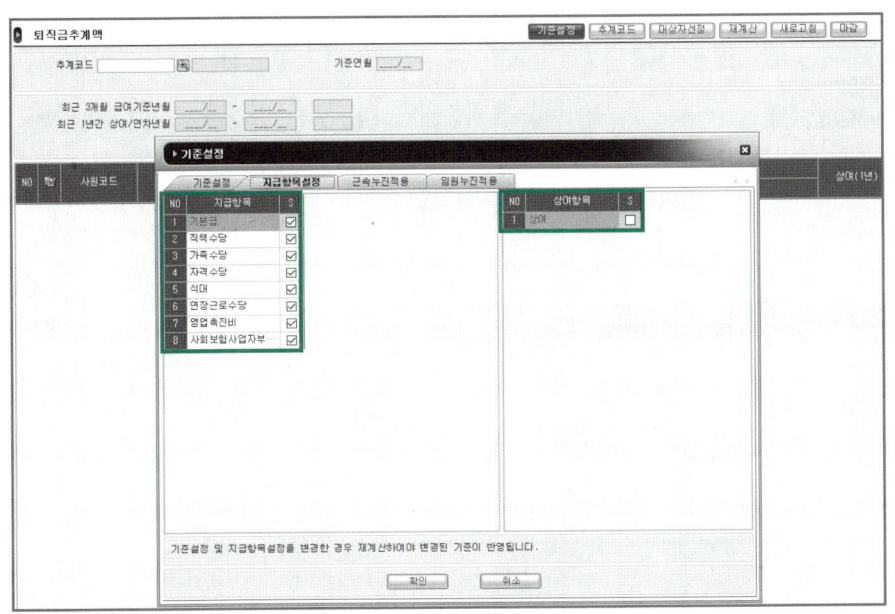

• 우측 상단의 '추계코드' 버튼을 클릭하고 '추계코드: 1000,2025 상반기 추계액, 기준연월: 2025/06'을 입력한 다음 '대상자 설정: 본사/지점(임원계정, 사원계정, 제조계정)'을 선택

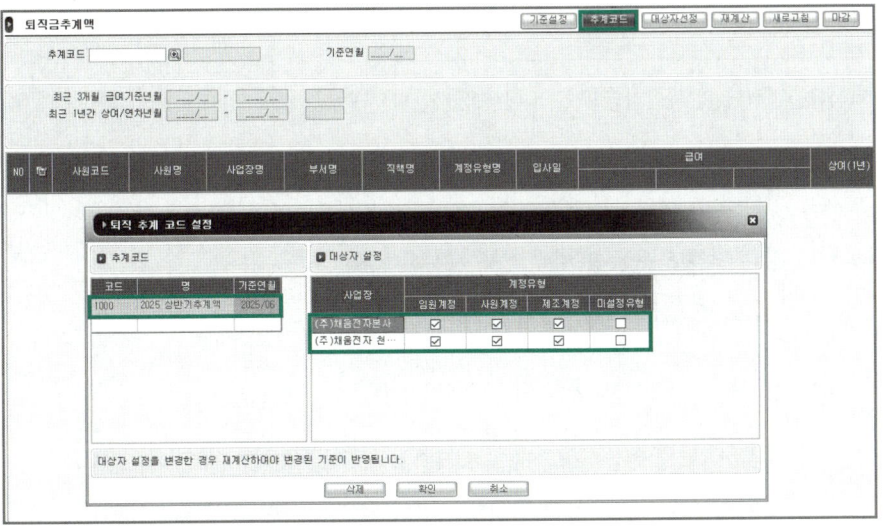

- 우측 상단의 '대상자선정' 버튼을 클릭하여 추가한 후 '추계코드: 1000.2025 상반기 추계액'으로 조회(추계 대상자에 대한 추계액이 자동으로 계산됨)
- [인사/급여관리]-[급여관리]-[상용직급여입력및계산] 메뉴에서 월마감을 하지 않은 경우, 데이터를 불러올 수 없으므로 위 내용이 조회가 되지 않는다. 이러한 경우에는 [상용직급여입력및계산] 메뉴에서 해당 월의 마감을 하고 돌아와 다시 조회를 해야 한다.

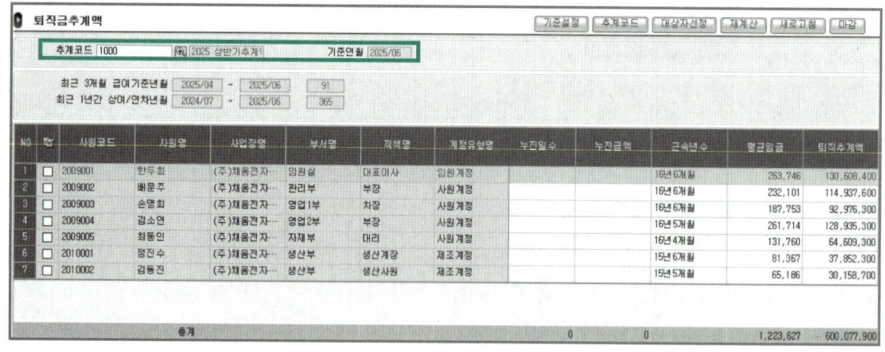

> 💡 TIP
>
> 퇴직금추계액을 조회하는 문제가 출제될 수 있지만, 추계액을 조회하고 퇴직급여충당금 잔액이 남아 있는 경우 '추계액 - 퇴직급여충당금 잔액'을 차감하는 문제도 출제될 수 있다.

5. 퇴직금산정현황

⊙ ERP 메뉴 찾아가기

인사/급여관리 ▶ 퇴직정산관리 ▶ 퇴직금산정현황

퇴직금산정에 의한 실제 퇴사자의 퇴직금산정현황 및 차인지급액 등의 내용을 기간별/사원별로 조회할 수 있다.

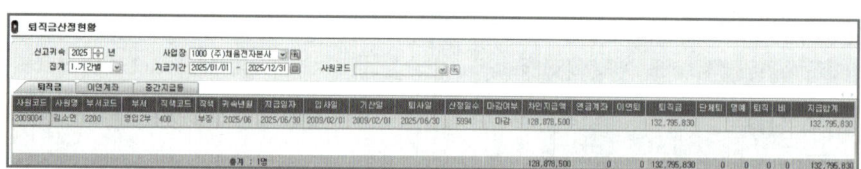

세무관리

2025 버전의 핵심 ERP 프로그램에서 [백데이터] 파일의 '실무 시뮬레이션_CHAPTER 08' DB를 복원한 후 '2001.(주)채움전자, 2009002.배문주'로 로그인한다.

1. 원천징수이행상황신고서

> **ERP 메뉴 찾아가기**
>
> 인사/급여관리 ▶ 세무관리 ▶ 원천징수이행상황신고서

원천징수이행상황신고서는 회사가 원천징수하여 지급한 「소득세법」상의 소득금액과 원천징수된 세액을 세무서에 보고하는 보고서로, 간이세액표에 의해 산출된 근로소득에 대한 원천징수세액, 일용직 사원의 원천징수세액, 중도 퇴사자의 연말정산을 통한 원천징수세액, 이자소득, 배당소득, 사업소득, 기타소득 등에 대한 원천징수세액을 표기한다. 급여 지급 시 공제된 소득세는 다음 달 10일까지 신고·납부하여야 한다.

> **원천징수이행상황신고서 수행 방법**
> - 제출연도와 신고사업장을 선택하고 '신고서 추가' 버튼을 클릭한다.
> - 추가된 신고서의 귀속연월과 지급연월을 선택한다.
> - 전월미환급세액이 있을 경우 전월문서를 반드시 입력한다.

실무 연습문제 원천징수이행상황신고서

아래 [보기]를 기준으로 '인사/급여환경설정'을 직접 확인하여 변경한 뒤, (주)채움전자의 원천징수이행상황신고서를 작성하시오(제출연도는 2025년, 신고사업장은 1000.(주)채움전자본사로 입력한다).

> **기출 유형 파악하기**
> 25년 1회 22번 | p.357

┌ 보기 ─────────────────────────────
- 원천세 신고유형: 본점일괄신고
- 이행상황신고서집계방식: 귀속, 지급연월
- 신고서 생성기준: 귀속 2025/03, 지급 2025/03(제출일: 2025/04/10)
- 일반 데이터 반영: 매월징수분(전체)
- 연말정산 소득세, 농특세 반영: 미적용
└─────────────────────────────────

정답

- [인사/급여환경설정] 메뉴의 기준설정 탭에서 '신고기준설정-원천세 신고유형: 본점일괄신고', '이행상황신고서 집계방식: 귀속, 지급연월'로 수정

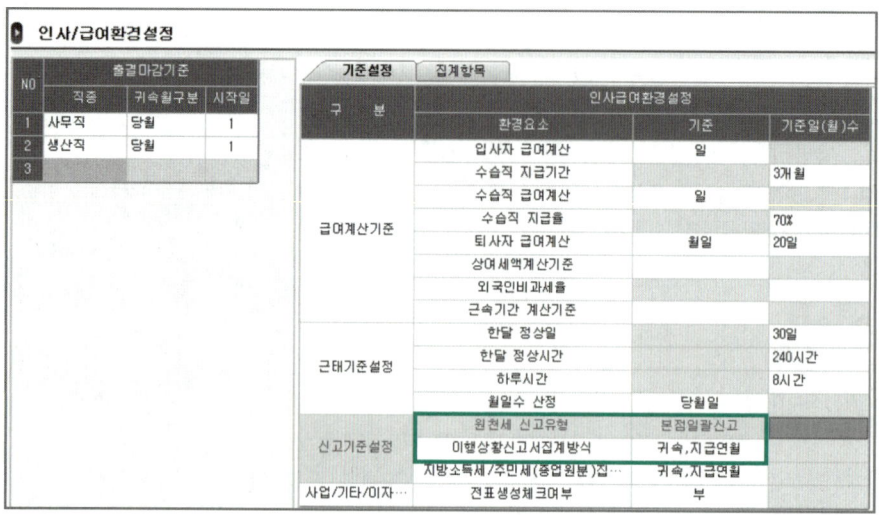

- [원천징수이행상황신고서] 메뉴에서 '제출연도: 2025, 신고사업장: 1000,(주)채움전자본사'를 입력한 후 '신고서추가' 버튼을 클릭

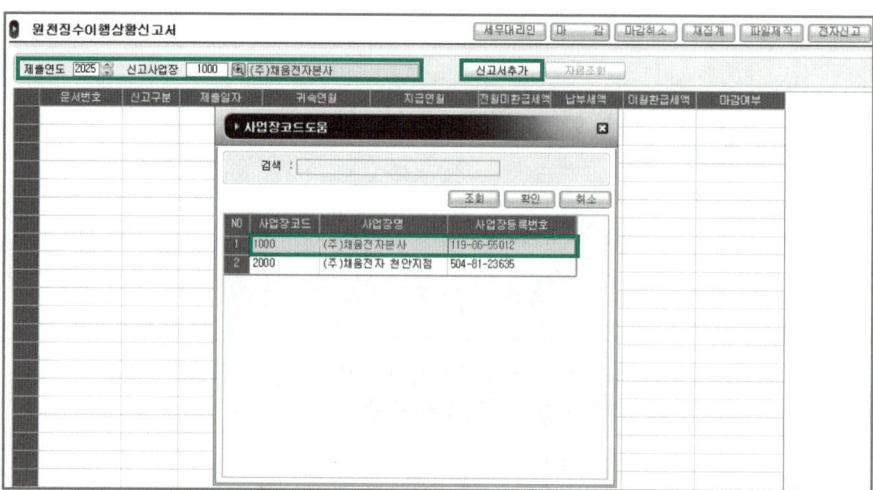

- '신고구분: 1.정기', '귀속연월: 2025/03', '지급연월: 2025/03', '소득처분여부: 1.비해당', '제출일자: 2025/04/10'
  으로 조회
- 근로소득 데이터 반영기준 창에서 '일반 데이터 반영: 1.매월 징수분(전체)', '연말정산 소득세, 농특세 반영: 미적용'
  을 선택

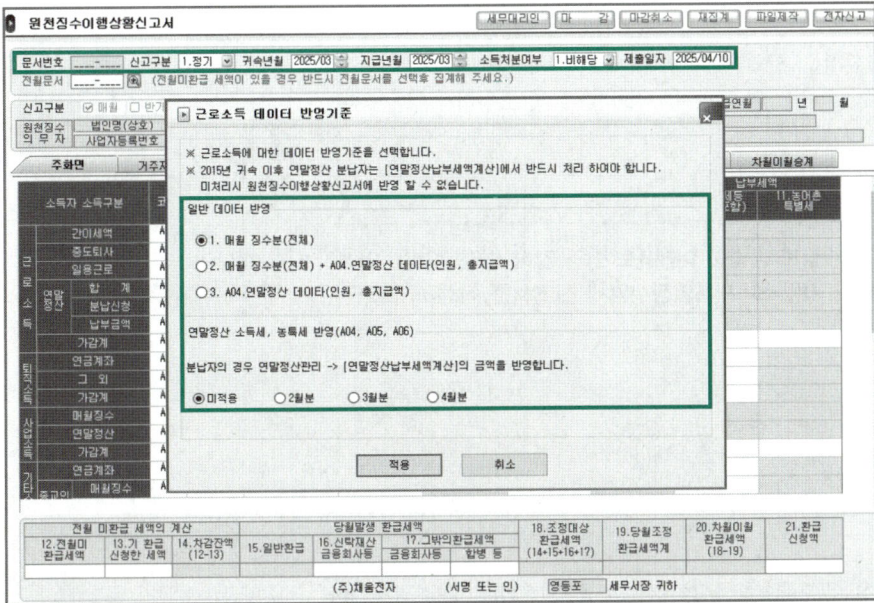

> **TIP**
> 귀속연월과 지급연월 입력 시 주의한다. 예를 들어 5월분 급여 지급일이 6월 5일인 경우 귀속연월은 5월, 지급연월은 6월로 입력해야 한다.

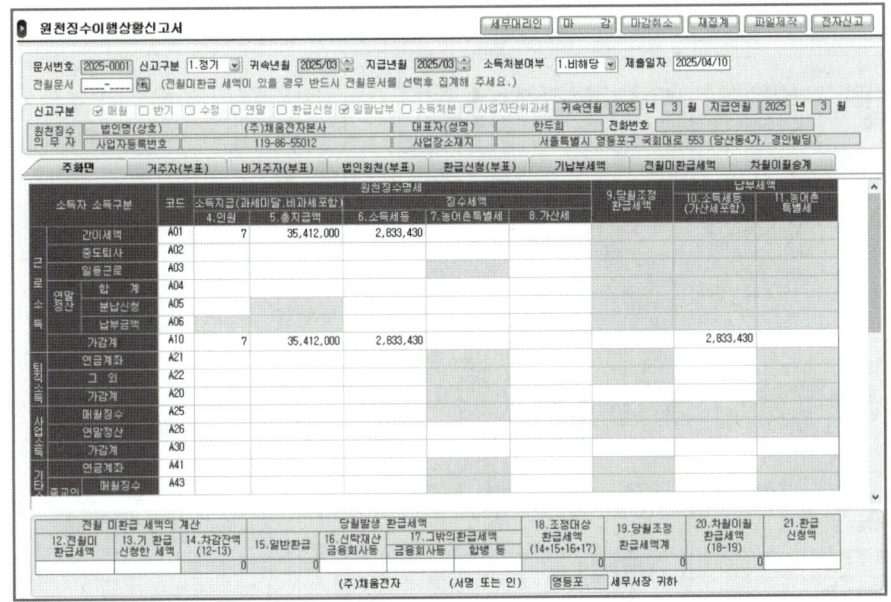

> **TIP**
> 이자/배당소득, 사업소득, 기타소득(가상자산), 금융투자소득 등과 같이 거주자(부표) 탭에서 입력하는 소득은 주화면 탭에서 수정 불가능하다.

2. 지방소득세특별징수명세/납부서

> **ERP 메뉴 찾아가기**
>
> 인사/급여관리 ▶ 세무관리 ▶ 지방소득세특별징수명세/납부서

[상용직급여입력및계산], [퇴직금산정], [사업/기타/이자/배당소득관리] 메뉴에 입력된 데이터의 지방소득세를 조회하고 '납부서 및 영수필통지서'와 '징수 및 조정명세서'를 출력할 수 있는 메뉴이다.

실무 연습문제   지방소득세특별징수명세/납부서

당 회사 지방소득세특별징수명세 신고서 집계 방법이 아래 [보기]와 같이 변경되었다. 아래 [보기]를 기준으로 환경설정을 변경하고 지방소득세특별징수명세 신고서를 작성하시오(단, 신고서 생성기준은 '단일 사업장' 기준이다).

⊕ 기출 유형 파악하기
24년 4회 23번 | p.387

— 보기 —
- 지방소득세 집계방식: 귀속연월
- 신고사업장: 전체
- 귀속연월: 2025/03
- 제출일자: 2025/04/10
- 매월 신고
- 신고구분: 1.정기
- 지급연월: 2025/03
- 급여지급일자: 2025/03/31

정답

- [인사/급여환경설정] 메뉴의 기준설정 탭에서 '신고기준설정-지방소득세/주민세(종업원분)집계방식: 귀속연월'로 수정

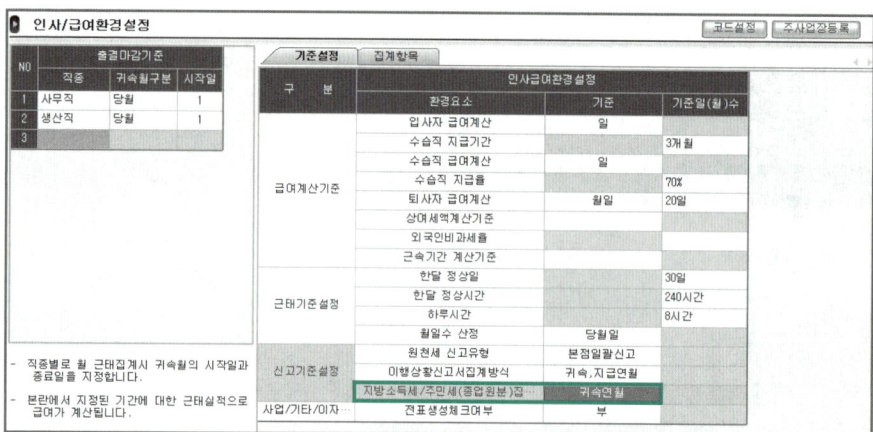

- [지방소득세특별징수명세/납부서] 메뉴에서 '제출일자: 2025/04/10~2025/04/10'을 입력한 후 우측 상단의 '신고서생성'을 클릭하여 팝업창에 [보기] 내용을 입력

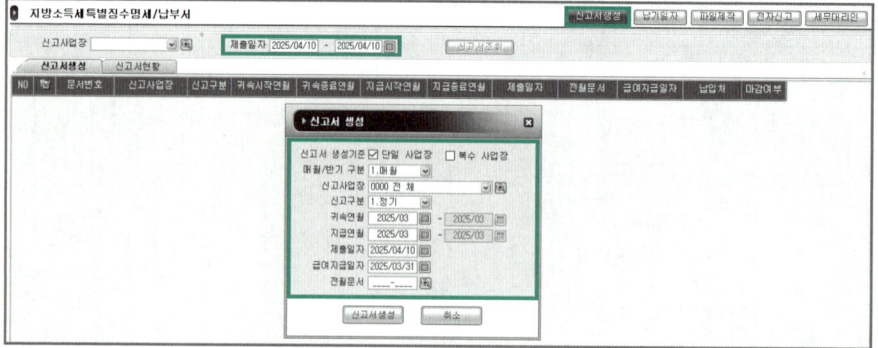

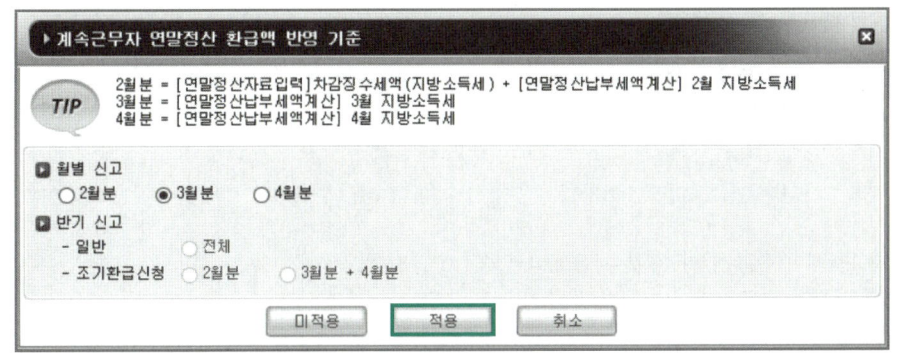

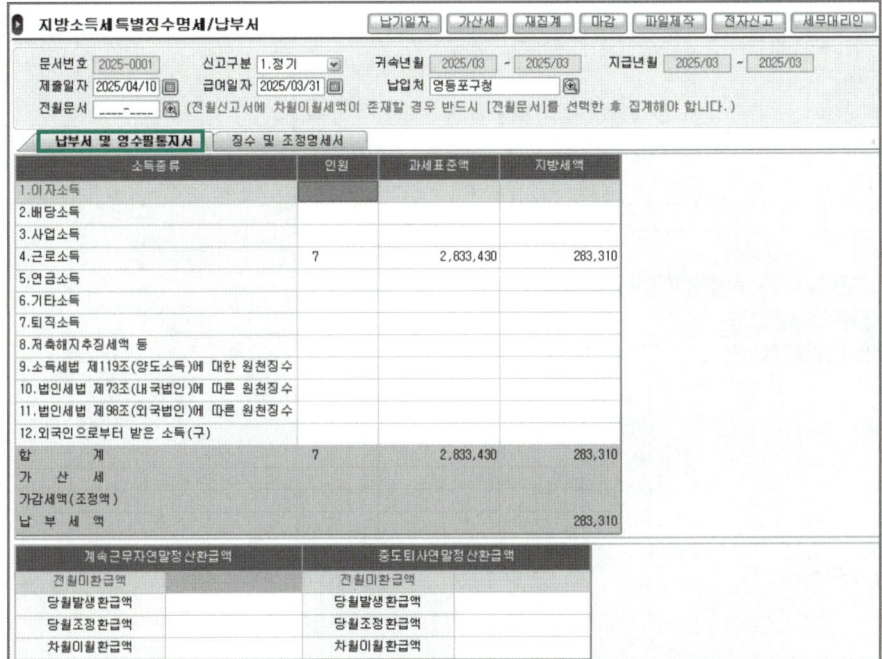

- '제출일자: 2025/04/10'을 다시 입력하고 징수 및 조정명세서 탭에서 '소득구분: 4.근로소득'으로 조회

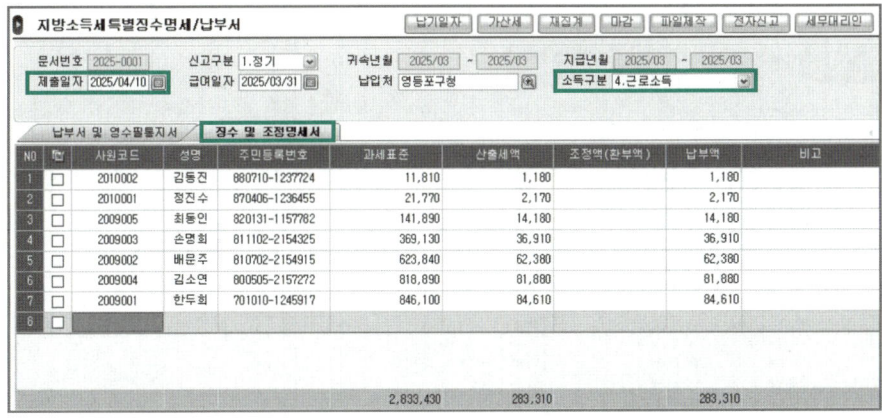

전표관리

2025 버전의 핵심 ERP 프로그램에서 [백데이터] 파일의 '실무 시뮬레이션_CHAPTER 09' DB를 복원한 후 '2001.(주)채움전자, 2009002.배문주'로 로그인한다.

➕ 계정과목 설정 시 선행 작업

- [시스템관리]-[기초정보관리]-[회계연결계정과목등록] 메뉴에서 '모듈: 인사관리, 전표코드: 급여'를 선택한 후 우측 상단의 '초기설정' 버튼을 클릭한다.
- 모듈을 전체 선택한 후 '적용'을 클릭하여 '연결계정을 초기화 하시겠습니까?' 창이 뜨면 '예'를 선택한다. 회계연결계정과목등록은 ERP 인사, 생산, 물류 각 모듈에서 회계모듈로 자료를 이관하여 자동으로 회계전표를 발생할 수 있도록 회계처리 과정을 미리 설정해 놓는 메뉴이다.

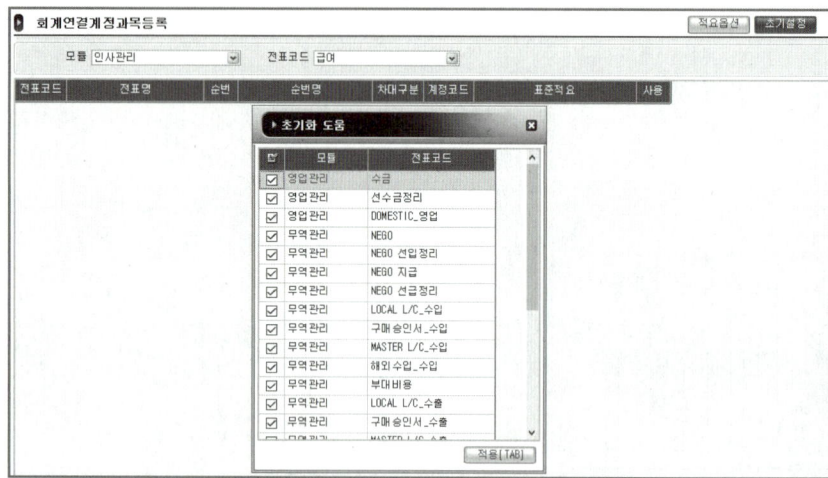

- 위 작업을 수행하면 [인사관리] 메뉴에서 전표관리와 연결되어 '급/상여지급공제' 항목에 대한 미결전표를 회계관리로 자동으로 넘겨준다. 이때 전표는 미결전표로 넘어간다. 현재 수행사원이 수정권한이 있더라도 전표는 미결전표로 발행된다.
- 전표관리는 산출된 급여와 상여 데이터를 회계처리하기 위해 자동으로 전표를 발생시키는 부분으로, 발생된 전표는 회계모듈의 전표입력에서 확인할 수 있다.

1. 계정과목설정

ERP 메뉴 찾아가기
인사/급여관리 ▶ 전표관리 ▶ 계정과목설정

[계정과목설정] 메뉴에서 계정유형, 항목구분을 선택하여 임원계정, 사원계정, 제조계정을 설정한다. 불러온 항목에 따라 계정코드란에서 F2를 누르고 해당 계정과목을 입력한다.

① 임원계정

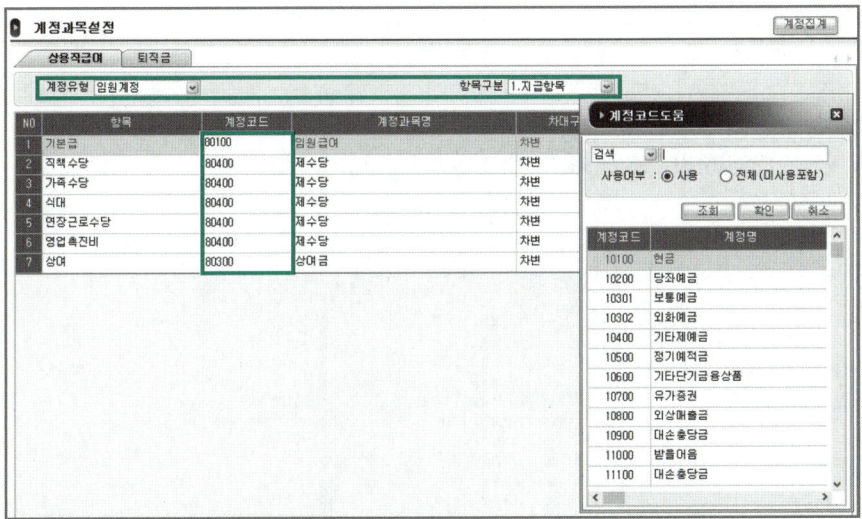

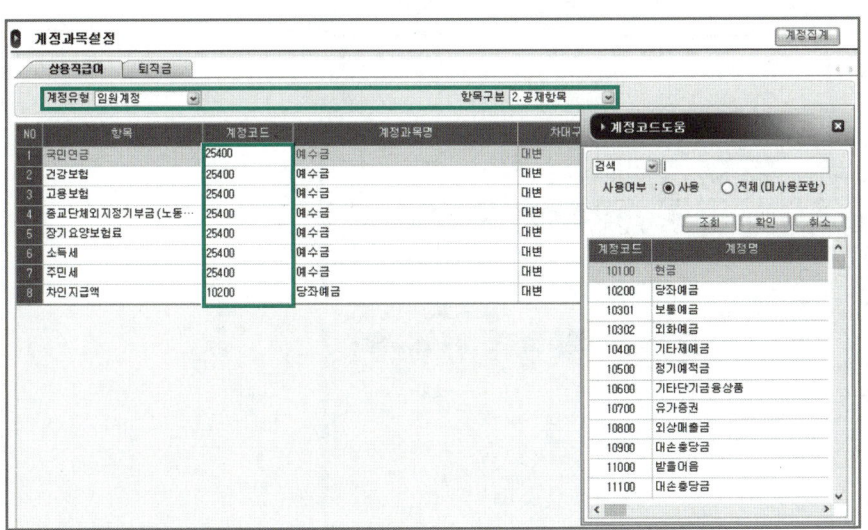

② 사원계정

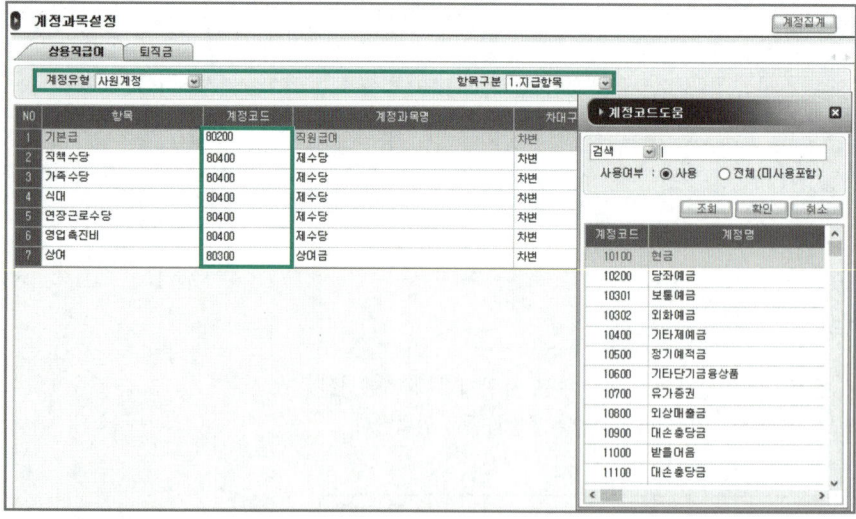

③ 제조계정

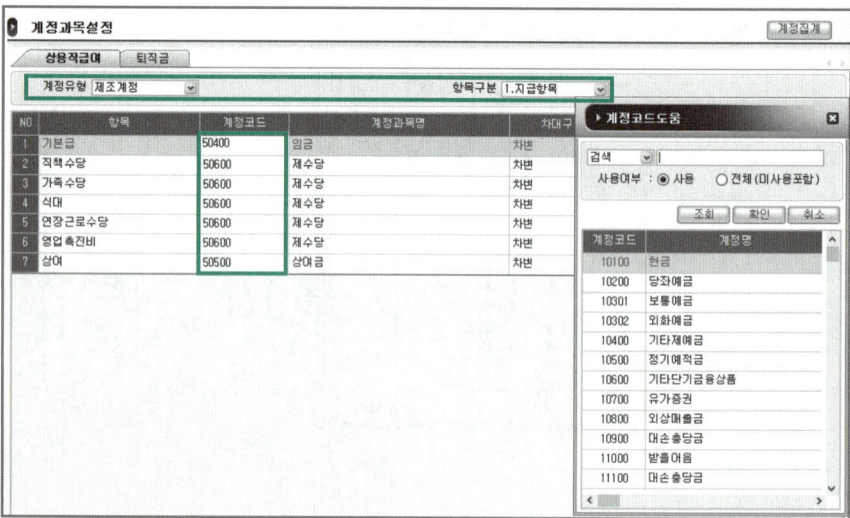

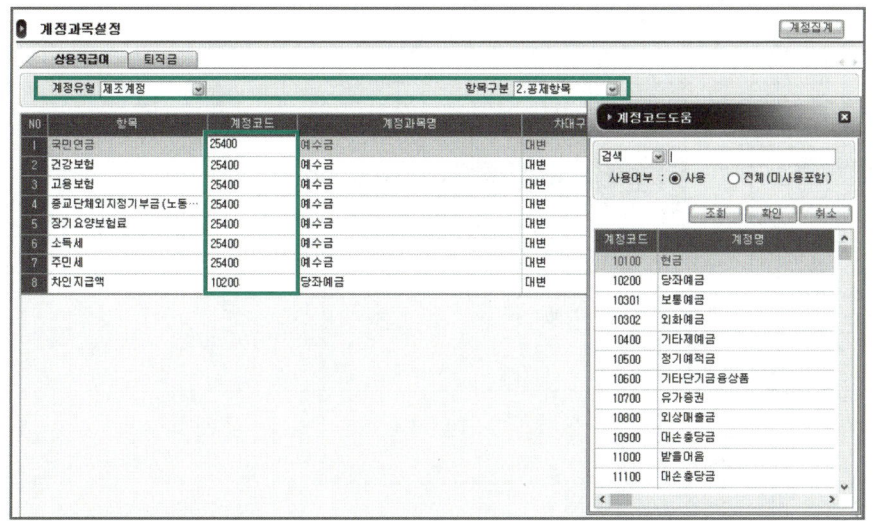

2. 소득자별계정유형설정

> ERP 메뉴 찾아가기
>
> 인사/급여관리 ▶ 전표관리 ▶ 소득자별계정유형설정

소득자별 계정유형을 지정하는 메뉴이다.

① 사원계정

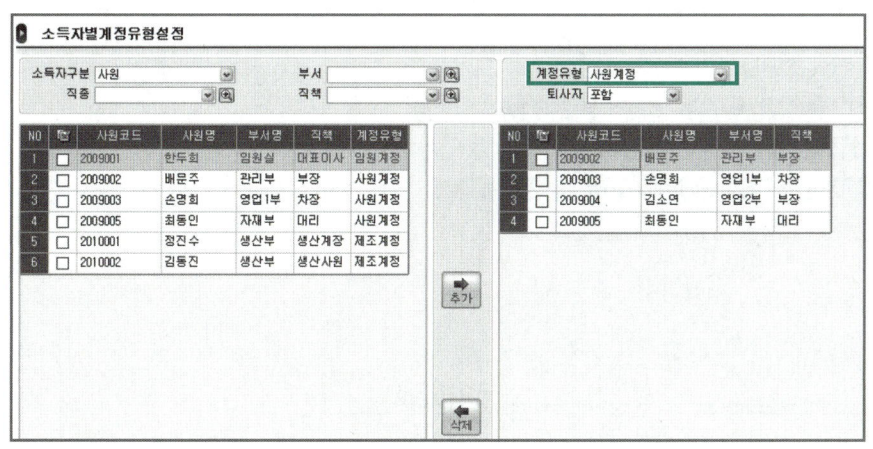

> TIP
>
> 소득자별 계정유형은 각 소득자의 [인사정보등록], [소득자등록(거주자기타소득)], [소득자등록(거주자사업소득)] 메뉴에서도 등록할 수 있다.

② 제조계정

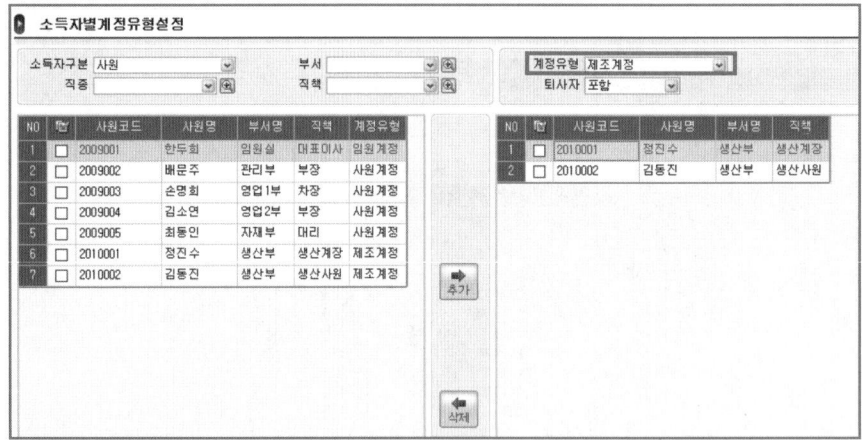

3. 전표집계및생성

인사/급여관리 ▶ 전표관리 ▶ 전표집계및생성

근태관리와 급여관리를 통해 계산된 급여와 상여금 데이터를 [인사/급여관리] 모듈에서 [회계관리] 모듈로 이관하여 전표처리를 생성 및 삭제하는 메뉴이다. 지급유형, 귀속연월, 회계단위, 결의일자를 입력한 후 Enter를 누르고 집계내역을 선택하면 전표가 생성된다.

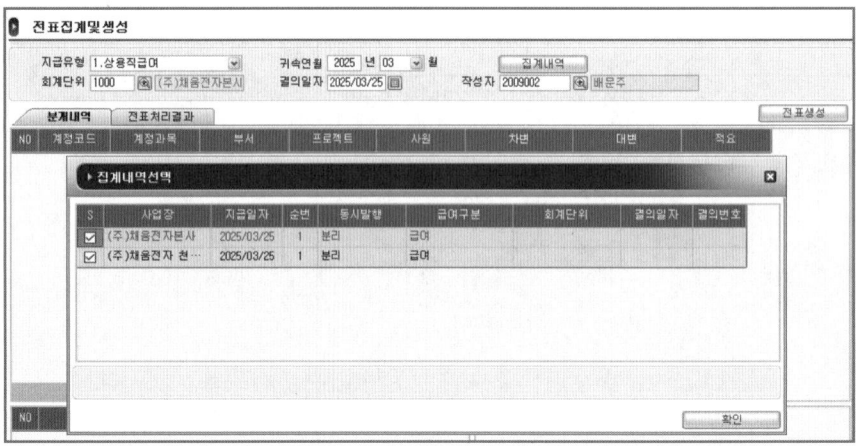

실무 연습문제 | 전표집계및생성

[전표집계및생성] 메뉴에서 아래 [보기]를 기준으로 전표를 생성하고 전표처리결과를 확인하시오.

> **보기**
> - 지급유형: 1.상용직급여
> - 회계단위: 1000.(주)채움전자본사
> - 작성자: 2009002.배문주
> - 귀속연월: 2025/03
> - 결의일자: 2025/03/25

🔎 **기출 유형 파악하기**
24년 5회 21번 | p.376

정답

- 전표생성 반영 후

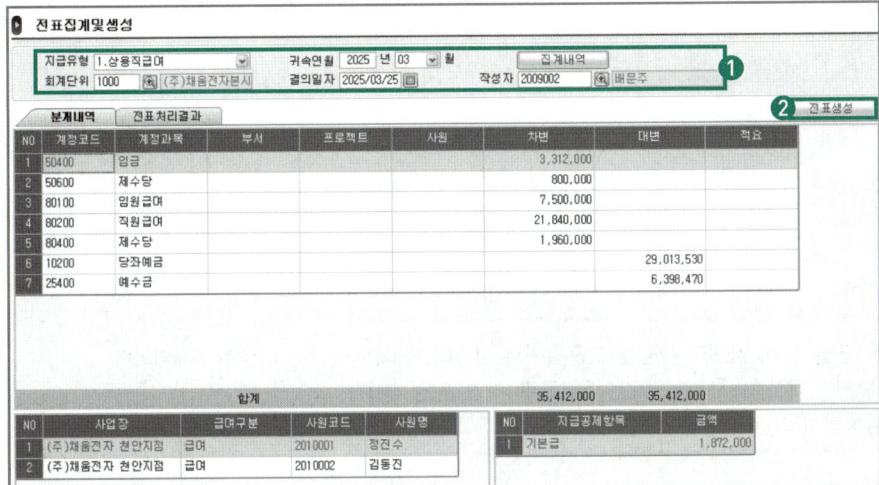

💡 **TIP**

전표생성 후 처리된 전표처리결과 내역은 전표처리결과 탭에서 확인할 수 있다.

- 전표처리결과 탭

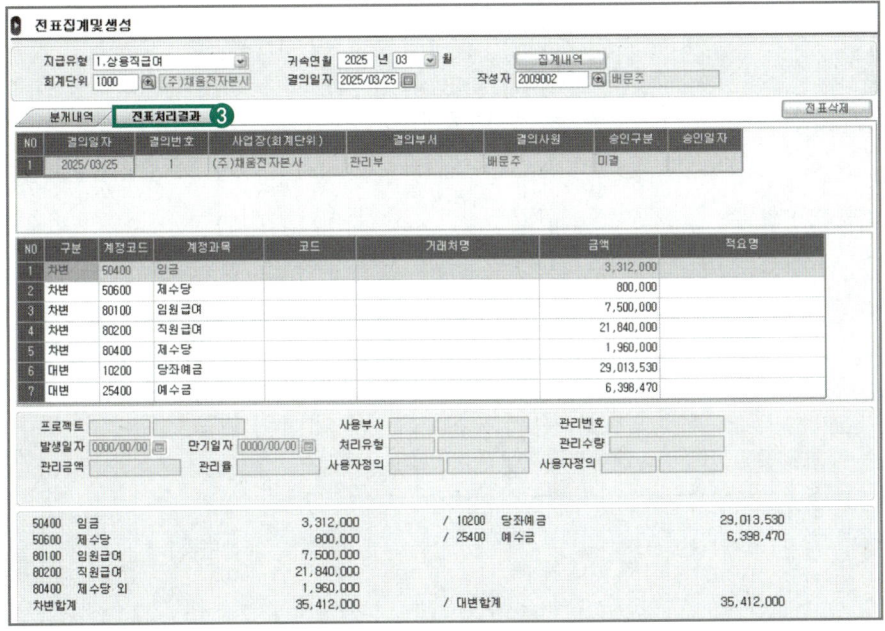

CHAPTER 10 일용직관리

2025 버전의 핵심 ERP 프로그램에서 [백데이터] 파일의 '실무 시뮬레이션_CHAPTER 10' DB를 복원한 후 '2001.(주)채움전자, 2009002.배문주'로 로그인한다.

1. 일용직사원등록

> **ERP 메뉴 찾아가기**
>
> 인사/급여관리 ▶ 일용직관리 ▶ 일용직사원등록

일용직 근로자란 일반회사의 경우 3개월 미만의 근로자, 건설회사의 경우 1년 미만의 근로자를 의미한다.

실무 연습문제 일용직사원등록

(주)채움전자는 2025년 영업부의 판매촉진을 위해 일용직 사원을 고용하기로 하였다. 이에 따라 일용직 사원 1명의 2주간(2025/03/06~2025/03/17 10일간, 주말근무 제외, 평일 8시간 근무) 근무 내용을 일용직사원등록에 등록하시오.

기출 유형 파악하기
24년 5회 17번 l p.375

성명	박인해
사번	20252001
주민등록번호	900621-1653422
부서	영업1부
고용보험직종	104.판매 관련 단순직
급여형태	일급 200,000원, 말일에 일괄지급
계좌번호/은행	123-456-789/국민
입사일자/퇴직일자	2025년 3월 6일/2025년 3월 17일
생산직비과세 적용	안함
고용보험여부	여
국민연금여부	부
건강보험여부	부
이직사유	001.회사사정에 의한 이직
일자리 안정자금	1.신청

정답

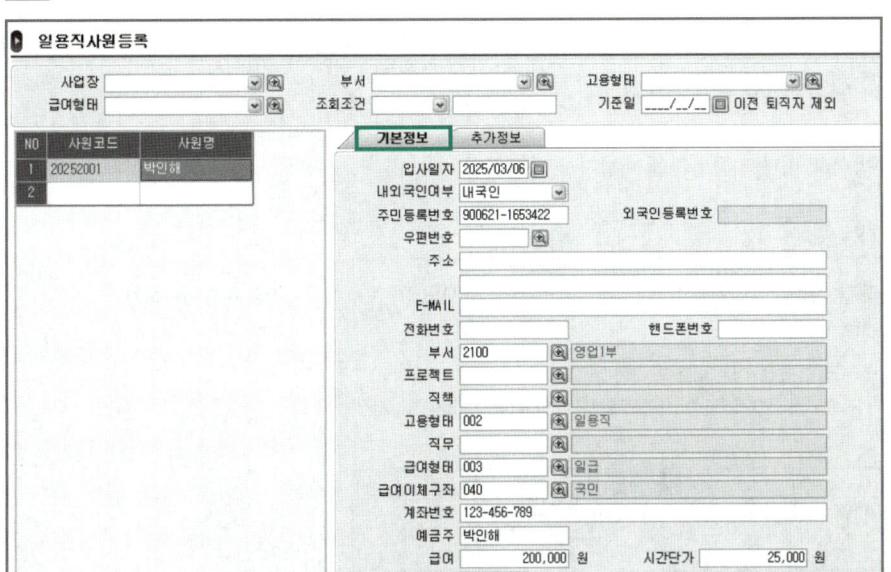

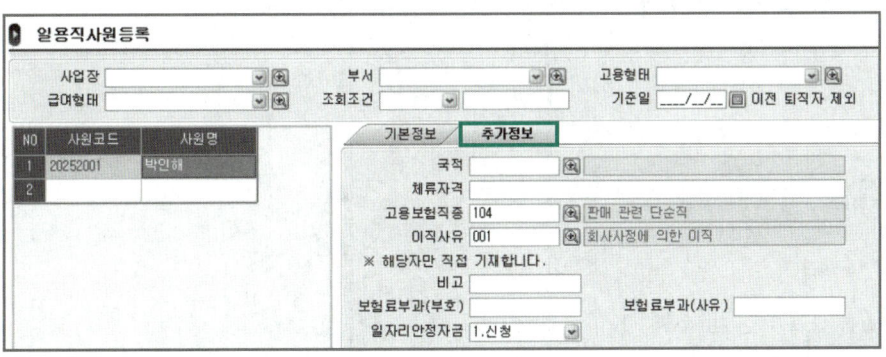

2. 일용직급여지급일자등록

> **ERP 메뉴 찾아가기**
>
> 인사/급여관리 ▶ 일용직관리 ▶ 일용직급여지급일자등록

일용직 사원의 급여 지급일자를 등록하고 해당 지급일자에 대상자를 등록한다.

실무 연습문제 일용직급여지급일자등록

(주)채움전자 일용직 사원 박인해의 사례를 바탕으로 일용직급여지급일자등록을 하시오.

기출 유형 파악하기
25년 1회 16번 l p.356

정답
- '귀속연월: 2025/03'을 입력한 후 우측 상단의 '지급일 설정' 버튼을 클릭
- 지급일 설정 창에서 '지급일자: 2025/03/17', '출결기간: 2025/03/06~2025/03/17', '지급형태: 일정기간지급'을 입력한 후 확인

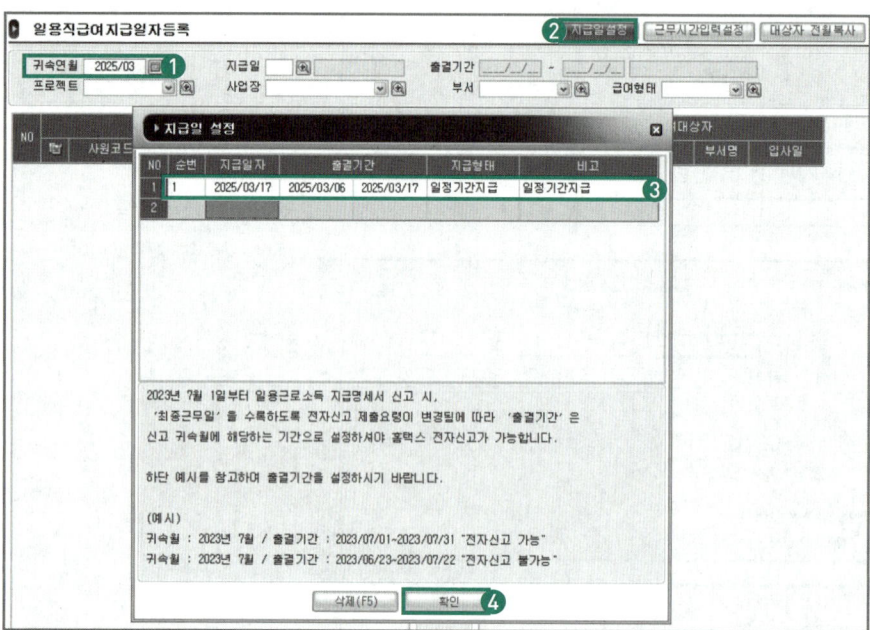

- '귀속연월: 2025/03', '지급일: 1.2025/03/17'로 조회한 후 '박인해' 사원을 선택하여 '일용직급여대상자'에 추가

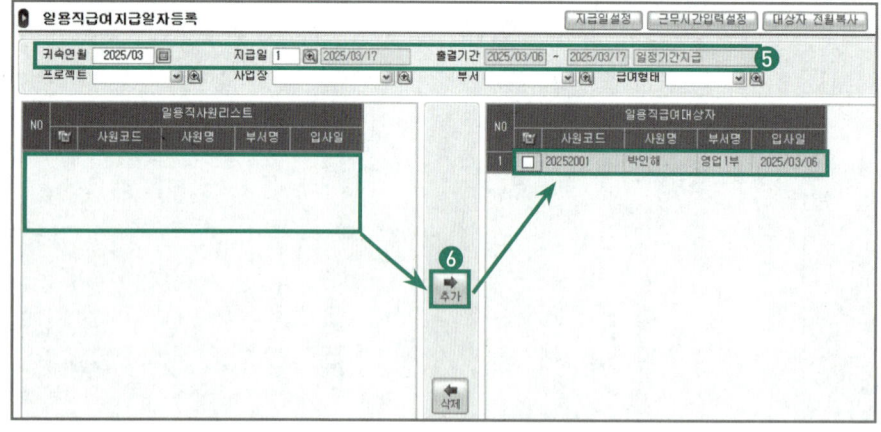

3. 일용직급여입력및계산

> **ERP 메뉴 찾아가기**
>
> 인사/급여관리 ▶ 일용직관리 ▶ 일용직급여입력및계산

지급일자별로 설정한 대상자의 근태시간과 급여액을 입력한다.

① 소득세 지급액

$$(일당 - 150{,}000원) \times 6\% \times (1 - 55\%) = 원천징수세액$$

② 소득세 지급형태

매일지급	매일 데이터에서 소액부징수처리된 후 소득세가 계산됨
일정기간지급	출결기간 동안의 총지급액을 기준으로 소액부징수처리되어 소득세가 계산됨

실무 연습문제 일용직급여입력및계산

아래 [보기]를 기준으로 (주)채움전자의 일용직 사원 '박인해'의 정보를 직접 변경하고 2025년 3월 일용직급여입력및계산을 적용하시오(단, 그 외 급여계산에 필요한 조건은 프로그램에 등록된 기준을 이용한다).

⊕ **기출 유형 파악하기**
24년 4회 17번 l p.386

― 보기 ―
- 생산직비과세 적용: 함
- 지급형태: 일정기간지급
- 평일 8시간 근무, 토요일 3시간 근무 가정
- 비과세(신고제외분): 8,000원(평일만 적용)

정답

- [일용직사원등록] 메뉴에서 '박인해' 사원을 선택한 후 '생산직비과세 적용: 함'으로 수정

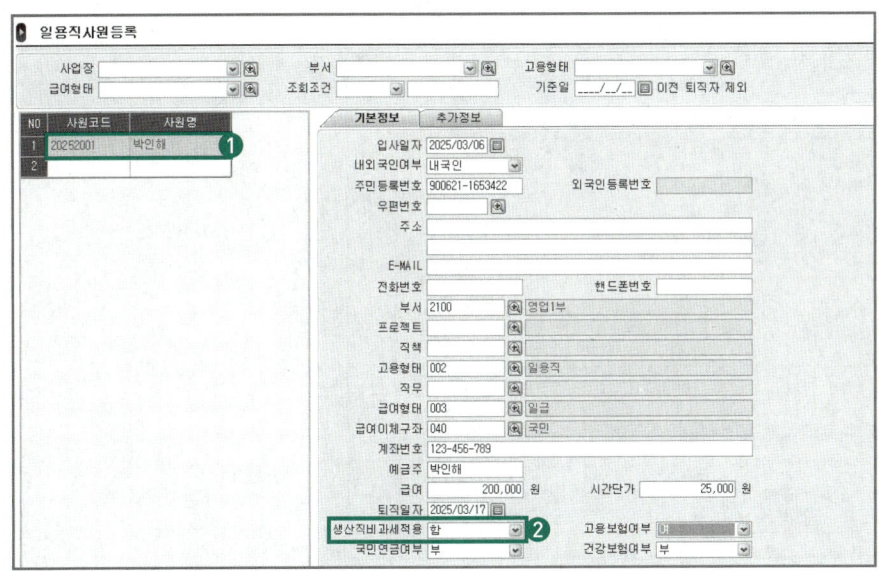

- [일용직급여입력및계산] 메뉴에서 '귀속연월: 2025/03', '지급일: 1.2025/03/17'을 입력한 후 '박인해' 사원에 체크하여 우측 상단의 '일괄적용' 버튼을 클릭
- 일괄적용 창에서 '8시간, 평일, 비과세(신고제외분): 8,000원'을 입력한 후 적용

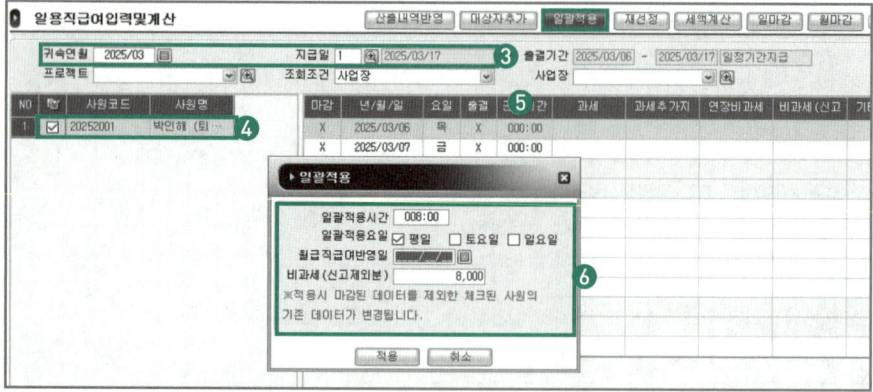

- 다시 한번 우측 상단의 '일괄적용' 버튼을 클릭하여 '3시간, 토요일'에 체크한 후 적용한다.

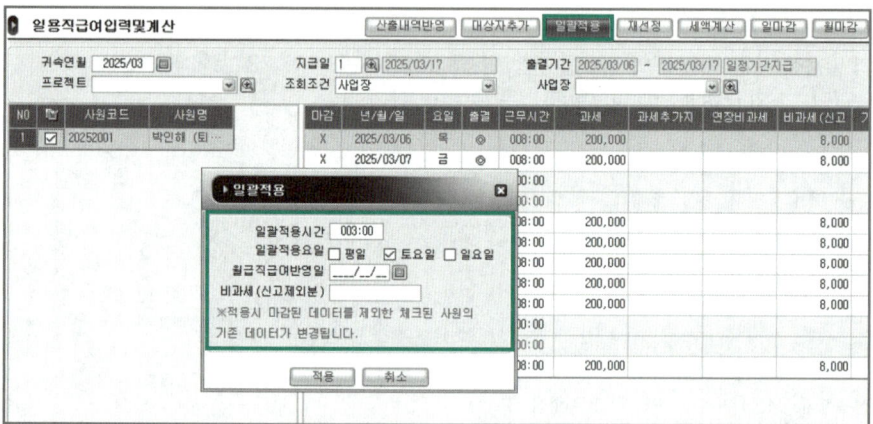

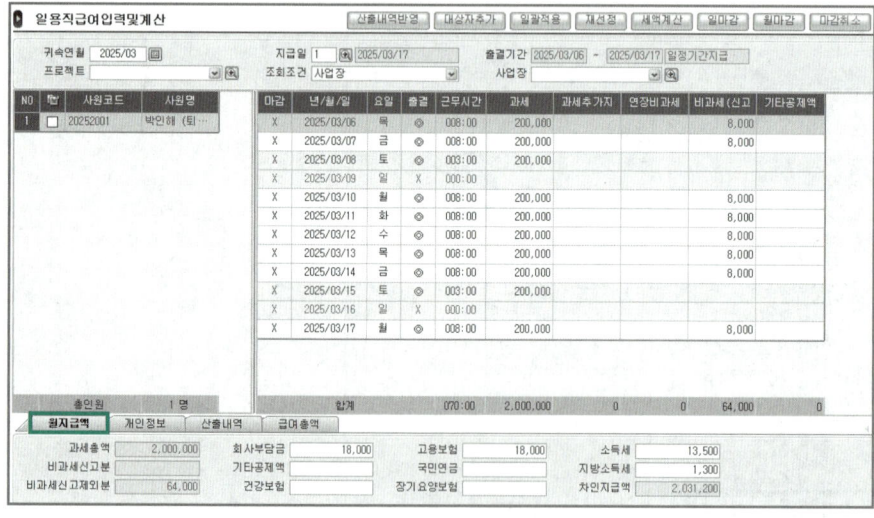

실무 연습문제 — 일용직관리 종합 예제

2025년 3월 귀속 일용직 급여작업 전, 아래 [보기]를 기준으로 '20251002.정다솜' 사원의 사원 정보를 직접 입력하고, 일용직급여지급일자등록에 대상자를 반영하여 급여계산을 하시오.

> **보기**
>
> 1. 사원정보 입력(사원코드: 20251002, 사원명: 정다솜)
>   - 입사일자: 2025/03/09
>   - 주민등록번호: 920304-1234567
>   - 부서: 4100.생산부
>   - 급여형태: 004.시급
>   - 급여/시간단가: 35,650원
>   - 생산직비과세 적용: 함
>   - 국민/건강/고용보험여부: 여
> 2. 일용직 급여지급
>   - 지급일자: 2025/03/31
>   - 출결기간: 2025/03/09~2025/03/31
>   - 지급형태: 매일지급
>   - 근무시간: 평일 10시간 근무, 토요일 2시간 근무
>   - 비과세(신고제외분): 8,000원(평일만 적용)

기출 유형 파악하기
24년 6회 18번 | p.365

정답

- [일용직사원등록] 메뉴의 기본정보 탭에서 정다솜 사원의 정보를 입력

- [일용직급여지급일자등록] 메뉴에서 '귀속연월: 2025/03'을 입력한 후 우측 상단의 '지급일 설정' 버튼을 클릭
- 지급일 설정 창에서 '지급일자: 2025/03/31', '출결기간: 2025/03/09~2025/03/31', '지급형태: 매일지급'을 입력

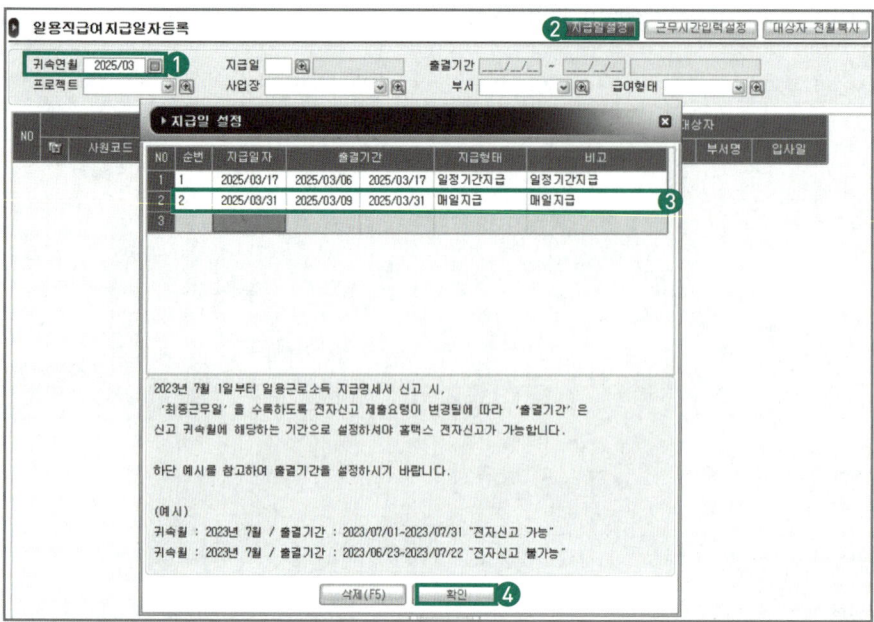

- 대상자 추가방법 1
  '귀속연월: 2025/03', '지급일: 2.2025/03/31', '부서: 4100.생산부', '급여형태: 004.시급'으로 조회한 후 '정다솜' 사원을 선택하여 '일용직급여대상자'에 추가

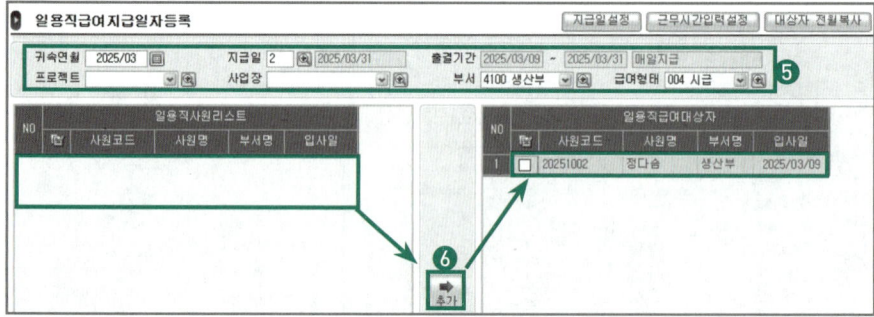

- 대상자 추가방법 2
  일용직급여지급일자등록을 생략하고 [일용직급여입력및계산] 메뉴에서 우측상단 '대상자추가'를 클릭하여 '정다솜' 사원을 추가

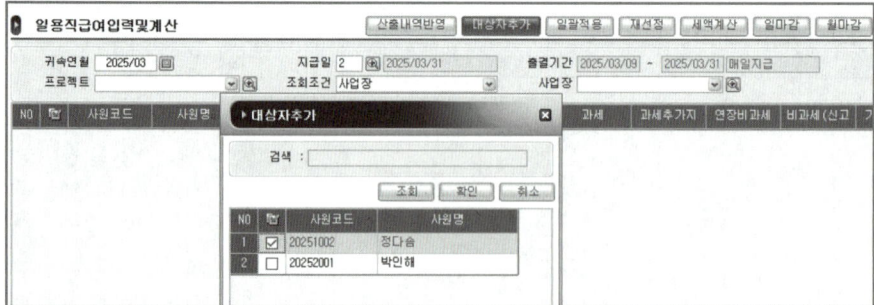

- [일용직급여입력및계산] 메뉴에서 '귀속연월: 2025/03', '지급일: 2.2025/03/31'을 입력한 후 '정다솜' 사원에 체크하여 우측 상단의 '일괄적용' 버튼을 클릭
- 팝업창에서 '10시간, 평일, 비과세(신고제외분): 8,000원', '2시간, 토요일'을 각각 적용

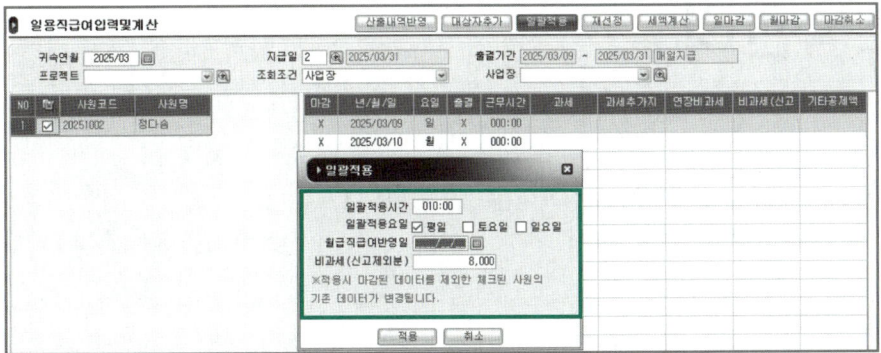

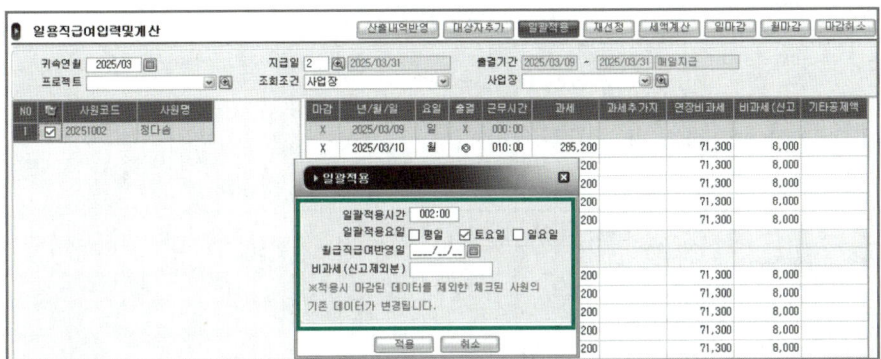

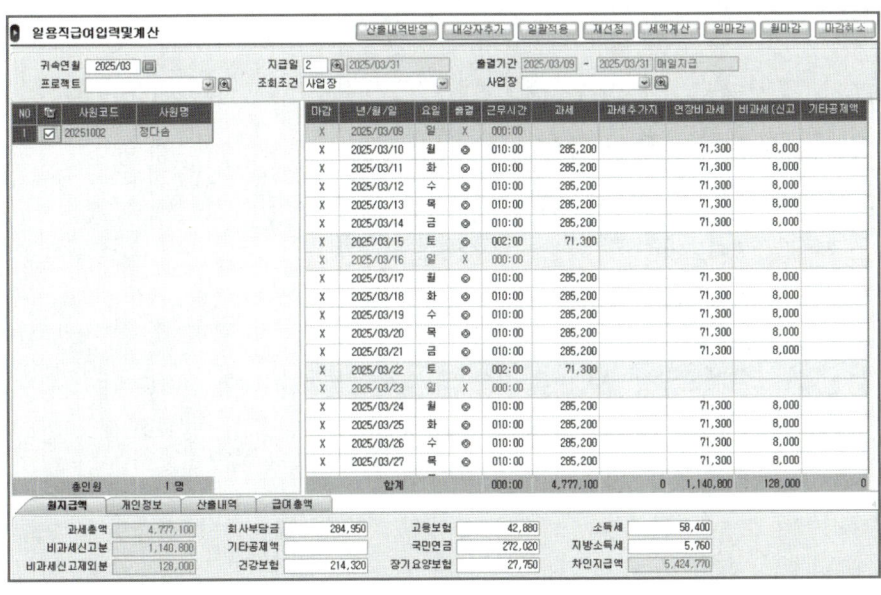

CHAPTER 11 사업/기타/이자배당 소득관리

2025 버전의 핵심 ERP 프로그램에서 [백데이터] 파일의 '실무 시뮬레이션_CHAPTER 11' DB를 복원한 후 '2001.(주)채움전자, 2009002.배문주'로 로그인한다.

1. 소득자등록(거주자사업소득)

> **ERP 메뉴 찾아가기**
>
> 인사/급여관리 ▶ 사업/기타/이자배당소득관리 ▶ 거주자사업소득관리
> ▶ 소득자등록(거주자사업소득)

사업소득 지급대상인 거주 소득자를 등록하는 메뉴이다. 단, 비거주 사업소득자는 등록이 불가능하다.

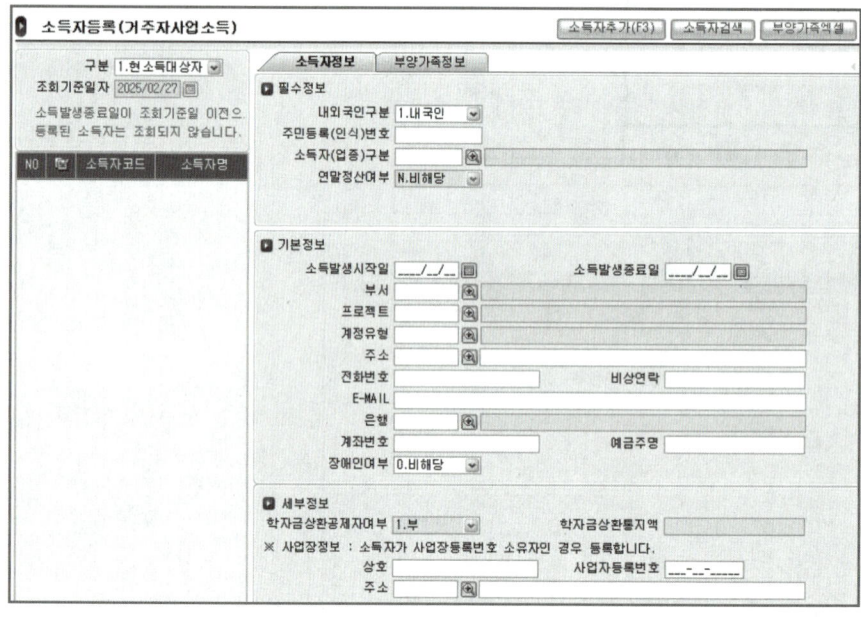

(1) 소득자정보 탭

① 우측 상단의 '소득자추가(F3)' 버튼을 클릭하여 좌측 화면을 활성화한 후, 소득자코드와 소득자명을 입력한다.
② 우측 화면에 소득자의 정보를 입력한다. 이때 노란색으로 표시되는 란은 필수 입력사항이므로 반드시 입력해야 한다.
③ 소득자(업종)구분에 따라 필수 입력사항이 변경된다.

연말정산여부	'보험설계', '방문판매', '음료배달'인 경우만 필수 입력
소득발생시작일	연말정산여부가 '해당'인 경우만 필수 입력
사업장정보	'병의원'인 경우만 필수 입력

④ 소득자정보 입력이 끝나면 좌측 소득자 목록의 행을 아래 또는 위로 이동(Row Change)해야 저장된다.

(2) 부양가족정보 탭

소득자의 부양가족정보는 연말정산 해당자만 등록할 수 있다.
① 소득이 한 번이라도 등록된 소득자의 경우 '소득자(업종)구분'의 변경이 불가능하다.
② 좌측 소득자 목록의 구분이 '2.조회기준일자'인 경우 소득발생종료일자가 '조회기준일자' 이전인 소득자는 조회되지 않는다.

2. 소득등록(거주자사업소득)

> **ERP 메뉴 찾아가기**
>
> 인사/급여관리 ▶ 사업/기타/이자배당소득관리 ▶ 거주자사업소득관리
> ▶ 소득등록(거주자사업소득)

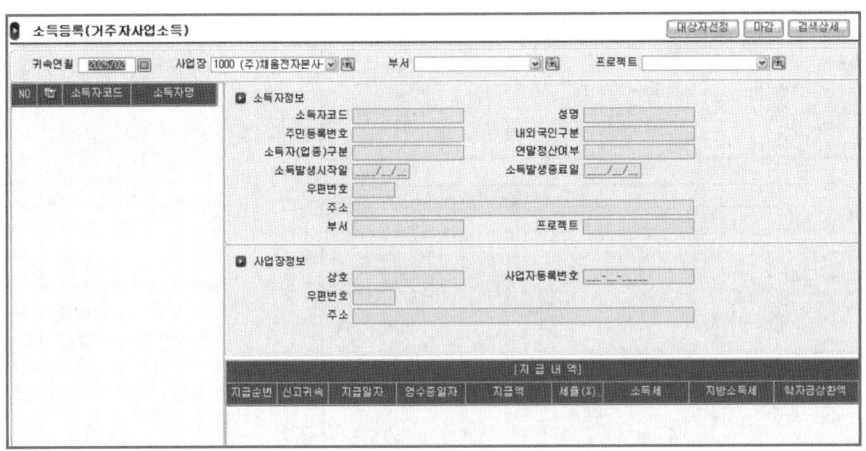

① 귀속연월, 사업장 등 조회조건을 선택하고 조회한다.
② 우측 상단의 '대상자선정' 버튼을 클릭하여 해당 조건에 소득을 등록하고자 하는 소득자를 선택한다. 소득자정보의 '소득발생종료일'이 귀속연월 이전인 소득자와 해당 귀속연월에 이미 대상자로 등록되어 있는 소득자는 사업소득자 코드도움 창에 표시되지 않는다.
③ 우측 하단에 소득자별로 지급일자, 영수증일자, 지급액을 입력한다.
④ 세율(3%)과 소득세, 주민세는 자동 계산된다.

> **TIP**
> 소액부징수(1,000원 미만인 경우 소득세를 징수하지 않음)는 자동 적용된다.

실무 연습문제 — 소득자등록(거주자사업소득) & 소득등록(거주자사업소득)

2025년 12월 1일 직원들의 복리후생 지원을 목적으로 안아파한의원의 한의사를 초빙하여 한방진료를 받게 하고 진료비 8,000,000원을 현금으로 지급하였다. 다음의 내용을 참고하여 사업소득 자료를 입력하시오.

소득자코드/ 성명	주민등록번호	상호(업종)	사업자등록번호	주소	지급일자/ 영수증일자
1000/ 이규갑(내국인)	601111- 1234567	안아파한의원 (일반병원)	304-96-41376	서울 강서구 강서로 253	2025/12/15

※ 소득발생시작일 & 소득발생종료일은 2025/12/01로 동일하다.

정답

- [소득자등록(거주자사업소득)] 메뉴에서 우측 상단의 '소득자추가(F3)' 버튼을 클릭하고 주어진 내용을 입력

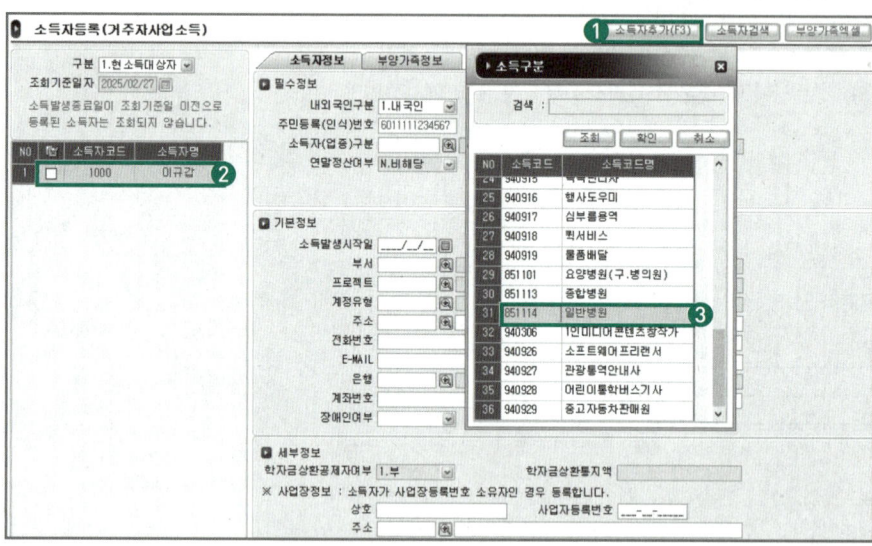

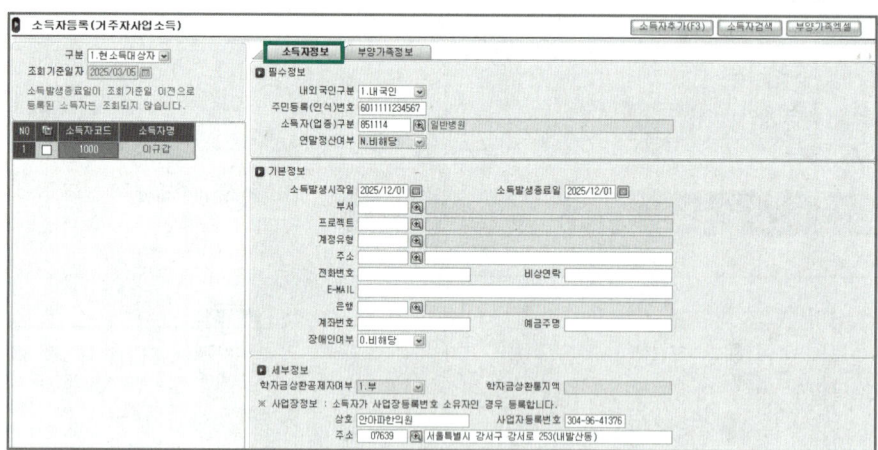

- [소득등록(거주자사업소득)] 메뉴에서 '귀속연월: 2025/12', '사업장: 1000.(주)채움전자본사'를 입력한 후 소득자 코드란에서 F2를 누르고 '1000.이규갑'을 선택

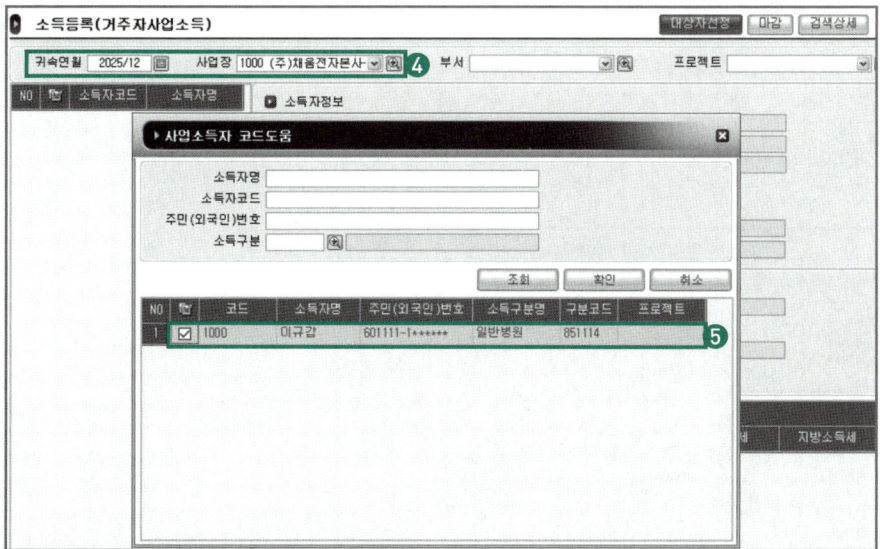

- 지급내역란에서 '지급일자, 영수증일자: 2025/12/15, 지급액: 8,000,000원'을 입력한 후 실지급액을 확인

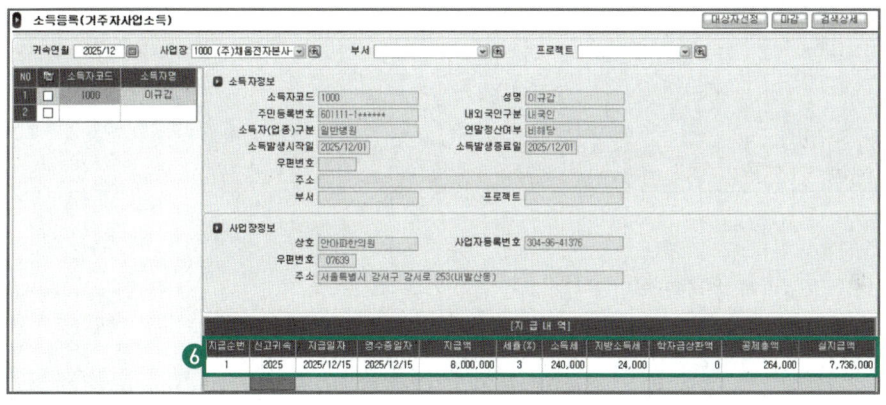

3. 소득자등록(거주자기타소득)

> **ERP 메뉴 찾아가기**
>
> 인사/급여관리 ▶ 사업/기타/이자배당소득관리 ▶ 거주자기타소득관리
> ▶ 소득자등록(거주자기타소득)

기타소득 지급 대상인 거주 소득자를 등록하는 메뉴이다. 단, 비거주 기타소득자는 등록하지 않는다.

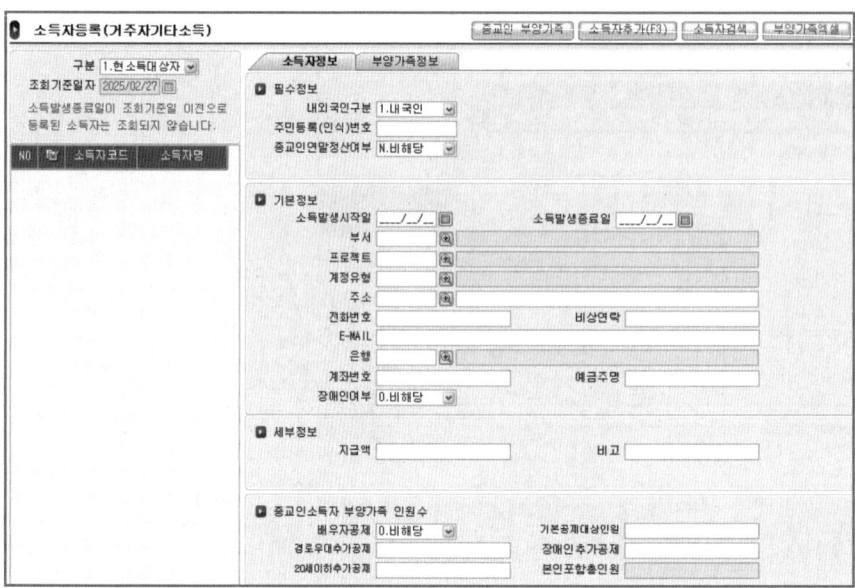

(1) 입력방법
① 우측 상단의 '소득자추가(F3)' 버튼을 클릭하여 좌측 화면을 활성화한 후, 소득자코드와 소득자명을 입력한다.
② 우측 화면에 소득자의 정보를 입력한다. 이때 노란색으로 표시되는 란은 필수 입력사항이므로 반드시 입력해야 한다.
③ 소득자정보 입력이 끝나면 좌측 소득자 목록의 행을 아래 또는 위로 이동(Row Change)해야 저장된다.
④ 매월 동일한 기타소득이 발생하는 경우 '지급액' 항목에 등록하면, [소득등록(거주자기타소득)] 시 일괄 반영된다.

(2) 입력 시 주의사항
① 소득이 한 번이라도 등록된 소득자의 경우 '소득자(업종)구분'의 변경이 불가능하다.
② 좌측 소득자 목록의 구분이 '2.조회기준일자'인 경우 소득발생종료일자가 '조회기준일자' 이전인 소득자는 조회되지 않는다.

4. 소득등록(거주자기타소득)

> **ERP 메뉴 찾아가기**
>
> 인사/급여관리 ▶ 사업/기타/이자배당소득관리 ▶ 거주자기타소득관리
> ▶ 소득등록(거주자기타소득)

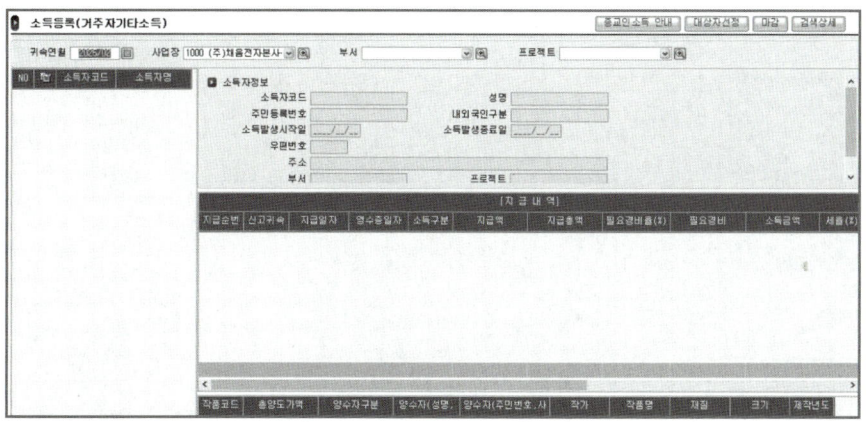

① 귀속연월, 사업장 등 조회조건을 선택하고 조회한다.
② 우측 상단의 '대상자선정' 버튼을 클릭하여 해당 조건에 소득을 등록하고자 하는 소득자를 선택한다. 소득자정보의 '소득발생종료일'이 귀속연월 이전인 소득자와 해당 귀속연월에 이미 대상자로 등록되어 있는 소득자는 소득자코드 도움 창에 표시되지 않는다.
③ 우측 하단에 소득자별로 소득구분(종류), 지급일자, 영수증일자, 지급액 등을 입력한다 (소득구분은 필수값).
④ 세율(20%)과 소득세, 주민세는 자동으로 계산되며, 필요경비는 '필요경비율'을 입력하면 자동으로 계산된다.
⑤ 소득구분이 '64.서화, 골동품 양도소득'인 경우, 하단의 작품 관련 입력항목이 활성화된다.
  • 소액부징수(1,000원 미만인 경우 소득세를 징수하지 않음)는 자동 적용된다.
  • 기타소득의 과세 최저한(기타소득금액이 5만원 이하인 경우 소득세를 과세하지 않음)은 자동 적용된다.

> **실무 연습문제** 소득자등록(거주자기타소득) & 소득등록(거주자기타소득)

아래 자료는 ERP 교육 담당 교수에게 지급한 강연료 지급내역으로 박미진은 당사와 근로계약을 한 사실이 없다. 박미진의 소득 자료를 입력하여 원천징수세액(지방소득세 포함)을 산출하시오 (단, 주민번호는 정확하다고 가정한다).

소득자(코드)	거주구분(내/외국인)	주민등록번호	주소
박미진(2000)	거주자(내국인)	800211-2567210	서울특별시 강남구 강남대로 276
지급액 (필요경비 60%)	소득발생시작일/ 소득발생종료일	귀속연월	지급일자/영수증일자
5,000,000원	2025/08/05	2025/08	2025/08/05

> 정답

- [소득자등록(거주자기타소득)] 메뉴에서 우측 상단의 '소득자추가(F3)' 버튼을 클릭하고 주어진 내용을 입력

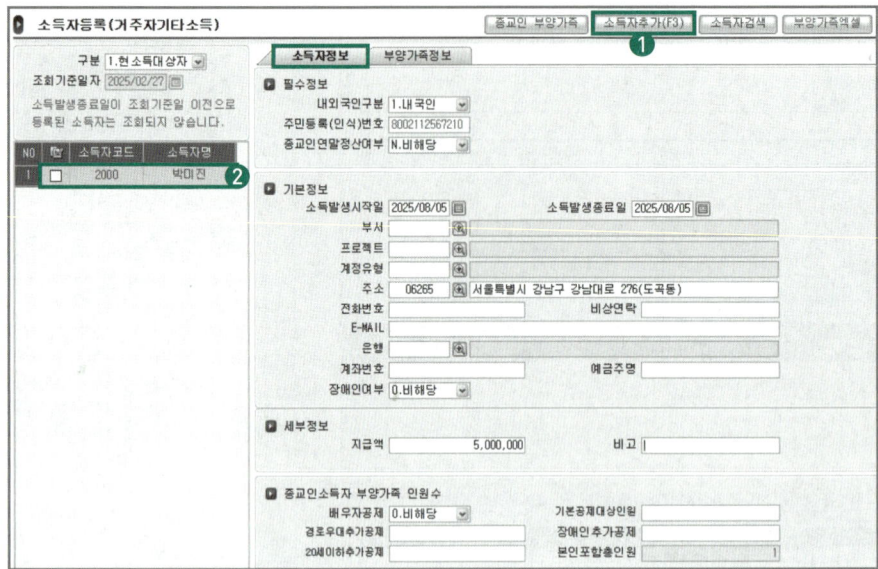

- 소득등록(거주자기타소득)] 메뉴에서 '귀속연월: 2025/08', '사업장: 1000.(주)채움전자본사'를 입력한 후 우측 상단의 '대상자선정' 버튼을 클릭

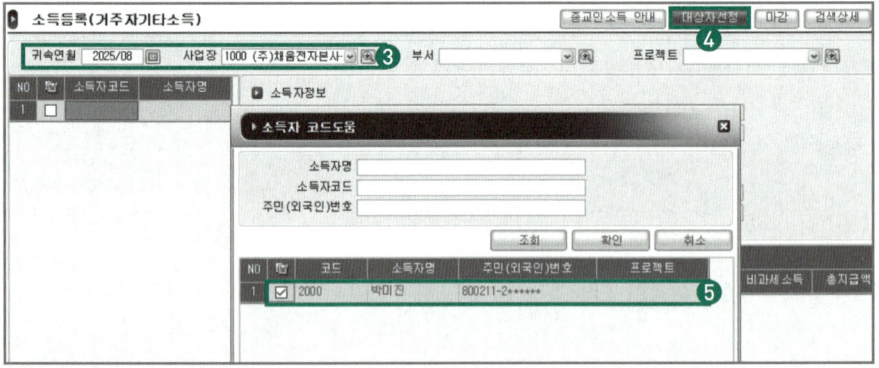

- 소득자 '박미진'을 입력한 후 하단에 '지급일자, 영수증일자: 2025/08/05'를 입력
- 소득구분란에서 F2를 누르고 '76.강연료 등'을 선택

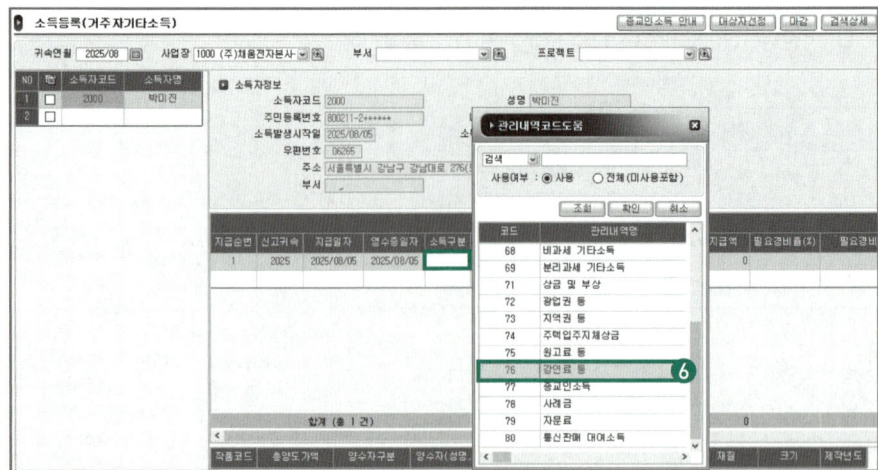

- 지급내역란에서 '지급액: 5,000,000원' 입력 시 '필요경비율: 60%'이 자동 입력되며 소득세, 지방소득세 및 실지 급액을 확인

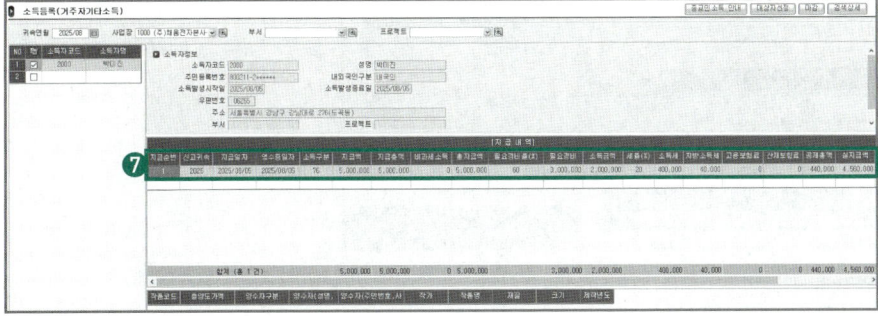

실무 연습문제 — 소득자등록(거주자기타소득) & 소득등록(거주자기타소득) – 필요경비 없는 기타소득

다음은 당사의 해외 주요 거래처를 소개받고 감사의 표시로 사례금을 지급한 내역이다. 오승준은 중개업을 등록한 사업자가 아니며 당사와 근로계약을 한 사실이 없다. 소득자료를 입력하여 실지급액을 계산하시오.

소득자(코드)	거주구분(내/외국인)	주민등록번호	주소
오승준(500)	거주자(내국인)	700211-2567210	서울특별시 강남구 강남대로 250(도곡동)

지급액	소득발생시작일/ 소득발생종료일	귀속연월	지급일자/영수증일자
10,000,000원	2025/10/20	2025/10	2025/10/25

정답

- [소득자등록(거주자기타소득)] 메뉴에서 우측 상단의 '소득자추가(F3)' 버튼을 클릭하고 주어진 내용을 입력

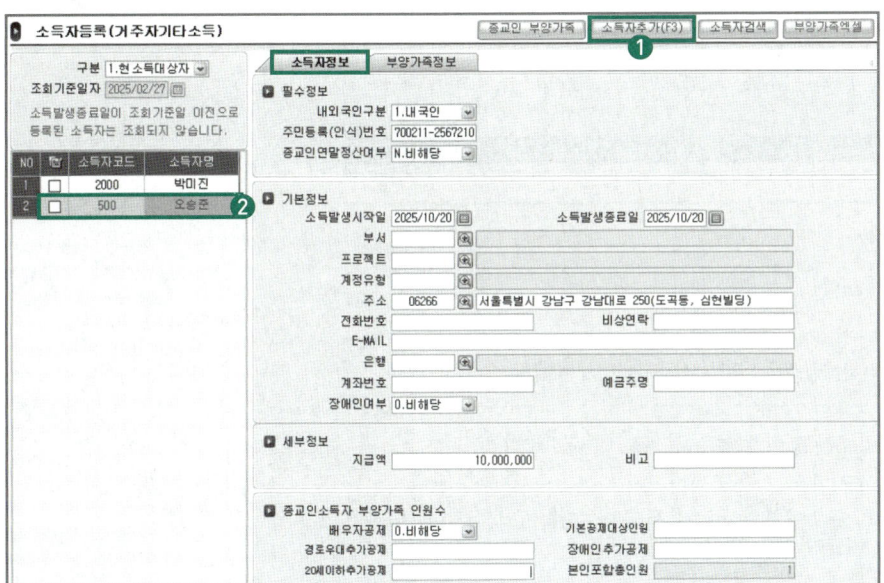

- [소득등록(거주자기타소득)] 메뉴에서 '귀속연월: 2025/10', '사업장: 1000.(주)채움전자본사'를 입력한 후 우측 상단의 '대상자선정' 버튼을 클릭하거나 소득자코드란에서 F2를 눌러 소득자 오승준을 입력

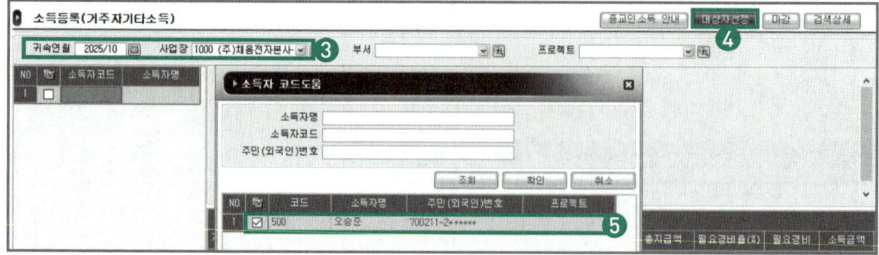

- 하단의 '지급일자, 영수증일자: 2025/10/25'를 입력
- 소득구분란에서 F2를 누르고 '60.필요경비 없는 기타소득'을 선택한 후, 지급내역란에 '소득지급액: 10,000,000원'을 입력하여 실지급액 등을 확인

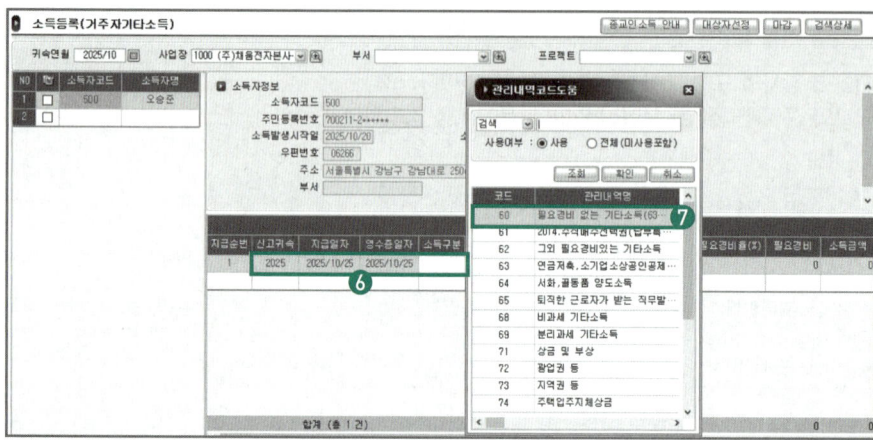

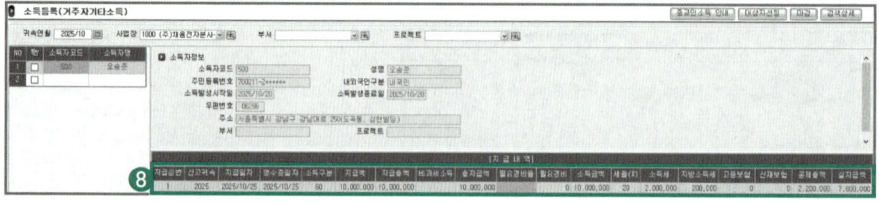

5. 소득자별이체현황

> **ERP 메뉴 찾아가기**
>
> 인사/급여관리 ▶ 사업/기타/이자배당소득관리 ▶ 소득자별이체현황

[소득등록] 메뉴에서 작업한 각 소득구분별 이체 현황을 조회 및 출력한다.
① **소득구분**: 거주자사업소득/거주자기타소득 중 조회하고자 하는 소득구분을 선택
② **귀속연월**: 조회하고자 하는 소득의 귀속연월을 범위로 선택(단, 귀속연월은 최대 1년까지 설정 가능)
③ **지급기간**: 조회하고자 하는 소득의 지급일자를 범위로 선택
④ **조회조건**: 사업장/부서/프로젝트 중 선택
⑤ **조건코드**: 조회조건에서 선택한 기준으로 조회하고자 하는 코드를 멀티로 선택 가능
⑥ **은행코드**: 조회하고자 하는 은행코드를 코드 도움창을 통해 멀티로 선택 가능

실무 연습문제 | 소득자별이체현황 – 사업소득

2025년 한 해 동안 발생한 사업소득의 실지급액은?

정답

- 사업소득의 실지급액: 7,736,000원

소득자별이체현황									
소득구분 1.거주자사업소득			귀속연월 2025/01 ~ 2025/12			지급기간 2025/01/01 ~ 2025/12/31			
조회조건 사업장			사업장			은행코드			
NO		사업장코드	사업장명	은행코드	은행명	사원코드	사원명	계좌번호	예금주	실지급액
1		1000	(주)채움전자본사			1000	이규갑			7,736,000
2				은행 코…						7,736,000

실무 연습문제 | 소득자별이체현황 – 기타소득

2025년 한 해 동안 발생한 기타소득의 실지급액은?

정답

- 기타소득의 실지급액: 12,360,000원(박미진 4,560,000원 + 오승준 7,800,000원)

소득자별이체현황									
소득구분 2.거주자기타소득			귀속연월 2025/01 ~ 2025/12			지급기간 2025/01/01 ~ 2025/12/31			
조회조건 사업장			사업장			은행코드			
NO		사업장코드	사업장명	은행코드	은행명	사원코드	사원명	계좌번호	예금주	실지급액
1		1000	(주)채움전자본사			2000	박미진			4,560,000
2		1000	(주)채움전자본사			500	오승준			7,800,000
3				은행 코…						12,360,000

6. 소득자별소득현황

> **ERP 메뉴 찾아가기**
>
> 인사/급여관리 ▶ 사업/기타/이자배당소득관리 ▶ 소득자별소득현황

[소득등록] 메뉴에서 작업한 각 소득구분별 소득현황을 조회 및 출력한다.

① **소득구분**: 거주자사업소득/거주자기타소득 중 조회하고자 하는 소득구분을 선택
② **귀속연월**: 조회하고자 하는 소득의 귀속연월을 범위로 선택(단, 귀속연월은 최대 1년까지 설정 가능)
③ **지급기간**: 조회하고자 하는 소득의 지급일자를 범위로 선택
④ **사업장**: 조회하고자 하는 사업장을 사업장코드도움 창을 통해 멀티로 선택 가능
⑤ **조회조건**: 프로젝트/부서 중 선택
⑥ **조건코드**: 조회조건에서 선택한 기준으로 조회하고자 하는 코드를 멀티로 선택 가능

실무 연습문제 소득자별소득현황 – 사업소득

2025년 한 해 동안 발생한 사업소득의 소득세와 실지급액은?

정답

- 소득세: 240,000원
- 실지급액: 7,736,000원

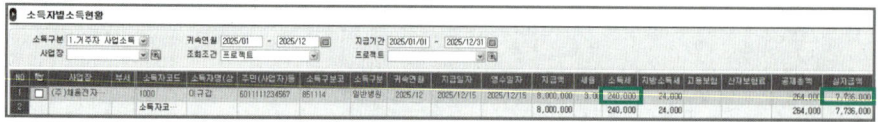

실무 연습문제 소득자별소득현황 – 기타소득

2025년 한 해 동안 발생한 기타소득의 총소득세와 총실지급액은?

정답

- 총소득세: 2,400,000원
- 총실지급액: 12,360,000원

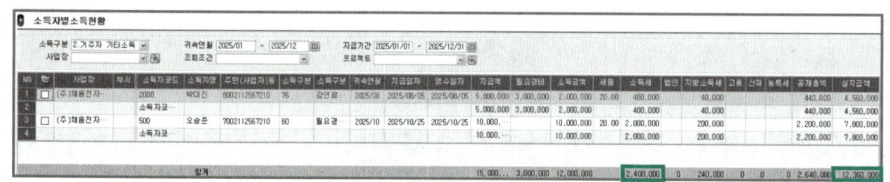

기출 유형 파악하기
24년 3회 18번 | p.398

7. 소득자별정보현황

ERP 메뉴 찾아가기

인사/급여관리 ▶ 사업/기타/이자배당소득관리 ▶ 소득자별정보현황

[소득자등록] 메뉴에서 작업한 각 소득자 구분별 정보 현황을 조회 및 출력한다.

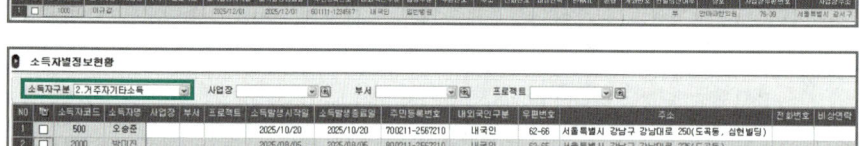

TIP
CHAPTER 11까지 전체 입력작업 완료된 내용은 '실무 시뮬레이션_ CHAPTER 입력완료' DB를 복원하여 확인할 수 있다.

① **소득자구분**: 거주자사업소득/거주자기타소득 중 조회하고자 하는 소득구분을 선택
② **사업장**: 조회하고자 하는 사업장을 사업장코드도움 창을 통해 멀티로 선택 가능
③ **부서**: 조회하고자 하는 부서를 부서코드도움 창을 통해 멀티로 선택 가능
④ **프로젝트**: 조회하고자 하는 프로젝트를 프로젝트코드도움 창을 통해 멀티로 선택 가능

에듀윌이
너를
지지할게

ENERGY

도중에 포기하지 말라.
망설이지 말라.
최후의 성공을 거둘 때까지 밀고 나가자.

– 헨리 포드(Henry Ford)

PART 07

최신 기출문제

2025년 1회

2024년 6회

2024년 5회

2024년 4회

2024년 3회

Enterprise

Resource

Planning

| 프로그램 설치 & 백데이터 복원

☑ [에듀윌 도서몰]-[도서자료실]-[부가학습자료]에서 다운로드
☑ PART 07 → 2024 핵심 ERP 프로그램 설치
☑ 백데이터 파일은 반드시 압축 해제 후 복원
☑ 오류 발생 시 플래너 뒷면의 FAQ 참고

기출문제 2025년 1회

이론

01
[보기]는 무엇에 대한 설명인가?

> **보기**
> - 자연어(Natural Language) 형태로 구성된 비정형 또는 반정형 데이터에서 패턴 또는 관계를 추출하여 의미 있는 정보를 찾아내는 기법
> - 온라인 쇼핑몰 남긴 제품 리뷰(구매 후기)로부터 제품에 대한 정보를 수집하고, 분석하여 구매자의 행동 예측과 제품 선호도 등을 분석할 수 있다.

① 블록체인(Block Chain)
② 가상현실(Virtual Reality)
③ 텍스트마이닝(Text Mining)
④ 시뮬레이션 학습(Simulation Learning)

02
기업의 업무 처리에 필요한 서버, 스토리지, 데이터베이스, 네트워크 등의 IT 인프라 자원을 클라우드 서비스로 빌려 쓰는 형태의 클라우드 서비스 유형은 무엇인가?

① SaaS(Software as a Service)
② PaaS(Platform as a Service)
③ IaaS(Infrastructure as a Service)
④ MaaS(Manufacturing as a Service)

03
ERP 구축 절차 중 TO-BE Process 도출, 패키지 설치, 인터페이스 문제 논의를 하는 단계로 옳은 것은?

① 분석 단계 ② 구축 단계
③ 설계 단계 ④ 구현 단계

04
ERP 시스템의 SCM 모듈을 실행함으로써 얻는 장점으로 가장 적절하지 않은 것은?

① 공급사슬에서의 가시성 확보로 공급 및 수요변화에 대한 신속한 대응이 가능하다.
② 정보 투명성을 통해 재고수준 감소 및 재고회전율(Inventory Turnover) 증가를 달성할 수 있다.
③ 공급사슬에서의 계획(Plan), 조달(Source), 제조(Make) 및 배송(Deliver) 활동 등 통합 프로세스를 지원한다.
④ 마케팅(Marketing), 판매(Sales) 및 고객서비스(Customer Service)를 자동화함으로써 현재 및 미래 고객들과 상호작용할 수 있다.

05
ERP 도입 전략 중 ERP 자체 개발 방법에 비해 ERP 패키지를 선택하는 방법의 장점으로 가장 적절하지 않은 것은?

① 커스터마이징을 최대화할 수 있다.
② 검증된 기술과 기능으로 위험 부담을 최소화할 수 있다.
③ 검증된 방법론 적용으로 구현 기간의 최소화가 가능하다.
④ 향상된 기능과 최신의 정보기술이 적용된 버전으로 업그레이드가 가능하다.

06
인적자원관리에 대한 설명으로 적절하지 않은 것은?

① 종업원들의 노동생산성을 향상시키기 위한 관리 활동이다.
② 자동화 시스템의 발달로 인적자원의 중요성은 점차 감소할 전망이다.
③ 기업의 목표를 달성하기 위해 필요로 하는 인력을 조달, 유지, 개발 및 활용하는 관리 활동이다.
④ 최근에는 종업원들의 역량개발 등을 통해 개인과 조직의 목표를 일치시켜 나가는 것을 중요하게 여긴다.

07

직무기술서 양식과 내용에 관한 설명으로 옳지 않은 것은?

① 직무확인은 직무에 대한 기본사항을 확인하고 관련 정보를 기술한다.
② 직무개요는 직무의 주요 기능과 활동 등 직무의 일반적 성격에 대해 묘사한다.
③ 직무요건은 직무를 구성요소인 과업들로 나누고 상세한 묘사와 부연설명을 한다.
④ 보고 및 감독관계는 직무담당자와 관계있는 사내외 관계자의 직무를 기입한다.

08

직무평가 방법 중 분석적 평가 방법의 특징으로 옳은 것은?

① 간명하고 탄력적이다.
② 직무의 상대적 가치를 계량적으로 표시한다.
③ 직무의 상대적 가치를 서열 내지 등급으로 표시한다.
④ 인원이 적은 중소기업의 직무평가에서 많이 활용한다.

09

인력계획의 수요예측 방법 중 산업공학적 접근법에 대한 내용으로 가장 적절한 것은?

① 시뮬레이션
② 시계열 분석
③ 경영자 판단
④ 작업표본기법

10

인적자원관리의 진행과정(계획 → 실행 → 통제)을 제시한 것 중 '통제'에 가장 근접한 활동은?

① 사기유발, 노사분규 해결
② 모집홍보, 선발면접, 배치
③ 사기향상 정도, 모집효과 분석, 투입비용 계산
④ 인력공급 추이 파악, 임금기준 파악, 인사평가, 경력개발

11

[보기]는 무엇에 대한 설명인가?

> 보기
>
> 다수의 면접자가 한 사람의 피면접자를 상대로 하는 면접방식으로 피면접자에 대한 면접자의 면접결과에 대해 의견교환의 절차를 거쳐 광범위한 정보수집 및 정확한 평가를 할 수 있으며, 관리직이나 전문직 선발 시 많이 활용되고 있는 면접시험의 유형이다.

① 집단 면접
② 개별 면접
③ 패널 면접
④ 스트레스 면접

12

'도전성, 교육, 경험, 몰입, 창의성'은 직무평가의 어느 요소에 해당하는지 고르시오.

① 작업요건
② 숙련요소
③ 책임요소
④ 노력요소

13

인적자원관리 목표와 실천에 대한 설명으로 가장 적절하지 않은 것은?

① 경영자는 종업원들을 기업의 생산요소 중 자본으로 취급하여 기업의 성과를 낼 수 있어야 한다.
② 인적자원관리의 기준은 효율성과 공정성을 추구하지만 상충될 때가 있기 때문에 균형을 유지하는 것이 중요하다.
③ 인사담당자가 정책을 실현할 때 제도적 측면과 인간적 측면에 직면하게 될 때에는 사람에 대한 관리보다 인사제도에 치중하여야 한다.
④ 기업의 입장에서는 성과를, 종업원의 입장에서는 만족을, 그리고 사회의 입장에서는 사회적 공헌을 이룩하였을 때 효율적 인사관리라고 할 수 있다.

14

(주)KPC가구는 나무 의자를 생산하는 기업이다. 기존에는 1명의 직원이 A~F까지의 작업을 모두 수행해왔다. 경영 효율화를 위해 [보기]와 같이 변경하였는데, (주)KPC가 선택한 직무구조설계 방법은 무엇인지 예와 같이 한글로 작성하시오. (예 인사)

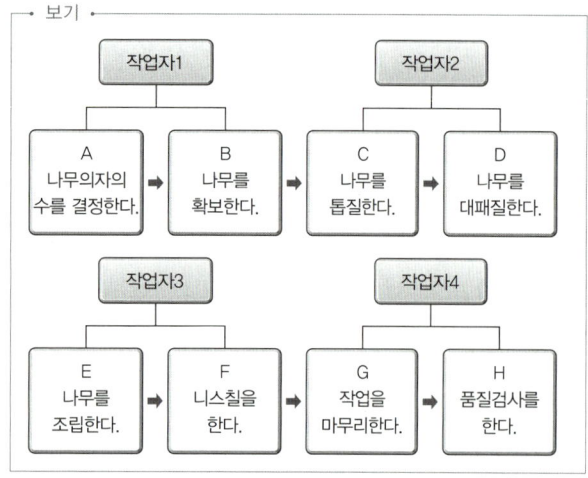

(답 :   )

15

인사평가의 목표에 대한 설명으로 가장 적절한 것은?

① 신뢰성(Reliability) : 평가내용이 평가목적을 얼마나 잘 반영하고 있는가?
② 타당성(Validity) : 평가내용이 평가목적을 얼마나 잘 반영하고 있는가?
③ 실용성(Practicability) : 평가하고자 하는 내용에 대해서 피평가자가 정당하게 느끼고 있는가?
④ 수용성(Acceptability) : 평가제도가 비용 및 효과 측면에서 얼마나 효율적인가?

16

직장 내 훈련(O.J.T)의 훈련 내용과 가장 관련이 없는 것은?

① 코칭
② 직무순환
③ 위원회 참석
④ 훈련기관 위탁

17

[보기]에 해당하는 교육훈련 방법으로 가장 적절한 것은?

― 보기 ―
- 조속한 시일 내에 은퇴나 승진, 전보 등을 앞둔 사람의 직무를 승계할 계획으로, 주로 관리자의 직무지식을 습득하는데 사용되는 교육 기법
- 상사로부터 업무에 관한 자세한 사항을 교육받아 관리자의 공석을 대비하는 방법

① 대역법
② 사례연구
③ 감수성 훈련
④ 상호작용 분석

18

[보기]에서 설명하는 인사담당자의 역할은 무엇인가?

― 보기 ―
- 기능: 전략적 인적자원관리
- 활동: 인적자원관리를 기업의 전략으로 동일화, 사업전략에 따른 인적자원의 확립 등

① 관리 전문가
② 변화 촉진자
③ 종업원 조력자
④ 전략적 동반자

19

인사이동 관리에서 능력주의 사회 문화적 전통으로 가장 적절하지 않은 것은?

① 개인주의
② 단기고용제
③ 능력서열관
④ 운명 공동체적 풍토

20

[보기]에서 설명하는 승진방법을 예와 같이 한글로 작성하시오. (예 인사)

― 보기 ―
(주)생산성은 대외업무를 담당하는 홍길동 대리의 승진을 진행하였다. 대외업무 수행 시 고객에게 신뢰감을 높이기 위해 더 높은 직급을 부여하였고, 오랫동안 승진을 못한 사원에게 승진을 시켜줌으로써 정체된 조직 분위기를 개선시키고자 한다. 다만, 승진으로 인한 보상(임금)에는 변화가 없다.

(답 :   승진)

21
임금의 체계에서 부가적 임금에 해당하는 것은?

① 퇴직금
② 장려수당
③ 직무수당
④ 초과근무수당

22
일정한 기준에 따라 분류한 집단별로 임금을 산정하여 지급하는 특수임금제도는?

① 연봉제
② 순응임률제
③ 종업원지주제
④ 집단자극임금제

23
기업에서 추구하는 복리후생에 대한 설명으로 가장 적절한 것은?

① 사회적 목적: 돈을 번 기업이 가난한 개인을 도와야 한다는 목적에서 복지후생제도가 발전되었다.
② 윤리적 목적: 복지후생이 잘 된 종업원은 직장 생활에 만족하고 사기가 오르고 생산성이 올라가 결국은 회사에 이바지하게 된다.
③ 경제적 목적: 기업의 복지후생제도는 노동 이외의 부가급부로서 직원의 가족 중 노동에 참여하지 않은 사람들을 보호하는 의미가 있다.
④ 정치적 목적: 기업에서는 종업원들로부터 환심과 충성을 얻고 노조의 영향력을 줄이기 위해 자발적으로 복지후생을 실시하기도 한다.

24
근로소득의 연말정산과 관련하여 인적공제의 추가공제에 해당하지 않는 항목은?

① 부녀자 공제
② 장애인 공제
③ 위탁아동 공제
④ 경로우대자 공제

25
(주)생산성은 소비자의 욕구를 파악하기 위하여 시장조사를 실시하였다. 시장조사 시 일용직 사원을 활용하였다. 일용직 사원의 일당 250,000원을 현금으로 지급하는 경우 당사가 원천징수하여야 할 소득세는 얼마인가? (단, 지방소득세는 포함하지 않는다)

① 2,300원
② 2,700원
③ 3,000원
④ 3,300원

26
[보기]의 ( )에 들어갈 내용을 숫자로 작성하시오.

- 보기 -
고용보험법령상 일용근로자란 ( )개월 미만 동안 고용되는 사람을 말한다.

(답:)

27
[보기]에서 설명하는 용어를 예와 같이 한글로 작성하시오. (예 인사)

- 보기 -
- 원천징수 의무자가 소득을 받는 사람에게 소득을 지급했다는 것을 증명하기 위해 소득자에게 주는 서류를 의미한다.
- 해당 서류에는 소득의 지급 사실뿐만 아니라 소득자로부터 세금을 원천징수했다는 것을 증명하는 서류로도 사용된다.

(답:)

28
[보기]에서 설명하는 근무방식을 고르시오.

- 보기 -
〈장점〉
- 가정과 직장이 멀리 떨어져 있는 경우 종업원에게 매우 유리함
- 근로자는 워라벨을 실현시킬 수 있다.
- 근무시간의 시작과 종료가 관련 종업원에게 동일하게 적용되기 때문에 직무들이 상호관련성이 높은 경우 높은 협동업무 진행의 효율성이 높다.

〈단점〉
- 교대근무제가 없는 작업자의 경우 장비와 설비의 활용도가 낮음
- 고객에 대한 서비스 기간이 주당 5일에서 4일로 줄어들 경우 고객의 불만을 야기할 수 있음
- 1일 10시간 혹은 그 이상의 근무로 인한 저녁 자유시간의 단축이 개입의 불만요인으로 나타남

① 집중근무제
② 파트타임제
③ 원격근무제
④ 24시간 선택적 근무제

29
단체교섭의 절차로 옳은 것은?

① 교섭 준비 → 예비 교섭 → 본 교섭 → 마무리 교섭 → 교섭의 평가
② 예비 교섭 → 교섭 준비 → 본 교섭 → 마무리 교섭 → 교섭의 평가
③ 예비 교섭 → 본 교섭 → 교섭 준비 → 마무리 교섭 → 교섭의 평가
④ 교섭 준비 → 본 교섭 → 예비 교섭 → 마무리 교섭 → 교섭의 평가

30
[보기]의 (ㄱ), (ㄴ)에 해당하는 용어를 고르시오.

- 보기 -
- (ㄱ): 근로자가 어느 노동조합에 가입하지 아니할 것 또는 탈퇴할 것을 고용조건으로 하거나 특정한 노동조합의 조합원이 될 것을 고용조건으로 하는 행위를 부당노동행위로 규정하고 이러한 고용조건에 따라 고용계약을 체결하는 경우
- (ㄴ): 노동조합의 대표자 또는 노동조합으로부터 위임을 받은 자와의 단체협약체결, 기타의 단체교섭을 정당한 이유 없이 거부하거나 해태하는 행위에 해당하는 부당노동행위

	(ㄱ)	(ㄴ)
①	단체교섭거부	황견계약
②	황견계약	불매운동
③	피케팅	단체교섭 거부
④	황견계약	단체교섭 거부

31
경영참가제도에 대한 설명으로 가장 적절하지 않은 것은?

① 이윤참가는 이윤의 일부를 임금 이외의 형태로 근로자에게 배분하는 방식이다.
② 노사협의제란 노사의 공동협의를 기본으로 하여, 최종 결정에도 경영자와 동일한 의사결정권을 가진다.
③ 경영참가 제도란 근로자 또는 노동조합이 기업경영과 관련하여 제기되는 제반 의사결정에 영향력을 행사하는 과정을 의미한다.
④ 자본참가는 근로자들로 하여금 자본의 출자자로서 기업경영에 참가시키고자 하는 것으로서 주된 형태로는 종업원지주제도가 있다.

32
다음 [보기]의 연차유급휴가 및 근로기준법 관련하여 ( ) 안에 들어갈 숫자를 작성하시오.

- 보기 -
3년 이상 계속하여 근로한 근로자에게는 제1항에 따른 휴가에 최초 1년을 초과하는 계속근로연수의 매 2년에 대하여 1일을 가산한 유급휴가를 주되, 가산휴가를 포함한 총 휴가일수는 ( )일을 한도로 한다.

(답:)

33
[보기]에서 설명하는 제도를 예와 같이 한글로 작성하시오. (예) 인사)

- 보기 -
- 근무시간·근무일을 변경하거나 근로자와 사용자가 근로시간이나 근로장소 등을 선택·조정하여 일과 생활을 조화롭게 하고, 인력 활용의 효율성을 높일 수 있는 제도이다.
- 대표적으로 시차출퇴근제, 선택적 근로시간제, 재량 근로시간제, 원격근무제, 재택근무제 등이 해당한다.
- 근로기준법에 따르면 탄력적 근로시간제, 선택적 근로시간제, 사업장 밖 간주근로시간제, 재량 근로시간제 등이 해당 제도의 유형으로 구분된다.
- 승진, 금전적 보상과 같은 전통적인 동기부여요소 외에 업무에 대한 자기 주도성, 일과 생활의 균형(Work-Life Balance)을 높게 평가하는 젊은 인재들의 유인요소로 작용하며, 일·가정이 양립할 수 있는 근로환경을 조성할 수 있다.

(답:)

실무 시뮬레이션

프로그램 버전	iCUBE 핵심 ERP 2024
로그인 정보	• 회사: 2001.인사1급 회사A • 사원: ERP13I01.장미란
DB 파일명	[백데이터] 2025 에듀윌 ERP 인사 1급 > PART 07 최신 기출문제_2025년 1회

01

다음 중 핵심 ERP 사용을 위한 기초 사업장 정보를 확인하고, 그 내역으로 알맞지 않은 것은 무엇인가?

① 〈1000.인사1급 회사본사〉 사업장은 해당 회사의 '본점' 사업장이며, 대표자는 '한국민'이고, 개업연월일은 '2000/03/20'이다.
② 〈2000.인사1급 인천지점〉 사업장의 종목은 '스포츠'이며, 관할세무서는 '121.인천'이다.
③ 〈3000.인사1급 부산지점〉 사업장의 주업종코드는 '729000.정보통신업'이며, 사업자단위과세 신고 시 〈1000.인사1급 회사본사〉 사업장의 종사업장으로 포함하여 신고한다.
④ 〈4000.인사1급 강원지점〉 사업장의 지방세신고지(행정동)은 '4211067500.춘천시청'이며, 원천징수이행상황신고서 신고 시 '반기' 신고를 진행하는 사업장이다.

02

다음 중 핵심 ERP 사용을 위한 기초 부서 정보를 확인하고, 그 내역으로 옳지 않은 것은 무엇인가?

① 〈2000.인사1급 인천지점〉 사업장에 속한 부서 중 현재 사용 중인 부서는 2개이다.
② '1000.관리부문'에 속한 부서 중 현재 사용하지 않는 부서는 4개이다.
③ '1300.인사부', '1400.영업부'는 현재는 사용하지 않는 부서이다.
④ 〈4000.인사1급 강원지점〉 사업장에 속한 부서는 모두 사용 중이다.

03

당 회사의 인사/급여 설정기준을 확인하고 관련된 설명으로 옳지 않은 것은 무엇인가? (단, 환경설정 기준은 변경하지 않는다)

① 퇴사자의 경우 급여계산 시, '20일' 초과 근무 시, 월 급여를 정상 지급한다.
② 사회보험정산코드로는 어떠한 코드도 등록되어 있지 않다.
③ 생산직 비과세를 적용할 직종으로 '002.생산직', '003.환경직', '005.기술직'이 등록되어 있다.
④ 회사의 월일수 산정기준에 따라 2025년 1월 귀속 근태 기준일수는 30일로 산정한다.

04

당 회사는 2025년 1월 '900.대리' 직급의 호봉을 아래 [보기]와 같이 일괄 등록하고자 한다. '900.대리' 직급의 호봉등록을 완료하였을 때, 4호봉 기준의 '호봉합계'는 얼마인가?

> 보기
> • '900.대리' 직급의 '2022.01' 호봉이력 기준 적용
> • 정률인상 적용: 기본급 4.5%, 급호수당 2.0%
> • 정액인상 적용: 연장수당 5,000원

① 2,774,700원　② 2,778,257원
③ 2,825,680원　④ 2,902,289원

05

당 회사의 2024년 12월 귀속 급/상여 지급일자 등록을 확인하고, 그 내역으로 알맞지 않은 것은 무엇인가?

① '상여' 지급 시, '상여지급대상기간' 내 '생산직', '기술직' 근로자에 대해서만 상여를 지급한다.
② '급여'의 '지급직종및급여형태'에 반영된 정보와 일치하지 않는 대상자는 [상용직급여입력및계산] 메뉴에서 직접 대상자 선정을 진행하여 추가 반영할 수 있다.
③ '급여'를 지급하는 일자에 '상여'를 추가하여 지급할 수 있다.
④ '상여' 지급 시, 퇴사자의 경우 근무일수에 상관없이 상여 지급 대상 기간 내 근무일수 기준으로 지급한다.

06

2025년 귀속 기준 급여 지급/공제항목설정을 확인하고, 그 설명으로 옳지 않은 것은 무엇인가? (단, 지급/공제항목설정 기준은 변경하지 않는다)

① 'P10.연장근로수당'은 직종이 '생산직'인 사원에게만 100,000원을 지급한다.
② 'P20.자격수당'은 'ERP정보관리사1급' 자격 대상자에게는 50,000원을 지급한다.
③ 'P30.근속수당'은 근속기간이 9년 3개월인 대상자에게는 225,000원을 지급한다.
④ 'P55.영업촉진비'는 '국내영업부'와 '해외영업부'에 속한 직원들에게 100,000원을 지급한다.

07

당 회사는 발령일자 2025/01/31 날짜로 '2025년 1/4분기 인사발령'을 진행하였다. '20250131' 발령호수의 발령내역에 대한 설명으로 옳지 않은 것은? (단, 발령적용은 진행하지 않고, 모든 정보는 현재 프로그램에 반영되어있는 데이터를 기준으로 확인한다)

① 발령대상자는 모두 4명이며, 모든 대상자는 발령일자 이후에 동일한 근무조에서 근무한다.
② 해당 발령 전, '장명훈' 사원의 부서는 '관리부'였으며, 발령 후 부서는 '생산부'로 변경된다.
③ '안종남' 사원의 현재 부서는 '국내영업부'이고, 발령 후 호봉은 '7호봉'으로 변경된다.
④ 해당 발령 후, '유지현' 사원의 부서, 근무조 및 호봉이 변경된다.

08

당 회사는 전체 사업장의 '916.2025년 임직원역량강화교육' 교육평가가 우수한 사원을 대상으로 포상을 지급하기로 하였다. 아래 [보기]를 확인하여 대상자들의 총지급액으로 알맞은 것은 무엇인가?

─ 보기 ─
• 교육평가 A등급: 150,000원
• 교육평가 B등급: 100,000원

① 900,000원   ② 1,000,000원
③ 1,050,000원 ④ 1,200,000원

09

당 회사는 창립기념일을 맞아 2024년 12월 31일 기준으로 전체 사업장의 만 15년 이상 장기근속자에 대해 특별근속수당을 지급하기로 하였다. 아래 [보기]를 기준으로 지급한 총 특별근속수당은 얼마인가? (단, 퇴사자는 제외하며, 미만일수는 올리고, 모든 경력사항을 제외한다)

─ 보기 ─
• 15년 이상~20년 미만: 100,000원
• 20년 이상: 300,000원

① 3,000,000원   ② 3,300,000원
③ 3,400,000원   ④ 3,600,000원

10

당 회사의 인사정보를 확인하고 관련된 설명으로 올바르지 않은 것은 무엇인가?

① '20010401.노희선' 사원의 직급은 '700.차장'이며, 급여이체은행은 '040.국민'은행으로 설정되어 있다.
② '20030701.엄현애' 사원은 노조에 가입되어 있으며, [상용직급여입력및계산] 메뉴에서 급여계산 시, 15,770원만큼 장기요양보험료가 공제된다.
③ '20040301.오진형' 사원은 학자금상환 대상자로 상환통지액은 500,000원이며, 배우자 공제를 적용받는다.
④ '20160911.이자연' 사원은 국외소득이 존재하지 않으며, 현재 책정된 임금의 '연봉'은 26,500,000원이다.

11

당 회사의 2025년 1월 귀속급여(지급일자: 2025/01/25)에 해당하는 대상자 중 '20100801.이서윤' 사원이 개인적인 사유로 휴직을 신청하였다. '20100801.이서윤' 사원의 휴직 내역을 [보기]와 같이 등록한 뒤 모든 지급 대상자에 대해 급여를 계산할 때, '과세' 총액은 얼마인가? (단, 그 외 급여계산에 필요한 조건은 프로그램에 등록된 기준을 이용한다)

─ 보기 ─
• 시작일, 종료일: 2025/01/01, 2025/01/17
• 휴직사유: 200.병가
• 휴직지급율: 80%
• 퇴직기간적용: 함

① 58,922,180원   ② 59,762,130원
③ 60,693,190원   ④ 61,430,050원

12

당 회사는 2025년 1월 귀속 '특별급여' 소득을 지급하고자 한다. 아래 [보기]의 지급대상 요건으로 지급일자를 직접 추가하여 급여계산을 진행한 뒤 확인한 정보로 올바르지 않은 것은 무엇인가? (단, 그 외 급여계산에 필요한 조건은 프로그램에 등록된 기준을 이용한다)

― 보기 ―
- 특별급여 지급일자: 2025/01/31
- 동시발행 및 대상자선정: 분리, 직종및급여형태별
- 특별급여 지급대상: 〈1000.인사1급 회사본사〉 사업장을 제외한 사업장의 모든 직종 및 급여형태

① 해당 지급일자의 지급인원은 직종별로 다른 특별급여를 지급받았고, 총 과세금액은 24,305,520원이다.
② 해당 지급일자의 지급인원은 모두 7명이고, 장기요양보험료의 총 합계는 155,140원이다.
③ '20040301.오진형' 사원에게 실제 지급된 금액은 2,646,630원이고, 고용보험료는 공제되지 않았다.
④ '20130701.고진수' 사원에게 지급된 금액은 총 2,819,260원이고, 소득세는 20,260원 공제되었다.

13

당 회사는 〈1000.인사1급 회사본사〉 사업장을 제외한 사업장에 대해 2024년 12월 귀속(지급일 1번)에 이체한 급/상여를 확인하고자 한다. 이체 현황에 대한 설명으로 옳지 않은 것은 무엇인가? (단, 무급자는 제외한다)

① 해당 조회조건의 대상자 중 급여 이체 대상의 이름과 예금주명이 다른 사원이 존재한다.
② 해당 지급일자에 계좌로 급여를 이체받는 인원은 총 6명이며, 총 이체 금액은 26,868,840원이다.
③ '국민'은행을 통해 급여를 지급받는 인원은 2명이며, 총 이체 금액은 9,174,920원이다.
④ '20040301.오진형' 사원에게 이체된 금액은 현금으로 급여를 지급받는 사원에게 지급된 금액보다 적다.

14

당 회사는 〈1000.인사1급 회사본사〉 사업장에 대해 2024년 4분기에 속한 기간의 지급내역 중 '100.급여' 지급내역에 대해 직종별로 집계하여 금액을 확인하고자 한다. 내역을 확인하고 직종과 항목별 금액이 올바르게 짝지어지지 않은 것은 무엇인가?

① 직종: 사무직 / 가족수당 : 420,000원
② 직종: 생산직 / 연장근로수당 : 600,000원
③ 직종: 연구직 / 고용보험 : 104,730원
④ 직종: 기술직 / 차인지급액 : 10,572,810원

15

당 회사는 초과근무에 대해 수당을 지급하고 있다. 아래 [보기]의 기준을 토대로 2024년 12월 귀속 '급여' 구분 '20130701.고진수' 사원의 '초과근무수당'을 계산하면 얼마인가? (단, 근무수당을 계산하면서 발생되는 모든 원 단위 금액은 절사하며, 책정임금 시급은 원 단위 금액을 절사하지 않고 계산한다)

― 보기 ―
- 초과근무수당 = 1유형 근무수당 + 2유형 근무수당
- 초과근무 시급: 책정임금 시급
- 1유형 근무수당 = (평일연장근무시간 + 토일정상근무시간) × 2 × 초과근무 시급
- 2유형 근무수당 = (평일심야근무시간 + 토일연장근무시간) × 2.5 × 초과근무 시급

① 527,790원 ② 534,210원
③ 552,160원 ④ 564,950원

16

당 회사는 일용직 사원에 대해 사원별 지급형태를 구분하여 일용직 급여를 지급하고 있다. 아래 [보기]를 확인하여 2025년 1월 귀속 지급일 중 '매일지급' 대상자를 직접 반영 후 급여계산을 할 때, 해당 지급일의 급여내역 중 바르지 않은 것은 무엇인가? (단, 급여계산에 필요한 조건은 프로그램에 등록된 기준대로 확인한다)

┌─ 보기 ─
• 지급형태: '매일지급' 지급일
• 지급 대상자: '시급직'인 '1100.총무부' 사원
• 평일 10시간 근무, 토요일 4시간 근무
• 비과세: 12,000원(평일만 적용)
└─

① 해당 지급일자의 대상자는 총 31일 중 27일을 근무하였으며, 과세총액은 28,596,250원이다.
② '1010.홍정인' 사원의 연장 비과세 총액은 1,219,000원이고, 해당 금액은 신고대상인 비과세이다.
③ '1014.주희정' 사원은 생산직 비과세 적용 여부가 '안함'으로 설정되어 있으며, 소득세가 공제되지 않았다.
④ 해당 지급일자의 회사부담금 총액은 1,393,350원이고, 모든 사원은 건강보험이 공제되었다.

17

2025년 1월 귀속 일용직 급여작업 전, 아래 [보기]를 기준으로 '1008.이민구' 사원의 사원정보를 직접 변경하고 급여계산을 했을 때, 2025년 1월 귀속 해당 일용직 대상자들의 실지급액 총계는 얼마인가? (단, 그 외 급여계산에 필요한 조건은 프로그램에 등록된 기준을 따른다)

┌─ 보기 ─
1. 사원정보 변경
 • 생산직비과세 적용 '함'
 • 국민/건강보험여부: 여
 • 급여/시간단가: 43,420원
2. 일용직 급여지급
 • 지급형태: '일정기간지급' 지급일
 • 평일 10시간 근무 가정
 • 비과세 적용: 10,000원(평일만 적용)
└─

① 42,208,680원 ② 42,805,300원
③ 47,933,870원 ④ 48,677,940원

18

당 회사는 2024년 4분기 귀속 급여 작업에 대해 수당별 지급현황을 확인하고자 한다. 다음 중 <1000.인사1급 회사본사> 사업장 기준 'T10.지방소득세'가 가장 적게 공제된 사원은 누구인가?

① 20010402.박국현 ② 20080103.김소현
③ 20081202.장명훈 ④ 20101001.최명수

19

2025년 1월 25일 <1000.인사1급 회사본사> 사업장의 '20001101.박용덕' 사원이 개인 사유로 중도정산을 신청하였다. 아래 [보기]의 내용에 따라 퇴직기준과 대상자를 직접 반영하여 퇴직 정산작업을 진행했을 때, 정산결과에 대한 설명으로 옳지 않은 것은 무엇인가? (단, 그 외 퇴직금 계산에 필요한 조건은 프로그램의 등록 기준에 따른다)

┌─ 보기 ─
• 평균임금 계산식: '일평균 임금' 적용
• 지급항목 설정: 기본급, 연장근로수당, 근속수당, 식대보조비, 상여
• 귀속연월: 2025/01
• 재직기준: 2025/01/01~2025/01/31
• 퇴직일자, 신청일자: 2025/01/25
• 지급일자: 2025/01/31
└─

① 퇴직금 계산 시, 산정된 상여금의 합계는 6,556,240원이고 연차수당은 존재하지 않는다.
② 중도정산 시의 기산일은 2009/07/01이고, 산정기간은 15년 6개월 25일이다.
③ 퇴직금 계산 시, 산정된 기본급의 합계는 14,837,490원이다.
④ 퇴직금은 87,067,170원이고, 퇴직금 지급 시 공제된 금액은 총 1,224,970원이다.

20

당 회사는 퇴직추계총액 기준으로 40%만큼 '퇴직급여충당부채'를 설정하고자 한다. 아래 [보기] 기준으로 퇴직금추계코드를 직접 등록하고 퇴직금 추계액을 계산했을 때, 회사에서 설정할 수 있는 '퇴직급여충당부채'는 얼마인가? (단, 전기 퇴직급여충당부채 잔액은 없는 것으로 가정하며, 원 단위는 절사하고, 그 외 기준은 프로그램의 등록 기준에 따른다)

┌─ 보기 ─
• 추계코드(명): 2024.2024년 퇴직금추계액
• 기준연월: 2024/12
• 대상 사업장(계정): 1000.인사1급 회사본사, 4000.인사1급 강원지점(사원)
└─

① 339,148,960원 ② 356,262,140원
③ 402,781,130원 ④ 425,890,620원

21

당 회사 〈4000.인사1급 강원지점〉 사업장 '20081204.유지현' 사원의 2024년 귀속의 근로소득에 대해 실제 원천징수한 총 '소득세'와 '연금보험'은 각각 얼마인가?

소득세	연금보험
① 2,179,200원	2,099,120원
② 2,179,200원	2,359,800원
③ 2,342,740원	2,099,120원
④ 2,342,740원	2,359,800원

22

아래 [보기]를 기준으로 '인사/급여환경설정'을 직접 확인하여 변경한 뒤, 〈1000.인사1급 회사본사〉 사업장의 원천세 신고서를 생성했을 때 근로소득 구분에 대한 총지급액과 소득세는 각각 얼마인가? (단, 신고구분은 '정기'이며, 소득처분여부는 '1.비해당'으로 설정한다)

─ 보기 ─
- 원천세 신고유형: 본점일괄신고
- 이행상황신고서집계방식: 귀속연월
- 신고서 생성기준: 귀속연월: 2024/12, 지급연월: 2025/01(제출일자 2025/02/10)
- 일반 데이터반영: 매월징수분(전체)
- 연말정산 소득세, 농특세 반영: 미적용

총지급액	소득세
① 16,475,670원	1,186,170원
② 28,348,150원	1,720,300원
③ 123,621,090원	5,555,290원
④ 145,298,150원	7,448,500원

23

아래 [보기]를 기준으로 당 회사의 지방소득세특별징수명세 신고서를 생성했을 때, '4.근로소득'의 소득자별 '과세표준'이 올바르지 않은 것은 무엇인가? (단, 신고서 생성기준은 '단일 사업장' 기준으로 생성한다)

─ 보기 ─
- ※ 인사/급여환경설정 '지방소득세/주민세(종업원분)집계방식': 귀속, 지급연월
- 매월 신고
- 신고사업장: 0000.전체
- 신고구분: 1.정기
- 귀속연월: 2024년 12월
- 지급연월: 2024년 12월
- 제출일자: 2025년 01월 10일
- 급여지급일자: 2024년 12월 31일
- 계속근무자 연말정산 환급액 반영 기준: 미적용

① 20101001.최명수 - 과세표준: 616,200원
② 20000502.김종욱 - 과세표준: 317,540원
③ 20001101.박용덕 - 과세표준: 329,860원
④ 20081201.안민서 - 과세표준: 514,980원

24

당 회사는 '퇴직금'에 대해 전표집계 및 생성 작업을 진행하고 있다. 전표집계를 위한 '사원계정' 퇴직금 항목별 계정과목설정을 확인하고, 그 내역으로 알맞지 않은 것은? (단, 모든 정보는 프로그램에 입력된 기준으로 확인한다)

① 퇴직금 - 80800.퇴직급여
② 비과세소득 - 60900.퇴직급여
③ 퇴직소득세 - 25400.예수금
④ 차인지급액 - 10301.보통예금

25

당 회사는 전체 사업장 기준 2024년 12월 귀속(지급일 1번) 급여구분의 대장을 확인하고자 한다. 부서별로 대장을 집계하여 확인했을 때, 부서별 지급/공제항목의 금액으로 옳지 않은 것은?

① 사무직 - 국민연금: 2,384,690원
② 생산직 - 직무발명보상금: 1,450,000원
③ 연구직 - 소득세: 228,590원
④ 환경직 - 근속수당: 125,000원

기출문제 2024년 6회

이론

01

기계학습의 종류에 해당하지 않는 것은?

① 지도 학습(Supervised Learning)
② 강화 학습(Reinforcement Learning)
③ 비지도 학습(Unsupervised Learning)
④ 시뮬레이션 학습(Simulation Learning)

02

[보기]에서 설명하는 RPA 적용단계는 무엇인가?

― 보기 ―
빅데이터 분석을 통해 사람이 수행한 복잡한 의사결정을 내리는 수준이다. 이것은 RPA가 업무 프로세스를 스스로 학습하면서 자동화하는 단계이다.

① 인지 자동화
② 데이터 전처리
③ 기초프로세스 자동화
④ 데이터 기반의 머신러닝(기계학습) 활용

03

ERP와 기존 정보 시스템(MIS) 특성 간의 차이점에 대한 설명으로 가장 적절하지 않은 것은?

① 기존 정보 시스템의 업무 범위는 단위 업무이고, ERP는 통합 업무를 담당한다.
② 기존 정보 시스템의 전산화 형태는 중앙집중식이고, ERP는 분산 처리 구조이다.
③ 기존 정보 시스템은 수평적으로 업무를 처리하고, ERP는 수직적으로 업무를 처리한다.
④ 기존 정보 시스템은 파일 시스템을 이용하고, ERP는 관계형 데이터베이스 시스템(RDBMS)을 이용한다.

04

'Best Practice'를 목적으로 ERP 패키지를 도입하여 시스템을 구축하고자 할 경우 가장 적절하지 않은 방법은?

① BPR과 ERP 시스템 구축을 병행하는 방법
② ERP 패키지에 맞추어 BPR을 추진하는 방법
③ 기존 업무 처리에 따라 ERP 패키지를 수정하는 방법
④ BPR을 실시한 후에 이에 맞도록 ERP 시스템을 구축하는 방법

05

ERP 시스템 투자비용에 관한 개념 중 '시스템의 전체 라이프 사이클(Life-Cycle)을 통해 발생하는 전체 비용을 계량화한 비용'에 해당하는 것은?

① 유지 보수비용(Maintenance Cost)
② 시스템 구축비용(Construction Cost)
③ 총소유비용(Total Cost of Ownership)
④ 소프트웨어 라이선스비용(Software License Cost)

06

인적자원관리는 조직의 유효성을 높이기 위해 실천되는 하나의 과정이다. 인적자원관리 기본 기능 외에 실무 운영 기능에 대한 설명으로 적합하지 않은 것은?

① 확보 기능 – 직무관리, 인적자원계획
② 개발 기능 – 교육훈련, 경력개발, 경력관리
③ 보상 기능 – 임금관리, 복리후생관리
④ 유지 기능 – 안전보건관리, 이직관리, 노사관계관리

07

직무정보의 수집방법 중 직무수행에 있어 성공과 실패를 결정할 수 있는 특수한 작업행동의 사례정보를 수집 및 활용하는 것은?

① 관찰법
② 체험법
③ 질문지법
④ 중요사건기록법

08

[보기]에서 설명하고 있는 인력계획의 미래예측 기법은?

> **보기**
> 독립변수들의 선형관계를 기초로 종속변수를 예측하는 방법으로 인적자원에 대한 미래 수요를 예측하는 경우에도 효과적으로 활용되는 분석 방법이다.

① 회귀분석법 ② 추세분석법
③ 델파이기법 ④ 브레인스토밍

09

모집 방법 중 사외모집 방법으로 옳지 않은 것은?

① 헤드헌터 ② 인턴사원제
③ 기능목록표 활용 ④ 기존 종업원의 추천

10

(주)생산성의 인사팀에서 본 신입사원 최종 면접을 [보기]와 같이 실시하였다. (주)생산성의 면접 방법으로 가장 적절한 것은?

> **보기**
> • 면접위원을 내부위원 2명과 외부위원 3명으로 섭외하여 실시합니다.
> • 지원자는 1명씩 지정된 공간에서 15분간 면접에 참여합니다.

① AI 면접 ② 패널 면접
③ 토론 면접 ④ 압박 면접

11

선발시험을 실시하여 합격한 지원자의 시험 성적(예측치)과 입사 후의 직무 성과(표준치)를 비교하여 선발시험의 타당성을 측정하는 방법은 무엇인가?

① 동시 타당성 ② 예측 타당성
③ 내용 타당성 ④ 구성 타당성

12

종업원의 직무능력 및 잠재력 등을 기준으로 적정배치가 될 수 있도록 하는 원칙은?

① 능력주의 원칙
② 균형주의 원칙
③ 공정보상의 원칙
④ 인재육성주의 원칙

13

인적자원관리의 진행과정(계획 → 실행 → 통제)을 제시한 것 중 '통제'에 가장 근접한 활동은?

① 사기유발, 노사분규 해결
② 모집홍보, 선발면접, 배치
③ 사기향상 정도, 모집효과 분석, 투입비용 계산
④ 인력공급추이 파악, 임금기준 파악, 인사평가, 경력개발

14

[보기]의 ( )에 들어갈 용어를 예와 같이 한글로 작성하시오. (예 인사)

> **보기**
> ( )는 허즈버그의 2요인 이론에 기초하여 종업원이 자신의 직무를 스스로 계획하고 실천하며 평가할 수 있도록 자율과 책임을 증대시키고 자신의 성과를 평가하고 수정할 수 있도록 피드백을 제공하며, 도전적이고 보람된 일이 되도록 하는 직무설계방법이다.

(답:)

15

[보기]는 무엇에 대한 설명인가?

> **보기**
> • 가장 단순한 방법으로 근로자의 장단점과 성과 및 잠재적인 요인의 향상을 위해 제언을 사실적으로 서술하는 방법
> • 간편하지만 비교가 어려우며, 평가 결과가 상이할 수 있음
> • 일종의 자기고과 방법으로 자기평가는 자유롭게 기술함

① 자유기술법 ② 강제선택법
③ 대조표고과법 ④ 서술식고과법

16
인사고과의 오류 중 중심화 경향을 줄이기 위한 개선 방향으로 가장 효과적인 것은?

① 평가 시기에 즈음하여 평가 자료를 확보한다.
② 평가자의 가치관 등을 평가 내용에 반영한다.
③ 피평가자의 특징적인 전반적 인상을 강조한다.
④ 평가 기간을 늘리고, 다양한 평가 자료를 확보한다.

17
[보기]가 설명하는 교육훈련 방법은?

> 보기
> 특정한 상황을 설정하여 피훈련자에게 그 상황 속의 특정 역할을 맡기고 그 역할에 관한 행동을 실행하도록 하는 방법이다.

① 그리드 훈련 ② 역할연기법
③ 감수성 훈련 ④ 인바스켓 훈련

18
[보기]에서 설명하는 리더십 이론으로 가장 적절한 것은?

> 보기
> 리더가 먼저 리더의 행동을 보임으로써 부하에게 대리학습의 모델이 되고 부하 스스로 리더가 될 수 있도록 목표 설정을 지원하고 코치의 역할을 하며 조직이 스스로 변화할 수 있도록 변화담당자로서의 역할을 하는 리더십

① 코칭 리더십 ② 셀프 리더십
③ 슈퍼 리더십 ④ 변혁적 리더십

19
[보기]에서 설명하는 조직변화의 방향은 무엇인가?

> 보기
> 지식의 중요성을 인식하여 지식을 창출하고, 체계적인 지식관리를 실시하여 교육조직을 설계하고 운영하는 것을 의미한다.

① 고객 지향 ② 개인 지향
③ 공생 지향 ④ 학습 지향

20
[보기]에서 설명하는 조직의 형태를 예와 같이 한글로 작성하시오. (예 인사)

> 보기
> • 기존 기능부서의 상태를 유지하면서 특정한 프로젝트를 위해 서로 다른 부서의 인력이 함께 일하는 조직으로, 기능별 조직 또는 부문별 조직형태로 프로젝트팀 조직을 결합시킨 독특한 형태의 조직이다.
> • 해당 조직형태는 경쟁이 심하고, 새로운 아이디어에 대한 수명 주기가 짧은 고성장 산업 등에서 시작되었지만, 현재는 정부, 학교, 일반 기업 등 다양한 조직에서 광범위하게 사용되고 있다.

(답: 조직)

21
임금관리의 차원에서 [보기]는 무엇을 실현하기 위한 것인가?

> 보기
> 임금수준은 임금액 또는 임금률의 크기를 나타내는 개념으로써, 기업 전체의 임금총액 수준이나 각 종업원의 개별 임금수준, 초과 근무 임금의 수준을 나타내는 의미로 쓰이고 있다.

① 임금관리의 체계성
② 임금관리의 적정성
③ 임금관리의 합리성
④ 임금관리의 공정성

22
통상임금과 평균임금에 대한 설명으로 옳지 않은 것은?

① 평균임금 – 퇴직금
② 평균임금 – 해고예고수당
③ 통상임금 – 연장근로가산수당
④ 통상임금 – 야간근로가산수당

23
복리후생관리의 3원칙으로 가장 옳지 않은 것은?

① 적정성의 원칙
② 합리성의 원칙
③ 협력성의 원칙
④ 지불 능력의 원칙

24
연말정산 시 근로자 제출서류로 가장 적절하지 않은 것은?

① 기부금명세서
② 의료비지급명세서
③ 근로소득공제신고서
④ 원천징수이행상황신고서

25
[보기]에 해당하는 것을 고르시오.

> 보기
> (주)생산성은 다음과 같이 성과급을 포함하여 임금을 지급하기로 하였다(단위: 천원).
> • 지급 임금액   70,000
> • 표준 생산성   2,100
> • 표준 부가가치   229,600
> • 실제 부가가치   259,000
> • 초과된 부가가치   29,400
> • 종업원 측 분배   11,760
> • 기업 측 분배   17,640

① 럭커 플랜
② 스캔론 플랜
③ 이윤분배제
④ 임프로쉐어 플랜

26
2024년도 종합소득 기본세율을 적용하였을 때, 종합소득이 10억 원을 초과할 경우 기본세율은 몇 %인지 숫자로 작성하시오.

(답: %)

27
[보기]에서 설명하는 용어를 예와 같이 한글로 작성하시오. (예) 인사)

> 보기
> • 정년까지 고용을 보장하는 조건으로 일정한 연령에 이른 근로자의 임금을 삭감하는 제도
> • 사측과 노조의 협의에 따라 정년보장형, 정년연장형, 고용연장형 중에서 선택할 수 있다.

(답:)

28
교대근무제에 대한 설명으로 적합한 것은?

① 종업원들이 일정한 제약조건 내에서 자유롭게 출퇴근 시간을 정해놓고 근무하는 제도를 말한다.
② 1일 근로시간을 정규직 근로자와 달리 4~7시간 정도 일하며 임금은 직무에 따른 시간급을 지급한다.
③ 두 사람 이상의 시간제 근무자가 직무 시간 교대를 통해서 일주일 40시간의 근무를 나누어 수행하도록 하는 제도를 말한다.
④ 회사가 1일 근무시간을 두 개 이상의 시간 계열로 구분하고 근로자들을 2개 조 이상으로 편성하여 교대로 작업하도록 하는 근로시간제를 말한다.

29
기업별 노동조합의 단위조합 또는 지부가 산업별의 상부 노동단체와 공동으로 당해 기업의 사용자 대표와 교섭하는 방식은 무엇인가?

① 통일 교섭
② 집단 교섭
③ 공동 교섭
④ 대각선 교섭

30
부당노동행위로 적절하지 않은 것은?

① 사용자의 조업계속
② 사용자의 단체교섭 거부행위
③ 노동조합에 대한 자금을 원조하는 행위
④ 노동조합의 가입을 이유로 노동자의 해고 등의 불이익대우

31

경영참가제도를 직접 참가와 간접 참가로 구분할 때 간접 참가의 유형에 해당하는 것은?

① 노사협의제
② 공동의사결정
③ 이윤분배제도
④ 종업원지주제

32

[보기]는 근로기준법에 따른 휴게시간에 대한 설명이다. ( )에 들어갈 내용을 숫자로 작성하시오.

> ─ 보기 ─
> - 근로기준법 제54조에 따르면 사용자는 근로시간이 4시간인 경우 30분 이상 휴게시간을 제공해야 한다.
> - 근로시간이 8시간인 경우 ( )시간 이상 휴게시간을 근로시간 도중에 제공해야 한다.

(답:)

33

[보기]에서 설명하는 노동 3권은 무엇인지 예와 같이 한글로 작성하시오. (예 인사)

> ─ 보기 ─
> - 노동조건의 유지·개선과 기타 경제적 지위 향상을 위해 단결하는 권리를 의미한다.
> - 노동자가 자주적 단체인 노동조합을 통해 집단적 압력을 행사함으로써 사용자와 대등한 위치에서 교섭을 하도록 하는 것을 목적으로 한다. 따라서 단체교섭권, 쟁의권 등 단체행동을 할 권리가 뒷받침되어야 실질적인 의미가 있다.

(답: 권)

실무 시뮬레이션

프로그램 버전	iCUBE 핵심 ERP 2024
로그인 정보	• 회사: 2004.인사1급 회사B • 사원: ERP13I01.장미란
DB 파일명	[백데이터] 2025 에듀윌 ERP 인사 1급 > PART 07 최신 기출문제_2024년 6회

01

다음 중 핵심 ERP 사용을 위한 기초 사업장 정보를 확인하고, 그 설명으로 옳지 않은 것은?

① 〈1000.인사1급 회사본사〉 사업장은 당 회사의 '본점' 사업장이다.
② 〈2000.인사1급 인천지점〉 사업장은 당 회사에 등록된 사업장 중 유일하게 '반기'로 이행상황신고서를 작성하는 사업장이다.
③ 〈3000.인사1급 대구지점〉 사업장은 〈1000.인사1급 회사본사〉 사업장에 속한 종사업장이며, 〈1000.인사1급 회사본사〉 사업장에 속한 종사업장은 〈4000.인사1급 강원지점〉을 제외한 모든 사업장이 등록되어 있다.
④ 〈4000.인사1급 강원지점〉 사업장의 지방세신고지 법정동은 '4211040024.강원도 춘천시 남산면 수동리'이다.

02

핵심 ERP 사용을 위해 사용자별 권한을 설정해야 한다. 다음 중 'ERP13I01.장미란' 사원에게 부여된 메뉴 권한의 설명으로 옳지 않은 것은?

① [인사정보등록] 메뉴에 등록된 근로자의 정보를 수정할 수 있다.
② [급여명세] 메뉴를 통해 당 회사에 속한 모든 근로자의 급여명세서를 출력할 수 있다.
③ [전표관리]에 속한 메뉴는 권한이 있지만, 일부 메뉴의 변경/삭제/출력은 불가하다.
④ [사업/기타/이자배당소득관리]에 속한 메뉴 권한이 없어, 소득자들의 정보와 소득 내역을 등록할 수 없다.

03

당 회사에 등록된 부서를 '2024/11/23' 기준으로 조회했을 때, 조회된 부서의 설명으로 옳은 것은?

① 현재 사용 중인 부서는 총 11개이다.
② 〈2000.인사1급 인천지점〉 사업장에 속한 부서의 사용 시작일은 모두 '2005/01/01'이다.
③ 2021년 이후 사용한 부서는 모두 〈4000.인사1급 강원지점〉 사업장에 속해 있다.
④ 현재 사용 중인 부서 중 2021년에 등록된 부서의 수가 제일 많다.

04

당 회사의 인사/급여 설정 기준을 [보기]와 비교했을 때, 옳지 않은 설명은 몇 개인가? (단, 환경설정 기준은 변경하지 않는다)

— 보기 —
- A: 퇴사자의 급여는 25일 이상 근무한 경우에만 급여를 모두 지급하고 그렇지 않은 경우엔 '일할' 지급한다.
- B: 수습직은 지급하기로 한 급여의 75%를 3개월간 지급한다.
- C: 당 회사에 등록된 직종 중 생산직의 출결시작일은 전월 25일 이며, 그 외 직종은 모두 당월 1일이다.
- D: 지방소득세특별징수명세서는 '귀속연월' 또는 '지급연월'이 같은 데이터만 집계한다.

① 0개 ② 1개
③ 2개 ④ 3개

05

당 회사는 2024년 1월 '800.과장' 직급의 호봉을 아래 [보기]와 같이 일괄 등록하고자 한다. '800.과장' 직급의 호봉등록을 완료한 후, 5호봉 기준의 '기본급'으로 옳은 것은?

— 보기 —
- 기본급 초기치: 3,125,000원(증가액 178,000원)
- 급호수당 초기치: 18,000원(증가액 9,860원)
- 연장수당 초기치: 13,250원(증가액 7,500원)
- 정률인상 적용: 기본급 5.5%, 연장수당 4.5%
- 정액인상 적용: 급호수당 3,000원

① 3,837,000원 ② 3,937,690원
③ 4,048,035원 ④ 4,153,671원

06

2024년 귀속 기준 급여의 지급/공제항목설정을 확인하고, 그 설명으로 옳지 않은 것은? (단, 지급/공제항목설정 기준은 변경하지 않는다)

① 입사자의 'P00.기본급'은 [인사/급여환경설정] 메뉴의 설정에 따라 지급된다.
② 'P10.연장근로수당'은 직종별로 지급되며, 모든 직종이 '책정임금의 월급×0.1'로 계산하여 지급된다.
③ 'P20.자격수당'에 등록된 자격증 중 '200.ERP정보관리사1급'이 가장 높은 금액으로 책정되어 있다.
④ 'P45.육아수당'은 'E01.육아휴직급여'에 해당하는 비과세 수당이며, 해당 귀속월에 육아휴직일이 하루라도 존재하는 직원은 30만원을 지급받는다.

07

당 회사의 인사 정보를 확인하고 관련된 설명으로 옳은 것은?

① '20040301.오진형' 사원의 입사일자와 그룹입사일자는 다르다.
② '20081201.조선우' 사원은 2012년 중도 퇴사를 한 적이 있으며, 현재 60세 이상 부양가족 공제를 받고 있다.
③ '20081203.김도균' 사원은 국외소득이 발생하는 사원이며, 노조에 가입되어 있다.
④ '20090701.김동민' 사원은 파견 근로자이며, 가장 최근 책정된 임금의 시작연월은 '2023/01'이다.

08

다음 중 인사기초코드등록 메뉴의 '4.사원그룹(G)'의 출력구분에 대한 설명으로 옳은 것은?

① 'G1.고용구분' 관리내역의 '비고'가 '1'인 경우, [일용직사원등록] 메뉴에서 조회되는 코드이다.
② 'G1.고용구분'의 기초코드 중 [인사정보등록] 메뉴의 '고용형태'에서 조회되는 코드는 '001.상용직'만 해당한다.
③ 'G2.직종' 관리내역의 '비고'가 '0'인 경우, 생산직 연장근로 비과세 적용대상 직종이다.
④ 'G2.직종'의 기초코드 중 생산직 연장근로 비과세 적용대상이 되는 코드는 '002.생산직', '003.연구직'이다.

09

당 회사 '20091215.이서경' 사원의 '가족' 정보를 확인했을 때, 등록된 정보에 대한 설명으로 옳지 않은 것은?

① 등록된 가족은 모두 현재 해당 사원이 부양하고 있는 가족이다.
② 해당 사원이 부양하고 있는 가족의 부양관계는 '배우자', '소득자의 직계존속', '직계비속[(손)자녀/입양자]'로 이루어져 있다.
③ 부양가족 중 연말정산 장애인 공제를 받을 수 있는 구성원이 존재한다.
④ 연말정산 자녀 공제를 받을 수 있는 나이 요건이 만 8세 이상부터 만 20세 이하까지 해당할 때, 2024년 현재 해당 사원이 부양하고 있는 가족 중 자녀 공제에 해당하는 구성원은 존재하지 않는다.

10

당 회사에서 2024년 4분기에 진행 중인 '650.2024년 법정의무교육'에서 보기의 대상자 중 이수 여부가 다른 대상자로 옳은 것은?

① 20080103.김민주 ② 20081201.조선우
③ 20130701.최현주 ④ 20181101.이민성

11

당 회사의 2024년 11월 귀속 급여(지급일자: 2024/11/25)에 해당하는 사원 중 '20081201.조선우' 사원이 개인 질병 치료를 위한 휴직을 신청하였다. '20081201.조선우' 사원의 휴직 내역을 [보기]와 같이 등록한 뒤 모든 급여지급 대상자들의 급여를 계산했을 때, '과세' 총액으로 옳은 것은? (단, 그 외 급여계산에 필요한 조건은 프로그램에 등록된 기준을 이용한다)

> 보기
> - 시작일, 종료일: 2024/11/11, 2024/11/22
> - 휴직사유: 000.일반휴직
> - 휴직지급율: 80%
> - 퇴직기간적용: 함

① 126,440,940원
② 126,807,340원
③ 130,240,940원
④ 130,607,340원

12

당 회사는 2024년 11월 귀속 '상여' 소득을 지급하고자 한다. 아래 [보기]의 지급대상 요건으로 지급일자를 직접 추가하여 상여를 계산했을 때, 대상자별로 계산된 상여 금액으로 옳지 않은 것은? (단, 그 외 급여계산에 필요한 조건은 프로그램에 등록된 기준을 이용한다)

> 보기
> - 상여 지급일자: 2024/12/10
> - 상여 지급대상기간: 2024/07/01~2024/09/30
> - 동시발행 및 대상자선정: 분리, 직종및급여형태별
> - 입/퇴사자의 상여계산 방법: 제외
> - 상여 지급대상: 당 회사에 등록된 모든 사업장의 생산직, 연구직의 급여형태가 '월급'인 근로자

① 20000501.한국민: 7,712,490원
② 20081202.장명훈: 7,062,490원
③ 20081203.김도균: 4,762,690원
④ 20101001.최명수: 6,919,990원

13

당 회사는 〈1000.인사1급 회사본사〉 사업장에 대해 2024년 10월 귀속(지급일 1번)에 이체한 급/상여를 확인하고자 한다. 이체 현황에 대한 설명으로 옳지 않은 것은? (단, 무급자는 제외한다)

① 근로자의 계좌로 이체되는 총급여는 57,092,130원이다.
② 해당 사업장의 급여가 지급된 일자는 모두 2024/10/25이다.
③ 급여를 이체한 근로자 수가 가장 적은 금융기관은 '카카오뱅크'이며, 총 3명이다.
④ 이체된 급여 금액이 가장 큰 금융기관은 '우리은행'이며, 총 18,039,200원이 이체되었다.

14

당 회사에 등록된 전체 사업장의 '100.급여' 내역을 직종별로 집계하여 확인하고자 한다. 2024년 3분기에 지급된 내역을 확인하고, 직종별 지급항목 금액으로 옳은 것은?

① 사무직의 자격수당: 3,330,000원
② 생산직의 근속수당: 910,000원
③ 연구직의 식대보조비: 2,000,000원
④ 연구직의 영업촉진비: 1,350,000원

15

당 회사는 사원별 '지각/조퇴/외출시간'을 기준으로 '근태 공제액'을 계산하여 해당 금액을 '기본급'에서 공제하고 지급한다. 아래 [보기]의 기준을 토대로 2024년 10월 귀속 '급여' 구분 '20081202.장명훈' 사원의 근태 내역을 확인하고, '기본급 공제액'을 계산한 결과로 옳은 것은? (단, 공제액을 계산하면서 발생되는 모든 원 단위 금액은 절사하며, 책정임금 시급은 원 단위 금액을 절사하지 않고 계산한다)

> 보기
> - 기본급 공제액 = 1유형 공제액 + 2유형 공제액
> - 1유형 공제액 = (지각시간 + 조퇴시간) × 1.2 × 책정임금 시급
> - 2유형 공제액 = 외출시간 × 1.5 × 책정임금 시급

① 47,370원
② 63,260원
③ 78,440원
④ 96,280원

16

당 회사에서 2024년 상반기에 지급한 급/상여를 '직책'별, '과세/비과세'로 구분하여 조회했을 때, 직책별 과세총액/비과세총액으로 옳지 않은 것은? (단, '사용자부담금'은 제외한다)

	과세총액	비과세총액
① 사원:	114,659,910원	21,000,000원
② 주임:	70,620,700원	15,600,000원
③ 대리:	126,695,540원	18,600,000원
④ 과장:	177,779,030원	21,600,000원

17

당 회사는 일용직 사원에 대해 사원별 지급형태를 구분하여 일용직 급여를 지급하고 있다. 아래 [보기]를 확인하여 2024년 11월 귀속 지급일 중 '매일지급' 대상자를 직접 반영한 후 급여계산을 했을 때, 해당 지급일의 급여내역 중 바르지 않은 것은 무엇인가? (단, 급여계산에 필요한 조건은 프로그램에 등록된 기준대로 확인한다)

┌─ 보기 ─
• 지급형태: '매일지급' 지급일
• 지급 대상자: '시급직'인 '1100.총무부' 사원
• 평일 8시간 근무, 토요일 4시간 근무
• 비과세: 10,000원(평일만 적용)
└─

① 해당 지급일자의 비과세 신고제외분 총액은 1,050,000원이다.
② 해당 지급일자의 실지급 총액은 19,021,664원이다.
③ 모든 사원들은 소득세를 공제하고 급여를 지급받는다.
④ 모든 사원들은 건강보험 금액을 공제하며, 총 735,730원이 공제되었다.

18

2024년 11월 귀속 일용직 급여작업 전, 아래 [보기]를 기준으로 '1015.현단비' 사원의 사원정보를 직접 입력하고 '일용직급여지급일자등록'에 대상자를 반영하여 급여계산을 했을 때, 2024년 11월 귀속 해당 일용직 대상자들의 실지급액의 총계로 옳은 것은? (단, 그 외 급여계산에 필요한 조건은 프로그램에 등록된 기준을 따른다)

┌─ 보기 ─
1. 사원정보 입력(사원코드: 1015, 사원명: 현단비)
 • 입사일자: 2024/11/11
 • 주민등록번호: 900514-1234567
 • 부서: 3100.관리부
 • 급여형태: 004.시급
 • 급여/시간단가: 28,450원
 • 생산직비과세적용: 함
 • 국민/건강/고용보험여부: 여
2. 일용직 급여지급
 • 지급형태: '일정기간지급' 지급일
 • 평일 9시간 근무 가정
└─

① 8,736,000원   ② 8,985,540원
③ 12,150,000원   ④ 12,434,640원

19

당 회사의 퇴직금 산정을 위한 퇴직기준설정을 확인했을 때, 올바르게 설명한 [보기] 내용은 몇 개인가? (단, 환경설정 기준은 변경하지 않는다)

┌─ 보기 ─
• A: 평균임금 기간 산정 시 전월을 기준으로 3개월을 산정하며, 퇴직금 계산식은 '일할'로 설정되어 있다.
• B: 퇴직자의 급여는 해당 월의 급여를 '일할' 계산하여 반영하며, 퇴직금 계산항목은 상여 지급항목을 제외한 급여 지급항목만 조회하고 선택하여 사용할 수 있다.
• C: 평균임금 기간 산정 시 퇴사일을 포함하며, 평균임금 계산 시 10원 단위 절사처리한다.
• D: 임원누진만 적용하고 있으며, 해당 누진항목의 적용유형은 '001.기간'이고 적용방식은 '000.가산율'이다.
└─

① 1개   ② 2개
③ 3개   ④ 4개

20

2024년 10월 25일 〈1000.인사1급 회사본사〉 사업장의 '20191118.윤태경' 사원이 주택구매를 사유로 중도정산을 신청하였다. 아래 [보기]의 내용에 따라 퇴직기준과 대상자를 직접 반영하여 퇴직정산작업을 진행했을 때, '20191118.윤태경' 사원의 퇴직금 산정 내용으로 옳지 않은 것은? (그 외 퇴직금 계산에 필요한 조건은 프로그램의 등록 기준에 따른다)

┌─ 보기 ─
• 평균임금 계산식: '일평균 임금' 적용
• 지급항목 설정: 기본급, 직무발명보상금, 근속수당
• 귀속연월: 2024/10
• 재직기준: 2024/10/01~2024/10/31
• 퇴직일자, 신청일자: 2024/10/25
• 지급일자: 2024/10/31
└─

① 해당 사원이 중도정산 받는 퇴직금의 실지급액은 19,512,220원이다.
② 퇴직금 계산 시 집계된 기본급의 총합계는 9,249,990원이다.
③ 해당 사원이 중도정산을 신청한 기산일로부터 중도퇴직일자까지의 근속기간은 1800일이다.
④ 퇴직금 계산 시 책정된 급여지급 산정 기간은 2024/07/01~2024/09/30이다.

21

당 회사는 2024년 귀속 거주자 기타소득에 대해 소득자별 소득현황을 확인하고자 한다. 2024년 10월에 지급한 소득에 대해 조회한 내용 중 옳은 것은? (단, 모든 정보는 프로그램에 입력된 기준으로 확인한다)

① 대상자는 모두 5명이 조회되고, 총 소득금액의 합은 19,080,000원이다.
② 대상자의 소득은 모두 2024년 10월 귀속에 발생한 소득이다.
③ 〈2000.인사1급 인천지점〉 사업장에서 발생한 소득구분은 모두 '79.자문료'이다.
④ 가장 많은 실지급액이 발생한 소득자는 '20180312.정용주'이며, 총 7,040,640원이 발생했다.

22

아래 [보기]를 기준으로 2024년 10월 귀속의 전표를 생성하려 했을 때 발생하는 오류에 대한 처리로 옳은 것은? (단, 현재 반영되어 있는 데이터를 기준으로 오류내역을 조회한다)

┌─ 보기 ─
• 지급유형: 상용직급여
• 회계단위: 1000.인사1급 회사본사
• 결의일자: 2024/10/25
• 작성자: ERP13I01.장미란
• 집계사업장: 1000.인사1급 회사본사
└─

① [소득자별계정유형설정] 메뉴에서 계정유형이 누락된 사원의 계정유형을 설정한다.
② [계정과목설정] 메뉴의 상용직급여 탭에서 조회되는 계정유형별 지급항목의 계정코드 중 누락된 계정코드를 설정한다.
③ [계정과목설정] 메뉴의 상용직급여 탭에서 조회되는 계정유형별 공제항목의 계정코드 중 누락된 계정코드를 설정한다.
④ [전표집계및생성] 메뉴의 전표처리결과 탭에서 기존에 생성해 놓은 전표를 확인한 뒤 전표삭제를 한다.

23

당 회사는 퇴직추계총액 기준으로 40%만큼 '퇴직급여충당부채'를 설정하고자 한다. 아래 [보기] 기준으로 퇴직금추계코드를 직접 등록하고 퇴직금 추계액을 계산했을 때, 회사에서 설정할 수 있는 '퇴직급여충당부채'는 얼마인가? (단, 전기 퇴직급여충당부채 잔액은 없는 것으로 가정하며, 원 단위는 절사한다. 그 외 기준은 프로그램 등록 기준을 따른다.)

┌─ 보기 ─
• 추계코드(명): 2024.2024년 10월 퇴직금추계액
• 기준연월: 2024/10
• 대상 사업장(계정): 1000.인사1급 회사본사(사원), 4000.인사1급 강원지점(사원)
└─

① 176,619,880원
② 289,745,040원
③ 373,697,860원
④ 560,546,790원

24

아래 [보기]를 기준으로 당 회사의 지방소득세특별징수명세 신고서를 생성했을 때, '사업소득'의 소득자별 '과세표준'과 '산출세액'이 옳지 않은 것은? (단, 신고서 생성기준은 '단일 사업장' 기준이며 [인사/급여환경설정]은 프로그램 기준을 따른다)

┌─ 보기 ─
• 매월 신고
• 신고사업장: 1000.인사1급 회사본사
• 신고구분: 1.정기
• 귀속연월: 2024년 10월
• 지급연월: 2024년 10월
• 제출일자: 2024년 11월 11일
• 급여지급일자: 2024년 10월 25일
└─

	과세표준	산출세액
① 20180501.안민서:	98,250원	9,820원
② 20190502.오준영:	74,560원	7,450원
③ 20200515.이소담:	108,780원	10,870원
④ 20180601.이준성:	137,850원	13,780원

25

아래 [보기]를 기준으로 '인사/급여환경설정'을 직접 확인하여 변경한 뒤, 〈1000.인사1급 회사본사〉 사업장의 원천세 신고서를 추가했을 때 조회된 내용의 설명으로 옳은 것은? (단, 신고 구분은 '정기'이며, 소득처분 여부는 '1.비해당'으로 설정한다)

┌─ 보기 ─
• 원천세 신고유형: 사업장별신고
• 이행상황신고서집계방식: 지급연월
• 신고서 생성기준: 귀속연월, 지급연월: 2024/10(제출일자 2024/11/11)
• 일반 데이터반영: 매월징수분(전체)
• 연말정산 소득세, 농특세 반영: 미적용
└─

① 해당 신고서에 집계된 소득은 근로소득과 사업소득이며, 총 18명이 집계되었다.
② 근로소득의 '일용근로(A03)' 항목의 데이터는 [일용직급여입력] 메뉴에서 입력한 데이터를 집계하며, 직접 입력 및 수정이 불가한 항목이다.
③ 사업소득에 집계된 세무코드는 'A25'이며, 해당 항목의 '5.총지급액'은 '주화면' 탭에서 직접 수정이 가능하다.
④ 해당 신고서에 집계된 '5.총지급액'의 합은 92,849,310원이며, 집계된 소득 중 근로소득의 '5.총지급액'이 가장 많이 집계되었다.

이론

01

[보기]는 무엇에 대한 설명인가?

― 보기 ―
조직의 효율성을 제고하기 위해 업무 흐름뿐만 아니라 전체 조직을 재구축하려는 경영혁신전략 기법이다. 주로 정보기술을 통해 기업경영의 핵심과 과정을 전면 개편함으로써 경영성과를 향상시키려는 경영 기법으로, 매우 신속하고 극단적이며 전면적인 혁신을 강조하는 이 기법은 무엇인가?

① 지식경영 ② 벤치마킹
③ 리스트럭처링 ④ 리엔지니어링

02

차세대 ERP의 비즈니스 애널리틱스(Business Analytics)에 관한 설명으로 가장 적절하지 않은 것은?

① 비즈니스 애널리틱스는 구조화된 데이터(Structured Data)만 분석대상으로 한다.
② ERP 시스템의 방대한 데이터 분석을 위해 비즈니스 애널리틱스가 차세대 ERP의 핵심요소가 되고 있다.
③ 비즈니스 애널리틱스는 리포트, 쿼리, 대시보드, 스코어카드뿐만 아니라 예측 모델링과 같은 진보된 형태의 분석 기능도 제공한다.
④ 비즈니스 애널리틱스는 질의 및 보고와 같은 기본적인 분석기술과 예측 모델링과 같은 수학적으로 정교한 수준의 분석을 지원한다.

03

ERP 시스템의 기능적 특징 중에서 오픈 멀티-벤더(Open Multi-Vendor) 지원기능에 대한 설명으로 적절하지 않은 것은?

① ERP는 특정 하드웨어 업체에 의존하지 않는다.
② ERP는 커스터마이징이 최대한 가능하도록 지원한다.
③ ERP는 어떠한 운영체제에서도 운영될 수 있도록 설계되어 있다.
④ ERP는 다양한 소프트웨어와 병행하여 사용할 수 있도록 지원한다.

04

[보기]에서 가장 성공적인 ERP 도입이 기대되는 회사를 고르시오.

― 보기 ―
- 회사 A: 현재 업무 방식이 최대한 반영될 수 있도록 업무 단위에 맞추어 ERP 도입을 추진 중이다.
- 회사 B: 시스템의 전문 지식이 풍부한 IT 및 전산 관련 부서 구성원으로 도입 TFT를 결성하였다.
- 회사 C: 프로세스 개선을 위해 효율적인 업무 프로세스를 재정립하고, 성공적인 ERP 도입을 위해 유능한 컨설턴트를 고용하고자 한다.
- 회사 D: ERP 도입 과정에서 부서 간 갈등 발생 시, 최고 경영층의 개입이 최소화될 수 있도록 하향식(Top-Down) 의사결정을 배제한다.

① 회사 A ② 회사 B
③ 회사 C ④ 회사 D

05

클라우드 서비스 기반 ERP와 관련된 설명으로 가장 적절하지 않은 것은?

① PaaS에는 데이터베이스 클라우드 서비스와 스토리지 클라우드 서비스가 있다.
② ERP 소프트웨어 개발을 위한 플랫폼을 클라우드 서비스로 제공받는 것을 PaaS라고 한다.
③ ERP 구축에 필요한 IT 인프라 자원을 클라우드 서비스로 빌려 쓰는 형태를 IaaS라고 한다.
④ 기업의 핵심 애플리케이션인 ERP, CRM 솔루션 등의 소프트웨어를 클라우드 서비스를 통해 제공받는 것을 SaaS라고 한다.

06

인적자원관리의 주요 기능 중 보상 기능에 해당하는 것은?

① 채용관리 ② 임금관리
③ 노사관계관리 ④ 안전보건관리

07

직무관리 절차의 순서 중 가장 먼저 진행되는 것은?

① 직무평가 ② 직무분석
③ 직무기술서 작성 ④ 직무명세서 작성

08
관리감독, 기계설비, 직무개선, 원재료 책임 등은 직무평가의 요소 중 무엇에 해당하는가?

① 작업요건 ② 노력요소
③ 책임요소 ④ 숙련요소

09
인력이 과잉일 경우의 대응방안으로 가장 적절하지 않은 것은?

① 일시해고 ② 파견근로
③ 사내벤처 ④ 소사장제

10
인적자원의 모집 방법 중 내부모집에 의한 방법으로만 구성된 것은?

① 교육기관의 추천, 광고
② 채용박람회, 인터넷 모집
③ 인턴십제도, 근로자 추천
④ 사내 공개모집 제도, 관리자 및 기능목록 작성

11
선발오류란 직무요건의 적임자를 선발하지 못하는 현상을 말한다. 선발할 때 여러 가지 방법을 통해 인력을 선발하지만 1종 오류와 2종 오류를 가져올 수 있다. 이러한 오류 없이 올바른 결정을 하기 위해서 선발도구가 갖추어야 할 것으로 가장 적절하지 않은 것은?

① 신뢰성 ② 타당성
③ 효용성 ④ 공정성

12
현재의 직무에 직접적으로 관련된 전문지식이나 기술을 측정하는 데 활용할 수 있는 가장 적절한 검사 방법은 무엇인가?

① 적성검사 ② 지능검사
③ 흥미검사 ④ 성취도검사

13
적정배치의 원칙에서 직무와 인재의 유기적인 결합관리를 통한 조직 성과와 개인 만족의 통합적 실현에 주요 목적을 두고 있는 원칙은?

① 균형주의 원칙
② 능력주의 원칙
③ 적재적소의 원칙
④ 인재육성주의 원칙

14
[보기]에서 설명하는 인력계획 예측 기법을 예와 같이 한글로 작성하시오. (예 인사)

— 보기 —
- 인적자원의 공급에 대한 예측 방법 중 하나로 시간이 경과함에 따라 한 직급에서 다른 직급으로 이동해 나가는 확률을 기술함으로써 인적자원계획에 사용된다.
- 조직 내부 인력흐름이 비교적 안정적인 패턴을 보일 때, 해당 분석을 통한 인력예측 기법의 유효성이 보장될 수 있다. 승진, 이직, 퇴사 등 인력 변동 현상이 심하다면 해당 기법 예측의 정확도는 낮아지게 된다.

(답: 　　　　분석)

15
[보기]의 ( ) 안에 들어갈 용어로 적절한 것은?

— 보기 —
(　　)은(는) 인사평가의 타당성, 신뢰성, 객관성을 높이고자 개발된 평가방법으로 근무평가를 위해 자신, 직속상사, 부하직원, 동료, 고객 등 외부인까지 평가자에 참여시킨다.

① 면접법 ② 다면평가
③ 목표관리법 ④ 균형성과표

16
인사고과 또는 근무 평정을 실시할 때 생길 수 있는 것으로 과거 행위보다는 바로 최근의 행위에 영향을 받음으로써 평가에 오류를 미치는 것은?

① 현혹효과
② 근접오류
③ 상동적 태도
④ 중심화 경향

17
다음 중 참가자들이 소규모 집단을 구성하여 개인과 집단이 팀워크를 바탕으로 경영상의 실제 문제를 정해진 시점까지 해결하도록 하여 문제 해결 과정에 대한 성찰을 통해 학습하도록 지원하는 교육훈련 실기기법은?

① 액션러닝
② 감수성 훈련
③ 그리드 훈련
④ 역할연기법

18
직무에 따른 승진이기보다는 조직운영의 원리에 의한 승진 방식에 가장 가까운 것은?

① 직급승진
② 자격승진
③ 대용승진
④ 역직승진

19
종업원의 적성, 지식, 경험, 기타 능력과 조직의 목표 달성에 필요한 직무가 잘 조화되도록 자격 요건과 적성 및 선호구조에 대한 정보를 충분히 파악하여야 하는 원칙과 관련된 경력개발관리의 기본개념은?

① 후진양성의 원칙
② 승진경로의 원칙
③ 경력기회개발의 원칙
④ 적재적소배치의 원칙

20
[보기]는 홀(D.T.Hall)의 경력단계모형에 대한 일부 설명이다. [보기]에서 설명하는 단계를 예와 같이 한글로 작성하시오. (예 인사)

> 보기
>
> 개인은 자신의 적성과 가능성을 평가하고 자신의 성장 정도를 설정하여 노력하게 되며, 직무 성과의 발전과 조직에 대한 귀속감을 갖게 된다. 그러나 이 시기는 경쟁자들과의 경쟁심이 작용하게 되므로, 경쟁 과정에서 나타나는 갈등 및 실패에 대한 감정적 처리가 중요한 단계이다.

(답: 단계)

21
임금의 성격 중 종업원에 대한 특성을 고르시오.

① 생산 원가의 요소
② 기업 경쟁력의 요인
③ 사회적 신분의 상징
④ 종업원 유치와 유지의 요인

22
근로기준법에 대한 설명으로 적절하지 않은 것은?

① 근로기준법상 '근로'란 정신노동과 육체노동을 의미한다.
② 1일의 근로시간은 휴게시간을 제외하고 8시간을 초과할 수 없다.
③ 사용자는 근로자에게 1주에 평균 1회 이상의 유급휴일을 보장하여야 한다.
④ 사용자는 휴일의 야간근로 시 통상임금의 100분의 50 이상을 가산한 임금을 지급하여야 한다.

23
[보기]에 해당하는 특수임금제는 무엇인가?

> 보기
>
> 기본적 보상 외에 영업 수익의 일부를 근로자에게 지급하는 임금 형태로, 근로자들을 기업의 소유주처럼 생각하게 이끄는 제도

① 럭커 플랜(Rucker Plan)
② 스캔론 플랜(Scanlon Plan)
③ 이윤분배제(Profit Sharing System)
④ 임프로쉐어 플랜(Improshare Plan)

24
사용자 입장에서의 복리후생의 효과로 가장 적절한 것은?

① 기업의 이미지 개선
② 사기와 동기부여 향상
③ 복지확대에 대한 요구
④ 경력개발을 통한 자아실현

25
산업재해보상보험에 대한 설명으로 적절하지 않은 것은?

① 보험사업에 소요되는 재원인 보험료는 원칙적으로 근로자가 전액 부담한다.
② 산재근로자와 그 가족의 생활을 보장하기 위해 국가가 책임을 지는 의무보험이다.
③ 근로자의 업무상 재해에 대하여 사용자에게는 고의·과실의 유무를 불문하는 무과실 책임주의에 따른다.
④ 산재보험 급여는 재해 발생에 따른 손해 전체를 보상하는 것이 아니라 평균임금을 기초로 하는 정률보상 방식으로 행한다.

26
[보기]는 건강보험료의 계산에 관한 내용으로 (   ) 안에 들어갈 보험료율(%)을 단위를 제외한 소수점 둘째 자리까지 작성하시오.

→ 보기 ←
- 건강보험료에서 말하는 보수총액은 근로소득 원천징수영수증상의 과세 대상 급여와 국외 근로 부분을 합산한 금액이다.
- 2025년 건강보험료율은 (   )%이며, 근로자와 사용자가 50%씩 부담한다.

(답:)

27
(주)인사는 소비자의 시장조사를 위해 일용직을 고용하였다. 해당 일용직 사원에게 일당 250,000원을 현금으로 지급할 경우 (주)인사가 원천징수하여야 할 소득세는 얼마인지 단위를 제외한 숫자만 작성하시오.

(답: 원)

28
[보기]가 설명하는 근로시간제는 무엇인가?

→ 보기 ←
근로자가 출장, 기타의 사유로 인하여 근로시간의 전부 또는 일부를 사업장 밖에서 근로하여 근로시간 산정이 어려운 경우 근로시간에 관계없이 일정 합의시간을 근로시간으로 본다.

① 간주 근로시간제
② 재량 근로시간제
③ 선택적 근로시간제
④ 탄력적 근로시간제

29
재량 근로시간제에 대한 설명으로 가장 적절한 것은?

① 하루의 근로시간대에서 일정의 근로시간을 정하여 특정의 고유 업무에만 집중하도록 하는 근무제도이다.
② 근로자가 본사나 영업소로 출근하지 않고 현장의 거래처로 직행하여 업무를 수행하고 일이 끝나면 곧바로 귀가하게 하는 등의 근무형태이다.
③ 업무의 성질상 업무수행 방법을 근로자에게 맡길 필요가 있는 경우 사용자가 근로자 대표와 서면 합의로 정한 시간대에서 근로자에게 근로시간의 관리를 위임하는 제도이다.
④ 근로자가 출장, 기타의 사유로 인하여 근로시간의 전부 또는 일부를 사업장 밖에서 근로하여 근로시간 산정이 어려운 경우 근로시간에 관계없이 일정 합의시간을 근로시간으로 보는 제도이다.

30
노동조합의 가입방법 중 노조의 통제력(지배력)이 가장 높은 형태는 무엇인가?

① 오픈 숍(Open Shop)
② 유니언 숍(Union Shop)
③ 클로즈드 숍(Closed Shop)
④ 에이전시 숍(Agency Shop)

31

[보기]에서 설명하고 있는 노동쟁의 관련 개념은 무엇인가?

> **보기**
> 법령, 단체협약, 취업규칙, 근로계약 등으로 이미 확정된 권리를 두고 일어나는 노사 간 해석, 적용, 준수 등을 둘러싼 분쟁으로, 체불임금 청산, 해고자 복직, 단체협약 이행, 부당노동행위 구제 등이 이에 해당한다.

① 권리분쟁 ② 이익분쟁
③ 황견계약 ④ 직장폐쇄

32

[보기]의 ( )에 들어갈 근로유형을 예와 같이 한글로 작성하시오. (예 인사)

> **보기**
> • ( )(이)란 근로자가 근로시간의 전부 또는 일부를 회사가 제공하는 통상의 사무실이 아닌 장소에서 정보통신기기(컴퓨터 통신, 팩스 등)를 이용하여 근무하는 형태를 말한다.
> • 재택근무와 다르게 ( )은(는) 근로장소가 집으로 한정되는 것은 아니다.

(답:)

33

[보기]는 무엇에 대한 설명인지 예와 같이 한글로 작성하시오. (예 인사)

> **보기**
> • 조합비를 징수할 때 사용자가 노동조합의 의뢰를 받아 급여계산 시 조합비를 공제하여 노동조합으로 교부하는 징수방식
> • 단체협약에 해당 징수방식에 대한 사항이 명시되어 있어야 한다.

(답: 제도)

실무 시뮬레이션

프로그램 버전	iCUBE 핵심 ERP 2024
로그인 정보	• 회사: 2001.인사1급 회사A • 사원: ERP13I01.장미란
DB 파일명	[백데이터] 2025 에듀윌 ERP 인사 1급 > PART 07 최신 기출문제_2024년 5회

01

다음 중 핵심 ERP 사용을 위한 기초 사업장 정보를 확인하고, 그 내역으로 알맞지 않은 것은 무엇인가?

① 〈1000.인사1급 회사본사〉 사업장의 관할세무서는 '107.영등포'이며, 주업종코드는 '369401.제조업'이다.
② 〈2000.인사1급 인천지점〉 사업장은 원천징수이행상황신고서 신고 시, '월별' 신고를 진행하는 사업장이며 종목은 '스포츠'이다.
③ 〈3000.인사1급 부산지점〉 사업장의 지방세신고지 행정동은 '2635056000.해운대구청'이며, 사업자단위과세 신고 시 〈1000.인사1급 회사본사〉 사업장의 종사업장으로 포함하여 신고한다.
④ 〈4000.인사1급 강원지점〉 사업장의 대표자는 '김창현'이며, 업태는 '교육서비스업'이다.

02

다음 중 핵심 ERP 사용을 위한 기초 부서 정보를 확인하고, 그 내역으로 옳은 것은 무엇인가?

① 〈2000.인사1급 인천지점〉 사업장에 속한 부서는 모두 사용 중이다.
② '3100.관리부'는 현재는 사용하지 않는 부서이며, 사용종료일은 '2022/12/31'이다.
③ '4000.생산부문'에 속한 부서는 모두 사용 중이다.
④ '2000.영업부문'에 속한 부서 중 현재 사용 중인 부서는 2개이다.

03

당 회사의 인사/급여기준에 대한 설정을 확인했을 때, 올바르게 설명한 [보기] 내용은 몇 개인가? (단, 환경설정 기준은 변경하지 않는다)

> 보기
> • A: '환경직' 직종의 출결마감 기준일은 전월 25일에서 당월 24일까지이다.
> • B: 퇴사자의 경우 급여계산 시, 지정한 '기준일수' 미만 근무 시 월 급여를 '일할' 지급한다.
> • C: 생산직 비과세를 적용하는 직종으로 '002.생산직', '003.환경직'만 등록되어 있다.
> • D: 회사의 '월일수 산정' 기준은 '당월일'이며, 일수는 30일이다.

① 1개 ② 2개
③ 3개 ④ 4개

04

당 회사는 2024년 9월 '900.대리' 직급의 호봉을 아래 [보기]와 같이 일괄 등록하고자 한다. '900.대리' 직급의 호봉등록을 완료하였을 때, 6호봉 기준의 '호봉합계'는 얼마인가?

> 보기
> • 기본급 초기치: 2,500,000원(증가액 100,000원)
> • 급호수당 초기치: 15,000원(증가액 10,000원)
> • 연장수당 초기치: 10,000원(증가액 5,000원)
> • 정률인상 적용: 기본급 5.5%, 급호수당 3.0%
> • 정액인상 적용: 연장수당 3,000원

① 3,149,150원 ② 3,269,950원
③ 3,390,750원 ④ 3,489,600원

05

2024년 귀속 기준 급여 지급/공제항목설정을 확인하고, 그 설명으로 옳지 않은 것은 무엇인가? (단, 지급/공제항목설정 기준은 변경하지 않는다)

① 'P00.기본급'은 책정된 임금의 월급을 기준으로 지급하며, '001.야간근로수당' 비과세 적용 기준요건인 월정급여에 포함되는 지급항목이다.
② 'P25.직무발명보상금'은 휴직자인 경우에 휴직 계산식이 적용되어 지급하는 항목이며, 비과세 지급항목으로 비과세 유형은 'R11.직무발명보상금'으로 설정되어 있다.
③ 'P40.가족수당'은 입사자인 경우에는 지급하지 않는 항목이며, 배우자가 존재할 때 50,000원을 지급한다.
④ 'P50.식대보조비'는 수습직 사원에게는 지급하지 않는 항목이며, 모든 대상자에게 100,000원을 지급한다.

06
당 회사의 2024년 8월 귀속 급/상여 지급일자 등록을 확인하고, 그 내역으로 알맞은 것은 무엇인가?

① 퇴사자의 경우 '상여' 지급 시, 근무일수에 상관없이 '일할'로 지급한다.
② '급여'의 '지급직종및급여형태'에 반영된 정보와 일치하지 않는 대상자도 [상용직급여입력및계산] 메뉴에서 임의로 조회하여 추가할 수 있다.
③ '상여지급대상기간' 내 기술직 근로자에 대해서만 상여를 지급한다.
④ '상여지급대상기간'은 상여지급 대상자를 선정하는 기준으로, 상여세액 계산과는 관련이 없다.

07
당 회사는 전체 사업장의 '915.2024년 2분기 내부교육' 교육평가가 우수한 사원을 대상으로 포상을 지급하기로 하였다. 아래 [보기]를 기준으로 지급한 대상자들의 총 지급금액으로 알맞은 것은 무엇인가?

┌─ 보기 ─
· 교육평가 S등급: 200,000원
· 교육평가 A등급: 100,000원

① 700,000원   ② 800,000원
③ 900,000원   ④ 1,000,000원

08
당 회사는 전체 사업장의 2024년 9월 기준 유효한 자격증을 보유한 사원에 대해 아래 [보기]와 같이 '특별자격수당'을 자격취득자에게 지급하기로 하였다. 아래 [보기]를 기준으로 '특별자격수당'을 지급할 때, 그 지급액은 얼마인가? (단, 퇴사자는 제외한다)

┌─ 보기 ─
· 100.정보기술자격(ITQ): 30,000원
· 200.ERP정보관리사1급: 50,000원
· 수당여부: 해당

① 130,000원   ② 180,000원
③ 200,000원   ④ 240,000원

09
당 회사의 인사정보를 확인하고 관련된 설명으로 올바르지 않은 것은 무엇인가?

① '20000502.김종욱' 사원은 국외소득이 존재하지 않으며, 장애인복지법에 의한 장애인이다.
② '20000601.이수희' 사원의 급여형태는 '월급'이며, [전표집계및생성] 메뉴에서 전표처리 시, 적용할 계정은 '임원계정'으로 설정되어 있다.
③ '20010402.박국현' 사원의 근무조는 '3조'이며, 생산직총급여 비과세 대상자로 설정되어 있다.
④ '20080103.김소현' 사원은 휴직이력이 존재하고, 휴직사유는 '육아휴직'이며 노조에 가입되어 있다.

10
당 회사는 창립기념일을 맞아 2024년 8월 31일을 기준으로 전체 사업장의 만 10년 이상 장기근속자에 대해 특별근속수당을 지급하기로 하였다. 아래 [보기]를 기준으로 지급한 총 특별근속수당은 얼마인가? (단, 퇴사자는 제외하며, 미만일수는 올리고, 모든 경력사항을 제외한다)

┌─ 보기 ─
· 10년 이상~15년 미만: 100,000원
· 15년 이상~20년 미만: 150,000원
· 20년 이상: 200,000원

① 3,050,000원   ② 3,150,000원
③ 3,300,000원   ④ 3,400,000원

11
당 회사의 2024년 9월 귀속 급여(지급일자: 2024/09/25)에 해당하는 대상자 중 '20081201.안민서' 사원의 '책정임금'이 변경되었다. [보기]를 기준으로 직접 '책정임금'을 변경하고 모든 지급 대상자에 대해 급여를 계산할 때, '과세' 총액은 얼마인가? (단, 그 외 급여계산에 필요한 조건은 프로그램에 등록된 기준을 이용한다)

┌─ 보기 ─
· 사원명(사원코드): 20081201.안민서
· 계약시작년월: 2024/09
· 연봉: 75,000,000원

① 61,380,050원   ② 61,963,390원
③ 62,138,430원   ④ 62,412,350원

12

당 회사는 2024년 9월 귀속 '특별급여' 소득을 지급하고자 한다. 아래 [보기]의 지급대상 요건으로 지급일자를 직접 추가하여 급여계산을 진행한 뒤 확인한 정보로 올바른 것은 무엇인가? (단, 그 외 급여계산에 필요한 조건은 프로그램에 등록된 기준을 이용한다)

---- 보기 ----
- 특별급여지급일자: 2024/09/30
- 동시발행 및 대상자선정: 분리, 직종및급여형태별
- 특별급여지급대상: 〈1000.인사1급 회사본사〉 사업장을 제외한 사업장의 모든 직종 및 급여형태

① 해당 지급일자의 과세총액은 24,305,520원이며, 실제 지급액이 가장 적은 사원은 '20130701.고진수'이다.
② 해당 지급일자의 직종수당은 '직종별'로 지급되었고, '20090701.김성실' 사원의 직종수당은 책정임금의 '월급÷30×0.2'로 계산된 금액이 지급되었다.
③ 해당 지급일자의 지급인원은 모두 소득세가 공제되었고, 모두 동일한 금액의 특별급여를 지급받았다.
④ 해당 지급일자의 회사부담금의 총합계는 1,291,760원이고, 비과세 항목은 지급되지 않았다.

13

당 회사는 〈1000.인사1급 회사본사〉 사업장에 대해 2024년 8월 귀속(지급일 1번)에 이체한 급/상여를 확인하고자 한다. 이체 현황에 대한 설명으로 옳지 않은 것은 무엇인가? (단, 무급자는 제외한다)

① 해당 조회조건의 대상자는 모두 16명이고, 총 5개의 금융기관에서 급여 이체가 발생했다.
② 해당 조회조건의 대상자 중 가장 적은 금액의 급여가 계좌로 이체된 사원은 '20180511.최국성'이다.
③ 해당 조회조건의 '국민은행'에서 발생한 급여 이체 금액은 '기업은행'과 '신한은행'에서 발생한 급여 이체 금액의 합보다 적다.
④ 해당 조회조건의 급여는 2024/08/25에 지급되었고, 총 이체 금액은 55,211,200원이다.

14

당 회사는 초과근무에 대해 수당을 지급하고 있다. 아래 [보기]의 기준을 토대로 2024년 8월 귀속(지급일 1번)의 '20081202.장명훈' 사원의 '초과근무수당'을 계산하면 얼마인가? (단, 근무수당을 계산하면서 발생되는 모든 원 단위 금액은 절사하며, 책정임금 시급은 원 단위 금액을 절사하지 않고 계산한다)

---- 보기 ----
- 초과근무수당 = 1유형 근무수당 + 2유형 근무수당
- 초과근무 시급: 책정임금 시급
- 1유형 근무수당 = 총 연장근무시간에 초과근무 시급을 곱한 후 100% 가산하여 산정
- 2유형 근무수당 = 총 심야근무시간에 초과근무 시급을 곱한 후 150% 가산하여 산정

① 836,040원   ② 842,160원
③ 872,250원   ④ 893,120원

15

당 회사는 〈1000.인사1급 회사본사〉 사업장에 대해 2024년 2분기에 속한 기간의 지급내역 중 '100.급여' 지급내역에 대해 직종별로 집계하여 금액을 확인하고자 한다. 내역을 확인하고 직종과 항목별 금액이 올바르지 않은 것은 무엇인가?

① 직종: 사무직 / 국민연금: 4,347,180원
② 직종: 생산직 / 자격수당: 330,000원
③ 직종: 연구직 / 건강보험: 735,810원
④ 직종: 기술직 / 공제합계: 2,698,820원

16

당 회사는 일용직 사원에 대해 사원별 지급형태를 구분하여 일용직 급여를 지급하고 있다. 아래 [보기]를 확인하여 2024년 9월 귀속 지급일 중 '매일지급' 대상자를 직접 반영한 후 급여계산할 때, 해당 지급일의 급여내역 중 바르지 않은 것은 무엇인가? (단, 급여계산에 필요한 조건은 프로그램에 등록된 기준대로 확인한다)

---- 보기 ----
- 지급형태: '매일지급' 지급일
- 지급 대상자: '시급직'인 '3200.관리부', '4100.생산부' 사원
- 평일 10시간 근무, 토요일 2시간 근무
- 비과세: 12,000원(평일만 적용)

① 해당 지급일자의 대상자는 총 5명이며, 해당 지급일자의 대상자는 모두 급여를 현금으로 지급받는다.
② 해당 지급일자에 연장 비과세는 총 5,542,110원 지급되었으며, '1015.백록담' 사원만 연장 비과세 항목이 지급되지 않았다.
③ 해당 지급일자에 실제 지급된 금액은 총 32,629,370원이며, 대상자 중 4대 사회보험이 공제되지 않고 급여를 지급받은 직원이 존재한다.
④ 해당 지급일자의 대상자 중 소득세가 가장 적게 공제된 대상자는 '1017.박선우' 사원으로 35,700원이 공제되었다.

17

2024년 9월 귀속 일용직 급여작업 전, 아래 [보기]를 기준으로 '1018.정용빈' 사원의 사원정보를 직접 입력하고 '일용직급여지급일자등록'에 대상자를 반영하여 급여계산을 했을 때, 해당 일용직 대상자들에게 실제 지급한 금액의 총합계는 얼마인가? (단, 그 외 급여계산에 필요한 조건은 프로그램에 등록된 기준을 따른다)

---- 보기 ----
1. 사원정보 입력(사원코드: 1018, 사원명: 정용빈)
   - 입사일자: 2024/09/05
   - 주민등록번호: 941222-1234567
   - 부서: 1100.총무부
   - 급여형태: 004.시급
   - 급여/시간단가: 51,250원
   - 생산직비과세적용: 함
   - 국민/건강/고용보험여부: 여
2. 일용직 급여지급
   - 지급형태: '일정기간지급' 지급일
   - 평일 10시간 근무 가정
   - 비과세 적용: 10,000원(평일만 적용)

① 45,275,710원 ② 47,216,430원
③ 49,510,480원 ④ 51,224,350원

18

당 회사의 〈1000.인사1급 회사본사〉 사업장의 2024년 상반기의 '과세/비과세' 총액을 확인하고자 한다. 해당 기간의 '과세/비과세' 총액으로 올바른 것은 무엇인가? (단, '사용자부담금'은 포함한다)

	과세총액	비과세총액
①	368,080,300원	13,200,000원
②	368,080,300원	28,808,760원
③	381,280,300원	46,298,470원
④	396,889,060원	46,298,470원

19

당 회사의 퇴직금 산정을 위한 퇴직기준설정을 확인했을 때, 올바르게 설명한 [보기] 내용은 몇 개인가? (단, 환경설정 기준은 변경하지 않는다)

---- 보기 ----
- A: 평균임금 기간 산정 시 전월을 기준으로 3개월을 산정하고, 노동부 기준은 적용하지 않는다.
- B: 비과세 항목도 퇴직금 계산 시 사용할 수 있으며, 중도정산자인 경우 급여 반영 시 '월할'로 계산한다.
- C: 근속누진만 적용하고 있으며, 적용유형은 '001.기간'이고 적용방식은 '001.가산일수'이며 근무년수가 5년 이상인 대상자인 경우에만 근속누진이 적용된다.
- D: 퇴직금 계산식은 '일할'로 설정되어 있고, 연차수당코드는 'P80.연차수당'을 사용한다.

① 1개 ② 2개
③ 3개 ④ 4개

20

2024년 9월 25일 〈3000.인사1급 부산지점〉 사업장의 '20130701.고진수' 사원이 개인 사유로 중도정산을 신청하였다. 아래 [보기]의 내용에 따라 퇴직기준과 대상자를 직접 반영하여 퇴직 정산작업을 진행했을 때, 정산결과에 대한 설명으로 옳지 않은 것은 무엇인가? (단, 그 외 퇴직금 계산에 필요한 조건은 프로그램의 등록 기준에 따른다)

┌─ 보기 ─
- 평균임금 계산식: '일평균 임금' 적용
- 지급항목 설정: 기본급, 근속수당, 가족수당, 상여
- 귀속연월: 2024/09
- 재직기준: 2024/09/01~2024/09/30
- 퇴직일자, 신청일자: 2024/09/25
- 지급일자: 2024/09/30

① '20130701.고진수' 사원의 중도정산 시의 퇴직금은 54,360,490원이고, 근속기간은 4105일이다.
② '20130701.고진수' 사원의 퇴직금 계산 시 산정된 급여내역은 2024/06/01~2024/08/31까지의 기간이며, 퇴직금 계산 기간 내 지급된 상여금은 존재하지 않는다.
③ '20130701.고진수' 사원은 근속 누진으로 누진일수가 123일이 적용되었고, 퇴직소득세는 632,650원이 공제되었다.
④ '20130701.고진수' 사원의 퇴직금 계산 시 산정된 급여의 합계는 11,696,250원이며, 산정기간은 11년 2개월 25일이다.

21

아래 [보기]를 기준으로 2024년 8월 귀속의 전표를 생성하고, 전표 처리결과 계정과목별 금액을 확인할 때 올바르지 않은 것은 무엇인가?

┌─ 보기 ─
- 지급유형: 상용직급여
- 회계단위: 1000.인사1급 회사본사
- 결의일자: 2024/08/31
- 작성자: ERP13I01.장미란
- 집계사업장: 1000.인사1급 회사본사, 3000.인사1급 부산지점
- 집계급여구분: 급여, 상여

① 가지급금: 4,875,000원
② 복리후생비: 2,180,000원
③ 선납세금: 3,254,900원
④ 여비교통비: 950,000원

22

아래 [보기]를 기준으로 '인사/급여환경설정'을 직접 확인하여 변경한 뒤, 〈1000.인사1급 회사본사〉 사업장의 원천세 신고서를 추가 시 근로소득 구분에 대한 총지급액과 소득세는 각각 얼마인가? (단, 신고구분은 '정기'이며, 소득처분여부는 '1.비해당'으로 설정한다)

┌─ 보기 ─
- 원천세 신고유형: 본점일괄신고
- 이행상황신고서집계방식: 귀속연월
- 신고서 생성기준: 귀속연월, 지급연월: 2024/08(제출일자 2024/09/10)
- 일반 데이터반영: 매월징수분(전체)
- 연말정산 소득세, 농특세 반영 : 미적용

	총지급액	소득세
①	63,580,050원	2,477,760원
②	98,772,940원	3,834,990원
③	115,382,300원	6,087,350원
④	138,262,520원	9,725,240원

23

아래 [보기]를 기준으로 당 회사의 지방소득세특별징수명세 신고서를 생성하여 '4.근로소득'의 소득자별 '과세표준' 금액을 확인할 때 올바르지 않은 것은 무엇인가? (단, 신고서 생성기준은 '단일 사업장' 기준으로 생성한다)

┌─ 보기 ─
※ 인사/급여환경설정 '지방소득세/주민세(종업원분)집계방식': 귀속, 지급연월
- 매월 신고
- 신고사업장: 0000.전체
- 신고구분: 1.정기
- 귀속연월: 2024년 8월
- 지급연월: 2024년 8월
- 제출일자: 2024년 9월 10일
- 급여지급일자: 2024년 8월 31일
- 계속근무자 연말정산 환급액 반영 기준: 미적용

① 20001101.박용덕 - 과세표준: 329,860원
② 20090701.김성실 - 과세표준: 943,120원
③ 20101001.최명수 - 과세표준: 195,960원
④ 20180511.최국성 - 과세표준: 24,990원

24

당 회사 〈4000.인사1급 강원지점〉 사업장 '20081204.유지현' 사원의 2023년 귀속의 근로소득 지급내역을 확인했을 때, 총 '지급명세서 작성 대상 비과세 소득'과 실제 공제된 총 '고용보험'은 각각 얼마인가? (단, 모든 정보는 현재 프로그램에 반영되어 있는 데이터를 기준으로 확인한다)

	지급명세서 작성 대상 비과세 소득	고용보험
①	2,359,800원	192,960원
②	2,408,830원	423,890원
③	3,600,000원	192,960원
④	4,800,000원	423,890원

25

당 회사는 전체 사업장 기준 2024년 8월 귀속(지급일 1번) 급여 구분의 대장을 확인하고자 한다. 부서별로 대장을 집계하여 확인했을 때, 부서별 지급/공제항목의 금액으로 옳지 않은 것은?

① 관리부 – 소득세: 736,160원
② 국내영업부 – 가족수당: 220,000원
③ 연구개발부 – 사회보험부담금: 542,960원
④ 총무부 – 근속수당: 1,775,000원

기출문제 2024년 4회

이론

01

ERP 시스템 투자비용에 관한 개념 중 '시스템의 전체 라이프 사이클(Life-Cycle)을 통해 발생하는 전체 비용을 계량화한 비용'에 해당하는 것은?

① 유지 보수비용(Maintenance Cost)
② 시스템 구축비용(Construction Cost)
③ 총소유비용(Total Cost of Ownership)
④ 소프트웨어 라이선스비용(Software License Cost)

02

클라우드 ERP의 특징 혹은 효과에 대한 설명 중 가장 옳지 않은 것은?

① 안정적이고 효율적인 데이터관리
② IT 자원관리의 효율화와 관리비용의 절감
③ 필요한 어플리케이션을 자유롭게 설치 가능
④ 원격근무 환경 구현을 통한 스마트워크 환경 정착

03

e-Business 지원 시스템을 구성하는 단위 시스템에 해당되지 않는 것은?

① 성과측정관리(BSC)
② EC(전자상거래) 시스템
③ 의사결정 지원 시스템(DSS)
④ 고객관계관리(CRM) 시스템

04

효과적인 ERP 교육을 위한 고려사항으로 가장 적절하지 않은 것은?

① 다양한 교육도구를 이용하라.
② 교육에 충분한 시간을 배정하라.
③ 비즈니스 프로세스가 아닌 트랜잭션에 초점을 맞춰라.
④ 조직 차원의 변화관리 활동을 잘 이해하도록 교육을 강화하라.

05

ERP 아웃소싱(Outsourcing)에 대한 설명으로 적절하지 않은 것은?

① ERP 자체 개발에서 발생할 수 있는 기술력 부족을 해결할 수 있다.
② ERP 아웃소싱을 통해 기업이 가지고 있지 못한 지식을 획득할 수 있다.
③ ERP 개발과 구축, 운영, 유지 보수에 필요한 인적 자원을 절약할 수 있다.
④ ERP 시스템 구축 후에는 IT 아웃소싱 업체로부터 독립적으로 운영할 수 있다.

06

생산 중심 관점의 인적자원관리에 해당하는 것은?

① 호손 실험
② 협력관계설
③ 인간관계론
④ 과학적 관리

07
일반적인 직무관리 절차를 고르시오.

① 직무기술서 작성 → 직무분석 → 직무명세서 작성 → 직무평가
② 직무분석 → 직무명세서 작성 → 직무기술서 작성 → 직무평가
③ 직무분석 → 직무기술서 작성 → 직무명세서 작성 → 직무평가
④ 직무명세서 작성 → 직무기술서 작성 → 직무분석 → 직무평가

08
인적자원의 수요예측 방법 중 계량적 방법으로 옳은 것은?

① 델파이법
② 명목집단법
③ 작업연구기법
④ 자격요건분석기법

09
인력 부족에 대한 대응 전략으로 가장 적절한 것은?

① 근로시간 단축
② 자회사로 파견근무
③ 훈련을 통한 능력 개발
④ 자연 감소 및 신규채용 동결

10
인적자원의 모집 방법 중 성격이 다른 하나는?

① 채용박람회를 통해 공개 모집
② 외부 전문 헤드헌터를 이용한 모집
③ 인턴사원제도를 통해 우수자를 모집
④ 사내 사보에 필요한 직무 및 충원 인원을 공개 모집

11
[보기]에서 설명하는 배치관리 원칙으로 가장 적절한 것은?

— 보기 —
근로자가 능력을 발휘할 수 있는 영역을 제공하여 그 일에 대해 올바르게 평가하고 평가된 능력과 업적에 만족할 수 있는 대우를 하는 원칙

① 균형주의 원칙
② 인재육성주의 원칙
③ 적재적소주의 원칙
④ 실력(능력)주의 원칙

12
인적자원 패러다임 변화에 대한 설명으로 가장 적절하지 않은 것은?

① 다원관리 → 일원관리
② 수직적 구조 → 수평적 구조
③ 반응적 관리 → 선행적 관리
④ 표준화 인재 → 창조적 인재

13
직업인으로서 기본적으로 갖추어야 하는 공통 능력과 직무수행에 필요한 역량을 측정하기 위한 검사 방법은?

① 인성검사
② 적성검사
③ 성취도검사
④ 직무능력검사

14
[보기]의 (ⓐ), (ⓑ)안에 들어갈 적절한 용어를 순서대로 작성하시오.

— 보기 —
선발오류란 직무요건의 적임자를 선발하지 못하는 현상을 말한다. 이 중 (ⓐ) 오류란, 채용이 되었을 경우에는 만족할 만한 성과를 낼 수 있는 지원자가 시험이나 면접에서 불합격되는 일이 발생하는 오류를 말하며, (ⓑ) 오류란 선발하지 말았어야 하는 인원을 뽑은 오류를 말한다.

(답 :   ,   )

15
인사고과의 절대평가 방법 중 자유기술법에 대한 설명으로 적절하지 않은 것은?

① 행동기준의 선택이 어렵고 점수화 절차가 복잡하다.
② 간편하나 비교가 어려우며, 평가 결과가 상이할 수 있다.
③ 일종의 자기고과 방법으로 자기평가는 자유롭게 기술한다.
④ 가장 단순한 방법으로 근로자의 장단점과 성과 및 잠재적인 요인의 향상을 위한 제언을 사실적으로 서술한다.

16
인사고과를 실시할 때의 유의점에 대한 설명이다. [보기]의 (   ) 안에 들어갈 가장 적절한 용어는 무엇인가?

> **보기**
> (   )은(는) 고과 대상자의 특정한 고과 요소로부터 받은 호의적 또는 비호의적 인상이 다른 고과 요소에까지 영향을 미쳐 동일하게 평가하는 경향상을 의미한다. 이를 피하기 위해서는 여러 평가자들이 같은 사람을 독립적으로 평가하게 하는 것이 필요하다.

① 현혹효과　　② 대비오류
③ 논리적 오류　　④ 시간적 오류

17
교육훈련 방법 중 직장 내 훈련(OJT)에 해당하는 것은?

① 사례연구　　② 도제훈련
③ 강의식 훈련　　④ 비즈니스 게임

18
홀(D. T. Hall)의 경력단계모형 중 네 번째 단계는 쇠퇴 단계로 자신의 경력을 평가하고 직장 생활을 통합해 보면서 은퇴를 준비하는 단계이다. 쇠퇴 단계의 경력 욕구는 무엇인가?

① 친교(Intimacy)　　② 통합(Integrity)
③ 생산(Generativity)　　④ 주체 형성(Identity)

19
[보기]에서 설명하는 조직변화의 방향은 무엇인가?

> **보기**
> 기업 활동을 내부화하거나 지나치게 경쟁함으로써 발생하는 비용의 최소화, 기업 간 상호협력과 신뢰를 통해 상호의 이익을 극대화할 수 있도록 설계하고 관리하는 것을 의미한다.

① 고객 지향　　② 개인 지향
③ 공생 지향　　④ 학습 지향

20
[보기]에서 설명하는 경력개발제도를 예와 같이 한글로 작성하시오. (예 인사)

> **보기**
> (   )제도는 근로자별로 기능 보유 색인을 작성하여 데이터베이스에 저장하고 인적자원관리와 경력개발에 활용하는 방법이다. 근로자의 직무수행 능력평가에 있어서 필요한 정보를 파악하기 위한 개별별 능력평가표를 활용한다.

(답:)

21
근로기준법의 법정수당에 해당되지 않는 것은?

① 가족수당　　② 야간근로수당
③ 산전산후수당　　④ 해고예고수당

22
특별한 자격, 면허, 기능 보유자에게 지급되는 수당은 무엇인가?

① 기능수당　　② 직책수당
③ 특수작업수당　　④ 특수근무수당

23
많은 사람에게 혜택을 부여할 수 있는 제도를 우선적으로 채택하는 복리후생의 설계 원칙은 무엇인가?

① 지불 능력의 원칙
② 다수혜택의 원칙
③ 근로자의 참여 원칙
④ 근로자의 욕구 충족 원칙

24
[보기]의 (　　)에 들어갈 내용은 무엇인가?

> 보기
> 직장 가입자의 보험료율은 1천분의 (　　)의 범위에서 심의위원회의 의결을 거쳐 대통령령으로 정한다.

① 10
② 50
③ 80
④ 100

25
연말정산 시 근로자 제출서류로 적합하지 않은 것은?

① 기부금명세서
② 의료비지급명세서
③ 신용카드소득공제신청서
④ 원천징수이행상황신고서

26
[보기]에서 설명하고 있는 퇴직급여제도를 예와 같이 한글로 작성하시오. (예 인사)

> 보기
> • 퇴직 시 지급할 급여 수준 및 내용을 노사가 사전에 확정한다.
> • 근로자 퇴직 시 사용자는 사전에 약정된 퇴직급여를 지급한다.

(답 : 　　　　　　)

27
김생산 씨는 종업원 수가 150명 미만인 (주)인사에 다니고 있다. 김생산 씨의 월급여가 300만원인 경우 사업주가 부담해야 할 고용보험료는 얼마인지 단위를 제외한 숫자만 작성하시오.

(답 : 　　　　　원)

28
근로시간에 대한 설명으로 적절하지 않은 것은?

① 적절한 근로시간은 노동의 재생산성을 유지시킨다.
② 1일의 근로시간은 휴게시간을 제외하고 8시간을 초과할 수 없다.
③ 법정 근로시간 기준 휴게시간을 제외한 1일 8시간, 1주 40시간을 초과할 수 없다.
④ 15세 이상 18세 미만인 자의 근로시간은 1일 6시간, 1주 30시간으로 제한한다.

29
산업별 노동조합의 특징으로 가장 적절하지 않은 것은?

① 조직성격 - 개방적
② 조직원리 - 1직업 1조합
③ 조직관리 - 조합민주주의 원칙에 따름
④ 조직기반 - 동일 산업에 종사하는 모든 근로자

30
기업별 노동조합 또는 산업별 노동조합의 기업 단위 지부가 해당 기업과 단체교섭을 할 때, 상부 단체인 전국 노동조합이 이에 참가하는 교섭 방식은 무엇인가?

① 통일 교섭
② 집단 교섭
③ 공동 교섭
④ 대각선 교섭

31

회사가 일정 기준으로 종업원에게 자사주, 즉 우리사주를 취득하게 하는 것으로 안정 주주의 확보, 주가의 안정, 노사협조체제의 확립 등의 목적이 있는 경영참가 유형은 무엇인가?

① 스캔론 플랜
② 노사협의제도
③ 종업원지주제
④ 노사공동결정제도

32

[보기]의 연차유급휴가 및 근로기준법 관련하여 (   )에 들어갈 내용을 숫자로 작성하시오.

> 보기
>
> 연차유급휴가는 1년간 계속 근로한 근로자에 대하여 일정한 기간 유급으로 근로의무가 면제되는 날을 말한다. 「근로기준법」 제60조 제1항에서는 '사용자는 1년간 80% 이상 출근한 근로자에게 (   )일의 유급휴가를 주어야 한다.'라고 정하고 있다.

(답:)

33

[보기]의 (   )에 들어갈 용어를 예와 같이 한글로 작성하시오. (예 인사)

> 보기
>
> 단체협약의 효력 중에서 (   )적 효력은 근로조건 기타 근로자의 대우에 관한 기준을 정한 부분에 대한 강제적 효력이다. 임금, 퇴직금, 상여금, 복리후생, 근로시간, 재해보상, 정년제 등이 해당된다.

(답:)

실무 시뮬레이션

프로그램 버전	iCUBE 핵심 ERP 2024
로그인 정보	• 회사: 2004.인사1급 회사B • 사원: ERP13I01.장미란
DB 파일명	[백데이터] 2025 에듀윌 ERP 인사 1급 > PART 07 최신 기출문제_2024년 4회

01

다음 중 핵심 ERP 사용을 위한 기초 사업장 정보를 확인하고, 그 내역으로 알맞지 않은 것은 무엇인가?

① 〈1000.인사1급 회사본사〉 사업장의 종목은 '레저용품'이며, 관할세무서는 '107.영등포'이다.
② 〈2000.인사1급 인천지점〉 사업장의 업태는 '제조.도매'이며, 원천징수이행상황신고서 신고 시 '월별' 신고를 진행하는 사업장이다.
③ 〈3000.인사1급 대구지점〉 사업장의 주업종코드는 '512214.도매 및 소매업'이며, 지방세신고지 행정동은 '2714051000.동구청'이다.
④ 〈4000.인사1급 강원지점〉 사업장은 해당 회사의 '본점' 사업장이 아니며, 사업자단위과세신고 시 〈1000.인사1급 회사본사〉 사업장의 종사업장으로 포함하여 신고한다.

02

다음 중 핵심 ERP 사용을 위한 기초 부서 정보를 확인하고, 그 내역으로 옳은 것은 무엇인가?

① '1000.관리부문'에 속한 부서는 모두 사용 중이다.
② 〈1000.인사1급 회사본사〉 사업장에 속한 부서 중 현재 사용 중인 부서는 6개이다.
③ '2100.국내영업부'는 현재는 사용하지 않는 부서이다.
④ 〈3000.인사1급 대구지점〉 사업장에 속한 부서는 모두 사용 중이다.

03

당 회사의 인사/급여 설정 기준을 확인하고 관련된 설명으로 옳지 않은 것은 무엇인가? (단, 환경설정 기준은 변경하지 않는다)

① [인사정보등록]에서 관리할 고용형태로 '001.상용직', '003.관리직'이 등록되어 있다.
② 입사자의 경우 급여계산 시, 지정한 '기준일수' 초과근무 시, 월 급여를 정상 지급한다.
③ 국민연금정산코드로 'S01.국민연금정산' 코드가 등록되어 있다.
④ 7월 귀속의 급여를 계산할 때, 7월 15일 퇴사한 사무직 사원의 경우 해당 월의 실제 근무일수 만큼 급여가 지급된다.

04

당 회사는 2024년 7월 '700.차장' 직급의 호봉을 아래 [보기]와 같이 일괄 등록하고자 한다. '700.차장' 직급의 호봉등록을 완료하였을 때, 5호봉 기준의 '호봉합계'는 얼마인가?

┌─ 보기 ─────────────────────────┐
• '700.차장' 직급의 '2022.09' 호봉이력 기준 적용
• 정률인상 적용: 기본급 3.5%, 급호수당 1.5%
• 정액인상 적용: 연장수당 10,000원
└─────────────────────────────┘

① 5,022,855원
② 5,529,528원
③ 6,114,780원
④ 6,277,714원

05

당 회사의 2024년 6월 귀속 급/상여 지급일자 등록을 확인하고, 그 내역으로 옳지 않은 것은 무엇인가?

① '급여'를 지급하는 일자에 '특별급여'를 추가하여 지급할 수 있다.
② '상여'의 '지급직종및급여형태'에 반영된 정보와 일치하는 대상자는 [상용직급여입력및계산] 메뉴에서 직접 대상자선정을 진행하여 대상자를 반영한다.
③ '상여' 지급 시, 퇴사자의 경우 근무일수에 상관없이 상여 지급대상기간 내 근무일수 기준으로 지급한다.
④ '상여' 지급 시, '상여지급대상기간' 내 생산직 근로자에 대해서만 상여를 지급한다.

06

2024년 귀속 기준 급여지급/공제항목설정을 확인하고, 그 설명으로 옳지 않은 것은 무엇인가? (단, 지급/공제항목설정 기준은 변경하지 않는다)

① 'P05.특별급여'는 책정된 임금의 월급을 기준으로 70% 금액으로 지급한다.
② 'P20.자격수당'은 'ERP정보관리사1급' 자격 대상자에게는 80,000원을 지급한다.
③ 'P30.근속수당'은 '휴직자'에 대해서 별도의 휴직계산식 기준을 적용하여 지급한다.
④ 'P50.식대보조비'는 '국내영업부'와 '해외영업부'에 속한 직원들에게 200,000원을 지급한다.

07

다음 중 인사기초코드등록의 '4.사원그룹(G)' 출력구분에 대한 설명으로 올바르지 않은 것은 무엇인가?

① [일용직사원등록] 메뉴에서 조회되는 고용형태 코드를 만들려면, 'G1.고용구분'에 비고가 '0'인 고용형태 코드를 생성해야 한다.
② 출력구분에 해당하는 '관리항목' 중 사용하지 않는 '관리항목'은 사용자가 변경할 수 있다.
③ 'G4.직급'은 [인사정보등록] 메뉴에서만 관리하고 있는 코드이다.
④ 생산직 연장근로 비과세 적용 대상 코드를 만들려면, 'G2.직종'의 비고에 '1'을 입력해야 한다.

08

당 회사는 전체 사업장의 '590.2024년 2분기 임직원역량강화교육' 교육평가가 우수한 사원을 대상으로 포상을 지급하기로 하였다. 아래 [보기]를 기준으로 지급한 총지급액은 얼마인가?

보기
- 교육평가 A등급: 150,000원
- 교육평가 B등급: 100,000원

① 550,000원 ② 600,000원
③ 700,000원 ④ 850,000원

09

당 회사는 창립기념일을 맞아 2024년 6월 30일 기준으로 전체 사업장의 만 15년 이상 장기근속자에 대해 특별근속수당을 지급하기로 하였다. 아래 [보기]를 기준으로 지급한 총 특별근속수당은 얼마인가? (단, 퇴사자는 제외하며, 미만일수는 올리고, 모든 경력사항을 제외한다)

보기
- 15년 이상~20년 미만: 150,000원
- 20년 이상: 200,000원

① 2,400,000원 ② 2,600,000원
③ 2,750,000원 ④ 3,000,000원

10

당 회사는 전체 사업장의 사원을 대상으로 어학시험에 대한 수당을 지급하기로 하였다. 아래 [보기]와 같이 '어학시험수당'을 지급할 때, 그 지급액은 얼마인가? (단, 퇴사자는 제외하며, 유효기간 내 어학시험만 인정한다)

보기
- 2024년 7월 기준 유효한 어학시험
- E06.KPC - 800점 이상: 100,000원
- E06.KPC - 900점 이상: 200,000원

① 400,000원 ② 500,000원
③ 600,000원 ④ 700,000원

11

당 회사의 2024년 7월 귀속 급여(지급일자: 2024/07/25)에 해당하는 대상자 중 '2010201.길선미' 사원이 개인적인 사유로 휴직을 신청하였다. '2010201.길선미' 사원의 휴직 내역을 [보기]와 같이 등록한 뒤 모든 지급 대상자에 대해 급여를 계산할 때, '과세' 총액은 얼마인가? (단, 그 외 급여계산에 필요한 조건은 프로그램에 등록된 기준을 이용한다)

보기
- 시작일, 종료일: 2024/07/01, 2024/07/20
- 휴직사유: 200.병가
- 휴직지급율: 70%
- 퇴직기간적용: 함

① 48,722,120원 ② 49,512,390원
③ 50,933,860원 ④ 51,687,810원

12

당 회사는 2024년 7월 귀속 '특별급여' 소득을 지급하고자 한다. 아래 [보기]의 지급대상 요건으로 지급일자를 직접 추가하여 급여계산을 진행한 뒤 확인한 정보로 올바르지 않은 것은 무엇인가? (단, 그 외 급여계산에 필요한 조건은 프로그램에 등록된 기준을 이용한다)

> **보기**
> - 특별급여 지급일자: 2024/07/31
> - 동시발행 및 대상자선정: 분리, 직종및급여형태별
> - 특별급여 지급대상: 〈2000.인사1급 인천지점〉, 〈3000.인사1급 대구지점〉 사업장의 모든 직종 및 급여형태

① 해당 지급일자의 지급 인원은 모두 11명이고, 과세금액의 총합계는 28,676,630원이다.
② 해당 지급일자의 지급 인원은 모두 고용보험료가 공제되지 않았고, 국민연금의 총 합계는 1,843,320이다.
③ '20081204.박성호' 사원의 사회보험부담금은 187,470원이고, 지급총액은 2,916,660원이다.
④ 'ERP13101.김연주' 사원의 실지급액은 1,947,410원이고, 소득세가 공제되지 않았다.

13

당 회사는 〈1000.인사1급 회사본사〉 사업장에 대해 2024년 6월 귀속(지급일 1번)에 이체한 급/상여를 확인하고자 한다. 이체 현황에 대한 설명으로 옳지 않은 것은 무엇인가? (단, 무급자는 제외한다.)

① '카카오뱅크'를 통해 급여를 지급받는 인원은 3명이며, 총 이체 금액은 10,035,860원이다.
② 해당 조회조건의 대상자 중 급여 이체 대상의 이름과 예금주명이 다른 사원이 존재한다.
③ 해당 지급일자에 계좌로 급여를 이체받는 인원은 총 11명이며, 총 이체 금액은 38,580,950원이다.
④ '신한은행'에 이체된 금액은 '우리은행'에 이체된 금액보다 많다.

14

당 회사는 전체 사업장에 대해 2024년 상반기에 속한 기간의 지급내역 중 '100.급여' 지급내역에 대해 직종별로 집계하여 금액을 확인하고자 한다. 내역을 확인하고 직종과 항목별 금액이 올바르게 짝지어진 것은 무엇인가?

① 직종: 사무직 / 근속수당: 2,730,000원
② 직종: 생산직 / 공제합계: 14,696,060원
③ 직종: 생산직 / 자격수당: 1,380,000원
④ 직종: 연구직 / 고용보험: 4,437,150원

15

당 회사는 초과근무에 대해 수당을 지급하고 있다. 아래 [보기]의 기준을 토대로 2024년 6월 귀속 '급여' 구분 '20020603.이준상' 사원의 '초과근무수당'을 계산하면 얼마인가? (단, 근무수당을 계산하면서 발생되는 모든 원 단위 금액은 절사하며, 책정임금 시급은 원 단위 금액을 절사하지 않고 계산한다)

> **보기**
> - 초과근무수당 = 1유형 근무수당 + 2유형 근무수당
> - 초과근무 시급: 책정임금 시급
> - 1유형 근무수당 = (평일연장근무시간 + 토일정상근무시간) × 2 × 초과근무 시급
> - 2유형 근무수당 = (평일심야근무시간 + 토일연장근무시간) × 2.5 × 초과근무 시급

① 428,220원 ② 472,410원
③ 524,360원 ④ 546,150원

16

당 회사는 일용직 사원에 대해 사원별 지급형태를 구분하여 일용직 급여를 지급하고 있다. 아래 [보기]를 확인하여 2024년 7월 귀속 지급일 중 '매일지급' 대상자를 직접 반영 후 급여계산할 때, 해당 지급일의 급여내역에 대해 바르지 않은 것은 무엇인가? (단, 급여계산에 필요한 조건은 프로그램에 등록된 기준대로 확인한다)

┌─ 보기 ─────────────────────────────┐
- 지급형태: '매일지급' 지급일
- 지급 대상자: '시급직'인 '총무부' 사원
- 평일 10시간 근무, 토요일 2시간 근무
- 비과세: 12,000원(평일만 적용)
└──────────────────────────────────┘

① 해당 지급일자의 대상자는 총 31일 중 27일을 근무하였으며, 실제 지급된 금액은 총 24,194,424원이다.
② '1002.김미연' 사원은 급여를 '신한은행'으로 지급받으며, 건강보험은 338,830원 공제되었다.
③ 해당 지급일자의 비과세 신고분 총액은 3,520,748원이고, 모든 사원은 소득세가 공제되었다.
④ '1014.제갈민주' 사원의 연장비과세 총액은 1,143,100원이고, 회사부담금은 290,550원이다.

17

2024년 7월 귀속 일용직 급여작업 전, 아래 [보기]를 기준으로 '1012.박민희' 사원의 사원정보를 직접 변경하고 급여계산을 했을 때, 해당 일용직 대상자들의 실지급액 총계는 얼마인가? (단, 그 외 급여계산에 필요한 조건은 프로그램 등록된 기준을 따른다)

┌─ 보기 ─────────────────────────────┐
1. 사원정보 변경
   - 생산직비과세 적용 '함'
   - 국민/건강보험여부: 여
   - 급여형태: 004.시급
   - 급여/시간단가: 41,200원
2. 일용직 급여지급
   - 지급형태: '일정기간지급' 지급일
   - 평일 10시간 근무 가정
   - 비과세 적용: 10,000원(평일만 적용)
└──────────────────────────────────┘

① 32,793,400원　　② 35,663,800원
③ 37,453,330원　　④ 40,812,340원

18

당 회사는 2024년 2분기 귀속 급여작업에 대해 수당별 지급현황을 확인하고자 한다. 다음 중 〈2000.인사1급 인천지점〉 사업장 기준 'P10.연장근로수당'을 가장 적게 지급 받은 사원은 누구인가?

① 20090701.김성실
② 20160715.최영우
③ 20091215.이서경
④ 20081201.조선우

19

2024년 7월 25일 〈1000.인사1급 회사본사〉 사업장의 '20081203. 안종남' 사원이 개인 사유로 중도정산을 신청하였다. 아래 [보기]의 내용에 따라 퇴직기준과 대상자를 직접 반영하여 퇴직 정산작업을 진행했을 때, 정산결과에 대한 설명으로 옳지 않은 것은 무엇인가? (단, 그 외 퇴직금 계산에 필요한 조건은 프로그램의 등록 기준에 따른다)

┌─ 보기 ─────────────────────────────┐
- 평균임금 계산식: '일평균 임금' 적용
- 지급항목 설정: 기본급, 연장근로수당, 자격수당, 근속수당, 상여
- 귀속연월: 2024/07
- 재직기준: 2024/07/01~2024/07/31
- 퇴직일자, 신청일자: 2024/07/25
- 지급일자: 2024/07/31
└──────────────────────────────────┘

① '20081203.안종남' 사원의 중도정산 시의 기산일은 2010/12/01이고, 근속기간은 4986일이다.
② '20081203.안종남' 사원의 퇴직금 계산 시, 산정된 급여의 합계는 11,565,000원이다.
③ '20081203.안종남' 사원의 퇴직금은 58,414,060원이고, 퇴직금 지급 시 공제된 금액은 총 577,930원이다.
④ '20081203.안종남' 사원의 퇴직금 계산 시, 산정된 상여금의 합계는 5,625,000원이고 연차수당은 존재하지 않는다.

20

당 회사는 퇴직추계총액 기준으로 40%만큼 '퇴직급여충당부채'를 설정하고자 한다. 아래 [보기] 기준으로 퇴직금 추계코드를 직접 등록하고 퇴직금 추계액을 계산했을 때, 회사에서 설정할 수 있는 '퇴직급여충당부채'는 얼마인가? (단, 전기 퇴직급여충당부채 잔액은 없는 것으로 가정하며, 원 단위는 절사하고, 그 외 기준은 프로그램의 등록 기준에 따른다)

── 보기 ──
- 추계코드(명): 2024.2024년 퇴직금추계액
- 기준연월: 2024/06
- 대상 사업장(계정): 1000.인사1급 회사본사, 3000.인사1급 대구지점(사원)

① 331,799,850원
② 372,249,120원
③ 414,285,530원
④ 445,290,120원

21

당 회사 〈1000.인사1급 회사본사〉 사업장 '20101001.최명수' 사원의 2023년 귀속의 근로소득에 대해 실제 원천징수한 총 '소득세'와 '건강보험'은 각각 얼마인가?

	소득세	건강보험
①	4,532,430원	2,310,160원
②	4,547,430원	2,203,350원
③	4,718,330원	2,646,150원
④	5,718,330원	2,490,960원

22

아래 [보기]를 기준으로 '인사/급여환경설정'을 직접 확인하여 변경한 뒤, 〈1000.인사1급 회사본사〉 사업장의 원천세 신고서를 생성할 때, 근로소득 구분에 대한 '총지급액'과 '소득세'는 각각 얼마인가? (단, 신고구분은 '정기'이며, 소득처분여부는 '1.비해당'으로 설정한다)

── 보기 ──
- 원천세 신고유형: 본점일괄신고
- 이행상황신고서집계방식: 귀속, 지급연월
- 신고서 생성기준: 귀속연월, 지급연월: 2024/06(제출일자 2024/07/10)
- 일반 데이터반영: 매월징수분(전체)
- 연말정산 소득세, 농특세 반영: 미적용

	총지급액	소득세
①	119,237,770원	3,919,870원
②	129,987,340원	4,147,480원
③	160,063,970원	9,966,320원
④	175,563,530원	10,448,500원

23

아래 [보기]를 기준으로 당 회사의 지방소득세특별징수명세 신고서를 생성했을 때, '4.근로소득'의 소득자별 '과세표준'과 '산출세액'이 올바르지 않은 것은 무엇인가? (단, 신고서 생성기준은 '단일 사업장' 기준으로 생성한다)

── 보기 ──
- ※ 인사/급여환경설정 '지방소득세/주민세(종업원분)집계방식': 귀속연월
- 매월 신고
- 신고사업장: 0000.전체
- 신고구분: 1.정기
- 귀속연월: 2024년 6월
- 지급연월: 2024년 6월
- 제출일자: 2024년 7월 10일
- 급여지급일자: 2024년 6월 30일
- 계속근무자 연말정산 환급액 반영 기준: 미적용

	과세표준	산출세액
① 20080103.김소형:	149,220원	14,920원
② 20130701.최현주:	122,330원	12,230원
③ 20091215.이서경:	163,920원	16,390원
④ 20010401.노희선:	152,020원	15,200원

24

당 회사는 '퇴직금'에 대해 전표집계 및 생성 작업을 진행하고 있다. 전표집계를 위한 '사원계정' 퇴직금 항목별 계정과목 설정을 확인하고, 그 내역으로 알맞지 않은 것은? (단, 모든 정보는 프로그램에 입력된 기준으로 확인한다)

① 퇴직금 – 80800.퇴직급여
② 단체퇴직보험금 – 19200.단체퇴직보험예치금
③ 명예퇴직수당등 – 10301.보통예금
④ 퇴직소득세 – 26100.미지급세금

25

당 회사는 〈4000.인사1급 강원지점〉 사업장 '20161121.장기영' 사원의 2024년도 귀속 사회보험 상실관리를 진행하였다. 사회보험 상실신고 세부 내역으로 옳지 않은 것은? (단, 모든 정보는 프로그램에 입력된 기준으로 확인한다)

① 사회보험 '신고일'과 '상실일'은 다르며, 건강보험 퇴직 전 3개월 평균보수는 3,186,937원이다.
② 모든 4대보험에 대해 신고대상이며 국민연금 상실사유 코드는 '003.사용관계종료'이다.
③ 당해연도 건강보험 보수총액은 31,534,090원이며, 피보험자 이직 확인서는 미작성 상태이다.
④ 국민연금 초일취득·당월상실자 납부 해당 대상자이며, 고용형태는 정규직이다.

기출문제 2024년 3회

이론

01
ERP 패키지의 효과적인 도입을 위한 고려사항으로 가장 적절하지 않은 것은?

① 경영진의 확고한 의지가 있어야 한다.
② 경험 있는 유능한 컨설턴트를 활용해야 한다.
③ 전사적으로 전 임직원의 참여를 유도해야 한다.
④ 현업을 반영하도록 최대한의 커스터마이징을 실행한다.

02
ERP 시스템의 SCM 모듈을 실행함으로써 얻는 장점으로 가장 적절하지 않은 것은?

① 공급사슬에서의 가시성 확보로 공급 및 수요 변화에 대한 신속한 대응이 가능하다.
② 정보 투명성을 통해 재고수준 감소 및 재고회전율(Inventory Turnover) 증가를 달성할 수 있다.
③ 공급사슬에서의 계획(Plan), 조달(Source), 제조(Make) 및 배송(Deliver) 활동 등 통합 프로세스를 지원한다.
④ 마케팅(Marketing), 판매(Sales) 및 고객서비스(Customer Service)를 자동화함으로써 현재 및 미래 고객들과 상호작용할 수 있다.

03
차세대 ERP의 비즈니스 애널리틱스(Business Analytics)에 관한 설명으로 가장 적절하지 않은 것은?

① 비즈니스 애널리틱스는 구조화된 데이터(Structured Data)만 분석대상으로 한다.
② ERP 시스템의 방대한 데이터 분석을 위해 비즈니스 애널리틱스가 차세대 ERP의 핵심요소가 되고 있다.
③ 비즈니스 애널리틱스는 리포트, 쿼리, 대시보드, 스코어카드뿐만 아니라 예측 모델링과 같은 진보된 형태의 분석 기능도 제공한다.
④ 비즈니스 애널리틱스는 질의 및 보고와 같은 기본적 분석 기술과 예측 모델링과 같은 수학적으로 정교한 수준의 분석을 지원한다.

04
기업에서 ERP 시스템을 도입하기 위해 분석, 설계, 구축, 구현 등의 단계를 거친다. 이 과정에서 필수적으로 거쳐야 하는 'GAP 분석' 활동의 의미를 적절하게 설명한 것은?

① TO-BE 프로세스 분석
② TO-BE 프로세스에 맞게 모듈을 조합
③ 현재업무(AS-IS) 및 시스템 문제 분석
④ 패키지 기능과 TO-BE 프로세스와의 차이 분석

05
ERP와 기존 정보 시스템(MIS)의 특성 간의 차이점에 대한 설명으로 가장 적절하지 않은 것은?

① 기존 정보 시스템의 업무 범위는 단위 업무이고, ERP는 통합 업무를 담당한다.
② 기존 정보 시스템의 전산화 형태는 중앙집중식이고, ERP는 분산 처리 구조이다.
③ 기존 정보 시스템은 업무 처리 방식은 수평적이고, ERP 업무 처리 방식은 수직적이다.
④ 기존 정보 시스템의 데이터베이스 형태는 파일 시스템이고, ERP는 관계형 데이터베이스 시스템(RDBMS)이다.

06
기능적 인사관리의 노동력관리에 해당하는 것으로 옳은 것은?

① 임금관리
② 개발관리
③ 복리후생관리
④ 산업안전관리

07

직무분석의 단계를 준비 단계, 실시 단계, 정리 단계로 구분할 경우 준비 단계의 내용으로 옳지 않은 것은?

① 직무단위 결정
② 분석 방법 결정
③ 직무요건 분석
④ 분석자 선임 및 훈련

08

직무분석 효과에 대한 설명으로 가장 적절하지 않은 것은?

① 업무 분담의 최소화
② 직무 중심의 조직 설계
③ 채용 및 승진 등 고용관리 합리화
④ 근로자의 교육 훈련 및 능력 개발의 증진

09

직무순환의 취지에 대한 설명으로 적절하지 않은 것은?

① 지루함과 싫증 감소
② 결원 보충의 융통성
③ 종업원에게 다양한 직무를 수행하도록 함
④ 직무의 일부분을 다른 작업자와 공동으로 수행함

10

모집평가 관련 주요 지표 중 지원자 가운데 최종 선발된 인원의 비율을 의미하는 것은?

① 수용률   ② 산출률
③ 선발률   ④ 기초율

11

피면접자에 대한 정보가 없는 상태에서 면접을 하는 방법으로, 출신지, 학력, 성별 등 차별을 야기할 수 있는 항목을 배제하고 직무능력이 좋은 인재를 채용하고자 채택하는 선발 면접의 방법은?

① 패널 면접   ② 블라인드 면접
③ 스트레스 면접   ④ 비지시적 면접

12

적정배치의 요건에 대한 설명으로 적절하지 않은 것은?

① 직무를 수행할 사람과 수행할 직위를 일치시키는 것을 의미한다.
② 적정배치를 위해서는 직무와 사람이 지니는 요건이 설정되어야 한다.
③ 사람의 요건도 종업원이 맡은 바 직무를 충분히 수행할 수 있는 능력 등을 파악하는 일이다.
④ 직무의 요건은 직무가 요구하는 능력 수준, 직무가 요구하는 인격 특성, 직무수행이 구체화된 작업환경 등이 파악되어야 한다.

13

[보기]는 타당도와 선발오류에 대한 그림이다. D영역 상한에 대한 설명으로 가장 적절한 것은?

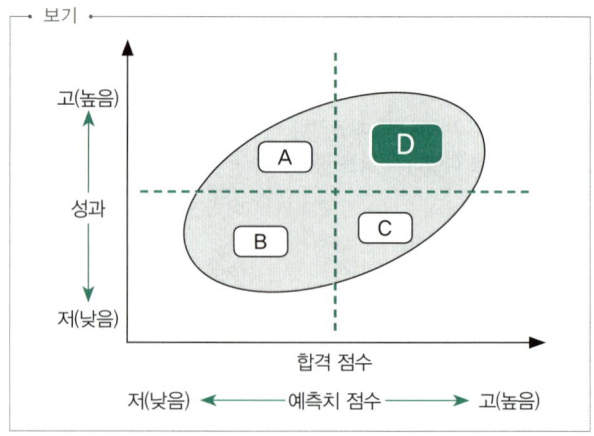

① 올바른 채택   ② 올바른 기각
③ 제1유형 오류   ④ 제2유형 오류

14

[보기]의 모집관리 및 충원과 관련된 용어를 예와 같이 한글로 작성하시오. (예 인사)

> 보기
> ( )제도란 기업에서 특정 프로젝트나 신규 사업에 필요한 인재를 모으기 위해 기업(관) 내에 있는 인재를 널리 활용하는 제도이다. 구성원들에게 새로운 직무수행에 대한 동기부여를 할 수 있으며, 구성원들은 이직을 하지 않고도 원하는 직무로 기회를 제공받을 수 있는 기회가 있다는 장점이 있다. 반면, 구성원들이 선호하는 일부 포지션, 업무 등에 지원이 몰리는 현상이 발생할 수 있으며, 구성원들의 이동으로 특정 직무의 연쇄적인 인력 이탈이 발생할 수 있다.

(답:)

15

[보기]의 ( ) 안에 들어갈 용어로 적절한 것은?

> 보기
> ( )은(는) 인사평가의 타당성, 신뢰성, 객관성을 높이고자 개발된 평가방법으로 근무 평가를 위해 자신, 직속상사, 부하직원, 동료, 고객 등 외부인까지 평가자에 참여시킨다.

① 면접법 ② 다면평가
③ 목표관리법 ④ 균형성과표

16

[보기]에서 설명하는 인사고과의 구성요건으로 가장 적절한 것은?

> 보기
> 인사고과제도가 적합하며, 공정하게 운영되어 조직 구성원들이 그 결과를 받아들이는 성질

① 타당성 ② 신뢰성
③ 실용성 ④ 수용성

17

연공주의에 대한 설명으로 가장 적절하지 않은 것은?

① 근무연한에 따라 임금과 직급이 상승하는 제도
② 연공존중의 유교 문화의 풍토에서 실시된 제도
③ 동일 노동에 대해서는 동일 임금 실현이 가능한 제도
④ 업무 성과에 대한 고려가 낮아 불공정을 제기할 수 있음

18

직장 내 훈련(OJT)의 장점으로 옳은 것은?

① 훈련과 직무가 직결되므로 경제적이다.
② 작업과 관계없이 많은 교육생에게 계획적인 훈련이 가능하다.
③ 교육 전문가에 의한 것으로 연수원이나 훈련원의 이용이 가능하다.
④ 업무 부담에서 벗어나 훈련에 전념할 수 있으므로 훈련 효과가 증대된다.

19

[보기]에서 인적자원관리 담당자의 역할 영역을 바르게 제시한 것은?

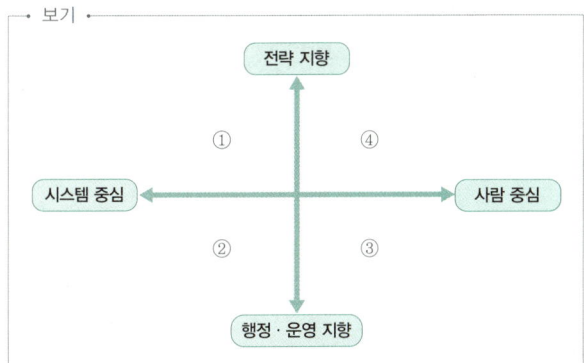

① 행정 전문가 ② 변화 관리자
③ 구성원 지지자 ④ 전략적 파트너

20

[보기]에서 설명하는 교육훈련 방법을 예와 같이 한글로 작성하시오. (예 인사)

> 보기
> 회사의 정보가 주어진 상태에서 발생될 수 있는 여러 문제들을 종이에 적어 상자 속에 넣고, 피훈련자가 그 중 하나를 꺼내면 사전에 받은 회사의 기존 자원을 활용하여 즉각 이 문제를 해결하는 교육훈련 방법이다.

(답: 훈련)

21

[보기]는 무엇에 대한 설명인가?

> **보기**
>
> 임금 수준의 전체적인 상향 조정 내지 임금 인상률을 뜻한다. 연령, 근속연수, 직무수행 능력이라는 관점에서 동일 조건에 있는 자에 대한 임금 증액을 의미한다. 즉, 전체적인 임금 곡선의 상향 이동에 해당한다.

① 승급
② 승격
③ 표준
④ 베이스 업

22

[보기]에 해당하는 이익분배형태는 무엇인가?

> **보기**
>
> 근로자의 참여의식을 높이기 위하여 고안된 성과배분제도로 경영자와 근로자의 비용 절감을 제안·평가하는 위원회제도를 활용하여 인건비의 절약분에 대한 배분액을 판매가치로 하여 배분하는 제도

① 럭커 플랜
② 스캔론 플랜
③ 이윤배분제도
④ 임프로쉐어 플랜

23

소득세의 특징에 대한 설명으로 적절하지 않은 것은?

① 세율 구조는 5단계 초과 누진세율을 적용한다.
② 소득세 과세 방법에는 종합과세, 분류과세, 분리과세가 있다.
③ 소득세의 납세의무자는 원칙적으로 개인(거주자 및 비거주자)이다.
④ 개인별로 과세하며 원칙적으로 세대별 혹은 부부별로 합산하지 않는다.

24

각 임금체계의 장점에 대한 설명으로 가장 적절한 것은?

① 연공급: 연공존중을 통해 성과와 능력을 인정받을 수 있다.
② 직무급: 노동의 자유이동이 어려운 상황에서도 적용하기 용이하다.
③ 직능급: 직무의 다양성을 존중하며, 종업원의 동기부여를 강화할 수 있다.
④ 자격급: 본인의 임금액을 예상하지 못하기 때문에 구성원이 본인의 성과 달성에 매진하게 되는 효과가 있다.

25

근로자 측의 복리후생 효과로 가장 적절한 것은?

① 원가절감
② 우수 인력 확보
③ 기업의 이미지 개선
④ 경력개발을 통한 자아실현

26

[보기]의 ( ) 안에 들어갈 금액은 얼마인가? (정답은 단위를 제외한 숫자만 작성하시오)

> **보기**
>
> 신제품 개발을 위한 프로모션 행사 진행을 위한 일용직 사원의 일당 200,000원을 현금으로 지급하는 경우 당사가 원천징수하여야 할 소득세는 (   )원이다(단, 지방소득세는 포함하지 않는다).

(답:)

27

[보기]의 ( ) 안에 들어갈 용어를 예와 같이 한글로 작성하시오. (예 인사)

> **보기**
>
> (   ) 보장제도란 도산 등의 사실이 인정이 된 기업의 퇴직 근로자가 기업으로부터 임금이나 퇴직금을 못 받는 경우 노동부가 기금에서 사업주를 대신하여 지급하는 제도이다. 기업이 경기 변동과 산업구조 변화 등으로 사업을 계속하는 것이 불가능하거나, 기업의 경영이 불안정하여, 임금 등을 지급받지 못하고 퇴직한 근로자 등에게 그 지급을 보장하는 조치를 마련함으로써 근로자의 생활 안정에 이바지하는 것을 목적으로 제정된 법률에 의한 제도이다.

(답:)

28

[보기]가 설명하는 근로시간제는 무엇인가?

> **보기**
> 취재, 연구, 설계 및 분석, 디자인 업무 등과 같이 업무의 수행 방법이나 수단, 시간 배분 등이 근로자의 재량에 따라 결정되어 근로시간보다 성과에 의해 근무 여부를 판단할 수 있는 경우 노사 간의 합의시간을 근로시간으로 본다.

① 교대 근로시간제
② 재량 근로시간제
③ 탄력적 근로시간제
④ 선택적 근로시간제

29

노동조합과 사용자 또는 사용자 단체 간에 임금, 근로시간, 복지후생, 해고, 기타 대우 등 근로조건의 결정에 관한 상호주장의 불일치로 인하여 발생한 분쟁 상태를 무엇이라 하는가?

① 단체협약
② 노동쟁의
③ 노사협의제도
④ 부당노동행위

30

[보기]의 (   ) 안에 들어갈 용어로 적절한 것은?

> **보기**
> 단체협약의 효력 중 (   )은 협약 당사자의 권리, 의무에 관한 조항이며, 평화의무, 평화조항, 유일교섭 단체조항, 숍조항, 단체교섭의 절차 및 기타 규칙 등이 있다.

① 규범적 효력
② 채무적 효력
③ 지역적 구속력
④ 일반적 구속력

31

경영참가제도의 유형 중 성격이 다른 하나는?

① 럭커 플랜
② 스캔론 플랜
③ 종업원지주제도
④ 노사공동결정제도

32

[보기]에서 설명하는 용어를 예와 같이 한글로 작성하시오. (예) 인사)

> **보기**
> - 노동조합을 구성하는 전체 조합원이 한자리에 모여서 노동조합의 모든 기본적 사항을 결정하는 노동조합의 최고의사결정 기관
> - 최고의사결정 기관의 규약으로 해당 기관을 갈음할 수 있는 대의원회를 둘 수 있음

(답:)

33

[보기]는 근로시간제에 대한 설명이다. (   )에 들어갈 용어를 예와 같이 한글로 작성하시오. (예) 인사)

> **보기**
> (   ) 근로시간제: 1월 이내의 단위로 정해진 총근로시간 범위 내에서 업무 시작 및 종료 시각, 1일의 근로시간을 근로자가 자율적으로 결정하는 제도

(답:)

실무 시뮬레이션

프로그램 버전	iCUBE 핵심 ERP 2024
로그인 정보	• 회사: 2001.인사1급 회사A • 사원: ERP13I01.장미란
DB 파일명	[백데이터] 2025 에듀윌 ERP 인사 1급 > PART 07 최신 기출문제_2024년 3회

01

다음 중 핵심 ERP 사용을 위한 기초 사업장 정보를 확인하고, 그 내역으로 알맞지 않은 것은 무엇인가?

① 〈1000.인사1급 회사본사〉 사업장의 대표자는 '한국민'이며, 종목은 '전자제품'이다.
② 〈2000.인사1급 인천지점〉 사업장의 관할세무서는 '121.인천'이며, 원천징수이행상황신고서 신고 시 '월별' 신고를 진행하는 사업장이다.
③ 〈3000.인사1급 부산지점〉 사업장의 개업년월일은 '2001/08/01'이고, 주업종코드는 '729000.정보통신업'이며, 지방세신고지 법정동은 '2635056000.해운대구청'이다.
④ 〈4000.인사1급 강원지점〉 사업장은 해당 회사의 '본점' 사업장이 아니며, 사업자단위과세신고 시 〈1000.인사1급 회사본사〉 사업장의 종사업장으로 포함하여 신고한다.

02

다음 중 핵심 ERP 내 각종 소득세 등 자동계산을 위한 세법적인 과세기준 및 세율 등의 기본요건을 확인하고, 2024년 귀속연도 소득공제 '비과세 및 감면항목'의 공제액에 대한 설명으로 알맞지 않은 것은 무엇인가?

① P01.식사대 / 공제액: 200,000
② H12.벽지수당 / 공제액: 200,000
③ O01.야간근로수당 / 공제액: 2,400,000
④ U01.벤처기업주식매수선택권 / 공제액: 500,000,000

03

당 회사의 인사/급여기준에 대한 설정을 확인했을 때, 올바르게 설명한 [보기] 내용은 몇 개인가? (단, 환경설정 기준은 변경하지 않는다)

→ 보기 ←
• A: 월일수 산정은 한달 정상일을 기준으로 한다.
• B: '생산직'을 제외한 모든 직종의 출결마감 기준일은 당월 1일에서 말일까지이다.
• C: 퇴사자의 경우 급여계산 시, 지정한 '기준일수' 이하 근무 시 월 급여를 '월할' 지급한다.
• D: 수습직의 경우 80%의 급여를 3개월간 지급받는다.

① 0개
② 1개
③ 2개
④ 3개

04

당 회사는 2024년 5월 '900.대리' 직급의 호봉을 아래 [보기]와 같이 일괄 등록하고자 한다. '900.대리' 직급의 호봉등록을 완료하고, 7호봉 기준의 '호봉합계'는 얼마인가?

→ 보기 ←
• 기본급 초기치: 2,400,000원(증가액 150,000원)
• 급호수당 초기치: 20,000원(증가액 12,000원)
• 연장수당 초기치: 30,000원(증가액 10,000원)
• 정률인상 적용: 기본급 4.5%, 급호수당 2.0%
• 정액인상 적용: 연장수당 5,000원

① 3,448,500원
② 3,637,340원
③ 3,995,320원
④ 4,174,310원

05

2024년 귀속 기준 '급여' 지급/공제항목설정을 확인하고, 'P25. 직무발명보상금' 항목에 대한 설명으로 알맞지 않은 것을 고르시오. (단, 지급/공제항목설정 기준은 변경하지 않는다)

① '비과세' 지급항목이며, 비과세유형은 'R11.직무발명보상금'으로 설정되어 있다.
② '감면적용' 비대상 지급항목이며, '야간근로수당' 비과세 적용기준 요건인 '월정급여'에 포함되는 지급항목이다.
③ '입/퇴사자'에게 지급 시, '인사/급여환경설정'의 환경설정을 따르며, 1원 단위 절사처리한다.
④ '휴직자'에게도 정상 지급하는 항목이며, '생산직' 직종에게 300,000원을 지급한다.

06

당 회사의 2024년 4월 귀속 급/상여 지급일자 등록을 확인하고, 그 내역으로 알맞지 않은 것은 무엇인가?

① '급여'는 4월에 지급하고 '상여'는 5월에 지급하며, '상여'는 '급여'를 지급받는 대상자 중 〈4000.인사1급 부산지점〉 사업장에 속한 사원에게만 지급한다.
② '급여'를 지급하는 일자에 '상여'를 추가하여 지급할 수 있으며, '급여'를 지급받는 대상자와 동일한 '지급직종및급여형태'만 선택하여 등록할 수 있다.
③ '상여'의 '지급직종및급여형태'에 반영된 정보와 일치하는 대상자는 [상용직급여입력및계산] 메뉴에서 직접 대상자선정을 진행하여 대상자를 반영하며, '지급직종및급여형태'에 반영된 정보와 일치하지 않는 대상자는 [상용직급여입력및계산] 메뉴에서 임의로 조회하여 추가할 수 없다.
④ '상여' 지급 시 입사자의 경우 기준일수 초과근무 시 '월할'로 상여를 지급하며, 퇴사자의 경우 근무일수에 상관없이 '월할'로 상여를 지급한다.

07

당 회사는 전체 사업장의 '914.2024년 1분기 내부교육' 교육평가가 우수한 사원을 대상으로 포상을 지급하기로 하였다. 아래 [보기]를 확인하여 대상자들의 총 지급금액으로 알맞은 것은 무엇인가?

> 보기
> • 교육평가 A등급: 150,000원
> • 교육평가 B등급: 50,000원

① 550,000원　② 600,000원
③ 650,000원　④ 700,000원

08

당 회사의 귀속연도 2024년 사회보험 환경에 대한 설정을 확인하고 관련된 설명으로 올바른 것은 무엇인가? (단, 환경설정 기준은 변경하지 않는다)

① 국민연금 보험료 기본요율 변경 시, [인사정보등록]의 국민연금 보험료가 자동으로 재계산되어 반영된다.
② 근로자 개인 부담 '건강보험요율'은 '3.545%'이며, 건강보험 보수월액 최고상한액은 110,332,300원이다.
③ 고용보험 공제방식은 '보수총액방식'이며 급여구분이 '상여'인 경우에는 공제가 적용되지 않는다.
④ 〈2000.인사1급 인천지점〉 사업장의 고용보험 사업장 관리번호는 '00-4820-1-2948'이며, 산재보험은 [상용직급여입력및계산]의 임금총액에 보험요율을 적용하여 공제된다.

09

당 회사의 인사정보를 확인하고 관련된 설명으로 올바르지 않은 것은 무엇인가?

① '20000501.한국민' 사원은 생산직 총급여 과세 대상자이며, [전표집계및생성] 메뉴에서 전표처리 시, 적용할 계정은 '100.임원계정'으로 설정되어 있다.
② 근무조가 3조인 '20001101.박용덕' 사원은 2009/06/30에 중도정산 이력이 존재하며, 노조에 가입되어 있는 사원이다.
③ '20080103.김소현' 사원은 휴직 이력이 존재하고, 휴직기간은 2021/03/02~2022/03/02이며 휴직사유는 질병휴직이다.
④ '20081201.안민서' 사원의 최근 책정된 임금의 연봉은 68,000,000원이며, 현재 호봉은 3호봉이고 급여 이체은행은 '200.우리'은행으로 설정되어 있다.

10

당 회사는 2024년 4월 30일 기준으로 〈1000.인사1급 회사본사〉 사업장의 '20170921.최영우' 사원의 총 근속기간을 확인하고자 한다. 아래 [보기]를 기준으로 '경력' 사항을 등록 후 근속기간을 확인했을 때, '20170921.최영우' 사원의 총 근속기간은 얼마인가? (단, 퇴사자는 제외하며, 미만일수는 올림하고, 모든 경력사항을 포함한다)

┌─ 보기 ─
• 직장명: KPC
• 근무기간: 2017/03/25~2019/11/30
• 근속기간 포함 여부: 포함

① 4년 2개월   ② 6년 11개월
③ 8년 9개월   ④ 9년 10개월

11

당 회사의 2024년 5월 귀속 급여(지급일자: 2024/05/25)에 해당하는 대상자 중 '20180511.최국성' 사원이 중소기업취업감면 대상자로 변경되었다. '20180511.최국성' 사원의 감면유형 및 기간을 [보기]와 같이 등록한 뒤 급여를 계산할 때, '20180511.최국성' 사원의 '소득세' 금액은 얼마인가? (단, 그 외 급여계산에 필요한 조건은 프로그램에 등록된 기준을 이용한다)

┌─ 보기 ─
• 감면코드: T13.중소기업취업감면(90%감면)
• 감면기간: 2024/05~2026/04

① 4,300원   ② 4,730원
③ 16,700원   ④ 24,990원

12

당 회사는 2024년 5월 귀속 '특별급여' 소득을 지급하고자 한다. 아래 [보기]의 지급대상 요건으로 지급일자를 직접 추가하여 급여계산을 진행한 뒤 확인한 정보로 올바른 것은? (단, 그 외 급여계산에 필요한 조건은 프로그램에 등록된 기준을 이용한다)

┌─ 보기 ─
• 특별급여 지급일자: 2024/05/31
• 동시발행 및 대상자선정: 분리, 직종및급여형태별
• 특별급여 지급대상: 〈1000.인사1급 회사본사〉 사업장을 제외한 사업장의 모든 직종 및 급여형태

① 해당 지급일자의 지급 인원은 모두 7명이고, 회사부담금 및 국민연금의 총합계는 1,230,690원이다.
② 해당 지급일자의 지급 인원은 모두 고용보험료가 공제되지 않았고, 비과세 항목도 지급되지 않았다.
③ 해당 지급일자의 지급 인원의 기본급은 책정임금의 월급의 80%로 지급되었으며, 실지급액이 가장 많은 인원은 '20000501.한국민'이다.
④ 해당 지급일자의 지급 인원은 사업장별로 각각 다른 특별급여를 지급받았다.

13

당 회사는 〈1000.인사1급 회사본사〉 사업장을 제외한 사업장에 대해 2024년 4월 귀속(지급일 1번)에 이체한 급/상여를 확인하고자 한다. 이체 현황에 대한 설명으로 옳지 않은 것은 무엇인가? (단, 무급자는 제외한다)

① 해당 조회조건의 대상자는 모두 7명이고, 실지급액은 총 30,381,500원이 발생했다.
② 해당 조회조건은 총 4개의 금융기관에서 급여 이체가 발생했고, 급여는 2024/04/25에 지급되었다.
③ 해당 조회조건의 대상자 중 가장 적은 금액의 급여가 계좌로 이체된 사원은 '20130701.고진수'이다.
④ 해당 조회조건의 '국민은행'과 '한국은행'에서 발생한 급여 이체 금액의 합은 '신한은행'과 '카카오뱅크'에서 발생한 급여 이체 금액의 합보다 적다.

14

당 회사는 초과근무에 대해 수당을 지급하고 있다. 아래 [보기]의 기준을 토대로 2024년 4월 귀속 '급여' 구분 '20040301.오진형' 사원의 '초과근무수당'을 계산하면 얼마인가? (단, 근무수당을 계산하면서 발생되는 모든 원 단위 금액은 절사하고, 책정임금 시급은 원 단위 금액을 절사하지 않고 계산한다)

— 보기 —
• 초과근무수당 = 1유형 근무수당 + 2유형 근무수당
• 초과근무 시급: 책정임금 시급
• 1유형 근무수당 = (평일연장근무시간 + 토일정상근무시간) × 1.5 × 초과근무 시급
• 2유형 근무수당 = (평일심야근무시간 + 토일연장근무시간) × 2 × 초과근무 시급

① 563,720원
② 574,060원
③ 585,140원
④ 621,430원

15

당 회사는 〈1000.인사1급 회사본사〉 사업장에 대해 2024년 1분기에 속한 기간의 지급내역 중 '100.급여' 지급내역에 대해 부서별로 집계하여 금액을 확인하고자 한다. 내역을 확인하고 부서와 지급항목 금액이 올바르지 않은 것은 무엇인가?

① 부서: 총무부 / 사회보험부담금: 7,733,010원
② 부서: 경리부 / 근속수당: 1,125,000원
③ 부서: 국내영업부 / 소득세: 1,698,360원
④ 부서: 해외영업부 / 영업촉진비: 1,350,000원

16

당 회사는 일용직 사원에 대해 사원별 지급형태를 구분하여 일용직 급여를 지급하고 있다. 아래 [보기]를 확인하여 2024년 5월 귀속 지급일 중 '매일지급' 대상자를 직접 반영 후 급여계산 할 때, 해당 지급일의 급여내역에 대해 바르지 않은 것은 무엇인가? (단, 급여계산에 필요한 조건은 프로그램에 등록된 기준대로 확인한다)

— 보기 —
• 지급형태: '매일지급' 지급일
• 지급 대상자: '시급직'인 '총무부', '자재부' 사원
• 평일 10시간 근무, 토요일 2시간 근무
• 비과세: 12,000원(평일만 적용)

① 해당 지급일자의 대상자는 총 31일 중 27일을 근무하였으며, 실제 지급된 금액은 총 42,036,290원이다.
② 해당 지급일자에 신고 대상인 비과세 항목은 총 5,145,100원 지급되었으며, 일부 대상자들은 신고 대상인 비과세 항목이 지급되지 않았다.
③ 해당 지급일자의 대상자 중 급여를 계좌로 지급받지 않는 사원이 존재하며, 건강보험이 가장 많이 공제된 대상자는 '1013.안유진' 사원으로 305,080원이 공제되었다.
④ 해당 지급일자에 실제 지급된 금액이 가장 적은 사원은 '1014.주희정' 사원이며, 해당 사원은 소득세 및 고용보험이 공제되지 않았다.

17

2024년 5월 귀속 일용직 급여작업 전, 아래 [보기]를 기준으로 '1018.고성태' 사원의 사원정보를 직접 입력하고 '일용직급여지급일자등록'에 대상자를 반영하여 급여계산을 했을 때, 해당 일용직 대상자들의 실지급액의 총계는 얼마인가? (단, 그 외 급여계산에 필요한 조건은 프로그램 등록된 기준을 따른다)

```
─ 보기 ─
1. 사원정보 입력(사원코드: 1018, 사원명: 고성태)
  • 입사일자: 2024/05/10
  • 주민등록번호: 920624-1234567
  • 부서: 3200.관리부
  • 급여형태: 004.시급
  • 급여/시간단가: 45,350원
  • 생산직비과세적용: 함
  • 국민/건강/고용보험여부: 여
2. 일용직 급여지급
  • 지급형태: '일정기간지급' 지급일
  • 평일 10시간 근무 가정
  • 비과세 적용: 10,000원
```

① 49,115,960원 ② 55,816,330원
③ 57,910,280원 ④ 60,216,110원

18

당 회사는 2024년 귀속 거주자 기타소득에 대해 소득자별 소득현황을 확인하고자 한다. 2024년 1분기에 지급한 소득에 대해 조회한 내용 중 올바른 것은 무엇인가? (단, 모든 정보는 프로그램에 입력된 기준으로 확인한다)

① 해당 조회조건의 대상자는 모두 6명이 조회되고, 총 소득금액의 합은 2,975,330원이다.
② 해당 조회조건의 대상자 중 고용보험료와 산재보험료가 공제된 사원은 '20170213.신서율' 사원이 유일하다.
③ 해당 조회조건의 대상자 중 실제 지급된 금액이 가장 많은 사원은 '20220711.조선우' 사원이고, 해당 사원에게 실제 지급된 금액은 총 367,000원이다.
④ 해당 조회조건의 소득 중 소득세가 공제되지 않는 소득이 존재하며, '68.비과세 기타소득' 소득구분 코드를 제외한 소득구분 코드로 지급된 소득에 대해서는 모두 소득세가 공제되었다.

19

당 회사의 퇴직금 산정을 위한 퇴직기준설정을 확인하고, 그 내역으로 알맞지 않은 것은 무엇인가?

① 퇴직자의 평균임금 기간 산정 시 전월을 기준으로 3개월을 산정하며, 퇴직자의 퇴사한 달의 급여액을 반영할 때 해당 월의 급여를 '일할' 계산하여 반영한다.
② 퇴직금 계산식은 '일할'로 설정되어 있고, 연차수당코드는 'P60.월차수당'을 사용한다.
③ 비과세 항목도 퇴직금 계산 시 사용할 수 있으며, 퇴직금 계산 시 1원 단위 절사처리한다.
④ 근속누진만 적용하고 있으며, 적용유형은 '001.기간'이고 적용방식은 '000.가산율'이며 근무년수에 따라 가산율이 다르게 적용된다.

20

2024년 5월 25일 〈1000.인사1급 회사본사〉 사업장의 '20160911.이자연' 사원이 개인 사유로 중도정산을 신청하였다. 아래 [보기]의 내용에 따라 퇴직기준과 대상자를 직접 반영하여 퇴직 정산작업을 진행했을 때, 정산결과에 대한 설명으로 옳지 않은 것은 무엇인가? (단, 그 외 퇴직금 계산에 필요한 조건은 프로그램의 등록 기준에 따른다)

```
─ 보기 ─
• 평균임금 계산식: '일평균 임금' 적용
• 지급항목 설정: 기본급, 직종수당, 연장근로수당, 자격수당, 근속수당
• 귀속연월: 2024/05
• 재직기준: 2024/05/01~2024/05/31
• 퇴직일자, 신청일자: 2024/05/25
• 지급일자: 2024/05/31
```

① '20160911.이자연' 사원의 중도정산 시의 기산일은 2016/09/11이며, 퇴직금 계산 시 산정된 급여의 합계는 8,702,670원이다.
② '20160911.이자연' 사원의 중도정산 시의 근속기간은 7년 8개월 15일이며, 퇴직금 계산 시 산정된 급여내역은 2024/02/01~2024/04/30까지의 기간이다.
③ '20160911.이자연' 사원의 퇴직금은 근속누진이 적용되어 (평균임금 × 30 × [(근속일수+누진일수)÷365]로 계산되었다.
④ '20160911.이자연' 사원에게 퇴직금 계산 기간 내 지급된 연차수당은 존재하지 않으며, 퇴직금은 22,808,240원이고, 퇴직금 지급 시 공제된 금액은 총 155,390원이다.

21

아래 [보기]를 기준으로 2024년 4월 귀속의 전표를 생성하고, 전표처리결과 계정과목별 금액을 확인할 때 올바르지 않은 것은 무엇인가?

> 보기
> - 지급유형: 상용직급여
> - 회계단위: 1000.인사1급 회사본사
> - 결의일자: 2024/04/30
> - 작성자: ERP13I01.장미란
> - 집계사업장: 1000.인사1급 회사본사, 4000.인사1급 부산지점
> - 집계급여구분: 급여, 상여

① 직원급여: 67,252,960원
② 선납세금: 5,730,710원
③ 여비교통비: 950,000원
④ 미지급금: 80,685,000원

22

아래 [보기]를 기준으로 '인사/급여환경설정'을 직접 확인하여 변경한 뒤, 〈1000.인사1급 회사본사〉 사업장의 원천세 신고서를 추가 시 근로소득 구분에 대한 총지급액과 소득세는 각각 얼마인가? (단, 신고구분은 '정기'이며, 소득처분여부는 '1.비해당'으로 설정한다)

> 보기
> - 원천세 신고유형: 사업자단위과세신고
> - 이행상황신고서집계방식: 귀속연월
> - 신고서 생성기준: 귀속연월: 2024/04, 지급연월: 2024/05(제출일자 2024/06/10)
> - 일반 데이터반영: 매월징수분(전체)
> - 연말정산 소득세, 농특세 반영: 미적용

	총지급액	소득세
①	16,609,360원	2,252,360원
②	46,412,200원	3,012,190원
③	92,417,320원	5,209,840원
④	115,332,300원	6,085,740원

23

아래 [보기]를 기준으로 당 회사의 지방소득세특별징수명세 신고서를 생성하여, '4.근로소득'의 소득자별 '과세표준' 금액을 확인할 때 올바르지 않은 것은 무엇인가? (단, 신고서 생성기준은 '단일사업장' 기준으로 생성한다)

> 보기
> ※ 인사/급여환경설정 '지방소득세/주민세(종업원분)집계방식': 귀속, 지급연월
> - 매월 신고
> - 신고사업장: 0000.전체
> - 신고구분: 1.정기
> - 귀속연월: 2024년 4월
> - 지급연월: 2024년 4월
> - 제출일자: 2024년 5월 10일
> - 급여지급일자: 2024년 4월 30일
> - 계속근무자 연말정산 환급액 반영 기준: 미적용

① 20090701.김성실 - 과세표준: 943,120원
② 20001101.박용덕 - 과세표준: 329,860원
③ 20081201.안민서 - 과세표준: 514,980원
④ 20081204.유지현 - 과세표준: 163,540원

24

당 회사 전체 사업장의 2023년 '계속근무자'에 대한 연말정산 작업현황을 확인하고, 대상자별 공제항목 및 공제금액으로 옳지 않은 것은?

① 20081202.장명훈 - 근로소득금액: 32,617,500원
② 20160911.이자연 - 중소기업취업감면: 905,219원
③ 20170921.최영우 - 결정세액(소득세): 491,860원
④ 20180511.최국성 - 경로우대 공제: 1,000,000원

25

당 회사의 〈4000.인사1급 강원지점〉 사업장을 제외한 전체 사업장의 2024년 1분기의 '과세/비과세' 총액을 확인하고자 한다. 해당 기간의 '과세/비과세' 총액으로 올바른 것은 무엇인가? (단, '사용자부담금'은 포함한다)

	과세총액	비과세총액
①	183,990,150원	6,600,000원
②	183,990,150원	14,333,010원
③	219,923,880원	7,500,000원
④	219,923,880원	16,827,060원

여러분의 작은 소리
에듀윌은 크게 듣겠습니다.

본 교재에 대한 여러분의 목소리를 들려주세요.
공부하시면서 어려웠던 점, 궁금한 점,
칭찬하고 싶은 점, 개선할 점, 어떤 것이라도 좋습니다.

에듀윌은 여러분께서 나누어 주신 의견을
통해 끊임없이 발전하고 있습니다.

에듀윌 도서몰 book.eduwill.net
- 부가학습자료 및 정오표: 에듀윌 도서몰 → 도서자료실
- 교재 문의: 에듀윌 도서몰 → 문의하기 → 교재(내용, 출간) / 주문 및 배송

2025 에듀윌 ERP 정보관리사 인사 1급
한권끝장+무료특강

발 행 일	2025년 4월 24일 초판
편 저 자	배문주
펴 낸 이	양형남
개 발	정상욱, 김규리
펴 낸 곳	(주)에듀윌
등록번호	제25100-2002-000052호
주 소	08378 서울특별시 구로구 디지털로34길 55
	코오롱싸이언스밸리 2차 3층
I S B N	979-11-360-3700-8(13320)

* 이 책의 무단 인용 · 전재 · 복제를 금합니다.

www.eduwill.net
대표전화 1600-6700

100개월, 1663회
베스트셀러 1위

합격비법이 담긴 교재로
합격의 차이를 직접 경험해보세요.

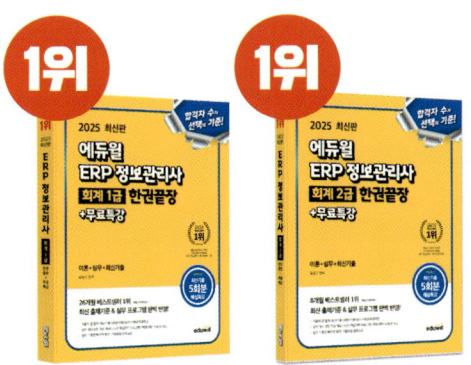

회계 1, 2급

인사 1, 2급

물류 1·2급

생산 1·2급

베스트셀러 1위
합산 기준

*100개월, 1663회: 에듀윌 ERP 정보관리사 YES24 월별/주별, 알라딘 월간/주간 베스트셀러 합산 기준(2016년 1월 1일~2025년 3월 5일)

2025 최신판

에듀윌 ERP 정보관리사
인사 1급 한권끝장
+무료특강

최신 기출문제
정답 및 해설

eduwill

2025 최신판

에듀윌 ERP 정보관리사
인사 1급 한권끝장
+무료특강

에듀윌 ERP 정보관리사

인사 1급 한권끝장 + 무료특강

정답 및 해설

정답 및 해설

2025년 1회

이론

01	③	02	③	03	③	04	④	05	①	06	②	07	③	08	②	09	④	10	③
11	③	12	②	13	③	14	직무전문화		15	②	16	④	17	①	18	④	19	④
20	대응					21	①	22	④	23	④	24	③	25	②	26	1		
27	원천징수영수증			28	①	29	①	30	④	31	②	32	25			33	유연근무제(도)		

01 ③

텍스트마이닝(Text Mining)은 자연어(Natural Language) 형태로 구성된 비정형 또는 반정형 텍스트 데이터에서 패턴 또는 관계를 추출하여 의미 있는 정보를 찾아내는 기법이다. 예를 들어 온라인 쇼핑몰 이용자는 구매자가 남긴 제품 후기로부터 제품에 대한 정보를 수집하고 이러한 텍스트 데이터를 분석하여 구매자의 행동 예측과 제품 선호도를 분석한다.

02 ③

- IaaS(Infrastructure as a Service): 서버 인프라를 서비스로 제공하는 것으로, 클라우드를 통하여 저장장치 또는 컴퓨팅 능력을 인터넷 형태로 제공하는 서비스 모델
- PaaS(Platform as a Service): 사용자가 소프트웨어를 개발할 수 있도록 토대를 제공해 주는 서비스 모델
- SaaS(Software as a Service): 클라우드 컴퓨팅 서비스 사업자가 클라우드 컴퓨팅 서버에 소프트웨어를 제공하고, 사용자가 원격으로 접속해 해당 소프트웨어를 활용하는 모델

03 ③

|오답 풀이|
① 분석 단계: AS-IS 파악, TFT 구성, 현재 시스템의 문제 파악, 주요 성공 요인 도출 등
② 구축 단계: 모듈의 조합화, 테스트 후 추가 개발 또는 수정 기능 확정, 인터페이스 프로그램 연계 테스트, 출력물 제시
④ 구현 단계: 실제 데이터 입력 후 시험 가동, 데이터 전환, 시스템 평가 및 유지 보수, 추후 일정 수립

04 ④

마케팅(Marketing), 판매(Sales) 및 고객 서비스(Customer Service)를 자동화함으로써 현재 및 미래 고객들과 상호작용할 수 있다는 설명은 고객관계관리(CRM)에 대한 설명이다.

05 ①

ERP 도입 시에는 커스터마이징을 최소화해야 하므로 커스터마이징을 최대화할 수 있다는 내용은 ERP 패키지 선택 시의 장점으로 적절하지 않다.

06 ②

자동화 시스템의 발달로 인적자원의 중요성은 점차 증가할 전망이다.

07 ③

직무내용은 직무를 구성 요소인 과업들로 나누어 상세한 묘사와 부연설명을 하고, 직무요건은 해당 직무의 숙련자로서 필요한 기초적인 직무요건을 명시한다.

08 ②

| 오답 풀이 |
①, ③, ④는 종합적 평가 방법(비계량적 평가 방법)에 대한 설명이다.

09 ④

- 산업공학적 접근법: 작업표본기법, 작업량 분석, 시간 및 동작 연구
- 수학적 기법: 선형계획법, 시뮬레이션

10 ③

통제는 실행된 결과를 평가하고 필요한 수정과 적절한 개선을 이루는 단계로 사기향상 정도 평가, 모집효과 분석 평가, 인사평가, 노사분규 해결, 투입비용 평가(재계산)이 있다.
- 사기향상 정도 평가: 사기 유발활동의 효과를 측정하고 개선점을 도출
- 모집효과 분석 평가: 채용 과정에서 사용된 모집 홍보와 선발 방법의 효과를 평가
- 인사평가: 근로자의 성과와 역량을 정기적으로 평가하여 조직의 목표달성 여부를 확인
- 노사분규 해결: 발생한 갈등이나 분쟁을 조정하고 해결하여 조직 안정성을 유지
- 투입비용 평가(재계산): 투입예산을 중심으로 당해연도의 경영활동을 평가

11 ③

| 오답 풀이 |
① 집단 면접: 각 집단별로 특정 주제에 대한 자유 토론을 할 수 있는 기회를 부여하고, 토론 과정에서 개인적, 사회적 특성을 평가하는 방법
② 개별 면접: 일반적으로 1:1의 형태로 이루어지는 면접을 말하며, 피면접자의 자기소개서 및 이력서를 토대로 심층적으로 평가하는 방법
④ 스트레스 면접: 피면접자의 스트레스 상태에서 나타나는 감정 조절 및 인내도를 관찰하기 위해 공격적으로 지원자를 압박하는 등의 면접 방법

12 ②

| 오답 풀이 |
① 작업요건: 위험도, 작업시간, 작업환경, 작업위험 등
③ 책임요소: 관리감독, 기계설비, 직무개선, 원재료 책임 등
④ 노력요소: 육체적, 정신적 노력 등

13 ③

인사담당자가 정책을 실현하며 제도적 측면과 인간적 측면에 직면하게 될 때에는 어느 한쪽으로 치우치면 안 된다.

14 직무전문화

15 ②

| 오답 풀이 |
① 신뢰성(Reliability): 고과 내용이 얼마나 정확하게 측정되었는가에 관한 성질
③ 실용성(Practicability): 기업이 어떤 고과제도를 도입하는 것인지가 중요하며, 실질적으로 비용보다 편익이 더 큰지를 살펴보는 성질
④ 수용성(Acceptability): 인사고과제도가 적합하고 공정하게 운영되어 조직 구성원들이 그 결과를 받아들이는 성질

16 ④

훈련기관 위탁은 직장 외 훈련(Off-JT)의 훈련 내용이다.

17 ①

| 오답 풀이 |
② 사례연구: 특정 주제에 관한 실제 사례를 작성하여 배부하고 토론하는 방법
③ 감수성 훈련: 다른 사람이 생각하고 느끼는 것을 정확하게 감지하고 이에 대응하여 유연한 태도와 행동을 취할 수 있는 능력을 개발하기 위한 훈련 방법
④ 상호작용 분석: 피교육자의 행동이 부모, 성인, 유아 등 세 가지의 자아 상태에서 형성된다는 가정하에 성인으로서의 성숙한 행동을 유도해 나가는 훈련 방법

18 ④

| 오답 풀이 |
① 관리 전문가: 제도적 관리, 조직의 프로세스와 제도에 대한 리엔지니어링
② 변화 촉진자: 변화 촉진 관리, 변화에 따른 관리, 변화에 대한 적응력 향상과 수용 촉진
③ 종업원 조력자: 종업원 상호작용 관리, 종업원의 니즈를 파악하여 지원 대책 마련

19 ④

운명 공동체적 풍토는 연공주의 사회 문화적 전통에 해당하며 이익 공동체적 풍토가 능력주의 사회 문화적 전통에 해당한다.

20 대용

복수 정답: 준(승진), 건조(승진)

21 ①

부가적 임금에는 상여금, 퇴직금, 복리후생 및 기타수당이 있다.

22 ④

| 오답 풀이 |

① 연봉제: 근로자의 능력 및 실적에 따라 연간 임금수준을 결정한 후 매월 균등 분할하여 지급하는 성과 중심의 임금형태
② 순응임률제: 기업의 임금 산정에 있어서 경제적 조건의 변화(물가 변동)나 기업의 사정에 순응하여 임금률을 자동으로 변동·조정하여 지급하는 제도
③ 종업원지주제: 기업에 대한 종업원의 귀속의식을 높여 애사심을 돋우기 위한 노무관리 상의 대책으로서, 또는 안정 주주의 확보라는 기업 방위 측면에서 활용되었으나 근래에는 각국에서 주로 근로자의 재산 형성 촉진책의 하나로서 장려하고 있는 제도

23 ④

| 오답 풀이 |

① 사회적 목적: 상대적으로 불리한 취약계층 보호, 문화시설 등을 통해 직원 간의 인간관계 형성 및 사회적 욕구 충족
② 윤리적 목적: 최저생활을 보장하여 사회 구성원으로서 책임을 다하고 근로자들에게 인간적인 대우 제공
③ 경제적 목적: 근로자들의 사기를 높이고 업무성과 향상과 신체적, 정신적 능력을 유지하여 생산성 유지, 결근율과 이직률 감소, 우수한 인재유치 및 유지를 통한 경쟁력 제고

24 ③

인적공제의 추가공제 항목에는 경로우대자 공제, 장애인 공제, 부녀자 공제, 한부모 공제가 있다.

25 ②

원천징수세액 = (일급여액 − 150,000원) × 6% − 근로소득세액공제(산출세액 × 55%)
- 과세표준: 250,000 − 150,000 = 100,000원
- 산출세액: 100,000 × 6% = 6,000원
- 세액공제: 6,000 × 55% = 3,300원
∴ 원천징수세액: 6,000 − 3,300 = 2,700원

26 1

27 원천징수영수증

28 ①

| 오답 풀이 |
② 파트타임제: 정규 근로시간보다 짧은 시간을 정하여 몇 시간 동안만 일하는 방식
③ 원격근무제: 정보, 시간 및 공간의 효율성을 높이기 위해 이동사무실, 재택근무제 등을 활용하여 개개인에게 부여되는 업무를 수행하는 근무형태
④ 24시간 선택적 근무제: 근로자가 하루 24시간 중 어느 때나 근무시간을 선택하여 근무할 수 있도록 하는 근무형태

29 ①

단체교섭의 절차는 '교섭 준비 → 예비 교섭 → 본 교섭 → 마무리 교섭 → 교섭의 평가' 순서이다.

30 ④

ㄱ은 '황견계약', ㄴ은 '단체교섭 거부'에 대한 설명이다.

31 ②

노사협의제는 근로자 내지 노동조합의 대표가 경영에 참가하여 정보 제공, 의사교환, 적극적인 문제 제기 등 경영에 영향을 주는 행위를 할 수 있으나, 최종 결정은 경영자가 행하는 것을 말한다.

32 25

33 유연근무제(도)

실무 시뮬레이션

01	③	02	②	03	①	04	④	05	②	06	④	07	③	08	①	09	②	10	④
11	③	12	②	13	④	14	③	15	①	16	④	17	④	18	①	19	③	20	①
21	④	22	③	23	①	24	②	25	②										

01 ③

우측상단 주(총괄납부)사업장등록과 기본등록사항 및 신고관련사항 탭을 확인한다.
③ 〈3000.인사1급 부산지점〉 사업자단위과세 신고 시 주사업장으로 신고한다.

📍 [시스템관리] – [회사등록정보] – [사업장등록]

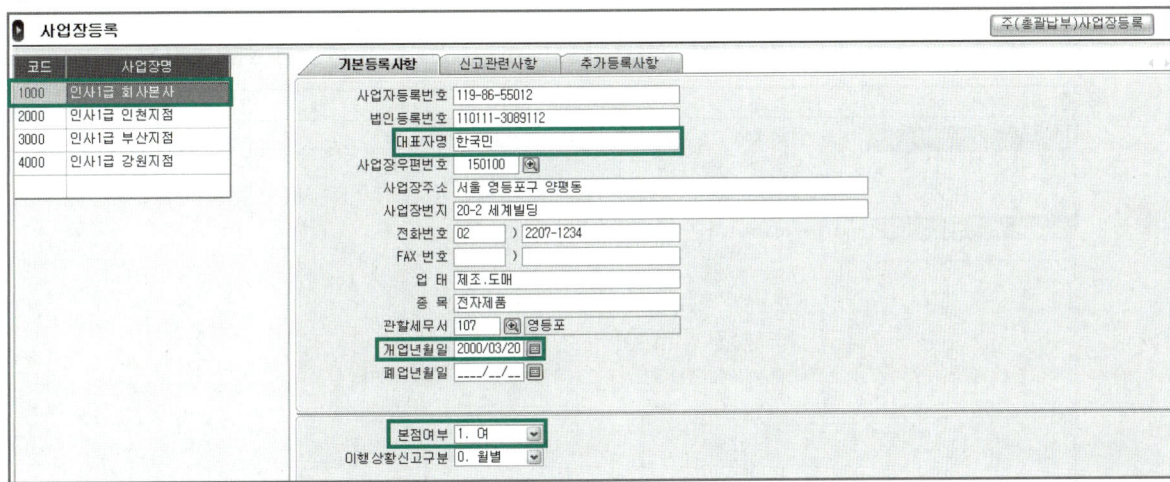

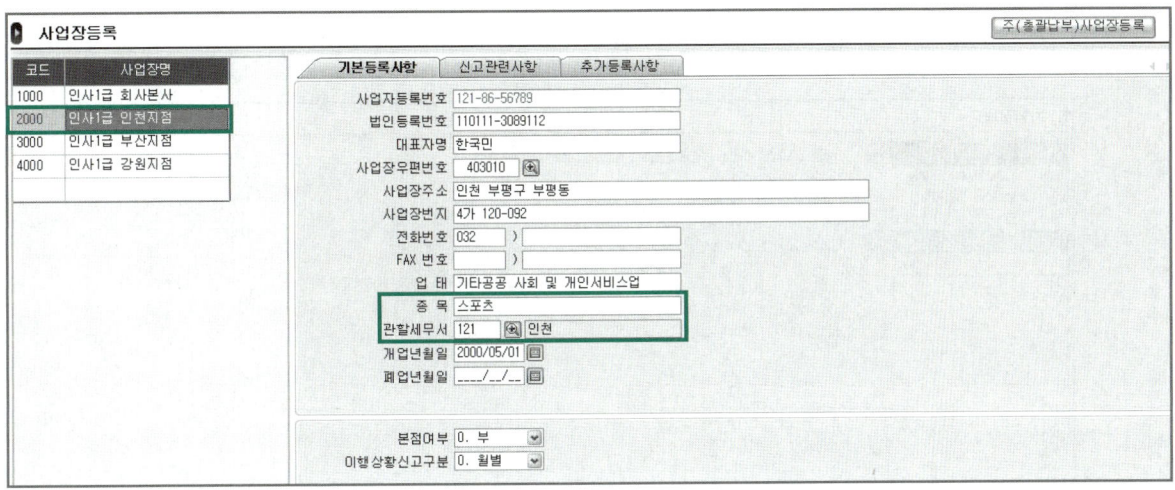

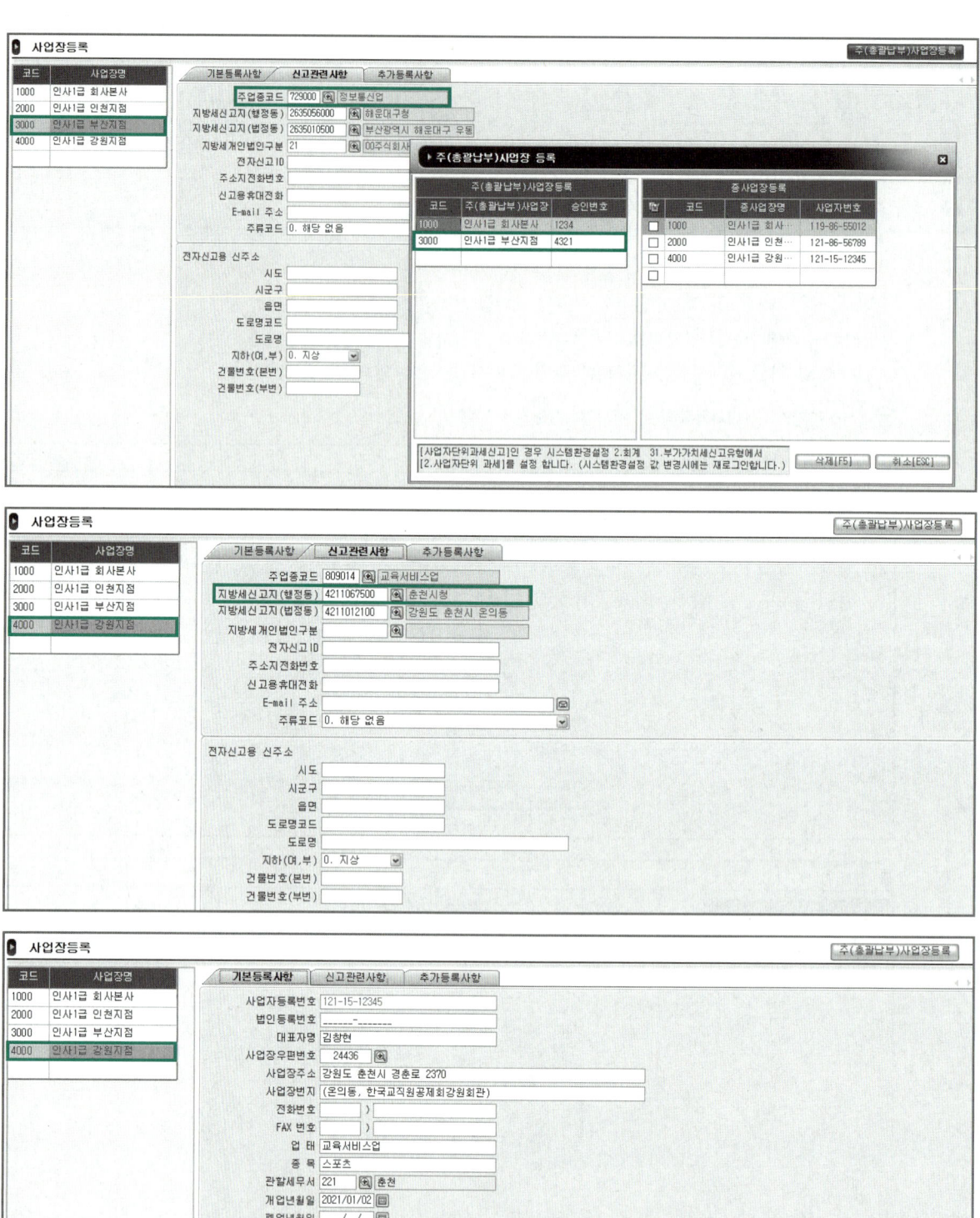

02 ②

② '1000.관리부문'에 속한 부서 중 현재 사용하지 않는 부서는 3개이다.

📍 [시스템관리] – [회사등록정보] – [부서등록]

부서등록

부서코드	부서명	사업장코드	사업장명	부문코드	부문명	사용기간	사용기간
1100	총무부	1000	인사1급 회사본사	1000	관리부문	2008/01/01	
1200	경리부	1000	인사1급 회사본사	1000	관리부문	2008/01/01	
1300	인사부	1000	인사1급 회사본사	1000	관리부문	2012/01/01	2020/12/31
1400	영업부	1000	인사1급 회사본사	2000	영업부문	2008/01/01	2020/12/31
1500	관리부	1000	인사1급 회사본사	1000	관리부문	2008/01/01	2019/12/31
2100	국내영업부	1000	인사1급 회사본사	2000	영업부문	2008/01/01	
2200	해외영업부	1000	인사1급 회사본사	2000	영업부문	2008/01/01	
3100	관리부	2000	인사1급 인천지점	1000	관리부문	2008/01/01	2020/12/31
3200	관리부	4000	인사1급 강원지점	1000	관리부문	2021/01/01	
4100	생산부	2000	인사1급 인천지점	4000	생산부문	2008/01/01	
4200	교육부	4000	인사1급 강원지점	7000	교육부문	2021/01/01	
5100	자재부	2000	인사1급 인천지점	5000	자재부문	2008/01/01	
6100	영업부	2000	인사1급 인천지점	2000	영업부문	2008/01/01	2010/12/31
7000	연구개발부	3000	인사1급 부산지점	6000	연구부문	2018/01/01	
8100	영업부	3000	인사1급 부산지점	2000	영업부문	2020/01/01	

TIP '조회기준일 적용'을 체크하여 기준일 현재의 데이터를 확인할 수 있다. 이때 '조회기준일 적용'란의 선택을 해제하면 사용기간이 종료된 부서가 조회된다.

03 ①

① 퇴사자의 경우 급여 계산 시, '25일' 초과 근무 시, 월 급여를 정상 지급한다.

📍 [인사/급여관리] - [기초환경설정] - [인사/급여환경설정]

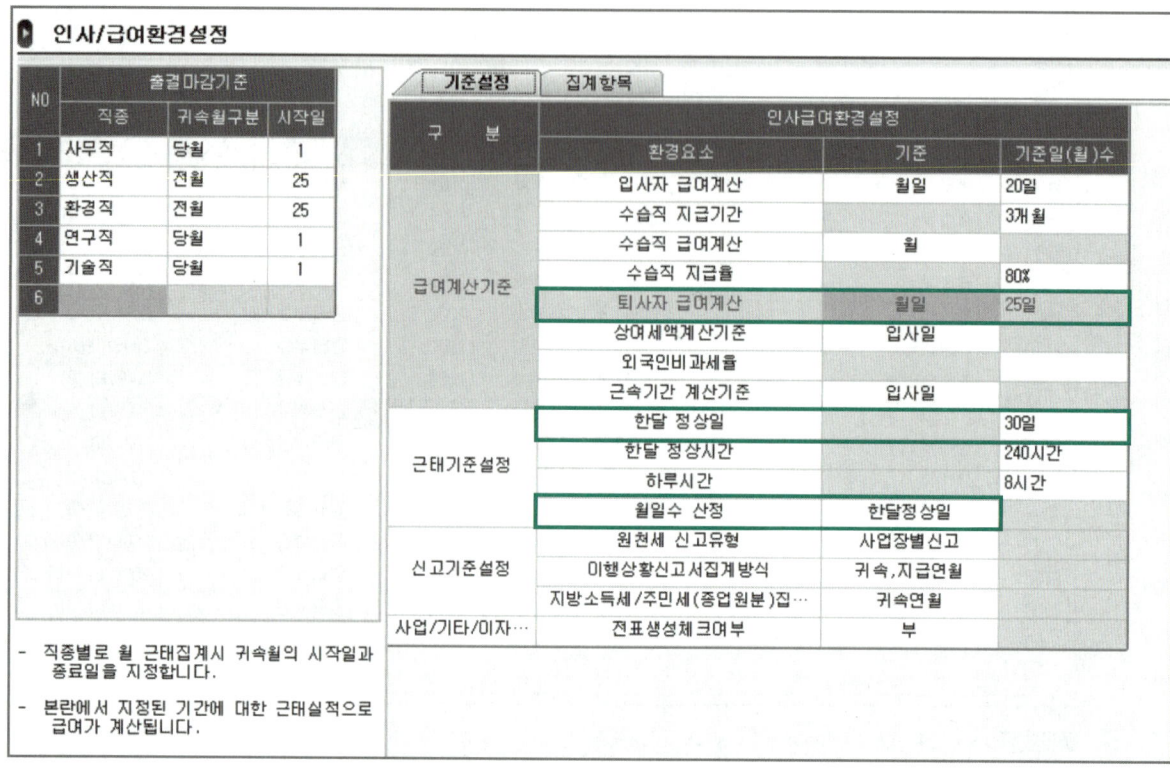

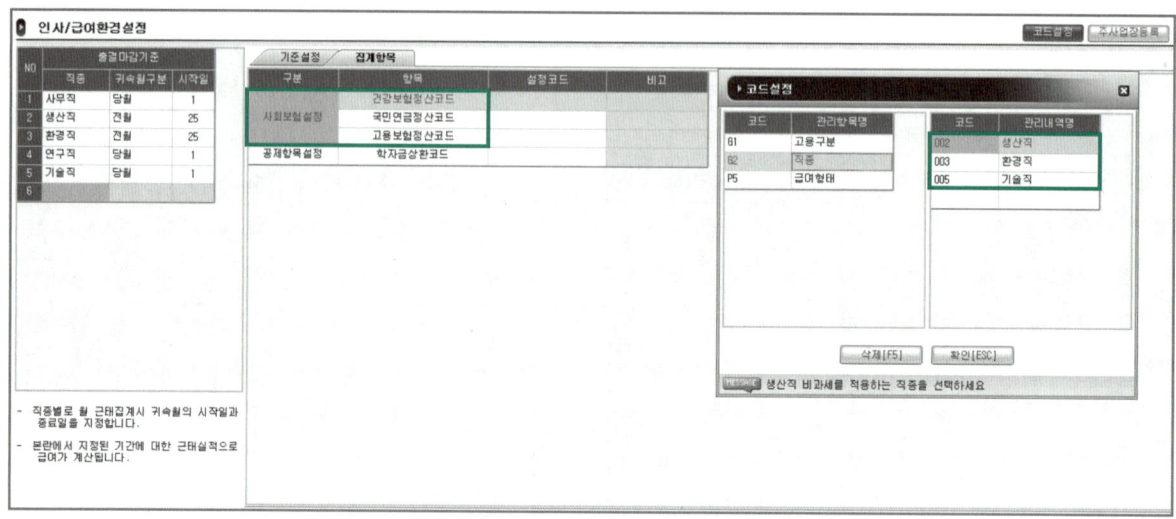

TIP 월일: 지정된 근무일수보다 미달하는 경우 일의 방식, 초과하는 경우 월의 방식으로 지급

04 ④

'대상직급: 900.대리'를 선택한 후 하단 호봉이력의 '작용시작연월: 2025/01'을 입력하고 우측 상단의 '호봉복사'를 클릭한다. '직급: 900.대리'의 '호봉이력: 2022/01'을 선택하여 복사한 후 우측 상단의 '일괄인상'을 클릭하여 [보기]에 따라 기본급과 급호수당을 '정률적용'하고, 다시 '일괄인상을 클릭하여 연장수당을 '정액적용'한 후 '4호봉'의 합계를 확인한다.

📍 [인사/급여관리] - [기초환경설정] - [호봉테이블등록]

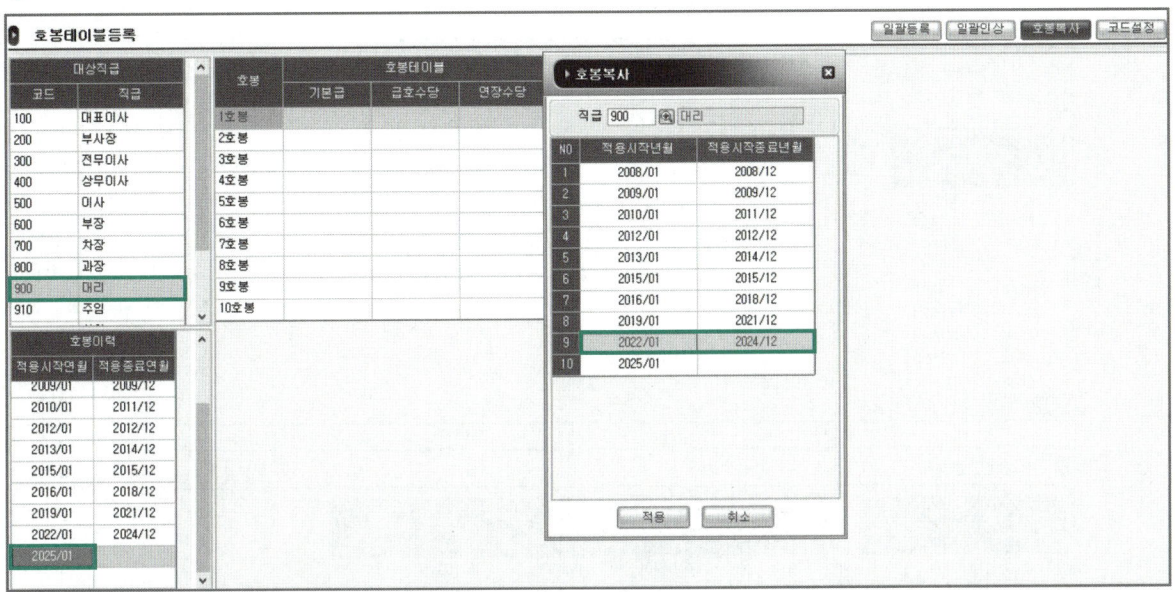

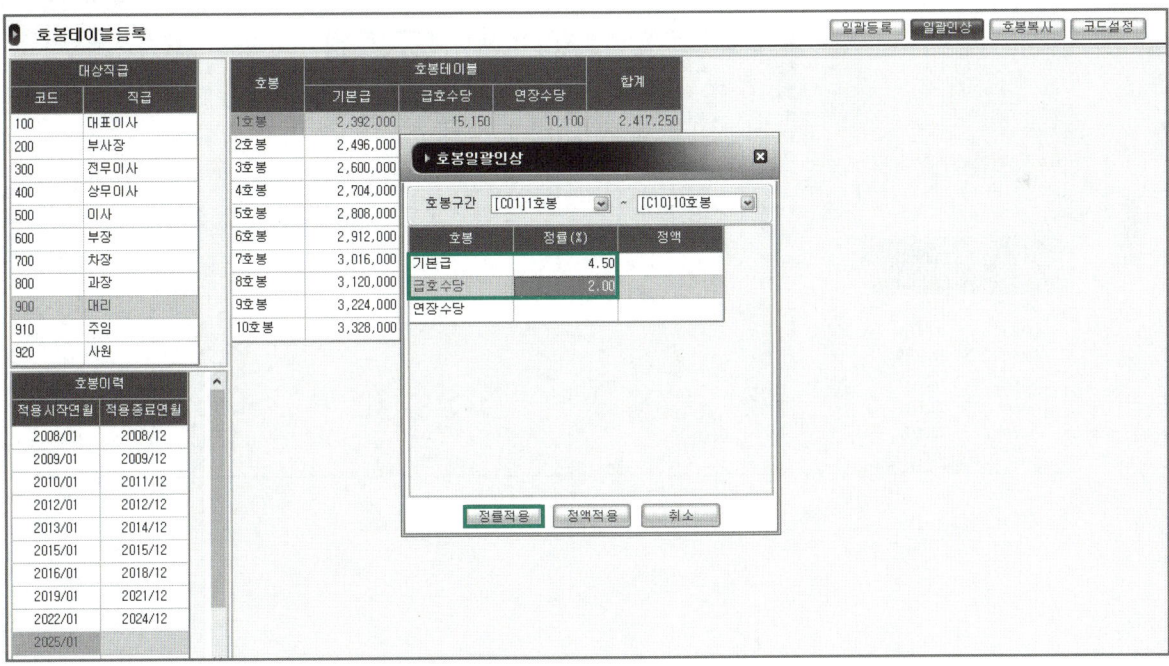

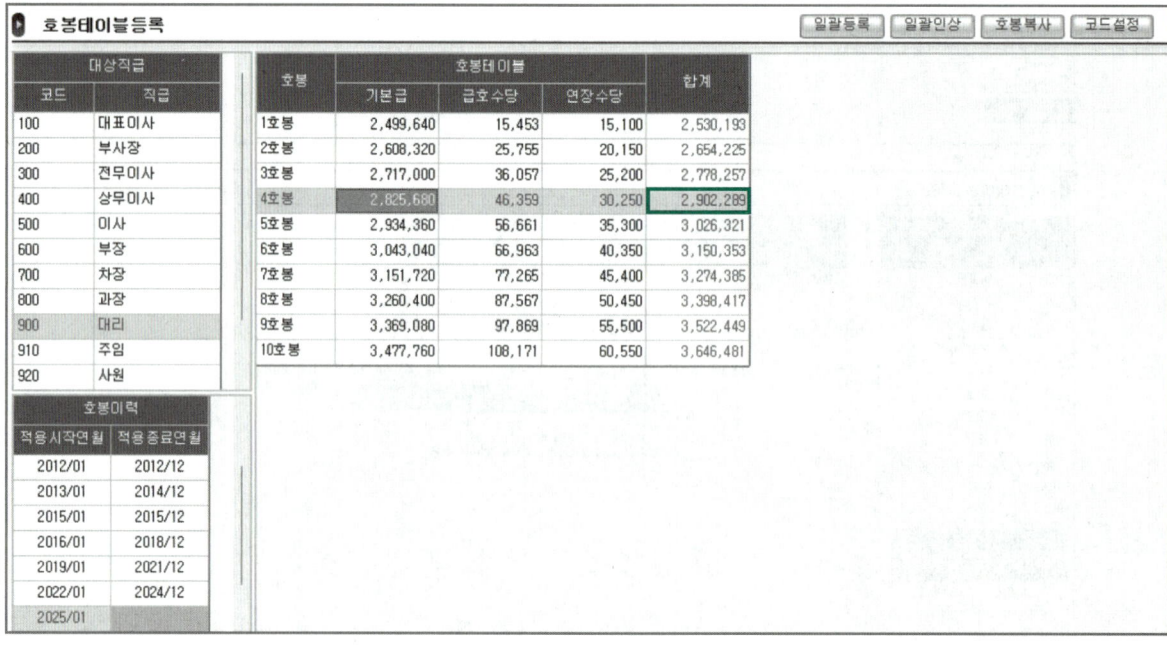

05 ②

'귀속연월: 2024/12'로 입력하여 조회된 내용을 확인한다.
② '급여'의 '지급직종및급여형태'에 반영된 정보와 일치하는 대상자만 '상용직급여입력및계산' 메뉴에 자동으로 반영된다.

[인사/급여관리] - [기초환경설정] - [급/상여지급일자등록]

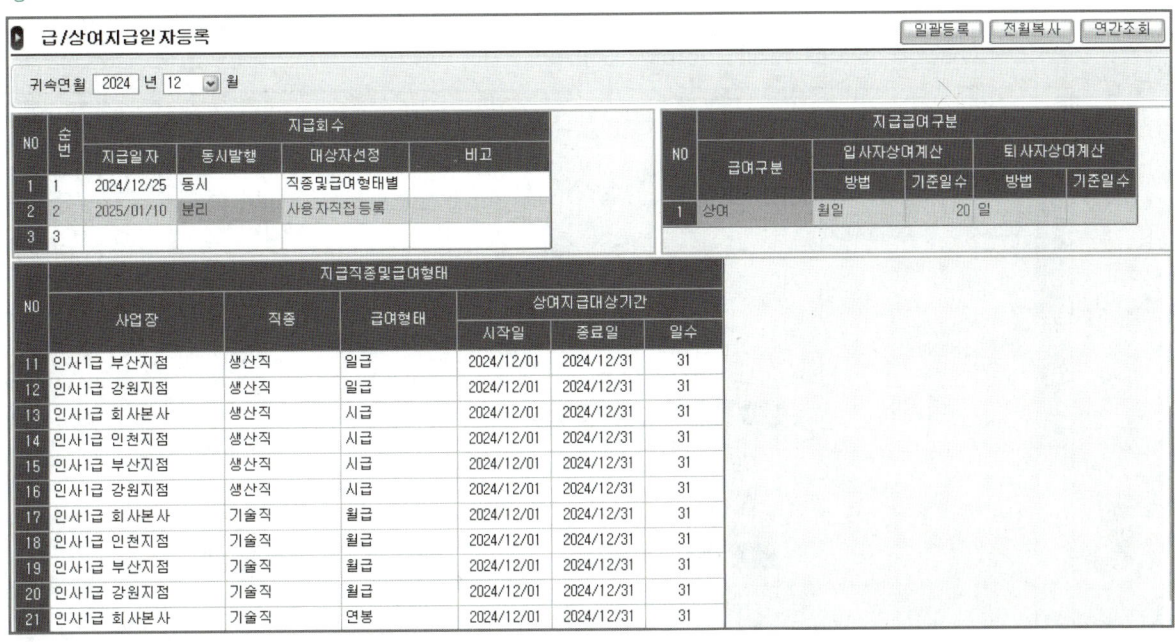

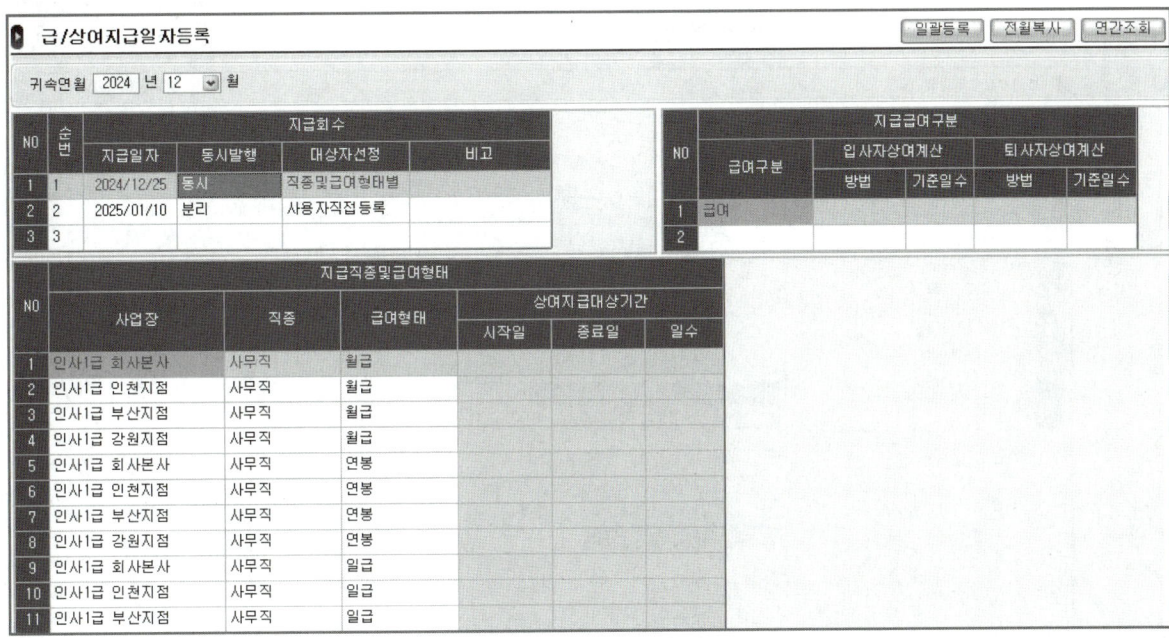

06 ④

'급여구분: 급여', '지급/공제구분: 지급', '귀속연도: 2025'을 입력하고 우측 상단 '마감취소'를 클릭한 후 각 지급항목을 확인한다.

④ 'P55.영업촉진비'는 '국내영업부'에 속한 직원들에게 100,000원을 지급하고, '해외영업부'에 속한 직원들에게 150,000원을 지급한다.

◉ [인사/급여관리] - [기초환경설정] - [지급공제항목등록]

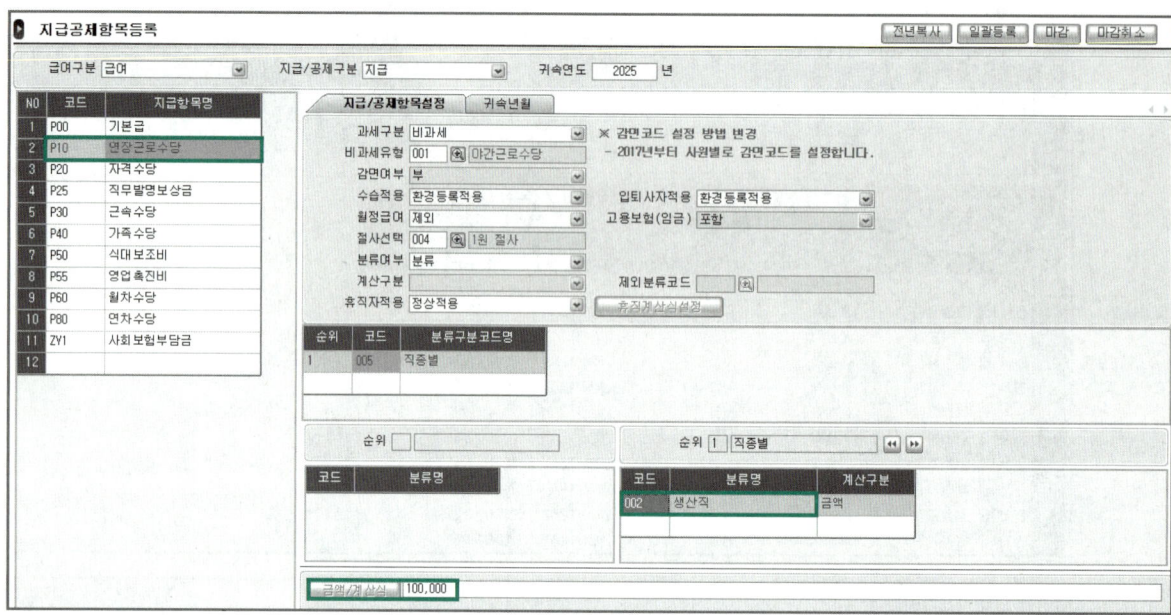

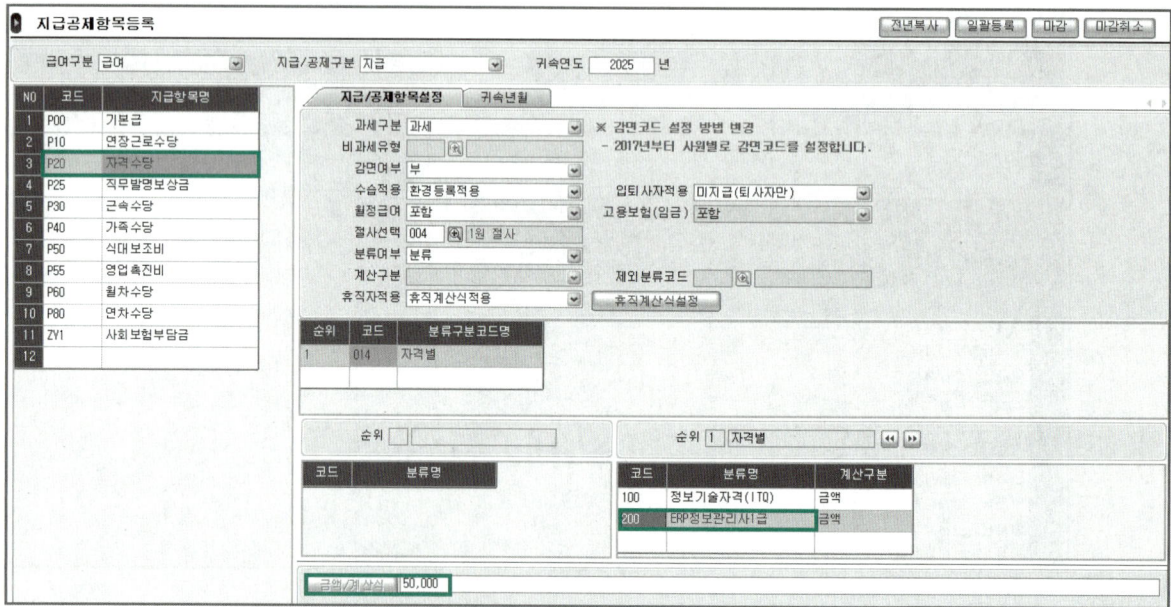

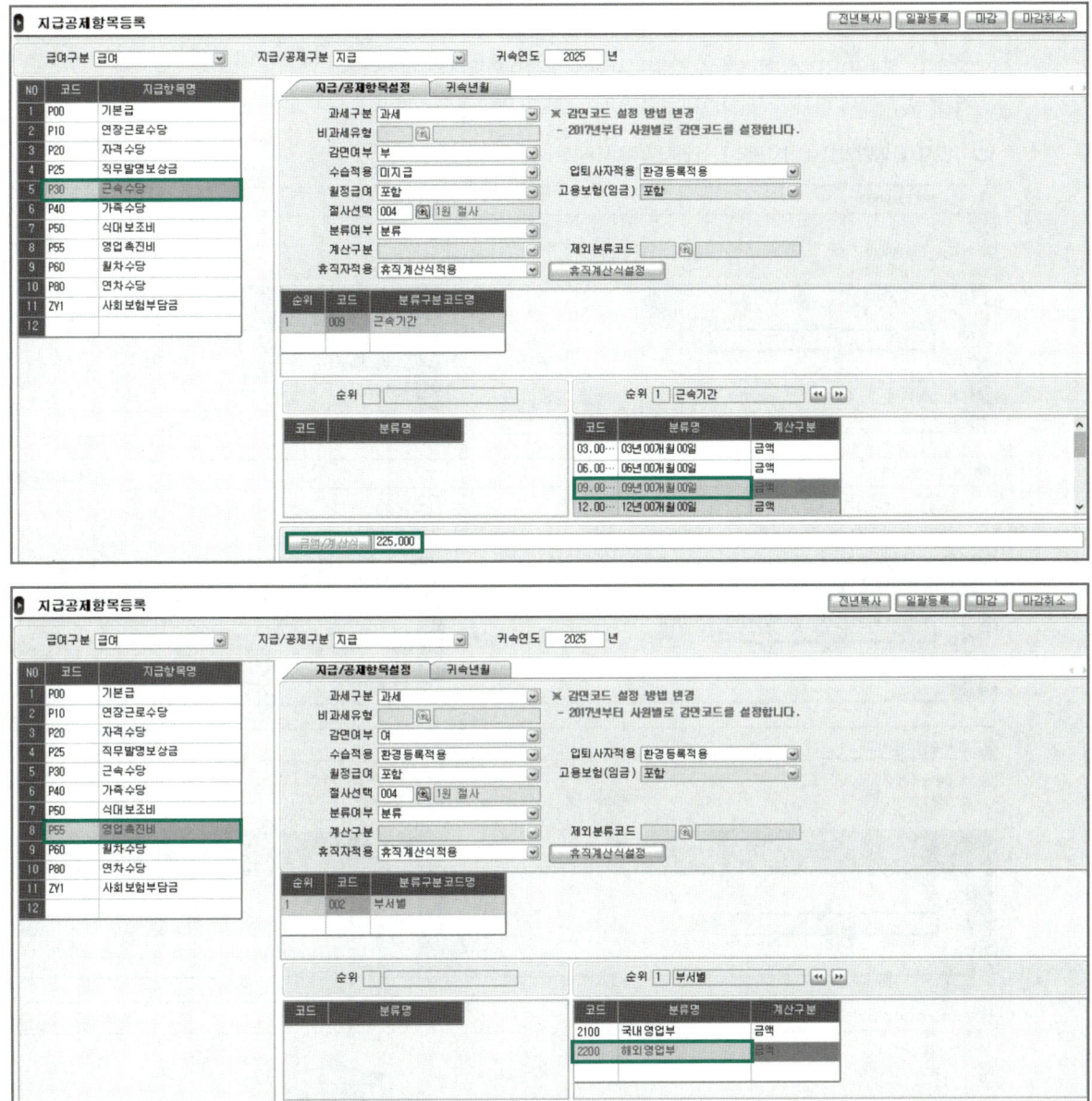

TIP '마감취소'를 클릭하고 '로그인 암호' 입력 창이 뜨면 별도의 입력 없이 '확인'을 클릭한다.

07 ③

'발령호수: 20250131'로 입력하여 조회된 사원별 발령내역을 확인한다.
③ '안종남' 사원의 현재 부서는 '해외영업부'이고, 발령 후 호봉은 '7호봉'으로 변경된다.

📍 [인사/급여관리] – [인사관리] – [인사발령(사원별)]

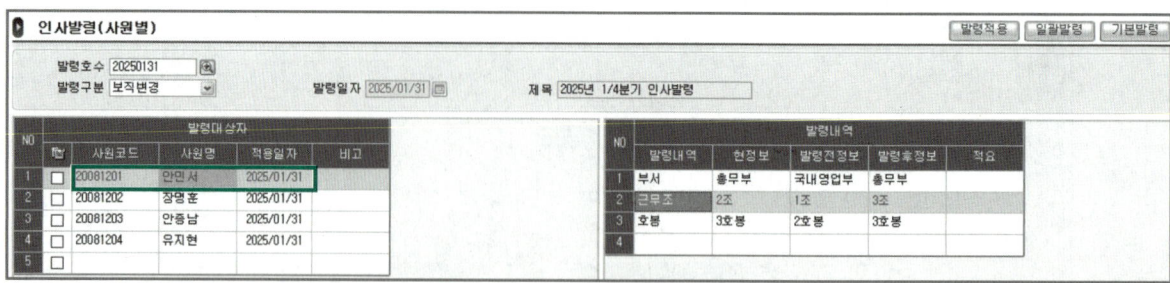

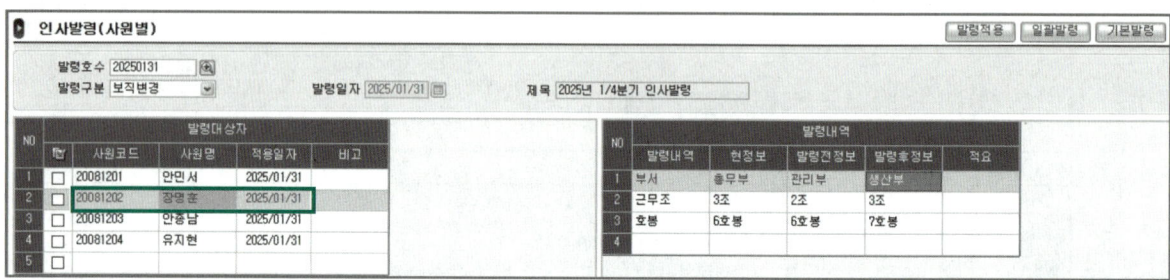

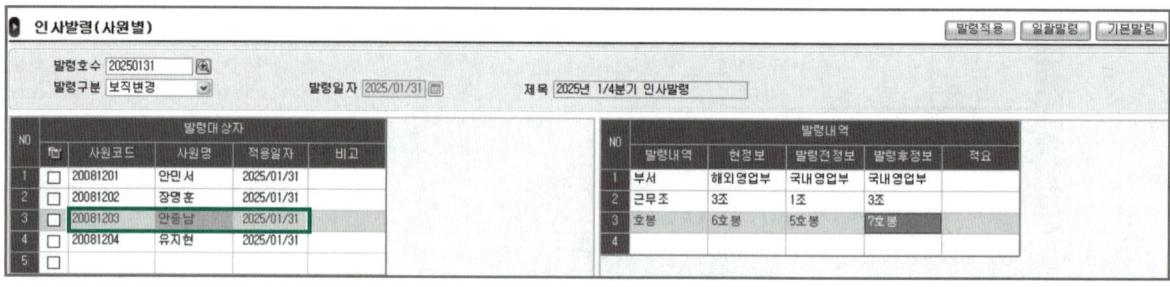

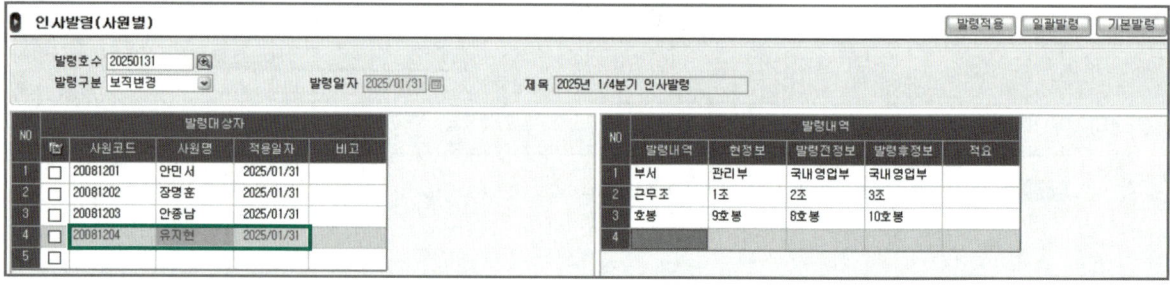

08 ①

교육별사원현황 탭에서 '916.임직원역량강화교육'의 교육평가 내용을 확인하고 [보기]에 따라 총 지급액을 계산한다.
- 교육평가 A등급: 150,000원×4명 = 600,000원
- 교육평가 B등급: 100,000원×3명 = 300,000원

∴ 총 지급액: 600,000원 + 300,000원 = 900,000원

📍 [인사/급여관리] – [인사관리] – [교육현황]

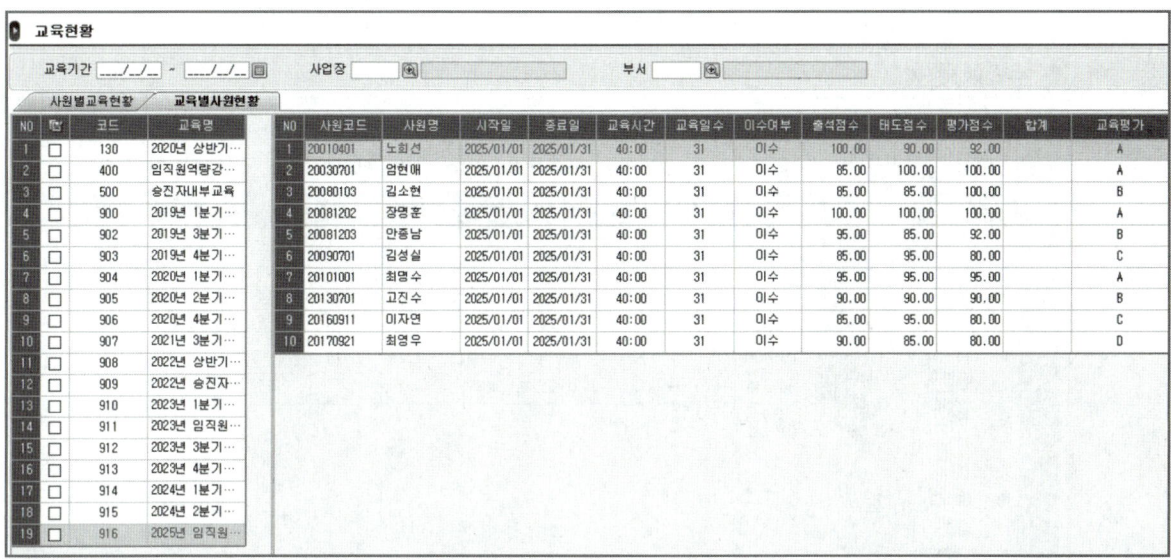

TIP [인사/급여관리]–[인사관리]–[교육평가] 메뉴에서도 확인할 수 있다.

09 ②

'퇴사자: 0.제외', '기준일: 2024/12/31', '년수기준: 2.미만일수 올림', '경력포함: 0.제외'로 조회하여 [보기]에 따라 총 특별근속수당을 계산한다.

- 15년 이상: 100,000원×6명 = 600,000원
- 20년 이상: 300,000원×9명 = 2,700,000원

∴ 총 특별근속수당: 600,000원 + 2,700,000원 = 3,300,000원

📍 [인사/급여관리] - [인사관리] - [근속년수현황]

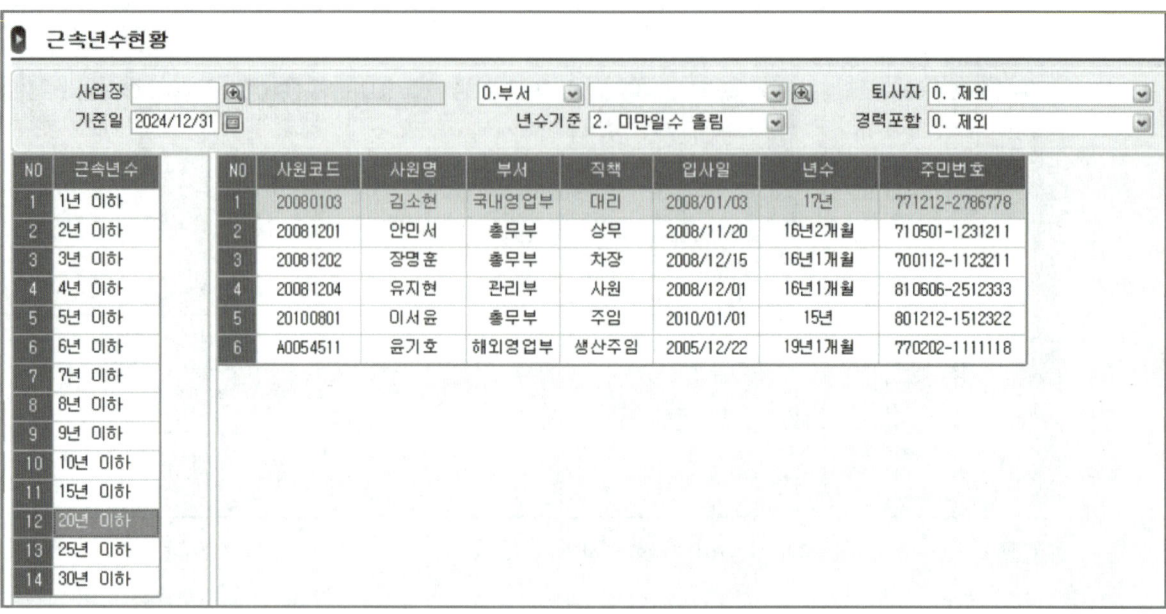

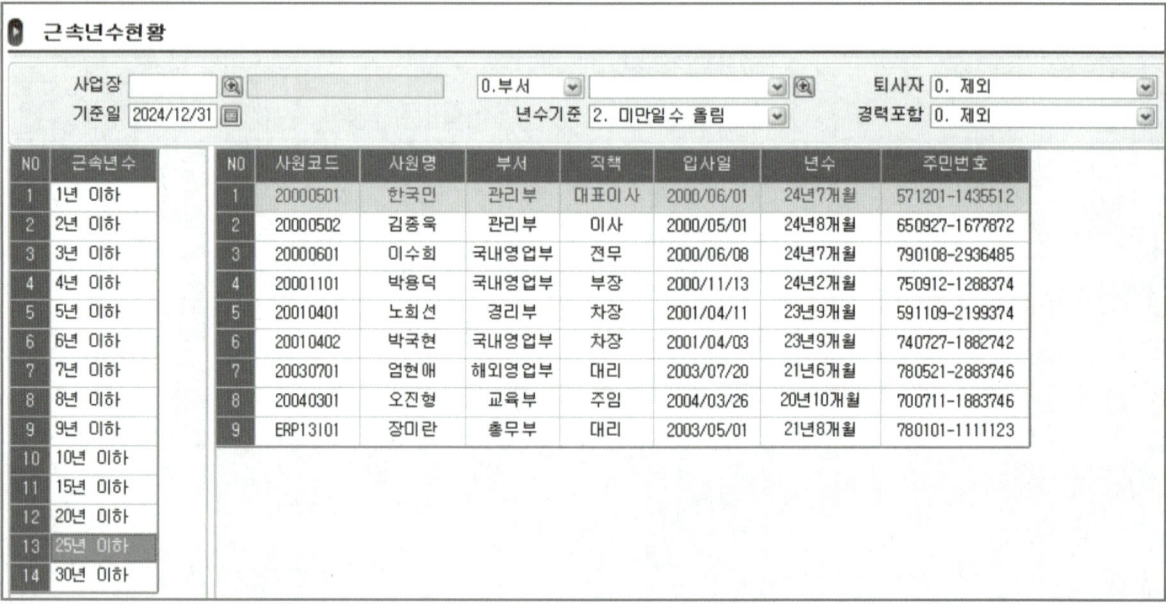

10 ④

사원별 재직정보, 급여정보 탭의 각 정보를 확인한다.
④ '20160911.이자연' 사원은 국외소득이 존재하지 않으며, 현재 책정된 임금의 '연봉'은 32,350,700원이다.

[인사/급여관리] – [인사관리] – [인사정보등록]

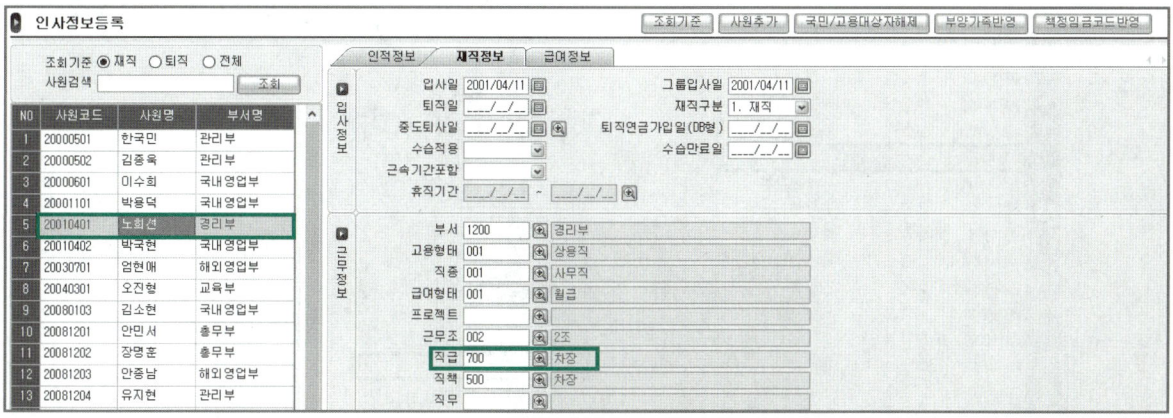

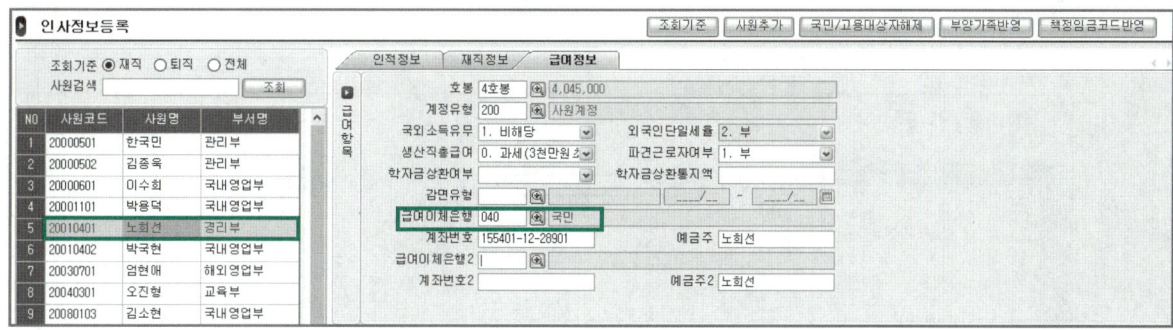

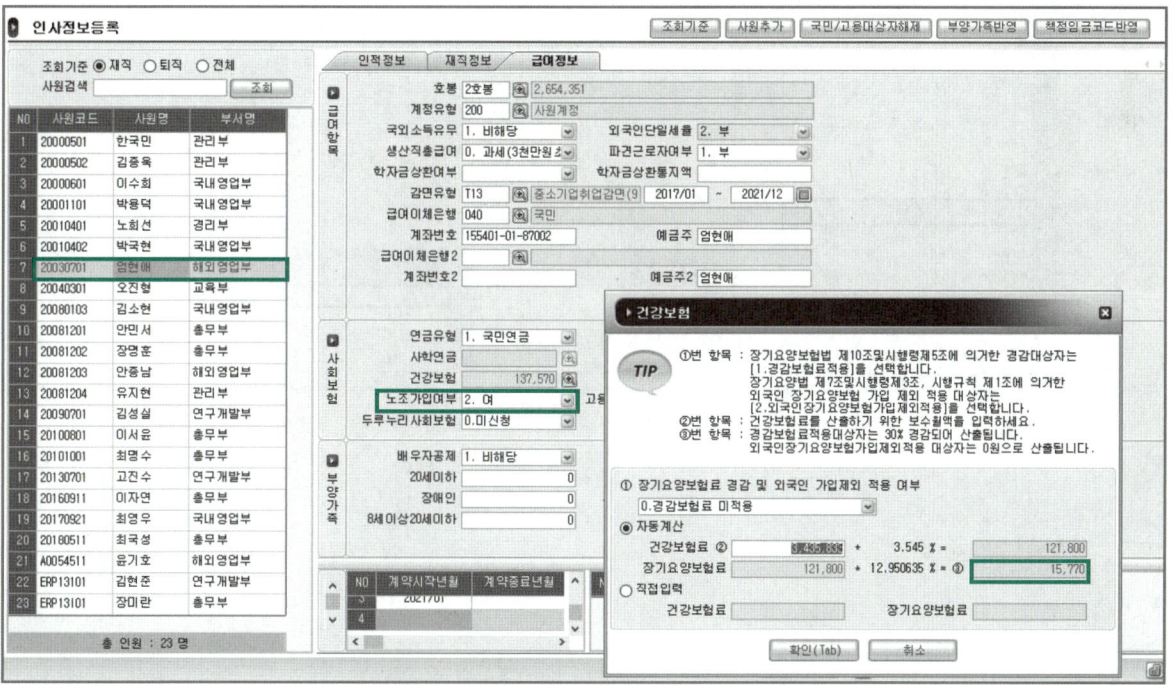

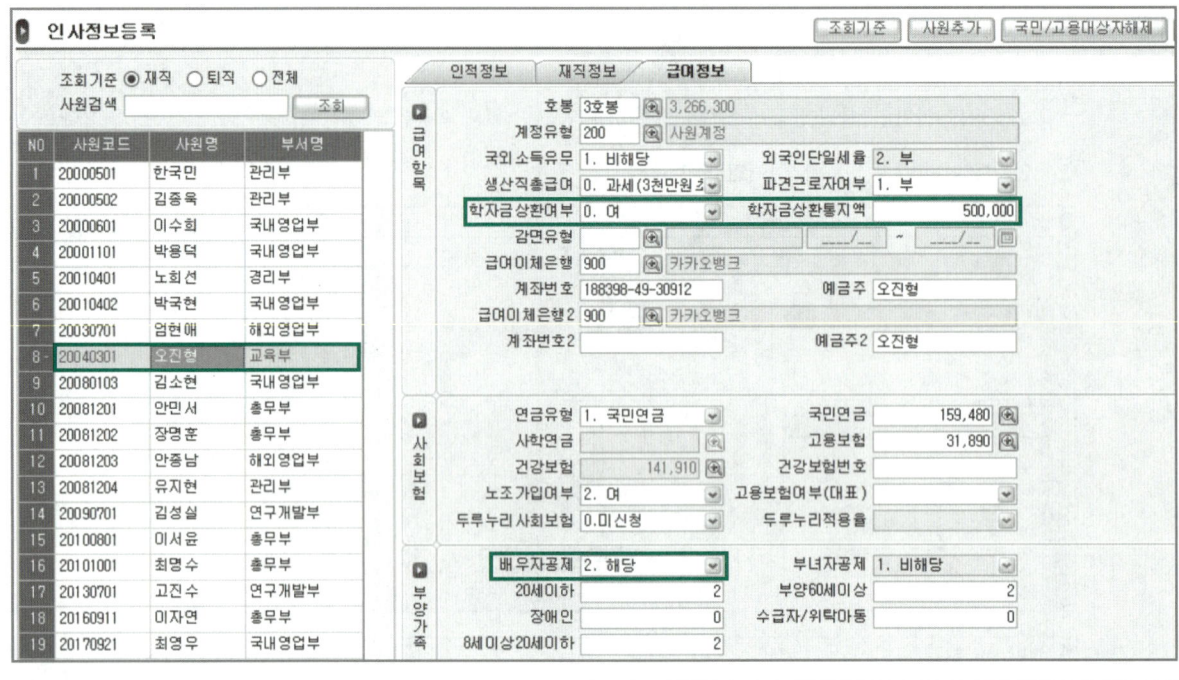

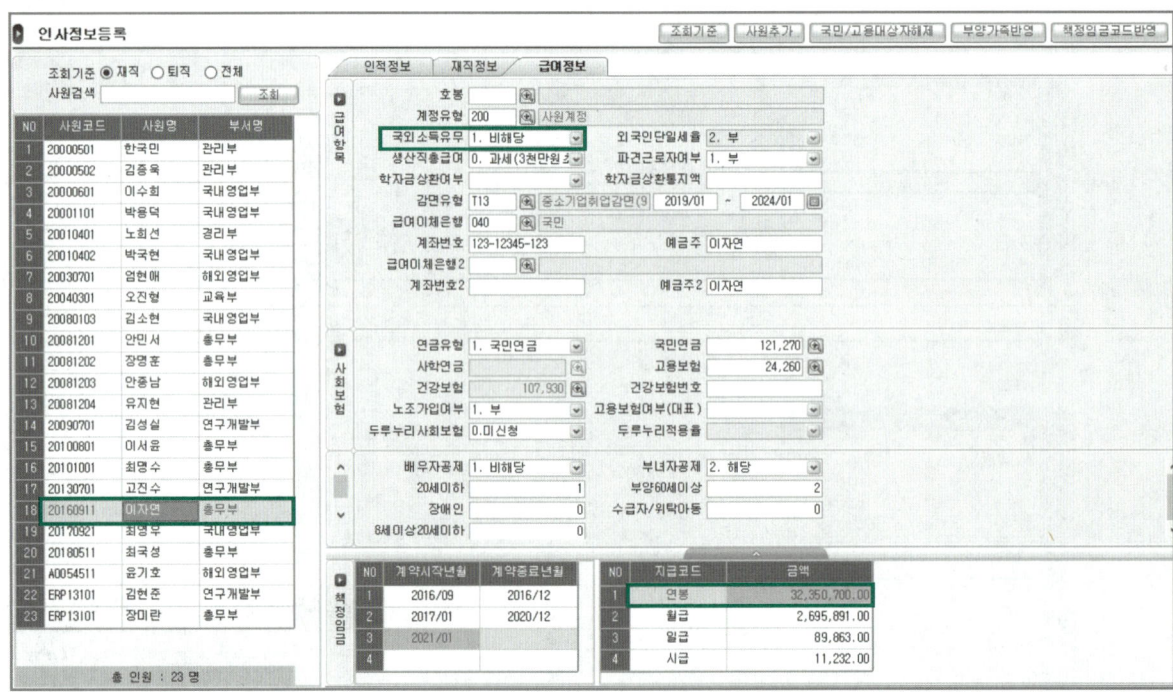

TIP 책정임금의 금액란에 커서를 두고 Ctrl+F3을 눌러 임금을 확인한다. 이때 '로그인 암호' 창이 뜨면 암호 입력 없이 '확인'을 누른다.

11 ③

'이서윤' 사원의 재직정보 탭에 [보기]와 같이 휴직내용을 설정한 후 ESC를 눌러 창을 닫고 변경내용을 저장한다.

◉ [인사/급여관리] - [인사관리] - [인사정보등록]

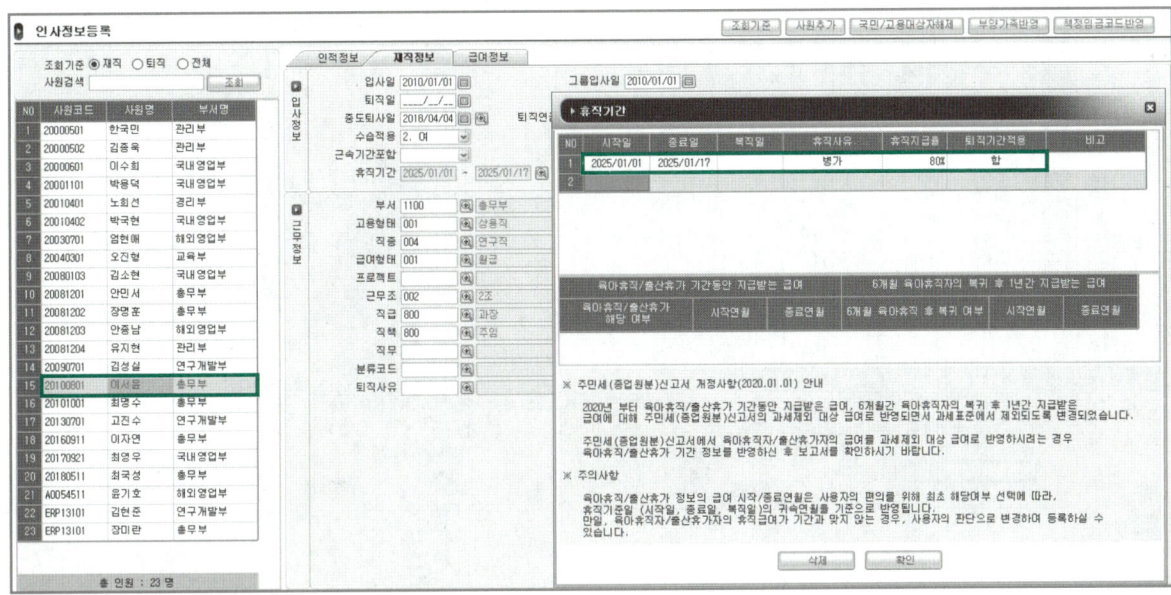

'귀속연월: 2025/01', '지급일: 1.급여'로 조회한 후 전체 사원에 체크하고 우측 상단의 '급여계산'을 적용한다. 하단 급여총액 탭에서 과세를 확인한다.

◉ [인사/급여관리] - [급여관리] - [상용직급여입력및계산]

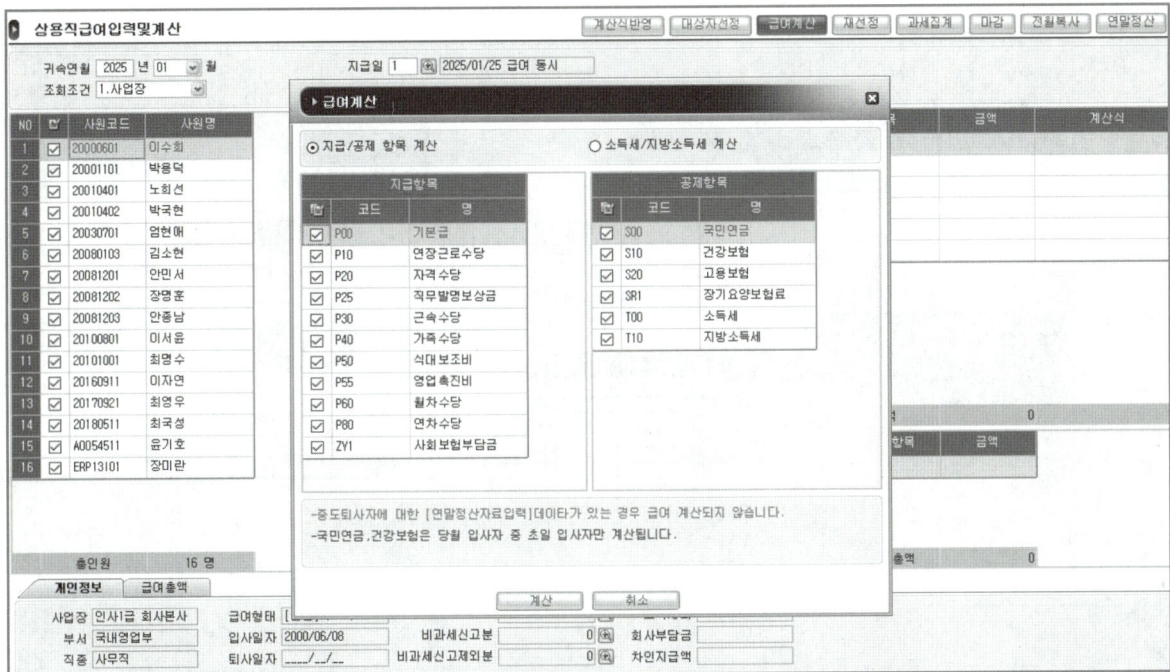

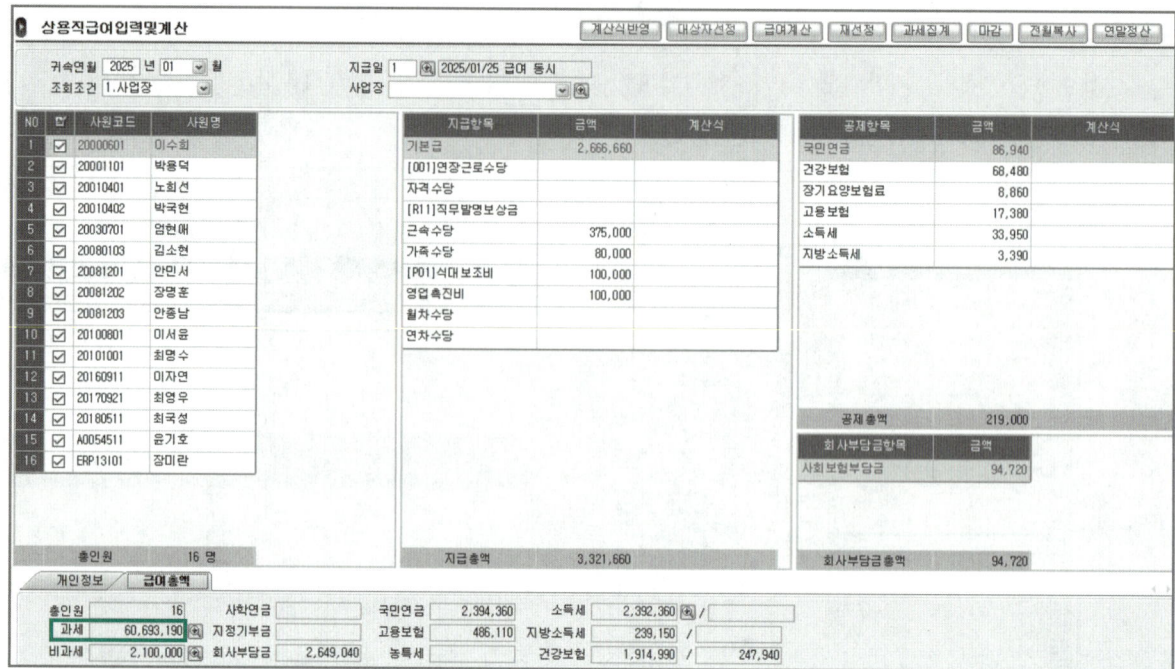

12 ②

'귀속연월: 2025/01'로 조회하여 [보기]에 따라 특별급여 지급일자 및 대상자선정 등을 입력한 후 우측 상단의 '일괄등록'을 클릭하여 특별급여 지급대상을 설정한다.

📍 [인사/급여관리] – [기초환경설정] – [급/상여지급일자등록]

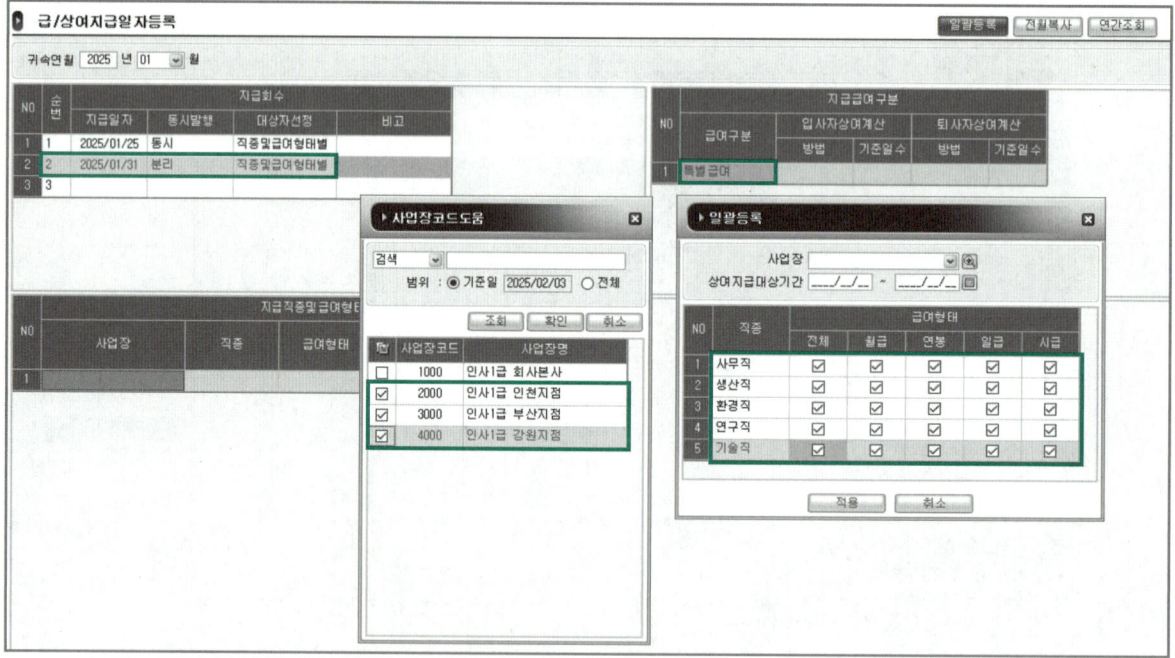

'귀속연월: 2025/01', '지급일: 2.특별급여'로 조회한 후 전체 사원에 체크하고, 우측 상단의 '급여계산'을 적용 하단 개인정보, 급여총액 탭을 확인한다.

② 해당 지급일자의 지급인원은 모두 7명이고, 장기요양보험료의 총 합계는 141,070원이다.

📍 [인사/급여관리] – [급여관리] – [상용직급여입력및계산]

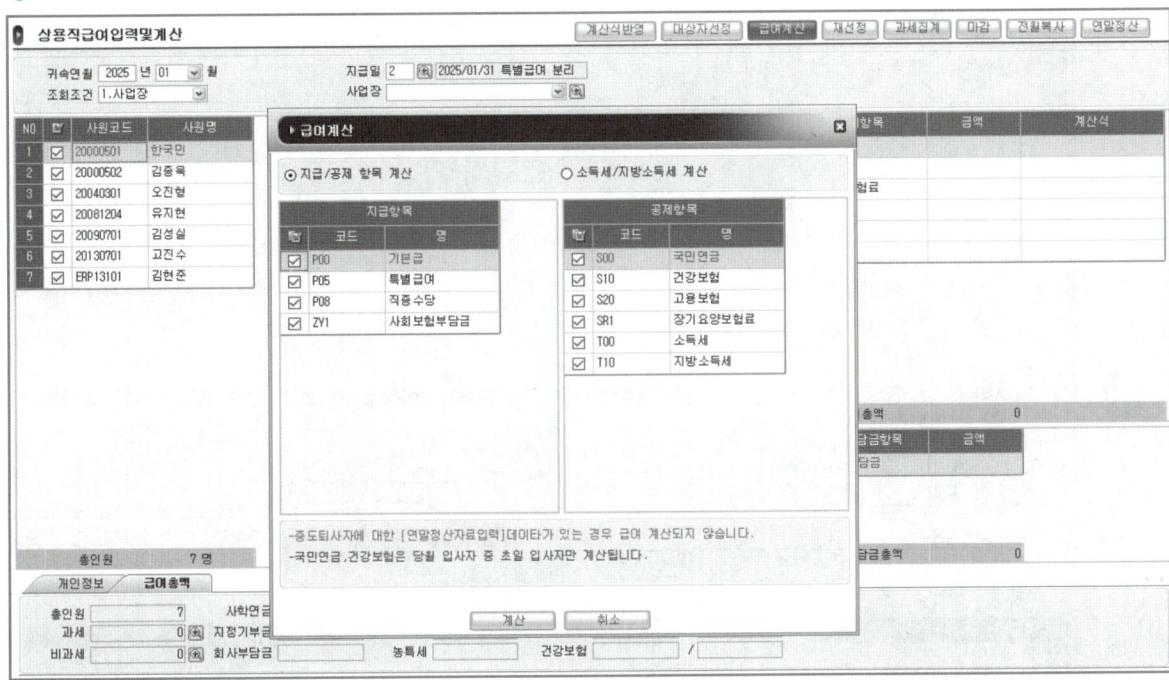

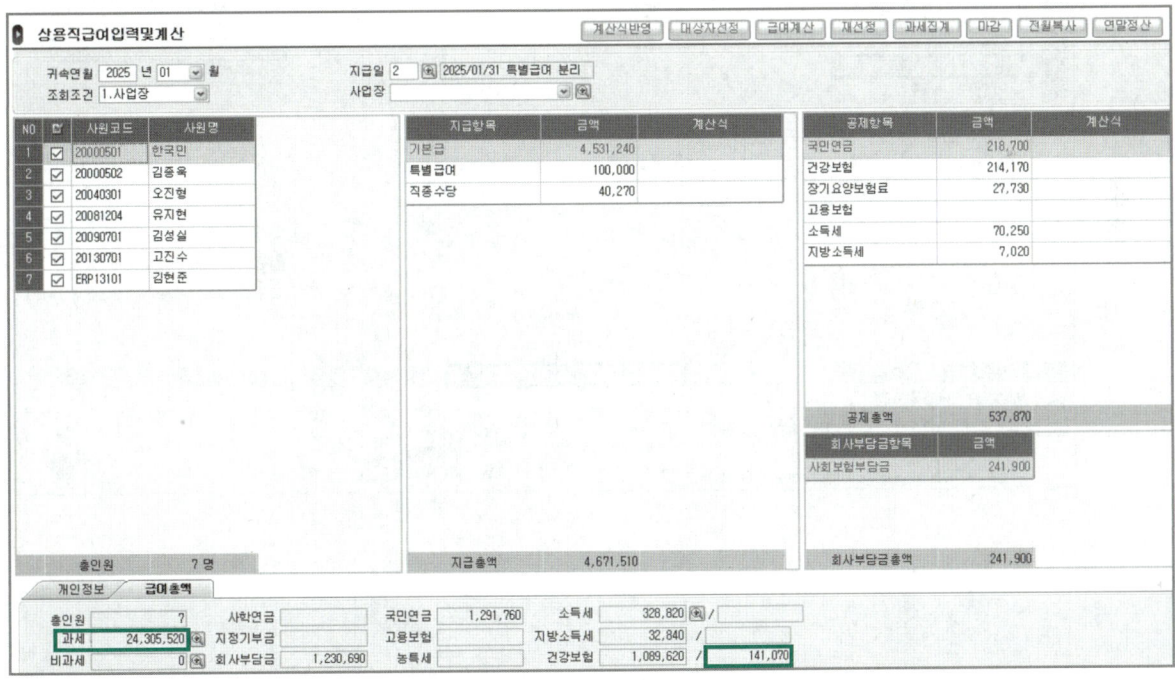

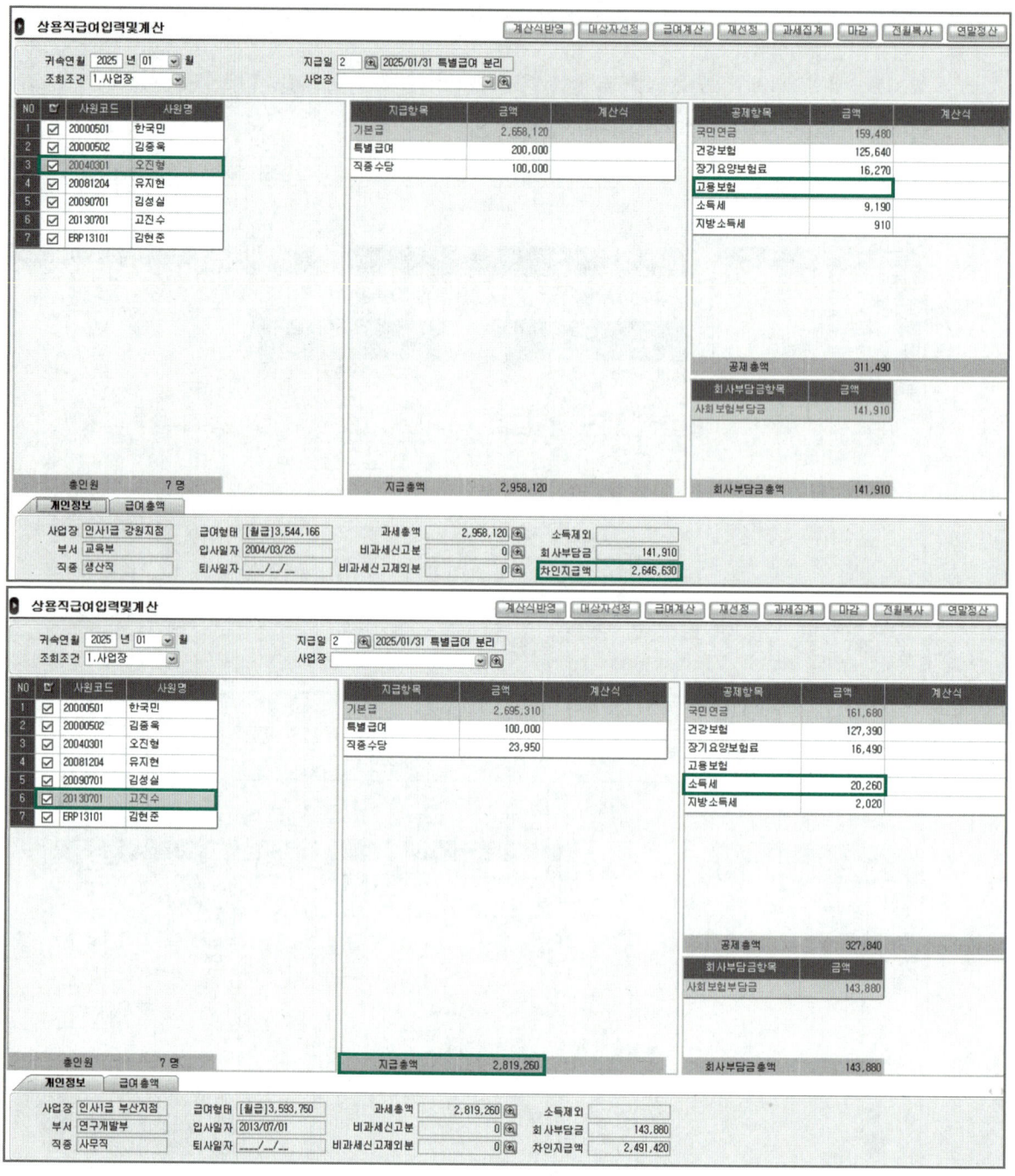

13 ④

'귀속연월: 2024/12', '지급일: 1.급여', '무급자: 1.제외', '사업장: 2000.인사2급 인천지점, 3000.인사1급 부산지점, 4000.인사1급 강원지점'으로 다중선택 조회하여 이체현황을 확인한다.

④ '20040301.오진형' 사원에게 이체된 금액은 현금으로 급여를 지급 받는 사원에게 지급된 금액보다 많다.

📍 [인사/급여관리] - [급여관리] - [급/상여이체현황]

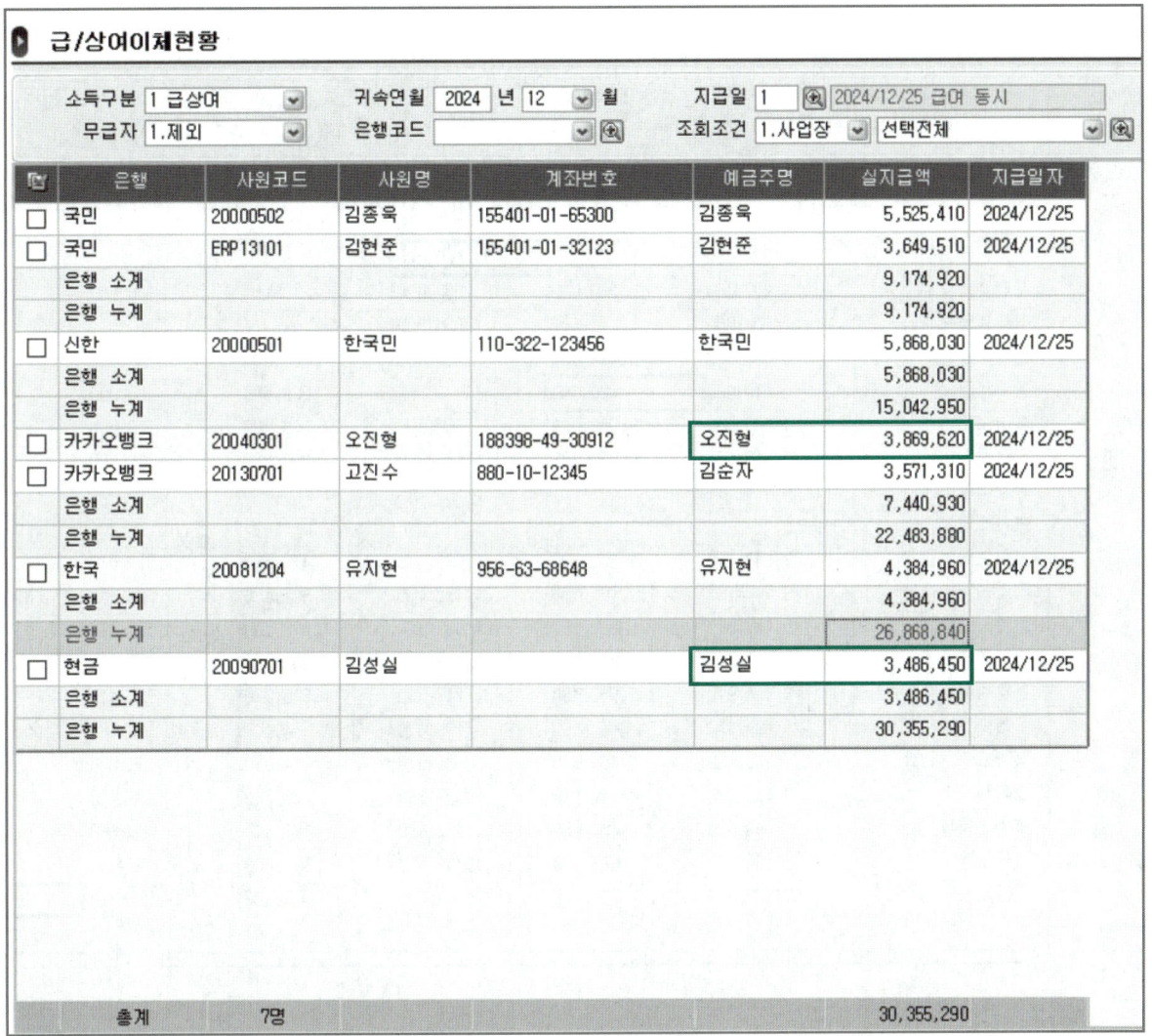

TIP 은행별 이체 금액의 합계는 누계가 아닌 소계로 확인한다.

14 ③

'귀속연월: 2024/10~2024/12', '지급구분: 100.급여', '사업장: 1000.인사1급 회사본사', '집계구분: 2.직종별'로 조회하여 내역을 확인한다.
③ 연구직의 고용보험 금액은 186,780원이다.

📍 [인사/급여관리] - [급여관리] - [항목별급상여지급현황]

항목별급상여지급현황

귀속연월 2024 년 10 월 ~ 2024 년 12 월   지급구분 100 급여
사업장 1000 인사1급 회사본사   집계구분 2.직종별

항목	합계	사무직	생산직	환경직	연구직	기술직
기본급	164,550,150	101,241,330	21,312,480	9,600,000	20,757,480	11,638,860
연장근로수당	600,000		600,000			
자격수당	900,000	390,000	330,000		180,000	
직무발명보상금	1,800,000		1,800,000			
근속수당	14,400,000	9,450,000	2,250,000	375,000	1,950,000	375,000
가족수당	840,000	420,000			330,000	90,000
식대보조비	4,800,000	3,000,000	600,000	300,000	600,000	300,000
영업촉진비	2,850,000	1,650,000	600,000	300,000	300,000	
월차수당						
연차수당						
사회보험부담금	7,947,120	4,856,370	1,031,340	470,790	1,017,870	570,750
지급합계	190,740,150	116,151,330	27,492,480	10,905,000	23,877,480	12,313,860
합계	198,687,270	121,007,700	28,523,820	11,375,790	24,895,350	12,884,610
국민연금	7,183,080	4,347,180	946,350	432,000	933,900	523,650
건강보험	5,744,970	3,510,690	745,560	340,320	735,810	412,590
고용보험	1,458,330	891,150	189,270	86,400	186,780	104,730
장기요양보험료	743,820	454,530	96,510	44,070	95,280	53,430
소득세	7,433,280	4,749,120	1,327,230	83,280	685,770	587,880
지방소득세	743,070	474,750	132,690	8,310	68,550	58,770
공제합계	23,306,550	14,427,420	3,437,610	994,380	2,706,090	1,741,050
차인지급액	167,433,600	101,723,910	24,054,870	9,910,620	21,171,390	10,572,810
인원	16	10	2	1	2	1

15 ①

'고진수' 사원의 급여정보 탭 하단 책정임금 금액란에 커서를 두고 Ctrl+F3를 눌러 시급을 확인한다.

📍 [인사/급여관리] – [인사관리] – [인사정보등록]

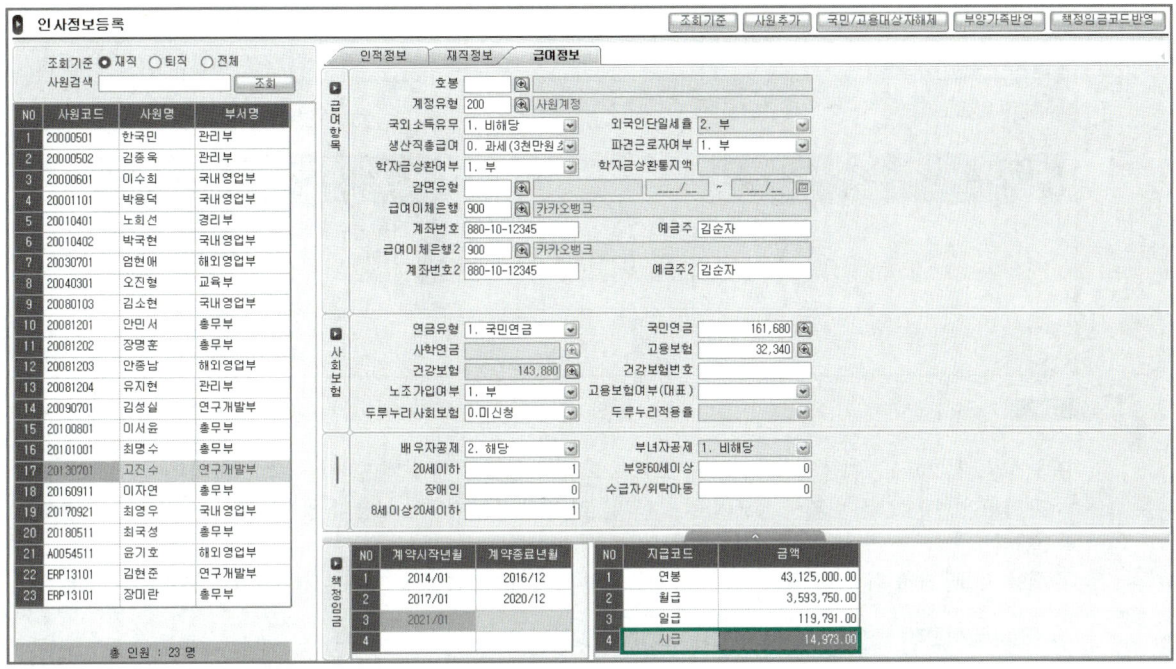

TIP 책정임금란의 금액을 확인할 때 '로그인 암호' 창이 뜨면 암호 입력 없이 '확인'을 누른다.

'귀속연월: 2024/12', '지급일: 1.급여'로 조회하여 '고진수' 사원의 근태 내역을 확인하고 [보기]의 계산식을 이용하여 초과근무수당을 계산한다.

- 책정임금 시급: 14,973원
- 1유형 근무수당: (6.25 + 5.75) × 2 × 14,973원 = 359,350원(359,352)
- 2유형 근무수당: (2.5 + 2) × 2.5 × 14,973원 = 168,440원(168,446.25)
∴ 초과근무수당: 359,350원 + 168,440원 = 527,790원

📍 [인사/급여관리] – [급여관리] – [근태결과입력]

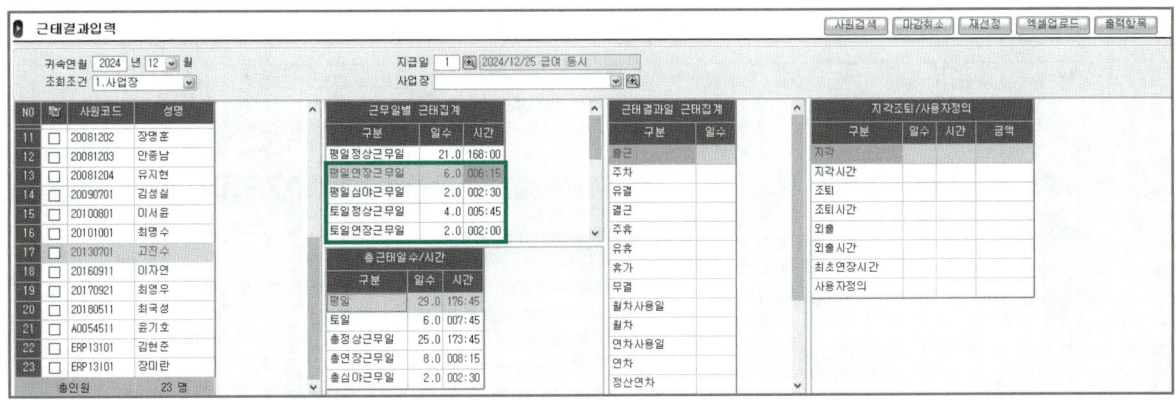

TIP 15분 = 0.25, 30분 = 0.5, 45분 = 0.75, 1시간 = 1

16 ④

'귀속연월: 2025/01', '지급일: 1.매일지급', '부서: 1000.총무부', '급여형태: 004.시급'으로 조회한 후 전체 사원에 체크하여 '추가'한다.

◎ [인사/급여관리] – [일용직관리] – [일용직급여지급일자등록]

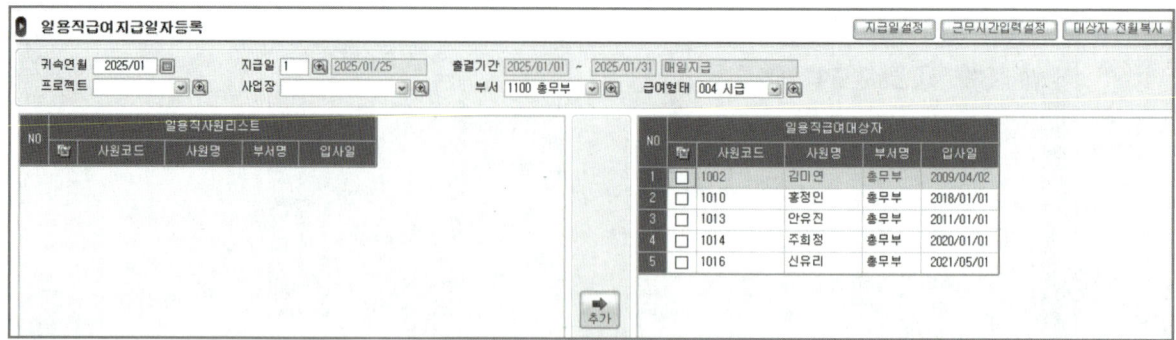

TIP 지급일 설정시, '매일지급/일정기간지급'이 공란으로 보인다면 우측 상단의 '지급일 설정'을 클릭하여 '비고'란을 직접 작성한다.

'귀속연월: 2025/01', '지급일: 1.매일지급'으로 조회한 후 전체 사원에 체크한다. 우측 상단의 '일괄적용'을 클릭하여 [보기]와 같이 평일 10시간과 비과세 12,000원, 토요일 4시간을 적용한 후, 하단의 월지급액, 개인정보, 급여총액 탭의 정보를 확인한다.

④ 해당 지급일자의 회사부담금 총액은 1,393,350원이고, '1014.주희정' 사원은 건강보험이 공제되지 않았다.

◎ [인사/급여관리] – [일용직관리] – [일용직급여입력및계산]

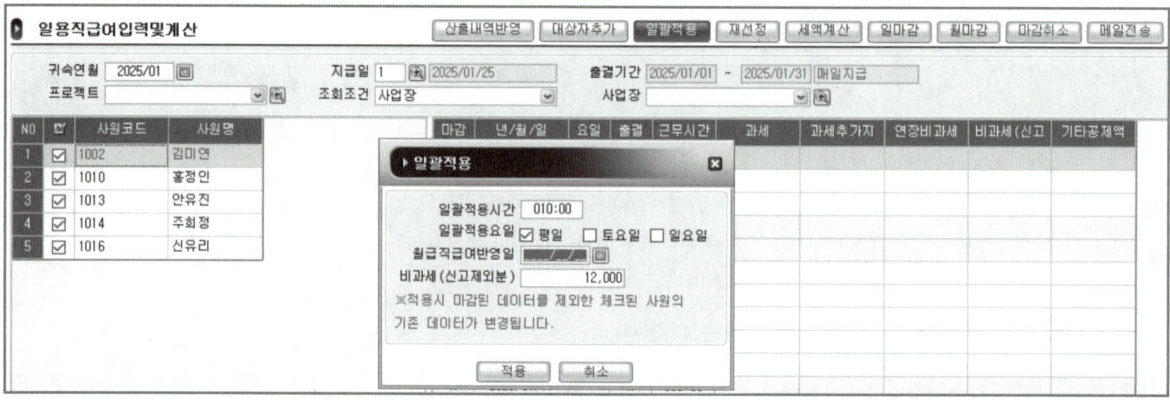

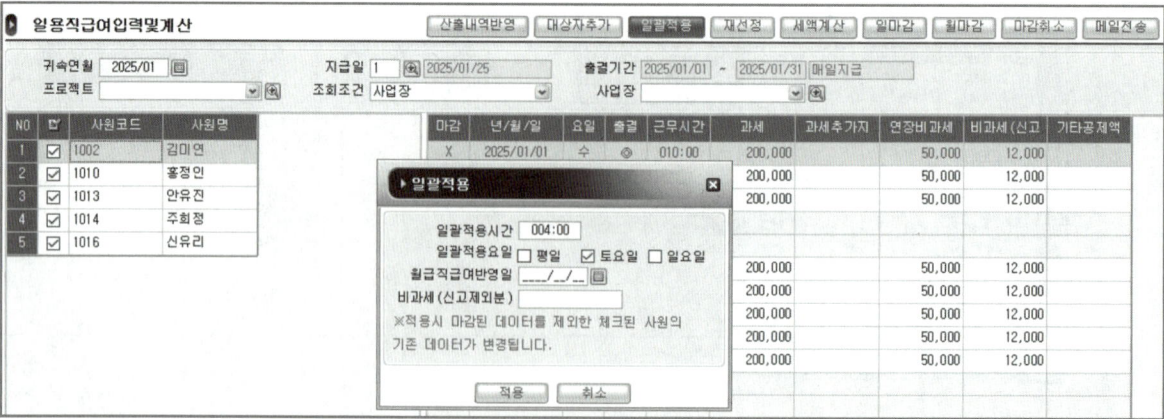

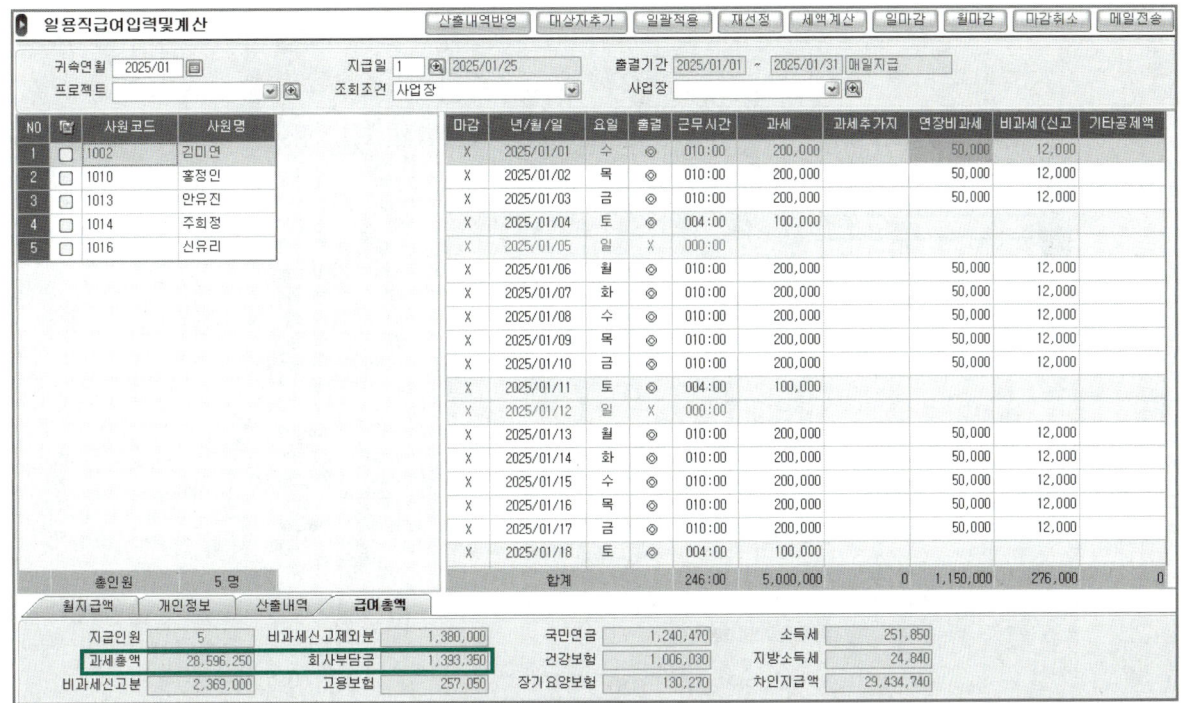

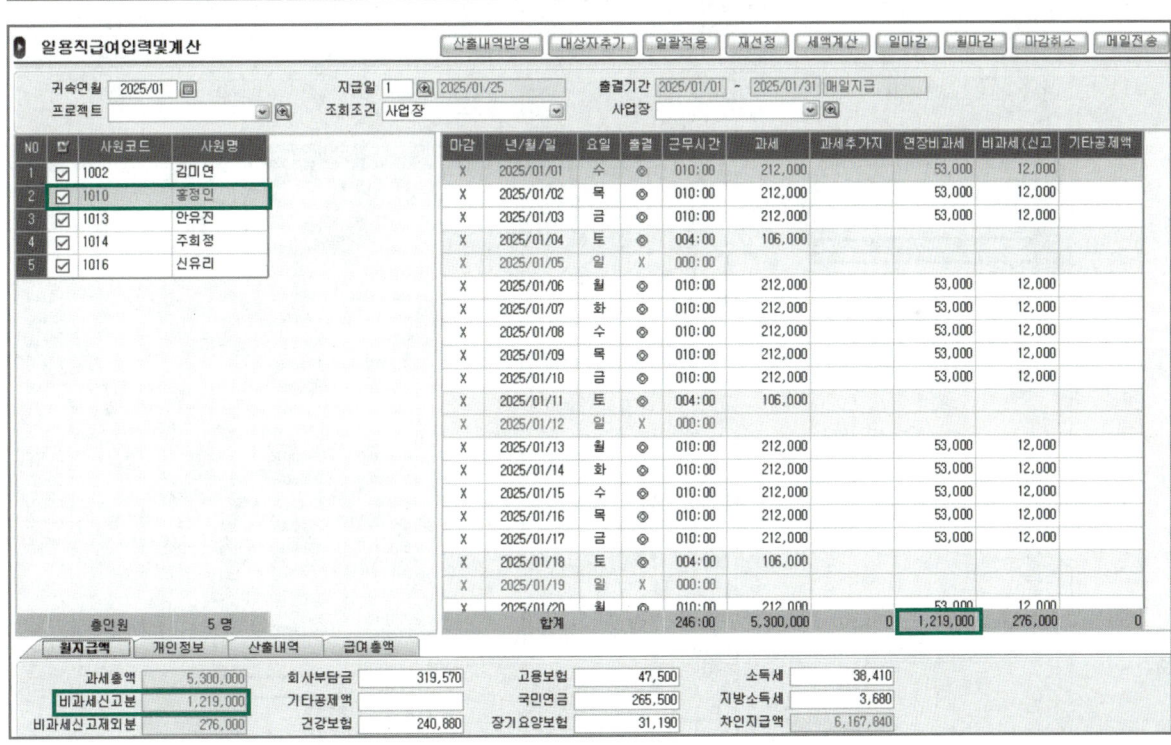

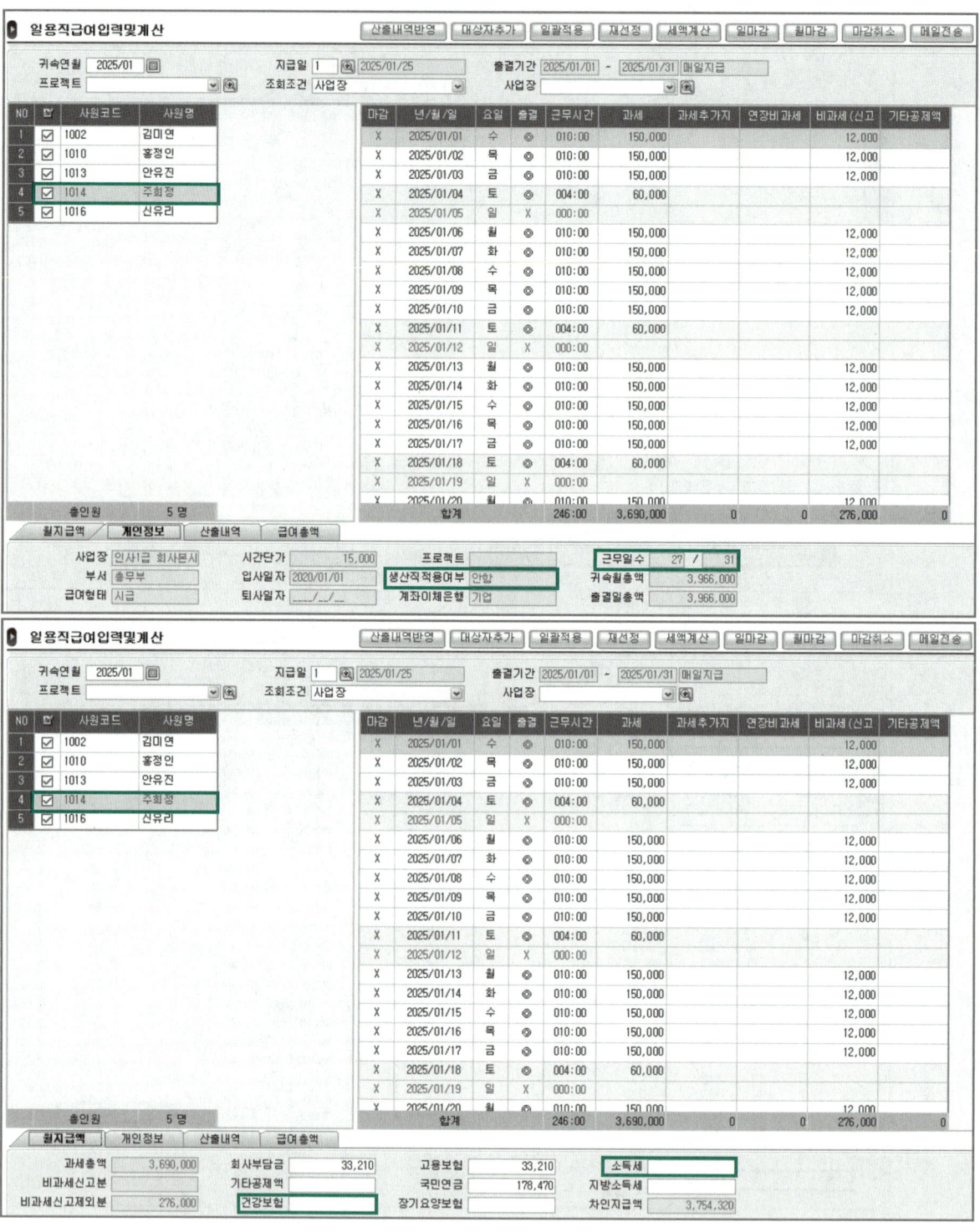

17 ④

[보기]에 따라 '1008.이민구' 사원의 정보를 변경한다.

[인사/급여관리] – [일용직관리] – [일용직사원등록]

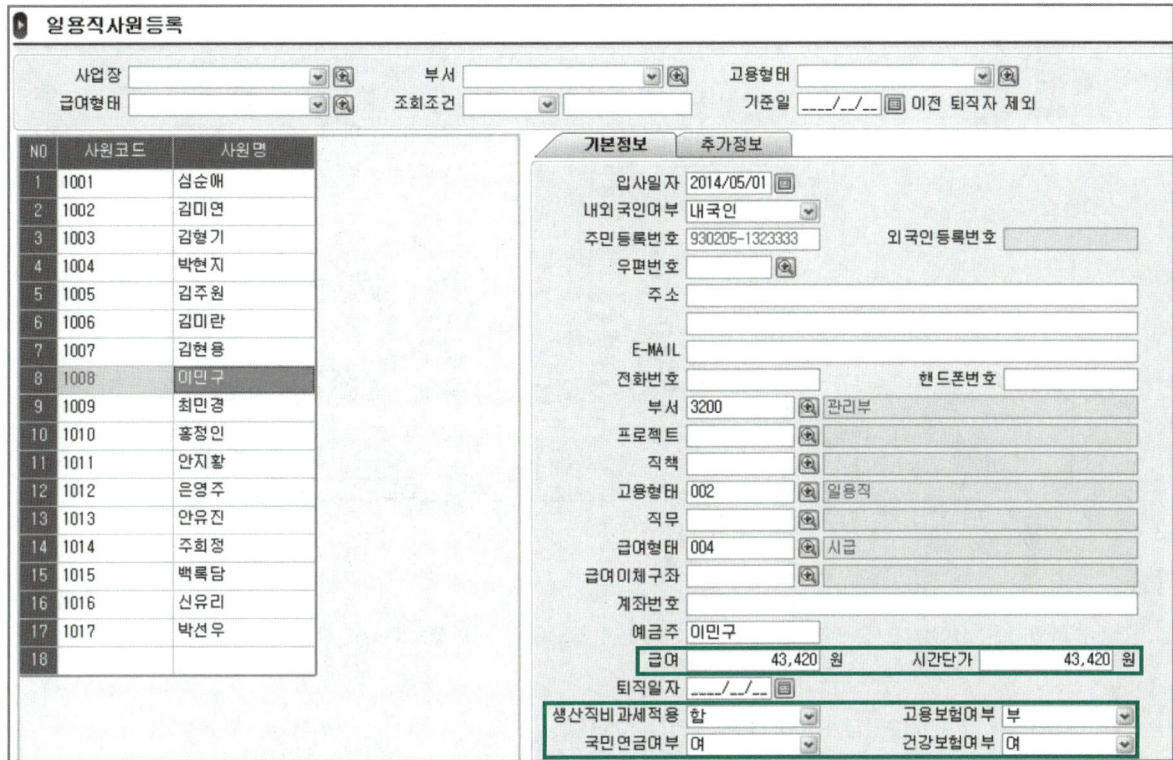

'귀속연월: 2025/01', '지급일: 2.일정기간지급'으로 조회한 후 전체 사원에 체크하고 우측 상단의 '일괄적용'을 클릭하여 평일 10시간과 비과세 10,000원을 적용한 후 하단 급여총액 탭에서 차인지급액을 확인한다.

[인사/급여관리] – [일용직관리] – [일용직급여입력및계산]

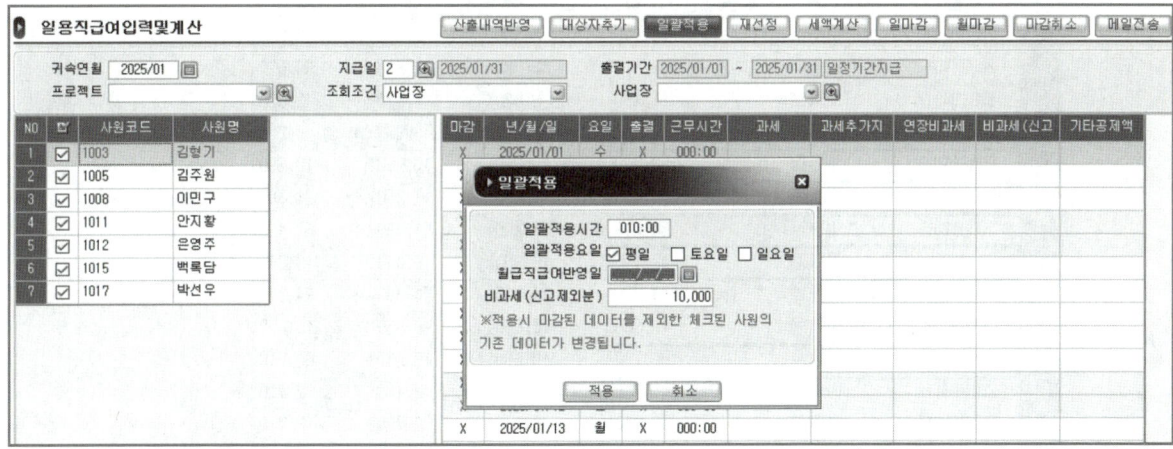

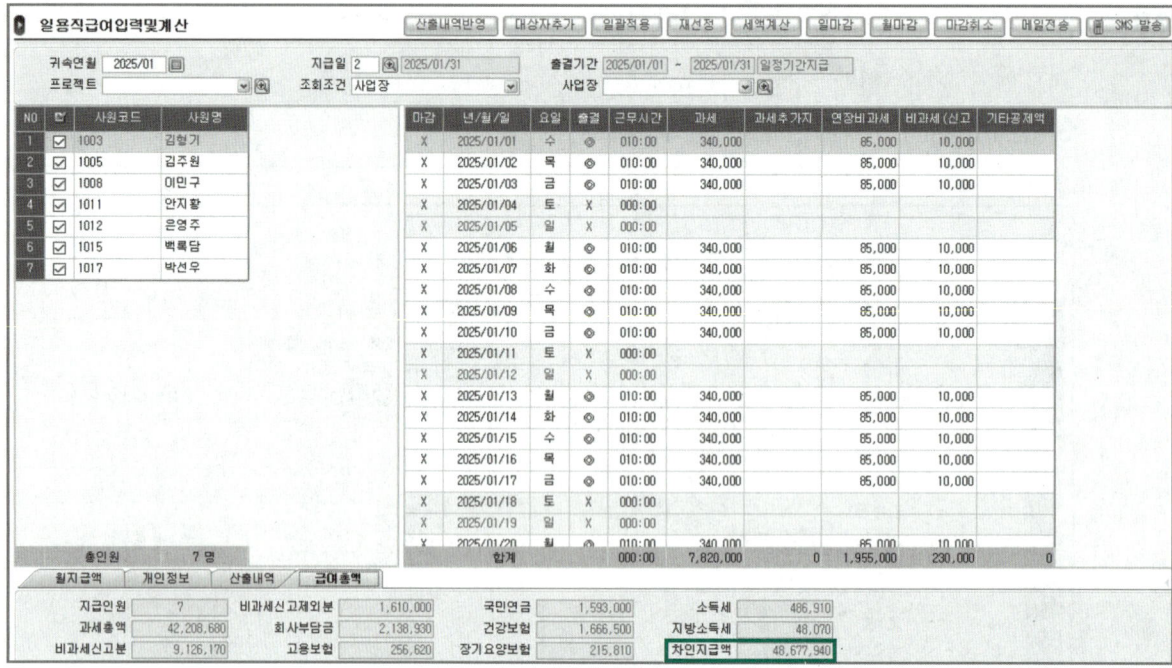

18 ①

'조회기간: 2024/10~2024/12', '수당코드: T10.지방소득세', '사업장: 1000.인사1급 회사본사'를 조회하여 'T10.지방소득세'가 가장 적게 공제된 사원을 확인한다.

📍 [인사/급여관리] – [급여관리] – [수당별연간급여현황]

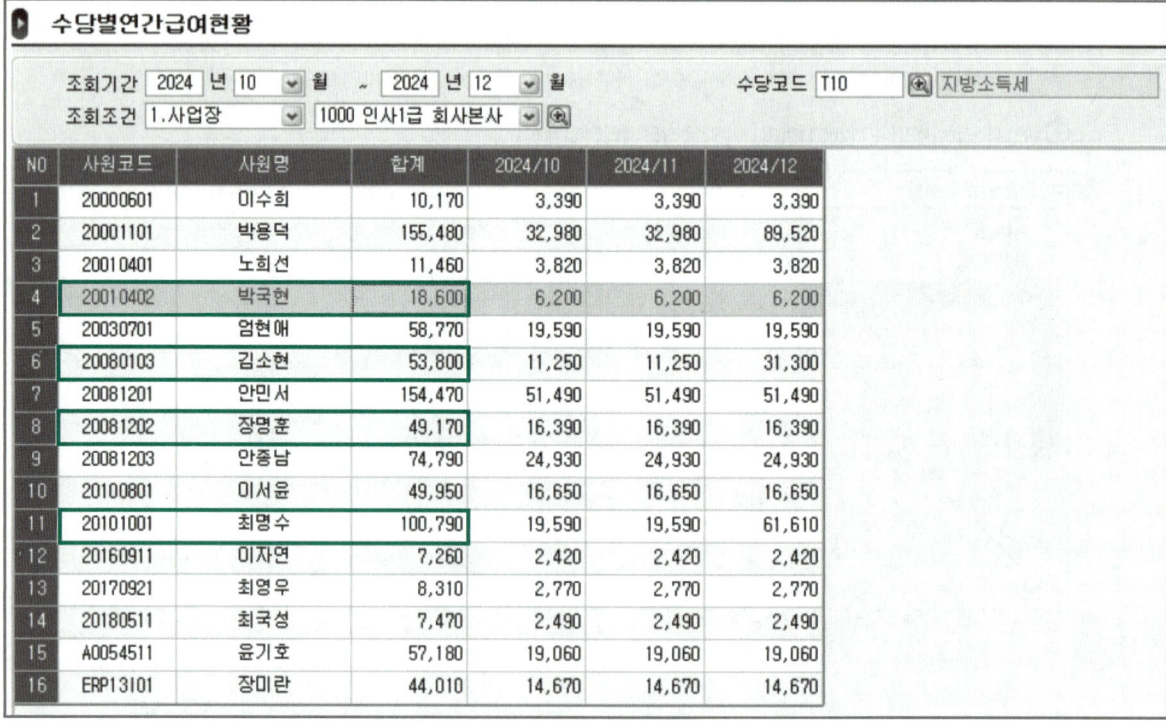

19 ③

우측 상단의 '마감취소'를 클릭하고 [보기]와 같이 '기본설정'과 '지급항목'을 수정한다.

◉ [인사/급여관리] – [퇴직정산관리] – [퇴직기준설정]

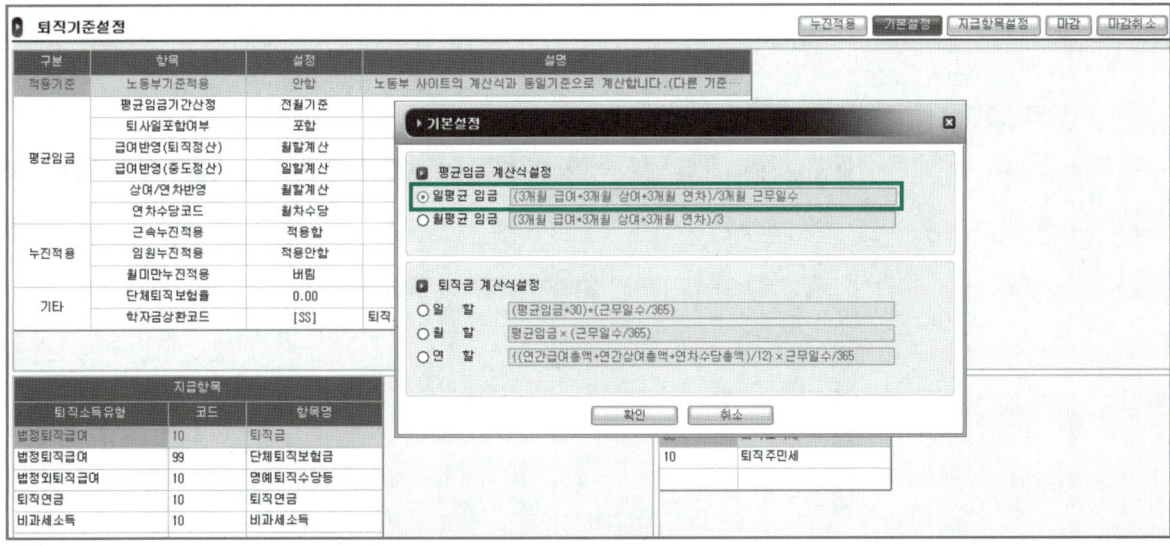

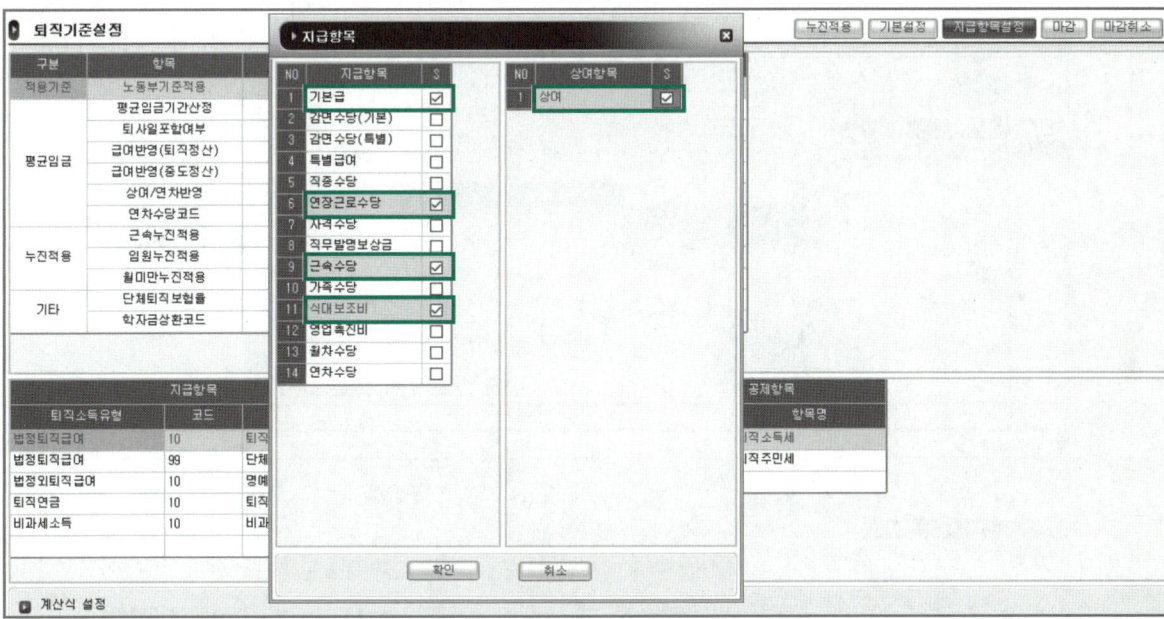

'신고귀속: 2025', '귀속연도: 2025', '사업장: 1000.인사1급 회사본사', '정산구분: 1.중도정산'을 입력하고 우측 상단의 '대상자선정'을 클릭한다. [보기]의 내용을 반영한 후 '박용덕' 사원의 급여정보 탭에서 '퇴직금계산' 후 정산결과를 확인한다.
③ 퇴직금 계산 시, 산정된 기본급의 합계는 13,112,490원이다.

[인사/급여관리] - [퇴직정산관리] - [퇴직금산정]

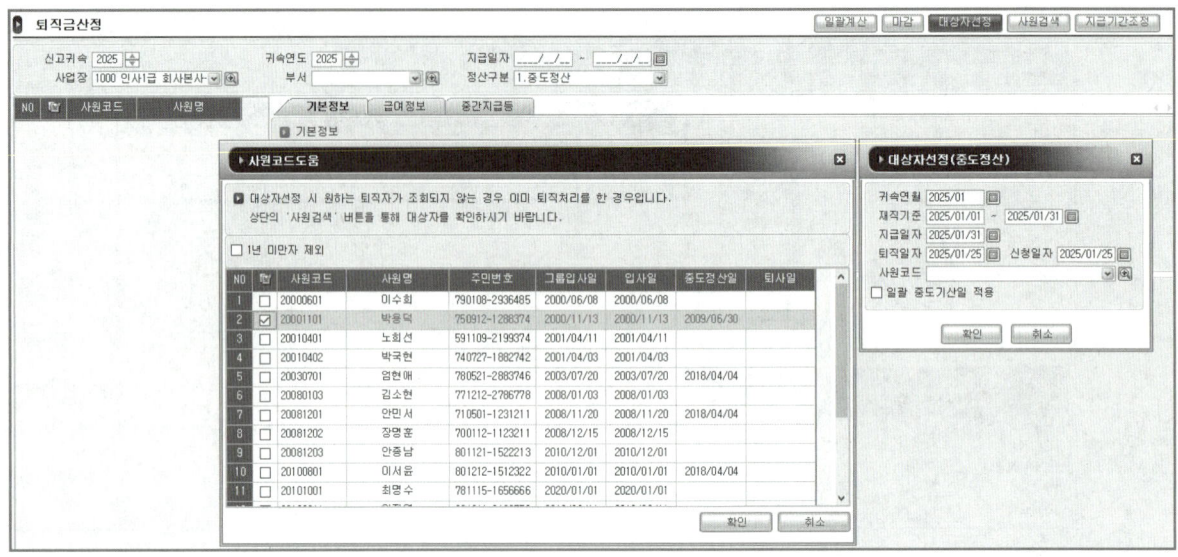

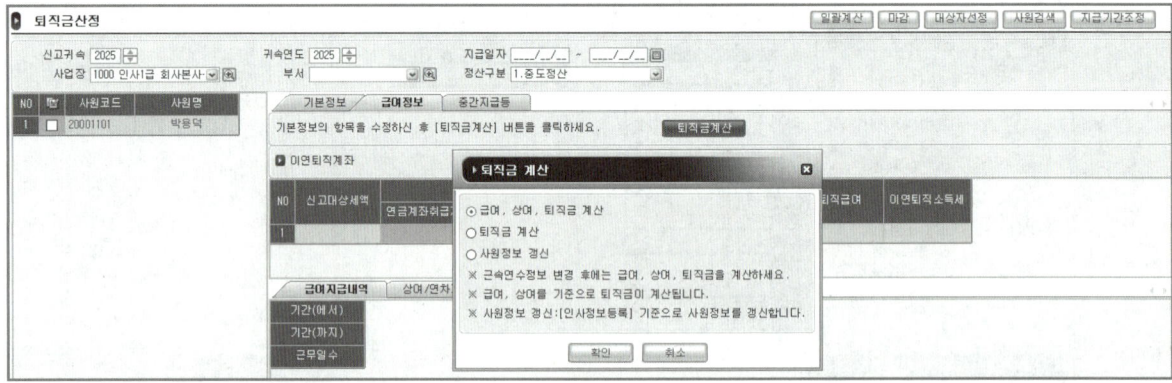

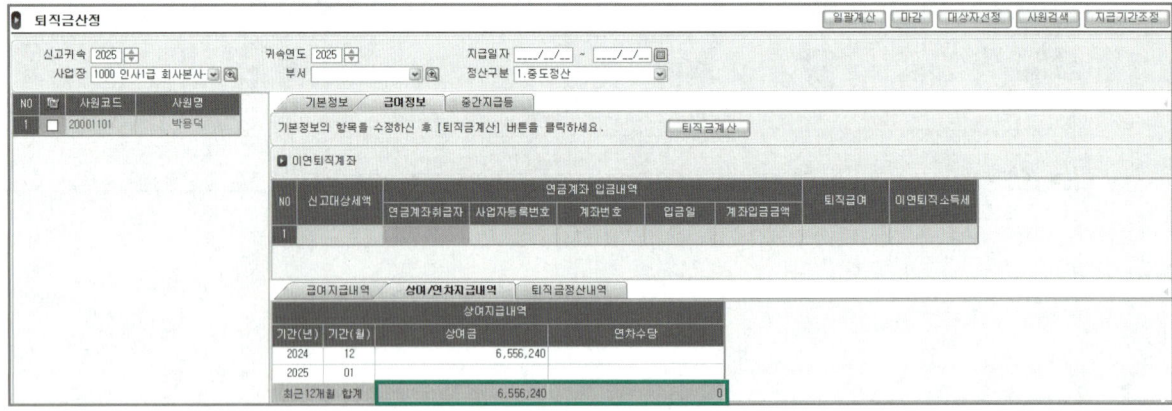

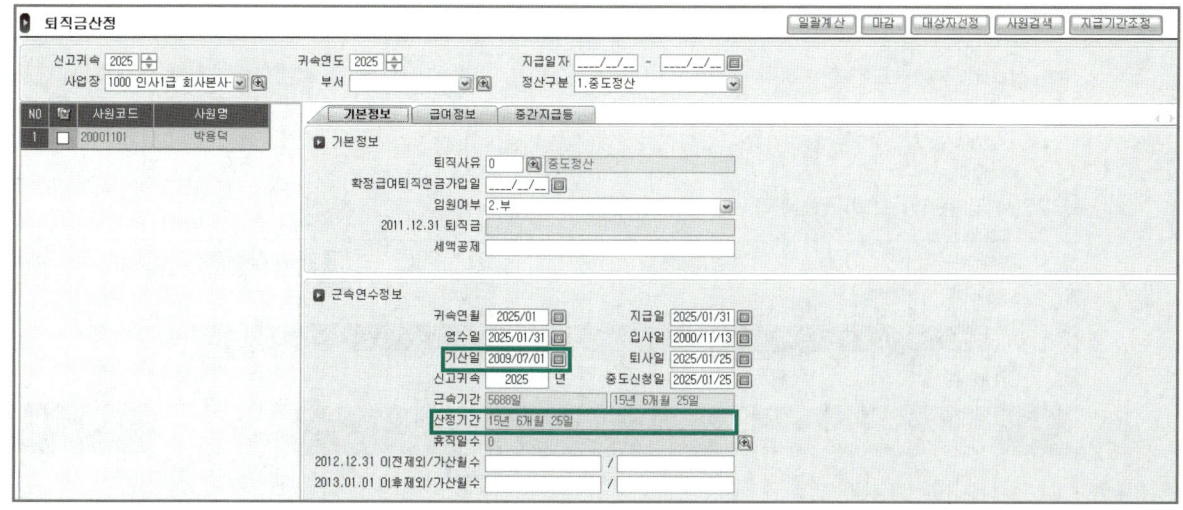

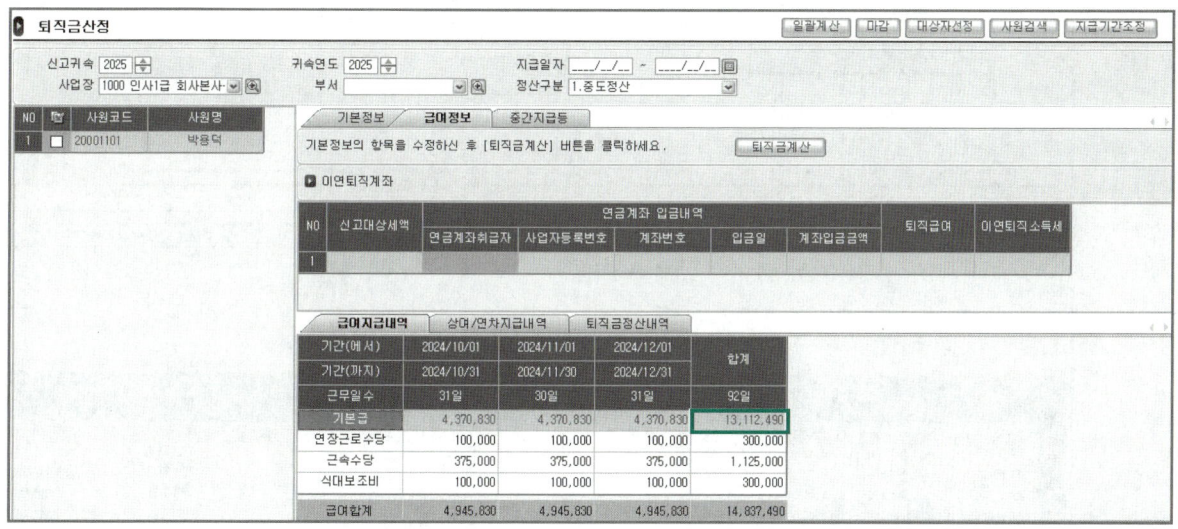

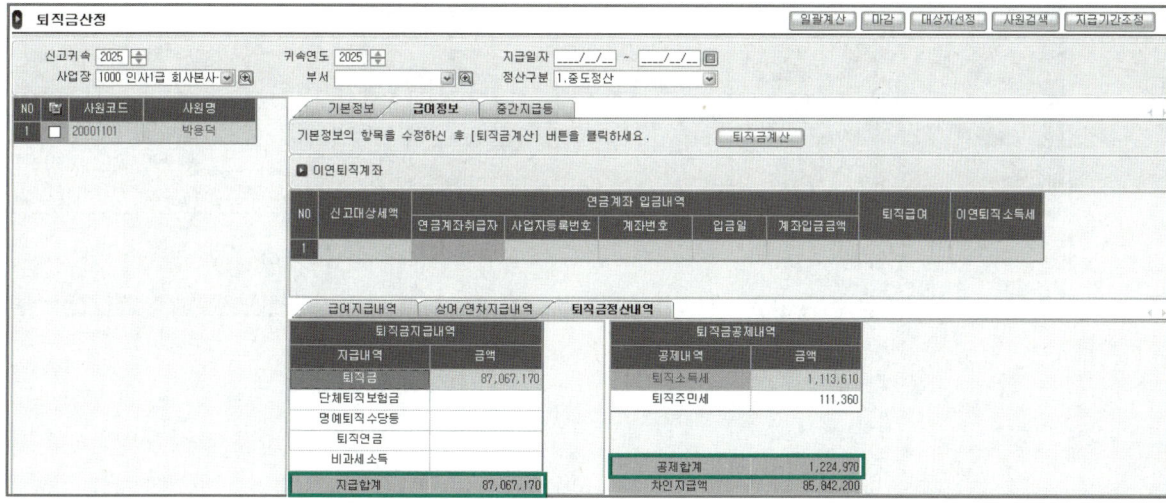

20 ①

우측 상단의 '추계코드'를 클릭하여 [보기]에 따라 추계코드를 입력하고 대상자를 설정한다. '추계코드: 2024, 2024년 퇴직금 추계액'으로 조회하여 퇴직추계액 총계를 확인하고 퇴직급여충당부채를 계산한다.

∴ 퇴직급여충당부채: 847,872,410원 × 40% = 339,148,960원(339,148,964)

📍 [인사/급여관리] – [퇴직정산관리] – [퇴직금추계액]

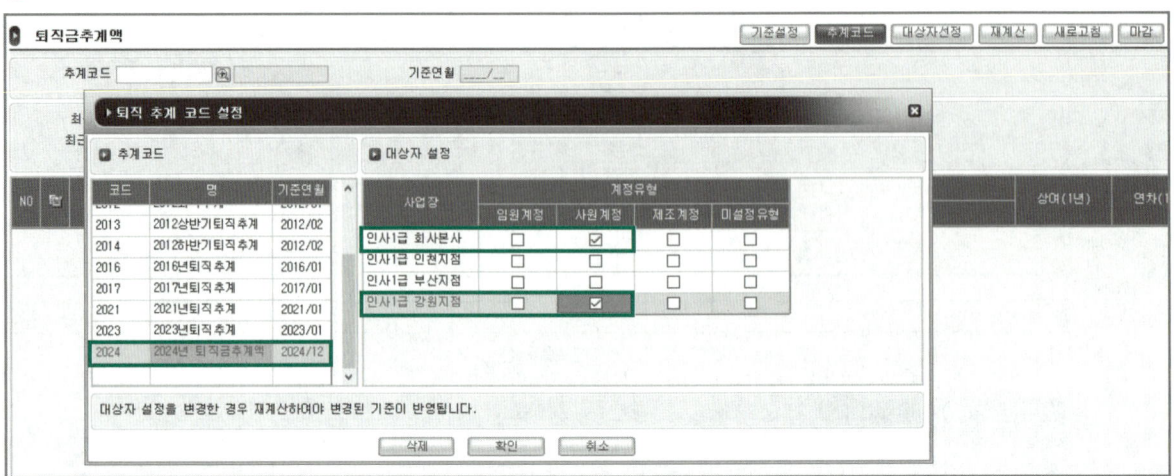

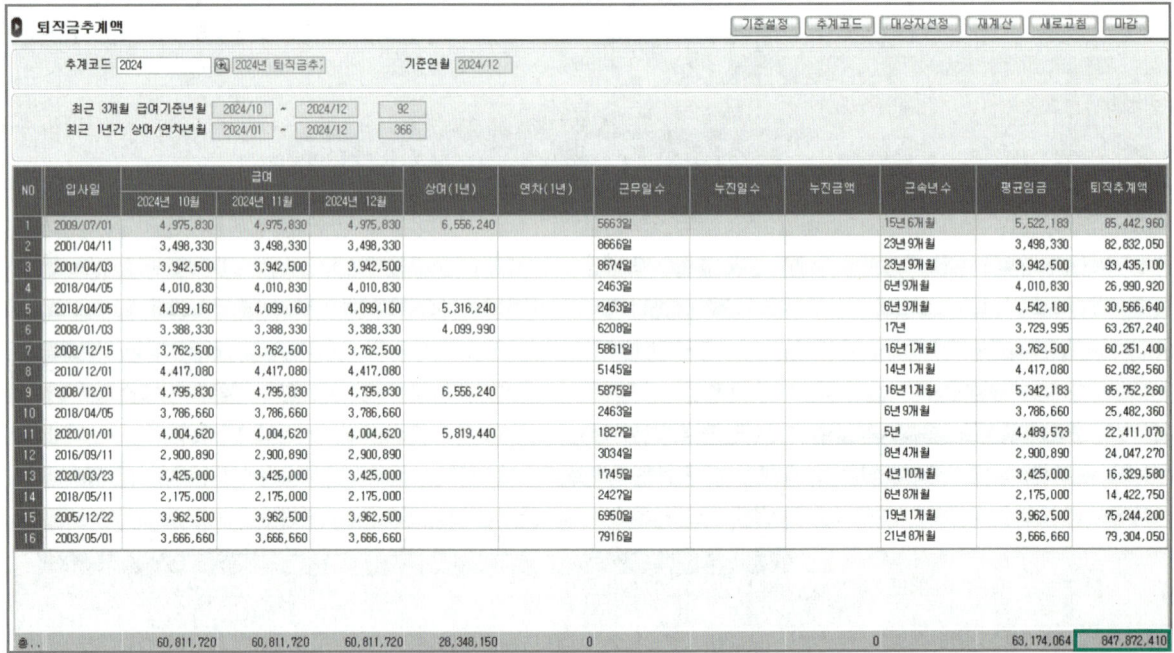

21 ④

'귀속연도: 2024', '사업장: 4000.인사1급 강원지점'으로 조회하여 '20081204.유지현' 사원의 2024년 귀속의 '64.소득세'와 '68.연금보험'을 확인한다.

[인사/급여관리] – [연말정산관리] – [근로소득원천징수부]

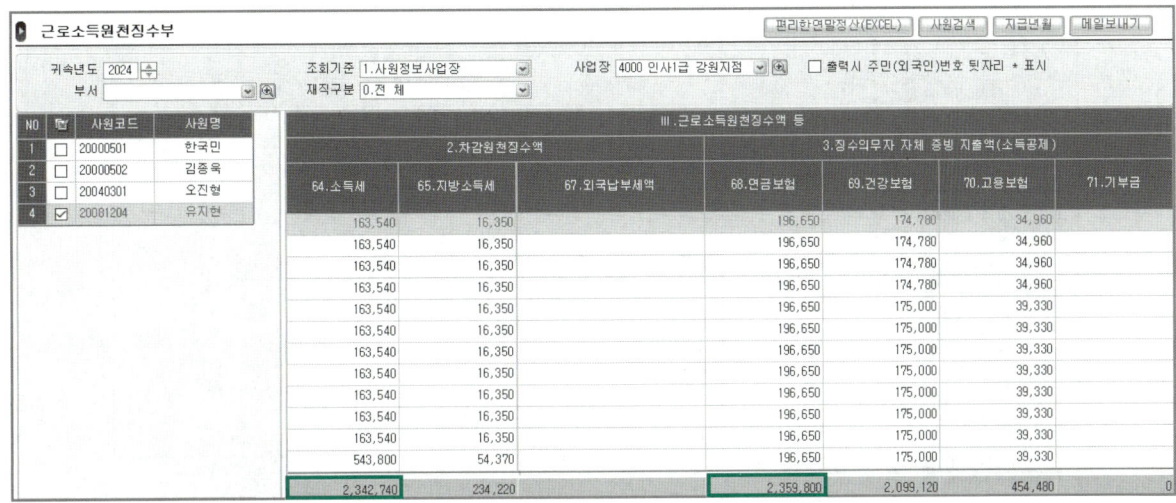

22 ③

기준설정 탭에서 '원천세 신고유형: 본점일괄신고', '이행상황신고서집계방식: 귀속연월'로 변경한다.

[인사/급여관리] – [기초환경설정] – [인사/급여환경설정]

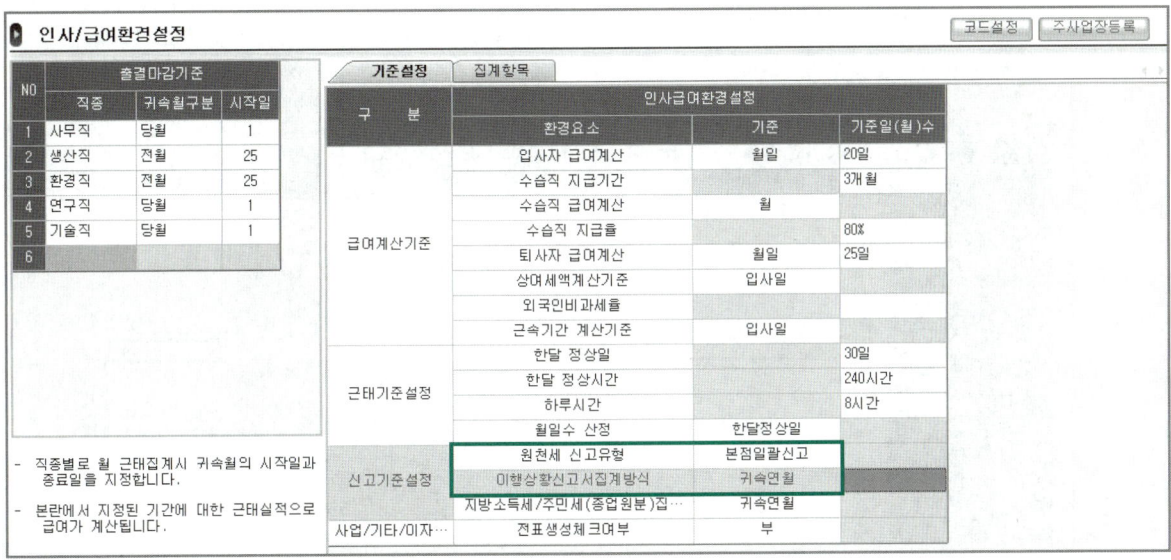

'제출연도: 2025', '신고사업장: 1000.인사1급 회사본사'를 입력한 후 '신고서추가'를 클릭하여 [보기]와 같이 신고서를 생성하여 총지급액과 소득세를 확인한다.

📍 [인사/급여관리] - [세무관리] - [원천징수이행상황신고서]

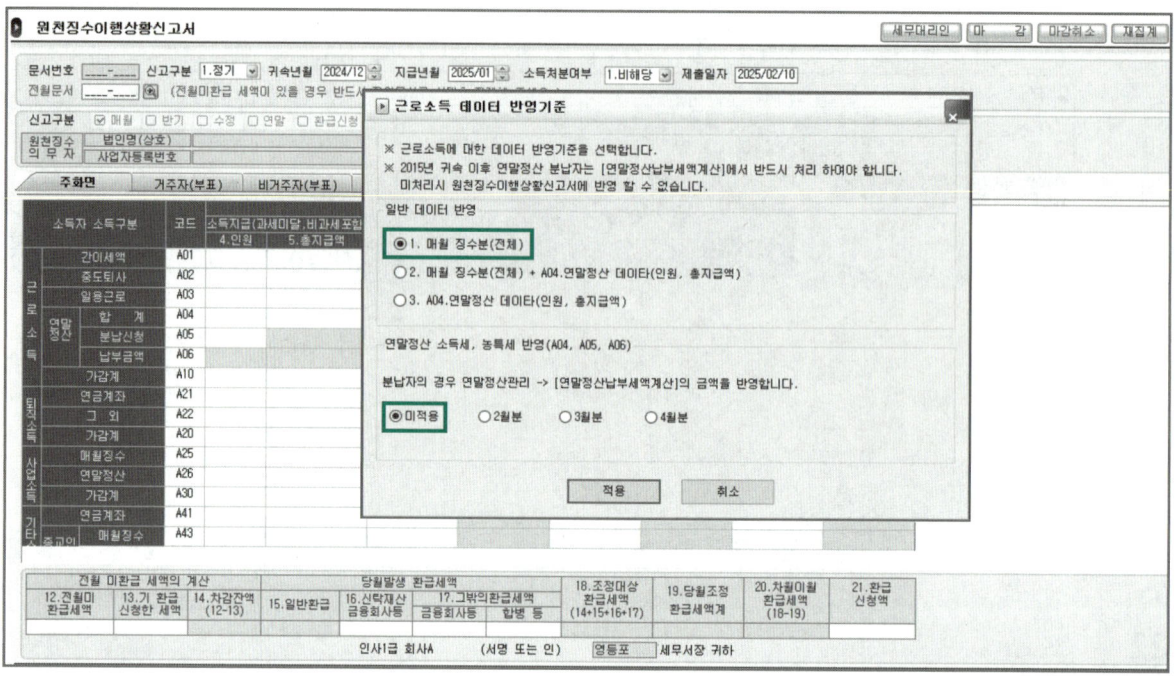

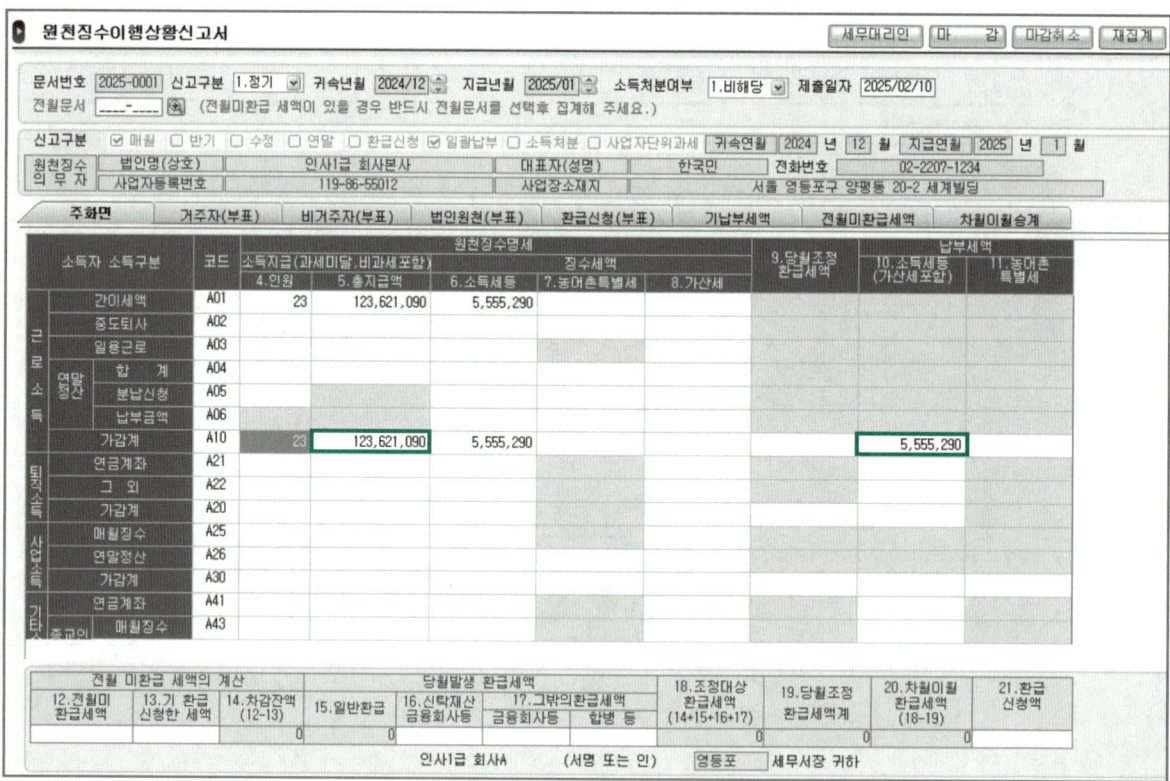

23 ①

기준설정 탭에서 '지방소득세/주민세(종업원분)집계방식: 귀속, 지급연월'로 수정하고 ESC를 눌러 변경된 내용을 저장한다.

📍 [인사/급여관리] – [기초환경설정] – [인사/급여환경설정]

인사/급여환경설정

출결마감기준

NO	직종	귀속월구분	시작일
1	사무직	당월	1
2	생산직	전월	25
3	환경직	전월	25
4	연구직	당월	1
5	기술직	당월	1
6			

기준설정 | 집계항목

구 분	인사급여환경설정		
	환경요소	기준	기준일(월)수
급여계산기준	입사자 급여계산	월일	20일
	수습직 지급기간		3개월
	수습직 급여계산	월	
	수습직 지급율		80%
	퇴사자 급여계산	월일	25일
	상여세액계산기준	입사일	
	외국인비과세율		
	근속기간 계산기준	입사일	
근태기준설정	한달 정상일		30일
	한달 정상시간		240시간
	하루시간		8시간
	월일수 산정	한달정상일	
신고기준설정	원천세 신고유형	본점일괄신고	
	이행상황신고서집계방식	귀속연월	
	지방소득세/주민세(종업원분)집…	귀속,지급연월	
사업/기타/이자…	전표생성체크여부	부	

- 직종별로 월 근태집계시 귀속월의 시작일과 종료일을 지정합니다.
- 본란에서 지정된 기간에 대한 근태실적으로 급여가 계산됩니다.

'제출일자: 2025/01/10~2025/01/10'을 입력하고 우측 상단의 '신고서생성'을 클릭하여 [보기]와 같이 입력한 후 신고서를 생성한다. 다시 제출일자를 입력하고 '신고서조회'를 클릭하여 징수 및 조정명세서 탭에서 '소득구분: 4.근로소득'으로 조회한 후 사원별 과세표준 금액을 확인한다.

① '20101001, 최명수' 사원의 과세표준은 195,960원이다.

[인사/급여관리] - [세무관리] - [지방소득세특별징수명세/납부서]

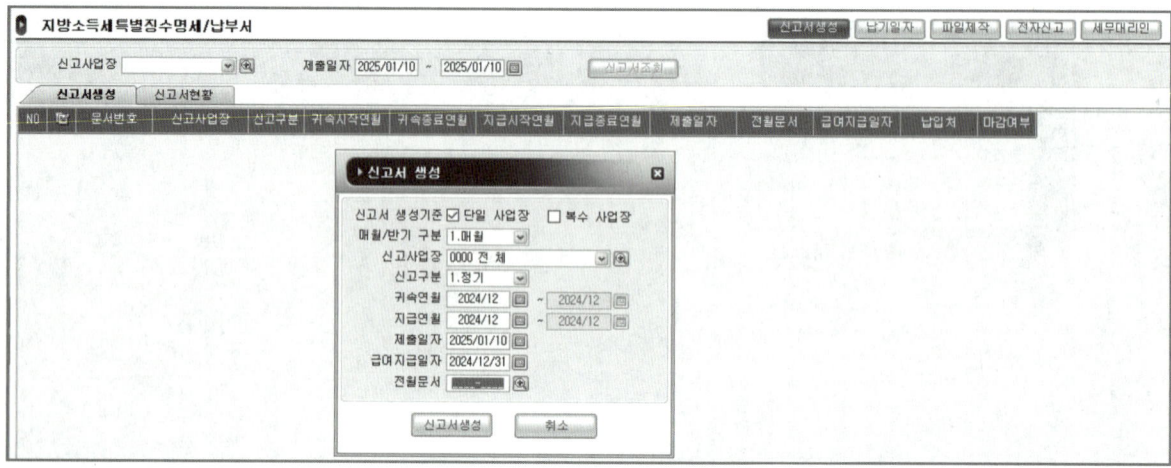

24 ②

'계정유형: 사원계정'으로 조회한 후 '항목구분 1.지급항목, 2.공제항목'의 계정과목을 확인한다.
② 비과세소득은 '70900.퇴직급여'이다.

[인사/급여관리] - [전표관리] - [계정과목설정]

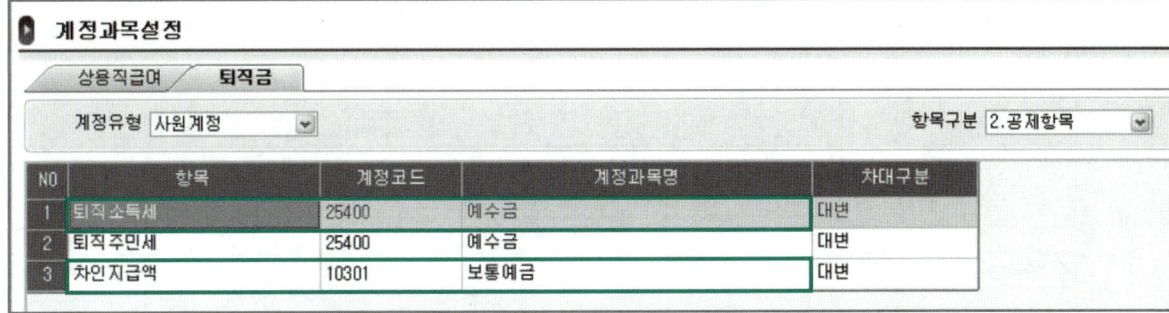

25 ②

'귀속연월: 2024/12', '지급일자: 1.급여', '집계: 6.직종별'로 조회한 후 우측 상단의 '출력항목'을 클릭하여 지급 및 공제 항목을 모두 선택하여 적용한다.
② 생산직의 직무발명보상금은 1,200,000원이다.

[인사/급여관리] - [급여관리] - [급여대장]

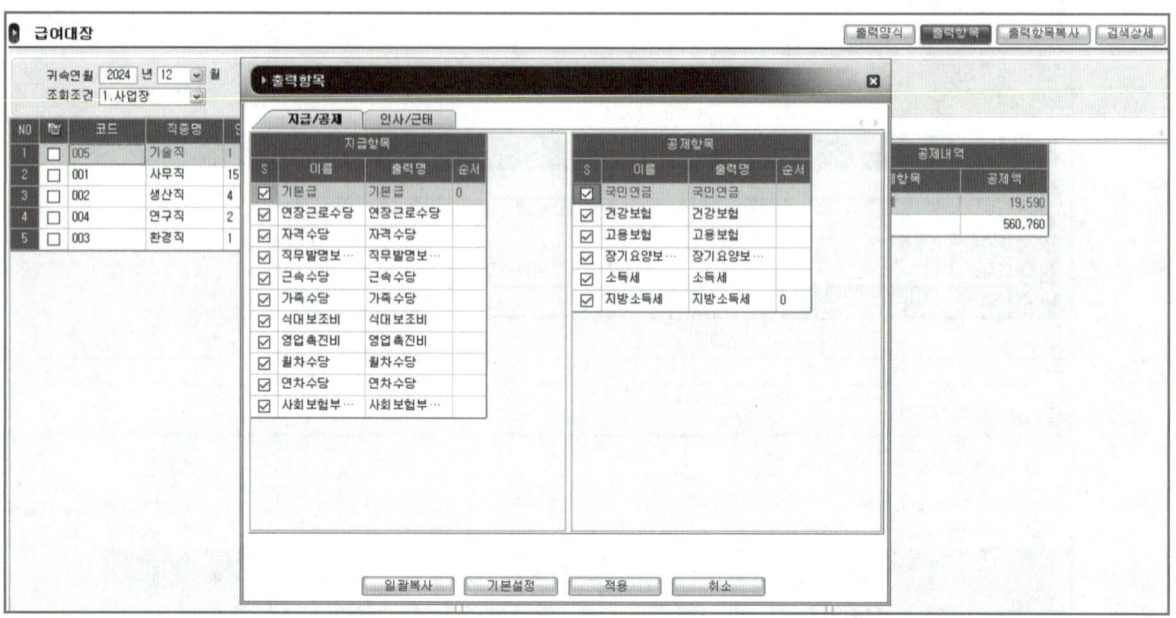

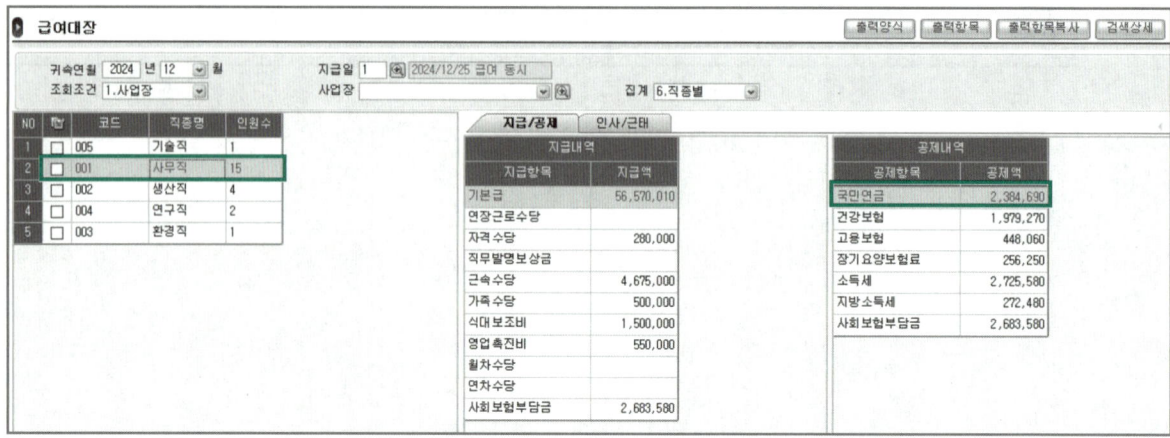

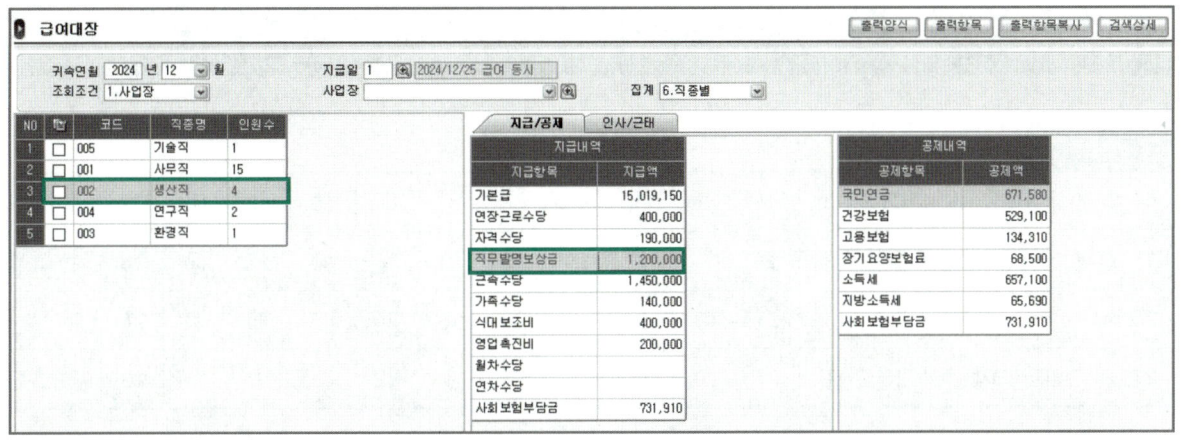

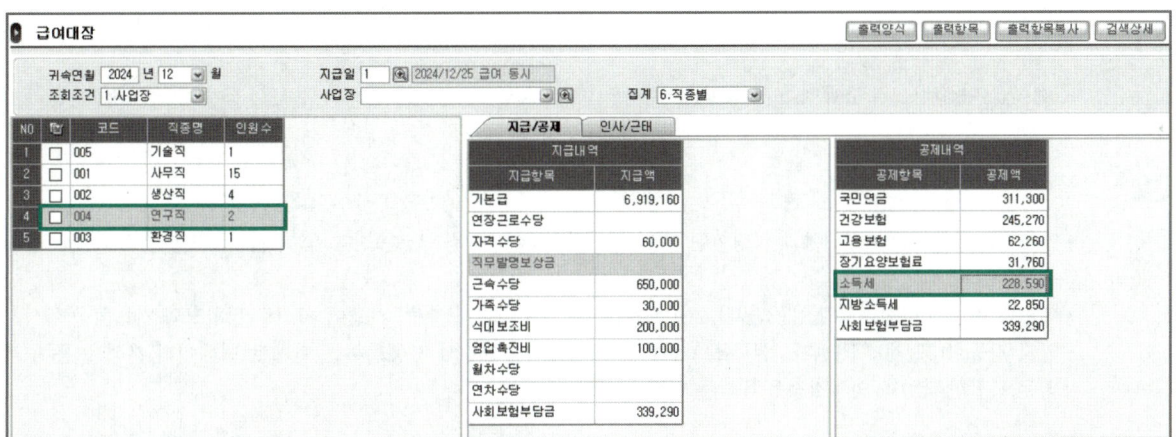

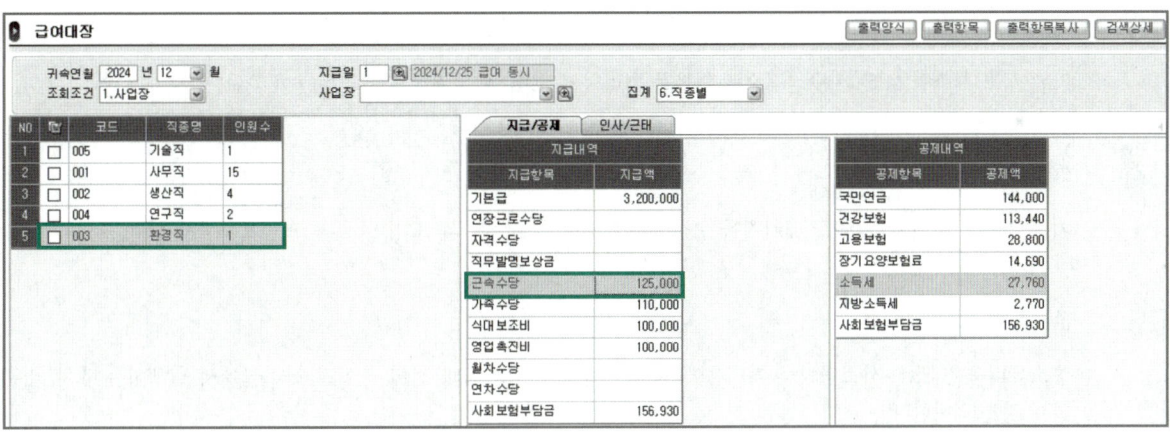

2024년 6회

이론

01	④	02	①	03	③	04	③	05	③	06	①	07	④	08	①	09	③	10	②
11	②	12	①	13	③	14	직무충실화		15	①	16	④	17	②	18	③	19	④
20	매트릭스					21	②	22	②	23	④	24	④	25	①	26	45		
27	임금피크제			28	④	29	③	30	①	31	④	32	1			33	단결		

01 ④

기계학습(머신러닝)의 종류에는 지도 학습, 비지도 학습, 강화 학습이 있다.

02 ①

- 기초프로세스 자동화(1단계): 정형화된 데이터 기반의 자료 작성, 단순 반복 업무 처리, 고정된 프로세스 단위의 업무를 수행하는 단계
- 데이터 기반의 머신러닝 활용(2단계): 이미지에서 텍스트 데이터 추출, 자연어 처리로 정확도와 기능성을 향상시키는 단계
- 인지 자동화(3단계): RPA가 업무 프로세스를 스스로 학습하면서 자동화하는 단계로 빅데이터 분석을 통해 사람이 수행하는 복잡한 작업과 의사결정을 내리는 단계

03 ③

기존 정보 시스템(MIS)은 수직적으로 업무를 처리하고, ERP는 수평적으로 업무를 처리한다.

04 ③

기존 업무 처리에 따라 ERP 패키지를 수정하는 방법은 ERP 패키지 도입 시 실패 요인으로 작용한다.

05 ③

총소유비용은 ERP 시스템의 투자비용에 관한 개념으로 시스템의 전체 라이프 사이클에서 발생하는 전체 비용을 계량화하는 것을 의미한다.

06 ①

- 기본 기능: 직무관리, 인적자원계획
- 확보 기능: 채용관리(모집, 선발, 배치관리), 인사행정(인사이동)

07 ④

l 오답 풀이 l
① 관찰법: 직무분석자가 직무수행자를 직접 관찰하고 결과를 기록하는 방법
② 경험법(체험법): 직무분석자 자신이 직무활동을 수행하고 그 경험에 의해 직무 지식을 파악하는 방법
③ 질문지법: 표준화된 질문지를 작성한 후 근로자에게 배부하여 스스로 기입하게 하는 방법

08 ①

l 오답 풀이 l
② 추세분석법: 인적자원의 수요와 밀접한 관계를 가진 변수 하나를 선정하여 그 변수와 인적자원 수요 간의 관계가 어떠한 추세인지를 분석하여 미래의 인적자원 수요를 예측하는 방법
③ 델파이기법: 특정 문제에 있어서 다수의 전문가들의 의견을 종합하여 미래 상황을 예측하는 방법
④ 브레인스토밍: 기업의 문제 해결을 위한 회의식 방법으로 적절한 소수의 인원이 모여 자유롭게 아이디어를 창출하는 방법

09 ③

- 내부모집 방법: 관리자 및 기능목록표 활용, 사내 공개모집 제도(사내 게시판, 사보)
- 외부모집 방법: 인턴십 제도, 헤드헌터, 근로자 추천, 채용박람회 등

10 ②

다수의 면접자가 한 명의 지원자를 평가하는 면접 방법은 패널 면접이다.
l 오답 풀이 l
① AI 면접: 인공지능(AI)을 활용하여 지원자의 성격, 태도, 능력, 역량 등을 평가하는 방법
③ 토론 면접: 특정 주제에 대한 찬반으로 나뉠 주제를 주고 토론하여 결론을 도출하는 방법
④ 압박 면접: 지원자에게 난처하거나 도발적 질문으로 심리적 압박을 가해 위기상황에서의 태도와 문제 해결 능력을 평가하는 방법

11 ②

l 오답 풀이 l
① 동시 타당성: 현직 근로자의 시험 성적과 직무 성과를 비교하여 선발도구의 타당성을 검사하는 방법
③ 내용 타당성: 요구하는 내용을 선발도구가 얼마나 잘 나타내는지를 논리적으로 판단하며, 선발시험의 문항 내용이 측정 대상인 직무 성과와의 관련성을 잘 나타내고 있는지를 측정하는 방법
④ 구성 타당성: 시험의 이론적 구성과 직무수행에 요구되는 어떠한 속성이나 행동적 특성과의 관련성을 측정하는 방법

12 ①

l 오답 풀이 l
② 균형주의 원칙: 특정인만 고려하는 것이 아니라 모든 사람을 평등하게 고려하여 특정 부분에 인재가 편중되지 않도록 직장 전체의 적재적소에 배치하는 원칙
④ 인재육성주의 원칙: 배치관리를 통한 기업의 다양한 직무 경험으로 장기적(미래적)인 근로자의 능력을 향상시키는 원칙

13 ③

통제는 실행된 결과를 평가하고 필요한 수정과 적절한 개선을 이루는 단계로 사기향상 정도 평가, 모집효과 분석 평가, 인사평가, 노사분규 해결, 투입비용 평가(재계산)가 있다.
- 사기향상 정도 평가: 사기 유발활동의 효과를 측정하고 개선점을 도출
- 모집효과 분석 평가: 채용 과정에서 사용된 모집 홍보와 선발 방법의 효과를 평가
- 인사평가: 근로자의 성과와 역량을 정기적으로 평가하여 조직의 목표달성 여부를 확인
- 노사분규 해결: 발생한 갈등이나 분쟁을 조정하고 해결하여 조직 안정성을 유지
- 투입비용 평가(재계산): 투입예산을 중심으로 당해연도의 경영활동을 평가

14 직무충실화

15 ①

| 오답 풀이 |
② 강제선택법: 근로자의 행동이나 능력을 가장 적합하게 기술한 서술문 2개와 적합하지 않은 서술문 2개로 구성하는 방법
③ 대조표고과법(체크리스트법): 평가에 적합한 몇 가지의 표준행동을 소정의 리스트에 구체적으로 작성하고 근로자의 능력, 근무 상태를 리스트와 비교하여 해당 사항에 체크한 후 채점기준표를 통해 등급을 정하는 방법
④ 서술식고과법: 자유기술법, 중요사건기술법과 같은 방법으로 고과하는 방법

16 ④

평가 기간을 늘리고, 다양한 평가 자료를 확보하는 것이 중심화 경향을 줄이기 위한 개선 방향에 가장 효과적이다.
| 오답 풀이 |
①, ②, ③은 인사고과 평가에 대한 오류를 가져올 수 있다.

17 ②

| 오답 풀이 |
① 그리드 훈련: 업무와 인간에 대한 관심을 각각 9단계로 구분한 뒤 도표에 따라 관리 행동과 조직 행동을 분석하고 9.9형이 되도록 훈련해나가는 기법
③ 감수성 훈련: 다른 사람이 생각하고 느끼는 것을 정확하게 감지하고 이에 대응하여 유연한 태도와 행동을 취할 수 있는 능력을 개발하기 위한 방법
④ 인바스켓 훈련: 실제 상황과 비슷한 상황을 부여하는 방법으로 주로 문제 해결 능력이나 기획 능력을 향상시킬 때 이용함

18 ③

| 오답 풀이 |
① 코칭 리더십: 전문가가 문제 해결방안을 직접 제시하기보다는 해결 당사자가 스스로 발견할 수 있도록 지원하는 리더십
② 셀프리더십: 조직 내에서 리더만이 조직원을 관리하고 통제하는 것이 아니라 조직원이 자기 스스로를 이끌어 조직 구성원 모두가 자율적으로 관리하고 이끌어나가는 리더십
④ 변혁적 리더십: 구성원들에게 동기부여 및 스스로 문제를 해결하도록 지적 자극을 통해 잠재 능력을 개발해 주고 의사결정을 하게 함으로써 고차원적인 욕구를 추구하도록 가치체계를 변화시키는 리더십

19 ④

|오답 풀이|
① 고객 지향: 고객의 입장에서 생각하여 고객의 욕구나 가치를 효과적으로 충족시킬 수 있도록 조직을 설계하고 관리하는 것
② 개인 지향: 개인 혹은 소집단의 자율성과 창의성을 극대화시킬 수 있도록 조직을 설계하고 관리하는 것
③ 공생 지향: 기업 활동을 내부화하거나 지나치게 경쟁함으로써 발생하는 비용의 최소화, 기업 간 상호협력과 신뢰를 통해 공생적 이익을 극대화할 수 있도록 설계하고 관리하는 것

20 매트릭스

21 ②

|오답 풀이|
③ 임금관리의 합리성: 합리성의 원칙이 적용되는 분야는 임금형태이며, 임금 계산 및 지불 방법의 임금형태는 종업원의 능률 향상과 작업 의욕에 영향을 주기 때문에 합리성을 기반으로 해야 한다.
④ 임금관리의 공정성: 임금수준의 형평성은 경쟁사나 동종업계의 임금수준과 비교했을 때 공정하다고 판단하는 정도, 동일 기업 내에서 직급 간 또는 직종 간 임금 차이를 공정하다고 판단하는 정도, 임금 인상 및 조정 등 임금 결정 시 모든 과정이 정확한 정보에 의해 진행되는 정도를 의미한다.

22 ②

- 통상임금: 휴일근로수당, 해고예고수당, 연차유급휴가수당, 연장근로수당, 야간근로수당, 출산전후휴가급여 등
- 평균임금: 퇴직급여, 휴업수당, 연차유급휴가수당, 재해보상 및 산업재해보상보험급여, 감급제재의 제한, 구직급여 등

23 ④

복리후생관리의 3원칙에는 적정성의 원칙, 합리성의 원칙, 협력성의 원칙이 있다.

24 ④

연말정산 시 근로자 제출서류에는 근로소득공제신고서, 기부금명세서, 의료비지급명세서, 신용카드소득공제 신청서 등이 있다.

25 ①

럭커 플랜은 기업이 달성한 부가가치를 기준으로 임금배분액을 계산하는 제도로, [보기]에서 '초과된 부가가치'가 종업원과 기업 측으로 분배된 것을 통해 알 수 있다.

26 45

27 임금피크제

28 ④

| 오답 풀이 |
①은 선택적 근로시간제, ②는 파트타임제, ③은 직무분할제에 대한 설명이다.

29 ③

| 오답 풀이 |
① 통일 교섭: 전국 또는 지역 단위의 산업별·직업별 노동조합 대표와 이에 대응하는 사용자 단체대표 사이에 이루어지는 단체교섭 방식
② 집단 교섭: 복수의 기업별 단위노동조합이나 지부가 지역별 또는 업종별로 집단을 구성하여 이에 대응하는 복수기업의 사업자 대표와 집단적으로 단체교섭을 하는 방식
④ 대각선 교섭: 전국적 또는 지역별·산업별 노동조합의 대표와 개별 기업의 사용자 대표 사이에 이루어지는 단체교섭 방식

30 ①

사용자의 조업계속은 부당노동행위가 아닌 사용자 측의 노동쟁의에 해당된다.

31 ④

- 직접 참여 유형: 스캔론 플랜, 럭커 플랜, 노사협의제도, 노사공동결정제도
- 간접 참여 유형: 종업원지주제도

32 1

33 단결

실무 시뮬레이션

01	②	02	④	03	①	04	③	05	③	06	②	07	①	08	④	09	④	10	①
11	①	12	③	13	①	14	②	15	②	16	②	17	③	18	④	19	①	20	③
21	④	22	②	23	③	24	④	25	④										

01 ②

우측 상단의 '주(총괄납부)사업장등록'과 기본등록사항 및 신고관련사항 탭을 확인한다.
② 당 회사에 등록된 사업장 중 유일하게 '반기'로 이행상황신고서를 작성하는 사업장은 〈3000. 인사1급 대구지점〉 사업장이다.

📍 [시스템관리] – [회사등록정보] – [사업장등록]

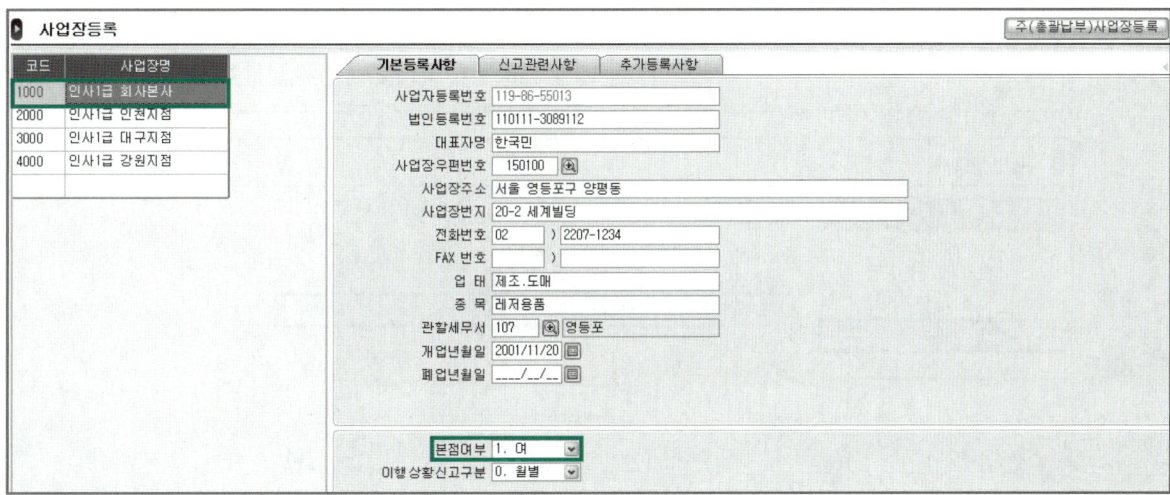

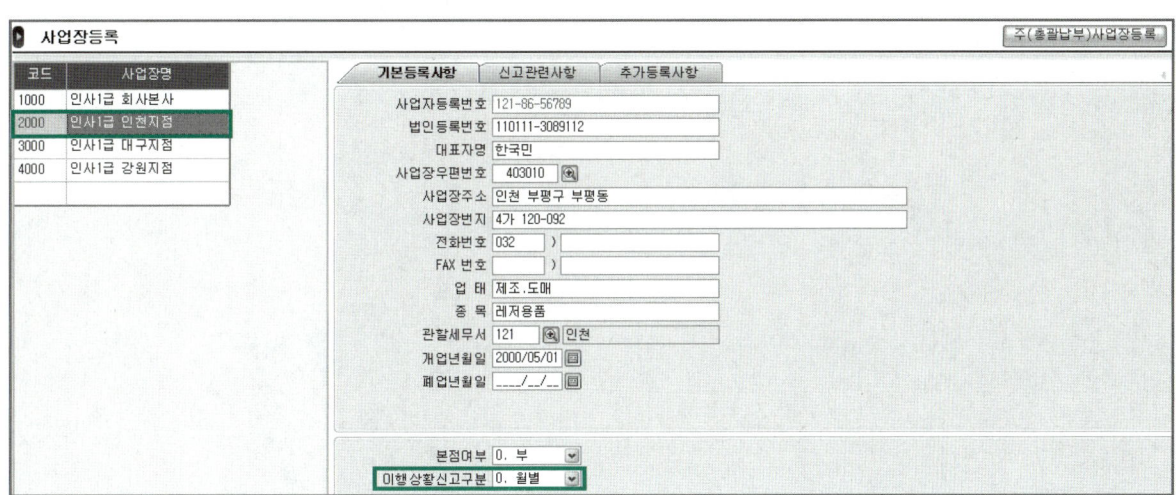

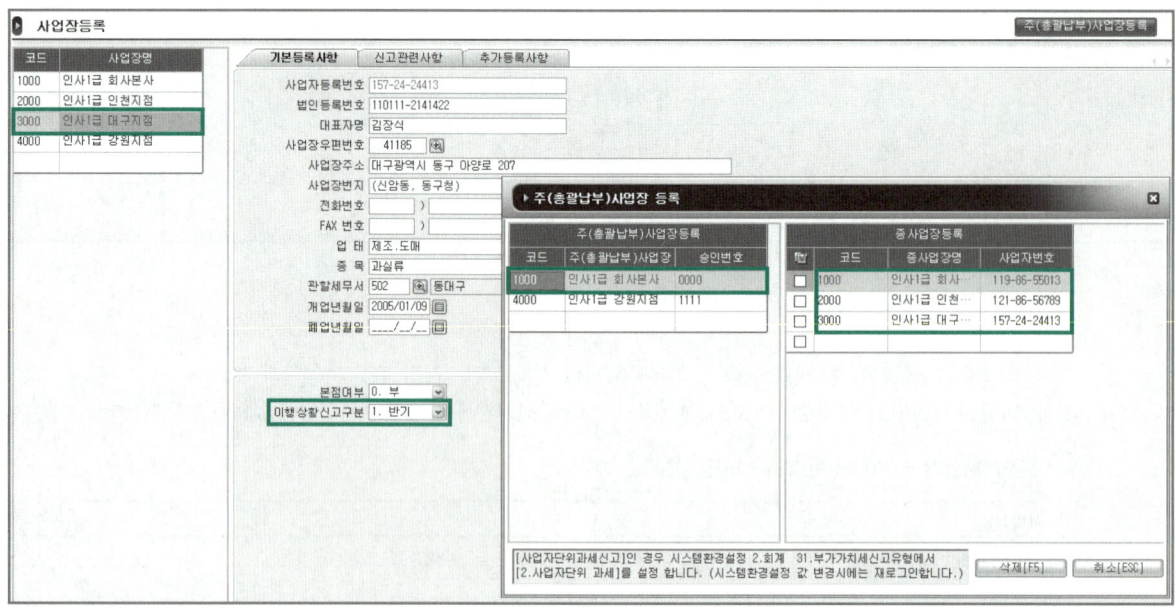

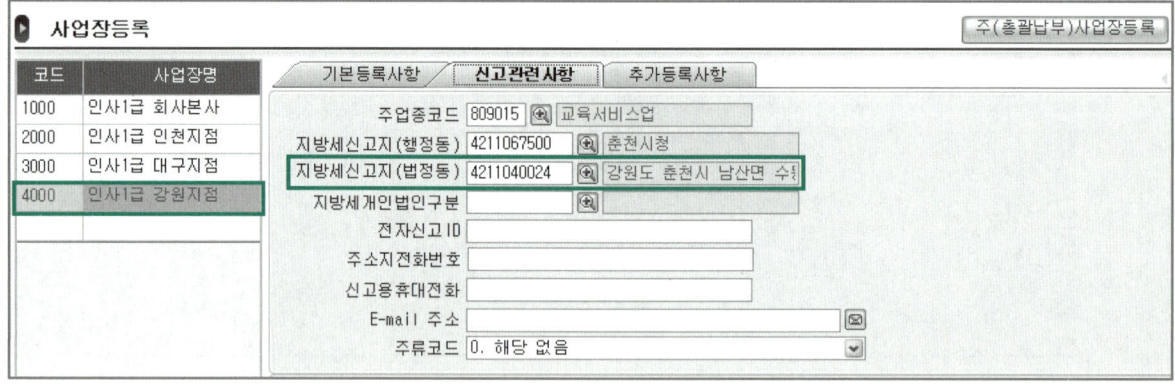

02 ④

④ '사업/기타/이자배당소득관리'에 속한 메뉴 권한이 모두 있어, 소득자의 정보 및 소득 내역에 대해 등록할 수 있다.

[시스템관리] - [회사등록정보] - [사용자권한설정]

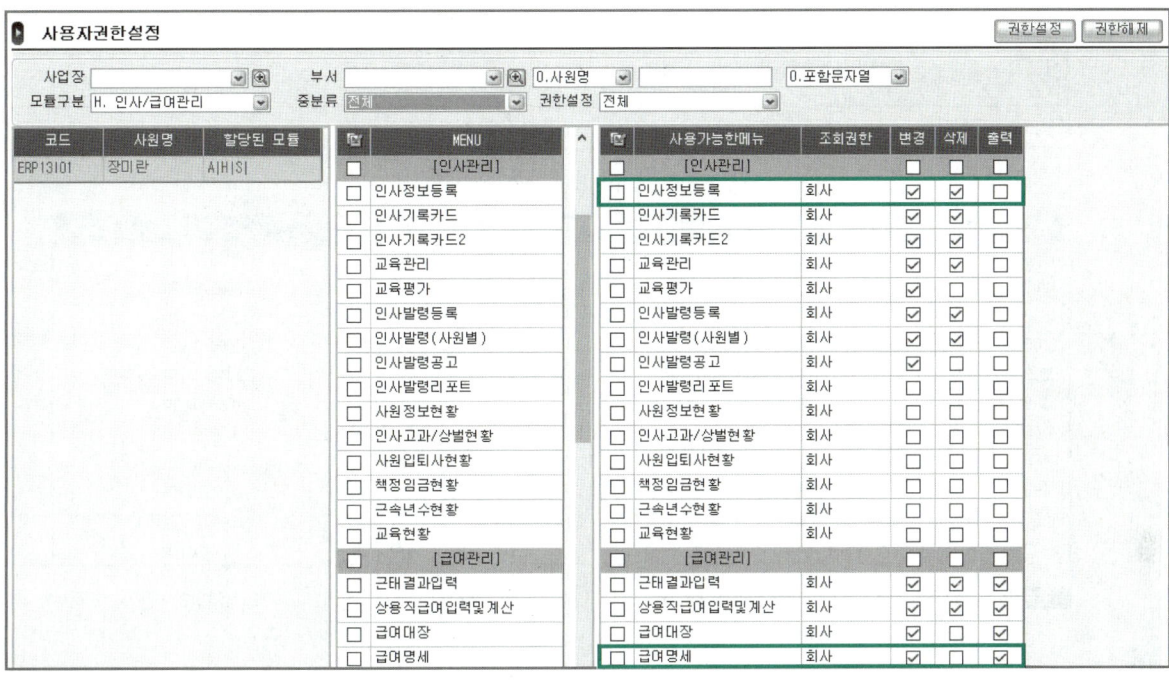

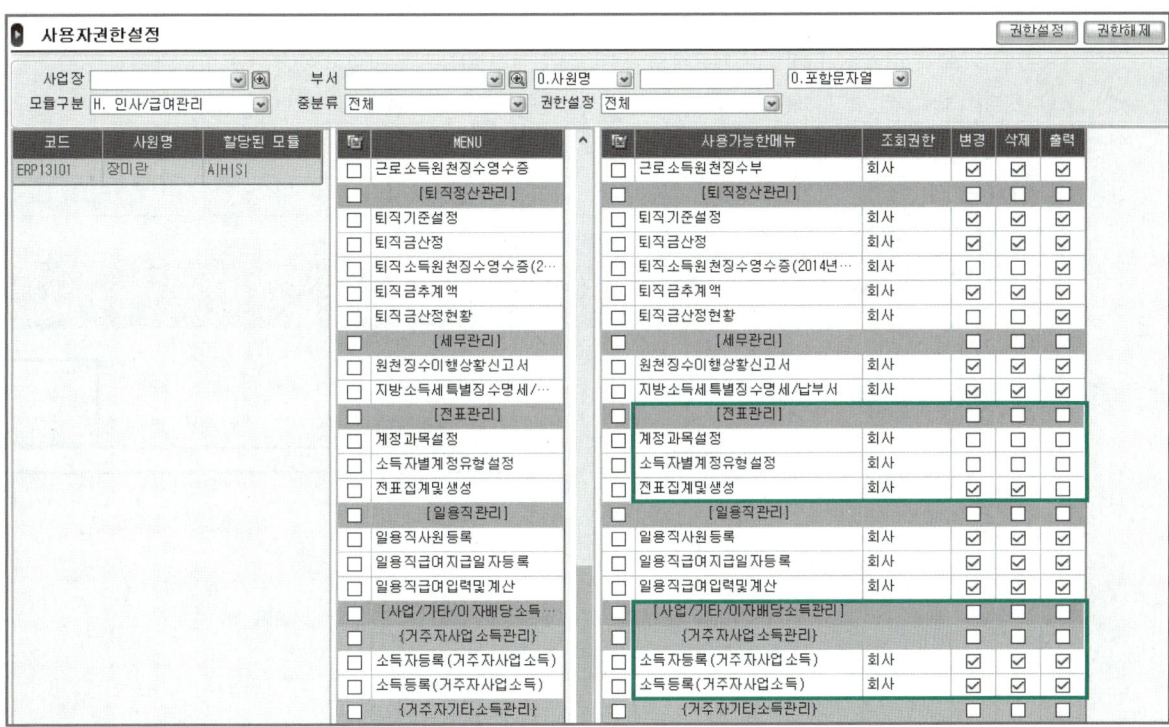

03 ①

| 오답 풀이 |

② 〈2000.인사1급 인천지점〉 사업장에 속한 부서의 사용시작일은 모두 '2008/01/01'이다.
③ 2021년 이후 사용한 부서는 〈2000.인사1급 인천지점〉 사업장을 제외한 사업장들에 속해 있다.
④ 현재 사용 중인 부서 중 2008년에 등록된 부서의 수가 제일 많다.

◎ [시스템관리] – [회사등록정보] – [부서등록]

부서코드	부서명	사업장코드	사업장명	부문코드	부문명	사용기간	사용기간
1100	총무부	1000	인사1급 회사본사	1000	관리부문	2005/01/01	
1200	경리부	1000	인사1급 회사본사	1000	관리부문	2005/01/01	
1300	기획부	1000	인사1급 회사본사	9000	기획부문	2021/01/02	
2100	국내영업부	1000	인사1급 회사본사	2000	영업부문	2008/01/01	
2200	해외영업부	1000	인사1급 회사본사	2000	영업부문	2008/01/01	
3100	관리부	2000	인사1급 인천지점	1000	관리부문	2008/01/01	
4100	생산부	2000	인사1급 인천지점	4000	생산부문	2008/01/01	
5100	자재부	2000	인사1급 인천지점	5000	자재부문	2008/01/01	
6150	연구부	3000	인사1급 대구지점	6000	연구부문	2021/01/01	
7100	교육부	4000	인사1급 강원지점	7000	교육부문	2021/01/02	
8100	육성부	4000	인사1급 강원지점	8000	육성부문	2021/01/02	

TIP '조회기준일 적용'을 체크하여 기준일 현재의 데이터를 확인할 수 있다. 이때 '조회기준일 적용'란의 선택을 해제하면 사용기간이 종료된 부서가 조회된다.

04 ③

기준설정 탭에서 [보기]의 설정값을 확인한다.
• A: 퇴사자의 급여는 20일 이상 근무한 경우에만 급여를 모두 지급하고 그렇지 않은 경우 일할 지급한다.
• D: 지방소득세특별징수명세서는 '귀속연월'과 '지급연월'이 같은 데이터를 집계한다.

◎ [인사/급여관리] – [기초환경설정] – [인사/급여환경설정]

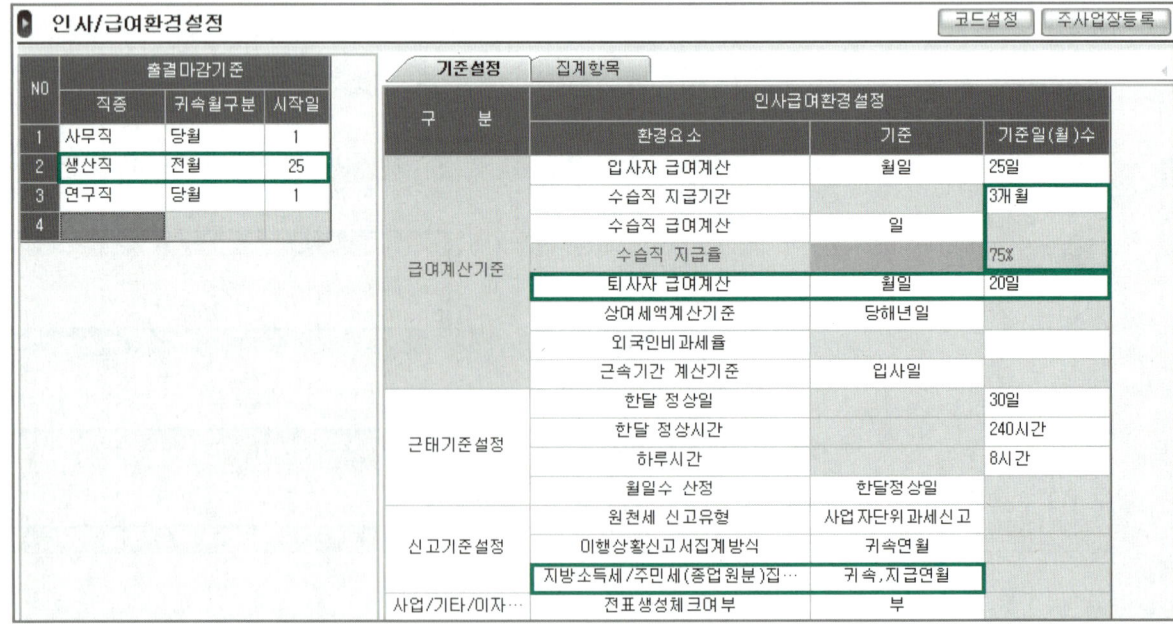

TIP 월일: 지정된 근무일수보다 미달하는 경우 일의 방식, 초과하는 경우 월의 방식으로 지급

05 ③

'대상직급: 800.과장'을 선택한 후 '적용시작연월: 2024/01'을 입력하고 우측 상단의 '일괄등록'을 클릭하여 [보기]의 기본급, 각 수당의 초기치와 증가액을 반영한다. 우측 상단의 '일괄인상'을 클릭하여 기본급을 '정률적용'하고 다시 '일괄인상'을 클릭하여 급호수당을 '정액적용'하여 '5호봉'의 합계를 확인한다.

[인사/급여관리] - [기초환경설정] - [호봉테이블등록]

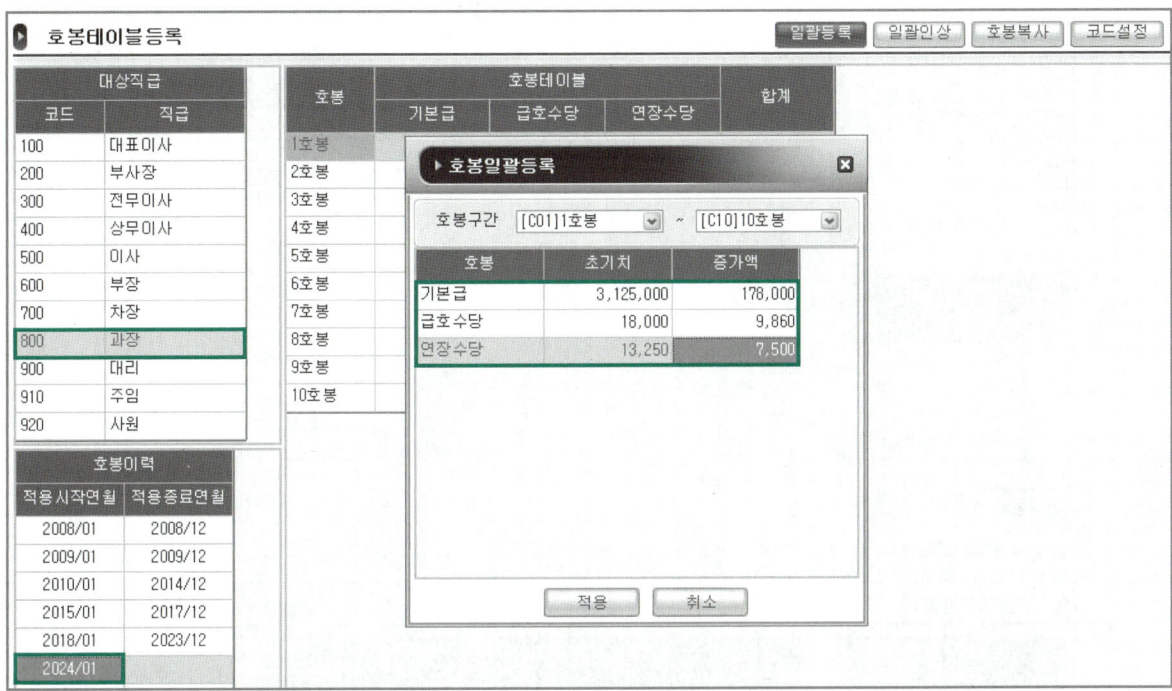

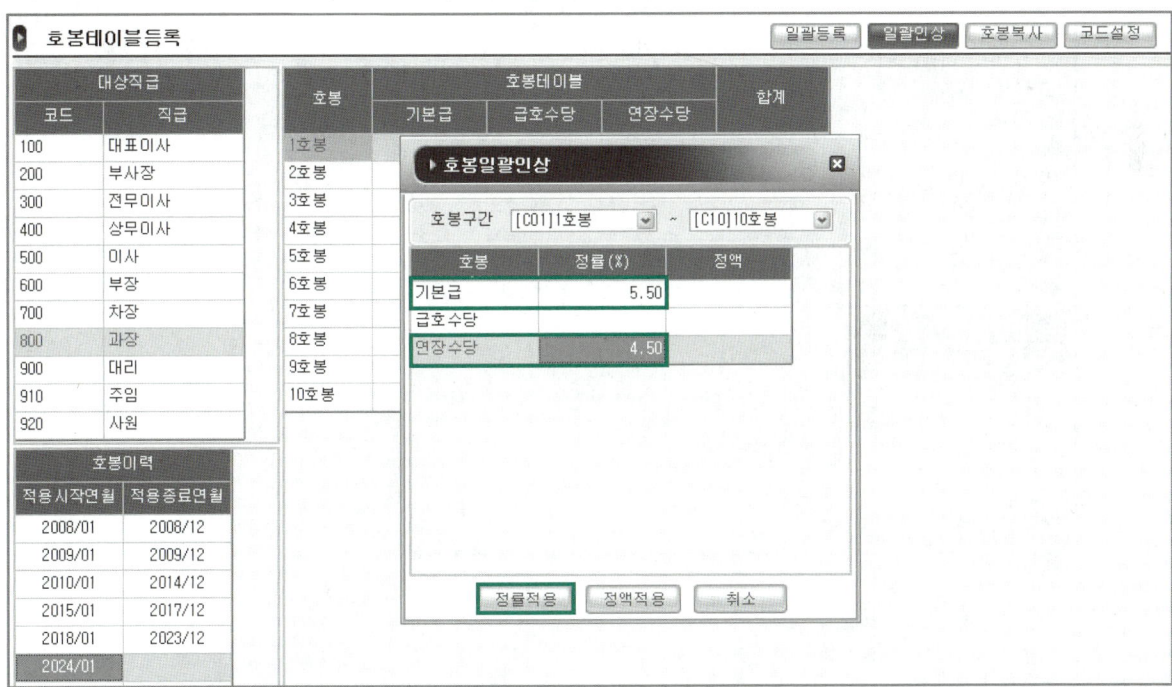

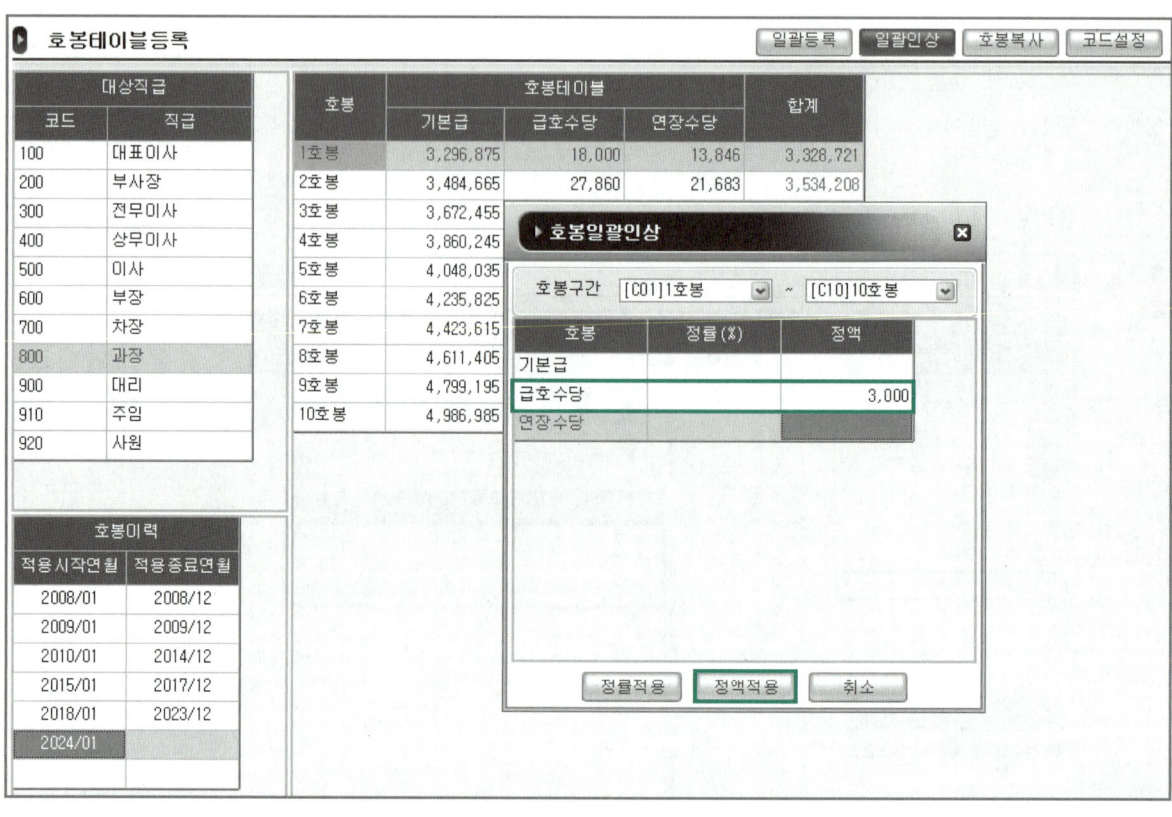

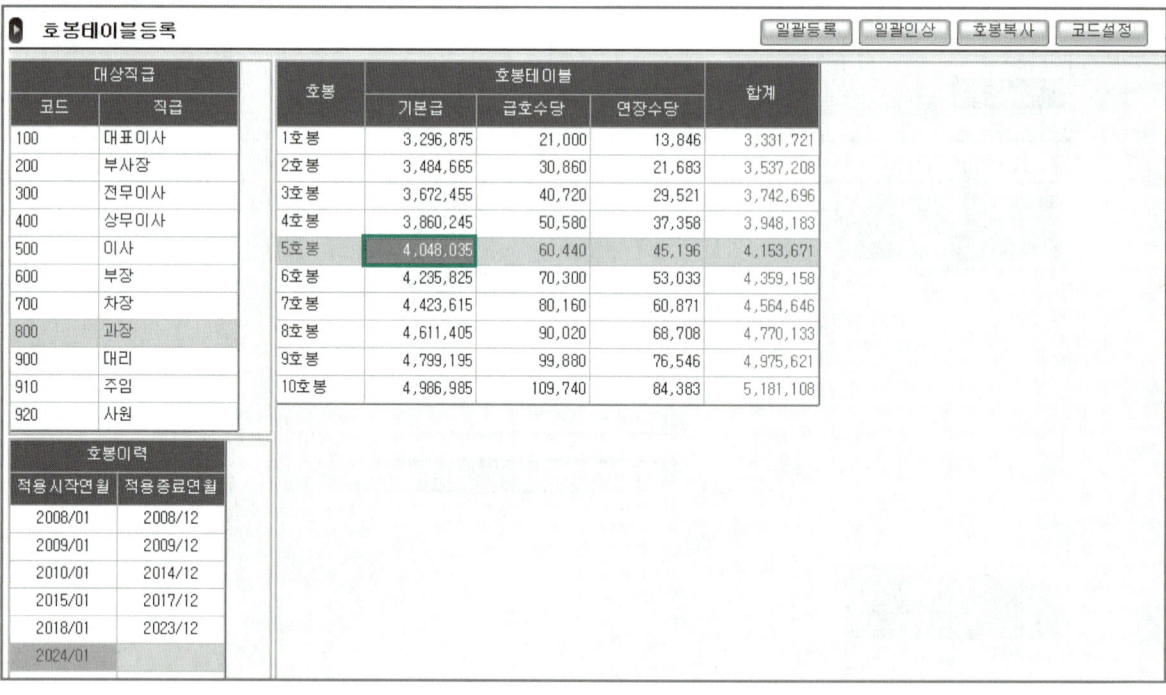

06 ②

'급여구분: 급여', '지급/공제구분: 지급', '귀속연도: 2024'로 조회하고 우측 상단의 '마감취소'를 클릭한 후 각 지급항목을 확인한다.
② 생산직의 경우 'P10.연장근로수당'은 '총연장근무시간×시급×1.5'로 계산하여 지급된다.

📍 [인사/급여관리] – [기초환경설정] – [지급공제항목등록]

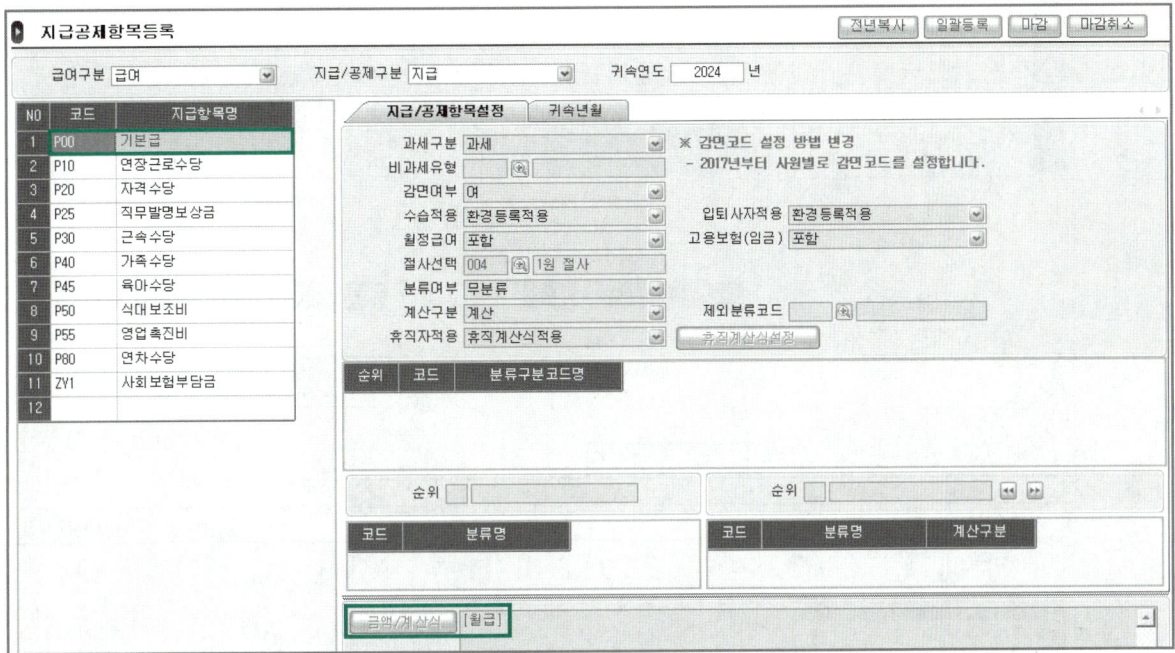

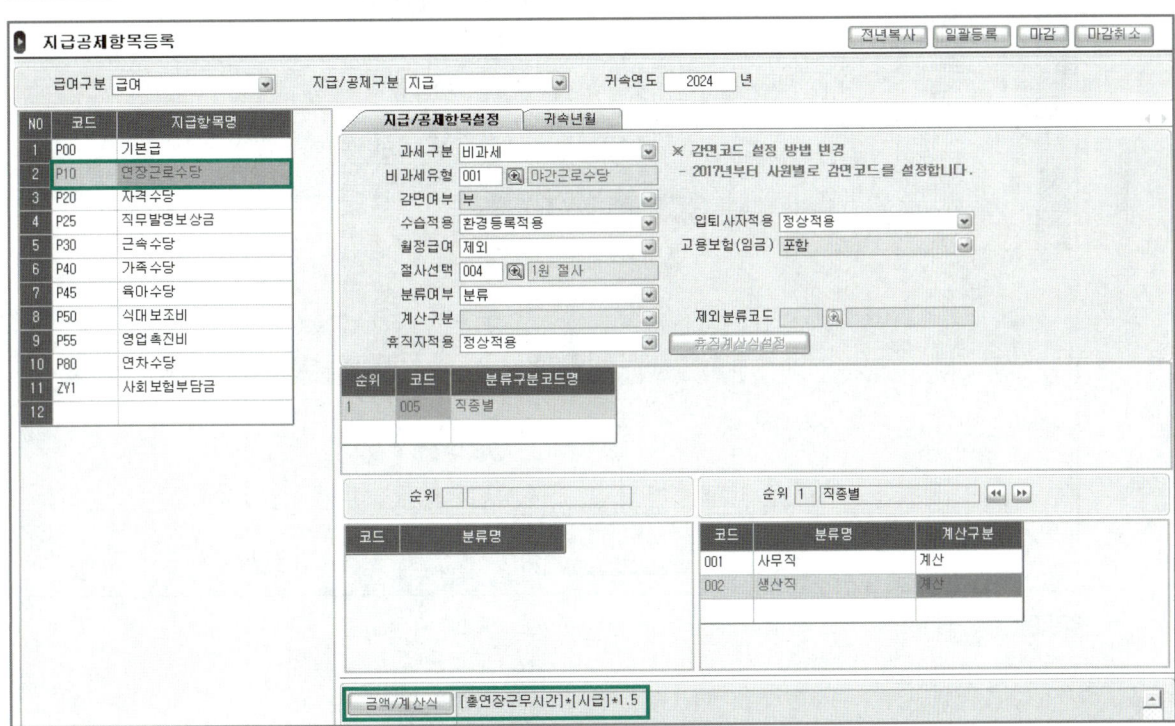

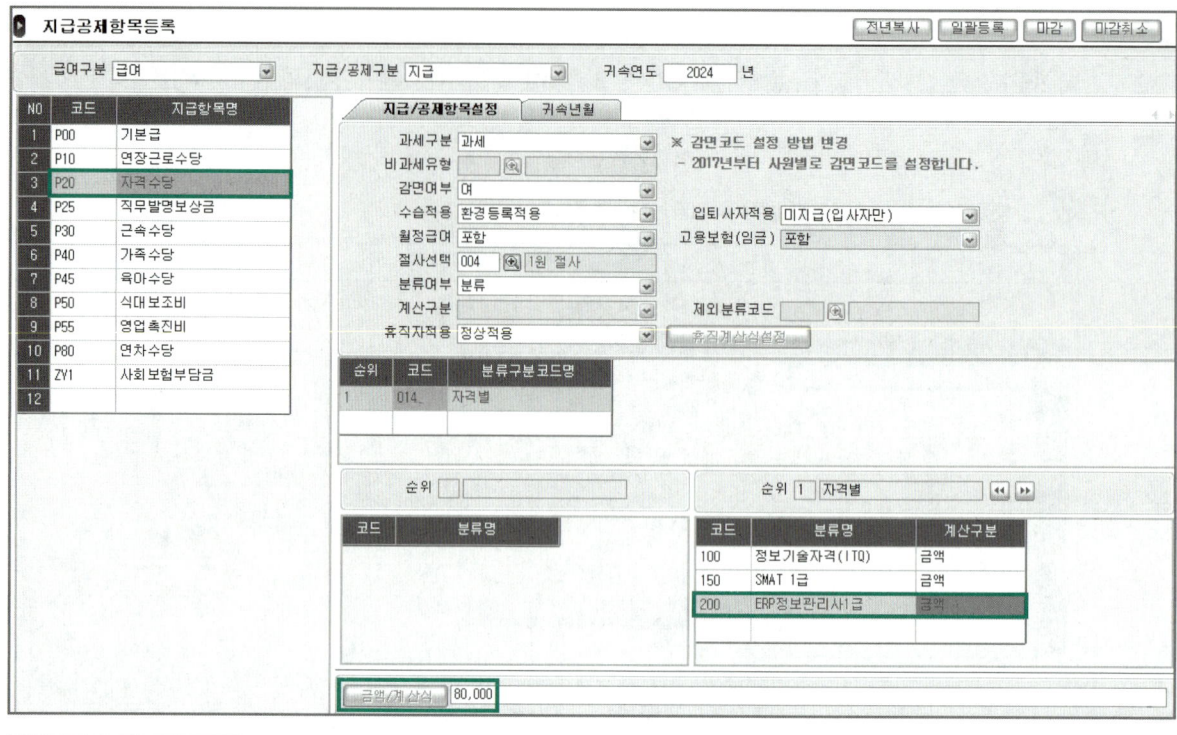

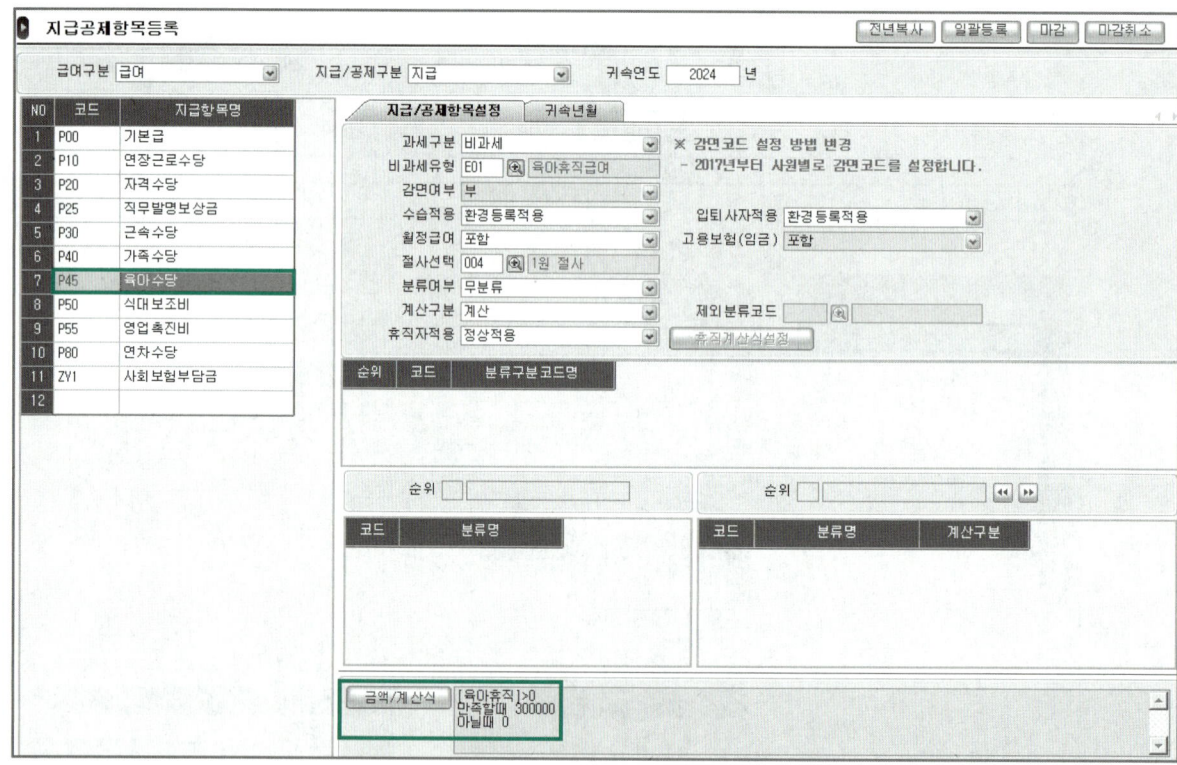

> **TIP** '마감취소'를 클릭하고 '로그인 암호' 입력 창이 뜨면 별도의 입력 없이 '확인'을 클릭한다.

07 ①

사원별 재직정보, 급여정보 탭의 각 정보를 확인한다.

|오답 풀이|

② '20081201.조선우' 사원은 현재 60세 이상 부양가족 공제를 받지 않는다.
③ '20081203.김도균' 사원은 노조에 가입되어 있지 않다.
④ '20090701.김동민' 사원은 파견 근로자가 아니다.

📍 [인사/급여관리] - [인사관리] - [인사정보등록]

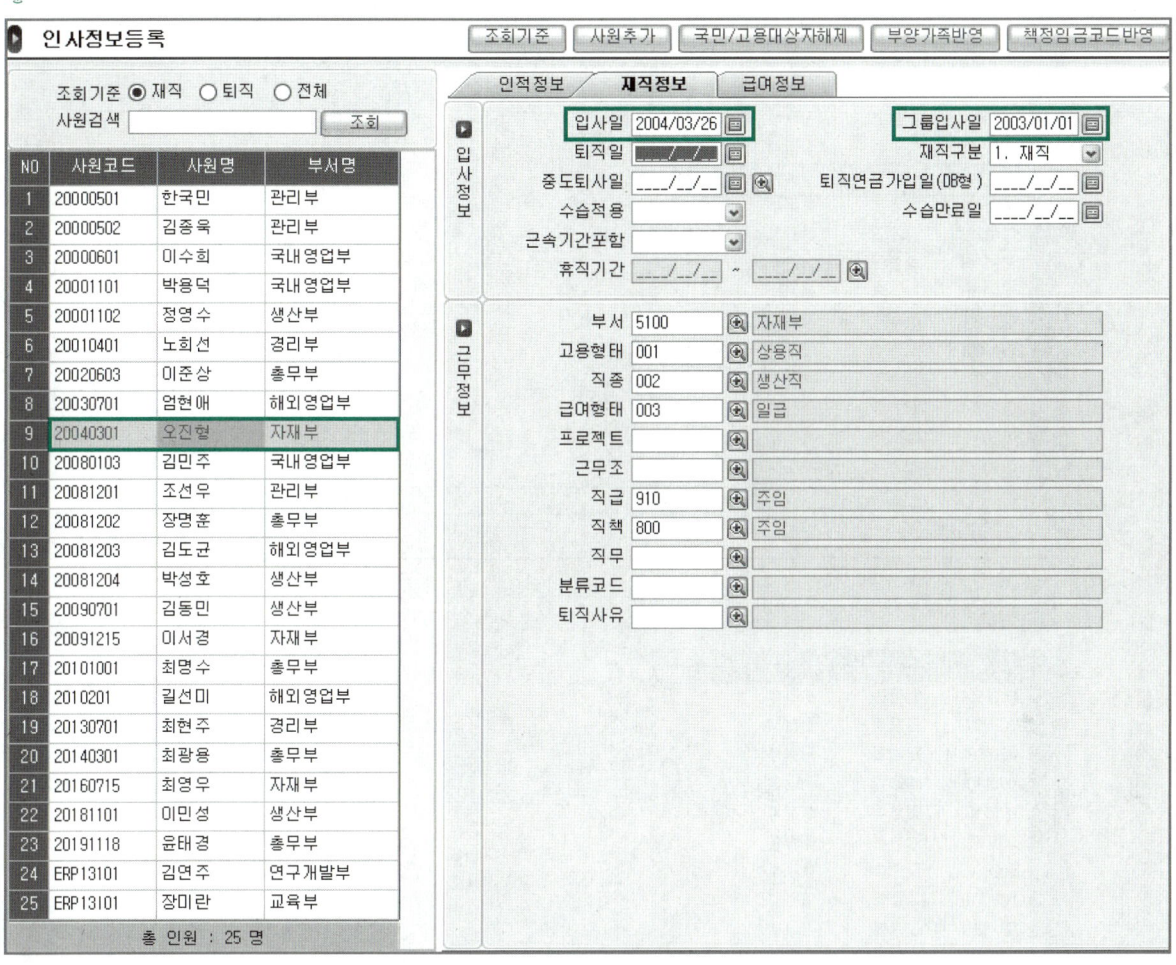

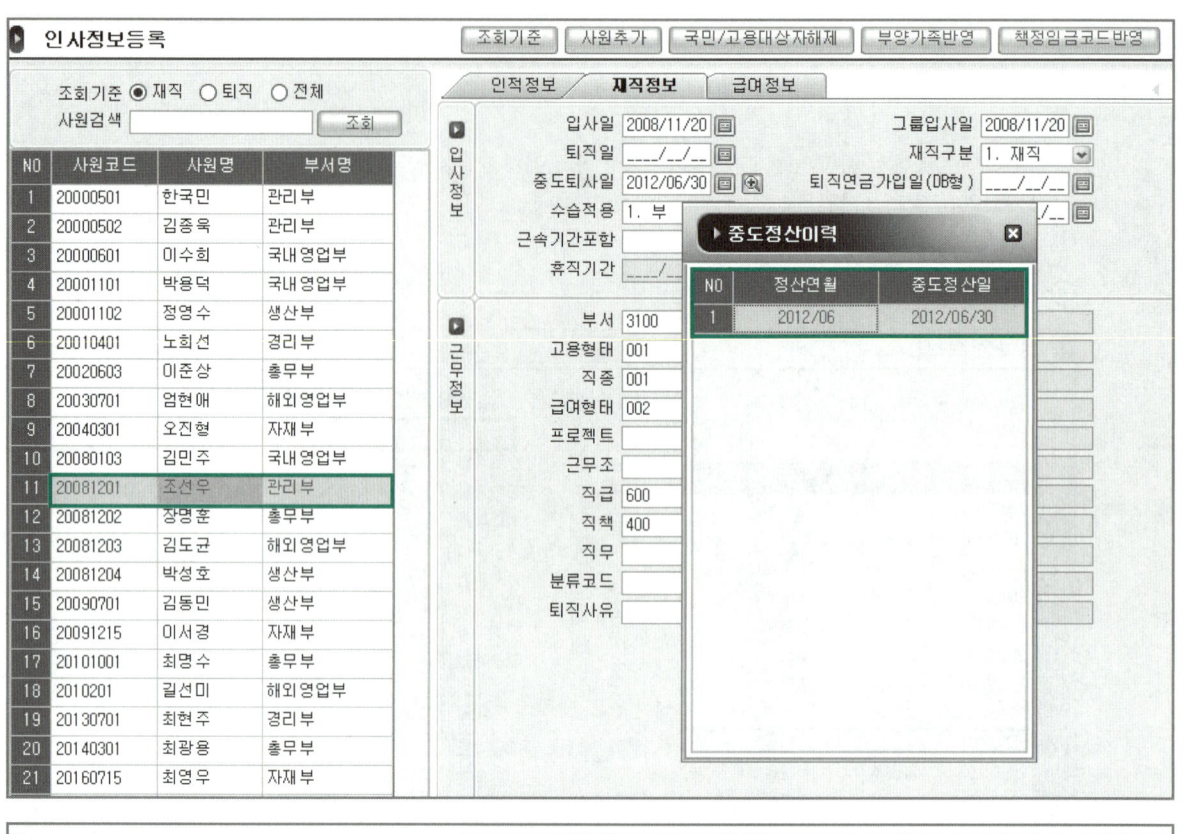

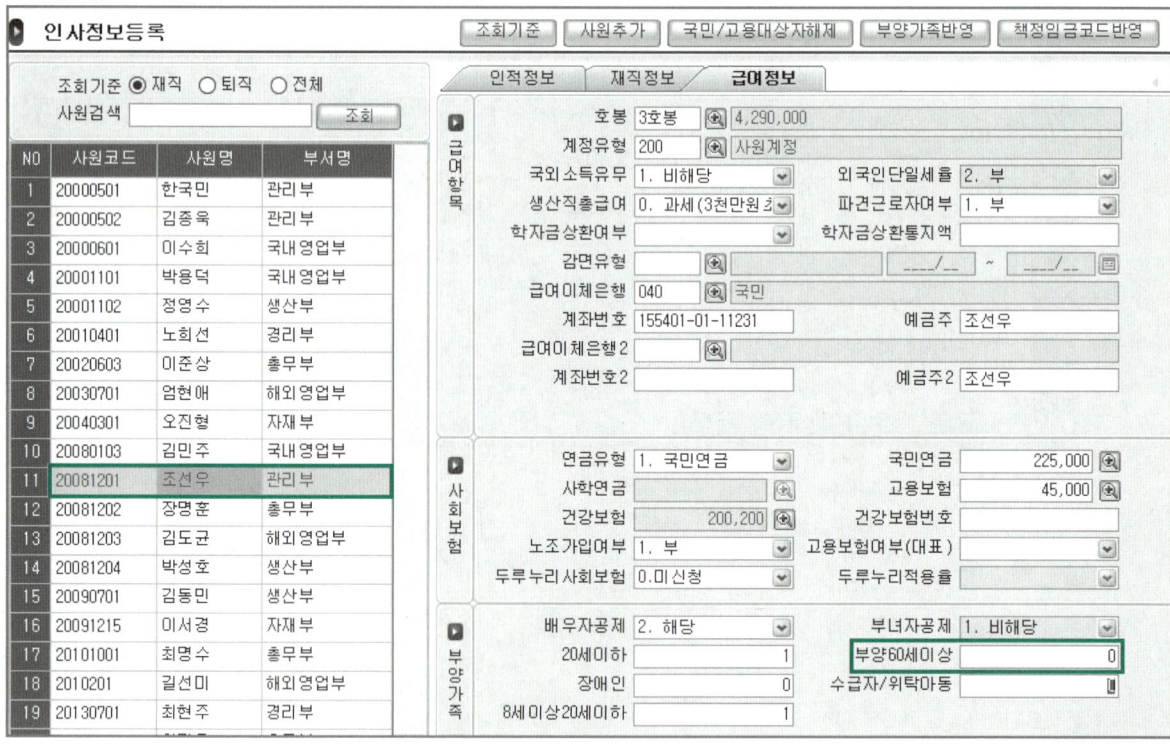

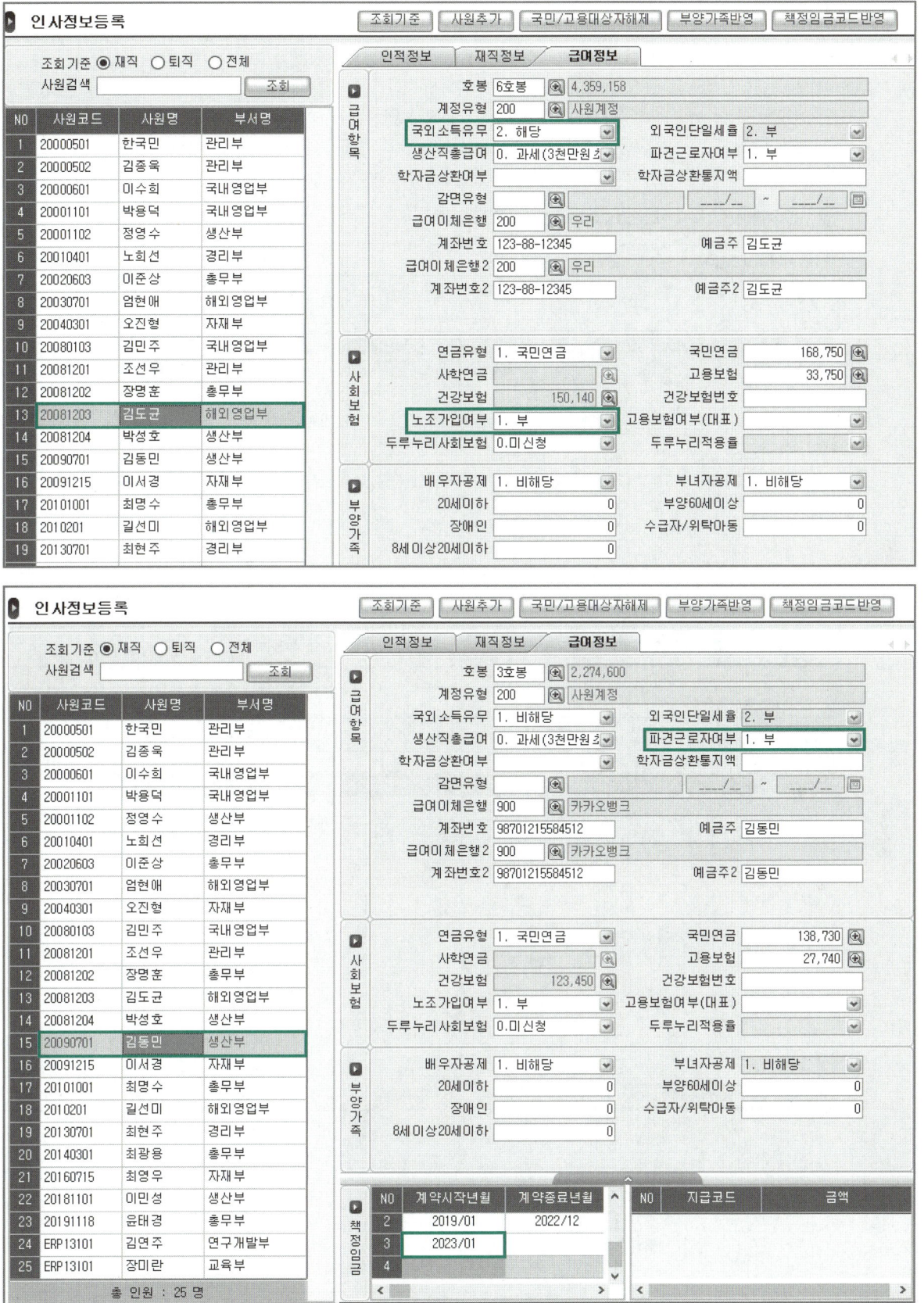

08 ④

'출력구분: 4.사원그룹(G)'로 조회한 후 보기의 내용을 확인한다.

|오답 풀이|
① 'G1.고용구분' 관리내역의 '비고'가 '0'인 경우, '일용직사원등록' 메뉴에서 조회되는 코드이다.
② '인사정보등록' 메뉴의 '고용형태'에서 조회되는 코드는 '001.상용직', '003.관리직', '005.임시직'이 있다.
③ 'G2.직종' 관리내역의 '비고'가 '1'인 경우, 생산직 연장근로 비과세 적용대상 직종이다.

📍 [인사/급여관리] – [기초환경설정] – [인사기초코드등록]

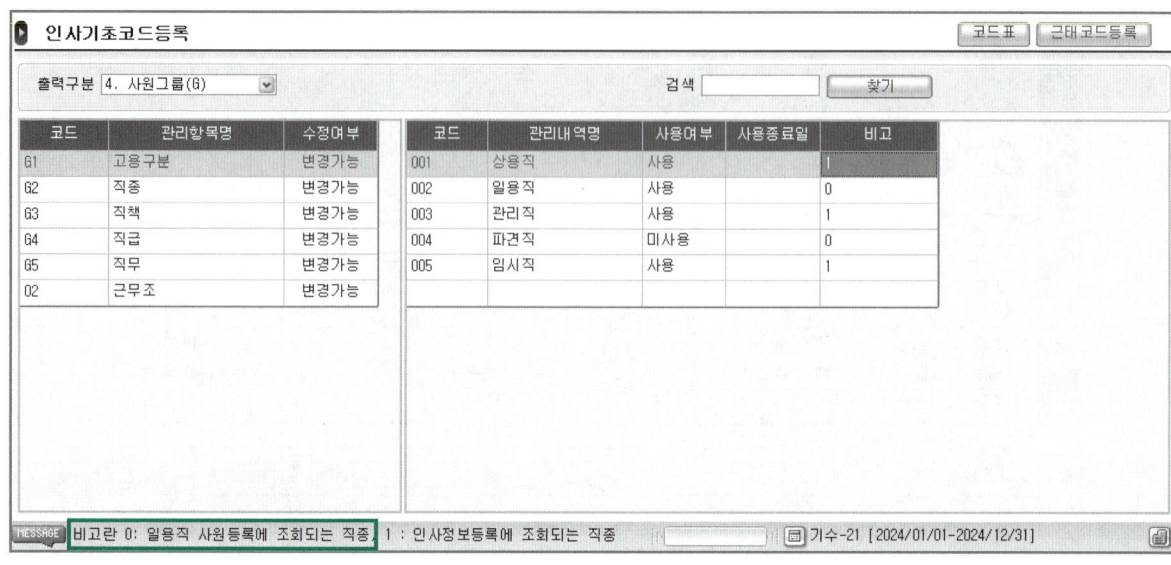

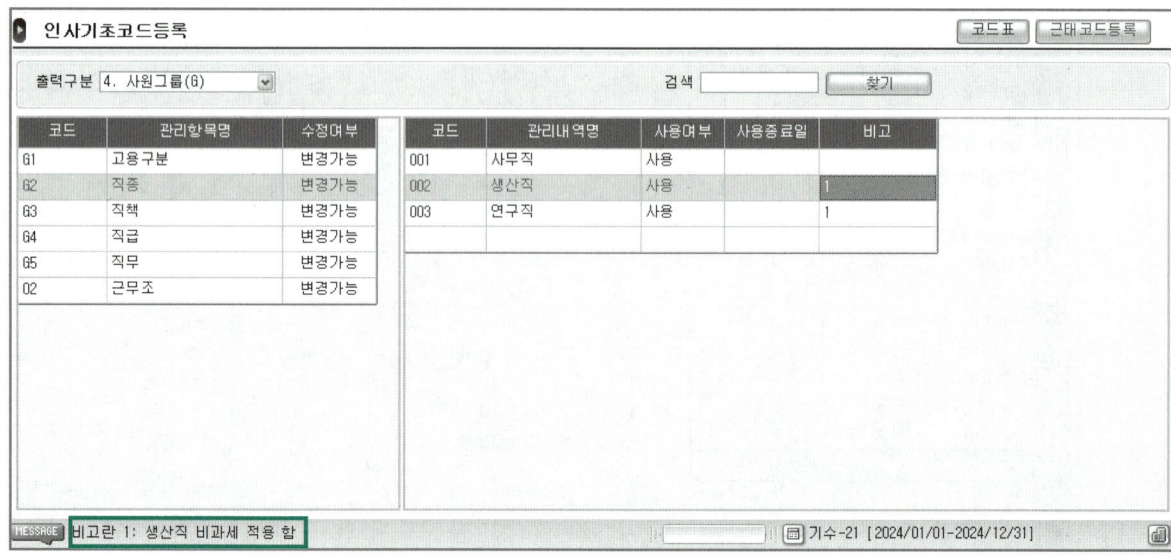

09 ④

'이서경' 사원의 가족 탭의 정보를 확인한다.

④ 현재 해당 사원이 부양하고 있는 가족 중 '최현준'은 2010년생이기 때문에 자녀공제를 받을 수 있다.

◎ [인사/급여관리] – [인사관리] – [인사기록카드]

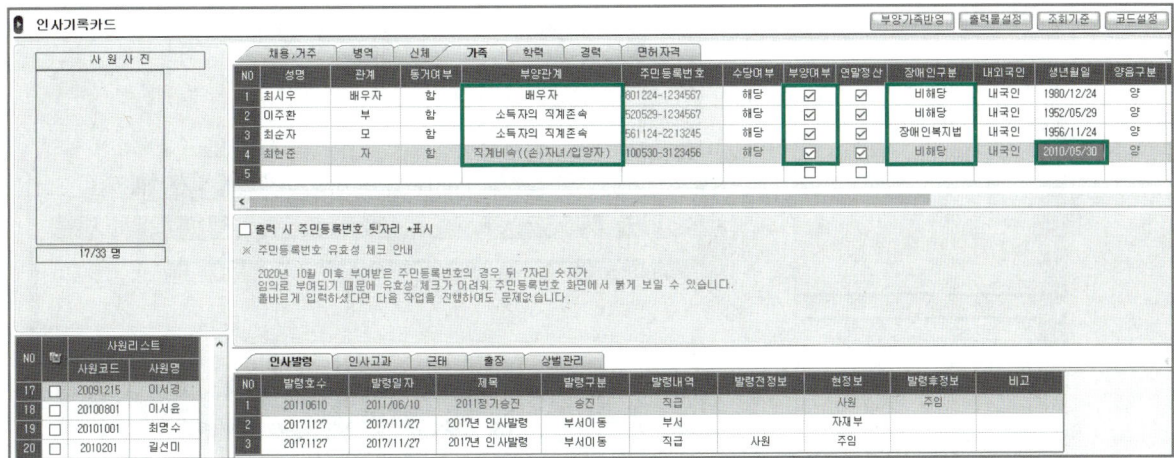

10 ①

'교육기간: 2024/10/01~2024/12/31'로 조회하여 교육별사원현황 탭의 '650.2024년 법정의무교육'의 이수여부를 확인한다.

◎ [인사/급여관리] – [인사관리] – [교육현황]

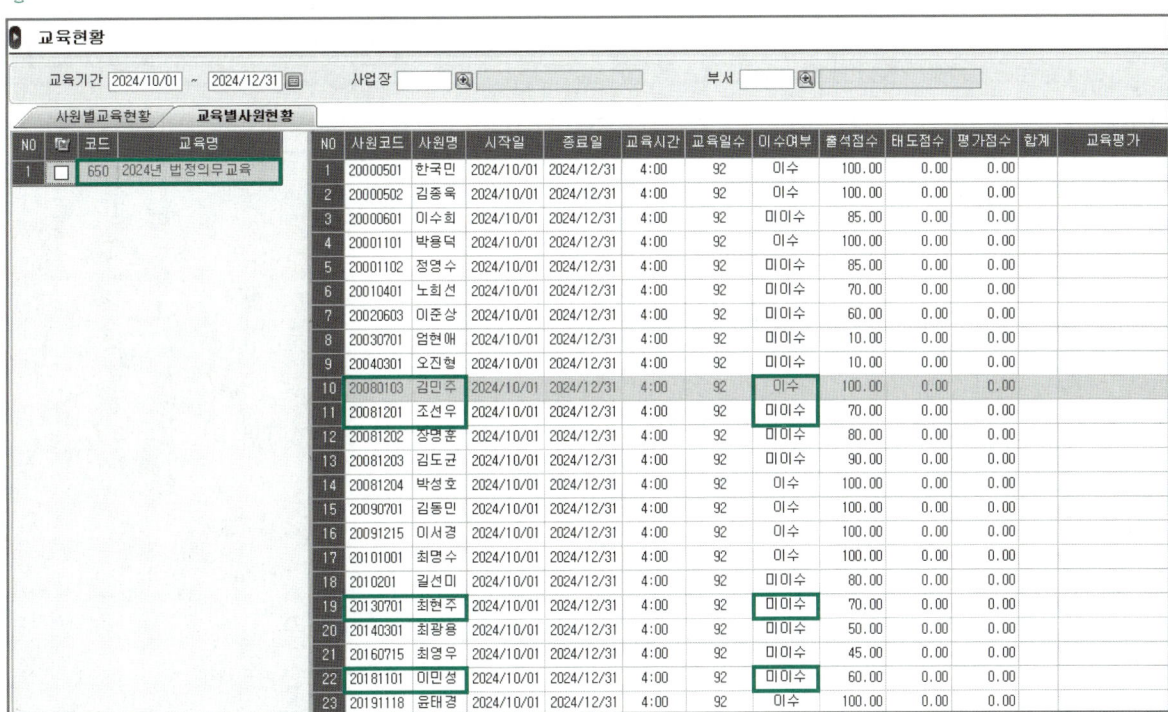

TIP [인사/급여관리]–[인사관리]–[교육평가] 메뉴에서도 확인할 수 있다.

11 ①

'조선우' 사원의 재직정보 탭의 휴직기간란에 [보기]와 같이 입력한 후 ESC를 눌러 저장한다.

[인사/급여관리] – [인사관리] – [인사정보등록]

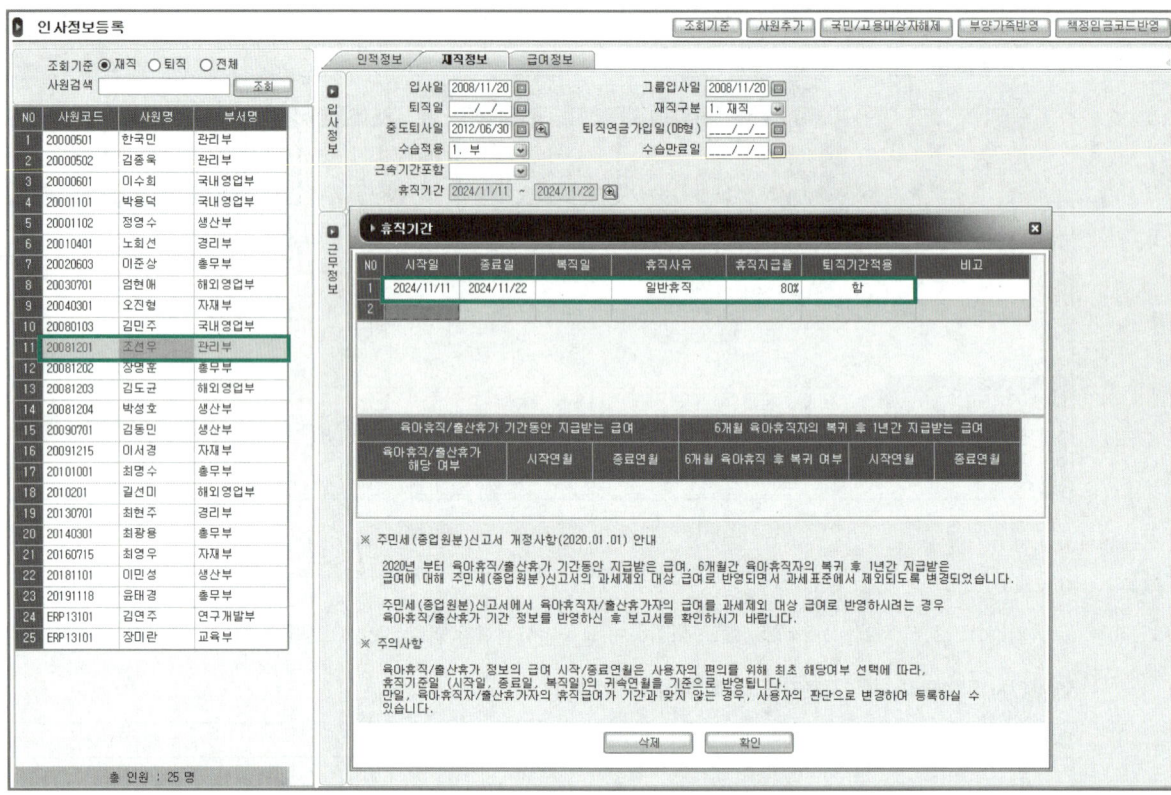

'귀속연월: 2024/11', '지급일: 1.급여'로 조회된 전체 사원을 체크하고 우측 상단의 '급여계산'을 적용하여 하단 급여총액 탭에서 과세를 확인한다.

[인사/급여관리] – [급여관리] – [상용직급여입력및계산]

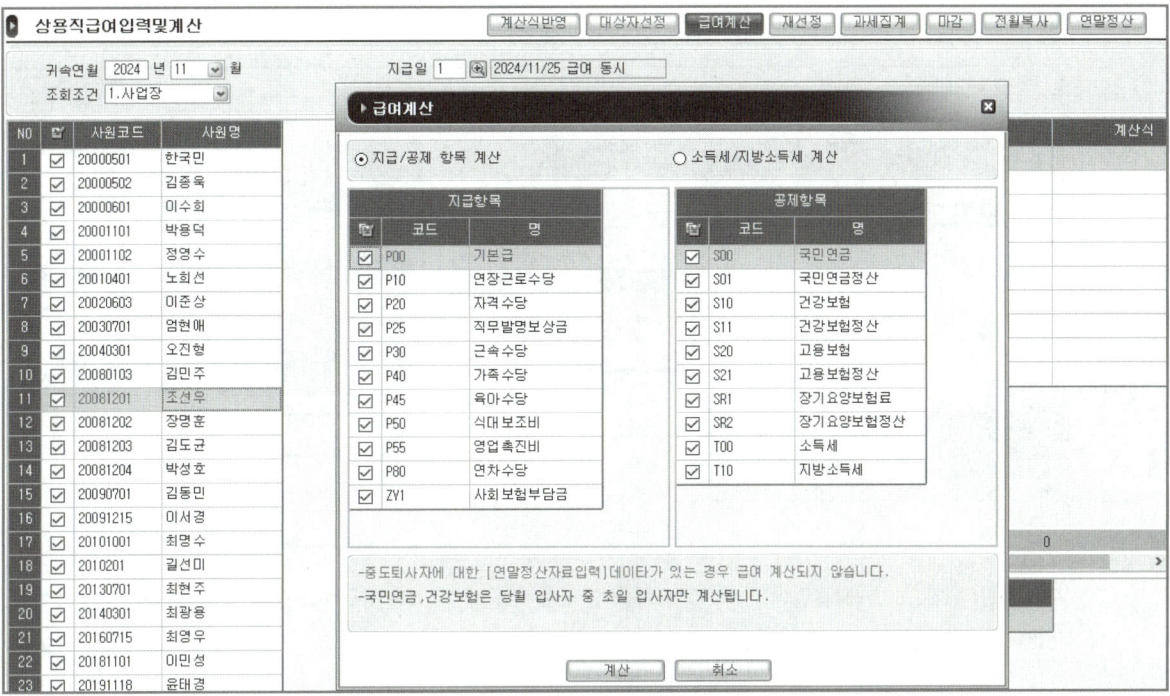

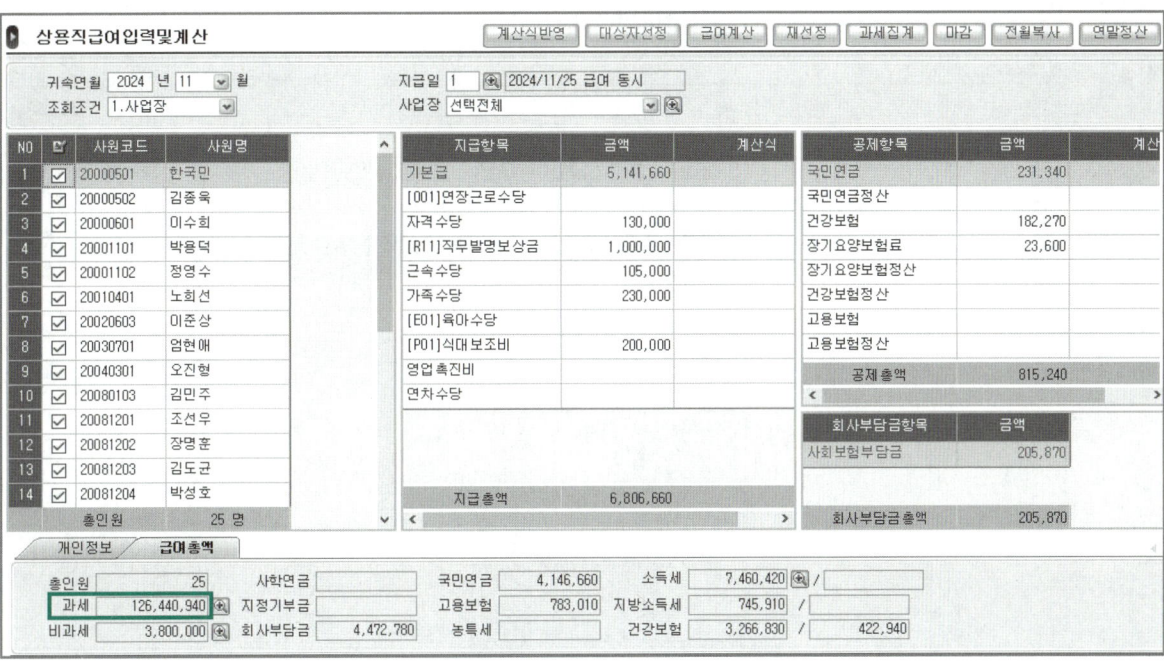

12 ③

'귀속연월: 2024/11'로 조회하여 [보기]에 따라 상여 지급일자 및 대상자선정 등을 입력한 후, 우측 상단의 '일괄등록'을 클릭하여 상여 지급대상을 설정한다.

[인사/급여관리] – [기초환경설정] – [급/상여지급일자등록]

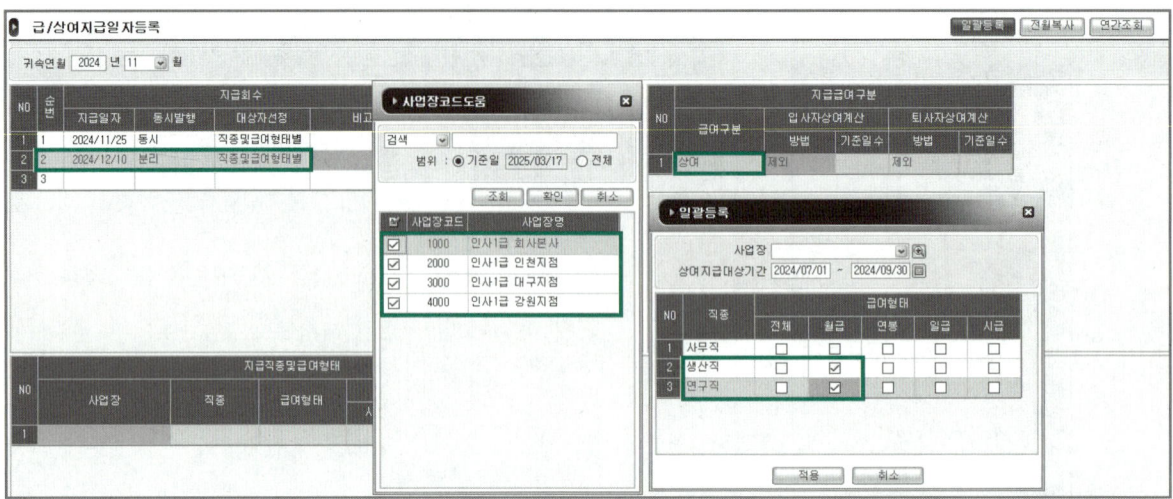

'귀속연월: 2024/11', '지급일: 2.상여'로 조회한 후 전체 사원에 체크하고 우측 상단의 '급여계산'을 적용하여 사원별 '상여' 금액을 확인한다.

③ '20081203.김도균' 사원의 상여 금액은 5,625,000원이다.

[인사/급여관리] – [급여관리] – [상용직급여입력및계산]

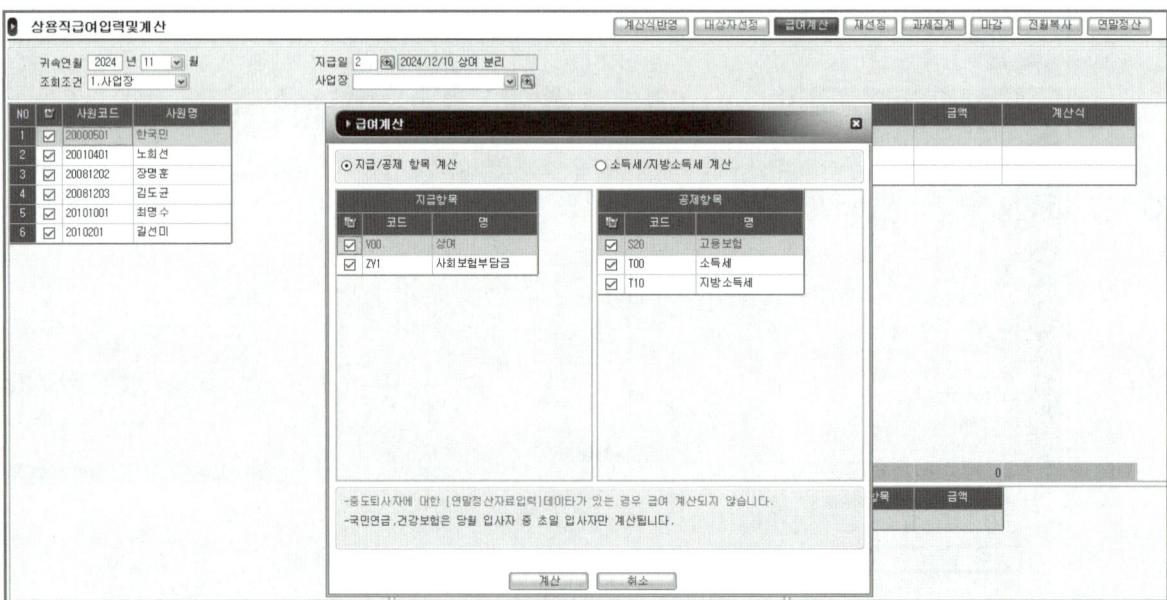

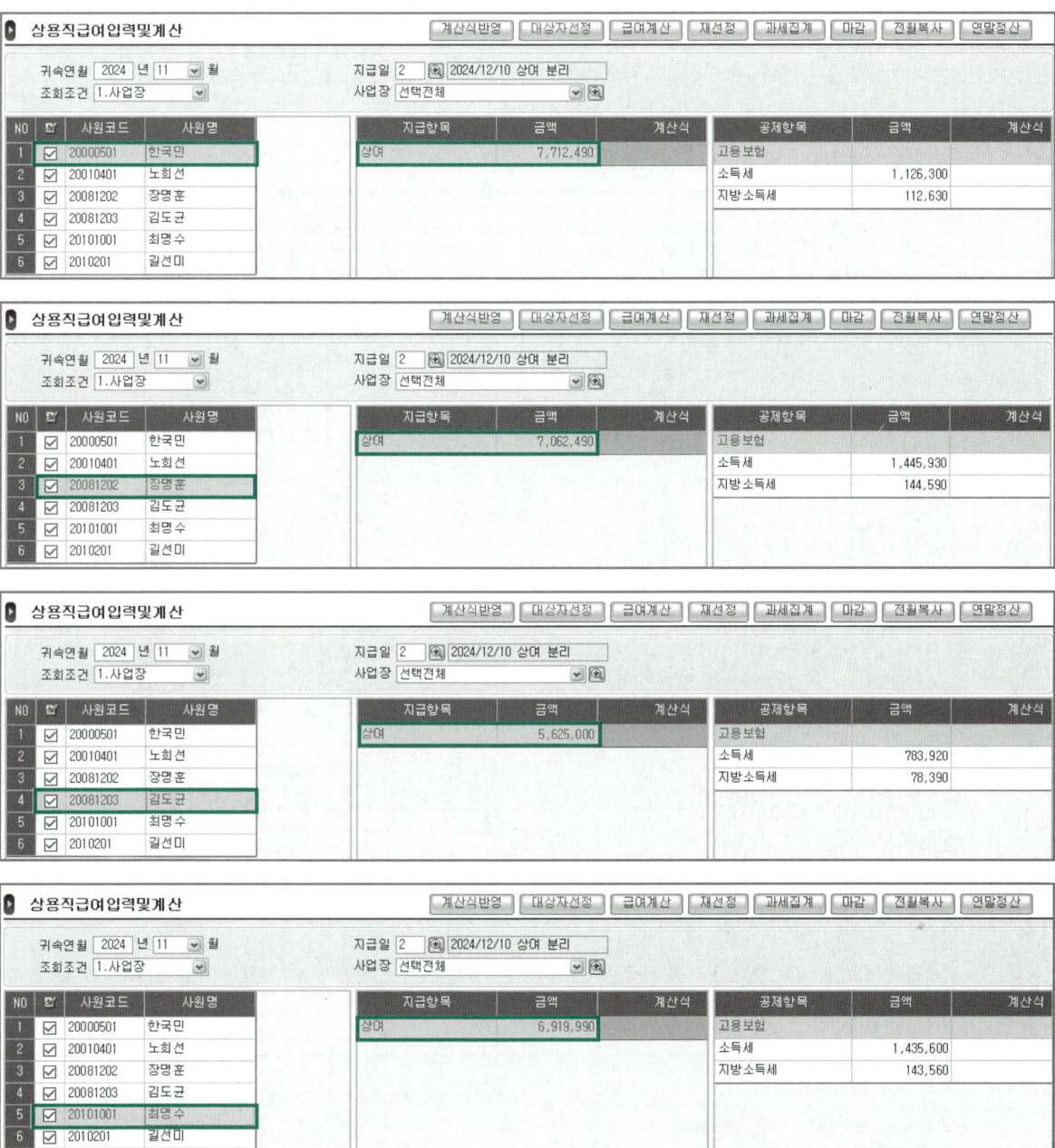

13 ①

'귀속연월: 2024/10', '지급일: 1.급여', '무급자: 제외', '사업장: 1000.인사1급 회사본사'를 조회하여 이체내역을 확인한다.
① 근로자의 계좌로 이체되는 총급여는 47,917,980원이다.

📍 [인사/급여관리] – [급여관리] – [급/상여이체현황]

은행	사원코드	사원명	계좌번호	예금주명	실지급액	지급일자
신한	20001101	박용덕	155029-02-99887	박용덕	4,547,840	2024/10/25
신한	20010401	노희선	155401-12-28901	노희선	4,448,820	2024/10/25
신한	20020603	이준상	177632-18-19940	이준상	3,949,760	2024/10/25
신한	20030701	엄현애	155401-01-87002	엄현애	4,343,970	2024/10/25
은행 소계					17,290,390	
은행 누계					17,290,390	
우리	20000601	이수희	155401-01-29938	이종현	4,967,210	2024/10/25
우리	20081203	김도균	123-88-12345	김도균	4,283,350	2024/10/25
우리	20101001	최명수	120-55-65432	최명수	5,007,530	2024/10/25
우리	20191118	윤태경	12-123-1235	윤태경	3,781,110	2024/10/25
은행 소계					18,039,200	
은행 누계					35,329,590	
카카오뱅크	2010201	길선미	890123432145	길선미	4,622,990	2024/10/25
카카오뱅크	20130701	최현주	1238012345	최현주	4,103,050	2024/10/25
카카오뱅크	20140301	최광용	880123221545	최광용	3,862,350	2024/10/25
은행 소계					12,588,390	
은행 누계					**47,917,980**	
현금	20080103	김민주			4,076,860	
현금	20081202	장명훈			5,097,290	2024/10/25
은행 소계					9,174,150	
총계	13명				57,092,130	

TIP 은행별 이체 금액의 합계는 누계가 아닌 소계로 확인한다.

14 ②

'귀속연월: 2024/07~2024/09', '지급구분: 100.급여', '집계구분: 2.직종별'을 조회하여 내역을 확인한다.

📍 [인사/급여관리] – [급여관리] – [항목별급상여지급현황]

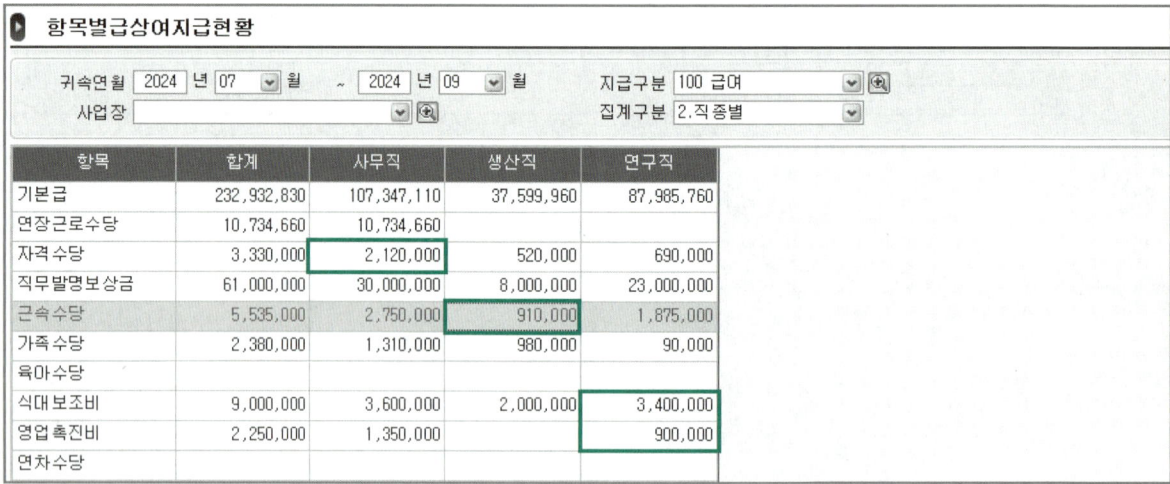

15 ②

'장명훈' 사원을 선택한 후 급여정보 탭 하단 책정임금란에 커서를 두고 Ctrl+F3를 눌러 시급을 확인한다.

[인사/급여관리] – [인사관리] – [인사정보등록]

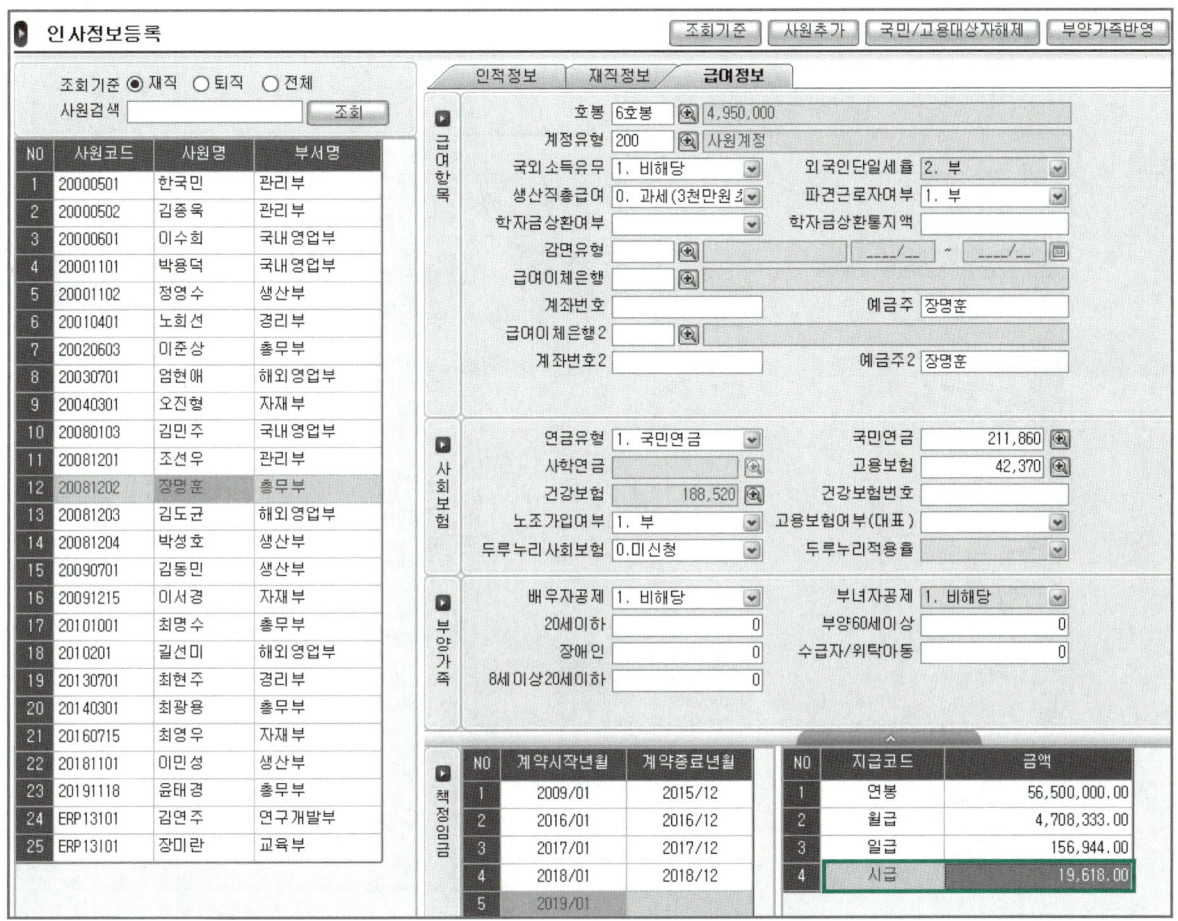

TIP 책정임금란의 금액을 확인할 때 '로그인 암호' 창이 뜨면 암호 입력 없이 '확인'을 누른다.

'귀속연월: 2024/10', '지급일: 1.급여'로 조회하여 '장명훈' 사원의 근태 내역을 확인하고 [보기]의 계산식을 이용하여 공제액을 계산한다.

- 책정임금 시급: 19,618원
- 1유형 공제액: $(1.25 + 0.5) \times 1.2 \times 19{,}618$원 $= 41{,}190$원$(41{,}197.8)$
- 2유형 공제액: $0.75 \times 1.5 \times 19{,}618$원 $= 22{,}070$원$(22{,}070.25)$
- ∴ 기본급 공제액: $41{,}190$원 $+ 22{,}070$원 $= 63{,}260$원

[인사/급여관리] – [급여관리] – [근태결과입력]

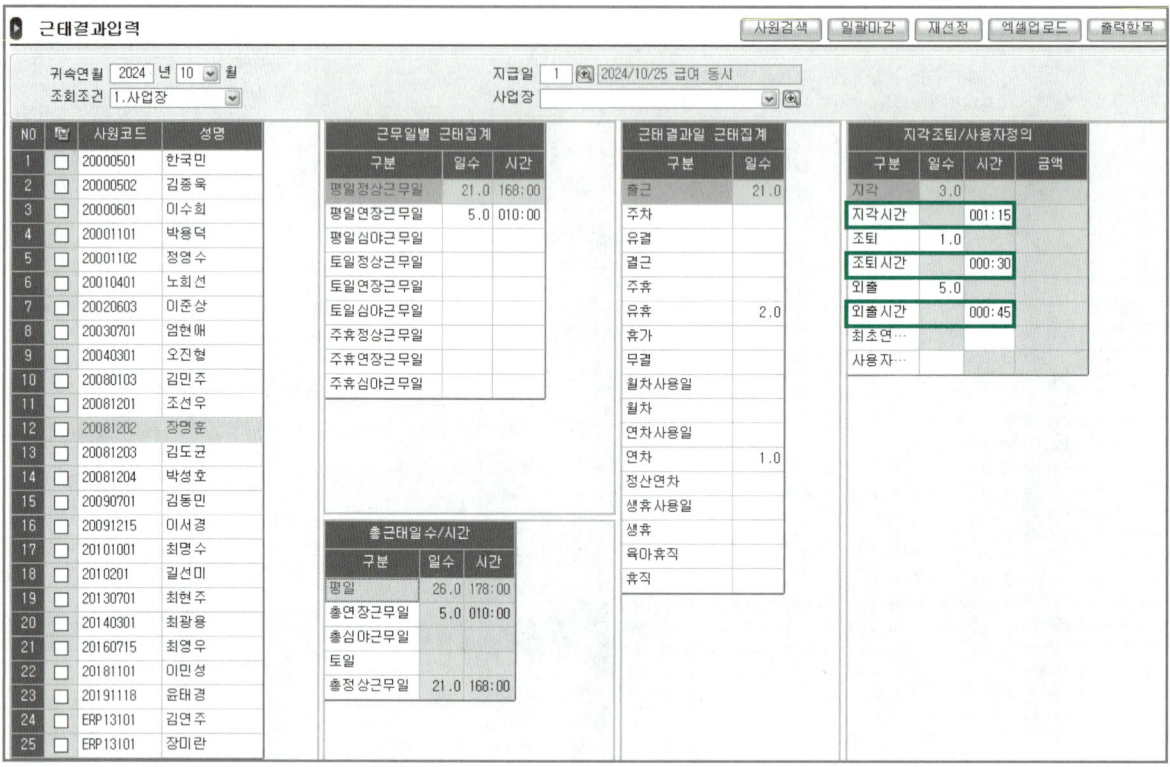

TIP 15분 = 0.25, 30분 = 0.5, 45분 = 0.75, 1시간 = 1

16 ②

'조회기간: 2024/01~2024/06', '분류기준: 과세/비과세', '조회구분: 직책', '사용자부담금: 0.제외'로 조회하여 하단의 '과세/비과세' 총액을 확인한다.
② 주임의 비과세총액은 9,600,000원이다.

📍 [인사/급여관리] – [급여관리] – [연간급여현황]

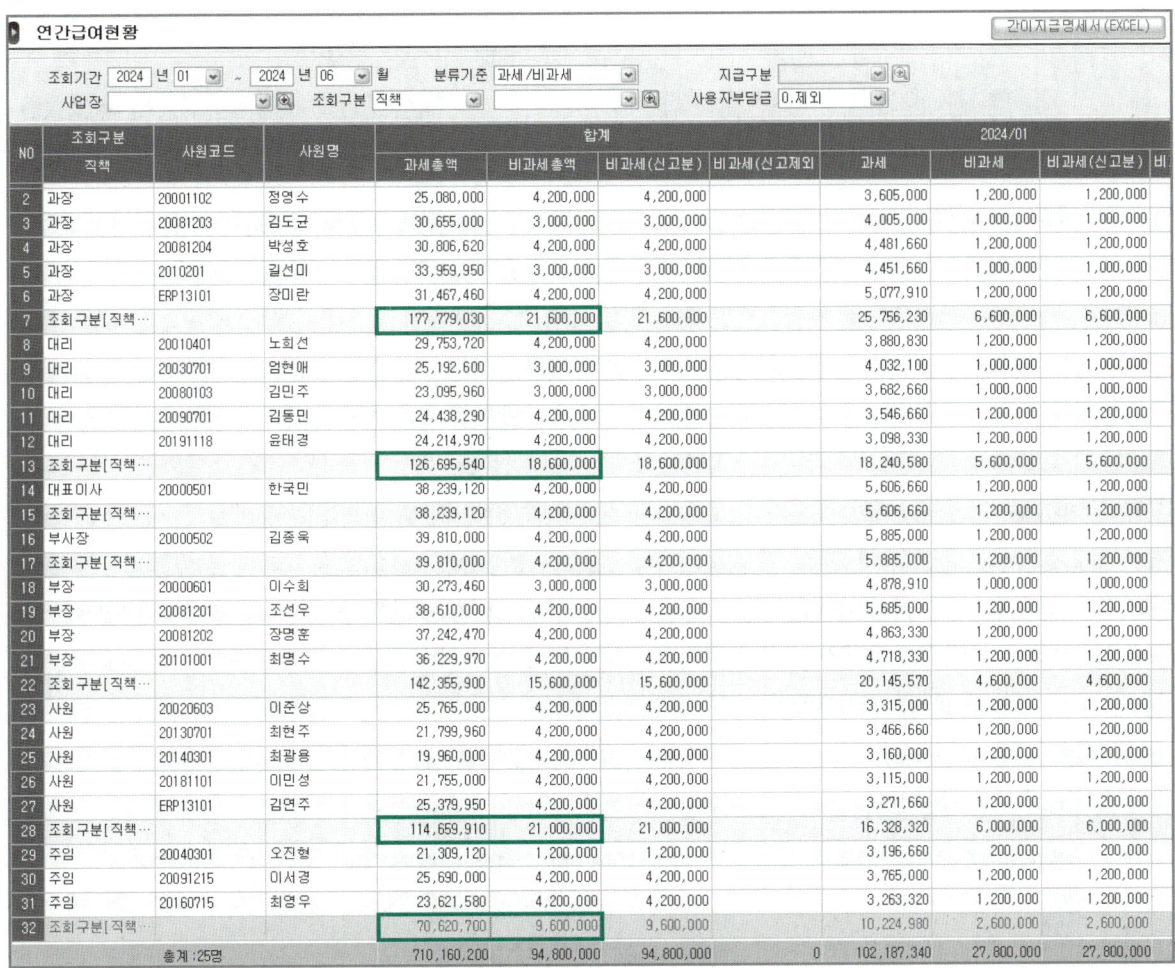

17 ③

'귀속연월: 2024/11', '지급일: 1.매일지급', '부서: 총무부', '급여형태: 004.시급'으로 조회한 후 전체 사원에 체크하여 추가한다.

◎ [인사/급여관리] – [일용직관리] – [일용직급여지급일자등록]

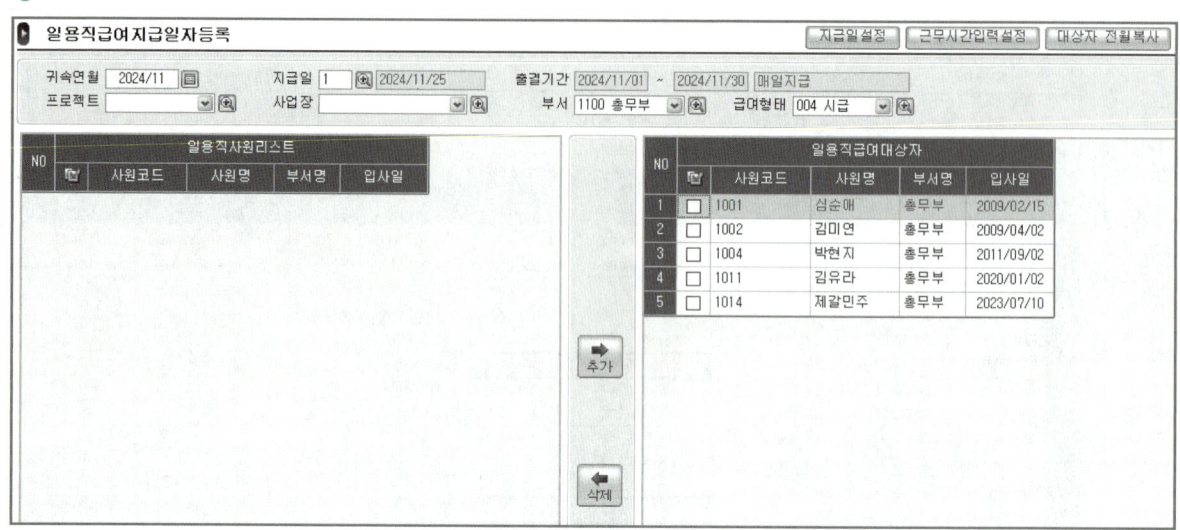

TIP 지급일 설정 시, '매일지급/일정기간지급'이 공란으로 보인다면 우측 상단의 '지급일 설정'을 클릭하여 '비고'란을 직접 작성한다.

'귀속연월: 2024/11', '지급일: 1.매일지급'으로 조회하여 전체 사원에 체크한다. 우측 상단의 '일괄적용'을 클릭하여 보기와 같이 평일 8시간과 비과세 10,000원, 토요일 4시간을 적용한 후 하단의 월지급액, 급여총액 탭의 내용을 확인한다.

③ 해당 지급일자의 사원 중 '1001.심순애', '1004.박현지', '1011.김유라'는 소득세를 공제하지 않고 급여를 지급받는다.

◎ [인사/급여관리] – [일용직관리] – [일용직급여입력및계산]

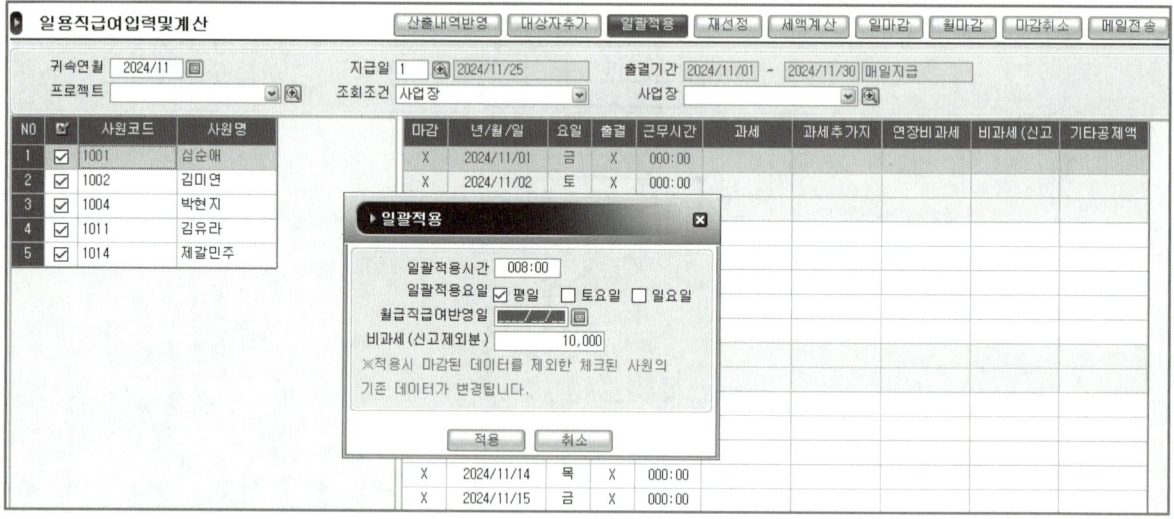

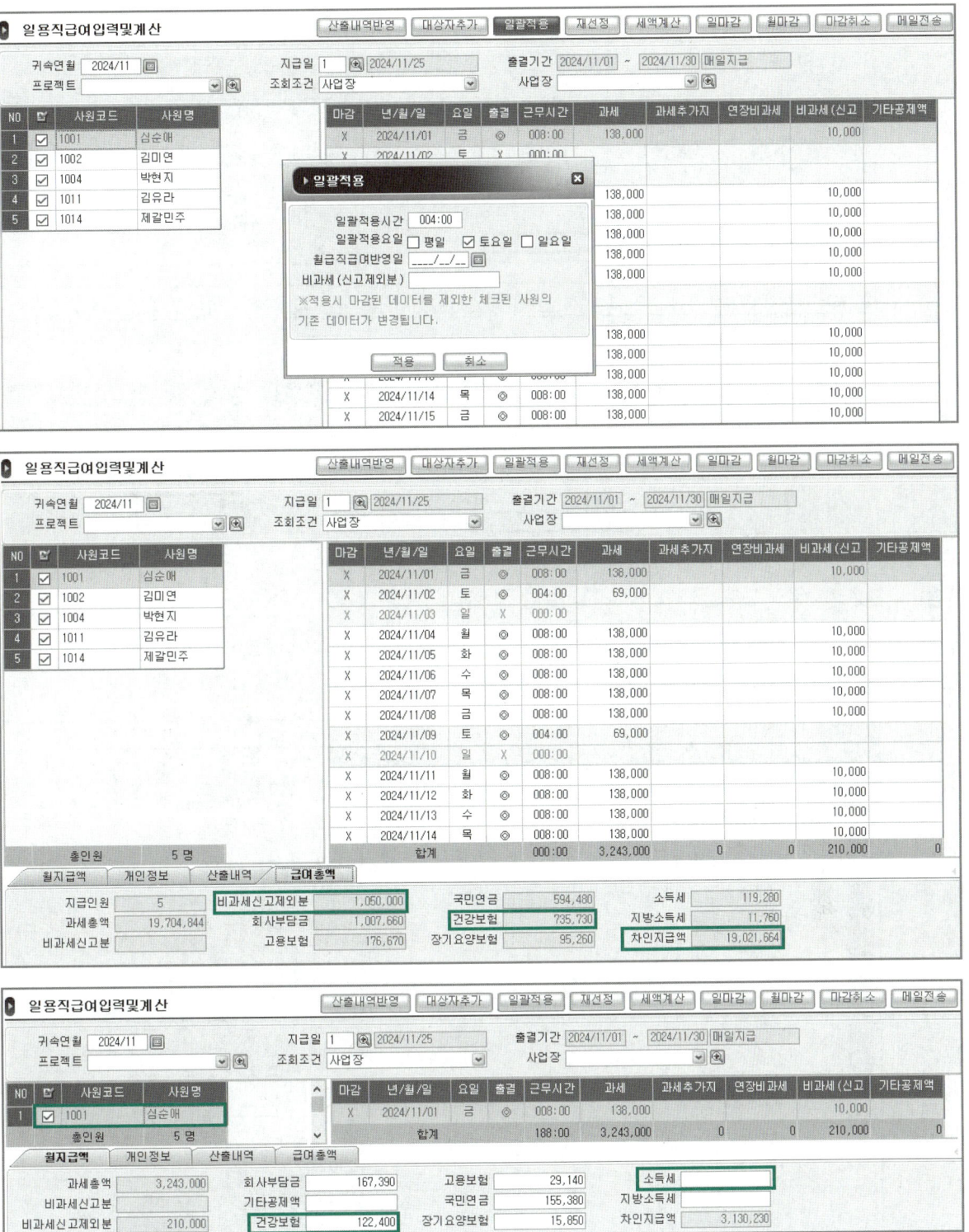

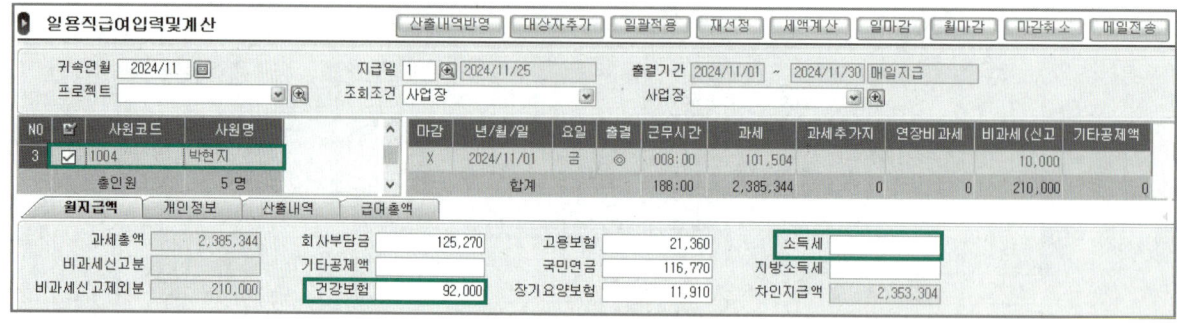

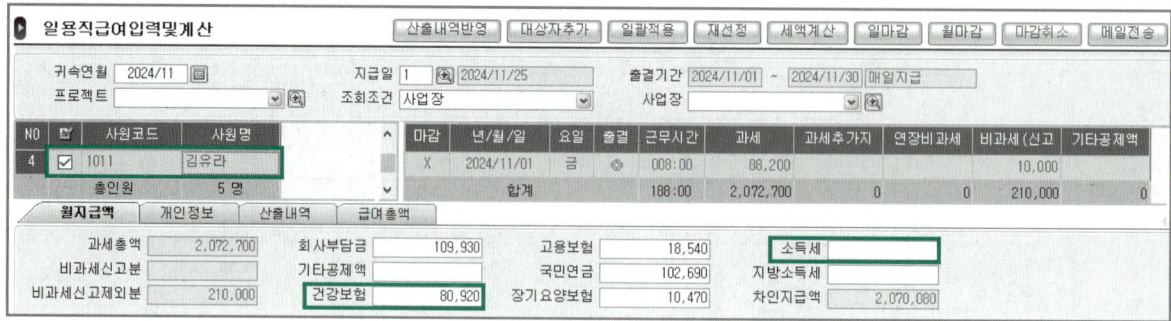

18 ④

'사원명: 1015.현단비'를 직접 입력하고 기본정보 탭에서 [보기]에 따라 '1015.현단비' 사원의 정보를 입력한다.

📍 [인사/급여관리] – [일용직관리] – [일용직사원등록]

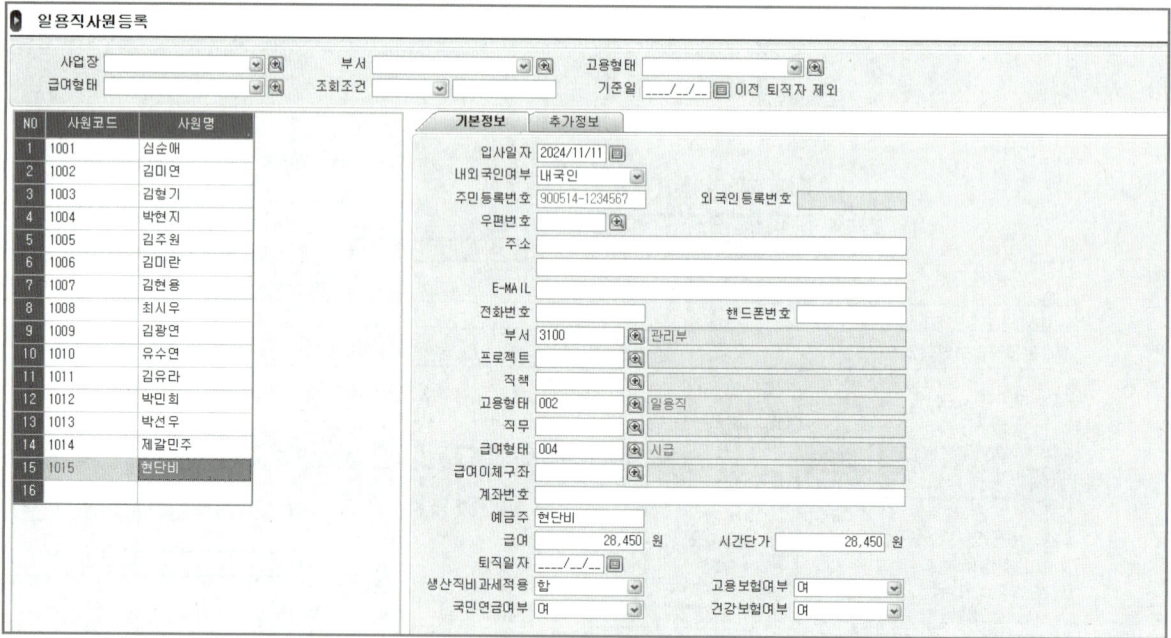

'귀속연월: 2024/11', '지급일: 2.일정기간지급'으로 조회한 후 우측 상단의 '대상자추가'를 클릭하여 '1015.현단비' 사원을 추가한다. 전체 사원에 체크하고 우측 상단의 '일괄적용'을 클릭하여 평일 9시간을 적용한 후 하단의 급여총액 탭에서 차인지급액을 확인한다.

[인사/급여관리] – [일용직관리] – [일용직급여입력및계산]

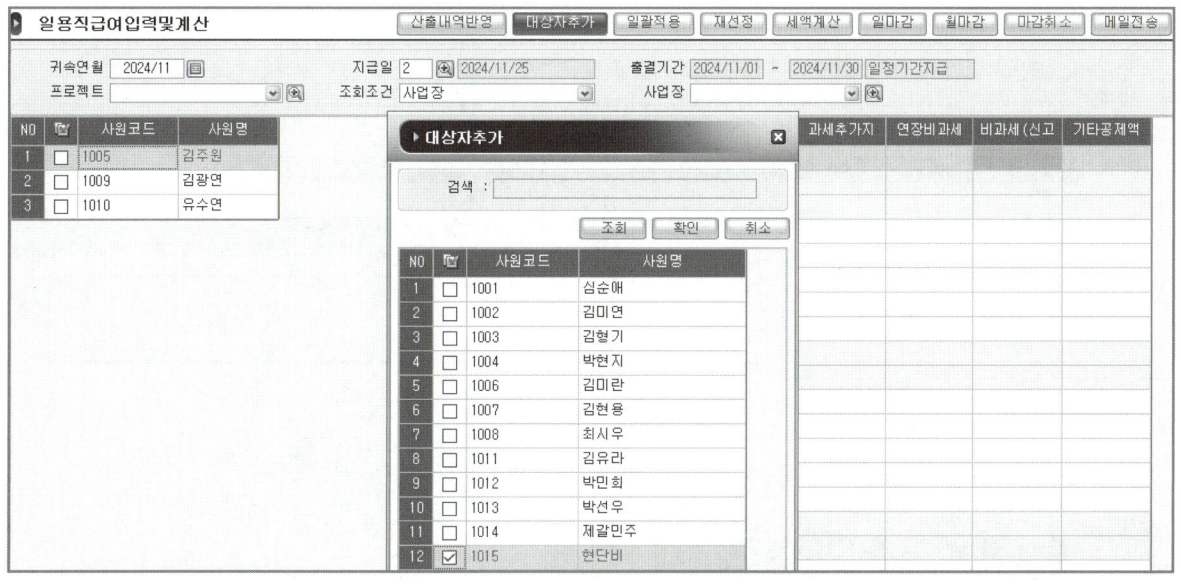

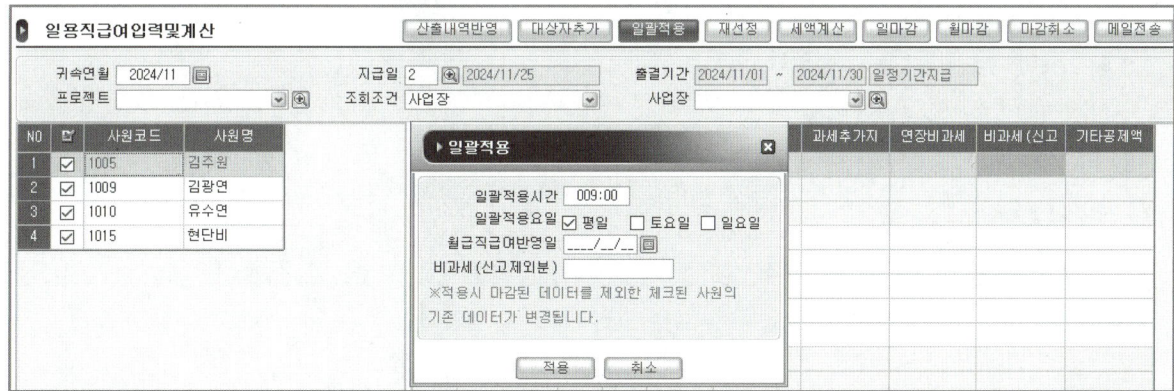

19 ①

우측 상단의 '마감취소'를 클릭한 후 '누진적용,' '기본설정', '지급항목설정' 등 퇴직기준설정 내용을 확인한다.
• B: 퇴직금 계산 시 급/상여 지급 항목을 모두 선택하여 사용할 수 있다.
• C: 평균임금 계산 시 1원 단위 절사 처리한다.
• D: 해당 누진항목의 적용방식은 '001.가산일수'이다.

📍 [인사/급여관리] – [퇴직정산관리] – [퇴직기준설정]

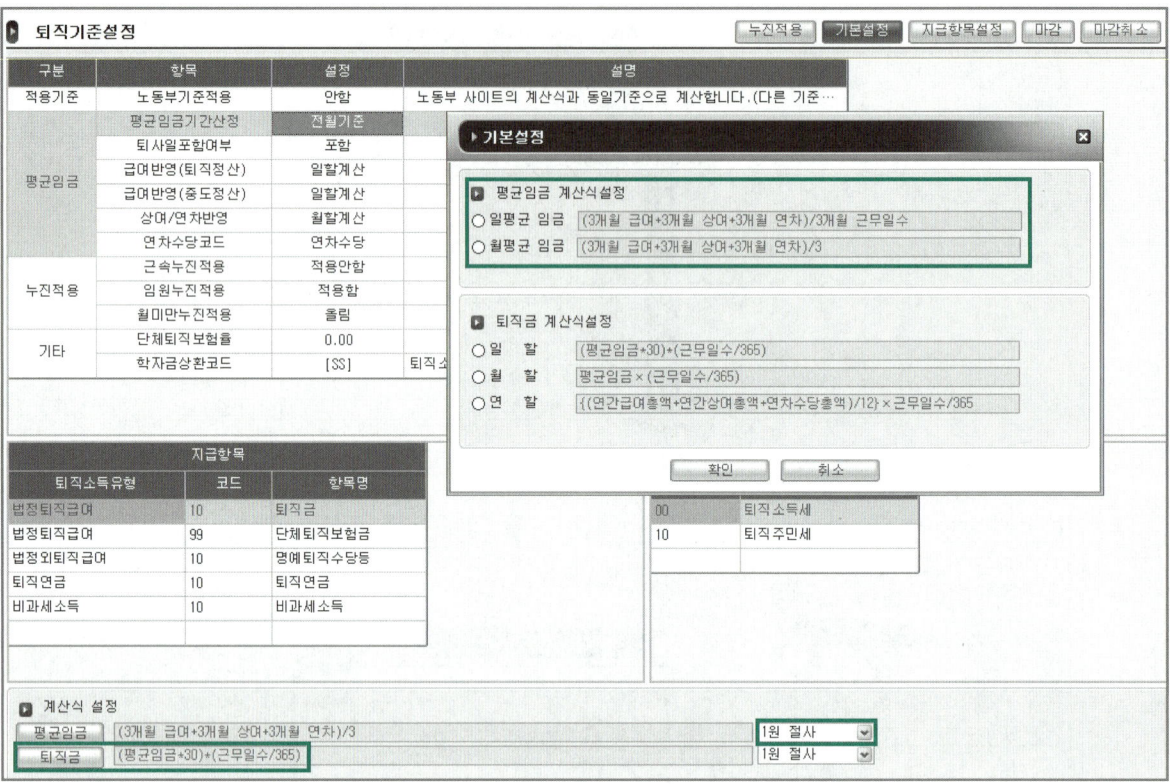

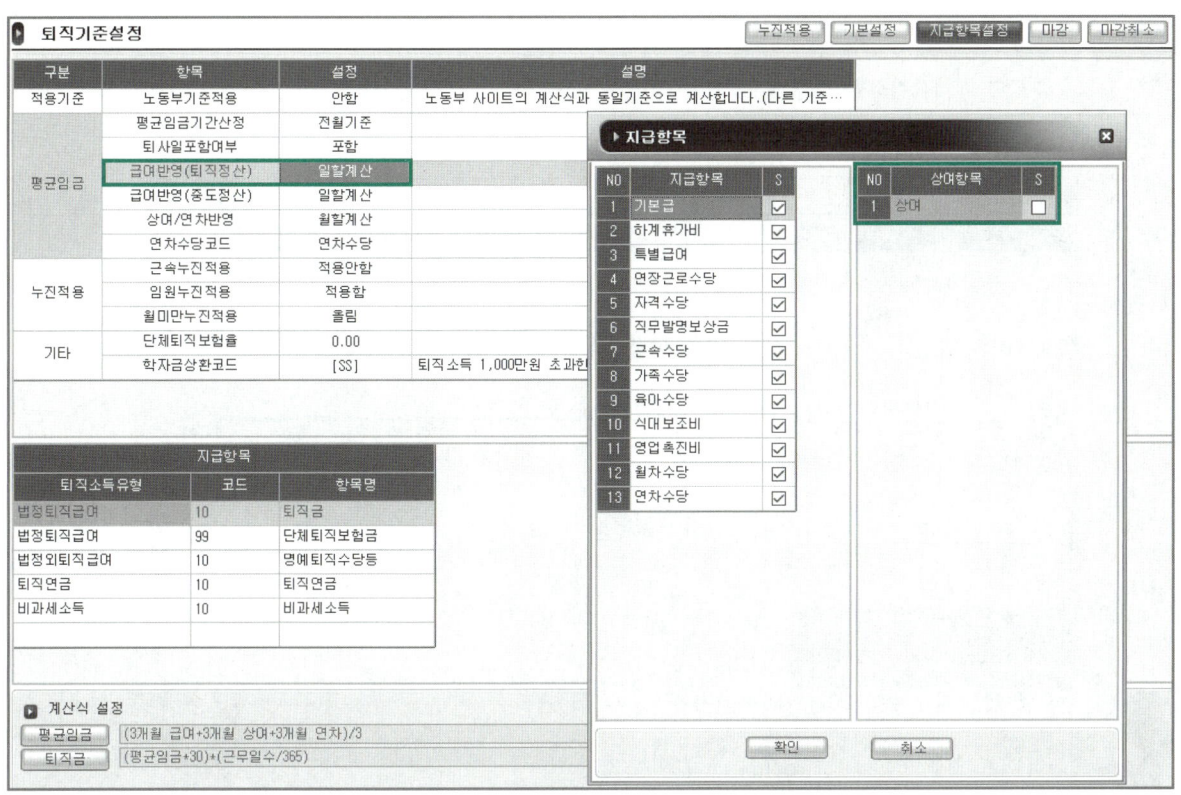

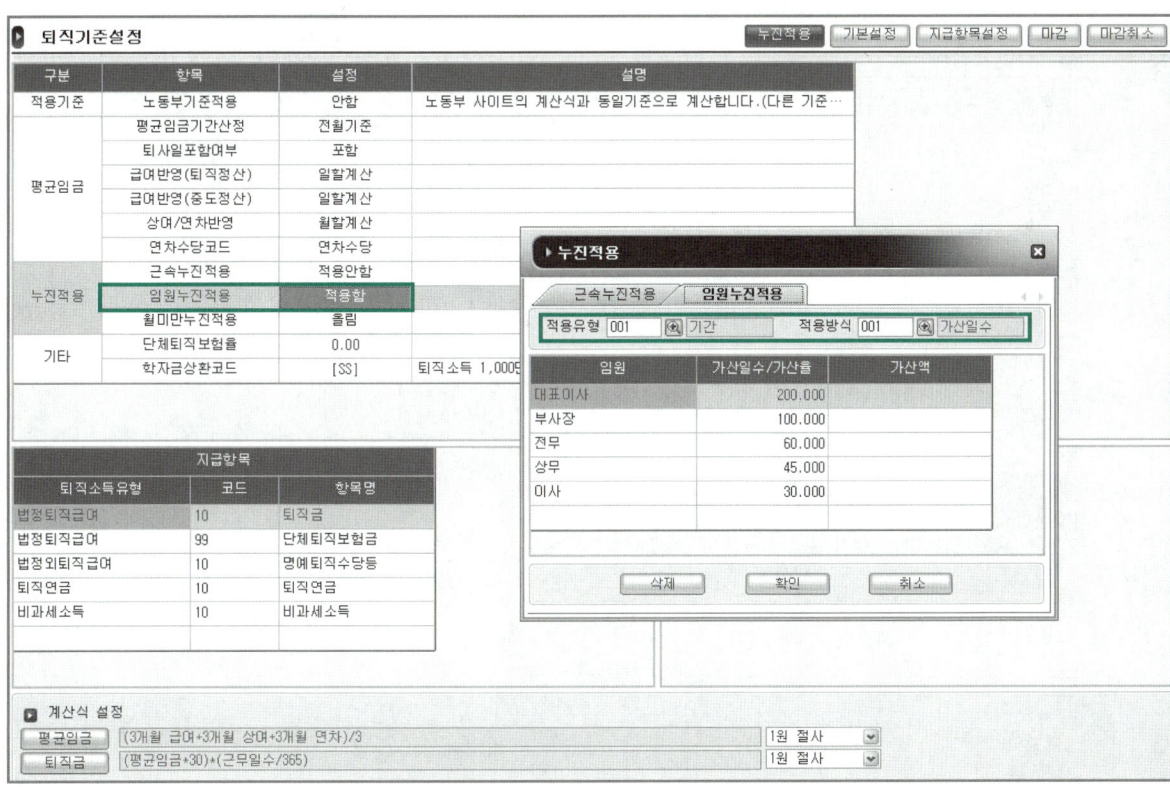

20 ③

우측 상단의 '마감취소'를 클릭한 후 '기본설정', '지급항목설정'을 [보기]에 따라 설정한다.

◉ [인사/급여관리] - [퇴직정산관리] - [퇴직기준설정]

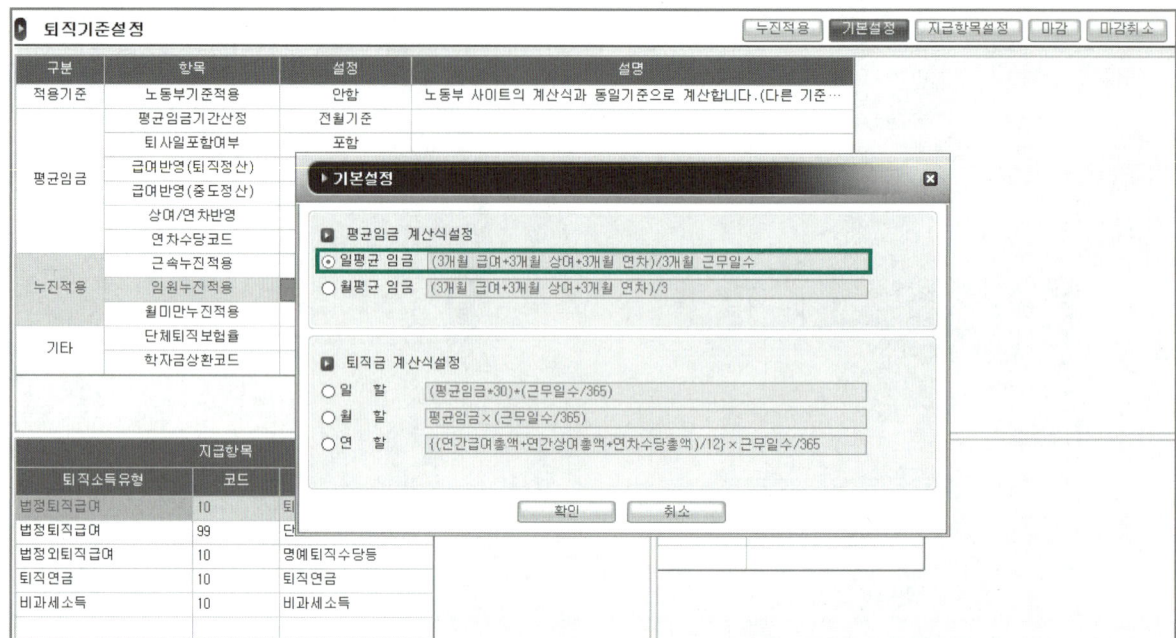

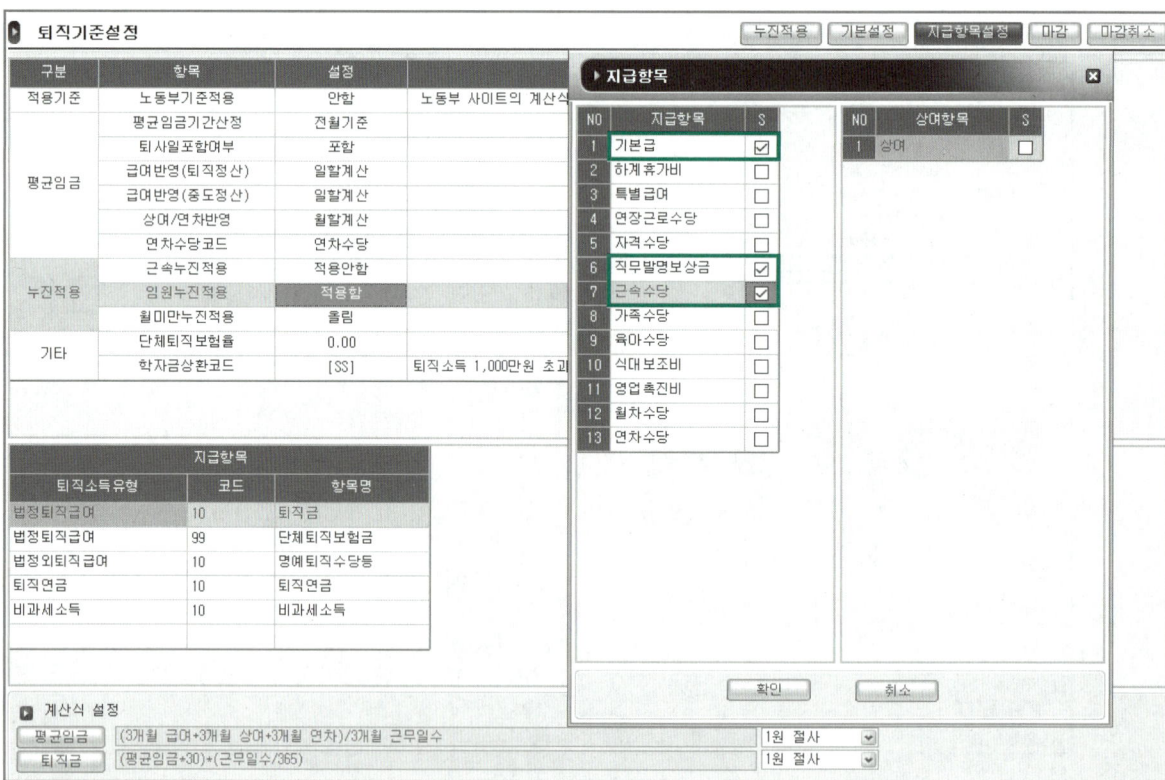

'신고귀속: 2024', '귀속연도: 2024', '사업장: 1000.인사1급 회사본사', '정산구분: 1.중도정산'을 입력하고 우측 상단의 '대상자선정'을 클릭한다. [보기]의 내용을 반영한 후 '윤태경' 사원의 급여정보 탭에서 '퇴직금계산'을 클릭하여 정산결과를 확인한다.

③ 해당 사원이 중도정산을 신청한 기산일로부터 중도퇴직일자까지의 근속기간은 1804일이다.

[인사/급여관리] - [퇴직정산관리] - [퇴직금산정]

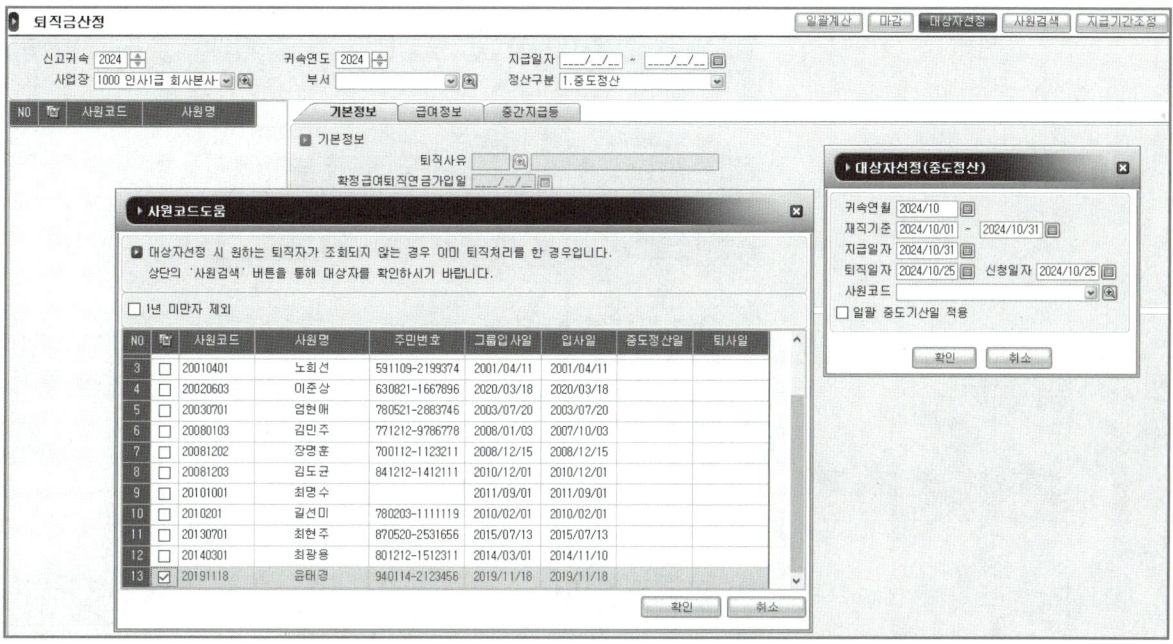

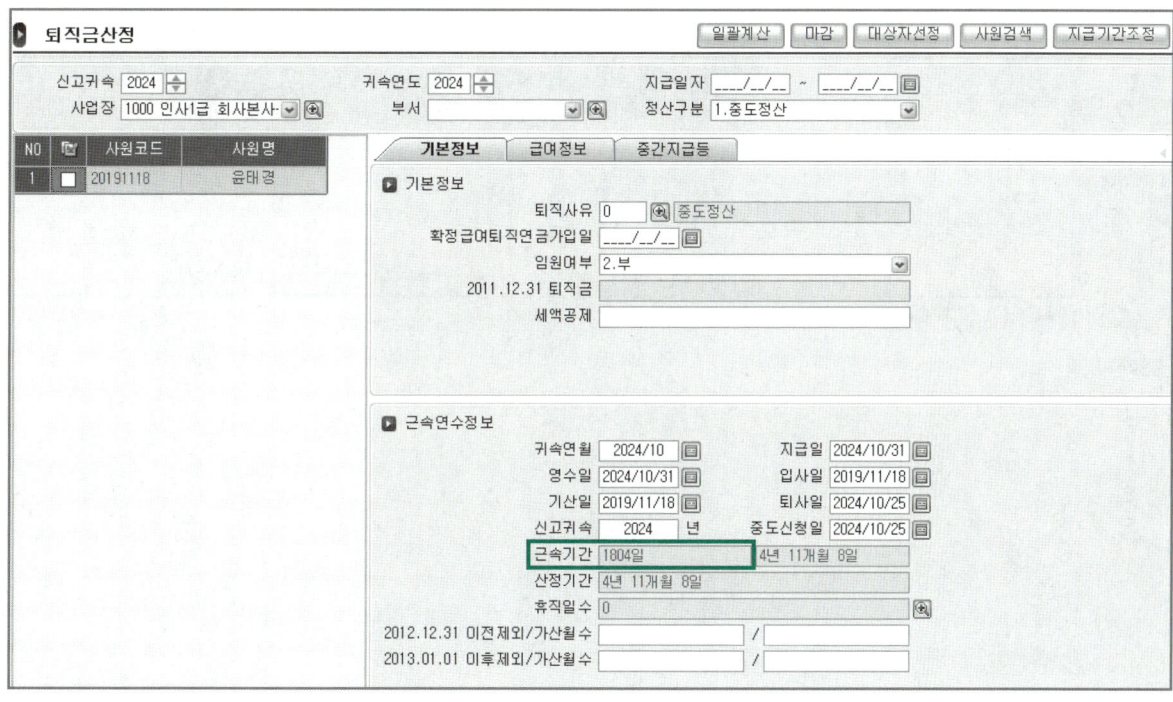

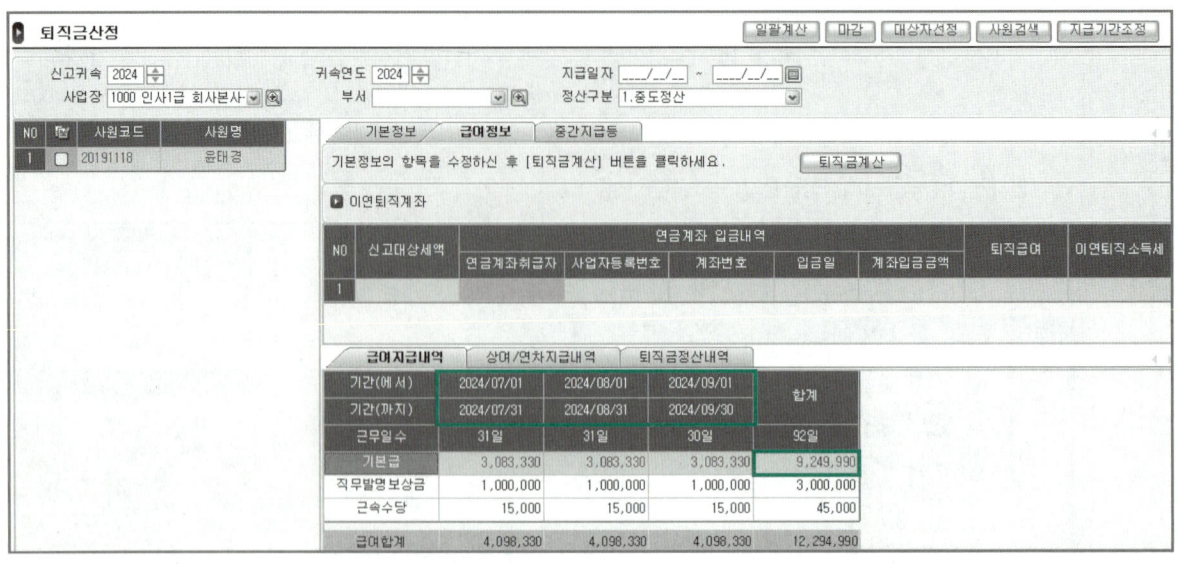

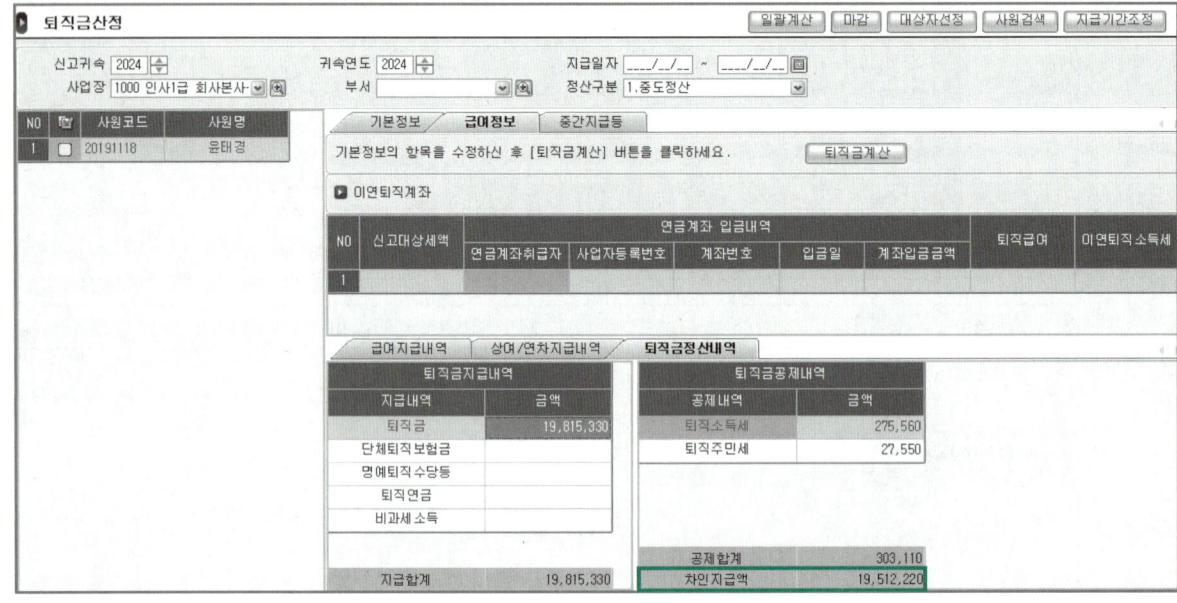

21 ④

'소득구분: 2.거주자 기타소득', '귀속연월: 2024/01~2024/12', '지급기간: 2024/10/01~2024/10/31'로 조회하여 각 내용을 확인한다.

|오답풀이|
① 대상자는 모두 5명이 조회되고, 총 소득금액의 합은 8,032,000원이다.
② 대상자들의 소득은 2024년 9월 귀속의 소득과 2024년 10월 귀속의 소득이 같이 발생했다.
③ 〈2000.인사1급 인천지점〉 사업장에서 발생한 소득구분은 '62.그외 필요경비있는 기타소득'과 '79.자문료'이다.

◉ [인사/급여관리] – [사업/기타/이자배당소득관리] – [소득자별소득현황]

22 ②

[보기]와 같이 입력하고, '집계사업장: 1000.인사1급 회사본사', '급여구분: 급여'를 체크한 후 '전표생성'을 클릭했을 때 나타나는 팝업창을 확인한다. '계정과목이 지정되지 않은 지급/공제항목이 존재합니다. [계정과목설정]에서 확인하세요.'라는 오류는 [계정과목설정] 메뉴의 계정코드가 누락됐기 때문에 발생한 문제이다.

◉ [인사/급여관리] – [전표관리] – [전표집계및생성]

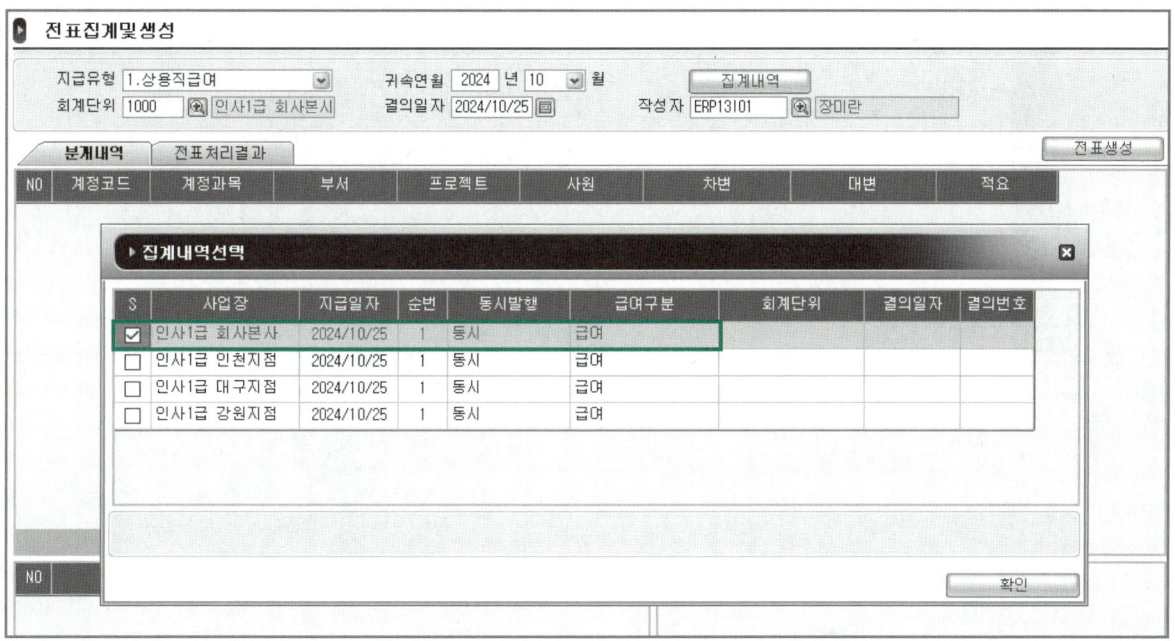

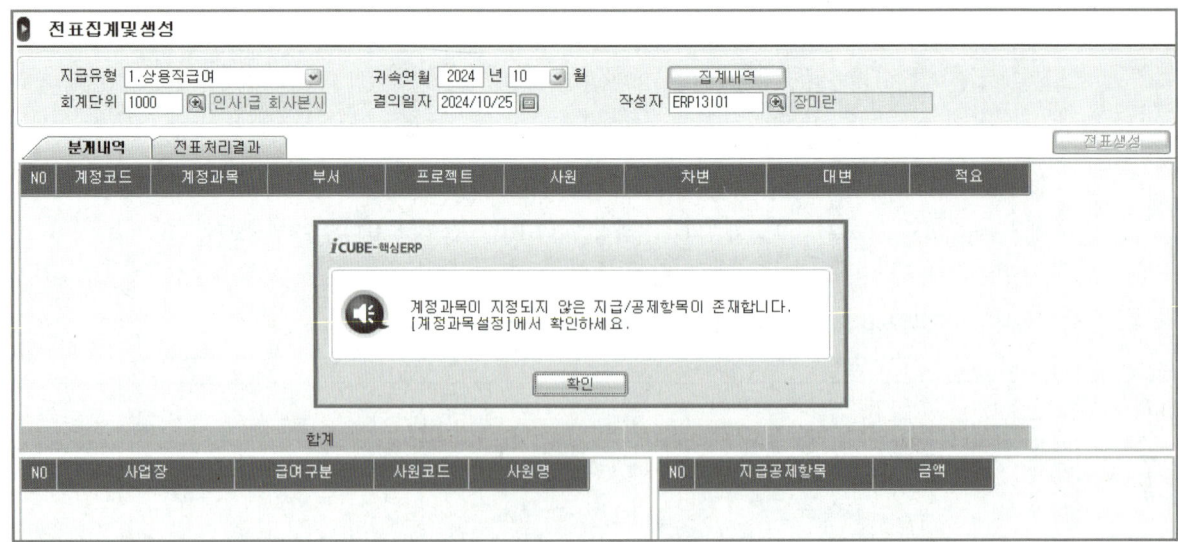

상용직급여 탭의 '계정유형: 사원계정', '항목구분: 1.지급항목'을 조회하여 누락된 근속수당의 계정과목을 입력하면 위와 같은 오류를 해결할 수 있다.

◉ [인사/급여관리] – [전표관리] – [계정과목설정]

23 ③

우측 상단의 '추계코드'를 클릭하여 [보기]에 따라 추계코드를 입력하고 대상자를 설정한다. '추계코드: 2024, 2024년 10월 퇴직금추계액'으로 조회하여 퇴직추계액 총계를 확인하고 퇴직급여충당부채를 계산한다.

∴ 퇴직급여충당부채: 934,244,660원 × 40% = 373,697,860원(원 단위 절사)

📍 [인사/급여관리] – [퇴직정산관리] – [퇴직금추계액]

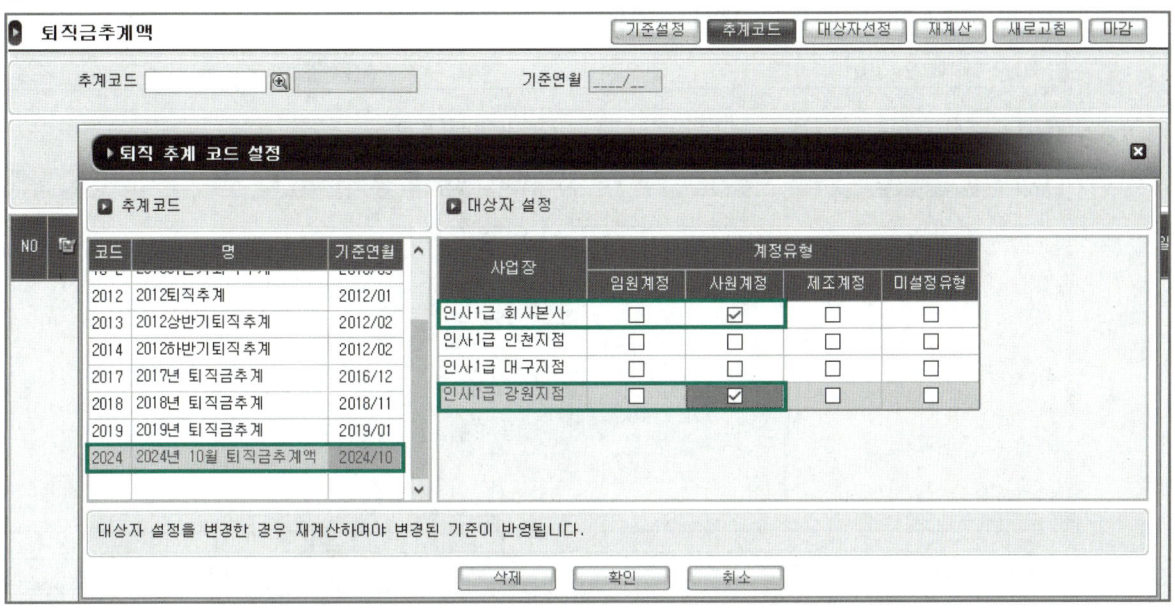

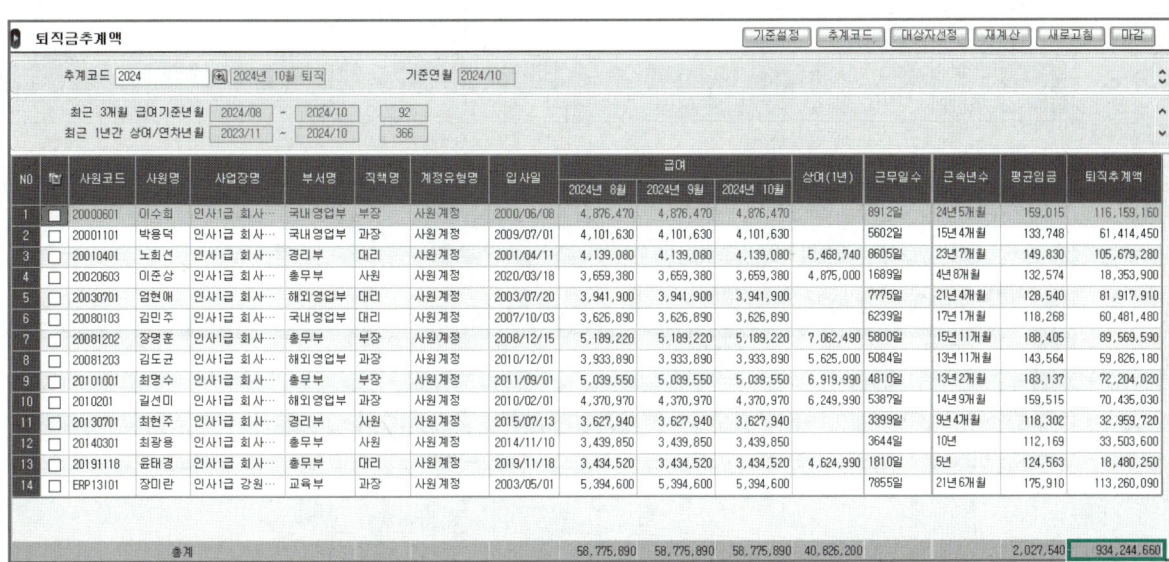

24 ④

'제출일자: 2024/11/11~2024/11/11'을 입력하고 우측 상단의 '신고서생성'을 클릭하여 [보기]와 같이 입력한 후 신고서를 생성한다. 다시 제출일자를 입력하고 '신고서조회'를 클릭하여 징수 및 조정명세서 탭에서 '소득구분: 3.사업소득'으로 조회한 후 소득자별 과세표준과 산출세액을 확인한다.

④ '20180601.이준성' 사원의 과세표준은 107,850원, 산출세액은 10,780원이다.

📍 [인사/급여관리] – [세무관리] – [지방소득세특별징수명세/납부서]

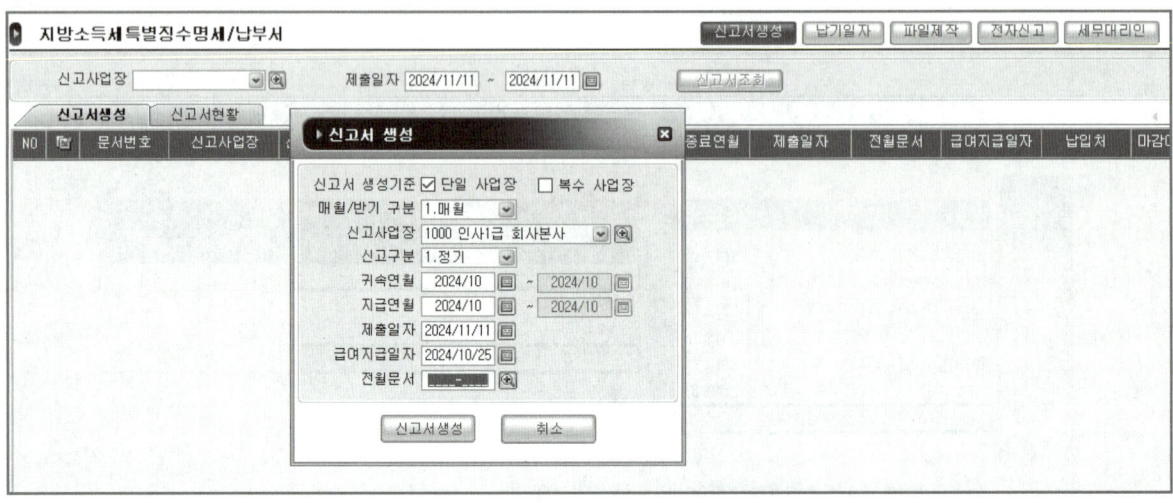

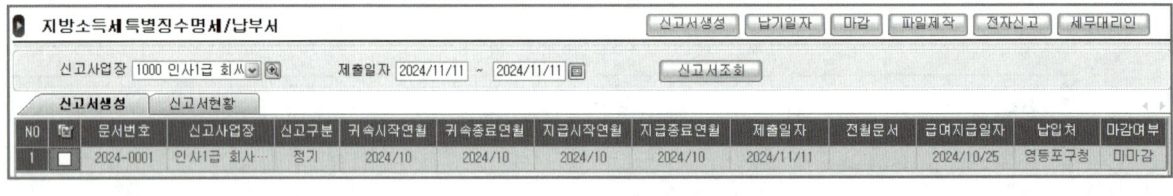

25 ④

기준설정 탭에서 '원천세 신고유형: 사업장별신고', '이행상황신고서집계방식: 지급연월'로 변경한다.

📍 [인사/급여관리] – [기초환경설정] – [인사/급여환경설정]

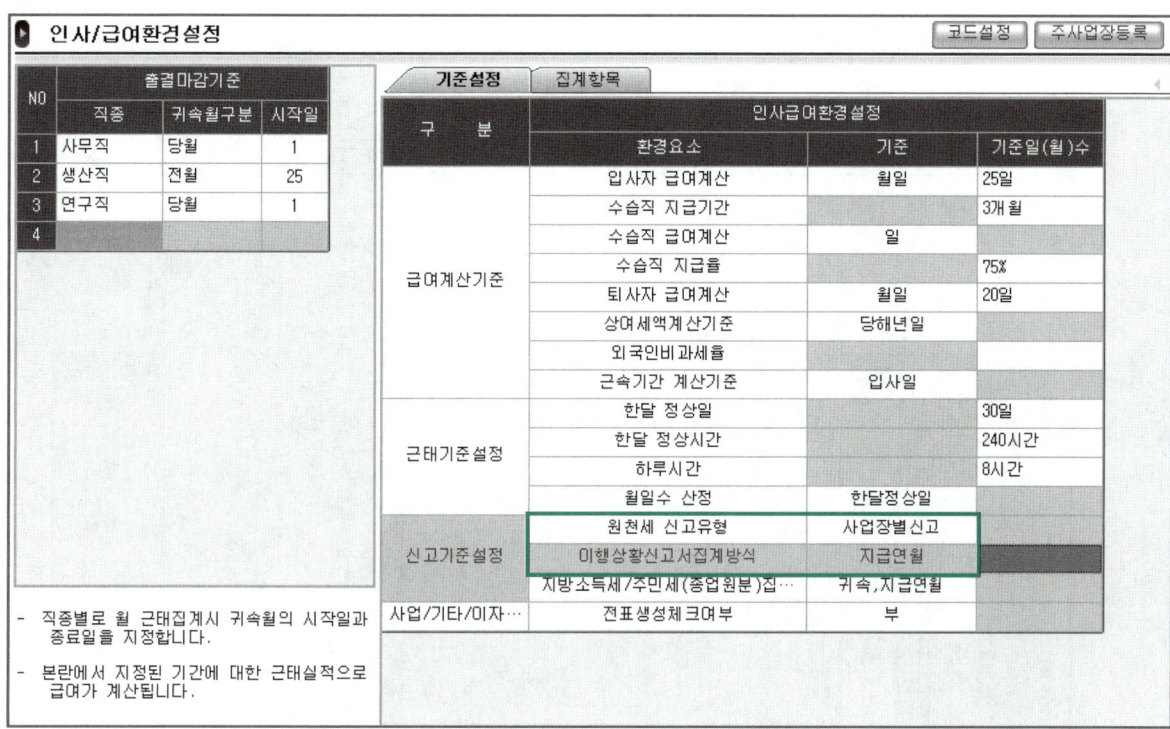

'제출연도: 2024', '신고사업장: 1000.인사1급 회사본사'를 입력한 후 '신고서추가'를 클릭하여 [보기]와 같이 신고서를 생성하여 조회된 내용을 확인한다.

| 오답 풀이 |
① 해당 신고서에 집계된 소득은 근로소득과 사업소득, 기타소득이며, 총 20명이 집계되었다.
② 근로소득의 일용근로(A03) 항목의 데이터는 직접 수정이 가능한 항목이다.
③ 사업소득에 집계된 데이터는 거주자(부표) 탭에서 수정하여 관리하는 항목이다.

[인사/급여관리] – [세무관리] – [원천징수이행상황신고서]

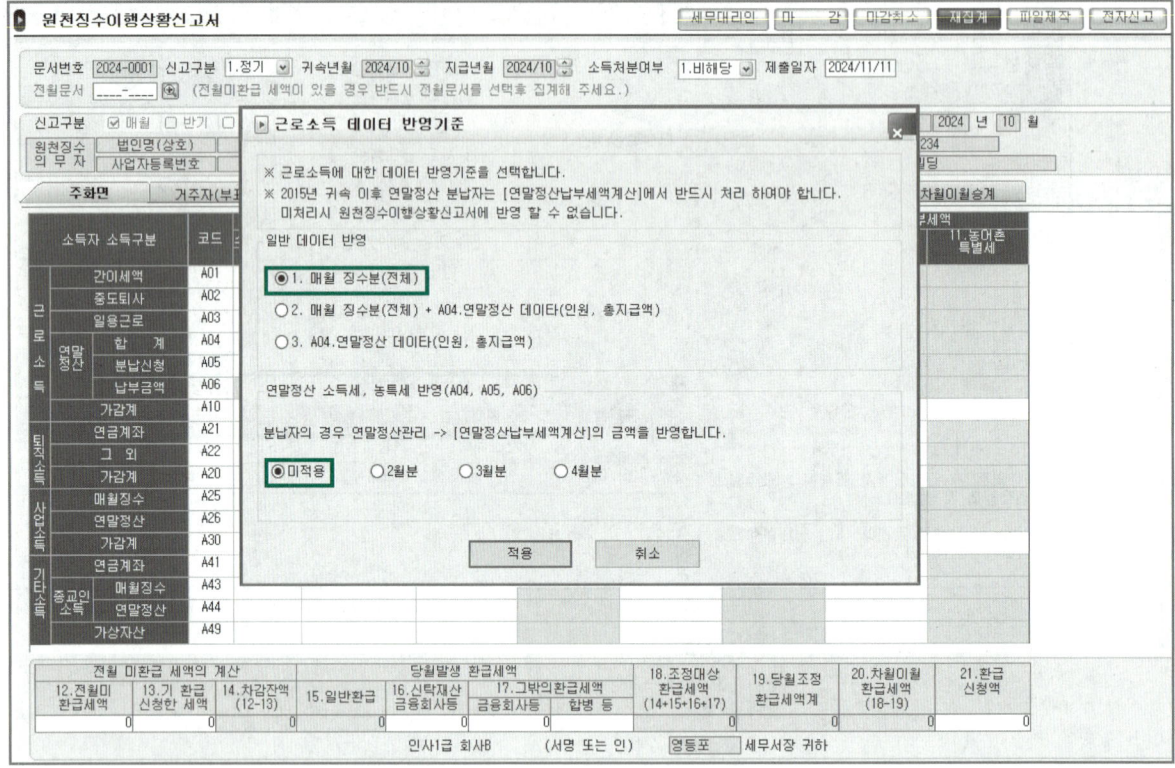

원천징수이행상황신고서

문서번호 2024-0001 신고구분 1.정기 귀속년월 2024/10 지급년월 2024/10 소득처분여부 1.비해당 제출일자 2024/11/11
전월문서 ---- (전월미환급 세액이 있을 경우 반드시 전월문서를 선택후 집계해 주세요.)

신고구분: ☑매월 □반기 □수정 □연말 □환급신청 □일괄납부 □소득처분 □사업자단위과세 귀속연월 2024년 10월 지급연월 2024년 10월

원천징수의무자		
법인명(상호)	인사1급 회사본사	대표자(성명) 한국민 전화번호 02-2207-1234
사업자등록번호	119-86-55013	사업장소재지 서울 영등포구 양평동 20-2 세계빌딩

주화면 | 거주자(부표) | 비거주자(부표) | 법인원천(부표) | 환급신청(부표) | 기납부세액 | 전월미환급세액 | 차월이월승계

소득자 소득구분		코드	원천징수명세					9.당월조정 환급세액	납부세액	
			소득지급(과세미달,비과세포함)		징수세액				10.소득세등 (가산세포함)	11.농어촌 특별세
			4.인원	5.총지급액	6.소득세등	7.농어촌특별세	8.가산세			
근로소득	간이세액	A01	13	66,087,810	4,188,480					
	중도퇴사	A02								
	일용근로	A03								
	연말정산 합계	A04								
	분납신청	A05								
	납부금액	A06								
	가감계	A10	13	66,087,810	4,188,480				4,188,480	
퇴직소득	연금계좌	A21								
	그 외	A22								
	가감계	A20								
사업소득	매월징수	A25	5	15,381,500	461,440					
	연말정산	A26								
	가감계	A30	5	15,381,500	461,440				461,440	

원천징수이행상황신고서

문서번호 2024-0001 신고구분 1.정기 귀속년월 2024/10 지급년월 2024/10 소득처분여부 1.비해당 제출일자 2024/11/11
전월문서 ---- (전월미환급 세액이 있을 경우 반드시 전월문서를 선택후 집계해 주세요.)

신고구분: ☑매월 □반기 □수정 □연말 □환급신청 □일괄납부 □소득처분 □사업자단위과세 귀속연월 2024년 10월 지급연월 2024년 10월

원천징수의무자		
법인명(상호)	인사1급 회사본사	대표자(성명) 한국민 전화번호 02-2207-1234
사업자등록번호	119-86-55013	사업장소재지 서울특별시 중구 을지로 29 (을지로1가, ERP타워)

주화면 | 거주자(부표) | 비거주자(부표) | 법인원천(부표) | 환급신청(부표) | 기납부세액 | 전월미환급세액 | 차월이월승계

소득자 소득구분		코드	원천징수명세					9.당월조정 환급세액	납부세액	
			소득지급(과세미달,비과세포함)		징수세액				10.소득세등 (가산세포함)	11.농어촌 특별세
			4.인원	5.총지급액	6.소득세등	7.농어촌특별세	8.가산세			
기타소득	연금계좌	A41								
종교인소득	매월징수	A43								
	연말정산	A44								
	가상자산	A49								
	인적용역	A59								
	그 외	A42	2	11,380,000	910,400					
	가감계	A40	2	11,380,000	910,400				910,400	
연금소득	연금계좌	A48								
	공적연금(매월)	A45								
	연말정산	A46								
	가감계	A47								
이자소득		A50								
배당소득		A60								
금융투자소득		A71								
저축 등 해지 추징세액 등		A69								
비거주자 양도소득		A70								
내외국법인원천		A80								
수정신고(세액)		A90								
총 합 계		A99	20	92,849,310	5,560,320				5,560,320	

2024년 5회

p.367~377

이론

01	④	02	①	03	②	04	③	05	①	06	②	07	②	08	③	09	②	10	④
11	④	12	④	13	③	14	마코브		15	②	16	②	17	①	18	④	19	④
20	확립			21	③	22	④	23	③	24	①	25	①	26	7.09				
27	2,700			28	①	29	③	30	③	31	①	32	원격근무제도		33	일괄공제			

01 ④

| 오답 풀이 |
① 지식경영: 조직 내 인적자원들이 축적하고 있는 개별 지식을 체계화하고 공유하기 위한 정보 시스템
② 벤치마킹: 경쟁 기업, 특정 프로세스에 강점을 지닌 조직을 분석하여 적극적으로 학습하는 구조조정 시대 전략
③ 리스트럭처링: 기업 환경의 변화에 대응하기 위하여 조직의 구조를 보다 경쟁력 있게 재편하는 혁신기법

02 ①

비즈니스 애널리틱스는 구조화된 데이터(Structured Data)와 비구조화된 데이터(Unstructured Data)를 동시에 이용한다.

03 ②

ERP는 커스터마이징을 지원하나 최대화가 아닌 최소화해야 한다.

04 ③

현재의 업무 방식을 최대한 반영하려는 것과 IT 부서 중심의 진행 방식, 최고 경영층의 개입을 최소화하는 전략은 모두 ERP 도입 시 실패 요인으로 작용한다.

05 ①

IaaS에는 데이터베이스 클라우드 서비스와 스토리지 클라우드 서비스가 있다.

06 ②

- 확보 기능: 채용관리(모집, 선발, 배치관리), 인사행정(인사이동)
- 보상 기능: 임금관리, 복리후생관리
- 유지 기능: 안전보건관리, 이직관리, 노사관계관리

07 ②

직무관리의 절차는 '직무분석 → 직무기술서 작성 → 직무명세서 작성 → 직무평가'의 순서이다.

08 ③

| 오답 풀이 |
① 작업요건: 위험도, 작업시간, 작업환경, 작업위험 등
② 노력요소: 육체적, 정신적 노력 등
④ 숙련요소: 도전성, 교육, 경험, 몰입, 창의성, 지식, 기술 등

09 ②

- 인력부족 시 대응 전략: 초과근로 활용, 임시직 고용, 파견근로 활용, 아웃소싱
- 인력과잉 시 대응 전략: 직무분할제, 조기퇴직제도, 다운사이징, 정리해고, 사내벤처

10 ④

| 오답 풀이 |
①, ②, ③은 외부모집 방법이다.

11 ④

선발 도구는 오류 없이 올바른 결정을 하기 위해 신뢰성, 타당성, 효용성을 갖추고 있어야 한다.

12 ④

| 오답 풀이 |
① 적성검사: 특정 분야의 교육이나 직업과 관련되는 활동을 성공적으로 수행할 수 있는 성공도를 예측하기 위한 검사 방법으로 미래학습 능력을 측정하는 데 유용하다.
② 지능검사: 개인의 여러 가지 지적 능력과 잠재력을 살펴보는 검사 방법으로 이해능력과 추리능력 등의 일반적인 특성 측정에 유용하다.
③ 흥미검사: 과학적인 측정을 통하여 자신의 직업적 흥미를 발견하여 효율적인 진로설계를 할 수 있도록 도와주는 검사 방법으로 직무에 대한 지원자의 흥미와 관심 여부에 대한 검사가 이루어진다.

13 ③

| 오답 풀이 |
① 균형주의 원칙: 특정인만 고려하는 것이 아니라 모든 사람을 평등하게 고려하여 특정 부분에 인재가 편중되지 않도록 직장 전체의 적재적소에 배치하는 원칙
② 능력주의 원칙: 근로자가 능력을 발휘할 수 있는 영역을 제공하여 그 일에 대해 올바르게 평가하고, 평가된 능력과 업적에 만족할 수 있는 대우를 하는 원칙
④ 인재육성주의 원칙: 배치관리로 기업의 다양한 직무경험을 통해 장기적(미래적)인 근로자의 능력을 향상시키는 원칙

14 마코브

15 ②

|오답 풀이|
① 면접법: 직무분석자가 근로자나 감독자와 면접을 통하여 직무를 파악하는 방법
③ 목표관리법: 종업원이 상사와 협의하여 작업 목표량을 결정하고 그 성과를 부하와 상사가 같이 측정하여 인사고과의 자료로 활용하는 방법
④ 균형성과표(BSC): 과거의 성과에 대한 재무적인 측정지표에 미래성과를 창출하는 동안 측정지표인 고객, 공급자, 종업원, 프로세스 및 혁신에 대한 지표를 통해 미래가치를 창출하도록 관리하는 시스템

16 ②

|오답 풀이|
① 현혹효과(후광효과): 하나의 평가요소에 대한 호의적인 혹은 비호의적인 인상이 다른 모든 평가요소에 영향을 미쳐 모든 요소를 동일하게 평가하려는 경향
③ 상동적 태도(상동적 오류): 타인에 대한 평가가 그가 속한 사회적 집단에 대한 지각을 기초로 이루어지는 것
④ 중심화 경향: 인사고과자가 피고과자와의 인간관계를 고려하여 피고과자의 대다수를 중간 정도로 판단하는 경향

17 ①

|오답 풀이|
② 감수성 훈련: 다른 사람이 생각하고 느끼는 것을 정확하게 감지하고 이에 대응하여 유연한 태도와 행동을 취할 수 있는 능력을 개발하기 위한 훈련 방법
③ 그리드 훈련: 리더의 행동을 생산중심(업무)과 인간중심의 행동유형으로 정립하고, 생산(업무)과 인간의 관점 모두를 극대화할 수 있는 9.9형이 되도록 훈련하는 방법
④ 역할연기법: 특정한 상황을 설정하여 피훈련자에게 그 상황 속의 특정 역할을 맡기고 그 역할에 관한 행동을 실행하도록 하는 방법

18 ④

|오답 풀이|
① 직급승진: 상위 직급으로 승진시키거나 공석이 발생할 경우 해당 직급에 적합한 자를 선발해 승진시키는 제도
② 자격승진: 종업원이 보유한 직무수행 능력을 기준으로 승진시키는 제도
③ 대용승진: 직책과 권한 등 직무 내용상의 실질적인 변화나 보상 없이 직위, 명칭 등을 변경하는 형식적인 형태의 승진 제도

19 ④

|오답 풀이|
① 후진양성의 원칙: 인재를 기업 외부에서 확보하는 방법보다 기업 내부에서 자체적으로 양성하는 것을 원칙으로 하여 근로자에게 성장에 대한 동기를 부여하도록 함
② 승진경로의 원칙: 기업의 모든 직위는 계층적인 승진경로로 형성되고 정의되며 기술로 평가되어야 하므로 명확한 승진 경로를 확립하고 이에 따른 승진관리가 이루어져야 함
③ 경력기회개발의 원칙: 기업은 근로자의 경력상 필요한 부분을 알면 그들을 위한 경력경로를 설계하고 근로자들의 경력 기회를 제한할 수 있는 직무는 별도로 명시하여 승진경로가 특정 부서에 치우치지 않도록 해야 함

20 확립

21 ③

| 오답 풀이 |
①, ②, ④는 기업에 대한 특성이다.

22 ④

사용자는 근로자의 연장근로와 야간근로 또는 휴일근로에 대해서 통상임금의 100분의 50 이상을 가산하여 지급하여야 하며, 휴일의 야간근로는 100분의 50을 추가로 가산한다.

23 ③

| 오답 풀이 |
① 럭커 플랜(Rucker Plan): 부가가치 증대를 목표로 하여 노사협력체계에 의해 달성하고, 이에 따라 증가된 생산성 향상분을 기업의 안정적인 부가가치 분배율로 노사 간에 배분하는 방식
② 스캔론 플랜(Scanlon Plan): 매출액에 대한 인건비의 절약이 있는 경우 그 절약분을 성과로서 분배하는 방식
④ 임프로쉐어 플랜(Improshare Plan): 표준 생산시간과 실제 생산시간의 차이에서 발생되는 이익을 노사 간에 50%씩 나누어 갖는 형태

24 ①

| 오답 풀이 |
②, ③, ④는 근로자 측 복리후생의 효과이다.

25 ①

보험사업에 소요되는 재원인 보험료는 원칙적으로 사업주가 전액 부담한다.

26 7.09

27 2,700

- 원천징수세액 = (일급여액 − 150,000원) × 6% − 근로소득세액공제(산출세액 × 55%)
- 과세표준: 250,000원 − 150,000원 = 100,000원
- 산출세액: 100,000원 × 6% = 6,000원
- 세액공제: 6,000원 × 55% = 3,300원
- ∴ 원천징수할 소득세: 6,000원 − 3,300원 = 2,700원

28 ①

| 오답 풀이 |

② 재량 근로시간제: 취재, 연구, 설계 및 분석, 디자인 업무 등과 같이 업무의 수행 방법이나 수단, 시간 배분 등이 근로자의 재량에 따라 결정되어 근로시간보다 성과에 의해 근무 여부를 판단할 수 있는 경우 노사 간의 합의 시간을 근로시간으로 함
③ 선택적 근로시간제: 사용자가 취업규칙에 따라 업무의 시작 및 종료 시각을 근로자의 결정에 맡기기로 한 근로시간제
④ 탄력적 근로시간제: 일정한 기간 내에서 어느 주 또는 어느 날의 근로시간을 탄력적으로 배치하여 운용하는 근로시간제

29 ③

| 오답 풀이 |

①은 집중근무제, ②는 파견근무제, ④는 간주 근로시간제에 대한 설명이다.

30 ③

| 오답 풀이 |

① 오픈 숍(Open Shop): 조합원 신분과 무관하게 근로자가 될 수 있도록 하는 제도
② 유니언 숍(Union Shop): 기업이 근로자를 채용할 때 조합원이 아닌 자를 근로자로 채용할 수는 있지만 일단 채용된 이후에는 일정 기간 내에 자동으로 노조에 가입하게 되는 제도
④ 에이전시 숍(Agency Shop): 채용된 근로자에게 특정 노동조합의 가입을 강제하지 않는 반면, 비조합원에게도 조합원의 조합비에 상당하는 일정한 금액을 정기적으로 노동조합에 납입하도록 하는 제도

31 ①

| 오답 풀이 |

② 이익분쟁: 노사합의로 권리화될 것이 기대되는 이익에 관한 분쟁. 즉, 근로조건의 기준에 관한 권리의 형성·유지·변경 등을 둘러싼 분쟁으로, 임금 인상이나 단체협약 갱신·체결 등이 해당
③ 황견계약: 고용조건으로 근로자가 노동조합에 가입하지 않을 것 또는 탈퇴할 것, 특정 노동조합의 조합원이 될 것을 정해놓는 행위
④ 직장폐쇄: 쟁의 중에 사업장에 있는 생산시설을 폐쇄하여 근로자의 직장 출입을 차단함으로써 근로자의 노동력 제공을 집단적으로 거부하는 행위

32 원격근무제도

복수 정답: 원격근무, 원격근무제, 원격근로, 원격근로제

33 일괄공제

복수 정답: 체크오프

실무 시뮬레이션

01	③	02	③	03	②	04	②	05	③	06	④	07	①	08	④	09	③	10	①
11	②	12	②	13	④	14	①	15	④	16	④	17	①	18	②	19	①	20	②
21	③	22	③	23	②	24	④	25	①										

01 ③

우측 상단의 '주(총괄납부)사업장등록'과 기본등록사항 및 신고관련사항 탭을 확인한다.
③ 〈3000. 인사1급 부산지점〉 사업장은 사업자단위과세 신고 시, 주사업장으로 신고한다.

📍 [시스템관리] – [회사등록정보] – [사업장등록]

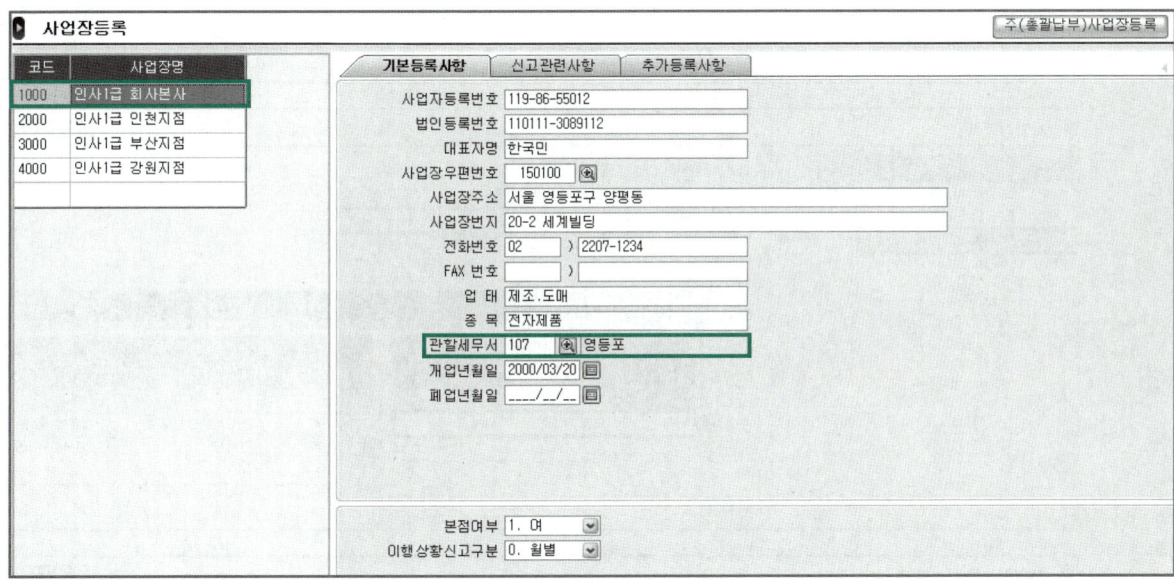

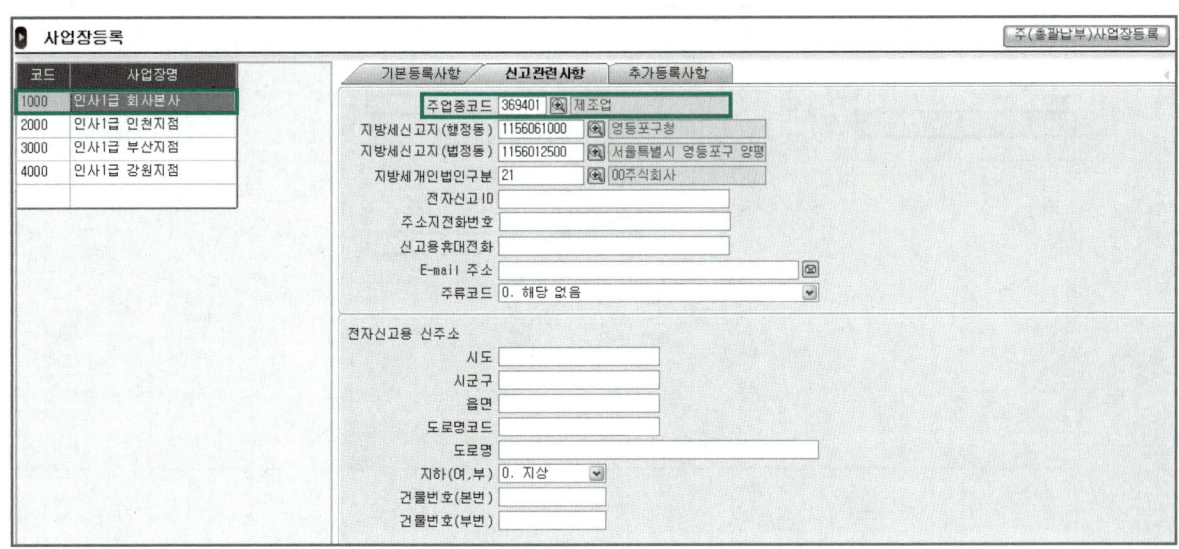

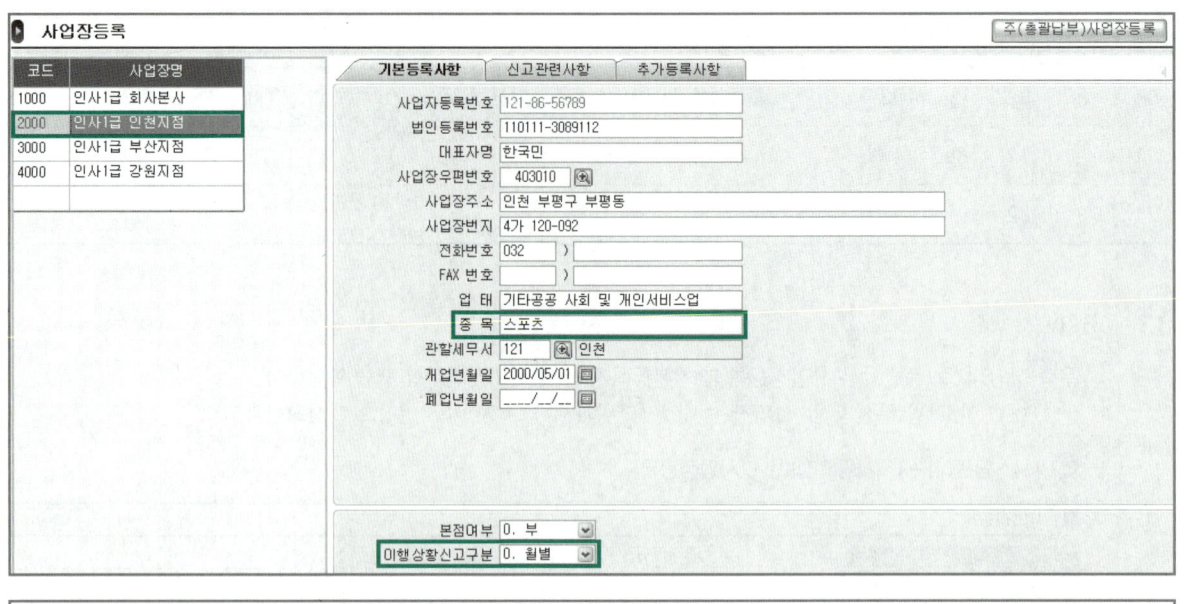

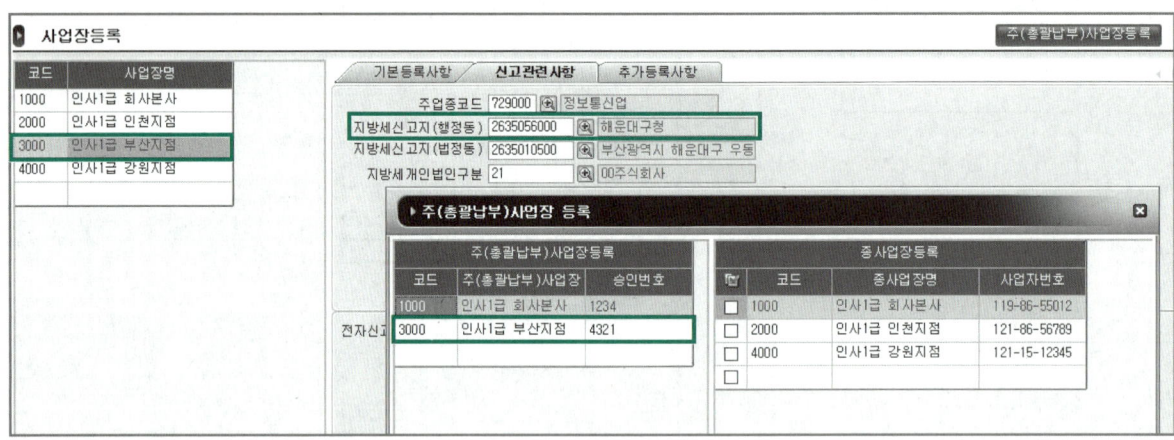

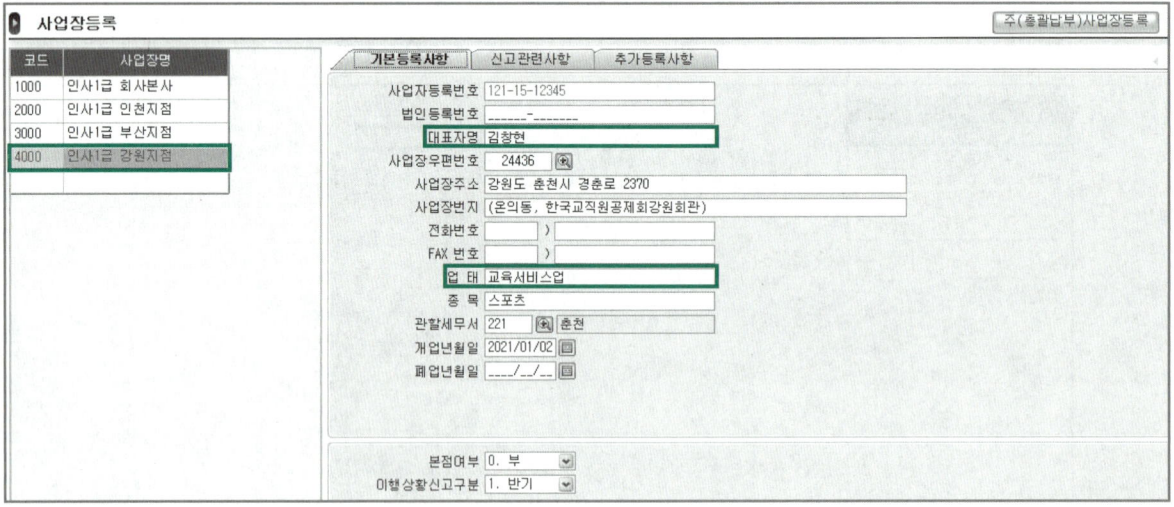

02 ③

| 오답 풀이 |

① 〈2000.인사1급 인천지점〉 사업장에 속한 부서 중 '3100.관리부', '6100.영업부'는 현재 사용하지 않는다.
② '3100.관리부'는 현재는 사용하지 않는 부서이며, 사용종료일은 '2020/12/31'이다.
④ '2000.영업부문'에 속한 부서 중 현재 사용 중인 부서는 3개이다.

📍 [시스템관리] – [회사등록정보] – [부서등록]

부서코드	부서명	사업장코드	사업장명	부문코드	부문명	사용기간	사용기간
1100	총무부	1000	인사1급 회사본사	1000	관리부문	2008/01/01	
1200	경리부	1000	인사1급 회사본사	1000	관리부문	2008/01/01	
1300	인사부	1000	인사1급 회사본사	1000	관리부문	2012/01/01	2020/12/31
1400	영업부	1000	인사1급 회사본사	2000	영업부문	2008/01/01	2020/12/31
1500	관리부	1000	인사1급 회사본사	1000	관리부문	2008/01/01	2019/12/31
2100	국내영업부	1000	인사1급 회사본사	2000	영업부문	2008/01/01	
2200	해외영업부	1000	인사1급 회사본사	2000	영업부문	2008/01/01	
3100	관리부	2000	인사1급 인천지점	1000	관리부문	2008/01/01	2020/12/31
3200	관리부	4000	인사1급 강원지점	1000	관리부문	2021/01/01	
4100	생산부	2000	인사1급 인천지점	4000	생산부문	2008/01/01	
4200	교육부	4000	인사1급 강원지점	7000	교육부문	2021/01/01	
5100	자재부	2000	인사1급 인천지점	5000	자재부문	2008/01/01	
6100	영업부	2000	인사1급 인천지점	2000	영업부문	2008/01/01	2010/12/31
7000	연구개발부	3000	인사1급 부산지점	6000	연구부문	2018/01/01	
8100	영업부	3000	인사1급 부산지점	2000	영업부문	2020/01/01	

TIP '조회기준일 적용'을 체크하여 기준일 현재의 데이터를 확인할 수 있다. 이때 '조회기준일 적용'란의 선택을 해제하면 사용기간이 종료된 부서가 조회된다.

03 ②

기준설정 탭에서 [보기]의 설정값을 확인한다.
• C: 생산직 비과세를 적용하는 직종으로 '002.생산직', '003.환경직', '005.기술직'이 등록되어 있다.
• D: 회사의 '월일수 산정' 기준은 '한달정상일'이며, 일수는 30일이다.

📍 [인사/급여관리] – [기초환경설정] – [인사/급여환경설정]

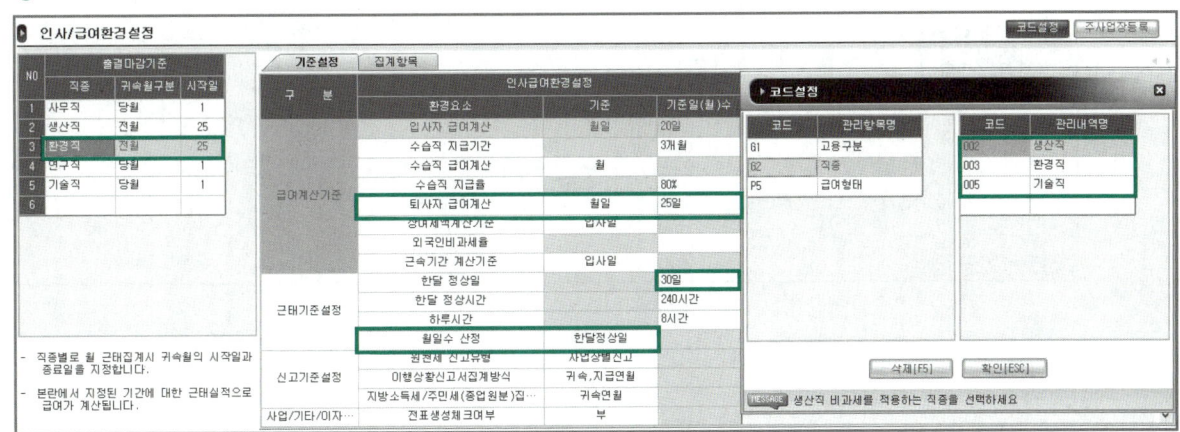

TIP 월일: 지정된 근무일수보다 미달하는 경우 일의 방식, 초과하는 경우 월의 방식으로 지급

04 ②

'대상직급: 900.대리'를 선택한 후 '적용시작연월일: 2024/09'을 입력하고 우측 상단의 '일괄등록'을 클릭하여 [보기]의 기본급, 각 수당의 초기치와 증가액을 반영한다. 우측 상단의 '일괄인상'을 클릭하여 기본급과 급호수당을 '정률적용'하고 다시 '일괄인상'을 클릭하여 연장수당을 '정액적용'한 후 '6호봉'의 합계를 확인한다.

[인사/급여관리] – [기초환경설정] – [호봉테이블등록]

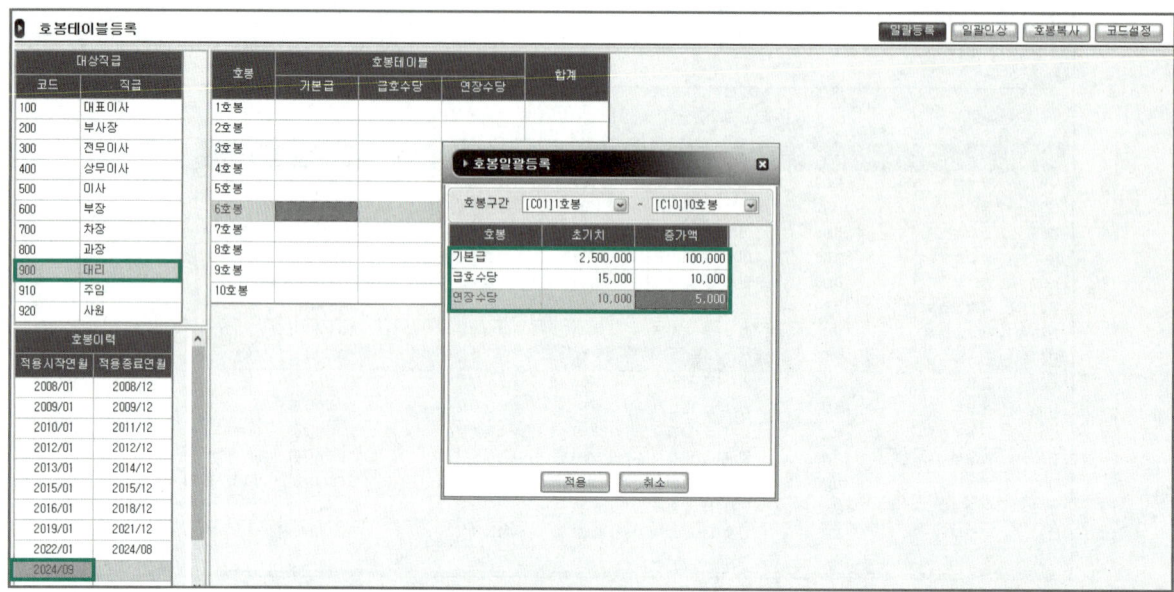

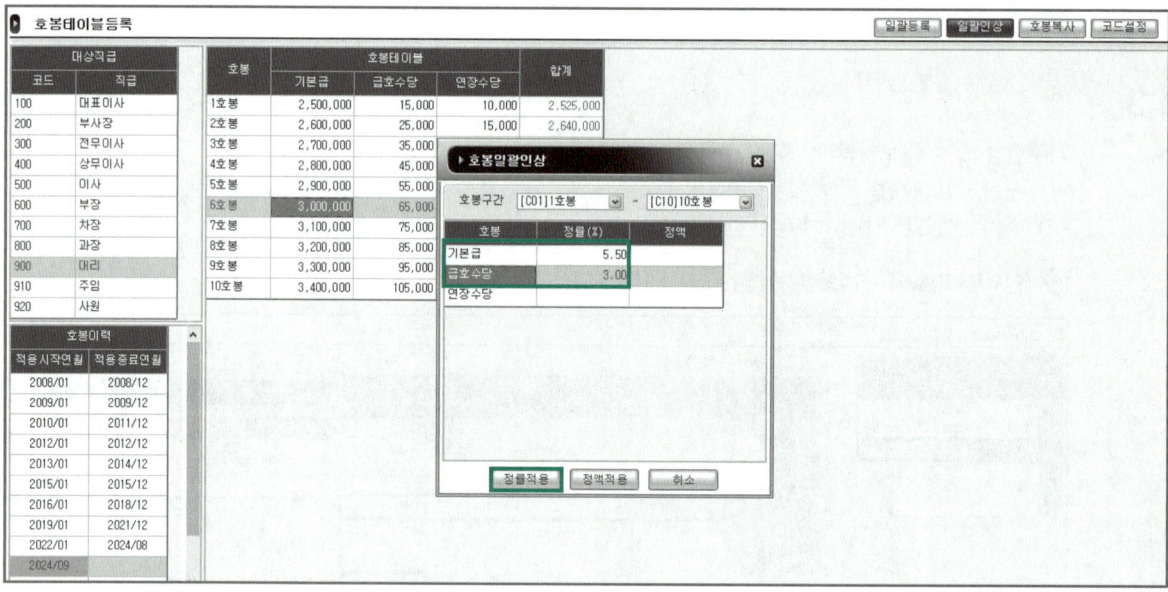

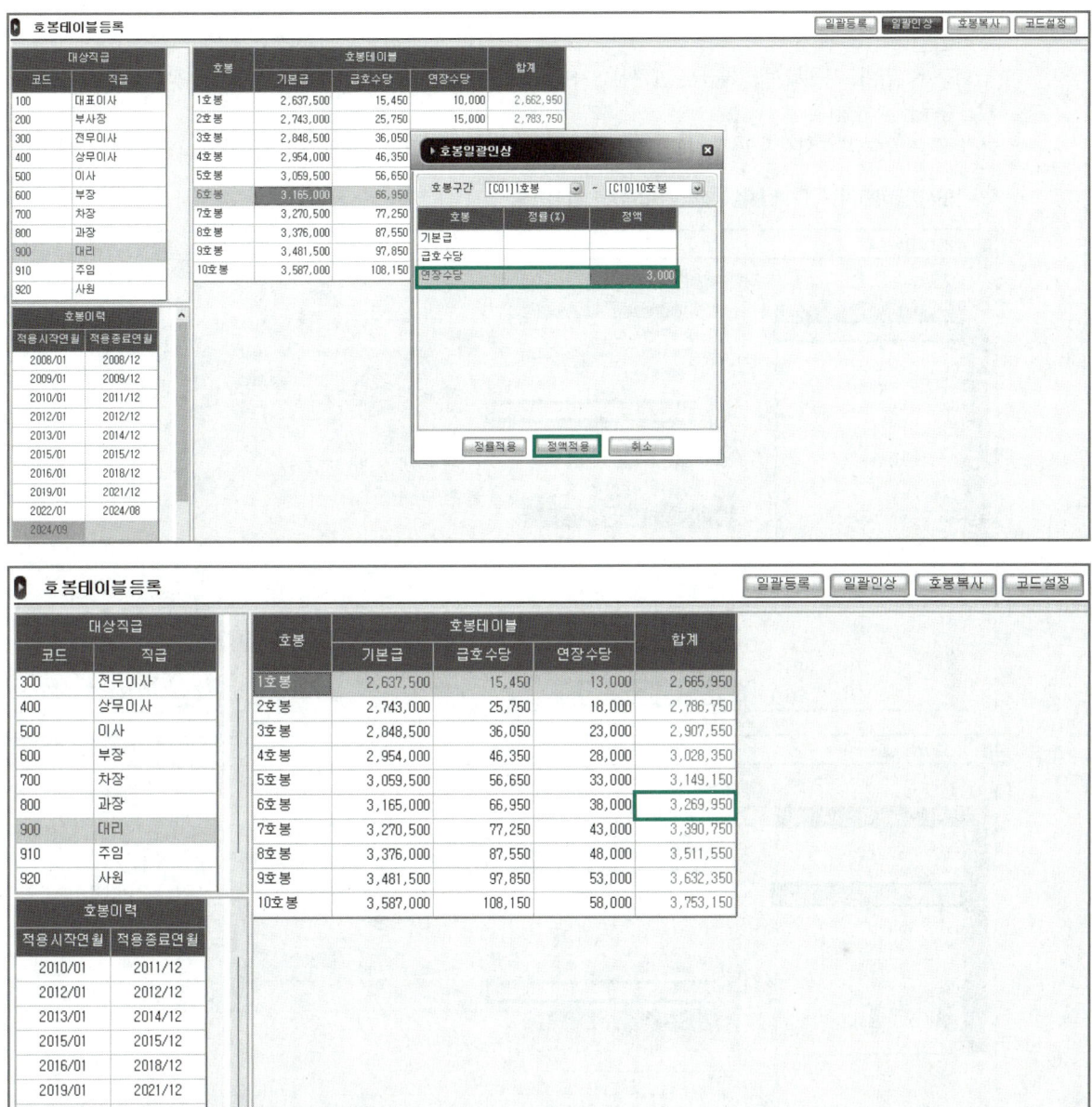

05 ③

'급여구분: 급여, 특별급여', '지급/공제구분: 지급', '귀속연도: 2024'로 조회하고 우측 상단의 '마감취소'를 클릭한 후 각 지급항목을 확인한다.

③ 'P40.가족수당'은 퇴사자인 경우에는 지급하지 않는 항목이며, 배우자가 존재할 때 50,000원을 지급한다.

📍 [인사/급여관리] – [기초환경설정] – [지급공제항목등록]

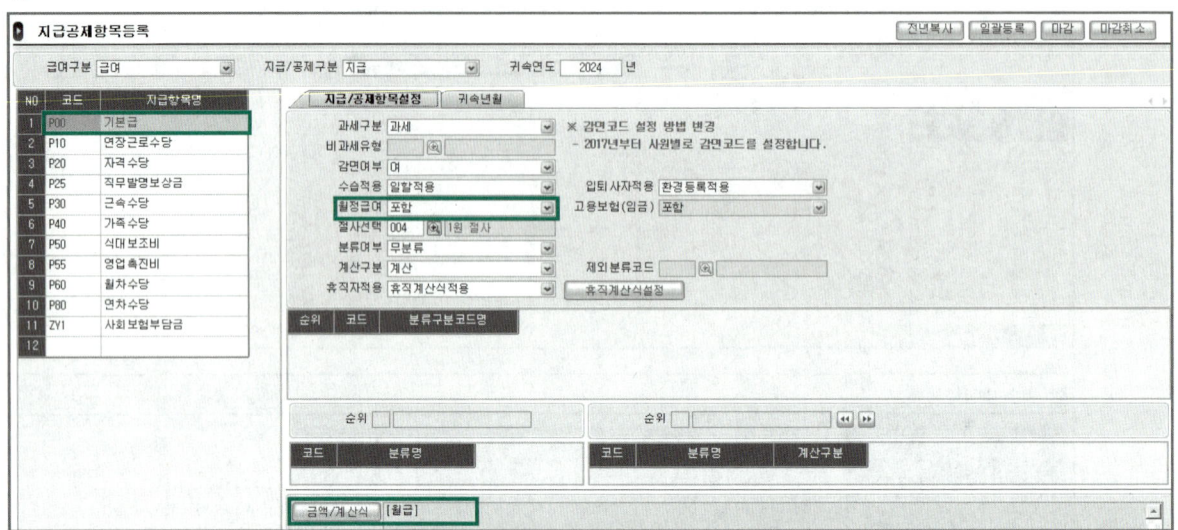

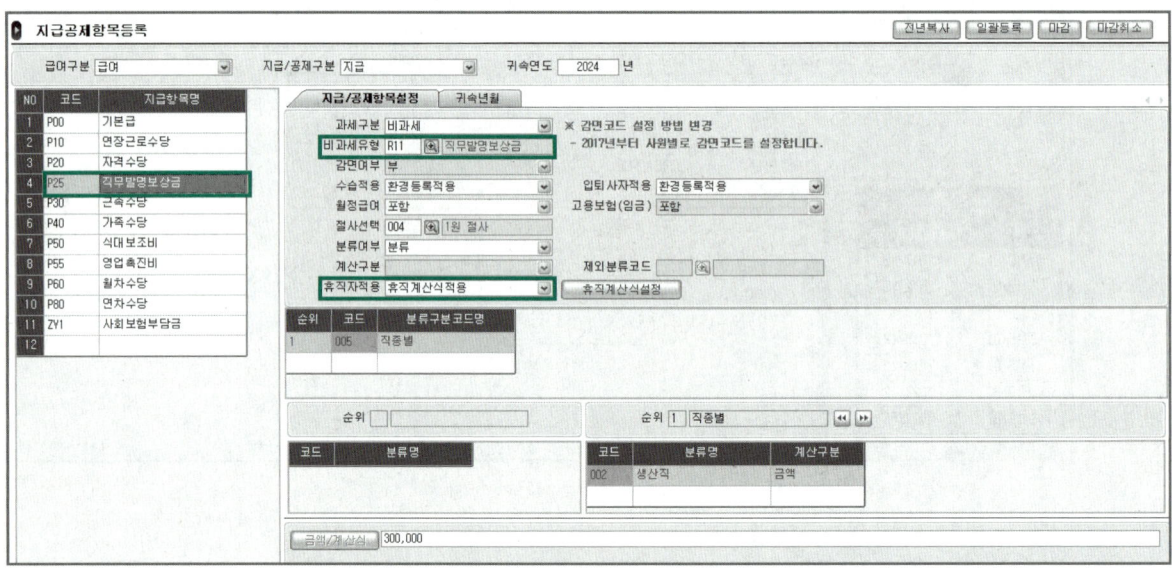

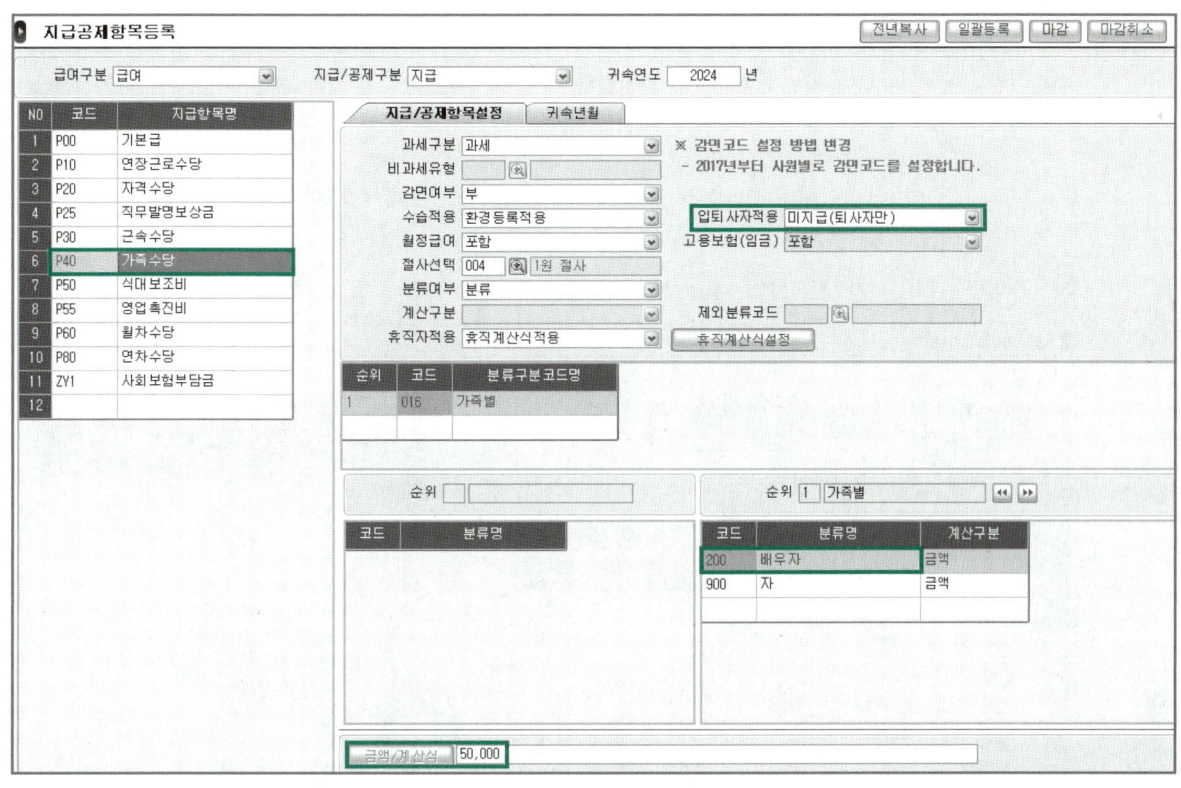

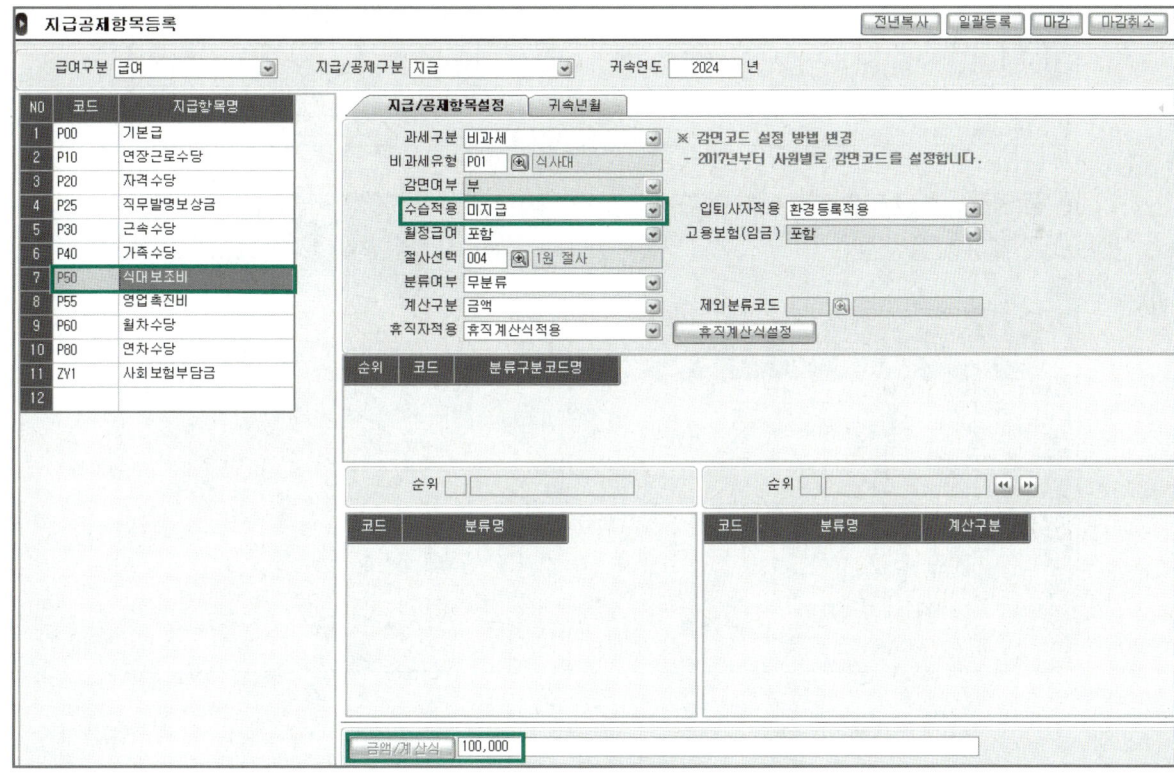

> **TIP** '마감취소'를 클릭하고 '로그인 암호' 입력 창이 뜨면 별도의 입력 없이 '확인'을 클릭한다.

06 ④

'귀속연월: 2024/08' 입력 후 조회된 내용을 확인한다.

I 오답 풀이 I

① '상여' 지급 시, 퇴사자의 경우 근무일수에 상관없이 '월할'로 지급한다.
② '급여'의 '지급직종및급여형태'에 반영된 정보와 일치하지 않는 대상자는 임의로 조회하여 추가할 수 없다.
③ '상여지급대상기간' 내 〈3000.인사1급 부산지점〉 사업장의 모든 직종에 대해서 상여를 지급한다.

[인사/급여관리] – [기초환경설정] – [급/상여지급일자등록]

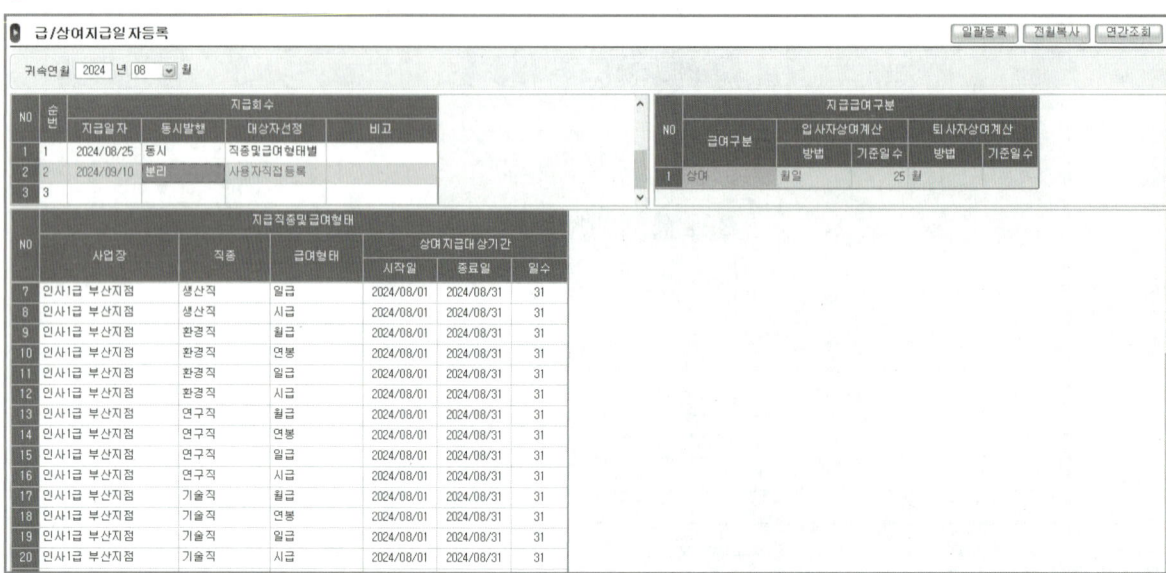

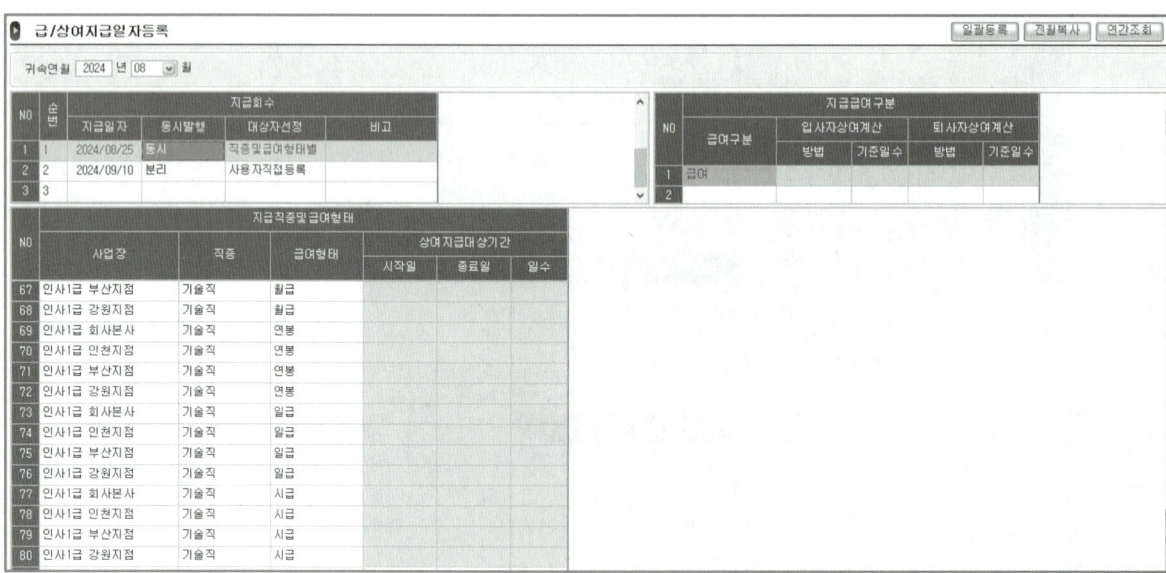

07 ①

교육별사원현황 탭의 '915.2024년 2분기 내부교육'의 교육평가를 확인한다.

- 교육평가 S등급: 200,000원×2명 = 400,000원
- 교육평가 A등급: 100,000원×3명 = 300,000원
- ∴ 총 지급금액: 400,000원 + 300,000원 = 700,000원

📍 [인사/급여관리] - [인사관리] - [교육현황]

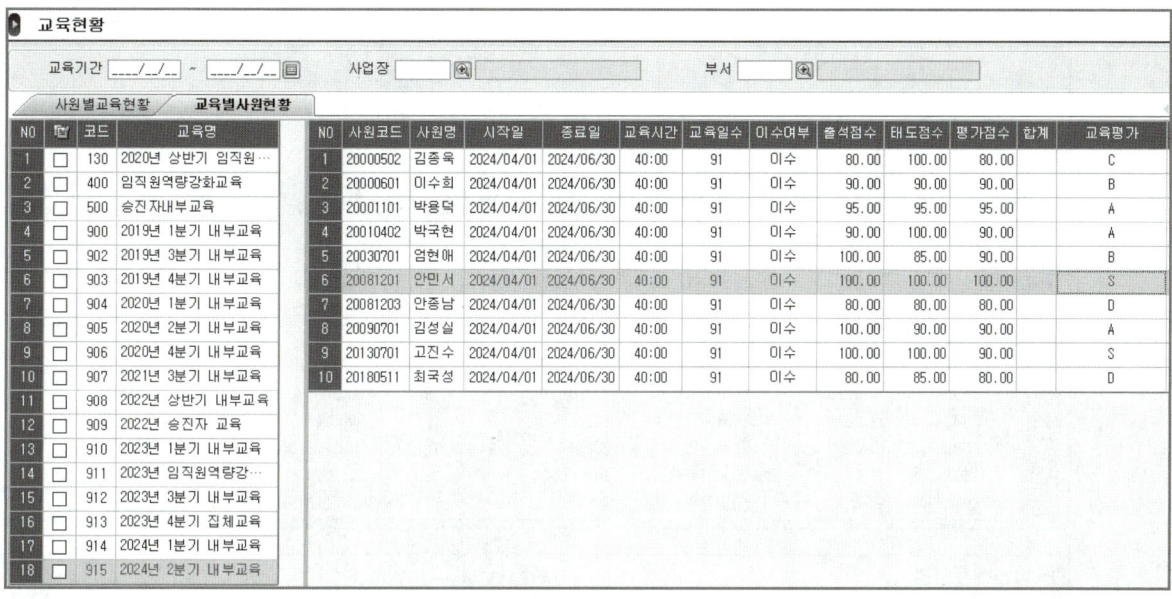

TIP [인사/급여관리]-[인사관리]-[교육평가] 메뉴에서도 확인할 수 있다.

08 ④

우측 상단의 '퇴직제외'를 클릭한 후 자격/면허 탭에 [보기]에 주어진 자격증을 조회하여 해당되는 사원의 수당을 계산한다.
- 정보기술자격(ITQ): 30,000원 × 3명 = 90,000원
- ERP정보관리사1급: 50,000원 × 3명 = 150,000원
- ∴ 총 지급금액: 90,000원 + 150,000원 = 240,000원

[인사/급여관리] - [인사관리] - [사원정보현황]

09 ③

사원별 인적정보, 재직정보, 급여정보 탭의 각 정보를 확인한다.
③ '20010402.박국현' 사원의 근무조는 '3조'이며, 생산직총급여 과세 대상자로 설정되어 있다.

[인사/급여관리] - [인사관리] - [인사정보등록]

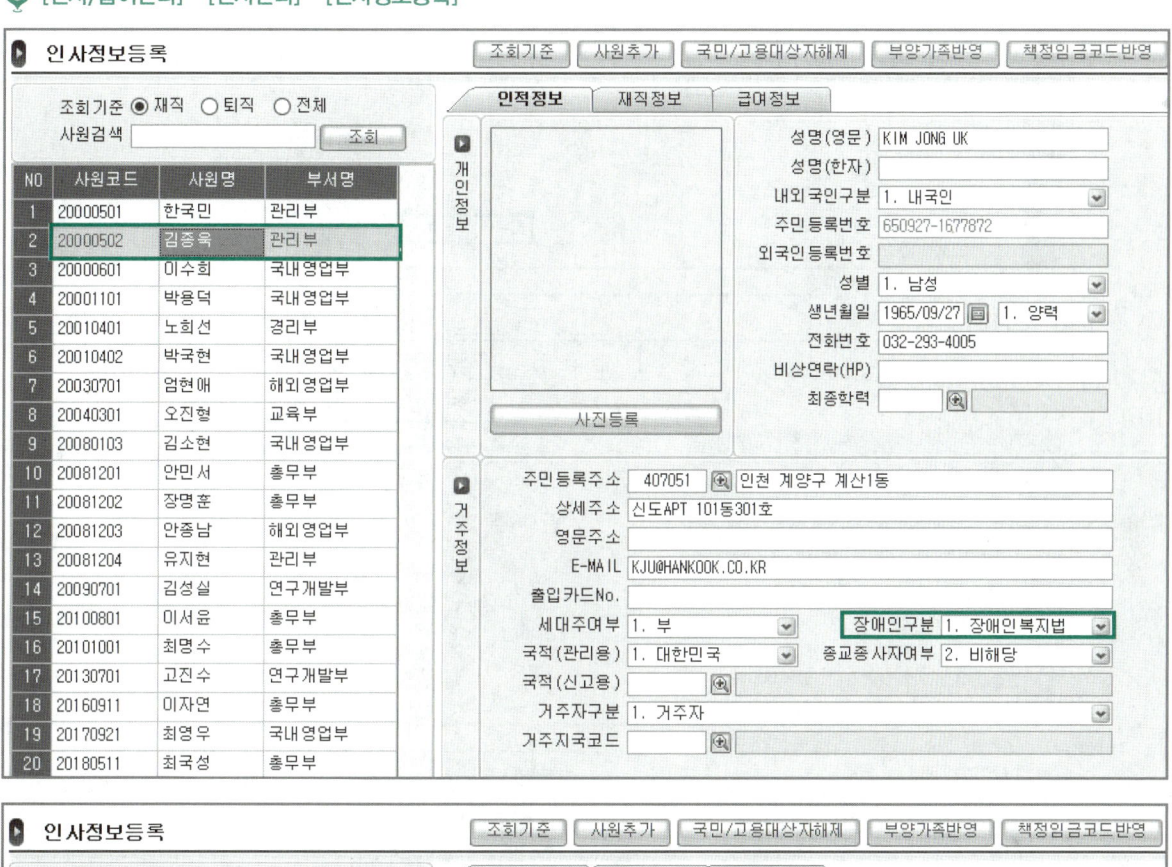

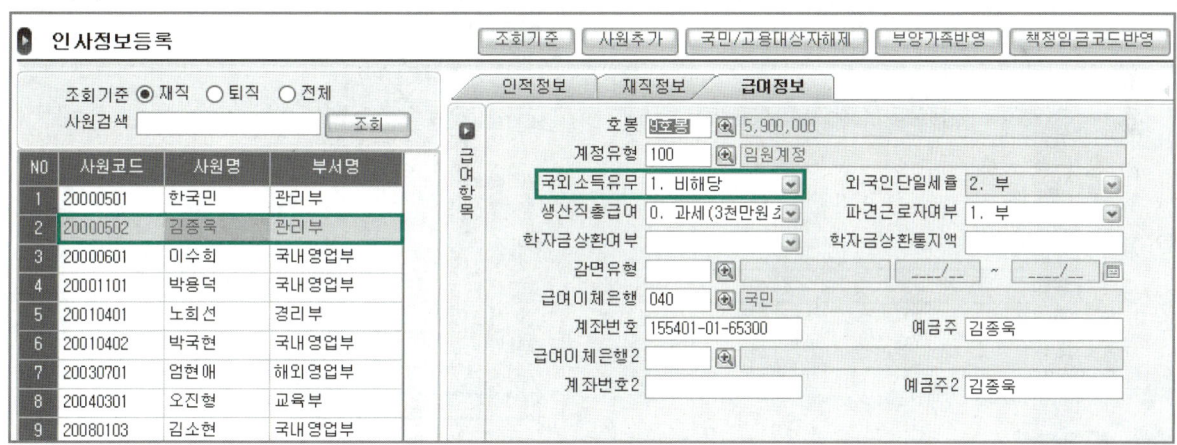

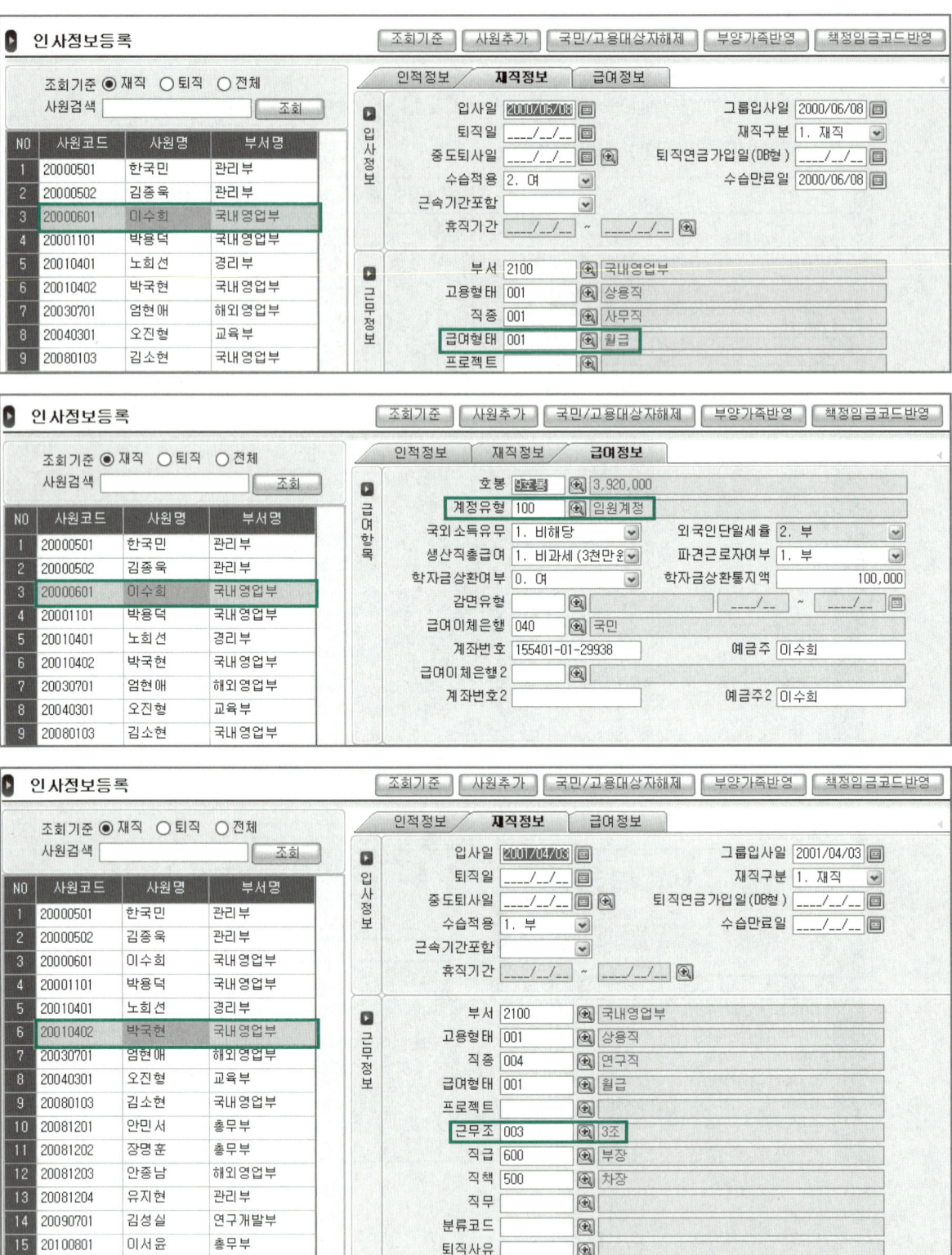

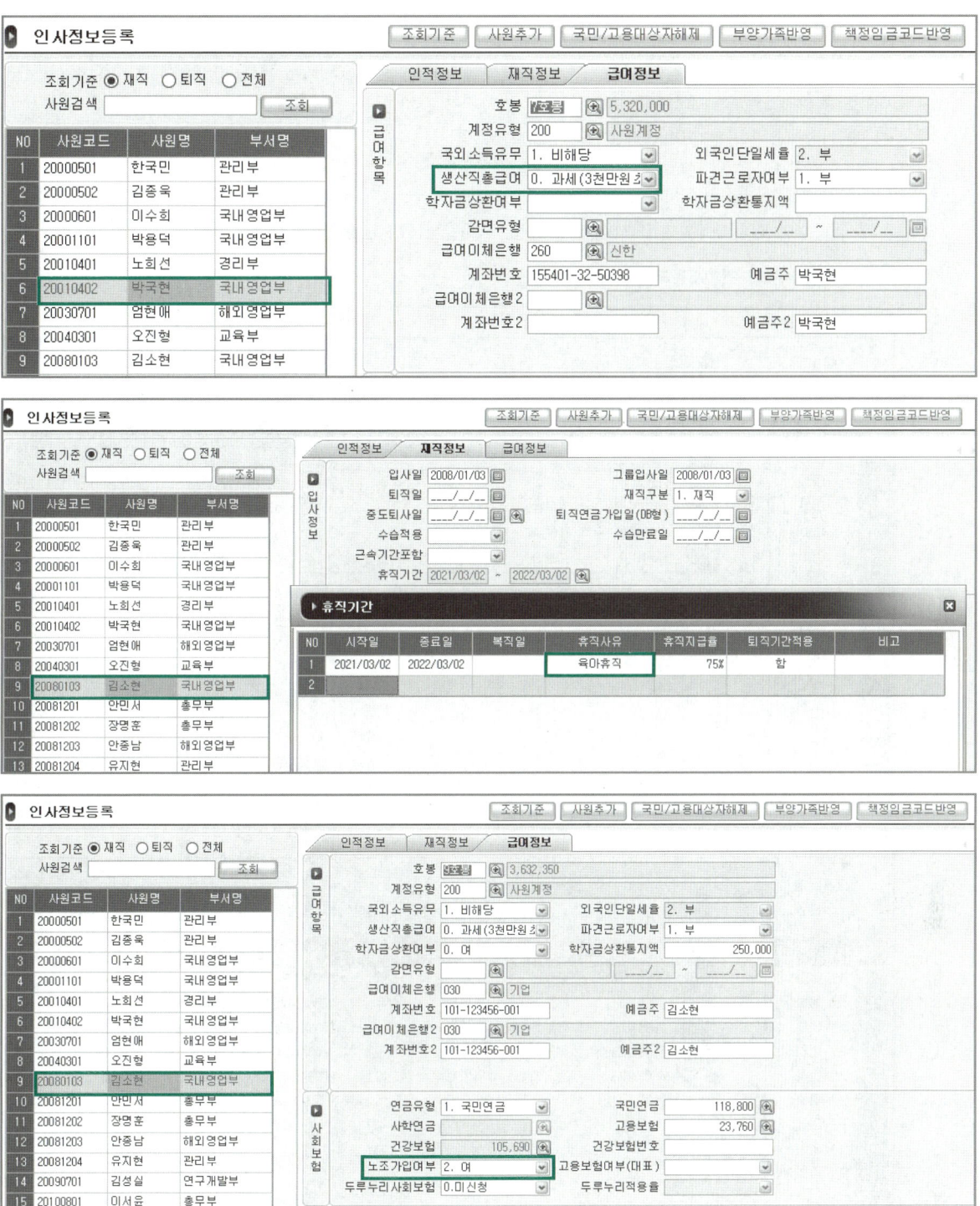

10 ①

'퇴사자: 0.제외', '기준일: 2024/08/31', '년수기준: 2.미만일수 올림', '경력포함: 0.제외'로 조회한 후 [보기]에 해당되는 사원의 총 근속수당을 계산한다.

- 10년 이상~15년 미만: 100,000원×5명 = 500,000원
- 15년 이상~20년 미만: 150,000원×5명 = 750,000원
- 20년 이상: 200,000원×9명 = 1,800,000원
- ∴ 총 근속수당: 500,000원 + 750,000원 + 1,800,000원 = 3,050,000원

◉ [인사/급여관리] – [인사관리] – [근속년수현황]

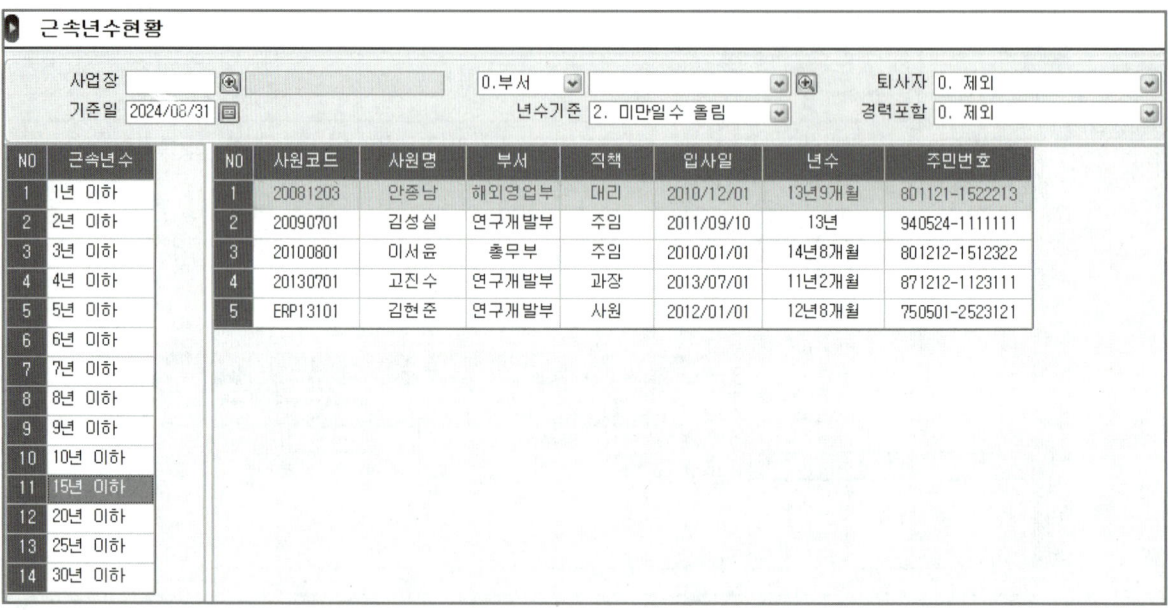

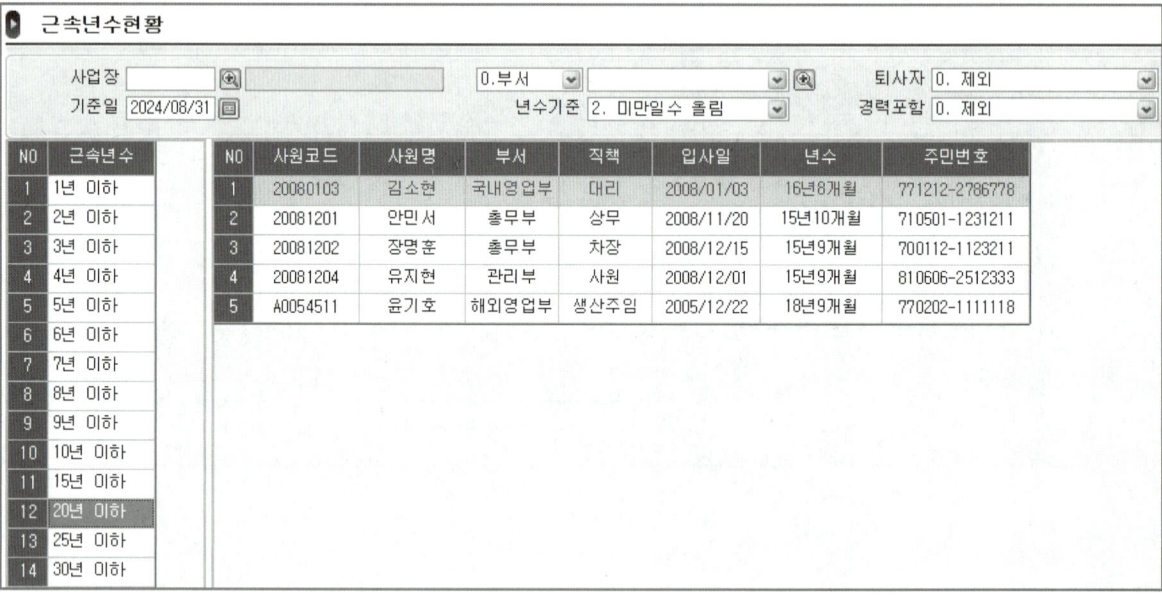

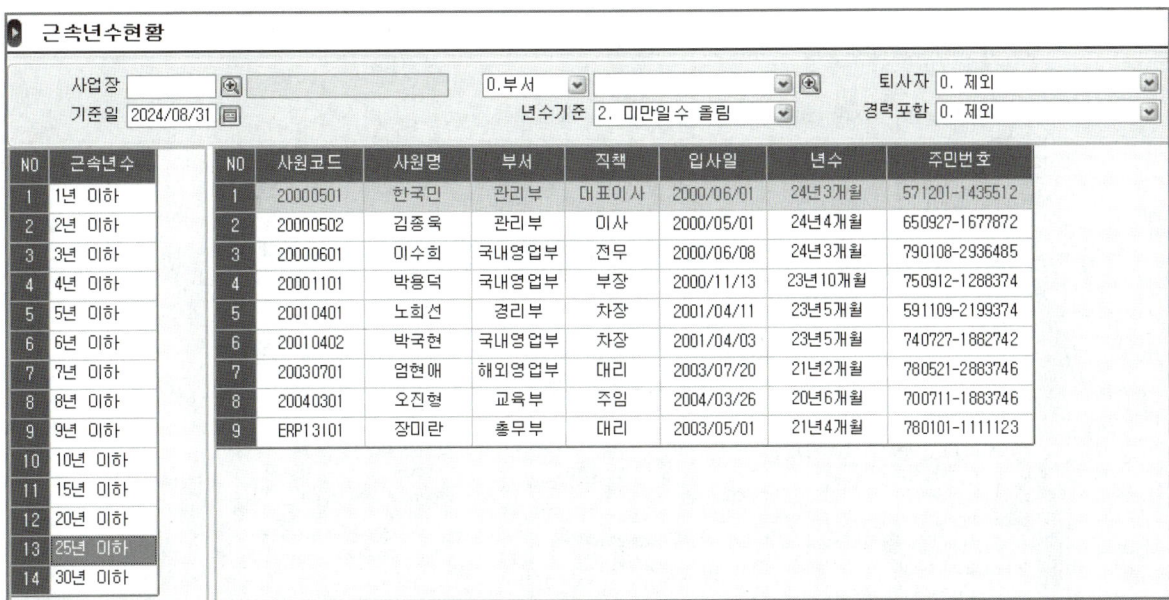

11 ②

'안민서' 사원을 선택하고 급여정보 탭 하단 책정임금란에 '계약시작년월: 2024/09'를 입력한 후, 우측 금액란에 커서를 두고 Ctrl+F3를 눌러 연봉을 확인한다.

[인사/급여관리] - [인사관리] - [인사정보등록]

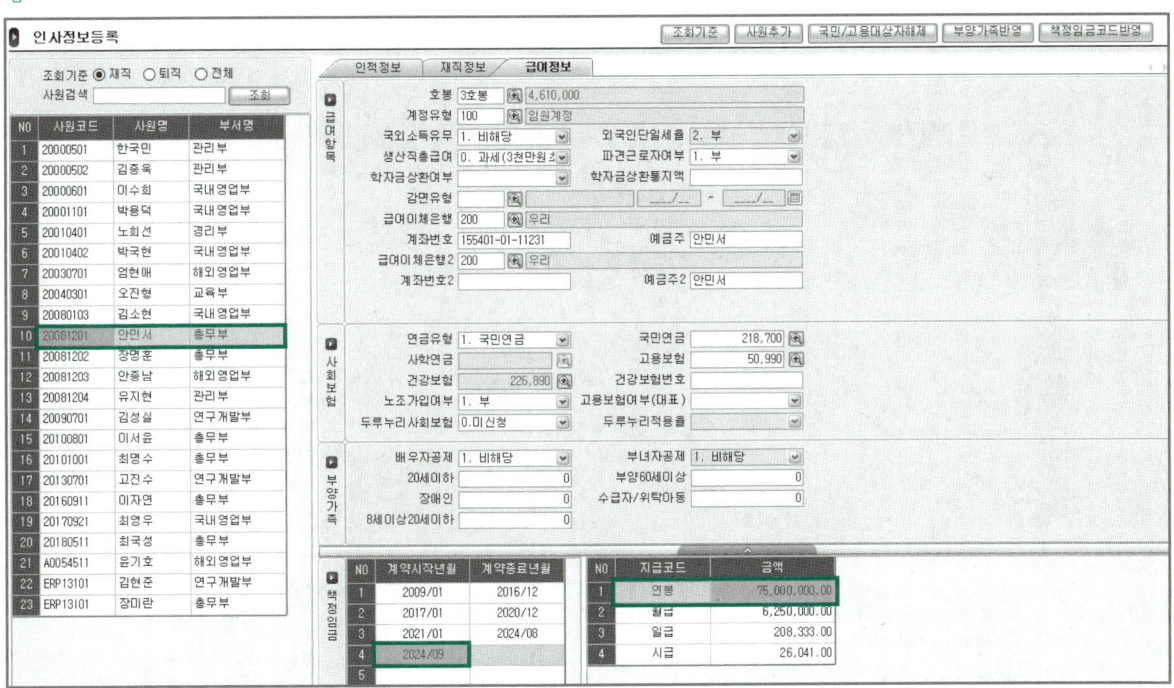

TIP 책정임금란의 금액을 확인할 때 '로그인 암호' 창이 뜨면 암호 입력 없이 '확인'을 누른다.

'귀속연월: 2024/09', '지급일: 1.급여'로 조회한 후 전체 사원을 체크하고 우측 상단의 '급여계산'을 적용한 후 하단 급여총액 탭의 과세란을 확인한다.

[인사/급여관리] – [급여관리] – [상용직급여입력및계산]

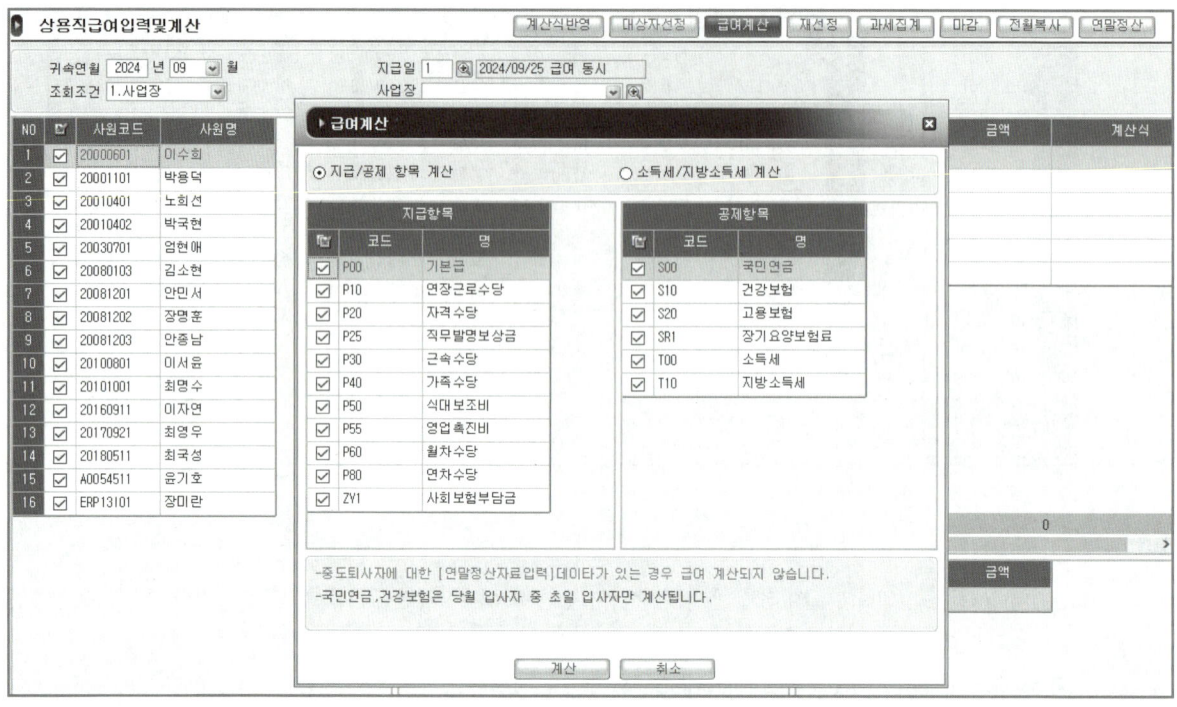

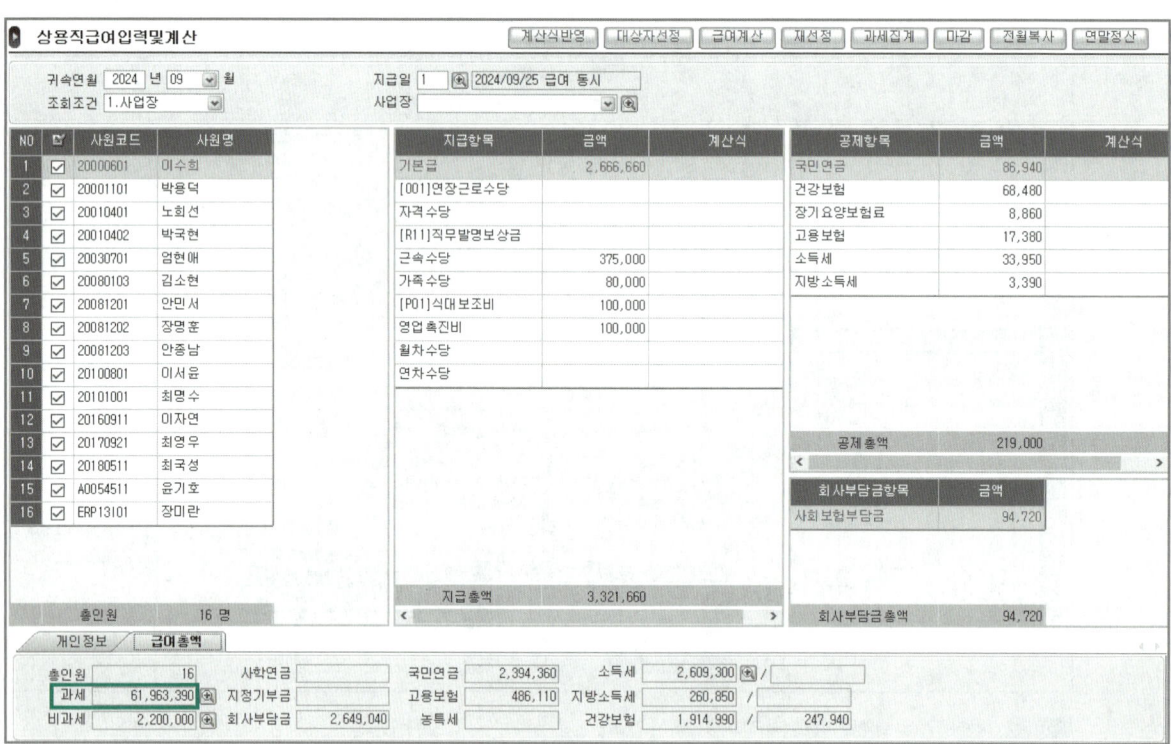

12 ②

'귀속연월: 2024/09'로 조회하여 [보기]에 따라 특별급여지급일자 및 대상자선정 등을 입력한 후, 우측 상단의 '일괄등록'을 클릭하여 특별급여 지급대상을 설정한다.

📍 [인사/급여관리] - [기초환경설정] - [급/상여지급일자등록]

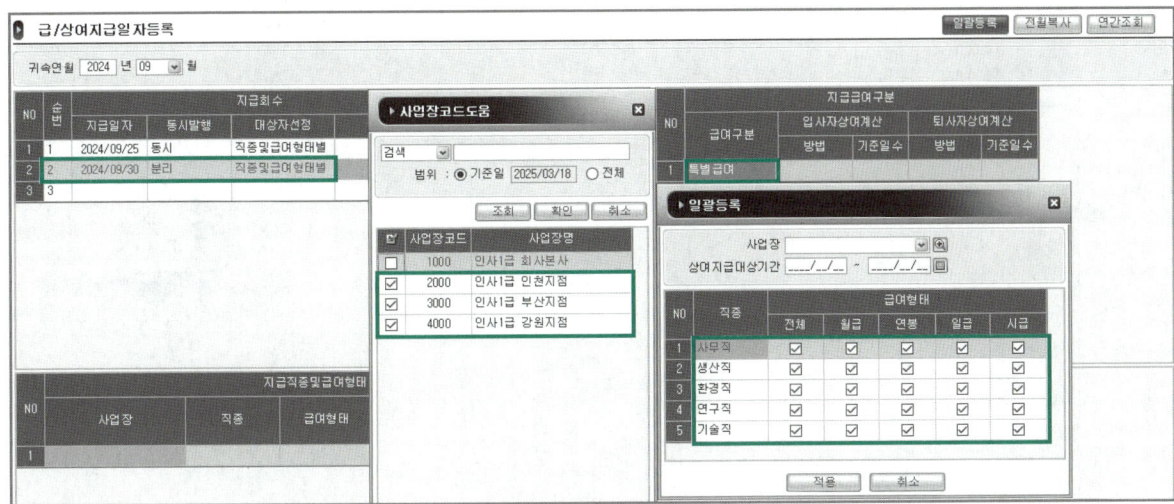

'귀속연월: 2024/09', '지급일: 2.특별급여'로 조회한 후 전체 사원에 체크하고, 우측 상단의 '급여계산'을 적용하여 '지급공제항목' 메뉴와 하단의 개인정보, 급여총액 탭을 확인한다.

|오답 풀이|
① 실지급액이 가장 적은 사원은 '2009001.김성실' 사원이다.
③ 해당 지급일자의 지급인원은 100,000원 또는 200,000원의 특별급여를 지급받았다.
④ 해당 지급일자의 회사부담금의 총합계는 1,230,690원이다.

📍 [인사/급여관리] - [급여관리] - [상용직급여입력및계산]

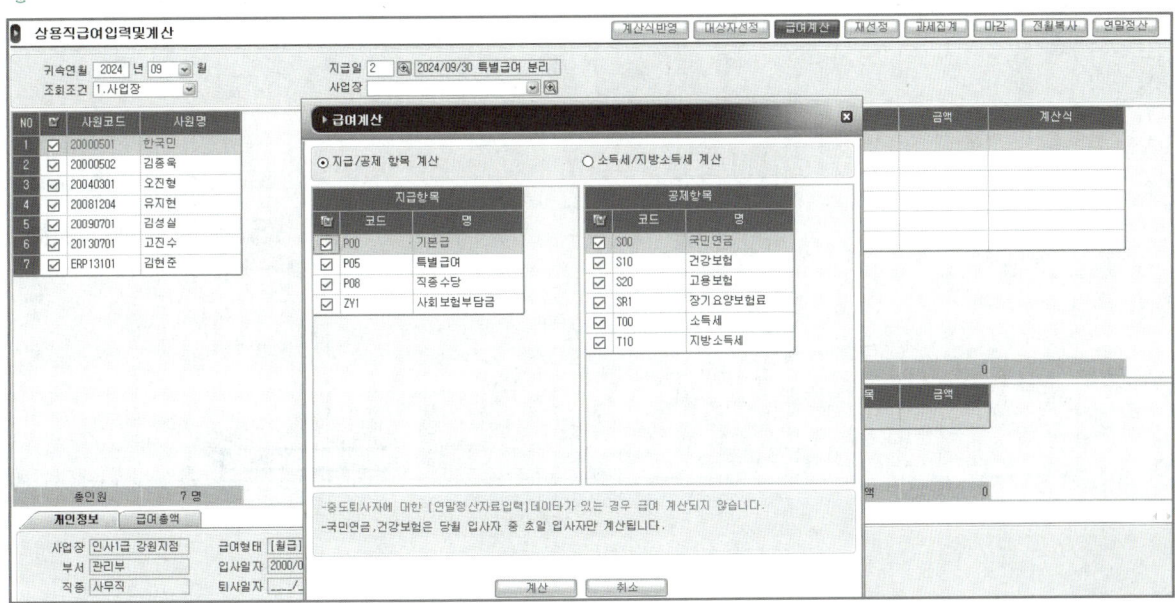

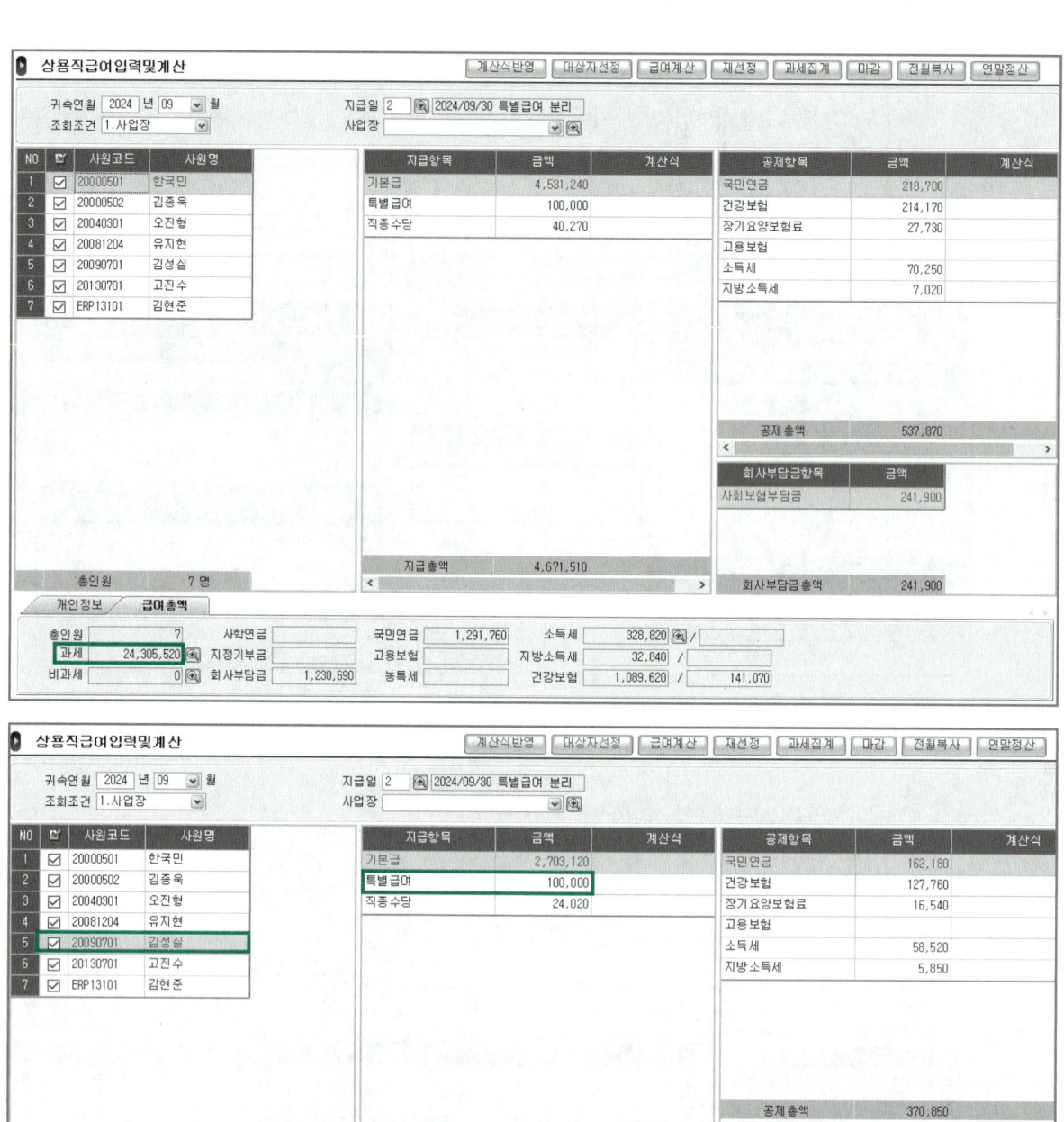

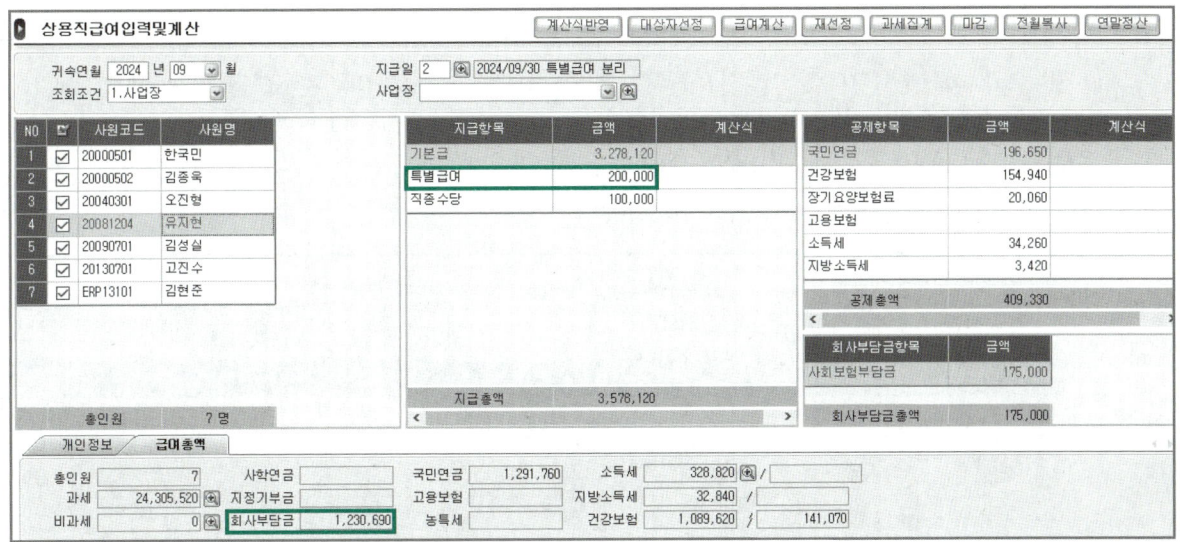

'급여구분: 특별급여', '지급/공제구분: 지급', '귀속연도: 2024'로 조회하고 우측 상단의 '마감취소'를 클릭한 후 하단 기본급의 '금액/계산식'을 확인한다.

② 직종수당은 책정임금의 월급÷30×0.2로 계산된 금액이 지급되었음을 확인할 수 있다.

📍 [인사/급여관리] – [기초환경설정] – [지급공제항목등록]

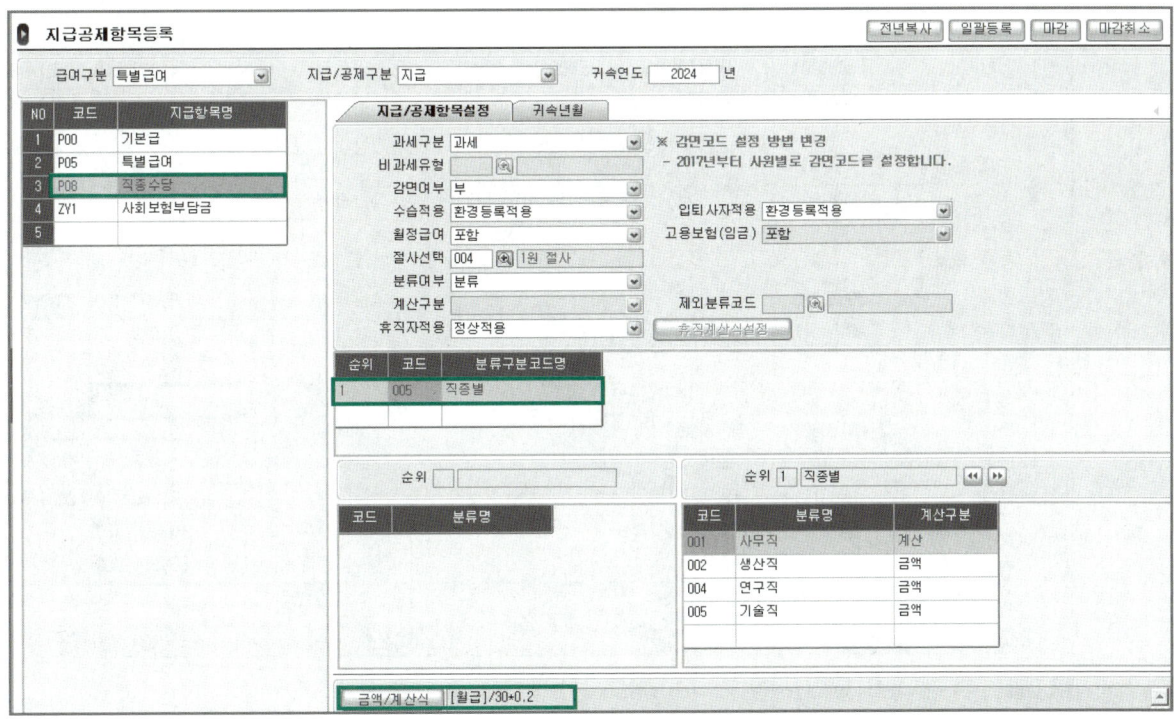

13 ④

'귀속연월: 2024/08', '지급일: 1.급여', '무급자: 제외', '사업장: 1000.인사1급 회사본사'를 조회하여 이체내역을 확인한다.
④ 해당 조회조건의 급여는 2024/08/25에 지급되었고, 총 이체 금액은 45,015,170원이다.

[인사/급여관리] – [급여관리] – [급/상여이체현황]

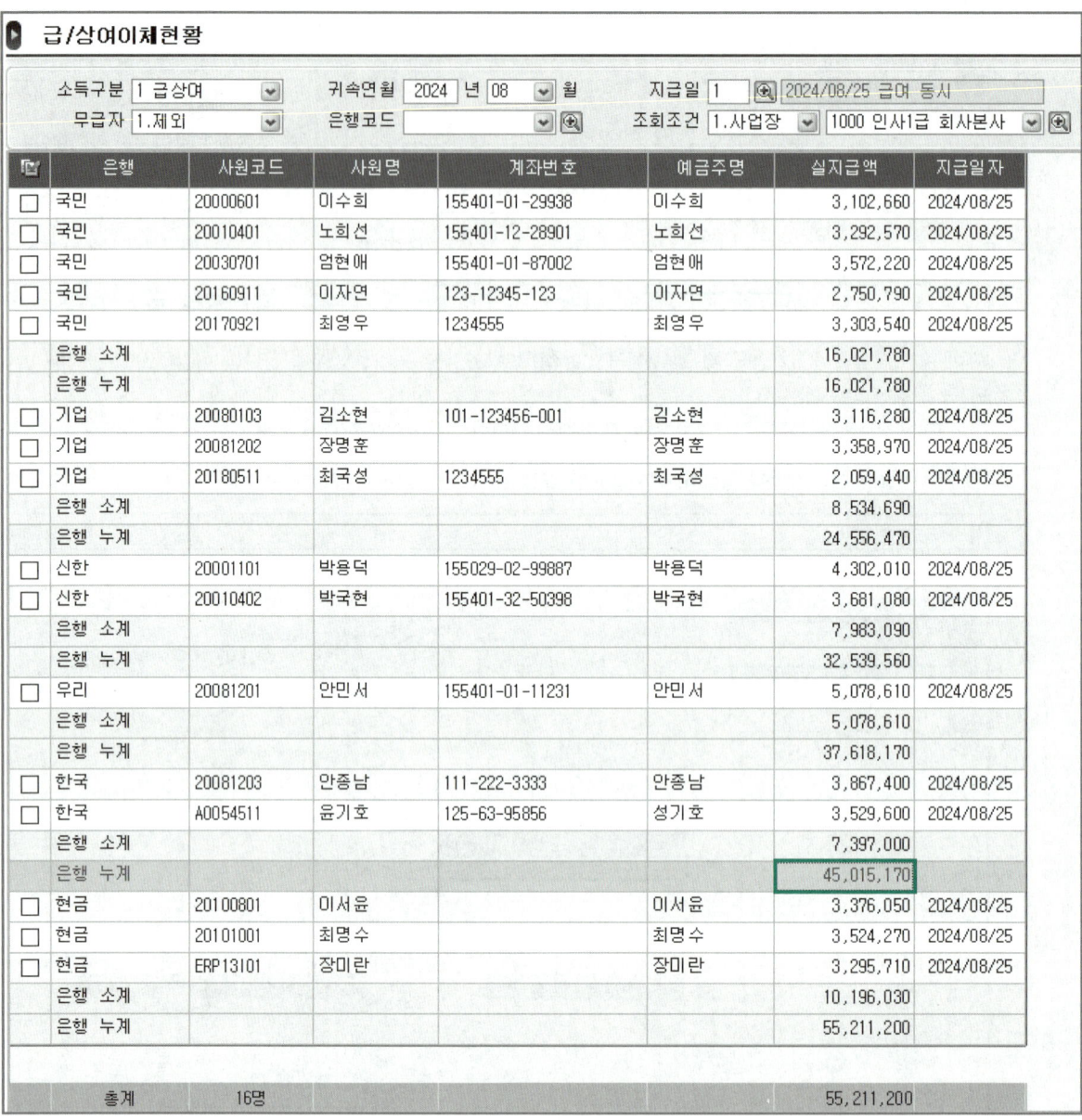

14 ①

'장명훈' 사원을 선택한 후 급여정보 탭 하단 책정임금란에 커서를 두고 Ctrl+F3를 눌러 시급을 확인한다.

[인사/급여관리] – [인사관리] – [인사정보등록]

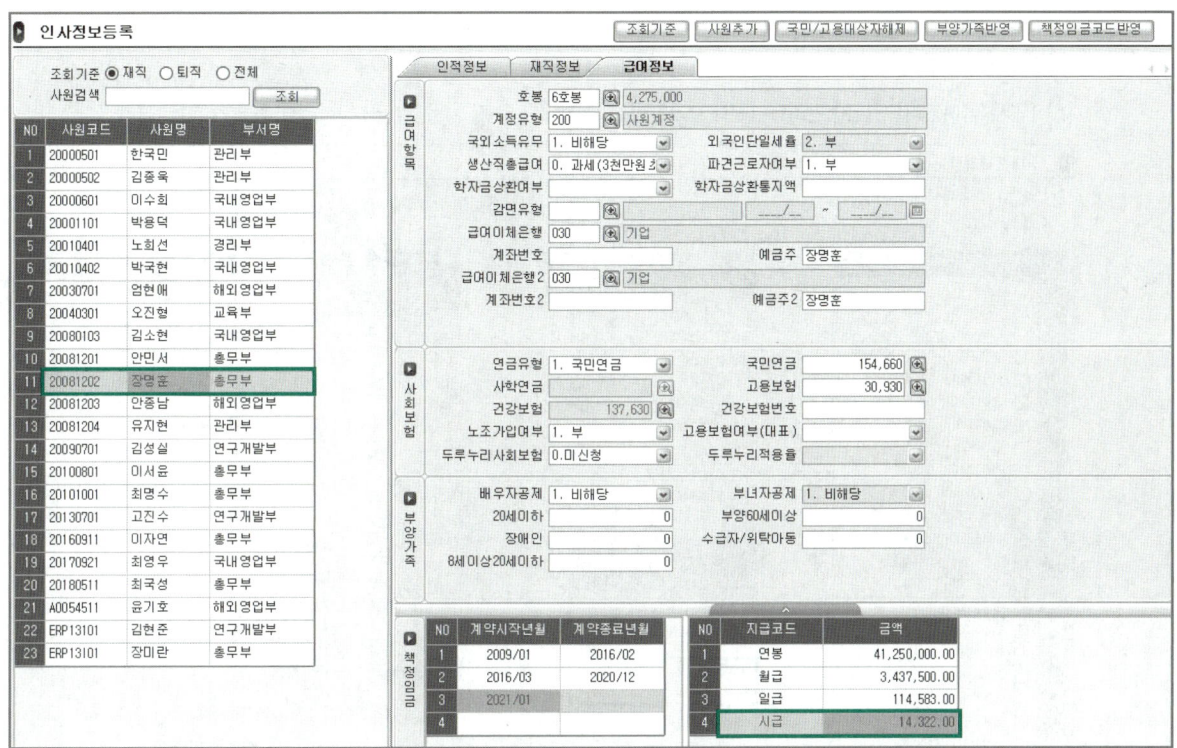

TIP 책정임금란의 금액을 확인할 때 '로그인 암호' 창이 뜨면 암호 입력 없이 '확인'을 누른다.

'귀속연월: 2024/08', '지급일: 1.급여'로 조회하여 '장명훈' 사원의 근태 내역을 확인하고 [보기]의 계산식을 이용하여 초과근무수당을 계산한다.

- 책정임금 시급: 14,322원
- 1유형 근무수당: 18.25 × 14,322원 × 2 = 522,750원(522,753)
- 2유형 근무수당: 8.75 × 14,322원 × 2.5 = 313,290원(313,293.75)

∴ 초과근무수당: 522,750원 + 313,290원 = 836,040원

[인사/급여관리] – [급여관리] – [근태결과입력]

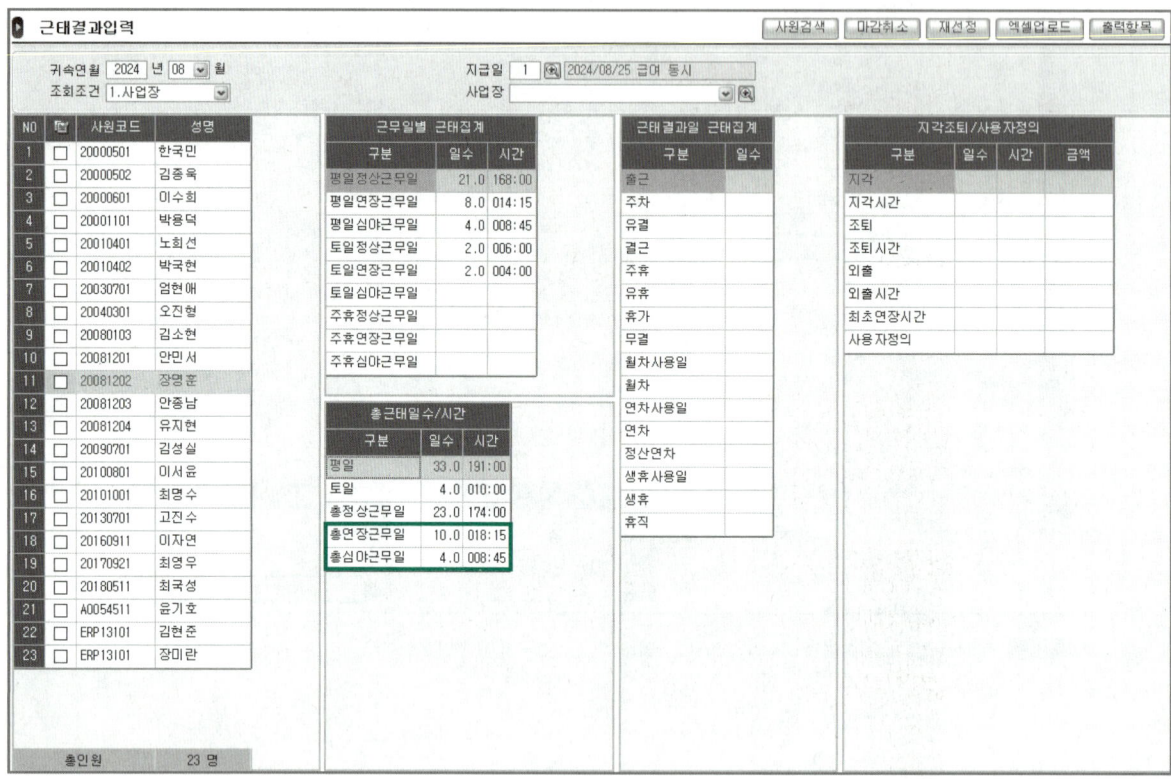

TIP 15분 = 0.25, 30분 = 0.5, 45분 = 0.75, 1시간 = 1

15 ④

'귀속연월: 2024/04~2024/06', '지급구분: 100.급여', '사업장: 1000.인사1급 회사본사', '집계구분: 2.직종별'을 조회하여 내역을 확인한다.
④ 기술직의 공제합계 금액은 1,736,970원이다.

[인사/급여관리] - [급여관리] - [항목별급상여지급현황]

항목	합계	사무직	생산직	환경직	연구직	기술직
기본급	164,550,150	101,241,330	21,312,480	9,600,000	20,757,480	11,638,860
연장근로수당	600,000		600,000			
자격수당	900,000	390,000	330,000		180,000	
직무발명보상금	1,800,000		1,800,000			
근속수당	14,350,000	9,400,000	2,250,000	375,000	1,950,000	375,000
가족수당	840,000	420,000		330,000	90,000	
식대보조비	4,800,000	3,000,000	600,000	300,000	600,000	300,000
영업촉진비	2,850,000	1,650,000	600,000	300,000	300,000	
월차수당						
연차수당						
사회보험부담금	7,875,750	4,815,830	1,020,020	462,630	1,010,600	566,670
지급합계	190,690,150	116,101,330	27,492,480	10,905,000	23,877,480	12,313,860
합계	198,565,900	120,917,160	28,512,500	11,367,630	24,888,080	12,880,530
국민연금	7,183,080	4,347,180	946,350	432,000	933,900	523,650
건강보험	5,744,970	3,510,690	745,560	340,320	735,810	412,590
고용보험	1,389,680	852,260	178,300	78,400	179,870	100,850
장기요양보험료	741,100	452,880	96,160	43,910	94,920	53,230
소득세	7,431,670	4,747,510	1,327,230	83,280	685,770	587,880
지방소득세	742,910	474,590	132,690	8,310	68,550	58,770
공제합계	23,233,410	14,385,110	3,426,290	986,220	2,698,820	1,736,970
차인지급액	167,456,740	101,716,220	24,066,190	9,918,780	21,178,660	10,576,890
인원	16	10	2	1	2	1

16 ④

'귀속연월: 2024/09', '지급일: 1.매일지급', '부서: 3200.관리부, 4100.생산부', '급여형태: 004.시급'으로 조회한 후 전체 사원에 체크하여 추가한다.

📍 [인사/급여관리] – [일용직관리] – [일용직급여지급일자등록]

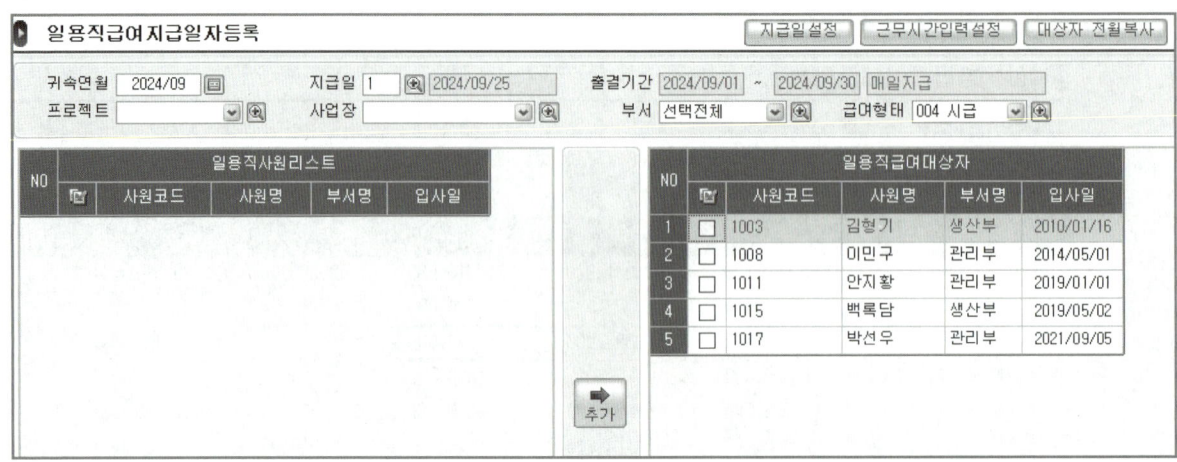

TIP 지급일 설정 시, '매일지급/일정기간지급'이 공란으로 보인다면 우측 상단의 '지급일 설정'을 클릭하여 '비고'란을 직접 작성한다.

'귀속연월: 2024/09', '지급일: 1.매일지급'으로 조회하여 전체 사원에 체크한다. 우측 상단의 '일괄적용'을 클릭하여 보기와 같이 평일 10시간과 비과세 12,000원, 토요일에 2시간을 적용한 후 하단의 월지급액, 개인정보, 급여총액 탭의 내용을 확인한다.

④ 해당 지급일자의 대상자 중 소득세가 가장 적게 공제된 대상자는 '1011.안지황' 사원으로 30,450원이 공제되었다.

📍 [인사/급여관리] – [일용직관리] – [일용직급여입력및계산]

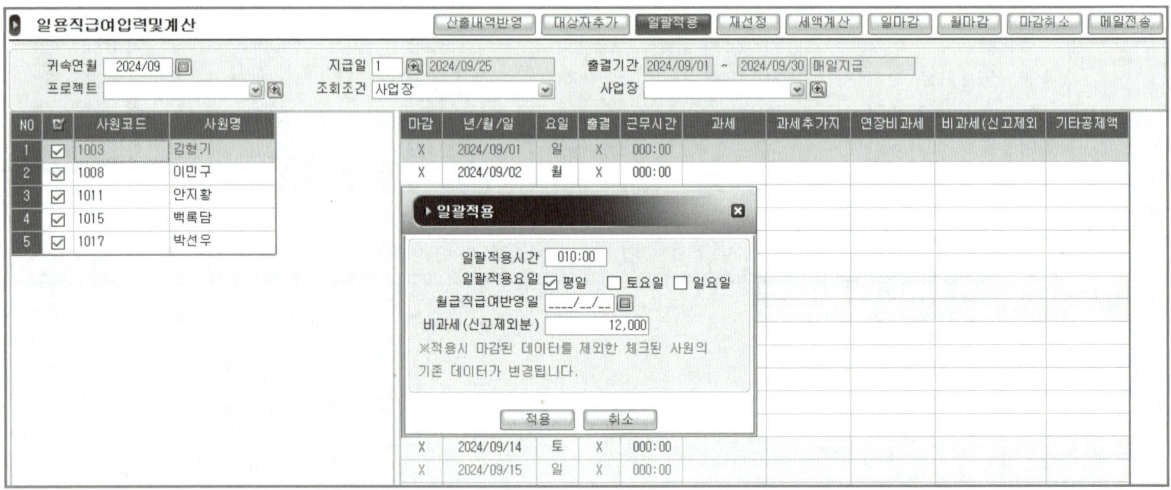

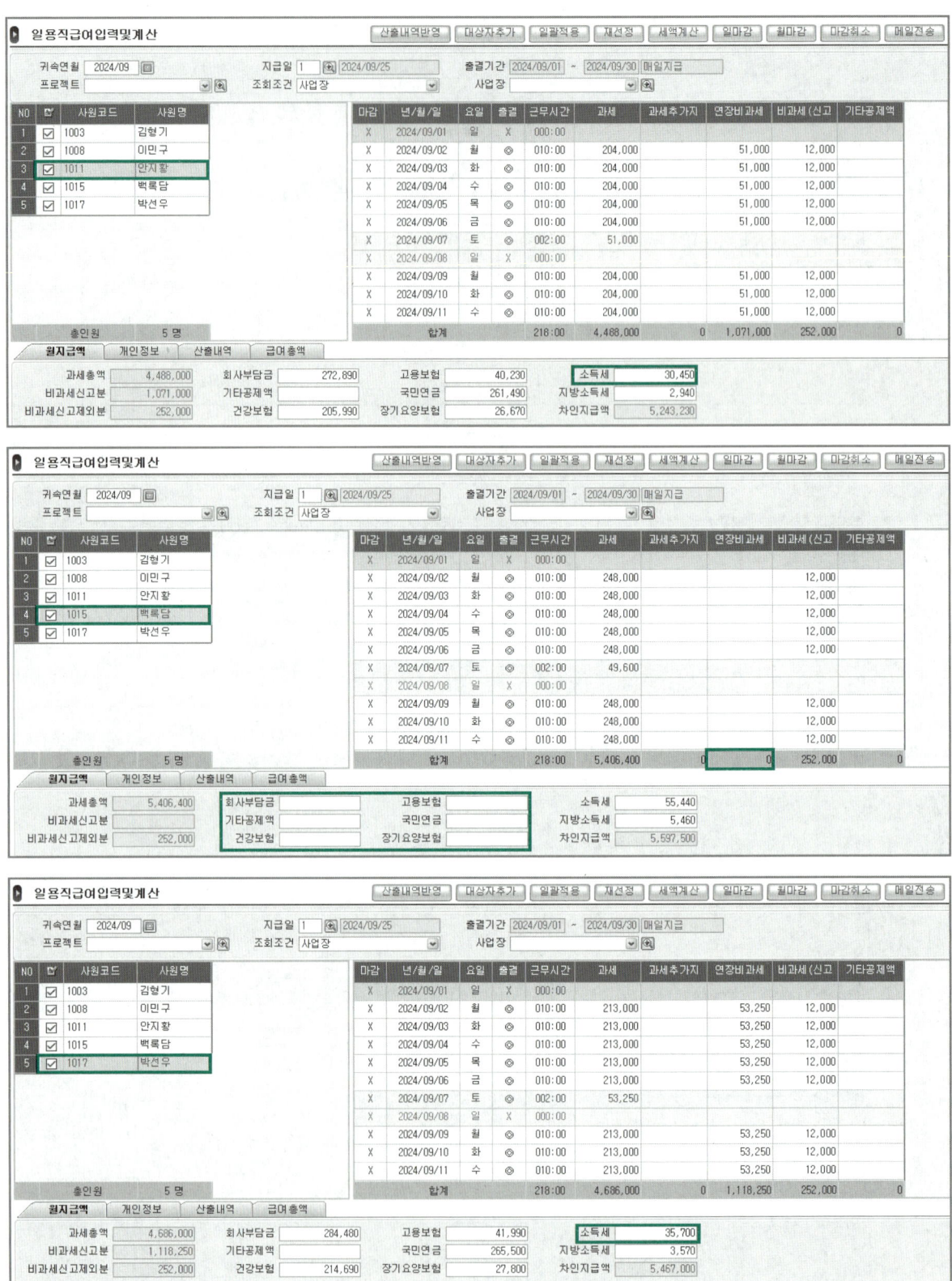

17 ①

[보기]에 따라 '1018.정용빈' 사원의 정보를 모두 입력한다.

◉ [인사/급여관리] – [일용직관리] – [일용직사원등록]

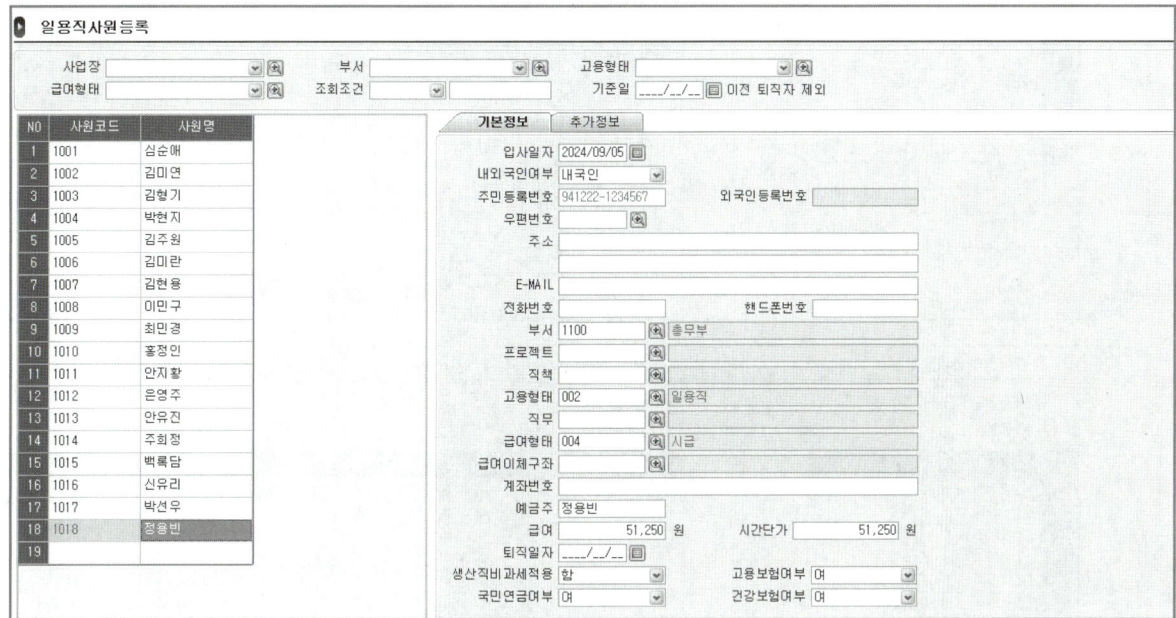

'귀속연월: 2024/09', '지급일: 2.일정기간지급'으로 조회한 후 우측 상단의 '대상자추가'를 클릭하여 '1018.정용빈' 사원을 추가한다. 전체 사원에 체크하고 우측 상단의 '일괄적용'을 클릭하여 평일 10시간, 비과세 10,000원을 적용한 후 하단의 급여총액 탭에서 차인지급액을 확인한다.

◉ [인사/급여관리] – [일용직관리] – [일용직급여입력및계산]

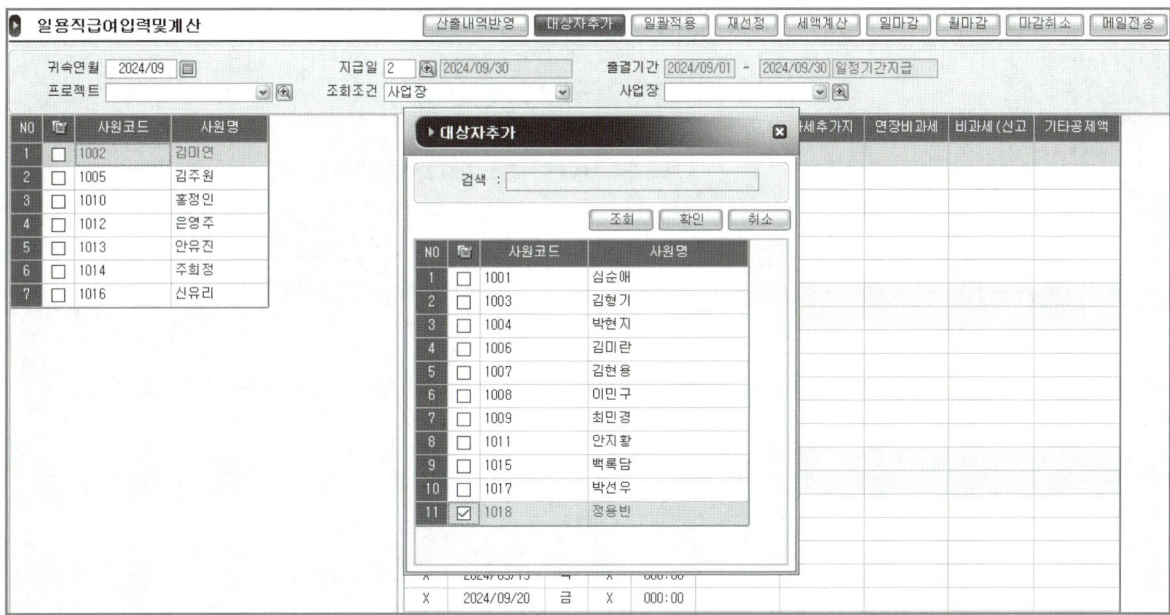

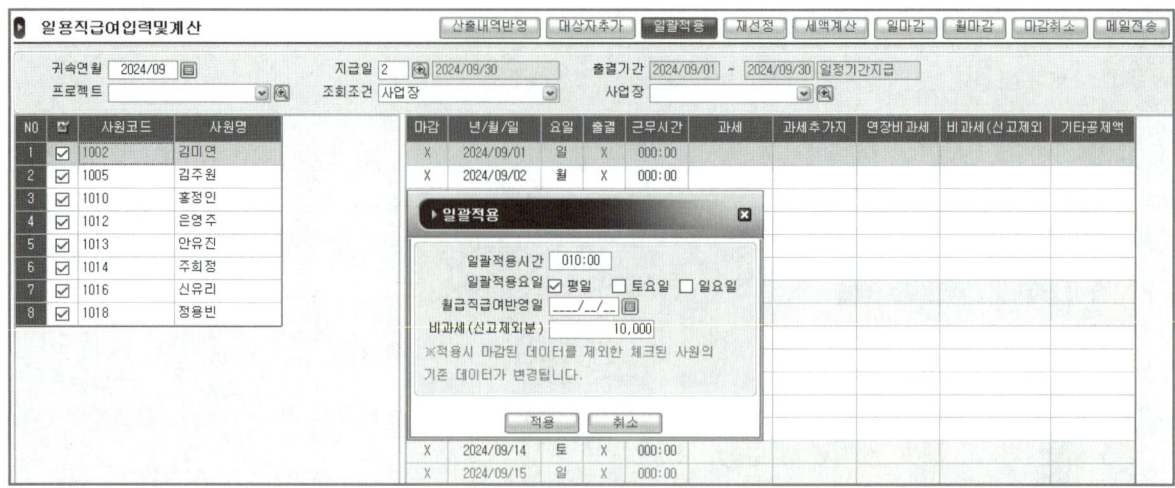

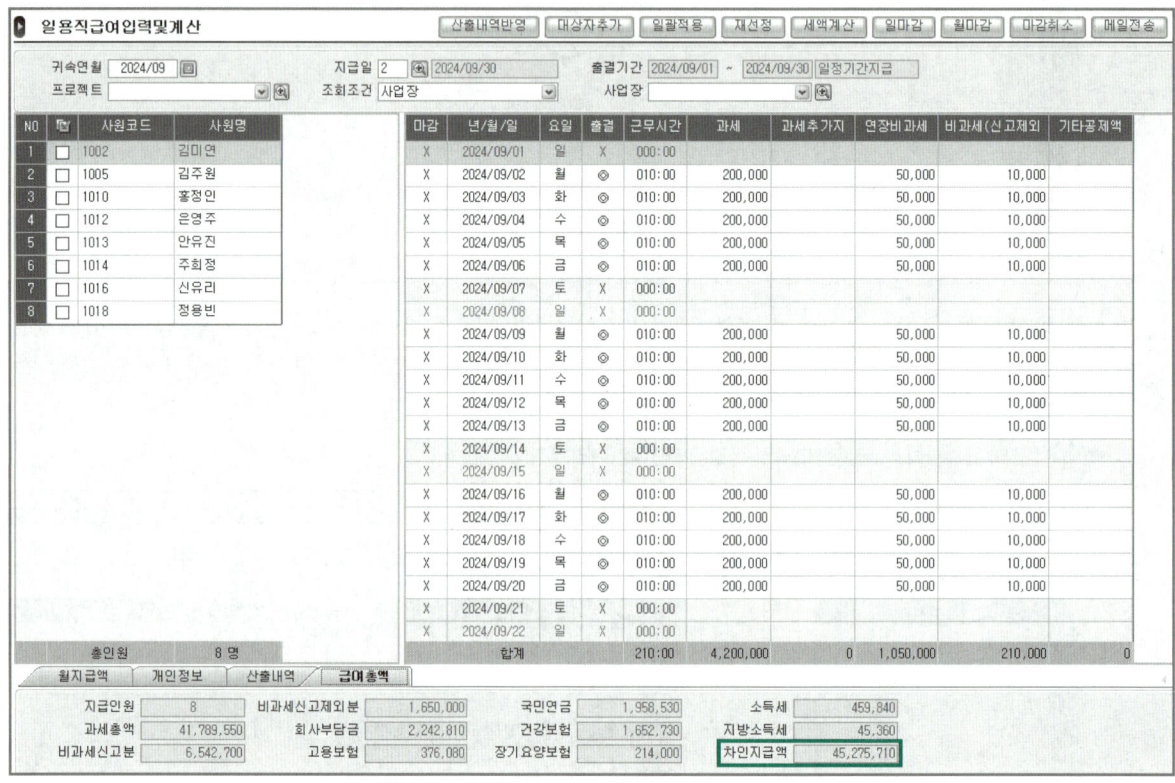

18 ②

'조회기간: 2024/01~2024/06', '분류기준: 과세/비과세', '사업장: 1000.인사1급 회사본사', '사용자부담금: 1.포함'으로 조회하여 하단의 '과세/비과세' 총액을 확인한다.

[인사/급여관리] – [급여관리] – [연간급여현황]

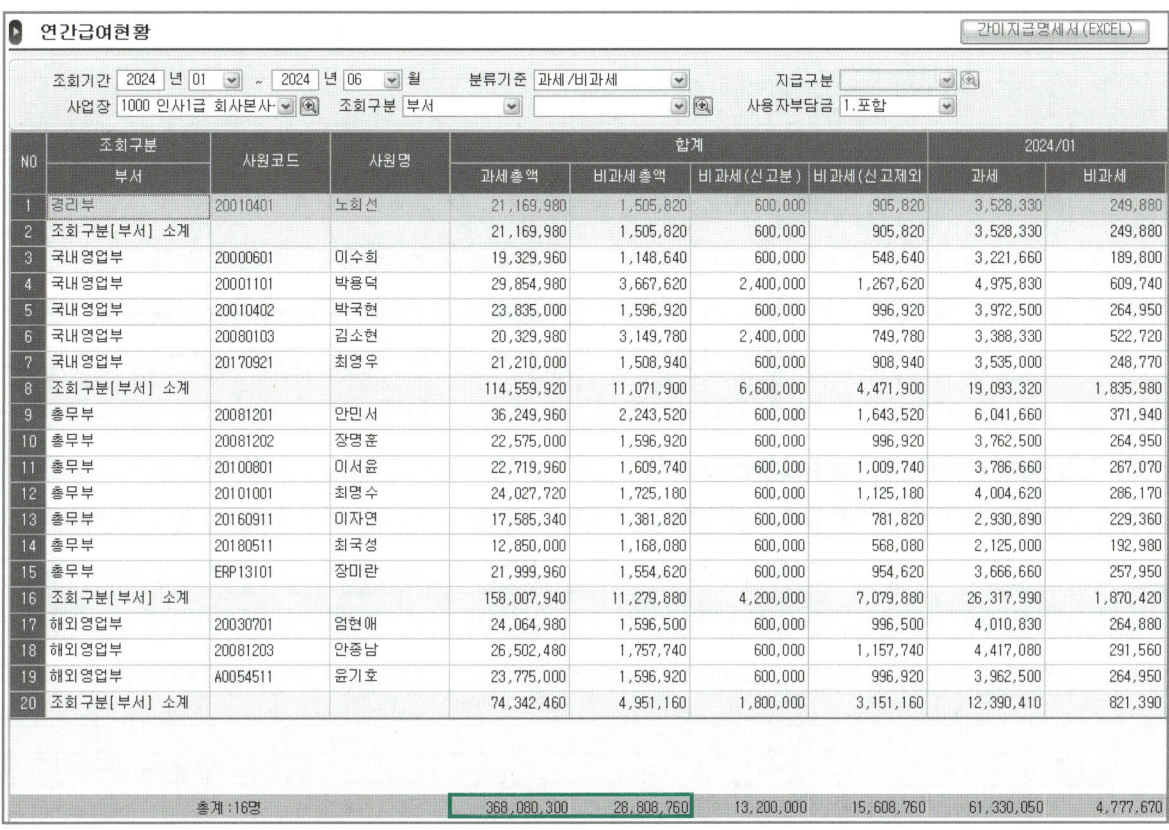

19 ①

우측 상단의 '마감취소'를 클릭한 후 '누진적용', '기본설정' 등 퇴직기준설정 내용을 확인한다.
- B: 비과세 항목도 퇴직금 계산 시 사용할 수 있으며, 중도정산자인 경우 급여반영 시 '일할'로 계산한다.
- C: 근속누진만 적용하고 있으며, 적용유형은 '001.기간'이고 적용방식은 '000.가산율'이며 근무년수가 5년 이상인 대상자인 경우에만 근속누진이 적용된다.
- D: 퇴직금 계산식은 '일할'로 설정되어 있고, 연차수당코드는 'P60.월차수당'을 사용한다.

📍 [인사/급여관리] – [퇴직정산관리] – [퇴직기준설정]

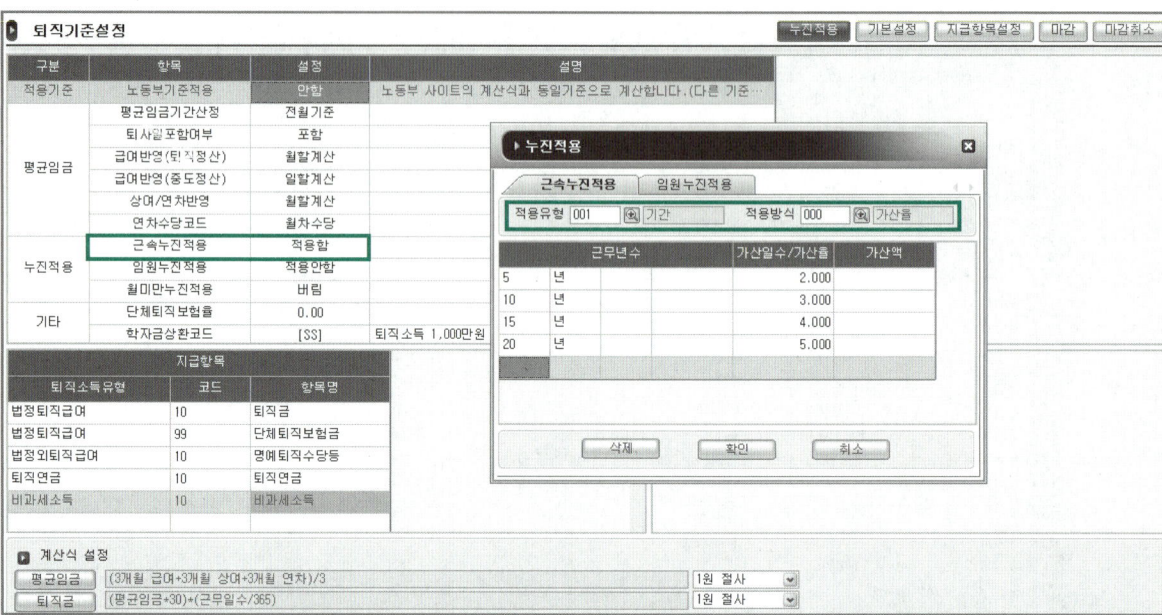

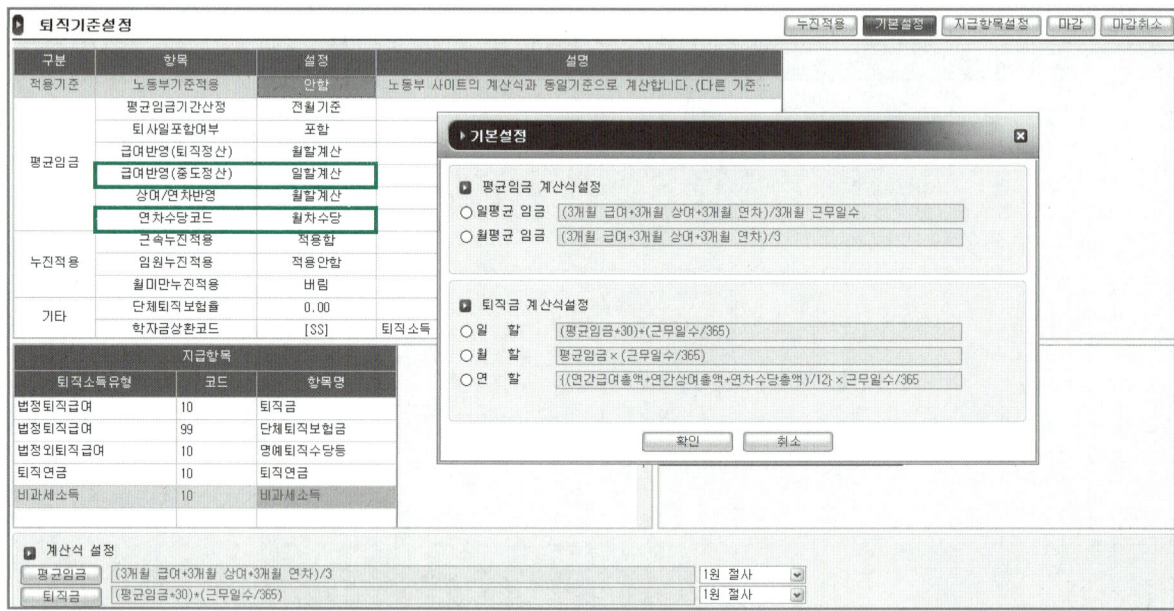

20 ②

우측 상단의 '마감취소'를 클릭한 후 '기본설정', '지급항목설정'을 [보기]에 따라 설정한다.

📍 [인사/급여관리] - [퇴직정산관리] - [퇴직기준설정]

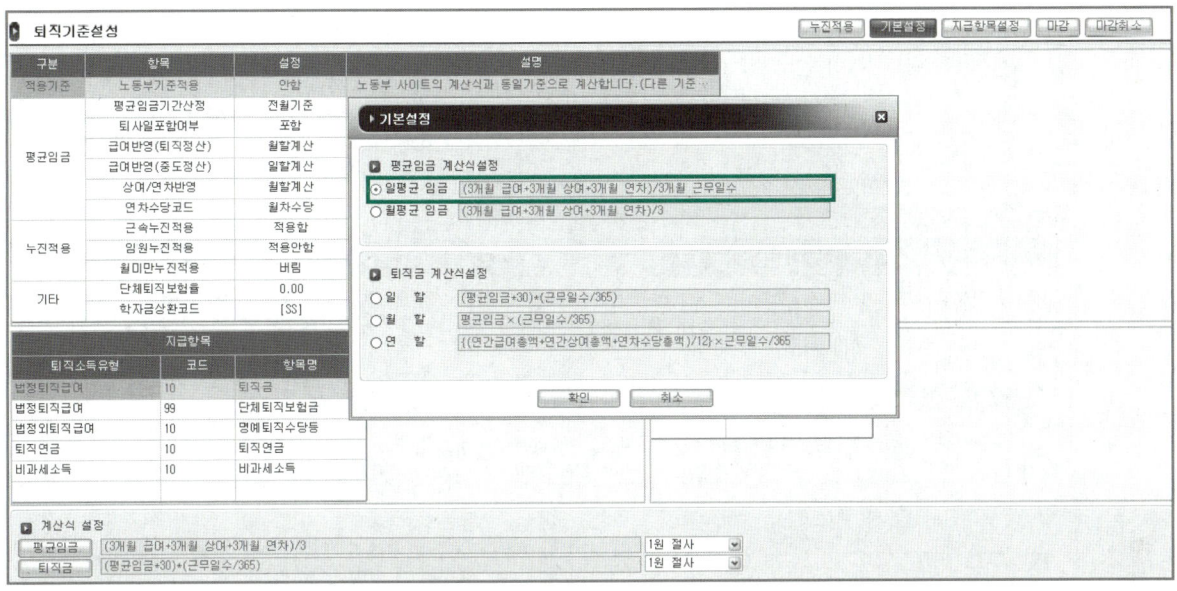

'신고귀속: 2024', '귀속연도: 2024', '사업장: 3000.인사1급 부산지점', '정산구분: 1.중도정산'을 입력하고 우측 상단의 '대상자선정'을 클릭한다. [보기]의 내용을 반영한 후 '고진수' 사원의 급여정보 탭에서 '퇴직금계산'을 클릭하여 정산결과를 확인한다.

② '20130701.고진수' 사원의 퇴직금 계산 시 산정된 급여내역은 2024/06/01~2024/08/31까지의 기간이며, 퇴직금계산 기간 내 지급된 상여금이 존재한다.

[인사/급여관리] – [퇴직정산관리] – [퇴직금산정]

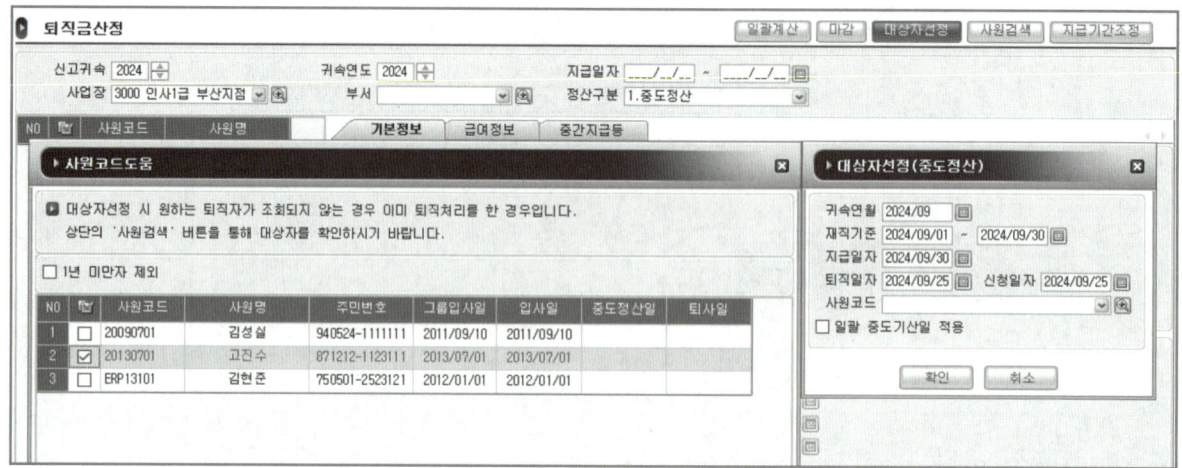

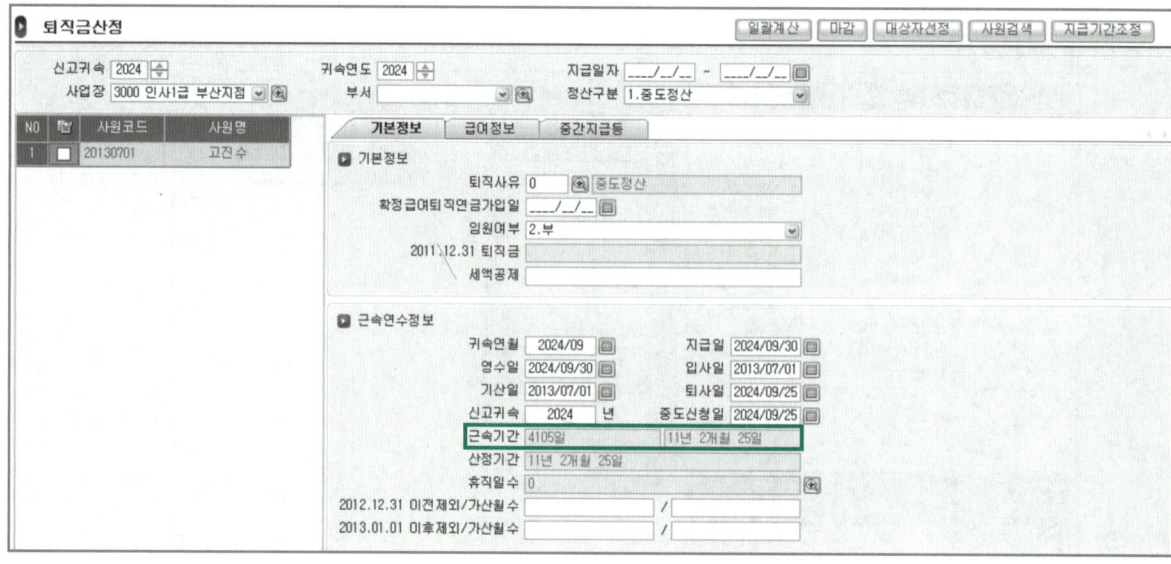

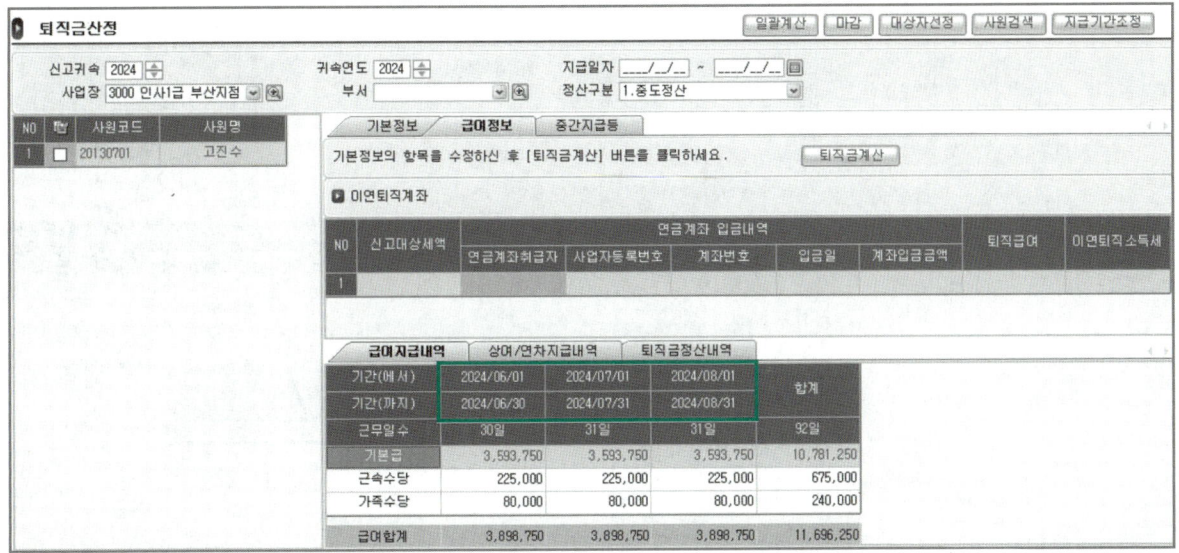

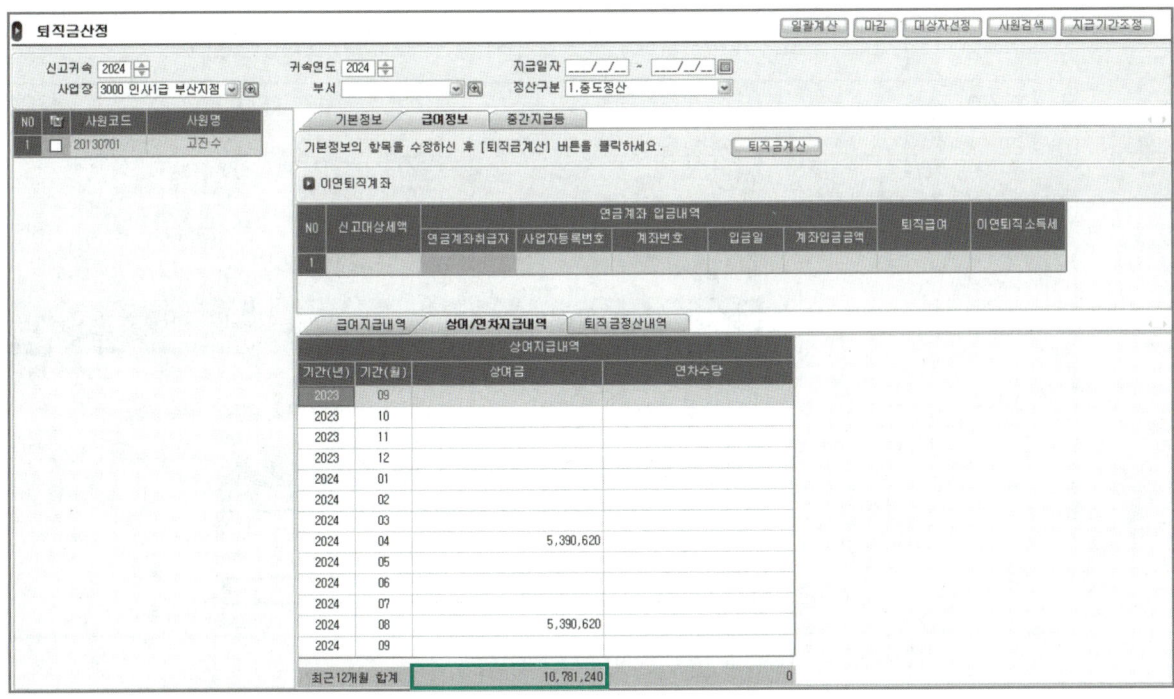

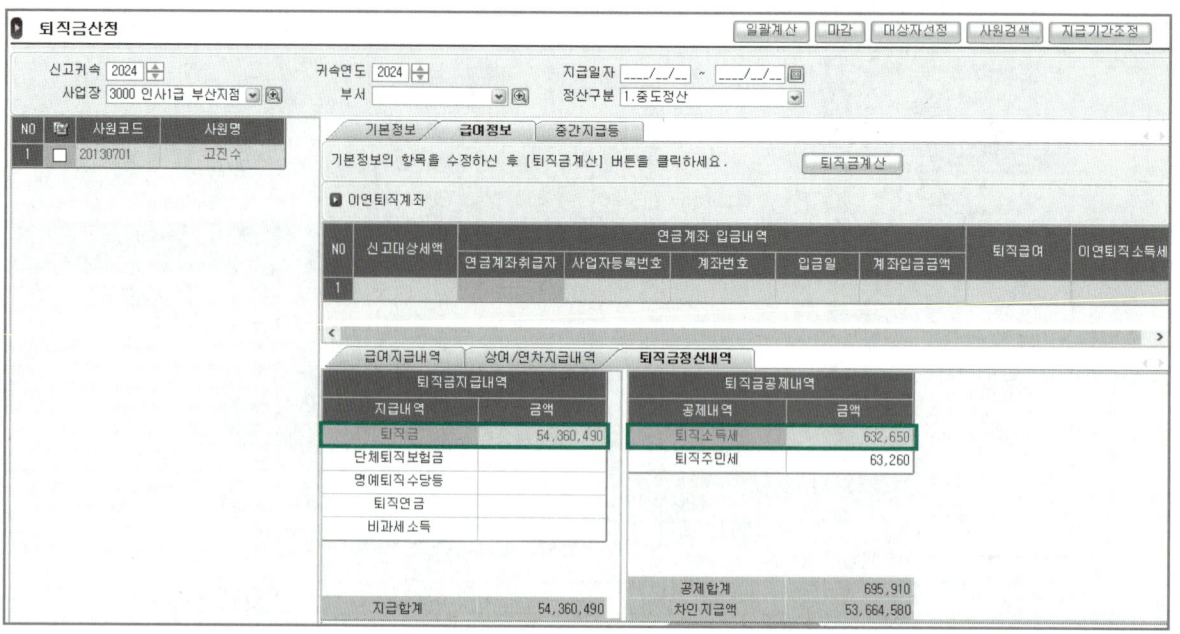
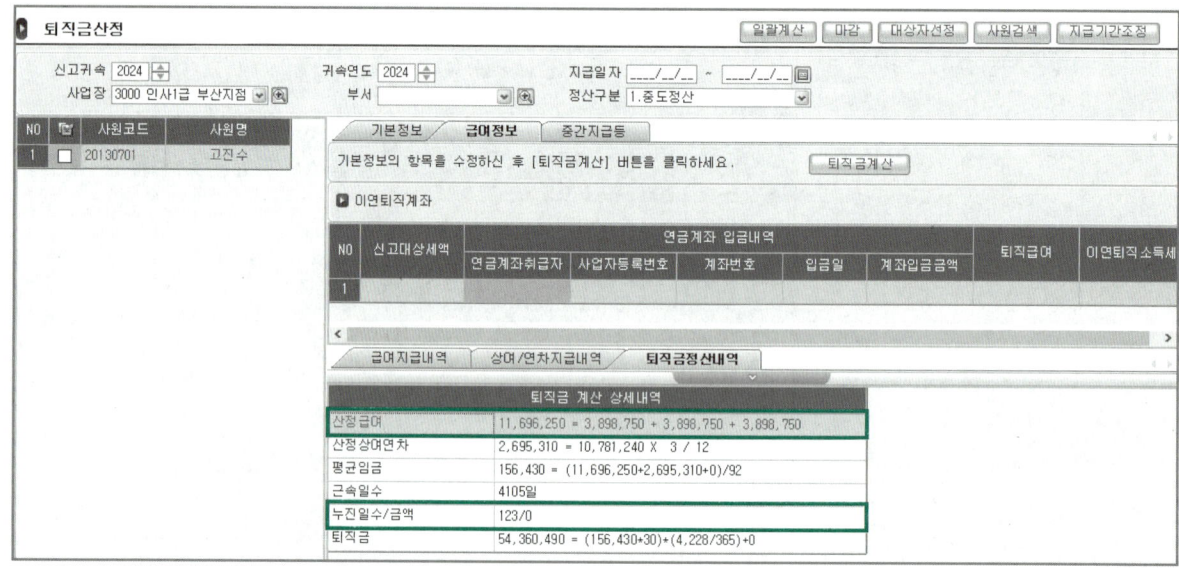

21 ③

'지급유형: 1.상용직급여', '회계단위: 1000.인사1급 회사본사', '결의일자: 2024/08/31', '작성자: ERP13I01.장미란'으로 조회하고, '집계사업장: 1000.인사1급 회사본사, 3000.인사1급 부산지점', '집계급여구분: 급여, 상여'에 체크한 후 '전표생성'을 클릭한다. 전표처리결과 탭에서 각 계정과목별 금액을 확인한다.

③ 선납세금은 5,732,480원이다.

📍 [인사/급여관리] – [전표관리] – [전표집계및생성]

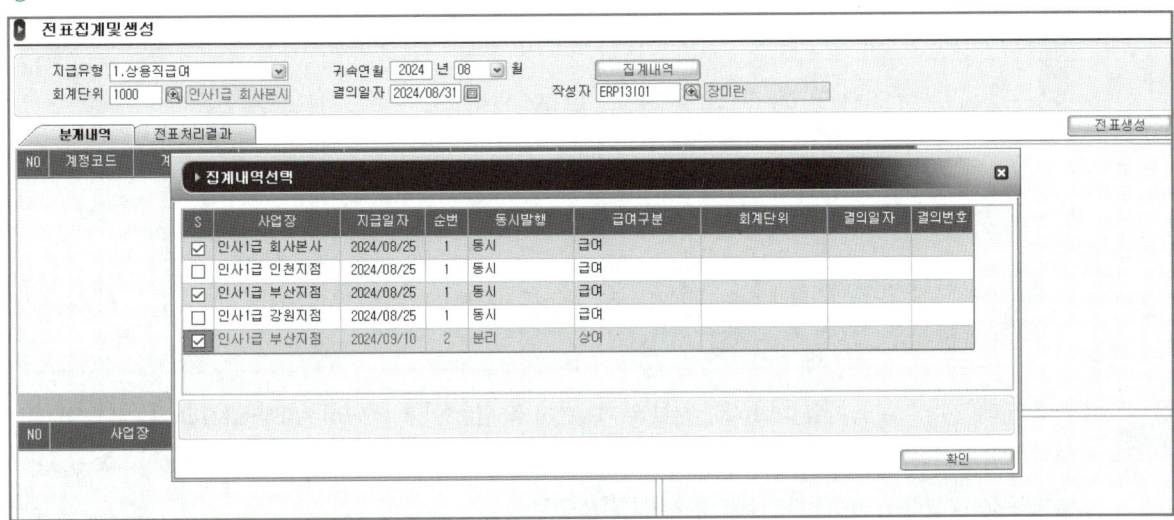

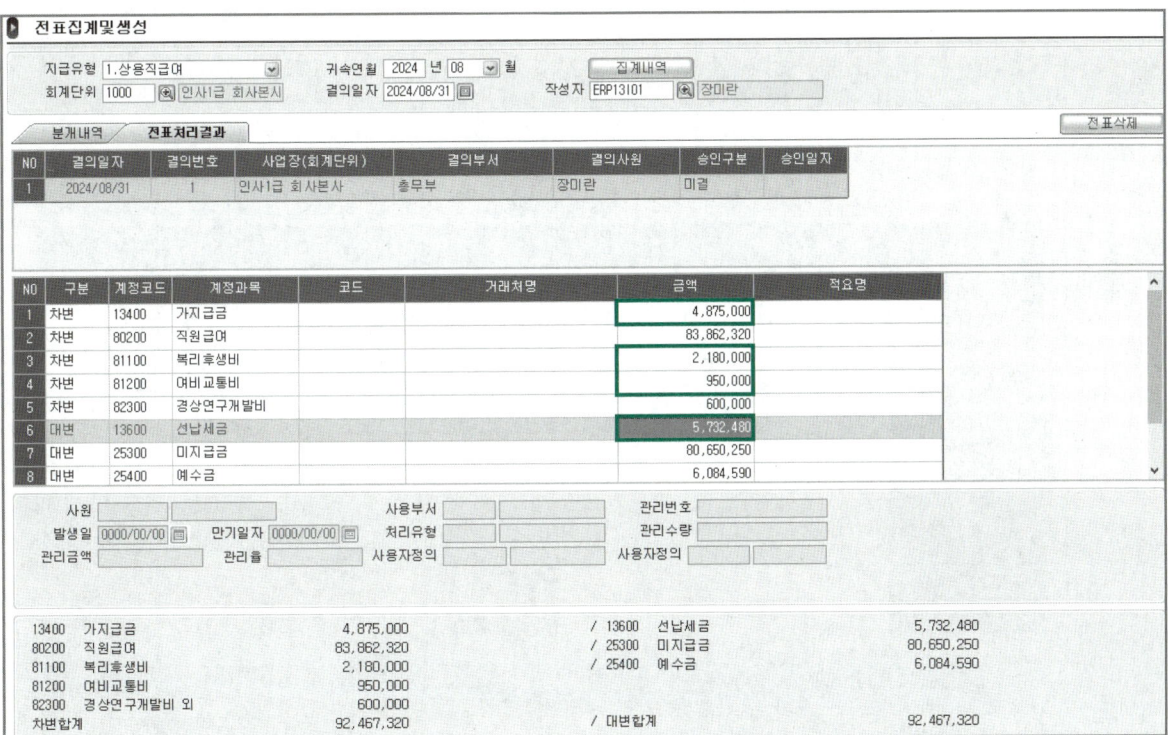

22 ③

기준설정 탭에서 '원천세 신고유형: 본점일괄신고', '이행상황신고서집계방식: 귀속연월'로 변경한다.

📍 [인사/급여관리] – [기초환경설정] – [인사/급여환경설정]

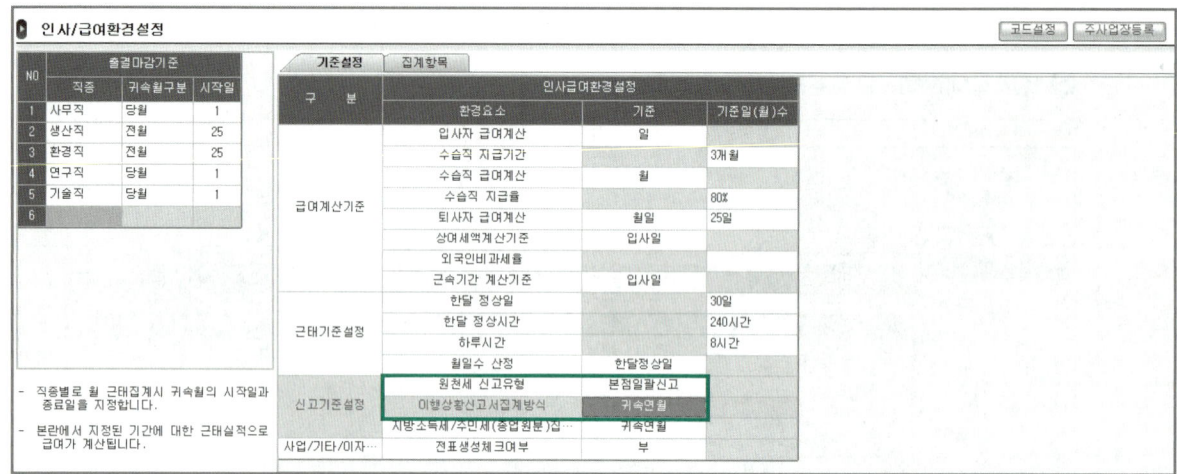

'제출연도: 2024', '신고사업장: 1000.인사1급 회사본사'를 입력한 후 '신고서추가'를 클릭한 후 [보기]와 같이 신고서를 생성하여 총지급액, 소득세를 확인한다.

📍 [인사/급여관리] – [세무관리] – [원천징수이행상황신고서]

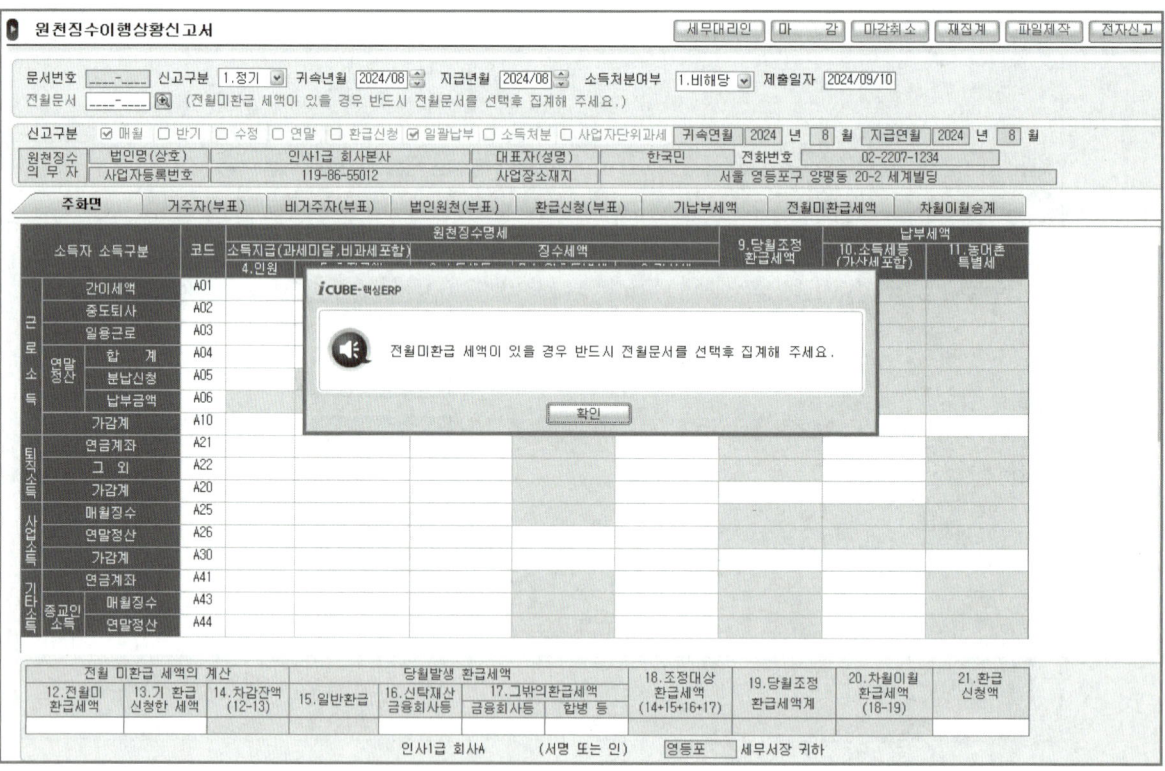

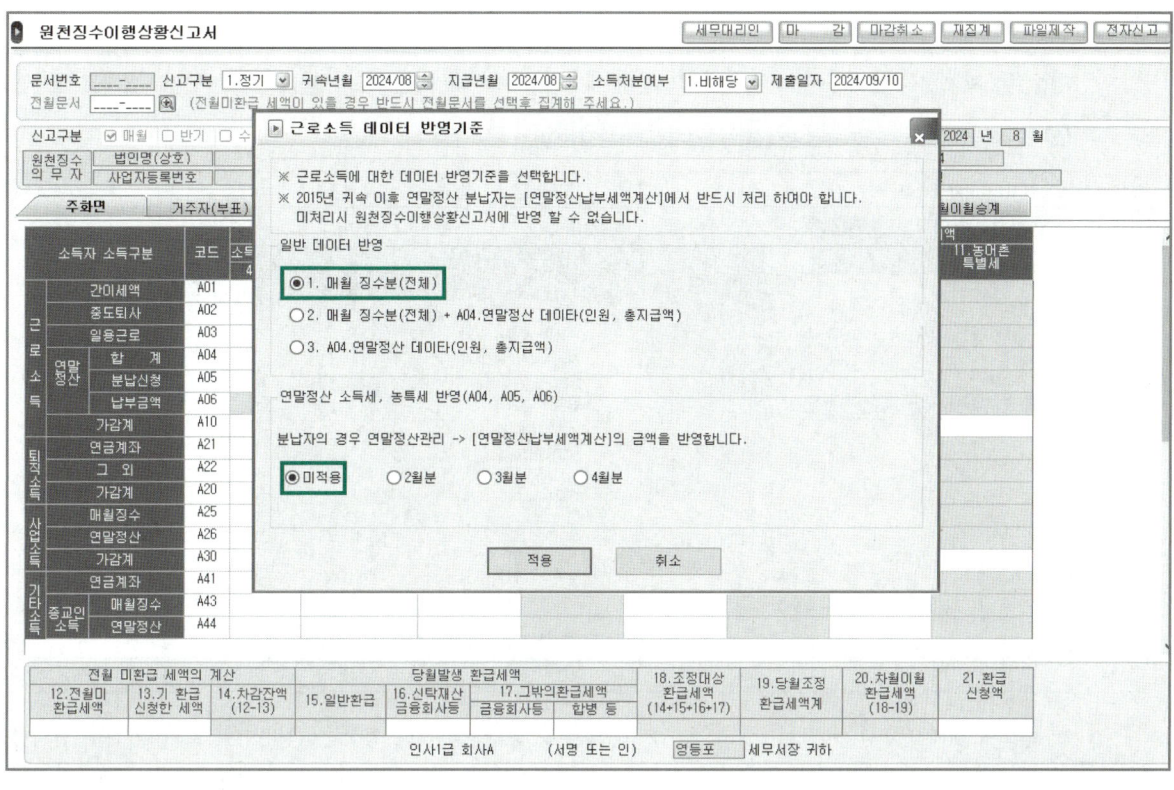
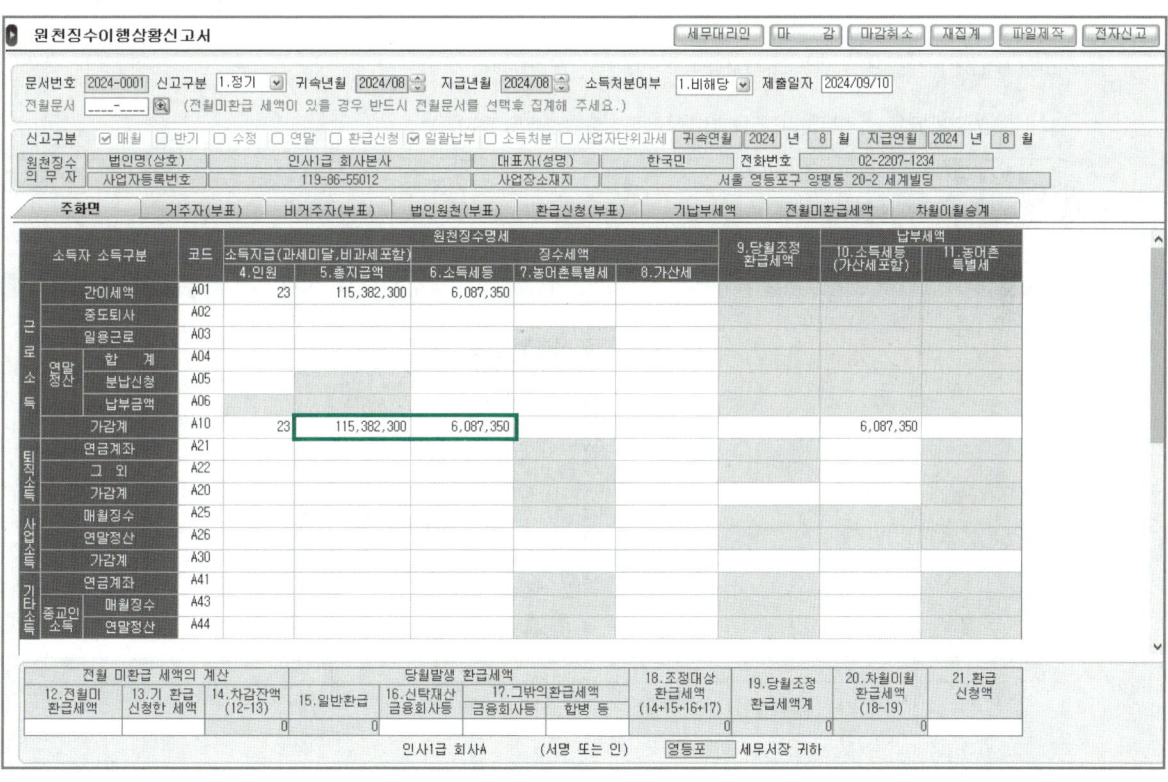

23 ②

기준설정 탭에서 '지방소득세/주민세(종업원분)집계방식: 귀속, 지급연월로 수정하고 ESC를 눌러 변경된 내용을 저장한다.

📍 [인사/급여관리] - [기초환경설정] - [인사/급여환경설정]

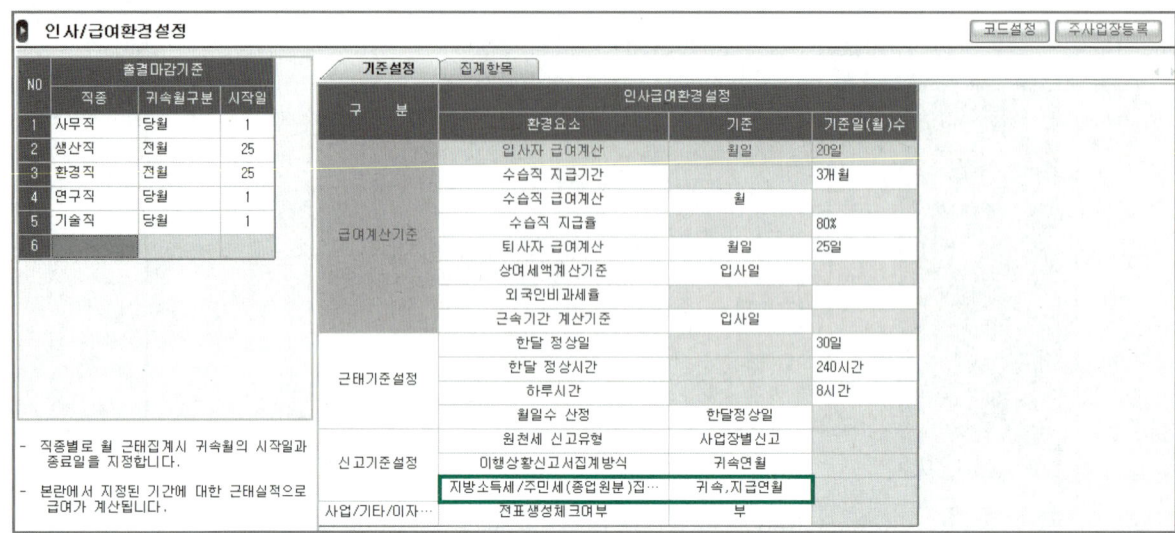

'제출일자: 2024/09/10~2024/09/10'을 입력하고 우측 상단의 '신고서생성'을 클릭하여 [보기]와 같이 입력한 후 신고서를 생성한다. 다시 제출일자를 입력하고 '신고서조회'를 클릭하여 징수 및 조정명세서 탭에서 상단 소득구분 입력란에 '소득구분: 4.근로소득'으로 조회한 후 사원별 과세표준 금액을 확인한다.
② '20090701. 김성실' 사원의 과세표준은 185,280원이다.

📍 [인사/급여관리] - [세무관리] - [지방소득세특별징수명세/납부서]

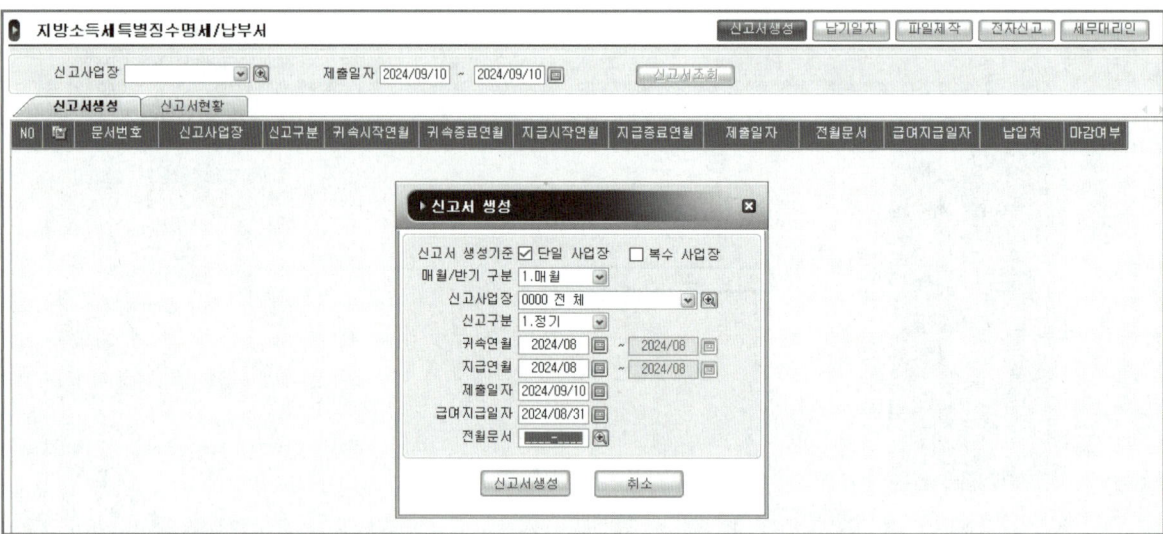

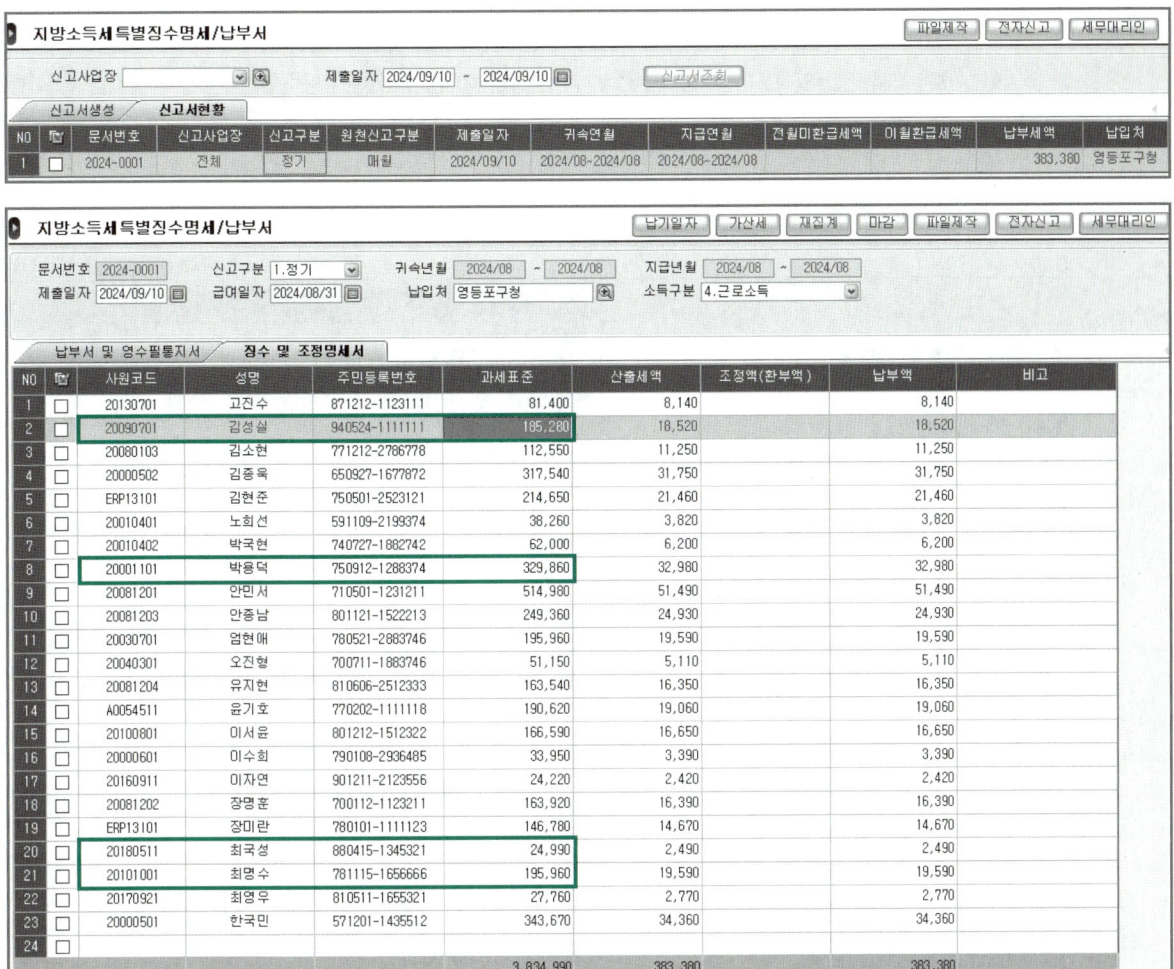

24 ④

'귀속년도: 2023', '사업장: 4000.인사1급 강원지점', '20081204.유지현' 사원의 2023년 귀속연도의 '50.지급명세서' 작성 대상 비과세 소득 합계와 '70.고용보험' 총액을 확인한다.

[인사/급여관리] – [연말정산관리] – [근로소득원천징수부]

25 ①

'귀속연월: 2024/08', '지급일자: 1.급여', '집계: 2.부서별'을 입력한 후 우측 상단 '출력항목'을 클릭한다. 조회할 지급/공제 항목을 모두 선택하여 내용을 확인한다.

③ 관리부의 소득세 공제내역은 824,750원이다.

📍 [인사/급여관리] – [급여관리] – [급여대장]

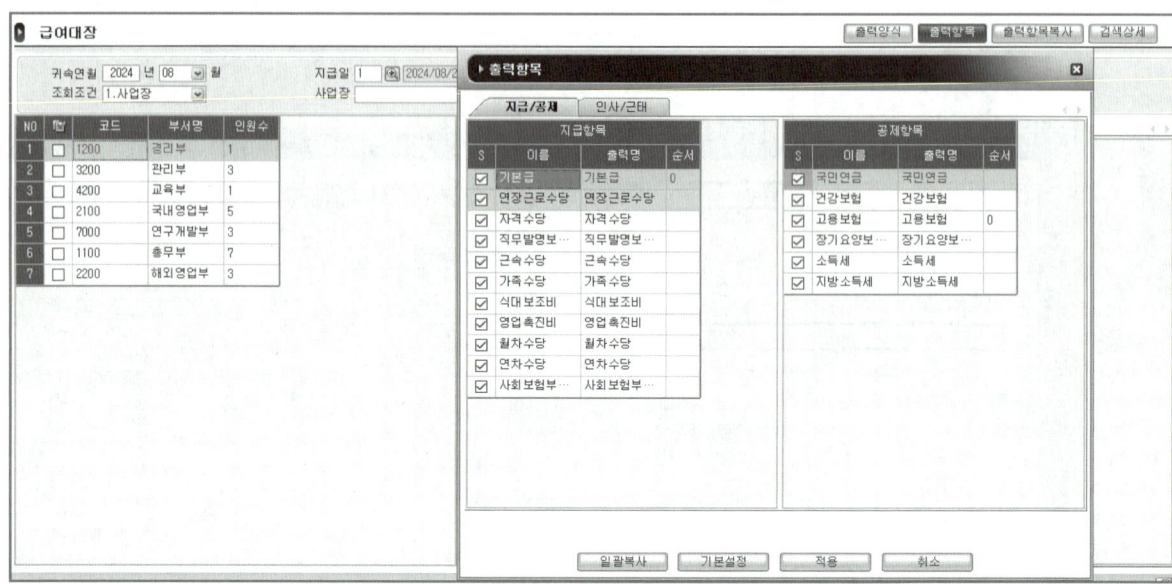

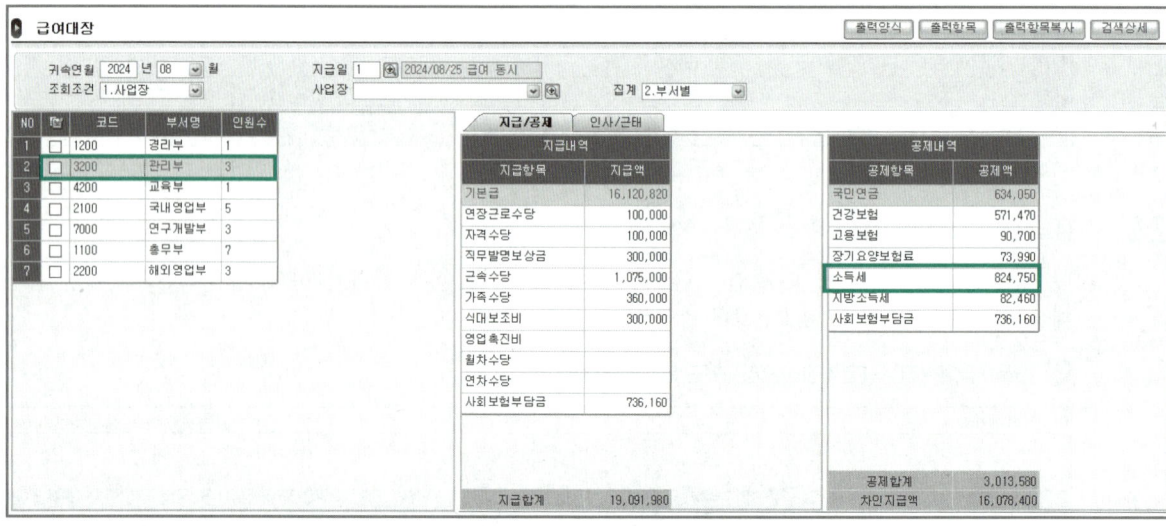

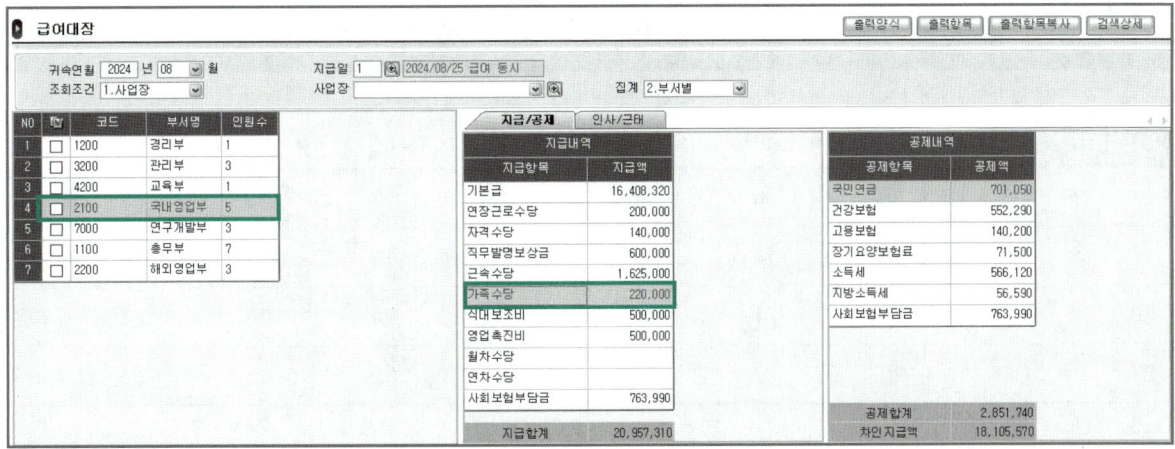
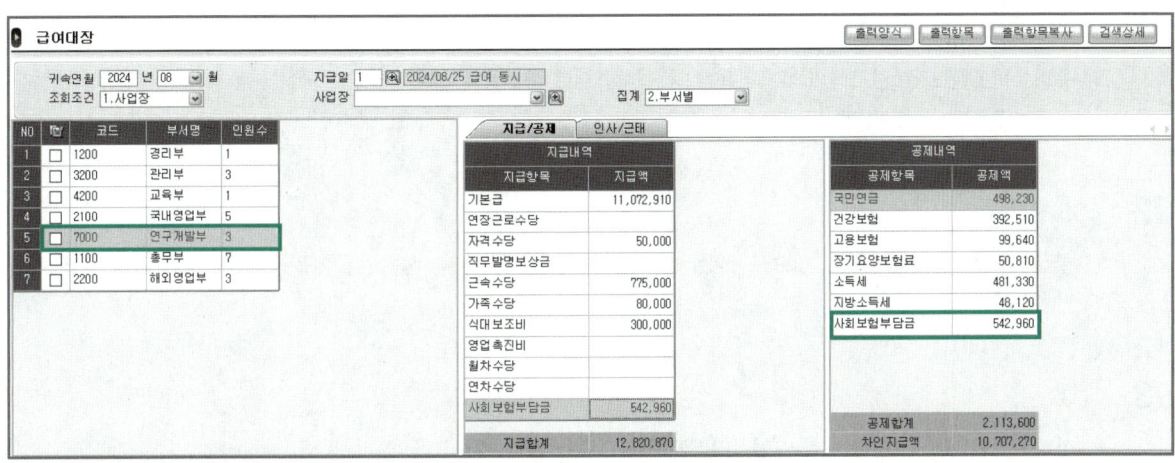
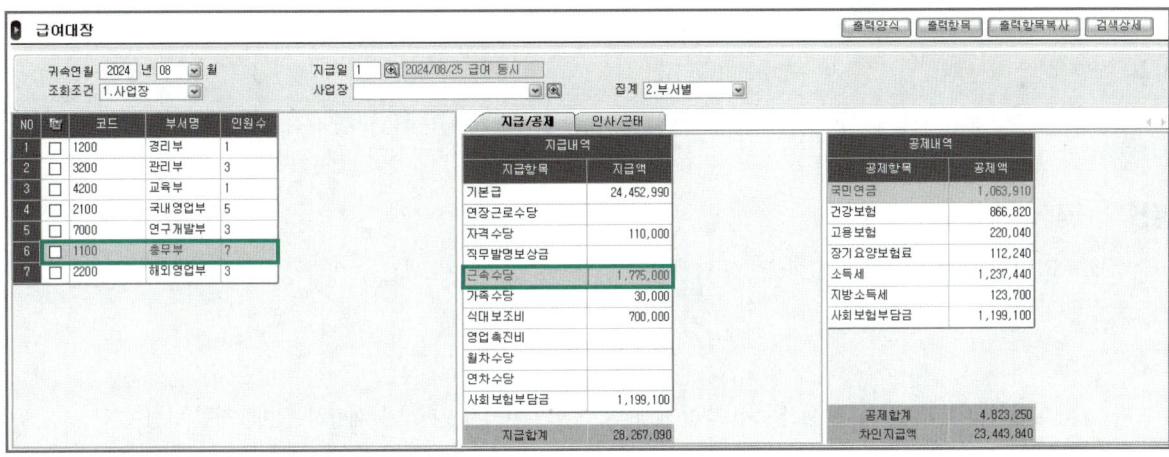

2024년 4회

이론

01	③	02	③	03	①	04	③	05	④	06	④	07	③	08	③	09	③	10	④
11	④	12	①	13	④	14	1종, 2종			15	①	16	①	17	②	18	②	19	③
20	기능목록					21	①	22	①	23	②	24	③	25	④	26	확정급여형		
27	34,500			28	④	29	②	30	③	31	③	32	15			33	규범		

01 ③

총소유비용은 ERP 시스템의 투자비용에 관한 개념으로 시스템의 전체 라이프 사이클(Life-Cycle)에서 발생하는 전체 비용을 계량화하는 것을 의미한다.

02 ③

클라우드 ERP는 사용자가 필요로 하는 애플리케이션을 지원받지 못하거나 애플리케이션을 설치하는 데 제약이 있다는 단점이 있다.

03 ①

성과측정관리(BSC)는 전략적 기업경영(SEM) 시스템에 해당한다.

04 ③

효과적인 ERP 교육을 위해 트랜잭션이 아닌 비즈니스 프로세스에 초점을 맞춰 교육한다.

05 ④

ERP 시스템 구축 후에는 IT 아웃소싱 업체에 대한 의존성(종속성)이 생길 수 있다.

06 ④

테일러의 과학적 관리법은 생산 중심(과업 지향적) 관점의 인적자원관리에 해당하는 대표적인 방법이다.

07 ③

직무관리의 절차는 '직무분석 → 직무기술서 작성 → 직무명세서 작성 → 직무평가'의 순서이다.

08 ③

- 정량적 기법(계량적 방법): 생산성 비율, 추세분석, 회귀분석, 작업연구기법
- 정성적 기법: 델파이법, 명목진단법, 자격요건분석기법

09 ③

| 오답 풀이 |
① 근로시간 단축이 아닌 초과근무를 활용한다.
② 자회사로의 파견근무가 아닌 파견근로로 인력을 공급받아 활용한다.
④ 임시직을 고용하거나 신규채용을 고려한다.

10 ④

사내 사보에 필요한 직무 및 충원 인원을 공개 모집하는 방법은 내부모집 방법이다.
| 오답 풀이 |
①, ②, ③은 외부모집 방법이다.

11 ④

| 오답 풀이 |
① 균형주의 원칙: 특정인만 고려하는 것이 아니라 모든 사람을 평등하게 고려하여 특정 부분에 인재가 편중되지 않도록 직장 전체의 적재적소에 배치하는 원칙
② 인재육성주의 원칙: 배치관리로 기업의 다양한 직무 경험을 통해 장기적(미래적)인 근로자의 능력을 향상시키는 원칙
③ 적재적소주의 원칙: 근로자가 소유하고 있는 능력과 성격 등의 면에서 최적의 지위에 배치되어 최고의 능력을 발휘하게 하는 원칙

12 ①

인적자원 패러다임은 '일원관리 → 다원관리'로 변화한다.

13 ④

| 오답 풀이 |
① 인성검사: 기업에서 심리검사 측정 방법을 이용하여 사원을 채용할 때 직무의 성공적 수행에 영향을 미치는 개인의 동기, 욕망, 자신감 등의 성격을 측정하기 위한 검사 방법
② 적성검사: 특정 분야의 교육이나 직업과 관련되는 활동을 성공적으로 수행할 수 있는 성공도를 예측하기 위한 검사 방법
③ 성취도검사: 훈련이나 학습을 받은 후에 개인이 지니고 있는 지식이나 수행 능력의 정도를 측정하기 위한 검사 방법

14 1종, 2종

15 ①

행동기준의 선택이 어렵고 점수화 절차가 복잡하다는 설명은 체크리스트법에 대한 설명이다.

16 ①

|오답 풀이|

② 대비오류(대비효과): 고과자가 자신의 특성과 비교하여 피고과자를 평가하려는 경향
③ 논리적 오류: 서로 상관관계가 높은 평가요소 간에 어느 한쪽이 우수하면 다른 요소도 그럴 것이라고 판단하는 경향
④ 시간적 오류(최근화 경향): 과거 행위보다 최근 행위에 더 큰 영향을 받아 판단하려는 경향

17 ②

|오답 풀이|

①, ③, ④는 직장 외 훈련(Off-JT)방법이다.

18 ②

- 1단계 탐색 단계: 주체 형성 욕구(Identity)
- 2단계 확립 단계: 친교성 욕구(Intimacy)
- 3단계 유지 단계: 생산성 욕구(Generativity)
- 4단계 쇠퇴 단계: 통합성 욕구(Integrity)

19 ③

|오답 풀이|

① 고객 지향: 고객의 입장에서 생각하여 고객의 욕구나 가치를 효과적으로 충족시킬 수 있도록 조직을 설계하고 관리하는 것
② 개인 지향: 개인 혹은 소집단의 자율성과 창의성을 극대화시킬 수 있도록 조직을 설계하고 관리하는 것
④ 학습 지향: 지식의 중요성을 인식하여 지식을 창출하고, 체계적인 지식관리를 실시하여 교육조직을 설계하고 운영하는 것

20 기능목록

복수 정답: 기능목록표

21 ①

- 법정수당: 법적으로 지급이 강제되는 해고예고수당, 휴업수당, 유급휴일수당, 연장·야간 및 휴일근로수당, 연차유급휴가수당, 출산전후휴가수당, 생리수당 등
- 법정외수당(비법정수당, 약정수당): 취업규칙이나 단체협약 등 기업 자체 내규에 따른 가족수당, 특근수당, 자격수당, 판매수당 등

22 ①

|오답 풀이|

② 직책수당: 직무수행상의 책임도, 난이도가 타 직원보다 클 경우 지급되는 수당
③ 특수작업수당: 표준작업과는 다른 특수한 작업환경에서 근무하는 경우 지급되는 수당
④ 특수근무수당: 수위, 경비원 등에게 지급되는 수당

23 ②

| 오답 풀이 |

① 지불 능력의 원칙: 기업의 수익성을 고려하여 현재와 미래의 복리후생비 지급 능력의 범위를 평가함
③ 근로자의 참여 원칙: 근로자 여론조사를 실시하거나 노사 대표가 공동으로 참여할 것을 유도함
④ 근로자의 욕구 충족 원칙: 근로자와의 의사소통을 전제로 근로자의 욕구를 파악하고 충족할 수 있도록 설계함

24 ③

국민건강보험법 제73조에 따라 직장 가입자의 보험료율은 1천분의 80의 범위에서 심의위원회의 의결을 거쳐 대통령령으로 정한다.

25 ④

원천징수이행상황신고서는 소득을 지급하는 자가 세금을 미리 징수하여 납부할 때 작성하는 서류이다.

26 확정급여형

복수 정답: 확정급여형 DB

27 34,500

3,000,000원×1.15%[사업자부담금(0.9%) + 고용안정·직업능력 개발사업 부담금(0.25%)] = 34,500원

28 ④

15세 이상 18세 미만인 자의 근로시간은 1일 7시간, 주 35시간을 초과하지 못한다.

29 ②

- 산업별 노동조합: 개인의 직업이나 숙련 정도에 관계없이 기업을 초월한 특정 산업에 종사하는 모든 근로자가 하나의 노동조합을 구성하는 형태로 '1산업 1조합'이라고 표현할 수 있다.
- 직업별 노동조합: 동일한 직업이나 직종에 종사하는 숙련 노동자들이 자신들의 경제적 이익을 확보하기 위하여 만든 형태로 '1직업 1조합'이라고 표현할 수 있다.

30 ③

| 오답 풀이 |

① 통일 교섭: 전국 또는 지역 단위의 산업별, 직업별 노동조합 대표와 이에 대응하는 사용자 단체 대표 사이에 이루어지는 단체교섭 방식
② 집단 교섭: 여러 개의 노동조합 지부가 여러 기업집단과 집단적으로 교섭하는 방식
④ 대각선 교섭: 산업별 노동조합이나 지역별 노동조합과 이 노동조합에 소속된 개별 기업의 사용자 간에 교섭이 이루어지는 방식

31 ③

| 오답 풀이 |
① 스캔론 플랜: 근로자의 참여의식을 높이기 위하여 위원회제도를 활용한 근로자의 경영참여와 개선된 생산의 판매가치를 기초로 한 성과배분제
② 노사협의제도: 근로자 내지 노동조합의 대표가 경영에 참가하여 정보 제공, 의사교환, 적극적인 문제 제기 등 경영에 영향을 주는 행위를 할 수 있으나, 최종 결정은 경영자가 행함
④ 노사공동결정제도: 노동자, 근로자 또는 노동조합의 대표가 기업의 최고 결정기관에 직접 참가하여 기업경영의 여러 문제를 노사공동으로 결정하는 제도

32 15

33 규범

실무 시뮬레이션

01	④	02	①	03	①	04	②	05	④	06	④	07	②	08	③	09	①	10	②
11	③	12	③	13	④	14	②	15	①	16	③	17	④	18	②	19	③	20	①
21	②	22	②	23	④	24	①	25	③										

01 ④

우측 상단의 '주(총괄납부)사업장등록'과 기본등록사항 및 신고관련사항 탭을 확인한다.

④ 〈4000.인사1급 강원지점〉 사업장은 당 회사의 주사업장이므로 사업자단위과세 신고 시, 별개로 신고하며 〈1000.인사1급 회사본사〉 사업장에 포함하지 않는다.

📍 [시스템관리] – [회사등록정보] – [사업장등록]

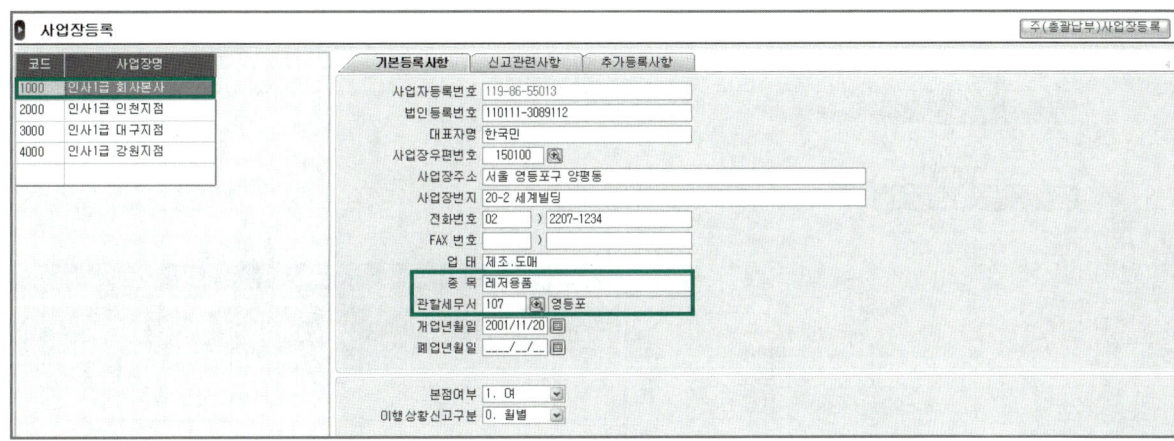

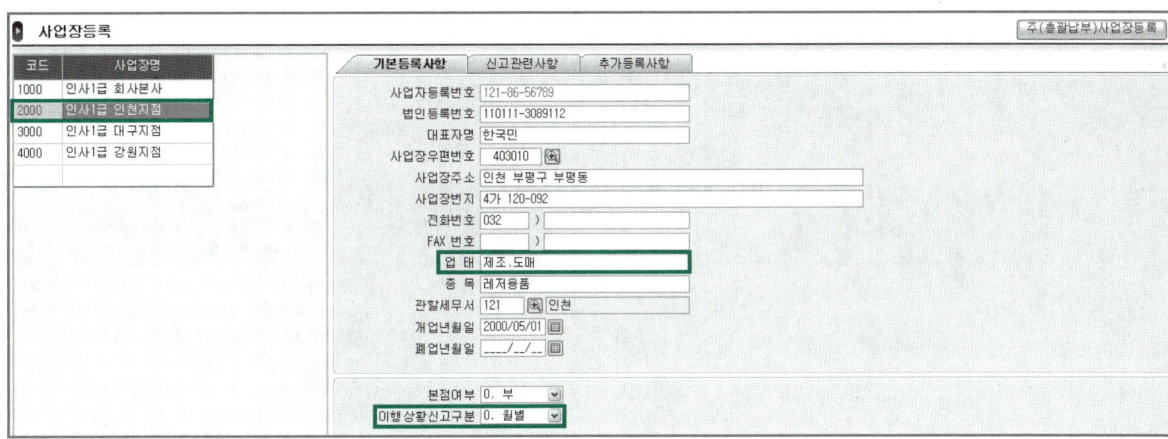

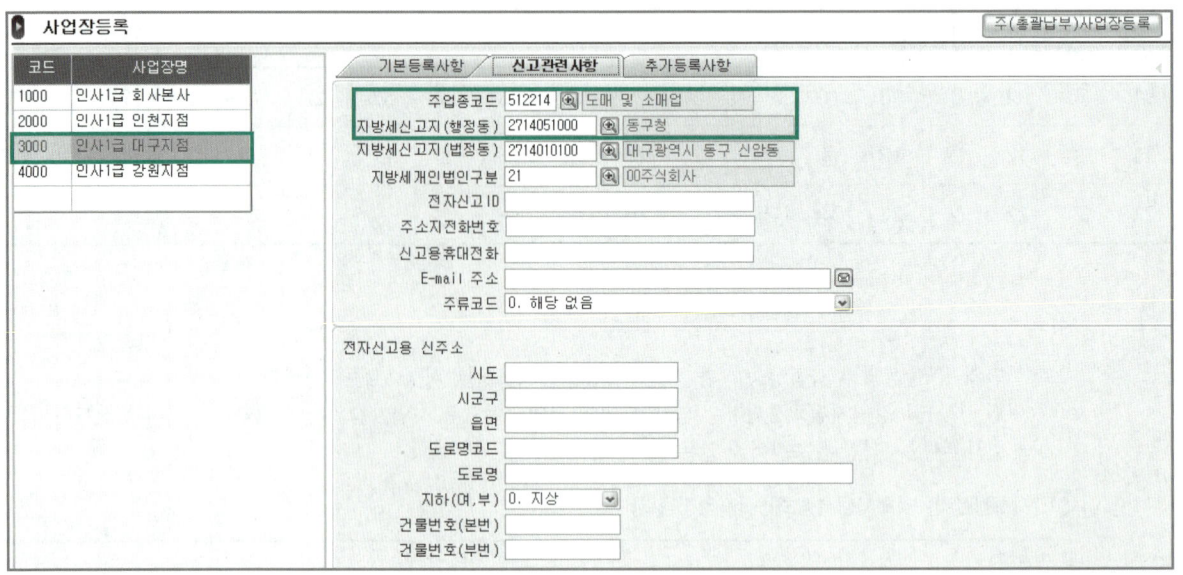

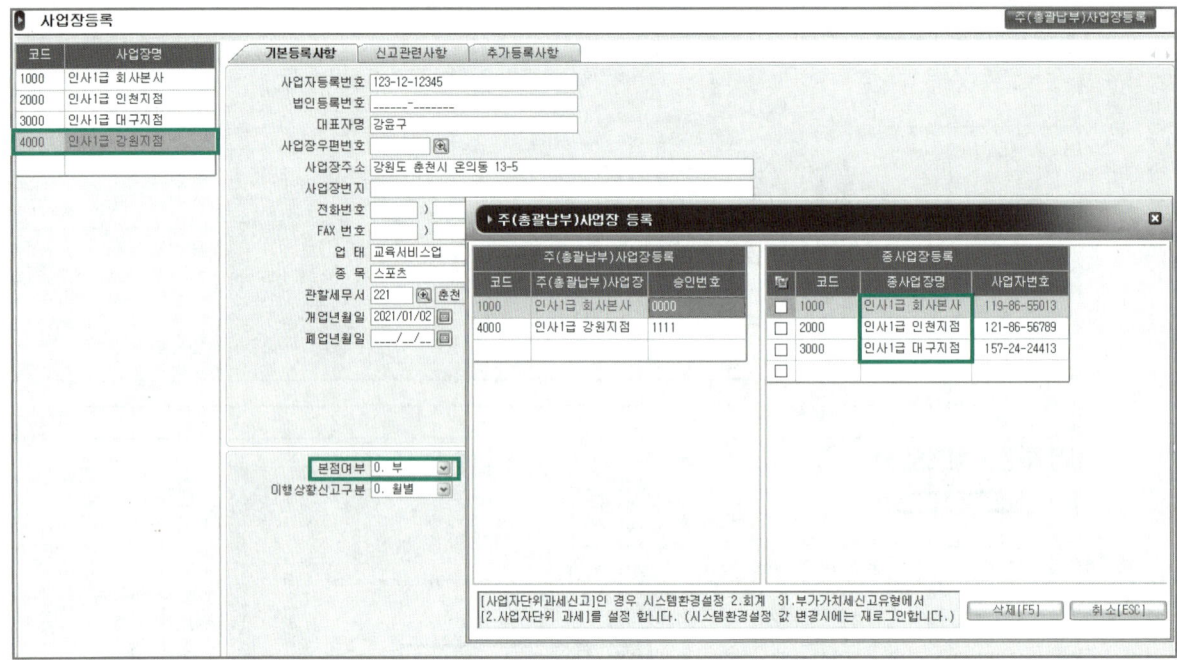

02 ①

|오답 풀이|

② 〈1000.인사1급 회사본사〉 사업장에 속한 부서 중 현재 사용 중인 부서는 5개이다.

③ '2100.국내영업부'는 현재 사용 중인 부서이다.

④ 〈3000.인사1급 대구지점〉 사업장에 속한 부서 중 '6100.연구개발부'는 현재 사용하지 않는 부서이다.

[시스템관리] - [회사등록정보] - [부서등록]

부서코드	부서명	사업장코드	사업장명	부문코드	부문명	사용기간	사용기간
1100	총무부	1000	인사1급 회사본사	1000	관리부문	2005/01/01	
1200	경리부	1000	인사1급 회사본사	1000	관리부문	2005/01/01	
1300	기획부	1000	인사1급 회사본사	9000	기획부문	2021/01/02	
2000	영업부	1000	인사1급 회사본사	2000	영업부문	2005/01/01	2018/12/31
2100	국내영업부	1000	인사1급 회사본사	2000	영업부문	2008/01/01	
2200	해외영업부	1000	인사1급 회사본사	2000	영업부문	2008/01/01	
3100	관리부	2000	인사1급 인천지점	1000	관리부문	2008/01/01	
4100	생산부	2000	인사1급 인천지점	4000	생산부문	2008/01/01	
5100	자재부	2000	인사1급 인천지점	5000	자재부문	2008/01/01	
6100	연구개발부	3000	인사1급 대구지점	6000	연구부문	2008/01/01	2023/06/30
6150	연구부	3000	인사1급 대구지점	6000	연구부문	2021/01/01	
7100	교육부	4000	인사1급 강원지점	7000	교육부문	2021/01/02	
8100	육성부	4000	인사1급 강원지점	8000	육성부문	2021/01/02	

TIP '조회기준일 적용'을 체크하여 기준일 현재의 데이터를 확인할 수 있다. 이때 '조회기준일 적용'란의 선택을 해제하면 사용기간이 종료된 부서가 조회된다.

03 ①

기준설정 탭에서 설정기준을 확인한다.
① [인사정보등록]에서 관리할 고용형태로 '001.상용직', '003.관리직', '005.임시직'이 등록되어 있다.

📍 [인사/급여관리] - [기초환경설정] - [인사/급여환경설정]

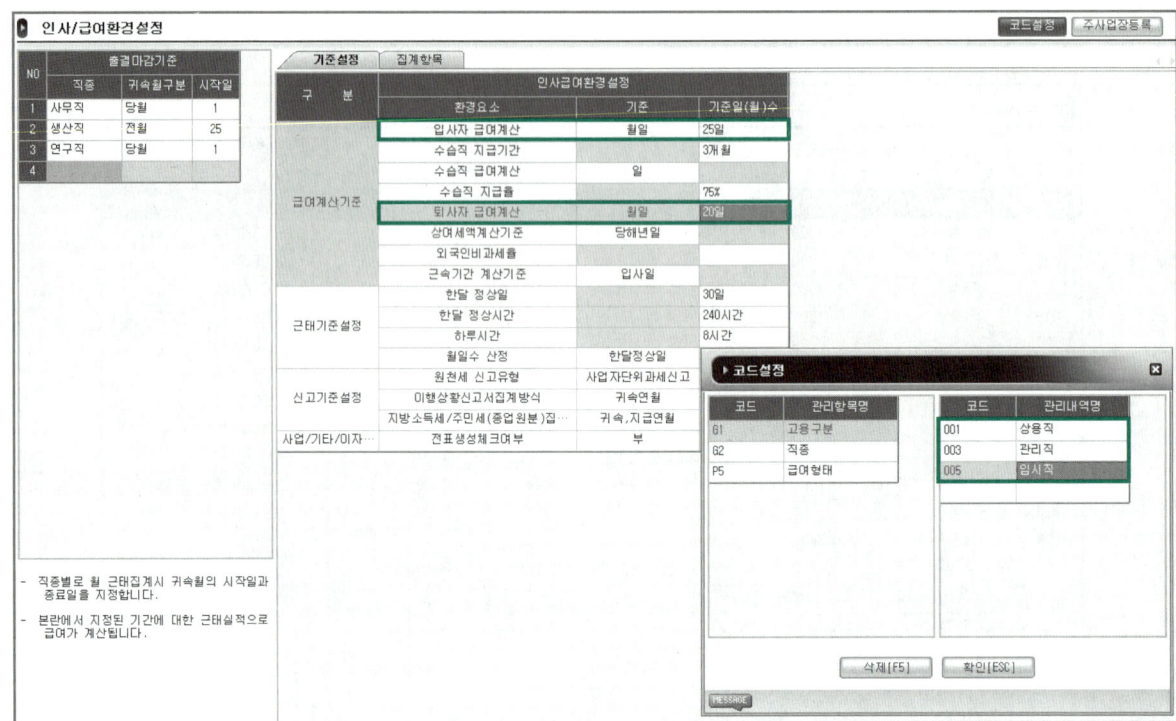

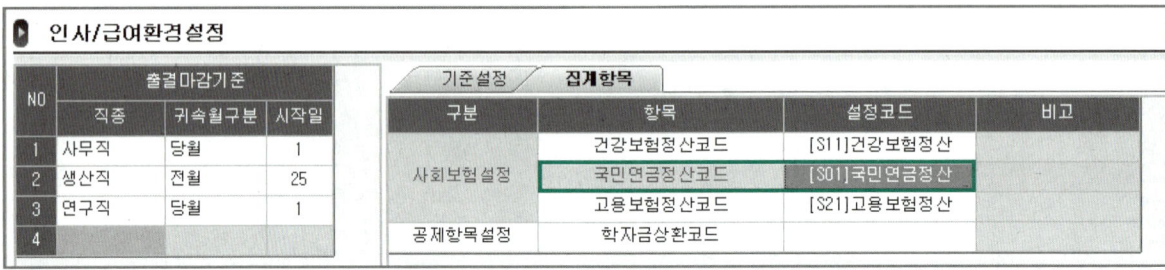

TIP 월일: 지정된 근무일수보다 미달하는 경우 일의 방식, 초과하는 경우 월의 방식으로 지급

04 ②

'대상직급: 700.차장'을 선택한 후 '적용시작연월: 2024/07'을 입력하고 우측 상단의 '호봉복사'를 클릭한다. '직급: 700.차장'의 '호봉이력: 2022/09'을 선택하여 복사한 후 우측 상단의 '일괄인상'을 클릭하여 [보기]에 따라 기본급과 급호수당을 '정률적용'하고 다시 '일괄인상'을 클릭하여 연장수당을 '정액적용'하여 '5호봉'의 합계를 확인한다.

[인사/급여관리] – [기초환경설정] – [호봉테이블등록]

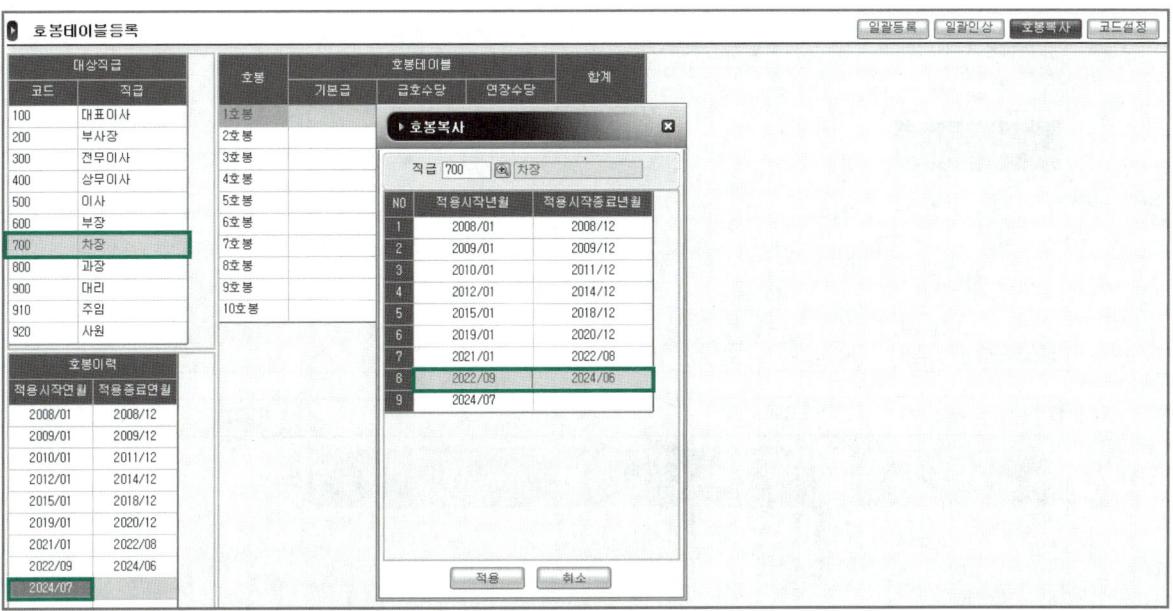

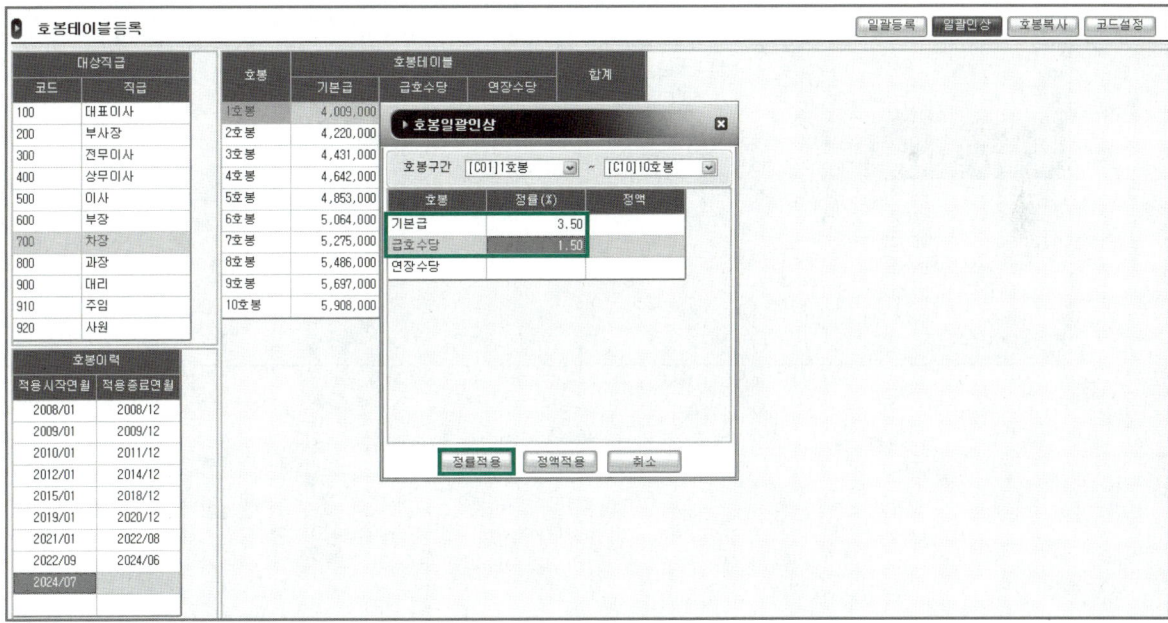

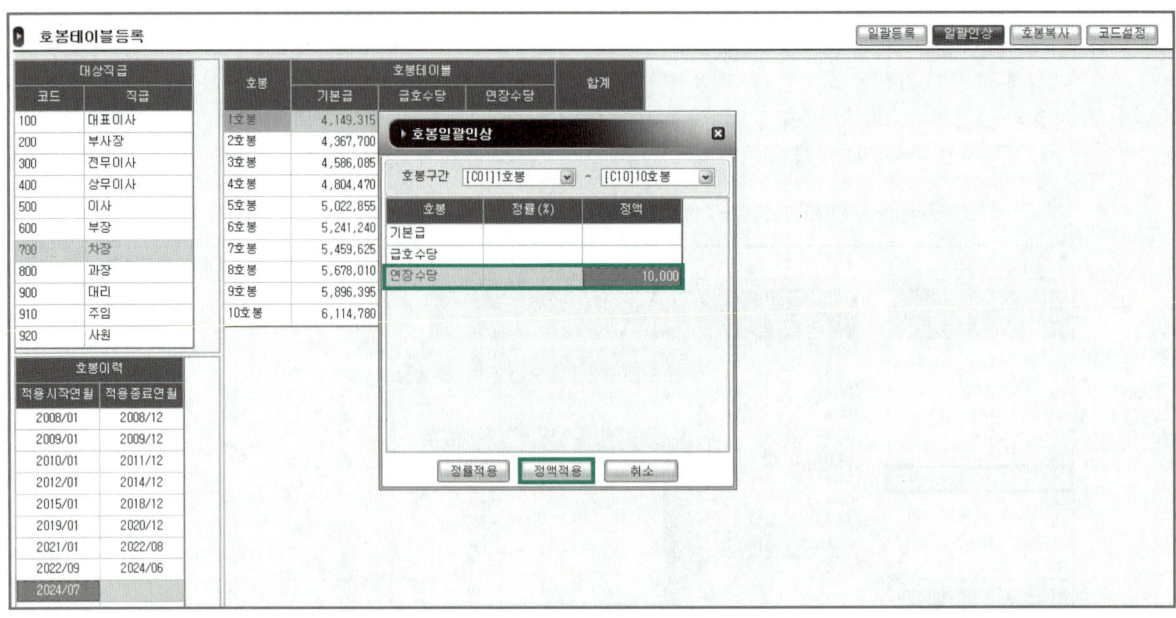

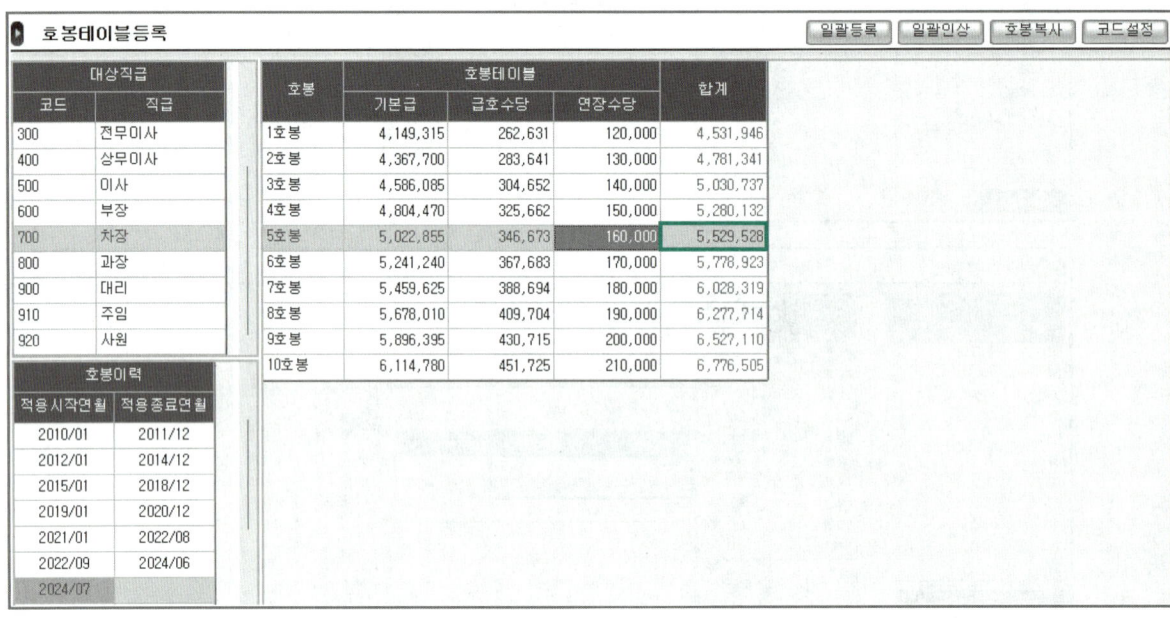

05 ④

'귀속연월: 2024/06'로 조회한 내용을 확인한다.
④ '상여' 지급 시, '상여지급대상기간' 내 연구직 근로자에 대해서만 상여를 지급한다.

📍 [인사/급여관리] – [기초환경설정] – [급/상여지급일자등록]

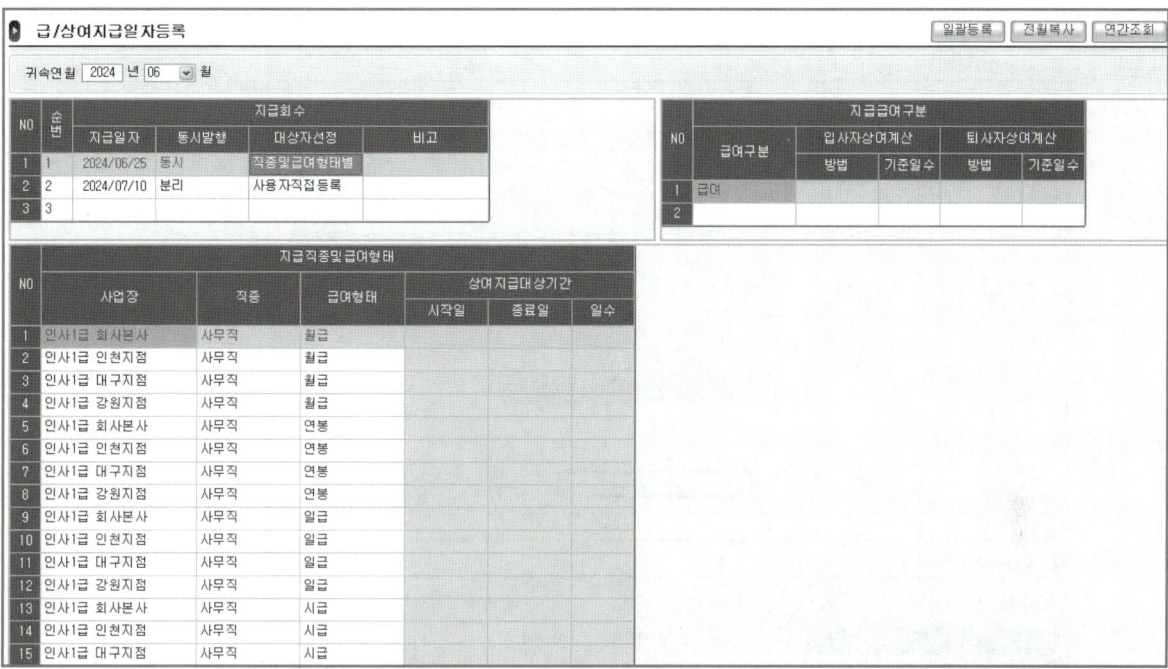

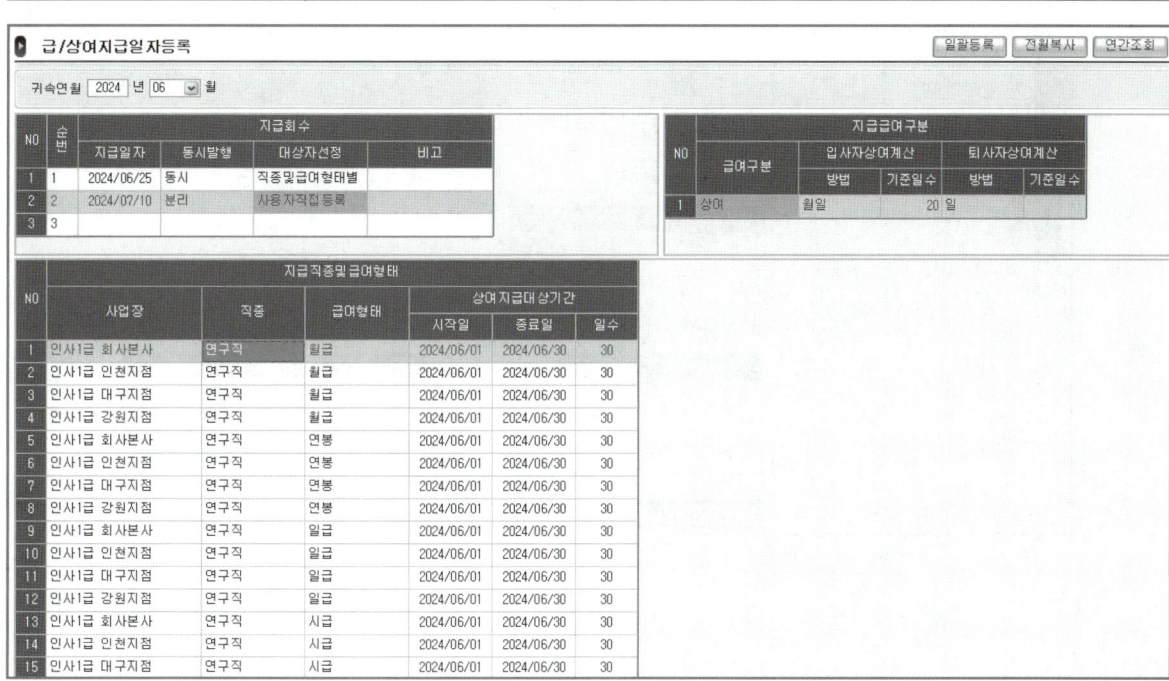

06 ④

'급여구분: 급여, 특별급여', '지급/공제구분: 지급', '귀속연도: 2024'로 조회하고 우측 상단의 '마감취소'를 클릭한 후 각 지급항목을 확인한다.

④ 'P50.식대보조비'는 '국내영업부'와 '해외영업부'에 속하지 않는 직원들에게 200,000원을 지급한다.

◉ [인사/급여관리] – [기초환경설정] – [지급공제항목등록]

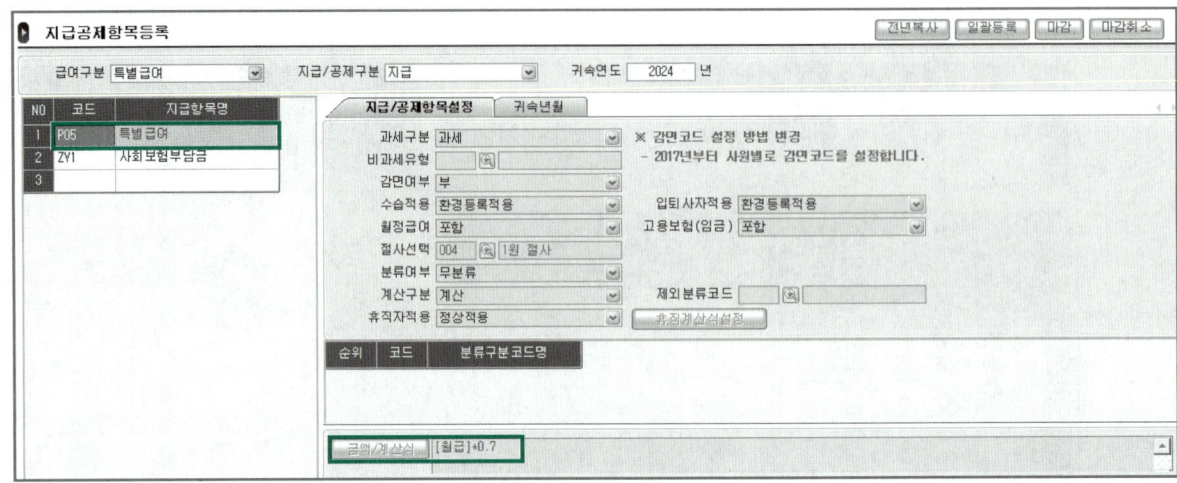

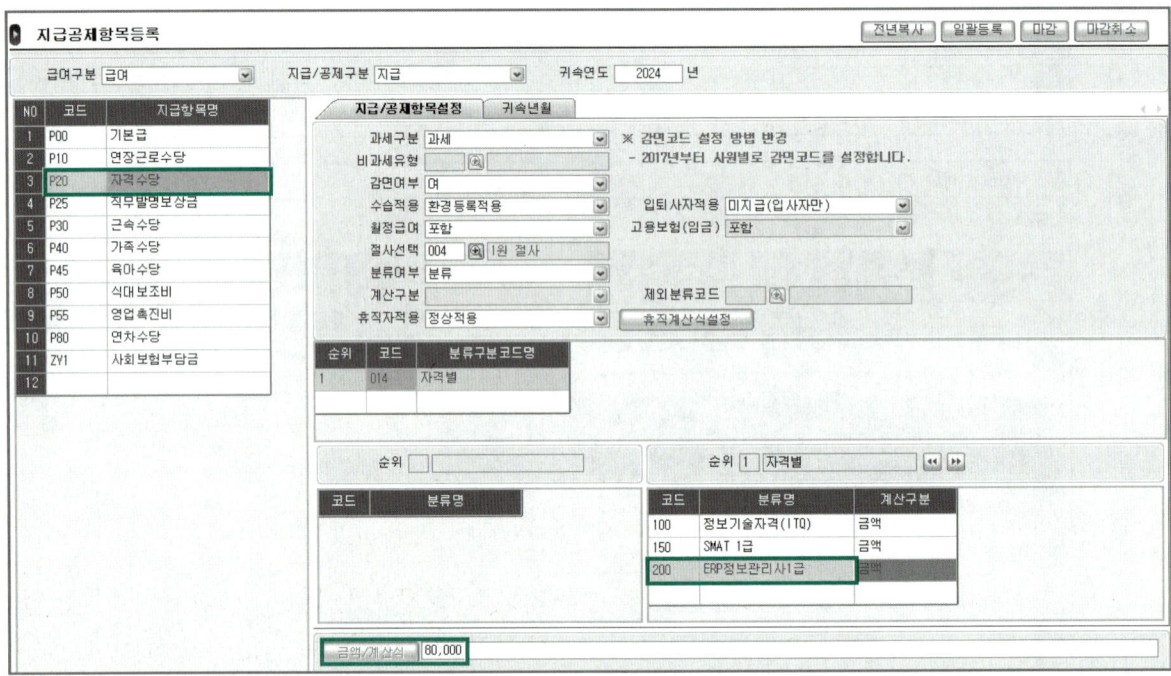

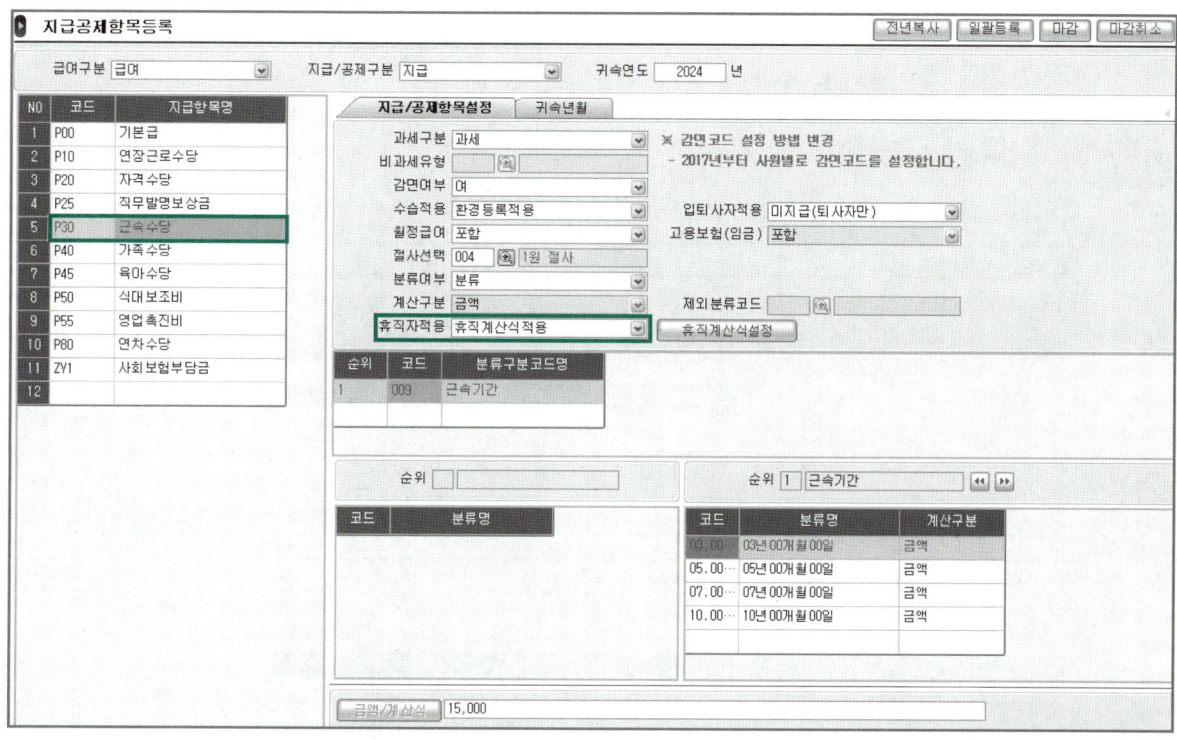

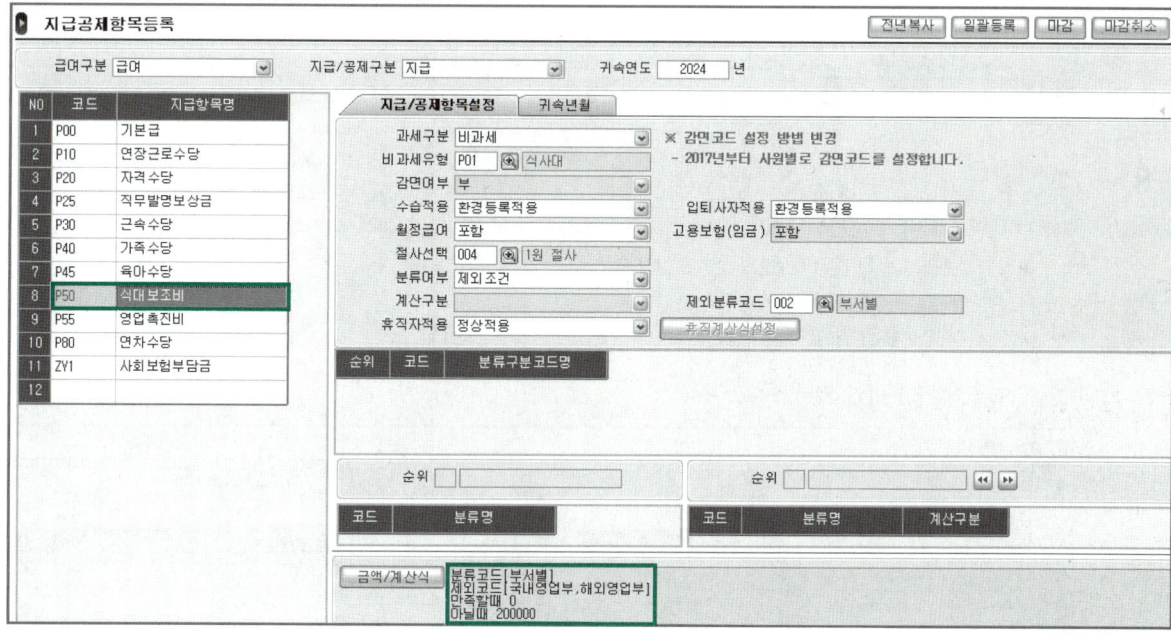

TIP '마감취소'를 클릭하고 '로그인 암호' 입력 창이 뜨면 별도의 입력 없이 '확인'을 클릭한다.

07 ②

'출력구분: 4.사원그룹(G)'로 조회한 후 보기의 내용을 확인한다.

② 출력구분에 해당하는 '관리항목' 중 사용하지 않는 '관리항목'은 사용자가 변경할 수 없으며, 변경이 가능한 항목은 '관리내역'이다.

📍 [인사/급여관리] – [기초환경설정] – [인사기초코드등록]

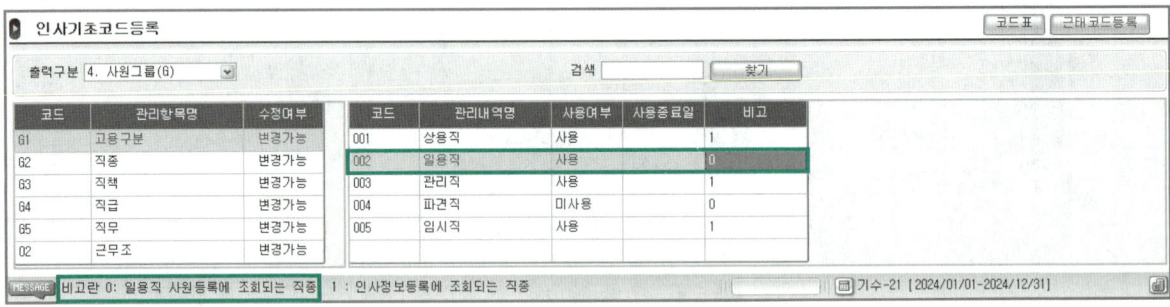

08 ③

교육별사원현황 탭의 '590.2024년 2분기 임직원역량강화교육'의 교육평가를 확인한다.

- 교육평가 A등급: 150,000원×2명 = 300,000원
- 교육평가 B등급: 100,000원×4명 = 400,000원
- ∴ 총 지급금액: 300,000원 + 400,000원 = 700,000원

📍 [인사/급여관리] – [인사관리] – [교육현황]

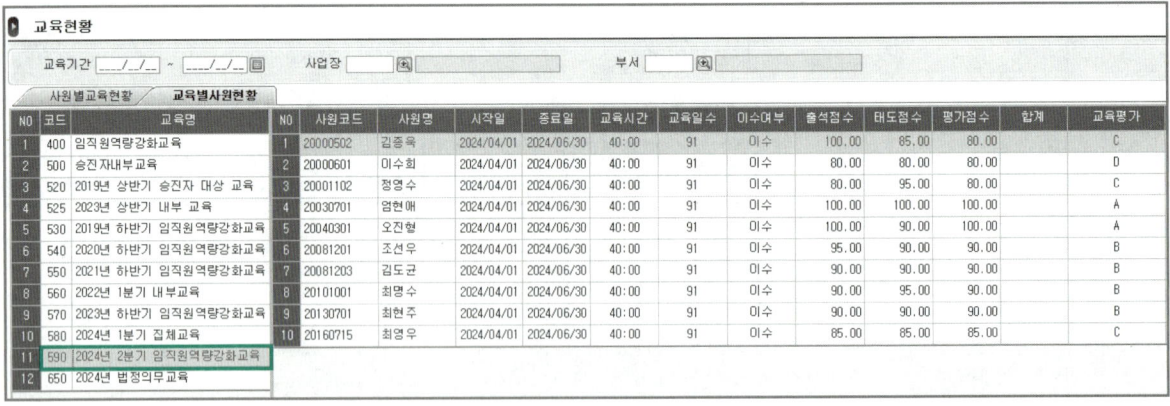

TIP [인사/급여관리]–[인사관리]–[교육평가] 메뉴에서도 확인할 수 있다.

09 ①

'퇴사자: 0.제외', '기준일: 2024/06/30', '년수기준: 2.미만일수 올림', '경력포함: 0.제외'로 조회한 후 [보기]에 해당되는 사원의 총 근속수당을 계산한다.

- 15년 이상: 150,000원×4명 = 600,000원
- 20년 이상: 200,000원×9명 = 1,800,000원

∴ 총 근속수당: 600,000원 + 1,800,000원 = 2,400,000원

📍 [인사/급여관리] – [인사관리] – [근속년수현황]

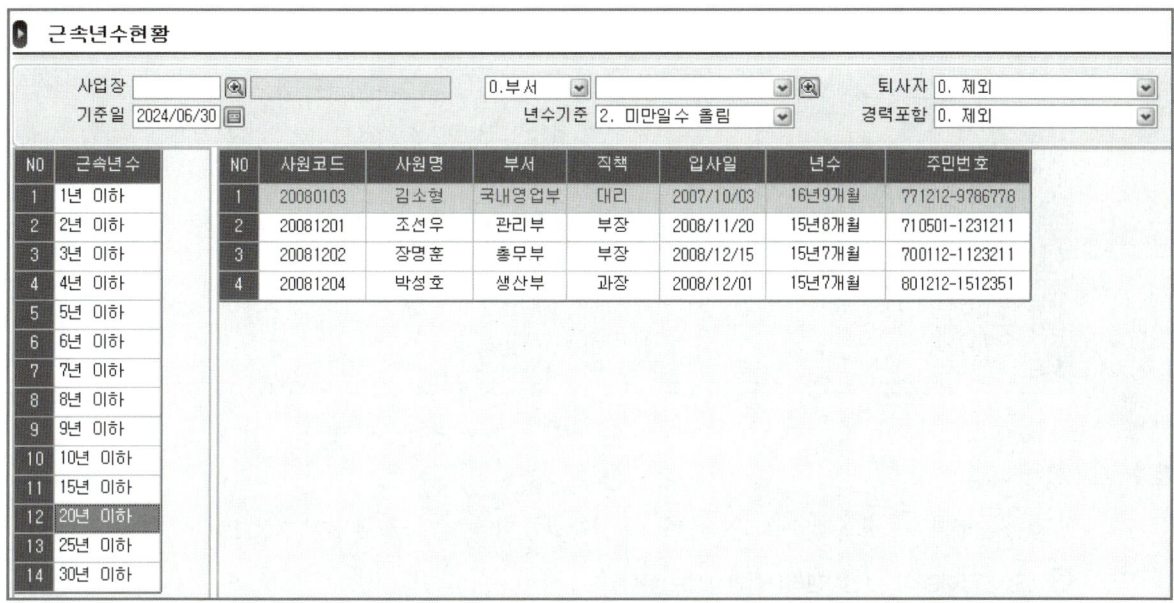

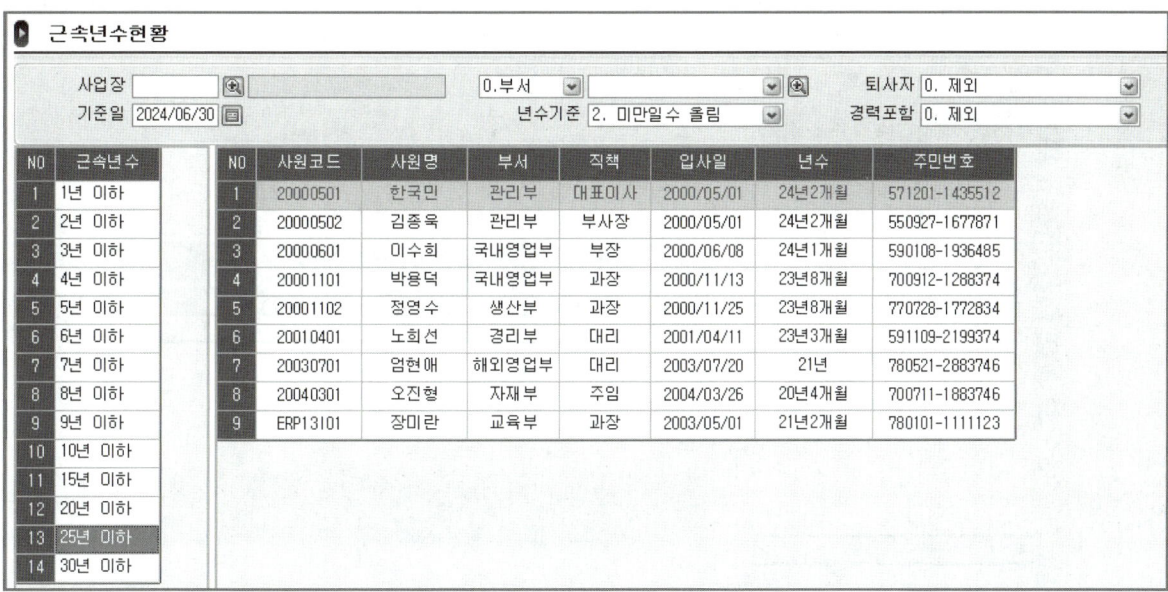

10 ②

우측 상단의 '퇴직제외'를 클릭한 후 어학시험 탭에 [보기]에 주어진 자격증을 조회하여 해당되는 사원의 수당을 계산한다.
- 800점 이상: 100,000원×3명 = 300,000원
- 900점 이상: 200,000원×1명 = 200,000원
∴ 총 지급수당: 300,000원 + 200,000원 = 500,000원

📍 [인사/급여관리] – [인사관리] – [사원정보현황]

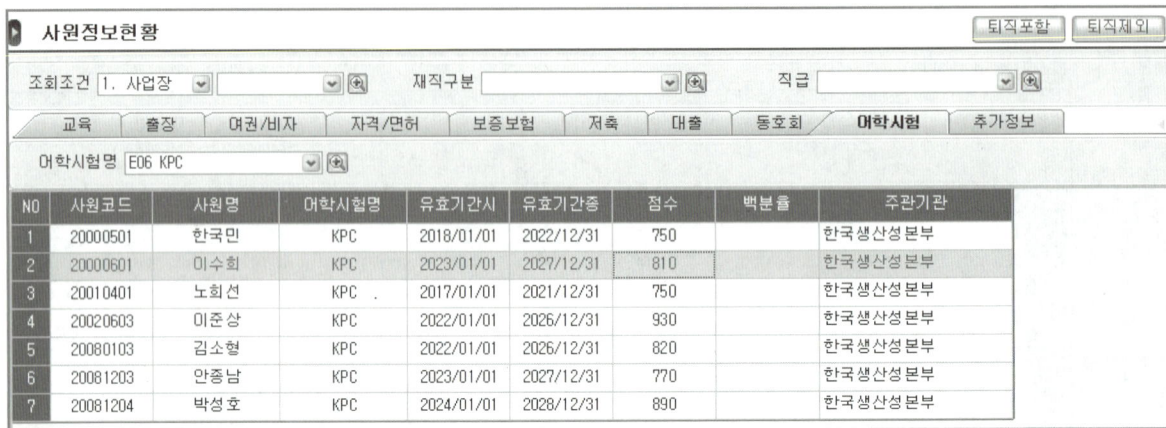

11 ③

'길선미' 사원의 재직정보 탭의 휴직기간란에 [보기]와 같이 입력한 후 ESC를 눌러 저장한다.

📍 [인사/급여관리] – [인사관리] – [인사정보등록]

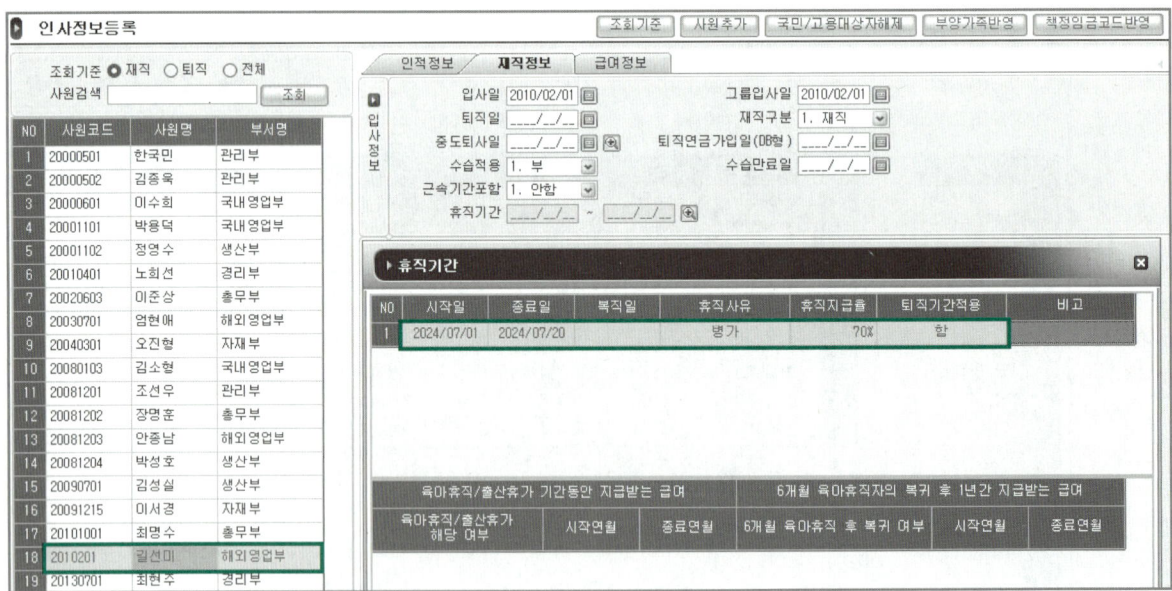

'귀속연월: 2024/07', '지급일: 1.급여'로 조회한 후 전체 사원을 체크하고 우측 상단의 '급여계산'을 적용한 후 하단 급여 총액 탭의 과세란을 확인한다.

📍 [인사/급여관리] – [급여관리] – [상용직급여입력및계산]

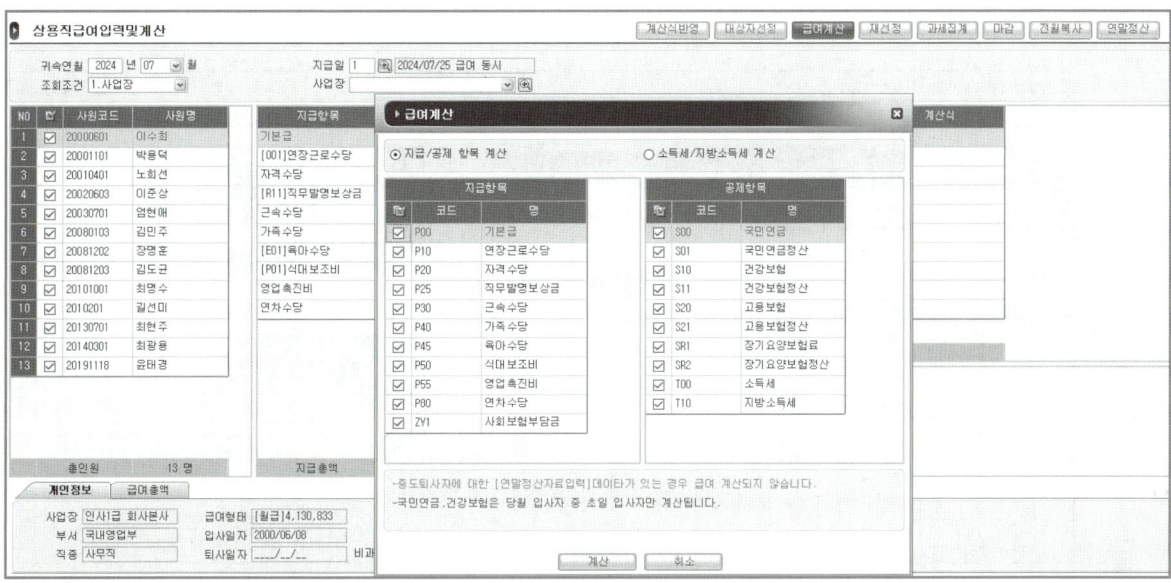

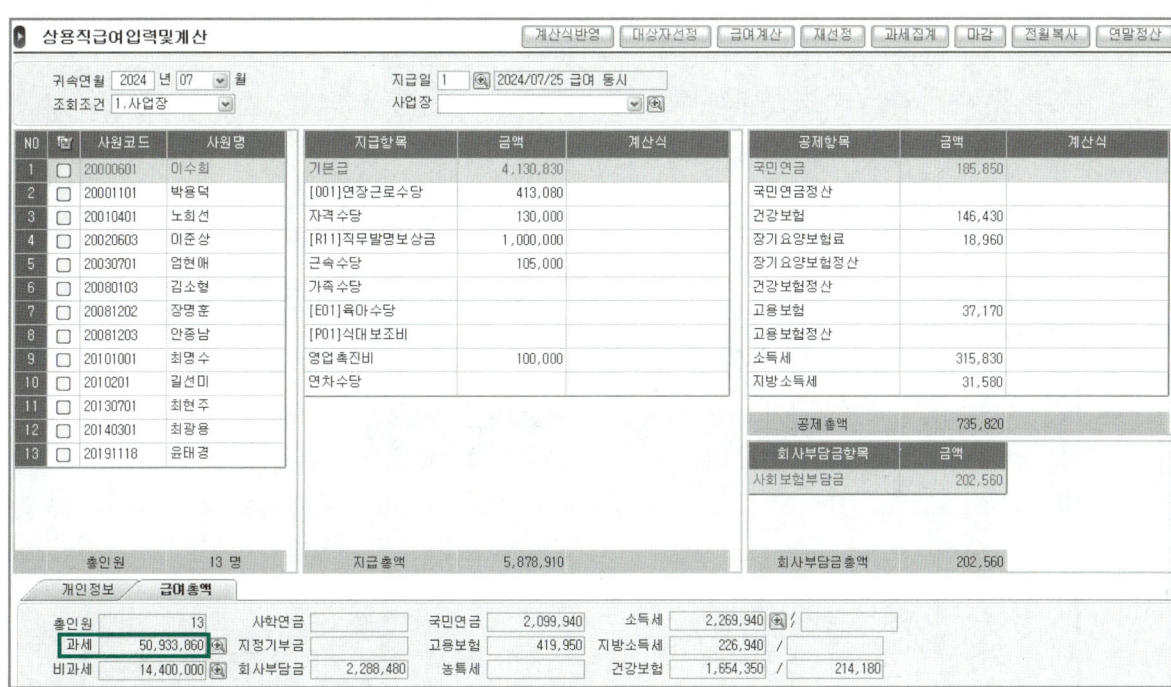

12 ③

'귀속연월: 2024/07'로 조회하여 [보기]에 따라 특별급여 지급일자 및 대상자선정 등을 입력한 후, 우측 상단의 '일괄등록'을 클릭하여 특별급여 지급대상을 설정한다.

[인사/급여관리] – [기초환경설정] – [급/상여지급일자등록]

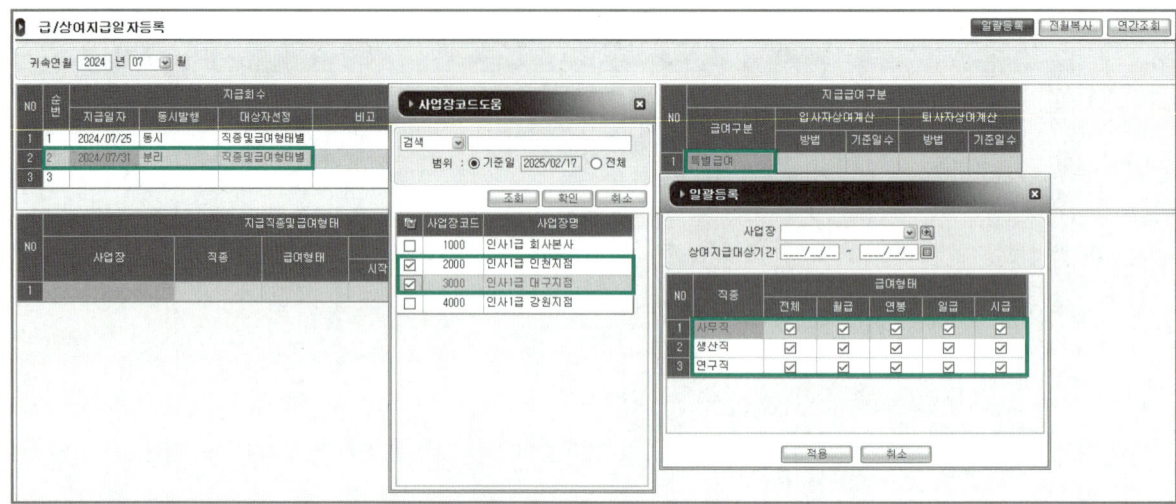

'귀속연월: 2024/07', '지급일: 2.특별급여'로 조회한 후 전체 사원에 체크하고 우측 상단의 '급여계산'을 적용하여 하단의 개인정보, 급여총액 탭 및 사원별 급여계산내역을 확인한다.
③ '20081204.박성호' 사원의 사회보험부담금은 166,820원이다.

[인사/급여관리] – [급여관리] – [상용직급여입력및계산]

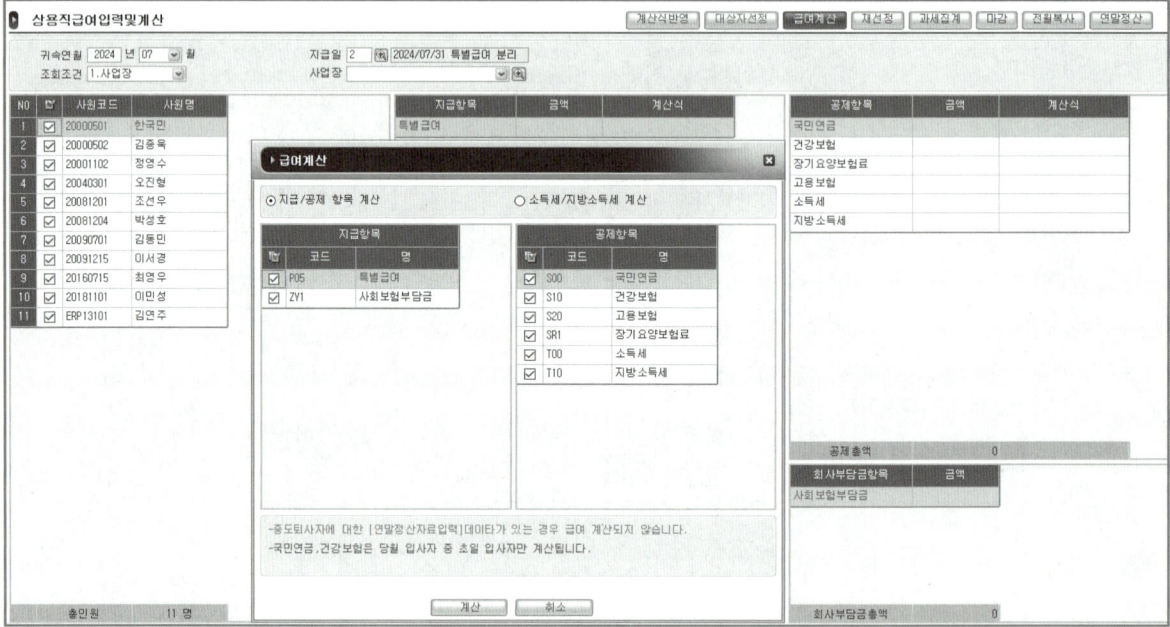

13 ④

'귀속연월: 2024/06', '지급일: 1.급여', '무급자: 제외', '사업장: 1000.인사1급 회사본사'를 조회하여 이체내역을 확인한다.
④ '신한은행'에 이체된 금액은 '우리은행'에 이체된 금액보다 적다.
- 신한은행에 이체된 금액: 13,884,270원
- 우리은행에 이체된 금액: 14,660,820원

[인사/급여관리] – [급여관리] – [급/상여이체현황]

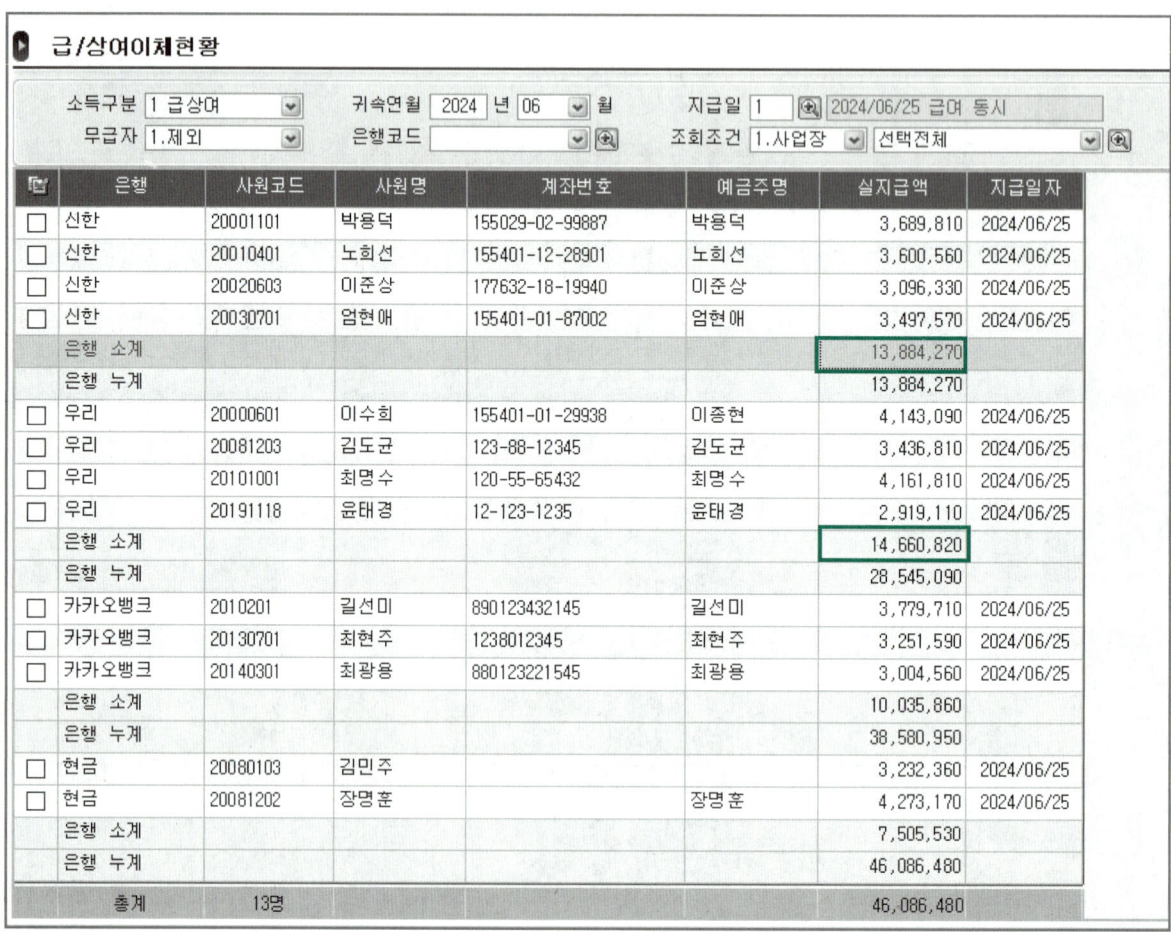

TIP 은행별 이체 금액의 합계는 누계가 아닌 소계로 확인한다.

14 ②

'귀속연월: 2024/01~2024/06', '지급구분: 100.급여', '집계구분: 2.직종별'을 조회하여 내역을 확인한다.

|오답 풀이|
① 사무직의 근속수당은 6,660,000원이다.
③ 생산직의 자격수당은 1,560,000원이다.
④ 연구직의 고용보험은 1,533,210원이다.

📍 [인사/급여관리] - [급여관리] - [항목별급상여지급현황]

항목별급상여지급현황

귀속연월 2024 년 01 월 ~ 2024 년 06 월   지급구분 100 급여
사업장   집계구분 2.직종별

항목	합계	사무직	생산직	연구직
기본급	554,840,580	259,735,860	112,799,880	182,304,840
연장근로수당	25,973,460	25,973,460		
자격수당	7,800,000	4,860,000	1,560,000	1,380,000
직무발명보상금	144,000,000	72,000,000	24,000,000	48,000,000
근속수당	13,350,000	6,660,000	2,730,000	3,960,000
가족수당	6,660,000	3,540,000	2,940,000	180,000
육아수당				
식대보조비	22,800,000	9,600,000	6,000,000	7,200,000
영업촉진비	4,500,000	2,700,000		1,800,000
연차수당	1,000,000	1,000,000		
사회보험부담금	26,561,940	12,600,270	5,209,950	8,751,720
지급합계	780,924,040	386,069,320	150,029,880	244,824,840
합계	807,485,980	398,669,590	155,239,830	253,576,560
국민연금	24,879,960	11,687,100	5,075,400	8,117,460
국민연금정산				
건강보험	19,600,980	9,207,300	3,998,580	6,395,100
건강보험정산				
고용보험	4,437,150	2,207,430	696,510	1,533,210
고용보험정산				
장기요양보험료	2,523,810	1,185,540	514,860	823,410
장기요양보험정산				
소득세	28,293,810	14,757,910	4,009,820	9,526,080
지방소득세	2,828,780	1,475,510	400,890	952,380
공제합계	82,564,490	40,520,790	14,696,060	27,347,640
차인지급액	698,359,550	345,548,530	135,333,820	217,477,200
인원	25	12	5	8

15 ①

'이준상' 사원을 선택한 후 급여정보 탭 하단 책정임금란에 커서를 두고 Ctrl+F3를 눌러 시급을 확인한다.

[인사/급여관리] - [인사관리] - [인사정보등록]

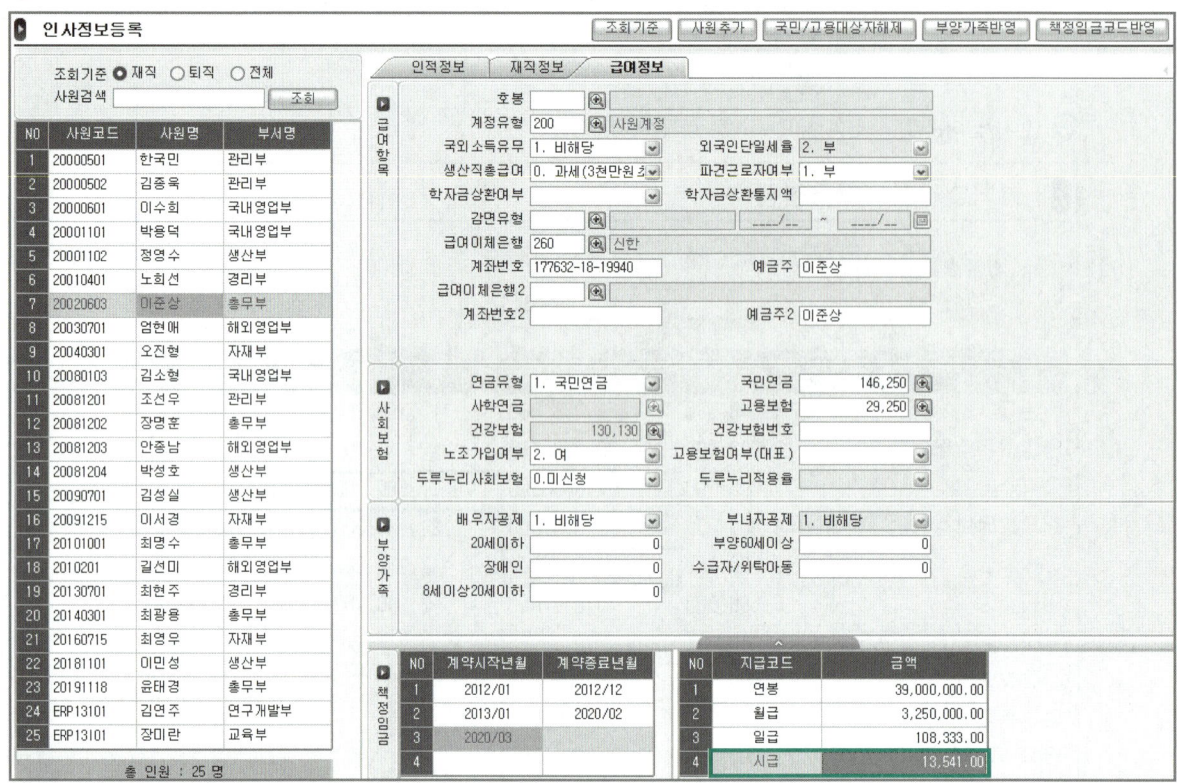

TIP   책정임금란의 금액을 확인할 때 '로그인 암호' 창이 뜨면 암호 입력 없이 '확인'을 누른다.

'귀속연월: 2024/06', '지급일: 1.급여'로 조회하여 '이준상' 사원의 근태 내역을 확인하고 [보기]의 계산식을 이용하여 초과근무수당을 계산한다.

- 책정임금 시급: 13,541원
- 평일연장근무시간 + 토일정상근무시간: $(4.5 + 4.75) \times 2 \times 13{,}541원 = 250{,}500원(250{,}508.5)$
- 평일심야근무시간 + 토일연장근무시간: $(2.25 + 3) \times 2.5 \times 13{,}541원 = 177{,}720원(177{,}725.625)$

∴ 초과근무수당 : 250,500원 + 177,720원 = 428,220원

[인사/급여관리] – [급여관리] – [근태결과입력]

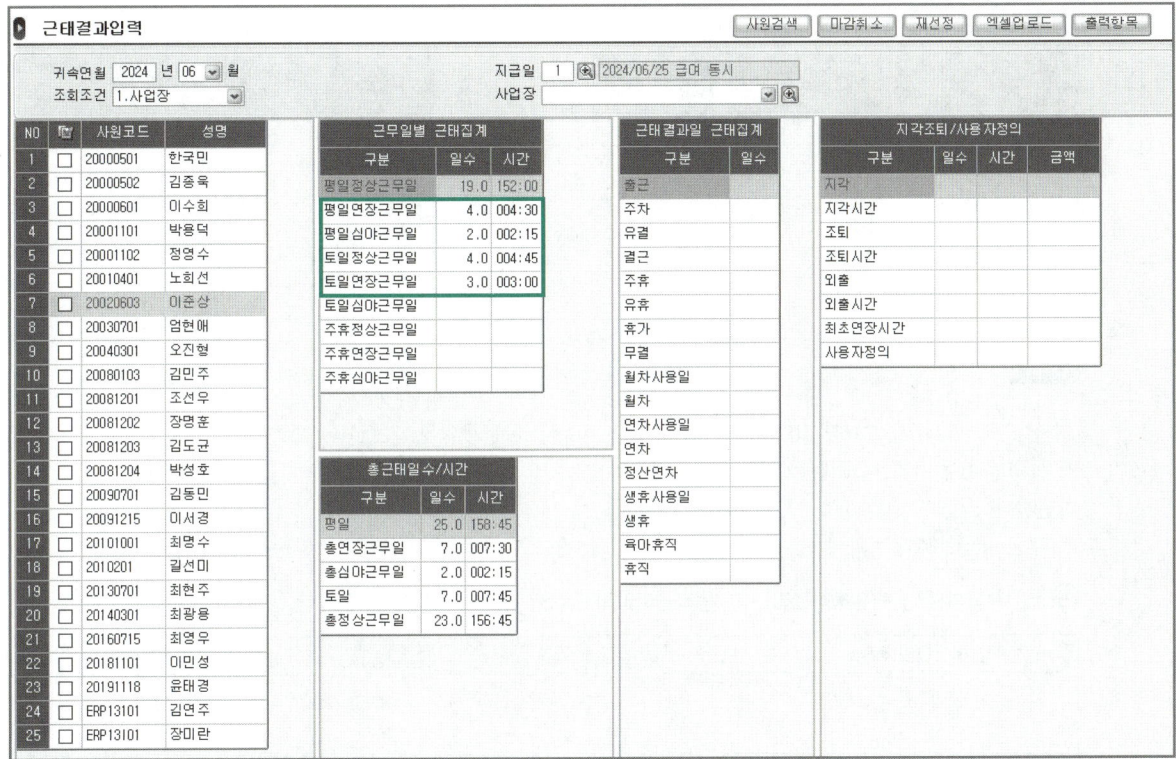

TIP 15분 = 0.25, 30분 = 0.5, 45분 = 0.75, 1시간 = 1

16 ③

'귀속연월: 2024/07', '지급일: 1.매일지급', '부서: 총무부', '급여형태: 004.시급'으로 조회한 후 전체 사원에 체크하여 추가한다.

📍 [인사/급여관리] – [일용직관리] – [일용직급여지급일자등록]

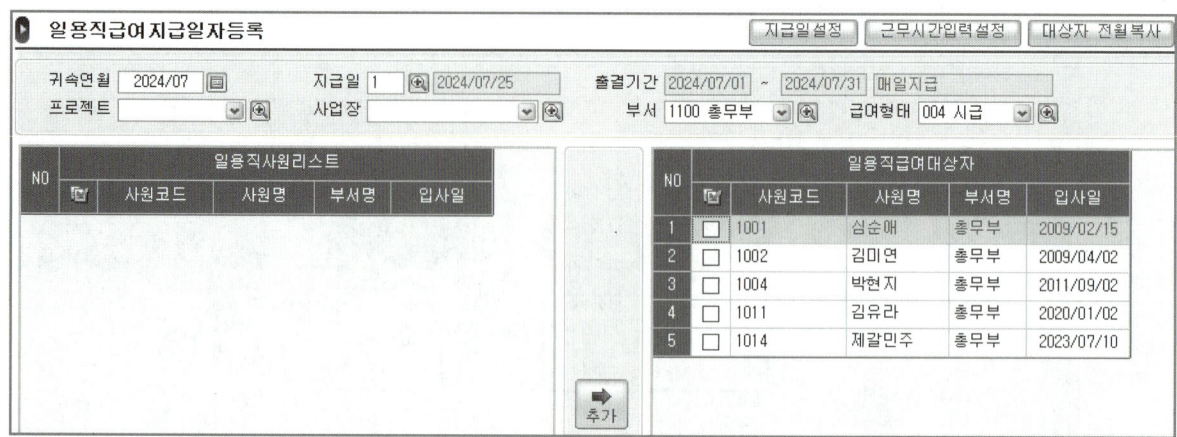

TIP 지급일 설정 시, '매일지급/일정기간지급'이 공란으로 보인다면 우측 상단의 '지급일 설정'을 클릭하여 '비고'란을 직접 작성한다.

'귀속연월: 2024/07', '지급일: 1.매일지급'으로 조회하여 전체 사원에 체크한다. 우측 상단의 '일괄적용'을 클릭하여 보기와 같이 평일 10시간과 비과세 12,000원, 토요일 2시간을 각각 적용한 후 하단의 월지급액, 개인정보, 급여총액 탭의 내용을 확인한다.
③ 해당 지급일자의 비과세 신고분 총액은 3,520,748원이고, 소득세가 공제되지 않은 사원이 존재한다.

📍 [인사/급여관리] – [일용직관리] – [일용직급여입력및계산]

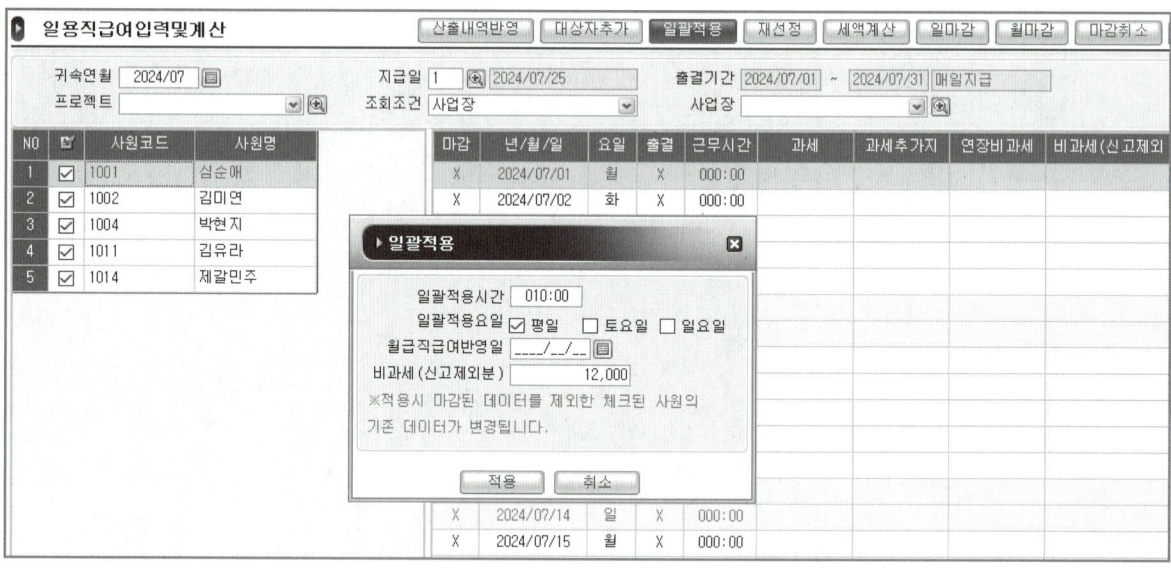

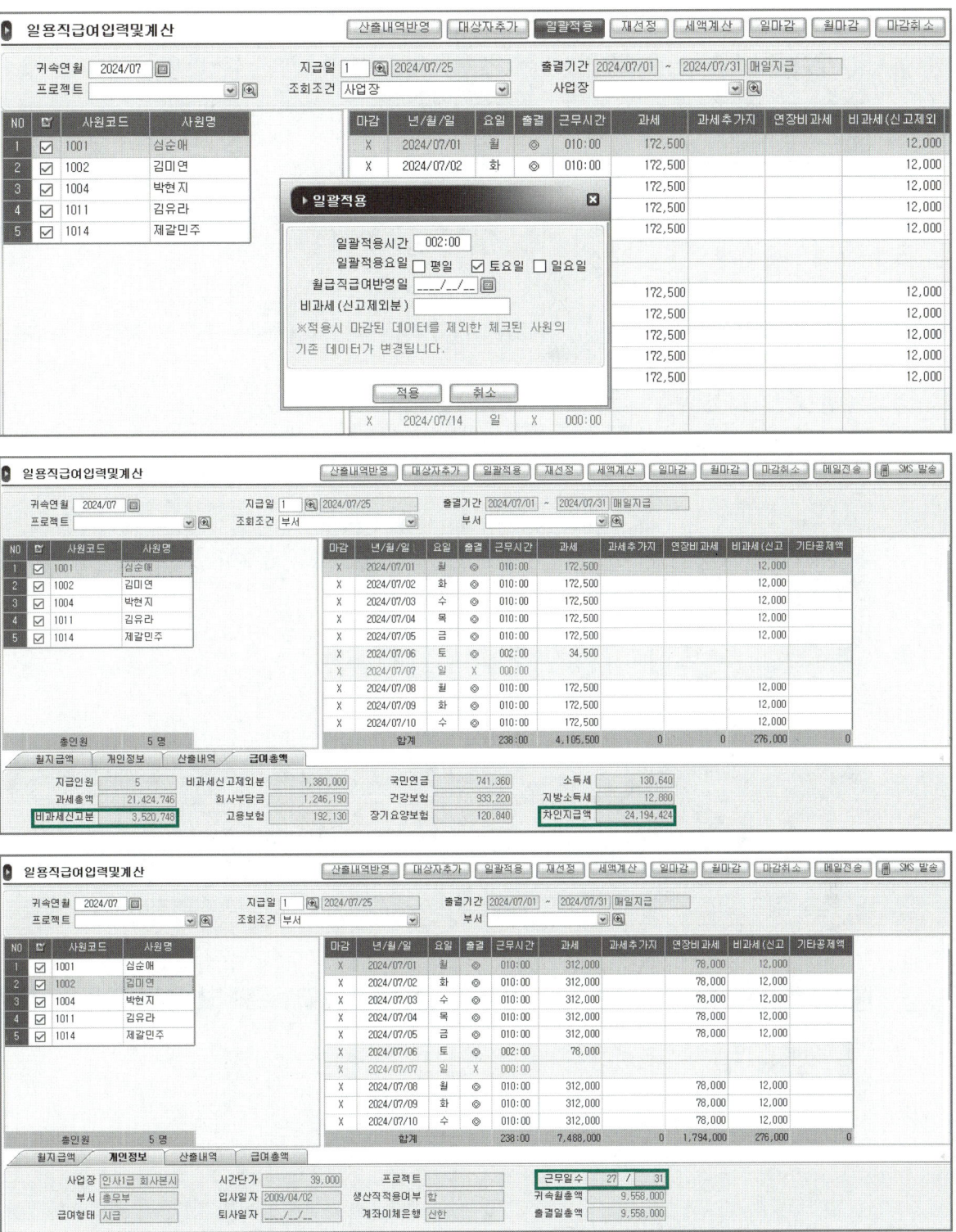

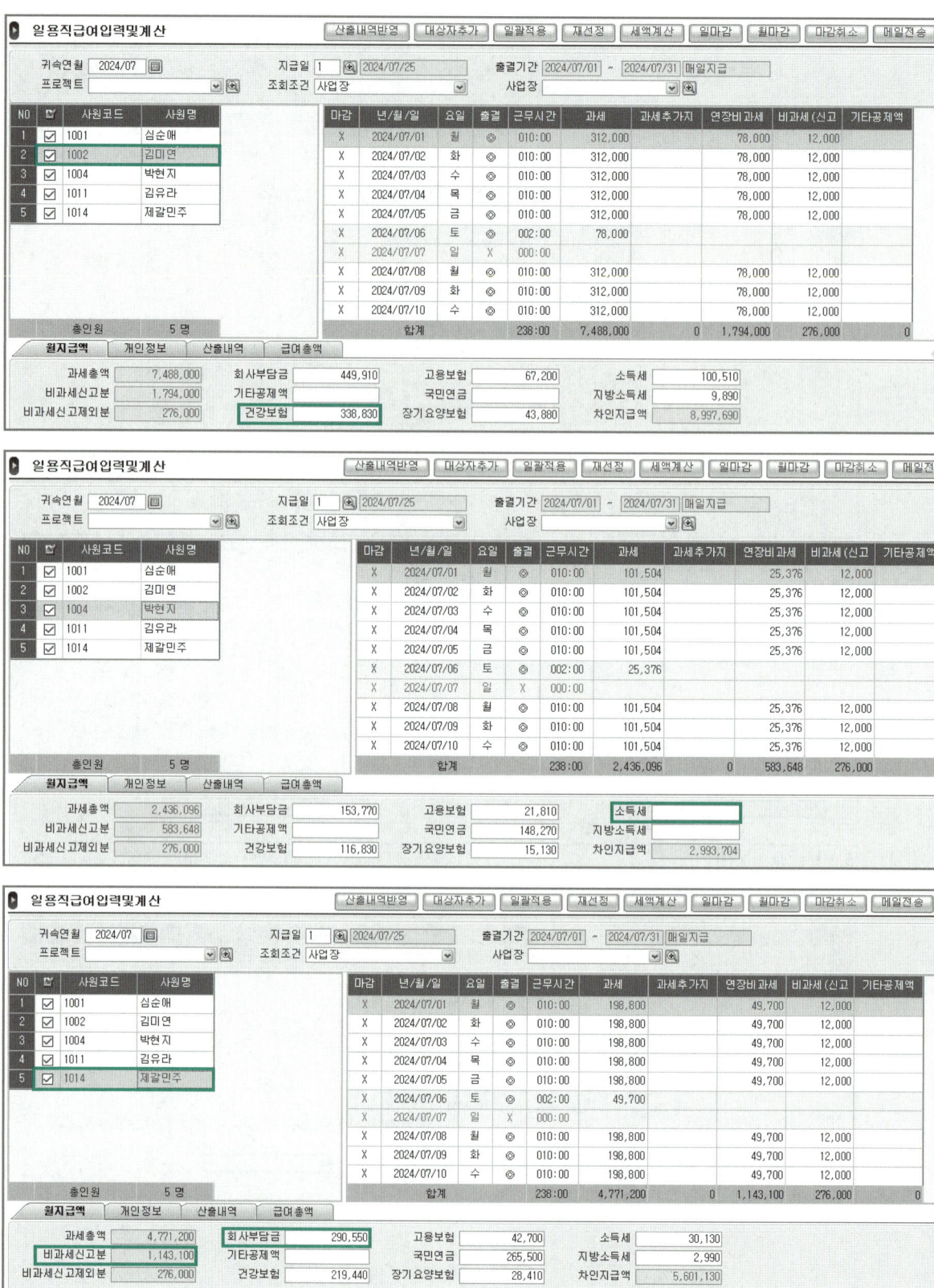

17 ④

[보기]에 따라 '1012.박민희' 사원의 정보를 변경한다.

◉ [인사/급여관리] - [일용직관리] - [일용직사원등록]

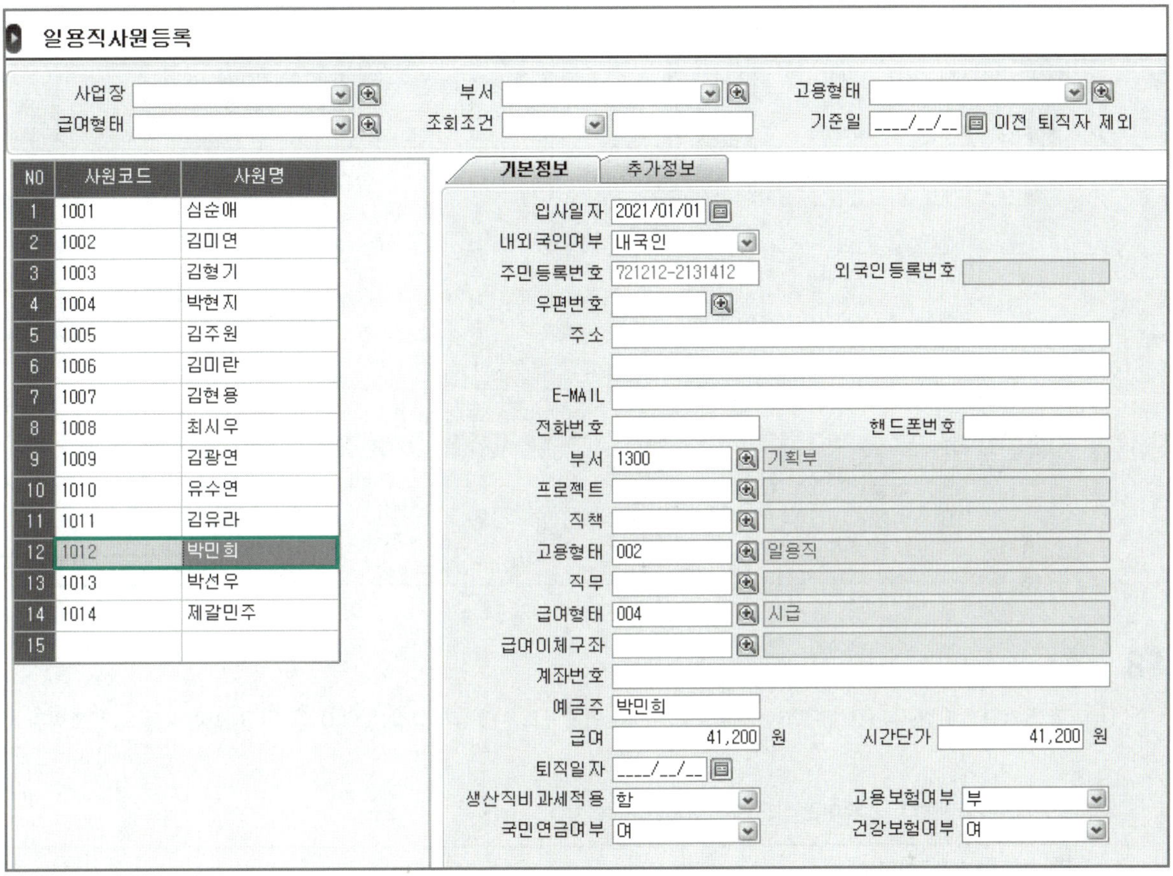

'귀속연월: 2024/07', '지급일: 2.일정기간지급'으로 조회한 후 전체 사원에 체크하고 우측 상단의 '일괄적용'을 클릭하여 평일 10시간과 비과세 10,000원을 적용한 후 하단의 급여총액 탭에서 차인지급액을 확인한다.

◉ [인사/급여관리] - [일용직관리] - [일용직급여입력및계산]

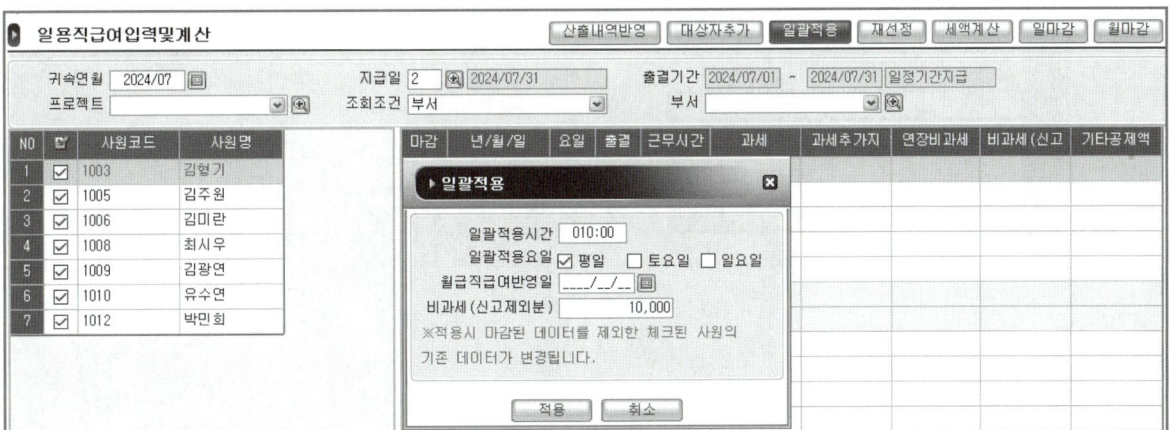

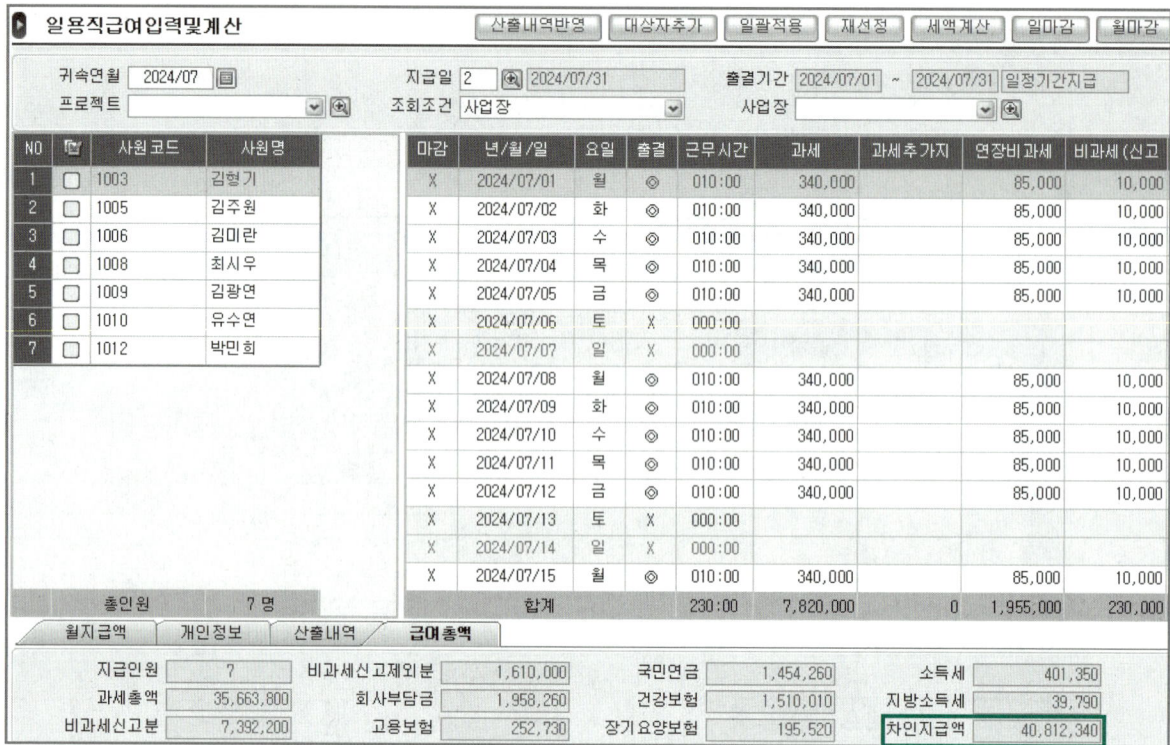

18 ②

'조회기간: 2024/04~2024/06', '수당코드: P10.연장근로수당', '사업장: 2000.인사1급 인천지점'으로 조회된 내용을 확인한다.

[인사/급여관리] – [급여관리] – [수당별연간급여현황]

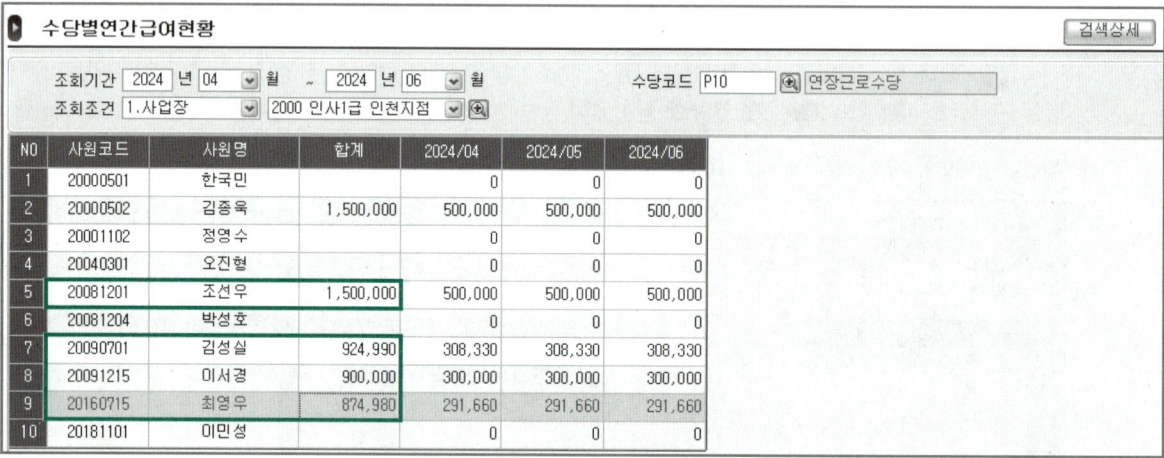

19 ③

우측 상단의 '마감취소'를 클릭한 후 '기본설정', '지급항목설정'을 [보기]에 따라 설정한다.

[인사/급여관리] - [퇴직정산관리] - [퇴직기준설정]

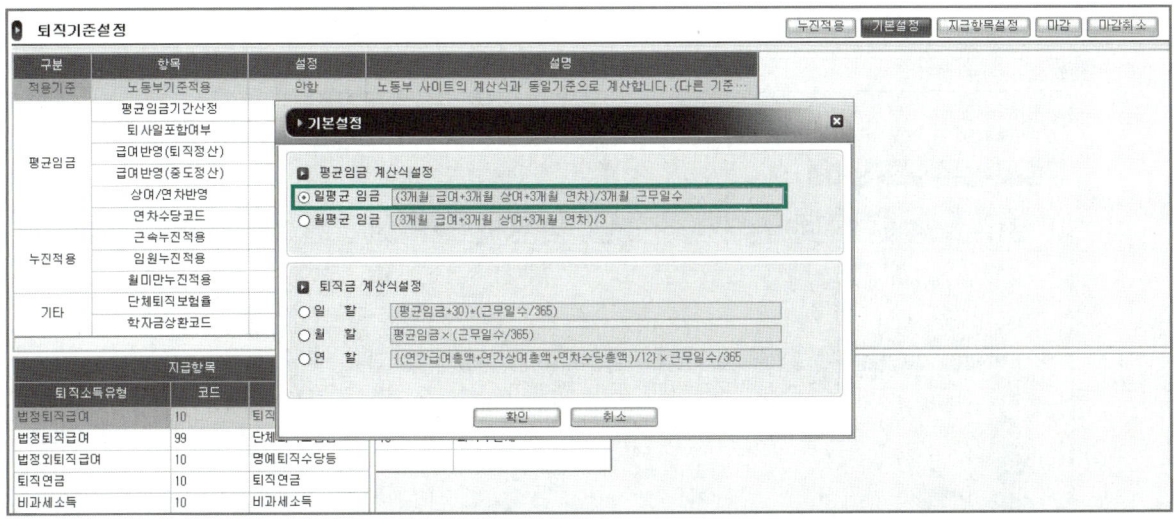

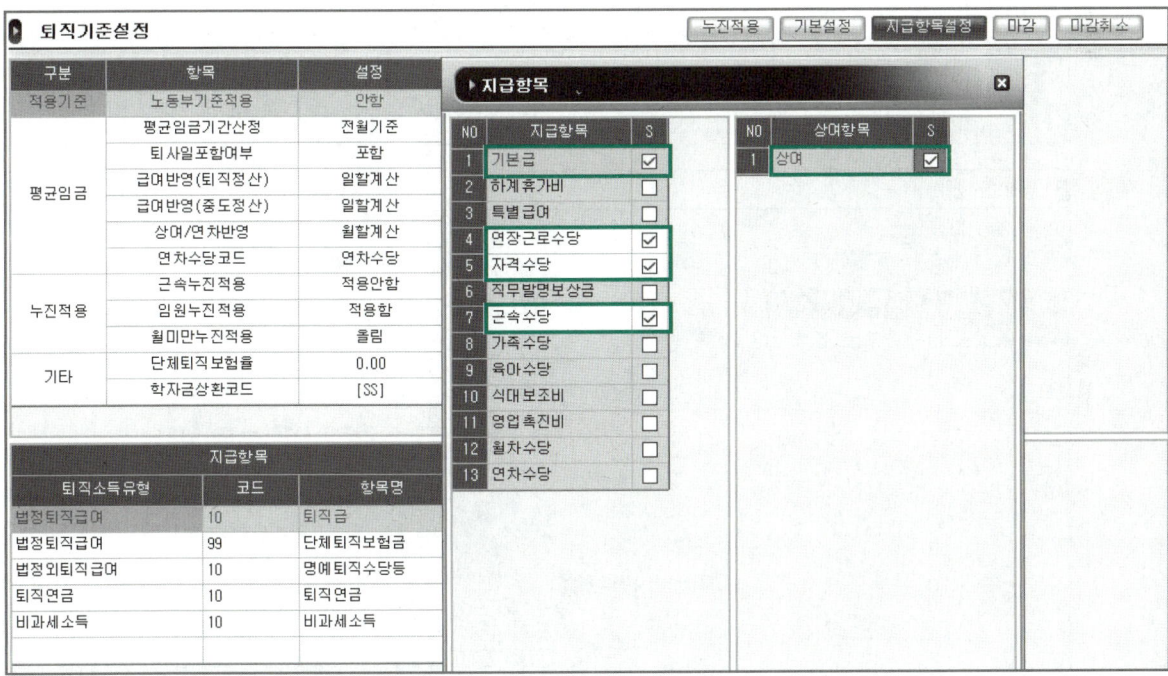

'신고귀속: 2024', '귀속연도: 2024', '사업장: 1000.인사1급 회사본사', '정산구분: 1.중도정산'을 입력하고 우측 상단의 '대상자선정'을 클릭하여 [보기]의 내용을 반영한 후 '안종남' 사원의 급여정보 탭의 '퇴직금계산'을 한 후 해당 정산결과를 확인한다.

③ '20081203.안종남' 사원에게 퇴직금 지급 시 공제된 금액은 총 635,720원이다.

[인사/급여관리] - [퇴직정산관리] - [퇴직금산정]

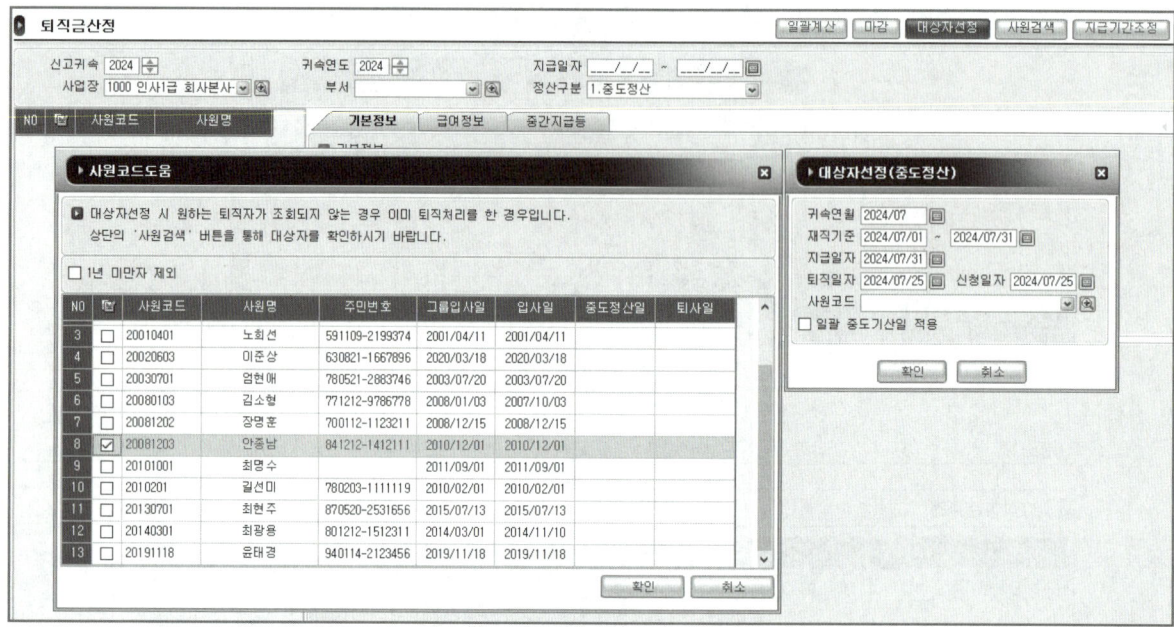

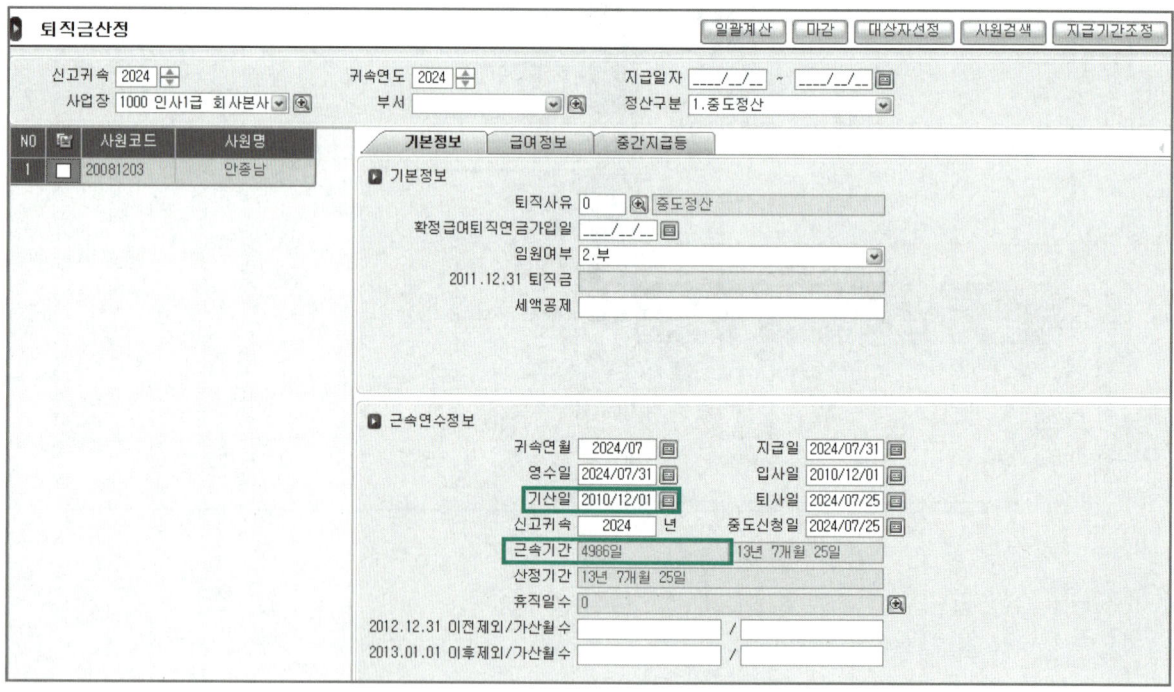

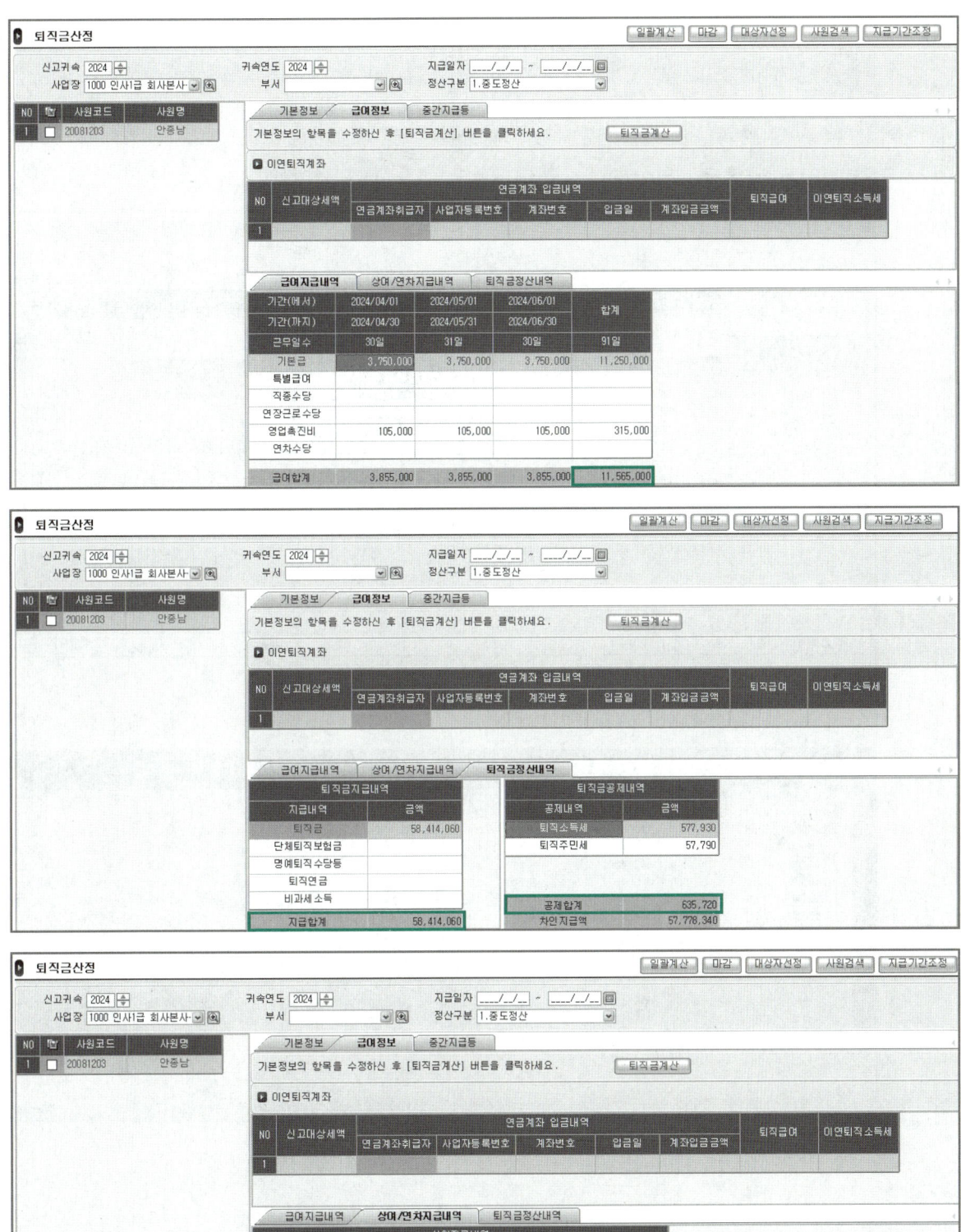

20 ①

우측 상단의 '추계코드'를 클릭한 후 [보기]에 따라 추계코드를 입력하고 대상자를 설정한다. '추계코드: 2024,2024년 퇴직금추계액'으로 조회하여 퇴직추계액 총계를 확인하고 퇴직급여충당부채를 계산한다.

∴ 퇴직급여충당부채: 829,499,640원 × 40% = 331,799,850원(331,799,856)

[인사/급여관리] – [퇴직정산관리] – [퇴직금추계액]

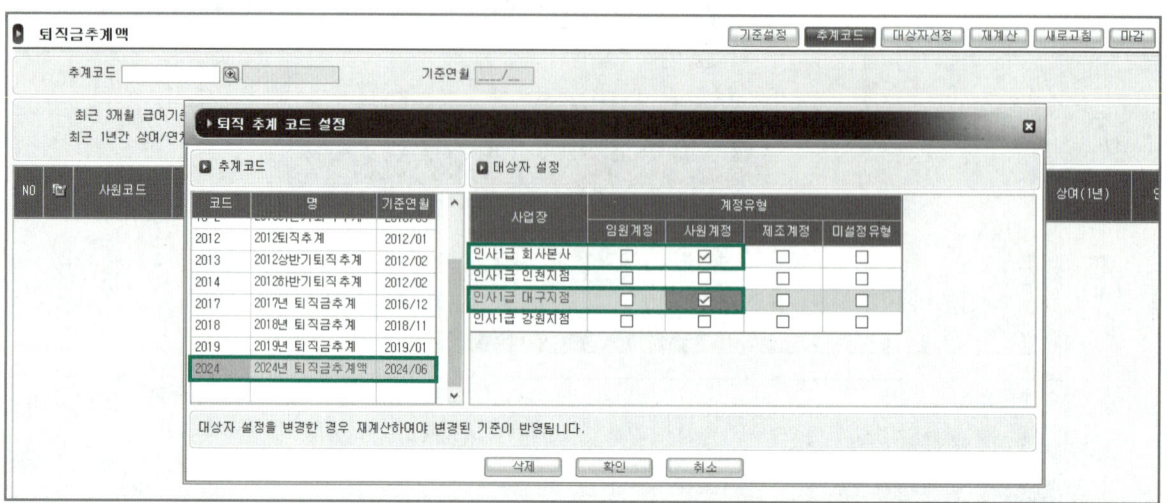

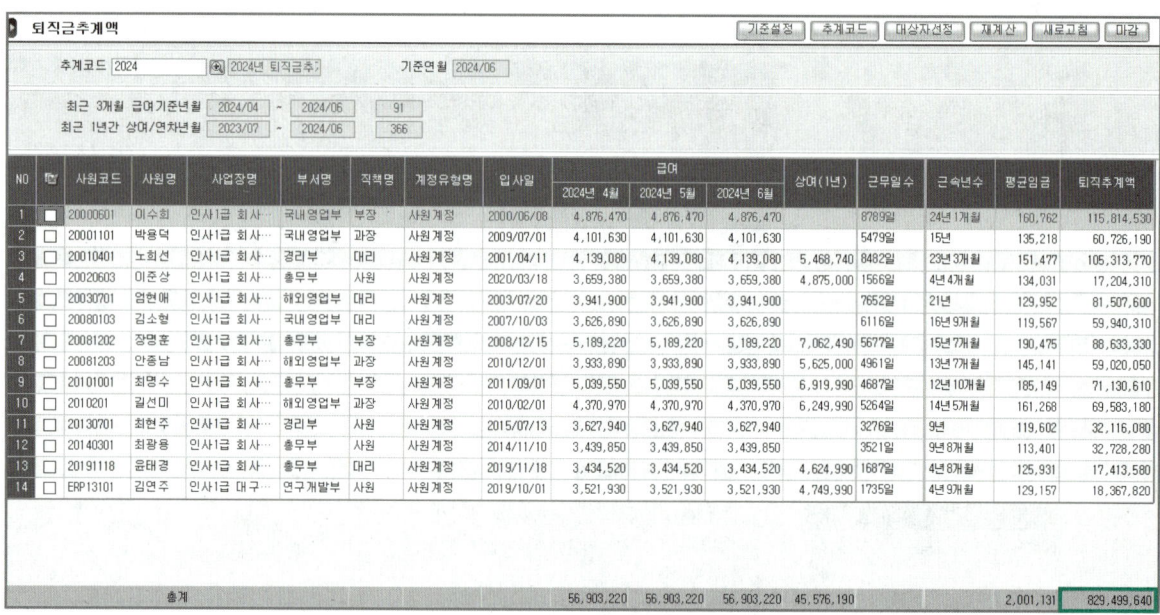

21 ②

'귀속년도: 2023', '사업장: 1000.인사1급 회사본사'를 조회하여 '20101001.최명수' 사원의 '64.소득세'와 '69.건강보험'을 확인한다.

📍 [인사/급여관리] – [연말정산관리] – [근로소득원천징수부]

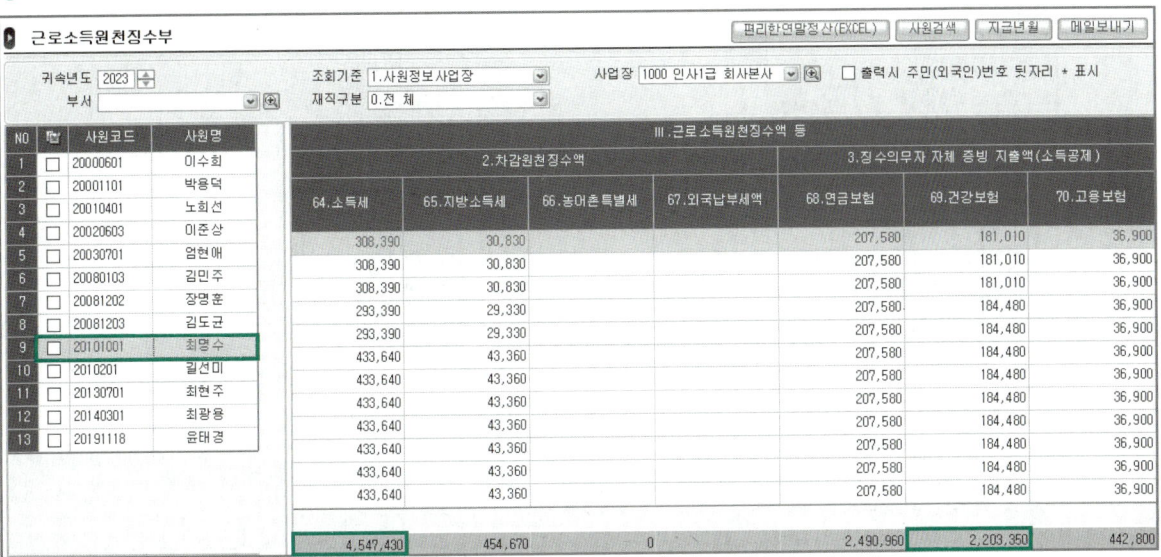

22 ②

기준설정 탭에서 '원천세 신고유형: 본점일괄신고', '이행상황신고서집계방식: 귀속, 지급연월'로 변경한다.

📍 [인사/급여관리] – [기초환경설정] – [인사/급여환경설정]

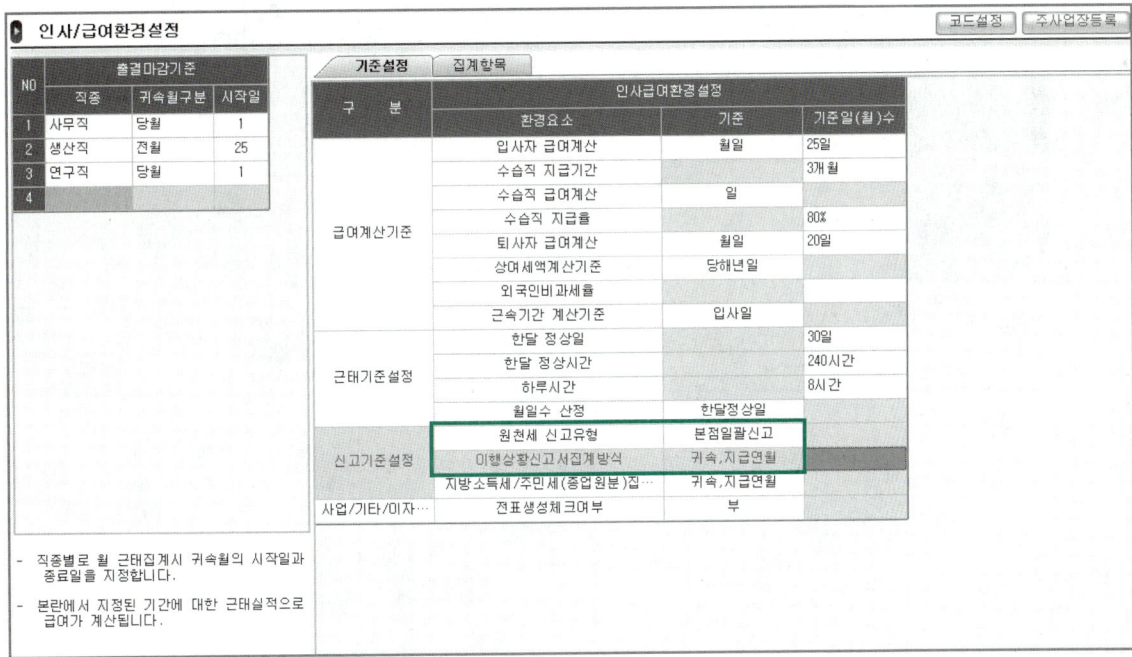

'제출연도: 2024', '신고사업장: 1000.인사1급 회사본사'를 입력한 후 '신고서추가'를 클릭한 후 [보기]와 같이 신고서를 생성하여 총지급액, 소득세를 확인한다.

📍 [인사/급여관리] - [세무관리] - [원천징수이행상황신고서]

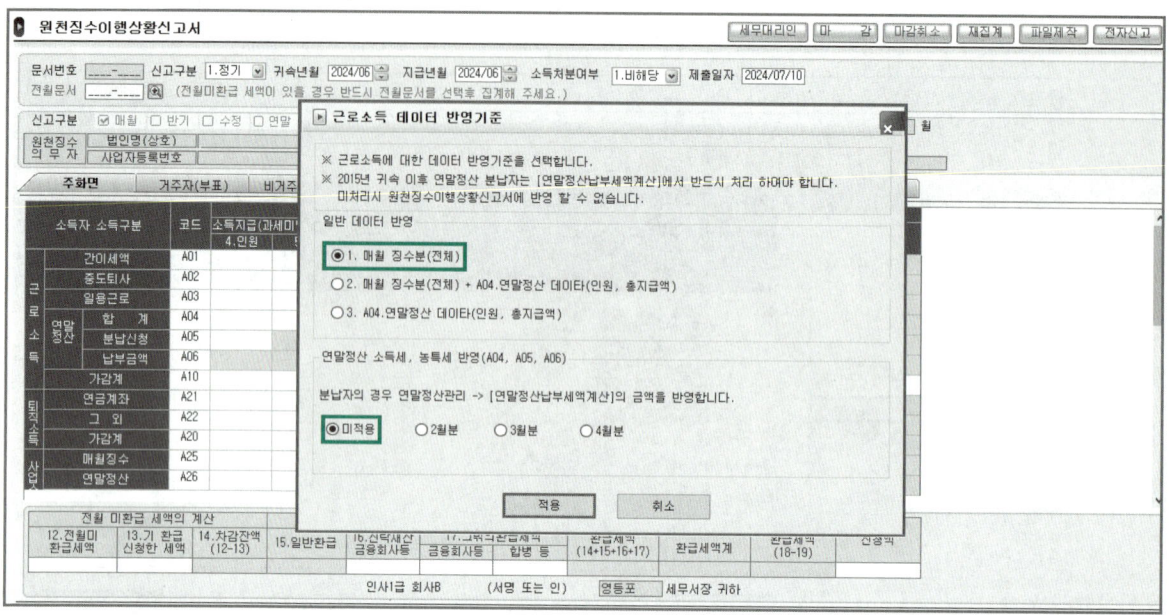

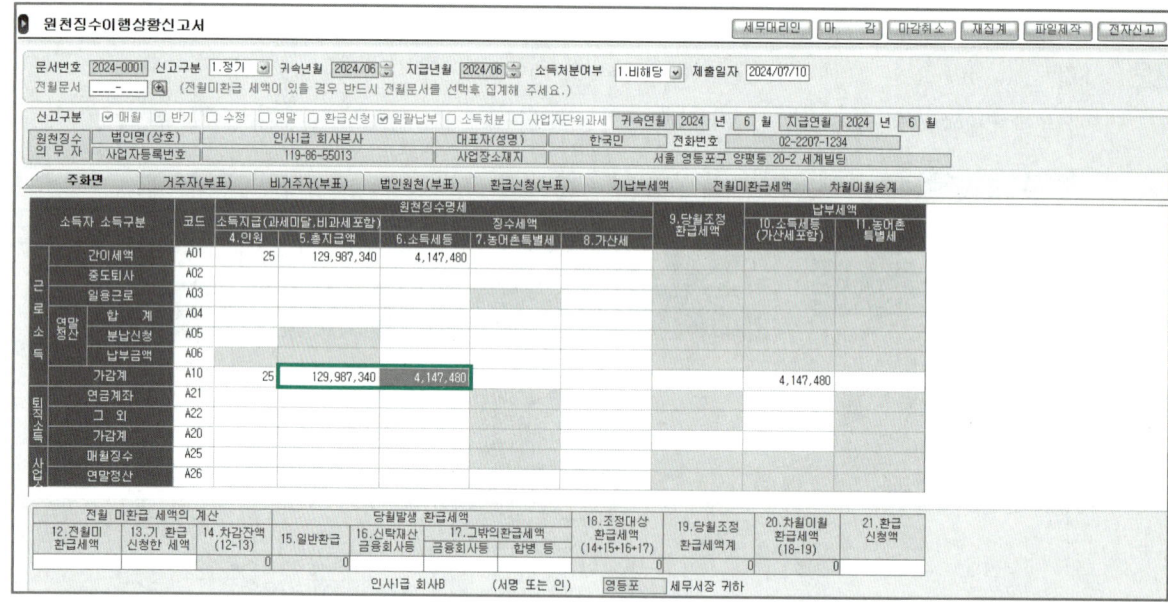

23 ④

기준설정 탭에서 '지방소득세/주민세(종업원분)집계방식: 귀속연월'로 수정하고 ESC를 눌러 변경된 내용을 저장한다.

📍 [인사/급여관리] – [기초환경설정] – [인사/급여환경설정]

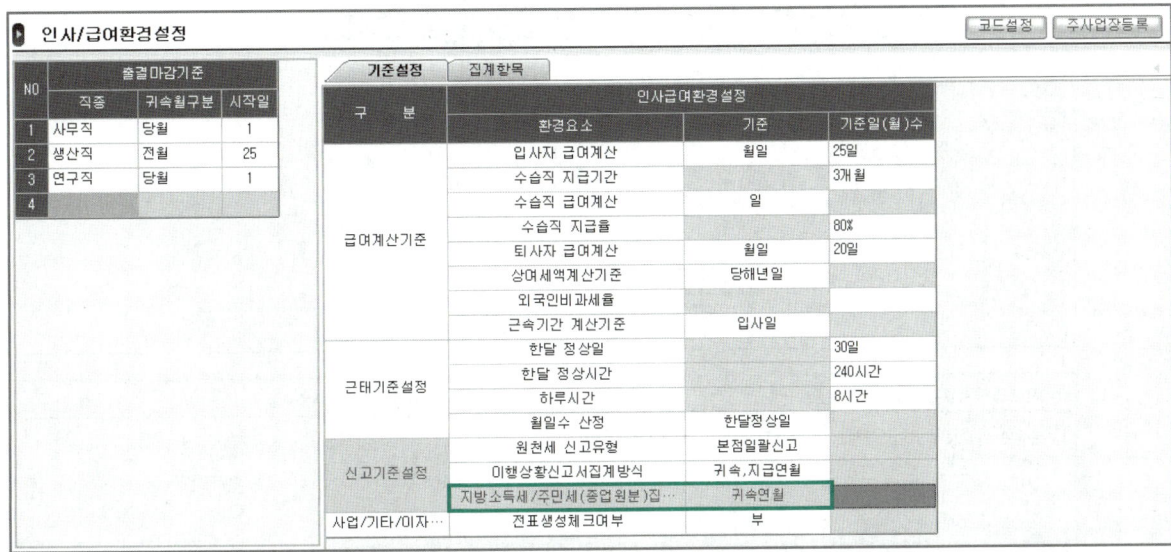

'제출일자: 2024/07/10~2024/07/10'을 입력하고 우측 상단의 '신고서생성'을 클릭하여 [보기]와 같이 입력한 후 신고서를 생성한다. 다시 제출일자를 입력하고 '신고서조회'를 클릭하여 징수 및 조정명세서 탭에서 상단 소득구분 입력란에 '소득구분: 4.근로소득'으로 조회한 후 과세표준과 산출세액을 확인한다.

④ '20010401.노희선' 사원의 과세표준은 891,990원, 산출세액은 89,190원이다.

📍 [인사/급여관리] – [세무관리] – [지방소득세특별징수명세/납부서]

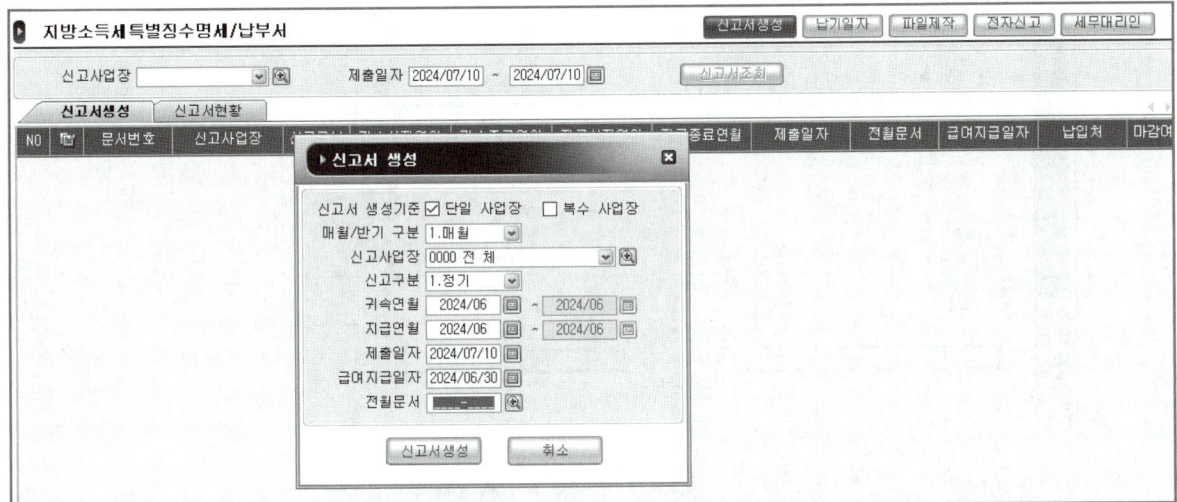

지방소득세특별징수명세/납부서

납기일자 | 가산세 | 재집계 | 마감 | 파일제작 | 전자신고 | 세무대리인

문서번호 2024-0001 신고구분 1.정기 귀속년월 2024/06 ~ 2024/06 지급년월 2024/06 ~ 2024/06
제출일자 2024/07/10 급여일자 2024/06/30 납입처 영등포구청 소득구분 4.근로소득

납부서 및 영수필통지서 | 징수 및 조정명세서

NO		사원코드	성명	주민등록번호	과세표준	산출세액	조정액(환부액)	납부액	비고
1	☐	2010201	길선미	780203-1111119	1,135,400	113,540		113,540	
2	☐	20090701	김성실		132,110	13,210		13,210	
3	☐	20080103	김소형		149,220	14,920		14,920	
4	☐	ERP13101	김연주	750501-2523121	274,090	27,400		27,400	
5	☐	20000502	김종욱	550927-1677871	267,380	26,730		26,730	
6	☐	20010401	노희선	591109-2199374	891,990	89,190		89,190	
7	☐	20081204	박성호		80,250	8,020		8,020	
8	☐	20001101	박용덕	700912-1288374	105,510	10,550		10,550	
9	☐	20081203	안종남		977,630	97,750		97,750	
10	☐	20030701	엄현애	780521-2883746	198,630	19,860		19,860	
11	☐	20040301	오진형	700711-1883746	89,750	8,970		8,970	
12	☐	20191118	윤태경	940114-2123456	660,380	66,020		66,020	
13	☐	20181101	이민성	890611-1255321	82,900	8,290		8,290	
14	☐	20091215	이서경	840524-2123456	163,920	16,390		16,390	
15	☐	20000601	이수희	590108-1936485	315,830	31,580		31,580	
16	☐	20020603	이준상	630821-1667896	752,950	75,280		75,280	
17	☐	20081202	장명훈	700112-1123211	1,568,520	156,840		156,840	
18	☐	ERP13101	장미란	780101-1111123	208,090	20,800		20,800	
19	☐	20001102	정영수	770728-1772834	139,440	13,940		13,940	
20	☐	20081201	조선우	710501-1231211	306,820	30,680		30,680	
21	☐	20140301	최광용	801212-1512311	88,040	8,800		8,800	
22	☐	20101001	최명수		1,455,440	145,530		145,530	
23	☐	20160715	최영우	810511-1655321	97,880	9,780		9,780	
24	☐	20130701	최현주	870520-2531656	122,330	12,230		12,230	
25	☐	20000501	한국민	571201-1435512	184,000	18,400		18,400	
26	☐								
					10,448,500	1,044,700		1,044,700	

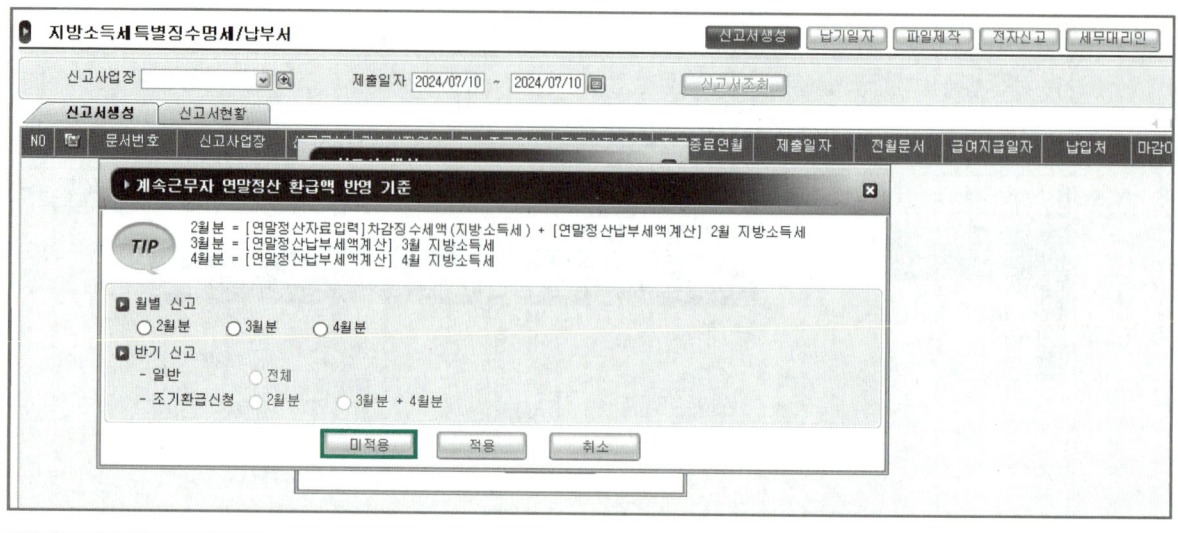

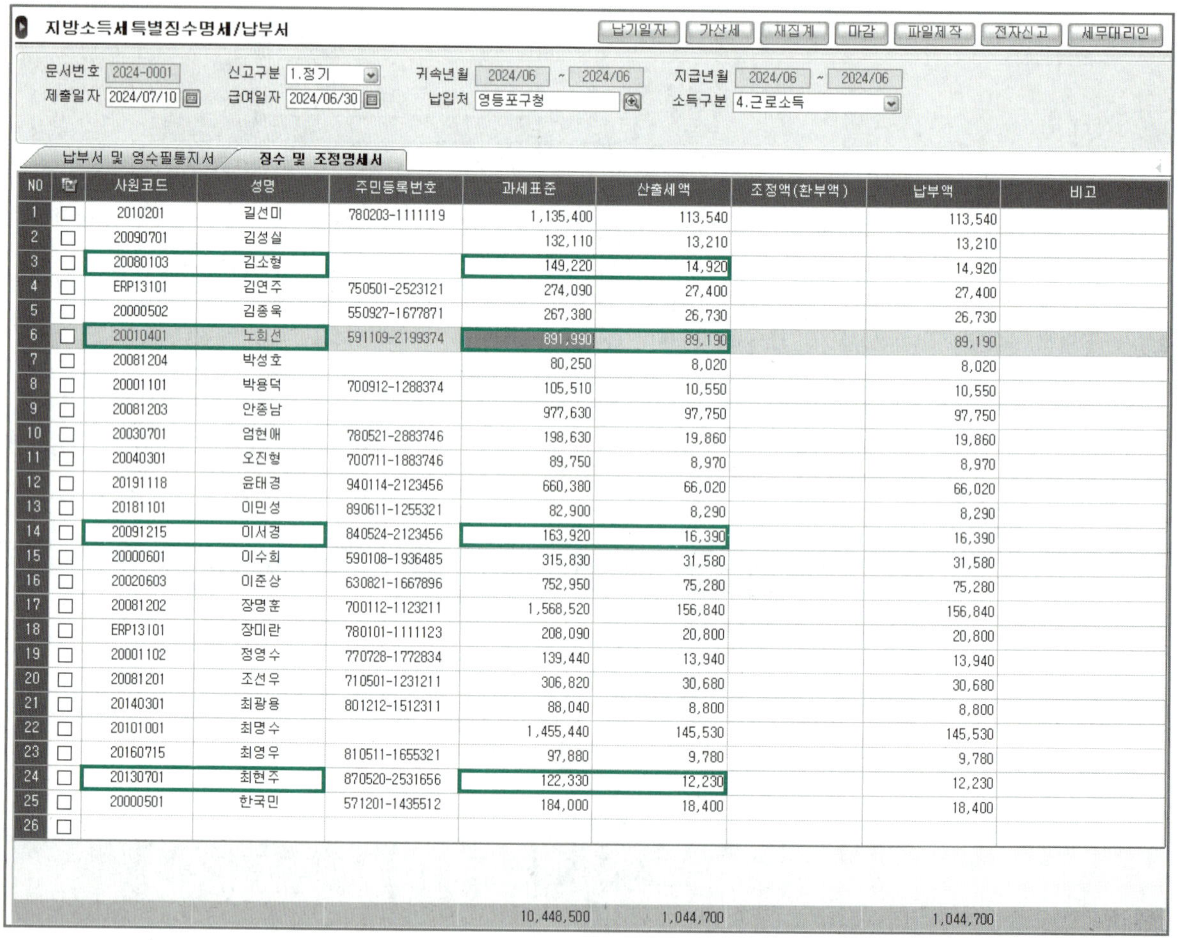

24 ①

'계정유형: 사원계정'을 조회한 후 '항목구분: 1.지급항목, 2.공제항목'의 계정과목을 확인한다.
① 퇴직금의 계정과목명은 '10301.보통예금'이다.

[인사/급여관리] – [전표관리] – [계정과목설정]

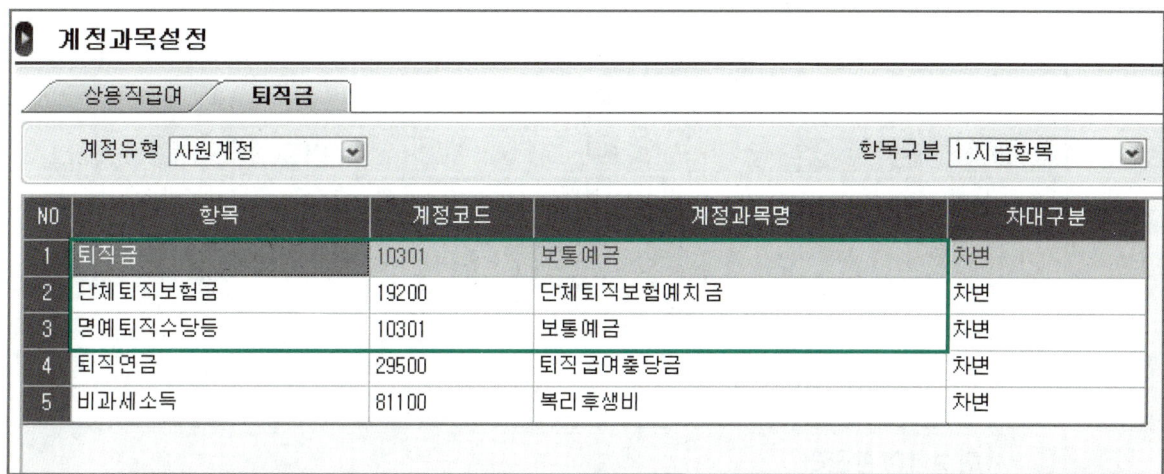

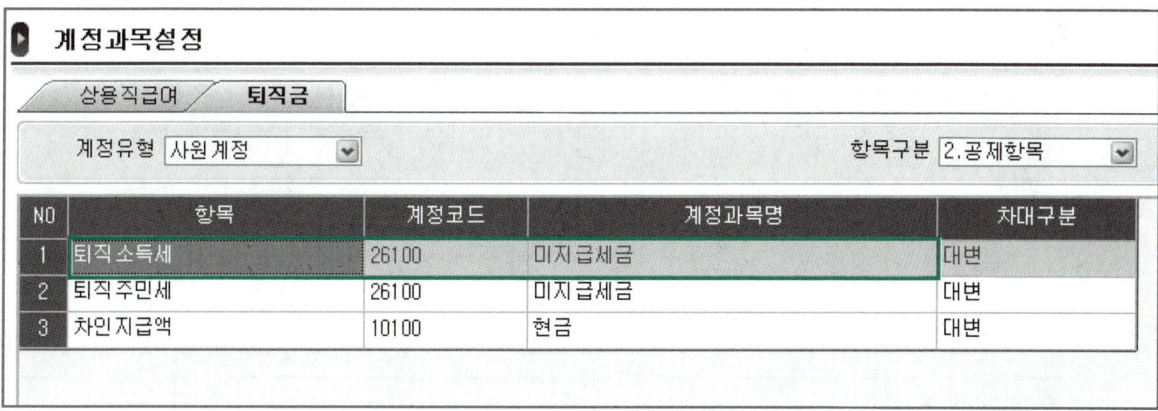

25 ③

'신고연도: 2024', '사업장: 4000.인사1급 강원지점'을 조회하여 내용을 확인한다.
③ 당해연도 건강보험 보수총액은 31,534,090원이며, 피보험자 이직 확인서는 작성 상태이다.

[인사/급여관리] – [사회보험관리] – [사회보험상실관리]

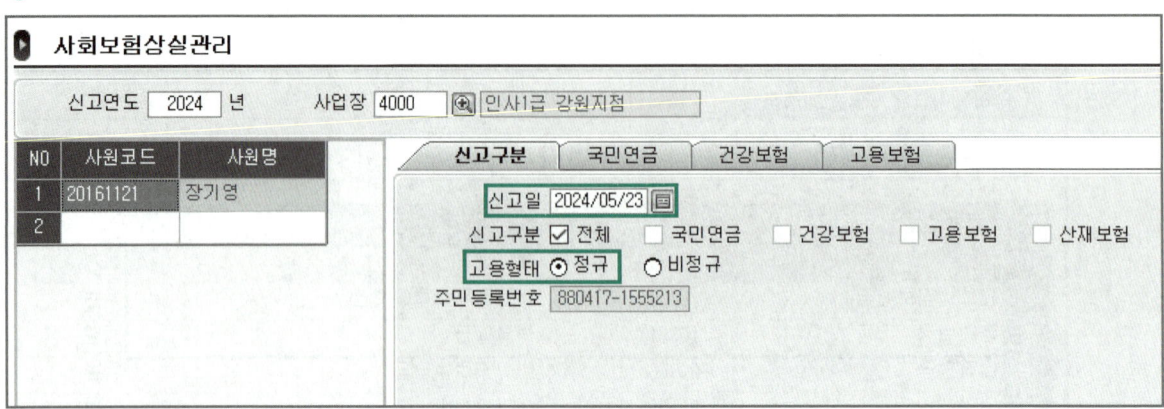

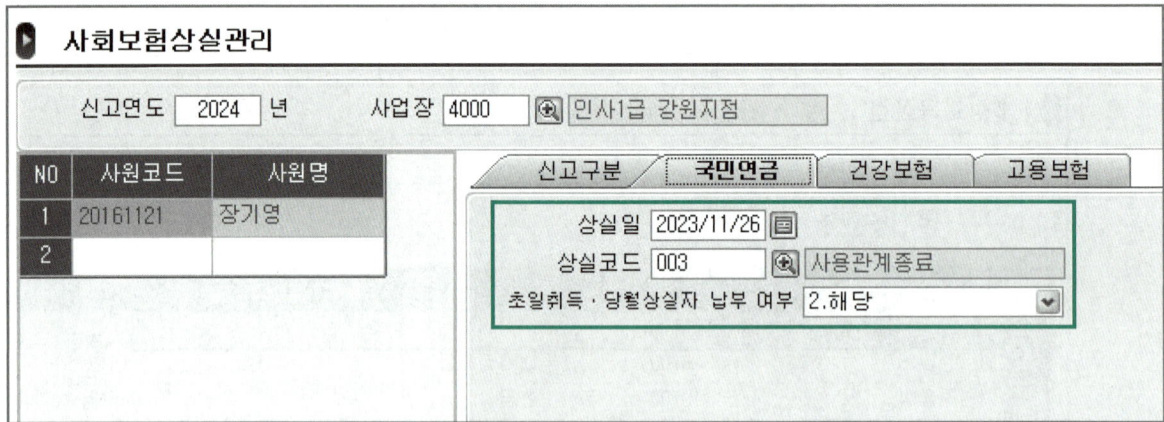

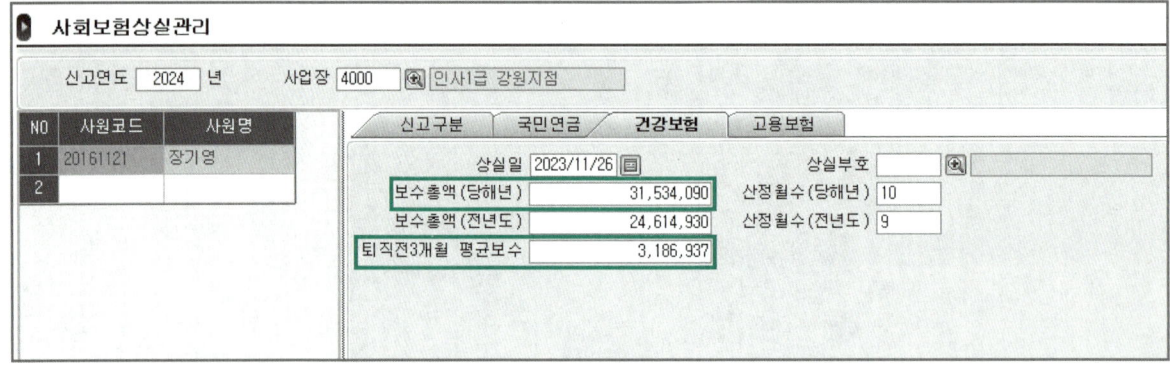

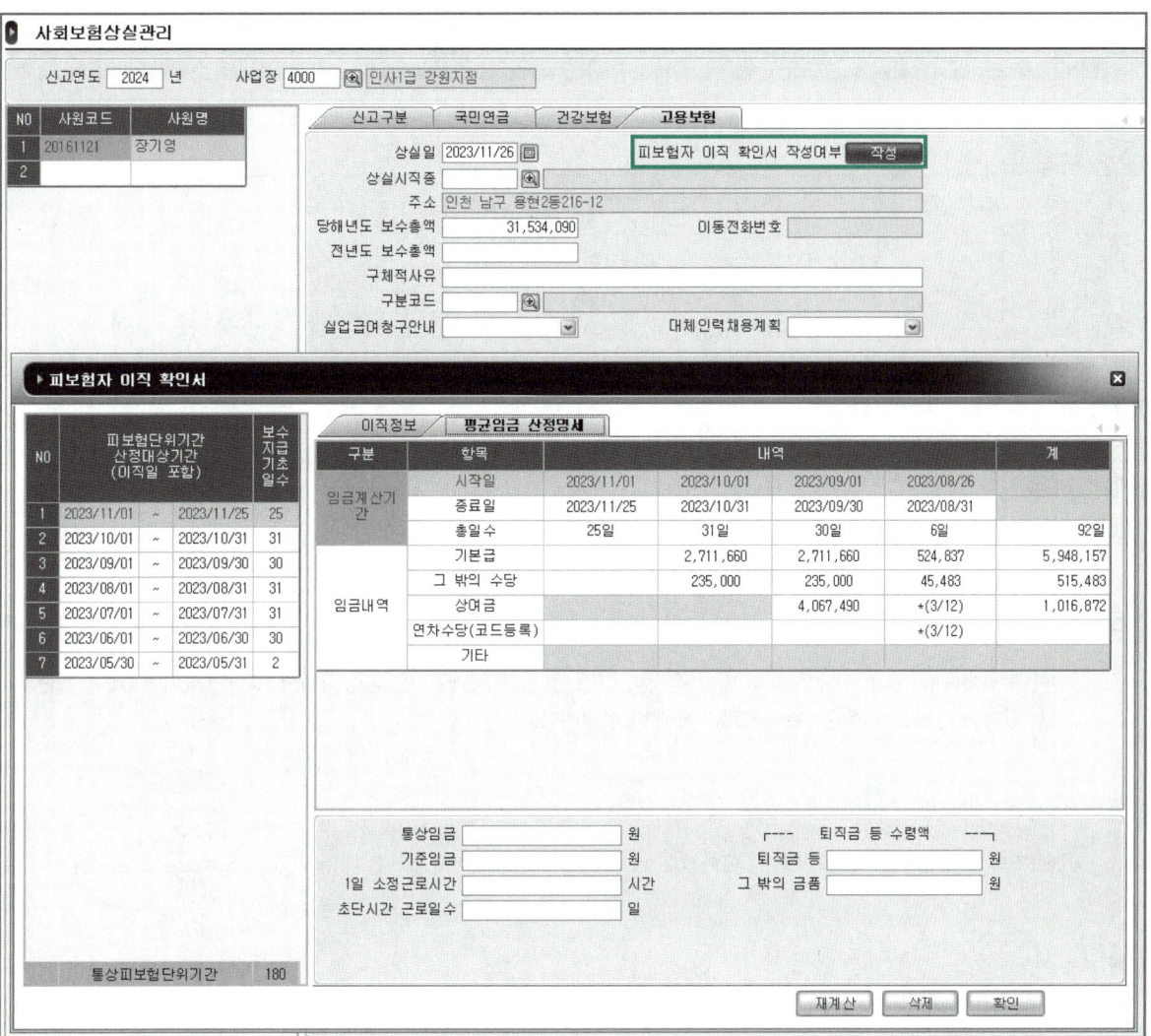

2024년 3회

이론

01	④	02	④	03	①	04	④	05	③	06	②	07	③	08	①	09	④	10	③
11	②	12	①	13	①	14	사내공모		15	②	16	④	17	③	18	①	19	②
20	인바스켓				21	④	22	②	23	①	24	③	25	④	26	1,350		
27	임금채권			28	②	29	②	30	②	31	③	32	총회		33	선택적		

01 ④

ERP 패키지의 효과적인 도입을 위해서 최소한의 커스터마이징을 실행해야 한다.

02 ④

마케팅(Marketing), 판매(Sales) 및 고객서비스(Customer Service)를 자동화함으로써 현재 및 미래 고객들과 상호작용할 수 있다는 설명은 고객관계관리(CRM)에 대한 설명이다.

03 ①

비즈니스 애널리틱스는 구조화된 데이터(Structured Data)와 비구조화된 데이터(Unstructured Data)를 동시에 이용한다.

04 ④

'GAP 분석' 활동의 의미는 패키지 기능과 TO-BE 프로세스와의 차이를 분석하는 것이다.

05 ③

기존 정보 시스템의 업무 처리 방식은 수직적이고, ERP 업무 처리 방식은 수평적이다.

06 ②

- 노동력관리: 고용관리, 개발관리
- 근로조건관리: 임금관리, 복리후생관리, 근로시간관리, 산업안전관리, 보건위생관리

07 ③

직무요건 분석은 직무분석 단계 중 실시 단계의 내용에 해당한다.

08 ①

직무분석을 통해 모든 정보를 수집하고 관리 목적에 적합하게 정리함으로써 업무분담이 적정화·합리화된다.

09 ④

직무의 일부분을 다른 작업자와 공동으로 수행하는 것은 직무교차에 대한 설명이다.

10 ③

| 오답 풀이 |
① 수용률: 최종 합격자 중 기업의 입사 제의를 수용하여 최종 입사한 사람의 비율을 나타내는 지표
② 산출률: 모집 단계를 통과하는 인원을 지원자 총수로 나누어 측정하며, 각 선발 단계별로 적정 산출률을 파악하여 산출률이 과도하게 높거나 낮지 않도록 하는 지표
④ 기초율: 지원자 가운데 선발 과정을 거치지 않고 무작위로 선택하여 채용했을 때 채용될 경우 성공적으로 회사 직무를 수행할 수 있는 비율을 나타내는 지표

11 ②

| 오답 풀이 |
① 패널 면접: 다수의 면접자가 한 명의 지원자를 평가하는 방법으로, 피면접자의 면접 결과에 대해 면접자의 의견 교환 절차를 거쳐 광범위한 정보 수집 및 정확한 평가를 할 수 있으며, 관리직이나 전문직 선발 시 활용하는 방법
③ 스트레스 면접: 피면접자의 스트레스 상태에서 나타나는 감정 조절 및 인내도를 관찰하기 위해 공격적으로 지원자를 압박하는 등의 면접 방법
④ 비지시적 면접: 면접자가 획일적인 질문이 아닌, 피면접자에 따라 자유롭게 질문을 하면 이에 대해 피면접자가 생각나는 대로 거리낌 없이 자기를 표현하는 것으로, 듣는 태도와 고도의 질문 기술 및 훈련이 필요한 방법

12 ①

적정배치는 직무를 수행할 사람과 수행할 직무를 일치시키는 것을 의미한다.

13 ①

- A: 제1유형 오류
- B: 미흡한 인재 탈락
- C: 제2유형 오류
- D: 올바른 채택

14 사내공모

15 ②

| 오답 풀이 |
① 면접법: 직무분석자가 근로자나 감독자와 면접을 통하여 직무를 파악하는 방법
③ 목표관리법: 종업원이 상사와 협의하여 작업 목표량을 결정하고 그 성과를 부하와 상사가 같이 측정하여 인사고과의 자료로 활용하는 방법
④ 균형성과표(BSC): 과거의 성과에 대한 재무적인 측정지표에 미래성과를 창출하는 동안 측정지표인 고객, 공급자, 종업원, 프로세스 및 혁신에 대한 지표를 통해 미래가치를 창출하도록 관리하는 시스템

16 ④

| 오답 풀이 |
① 타당성: 고과 내용이 고과 목적을 얼마나 잘 반영하고 있느냐에 관한 성질
② 신뢰성: 고과 내용이 얼마나 정확하게 측정되었는가에 관한 성질
③ 실용성: 기업이 어떤 고과 제도를 도입하는 것인지가 중요하며, 실질적으로 비용보다 편익이 더 큰지를 살펴보는 성질

17 ③

동일 노동에 대해서는 동일 임금 실현이 가능한 제도라는 설명은 직무급에 대한 설명이다.

18 ①

| 오답 풀이 |
②, ③, ④는 직장 외 훈련(Off-JT)의 장점에 대한 설명이다.

19 ②

| 오답 풀이 |
① 전략적 파트너(전략적 동반자)
③ 행정 전문가(관리 전문가)
④ 구성원 지지자(종업원 조력자)

20 인바스켓

21 ④

- 승급: 능력, 근무 성적 등이 일정 수준에 도달한 경우에 미리 정해진 임금 곡선을 따라 근속연수, 연령, 직무수행 능력에 의하여 기본급을 증액시키는 것
- 승격: 직원의 일정 자격요건에 의해 상급의 처우로 상승하는 제도

22 ②

| 오답 풀이 |
① 럭커 플랜: 조직이 창출한 부가가치 생산액을 종업원 인건비를 기준으로 배분하는 제도
③ 이윤배분제도: 기본적 보상 외에 영업 수익의 일부를 근로자에게 지급하는 임금형태로, 근로자들을 기업의 소유주처럼 생각하게 이끄는 제도
④ 임프로쉐어 플랜: 표준 생산시간과 실제 생산시간의 차이에서 발생하는 이익을 노사 간에 50%씩 나누어 갖는 형태

23 ①

세율 구조는 8단계 초과 누진세율을 적용한다.

24 ③

| 오답 풀이 |
① 연공급 : 연공존중의 풍토로 인해 성과와 능력을 제대로 반영하기 어렵다는 단점이 있다.
② 직무급 : 노동의 자유이동이 어려운 사회에서는 적용하기 곤란한 제도이다.
④ 자격급 : 본인의 임금액을 예상할 수 있어 근로 의욕이 향상되는 효과가 있다.

25 ④

| 오답 풀이 |
①, ②, ③은 사용자 측의 복리후생 효과이다.

26 1,350

- 원천징수세액 = (일급여액 − 150,000원) × 6% − 근로소득세액공제(산출세액 × 55%)
- 200,000원 − 150,000원(비과세) = 50,000원(과세표준)
- 50,000원 × 6% = 3,000원(산출세액)
- 3,000원 × 55% = 1,650원(세액공제)
- ∴ 원천징수할 소득세 = 3,000원 − 1,650원 = 1,350원

27 임금채권

28 ②

| 오답 풀이 |
① 교대 근로시간제: 근로자들을 2개 이상의 조로 편성하여 각 조가 교대로 일정한 기일마다 근무시간이 바뀌는 근무형태
③ 탄력적 근로시간제: 일정한 기간을 단위로 총근로시간이 기준 근로시간 이내인 경우 그 기간 내 어느 주 또는 어느 날의 근로시간이 기준 근로시간을 초과하더라도 연장근로가 되지 않는 근로시간제
④ 선택적 근로시간제: 취업규칙에서 정하는 바에 따라 업무의 시작 및 종료 시각을 근로자의 결정에 맡기기로 한 근로시간제

29 ②

| 오답 풀이 |
① 단체협약: 노동조합과 단체 사이의 단체교섭으로 결정된 임금, 근로시간 등의 근로조건 및 기타 노사관계에 관한 제반 사항을 합의한 문서를 의미함
③ 노사협의제도: 천재지변의 대응, 생산성 하락, 경영성과 전달 등과 같이 단체교섭에서 결정되지 않는 사항을 사용자 측과 근로자 측이 서로 협력하도록 하기 위한 제도로, 근로조건에 결정권이 있는 전체 근로자가 상시 30인 이상이면 의무적으로 설치해야 함
④ 부당노동행위: 불이익 대우, 황견계약 등과 같이 사용자가 근로자의 노동에 대한 정당한 기본권리 행위 또는 노동조합 활동에 대하여 방해하는 행위를 의미함

30 ②

|오답 풀이|
① 규범적 효력: 단체협약 체결 당사자 간이 아닌 근로자와 사용자 간의 근로관계를 구속하는 효력으로 근로자의 대우 및 근로조건(임금, 퇴직금, 상여금, 복리후생, 근로시간, 정년, 재해보상 등)에 대한 강제적 효력
③ 지역적 구속력: 동일 지역의 동종 근로자에게 단체협약의 효력을 확대·적용하는 효력
④ 일반적 구속력: 하나의 공장이나 사업장을 단위로 한 동종의 과반수 이상의 노동조합원에게 적용하는 단체협약의 규범적 효력을 나머지 동종의 비조합 근로자에게도 확대·적용하는 사업장 단위의 일반적 구속력

31 ③

- 직접 참여: 스캔론 플랜, 럭커 플랜, 노사협의제도, 노사공동결정제도
- 간접 참여: 종업원지주제도

32 총회

복수 정답: 노동조합총회

33 선택적

실무 시뮬레이션

01	③	02	④	03	③	04	②	05	④	06	②	07	①	08	③	09	③	10	②
11	①	12	②	13	④	14	③	15	①	16	④	17	②	18	②	19	①	20	④
21	①	22	③	23	①	24	③	25	④										

01 ③

우측 상단의 '주(총괄납부)사업장등록'과 기본등록사항 및 신고관련사항 탭을 확인한다.

③ 〈3000.인사1급 부산지점〉 사업장의 지방세신고지 법정동은 '2635010500.부산광역시 해운대구 우동'이다.

📍 [시스템관리] – [회사등록정보] – [사업장등록]

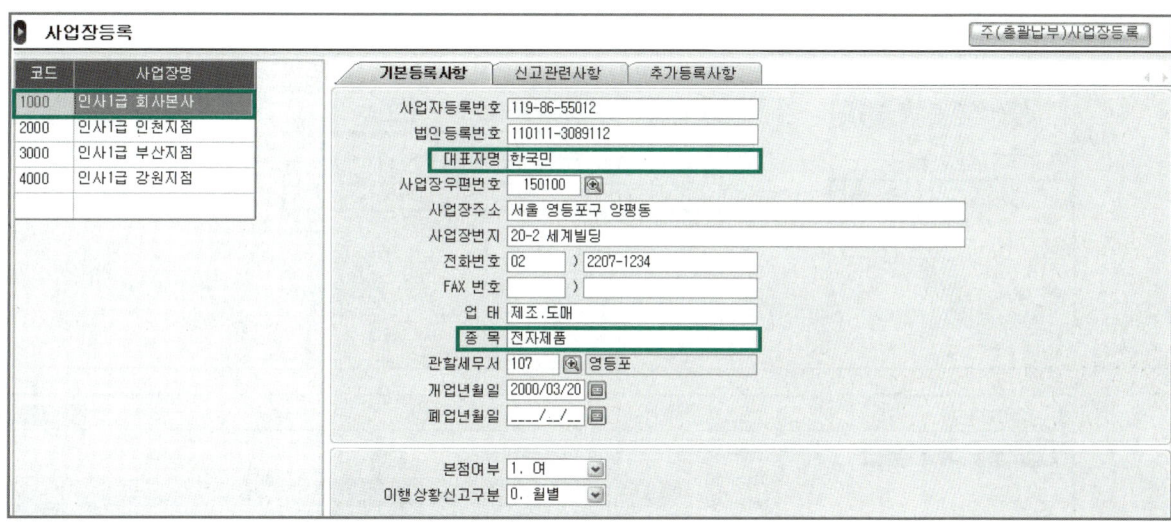

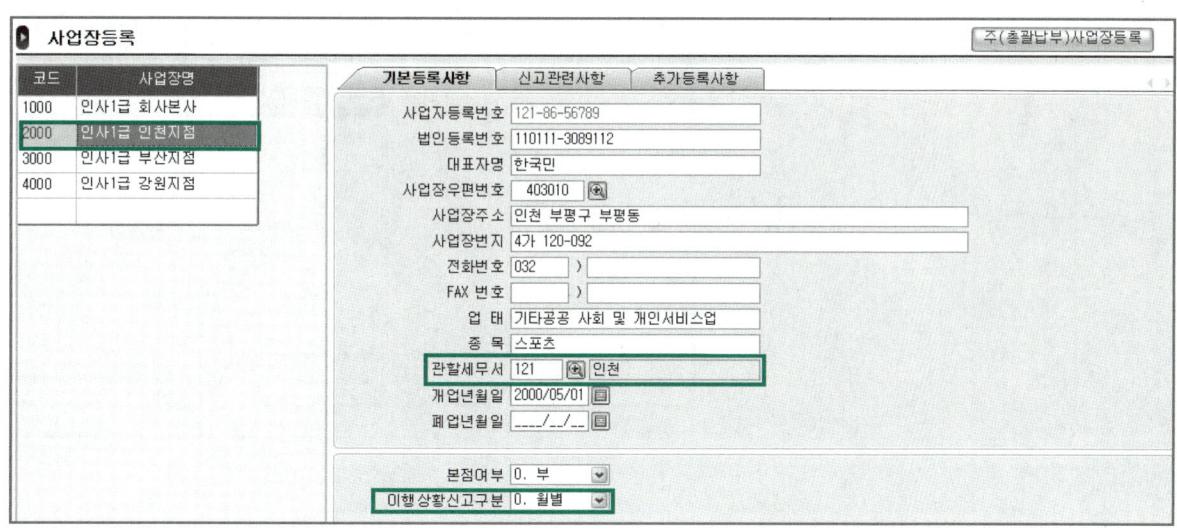

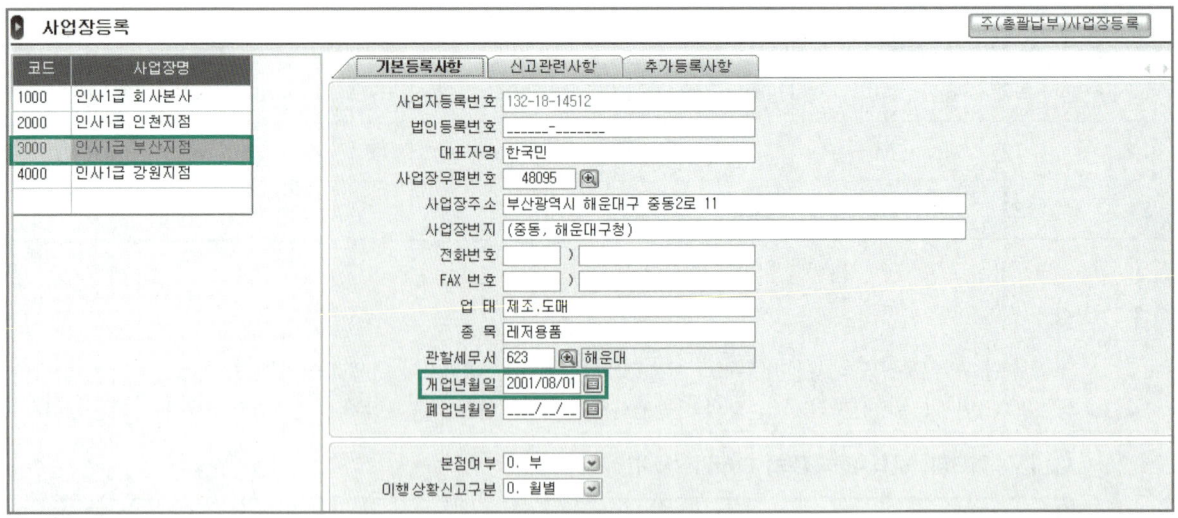

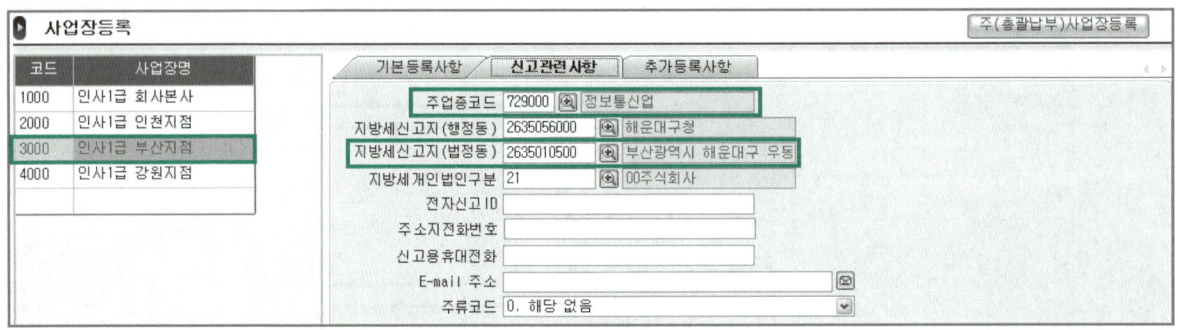

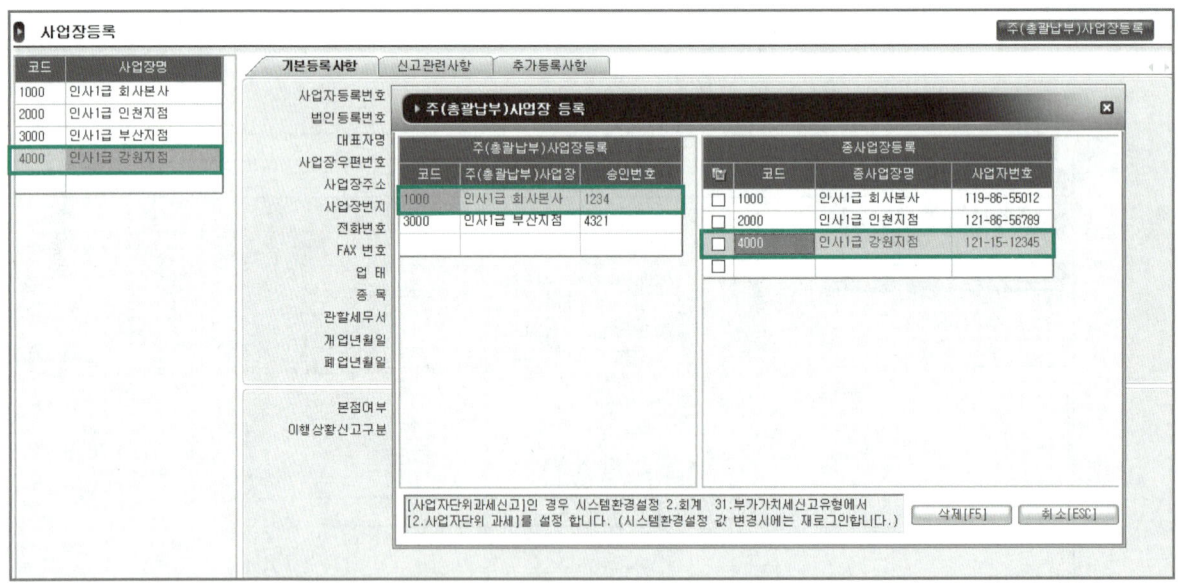

02 ④

'귀속연도: 2024'의 '항목명: 비과세 및 감면항목'을 확인한다.
④ 'U01.벤처기업주식매수선택권'의 공제액은 200,000,000원이다.

[인사/급여관리] – [기초환경설정] – [소득/세액공제환경설정]

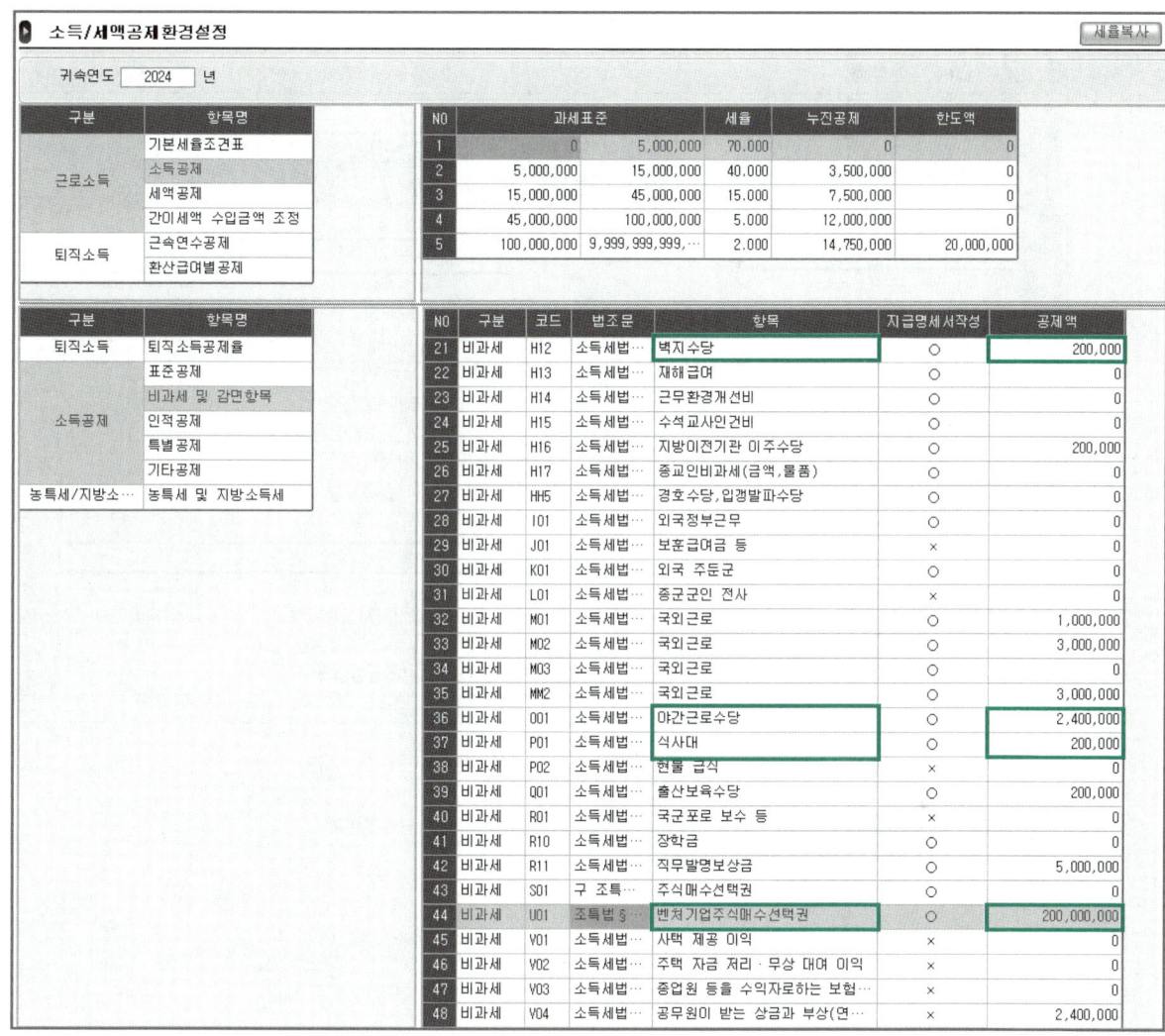

03 ③

기준설정 탭에서 [보기]의 설정값을 확인한다.
- B: '생산직', '환경직'을 제외한 모든 직종의 출결마감 기준일은 당월 1일에서 말일까지이다.
- C: 퇴사자의 경우 급여계산 시, 지정한 '기준일수' 이하 근무 시 월 급여를 '일할' 지급한다.

[인사/급여관리] – [기초환경설정] – [인사/급여환경설정]

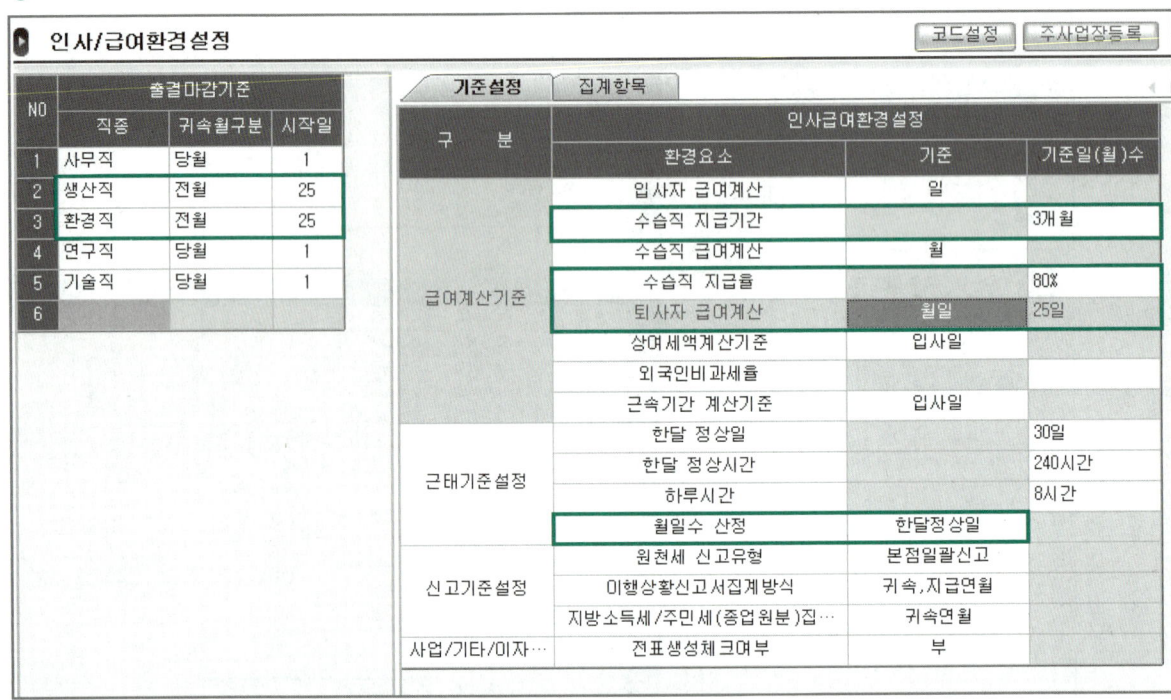

TIP 월일: 지정된 근무일수보다 미달하는 경우 일의 방식, 초과하는 경우 월의 방식으로 지급

04 ②

'대상직급: 900.대리'를 선택한 후 '적용시작연월: 2024/05'을 입력하고 우측 상단의 '일괄등록'을 클릭하여 [보기]의 기본급, 각 수당의 초기치와 증가액을 적용한다. 우측 상단의 '일괄인상'을 클릭하여 기본급과 급호수당을 '정률적용'하고 다시 '일괄인상'을 클릭하여 연장수당을 '정액적용'하여 '7호봉'의 합계를 확인한다.

📍 [인사/급여관리] – [기초환경설정] – [호봉테이블등록]

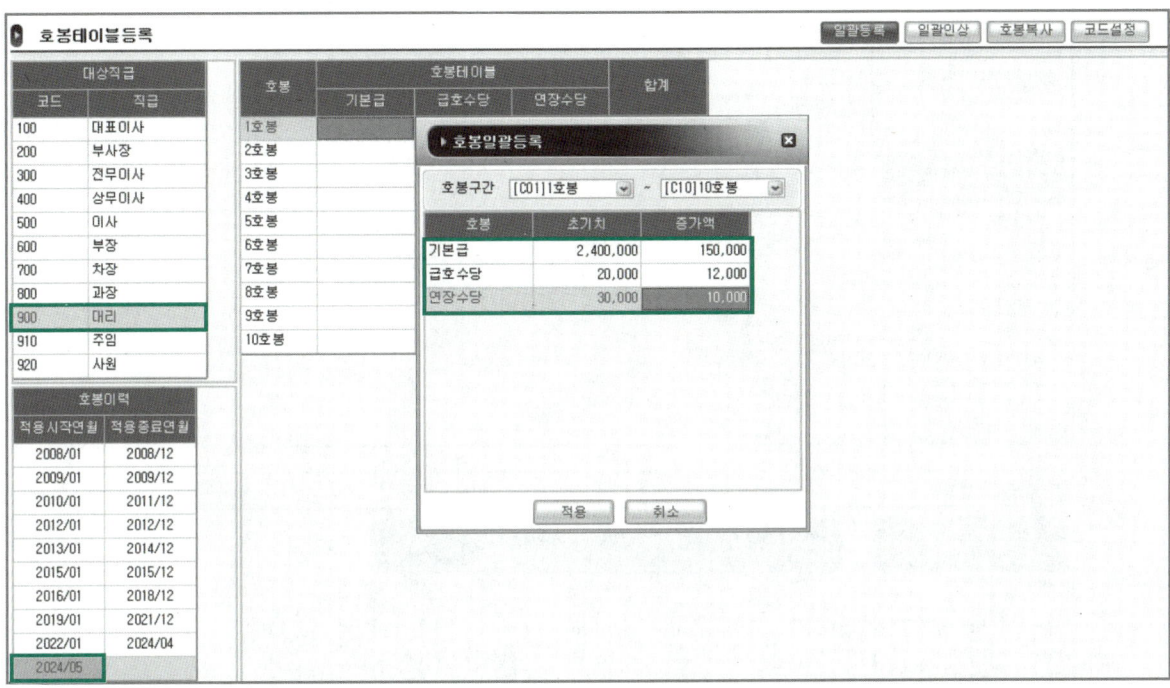

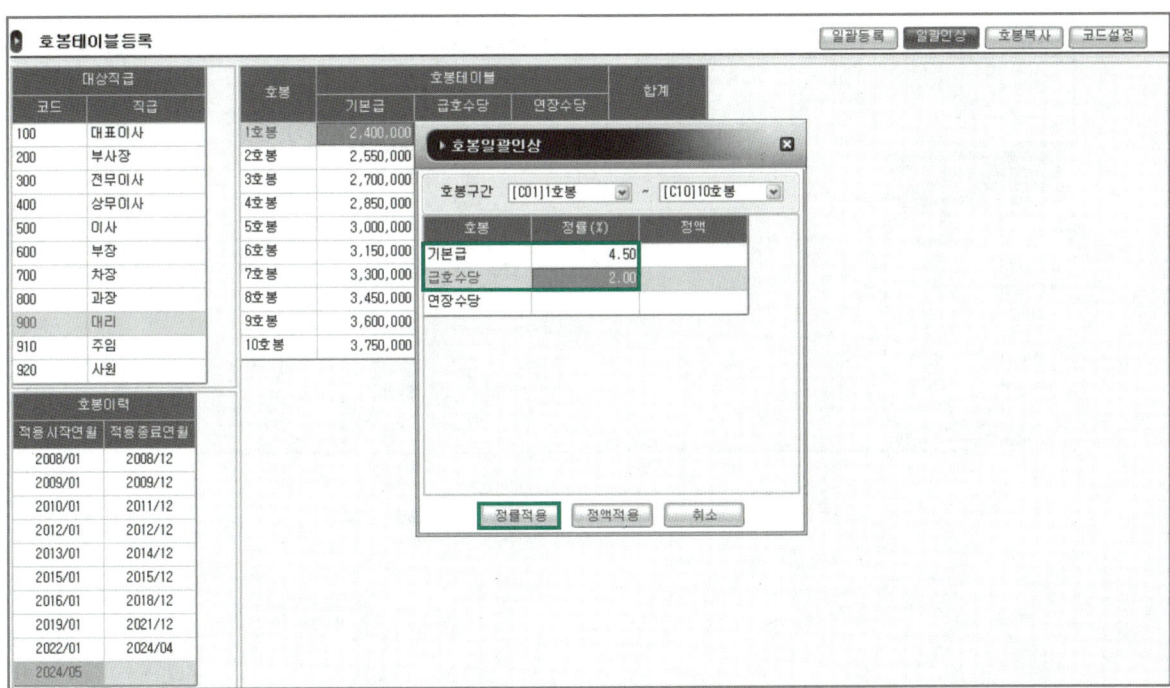

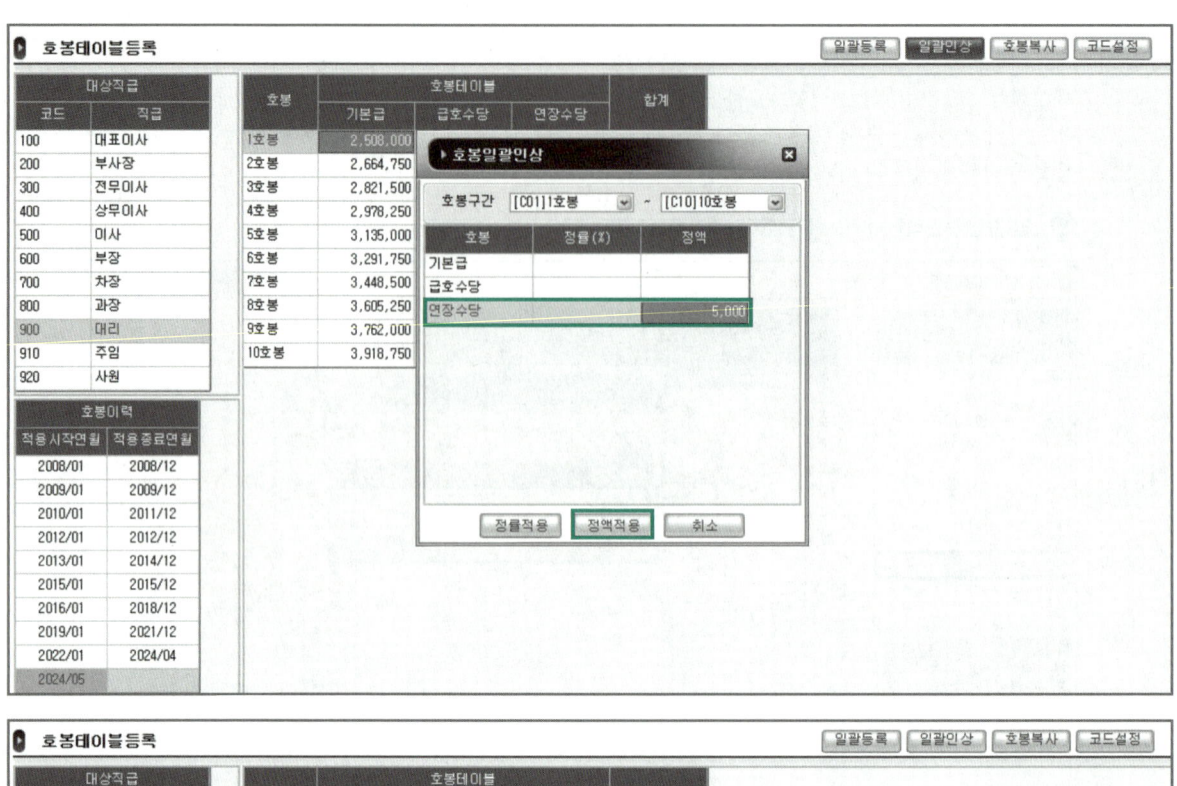

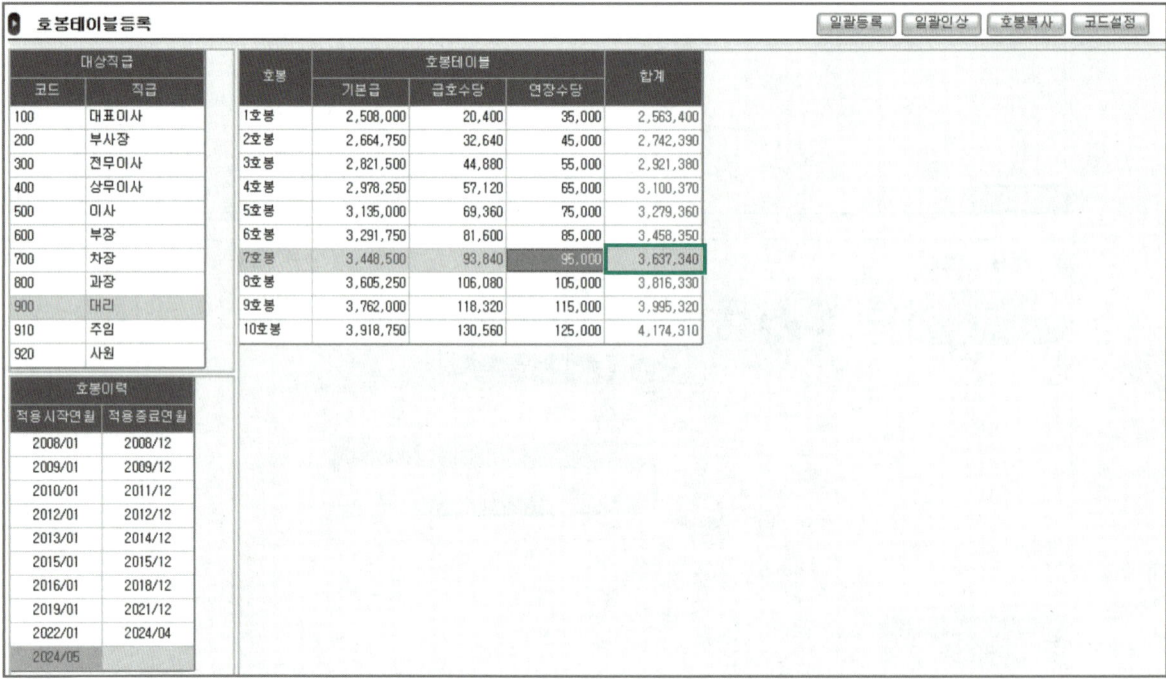

05 ④

'급여구분: 급여', '지급/공제구분: 지급', '귀속연도: 2024'로 조회하고 우측 상단의 '마감취소'를 클릭한 후 'P25.직무발명보상금' 항목을 확인한다.

④ '휴직자'에게는 휴직계산식이 적용되어 지급하는 항목이다.

[인사/급여관리] – [기초환경설정] – [지급공제항목등록]

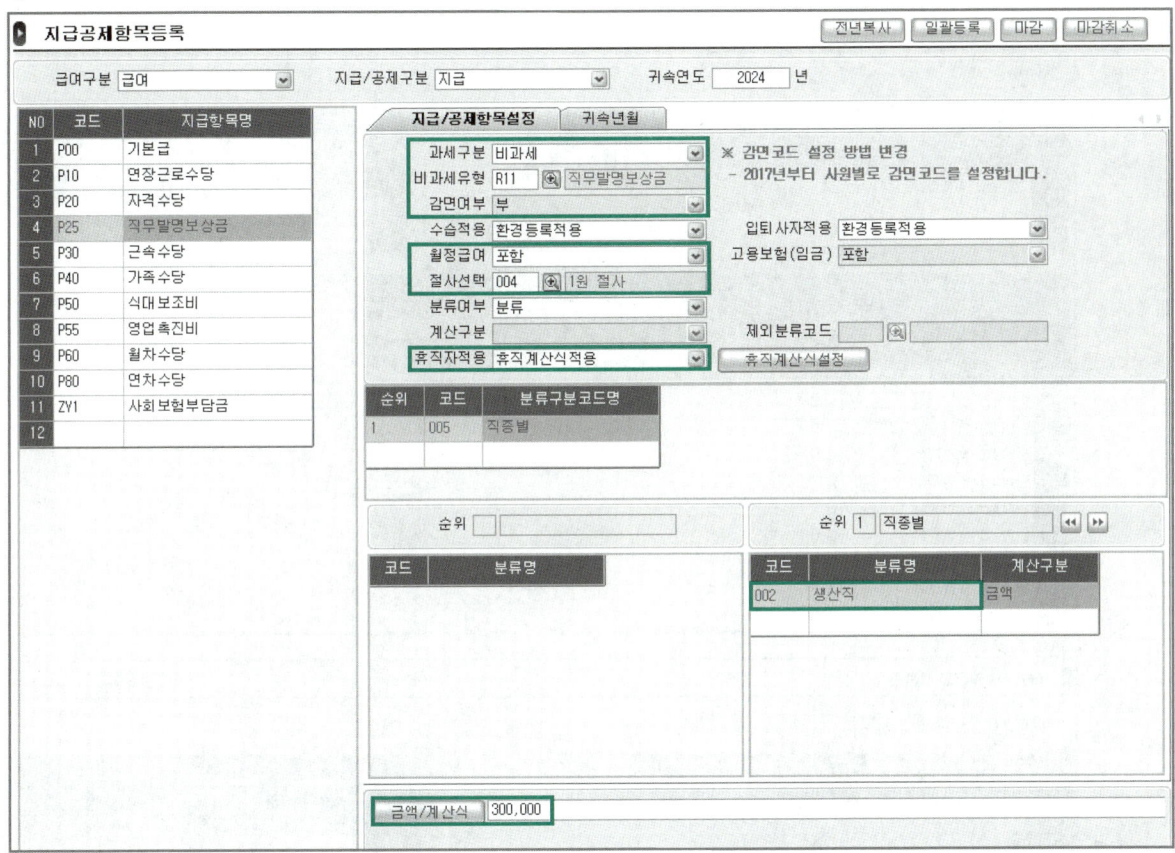

> **TIP** '마감취소'를 클릭하고 '로그인 암호' 입력 창이 뜨면 별도의 입력 없이 '확인'을 클릭한다.

06 ②

'귀속연월: 2024/04'을 입력한 후 조회된 내용을 확인한다.

② '급여'를 지급하는 일자에 '상여'를 추가하여 지급할 수 있으며, '급여'를 지급받는 대상자와 다른 '지급직종및급여형태'를 선택하여 등록할 수 있다.

📍 [인사/급여관리] - [기초환경설정] - [급/상여지급일자등록]

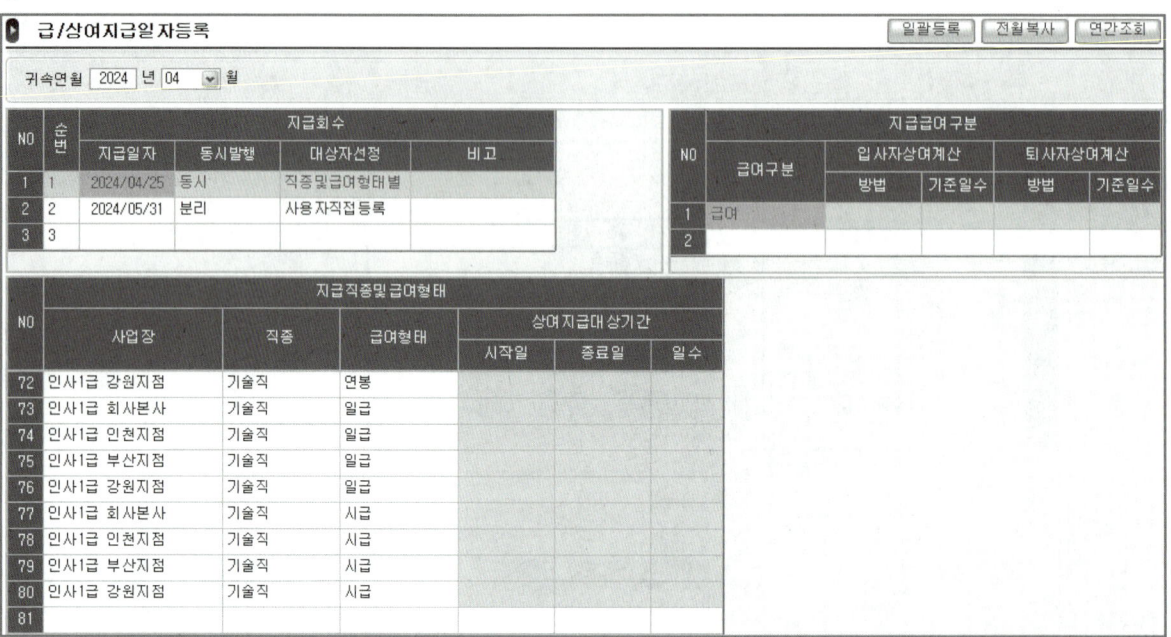

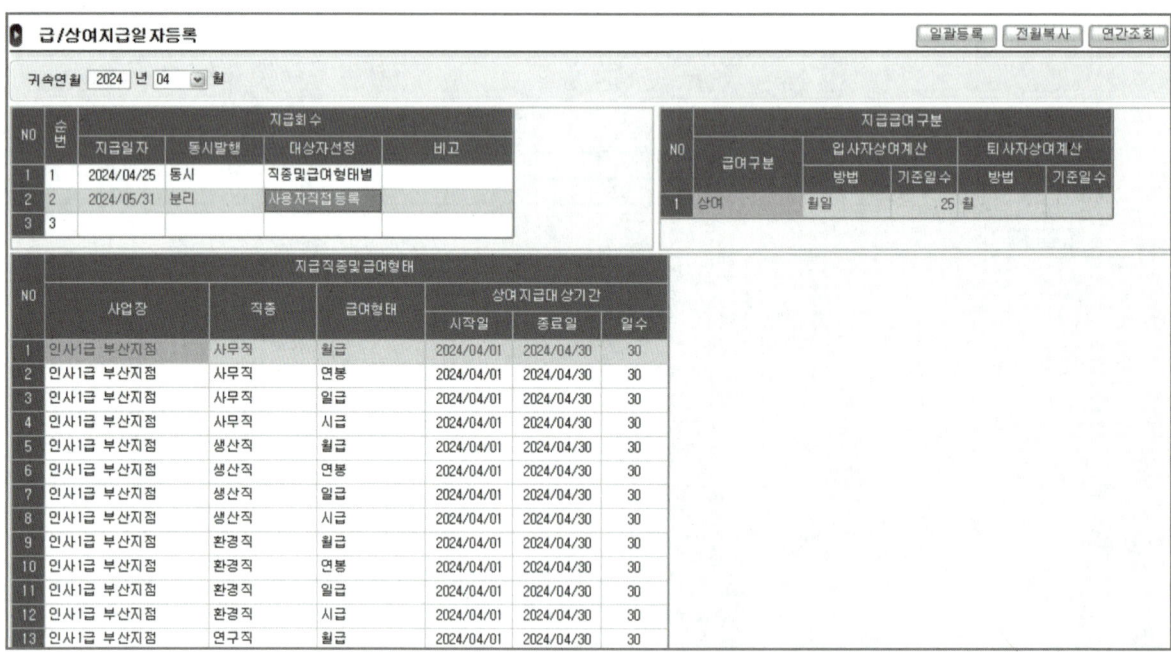

07 ①

교육별사원현황 탭의 '914. 2024년 1분기 내부교육'의 교육평가를 확인한다.

- 교육평가 A등급: 150,000원×3명 = 450,000원
- 교육평가 B등급: 50,000원×2명 = 100,000원
- ∴ 총 지급금액: 450,000원 + 100,000원 = 550,000원

[인사/급여관리] – [인사관리] – [교육현황]

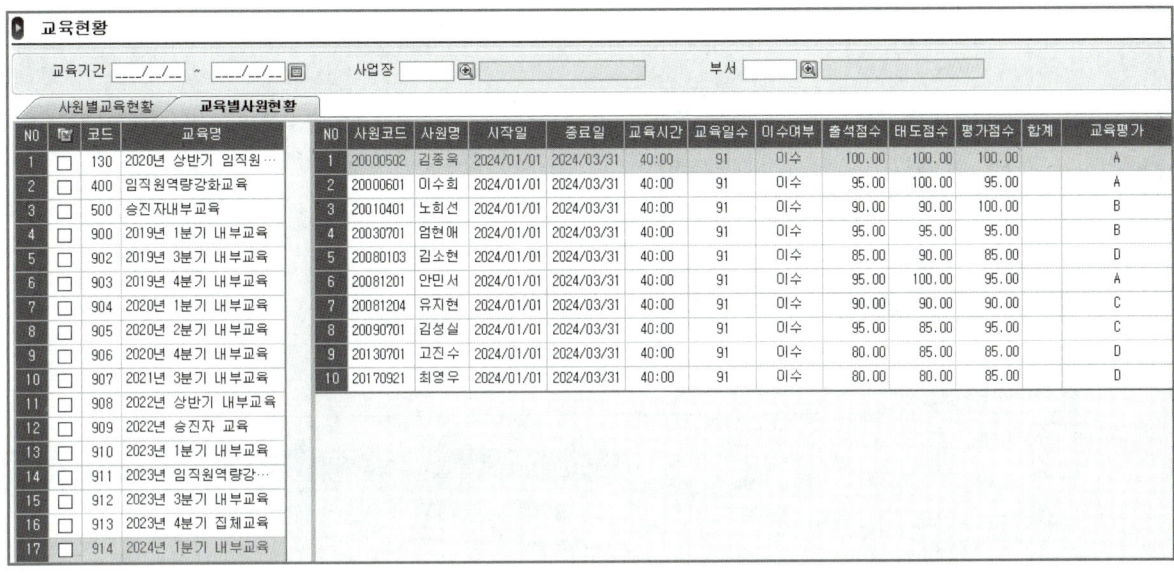

TIP [인사/급여관리]–[인사관리]–[교육평가] 메뉴에서도 확인할 수 있다.

08 ③

|오답 풀이|

① 사회보험 기본요율을 변경하면, 각 항목의 '보험료 갱신'을 클릭하여 '인사정보등록'에 재반영한다.
② 근로자 개인 부담 '건강보험요율'은 '3.545%'이며, 건강보험 보수월액 최고상한액은 119,625,106원이다.
④ 산재보험은 '인사정보등록'의 보수총액에 보험요율을 적용하여 공제된다.

[인사/급여관리] – [기초환경설정] – [사회보험환경등록]

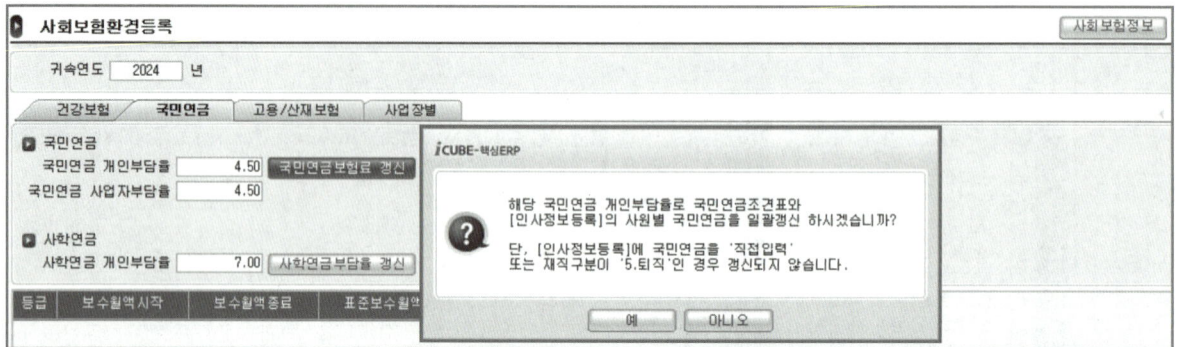

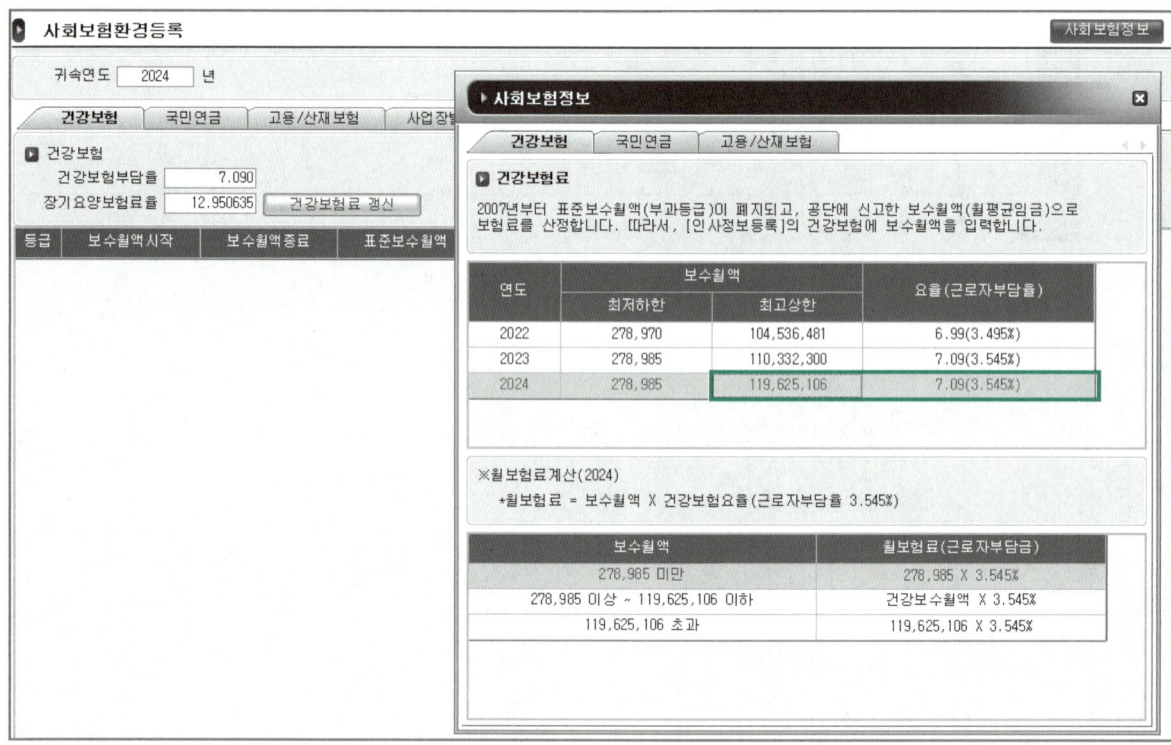

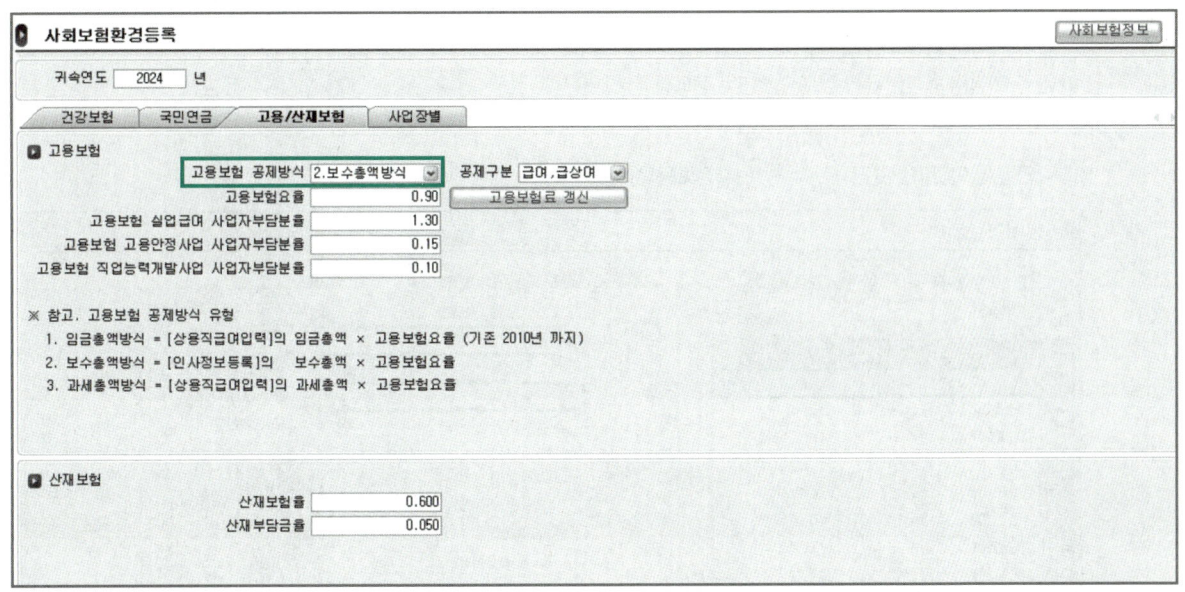

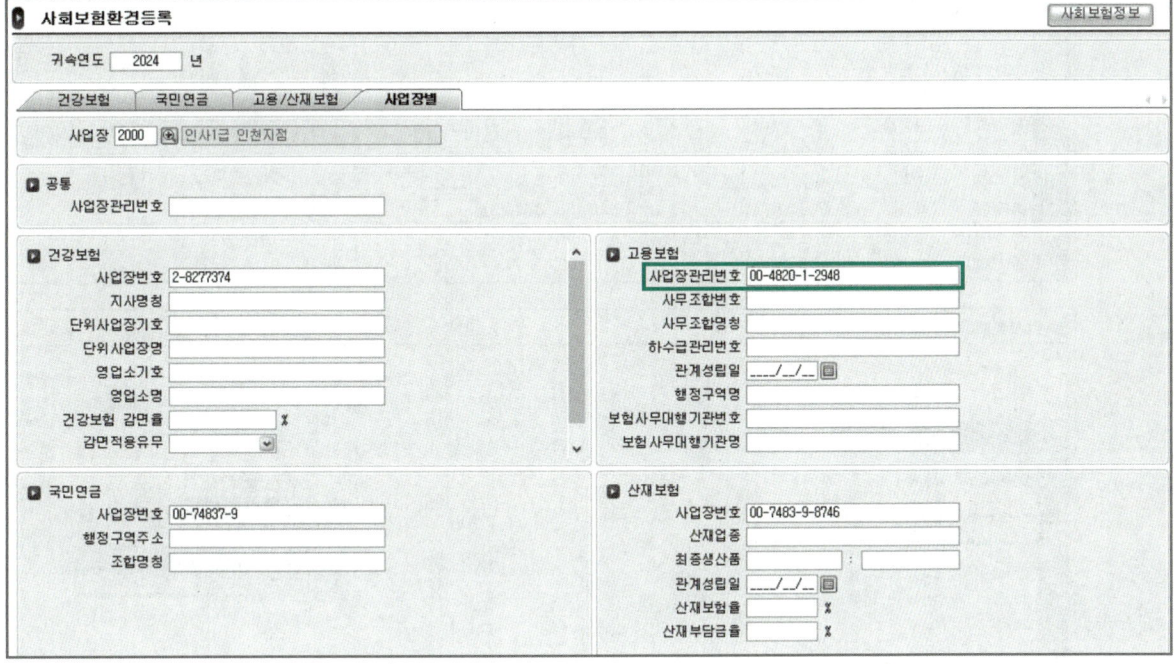

09 ③

사원별 재직정보 탭, 급여정보 탭의 각 정보를 확인한다.
③ '20080103. 김소현' 사원의 휴직사유는 육아휴직이다.

📍 [인사/급여관리] - [인사관리] - [인사정보등록]

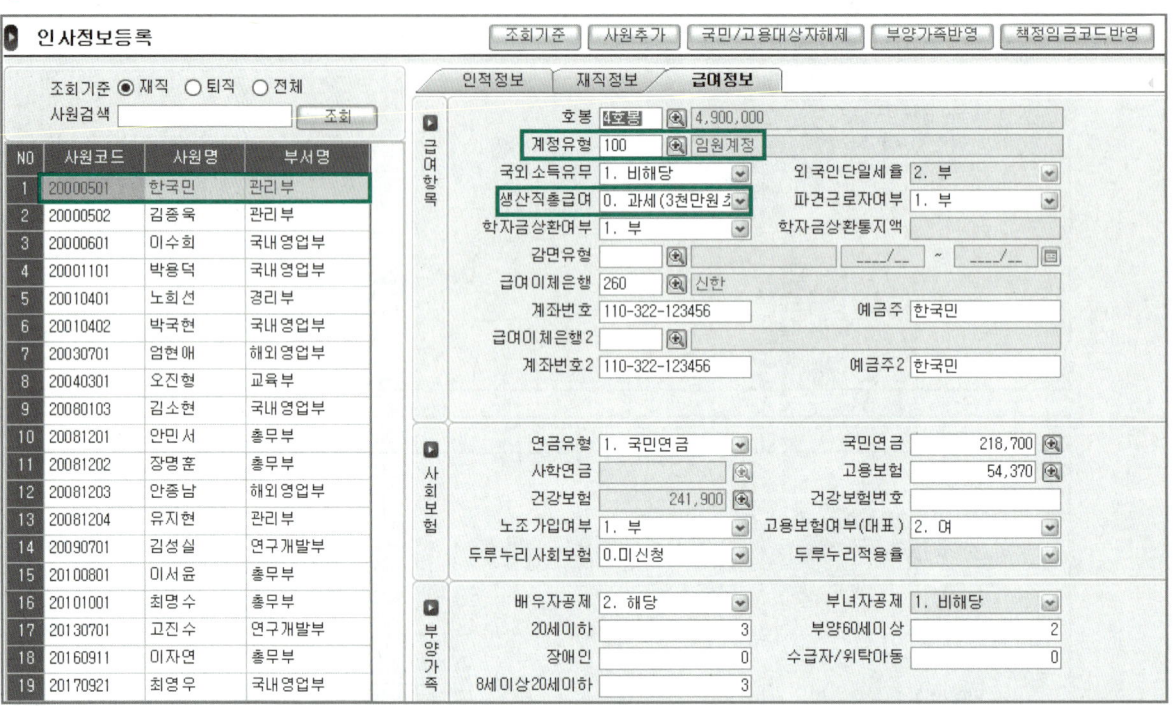

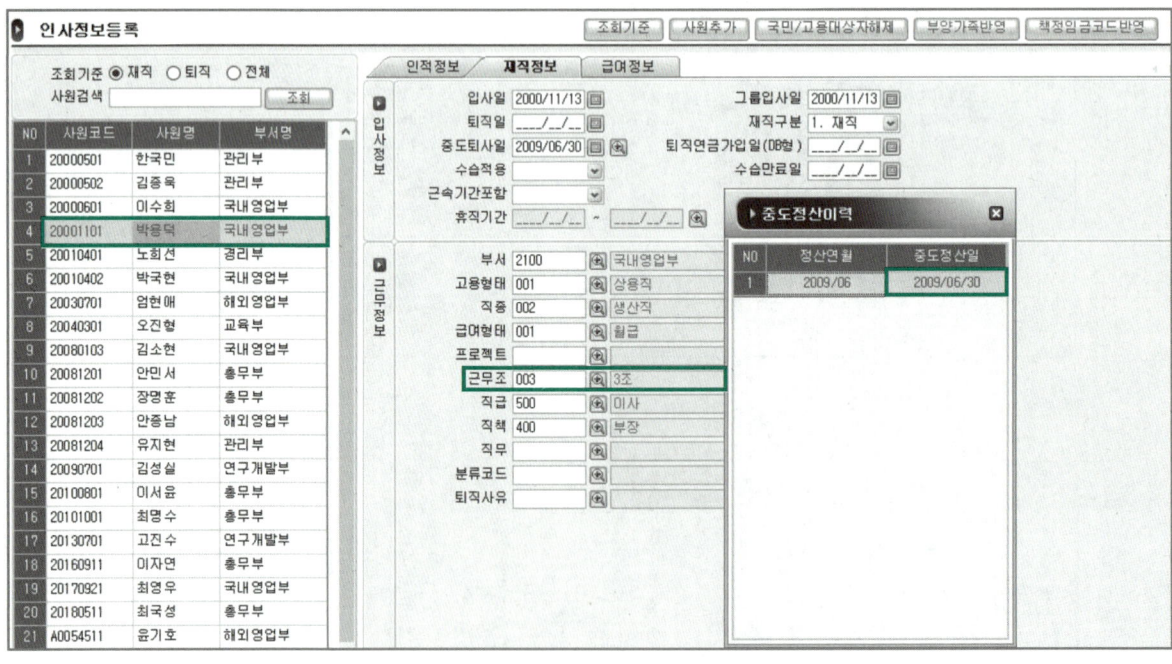

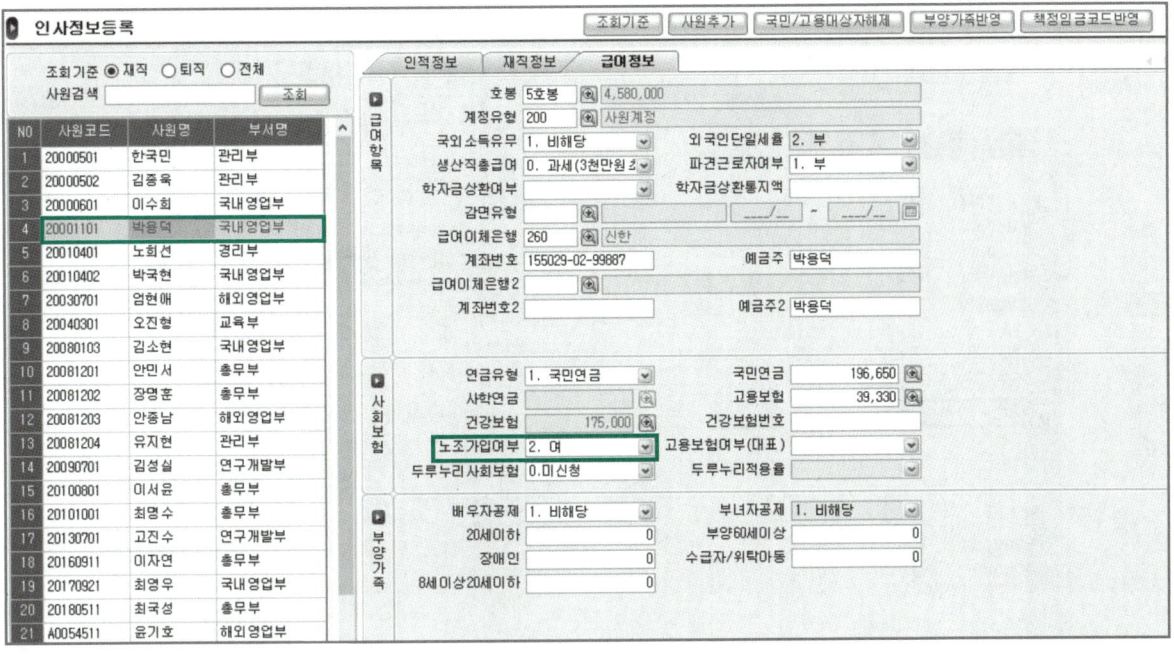

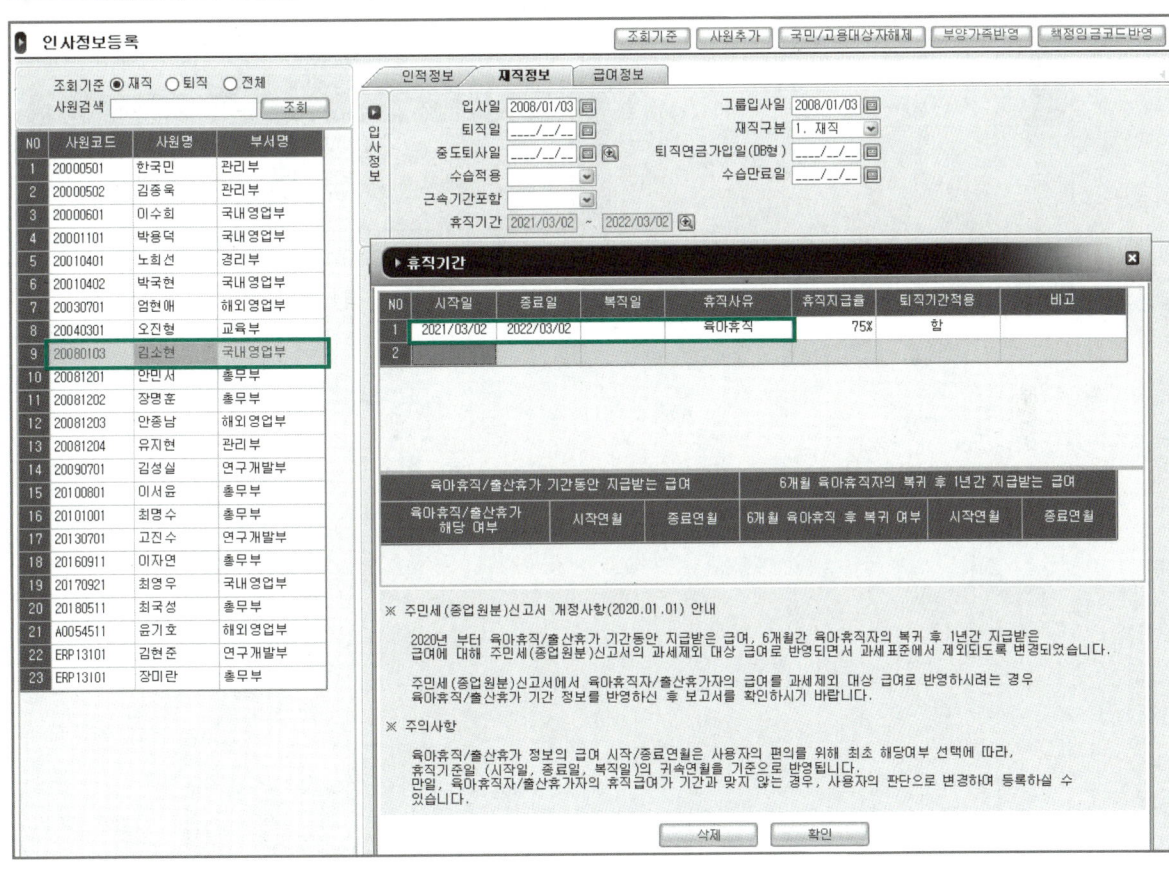

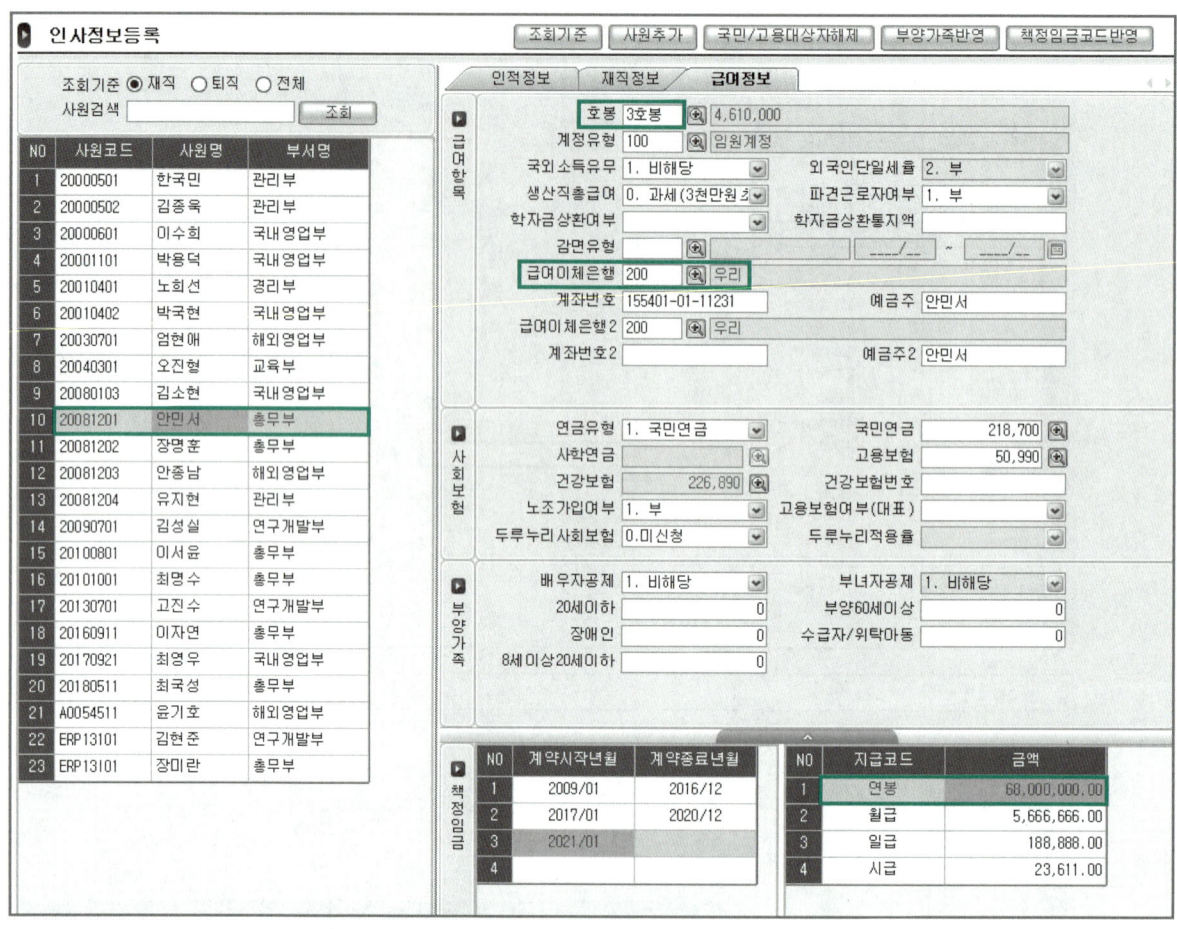

TIP 책정임금의 금액란에 커서를 두고 Ctrl+F3을 눌러 임금을 확인한다. 이때 '로그인 암호' 창이 뜨면 암호 입력 없이 '확인'을 누른다.

10 ②

'최영우' 사원을 선택하고 경력 탭에서 주어진 [보기]에 따라 경력사항을 입력한다.

◉ [인사/급여관리] - [인사관리] - [인사기록카드]

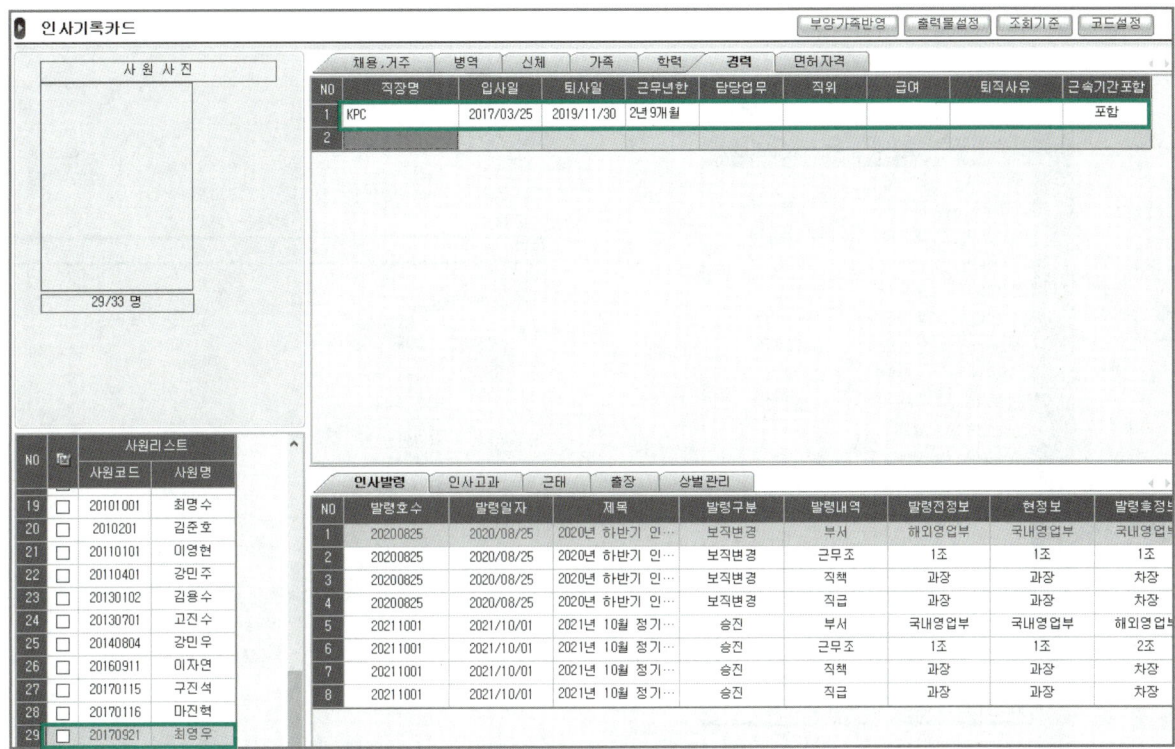

'사업장: 1000.인사1급 회사본사', '퇴사자: 0.제외', '기준일: 2024/04/30', '년수기준: 2.미만일수 올림', '경력포함: 2.포함(모든경력사항)'으로 조회한 후 '최영우' 사원의 총 근속기간을 확인한다.

◉ [인사/급여관리] - [인사관리] - [근속년수현황]

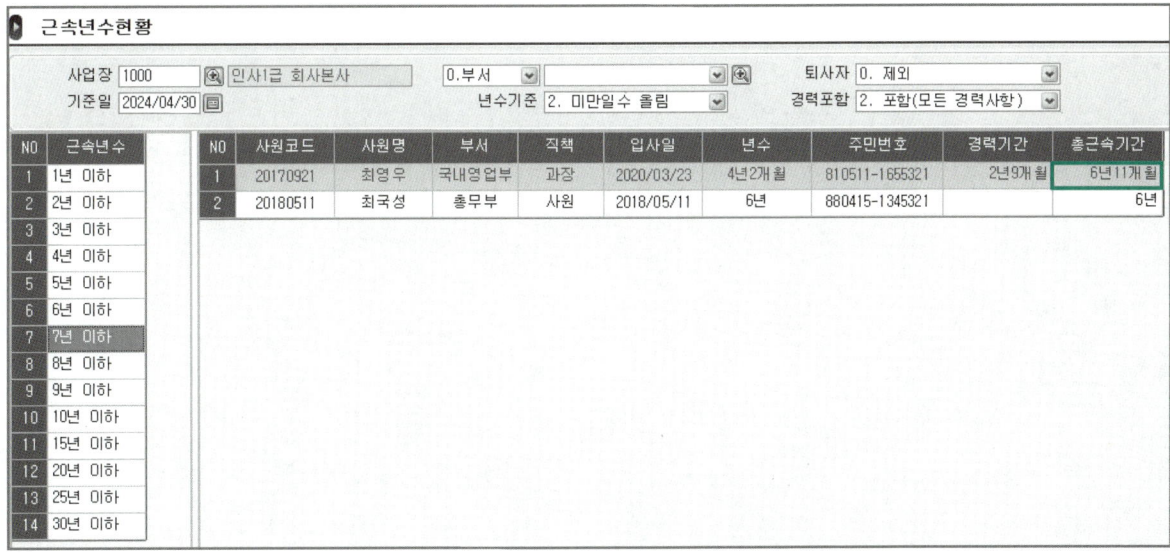

11 ①

'최국성' 사원의 급여정보 탭에 '감면코드: T13.중소기업취업감면(90%감면)', '감면기간: 2024/05~2026/04'을 입력한다.

[인사/급여관리] – [인사관리] – [인사정보등록]

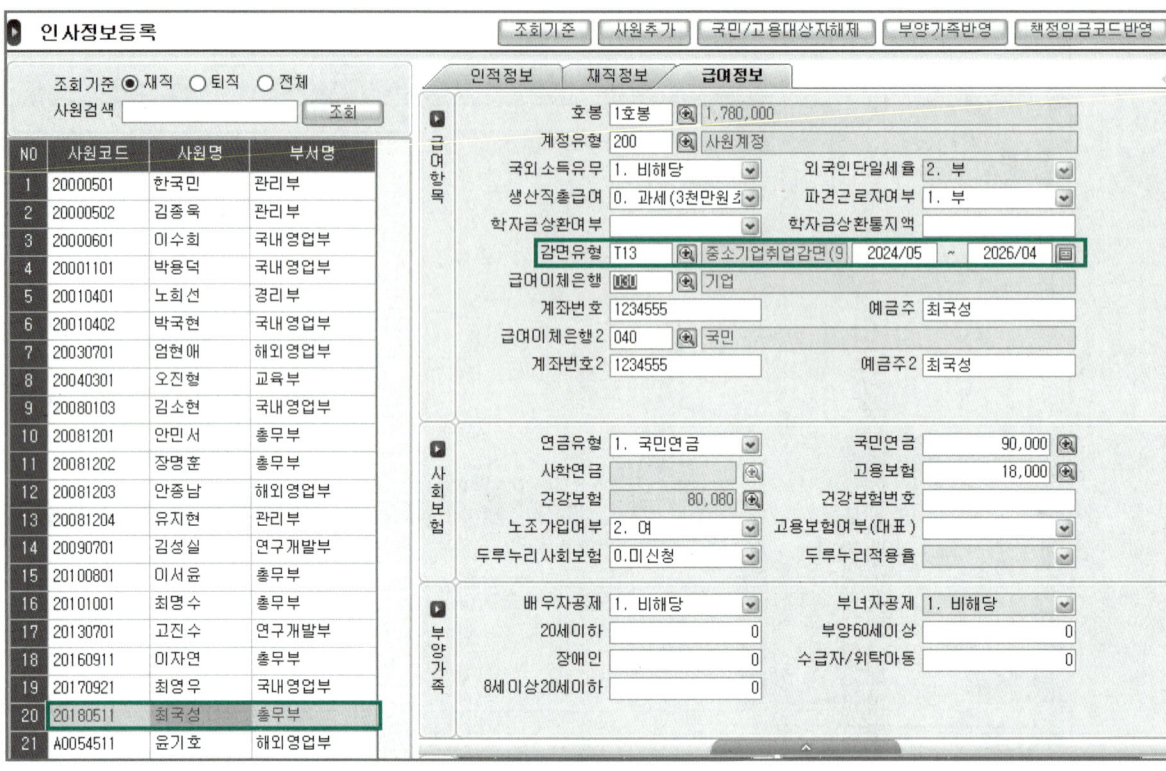

'귀속연월: 2024/05', '지급일: 1.급여'로 조회한 후 전체 사원을 체크하고 우측 상단의 '급여계산'을 적용하여 '최국성' 사원의 소득세를 확인한다.

[인사/급여관리] – [급여관리] – [상용직급여입력및계산]

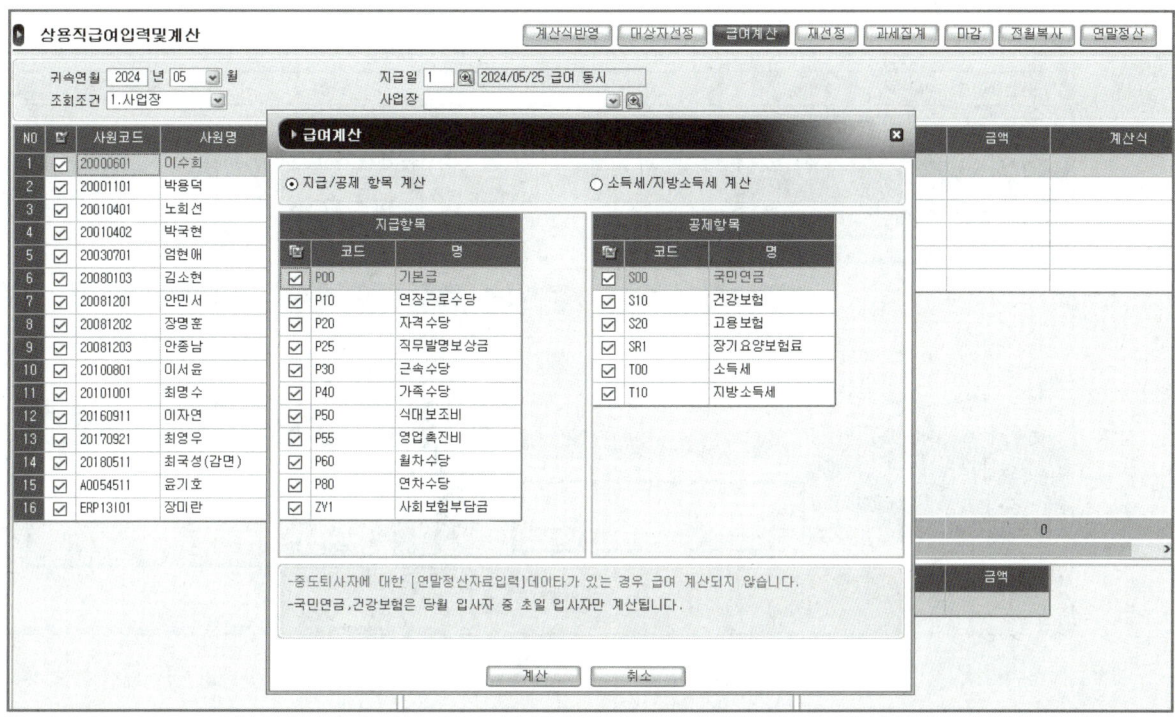

12 ②

'귀속연월: 2024/05'로 조회하고 [보기]에 따라 특별급여 지급일자 및 대상자선정 등을 입력한 후, 우측 상단의 '일괄등록'을 클릭하여 특별급여 지급대상을 설정한다.

[인사/급여관리] – [기초환경설정] – [급/상여지급일자등록]

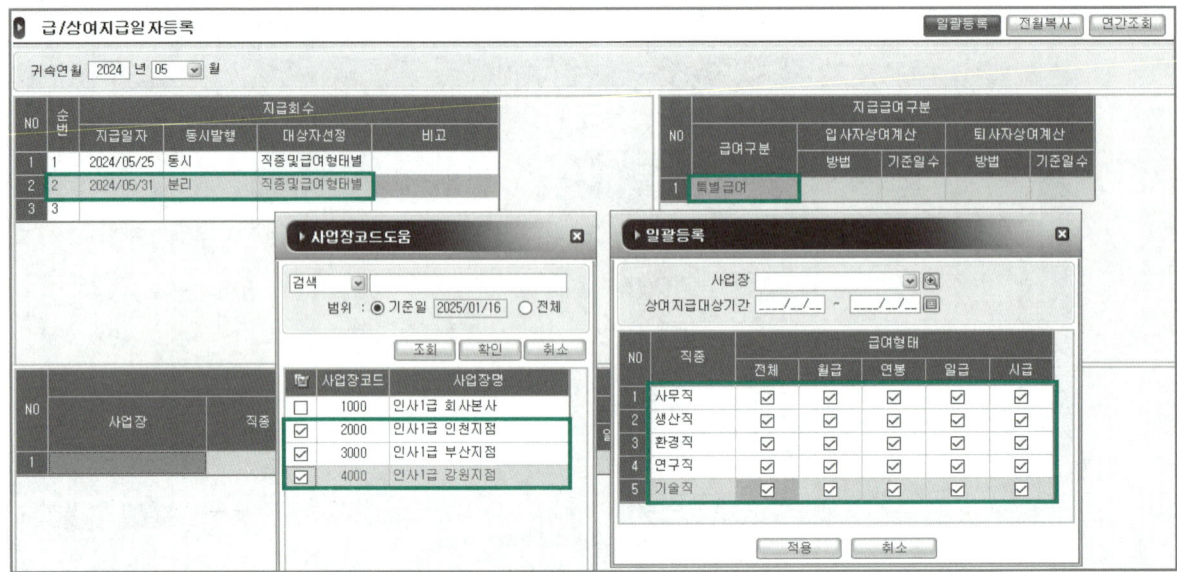

'귀속연월: 2024/05', '지급일: 2.특별급여'로 조회한 후 전체 사원에 체크하고 우측 상단의 '급여계산'을 적용하여 조회된 내용과 비교한다.

[인사/급여관리] – [급여관리] – [상용직급여입력및계산]

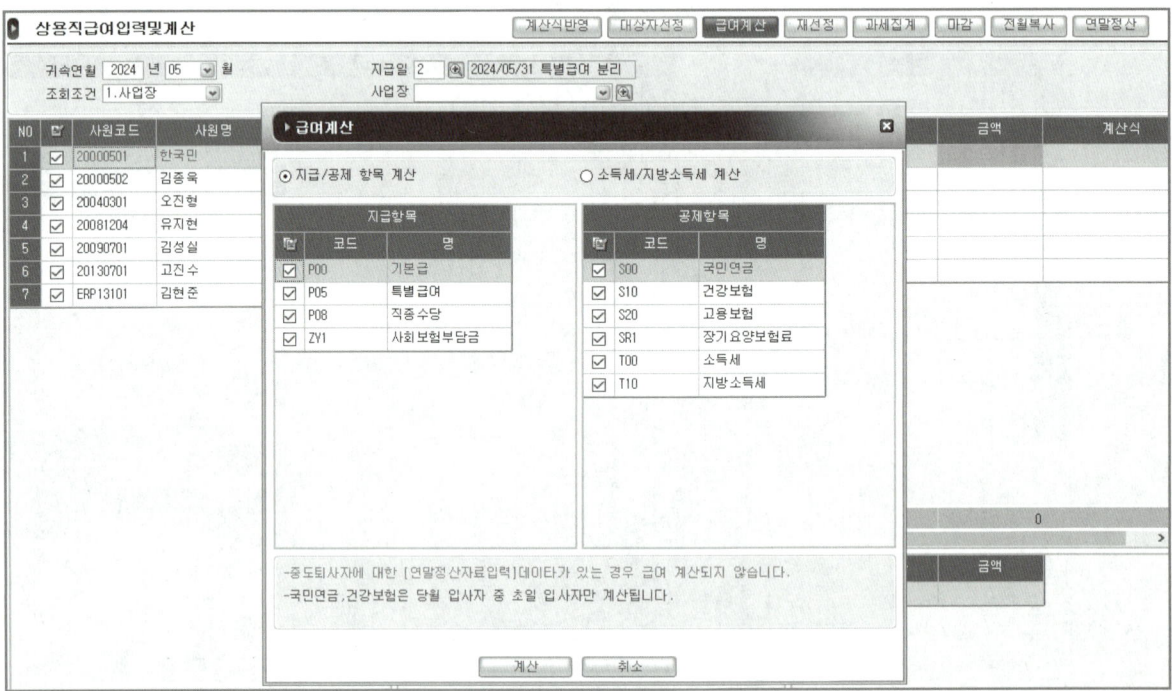

| 오답 풀이 |

① 국민연금의 총합계는 1,291,760원이다.
③ 기본급은 책정임금의 월급의 75%로 지급되었다.
④ 해당 지급일자의 지급 인원은 직종별로 다른 특별급여를 지급받았다.

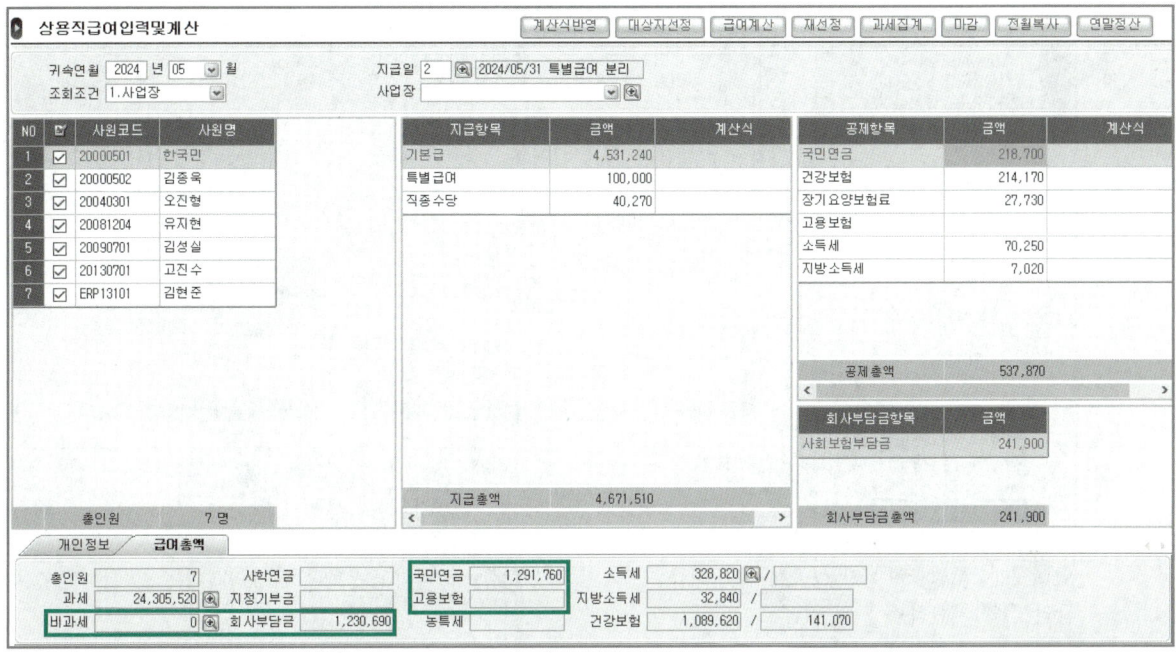

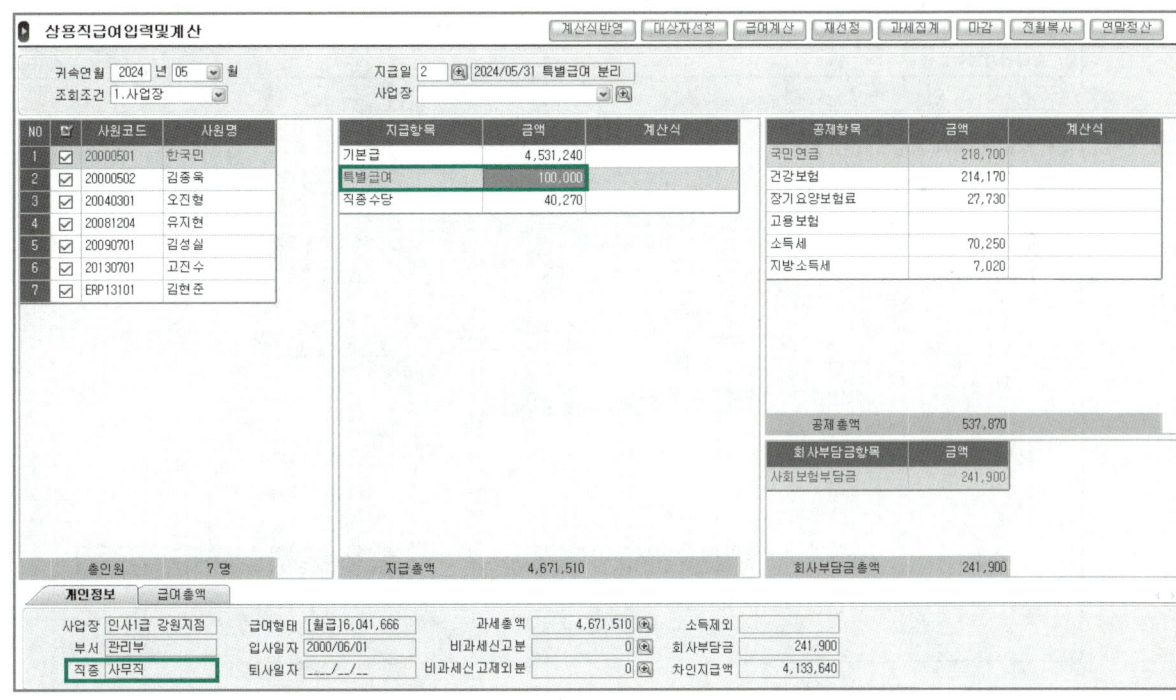

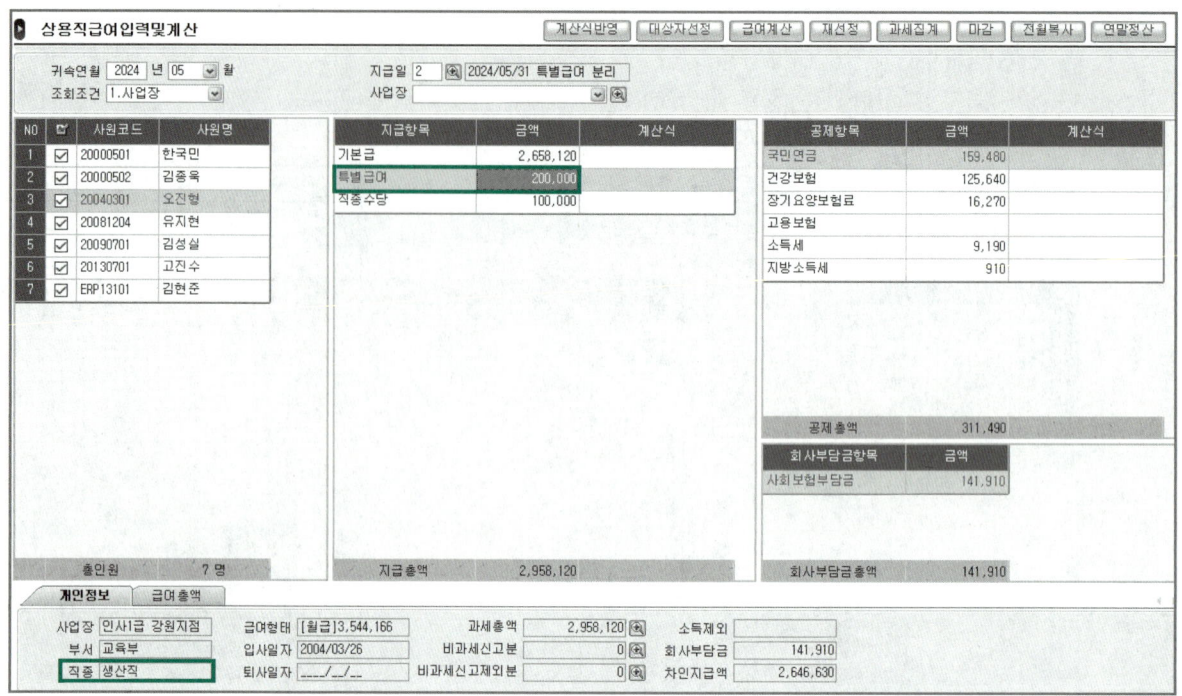

'급여구분: 특별급여', '지급/공제구분: 지급', '귀속연도: 2024'로 조회하고 우측 상단의 '마감취소'를 클릭한 후 하단의 기본급의 '금액/계산식'을 확인한다.

[인사/급여관리] – [기초환경설정] – [지급공제항목등록]

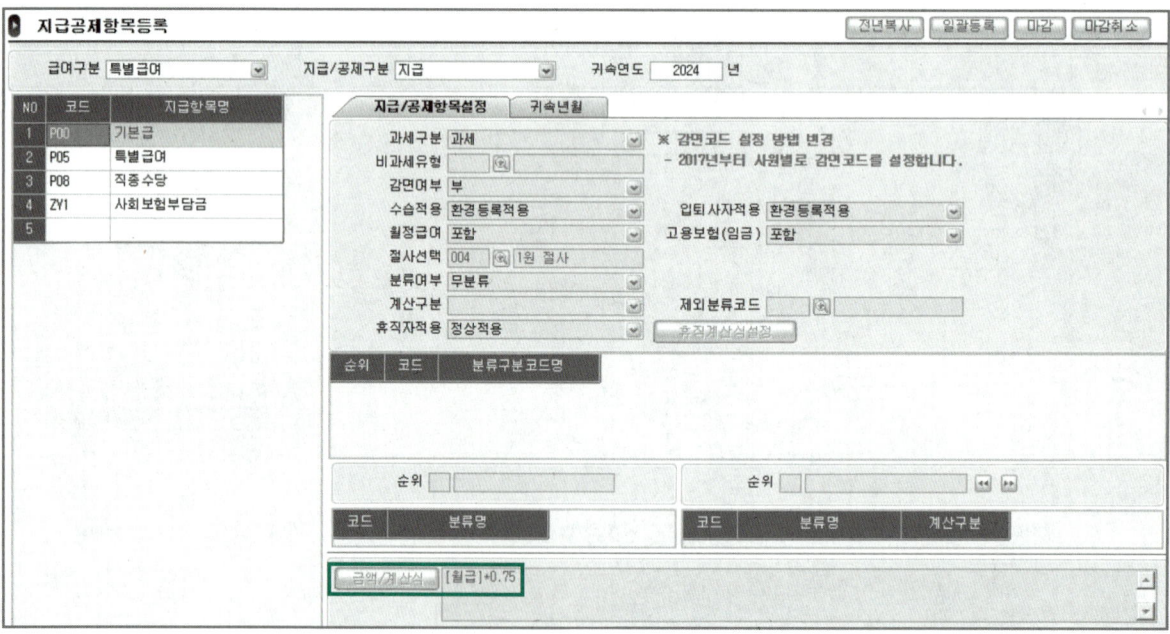

13 ④

'귀속연월: 2024/04', '지급일: 1.급여', '무급자: 제외', '사업장: 2000.인사1급 인천지점, 3000.인사1급 부산지점, 4000.인사1급 강원지점'을 복수 체크 및 조회하여 이체내역을 확인한다.

④ '국민은행'과 '한국은행'에서 발생한 급여 이체 금액의 합은 '신한은행'과 '카카오뱅크'에서 발생한 급여 이체 금액의 합보다 많다.

- 국민은행: 9,184,970원 + 한국은행: 4,389,550원 = 13,574,520원
- 신한은행: 5,868,330원 + 카카오뱅크: 7,448,420원 = 13,316,750원

📍 [인사/급여관리] – [급여관리] – [급/상여이체현황]

은행	사원코드	사원명	계좌번호	예금주명	실지급액	지급일자
국민	20000502	김종욱	155401-01-65300	김종욱	5,531,400	2024/04/25
국민	ERP13101	김현준	155401-01-32123	김현준	3,653,570	2024/04/25
은행 소계					9,184,970	
은행 누계					9,184,970	
신한	20000501	한국민	110-322-123456	한국민	5,868,330	2024/04/25
은행 소계					5,868,330	
은행 누계					15,053,300	
카카오뱅크	20040301	오진형	188398-49-30912	오진형	3,873,340	2024/04/25
카카오뱅크	20130701	고진수	880-10-12345	김순자	3,575,080	2024/04/25
은행 소계					7,448,420	
은행 누계					22,501,720	
한국	20081204	유지현	956-63-68648	유지현	4,389,550	2024/04/25
은행 소계					4,389,550	
은행 누계					26,891,270	
현금	20090701	김성실		김성실	3,490,230	2024/04/25
은행 소계					3,490,230	
은행 누계					30,381,500	
총계	7명				30,381,500	

TIP 은행별 이체 금액의 합계는 누계가 아닌 소계로 확인한다.

14 ③

'오진형' 사원을 선택한 후 급여정보 탭 하단 책정임금란에 커서를 두고 Ctrl+F3를 눌러 시급을 확인한다.

◉ [인사/급여관리] – [인사관리] – [인사정보등록]

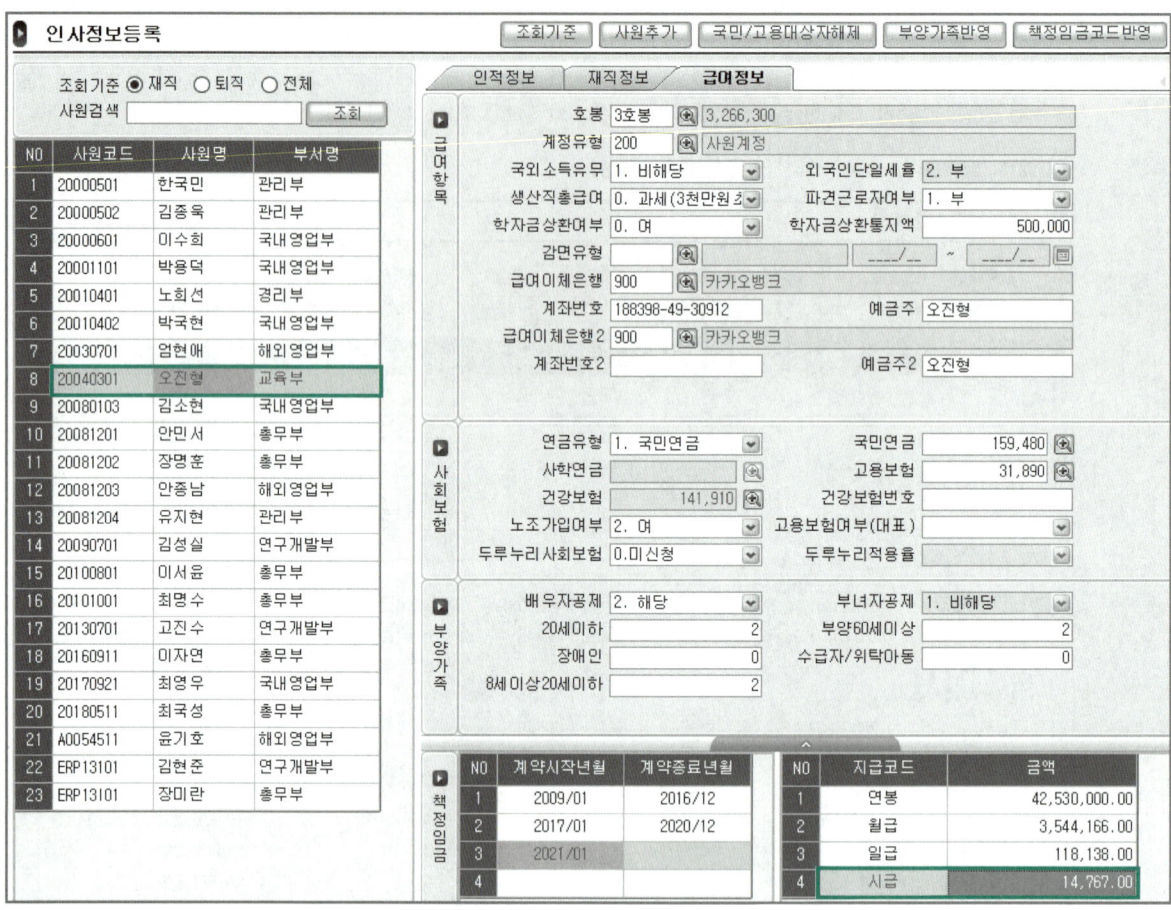

TIP 책정임금란의 금액을 확인할 때 '로그인 암호' 창이 뜨면 암호 입력 없이 '확인'을 누른다.

'귀속연월: 2024/04', '지급일: 1.급여'로 조회하여 '오진형' 사원의 근태 내역을 확인하고 [보기]의 계산식을 이용하여 초과근무수당을 계산한다.

- 책정임금 시급: 14,767원
- 1유형 근무수당: (10.25 + 6.5) × 14,767 × 1.5 = 371,020원(371,020.875)
- 2유형 근무수당: (4.75 + 2.5) × 14,767 × 2 = 214,120원(214,121.5)
- ∴ 초과근무수당 : 371,020원 + 214,120원 = 585,140원

[인사/급여관리] – [급여관리] – [근태결과입력]

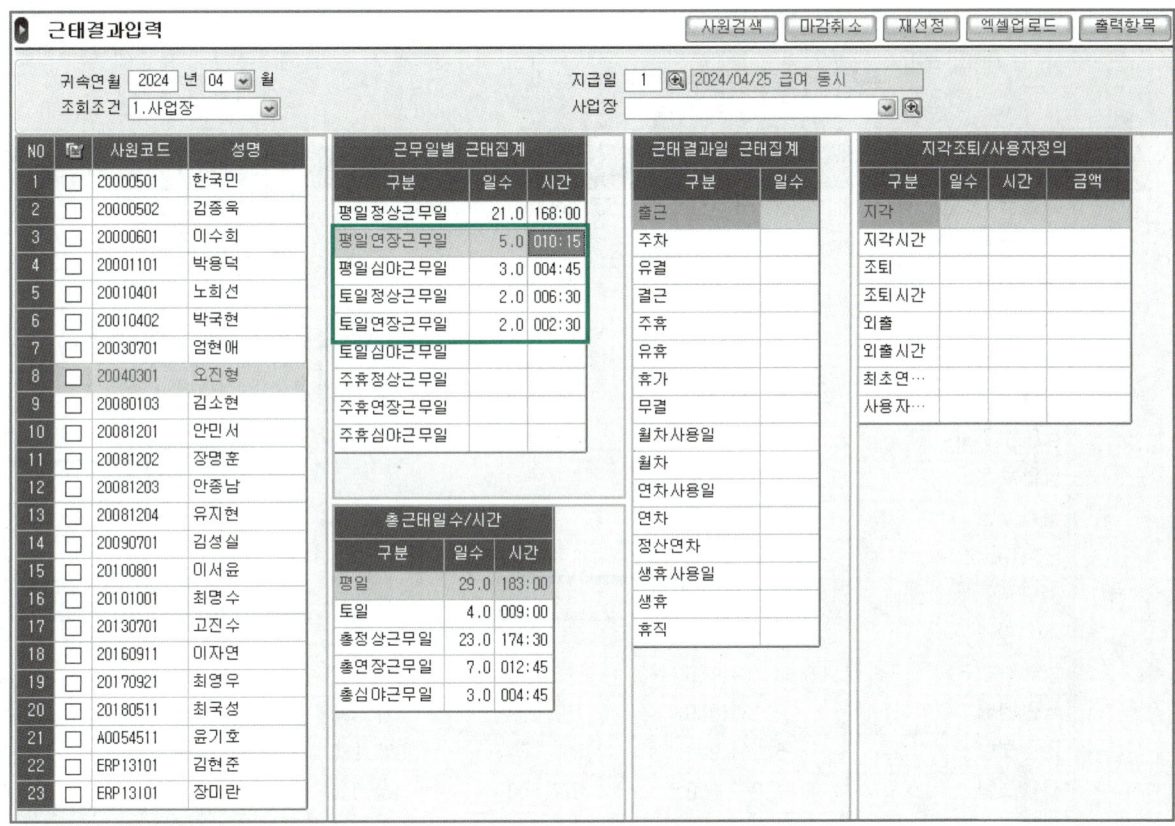

TIP 15분 = 0.25, 30분 = 0.5, 45분 = 0.75, 1시간 = 1

15 ①

'귀속연월: 2024/01~2024/03', '지급구분: 100.급여', '사업장: 1000.인사1급 회사본사', '집계구분: 1.부서별'로 조회하여 부서와 지급항목 금액을 확인한다.

① 총무부의 사회보험부담금은 3,511,260원이다.

📍 [인사/급여관리] – [급여관리] – [항목별급상여지급현황]

항목별급상여지급현황

귀속연월 2024 년 01 월 ~ 2024 년 03 월 지급구분 100 급여
사업장 1000 인사1급 회사본사 집계구분 1.부서별

항목	합계	총무부	경리부	국내영업부	해외영업부
기본급	164,550,150	73,358,970	9,369,990	49,224,960	32,596,230
연장근로수당	600,000			600,000	
자격수당	900,000	330,000		420,000	150,000
직무발명보상금	1,800,000			1,800,000	
근속수당	14,250,000	5,175,000	1,125,000	4,875,000	3,075,000
가족수당	840,000	90,000	90,000	660,000	
식대보조비	4,800,000	2,100,000	300,000	1,500,000	900,000
영업촉진비	2,850,000			1,500,000	1,350,000
월차수당					
연차수당					
사회보험부담금	7,733,010	3,511,260	449,640	2,207,940	1,564,170
지급합계	190,590,150	81,053,970	10,884,990	60,579,960	38,071,230
합계	198,323,160	84,565,230	11,334,630	62,787,900	39,635,400
국민연금	7,183,080	3,191,730	421,590	2,103,150	1,466,610
건강보험	5,744,970	2,600,460	332,160	1,656,870	1,155,480
고용보험	1,252,380	577,800	74,940	338,910	260,730
장기요양보험료	735,660	333,000	42,540	212,160	147,960
소득세	7,408,390	3,687,430	114,780	1,698,360	1,907,820
지방소득세	740,580	368,610	11,460	169,770	190,740
공제합계	23,065,060	10,759,030	997,470	6,179,220	5,129,340
차인지급액	167,525,090	70,294,940	9,887,520	54,400,740	32,941,890
인원	16	7	1	5	3

16 ④

'귀속연월: 2024/05', '지급일: 1.매일지급', '부서: 총무부, 자재부', '급여형태: 004.시급'으로 조회한 후 전체 사원에 체크하여 추가한다.

📍 [인사/급여관리] - [일용직관리] - [일용직급여지급일자등록]

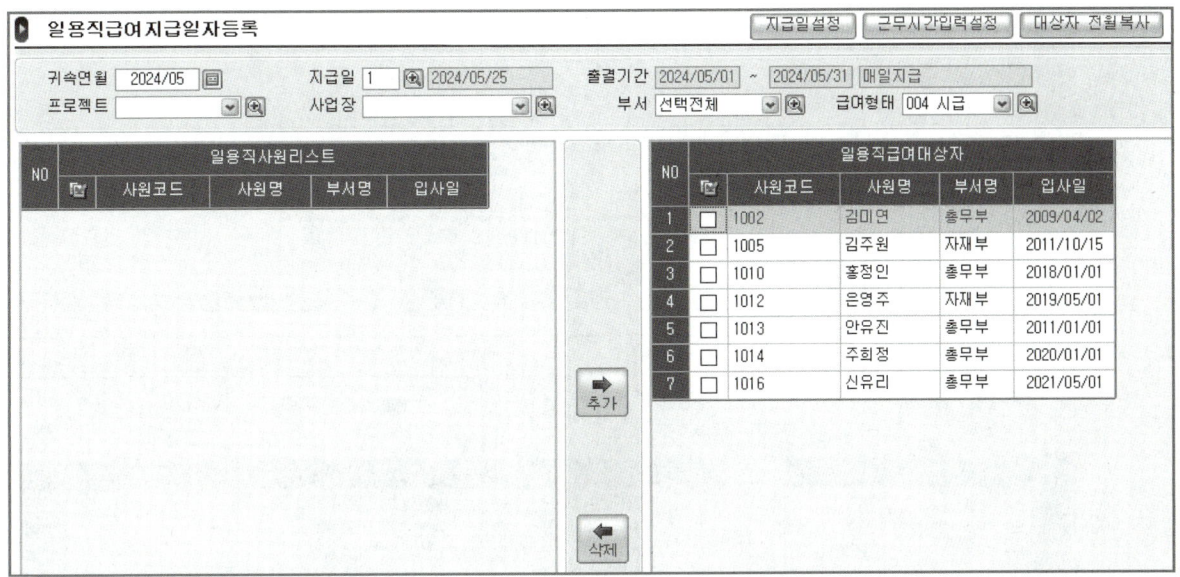

TIP 지급일 설정 시, '매일지급/일정기간지급'이 공란으로 보인다면 우측 상단의 '지급일 설정'을 클릭하여 '비고'란을 직접 작성한다.

'귀속연월: 2024/05', '지급일: 1.매일지급'으로 조회하여 전체 사원에 체크한다. 우측 상단의 '일괄적용'을 클릭하여 보기와 같이 평일 10시간과 비과세 12,000원, 토요일 2시간을 각각 적용한 후 하단의 월지급액, 개인정보, 급여총액 탭의 내용을 확인한다.

④ 해당 지급일자에 실제 지급된 금액이 가장 적은 사원은 '1014.주희정' 사원이며, 해당 사원은 소득세는 공제되지 않았지만 고용보험은 공제되었다.

📍 [인사/급여관리] - [일용직관리] - [일용직급여입력및계산]

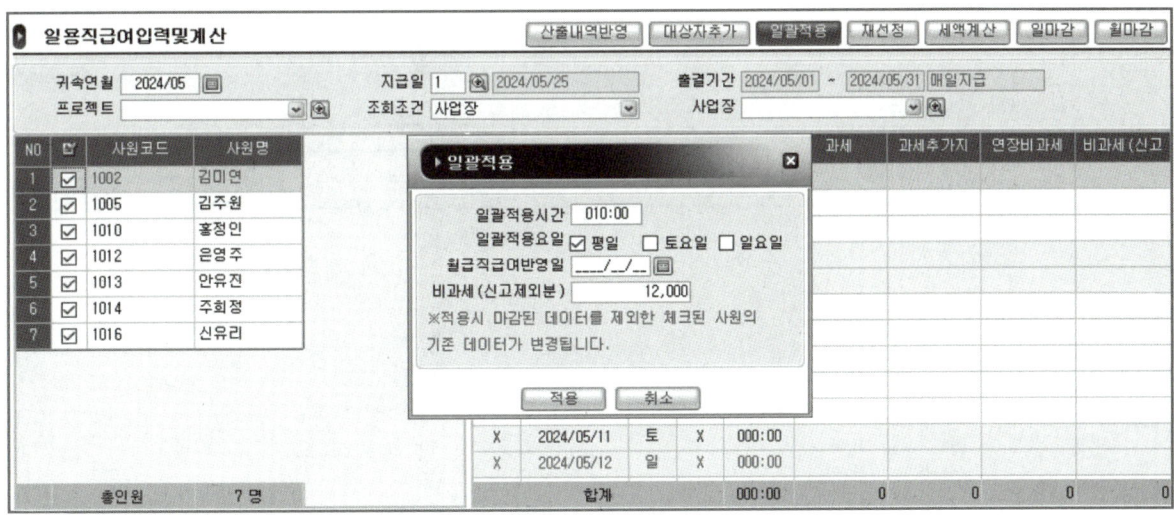

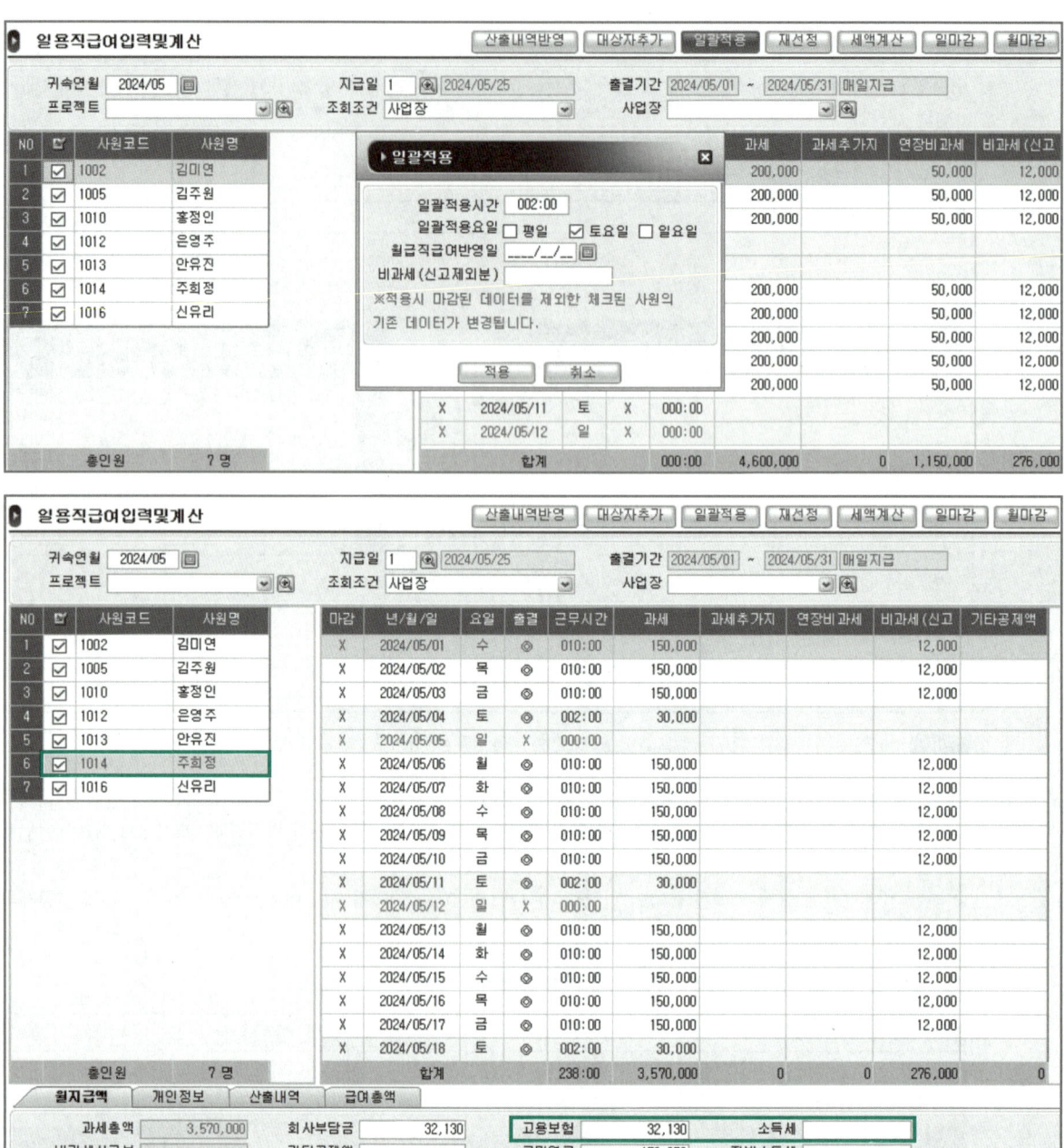

17 ②

[보기]에 따라 '1018.고성태' 사원의 정보를 직접 입력한다.

📍 [인사/급여관리] – [일용직관리] – [일용직사원등록]

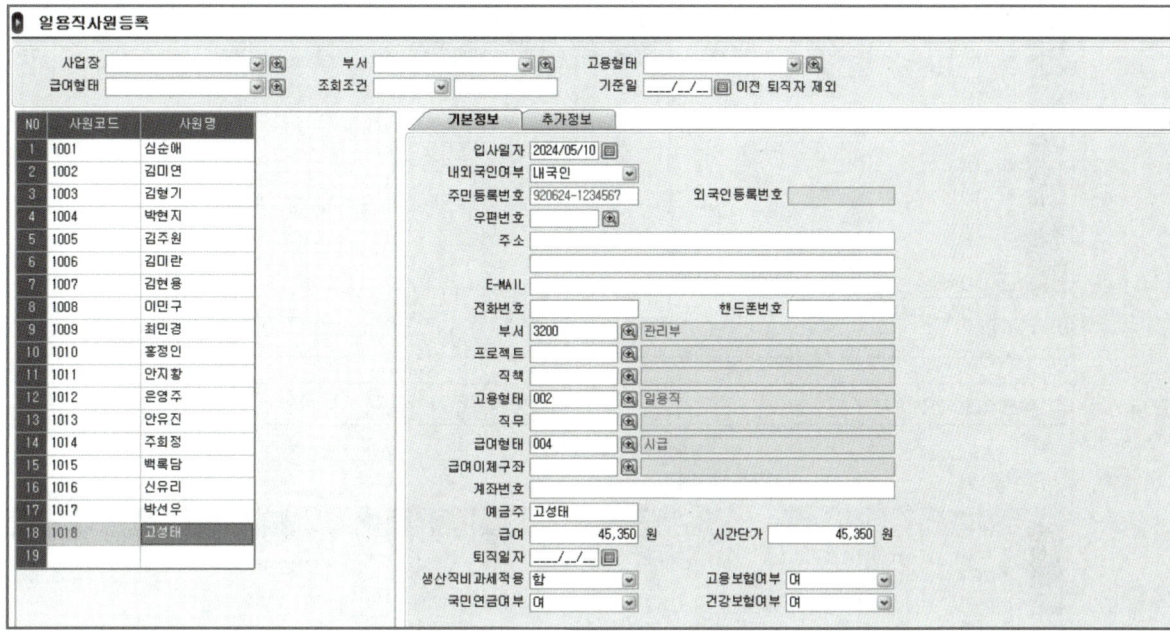

'귀속연월: 2024/05', '지급일: 2.일정기간지급'으로 조회한 후 우측 상단의 '대상자추가'를 클릭하여 '1018.고성태' 사원을 추가한다. 전체 사원에 체크하고 우측 상단의 '일괄적용'을 클릭하여 평일 10시간, 비과세 10,000원을 적용한 후 하단의 급여총액 탭에서 차인지급액을 확인한다.

📍 [인사/급여관리] – [일용직관리] – [일용직급여입력및계산]

18 ②

'소득구분: 2. 거주자 기타소득', '귀속연월: 2024/01~2024/12', '지급기간: 2024/01/01~2024/03/31'으로 조회된 내용을 확인한다.

| 오답풀이 |

① 해당 조회조건의 총 소득금액의 합은 2,928,330원이다.
③ 해당 조회조건의 '20220711.조선우' 사원에게 실제 지급된 금액은 총 681,340원이다.
④ 해당 조회조건의 소득 중 소득세가 공제되지 않는 소득이 존재하며, '68.비과세 기타소득', '61.2014.주식매수선택권(납부특례)/구.80%필요경비' 소득구분 코드를 제외한 소득구분 코드로 지급된 소득에 대해서는 모두 소득세가 공제되었다.

📍 [인사/급여관리] – [사업/기타/이자배당소득관리] – [소득자별소득현황]

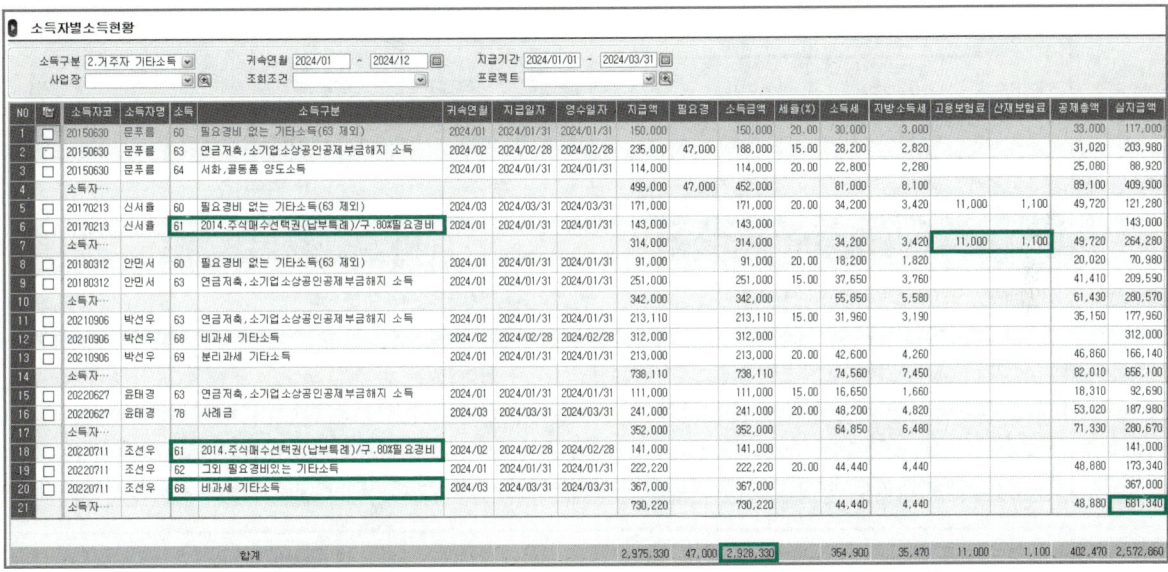

19 ①

우측 상단의 '마감취소'를 클릭한 후 '누진적용', '기본설정' 등 퇴직기준설정 내용을 확인한다.

① 퇴직자의 평균임금 기간 산정 시 전월을 기준으로 3개월을 산정하며, 퇴직자의 퇴사한 달의 급여액을 반영할 때 해당 월의 급여를 '월할' 계산하여 반영한다.

📍 [인사/급여관리] – [퇴직정산관리] – [퇴직기준설정]

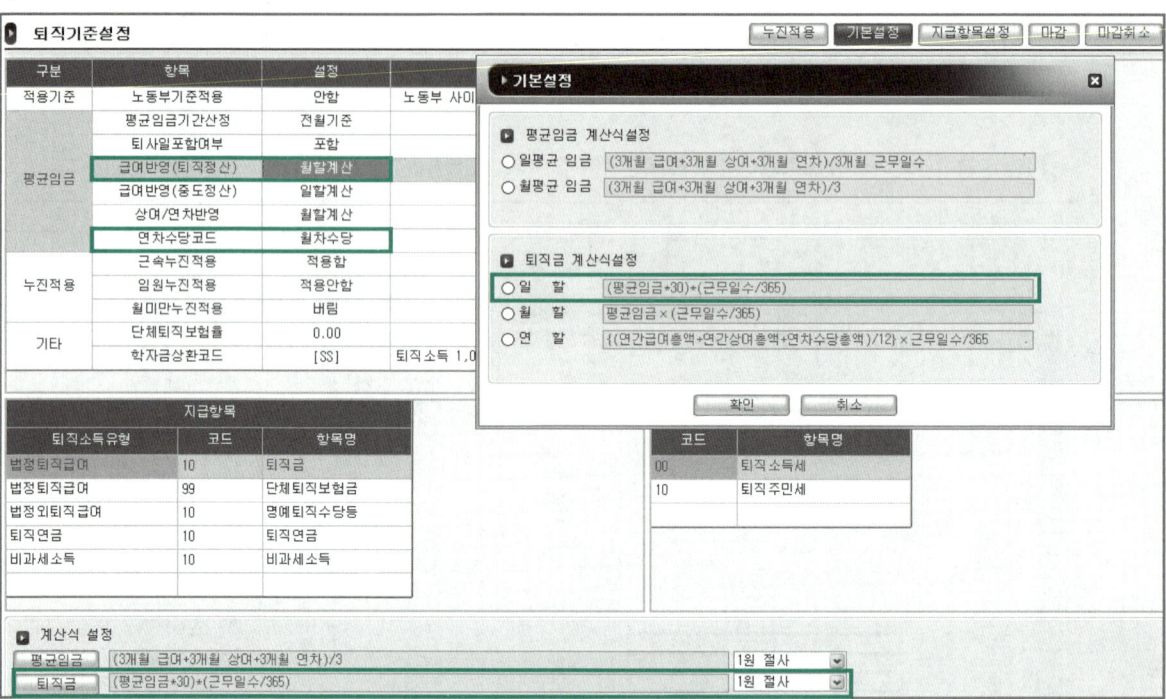

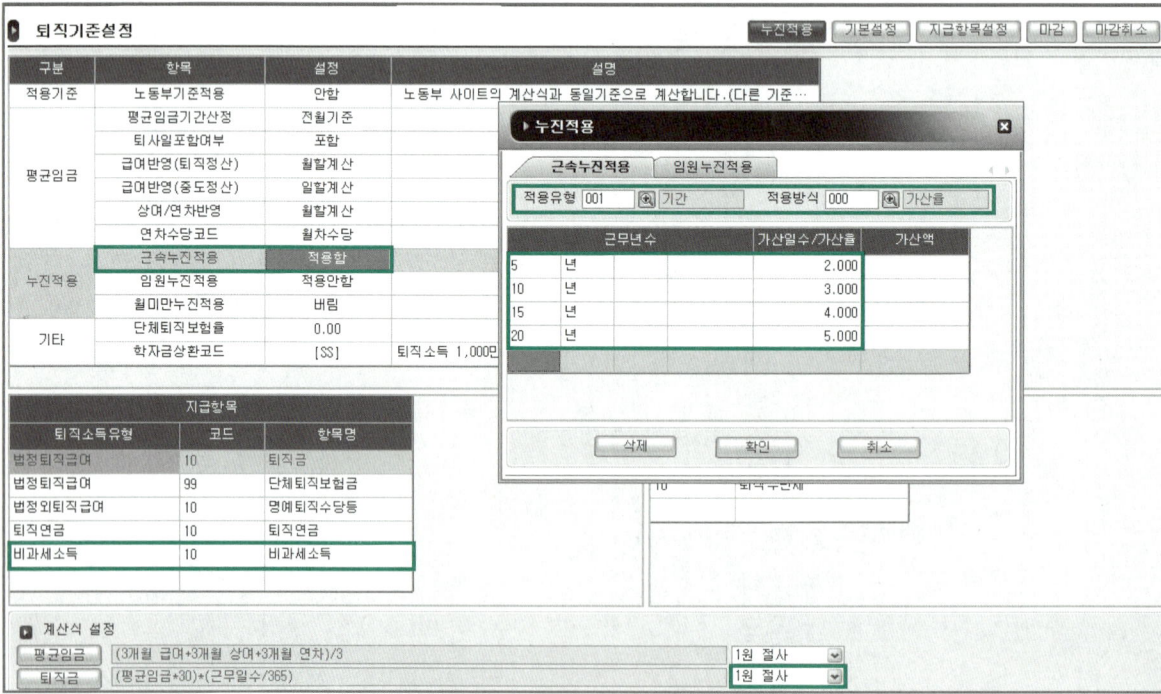

20 ④

우측 상단의 '마감취소'를 클릭한 후 '기본설정', '지급항목설정'을 [보기]에 따라 설정한다.

[인사/급여관리] - [퇴직정산관리] - [퇴직기준설정]

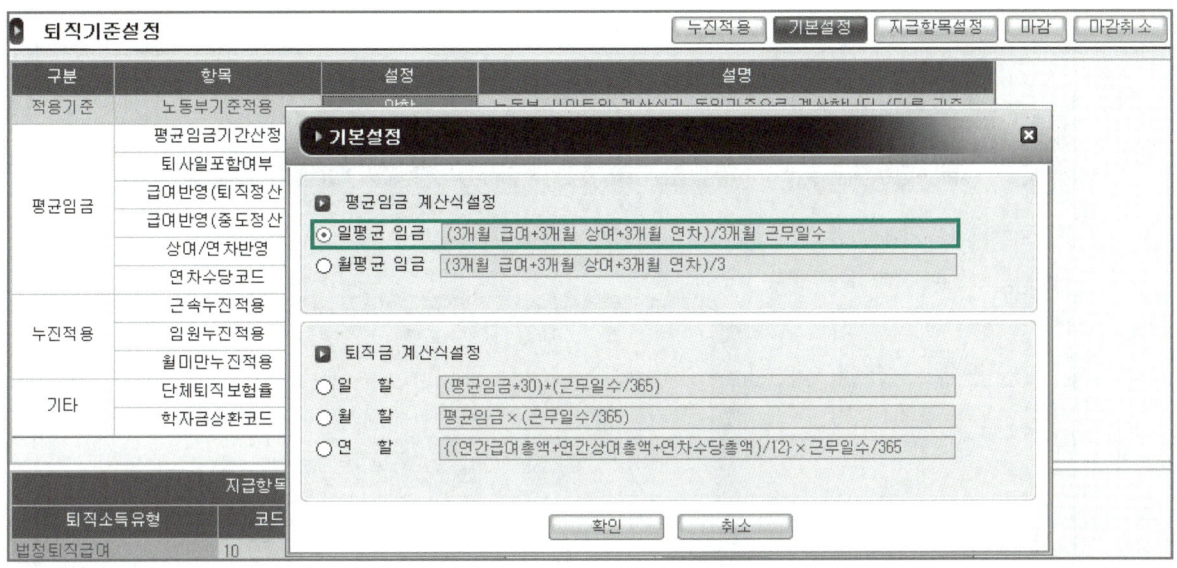

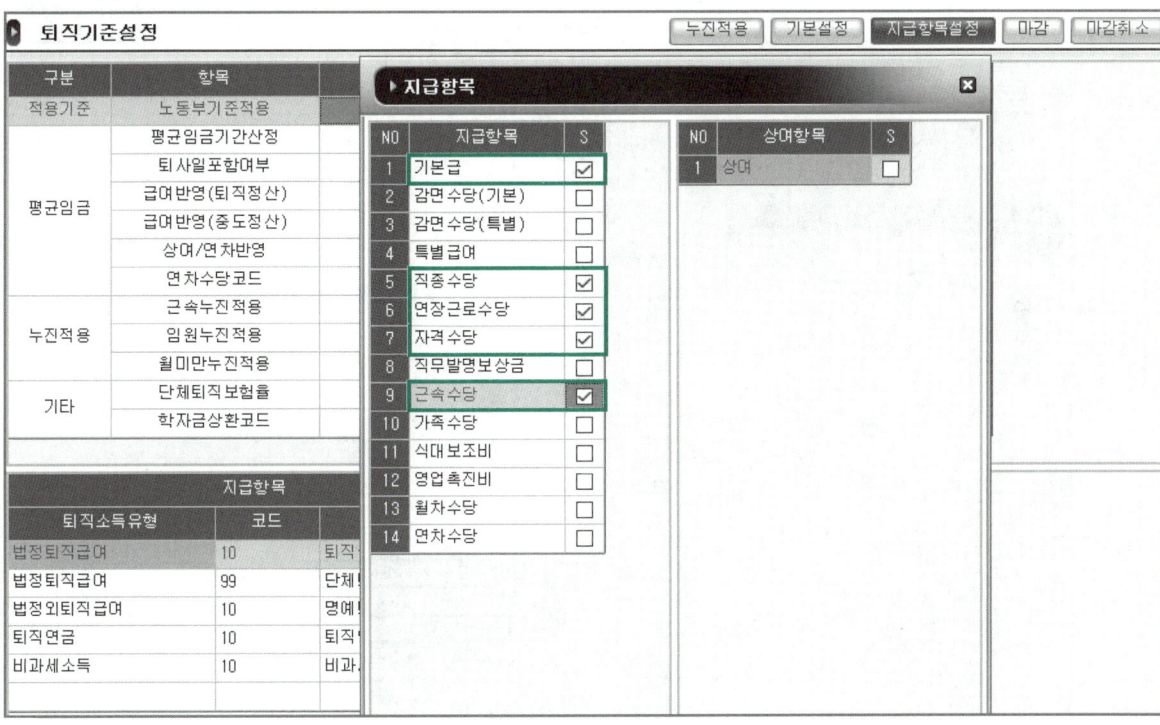

'신고귀속: 2024', '귀속연도: 2024', '사업장: 1000.인사1급 회사본사', '정산구분: 1.중도정산'을 입력하고 우측 상단의 '대상자선정'을 클릭하여 [보기]의 내용을 반영한 후 '이자연' 사원의 기본정보, 급여정보 탭을 확인한다.

④ '20160911.이자연' 사원에게 퇴직금 지급 시 공제된 금액은 총 170,920원이다.

[인사/급여관리] – [퇴직정산관리] – [퇴직금산정]

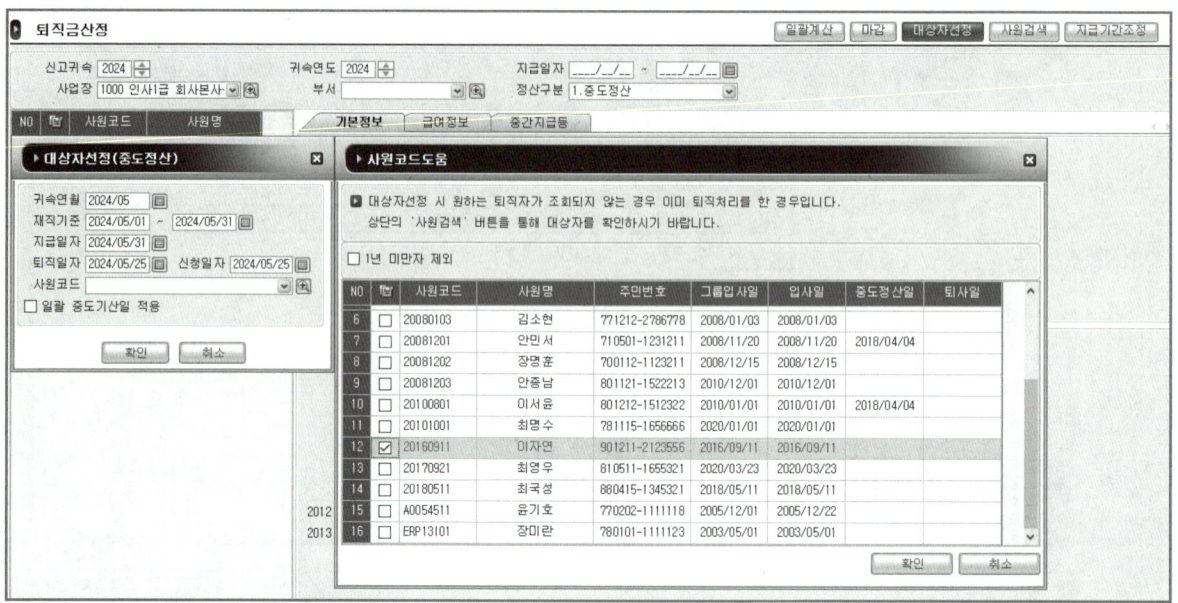

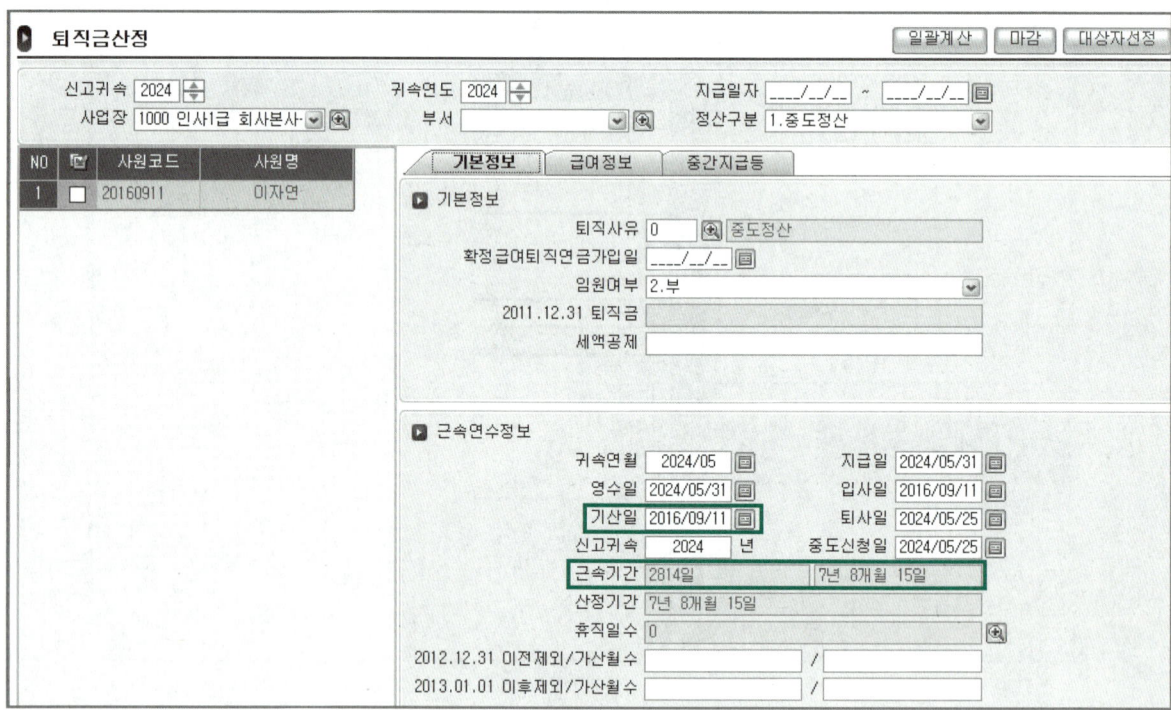

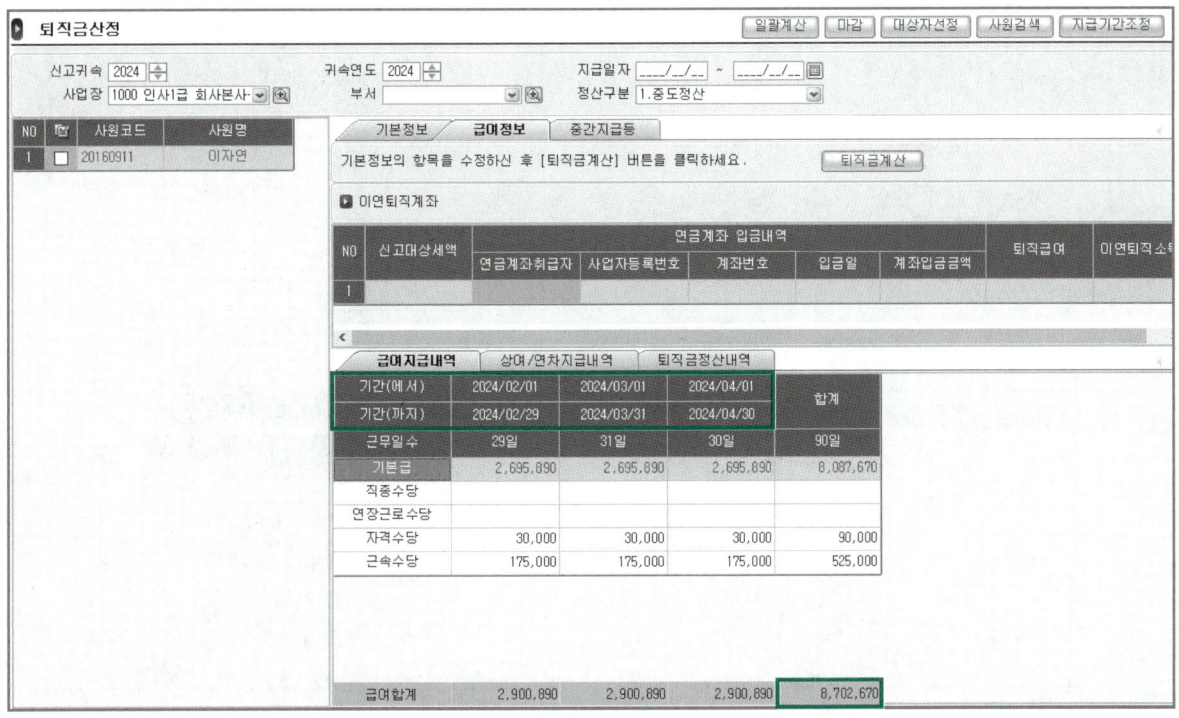

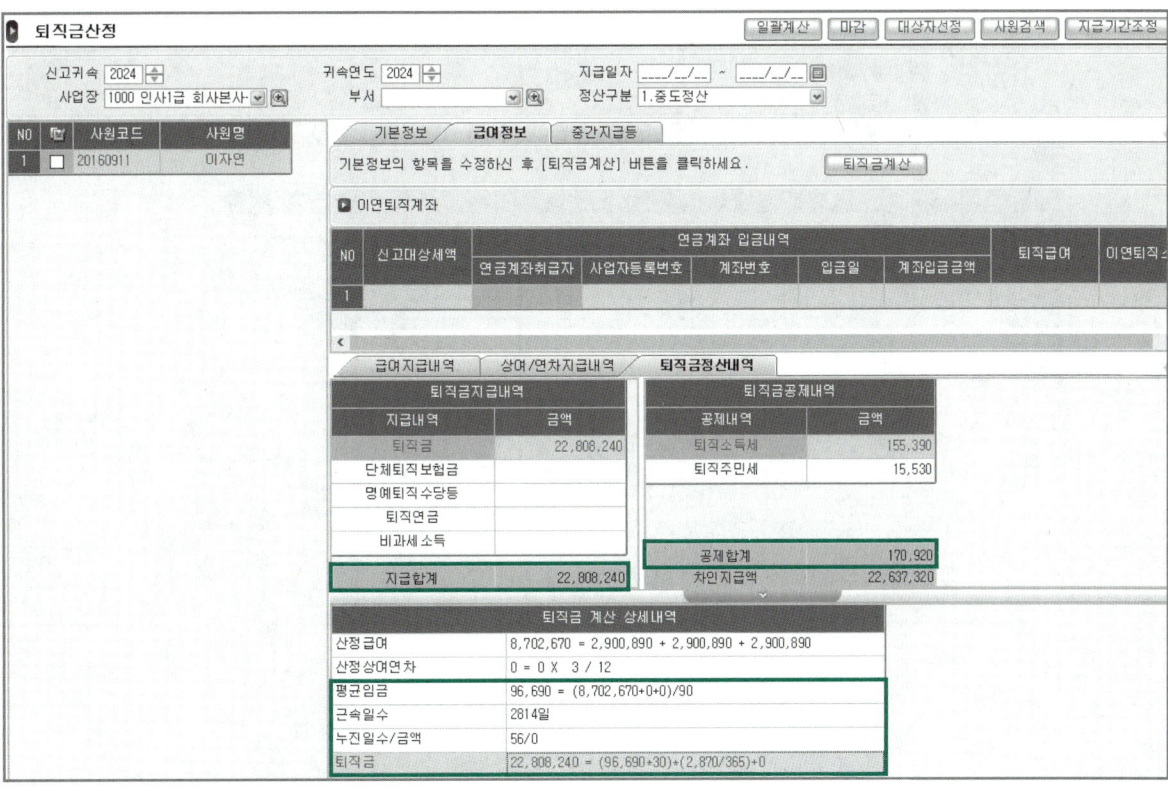

21 ①

'지급유형: 1.상용직급여', '귀속연월: 2024/04', '회계단위: 1000.인사1급 회사본사', '결의일자: 2024/04/30', '작성자: ERP13I01.장미란'으로 조회하고, '집계사업장: 1000.인사1급 회사본사, 4000.인사1급 부산지점', '집계급여구분: 급여, 상여'에 체크한 후 '전표생성'을 클릭한다. 전표처리결과 탭에서 각 계정과목별 금액을 확인한다.
① 직원급여는 83,862,320원이다.

[인사/급여관리] – [전표관리] – [전표집계및생성]

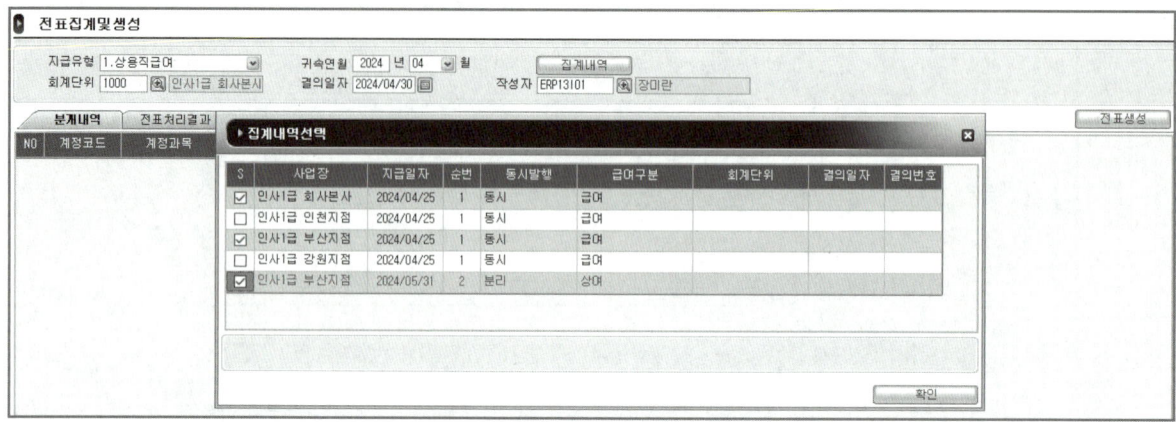

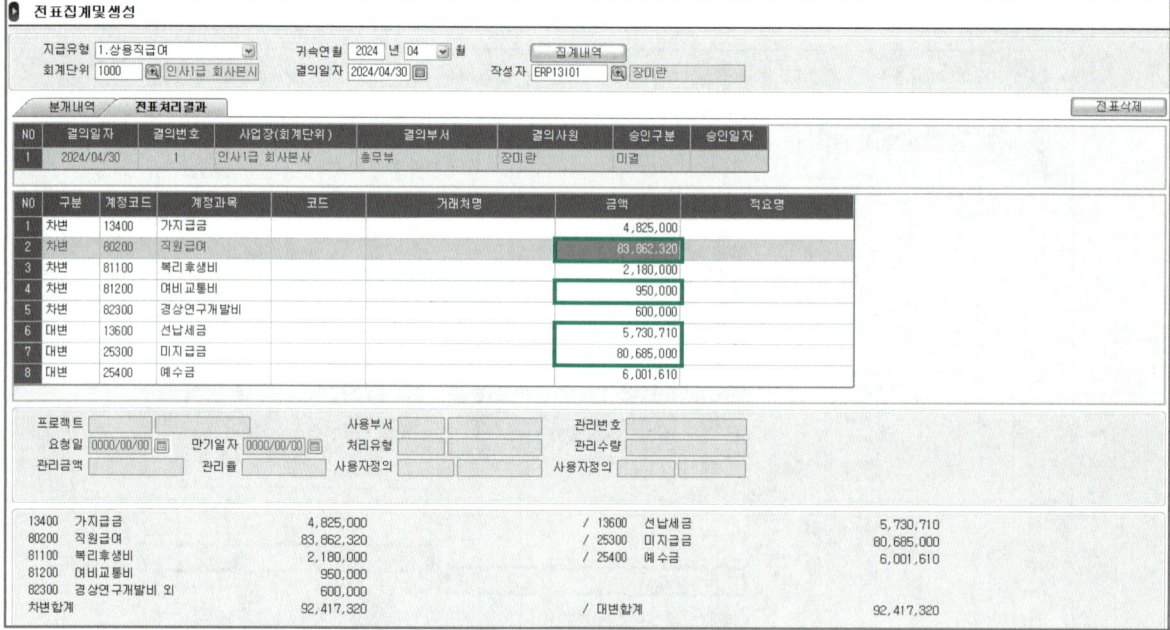

22 ③

기준설정 탭에서 '원천세 신고유형: 사업자단위과세신고', '이행상황신고서집계방식: 귀속연월'로 변경한다.

[인사/급여관리] – [기초환경설정] – [인사/급여환경설정]

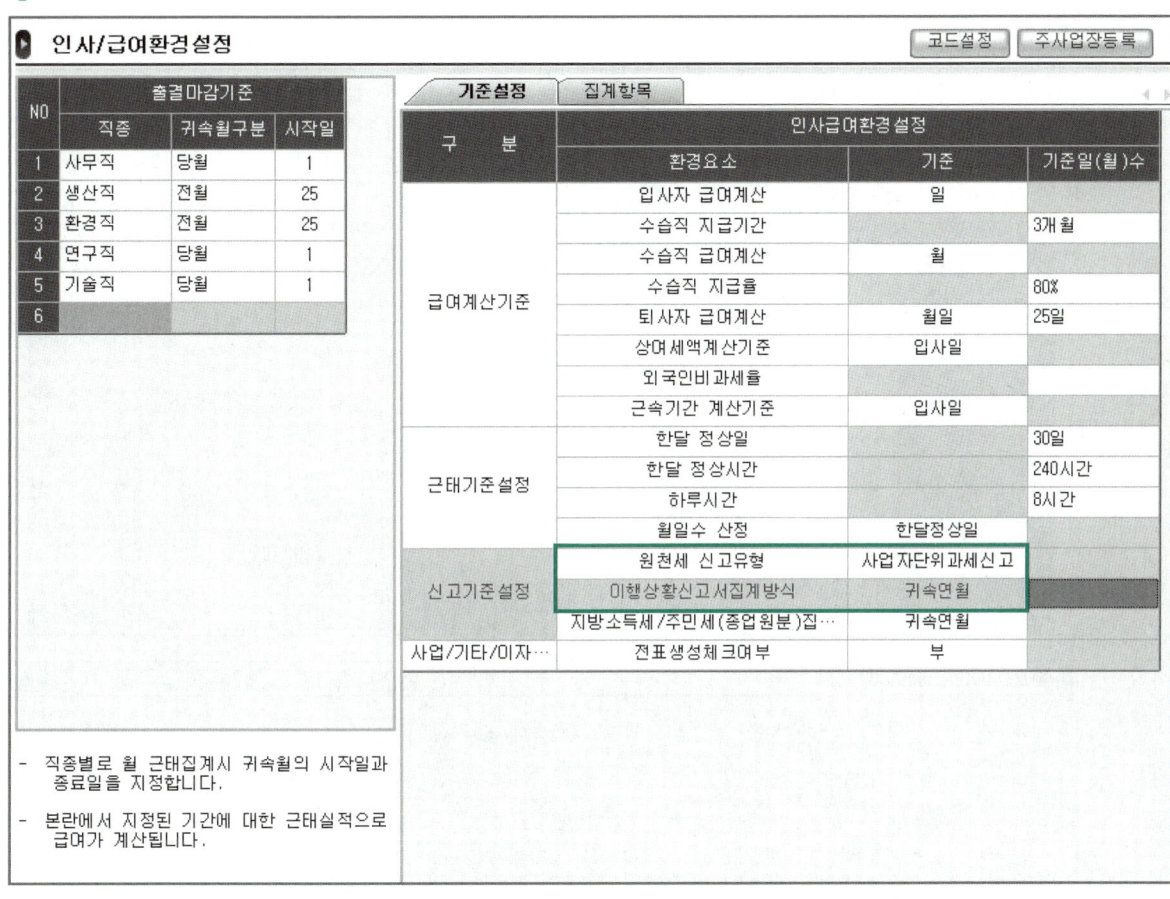

'제출연도: 2024', '신고사업장: 1000.인사1급 회사본사'를 입력한 후 '신고서추가'를 클릭한 후 [보기]와 같이 신고서를 생성하여 총지급액, 소득세를 확인한다.

📍 **[인사/급여관리] – [세무관리] – [원천징수이행상황신고서]**

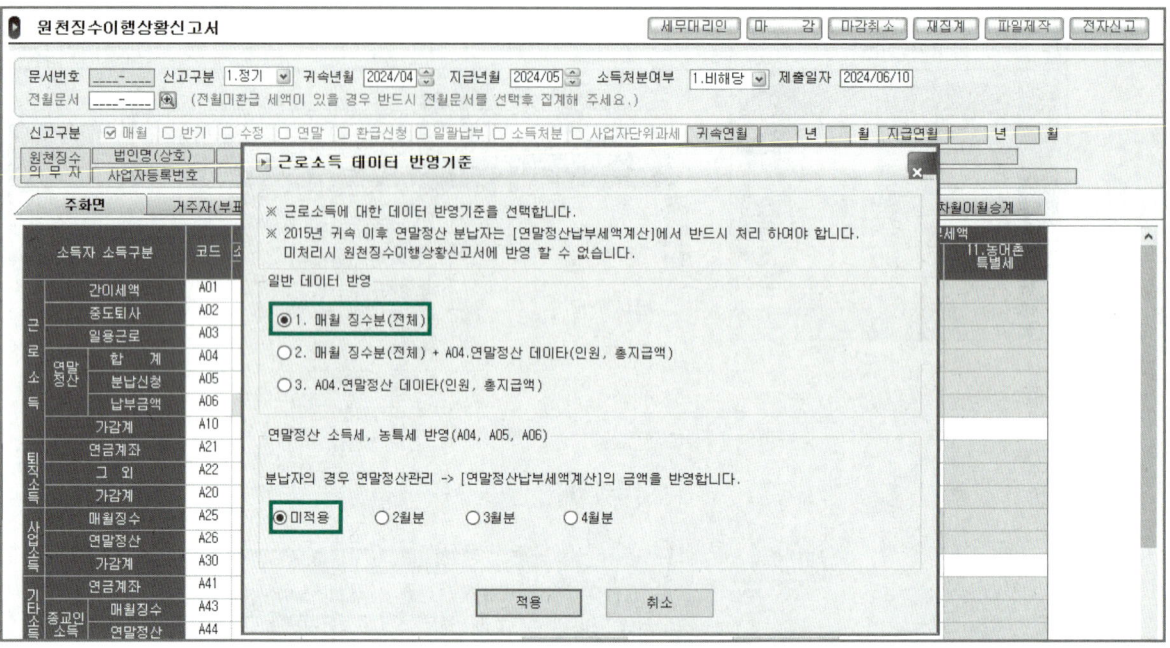

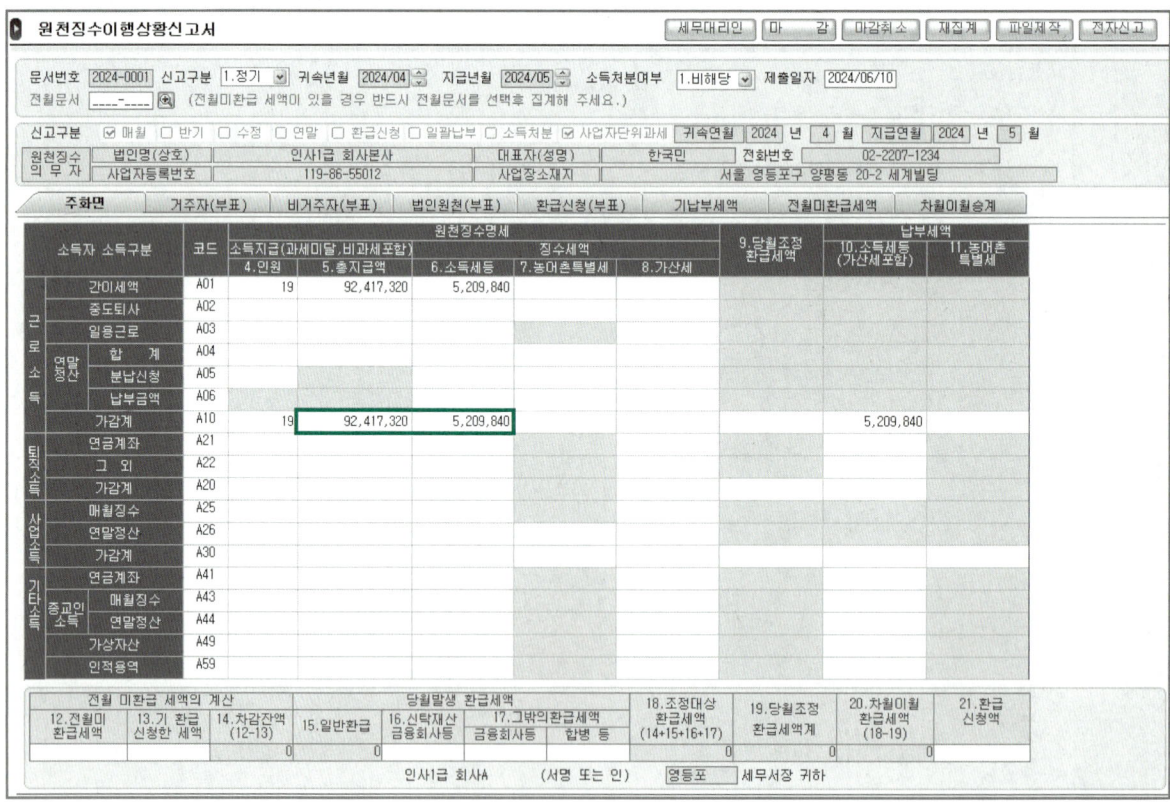

23 ①

기준설정 탭에서 '지방소득세/주민세(종업원분)집계방식: 귀속, 지급연월'로 수정하고 ESC를 눌러 변경된 내용을 저장한다.

📍 [인사/급여관리] – [기초환경설정] – [인사/급여환경설정]

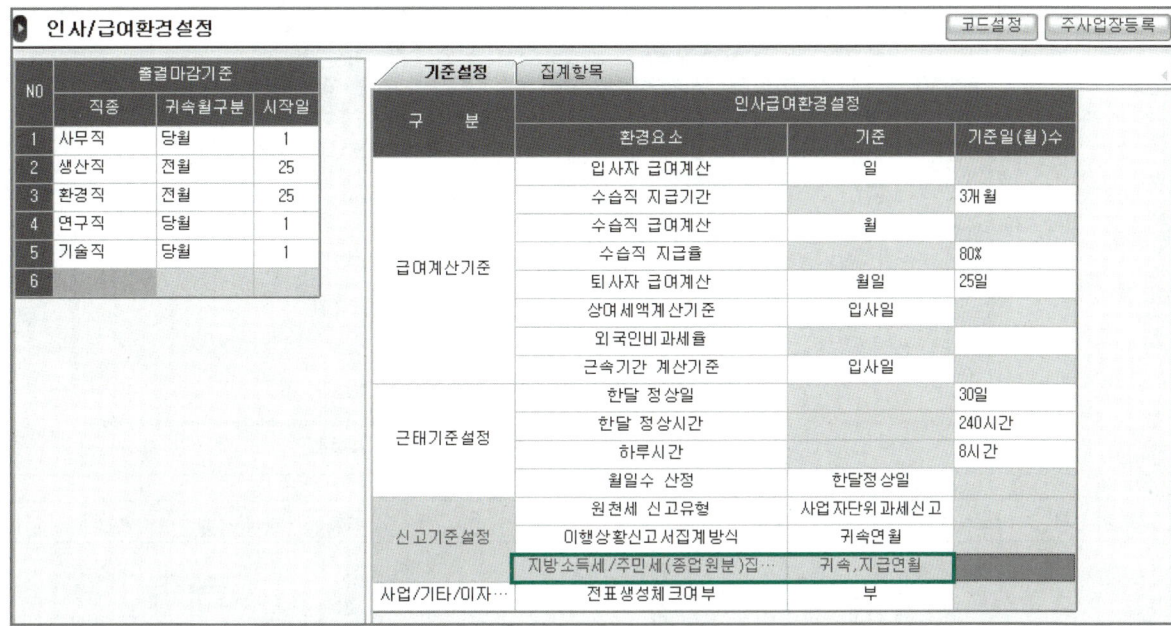

'제출일자: 2024/05/10~2024/05/10'을 입력하고 우측 상단의 '신고서생성'을 클릭하여 [보기]와 같이 입력한 후 신고서를 생성한다. 다시 제출일자를 입력하고 '신고서조회'를 클릭하여 징수 및 조정명세서 탭에서 상단 소득구분 입력란에 '소득구분: 4.근로소득'으로 조회한 후 과세표준과 산출세액을 확인한다.
① '20090701.김성실' 사원의 과세표준은 185,280원이다.

📍 [인사/급여관리] – [세무관리] – [지방소득세특별징수명세/납부서]

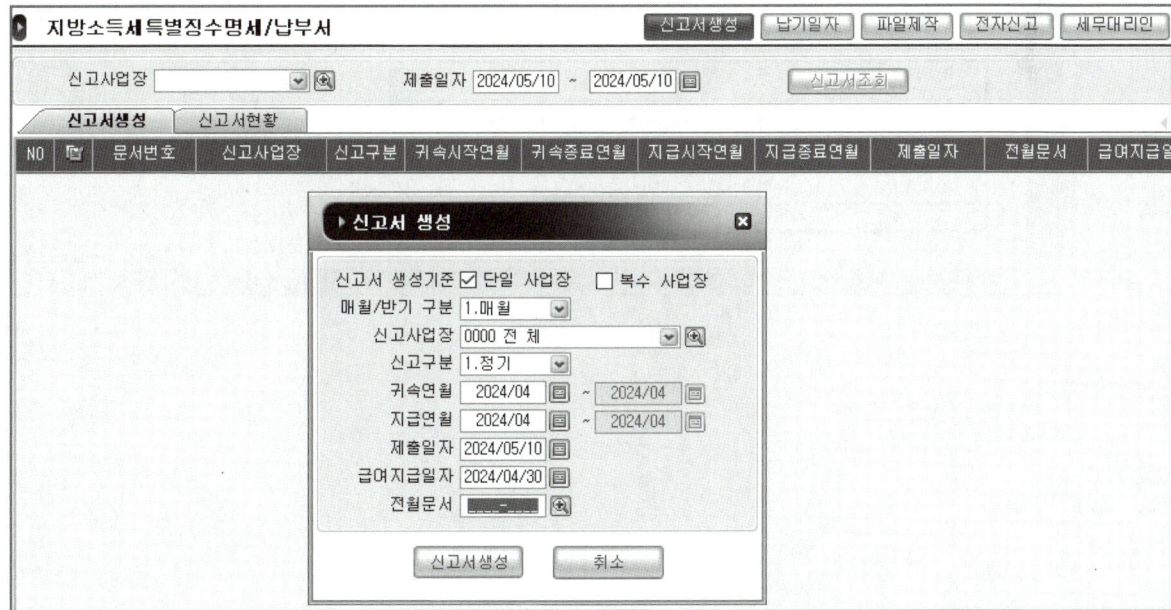

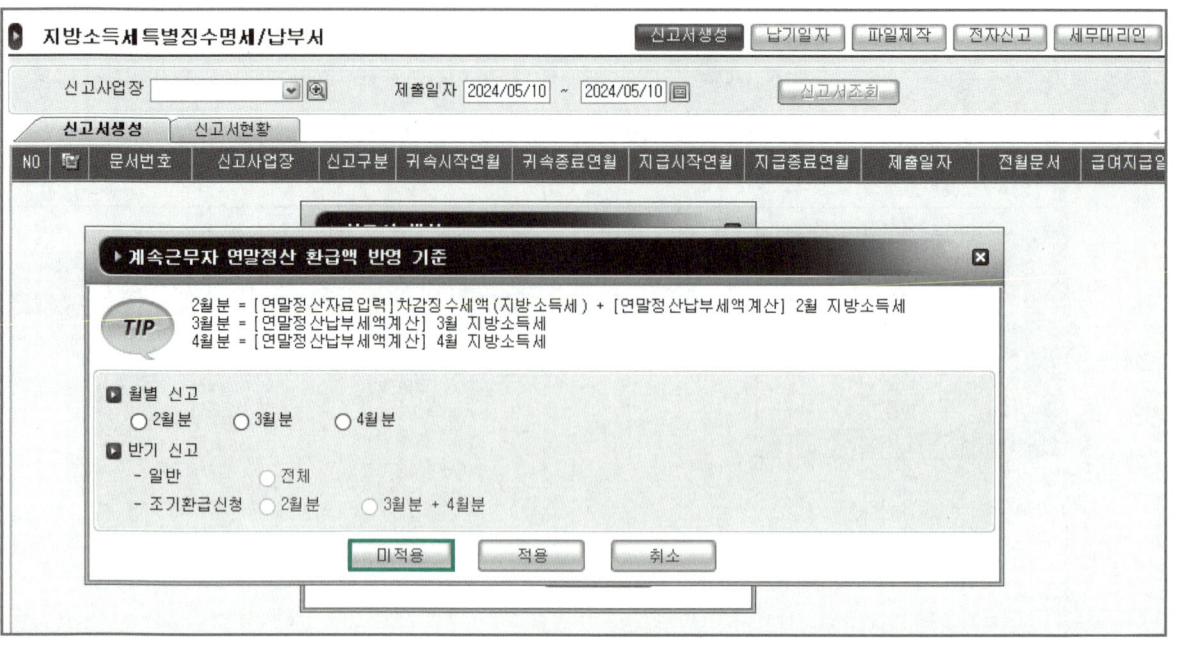
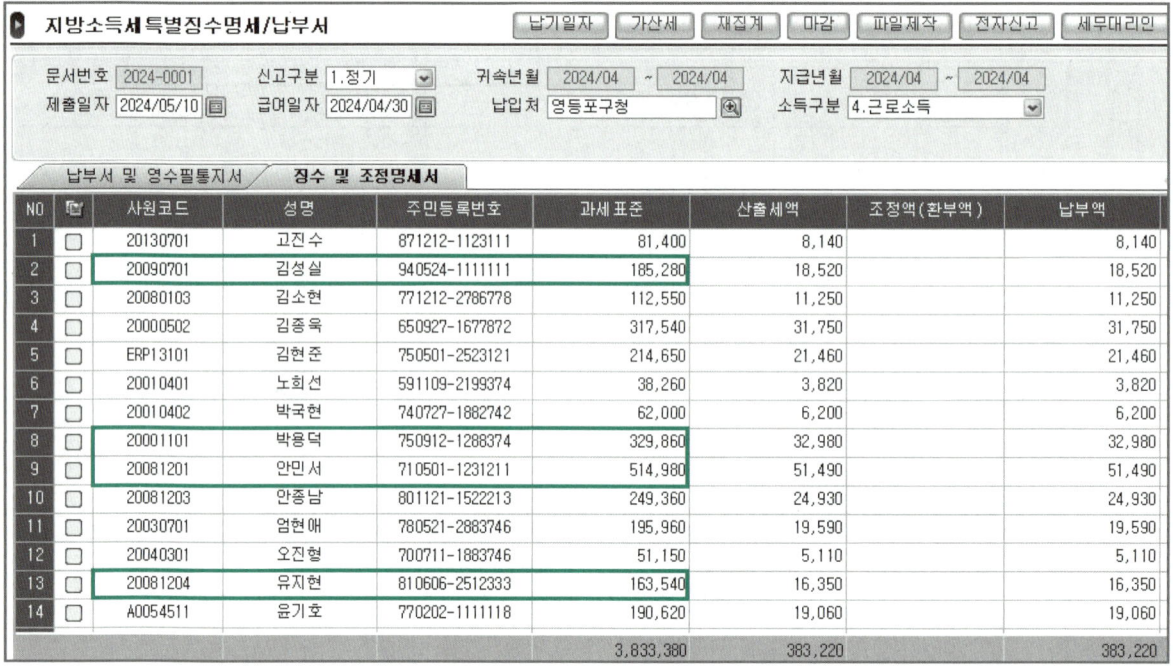

24 ③

'정산년월: 2023/13~2023/13'으로 조회하여 사원별 공제항목 및 금액을 확인한다.
③ '20170921.최영우' 사원의 결정세액(소득세)는 817,463원이다.

📍 [인사/급여관리] – [연말정산관리] – [연말정산현황]

연말정산현황

NO	사업장	부서	사원코드	사원명	근로소득금액	인적공제 (기본공제)			인적공제 (추가공제)		
						본인공제	배우자공제	부양가족공제	경로우대	장애인	부녀자
1	인사1급 회사본사	총무부	20081202	장명훈	32,617,500	1,500,000					
2	인사1급 회사본사	총무부	20160911	이자연	24,645,078	1,500,000		4,500,000	1,000,000		500,000
3	인사1급 회사본사	총무부	20180511	최국성	18,973,300	1,500,000		4,500,000	1,000,000	2,000,000	
4	인사1급 회사본사	국내영업부	20170921	최영우	30,594,500	1,500,000	1,500,000	3,000,000		2,000,000	

연말정산현황

NO	사업장	부서	사원코드	사원명	세액감면				근로소득세공	자녀세액공제
					소득세법	조세특례제한법	중소기업취업감	조세조약	세액감면계	
1	인사1급 회사본사	총무부	20081202	장명훈						660,000	
2	인사1급 회사본사	총무부	20160911	이자연			905,219		905,219	103,540	
3	인사1급 회사본사	총무부	20180511	최국성						293,478	1	150,000
4	인사1급 회사본사	국내영업부	20170921	최영우						666,640	1	150,000

연말정산현황

NO	사업장	부서	사원코드	사원명	세액공제			결정세액			기납부세액		
					세소득공제공	월세소득	세액공제계	소득세	지방소득세	농특세	소득세	지방소득세	농특세
1	인사1급 회사본사	총무부	20081202	장명훈			660,000	2,187,258	218,725		1,850,040	184,920	
2	인사1급 회사본사	총무부	20160911	이자연			188,256				49,920	4,920	
3	인사1급 회사본사	총무부	20180511	최국성			533,598				500,110	49,920	
4	인사1급 회사본사	국내영업부	20170921	최영우			816,640	817,463	81,746		325,600	32,500	

25 ④

'조회기간: 2024/01~2024/03', '분류기준: 과세/비과세', '사업장: 1000.인사1급 회사본사, 2000.인사1급 인천지점, 3000.인사1급 부산지점', '사용자부담금: 1.포함'으로 조회하여 하단의 '과세, 비과세' 총액을 확인한다.

[인사/급여관리] - [급여관리] - [연간급여현황]

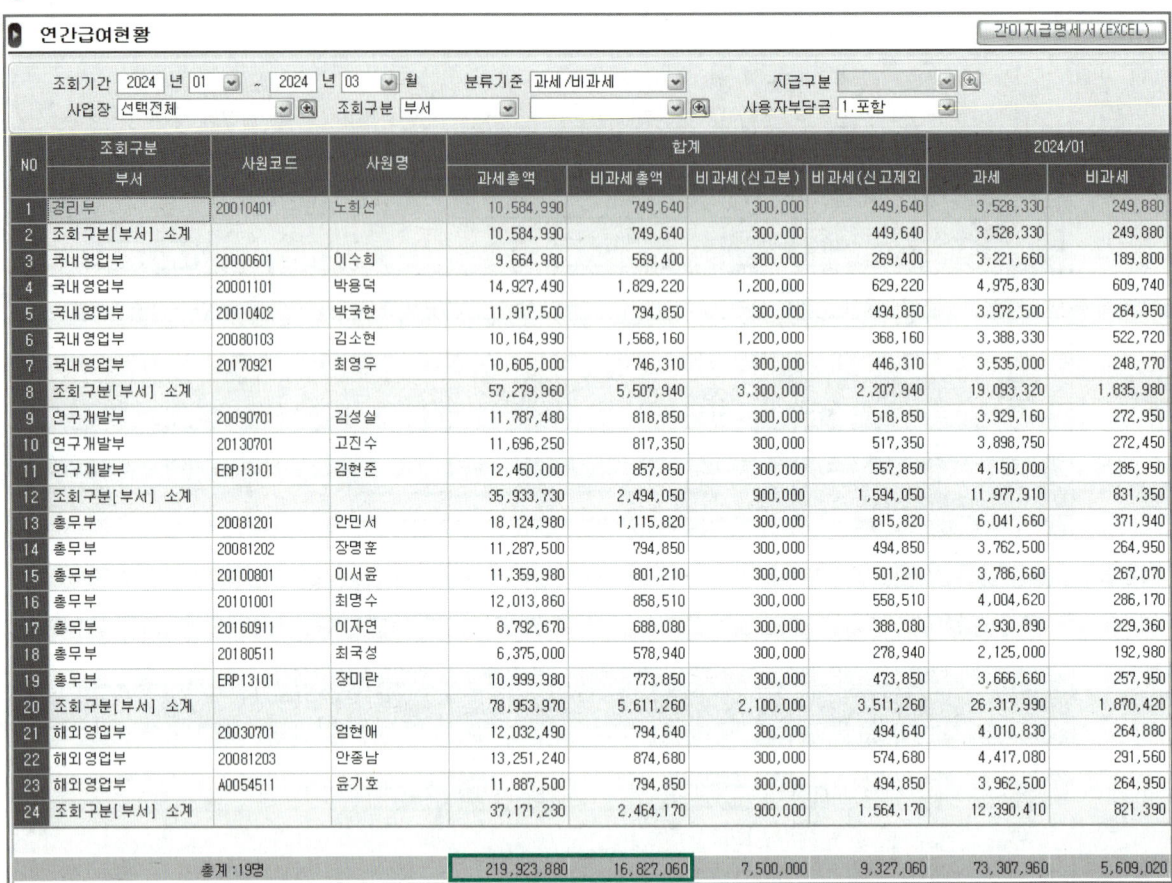

최신 기출문제
정답 및 해설

2025 최신판

에듀윌 ERP 정보관리사
인사 1급 한권끝장
+무료특강

고객의 꿈, 직원의 꿈, 지역사회의 꿈을 실현한다

에듀윌 도서몰
book.eduwill.net
- 부가학습자료 및 정오표: 에듀윌 도서몰 > 도서자료실
- 교재 문의: 에듀윌 도서몰 > 문의하기 > 교재(내용, 출간) / 주문 및 배송

꿈을 현실로 만드는
에듀윌

DREAM

공무원 교육
- 선호도 1위, 신뢰도 1위! 브랜드만족도 1위!
- 합격자 수 2,100% 폭등시킨 독한 커리큘럼

자격증 교육
- 9년간 아무도 깨지 못한 기록 합격자 수 1위
- 가장 많은 합격자를 배출한 최고의 합격 시스템

직영학원
- 검증된 합격 프로그램과 강의
- 1:1 밀착 관리 및 컨설팅
- 호텔 수준의 학습 환경

종합출판
- 온라인서점 베스트셀러 1위!
- 출제위원급 전문 교수진이 직접 집필한 합격 교재

어학 교육
- 토익 베스트셀러 1위
- 토익 동영상 강의 무료 제공

콘텐츠 제휴 · B2B 교육
- 고객 맞춤형 위탁 교육 서비스 제공
- 기업, 기관, 대학 등 각 단체에 최적화된 고객 맞춤형 교육 및 제휴 서비스

부동산 아카데미
- 부동산 실무 교육 1위!
- 상위 1% 고소득 창업/취업 비법
- 부동산 실전 재테크 성공 비법

학점은행제
- 99%의 과목이수율
- 17년 연속 교육부 평가 인정 기관 선정

대학 편입
- 편입 교육 1위!
- 최대 200% 환급 상품 서비스

국비무료 교육
- '5년우수훈련기관' 선정
- K-디지털, 산대특 등 특화 훈련과정
- 원격국비교육원 오픈

에듀윌 교육서비스 **공무원 교육** 9급공무원/소방공무원/계리직공무원 **자격증 교육** 공인중개사/주택관리사/손해평가사/감정평가사/노무사/전기기사/경비지도사/검정고시/소방설비기사/소방시설관리사/사회복지사1급/대기환경기사/수질환경기사/건축기사/토목기사/직업상담사/전기기능사/산업안전기사/건설안전기사/위험물산업기사/위험물기능사/유통관리사/물류관리사/행정사/한국사능력검정/한경TESAT/매경TEST/KBS한국어능력시험/실용글쓰기/IT자격증/국제무역사/무역영어 **어학 교육** 토익 교재/토익 동영상 강의 **세무/회계** 전산세무회계/ERP정보관리사/재경관리사 **대학 편입** 편입 영어·수학/연고대/의약대/경찰대/논술/면접 **직영학원** 공무원학원/소방학원/공인중개사 학원/주택관리사 학원/전기기사 학원/편입학원 **종합출판** 공무원·자격증 수험교재 및 단행본 **학점은행제** 교육부 평가인정기관 원격평생교육원(사회복지사2급/경영학/CPA) **콘텐츠 제휴·B2B 교육** 교육 콘텐츠 제휴/기업 맞춤 자격증 교육/대학취업역량 강화 교육 **부동산 아카데미** 부동산 창업CEO/부동산 경매 마스터/부동산 컨설팅 **주택취업센터** 실무 특강/실무 아카데미 **국비무료 교육(국비교육원)** 전기기능사/전기(산업)기사/소방설비(산업)기사/IT(빅데이터/자바프로그램/파이썬)/게임그래픽/3D프린터/실내건축디자인/웹퍼블리셔/그래픽디자인/영상편집(유튜브) 디자인/온라인 쇼핑몰광고 및 제작(쿠팡, 스마트스토어)/전산세무회계/컴퓨터활용능력/ITQ/GTQ/직업상담사

교육문의 1600-6700 www.eduwill.net

· 2022 소비자가 선택한 최고의 브랜드 공무원·자격증 교육 1위 (조선일보) · 2023 대한민국 브랜드만족도 공무원·자격증·취업·학원·편입·부동산 실무 교육 1위 (한경비즈니스) · 2017/2022 에듀윌 공무원 과정 최종 환급자 수 기준 · 2023년 성인 자격증, 공무원 직영학원 기준 · YES24 공인중개사 부문, 2025 에듀윌 공인중개사 오시훈 키워드 암기장 부동산공법 (2025년 3월 월별 베스트) · 교보문고 취업/수험서 부문, 2020 에듀윌 농협은행 6급 NCS 직무능력평가+실전모의고사 4회 (2020년 1월 27일-2월 5일, 인터넷 주간 베스트) 그 외 다수 · YES24 컴퓨터활용능력 부문, 2024 컴퓨터활용능력 1급 필기 초단기끝장(2023년 10월 3~4주 주별 베스트) 그 외 다수 · YES24 신규 자격증 부문, 2024 에듀윌 데이터분석 준전문가 ADsP 2주끝장 (2024년 4월 2주, 9월 5주 주별 베스트) · 인터파크 자격서/수험서 부문, 에듀윌 한국사능력검정시험 2주끝장 심화 (1, 2, 3급) (2020년 6~8월 월간 베스트) 그 외 다수 · YES24 국어 외국어사전 영어 토익/TOEIC 기출문제/모의고사 분야 베스트셀러 1위 (에듀윌 토익 READING RC 4주끝장 리딩 종합서, 2022년 9월 4주 주별 베스트) · 에듀윌 토익 교재 입문~실전 인강 무료 제공 (2022년 최신 강좌 기준/109강) · 2024년 종강반 중 모든 평가항목 정상 참여자 기준, 99% (평생교육원 기준) · 2008년~2024년까지 234만 누적수강학점으로 과목 운영 (평생교육원 기준) · 에듀윌 국비교육원 구로센터 고용노동부 지정 "5년우수훈련기관" 선정 (2023~2027) · KRI 한국기록원 2016, 2017, 2019년 공인중개사 최다 합격자 배출 공식 인증 (2025년 현재까지 업계 최고 기록)